sonst
neuer
Anbau
F
NEU
STADT
Leipz. Th. A
an d. Elbe
Stein Röhren
Bohrwerk
Blasewitz
Elias
Vogelwiese
Ziegel
Schlag
Wiesen Thor
Schlag
B
Brühlscher
Theater
n. Pillnitz
Pirnaischer
Schlag
u. Pirna
Grosser
Garten
Burger Wiese

Stadtlexikon Dresden

Stadtlexikon Dresden

A–Z

Folke Stimmel
Reinhardt Eigenwill
Heinz Glodschei
Wilfrid Hahn
Eberhard Stimmel
Rainer Tittmann

Verlag der Kunst Dresden · Basel · 1994

Vorwort

Unter den deutschen Städten wird Dresden als eine besondere angesehen: ihre liebliche Lage beiderseits des Elbstromes umsäumt von grünen Hängen, ihre Ausprägung als barocke Residenzstadt von einst europäischem Rang, ihre reichhaltigen Kunstschätze machten sie zu einem weitbekannten Anziehungspunkt. Dresden ist aber ebenso als Landeshauptstadt Mittelpunkt Sachsens sowie eine Stadt der Wissenschaft und Industrie.

Demgegenüber steht Dresdens Bild als trauriges Zeugnis kriegerischer Zerstörungswut am Ende des Zweiten Weltkrieges sowie die beabsichtigte Provinzialisierung in der vierzigjährigen DDR-Geschichte. Ungebrochen blieb die Verbundenheit der Bewohner mit ihrer Stadt, eine Verbundenheit, die sich im Aufbauwillen der ersten Nachkriegsjahre über den Widerstand gegen staatliche Abriß-Verfügungen bis hin zum kritischen Begleiten des geradezu explosionsartigen Neuaufbaus von Dresden seit 1991 dokumentiert. Wer sich nun heute näher mit der Geschichte der Stadt, ihrem Werden und Wachsen beschäftigen will, stellt bald fest, daß mit den Werken von O. Richter und M. B. Lindau am Ende des 19. Jahrhunderts letztmalig umfassende Darstellungen zur Stadtgeschichte erschienen sind. Das «Standardwerk» zur Geschichte Dresdens aus heutiger Sicht muß noch geschrieben werden. Mit dem vorliegenden Lexikon soll jedoch versucht werden, die bestehende Informationslücke zu schließen. Als in dieser Form neuartiges Nachschlagewerk und zugleich Lesebuch soll es mit den Übersichtsartikeln, kürzeren Grundartikeln und Verweisungen alphabetisch geordnet Einzelheiten darbieten, die sich – gleichsam mosaikartig – wieder zu größeren Zusammenhängen verbinden lassen. Dabei ist Dresden in seiner heutigen Stadtgrenze zu verstehen; allgemeine landesgeschichtliche Bezüge wurden nicht berücksichtigt. Die inhaltlichen Schwerpunkte liegen bei der Stadtgeschichte im engeren Sinne, d.h. von der Stadtgründung bis zur Gegenwart, bei dem äußeren Bild der Stadt, d.h. Topographie und Architektur und besonders bei Kultur und Kunst. Darüberhinaus wird das Gesamtbild mit Stichworten aus Wirtschaft, Industrie, Verkehr, Bildung, Wissenschaft, Gesundheits- und Sozialwesen und Volkskunde vervollständigt. Einen großen Anteil stellen Persönlichkeiten aus den genannten Sachgebieten, sowohl Dresdner als auch berühmte Besucher der Stadt. Der Bezug zur Stadt Dresden ist stets der wesentliche Schwerpunkt der Darstellung, dabei legten die Autoren Wert darauf, neben bekannten touristischen Vorzeigeobjekten auch scheinbar weniger Bedeutsames, Vergessenes aus versteckten Quellen zusammenzutragen und dadurch wieder zugänglich zu machen. Dies gilt auch für die Illustrationen.

Gerade dieser Aspekt des «Wiederbewußtmachens» war entscheidend in der Entstehungszeit des Lexikons von 1982 bis 1989, als durch die einseitige Geschichtsdarstellung in der DDR mehr und mehr von dem Wissen um das, was Dresden einmal gewesen war, aus dem Bewußtsein der Dresdner verdrängt wurde. Der politische Umbruch 1989/90 bot die Gelegenheit der Aktualisierung bis Ende 1993.

Die Auswahl der Stichworte fiel den Autoren nicht leicht, der vorgegebene Umfang legte Beschränkungen auf. Oft werden Spezialisten auf ihren Fachgebieten für sie wichtige Beiträge vermissen, die in der entsprechenden Spezialliteratur ausführlich abgehandelt werden. Die Autoren mußten jedoch Prioritäten abwägen, wobei auch die Quellenlage ausschlaggebend war. Selbstverständlich war eine gewisse Subjektivität nicht auszuschließen. In diesem Zusammenhang sei auch auf das Register hingewiesen, das im Text erwähnte Personen und Begriffe enthält, die kein eigenes Stichwort bilden. Dennoch sind sich die Autoren darüber im klaren, daß weder vom Umfang noch von der inhaltlichen Darstellung her je Vollständigkeit möglich sein wird. Sie arbeiten weiterhin an der Aktualisierung des Lexikons und sind im Hinblick auf spätere Auflagen für Korrekturen und ergänzende Hinweise dankbar. Auf die namentliche Kennzeichnung der Urheberschaft für die einzelnen Beiträge im alphabetischen Teil wurde verzichtet, da die Autoren das Werk als Gemeinschaftsarbeit verstehen.
Der besondere Dank der Autoren gilt dem Verlag der Kunst Dresden, der sich in schwieriger Zeit ohne einschränkende Bedenken spontan für die Drucklegung des Werkes entschieden hat.
Möge das Buch bei allen Kennern und Freunden Dresdens innerhalb und außerhalb der Stadtgrenzen eine gute Aufnahme finden!

Folke Stimmel

Inhaltsverzeichnis

Silhouette der Dresdner Altstadt. Blick von der Marienbrücke vor der Zerstörung

Münzgasse mit Blick zur Frauenkirche. Aufn. um 1930

Einleitung

Dresden kann auf eine nahezu 800jährige Geschichte zurückblicken. Zur Besiedlung lud die fruchtbare Elbtalweitung zwischen Radebeul im Nordwesten und Pillnitz im Südosten freilich schon viel früher ein. Hinterließen jungpaläolithische Jäger und Sammler auf dem heutigen Stadtgebiet nur flüchtige Spuren, so sind die Funde aus dem Neolithikum, der Bronzezeit und später aus germanischer Zeit schon zahlreicher. Im Verlaufe der Völkerwanderung und nach dem Untergang des Thüringerreiches im Jahres 531 zogen die Germanen bis auf geringe Reste nach Westen ab. Slawische Siedler stießen seit Beginn des 7. Jahrhunderts von Böhmen her in unseren Raum vor. Nisani, Niederung, nannten sie ihre neue Heimat. Reichlich drei Jahrhunderte später, als König Heinrich I. die slawischen Gaue zwischen Saale und Elbe eroberte, geriet das mittlere Elbtal endgültig in das Licht schriftlich überlieferter Geschichte. Die im Jahre 929 angelegte Burg Meißen wurde zum Hauptstützpunkt der deutschen Herrschaft, die sich vorerst mit der militärischen Unterwerfung und Christianisierung der sorbischen Bevölkerung begnügte. Erst seit Beginn des 12. Jahrhunderts folgten Siedler, Bauern, Kaufleute und Handwerker den adeligen Eroberern und begannen, die slawische Bevölkerung zahlenmäßig zu überflügeln und später zu germanisieren. Es war die Zeit des Hochmittelalters mit ihren Umbrüchen und Wandlungen in allen Bereichen. Neben dem Landesausbau war ein Aufblühen von Handel und Gewerbe zu verzeichnen, als deren Zentren die damals in großer Zahl entstehenden Städte anzusehen sind. Diese waren zugleich Stützen der sich herausbildenden landesherrlichen Macht, so daß der jeweilige Territorialherr ihre Entstehung und Entwicklung tatkräftig förderte. Das galt besonders für die Gebiete östlich von Saale und Elbe. So waren die meisten der Ende des 12. und im 13. Jahrhundert entstandenen meißnischen Städte an wichtigen Punkten des damaligen Fernstraßennetzes in einer mehrstufigen Entwicklung herangewachsen, bis sie durch einen planmäßigen Gründungsakt des Markgrafen im Zusammenwirken mit unternehmenden Kaufleuten zur rechtlich vollgültigen Stadt wurden. Die planmäßige Gründung Dresdens zu Beginn des 13. Jahrhunderts an einem verkehrsgeographisch vorteilhaften und von der Natur begünstigten Elbübergang im Schutze der schon bestehenden markgräflichen Burg am Taschenberg vollzog sich in einer besonders kritischen Phase des Ausbaus der wettinischen Macht. Die Entwicklung der Stadt verlief im Mittelalter trotz der scheinbar günstigen Voraussetzungen eher bescheiden. Die stadtischen Selbstverwaltungsorgane bildeten sich erst relativ spät heraus. Ein markgräflicher Vogt übte noch lange die Gerichtsbarkeit aus. Die Bebauung der Stadtanlage – sie war etwa identisch mit dem heutigen linkselbischen Stadtzentrum zwischen Sophienstraße, Wallstraße, Dr.-Külz-Ring, Pirnaischem Platz und Südseite des Neumarktes – zog sich offenbar bis zum Ende des 15. Jahrhunderts hin. Die glanzvolle Hofhaltung Markgraf Heinrichs des Erlauchten (1215–1288) – er hielt sich seit 1270 überwiegend in der Stadt auf – konnte nur kurze Zeit darüber hinwegtäuschen, daß es Dresden nicht gelang, ein bedeutendes Zentrum des Handels und der handwerklichen Produktion zu werden, besonders wenn man benachbarte Städte wie Freiberg und Pirna zum Vergleich heranzog. Die Stadt erfüllte praktisch nur eine Nahmarktfunktion. Erst am Ende des Mittelalters erhielt sie einen zweiten Jahrmarkt und das Niederlags- und Stapelprivileg. Die Sozialstruktur der Bevölkerung, die um 1500 einschließlich der Vorstädte und des auf der gegenüberliegenden Elbseite gelegenen und damals noch selbständigen Städtchens Altendresden gerade 6000 Köpfe zählte, entsprach diesen Gegebenheiten. Neben der zahlenmäßig stärksten Gruppe der Handwerker, unter denen die Tuchmacher führend waren, standen die Kaufleute, hier vor allem die Gewandschneider. Sie bildeten die sozial führende Schicht, obwohl sie an Zahl gering waren. Ihre Macht beruhte auch weniger auf dem Handel als auf dem Besitz umfangreicher Ländereien in der Umgebung der Stadt. Plebejische Schichten spielten in Dresden kaum eine Rolle, hingegen waren die Ackerbürger zahlreich vertreten. Es ist auch kaum verwunderlich, daß die für die deutschen Städte des 14. und 15. Jahrhunderts typischen Auseinandersetzungen zwischen alteingesessenen Ratsgeschlechtern und den ökonomisch erstarkenden Zünften in Dresden in relativ milder Form verliefen. Die 1471 erlassenen Zusatzbestimmungen zur Ratsordnung von 1470 ließen dann die Handwerker am städtischen Regiment teilhaben. Bemerkenswert, wenngleich episodenhaft, waren die Aktivitäten hussitischer Prediger zu Beginn des 15. Jahrhunderts in der Stadt. Die Hussiten selbst erschienen mit einem Heer unter PROKOP DEM GROSSEN 1429 vor der Stadt, zerstörten und plünderten die Vorstädte und Altendresden. Die erste, wenig auffällige Epoche der Geschichte Dresdens ging ihrem Ende entgegen.

Im Ergebnis der Leipziger Teilung des wettinischen Gesamtbesitzes im Jahre 1485 wählten die albertinischen Wettiner die Stadt zu ihrer ständigen Residenz. Diese Tatsache verlieh der weiteren Entwicklung Dresdens entscheidende Impulse und prägte seine Geschichte für Jahrhunderte wesentlich mit. Auch der verheerende Stadtbrand von 1491 konnte den nun beginnenden Aufschwung nicht aufhalten. Unter Herzog GEORG DEM BÄRTIGEN begann die reichlich einhundert Jahre währende erste Blütezeit in der Geschichte der Stadt. Seine Regierungszeit stand auch unter dem Zeichen der Reformation. Die Ereignisse bewegten die Gemüter in der Residenz. Dem Hofkaplan EMSER schlug man die Fenster seines Hauses ein, und die Mönche des Augustinerklosters konnten nur mit Mühe davon abgehalten werden, einfach davonzulaufen. Die Tatsache, daß Dresden zu einem Zentrum der publizistischen Auseinandersetzungen der Reformationszeit wurde – der Landesherr gehörte zu den bedeutendsten Gegnern LUTHERS – begründete schon früh das über lange Zeit nicht unbedeutende Buchdruckergewerbe und Verlagswesen der Stadt. Nach dem Tode Herzog Georgs 1539 führte sein Nachfolger die Reformation im albertinischen Sachsen ein. Dresden zog mit der Übernahme beachtlicher Ländereien aus dem säkularisierten Besitz des Klosters Altzelle großen Nutzen aus dieser Entwicklung. Währenddessen wurde die Residenzstadt von einem Aufschwung des wirtschaftlichen und kulturellen Lebens erfaßt. Der Hof mit seinen vielfältigen Bedürfnissen zog nicht nur Künstler aller Art in die Stadt, sondern bot auch immer mehr Menschen Erwerbsmöglichkeiten in Gewerbe und Handel. Dabei veränderte die städtische Wirtschaft ihre Struktur. Nicht mehr die Tuchmacher, sondern Berufsgruppen, die überwiegend für die Bedürfnisse des Hofes produzierten, dominierten nun. Die führenden Familien der Stadt gelangten zu einem bis dahin nicht gekannten

Wohlstand. Dresden begann, Städte wie Freiberg und Pirna zu überflügeln. Das zeigte sich nicht zuletzt in der Bevölkerungszahl. Sie verdreifachte sich zwischen 1500 und 1600 auf ungefähr 15 000. Nicht zu übersehen waren die Wandlungen im Stadtbild. Hatte noch Hieronymus Emser im Jahre 1504 von dem «kümmerlichen Städtchen» gesprochen, so rühmte kaum dreißig Jahre später sein Nachfolger als Hofkaplan, Johannes COCHLÄUS, die «feine Stadt Dresden», in der Häuser gebaut würden, die anderswo als Schlösser gelten. Nachdem im Ergebnis des Schmalkaldischen Krieges Herzog MORITZ 1547 seinem ernestinischen Vetter die Kurwürde und ansehnliche Territorien entrissen hatte, nahm die Bedeutung Dresdens als Residenz noch zu, war es doch nun die Hauptstadt des führenden protestantischen und zugleich nach den Ländern der Habsburger mächtigsten deutschen Territoriums. Bedeutende Baumeister setzten die durch ARNOLD VON WESTFALEN im 15. Jahrhundert begonnene Umgestaltung der ehemaligen Burg zu einer imposanten Schloßanlage fort. In der zweiten Hälfte des 16. Jahrhunderts entstanden Zeughaus und Stallgebäude. Letzteres wurde als Ort prachtvoller Turniere und Spiele bald über Sachsens Grenzen hinaus zu einem Begriff. Die Hauptstadt des albertinischen Kurstaates sollte nach dem Willen des Landesherrn auch zu einer erstrangigen Festung ausgebaut werden. Die mittelalterliche Stadtmauer mußte einer modernen Befestigungsanlage nach niederländisch-italienischem Vorbild weichen. Im Zusammenhang damit stand die erste bedeutende flächenmäßige Erweiterung Dresdens. Noch unter Herzog Georg war die Vorstadtsiedlung um die Frauenkirche in die Stadt einbezogen worden. 1549/50 wurde auf Befehl des Kurfürsten Moritz Altendresden angegliedert. Damit entstand die Keimzelle der späteren Neustadt. Nicht nur in der Baukunst wurde Bedeutendes geleistet. Der Hof förderte auch die anderen Künste. 1548 wurde die «Hofcantorey», der Vorläufer der heutigen Dresdner Staatskapelle, gegründet. Kurfürst AUGUST legte in der zweiten Häfte des 16. Jahrhunderts mit der Kunstkammer den Grundstein für die später weltberühmten Dresdner Sammlungen. Der wirtschaftliche und kulturelle Aufschwung in der Stadt fand in der weiteren Entwicklung des politischen Gemeinwesens der Bürger keine Entsprechung. Der entstehende frühneuzeitliche Staat, der in Dresden nun durch den Hof und verschiedene Zentralbehörden allgegenwärtig war, begann die Selbstverwaltungsrechte, die die Stadt im Mittelalter erlangen konnte, mehr und mehr in Frage zu stellen. Gegen Ende des 16. Jahrhunderts wurde auch und vor allem die Residenzstadt Schauplatz der Auseinandersetzungen zwischen lutherischer Orthodoxie, den durch diese repräsentierten Ständen des Landes und der von dem Kanzler des Kurfürsten CHRISTIAN I., Nikolaus KRELL, geführten kryptokalvinistischen Partei mit ihren absolutistischen Bestrebungen im Innern und ihren antihabsburgischen Aktivitäten in der Außenpolitik. Nach dem Tode des Kurfürsten im Jahre 1591 setzte sich die lutherische Partei am Hofe wieder durch. Krell wurde nach langen Jahren der Haft 1601 auf dem Neumarkt enthauptet.

Der Dreißigjährige Krieg, an dem sich Kursachsen seit 1620 abwechselnd auf kaiserlicher und schwedischer Seite beteiligte, beendete diese erste große Epoche in der Geschichte Dresdens. Wohl wurde die Stadt in den jahrelangen Auseinandersetzungen nie von feindlichen Truppen erobert, aber Hunger, Pest und Not dezimierten die Bevölkerung und richteten die Wirtschaft der Stadt zugrunde. So groß die Rückschläge in der Entwicklung der Stadt auch gewesen waren, so dauerte es doch nur wenige Jahrzehnte, bis die Residenzstadt in ihrem alten Glanze wieder erstrahlte, ja mehr noch, bis sie in die bedeutendste

Luftbild über die Dresdner Altstadt
vor der Zerstörung

Luftbild der Dresdner Altstadt von Nordwesten vor der Zerstörung

Epoche ihrer Geschichte eintrat. Neben den sehr günstigen Voraussetzungen des Landes für einen Neubeginn ist diese Tatsache wohl der nicht nur gleichbleibenden, sondern nun gesteigerten Anteilnahme des Hofes am Gedeihen der Stadt zuzuschreiben. Der prachtliebende Kurfürst JOHANN GEORG II. verkörperte den neuen barocken Herrschertyp, für den Hoffeste und andere Lustbarkeiten in besonderem Maße Macht und Würde des Fürsten symbolisierten. Eine großzügige Förderung erfuhr nicht zuletzt deshalb das kulturelle Leben. Ende des 17. Jahrhunderts entstanden die ersten großen barocken Bauwerke. Mit der Anlage des Großen Gartens wuchs die Stadt in ihr Umland hinaus. Die Musik erreichte nach dem jahrzehntelangen Wirken von Heinrich SCHÜTZ eine neue Blütezeit. Durch Steuererlässe, gewerbliche Privilegien und Manufakturgründungen suchte der Kurfürst auch die Wirtschaftskraft der Bürger und so die Einnahmen des Staates wieder zu erhöhen. Gerade die Förderung von Manufakturen seit dieser Zeit, sie entstanden vor allem in der 1670 westlich der Stadt gegründeten späteren Friedrichstadt, entsprach der merkantilistisch orientierten Wirtschaftspolitik jener Zeit.

Das mit großem Pomp gefeierte Treffen der Herrscher der drei albertinischen Sekundogeniturfürstentümer mit dem Kurfürsten im Jahre 1678, die zeitgenössische reich illustrierte Beschreibung des Spektakels sprach von der «Durchlauchtigsten Zusammenkunft», machte jedermann deutlich, daß die kursächsische Residenzstadt in einem Aufbruch begriffen war. Auch die schwere Pestepidemie von 1680/84 und der verheerende Brand Altendresdens im Jahre 1685 konnten ihn nicht aufhalten. Als «Neustadt bey Dresden» entstand der rechtselbische Stadtteil im Sinne städtebaulicher Vorstellungen des absolutistischen Zeitalters bis Mitte des 18. Jahrhunderts in neuem Glanz.

Mit dem Regierungsantritt des Kurfürsten FRIEDRICH AUGUST I., genannt «der Starke», begann die klassische Periode in der Geschichte Dresdens. Die Geschicke der Stadt wurden in der bis zum Beginn des Siebenjährigen Krieges andauernden «augusteischen Zeit» wie in keiner anderen Epoche der Stadtgeschichte durch den Hof bestimmt. Durch die Personalunion Sachsens mit Polen, dessen Königskrone der sächsische Kurfürst als August II. erwerben konnte, rückte Dresden in die Reihe der Residenzstädte von europäischer Bedeutung auf. Alle wesentlichen Impulse im kulturellen und wirtschaftlichen Leben gingen in dieser Zeit vom Hof oder von den in Dresden ansässigen Adelsfamilien aus. Innerhalb weniger Jahrzehnte hatte sich das Stadtbild, planvoll gelenkt durch die strengen Bauordnungen des mit hohem Kunstverstand begabten Landesherrn, von der Renaissance zum Barock gewandelt. Hof und Adel traten nicht nur als Bauherren, sondern auch als Auftraggeber oder Mäzene für Maler, Musiker und Kunsthandwerker auf. Bestandteil des höfisch bestimmten kulturellen Geschehens waren ebenso die zahlreichen, oft tagelang andauernden Festlichkeiten etwa aus Anlaß des Besuches des dänischen Königs im Jahr 1709 oder der Hochzeit des Kurprinzen mit der Kaiserstochter MARIA JOSEPHA 1719. In diesen Hoffesten manifestierten sich Machtanspruch und politische Selbstdarstellung barocken Herrschertums wie bei sonst nur wenigen deutschen Fürsten des 17. und 18. Jahrhunderts. Die wirtschaftliche Prosperität, deren sich die kursächsische Residenz in diesen Jahrzehnten erfreuen konnte, verdankte sie weitgehend der Befriedigung der vielfältigen Bedürfnisse einer aufwendig lebenden Hofgesellschaft. Gold- und Silberarbeiter, Handschuhmacher, Posamentierer, Perückenmacher, Kunsttischler lebten fast nur von ihren Aufträgen. Ein noch größerer Teil der Stadtbevölkerung verdiente seinen Lebensunterhalt als Dienstbote, Kutscher oder

Hauslehrer. Nichts macht die Rolle des Hofes als treibende Kraft im ökonomischen Bereich deutlicher als das Anwachsen der Bevölkerung Dresdens von rund 21 000 im Jahre 1700 auf 63 000 im Jahre 1755. Wenn auch die Welt des Dresdner Bürgertums ganz im Schatten der höfischen Gesellschaft stand, so ist damit nicht gesagt, daß sie der Beachtung nicht wert war, auch wenn die zeitgenössischen Schilderungen eines Johann Michael von LOEN und Karl Ludwig von POELLNITZ oder spätere Geschichtsschreiber dies glauben machen wollen. Die bürgerliche Kultur stellte auch im augusteischen Dresden ein eigenständiges Element dar. Namen wie Christian SCHÖTTGEN, Kreuzschulrektor und bedeutender Historiker, und George BÄHR, der mit seiner Frauenkirche einen Gegenpol des protestantischen Stadtbürgertums zum katholischen Hof schuf, stehen dafür.

Das augusteische Zeitalter versank im Siebenjährigen Krieg. Kursachsen war von Anbeginn Hauptkriegsschauplatz. Bereits zehn Tage nach seinem Einfall in Sachsen, Ende August 1756, hatte sich der Preußenkönig im Palais Mosczynska in Dresden einquartiert. Kurfürst FRIEDRICH AUGUST II. und sein Premierminister BRÜHL flohen nach der schmählichen Kapitulation der sächsischen Armee nach Warschau. Die einst blühende kursächsische Residenzstadt verfiel zusehends. Der einst glanzvolle höfische Kulturbetrieb gehörte der Vergangenheit an. Zum ersten Mal in ihrer Geschichte wurde die Stadt nun von Kriegseinwirkungen schwer getroffen. Zweimal, im November 1758 und im Sommer 1759, als die Österreicher vor der Stadt standen, brannte die preußische Besatzung ganze Vorstädte nieder. Im Sommer 1760 schließlich, die Österreicher hatten inzwischen mit den Preußen die Rollen getauscht, vernichtete oder beschädigte das Bombardement der Belagerungsarmee FRIEDRICHS DES GROSSEN hunderte Häuser der Innenstadt.

An dem verhältnismäßig raschen wirtschaftlichen Wiederaufstieg des Landes in den Jahrzehnten nach dem Hubertusburger Frieden und dem Beginn der bürgerlichen Umwälzung der Gesellschaft hatte Dresden vorerst nur geringen Anteil. Wohl blieb das Retablissement von 1762/63, das unter bürgerlicher Beteiligung in Staat und Wirtschaft eingeleitete Reformwerk, nicht völlig ohne Einfluß auf das städtische Leben, wie z. B. die Gründung einiger größerer Manufakturen bewies. Aber die Stagnationserscheinungen überwogen offensichtlich. So dauerte es Jahre, bis die durch den Krieg verursachten äußeren Schäden beseitigt waren. Lange Zeit konnte man noch Ruinen und wüste Häuserstellen in der Stadt sehen. Viele Familien waren für Jahrzehnte verschuldet. Gewerbe und Handel erholten sich nur langsam. Erst sechzig Jahre nach dem Ende des Siebenjährigen Krieges hatte Dresden wieder die Bevölkerungszahl von 1755 erreicht. Das wirtschaftlich noch schwache und politisch unselbständige Bürgertum vermochte es vorerst nicht, den Platz, den Adel und Hof in der Zeit der Personalunion mit Polen im gesellschaftlichen und kulturellen Leben eingenommen hatten, auszufüllen. In der früher fast weltoffenen Stadt war ein Klima des geistigen Provinzialismus nicht zu übersehen. Die spöttischen Berichte von Reisenden aus dieser Zeit schienen eine eindeutige Sprache zu sprechen. Und doch ergibt sich bei genauerem Hinsehen ein etwas differenzierteres Bild. Zumindest im geistig-kulturellen Bereich nahm die Bedeutung des bürgerlichen Elements gegen Ende des 18. Jahrhunderts und um die Wende zum 19. Jahrhundert zu. Der Salon des 1786 zugezogenen Appellationsgerichtsrates Christian Gottfried KÖRNER wurde zum bedeutendsten gesellschaftlichen Mittelpunkt der Stadt. Die Reaktionen auf die Ereignisse der Französischen Revolution zeigten, daß Dresden so abseits vom Weltgeschehen nicht gestanden hat. Mit Aufmerksamkeit und Spannung verfolgten breite Bevölkerungskreise das Geschehen in Paris. Die Klagen der Zensurbehörden über die Verbreitung antifeudalen Schrifttums unter den Bewohnern der Stadt und in Leihbibliotheken und Lesestuben sind Beweis genug. Während des sächsischen Bauernaufstandes 1790 wurden auch die Dresdner von Unruhe ergriffen, einer Unruhe, die den Behörden zeitweise bedrohlich erschien. Von 1792 bis 1794 wirkte Georg Friedrich REBMANN, der bald bedeutendste deutsche jakobinische Publizist, in der Stadt. Nach 1791 lebte der Staatsrechtler Carl Heinrich von RÖMER in Dresden. Er gehörte zu den herausragenden Akteuren im sogenannten «Broschürenstreit», den im Zusammenhang mit dem Landtag von 1793 ausbrechenden publizistischen Auseinandersetzungen um die Privilegien des Adels. Der Gesellenstreik des Jahres 1794 ist ebenfalls vor dem Hintergrund der Ereignisse in Frankreich zu sehen. Auch die bürgerliche Kunstszene jener Zeit hat einige, wenn auch vielleicht einsame Glanzpunkte zu verzeichnen. Zu ihnen gehört, neben den Aufenthalten von Heinrich von KLEIST, das Zusammentreffen der Frühromantiker um NOVALIS in der Stadt, die durch das Erlebnis der Dresdner Kunstsammlungen zur Formulierung ihrer kunsttheoretischen Erkenntnisse inspiriert wurden.

Erst die Erschütterungen der napoleonischen Zeit kündigten den Dresdnern unmißverständlich den Beginn des bürgerlichen Zeitalters an. Zuerst mit Staunen, später eher mit Unwillen verfolgte die Bevölkerung der Hauptstadt des wohl treuesten Satelliten des Korsen die fürstlichen Zusammenkünfte und endlosen Truppendurchmärsche. Im Mai 1812, bevor er mit seiner «Großen Armee» nach Rußland einfiel, präsentierte sich NAPOLEON hier noch einmal als der unumschränkte Herrscher Europas. Die tiefsten Spuren in der Erinnerung der Dresdner jener Zeit hinterließ aber die blutige Schlacht zwischen Franzosen und Verbündeten vor den Toren der Stadt im August 1813.

Die Ruhe in den ersten Jahren der Restaurationszeit war trügerisch. Die Ereignisse des Vormärz, die Revolution von 1848/49 hatten ihren sozialökonomischen Vorlauf. Die industrielle Revolution mit ihren alle Bereiche des Lebens einschneidend verändernden Auswirkungen begann, wenn auch vorläufig, fast unmerklich, Dresden zu verwandeln. Zwischen 1809 und 1830 wurde die militärisch längst bedeutungslos gewordene und einengende Stadtbefestigung abgetragen. Die ersten Industriebetriebe entstanden. 1839 wurde die Eisenbahnlinie Leipzig–Dresden, die erste größere in Deutschland überhaupt, eröffnet. An die Stelle der ehemaligen Stadttore traten Plätze. Neben und zwischen den alten Vorstädten wuchsen völlig neue Stadtteile heran, reizvolle Villenviertel, aber um die Jahrhundertmitte im Norden Dresdens auch schon die ersten Arbeiterwohnviertel mit ihren stillosen Mietskasernen. 1835 wurden die bis dahin selbständigen Siedlungen Antonstadt und Friedrichstadt der Stadt einverleibt. Um die Mitte des 19. Jahrhunderts hatte Dresden erstmals mehr als 100 000 Einwohner. Nun beschritt die Stadt einen Weg, der nicht mehr von ihrer Funktion als Residenzstadt bestimmt wurde. Nicht nur das äußere Bild Dresdens veränderte sich. Die soziale Zusammensetzung seiner Bevölkerung begann sich zu wandeln. Das geistige Klima in der Stadt begünstigte herausragende Leistungen in Kunst und Wissenschaft. Namen wie Carl Gustav CARUS, Caspar David FRIEDRICH, Carl Maria von WEBER, Richard WAGNER, Gottfried SEMPER, Ernst RIETSCHEL und Ludwig TIECK sprechen für sich. 1828 wurde die polytechnische Bildungsanstalt, der Vorläufer der heutigen Technischen Universität, gegründet. Seit den dreißiger Jahren wurde Dresden Schauplatz politischer und sozialer Auseinandersetzungen, die weit über die Stadt hinaus von

Johann Alexander Thiele (1695–1752):
Alt- und Neustadt mit Brücke (1746)

Dresdner Altstadt. Altmarkt und Umgebung vor der Zerstörung

Bedeutung waren. Die Ursachen dafür lagen weniger in den Entwicklungen in der Stadt selbst als in der Tatsache, daß sich in Dresden der Hof und die zentralen Landesbehörden befanden. Hier entluden sich die im ganzen Land herangereiften Konflikte. Im September 1830 griffen die von der Pariser Julirevolution ausgelösten Unruhen in Deutschland auch auf Sachsen über. In Dresden stürmten Handwerksgesellen das Rathaus und das Polizeihaus. Im Ergebnis der revolutionären Bewegung kam es zu einer Reihe von Reformen in Staat und Gesellschaft. Der noch weitgehend feudale Ständestaat wurde beseitigt. Das Königreich Sachsen erhielt 1831 eine Verfassung, die den bürgerlichen Bestrebungen zu einem Teil entsprach. Zu den wichtigen Zugeständnissen der Regierung gehörte die Städteordnung von 1832, die die mittelalterliche Ratsverfassung aufhob. 1837 wurde in Dresden die erste Stadtverordnetenversammlung gewählt. Andere wesentliche Forderungen des Bürgertums blieben unerfüllt. Eine wirkliche Veränderung der politischen Machtverhältnisse stand weiterhin aus. Das politische Klima in der sächsischen Hauptstadt entsprach ganz dieser Situation. Oppositionelle Politiker und Publizisten entfalteten in den vierziger Jahren hier eine fast fieberhafte Tätigkeit. Zu dieser eigenartigen politischen Atmosphäre trugen nicht zuletzt die zahlreichen, seit 1830 in der Stadt lebenden polnischen Emigranten bei. Treffpunkt der aufrührerischen Geister war vor allem das Haus des Dichters Julius MOSEN in der Frauenstraße. Arnold RUGE, Theodor ECHTERMEYER und der russische Anarchist Michail BAKUNIN gingen dort ein und aus. Im Mai 1843 hielt sich auch ein gewisser «Dr. MARX aus Cöln» in der Stadt auf, wie der «Dresdner Anzeiger» zu vermelden wußte. Im Frühjahr 1848 brach auch in Sachsen die Revolution aus. Der Hof war gezwungen worden, eine liberale Regierung unter dem Advokaten BRAUN einzusetzen. Die Auflösung des Landtages und die Ablehnung der Reichsverfassung Ende April 1849, Maßnahmen zu denen sich König FRIEDRICH AUGUST II. nach der Niederlage der Revolution in Österreich und Preußen ermutigt sah, lösten in der sächsischen Residenz eine neue revolutionäre Krise aus. Als dann die Intervention preußischer Truppen unmittelbar bevorzustehen schien, brach am 3. Mai spontan ein Volksaufstand in der Stadt aus. In dieser letzten Phase der Revolution in Deutschland wurde Dresden für wenige Tage zum Brennpunkt des Geschehens. Bis zum 9. Mai lieferten die unter Führung einer provisorischen Regierung und Bakunins stehenden Barrikadenkämpfer den preußischen und sächsischen Truppen erbitterte Straßenschlachten und Häuserkämpfe. Nach dem gescheiterten Aufstand konnten viele der Teilnehmer fliehen, andere aber mußten jahrelange Haftstrafen antreten.
Die Geschichte Dresdens in den Jahrzehnten nach 1850 ist vor allem eine Geschichte der Industrialisierung, der weiteren flächenmäßigen Ausdehnung der Stadt, des rapiden Anwachsens ihrer Bevölkerungszahl und der Verschärfung sozialer Spannungen und Konflikte gewesen. Dresden entwickelte sich unaufhaltsam zur Großstadt. Die Industrialisierung schritt jetzt wesentlich rascher voran als in den zwei Jahrzehnten vor der Revolution. Die bis in unser Jahrhundert hinein typischen Dresdner Industriezweige – die Nahrungs- und Genußmittelbranche, die Zigarettenherstellung, die chemisch-pharmazeutische, die feinmechanisch-optische Industrie – bildeten sich endgültig heraus. Später kamen noch die Elektro- und Verpackungsmaschinenindustrie hinzu. Bis 1875 wurde Dresden in das entstehende deutsche Eisenbahnnetz voll eingebunden. Die früher eher abseits der großen Handelswege gelegene Stadt war dadurch zu einem erstrangigen Verkehrsknotenpunkt geworden. Auch wenn durch ein 1878 erlassenes Ortsgesetz Fabrikschlote vom historischen Stadtzen-

Kathedrale und Semperoper bei Nacht

trum ferngehalten wurden, veränderte sich das Bild Dresdens insgesamt doch erheblich. Mehrere Straßendurchbrüche am Rande des Zentrums und zusätzliche Elbbrücken trugen den komplizierter werdenden Verkehrsverhältnissen Rechnung. Im Süden und Westen der Stadt waren drei, später zwei große Personenbahnhöfe und ein Rangierbahnhof entstanden. Industrieanlagen nebst den dazugehörigen Mietskasernenbezirken zogen sich vom südwestlichen zum nordwestlichen Stadtrand hin. Erst später siedelte sich die Industrie auch im Osten Dresdens an. Die Reichsgründung von 1871 hatte es mit sich gebracht, daß die Stadt Jahre später eine der größten Garnisonen des Reiches beherbergte. Mit der Albertstadt im Norden Dresdens entstand ein ganzes Kasernenviertel, das im administrativen Sinne aber erst Jahrzehnte später zu einem Teil Dresdens wurde. 1875 zählte die Residenz rund 200 000 Einwohner. Der Gründerrausch hatte auch hier seinen Höhepunkt erreicht. Zugleich traten die durch die stürmischen Entwicklungen der vergangenen Jahrzehnte hervorgerufenen sozialen Spannungen offen zutage. In den sechziger Jahren organisierte sich die Arbeiterschaft. Erste Gewerkschaften bildeten sich, sieht man von einem kurzen Zwischenspiel 1848/49 ab. Eine sozialdemokratische Ortsorganisation entstand 1869. In der Stadt fand 1871 der 2. Parteitag der Sozialdemokraten statt. Welche sozialen Wandlungen sich in der sächsischen Residenzstadt vollzogen hatten, wird durch die Tatsache verdeutlicht, daß 1903 bei den Reichstagswahlen alle drei Dresdner Wahlkreise der SPD zufielen. Um die Jahrhundertwende erreichten Arbeitskämpfe und politische Streiks, letztere durch die Einführung des Dreiklassenwahlrechts in Sachsen hervorgerufen, einen Höhepunkt. Zur gleichen Zeit dehnte sich die Stadt räumlich ein weiteres Mal aus. Zwischen 1892 und 1903 wurde eine Reihe bis dahin selbständiger Dorfgemeinden und großer Industriesiedlungen eingemeindet. Mit mehr als einer halben Million Einwohner war Dresden damit zur viertgrößten Stadt des Deutschen Reiches aufgerückt. Großmarkthallen, der Rathausneubau und andere kommunale Bauten drückten die gewachsenen Anforderungen an die städtische Verwaltung aus. Die Zeugnissse einer reichen kulturellen Vergangenheit, ein manchmal fast avantgardistisches zeitgenössisches Kulturleben, denkt man an die Erstaufführungen der Theaterstücke von Maxim GORKI und Gerhart HAUPTMANN oder die Brücke-Maler, das großstädtische Treiben, die vornehmen Villenviertel und die großen Industrievororte, aber auch neue markante Kulturbauten wie das Schauspielhaus an der Ostra-Allee bildeten das vielgestaltige Gesicht des «alten Dresden», das jährlich Tausende «Touristen», reiche Amerikaner oder englische und russische Aristokraten, anzog.
Die Geschichte Dresdens nach 1900 wurde mehr und mehr zum Spiegelbild der großen Ereignisse und Umwälzungen des 20. Jahrhunderts. Auf den nationalen Freudentaumel beim Ausbruch des Ersten Weltkrieges folgten lange ernüchternde Kriegsjahre, materielle Not, Munitionsarbeiterstreiks und schließlich die Novemberrevolution. Am Abend des 9. November 1918 waren alle wichtigen Einrichtungen und Punkte der Stadt in der Hand aufständischer Arbeiter und Soldaten. Der provisorische Arbeiter- und Soldatenrat stand ganz unter dem Einfluß der Sozialdemokraten. Ein von spartakistischen Extremisten gebildeter Rat konnte sich ihm gegenüber nicht behaupten. Aber immerhin wehte über dem Schloß die rote Fahne, und während einer Massenversammlung im Zirkus Sarrasani wurde die Republik proklamiert. König FRIEDRICH AUGUST III. dankte am 13. November ab. Sozialdemokraten und USPD bildeten die Regierung des nunmehrigen Freistaates Sachsen. Während der krisenhaften Nachkriegsjahre war Sachsen und seine Hauptstadt neben Berlin, dem mitteldeutschen In-

dustrierevier und dem Ruhrgebiet ein Brennpunkt der Ereignisse. 1919 schossen Truppen vor dem Gebäude der «Dresdner Volkszeitung» in eine Massenversammlung der Linken, während des Kapp-Putsches 1920 wurde die Stadt am 13. März vorübergehend zum Zufluchtsort für Reichspräsident EBERT und die Reichsregierung. Zwei Tage später richteten Soldaten unter Demonstranten, die gegen den Putsch protestierten, am Postplatz ein Blutbad an. Im Oktober 1923 erreichte die Krise in Deutschland ihren Höhepunkt. Linken Sozialdemokraten und Kommunisten war es in Sachsen gelungen, die Landesregierung zu bilden. Die KPD hatte allzu siegessicher bereits ihre Zentrale nach Dresden verlegt, als die Regierung STRESEMANN zur Reichsexekution schritt. Am 29. Oktober besetzte Reichswehr das Regierungsgebäude am Neustädter Elbufer und verhaftete die Regierung ZEIGNER.

Die politisch stabilere zweite Hälfte der zwanziger Jahre bot vorübergehend günstigere Bedingungen für die innerstädtische Entwicklung. Die Stadt zählte 1925 etwa 620 000 Einwohner. Das Stadtbild erhielt durch die der neuen Sachlichkeit verpflichtete Wohnsiedlung in Trachau, das Hochhaus am Albertplatz und nicht zuletzt durch das Hygienemuseum neue und interessante Akzente. Im Kulturleben Dresdens erlangten die Tanzschulen WIGMAN und PALUCCA internationalen Ruf. Die «goldenen zwanziger Jahre» mündeten aber letzten Endes in die Weltwirtschaftskrise – Anfang 1933 waren 100 000 Dresdner arbeitslos und 700 Betriebe hatten bis dahin ihren Bankrott erklärt – und den Zerfall der demokratischen Ordnung.

Die nationalsozialistische Gewaltherrschaft brachte insbesondere das geistig-kulturelle Leben Dresdens zum Erliegen. Noch vor der Bücherverbrennung in Berlin wurden am 8. und 10. März 1933 hier ähnlich widerwärtige Veranstaltungen auf dem Wettiner Platz bzw. auf dem Gelände der Technischen Hochschule inszeniert. Am 23. September fand im Lichthof des Rathauses eine makabre Ausstellung sogenannter «entarteter Kunst» statt. Generalmusikdirektor Fritz BUSCH wurde entlassen, weil er sich weigerte, jüdischen Mitgliedern der Staatskapelle zu kündigen. Weitere Künstler und Hochschullehrer wurden diffamiert und aus ihren Ämtern gejagt. Zu den ersten politischen Maßnahmen der Nazis im engeren Sinne hatte die Beurlaubung von Oberbürgermeister Dr. KÜLZ und die Besetzung des Gewerkschaftshauses gehört. Die Mißhandlungen der jüdischen Mitbürger, die Plünderung ihrer Geschäfte während der sogenannten Reichskristallnacht am 9. November 1938 – auch die von Gottfried SEMPER erbaute Synagoge fiel den Ausschreitungen zum Opfer – gaben einen Vorgeschmack auf das Ausmaß an Gewalt, mit dem die Nationalsozialisten künftig gegen ihre Widersacher vorgehen sollten. Nur wenige Menschen fanden den Mut, sich gegen das barbarische Regime aktiv zur Wehr zu setzen. Die meisten dieser Unerschrockenen mußten ihren Mut mit dem Leben bezahlen. Im ehemaligen Landgerichtsgefängnis am Münchner Platz wurden allein zwischen 1939 und 1945 mehr als eintausend Menschen, die Widerstand geleistet hatten, hingerichtet. Der Aufschwung in Industrie und Verkehrswesen – 1935/36 wurde die Elbbrücke in Kaditz errichtet und 1936 der neue Flughafen in Klotzsche eingeweiht – in Dresden und Umgebung nach der Machtergreifung der Nazis trug künstlichen Charakter, diente er doch in erster Linie der Kriegsvorbereitung.

In der Schlußphase des Zweiten Weltkrieges ereilte Dresden die größte Katastrophe seiner Geschichte, eine Katastrophe, die damals niemand mehr für möglich gehalten hatte. Als die Niederlage Deutschlands schon längst feststand, unternahmen in der Nacht vom 13. zum 14. und am 14. Februar 1945

Luftbild der Dresdner Neustadt vor der Zerstörung

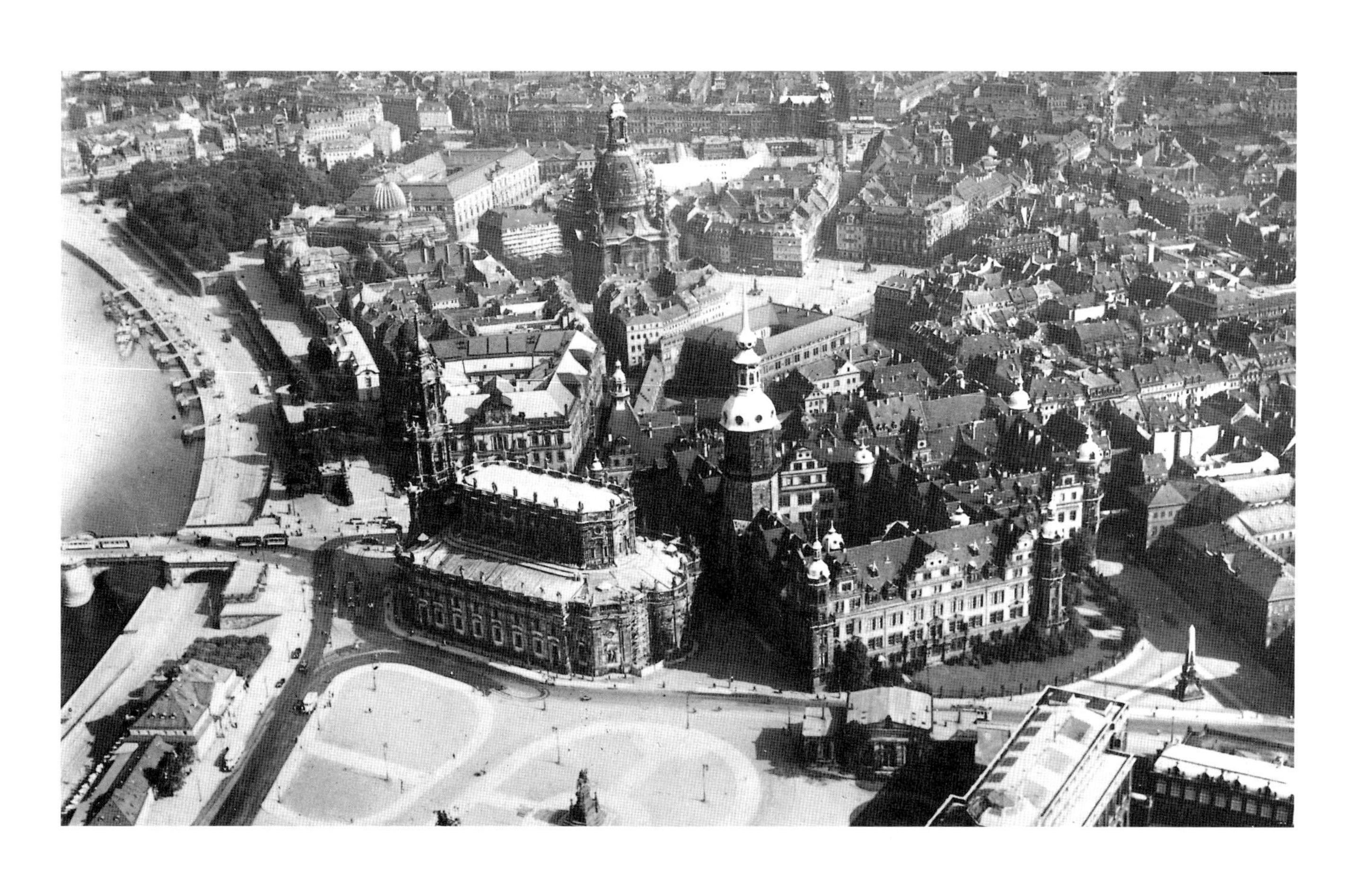

Luftbild der Dresdner Altstadt von Westen vor der Zerstörung

angloamerikanische Bomberverbände drei schwere Luftangriffe auf die völlig wehrlose Stadt. Die barbarischen und zugleich militärisch sinnlosen Bombardements zerstörten das Zentrum einer der schönsten Städte Europas völlig. Einige zehntausend der 630 000 Einwohner, zu denen noch eine unbekannte Zahl von Flüchtlingen zu rechnen ist, verloren auf grauenhafte Weise ihr Leben. Zehntausende Wohnungen, einmalige kulturhistorische Bauwerke und unersetzliche Kunstwerke waren zerstört oder schwer beschädigt worden. Gerhart HAUPTMANN, der die Angriffe vom Stadtrand aus miterlebte, schrieb erschüttert: «Wer das Weinen verlernt hat, der lernt es wieder beim Untergang Dresdens».

Als sich in den ersten Maitagen des Jahres 1945 die sowjetischen Armeen Dresden näherten, erklärten die Behörden die fast zu Tode getroffene Stadt noch zur Festung. Am Morgen des 8. Mai wurde Dresden nach kurzen aber heftigen Kämpfen im nördlichen Vorfeld der Stadt von sowjetischen Truppen erobert. Die Bevölkerung der Stadt stand vor einem nahezu totalen Trümmerhaufen. Ihr Lebenswille ermöglichte es, daß unter Führung der bereits am 10. Mai von der Besatzungsmacht eingesetzten neuen Stadtverwaltung und ihrer Unterstützung durch die sowjetische Stadtkommandantur die wichtigsten Sofortmaßnahmen erfolgreich in Angriff genommen werden konnten: die Organisierung der Versorgung mit den notwendigsten Lebensmitteln, die Wiederinbetriebnahme der öffentlichen Verkehrsmittel sowie die Instandsetzung des Gas-, Strom- und Wasserleitungsnetzes. Ein am 5. Januar 1946 von den Behörden der Stadt vorgelegter erster Aufbauplan zeigte aber auch, daß bereits längerfristige Aufgaben ins Auge gefaßt wurden. Dennoch sollte es Jahre dauern, bis erst einmal die riesigen Trümmerberge (18 Millionen Kubikmeter) in der Innenstadt beseitigt waren. Zehntausende Freiwillige beteiligten sich an den Wochenenden an diesen Arbeiten. In den ersten Monaten nach Kriegsende nahmen auch die Dresdner Industriebetriebe, soweit sie nicht zerstört waren, ihre Produktion wieder auf. Auch Kinos und Theater öffneten wieder ihre Pforten, wenn auch zumeist in behelfsmäßigen Unterkünften. Die Dresdner Philharmonie und der Kreuzchor gaben erste Konzerte. Am 22. Mai 1945 war erstmals eine «Tageszeitung für die deutsche Bevölkerung» erschienen.

Im Jahr 1946 fielen die ersten bedeutsamen politischen Entscheidungen der Nachkriegszeit in Dresden und ganz Sachsen. Am 7. April fand in Dresden-Bühlau der Vereinigungsparteitag der sächsischen Sozialdemokraten und Kommunisten statt. Er erleichterte letzteren wesentlich – mit der Rückendeckung der Besatzungsmacht – die Errichtung ihrer ideologischen und politischen Alleinherrschaft auch in Sachsen. Der Volksentscheid zur Enteignung der Kriegs- und Naziverbrecher am 30. Juni, bei dem die überwiegende Mehrheit der Dresdner mit ja stimmte, führte zur Verstaatlichung der sächsischen Großindustrie. Seit Juli 1945 war Dresden auch wieder Sitz einer Landesverwaltung für ganz Sachsen, aus der nun nach den ersten Landtagswahlen die Landesregierung hervorging. In den ersten Jahren nach der Gründung der DDR ergaben sich für Dresden hinsichtlich der territorialen Entwicklung und der Verwaltungsstruktur einige einschneidende Veränderungen. Zwischen 1945 und 1950 wurden nochmals eine Reihe von Vororten und das Gebiet der Dresdner Heide eingemeindet. Die Stadt erreichte damit eine Verdoppelung ihres Territoriums gegenüber 1939. 1952 traten an die Stelle der bisher zwanzig nunmehr neun, später fünf Stadtbezirke. Im selben Jahr wurden die ostdeutschen Länder aufgelöst. Dresden sank dadurch zur Bezirkshauptstadt

herab. Ein Jahr später, am 17. Juni 1953, begehrte auch die Bevölkerung Dresdens gegen die ihre Interessen mißachtende Politik des SED-Regimes und der sowjetischen Besatzungsmacht auf. An diesem Tag streikten die Angehörigen des Sachsenwerkes und zogen zum Postplatz. Um 14 Uhr verhängte die Besatzungsmacht den Ausnahmezustand über die Stadt. Dennoch fanden sich noch am folgenden Tag Hunderte Demonstranten auf dem Theaterplatz ein.
Zu Beginn der fünfziger Jahre setzte der eigentliche, bis heute andauernde Wiederaufbau der Stadt ein. In der Pirnaischen Vorstadt (Grunaer Straße), in der Südvorstadt und am Altmarkt (Grundsteinlegung 1953) entstanden die ersten neuen Wohnhäuser. Von Anfang an wurde auch dem Wiederaufbau historisch und architektonisch bedeutender öffentlicher Gebäude große Aufmerksamkeit geschenkt. So konnte die Rekonstruktion des Zwingers 1964 abgeschlossen werden. Zu den bisher wiedererrichteten oder restaurierten bedeutenden Baudenkmälern gehören das Georgentor, das Johanneum, der Stallhof, das Albertinum, das Blockhaus, die Kathedrale und das 1985 wiedereröffnete Opernhaus am Theaterplatz. Weit fortgeschritten ist die Rekonstruktion des Dresdner Schlosses und des Japanischen Palais. Andererseits wurden wertvolle rekonstruktionsfähige Gebäudereste, wie die der Sophienkirche, und die Fassaden der barocken Bürgerhäuser in der Rampischen Gasse eingerissen. Vor den größten Aufgaben stand aber der Wohnungsbau in der schwer zerstörten Stadt. Nach der Errichtung der Wohnbauten am Altmarkt wurden in der historischen Innenstadt bis 1969 die Wilsdruffer und die Prager Straße bebaut, 1976 bis 1978 die Innere Neustadt. Trotz dieser Fortschritte fehlte es an einem überzeugenden Gesamtkonzept für den Aufbau der Stadt. Wohl wurden besonders in den siebziger und achtziger Jahren zahlreiche Wohnungen gebaut, doch die zum Beispiel in Prohlis und Gorbitz entstandenen riesigen gesichtslosen Plattenbausiedlungen stellten keine befriedigende Lösung dar. Das Wohnungsbauprogramm des Staates scheiterte aber allein schon deshalb, weil über dem Bau neuer Wohnungen die Erhaltung der Altbausubstanz sträflich vernachlässigt wurde.
Der Industriestandort Dresden erlangte unter den Bedingungen der «sozialistischen Planwirtschaft» trotz neuer Prestige- und Vorzeigebetriebe insbesondere im Bereich der Datenverarbeitung (1969 Robotron-Werk) seine alte Bedeutung nicht mehr zurück. Die letzte große Verstaatlichungswelle 1971 tat ein übriges, den Niedergang der Wirtschaft auch in Dresden zu beschleunigen. Ihren Ruf als Wissenschaftsstandort konnte die Stadt allerdings im wesentlichen erhalten. Neun Hochschulen, darunter die 1961 zur Universität erhobene Technische Hochschule, hatten vor 1990 ihren Sitz in Dresden. Hinzu kamen einige bedeutende Forschungseinrichtungen, wie das 1955 gegründete Institut des international anerkannten Erfinders und Physikers Manfred von ARDENNE.
Im Herbst 1989 begann nicht nur in der Geschichte Dresdens eine neue Epoche. Im Zuge des Zusammenbruchs des kommunistischen Gesellschafts- und Herrschaftssystems in ganz Mittelost- und Osteuropa fiel das SED-Regime wie ein Kartenhaus in sich zusammen. Dresden spielte während der Ereignisse und Entwicklungen jener Wochen keine unbedeutende Rolle. Wie in den meisten Orten und Städten im Süden der damaligen DDR war die Zahl der in die alte Bundesrepublik offiziell Ausreisenden oder illegal dorthin Flüchtenden auch in Dresden seit Monaten angestiegen. Diese Flüchtlinge, nicht die Bürgerrechtler, so mutig sie auch waren, brachten den Staat in eine ausweglose Lage, vor allem nachdem Ungarn seine Grenzen zu Österreich flüchtenden DDR-Bürgern geöffnet hatte. Als in der Nacht vom 3. zum 4. Oktober das Gerücht

umging, es würden wieder Züge mit Flüchtlingen aus der Prager Botschaft der Bundesrepublik durch Dresden geleitet, kam es am Hauptbahnhof zu einem äußerst brutalen Polizeieinsatz gegenüber Hunderten von Menschen, die sich den vermeintlich durchfahrenden Ausreisenden anschließen wollten. In den folgenden Tagen rissen die Unruhen im Bereich des Bahnhofes und der Prager Straße nicht mehr ab. Am 7. Oktober, dem «Tag der Republik», zogen Demonstranten durch die Innenstadt. Bereits am nächsten Tag mußten die örtlichen Behörden die «Gruppe der Zwanzig», die Vertreter der Demonstranten, als Verhandlungspartner anerkennen. Auf ein Blutvergießen konnte und wollte es die SED-Führung wie auch in Leipzig kurz darauf nicht mehr ankommen lassen. Der Staatsmacht gelang es nicht mehr, die Verhältnisse in ihrem Sinne zu stabilisieren. Der Sturz HONECKERS und die Öffnung der Mauer in Berlin am 9. November beruhigte die Lage nicht, sondern läutete das Ende des Staates DDR ein. Die weiter anhaltende Ausreisewelle und die Massendemonstrationen – in Dresden im Anschluß an die Andachten in der Kreuzkirche – hielten die Gesellschaft in Atem. Am 5. Dezember 1989 fiel mit der friedlichen Besetzung der Stasizentrale auf der Bautzner Straße eine der letzten Bastionen der kommunistischen Staatsmacht in der Stadt. In schier atemberaubendem Tempo vollzog sich in den folgenden Monaten die Wiedervereinigung Deutschlands. Am 14. Oktober 1990, dem Tag der Landtagswahlen, wurde das Land Sachsen als Freistaat wiederhergestellt. Dresden erhielt seine alte Funktion als Landeshauptstadt wieder zurück. Wenn das Bild der Stadt gegenwärtig durch eine noch nie dagewesene Bautätigkeit – sei es im Hinblick auf öffentliche Gebäude, Hotels oder private Wohnbauten – geprägt wird, so ist dies ein untrügliches Indiz dafür, daß Dresden strotz der schweren Erblast der vergangenen Jahrzehnte und des außerordentlich schwierigen Neubeginns 1989/90 auf dem besten Wege ist, wieder eine der attraktivsten Großstädte Deutschlands zu werden.

Reinhardt Eigenwill

Blick über die Elbe mit Augustusbrücke, Georgenbau, Kathedrale und Semperoper

A–Z

Abdankeplatz: zwischen Rähnitzgasse und dem Platz An der Dreikönigskirche gelegen. Seit dem 16. Jh. bis Ende des 18. Jh., als der Platz mit der →Rähnitzgasse vereint wurde und der Neustädter Friedhof noch vor dem Rähnitzer Tor lag, hielt der Geistliche auf dem A. den verstorbenen Armen «die Abdankung», die Trauerfeier. Auch nach der Verlegung des Friedhofs im Jahre 1732, der Bebauung sowie der straßenähnlichen Umgestaltung in den Jahren von 1720 bis 1740 blieb der Name bis Ende des 18. Jh. im Gebrauch.

«Abendzeitung»: Von Anfang 1817 bis 1857 erscheinendes Unterhaltungsjournal, das über die Grenzen Dresdens und Sachsens hinaus bekannt war. Die A. begann als belletristisches Unterhaltungsblatt, das unter dem Einfluß des pseudoromantischen →«Dresdner Liederkreises» stand. Herausgeber waren Theodor HELL (bis 1826) und Friedrich →KIND. Verlegt wurde die Zeitung von der →Arnoldschen Buchhandlung. Die Redaktion lag seit 1820 ebenfalls in den Händen Hells. Trotz zahlreicher Beiträge zum kulturellen Leben nicht nur Sachsens bestimmte geistiger Provinzialismus das Profil des Blattes. Die A. war auch maßgeblich an der Vertreibung Ludwig →TIECKS aus Dresden, der die Zeitung angegriffen hatte, beteiligt. Erst nachdem Hell aus finanziellen Gründen 1843 die A. verkaufen mußte, änderte sich die Situation grundlegend. Der Advokat Robert SCHMIEDER gestaltete das Blatt zu einer jungdeutsch orientierten satirischen Zeitung. HOFFMANN VON FALLERSLEBEN, →MOSEN und →ARNDT arbeiteten nun für die A. – Julius SCHLADEBACH, der zeitweise auch stellvertretender Redakteur des Blattes war, veröffentlichte hier seine gefürchteten Theaterkritiken. Nach 1847 verfiel die A. zusehends trotz ihrer radikalen Haltung während der Revolution von 1848/49; sie erschien nun nur noch wöchentlich und wurde wieder das unpolitische Unterhaltungsblatt, 1851/57 von F. RÜCKERT in Leipzig verlegt.

Adamsches Haus: →Stadtwaldschlößchen

Adam: 1. *Andreas*, Baumeister und Architekt, geb. 1699, gest. 15.5.1746 Dresden. – Nach sechsjähriger Arbeit als Kondukteur wurde A. 1730 kurfürstlicher Landbauschreiber. Neben der Aufsicht über den Bau der kurfürstlichen Gebäude war er u. a. 1733 beim Umbau des Hauses Große Meißner Gasse 15 zum →Kollegienhaus beteiligt. Die Vollendung seines Privathauses in der Sophienstraße (→Stadtwaldschlößchen) erlebte er nicht mehr. –
2. *Bruno*, Architekt, geb. 27.8.1846 Eisenberg b. Moritzburg, gest. 3.6.1918 Dresden. – Er begründete 1872 mit Oswald →HAENEL eine Architekten-Firma, die zum Hauptvertreter der Neorenaissance in Dresden wurde (z. B. Jägerkaserne und geschlossene Bebauung des →Sachsenplatzes 1879/81, →Dreikönigsschule 1892/93).

Adelstanz: eine im mittelalterlichen Dresden übliche gesellschaftliche Veranstaltung, die in einem Saal des Rathauses stattfand. Ein Streit zwischen dem Burggrafen JESCHKE von Dohna und dem Adligen Hans von KÖRBITZ bei einer dieser Veranstaltungen im Jahre 1385 gab den Anlaß für die Dohnaische Fehde zwischen dem Burggrafen und den Wettinern. Diese endete 1402 mit der Eroberung Dohnas (Teilnahme Dresdner Schützen unter Führung des Bürgermeisters) durch den Markgrafen →WILHELM I. (→Dohna, Burggrafen).

Johann Christoph Adelung

Adelung, Johann Christoph: Bibliothekar, Lexikograph und Sprachforscher, geb. 8.8.1732 Spantekow b. Anklam, gest. 10.9.1806 Dresden. – Der Pfarrerssohn kam 1787 nach Dresden, nachdem er in Erfurt, Gotha und Leipzig, zuletzt als Schriftleiter der «Leipziger Zeitungen», gewirkt und grundlegende Werke zur deutschen Sprache («Wörterbuch der hochdeutschen Mundart», 1774/86) herausgegeben hatte. Als Oberbibliothekar an der Kurfürstlichen Bibliothek (→Sächsische Landesbibliothek) sorgte er dafür, daß aus der nur wenigen privilegierten Benutzern vorbehaltenen Bibliothek eine öffentliche Einrichtung wurde. – Wohnung in der Großen Klostergasse Nr. 12.

Adler, Carl: →Carl Adlers Buchhandlung

Adler-Apotheke: Am 17. Juli 1724 erhielt der ehemalige Hofapotheker Johann Gottlob HAUPT vom Landesherrn das Privileg, im Stadtteil «Neustadt-Ostra» (später Friedrichstadt) eine Apotheke zu errichten. Das Gebäude, ganz massiv aus Stein gebaut, befand sich «An der Wasserseite», auch «An der Weißeritz» genannt (seit 1790 Weißeritzstraße). Vor den Eingangstüren schützten steinerne Treppen Offizin und Laboratorium vor Hochwasser. Schmuck und Wahrzeichen der Apotheke war ein steinerner Adler, das Wappentier des Königreiches Polen. Ab 1796 übernahm die Familie GRUNER die Apotheke, die sich neben «Mineralischen Wässern» auch mit der Homöopathielehre von Samuel HAHNEMANN befaßte und ihrer Apotheke eine homöopathische Offizin anschloß. Im Jahre 1905 zog die A. in das Eckhaus Schäfer-/Löbtauer Straße um. Nach der Zerstörung im Jahre 1945 wurde die A. als Provisorium in eine ehemalige Gaststätte an der Schäfer-/Waltherstraße verlegt und bis 1969 weitergeführt.

Adlergasse: 1725 angelegte, heute weitgehend dem Abbruch verfallene Vorstadtgasse in der Friedrichstadt mit schlichten, meist zweigeschossigen Wohnbauten, bis 1840 Neue Gasse, dann nach dem Gasthaus «Zum Schwarzen

Adler» (Ecke Schäferstraße) benannt. In der A. wurde 1850 Max →KEGEL geboren.

Adreßbücher: Vorläufer der auch für die Stadtgeschichte als Quelle wichtigen A. ist das 1702 erschienene «Jetztlebende Dresden», das die Personen des Hofstaates, der staatlichen Behörde, des Stadtrates und weitere hervorragende Persönlichkeiten (Kaufleute, Künstler, u. a.) nennt. Das erste wirkliche Adreßbuch ist das von Gottlob Wolfgang FERBER verfaßte und 1797 (2. Auflage 1799) erschienene «Dresden zur zweckmäßigen Kenntnis seiner Häuser und deren Bewohner». Regelmäßig erschienen dann A. seit 1809 («Dresdner Adreßkalender», seit 1840 «Dresdner Adreß-Handbuch»). Das letzte A. erschien 1944. Als spezielles Behördenverzeichnis erschien 1785/1841 ein «Adreß-Verzeichnis». Firmenverzeichnisse wurden seit der Mitte des 19. Jh. herausgegeben. Seit der zweiten Hälfte des 19. Jh. gab es auch A. für die später nach Dresden eingemeindeten Vororte, wie Blasewitz, Coschütz und Löbtau.

Ahlersmeyer, Mathieu: Sänger (Bariton); geb. 29.6.1896 Köln, gest. 23.7.1979 Garmisch-Partenkirchen. A. wurde von Karl →BÖHM nach Dresden verpflichtet, wo er bis 1945 wirkte.

Akademie der Bildenden Künste: →Hochschule für Bildende Künste

Akademie für ärztliche Fortbildung: Nach der Schließung der →Chirurgisch-medizinischen Akademie im →Kurländer Palais 1864 ruhten die Bemühungen nicht, die Traditionen früherer medizinischer Lehrstätten wieder aufleben zu lassen. Die Forderungen reichten von der Durchführung geregelter Fortbildungskurse bis zur Gründung einer A. Eine dieser Möglichkeiten bildete das «Hilfsärztliche Externat». Zum anderen wirkte von 1901 bis 1924 der «Verein für Ärztekurse» für die ärztliche Weiterbildung. Jedes Jahr im Oktober wurden dreiwöchige Kurse für praktische Medizin aller an Dresdner Krankenanstalten vertretenen medizinischen Disziplinen durchgeführt. Der seit 1907 bestehende Landesausschuß für das ärztliche Fortbildungswesen in Sachsen sorgte auch für die Fortbildung in den ländlichen Bezirken. Als das hilfsärztliche Externat aufgelöst wurde, gründeten die Ärzte PÄSSLER, ROSTOSKI, SEIDEL und SCHMORL 1923/24 die A. Ihre Aufgaben bestanden im Weiterbildungsunterricht für approbierte Ärzte auf dem Gebiet der praktischen und sozialen Medizin sowie der sozialen Hygiene. Bis zur Schließung der A. im Jahre 1934 durch die «Reichsärztekammer» standen das →Krankenhaus Friedrichstadt, das Säuglingsheim, die Staatliche Frauenklinik und die bei Pirna liegende Heil- und Pflegeanstalt Sonnenstein zur Verfügung. Nachdem die faschistischen Machthaber erkannt hatten, daß ärztliche Fortbildung unbedingt notwendig war, eröffneten sie am 12. Februar 1938 im Hygiene-Museum die neue A. Noch vor dem Untergang des «Dritten Reiches» nahm das Stadtkrankenhaus Johannstadt seine Fortbildungsschule wieder auf.

Akademien, medizinische: →Collegium medico-chirurgicum 1748 bis 1813, →Chirurgisch-medizinische Akademie 1815–1864, →Akademie für ärztliche Fortbildung (1924–1945), →Medizinische Akademie «Carl Gustav Carus» (1954–1993).

Akademiestraße: vom Albertinum zur Ecke St. Petersburger/Pillnitzer Straße verlaufend. Die A. wurde 1818 angelegt und hieß 1871 Augustusallee, danach Zeughausstraße und bekam 1946 ihren jetzigen Namen (nach der Kunstakademie benannt). An der Ecke zur Moritzallee befand sich 1822/97 das Moritzmonument. Die von Gottfried →SEMPER 1839 an der A. erbaute Synagoge wurde 1938 in der sogenannten «Reichskristallnacht» von den Nazis zerstört (heute dort Gedenkstein).

«Aktion»: →Dresdner Sezession

Alaunplatz: zwischen Bischofsweg, Kamenzer und Tannenstraße gelegener Platz, Ende des 18. Jh. «An der Dresdner Heide» genannt. Wegen seiner Nutzung als Infanterie-Exerzier- und Paradeplatz wurde er um 1830 Exerzierplatz, auf Grund seiner Lage am Ausgang der →Alaunstraße 1862 A. genannt. An seiner Nordseite wurde im Frühjahr 1870 – noch vor dem Baubeginn für die eigentliche →Albertstadt – eine Kaserne für das von Leipzig nach Dresden verlegte 108. Schützenregiment erbaut (1945 zerstört, später abgetragen). Der Platz wurde als Exerzier- und Paradeplatz der kgl.-sächs. Armee auf 8,5 ha erweitert. Er wurde um 1960 als Grünanlage gestaltet und 1955/89 von offizieller Seite Platz der Thälmann-Pioniere genannt.

Alaunstraße: Verbindung zwischen →Albertplatz und →Alaunplatz im Sanierungsgebiet Äußere Neustadt, 1765 als «Neue Straße» angelegt. Die 1750 hier errichteten Pulverhäuser wurden 1764 in die Friedrichstadt verlegt. Nach der 1765 am äußeren Ausgang der Straße errichteten Alaunflußsiederei wurde sie Ende des 18. Jh. in Alaungasse und 1862 in A. umbenannt.

Barackenlager auf dem Alaunplatz 1870/71

Albertbahn: nach dem späteren König Albert benannte, 13,5 km lange Eisenbahnstrecke Dresden–Tharandt, 1853/55 von einer privaten Gesellschaft vorrangig für die Interessen des Steinkohlenbergbaus erbaut, 1868 vom sächsischen Staat übernommen. Die unter technischer Leitung von Guido Brescius angelegte A. wurde durch Kohlezweigbahnen (→Windbergbahn) mit den Gruben des Plauenschen Grundes und mit den Kaianlagen unterhalb der Marienbrücke sowie ab 1865 mit dem Altstädter Güterbahnhof verbunden. Sie endete zunächst auf dem Albertbahnhof nahe der Freiberger Straße und wurde 1869 nach dem Böhmischen Bahnhof (→Hauptbahnhof) verlängert; der Albertbahnhof wurde Kohle- und Verladebahnhof. Ein 57 m langer Tunnel am Felsenkeller wurde 1893 aus verkehrstechnischen Gründen abgetragen.

Albertbrücke: Sandsteinbogenbrücke über die Elbe zwischen Johannstadt und der Neustadt. – Pläne für diese dritte Dresdner Elbbrücke von dem französischen Ingenieur Neville (1858 gemeinsam mit dem Bankhaus Kaskel) und vom Advokaten Oskar Teucher wurden nicht verwirklicht. Erst nach Klärung des linkselbischen Uferstraßenbaues erhielt 1872 Karl Manck den Auftrag. Der Bau wurde am 14. Juni 1875 begonnen. Die 316 m lange Brücke mit 4 Strombögen von je 31 m und 5 Uferbögen von 12 bis 17 m Spannweite wurde am 19. November 1877 auf den Namen des Königs Albert getauft (ein Reliefporträt des Königs von Adolf Donndorf befand sich am mittleren Pfeiler). Mit dem Brückenbau wurde der →Sachsenplatz gestaltet. Nach Wiederaufbau von 6 kriegszerstörten Bögen wurde die A. am 20. Juli 1946 als «Brücke der Einheit» dem Verkehr übergeben (seit 1990 wieder A.).

Alberthafen: →Elbhäfen

Albertinum: nach dem sächs. König Albert benanntes repräsentatives Ausstellungsgebäude von 107 m Länge und 57 m Breite zwischen Brühlschem Garten, Georg-Treu-Platz und Tzschirnerplatz. Es wurde ursprünglich als Zeughaus 1559/63 nach Plänen Caspar →Voigt von Wierands und wohl auch Paul →Buchners von Melchior →Trost, Hans von Dieskau und Melchior Hauffe errichtet. Der rechteckig um einen Innenhof gelegene vierflügelige, mit sieben hohen Giebeln, zwei Treppentürmen und sieben großen Kellern versehene Renaissancebau diente der Lagerung des kurfürstlichen Kriegsgerätes. Von Zeitgenossen wurde das Zeughaus als «einem ziemlich wichtigen Schlosse nicht unähnlich» gerühmt. Es erfuhr mehrere Umbauten und Erweiterungen, z. B. 1573 durch Rochus von →Lynar und 1742/47 durch Johann Georg Maximilian von →Fürstenhoff. Es blieb das einzige Zeughaus Dresdens, denn ein von Friedrich August I. im Jahre 1711 und Zacharias →Longuelune 1725/31 in der Neustadt geplantes neues Zeughaus wurde nicht gebaut. Friedrich II. beschlagnahmte 1756 sämtliche 250 im Zeughaus aufbewahrten Geschütze. An den Sturm auf das Zeughaus am 3. Mai 1849 erinnert eine Bronzetafel an der Ostseite des Gebäudes. Das Zeughaus wurde 1884/87 nach Plänen von Karl Adolph →Canzler völlig umgebaut, um das Hauptstaatsarchiv (→Sächsisches Hauptstaatsarchiv) Dresden und die →Skulpturensammlung darin unterzubringen (seitdem als «Albertinum» bezeichnet). Vom alten Zeughaus blieben nur noch die Kellergewölbe, die 75 m lange, durch toskanische Säulen geteilte Halle im Erdgeschoß sowie zwei Rustika-Portale erhalten. Die im Stil der Hochrenaissance gestaltete, mit Sandstein umkleidete Fassade ist u. a. mit 6 großen Bronzereliefs von Robert →Diez geschmückt; die malerische Ausschmückung des Treppenhauses von Hermann →Prell ging bei der Zerstörung 1945 verloren. In mehreren Etappen wurde das A. nach 1945 wiederhergestellt und beherbergt seit 1959 Teile der Staatlichen Kunstsammlungen (Skulpturensammlung, →Gemäldegalerie Neue Meister, →Grünes Gewölbe, Schausammlung des →Münzkabinetts). Außerdem wird es für große Sonderausstellungen genutzt.

Albertpark: auch König-Albert-Park: 118 ha großes Waldgelände am Südrand der Dresdner Heide zwischen Bautzner Straße und Fischhausstraße, das 1898 vom Rat der Stadt Dresden zum Schutze des Heidewalds und des Quellgebietes der Saloppe angekauft, mit Wegen erschlossen und nach dem damaligen sächsischen König Albert benannt wurde. Gleichzeitig baute man das →Fischhaus zu einer Gaststätte aus. Kurz nach seiner Gründung verschmolz der A. mit dem benachbarten →Heidepark.

Blick von der Bautzner Straße in die Alaunstraße. 1934
Zeughaus um 1680

Albertplatz: zentraler Platz der Neustadt im Schnittpunkt der →Königsbrücker Straße, Albertstraße und →Antonstraße. – Er wurde nach der Entfestigung der Neustadt und dem Abbruch des →Bautzner Tores (1811) ab 1817 nach Entwürfen von Gottlob Friedrich →THORMEYER angelegt, nahm vier Haupt- und sechs Nebenstraßen auf und wurde von drei Baumreihen und villenartiger Bebauung eingefaßt. In dieser Gestalt galt er Mitte des 19. Jh. als einer der schönsten Plätze Deutschlands. 1813 zogen russische Truppen über das Areal des späteren Platzes in die Stadt ein. Er wurde 1829 Bautzner Platz benannt, jedoch hielt sich im Volksmund noch lange der Name Am Schwarzen Tore. 1832/36 legten Bergleute den →Artesischen Brunnen an (Brunnenhaus in der Antonstraße). Anläßlich des Einzugs der sächsischen Truppen aus dem Deutsch-Französischen Krieg unter ihrem Befehlshaber Kronprinz ALBERT am 11. Juli 1871 wurde der Bautzner Platz in A. umbenannt. Im Segment an der Bautzner Straße errichtete Bernhard →SCHREIBER 1873 das →Albert-Theater (1945 zerstört), ihm benachbart entstand 1901 die →Villa Eschebach. 1894 wurden die Rundbrunnen →«Stilles Wasser» und «Stürmische Wogen» von Robert →DIEZ aufgestellt. Am Standort der «Stürmischen Wogen» wurde am 25. November 1945 das →Ehrenmal der Sowjetarmee eingeweiht, das für die Rückkehr des Brunnens 1994 an die Stauffenbergallee umgesetzt wurde. 1929 errichtete Hermann PAULICK im Auftrage der Sächsischen Staatsbank das →Hochhaus am Albertplatz. Der Platz wurde am 30. Juli 1945 Platz der Roten Armee, im April 1946 Platz der Einheit genannt und 1991 rückbenannt. Die Südseite des A. am Ausgang der →Hauptstraße und die NO-Seite sind seit 1986/90 neubebaut.

Albertstadt: planmäßig angelegte Garnisonsstadt auf den Hangterrassen des Hellers und der Dresdner Heide, 1877 nach König ALBERT von Sachsen (1828 bis 1902) benannt, bis 1945 selbständiger Gutsbezirk, dann zu Dresden eingemeindet. – Noch vor ihrer Anlage wurde bis 1871 unter Einsatz französischer Kriegsgefangener die Schützenkaserne am →Alaunplatz errichtet (1945 zerstört). Den Aufbau der damals größten und modernsten deutschen Kasernenstadt leitete im ersten Bauabschnitt der sächsische Kriegsminister Georg Friedrich Alfred von FABRICE (1818–1891). Die Architekten Hermann →NICOLAI und Gustav →RUMPEL wurden bei der Ausführung hinzugezogen. Die einheitlich gestaltete Anlage wurde auf 360 ha für die damals 12 000 (später 20 000) Mann zählende Dresdner Garnison konzipiert, die Gebäude mit Sandsteinfassaden in spätklassizistischen und Neorenaissanceformen gestaltet. Als Hauptachse der «Soldatenstadt» wurde die 3 km lange, bis 30 m breite Heerstraße zwischen Radeburger und Radeberger Straße angelegt und auf drei 23 m hohen Brückenbögen über den Prießnitzgrund geführt. Der westliche Teil der Heerstraße wurde als Prinz-Georg- (später König-Georg)-Allee, der östliche als Carolaallee bezeichnet, beide nach 1945 Kurt-Fischer-Allee und seit 1991 Stauffenbergallee benannt. – Bis 1878 wurden die alten →Kasernen der Alt- und Neustadt geräumt und die Gebäude der A. bezogen, lediglich das Kriegsministerium verblieb im →Blockhaus. Entlang der Heerstraße entstanden 1877 die beiden Grenadierkasernen der Infanterieregimenter 100 und 101 (westliche Kaserne 1945 zerstört), dazwischen das Hauptwachgebäude von H. NICOLAI mit Bronzelöwen von Johannes →SCHILLING (vor dem Abzug der ehemaligen sowjetischen Truppen Museum des Kampfesruhms) sowie weitere Kasernen der Kavallerie, Artillerie, des Train, eine Reitschulkaserne und die Pionierkaserne Ecke Königsbrücker Straße. An der Marienallee wurde das Garnisonslazarett errichtet (Gedenkstein für den Hygieniker und Militärarzt Wilhelm August ROTH, 1833–1892, mit Relief von Heinrich →EPLER). – Am Schnittpunkt der Heerstraße mit der Königsbrücker Straße (seit 1991 Olbrichtplatz) entstand 1877 das Hauptgebäude des Königlich-Sächsischen Arsenals, der Vorplatz wurde Königsplatz genannt (Straße «Zur Stadthalle» seit 1993 Hans-Oster-Straße). Das Gebäude wurde später Heeresmuseum, diente nach 1945 als Stadthalle (Nordhalle), dann als Armeemuseum der DDR, heute →Militärhistorisches Museum und →Militärbibliothek Dresden. Nördlich schlossen sich zwischen Königsbrücker Straße und Prießnitzgrund die Werkstätten des →Arsenals an, das nach dem 1. Weltkrieg →Industriegelände wurde. Zwischen der Sächsisch-Schlesischen Eisenbahn und der Königsbrücker Straße wurden die ausgedehnten Garnisonsversorgungsanlagen (Proviantho f) und oberhalb des einzigen städtischen Gebäudes (der Arbeitsanstalt von 1876) 1879 an der Königsbrücker Straße das Militärfestungsgefängnis errichtet. An die Kasernenstadt schlossen sich die Schieß- und Exerzierplätze auf dem Heller und in der Heide sowie das Paradefeld am Alaunplatz an. – 1893 errichtete Konstantin →LIPSIUS das Mausoleum für FABRICE an der Carolaallee (Bronzestatue von J. Schilling heute verschollen). Der Nachfolger von Kriegsminister Fabrice, Edler von der PLANITZ, veranlaßte 1897 den Bau des Sächsischen Kriegsarchivs an der Marienallee (heute Sitz des →Stadtarchivs Dresden). In das Nachbargrundstück übersiedelte 1880 das →Freiherrlich von Fletschersche Schullehrerseminar (Sitz der

Zeughaus. Aufn. von Hermann Krone 1884
Albertinum. Fassade
Albertplatz in der Dresdner Neustadt vor dem Zweiten Weltkrieg

1. Mittelschule). William →LOSSOW und Hermann VIEHWEGER erbauten 1896/1900 die →Garnisonskirche als Simultankirche für zwei Konfessionen (katholischer Teil heute St.-Martins-Kirche). – Erheblich erweitert wurde die A. nach der Jahrhundertwende u.a. durch die Artilleriekaserne an der König-Georg-Allee (1901), die Maschinengewehrkaserne Tannenstraße (1904), das Militärgericht an der Fabrice-(Proschhübel-)straße, das →Sächsische Soldatenheim (1910) und den Garnisonsfriedhof (→Nordfriedhof). 1902/04 entstand die Infanteriekaserne des Regiments 177 an der Marienallee, die 1947 die →Sächsische Landesbibliothek aufnahm. – 1920 wurde die Kadettenanstalt an der Marienallee aufgelöst und hier bis 1926 die →Landesschule untergebracht. Ihr Gelände übernahm 1926 die Reichswehr für eine Infanterieschule. – Namhafte Offiziere und Generäle des 20. Juli 1944 durchliefen in der A. ihre Ausbildung wie Claus Graf SCHENCK VON STAUFFENBERG (1907–1944) oder hatten hier ihren Standort, so Ludwig BECK (1880–1944), Fritz LINDEMANN (hinger. 1945), Friedrich →OLBRICHT, Hans OSTER (1887–1945) und Erwin von WITZLEBEN (1881–1944). – In den meisten unzerstörten Kasernen der A. waren ab 1945 sowjetische Truppen, ab 1956 auch Einheiten der ehemaligen Nationalen Volksarmee untergebracht. 1945 wurde der →Sowjetische Garnisonsfriedhof in der Heide angelegt, 1994 das →Ehrenmal der Sowjetarmee vom Albertplatz in die Stauffenbergallee umgesetzt. Nach dem 1994 beendeten Abzug der GUS-Truppen ist die Neugestaltung der A. als städtisches Mischgebiet unter Wahrung der unter Denkmalschutz stehenden Gesamtanlage sowie die Nutzung der Albertstadt-Kaserne an der Stauffenbergallee für die Heeres-Offiziersschule vorgesehen.

Albert-Theater: ehemals größtes Theater in Dresden-Neustadt, das nach dem sächsischen König ALBERT benannt wurde. Ein in den Gründerjahren durch Dresdner Bürger gebildeter Aktienverein brachte die Baukosten auf; der damals von Promenaden bedeckte Bauplatz an der Ostseite des Albertplatzes wurde von der Stadt unentgeltlich zur Verfügung gestellt. Nach Plänen von Bernhard →SCHREIBER wurde das A. 1871/73 im Neorenaissance-Stil (teils als Putzbau, teils in Sandstein) mit 1500 Zuschauerplätzen erbaut. Die gut gegliederte Fassade war an der Schauseite mit Sgraffitos von Anton →DIETRICH und Plastiken von Robert →HENZE geschmückt. Am 20. September 1873 wurde das A. (mit GOETHES «Iphigenie») eröffnet, das bis um 1910 an den Hof verpachtet war und als Kgl. Schauspielhaus vorwiegend der Aufführung bürgerlicher Dramen und kleiner Opern diente. Als an der Ostra-Allee das →Schauspielhaus für das Hoftheater errichtet wurde, ging das A. in den Besitz einer privaten Aktiengesellschaft über, die es 1912 umbauen und modernisieren ließ, um es ab 1913 als selbständiges Schauspielhaus vorwiegend für moderne progressive (HAUPTMANN und GORKI) und volkstümliche Bühnenkunst neben dem Kgl. Theater bestehen zu lassen. Trotz wirtschaftlicher Krisen wurde das A., in dessen Ensemble namhafte Schauspieler auftraten (z. B. Josef KAINZ, Sarah BERNHARDT, Eleonora DUSE, Fritz KORTNER, Ernst DEUTSCH, Heinrich GEORGE, Adele SANDROCK, Hermine KÖRNER, Alexander MOISSI, Lucie HÖFLICH, Lil DAGOVER, Henny PORTEN) zu einer bedeutenden Kulturstätte in Dresden. 1921 in *«Neustädter Schauspielhaus»* umbenannt, ging es 1936 in die Verwaltung der Stadt Dresden über und hieß bis zu seiner Zerstörung am 13./14. Februar 1945 *«Theater des Volkes»* (Ruine 1948 abgetragen).

Albiker, Karl: Bildhauer, geb. 16. 9. 1878 Ühlingen/Schwarzwald, gest. 26. 2. 1961 Ettlingen. – A. wurde 1920 als Professor an die Kunstakademie berufen und kehrte nach der Zerstörung seines Dresdner Ateliers 1945 nach Ettlingen zurück, wo er sich 1905 schon ein Atelierhaus geschaffen hatte. Bei seinen zahlreichen Großplastiken verband A. antikes und traditionelles Gedankengut, z. B. bei der «Hygieia» (1930) im →Deutschen Hygienemuseum und dem Ikarusrelief (1938) am ehemaligen Luftgaukommando.

Albinus, eigentl. *Weiss*, Petrus: sächs. Geschichtsschreiber, geb. 18. 7. 1543 Schneeberg, gest. 1. 8. 1598 Dresden. Der Verfasser der berühmten «Meißnischen

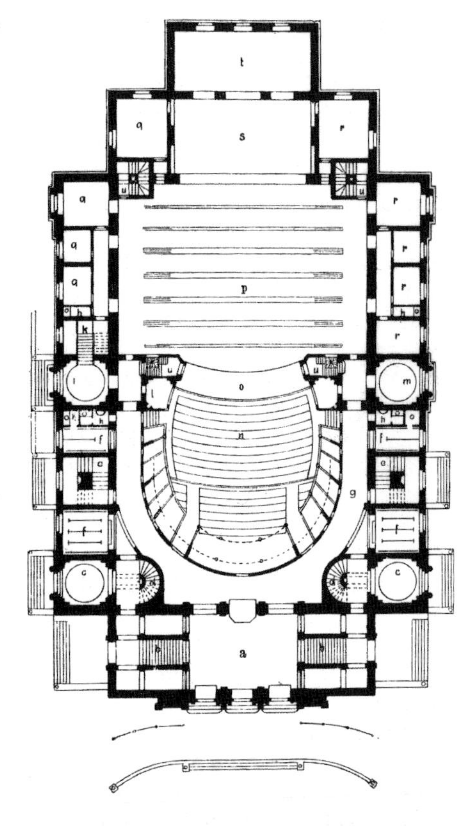

Albert-Theater. Grundriß
Albert-Theater. Aufn. um 1875

Land- und Bergchronica» lebte seit 1587 in Dresden als Sekretär, seit 1591 auch als Archivar des Kurfürsten. A. verfaßte eine nur handschriftlich vorliegende, bis 1592 reichende Dresdner Chronik, wobei er auf Vorarbeiten des Unterstadtschreibers Ambrosius WEISS zurückgriff.

Albrecht der Beherzte: Herzog von Sachsen, seit 1498 auch Erbstatthalter von Friesland, Stifter der Albertinischen Linie des Hauses Wettin, geb. 17. 7. 1443 Grimma, gest. 12. 9. 1500 Emden. – A. residierte seit 1464 gemeinsam mit seinem älteren Bruder ERNST, nach der ➔Leipziger Teilung von 1485 allein in Dresden, das von dieser Zeit an bis zum Ende der Monarchie in Sachsen 1918 ständige Residenz der Albertiner blieb. Bedeutsam für Dresdens weitere Entwicklung wurden die von A. nach dem ➔Stadtbrand von 1491 erlassenen verschärften baupolizeilichen Bestimmungen.

Albrechtsschlösser: gebräuchliche, aber ungenaue Bezeichnung für die beiden *Elbschlösser* ➔Schloß Albrechtsberg und ➔Villa Stockhausen auf der Loschwitzer Elbhöhe, die von Adolf ➔LOHSE entworfen wurden. Die Bezeichnung ist abgeleitet von dem Bauherrn Prinz ALBRECHT von Preußen, der Schloß Albrechtsberg errichten ließ.

Alexander I. Pavlovič: Kaiser von Rußland, geb. 17. 12. 1777 St. Petersburg, gest. 1. 12. 1825 Taganrog. – Zum ersten Mal besuchte A. die Stadt vom 11. bis 13. November 1805 während des dritten Koalitionskrieges, als er, von Polen kommend, nach Mähren zu seiner Armee reiste. Als Gast des kurfürstlichen Hofs bewohnte er das Schloß. Ein längerer Aufenthalt fiel in das Jahr 1813, als er zusammen mit König ➔FRIEDRICH WILHELM III. von Preußen am 24. April nach der vorübergehenden Räumung Dresdens durch die Franzosen als Sieger in die Stadt einzog. A. bewohnte in dieser Zeit das ➔Palais Brühl in der Augustusstraße. Am 30. April verließ er wieder die Stadt. Nach der Niederlage der Verbündeten bei Lützen kehrte er nur noch für wenige Tage zurück (4. bis 8. Mai). Während der ➔Schlacht bei Dresden 1813 betrat er die Stadt nicht, befand sich aber zeitweise mit seinem Stab auf den Räcknitzhöhen, wo auch General ➔MOREAU schwer verletzt wurde.

Alexiuskapelle: In einer Urkunde von 1305 wurde erstmals eine Kapelle zum heiligen Leichnam auf der Brücke (spätere Augustusbrücke) erwähnt. Die Kapelle mit dem außerhalb aufgestellten Heiligenbild galt im Mittelalter als Wallfahrtsort. Die dem Leichnam Christi geweihte Kapelle erhielt unter Herzog Georg eine Namensänderung und wurde dem heiligen Alexius geweiht. Die Einkünfte der A. kamen dem neuerbauten ➔Jakobshospital zugute. Das Gebäude verschwand, als Kurfürst MORITZ des Festungsbaus wegen (1547) 5 Pfeiler der Brücke verschütten ließ. Die A. stand, von der Altstädter Seite gesehen, auf der rechten Seite der Brücke gleich nach dem Brückentor.

Alfred-Althus-Straße: in der ➔Wilsdruffer Vorstadt gelegene Straße, die die ➔Freiberger Straße mit dem ➔Wettiner Platz verbindet. Ihren jetzigen Namen (➔ALTHUS, A.,) trägt die Straße seit 1962. Erstmals wurde die Straße 1736 bebaut. Bis zum Ende des 18. Jh. wurde sie als Teil des Platzes «An der Entenpfütze» (später Freiberger Platz) angesehen, später hieß sie auch «Am Rabenstein», da sie am gleichnamigen Platz, der ältesten Hinrichtungsstätte Dresdens, vorüberführte. 1836 erhielt sie den Namen Stiftsstraße nach dem an ihr 1740/41 erbauten ➔Ehrlichschen Gestift. Außerdem befanden sich hier das städtische Armenhaus und das Findelhaus. 1839 wurde die 1828 auf dem Zwingerwall eröffnete erste Gasanstalt Dresdens hierher verlegt (bis 1895 in Betrieb). 1879 kam ein Teil der Stiftsstraße zur heutigen Schweriner Straße.

Algarotti, Francesco: italienischer Schriftsteller und Kunstliebhaber, geb. 11. 12. 1712 Venedig, gest. 3. 5. 1764 Pisa. – A. trat 1742 in sächsische Dienste und wurde mit Bildaufkäufen für die kurfürstliche Galerie beauftragt. Auf drei Italienreisen erwarb er eine Reihe von bedeutenden Werken, (z. B. das «Schokoladenmädchen» von LIOTARD) und regte den Ankauf der Sammlungen des Herzogs von Modena mit 100 der berühmtesten Bilder der ➔Gemäldegalerie Alte Meister an. Seine Anstellung als Intendant der Kunstkammer zerschlug sich und A. verließ 1745 Dresden, um in preußische Dienste zu treten.

Allgemeiner Dresdner Sängerverein, auch *Allgemeiner Dresdner Männergesangverein*: ehemalige Vereinigung von Dresdner Männergesangvereinen. Zur gemeinsamen Interessenvertretung der Gesangsvereine wurde der A. am 21. Juli 1847 gegründet und spielte in der Folgezeit eine beachtliche Rolle im Dresdner Musikleben. Anfangs gehörten ihm der ➔Dresdner Orpheus, die ➔Dresdner Liedertafel, der Dresdner «Liederkranz», der «Arion» und der Verein «Odeon» an; weitere neugegründete Gesangsvereine kamen später hinzu, bis der A. 1877 mit der Bildung des «Julius-Otto-Bundes» aufgelöst wurde.

Allgemeiner Musikerverein zu Dresden: am 31. Juli 1869 von 110 Dresdner Musikern zur «Förderung und Pflege des öffentlichen Musiklebens» sowie zur sozialen Sicherung seiner Mitglieder gegründeter Verein. Seit 1873 gehörte der A. als drittgrößter Lokalverein dem Allgemeinen deutschen Musikerverband an; sein erster Vorsitzender war der Stadtmusikdirektor Moritz Erdmann PUFFHOLDT (gest. 1889). Der Verein sorgte für die Einführung eines einheitlichen Tarifes für «Musikleistungen» von einzelnen Musikern bzw. von Kapellen und mit eigenen Geldmitteln (z. B. aus sog. Monstrekonzerten) zur Linderung von Notfällen seiner Mitglieder und ihrer Familien.

Alte Wache: für die Unterbringung der Altstädter Wache von Johann Rudolph ➔FÄSCH entworfener und 1715/16 am Neumarkt errichteter langgestreckter,

Schloß Albrechtsberg

niedriger Bau mit Mansarddach. In dem Gebäude, das auf Canalettos Darstellungen vom Neumarkt vor der Frauenkirche zu sehen ist, befanden sich auch die Garnisonskirche und Gefängnisräume. Es brannte 1760 beim preußischen Bombardement aus und wurde 1765 abgetragen. Für die Wache wurden später Gebäude am Theaterplatz errichtet. →Altstädter Wache.

Altendresden: Die heutige Innere →Neustadt wurde erstmals im Lehnbuch Markgraf Friedrichs des Strengen aus dem Jahre 1350 als selbständige Siedlung A., «Antiqua Dressdin», erwähnt. A. ging auf eine slawische Siedlung zurück, die möglicherweise im 12. Jh. entstanden ist. Die ältesten Siedlungskerne sind dabei auf Grund archäologischer Forschungen in den zwei hochwasserfreien Bereichen der späteren →Klostergasse und der Meißner Gasse anzunehmen. Vor dem Bau der Brücke bestand zwischen dem Siedlungskern Klostergasse und der linkselbischen Siedlung um die →Frauenkirche eine Fährverbindung. Aus der Tatsache, daß die slawische Besiedlung des Elbtales von Böhmen aus erfolgte, ergibt sich, daß A. jünger als die linkselbische Siedlung war. In der älteren Literatur (z. B. bei J. Ch. →Hasche, u.a. noch bei O. →Richter) wurde die gegenteilige Ansicht vertreten. – Im Mittelalter befand sich in A. ein Herrenhof, der meistens im Besitz vornehmer Dresdner Bürger war. Am 21. Dezember 1403 verlieh Markgraf →Wilhelm I. dem Ort das mit gewissen Einschränkungen versehene Stadtrecht. Das Wappen der um 1500 kaum 1000 Einwohner zählenden Stadt zeigte eine Kiefer mit einem Hirsch. 1404 war das →Augustinerkloster gestiftet worden. Die aus dem Sprengel der →Frauenkirche herausgelöste Stadt erhielt eine eigene Pfarrkirche, zu den «Heiligen Drei Königen» (→Dreikönigskirche), die 1421 erstmals erwähnt wurde. Mittelpunkt des Ortes war der heutige →Neustädter Markt, an dessen Nordseite sich das älteste Rathaus befand. Die unbedeutende Stadt blieb immer im Schatten der unmittelbar benachbarten Stadt Dresden. So besaß sie bis ins 17. Jh. keine Stadtmauer, sondern nur einen Erdwall als Befestigung. 1429 wurde A. von den Hussiten zerstört, 1547 während des Schmalkaldischen Krieges von den Truppen des Kurfürsten Johann Friedrich geplündert. – Am 29. März 1549 verfügte Kurfürst →Moritz im Zuge der Erweiterung und Umgestaltung seiner Residenz die Einverleibung A. nach Dresden gegen den Widerstand des A. Rates. Der nunmehrige Dresdner Stadtteil versank jetzt fast völlig in die Bedeutungslosigkeit. Sogar der Wochenmarkt wurde bis 1711 in die linkselbische Stadt verlegt. Von einiger Bedeutung für den Stadtteil war nur der von 1568 bis 1617 erfolgte Bau des →Jägerhofes. Während des Dreißigjährigen Krieges versuchten am 30. September 1631 500 kroatische Reiter vergeblich, A. zu erobern. 1632 begann man mit dem Bau der Stadtbefestigung auf der A. Seite der Stadt. Der verheerende Stadtbrand am 6. August 1685, der vom Hause eines Kunsttischlers in der Meißner Gasse ausging, zerstörte fast ganz A. (336 Häuser) mit Ausnahme des Jägerhofs, des Rathauses und einiger Wohnhäuser. Der Neuaufbau im Sinne städtebaulicher Vorstellungen des

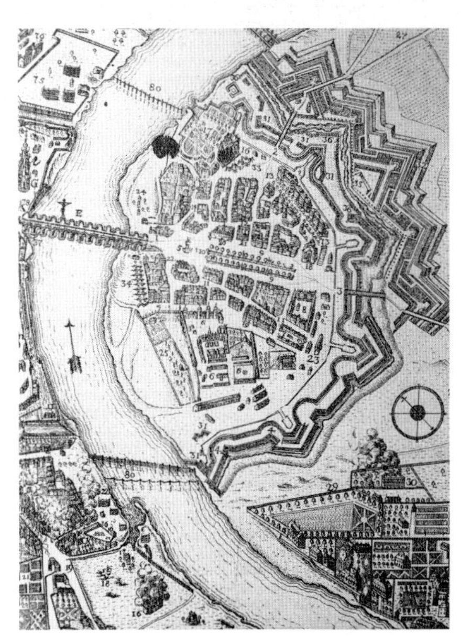

Alte Wache am Neumarkt. 1750
Plan von Altendresden. Anfang 18. Jh.
Altendresden um 1700. Relief am Fußgängertunnel Neustädter Markt von Egmar Ponndorf
Blick vom Turm der Dreikönigskirche nach Osten. 1923

Absolutismus zog sich über mehrere Jahrzehnte hin. Grundlage dafür waren die Pläne des Oberlandbaumeisters Wolf Caspar von →KLENGEL. Ein königliches Patent von 1732 nannte den im Neuaufbau befindlichen Stadtteil «Neue Stadt bey Dresden». Daraus entstand die Bezeichnung →Neustadt.

Altenkirch, Otto: Maler, geb. 2. 1. 1875 Ziesar/Kr. Brandenburg, gest. 20. 7. 1945 Siebenlehn. – Der zunächst als Dekorationsmaler ausgebildete A. studierte ab 1899 an der Berliner und ab 1902 an der Dresdner Kunstakademie und wurde 1909 zum Leiter des Malsaales am Dresdner Hoftheater berufen. Für die Gestaltung seiner Bühnenbilder, Horizonte und Kulissen erhielt er 1917 den Professorentitel. Einen großen Teil seiner Zeit widmete A. der Landschaftsmalerei, wobei er die karge Sandlandschaft des →Hellers bevorzugte und als «Maler des Hellers» in die Dresdner Kunstgeschichte eingegangen ist. Ab 1920 wirkte er als freier Künstler in Siebenlehn. – Otto-Altenkirch-Straße in Zschertnitz.

Alter Güterbahnhof: ab 1862 für die Sächsisch-Böhmische Eisenbahn vor dem Falkenschlag angelegter Bahnhof, auch Güterbahnhof Dresden-Altstadt. – Er war einer von insgesamt fünf im 19. Jh. in Dresden betriebenen Güterbahnhöfen, erhielt 1866 Gleisanschluß zum Bahnhof der →Albertbahn, wurde bis Plauen erweitert und in einen Abstellbahnhof umgewandelt.

Alter israelitischer Friedhof: →Jüdischer Friedhof, alter

Alter (auch *Innerer*) **Katholischer Friedhof:** zweitältester noch bestehender Begräbnisplatz Dresdens (nach dem →Eliasfriedhof); mit kulturhistorisch und künstlerisch bedeutenden Grabstätten; an der Friedrichstraße. – Der Friedhof wurde 1720 außerhalb der Stadt angelegt, nachdem der Glaubensübertritt AUGUSTS DES STARKEN den Zuzug katholischer Künstler und Beamter verstärkt hatte. Er wurde 1740 erweitert und 1842 erneut vergrößert, wobei die Friedhofskapelle entstand. – Künstlerisch besonders wertvoll sind die Grabmale von Franz →PETTRICH (u. a. das eigene Grab mit Frauengestalt, geschaffen zum Gedenken an seine 1803 und 1806 verstorbenen beiden Ehefrauen) und die Kreuzigungsgruppe, die Balthasar →PERMOSER für seine eigene Grabstelle schuf (zum Schutz vor Verwitterung heute in der Kapelle). Pettrich schuf auch das Grabmal für Giovanni Battista →CASANOVA und das Bischofsgrabmal des Johannes Aloys SCHNEIDER (gest. 1818). Von Johann Baptist →DORSCH stammt das Grabmal für Johann Georg(e) Chevalier de SAXE (1704 bis 1774, ein Sohn Augusts des Starken). Von etwa 120 Grabstätten polnischer Katholiken, u.a. Emigranten nach 1830, blieben ca. 37 erhalten, so das Doppelgrab für den Dichter Kazimierz BRODZINSKI (1791–1835) und den General Stanislaw von SKARBEK-WOYCZYNSKI (1766–1837). – Nach dem Entwurf von Gottfried →SEMPER wurde die Familiengruft Weber geschaffen, in der am 15. Dezember 1844 Carl Maria von →WEBER nach Überführung seiner sterblichen Hülle, 1881 sein Sohn Max Maria von →Weber sowie weitere Familienangehörige beigesetzt wurden.
Auf dem Friedhof wurden zahlreiche weitere Persönlichkeiten Dresdens beigesetzt: Luigi →BASSI, Bartolomeo →BOSCO, François →COUDRAY, Anton DREYSSIG (Begründer der →Dreyssigschen Singakademie), Moritz →FÜRSTENAU, Ernst Julius →HÄHNEL, Ernst →HOTTENROTH, Auguste Charlotte von →KIELMANNSEGGE, Carl KREBS und dessen Frau, die Sängerin Aloyse KREBS, Mary KREBS-BRENNING (1851–1900, Kammervirtuosin), Gerhard von →KÜGELGEN, Anton →PUSINELLI, Friedrich von →SCHLEGEL, Kurt →STRIEGLER, und Joseph →TICHATSCHEK. – An der Westmauer befindet sich die Gedenkstätte für im KZ Dachau umgekommene (Bernhard WENSCH, 1908–1942; Alojs →ANDRITZKY) und bei Luftangriffen auf Dresden verstorbene katholische Priester.

Altertumsverein: →Sächsischer Altertumsverein

Althus, Alfred: Fräser, Widerstandskämpfer, geb. 28. 8. 1888 Pieschen b. Dresden, gest. (erm.) 1943 Zuchthaus Berlin-Plötzensee. A. war seit 1908 im Schreib- und Nähmaschinenwerk Clemens MÜLLER tätig und trat 1910 der SPD bei. 1925 war A. Mitbegründer und Vorsitzender des Arbeiter-Ratio-Bundes Dresden. Er eröffnete in der Großen Meißner Straße ein Rundfunkgeschäft und Bastlerheim, das nach 1933 Treffpunkt Dresdner Antifaschisten wurde. Nach der Verhaftung einer von ihm betreuten Widerstandsgruppe im Jahre 1942 wurde A. 1943 verhaftet und vom Volksgerichtshof zum Tode verurteilt. – Alfred-Althus-Straße in der Altstadt.

Altmarkt: Als ältester Dresdner Platz war der A. der Kern der mittelalterlichen Stadtanlage und damit zugleich deren wirtschaftlicher und gesellschaftlicher Mittelpunkt. Das Gelände westlich des A. gehörte zu den am frühesten bebauten Gebieten Dresdens. Auf dem A. (1370 erstmals als «circulus» erwähnt) wurde montags, nach der Einverleibung →Altendresdens zusätzlich freitags, Wochenmarkt abgehalten. Auf dem Platz fanden auch die Jahrmärkte statt, ebenso lange Zeit der →Striezelmarkt. Das an der Nordseite des Platzes frei stehende Rathaus (→Rathäuser) war nicht nur Sitz des

Tierhetze auf dem Altmarkt. 1609

Stadtrats, sondern es beherbergte auch die Verkaufsstände der Gewandschneider (bei Ersterwähnung 1295 deshalb auch als Kaufhaus bezeichnet). Am Rathaus bzw. in seiner Nähe befanden sich die Stände verschiedener Handwerker, die Ratswaage sowie die Gerichtsstätte mit dem Pranger. – Der Stadtbrand von 1491 zerstörte eine Vielzahl der Häuser der vor allem am Markt wohnenden vornehmen Bürger. Seit Mitte des 16. Jh., als durch die Einbeziehung der Siedlung um die Frauenkirche ein zweiter Platz entstanden war, kam die Bezeichnung «Alter Markt» auf. Von dieser Zeit an bis zur Mitte des 18. Jh. wurde der A. vom Hof auch für Festlichkeiten, wie Ringrennen und Tierhatzen, beansprucht. Teilweise aus diesem Grund erfolgte 1707 auf Befehl des Kurfürsten der Abriß des Rathauses. Erst 1741/44 kam es zum Bau eines neuen Rathauses an der Westseite des Marktes. An der Südseite wurde 1746 das Chaisenhaus errichtet (1878 abgerissen). Am Marktrand stand seit 1653 ein Steinbrunnen mit dem Standbild der Justitia (→Justitiabrunnen), der 1888 abgetragen wurde. – Durch die beginnende Dezentralisierung des Handels seit dem Ende des 18. Jh. ging die Marktfunktion des A. allmählich zurück. Wochenmärkte fanden bis 1893 statt, danach nur noch der Striezel- und der Blumenmarkt, der Platz war 1830 (Sturm auf das Rathaus) und 1849 während des →Maiaufstandes (Rathaus: Sitz der provisorischen Regierung) Brennpunkt revolutionärer Ereignisse. Der nach 1850 verstärkt einsetzende wirtschaftliche Aufschwung machte sich auch am A. bemerkbar; Entwicklung zu einem der Verkehrszentren der Stadt, Bau von Warenhäusern (z. B. Kaufhaus Renner), Banken, Restaurants usw., durch die die architektonische Geschlossenheit des Platzes (Renaissance- und Barockbauten) verlorenging. In der Mitte des A. wurde 1880 das →Siegesdenkmal errichtet. – Am 13./14. Februar 1945 wurde der Platz während der angloamerikanischen →Luftangriffe völlig zerstört. Die Grundsteinlegung für den Wiederaufbau erfolgte am 31. Mai 1953 (Westseite des Platzes). Der A. wurde dabei flächenmäßig auf mehr als das Doppelte erweitert (Kreuzkirche seitdem direkt am A. gelegen). Mit dem Bau des →Kulturpalastes 1969 ist die Nordseite des A. wieder geschlossen worden. Die Bebauung der Südseite ist geplant.

Altmarkt und altes Rathaus. Aufn. um 1890
Blumenmarkt auf dem Altmarkt. Aufn. um 1927
Nordwestlicher Eckbau am Altmarkt
rechts: Altstädter Wache (Schinkelwache)

Altstadt: Bezeichnung für das linkselbische Dresden, die allmählich in Gebrauch kam, nachdem das rechtselbische →Altendresden nach dem Stadtbrand von 1685 bis zur Mitte des 18. Jh. neu aufgebaut und 1732 erstmals als «Neustadt bey Dresden» bezeichnet wurde (→Neustadt). Zuvor wurde die A. als «Neuendresden» bezeichnet.

Altstädter Wache, auch *Neue Hauptwache*: An der Ostseite des →Theaterplatzes 1830/32 nach Plänen von Karl Friedrich SCHINKEL (1781–1841) von Joseph →THÜRMER für die Unterbringung der Wache errichteter Sandsteinbau. Dieser einzige Schinkelbau in Dresden wurde im griechischen Tempelstil entworfen und zeigt im Flachgiebel der Schloßfront eine Saxonia-Figur von Josef HERRMANN (1800–1869) und im Giebelfeld der Rückseite eine Marsfigur von Franz →PETTRICH. Die Baukosten betrugen 120 000 Taler, Schinkel erhielt für seinen Entwurf 31 Taler und einen Ehrenring. Die A. brannte 1945 aus, sie wurde 1955/56 wiederhergestellt und diente Verwaltungszwecken, bis sie ab 1985 als zentrale Theaterkasse eingerichtet wurde (1993 rekonstruiert). – Vorläufer der A. waren die →Alte Wache auf dem Neumarkt, danach die «Galerie-Wache» zwischen Schloß und Zwinger und von 1806 bis 1832 ein provisorischer Fachwerkbau zwischen Kathedrale und Elbe.

Am Rabenstein: →Stiftsplatz

Am See: parallel zur Marienstraße verlaufende Straße in der Seevorstadt-West, 1466 erstmals als kleine Häuserreihe am Neuen See («hinder dem nawen Sehe») urkundlich erwähnt, zweite Häuserreihe auf dem 1746/47 zugeschütteten See errichtet. Der Rat der Stadt stimmte 1885 der Bitte der Bewohner zu, die Straße wegen häufiger Verwechslungen mit der →Seestraße nach der nahen Hauptpost als Poststraße zu bezeichnen. Nach den Bedenken der kgl. Behörden wegen des damit verbundenen Mangels an historischem Ortssinn machte der Rat den Beschluß rückgängig. – Die Straße wurde nach 1945 mit den 8geschossigen Wohnzeilen (mit Keramikfassade zur Marienstraße) bebaut.

Am Taschenberg: Die kleine Gasse existierte bis 1945 zwischen →Schloßstraße

und →Sophienstraße. Die Anlage der Straße ist noch vorhanden, wird aber als solche nicht mehr geführt. Seit 1396 wird sie erstmalig als Taschinberg (→Taschenberg) erwähnt und ab 1407 «gaße uff dem Taschenberge» genannt. Die Bezeichnung stammt von Tasche, was volkstümlich ein einseitiger Abfall von einer Erhebung bedeutete. Hier hat seit dem 12. Jh. die erste markgräfliche Burg der Wettiner gestanden. Nach mehreren Um- und Anbauten entstand in diesem Gebiet das →Residenzschloß. Dem Schloß gegenüber befindet sich das →Taschenberg-Palais. Beide Gebäude sind mit einem brückenähnlichen Übergang verbunden.

Ambros, Emerich: Klempner, Sozialdemokrat, geb. 22. 5. 1896 Budapest, gest. (erm.) 26. 9. 1933 KZ Hohnstein. – Der von den Faschisten zu Tode gefolterte Widerstandskämpfer war Mitglied des Bezirksrates der Eisenbahner und des Betriebsrates im Reichsbahnausbesserungswerk Dresden-Friedrichstadt, in dem er Streikaktionen leitete. Er nahm 1929 am SPD-Parteitag in Magdeburg teil. – Gedenktafel am Wohnhaus Rabenauer Straße 7; Gedenkstein am RAW; Emerich-Ambros-Ufer an der Weißeritz; Grab auf dem Äußeren Matthäusfriedhof.

Amerikanische Kirche, American church of St. John: 1883 von F. DÜGEL am ehemaligen Reichsplatz (jetzt Fritz-Löffler-Platz) im neugotischen Stil erbaut. 1945 wurde sie durch Bomben zerstört, die Ruine später abgebrochen.

Ammon: 1. *Christoph Friedrich von*, ev. Theologe, Oberhofprediger, geb. 16. 1. 1766 Bayreuth, gest. 21. 5. 1850 Dresden. – Bevor A. 1813 nach Dresden als Oberhofprediger berufen wurde, war er seit 1792 Theologieprofessor in Erlangen und hatte seinen wissenschaftlichen Ruf durch sein Buch «Entwurf einer rein biblischen Theologie» (1792) begründet. In Dresden war er gleichzeitig Geh. Rat im Kultusministerium, Vizepräsident des ev. Landeskonsistoriums und Mitglied der 1. Kammer der Ständeversammlung. A. besaß ein Haus mit großem Garten in der Feldgasse, in der Nähe der jetzigen Ammonstraße. – Grab auf dem Eliasfriedhof. –
2. *Friedrich August von*, Sohn von 1., Arzt, geb. 10. 9. 1799 Göttingen, gest. 18. 5. 1861 Dresden. – A. ließ sich nach Studien in Leipzig und Göttingen 1822 als Arzt in Dresden nieder. 1828 wurde er Direktor der →Chirurgisch-Medizinischen Akademie und 1837 kgl. Leibarzt. Er veröffentlichte umfassende Abhandlungen zur Chirurgie und Augenheilkunde. – Grab auf dem Eliasfriedhof.

Amtsgericht (Gebäude): repräsentativer Bau Sachsenallee/Lothringer Straße, der 1888/92 nach Entwürfen des Leipziger Architekten Arwed ROSSBACH (1844 bis 1902) in Anlehnung an Florentiner Renaissance-Formen errichtet wurde. Die beiden Figurengruppen «Wahrheit» und «Gerechtigkeit» am Hauptportal schuf Johannes →SCHILLING. Das 1945 teilweise ausgebrannte Bauwerk wurde für das Bezirksgericht und die Kreisgerichte der Stadtbezirke Dresdens 1958 wieder aufgebaut und dient als Sitz dem seit 1. Januar 1993 wiedereingerichteten Oberlandesgericht Dresden.

Amtsziegelei: Die seit dem 14. Jh. in der →Fischergemeinde (Pirnaische Vorstadt) existierende A. bestand bis etwa 1850. In ihr wurden für die markgräflichen, kurfürstlichen und königlichen Festungs-, Hof- und Amtsbauten Ziegel und Kalk gefertigt, was auch zu dem Namen «Festungsziegelei» führte. Sie wurde von königlichen Baumeistern betreut, später an diese verpachtet und ging Mitte des 18. Jh. in Privatbesitz über (Lohrmannsche bzw. Sonntagsche Ziegelei). Das Gebiet zwischen Elbe, der heutigen Rietschel-, Schul- und Ziegelstraße hieß «Ziegelviertel».

An der Dreikönigskirche: Die heute noch bestehende Straße verläuft in Hufeisenform um die →Dreikönigskirche. Ihre Endpunkte liegen an der →Hauptstraße und der →Königstraße. Seit 1739 steht Gottfried →KNÖFFLERS →«Rebekka-Brunnen» an dieser Straße (auf der Säule befindet sich eine Frauengestalt, einen Wasserkrug auf dem Kopf tragend). Bis zum Ausgang des 18. Jh. nannte man die südlich der Kirche verlaufende Gasse «Gäßchen bei der Kirche». Als auch nördlich der Kirche Häuser entstanden, wurde ab etwa 1830 diese Gegend «Platz an der Kirche» oder nur «An der Kirche» genannt. Seit 1879 wurde der Name A. eingeführt. Rekonstruktionen an den erhaltenen Zeugen bürgerlichen Wohnungsbaues dieser Straße vermitteln heute das einstige Fluidum der Barockstadt Dresden.

An der Frauenkirche: unmittelbares Gelände um die Frauenkirche. Die älteste Bebauung nach der provisorischen Einbeziehung der Frauenkirchsiedlung in die Stadt im Jahre 1519 unter Herzog GEORG wurde 1521 begonnen. Um 1840 wurden alle Häuser unter der Bezeichnung A. zusammengefaßt.

An der Kreuzkirche: Straße, die seit dem Mittelalter rund um die →Kreuzkirche führt. Die dort angelegten Häuser hatten im 15./16. Jh. mehrere Bezeichnungen. So wurde 1425 ein «huß hinder des heiligen Crucis capellen», 1567 ein «almosenhaus uff dem Creuczkirchhoff» und 1577 ein Haus «bei der Creutzkirchen» erwähnt. Bis ins 19. Jh. wurden die Gebäude zwischen →Altmarkt und der →Weißen Gasse sowie zwischen der →Schulgasse und der →Pfarrgasse als A. benannt. Die Häuser östlich der Kreuzkirche zwischen →Kreuzstraße und Schulgasse wurden «Hinter der Kreuzkirche» genannt. Das kurze Straßenstück von der Schulgasse bis zum Stadthaus hieß anfangs «Am Marstall», später «Am Maternihospital» (auf dem Gelände des städtischen Marstalls befand sich 1746/1838 das →Maternihospital; seit 1910 Areal des Neuen Rathauses). Seit 1840 gibt es für alle die Kreuzkirche umgebenden Gebäude nur die Bezeichnung A. Im Februar 1945 wurden sämtliche Häuser durch Bomben zerstört.

An der Mauer: Bis 1945 verlief die Gasse A. von der →Pfarrgasse bis zur →Wallstraße. Sie entstand beim Neubau der Festungswerke in den Jahren 1546/51. Seit 1554 hieß die Gasse «An der Mawer». Ursprünglich verlief die Gasse von der →Schulgasse entlang der neuen Stadtmauer bis an die →Große Brüdergasse und wurde um 1584 auch Stadtmauergasse genannt. Auf der ehemaligen Gasse befindet sich seit 1959 das zweigeschossige Café-Restaurant Ring-Café.

Anatomie-Kammer: Museum für Anatomie und chirurgische Instrumente. Als Begründer der A. muß der Wittenberger Mediziner und Professor für Anatomie und Botanik Johann Heinrich →HEUCHER angesehen werden. Mit der

Einrichtung der A. wurde ab Juni 1716 im Schloß begonnen, aber erst nach vier Jahren konnte sie dem Plan entsprechend vollendet werden. Der Kunstkammer gleichgestellt, wurde die vom Hofbarbier Melchior MEYER zusammengestellte A. im →Regimentshaus (auch «Collectionsgebäude» genannt) auf dem Neumarkt untergebracht. 1728 zog die A. in den →Zwinger um. Weil zu dieser Zeit wohl niemand an das «Theatrum anatomicum» und an die Chirurgenschule in Dresden-Neustadt dachte, wurden bis auf wenige Stücke die Bestände der A. im Jahre 1733 der Universität zu Wittenberg geschenkt. Mit dem verbliebenen Rest wurde 1746 ein kleines anatomisches Museum eingerichtet. Neben den verschiedensten Wachsmodellen kamen auch die anatomischen und chirurgischen Instrumente zur Ausstellung. Eine Zeitlang trug das Anatomische Kabinett den Namen «cabinet d' ignorance» oder «museum ignorantiae» – Museum des Unbekannten. Bis zum Brand des Zwingers während des Maiaufstands 1849 verblieb die Sammlung am gleichen Ort, verblaßte aber im Laufe der Jahre vor dem eigentlichen anatomischen Museum der →Chirurgisch-medizinischen Akademie.

Anders, Ludwig Ferdinand: →Stolle, Ludwig Ferdinand

Andersen, Hans Christian: dänischer Märchendichter, geb. 2.4.1805 Odense, gest. 4.8.1875 Kopenhagen. – Während seiner ersten Auslandsreise hielt sich A. im Juni 1831 in Dresden auf («Reiseschatten von einem Ausfluge nach dem Harz, der Sächsischen Schweiz im Sommer 1831» von H.C. Andersen). Hierbei lernte er Ludwig →TIECK kennen. Im Juli 1834 reiste er von Prag nach Dresden. Diesmal beeindruckte ihn besonders die Gemäldegalerie. A. weilte nochmals in den Jahren 1846 und 1859 in der Stadt, wo er auch jeweils vom sächsischen König empfangen wurde. – Andersenstraße in Kaditz.

Andersen-Nexö, Martin: dänischer Dichter, geb. 26.6.1869 Kopenhagen, gest. 1.6.1954 Dresden. – A.-N. lebte von 1952 bis zu seinem Tode in Dresden (Weißer Hirsch, Collenbuschstraße 4). Hier arbeitete er an seinem unvollendet gebliebenen Roman «Jeanette». A.-N. wurde 1953 Ehrenbürger der Stadt, die 1958 eine Gedenkstätte in seinem Wohnhaus einrichtete und 1959 einen jährlich an Dresdner Kulturschaffende zu vergebenden Kunstpreis stiftete. – Martin-Andersen-Nexö-Straße in Räcknitz; Oberschule «Martin Andersen-Nexö» (zum Gymnasium Blasewitz gehörig).

Andritzki, Alojs: sorbischer kathol. Priester, geb. 2.7.1914 Radibor, gest. (erm.) 3.2.1943 KZ Dachau. – A. war ab 1939 als Kaplan an der Hofkirche tätig und für die Betreuung der Kapellknaben und für andere Bereiche der Jugendarbeit zuständig. Nach der Aufführung eines Krippenspiels, an dem die Nazis Anstoß nahmen, wurde er 1941 verhaftet und auf Grund seiner freimütigen Äußerungen gegen das Regime zu 6 Monaten Gefängnis verurteilt. Nach Verbüßung der Haft wurde er in das KZ Dachau verschleppt. – Alojs-Andritzki-Straße auf dem Weißen Hirsch.

Annenfriedhöfe: 1. *historischer A.* Der älteste der ev.-lutherischen A. bestand 1578–1820 an der →Annenkirche. Ein zweiter Friedhof der Annenkirchgemeinde wurde 1717 an der Josephinengasse (neben dem Sternplatz) angelegt, 1867 geschlossen und 1914 eingeebnet. – 2. *Alter Annenfriedhof.* Mit dem Anwachsen der Einwohnerzahl wurde 1848 auf Plauener Flur am Hahneberg nach Plänen von Christian Gottlieb SPIESS ein neuer Friedhof angelegt. Zu den ersten hier Bestatteten zählten Opfer des →Maiaufstandes 1849, für die ein Obelisk errichtet wurde. Neben dem Friedhofsgebäude befindet sich die Statue der Kurfürstin ANNA, die Robert →HENZE (hier begraben) für den ursprünglichen Standort an der Annenkirche schuf. – 1983 legte die Technische Universität auf der aufgelassenen Grabstätte von Hermann →HETTNER eine Gedenkstätte für 9 Professoren an, deren Gräber auf dem Friedhof nicht mehr zu rekonstruieren waren: Neben Hettner für August →SEEBECK, den Mathematiker Oskar SCHLÖMILCH (1823–1903), Gustav Anton →ZEUNER, den Statiker Wilhelm FRÄNKEL (1841–1895), Karl →WEISSBACH, Ambrosius →HÜLSSE, Martin →DÜLFER und den Mathematiker Georg HELM (1851–1923). – Zahlreiche weitere Persönlichkeiten wurden auf dem Friedhof begraben, u.a. Johann Carl Ulrich →BÄHR, Gustav Woldemar von →BIEDERMANN, Theodor →CHOULANT, Bogumil →DAWISON, Emil →DEVRIENT, Friedrich Wilhelm →ENZMANN, Hanns Bruno →GEINITZ, der Kammersänger Heinrich Wilhelm →GUDEHUS, Otto Leonhard →HEUBNER, Friedrich August →LESSKE, der Geodäsieprofessor Christian August NAGEL (1821–1903), Richard WAGNERS erste Ehefrau Minna PLANER (1809–1866), Julius →SCHNORR VON CAROLSFELD und die Wagner-Interpreten Ludwig SCHNORR VON CAROLSFELD (1830–1865) und Malwine geb. GARRIGUES (1825–1904), Afred →STÜBEL und die Schauspielerin Pauline →ULRICH. –
3. *Neuer Annenfriedhof.* 1875 legte die Annenkirchgemeinde auf Löbtauer Flur an der Kesselsdorfer Straße einen weiteren Friedhof an. Die Gebäude wurden 1878 durch den SEMPER-Schüler Rudolf WIMMER vollendet (Reliefs von Martin →ENGELKE; Kuppelhalle 1945 zerstört). Grabstätten von Paul →BÜTTNER, Friedrich →SIEMENS und dem Flugpionier Hermann REICHELT (1878–1914); an der Südseite 594 Kriegsgräber, überwiegend Opfer des Luftangriffs vom 17. April 1945. – An den Friedhof schließt sich seit 1898 der Friedhof «Friede und Hoffnung» an.

Martin Andersen-Nexö

Annengasse: nach der →Annenkirche benannter Straßenzug zwischen →Ostra-Allee und →Poppitz (heute bis →Sternplatz), Name seit 1815, seit 1858 Annenstraße, 1869/1945 über die →Falkenbrücke hinweg wichtige Verbindung in den Südwesten Dresdens. – Nach Abtragung des →Wilsdruffer Tores wurde

ein Weg nach dem →Jakobshospital angelegt («Am Festungsgraben», etwa ab 1830 Annenweg). Der Abschnitt der Annengasse zwischen Turmhaus an der Ostra-Allee und Jakobshospital hieß ab 1840 Zwingerstraße (heute überbaut); der restliche Teil der A. wurde mit dem Annenweg vereinigt.

Annenkirche: älteste Dresdner Vorstadtkirche, die 1578 von Kurfürst AUGUST für die sich schnell entwickelnden Gemeinden vor dem Wilsdruffer Tor (→Gerbergemeinde, →Fischersdorfer-, →Poppitzer und →Viehweider Gemeinde) gestiftet und in einer Bauzeit von nur 11 Monaten errichtet worden ist. 1598 wurde der Altar der Freiberger Nikolaikirche in die A. versetzt. Eine Erweiterung und der Bau eines neuen Turms erfolgten 1618/19 durch den Zimmermeister Georg BEGER und Maurermeister Donat STOLL. Danach erweiterte man auch den die A. umgebenden Gottesacker. 1680 wurden die Emporen eingebaut und 1712/18 erweiterte man wiederum den Bau, der 1760 durch preußische Truppen völlig eingeäschert wurde. 1764/69 wurde die A. nach Plänen des Ratsmaurermeisters Johann Georg →SCHMIDT wieder aufgebaut, wobei die →Dreikönigskirche für den rechteckigen Bau mit Treppenanlagen an den vier Ecken als Vorbild diente. Den Altar (1573 von Hans →WALTHER geschaffen) übernahm man aus der →Kreuzkirche, die Deckenmalerei stammte von Johann Benjamin →MÜLLER. Erst 1823 konnte der Bau durch den quadratischen klassizistischen Turm von Gottlob Friedrich →THORMEYER vollendet werden. Nachdem 1869 das Innere der A. völlig erneuert und zwei neue Portale eingebaut worden waren, erfolgte 1906/09 ein Umbau durch Richard →SCHLEINITZ. Der im Äußeren durch Pilaster und flache Portalvorbauten an den Längsseiten gegliederte Bau war im Inneren als Oval gestaltet. Für Kriegszwecke wurden 1917 Orgelpfeifen, 3 Glocken und die Kupferbedachung des Turmes beschlagnahmt und ausgebaut, später wieder ersetzt. Beim Bombenangriff 1945 brannte die A. völlig aus und wurde 1948/49 wieder aufgebaut.

Annenschule: ehemalige Schule der Annen-Parochie, zuletzt Realgymnasium. Die A. ging aus einer 1563 gegründeten «deutschen Schule» im Bartholomäushospital hervor. Dort war der Glöckner der einzige Lehrer. Zwischen 1593 und 1603 erhielt sie ein neues Haus (zugleich Lehrerwohnung) an der →Annenkirche, 1618 wurde sie vergrößert und in eine Lateinschule mit zwei studierten Lehrern (Rektor und Kantor) umgewandelt. Die Lehrer der A. waren schlecht besoldet und genossen nicht das Ansehen wie die der →Kreuzschule oder der →Dreikönigsschule. Vor allem führten sie einen ständigen Kampf gegen die Winkelschulen (erst 1711 verboten), die ihre Einkünfte schmälerten. Unter dem Rektor Christian August FREYBERG (1684–1742) erlebte die A. eine große Blüte. Er führte 1724 eine neue Schulordnung ein, verbesserte den Lateinunterricht und baute den Chor der Schule aus, wodurch die A. der Dreikönigskirche ebenbürtig wurde. Bei der preußischen Belagerung 1760 wurde die A. niedergebrannt, der Neubau der Schule verzögerte sich bis 1790. Die A. war bis dahin im Armenhaus der Gerbergemeinde untergebracht. Das neue Schulhaus (gebaut von Christian Heinrich →EIGENWILLIG) stand auf dem Platz des ehemaligen Pfarrhauses der Annenkirche. Nach dem Siebenjährigen Krieg verlor die A. an Bedeutung, da andere Schulen (vier sog. Polizeischulen, das →Freimaurerinstitut, die Friedrichstädter Armen- und Realschule, Privatschulen usw.) entstanden waren, die den Bedürfnissen der Bürgerschaft sehr entgegen kamen. Nachdem schon die Dreikönigsschule 1803 in eine Höhere Bürgerschule umgewandelt worden war, entstand 1824 nach langen Verhandlungen aus der A. eine Niedere und 1828 eine Höhere Bürgerschule. In den folgenden Jahren erblühte die A. wieder, so daß sie 1850 in eine Realschule umgewandelt werden konnte. Für die steigende Schülerzahl reichte das alte Schulgebäude nicht mehr aus. 1867/1870 entstand der Neubau an der Humboldtstraße. In dieser Zeit wurden in 9 Klassen 402 Schüler unterrichtet. Dagegen wurde die A. – seit 1884 Realgymnasium – wegen Rückgangs der Schülerzahl 1936 mit der Oberrealschule Dresden-Seevorstadt unter Beibehaltung des Namens A. vereinigt. Im Zweiten Weltkrieg diente die A. als Kriegslazarett und wurde beim Bombenangriff im Februar 1945 völlig zerstört.

Antikensammlung: →Skulpturensammlung

Antikriegsdemonstrationen (Erster Weltkrieg): Vor Kriegsausbruch rief die Dresdner SPD-Führung für den 28. Juli 1914 zu Kundgebungen in mehreren Sälen der Stadt auf, aus denen sich spontane Demonstrationen entwickelten. Auf einen erneuten Aufruf zu Kundgebungen am 31. Juli 1914 antworteten die Behörden mit dem Belagerungszustand. Zu Massenaktionen führten nach anfänglicher Kriegsbegeisterung breiter Schichten erst die Folgen des Krieges. Dresden wurde Zentrum oppositioneller Kräfte der ostsächsischen Linken, die in der Frauen- und Jugendbewegung ihre stärkste Basis fanden. Am 28. Oktober 1915 folgten mehrere hundert Frauen einem Aufruf von Minna NAUMANN zu einer Kundgebung gegen die Kriegsrationen vor dem Rathaus. 8000 Menschen beteiligten sich am 2. November 1916 an einer Friedenskundgebung des Spartakusbundes vor

Annengasse. Anfang 19. Jh.
Annenkirche, Ansicht von Nordosten. Aufn. 1975

dem sächsischen Regierungssitz. Der Bildungsverein der Dresdner Arbeiterjugend organisierte am 1. Mai 1917 einen Protestzug durch den Plauenschen Grund, wurde jedoch während der Vorbereitung weiterer Aktionen verboten. Max →HÜNIG, Erich LEWINSON, Minna Naumann und 9 weitere Mitglieder wurden zu Gefängnisstrafen verurteilt. Weitere Aktionen mündeten in die Ereignisse der →Novemberrevolution ein.

Antons: Vorwerk und Landschloß am Elbufer in Johannstadt, 1945 zerstört, Ruine 1958 abgetragen. – Das schlichte, barocke Gebäude mit Mansarddach wurde 1754 durch den Architekten Simon Gottlieb ZUG (1733–1807) für den Steuerrat Christian Gottlob ANTON am Standort eines früheren Kalkofens erbaut und diente auch als bekannte Schankwirtschaft, die u. a. von E. T. A. →HOFFMANN besucht wurde. Um 1828 wurde das Gebäude klassizistisch verändert, mit einem Belvedere versehen und um einen Park erweitert. 1832/98 besaß das Schlößchen die Bankiersfamilie KASKEL, die 1863 die Gaststätte schloß. Nach Übernahme durch die Stadt entstand 1922 ein Licht- und Luftbad. Oberhalb des Anwesens lag seit 1874 der Festplatz der →Vogelwiese, unterhalb 1925 der →Wasserflugplatz.

Antonsplatz: Name für den Platz westlich der →Wallstraße. Er entstand nach 1820 im Rahmen der →Entfestigung durch Zuschütten des Stadtgrabens zwischen →Wilsdruffer Tor und →Breiter Straße. Ursprünglich als «Demolitionsplatz» bezeichnet, erhielt er 1828 seinen Namen. Der Entwurf für die Anlage stammte von Gottlob Friedrich →THORMEYER, der für die Gartenanlagen von Carl Adolf →TERSCHECK. Ursprünglich sollten die Trödelbuden aus der Stadt und den Vorstädten dorthin verlegt werden. Stattdessen entschloß man sich zum Bau von festen Verkaufshallen an der Ost- und der Westseite des Platzes (1826 bzw. 1828). 1832 wurde ein Artesischer Brunnen angelegt (1890 bebaut). Von den später entstandenen Gebäuden sind zu nennen: das nach 1830 an der dem →Postplatz zugewandten Seite von Albert GEUTEBRÜCK und Joseph →THÜRMER errichtete Postgebäude, das von G. HEINE 1844/46 erbaute Gebäude für die Technische Bildungsanstalt (→Technische Universität) sowie die von Theodor FISCHER (1862–1939) und Wilhelm RETTIG (1845–1920) 1891/93 erbauten Markthallen in der Mitte des Platzes. Um 1950 wurden die Reste der im Februar 1945 zerstörten Bebauung abgetragen. 1976/89 fand zweimal im Jahr auf dem ehemaligen A. der «Dresdner Markt» statt. Die Neubebauung ist geplant.

Antonstadt: rechtselbischer Stadtteil der →Äußeren Neustadt, zwischen Eisenbahn Dresden-Görlitz, Albertstadt (Stauffenbergallee), Loschwitz (Waldschlößchen) und Innerer Neustadt. – Die A. entwickelte sich aus dem «Neuen Anbau auf dem Sande» entlang der →Bautzner Straße, der «Amtsgemeinde vor dem Schwarzen Tor» entlang der →Königsbrücker Straße und der «Ratsgemeinde vor dem schwarzen Tor» um die Alaun- und Louisenstraße. Diese Vorstädte wurden 1835 vereinigt, nach König ANTON von Sachsen (1827/36) benannt und zu Dresden eingemeindet. 1866 wurde →Neudorf unter städtische Verwaltung gestellt und damit zunächst zur A. hinzugerechnet, 1874 jedoch mit dem westlich der Eisenbahn liegenden Gebiet (→Hechtviertel) als Leipziger Vorstadt bezeichnet. – Durch Rodung der Heidewälder, die Altendresden im Norden und Osten umgaben, entstanden Felder und Weingärten, die jedoch besonders durch Raubbau an den Wäldern im Dreißigjährigen Krieg versandeten. Um 1700 breitete sich vor dem Schwarzen Tor (→Bautzner Tor) eine unbebaute Fläche aus. – Östliche Antonstadt: «Auf dem Sande» wurde als erste Anlage 1687 der kurfürstliche Holzhof angelegt (→Holzhofgasse). Vor den Toren Dresdens luden hier Gaststätten zur Einkehr, so der Coselsche Garten (→Wasserpalais Cosel), das →Linckesche Bad (1734) mit dem Sommertheater (1776). Auf «Altcosels Garten» weilte wiederholt Carl Maria von →WEBER. 1827 entstand das →Schwanenhaus. 1714 wurde an der Elbe das Militärlazarett errichtet (ab 1817 Garnisonsschule). 1744 setzte eine planmäßigere Erschließung ein, die durch die Pulverhäuser (1750/64) behindert wurde. In der entstehenden Vorstadt siedelten sich böhmische →Exulanten und nach der Beschießung Dresdens 1760 obdachlose Bürger an. An der Böhmischen Gasse gründete ein ev.-

Schlößchen «Antons» auf den Elbwiesen in Dresden-Johannstadt. Aufn. um 1910
Antonsplatz
Antonstadt mit Martin-Luther-Kirche. Luftbild nach Nordosten. Aufn. 1924

luth. Frauenverein 1844 die →Diakonissenanstalt, die 1847 an die Bautzner Straße zog und ihre Anlage mehrfach erweiterte. An der →Prießnitz entstand 1795 eine Zichorienfabrik (später Rossners Dampfmühle) und 1880 →Pfunds Molkerei. Der 1751 angelegte Israelitische Friedhof zwischen Prießnitz- und Pulsnitzer Straße bildet ein Kulturdenkmal (→Jüdische Friedhöfe). Eine Eisengießerei an der Bautzner Straße wurde 1787 Meierei des Grafen Camillo von →MARCOLINI. Marcolinis Landhaus an der Radeberger Straße gab der 1836 gegründeten →Waldschlößchenbrauerei den Namen. Aus der einstigen Gartenstadt entwickelte sich ein dicht besiedeltes, z.T. übervölkertes Arbeiterwohngebiet. An der Bautzner Straße und um die 1883/87 von Ernst →GIESE und Paul WEIDNER errichtete →Martin-Luther-Kirche entsprach die A. auch bürgerlichen Wohnansprüchen. Am →Bischofsweg wurde der →Alaunplatz als Exerzierplatz angelegt und 1870 die Schützenkaserne erbaut.– Im Osten der A. entwickelte sich das →Preußische Viertel mit zahlreichen bürgerlichen Wohnhäusern und Villen. An der Nordstraße wohnte 1879/85 der polnische Schriftsteller Josef Ignacy →KRASZEWSKI (Museum). An der gleichen Straße bezog 1867 die Modenakademie von Heinrich →KLEMM einen Neubau. An der Löbauer und Arndtstraße wuchs der Schriftsteller Ludwig →RENN auf. Der Pädagogische Verein eröffnete 1876 an der Jägerstraße 34 den Neubau des Pestalozzistiftes, daneben wurde 1880 das →Freiherrlich von Fletschersche Schullehrerseminar errichtet. Auf dem ehemaligen Holzhofgelände an der Elbe wurde 1874 das Königliche Gymnasium erbaut (1945 zerstört). Weitere Schulbauten entstanden 1841 und 1864 an der Görlitzer, 1874 an der Rothenburger und 1889 an der Louisenstraße sowie nach 1945 an der Löwenstraße. Hans →ERLWEIN errichtete 1902 an der Weintraubenstraße eine Höhere Mädchenschule (jetzt Gymnasium «Romain Rolland»). An der Görlitzer Straße war →TYMIANS Thalia Theater eine beliebte Bühne. – *Entlang der Königsbrücker Straße:* Nördlich vom Schwarzen Tor errichtete der böhmische Gärtner PABLIK 1735 das erste Haus, die «Sandschänke» (später «Grüne Tanne»). Der Kammerdiener HALLER besaß 1756 an der Königsbrücker Straße den Gasthof →Schönbrunn. Zu den ersten Dresdner Fabriken zählte die Schokoladenfabrik von JORDAN & TIMÄUS. Größter Betrieb in diesem Bereich wurden die Chlorodont-Werke des Ottomars Heinsius von →MAYENBURG (→Dental-Kosmetik-GmbH). Zu den Versammlungslokalen der Arbeiter zählte die 1993 abgebrochene Gaststätte «Zur Reichskrone» (→Damms Etablissement) an der Kreuzung mit dem Bischofsweg. – Das Gebiet der A. entwickelte sich zu den dichtbesiedeltsten Stadtteilen Dresdens (1831: 3745, 1910: 56 674 Einwohner). Die überalterte Bausubstanz weist heute erhebliche Schäden und Baulücken auf. In den letzten Jahren wurden baufällige Häuser, vor allem niedrige Gebäude aus den Anfängen der Vorstadt, abgerissen, an nicht wenigen Standorten auch Lücken durch Büro- und Wohngebäude geschlossen. Die Sanierungskonzeption für die Äußere Neustadt umfaßt größere Bereiche der A. Die Rekonstruktion des Stadtviertels wurde 1984 an der Martin-Luther-Straße begonnen. In der Alaunstraße wurde das Klubhaus «Scheune» ein bekannter Treffpunkt der Jugend. Zeitweise bildeten sich inmitten des verfallenden Altbauviertels einige Szenekneipen. Alternative Gruppen des von Konflikten nicht freien Wohngebietes organisierten in den letzten Jahren die Veranstaltung «Bunte Republik Neustadt».

Antonstraße: Straßenzug des 26er Ringes, entstanden nach Abtragung der Neustädter Festungswälle (1818), zuerst namenlos, ab 1836 wegen ihrer doppelten Baumreihe Hauptallee, seit 1840 benannt nach König ANTON (1755–1836, reg. 1827/36), der Name 1901 auf die Zufahrt zur →Marienbrücke ausgedehnt. – Von den ursprünglich zweigeschossigen klassizistischen Wohngebäuden ist das Haus Nr. 8, wahrscheinlich von Gottlob Friedrich →THORMEYER nach 1829, erhalten. Im Haus A. 6 (1945 zerstört) wohnte der Volksschriftsteller Gustav →NIERITZ. Am östlichen Straßenausgang: unter einem Pyramidendach die Bohrstelle des →Artesischen Brunnens sowie das →Hochhaus am Albertplatz.

Aphrodite: →Marie-Gey-Brunnen.

Apostelkirche Trachau: ev. Kirche für die seit 1908 selbständige Kirchgemeinde Trachau. Errichtet von Oswin →HEMPEL 1927/29 zwischen Halley- und Kopernikusstraße. Im Gottesdienstraum befindet sich eine kleine Taufkapelle mit Sgraffitogemälden der Bergpredigt, der Taufe, der Auferstehung, der Krippe und des Kreuzes.

Apotheken: Über die Entstehung der Dresdner A. reichen die geschichtlichen Belege bis ins 15. Jh. zurück. Das erste schriftliche Privileg vom Rat der Stadt erhielt am 12. Juni 1467 Johannes HUFFENER. Aus diesem «Kramen», in dem er und seine Frau Konfekt, gestoßene Würze und Kräuter verkaufen durften, sowie welsche und andere «Hochweine» schenken und die Krämerei betreiben konnten, entstand die erste A., die spätere →Marien-Apotheke. Die erste sächsische Gesetzgebung für eine Apothekenreform erließ Kurfürst →MORITZ im Jahre 1550. Seit dieser Zeit mußten die Apotheker einen Eid leisten, der sie verpflichtete, bei der Bereitung von Arzneimitteln nur «ordentliche Materialien» einzusetzen, verdorbene Ware zu vernichten und die Gesellen darüber zu vereiden. Zwei Jahre später erscheint nach einer Visitation in der ersten A. die «Apothecken Tax der Stadt Dreszden». In ihr wurde erstmals für Dresden eine Auswahl des Arzneischatzes, der Preise und der Gewichte dargestellt. Mit dieser Arzneitaxe sollte den Quacksalbern und Kurpfuschern das Handwerk gelegt werden. Im 15. Jh. trennten sich die Apothekenräume in Laboratorium und Offizin (Verkaufsraum). Mit der territorialen Erweiterung der Stadt, der ständigen Zunahme der Bevölkerung und dem wiederholten Auftreten epidemischer Krankheiten nahm auch die Zahl der A. zu. Bis Mitte des 19. Jh. hatte die Stadt bei über 100 000 Einwohnern bereits 10 A. Außer der →Hof-Apotheke belieferten die 9 anderen sogenannten «alten» A. von 1859/84 im dreijährigen Wechsel das →Stadtkrankenhaus mit Arzneimitteln. Bis 1944 stieg die Zahl der Bevölkerung auf weit über 600 000 Einwohner, denen 65 meistens einfach eingerichtete A. zur Verfügung standen. Bei der Zerstörung Dresdens im Februar 1945 wurde alle A. des Stadtzentrums vernichtet. Die pharmazeutische Versorgung nach 1945 konnte z.T. nur mit «Notapotheken» gewährleistet werden. Es folgten Rekonstruktionen in den bestehenden A. (z.B. →Kronen-Apotheke) und die Errichtung neuer Apotheken.

Appen, Karl von: Maler und Bühnenbildner, geb. 12. 5. 1900 Düsseldorf, gest. 22. 8. 1981 Berlin. – Der Künstler lebte ab 1929 in Dresden, wo er der →Assoziation revolutionärer bildender Künstler Deutschlands beitrat, nach 1933 mit Berufsverbot belegt wurde und sich aktiv als Kurier am antifaschistischen Widerstand beteiligte, weshalb er 1941 in ein hessisches Konzentrationslager kam (bis 1945). Nach dem Kriegsende setzte sich A. in Dresden als Bühnenbildner und Ausstattungsleiter (ab 1946) sowie als kommissarischer Generalintendant (1947/49) maßgeblich für den Wiederaufbau der Staatstheater ein. Allein von 1945 bis 1948 schuf er für die provisorischen Spielstätten in der Tonhalle (→Kleines Haus) und im →Kurhaus Bühlau 33 Bühnenbildarbeiten, in denen er sein vielseitiges Können bewies. 1954 ging A. als Bühnenbildner an das Brechtsche Berliner Ensemble, wo er internationalen Ruhm erlangte.

Arbeiterbewegung: Die organisierte A. entwickelte sich in Dresden – im Gegensatz zu anderen sächsischen Städten – auf Grund der andersgearteten sozialen Struktur der Bevölkerung (fehlende Schwerindustrie, hoher Beamtenanteil) ziemlich spät. In der Anfangszeit zählten deshalb vor allem Handwerksgesellen, Tagelöhner und Dienstboten zum Dresdner Proletariat, das sich eng an das Kleinbürgertum anschloß. Die Anfänge der A. lagen in den revolutionären Ereignissen von 1848/49 (→Revolution 1848/49, →Maiaufstand 1849). Von den 869 gerichtlich verfolgten Teilnehmern des Maiaufstandes 1849 entstammten rund 65 Prozent dem Arbeiterstande. Zum Erstarken der A. hatte die Gründung verschiedener Arbeitervereine in Dresden hohen Anteil. Als ältester Verein dieser Art wurde am 1. Mai 1848 der «Dresdner Arbeiterverein» gegründet. In ihm hatten sich vor allem Fabrikarbeiter und Handwerksgesellen organisiert. Der erste Vorsitzende war Wilhelm Tirnstein, der gleichzeitig an der Gründung der «Arbeiterverbrüderung» in Berlin beteiligt war, einer Dachorganisation aller Arbeiter- und Gewerbevereine Deutschlands. 1850 wurden die Arbeitervereine in Sachsen verboten. Der Schuhmacher Robert Knöfel (1834–1884) gründete 1861 einen Bildungsverein für Gewerbetreibende. Unter dem Einfluß von Emil Försterling (1827–1872) ging ein Jahr später aus diesem kleinbürgerlich orientierten Verein ein Arbeiterbildungsverein (Lokal in der Palmstraße) hervor, der 1863 schon 300 Mitglieder zählte. Försterling und Robert Lässig gründeten 1863 außerdem einen Ortsverein des Lasalleschen Allgemeinen Deutschen Arbeitervereins. 1864 übersiedelte der ehemalige Lasalleaner Julius →Vahlteich nach Dresden und trat ein Jahr später dem Dresdner Arbeiterbildungsverein bei, dessen Vorsitzender er 1867 wurde. Im gleichen Jahr gründete er innerhalb des Bildungsvereins eine Sektion (die «Dresdner Arbeitergesellschaft») der 1864 begründeten Internationalen Arbeiterassoziation. Diese Arbeitervereine, die anfangs unterschiedliche Auffassungen vertraten, sind die Keimzellen der sozialdemokratischen A.
Nach dem Gründungsparteitag der Sozial-Demokratischen Arbeiterpartei (SDAP) in Eisenach 1869, an dem Julius Vahlteich und August →Otto-Walster als Vertreter der Dresdner Arbeiter teilgenommen hatten, bildete sich aus dem Dresdner Lasalleschen Allgemeinen Deutschen Arbeiterverein und der Dresdner Arbeitergesellschaft ein anfangs 70 Mitglieder zählender Sozialdemokratischer Arbeiterverein, aus dem der Ortsverein der Sozialdemokratischen Arbeiterpartei hervorging (1870 bereits 320 Mitglieder). Das Ansehen und die Bedeutung der Dresdner Sozialdemokraten zeigte sich schon 1870 nach der Verhaftung des gesamtdeutschen Parteivorstandes der SDAP, als die Dresdner Sozialdemokraten für einige Monate die Führung übernehmen mußten. Die Residenzstadt Dresden entwickelte sich sehr bald zu einer Hochburg der Sozialdemokratie. Seit April 1871 erschien der →«Dresdner Volksbote», eines der ersten lokalen Presseorgane der Sozialdemokraten in Deutschland. Vom 12. bis 15. August 1871 fand in Dresden («Centralhalle» am →Fischhofplatz) und im «Münchner Hof» in der →Kreuzgasse) der II. Kongreß der Sozialdemokratischen Arbeiterpartei statt, auf dem August →Bebel ein Referat über Wahlrechtsfragen hielt. Nach der Vereinigung mit den Lasalleanern 1875 nahm der Einfluß der Partei deutlich zu. So konnte Bebel bei den Reichstagswahlen 1877 in seinem Wahlkreis Dresden-Altstadt im Vergleich zu 1874 die doppelte Stimmenzahl erreichen und wurde damit in den Reichstag gewählt. Auch 1881, während des Sozialistengesetzes, als die Partei illegal arbeiten mußte (zwei Organisationen für Altstadt und Neustadt), gewann Bebel in seinem Wahlkreis das Mandat für den Reichstag. Neben den illegalen Parteiorganisationen bedienten sich die Sozialdemokraten zwischen 1878 und 1890 auch verschiedener Vereine als Tarnung (z. B. Gesangs- und Kegelvereine). Den 1. Mai 1890 feierte man trotz Verbotes in Form eines «Massenspazierganges» zur Gaststätte «Schweizerei» in Loschwitz. Bei den Reichstagswahlen 1893 gewann die SPD in Dresden 46 Prozent aller gültigen Stimmen (im Reichsdurchschnitt 23 Prozent). 1898 siegte die SPD bei den Reichstagswahlen erstmals in beiden Dresdner Wahlkreisen. Ende des 19. Jh. bestimmten Auseinandersetzungen zwi-

Ausgesperrte der Firma Vogel & Schlegel. Aufn. 1906
Maidemonstration 1908

schen «Marxisten» und «Revisionisten» das Leben in der Dresdner Parteiorganisation. In der «Sächsischen Arbeiterzeitung» trat z. B. Rosa →Luxemburg gegen die Linie Bernsteins auf. 1898 wurde sie aus der Redaktion verdrängt. Nach 1900 setzten sich die «Revisionisten» allmählich durch. Zugleich nahm das Ansehen der Partei zu, da sich zwischen 1901 und 1914 ihre Mitgliederzahl in Dresden verzehnfachte. Seit 1905 beteiligte sich die SPD auch wieder erfolgreich an den Stadtverordnetenwahlen. Nur wurde Arbeitern der Einzug in das Stadtparlament schwer gemacht, weil sie nach der «Revidierten Städteordnung» das →Bürgerrecht besitzen mußten. Das Bürgerrecht wurde aber nur Personen gewährt, die im jeweiligen Stadtbezirk wohnhaft waren, oder ein Grundstück besaßen oder ein selbständiges Gewerbe betrieben. Erst nach 1903 entfielen diese Einschränkungen. Auf dem SPD-Parteitag 1903, der in Dresden (Trianonsaal) stattfand, kam es zu Auseinandersetzungen zwischen linken und rechten Kräften der Partei. Massenkundgebungen unter dem Eindruck der russischen Revolution 1905/1907 und Kämpfe um die Abschaffung des Dreiklassenwahlrechts 1908 sind die markantesten Ereignisse der A. bis zum Beginn des 2. Weltkriegs. Wegen der Unterstützung der Kriegspolitik durch die rechte SPD-Führung kam es während des Krieges dazu, daß sich die linken Kräfte der Partei auch in Dresden von ihr loszulösen begannen (Spartakusgruppe, von Otto Rühle mitbegründet). Vor allem diese Kräfte organisierten machtvolle →Antikriegsdemonstrationen. Unter dem Eindruck der russischen Oktoberrevolution tagten am 6. Oktober 1918 in Dresden der Landesvorstand, der Bezirksvorstand, die Landtagsfraktion der SPD sowie Vertreter der Gewerkschaften, um von der sächsischen Regierung das allgemeine und gleiche Wahlrecht, ernsthafte Friedensinitiativen und eine Umbildung der Regierung zu fordern. Am 14. Oktober 1918 wurden daraufhin zwei Sozialdemokraten in die Königlich-Sächsische Regierung aufgenommen. Die →Novemberrevolution zwang SPD, USPD und Gewerkschaften zur Bildung eines «Vereinigten Arbeiter- und Soldatenrats» (→Arbeiter- und Soldatenräte). Am 15. November 1918 bildeten SPD und USPD die sächsische Regierung der Volksbeauftragten. Beide Parteien hatten 1919 die Mehrheit in der Stadtverordnetenversammlung und in der sächsischen Volkskammer. Dresdner Linksradikale waren an der Gründung der KPD am 31. Dezember 1918 in Berlin beteiligt (Otto Rühle und Karl Becker). Bereits Mitte Januar 1919 konstituierten sich in Dresden-Altstadt, Trachenberge, Kaditz, Übigau, Pieschen, Trachau und Mickten Ortsgruppen der neuen Partei. Schon am 10. Januar 1919 war die KPD in der Stadt mit einer Demonstration gegen die politische Entwicklung in der Reichshauptstadt hervorgetreten. Von einer Kundgebung im Zirkus Sarrasani zogen ihre Anhänger zum Gebäude der SPD-Zeitung («Dresdner Volkszeitung»), wo Truppen unter den Demonstranten ein Blutbad anrichteten (14 Tote und 50 Verletzte). Rühle und weitere KPD-Funktionäre wurden verhaftet und auf den Königstein gebracht, gegen die Partei ein Versammlungsverbot erlassen.

Infolge der Ablehnung parlamentarischer Arbeit im politischen Kampf und des Fehlens einer Strategie für eine massenwirksame Arbeit gelang es der KPD nicht, zu einer großen Partei zu werden. Bei den Wahlen zur Sächsischen Volkskammer und zur Dresdner Stadtverordnetenversammlung 1919 überließ sie der SPD, der USPD und den bürgerlichen Parteien das Feld. Unter der Führung von Siegfried Rädel, Rudolf Renner u. a. kam es Ende 1920 zur Vereinigung der neuformierten Kräfte der KPD mit dem linken USPD-Flügel. Der Einfluß der KPD führte auf dem Höhepunkt der revolutionären Nachkriegskrise 1923 zum Abschluß eines Einheitsfrontabkommens mit den linken Kräften in der SPD und dem Eintritt in das Kabinett Zeigner. Die SPD verlor in der Stadtverordnetenversammlung Anfang 1924 ihre Mehrheit an die bürgerlichen Parteien. Beim Volksentscheid über die Fürstenenteignung 1926 ging die SPD mit der KPD zusammen. Am 4. Juni hatten die beiden Parteien in der Stadt eine Aktionskommission für den Volksentscheid gegründet. Am 29. Januar 1928 wurde in Dresden die Reichsparteischule der KPD eröffnet (An der Berglehne 4 im Stadtteil Weißer Hirsch), an der u. a. Hermann Duncker wirkte.

Nach 1933 beteiligten sich sozialdemokratische Gruppen (Alfred →Althus, Hans Ludwig →Sierks) und die illegale KPD aktiv am antifaschistischen Widerstandskampf. Bereits nach dem Blutbad im →Keglerheim hatte die KPD zu einer Protestdemonstration aufgerufen (20 000 Demonstranten auf der Stübelallee). In dieser Zeit wurden die illegalen Leitungen der SPD und der KPD verhaftet und viele Funktionäre zu hohen Zuchthausstrafen verurteilt. Die KPD-Leitung wurde im Juni 1942 verhaftet und ihre Mitglieder (Herbert Bochow, Fritz Schulze u. a.) wurden hingerichtet, auch die Führer der neugebildeten Leitung Ende 1943 aufgespürt und hingerichtet (Herbert Blochwitz, Kurt →Schlosser, Arthur Weineck u. a.).

Am 26. Juni 1945 wurde unter Otto Buchwitz in der Dresdner «Tonhalle» die sächsische SPD neugegründet. Mit Rudolf →Friedrichs stellte sie den ersten Oberbürgermeister Dresdens nach dem Kriege. Am 13. August 1945 hatten sich die Dresdner KPD-Funktionäre in Omsewitz erstmals wieder versammelt. Am 7. April 1946 fand im →Kurhaus Bühlau für das Land Sachsen die Zwangsvereinigung beider Parteien zur SED statt. – Die Wieder-Gründung der SPD in Dresden erfolgte am 16. November 1989 im →Kulturpalast.

Arbeiter- und Soldatenräte: Während der →Novemberrevolution 1918 bildeten sich wie in 126 anderen Städten Sachsens auch in Dresden Räte der Arbeiter und Soldaten. Am 9. November bildeten Sozialdemokraten einen provisorischen Rat, auf dessen Gründungskundgebung auf dem Theaterplatz Georg →Gradnauer, Wilhelm Buck (1869–1945) und Albert Schwarz (1876–1929) sprachen. Linksgerichtete Kräfte unter Führung von Otto Rühle (1874–1943) gründeten am selben Tag den «Revolutionären Arbeiter- und Soldatenrat», dessen Ziele Bernhard Menke (USPD) auf einer Kundgebung auf

Antifaschistische Kundgebung mit Ernst Thälmann auf der Pferderennbahn am 19. Juli 1932

dem Fischhofplatz erläuterte. Rühle und Schwarz vollzogen am 10. November 1918 die Vereinigung beider Räte, die auf einer Massenversammlung im Gebäude des Zirkus Sarrasani bekanntgegeben wurde. Diesem «Vereinten Revolutionären Arbeiter- und Soldatenrat» schloß sich auch der von linken Intellektuellen unter Führung Friedrich →WOLFS gebildete «Sozialistische Rat der Geistesarbeiter» an. Am 15. November 1918 wurde auf einer Beratung der Arbeiter- und Soldatenräte von Dresden, Leipzig und Chemnitz aus SPD- und USPD-Vertretern die sächsische Regierung der Volksbeauftragten gebildet. Rühle und seine Anhänger schieden am 16. November 1918 aus dem Dresdner A. aus. Mit dem Beschluß zu allgemeinen Wahlen auf der Landesversammlung der sächsischen A. am 3. Dezember 1918 in Dresden wurde faktisch auf Formen einer Räteherrschaft verzichtet.

Archenholtz, Johann Wilhelm von: Historiker und Schriftsteller, geb. 1743 Langfuhr b. Danzig, gest. 1812 Oyendorf bei Hamburg. – A. diente bis 1763 als Offizier in der preußischen Armee. In seiner sehr bekannt gewordenen «Geschichte des siebenjährigen Krieges» (1789) und schon zuvor im Jg. 1788 der von ihm herausgegebenen Zeitschrift «Neue Litteratur und Völkerkunde» berichtete er aus eigenem Erleben über die →Belagerung Dresdens im Juli 1760. Von A. ist auch eine Beschreibung der Stadt überliefert, die 1786 in «Neue Litteratur und Völkerkunde» abgedruckt wurde.

Archive: →Sächsisches Hauptstaatsarchiv, →Stadtarchiv Dresden

Ardenne-Institut: von Manfred von ARDENNE (geb. 20. 1. 1907 Hamburg) gegründete Forschungsstätte. – v. Ardenne leitete bis 1945 ein eigenes Laboratorium für Elektronenphysik in Berlin-Lichterfelde (elektronisches Fernsehen, Rastermikroskop) und 1945/55 das Forschungsinstitut für industrielle Verfahren zur Isotopentrennung in Sinop bei Suchumi. Bei seiner Rückkehr aus der UdSSR gründete er das Forschungsinstitut Manfred von Ardenne an der Plattleite

Johann Christoph August Arnold

und Zeppelinstraße auf dem Weißen Hirsch. Es blieb mit ca. 500 Mitarbeitern die einzige private Einrichtung dieser Größe in der DDR und entwickelte u. a. den Elektronenstrahl-Mehrkammerofen, den Plasmafeinstrahl-Brenner, die Sauerstoff-Mehrschritt-Therapie und die Krebs-Mehrschritt-Therapie. Nach 1989 wurde das Institut in selbständigen GmbH weiterführt, darunter das Von Ardenne Institut für Angewandte Medizinische Forschung.

Arldt, Carl Wilhelm: Zeichner und Lithograph; geb. 19. 1. 1809 Ruppersdorf (Oberlaus.), gest. 27. 10. 1868 Löbtau b. Dresden. A. besuchte von 1826/30 die Dresdener Kunstakademie und war danach in verschiedenen lithographischen Anstalten in Dresden tätig. Er gab sog. Ansichten (z. B. Übersicht der vorzüglichsten Merkwürdigkeiten Dresdens, 1833), Landschafts- und Städtedarstellungen und Panoramen heraus. Seine Lithographien wurden oft als Illustrationen von Lieferungswerken und Büchern verwendet, z. B. für die «Saxonia» (1835–1841) oder das «Vaterland Sachsen» (1838 bis 1844). A. gilt als Schöpfer der «gezeichneten Ansichtskarte». Seine Söhne Gustaph Adolph (geb. 1835), Carl Wilhelm Woldemar (geb. 1838) und Alwin Oskar (geb. 1842) arbeiteten ebenfalls als Lithographen oder Koloristen, ohne das künstlerische Niveau des Vaters zu erreichen.

Armbrustschützen: →Bogenschützengesellschaft

Armenhäuser: Nach Dresdens erstem A., dem →Maternihospital, entstanden zwei sogenannte «Seelhäuser», in denen die Insassen «gemeinschaftlich Gott dienen und für das Seelenheil der Stifter beten» sollten. Die eine Anstalt, 1362 von Heinrich von EBERSBACH gestiftet, befand sich auf der →Großen Brüdergasse und die andere, von Dorothea KUTTLERIN 1403 gestiftet, auf der Kreuzgasse. 1718 entstand an der Stiftsstraße das neue oder große A. Hier wurden männliche und weibliche Stadtkinder sowie Emigranten versorgt, jedoch mußten sie für Nahrung, Kleidung, Lagerstätte und Pflege bei Krankheit täglich ein Pensum spinnen, stricken und krämpeln. 1853 wurde das große A. ins →Stadtkrankenhaus verlegt und als →Arbeitsanstalt genutzt. Nach der neuen Städteordnung entstand 1832 die städtische «Armenversorgungsbehörde». Das «Männerobdach», Bodelschwinghstraße, ein Asyl für obdachlose Frauen und Mädchen auf der Rosenstraße und das Familienobdach in →Pieschen wurden 1926 eröffnet und dienten bis 1945 als A.

Arndt, Ernst Moritz: Philosoph, geb. am 26. 12. 1769 Schoritz b. Garz/ Rügen, gest. 29. 1. 1860 Bonn. – A. hielt sich 1813 für einige Wochen in der Stadt (bei Christian Gottfried →KÖRNER) auf. Er arbeitete hier am dritten Teil seines «Geistes der Zeit». Den Besuch in Dresden beschrieb A. in seinen «Erinnerungen aus dem äußeren Leben». – Arndtstraße in der Neustadt.

Arnhold (Bankhaus): →Bankhaus Gebr. Arnhold

Arnholdbad: →Georg-Arnhold-Bad

Arnold: 1. *Christian Friedrich,* Architekt, geb. 12. 2. 1823 Drebach/ Erzgeb., gest. 13. 6. 1890 Dresden. – Nach Besuch der Dresdner Akademie als Schüler Gottfried SEMPERS (1849 Abschluß mit großem Staatspreis) und einer Reise nach Süddeutschland, Italien und Frankreich wirkte er 1853 bis 1885 als Akademieprofessor in Dresden. Außer vielen Dorfkirchen in Sachsen entwarf A. die Pläne für die →Kreuzschule im neugotischen Stil (1864/65), für das →Schloß Eckberg und für den Umbau der →Sophienkriche 1864/68). – Begr. Trinitatisfriedhof. – **2.** *Johann Christoph,* Buchhändler und Verleger, geb. 10. 3. 1763 Hartmannsdorf b. Frauenstein/Erzgeb., gest. 6. 8. 1847 Dresden. – A. eröffnete in Dresden-Neustadt 1795 eine Leihbibliothek, 1798 das hervorragend ausgestattete «Literarische Museum», 1801 ein «Kunst- und Lesemagazin», übernahm 1803 eine Buchhandlung mit Verlag (→Arnoldische Buchhandlung) und war von 1838 bis 1842 Stadtverordneter. 1839 begründete er eine Bücherstiftung für Dresdner Schulen. – Grab auf dem Trinitatisfriedhof, Arnoldstraße in Johannstadt. – **3.** *Walter,* Bildhauer, geb. 27.8.1909 Leipzig, gest. 11.7.1979 Dresden. – Der in Leipzig ausgebildete und dort tätige Künstler leitete ab 1949 die Abteilung Plastik an der Hochschule für Bildende Künste in Dresden. Mit seinen Gestaltungen von Denkmalen, Monumental- und Kleinplastiken, lebensnahen Büsten sowie von plastischen Bauelementen gehörte A. zu den Wegbereitern und bedeutendsten Vertretern der Bildhauerkunst in der DDR. Nationalpreis, Martin-Andersen-Nexö-Kunstpreis der Stadt Dresden. – Grab auf dem Loschwitzer Friedhof, Walter-Arnold-Straße im Wohngebiet Reicker Straße.

Arnoldische Buchhandlung: bedeutende Dresdner Buchhandlung (mit Verlag), die durch Johann Christoph →ARNOLD im Jahre 1803 gegründet wurde. Seit 1808 befand sich die A. im sogenannten Pfundschen Haus, Altmarkt 148 (später Webergasse 2). 1820 und 1822 gab Arnold die «Ansichten von Dresden und Umgebung» von Karl August RICHTER und Ludwig RICHTER heraus, dessen Förderer er war. 1839/49 erschien im Verlag der A. DANTES «Göttliche Komödie» in der Übersetzung von Philalethes (König →JOHANN von Sachsen). Ende des 19. Jh. richtete man in der A. auch Spezialabteilungen für Musikalien und medizinische Literatur ein. Im Februar 1945 wurde die A. durch den Bombenangriff zerstört.

Aron, Paul: Musiker, geb. 9.1.1886 Dresden, gest. 6.2.1955 New York. – Der Pianist trat an der Seite seines Lehrers und Mentors Max REGER und mit weiteren Künstlern in vielen Konzerten auf, ehe er Ende des Ersten Weltkrieges als Klavierlehrer am Königl. Konservatorium nach Dresden zurückkehrte. Hier setzte er die Bestrebungen des Prager Musikers Erwin SCHULHOFF (1894–1942) um die Aufführung avantgardistischer Musik in Dresden fort. A. Begründete die Konzertreihe «Neue Musik – Paul Aron», in der 1921/31 in Dresden etwa 210 zeitgenössische Kompositionen ur- oder erstaufgeführt wurden, darunter Werke von Paul HINDEMITH. Persönlichkeiten des Dresdner Kulturlebens wie Mary →WIGMAN, Erich →PONTO, Heinrich →ARNHOLD, Ida →BIENERT und Fritz →BUSCH förderten den «mutigen Wegbereiter der neuen Musik» (Busch über A.). 1933 mußte A. über Prag und Havanna nach New York emigrieren, wo er sein Wirken für neue Musik fortsetzte.

Arsenal: ehemaliges, mit Produktionsstätten verbundenes Waffen- und Kriegsgerätemagazin am heutigen Olbrichtplatz und entlang der Königsbrücker Straße. Im Zuge des Baues des Kasernenkomplexes der →Albertstadt entstanden um 1875 die Anlagen des A. mit Zeughaus, Werkstätten, Laboratorien und Fuhrwerksdepots. Das 1873/79 erbaute Hauptgebäude nahm das Sächsische Armee-Museum auf (ab Januar 1940 «Heeresmuseum Dresden»). Am 28. Dezember 1916 kam es in der Munitionsfabrik zu einer Explosion, die 9 Tote und 12 Verletzte forderte, deren Folgen erst am 4. Januar 1917 eingedämmt werden konnten. Nach dem Ersten Weltkrieg wurden die militärischen Anlagen des Arsenals demontiert und die Gebäude an Industriebetriebe vermietet, daraus entstand das →Industriegelände. Nach 1945 diente das Gebäude des ehemaligen Sächsischen Armee-Museums als Stadthalle (auch Nordhalle genannt) für große Veranstaltungen und Ausstellungen, wie 1946 die Ausstellung «Das neue Dresden». Heute befinden sich in dem Gebäude das →Militärhistorische Museum Dresden und die →Militärbibliothek Dresden.

Artesischer Brunnen: an der Nordseite des Albertplatzes stehender Rundbrunnen. Das dazugehörige pyramidenförmige Brunnenhaus befindet sich neben dem Hochhaus der Verkehrsbetriebe. Dort bohrten 1832/36 Freiberger Bergleute den A., dessen Wasser (Sommer wie Winter 16 °C) durch eine unterirdische Leitung zum eigentlichen Brunnen geführt wird. 1907 schuf Hans →ERLWEIN einen Rundtempel zur Überdachung des A. Diese beim Angriff 1945 zerstörte Einfassung wurde bei der Neubebauung des Platzes 1990/92 rekonstruiert. – 1832 wurde am früheren →Antonsplatz erfolglos für einen A. gebohrt.

Artushof: um 1900 erbautes Hotel und Gaststätte in Johannstadt am Fetscherplatz (ursprünglich «Fürstenhof»). Das Hotel befand sich 1911/90 im Besitz der Hoteliersfamilie RADISCH; die Gaststätte (1949/90 volkseigen) war in den 70/80er Jahren als tschechisches Nationalitätenrestaurant «Ostrava» bekannt. 1992/93 wurde das Jugendstilgebäude restauriert und zu einem Appartementhotel umgebaut.

Arzneimittelwerke: Die Tradition der chemisch-pharmazeutischen Industrie im Dresdner Raum begründete Franz Ludwig →GEHE 1866 mit seiner Drogenappreturanstalt an der Leipziger Straße. Ebenfalls an dieser Straße (Nr. 11) nahm Friedrich von HEYDEN (geb. 4.1.1838 Breslau, gest. 1.5.1926 Dresden) die Salicylsäuresynthese nach dem Verfahren von Hermann KOLBE und Rudolf SCHMITT auf und

Arsenalhauptgebäude, heute Militärhistorisches Museum. Hauptfront
Artesischer Brunnen am Albertplatz. Vor 1945

errichtete 1874 in Radebeul die erste Fabrik, die pharmazeutische Präparate auf chemischem Weg herstellte. Die beiden von Gehe und v. Heyden gegründeten Betriebe entwickelten sich zu großen Aktienunternehmen; ihre Nachfolger wurden 1961 mit dem Radebeuler Unternehmen Madaus zum Arzneimittelwerk Dresden zusammengeschlossen. – Karl August →LINGNER gehörte 1909 zu den Begründern des «Sächsischen Serumwerkes und Instituts für Bakteriotherapie», aus dem sich die Lingner-Werke-AG mit dem Dresdner Hauptgebäude an der Nossener Straße entwickelte. Aus den 1945 enteigneten Dresdner Produktionsstätten der Lingner-Werke gingen die Unternehmen Dental-Kosmetik und Sächsisches Serumwerk hervor. – Der Apotheker Heinsius von →MAYENBURG gründete 1907 das Chlorodont-Werk (Leo-Werk), das seit 1917 an der Königsbrücker Straße produzierte und neben mundhygienischen und kosmetischen Erzeugnissen auch pharmazeutische Präparate herstellte (Elbe-Chemie).

Assoziation Revolutionärer Bildender Künstler Deutschlands (ARBKD, auch ASSO): 1928 in Berlin gegründete Künstlerorganisation, die der KPD verbundene und andere antifaschistische Künstler vereinte. 1929 schloß sich ihr die *Dresdner Gruppe* als zweitstärkste an. Ihr Kern hatte bereits seit der Novemberrevolution (Dresdner Sezession Gruppe 1919, «Rote Gruppe» 1924) gemeinsame Ziele verfolgt. Sie orientierte auf eine massenwirksame realistische Kunst, die die kulturpolitische Arbeit der KPD unterstützen sollte. Die Initiatoren der Dresdner Gruppe, die sich im März 1929 erstmals in der Gaststätte von Max BALKE in der Ostbahnstraße zusammenfand, waren Herbert GUTE (Leitung bis 1931, Otto →GRIEBEL sowie Hans und Lea →GRUNDIG. Über 40 Mitglieder gehörten in Dresden der A. an, so z. B. die Maler und Grafiker Rudolf →BERGANDER, Willi DODEL (1907–1944), Siegfried DONNDORF (1900 bis 1957), Werner HOFMANN (1907 bis 1983), Hans →JÜCHSER, Waldo KÖHLER (geb. 1909), Wilhelm →LACHNIT, Curt →QUERNER, Kurt SCHÜTZE (1902–1971), Fritz →SCHULZE, Eva →SCHULZE-KNABE, Fritz SKADE (1898–1971) und Willy →WOLFF sowie die Bildhauer Eugen →HOFFMANN und Otto WINKLER (1885 bis 1960; Leitung 1931/33). Seit 1931 in «Bund Revolutionärer Bildender Künstler Deutschlands» (BRBKD) umbenannt, mußte dieser nach der faschistischen Machtergreifung 1933 seine Arbeit einstellen. Die Mitglieder wurden verfemt und vielfach verfolgt. Nach dem Zusammenbruch des Hitler-Regimes fanden 1945 viele der Überlebenden zusammen, um das Kunstleben wieder aufzubauen.

Auerbach, Berthold, eigentl. Moses Baruch *Auerbacher*, Pseudonym Theobald *Chauber*: Schriftsteller, Wegbereiter der deutschen Dorfgeschichte, geb. 28. 2. 1812 Norstetten am Neckar, gest. 8. 2. 1882 Cannes. – A. lebte von 1849 bis 1858 in Dresden (Wohnungen: Halbe Gasse, Bürgerwiese, Lüttichaustraße und zuletzt Struvestraße).

Aufbau nach 1945: Die auf 15 km^2 total vernichtete Innenstadt war nach der →Zerstörung Dresdens 1945 von ca. 18 Millionen m^3 Trümmerschutt und Ruinen bedeckt. Nach der →Befreiung Dresdens am 8. Mai 1945 lösten die neue Stadtverwaltung und die sowjetische Kommandantur zunächst dringende Versorgungsaufgaben (14. Mai Kraftwerk Mitte in Betrieb, 23. Mai Eisenbahnbrücke, 8. Juni Interimsbrücke für die Augustusbrücke). 1945/46 wurden zahlreiche gefährdete Ruinen gesprengt, Hauptstraßen von Schutt beräumt und mehrere zehntausend wenig beschädigte Wohnungen in den Außenbezirken instandgesetzt. Materialmangel und städtebauliche Erwägungen führten zu einer Bausperre, die vor allem private Initiativen hemmte.
Großflächenenttrümmerung 1946/56: Die «Neuaufbau Dresden GmbH» begann 1946 mit der großflächigen Beräumung zur Bergung von Baustoffen und Schaffung künftiger Baufreiheit, die bis 1956 ca. 120 Millionen Mark erforderte. Allein 1946 waren auf 9 Baustellen 1250 ständige Arbeitskräfte sowie in Großeinsätzen Zehntausende Helfer bei der Enttrümmerung und Ziegelgewinnung eingesetzt (Denkmal →Trümmerfrau). Feldbahnen (Trümmerloren) transportierten die Schuttmassen auf Deponien u. a. auf den Elbwiesen Johannstadt, im Dresdner Osten und in Zschertnitz. Die Enttrümmerung wurde vom Bereich Christianstraße und Teilen Johannstadts auf alle zerstörten Gebiete ausgedehnt und hinterließ anstelle der Nachkriegs-Ruinenlandschaft eine vom Hauptbahnhof bis weit in das Zentrum reichende, steppenhafte Freifläche.
Kulturhistorische Bauten und Städteplanung bis 1951: Die sächsische Denkmalpflege unter Walter →BACHMANN leitete im Sommer 1945 Sicherungsarbeiten am Schauspielhaus (eröffnet 1948), Zwinger und der Kath. Hofkirche ein. Hubert →ERMISCH legte im Auftrag Rudolf →FRIEDRICHS und des sowjetischen Stadtkommandanten eine Denkschrift zum Wiederaufbau des Zwingers vor, den später Arthur FRENZEL leitete. 1946 begannen an Kreuzkirche und Neuem Rathaus Wiederaufbau-, an Oper, Galerie und Schloß Sicherungs- sowie an der Frauenkirche Beräumungsarbeiten. Darüber hinaus wurden Aufbauarbeiten u. a. am Jägerhof (1950/53), Hygienemuseum (1948), am Japanischen Palais (ab 1952) und an der Annenkirche (1948/52) vorgenommen. Andererseits traten erste Verluste durch Abbruch und Sprengung sicherungsfähiger Bauten ein (Altstädter und Neustädter Rathaus, Narrenhäusel, Kreuzschule, Ausstellungspalast, Teile der Rampischen Straße, Barockfassaden Gr. Meißner Straße (1950), Albertheater, Palais Kaskel-Oppenheim, z.T. Ritterakademie u.a.). – Am 5. Januar 1946 legte Walter →WEIDAUER in der «Tonhalle» den *ersten Dresdner Aufbauplan* vor, der u.a. Maßnahmen zur Linderung der Wohnungsnot und erste, vonHerbert →CONERT erarbeitete Grundsatzentscheidungen für den Wiederaufbau der Innenstadt enthielt. Über 250 000 Besucher fand die Ausstellung *«Das Neue Dresden»* von Juli bis Oktober 1946 in der Stadthalle. An ihr beteiligten sich u. a. Oswin →HEMPEL und Paul →WOLF, die wie auch H. Conert und Richard KONWIARZ für die Wahrung des alten Stadtgrundrisses unter teilweiser Verbreiterung und die Wiederaufnahme der Nord-Süd-Verbindung eintraten. Angesichts der Zerstörung wurden jedoch 1945/46 auch radikale Neubaupläne (Entwurf Hans HOPP) und sogar der Bau eines neuen Dresdens außerhalb der zerstörten Innenstadt vorgeschlagen. Für das →Hochschulviertel in der Südvorstadt legten Georg FUNK und R. Konwiarz ab 1947 Raumentwicklungspläne vor. Die Augustusbrücke wurde 1949 wiedereröffnet. Das Aufbaugesetz der DDR von 1950 schuf die rechtlichen Grundlagen, die enttrümmerten Flächen ohne Berücksichtigung der historischen Grundstücks-

grenzen und Straßenfluchten zu überbauen. Der erste Spatenstich am 22. April 1951 an der Grunaer Straße, Nordseite, leitete den planmäßigen Wohnungsneubau ein (zum Wohnungsbau s. u.).
Neuaufbau Altmarkt/Wilsdruffer Straße und Prager Straße (1953/ 1978): 1950 erarbeitete das Stadtplanungsamt unter Kurt-Wilhelm LEUCHT Planungsgrundlagen für den Neuaufbau. Vorgaben für einen Entwurfswettbewerb 1952 forderten die Erweiterung des Altmarktes zum «Zentralen Platz» und der Wilsdruffer und Johannstraße zur Demonstrationsstraße. Der Bebauungsplan 1953 nahm drei allgemein anerkannte Prämissen auf: Ost-West-Magistrale; Fußgängerbereich der Nord-Süd-Verbindung; Ausbau der Ringstraße zum Verkehrszug. – Maßgeblichen Anteil an der Gestaltung des Altmarktes und der Ernst-Thälmann-Straße (Wilsdruffer Straße) hatten die Architekten Herbert SCHNEIDER (Stadtarchitekt 1954/61), Richard PAULICK, Johannes RASCHER und G. FUNK. Der südliche Altstadtkern wurde unter Verzicht auf die historisch gewachsene kleinräumliche Struktur in größeren Gebäudegevierten angeordnet. Die frühen Bauten, vor allem der Altmarkt, enthalten Elemente des Dresdner Barocks und bilden ein erhaltenswertes Beispiel der Architektur der 50er Jahre. – Am 31. Mai 1953 erfolgte im Beisein Walter ULBRICHTS die Grundsteinlegung für die Altmarkt-Westseite. Bis 1958 wurden die Ost- und Westseite des Altmarktes, das erste Warenhaus Centrum und die Wohn- und Gesellschaftsbauten Weiße Gasse, bis 1961 die letzten Wohnbauten Ring- und Ernst-Thälmann-Straße und 1962 das Einkaufszentrum Webergasse vollendet. Als reduzierte Lösung für das seit 1946 propagierte Kulturhochhaus wurde 1966/69 der Kulturpalast als nördlicher Abschluß des Altmarktes errichtet. Die Gestaltung des Postplatzes und der Altmarkt-Südseite blieb ungelöst. – Für den Raum zwischen Altmarkt und Hauptbahnhof verzichtete man auf die historischen Citystraßen (Prager Straße) und sah stattdessen ein großflächiges Kultur- und Einkaufszentrum «Prager Straße» vor. Um Wohnbauten erweitert, wurden die Entwürfe (Architekten Peter SNIEGON, Kurt RÖTHIG, Hans KONRAD u. a.) 1965/78 verwirklicht (1965/67 Appartementhäuser, 1968/70 Hotels, bis 1972 Fußgängerbereich und Rundkino, 1970/78 neues Centrum-Warenhaus).

Städtebauliche Planung; kulturhistorische Bauten bis um 1979: Die Aufbauplanung wurde ab 1953 mit dem Ziel einer «sozialistischen Großstadt» zunehmend zentralistisch beeinflußt und ideologisch motiviert (W. Weidauer; persönliche Eingriffe W. Ulbrichts u. a. 1953, 1960, 1961). Der Stadtbebauungsplan 1957 berücksichtigte letztmalig für lange Zeit die historischen Strukturen. 1958 wurde der Bereich innerhalb des 26er Ringes als Zentraler Bezirk ausgewiesen und eine Aufbaukonzeption bis 1965 beschlossen. Dominierend bei allen Planungen war ein «Hochhaus der sozialistischen Kultur». Ungelöst blieb die Gestaltung des Neumarktes. Der Generalbebauungs- und Verkehrsplan 1967 schrieb die großflächige Überbauung fort, für die der Atriumkomplex am Georg- und Pirnaischen Platz (1970/74) ein Beispiel bildet. Ein 1969 veröffentlichter Aufbauplan für die 70er Jahre sah stadtbildbeherrschende Hochhausgruppen rings um das Zentrum vor. Der Wohnungsneubau verlagerte sich in den 70er Jahren zunehmend in die Außenbezirke. An bedeutenden Straßenzügen entstanden die Nossener Brücke (1960/64), die Budapester Straße («Hochstraße»), 1963/67), die Köpckestraße und die Nord-Süd-Verbindung mit der Dr.-Rudolf-Friedrichs-Brücke (neue Carolabrücke, 1966/71). – Bedeutende Leistungen wurden beim oftmals schrittweisen Wiederaufbau kulturhistorischer Bauten erbracht. Dazu zählen Galerie (1955/60), Altstädter Wache und Italienisches Dörfchen (1956), Johanneum (ab 1950), Kreuzkirche (bis 1954) und Albertinum (bis 1959). 1964 wurde der Wiederaufbau des Zwingers abgeschlossen. Weitere Bauten: Räume des Grünen Gewölbes (1962/64), Landhaus und Gewandhaus (1963/66), Kath. Hofkirche (u. a. Kreuzkapelle 1964/68), Sekundogenitur (1963/64), Georgenbau des Schlosses (1964/68), Torhäuser Coselpalais (1973/ 1975), Stallhof (1972/79), Matthäuskirche(1978). Die Ruine der Frauenkirche wurde 1966 zum Mahnmal erklärt. Bedeutendstes Bauvorhaben der Inneren Neustadt war der Neu- und Wiederaufbau der Hauptstraße und des Neustädter Marktes (Fußgängerbereich Straße der Befreiung, Kügelgenhaus u. a. Barockhäuser, Blockhaus 1979). Denkmalpfleger (Hans NADLER, Heinrich MAGIRIUS, Fritz →LÖFFLER) und Architekten der TH/TU traten Abbruchvorhaben entgegen. Dennoch konnten auch in diesem Zeitraum Abbrüche kulturhistorischer Bauten nicht verhindert werden (Rampische Straße 1956, Kirche Franziskus Xaverius 1958, Kleine Meißner Gasse, Kanzleihaus 1961, Ruine Güntzbad 1964 u.a.). Aus politischen Motiven wurde 1962/63 nach langjährigen Auseinandersetzungen die Sophienkirche abgetragen. Einen schwerwiegenden Eingriff in die Neumarkt-Gestaltung bedeutete 1976/79 der Anbau des Polizeipräsidiums.
Bedeutende Bauten nach 1978: Das bedeutendste kulturelle Ereignis der 80er Jahre war der Wiederaufbau der Oper (Projektierung 1968/76, Aufbau 1977/85, Eröffnung am 13. Februar 1985). 1985 wurde nach weiteren Sicherungsmaßnahmen der umfassende Wiederaufbau des Residenzschlosses eingeleitet. 1988/90 wurde das Hotel «Dresdner Hof» am Neumarkt mit den Nachbarbauten Münzgasse/ Terrassengasse errichtet. Mit dem Wiederaufbau des Taschenbergpalais (1992/94), der Frauenkirche (Enttrümmerung 1992/94, Aufbau seit 1994) und des Residenzschlosses entstehen bedeutende Bauten der Altstadt wieder. In der Neustadt wurde 1980/83 das Bürgerhaus Meißner Gasse 15 vor dem Abbruch bewahrt und in den Hotelneubau «Bellevue» einbezogen. 1984 begann der Wiederaufbau der Dreikönigskirche (Weihe 1990). Der Nordteil der

Blick über die Prager Straße nach N

Hauptstraße mit den Neubauten Albertplatz wurde 1989 vollendet. Abbrüche erfolgten bis 1989 u.a. an ursprünglich denkmalgeschützten Altbauten an der Schäferstraße. 1993 wurde der Neue Speicher im Packhofviertel abgetragen. Mehrere Stadtteile, wie die Äußere Neustadt und Pieschen, wurden nach 1990 zu Sanierungsgebieten erklärt.
Industrieller Wohnungsbau bis 1989: Noch in herkömmlicher Bauweise wurden 1953/55 die Wohnbauten an der Nürnberger Straße errichtet. Das Wohngebiet Striesen (1955/58) leitete den Übergang zur Großblockbauweise ein, die 1957/60 auch Johannstadt und 1956/60 in der Seevorstadt-Ost und -West zum Einsatz kam und der zentrumsnahen Seevorstadt mit überwiegend 5geschossigen Häusern ein monotones Bild verlieh. In der Folgezeit wurde der Übergang zur Plattenbauweise forciert (Plattenwerke Gerokstraße und Sporbitz), die den Wohnungsbau in Dresden 1963 bereits zu 80 Prozent beherrschte. Es entstanden kleinere Neubausiedlungen vor allem im Osten und Süden (u. a. in Seidnitz, Striesen, Tolkewitz, Gruna, Reick) und in der Wilsdruffer Vorstadt, später u. a. Johannstadt-Süd (1969/71), Johannstadt-Nord (1972/75), Budapester Straße (1973/74), Bodenbacher Straße (1974/76), Stübelallee Nordseite (1973/75), Hochhäuser Grunaer Straße Südseite (1968/70), Stübelplatz (1977/78). Auf der Südhöhe (Zschertnitz, Räcknitz, Kohlenstraße) wurden 1971/76 und ab 1980 neue Wohngebiete errichtet. Die Konzentration der Plattenbauweise an «Komplexstandorten» wurde mit dem Wohngebiet Leuben (1970/74, ca. 10 000 Einwohner) weitergeführt und erreichte ihren Höhepunkt und Abschluß in den «auf der grünen Wiese» erbauten Trabantenstädten Prohlis (1976/84, ca. 30 000 Einwohner) und Gorbitz (1981/89, ca. 40 000 Einwohner). Mangelnde Infrastruktur und architektonische Monotonie prägten diese vorwiegend in der Typenreihe WBS 70 montierten Großsiedlungen. Die Silhouette Dresdens wurde durch zahlreiche 15- bis 17geschossige Hochhausgruppen von nur geringer Typenvielfalt stark verändert. Das umfangreiche staatlich subventionierte Wohnungsbauprogramm sicherte dringlichen Wohnraumbedarf; es ging jedoch einher mit dem Verfall von Altbauvierteln in Friedrichstadt, Löbtau, Pieschen, der Äußeren Neustadt und anderen vom Krieg weniger betroffenen Stadtteilen, mit der Vernachlässigung wertvoller Villenbauten, dem Verlust historischer Dorfkerne und dem Entstehen von Wohn- und Industriebrachen selbst in Zentrumsnähe. Der 1970 erwogene Abbruch von ca. 17 000 Wohnungen in Altbaugebieten wurde nicht verwirklicht, doch blieb die dringend notwendige Sanierung bis 1989 auf wenige, gelungene Modellfälle beschränkt.

Auferstehungskirche Plauen: Um 1150 entstand auf dem «Hainberge» (später Hahneberg genannt) eine kleine Dorfkirche. Anfangs unterstand sie dem Kloster Altzelle, später dem Nonnenkloster Seußlitz und kam 1329 mit →Plauen an den Rat zu Dresden. Im Hussitenkrieg (1429) wurde sie ein Opfer der Flammen. 1467 begann für die dem Erzengel Michael geweihte Kirche der erste Neu- und Erweiterungsbau. Sie erhielt einen Turm und wurde nach Osten verlängert. Ihm folgten weitere fünf Umbauten, wobei 1893 T. →Bienert der Kirche vier Glocken stiftete (die zwei alten wurden dem Rathausturm überwiesen). Den letzten Umbau (1902/04) führten William →Lossow und Hermann Viehweger im deutschen Renaissancestil durch. Vom 15. Jh. sind heute nur noch das Westportal, die Sakramentsnische und der untere Teil des Turms vorhanden. 1903 erhielt die an der Schleiermacherstraße/Altplauen gelegene Kirche den jetzigen Namen.

August: Kurfürst von Sachsen (1553/86), geb. 31. 7. 1528 Freiberg, gest. 12. 2. 1586 Dresden. – A. widmete sich während seiner Regierungszeit vor allem dem inneren Ausbau des kursächsischen Staatswesens. So verwundert es nicht, daß sich der bereits unter seinen Vorgängern begonnene Aufschwung im kulturellen und wirtschaftlichen Leben der Residenz in dieser Zeit fortsetzte. A. trieb den Bau der unter seinem Bruder →Moritz begonnenen neuen Stadtbefestigung voran (1546, während des Schmalkaldischen Krieges, war er mit der Verteidigung Dresdens beauftragt gewesen), ließ das Schloß weiter ausbauen, das →Kanzleihaus errichten und begann den Bau des →Jägerhofs. Das bedeutendste in dieser Zeit entstandene Bauwerk der Stadt war das neue Zeughaus (→Albertinum), das 1563 vollendet wurde. A., der auch Kunst und Wissenschaft großes Interesse entgegenbrachte, gilt als Begründer der weltberühmten Dresdner Kunstsammlungen. In den sechziger Jahren legte er die →Kunstkammer an. Aus seiner Privatbibliothek ging die heutige →Sächsische Landesbibliothek hervor. 1574 berief A. den Architekten und Bildhauer Giovanni Maria →Nosseni an seinen Hof. Von den Leistungen im wirtschaftlichen Bereich muß an erster Stelle die Anlage des Mustergutes →Ostra, eines der größten der von A. in Sachsen geschaffenen Kammergüter, genannt werden. Von den gewerblichen Anlagen sind zu erwähnen: die Pulvermühle an der Weißeritz (1576), die Schmelz- und Saigerhütte zur Kupferherstellung in Ostra (1582) und eine Zuckersiederei (1586). Ein bereits 1554 neben dem Schloß errichtetes Schmelzhaus diente der Erprobung neuer Schmelzverfahren. Schließlich verlegte A. 1556 die Hauptmünzstätte des Landes von Freiberg nach Dresden (neben dem Schloß).

Kurfürst August von Sachsen

August II., König von Polen: →Friedrich August I., Kurfürst von Sachsen

August III., König von Polen: →Friedrich August II. Kurfürst von Sachsen

«August der Starke»: →Friedrich August I., Kurfürst von Sachsen

Augustinerkloster: In →Altendresden 1404 von Markgraf →WILHELM I. gestiftet. Das A. lag an der Elbe zwischen →Klostergassse und dem späteren →Jägerhof. Im Gegensatz zu den Dresdner Franziskanern war das Kloster wohlhabend. Bereits Markgraf Wilhelm hatte es mit ansehnlichem Besitz ausgestattet, darunter mit dem Dorf Weißig bei Bühlau. Später bezog das Kloster noch zusätzlich Einkünfte aus Kaditz, Serkowitz, Mickten, Pieschen und Radebeul. Außerdem gehörten im Dresdner Raum Besitzungen in Loschwitz, Blasewitz, am heutigen Großen Garten und in Dohna den Augustinern. Bis 1525 besaßen die Mönche auch Güter in der Oberlausitz (Kosel und Sella). – 1429, als die Hussiten Altendresden eroberten, brannten sie das Kloster nieder. 1485 erhielten die Mönche das Patronat über die →Dreikönigskirche, der auch die →Dreikönigsschule angeschlossen war. Bis dahin hatten die Augustiner Gottesdienst in der vor der Stadt Altendresden gelegenen →Antoniuskapelle abgehalten. 1516 noch hatte der Augustinermönch →LUTHER in seiner Eigenschaft als Distriktsvikar des Ordens das Kloster inspiziert. Aber bereits 1521 mußte Herzog GEORG DER BÄRTIGE die Mönche wegen ihrer Sympathien für die reformatorische Bewegung verwarnen. Ende 1539 unterwarfen sich die Mönche denn auch widerstandslos den Anordnungen der lutherischen Visitatoren. Der umfangreiche Besitz des Klosters ging an die Stadt oder wurde von Privatpersonen aufgekauft. Den ehemaligen Mönchen bewilligte der Altendresdner Rat eine Pension bis an ihr Lebensende. Das Kloster selbst wurde in Zusammenhang mit der Erweiterung der Dresdner Befestigung und der für Altendresden geplanten nach 1545 abgerissen.

Augustusallee: →Akademiestraße

Augustusbrücke: Zwischen Schloßplatz und Neustädter Markt gelegen. An die Stelle der Elbfurt und der Fähre zwischen Dresden und Altendresden trat nach der Mitte des 13. Jh. eine von der Burg auf dem Taschenberg beherrschte Brücke. Sie wurde 1275 erstmalig genannt und 1287 als «steinern» bezeichnet (d.h. mit Steinpfeilern). – Im Mittelalter stand die Brücke mit der Nikolaikirche (→Kreuzkirche) in enger Verbindung, während Verwaltung und Unterhalt dem «Geistlichen →Brückenamt» oblag. Das Hochwasser 1318 beschädigte mehrere Pfeiler, 1319 begann der vollständige steinerne Ausbau der Brücke. Bereits im Frühjahr 1343 beschädigte Hochwasser erneut die Brücke. Unter Benutzung der alten 24 Pfeiler entstanden neue aus Quadersteinen und man spannte 23 Bögen dazwischen. Mit ihrer Gesamtlänge von «800 Schritten» bei «15 Ellen» Kronbreite war die Brücke die längste Gewölbebrücke Europas. Durch die 1534 und 1547 vorgenommenen Bauten am Schloß und an den Festungswerken wurden 5 Pfeiler und 4 Bögen der Brücke vom Georgentor zur Elbe hin verschüttet, so daß nur noch 19 Pfeiler und 18 Bögen offen blieben. 1670 erhielt der dritte Brückenpfeiler ein 4,50 m hohes und 33 Zentner schweres vergoldetes Kruzifix aus Metall. Aufgrund der 1718 vom Ratsbaumeister George →BÄHR festgestellten Baufälligkeit der Brücke erfolgte 1727/31 der Umbau nach dem Entwurf von Matthäus Daniel →PÖPPELMANN, die Ausführung lag beim Ratsmaurermeister Johann Gottfried FEHRE. Pöppelmann erhöhte die Brücke, um die erforderliche Durchgangshöhe für die Schifffahrt zu gewinnen und verbreiterte sie auch für den Straßenverkehr. Die Brücke erhielt auch halbrunde Austritte mit Sitzbänken und 48 Laternen. Die mittelalterlichen Brückenaufbauten, wie z.B. das →«Schöne Tor», wurden beseitigt. Nur das alte Kruzifix wurde wieder aufgestellt, zu den geplanten Ausschmückungen mit Standbildern kam es nicht. Die Brücke erhielt gleichzeitig ihren Namen nach dem Kurfürsten FRIEDRICH AUGUST I. 1737 ließ Kurfürst FRIEDRICH AUGUST II., um Platz für die Katholische Hofkirche zu gewinnen, 2 Pfeiler am linken Ufer zubauen. Die Brücke behielt 17 Pfeiler und 16 Bögen mit einer Fahrbahnlänge von 402 m und einer Kronbreite von 11,04 m. 1813 sprengten napoleonische Truppen, um den nachdringenden Verbündeten den Weg zur Altstadt zu verlegen, den vierten Pfeiler und 2 anstoßende Bögen. Das Märzhochwasser von 1845 zerstörte die Brücke, das Kruzifix verschwand für immer in den Fluten. Der immer dichter werdende Verkehr durch Pferdeeisenbahn und Straßenbahn, die seit 1881 bzw. 1897 über die Brücke rollten, sowie die engen Brückenbögen, die die Schifffahrt gefährdeten, machten den Brückenabbau 1907 erforderlich. Den Neubau der 1910 vollendeten Brücke führten der Architekt Wilhelm →KREIS und der Ingenieur Hermann →KLETTE wieder in Sandstein aus. Es entstand eine 18 m breite und 328 m lange Brücke, deren 9 Bögen bedeutend weiter gespannt sind. Nach König FRIEDRICH AUGUST III. wurde sie Friedrich-August-Brücke benannt, nach der Novemberrevolution 1918 wieder A. Kurz vor Ende des Zweiten Weltkrieges wurde auch diese Brücke von der SS gesprengt. Deutsche Kriegsgefangene stellten unter Anleitung sowjetischer Pioniere nach dem 8. Mai 1945 sofort eine Behelfsbrücke her. Am 28. Juli 1949 konnte die Brücke wiederaufgebaut übergeben werden, sie erhielt dabei den Namen Georgij-Dimitroff-Brücke (bis 30. September 1990). Eine Gedenktafel für G. DIMITROFF ist an der Brüstung des höchsten Pfeilers angebracht, eine Arbeit von Eugen HOFFMANN. Die drei Hochwassermarken am Altstädter Landpfeiler sind von der alten Augustusbrücke übernommen. Der erste Wasserpfeiler der

Augustusbrücke. Anfang 19. Jh. Von der Altstadt gesehen
Übergang der französischen Truppen am 10. Mai 1813 über die gesprengte Brücke
Blick von der Elbbrücke nach Westen. Um 1830

Altstädter Seite trägt den amtlichen Elbpegel.

Augustusstraße: Verbindung zwischen dem →Schloßplatz und dem →Neumarkt, wobei sie etwa auf der Linie der mittelalterlichen Stadtmauer verläuft. Angelegt wurde die A. unter Kurfürst Moritz. Der Teil zwischen Neumarkt und Brühlscher Gasse wurde Ende des 16. Jh. als Untere oder Kleine Moritzgasse, nach 1750 auch als «An der Bildergalerie» bezeichnet (nach der damals im Stallhof befindlichen Gemäldegalerie). Der längere Teil der Gasse bis zum Schloßplatz hieß 1543 Elbgasse, 1566 Brückenstraße, Ende des 17. Jh. Am Stall und nach 1750 Georgenstraße, Ende des 18. Jh. schließlich A. (nach August dem Starken). Seit Beginn des 19. Jh. ist dann der Name A. für den gesamten Straßenzug üblich geworden. Von der Mitte des 16. bis zum Beginn des 18. Jh. war die A. besonders belebt, da infolge der Sperrung des Georgentores der gesamte Verkehr in Richtung Elbbrücke/Altendresden über den Neumarkt und die A. abgewickelt werden mußte. Im 16. Jh. wohnte im traditionsreichen späteren →Fürstenbergschen Haus der bedeutende Architekt und Bildhauer Giovanni Maria →Nosseni. Der Bau des →Brühlschen Palais 1737/51 veränderte die A. beträchtlich (Abriß von 13 Wohnhäusern). An der Stelle des Palais wurde 1899/ 1907 das →Landtagsgebäude errichtet. Der →Fürstenzug an der Außenseite des →Langen Ganges an der Südseite der A. gehört zu den besonderen Sehenswürdigkeiten Dresdens.

Interimsbrücke 1908
Augustusstraße mit dem Palais Brühl. Anfang 19. Jh.

Ausgang ins Gehege: →Schläge

Äußere Neustadt: vor dem ehemaligen Festungsring der →Inneren Neustadt gelegenes und überwiegend im 19. Jh. bebautes Stadtgebiet, die →Leipziger Vorstadt, →Antonstadt und im weiteren Sinne auch die →Albertstadt umfassend, begrenzt von Pieschen, den Hellerbergen, der Dresdner Heide und Loschwitz. Mit Industrie- und Wohnquartieren (→Hechtviertel, →Oppelvorstadt u.a.), lockeren Villenvierteln (→Preußisches Viertel) und der Elbuferzone bietet sie ein sehr differenziertes Bild. Im engeren Sinne wird das Arbeiterwohngebiet beiderseits der →Königsbrücker Straße als Ä. bezeichnet. Das *Sanierungsgebiet Ä.* (das größte der Stadt) umfaßt den in seiner Bausubstanz stark geschädigten Bereich zwischen Königsbrücker Straße, Bischofsweg, der Prießnitz, Holzhofgasse und Glacisstraße. Es war vor 1990 weitgehend zum Abriß vorgesehen, enthält mehrere Szenecafés und unterliegt nunmehr einem Wandel seiner sozialen Struktur.

Äußere Rampische Gasse: →Pillnitzer Straße

Äußerer Katholischer Friedhof: →Neuer Katholischer Friedhof

Ausstellungen: Erste öffentliche A. fanden Ende des 18. Jh. in Dresden statt. Bis gegen Ende des 19. Jh. trugen sie vorwiegend lokalen Charakter, erst ab 1875 bekam Dresden Bedeutung als Ausstellungsstadt in nationalem und später in internationalem Rahmen. – Öffentliche *Kunstausstellungen* begannen 1775 mit der ersten Ausstellung der Kunstakademie im →Fürstenbergschen Haus; es folgten regelmäßige Akademie-Ausstellungen, A. von Künstlerverbänden, Sonderausstellungen der →Staatlichen Kunstsammlungen, A. von Kunstgalerien und -händlern sowie von Einzelkünstlern. Höhepunkte waren die Internationalen Kunstausstellungen von 1887, 1897, 1901 und 1926 sowie die Großen Deutschen Kunstausstellungen von 1904, 1908 und 1912. Mit der «Allgemeinen Deutschen Kunstausstellung 1946» wurde nach dem Zweiten Weltkrieg die Tradition der großen Kunstausstellungen wieder aufgenommen und bis 1988 als →Kunstausstellungen der DDR fortgesetzt. – Die erste *Gewerbeausstellung* sächsischer Erzeugnisse wurde 1824 im →Palais Brühl gezeigt, die erste größere dieser Art 1845 in der Orangerie im →Herzogin-Garten; bis 1875 folgten etwa aller zwei Jahre ähnliche A. Mit der «Ausstellung des Sächsischen Handwerks und Kunstgewerbes», eine der umfangreichsten und aufwendigsten A., die je in Dresden gezeigt wurden, nutzte man 1896 den im gleichen Jahr eröffneten →Ausstellungspalast, das künftige Zentrum des am Großen Garten gelegenen Ausstellungsgeländes. Hier fanden u. a. 1903 die «Deutsche Städte-Ausstellung», 1906 die «3. Deutsche Kunstgewerbe-Ausstellung», 1909 die «Internationale Photographische Ausstellung», 1911 die «→Internationale Hygiene-Ausstellung» und ab 1922 die «→Jahresschau Deutscher Arbeit» statt. – Die Tradition der Dresdner →*Gartenbau-Ausstellungen* begann 1828 mit der ersten Früchteausstellung im →Palais im Großen Garten durch die →Gesellschaft für Botanik und Gartenbau «Flora». – Nachdem durch die

Bombenangriffe vom 13./14. Februar 1945 alle innerstädtischen Ausstellungsgebäude zerstört worden waren, nutzte die Stadt Dresden 1946/65 die im Norden Dresdens gelegene Stadthalle (anfangs Nordhalle genannt, jetzt →Militärhistorisches Museum) für Gartenbauausstellungen, Weihnachtsschauen (→Striezelmarkt), Kunstausstellungen und viele andere A. Seit 1970 bildet die →Ausstellungshalle Dresden am Straßburger Platz, am ursprünglichen Ausstellungsgelände, wieder das Zentrum des Dresdner Ausstellungsgeschehens.

Ausstellungshalle Dresden: 1969 am ungefähren Standort des 1945 zerstörten →Ausstellungspalastes an der Stübelallee/Straßburger Platz aus Glas, Aluminium und Stahl errichtete Doppelhalle (Verbundkonstruktion mit Stahlseilen) mit über 2000 m² überdeckter Ausstellungsfläche (Architekt Günter FISCHER, Konstrukteur Werner BARTHEL). In der A. und dem dazugehörigen Freigelände von 4000 m² wird die Tradition des Dresdner Ausstellungswesen für verschiedenste Ausstellungen fortgesetzt.

Ausstellungspalast: 1894/96 am Stübelplatz/Eingang Stübelallee von Alfred →HAUSSCHILD und Edmund →BRÄTER errichtetes monumentales Gebäude im Gründerzeit-Stil, das zum Mittelpunkt des Dresdner Ausstellungswesens in der ersten Hälfte des 20. Jh. wurde. Ungefähr an der Stelle des 1945 zerstörten A. erbaute man 1969 die →Ausstellungshalle Dresden.

Auswik, auch Uzmik, Ußewig, Ausigk: befestigtes Vorwerk im Süden der mittelalterlichen Stadt, etwa an der heutigen Kreuzung →Zellescher Weg/Bergstraße. Das 1350 erstmals erwähnte Vorwerk war zugleich ein weit vorgeschobener Teil der Stadtbefestigung. Das markgräfliche Lehen hatten verschiedene vornehme Dresdner Bürgerfamilien als Erbgut in Besitz. Gegen Ende des Mittelalters gelangte es in den Besitz des Dresdner Rates, der die Äcker des Gutes zu Erbzinsen an Dresdner Bürger und Bauern verschiedener Dörfer weiter vergab, so daß das Gut allmählich verschwand.

Autobahn: Dresden ist mit den Anschlußstellen Altstadt, Neustadt, Wilder Mann und Nord an das Autobahnnetz angeschlossen. Die A. führt durch die Stadtteile Kemnitz, Kaditz, Trachau und Hellerau, über die Neustädter Flutrinne und auf der →Autobahnbrücke über die Elbe. Auf der Hellerauer «Autobahnspinne» (Abzweig Richtung Bautzen und Berliner Ring) wurden 1951/66 Motorradrennen veranstaltet. Varianten für die SW- oder Ost-Umfahrung Dresdens Richtung Prag wurden bereits 1938 erörtert und in den 60er Jahren wieder aufgegriffen. Am 19. April 1994 entschied sich das Kabinett des Freistaates Sachsen für die nahe, die Dresdner Südhöhen schneidende Variante.

Autobahnbrücke: 500m lange Stahlfachwerkträger-Konstruktion über die Elbe zwischen Kaditz und Kemnitz. – Sie wurde 1935/36 für die Autobahn Berlin–Chemnitz errichtet und blieb 1945 von Kriegsschäden weitgehend verschont.

Avenarius, Ferdinand: Dichter, Kulturpädagoge, geb. 20.12.1856 Berlin, gest. 21.11.1923 Kampen/Sylt. – A. lebte seit 1882 in Dresden (zuletzt in Blasewitz). Von 1887 an gab er die Zeitschrift «Kunstwart» heraus. Seinen kulturpädagogischen Absichten diente auch der 1903 gegründete Dürerbund.

Ausstellungspalast

Baade, Brunolf: Techniker, geb. 15. 3. 1904 Berlin, gest. 14. 10. 1969 Dresden. – B. arbeitete 1930/36 im Flugzeug- und Schienenfahrzeugbau in den USA, ab 1936 im Konstruktionsbüro der Junkers-Werke Dessau und 1946/54 als Chefkonstrukteur mit den in die UdSSR verbrachten deutschen Spezialisten in der Nähe von Moskau. Ab 1954 baute B. die zivile Luftfahrtindustrie im Raum Dresden auf, gründete die Fakultät für Luftfahrt an der Technischen Hochschule und eine Ingenieurschule für Flugzeugbau in Dresden. Unter seiner Leitung wurden 1956/59 etwa 80 Verkehrsflugzeuge des sowjetischen Typs IL 14 gebaut und 1959/60 das Mittelstreckenflugzeug 152 als erstes in Deutschland gebautes Turbinenstrahl-Passagierflugzeug im Flug erprobt. Nach Auflösung der Luftfahrtindustrie war Baade 1961/69 Direktor des Instituts für Leichtbau Dresden-Klotzsche.

Bacchuszug, auch Bacchantenzug: von Ernst Julius →HÄHNEL 1840/41 geschaffene Plastikgruppe in der Attika der Rückfront von Gottfried →SEMPERS erstem Opernhaus. Als dieses 1869 abbrannte, wurde der B. mit vernichtet. Die Modelle sind in der Skulpturensammlung erhalten.

Bach: 1. *Johann Sebastian*, Komponist, Organist, Kapellmeister, Kantor, geb. 21. 3. 1685 Eisenach, gest. 28. 7. 1750 Leipzig. – B. weilte öfter in Dresden. Sein erster Aufenthalt hier ist im September 1717 nachgewiesen, dabei sollte es zu dem bekannten musikalischen Wettstreit zwischen dem jungen Hoforganisten des Herzogs von Sachsen-Weimar mit dem damals sehr berühmten französischen Organisten Louis MARCHAND (1669 bis 1737) im Flemmingschen Palais kommen. Dem hatte sich der Franzose jedoch durch vorzeitige Abreise entzogen. Von da an verbreitete sich B. Ruhm als Virtuose in ganz Deutschland. Am 19. und 20. September 1725 spielte er auf der neuen Silbermannorgel in der Sophienkirche. Am 13. September 1731 erlebte er die erste Aufführung von Johann Adolf →HASSES Oper «Cleofide» in Dresden mit und gab am nächsten Nachmittag in der Sophienkirche «in Gegenwart derer gesamten Hof-Musicorum und Virtuosen» ein viel beachtetes und gerühmtes Orgelkonzert. Am 27. Juli 1733 überreichte B. am Hofe ein Gesuch, um den Titel «Hofcompositeur» führen zu dürfen. Er fügte die teilweise selbst ausgeschriebenen Stimmen des «Kyrie» und «Gloria» seiner h-moll-Messe bei, die sich heute in der Sächsischen Landesbibliothek befinden. Auf eine nochmalige Bewerbung hin bekam er den Titel am 9. November 1736 verliehen. Am 1. Dezember 1736 gab B. auf der kurz zuvor eingeweihten Silbermannorgel in der Frauenkirche vor zahlreicher Hörerschaft ein eindrucksvolles Konzert; ebenso im Mai 1738 und im November 1741. –
2. *Wilhelm Friedemann*, Sohn von 1., Organist, Komponist, geb. 22. 11. 1710 Weimar, gest. 1. 7. 1784 Berlin. – B. erhielt auf Grund seines Könnens beim Probespiel am 22. Juni 1733 die Organistenstelle an der Sophienkirche, die er am 1. August 1733 antrat. Sein Jahreseinkommen betrug 165 Taler. Bis zu seinem Wegzug nach Halle im Jahre 1746 war er hier tätig und komponierte viele seiner besten Sinfonien, Konzerte und Klavierwerke. B. verkehrte mit Johann Adolf →HASSE und Johann George →PISENDEL; sein bekanntester Schüler war Johann Gottlieb GOLDBERG (1727–1756). Seine Wohnung befand sich in der Wilsdruffer Straße.

Bachmann, Walter: Orientforscher und Denkmalpfleger, geb. 8. 5. 1883 Leipzig, gest. 15. 3. 1958 Dresden. – Nach umfangreichen Reisen und Ausgrabungen im Vorderen Orient kam B. 1920 als Privatdozent nach Dresden und wurde im gleichen Jahr zum Leiter des «Amtes für Denkmalpflege im Lande Sachsen» ernannt, dem er bis 1949 vorstand. Er erwarb sich besondere Verdienste bei der Neuinventarisierung der sächsischen Kunstdenkmale, der Durchsetzung eines Gesetzes zum Schutze der Natur- und Kulturdenkmale und durch praktische Denkmalpflegearbeiten (z. B. Sicherungsarbeiten an der Frauenkirche und am Zwinger). Nachdem das in der →Ritterakademie untergebrachte Amt im Februar 1945 ein Opfer des Bombenangriffs wurde, begann B. schon im Juni des gleichen Jahres mit der Arbeit in drei noch unzerstörten Räumen des Landtagsgebäudes.

Bäder: 1. *Elbbäder.* Mit 13 offiziellen Flußbädern, davon 10 in städtischem Besitz, bildeten die Elbwasserbäder noch um 1930 den Hauptanteil unter den Dresdner Badeanstalten. Auch außerhalb dieser Bäder durfte seit 1922 im Fluß gebadet werden. Die zunehmende Wasserverschmutzung und die Kriegsnot führten während des Zweiten Weltkrieges zur Einstellung der Elbbäder. Das erste auf einem Fluß schwimmende Elbbad ist um 1780 am Neustädter Ufer neben dem →Linckeschen Bad verbürgt. 1826 eröffnete Carl Gottlieb GASSE von der Fischerinnung am Neustädter Ufer eine «Schwimmlehranstalt» für Herren (Damenbäder kamen erst später in Gebrauch). Sie wurde 1876 neuerbaut und bot auf einem Floß mit 2 Bassins 400 Personen Platz. 1871 stellte der Stadtverordnete Franz →WIGARD den Antrag auf Einrichtung städtischer Elbbäder und Reinigungsanstalten. Daraufhin wurden 1873 das Elbbad für Männer bei →Antons

Elbbäder um 1890

und für Frauen an der Wiesentorstraße eröffnet. Die städtischen Elbbäder («5-Pfg.-Bäder») wurden zeitweise subventioniert, die Anlagen wurden von Mitte Mai bis Mitte September betrieben und über den Winter abgebaut. Weitere Elbbäder waren das Johannes-, Amalien-, Sidonien- und Marienbad, ein Bad an der alten Weißeritzmündung und die privaten Bäder von NAUMANN in Blasewitz und HÖHLE in Loschwitz. – 2. *weitere Luft- und Freibäder.* Unabhängig von den Elbbädern entstanden die ersten Licht- und Luftbäder in der Umgebung Dresdens, so in Klotzsche (1902), Weixdorf (1906), am Dippelsdorfer Teich (1905), am Oberen Waldteich (1920 durch Max →HÜNIG), in Dölzschen (nach 1920), Mockritz (1925) und im Zschonergrund (1927). 1911 erwarb Friedrich Eduard BILZ (1842–1922) für sein Licht- und Luftbad im Lößnitzgrund die auf der Dresdner Hygiene-Ausstellung gezeigte «Undosa Wellenmaschine». Über die bereits genannten hinaus entstanden Freibäder in den heutigen Stadtteilen Niedersedlitz, Prohlis, Bühlau, Cotta und in der Wostra. In starkem Maße werden die Badestrände der Umgebung aufgesucht, so an Teichen (Moritzburger Gebiet), Staubecken (Malter, Cossebaude-Niederwartha) und ehemaligen Kiestagebauen (Pirna-Copitz). – 3. *Heil-, Kur- und Hallenbäder.* Gesellschaftliche Mittelpunkte des Kur- und Badelebens waren für jeweils wenige Jahrzehnte das →Linckesche Bad an der Prießnitz, die Mineralwasseranstalt von Friedrich Adolf August →STRUVE in der Seevorstadt und das «Schlackenbad» im →Eisenhammer Dölzschen. Bis in den Zweiten Weltkrieg galt der →Weiße Hirsch mit →LAHMANNS Sanatorium als Kurbad von europäischem Ruf. – Mit dem Wachstum der Großstadt knüpften die städtischen Behörden an die Tradition der öffentlichen →Badestuben an und förderten die Einrichtung von (meist privat geführten) Dusch- und Wannenbädern (sog. Volksbrausebäder), die in vielen Fällen durch Dampf- und medizinische Bäder und andere Heilbehandlungen zu «Kurbädern» erweitert wurden. Ein Vorläufer war das 1865 gegründete →«Dianabad» an der Bürgerwiese. Um 1930 zählte Dresden ca. 30 solcher Familien- und Kurbäder. 1896 wurde an der Louisenstraße in der Äußeren Neustadt das «Germania-Bad» (nach 1945 Nordbad) in Jugendstilformen erbaut (Rekonstruktion des Gebäudes geplant). 1906 entstand mit dem →Güntzbad das größte, 1945 zerstörte Dresdner Hallenbad. Paul →WOLF errichtete 1927/28 in betont sachlichen Bauformen das Sachsenbad Wurzener Straße. Nach 1945 entstanden lediglich noch die Schwimmhallen Prohlis und Pirnaische Vorstadt sowie die Schwimmsporthalle des Sportclubs Einheit Dresden an der Freiberger Straße mit Trainingshalle für Wasserspringer.

Badergasse: ehemalige Gasse zwischen Altmarkt und →Kleiner Frohngasse, Name seit dem 2. Viertel des 19. Jh. – Im 16. Jh. wurden die tiefgelegenen Gassen bis zur späteren →Kreuzstraße als «das Loch» oder Lochgasse bezeichnet. Der Abschnitt zwischen Altmarkt und →Weißer Gasse hieß nach der Ratsbaderei (→Badestuben) An der Badstube, der hintere Teil weiterhin «das Loch». Die B. wurde 1885 für den Durchbruch der →König-Johann-Straße überbaut.

Badertor, auch *Mühlen-* bzw. *Wassertor*: südwestliches Stadttor der Altendresdner Befestigungsanlagen am Ausgang der →Blockhausgasse.

Badestuben: Die für die mittelalterlichen Städte typischen öffentlichen B. werden in Dresden im 14. und 15 Jh. erwähnt. 1370 befand sich eine B. in der →Frauengasse, die dann 1391 in die →Schreibergasse verlegt wurde. 1484 gelangte die vorher private B. in den Besitz des Rates. Seit 1485 betrieb der Rat eine B. in der →Badergasse (Ratsbaderei), die bis 1863 bestand. Zwei weitere B. befanden sich in der Elbgasse und in der →Kleinen Brüdergasse. Beide waren, zumindest am Ende des 15. Jh., ebenfalls in städtischem Besitz. Die Juden besaßen ihre eigene B. in der Judengasse (→Schössergasse). Für die Vorstädte ist 1479 eine B. an der Weißeritz bezeugt (bestand bis 1546, 1700 wieder eröffnet und 1784 in die →Annenstraße verlegt). Die ursprünglich dem →Augustinerkloster gehörende Altendresdner Badestube wird erstmals 1477 erwähnt.

Baensch, Wilhelm von: Verlagsbuchhändler und Buchdrucker, geb. 25. 1. 1828 Magdeburg, gest. 27. 11. 1899 Dresden. – Nachdem B. schon in Leipzig eine Verlagsbuchhandlung gegründet hatte, siedelte er 1875 nach Dresden über und erweiterte das Druckereigeschäft. 1886 begründete er in Dresden die erste Buchdruckerinnung Deutschlands. – B. wohnte in der Canalettostraße und wurde auf dem Johannisfriedhof in Leipzig begraben.

Wettiner Bahnhof (Bahnhof Mitte)

Bahnhof Mitte: zentrumsnaher Durchgangsbahnhof am westlichen Stadtring, vorwiegend dem Stadtbahn- und Vorortverkehr dienend. Der B. wurde unter Oberleitung von Hermann →KLETTE und Claus →KÖPCKE nach dem Vorbild großer Berliner S-Bahnhöfe erbaut und am 1. Oktober 1897 unter der Bezeichnung «Haltestelle Wettiner Straße» (allgemein «Wettiner Bahnhof» genannt) dem Verkehr übergeben. Die 1945 stark beschädigte stählerne Hallenkonstruktion verfiel bis 1951 dem Abbruch.

Bahnhöfe: →Eisenbahn

Bähr: 1. *George*, Architekt, Ratszimmermeister, geb. 15. 3. 1666 Fürstenwalde/Kr. Dippoldiswalde, gest. 15. 3. 1738 Dresden. – Der gelernte Zimmermann kam um 1693 nach Dresden, wo er zunächst als Mechanicus und Orgelbauer tätig war. Ende Oktober 1705 erhielt er das Amt des Ratszimmermeisters. Sein erstes Werk, die Errichtung der Dorfkirche von →Loschwitz ist durch neuere Forschungen umstritten. – Sein Hauptwerk ist die →Frauenkirche, die 1726/43 unter großen Schwierigkeiten und Widerständen erbaut wurde. Im Februar 1945 zerstört, wird sie als ein bedeutendes Wahrzeichen von Dresden seit 1993 wiederaufgebaut. – Weitere Werke von B. sind die →Dreikönigskirche, das →Palais de Saxe, das →British Hotel, das Haus «Zur Glocke» an der Frauenkirche sowie auch sein eigenes

Wohnhaus «An der Mauer 2» (später Seestraße 12, 1910 abgebrochen) in dem er von 1711 bis zu seinem Tode lebte. Seine letzte Ruhestätte fand B. auf dem alten Johannisfriedhof, von wo aus man 1854 seine Gebeine in die Katakomben der Frauenkirche überführte. Die wohl bei dieser Gelegenheit aufgekommene Legende über einen Selbstmord aus Kummer über Kritik an seinem Bauwerk entbehrt jeglicher Grundlage. – George-Bähr-Straße in der Südvorstadt. – **2.** *Johann Carl Ulrich*, Urenkel von 1., Maler und Schriftsteller, geb. 18.8. 1801 Riga, gest. 29.9.1869 Dresden. – Nach Studien an der Dresdner Kunstakademie und einer Italienreise ließ sich B. 1832 in Dresden nieder und wandte sich der Historienmalerei zu. Seit 1840 lehrte er an der Akademie (1846 Professor) und war auch literarisch tätig. Er gehörte zum Kreis um Ludwig ➔TIECK und beschäftigte sich eingehend mit Dante. – Grab auf dem Alten Annenfriedhof.

Bakunin, Michail Alexandrovič: russ. Anarchist, geb. 30.5.1814 Torshok/Gouvern. Twer, gest. 1.7.1876 Bern. – B. hielt sich erstmals von Januar 1842 bis Januar 1843 in Dresden auf. Er war von Berlin gekommen, wo er Philosophie studiert und Arnold ➔RUGE und Ludwig ➔WITTIG kennengelernt hatte. In Dresden publizierte der unter dem Pseudonym Jules ELYSARD in Ruges «Deutschen Jahrbüchern». In der sächsischen Residenz erschien auch B. erstes größeres literarisch-philosophisches Werk «Schelling und die Offenbarung...». Um sich der drohenden Verhaftung zu entziehen, reiste er zusammen mit Georg HERWEGH nach Zürich. Der zweite, wichtigere Aufenthalt B. in Dresden fiel in die Zeit der Revolution 1848/49. Anfang März 1849 war er von Leipzig nach Dresden gezogen (wohnte bei Wittig, bei August ➔RÖCKEL im Hause von Johann Andreas ➔SCHUBERT und zeitweise in einem Gartenhaus in der ehemaligen Menagerie an der ➔Friedrichstraße). B. entfaltete eine rege publizistische Tätigkeit. In der ➔Dresdner Zeitung agitierte er für die deutsch-slawische Versöhnung, um den revolutionären Prozeß in Europa voranzutreiben. Während des ➔Maiaufstands 1849 spielte B. eine entscheidende Rolle als militärischer Berater der provisorischen revolutionären Regierung und einer der militärischen Führer des Aufstandes neben dem Kommandeur der Kommunalgarde HEINZE und Stephan ➔BORN. Zusammen mit Otto Leonhard ➔HEUBNER wurde B. in der Nacht vom 9. zum 10. Mai, nach der Niederlage des Aufstandes, in Chemnitz verhaftet und nach Dresden, später auf den Königstein, gebracht, bevor er an Österreich ausgeliefert wurde.

Ballwerfer

Baldauf, Richard: Bergingenieur und Mineraloge, geb. 7.3.1848 Chemnitz, gest. 28.4.1931 Dresden. – B. hatte an der Bergakademie Freiberg studiert und war von 1869 bis 1904 als leitender Bergingenieur in verschiedenen Bergbaugebieten tätig. Danach nahm er seinen Wohnsitz in Dresden (Geinitzstraße 5) und widmete sich vorwiegend der Mineralogie. Auf acht großen Reisen (z.B. 1908 Grönland, 1912 Südamerika, 1924 UdSSR) besuchte er Museen und Lagerstätten und sammelte Mineralien, mit denen er seine einzigartige Privatsammlung aufbaute, die zuletzt etwa 9400 Stück umfaßte, wobei alle bis 1928 bekannten Mineralien in mindestens einem Exemplar vertreten waren. Als «Mineralogisches Museum Baldauf» von B. ab 1916 der Öffentlichkeit zugänglich gemacht, ging die Sammlung 1940 in den Besitz des ➔Staatlichen Museums für Mineralogie und Geologie über. – Begr. auf dem Johannisfriedhof Tolkewitz.

Balkon Europas: ➔Brühlsche Terrasse

Ballhaus: Festgebäude, das der Hofgesellschaft «zur Ergötzung und guter Gesundheit dienender Bewegung» gewidmet war. Das 1598 von Paul ➔BUCHNER errichtete erste B. wurde 1664 wegen des Neubaus des ➔Komödienhauses abgebrochen. Wolf Caspar von ➔KLENGEL war der Architekt des zweiten B., das 1668/69 im «Klostergärtchen» neben dem Schloß nach italienischem Vorbild mit offenen Arkaden und einem großen Saal entstand. Es mußte 1756 dem Westflügel am ➔Taschenbergpalais weichen, und man nutzte nach Umgestaltung den ehemaligen Theaterbau Klengels (➔Komödienhaus) bis 1796 als «neues» Ballhaus, das danach als Hauptstaatsarchiv Verwendung fand.

Ballwerfer: Monumentalplastik auf dem Lingner-Platz vor dem ➔Deutschen Hygiene-Museum. Die 4,50 m hohe, aus Kupferplatten getriebene Figur wurde 1907 von Richard Daniel FABRICIUS (1863–1923) geschaffen und 1908 auf dem Sportplatz an der Lennéstraße aufgestellt. 1911 stand der B. in der ➔Internationalen Hygiene-Ausstellung und ab 1922 an der Ilgenkampfbahn. Die im Zweiten Weltkrieg beschädigte Figur wurde nach einer Restaurierung 1980 an ihrem jetzigen Standort aufgestellt.

Bankhaus Gebr. Arnhold: traditionsreiche Dresdner Privatbank, gegr. 1864 von Max ARNHOLD (1845–1908) gemeinsam mit dem 1876 wieder ausgeschiedenen Ludwig PHILLIPSON. Max A. leitete das B. ab 1881 gemeinsam mit seinem Bruder Georg A. (1849–1926). – Ein dritter Bruder Eduard A. (1849–1925) war führend in der ➔Dresdner Bank tätig (1912/24 stellv. Aufsichtsratsvorsitzender). – Die Bankierfamilie unterstützte in Dresden soziale und kulturelle Anliegen, gründete 1899 den Arnholdschen Pensionsverein und stiftete das ➔Georg-Arnhold-Bad. Georg A. war Mitglied der deutschen Friedensgesellschaft und Ehrensenator der TH. Nach seinem Tod leiteten dessen Söhne Heinrich, Hans, Kurt und Adolf das Bankhaus mit Sitz Waisenhausstraße 18/22 und die Berliner Filiale. Das Unternehmen war vor allem mit der Brauerei- und keramischen Industrie eng verflochten und schloß sich 1931 mit der Bank S. BLEICHRÖDER, Berlin, zusammen. Heinrich A. (1885–1935) stand als Förderer moderner Kunst dem

Kreis um Ida →BIENERT nahe. 1935 mußte das jüdische Bankhaus das Dresdner Stammhaus an die Dresdner Bank abgeben und 1938 auch die Berliner Filiale aufgeben. Nach 1938 wurde die Firma Arnhold u. S. Bleichröder in New York weitergeführt. Die Familie Arnhold stellte nach 1990 Mittel für die Erneuerung des Georg-Arnhold-Bades und für den Wiederaufbau der Frauenkirche zur Verfügung.

Bantzer, Carl: Maler, geb. 6. 8. 1857 Ziegenhain (Hessen), gest. 19. 12. 1941 Marburg/Lahn. – B. nahm 1877 seinen Wohnsitz in Dresden, noch während seines Studiums an der Berliner Kunstakademie, das er 1880 abschloß. Anschließend war er freischaffend tätig, gehörte 1883 der impressionistisch orientierten Künstlergruppe «Goppelner Kreis» an und gründete 1893 die «Freie Vereinigung Dresdner Künstler» (→Dresdner Sezession), deren Vorsitzender er wurde. Von 1896 bis 1918 leitete er eine Malklasse an der Dresdner Kunstakademie und ging anschließend nach Kassel. Mit seinen Darstellungen aus dem bäuerlichen Milieu, die ihn zu einem bedeutenden Vertreter der Heimatkunst werden ließen, gehörte er der fortschrittlichen Künstlergeneration zu Beginn des 20. Jh. an, die die Natur zum Ausgangspunkt der Kunst machte. Conrad →FELIXMÜLLER und Max LINGNER zählen zu seinen Schülern. 1910 schuf B. sein Kolossalgemälde der 39 Dresdner Ratsmitglieder mit dem Oberbürgermeister für das neue Rathaus.

«Bärenschänke»: ehemals «Dresdens größtes Bier- und Speisehaus», das den Gebäudekomplex Webergasse 27–31 und Zahnsgasse 16–22 umfaßte. 1887 wurde die «Bärenbräu» ausschenkende B. in der Webergasse 27 eingerichtet und im Laufe der folgenden Jahre, besonders unter ihrem Besitzer Karl HÖHNE (ab 1900) durch Einbeziehung weiterer Grundstücke zu ihrer späteren Größe erweitert und bis 1925 durch Oswin →HEMPEL umgebaut und mit neuer Innenausstattung versehen. Von der Leistungsfähigkeit der beliebten Volksgaststätte, die eine eigene Geflügelfarm und ein eigenes Liefergut für Schlachttiere für die hauseigene Schlächterei besaß, zeugen folgende Zahlen vom Verbrauch an einem einzigen Abend: sieben Zentner Schweinsknochen, 800 Klöße, 120 Hasen bzw. Gänse, 1600 Rebhühner. Die B. wurde am 13./14. Februar 1945 zerstört.

Bärenzwinger: Ausfall der ehemaligen Stadtbefestigung zwischen den Bastionen Venus und Mars, der heute noch erhalten ist (am östlichen Ende der Brühlschen Terrasse). Die Bezeichnung leitet sich von Batardeau bzw. Bär, steinerner Damm, ab und nicht wie im Volksmund irrtümlich angenommen von Bären, die angeblich früher dort gehalten worden seien. Seit 1967 befindet sich im B. ein Studentenklub der TU Dresden.

Barkhausen, Heinrich: Physiker, geb. 2. 12. 1881 Bremen, gest. 20. 2. 1956 Dresden. – B. war nach dem Studium in München, Berlin und Göttingen ab 1907 bei Siemens & Halske in Berlin tätig und wurde 1911 als einer der jüngsten Professoren an die Technische Hochschule Dresden berufen. Hier gründete und leitete er das erste Schwachstrominstitut einer deutschen Hochschule. Er förderte die Anwendung der Elektronenröhre in der Nachrichtentechnik, entdeckte den B.-Effekt in ferromagnetischen Stoffen und gemeinsam mit K. KURZ die B.-Kurz-Schwingungen, führte das Phon als Maßeinheit der Lautstärke ein und verfaßte mit dem vierbändigen Lehrbuch über Elektronenröhren ein Standardwerk. Seine Lehrtätigkeit in Japan machte ihn dort als «Vater der Schwachstromtechnik» bekannt. Von 1946 bis zur Emeritierung 1953 war B. führend am Wiederaufbau des Institutes und dessen Neubau (seit 1956 Barkhausenbau) beteiligt. – Grab auf dem Johannisfriedhof (Urnenhain); Barkhausenstraße im Hochschulviertel.

Barock: →Dresdner Barock

Bartholomäus-Hospital: Das seit dem Mittelalter bestehende B., auch «Zum heiligen Geist» genannt, befand sich in einem Geviert zwischen →Freiberger Platz, →Fischhofplatz, →Fischhofgase und Hundsgasse östlich vom Findelhaus und dem Brückenhof-Hospital. Die auf dem Gelände befindliche St. Bartholomäus-Kapelle wird schon vor der Errichtung des B. vorhanden gewesen sein, denn man erbaute Hospitäler und Siechenhäuser gern in die Nähe von Kirchen. Bis zum 15. Jh. wurde das für 20 aussätzige Frauen errichtete Gebäude «Hospital der Siechen» oder «Hospital zum heiligen Geist» genannt. Über dem Portal befand sich die Sandsteinfigur des heiligen Bartholomäus, die beim Überfall der Hussiten 1429 herabgestürzt wurde. Das B. war zum größten Teil auf Spenden und Almosen angewiesen. Im 16. Jh. fanden vereinzelt Männer im B. Aufnahme. Mit dem Rückgang der Aussätzigen im 17. Jh. verlor das B. den Charakter einer Absonderungsanstalt und diente seitdem nur noch der Versorgung alter Frauen. 1839 mußten das B. und die auf seinem Gelände befindlichen anderen Siechhäuser den Wohnungsneubauten am Freiberger Platz weichen.

Bartholomäus-Kirche: Laut einer Legende soll der meißnische Weihbischof NICOLAUS im 13. Jh. die Bartholomäuskapelle, auch «Geist»- oder «Sünder»-Kirche genannt, nebst Hospital gestiftet haben. Die dem heiligen Bartholomäus geweihte Kapelle befand sich neben dem →Bartholomäus-Hospital am Nordrand der «Entenpfütze» (heute Freiberger Platz). 1408 und 1519/20 erfuhr der bescheidene Bau mehrfache Umgestaltungen. 1552 erhielt die B. als Bereicherung «das heilige Grab» aus der Busmannkapelle. Die Aussätzigen des Hospitals durften sich den Gottesdienst nur durch Maueröffnungen von außen anhören. In Pest- und Seuchenzeiten predigte der

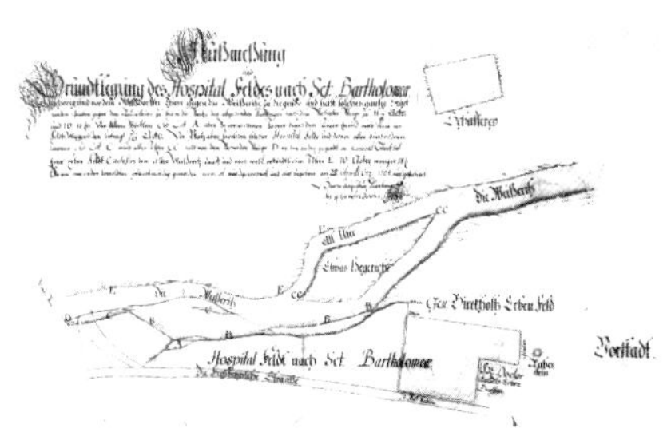

Inneres der Bärenschänke
Plan der Gegend um das Bartholomäus-Hospital. Um 1895

Pfarrer im Freien von der sogenannten Pestkanzel. B. und Hospital wurden 1839 abgebrochen.

Bartisch, Georg: Chirurg und Wundarzt, geb. 1535 Gräfenhain bei Königsbrück, gest. 1607 Dresden. – Der aus ärmlichen Verhältnissen stammende B. ging bei drei verschiedenen Chirurgen in die Lehre und erlernte das Wundarzt-Handwerk mit Starstechen (Augenheilkunde) und Bruch- und Steinschneiden. Nach seinen Bildungsreisen (Wien und Ostsee) wurde B. ein tüchtiger und gesuchter Chirurgus und bereits 1558 sächsischer Hofokulist. 1575 erhielt er von Kurfürst August und dem Rat zu Dresden Kundschaften (Zeugnisse) über seine gelungenen Operationen. Diese Kundschaften durfte er nicht öffentlich ausstellen, sie sollten nur als Protektion für Arbeiten in anderen Städten dem jeweiligen Rat vorgelegt werden. Sein wissenschaftliches Werk über den Steinschnitt hatte volle Anerkennung gefunden.

Bassi, Luigi: ital. Sänger, geb. 4.9.1766 Pesaro, gest. 13.9.1825 Dresden. – Nach großen Erfolgen in Prag (Titelrolle in der Uraufführung von MOZARTS «Don Giovanni» 1787) und in Wien wurde B. von Francesco →MORLACCHI 1815 an die italienische Oper in Dresden berufen, übernahm vorwiegend komische Rollen und trat in den letzten Jahren als Regisseur hervor. – Grab (1914 vom →Mozartverein erneuert) auf dem Alten Katholischen Friedhof.

Basteischlößchen: Gaststätte am Theaterplatz zwischen dem →Italienischen Dörfchen und dem ersten →Hotel Bellevue. Nach ihrem Standort erinnert sie an die alte Bastion «Sol» und wurde um 1860 mit bis an die Elbe reichenden Terrassen und überdachten Freiplätzen erbaut. 1910 riß man sie wegen Anlage der Uferstraße ab und errichtete sie in veränderter Form wieder neu (rustikale Inneneinrichtung). Am 13./14. Februar 1945 durch Bomben zerstört, wurde das Gebäude teilweise wiederhergestellt und diente bis 1980 dem Allgemeinen Deutschen Motorsport-Verband als Büro. Danach wurde das B. als gastronomische Einrichtung erneuert.

Bastionen: →Stadtbefestigung

Baudissin, Wolf Heinrich Graf von: Übersetzer, Nachdichter (MOLIÈRE, SHAKESPEARE, italien. Dichtungen), geb. 30.1.1789 Kopenhagen, gest. 4.4.1878 Dresden. – B., der auch als Diplomat tätig war, lebte seit 1827 in Dresden (Altmarkt, Wilsdruffer Gasse, Lüttichaustraße, zuletzt Pirnaische Straße). Hier verkehrte er besonders im Haus Ludwig →TIECKS. Sein Landhaus in Wachwitz existiert noch heute (Am Steinberg 3). – Baudissinstraße in Trachau.

Bauernschänke: ehemalige historische Gaststätte in der →Kreuzstraße 11. Die in ländlichem Stil eingerichtete B. galt in der ersten Hälfte des 20. Jh. als originelle Sehenswürdigkeit Dresdens, weil dort in großen verglasten Schaukästen, die an den Wänden über den Gasttischen angebracht wurden, eine umfangreiche Raritätensammlung mit den seltsamsten Kuriositäten zu bewundern war. Die B. wurde im Februar 1945 durch Bomben zerstört.

Baugefangenenkirche: →Festungsbaukirche.

Baugewerkeschule: →Technische Universität

Bäumer, Heinrich: Bildhauer, geb. 25.2.1836 Warendorf (Westfalen), gest. 26.4.1898 Dresden. – Nach einem dreijährigen Italienaufenthalt ließ sich B. 1868 in Dresden nieder und schuf vor allem mythologische und sakrale Bildwerke (z.B. das Drei-Frauen-Relief an der Seitenfront der Kunstakademie zum Georg-Treu-Platz, vier Evangelisten an der Johanniskirche). Berühmt wurde er durch die Plastik «Venus und Amor» in den Anlagen der →Bürgerwiese. – Begr. Johannisfriedhof.

Bauordnungen: für die Planung, Projektierung und Genehmigung von Bauvorhaben festgesetzte, gesetzlich gültige Regelungen, die unter Einbeziehung von topografischer Lage, örtlich anfallenden Baustoffen und Tradition das charakteristische Aussehen der Stadt bestimmen. Im Mittelpunkt der B. stehen praktische Festlegungen zu Brandschutz, Standsicherheit und Hygiene; hinzu kommen gestalterische, organisatorische, juristische und wirtschaftliche Regelungen. Während in Dresden die aus dem Mittelalter und aus der Renaissance-Zeit bestehenden Beziehungen zwischen B. und Stadtanlage kaum noch erkennbar sind, wirken die städtebaulichen Verordnungen aus dem 18. Jh. bis in die Gegenwart hinein. – Das mittelalterliche Baugesetzwesen wurde im Rahmen der vom Rat erlassenen Verordnungen («Willküren») geregelt. Erst nachdem Dresden 1485 Residenzstadt geworden war, nahm der Landesherr Einfluß auf die B. der Stadt. So erließ Herzog ALBRECHT unmittelbar nach dem großen Stadtbrand von 1491 eine B., die als erste in Dresden gilt und die auch gestalterische Gesichtspunkte enthielt (Ziegeldächer; zumindest Erdgeschosse massiv gebaut; Eckhäuser vollständig aus Stein). Diese B. sowie die Baubestimmungen in einer Neufassung der Dresdner Willküren von 1559 trugen dazu bei, daß sich Dresden zur Renaissance-Stadt entwickelte.
Nach weiteren baugesetzlichen Erlassen durch den Rat im 17. Jh. (z.B. 1674 Verbot des Neubaus von Holzhäusern innerhalb der Festung) wurde vom Kurfürsten 1677 Wolf Caspar von →KLENGEL zum Oberaufseher für das gesamte Bauwesen der Stadt eingesetzt. Damit hatte der absolutistische Landesherr den maßgeblichen Einfluß auf die Baubestimmungen übernommen, um in der Folgezeit mit einer Vielzahl von Verordnungen, Reskripten, Mandaten und Befehlen die Residenz seinem Repräsentationsbedürfnis entsprechend prächtig umgestalten zu können. Als 1708 der Gouverneur von Dresden, Graf FLEMMING, mit der Oberleitung des gesamten Bauwesens der Stadt betraut worden war, faßte dieser die bis dahin verstreuten Bestimmungen zu den sogenannten «Flemmingschen Baupunkten» zusammen, die gemeinsam mit dem Entwurf einer B. von Johann Friedrich →KARCHER (1710) die Grundlage bildeten für das *Baureglement von 1720*, das August Christoph von →WACKERBARTH in Zusammenarbeit mit dem Oberbauamt erließ. In dieser für Dresden als Barockstadt wichtigsten B. wurde in 43 Punkten nicht nur die bis dahin gültigen Vorschriften zusammengefaßt, sondern noch beträchtlich erweitert. Die Festlegung von Geschoßzahl und Höhe in Abhängigkeit von der Straßenbreite führte zur häufigeren Anwendung der dreieinhalbgeschossigen Bauweise mit übereinstimmender Hauptgesimshöhe (etwa 17,5 m) und zu einheitlich wirkender, harmonisch abgestufter heller Farb-

gebung der Gebäude. Die Wirkung des Baureglements ist besonders deutlich erkennbar am Wiederaufbau von Altendresden (→Neustadt) nach dem Brand von 1685 sowie an der planmäßigen Anlage der Vorstädte →Friedrichstadt und →Antonstadt. – In den Vorstädten außerhalb der Festung war bis dahin aus strategischen Gründen u.a. nur der Neubau von Holzhäusern gestattet. Diese einschränkenden Bestimmungen wurden 1736 aufgehoben, als das Baureglement von 1720 in umgearbeiteter Form für die Vorstädte eingeführt wurde, wobei diese als Wohnsitz einfacherer Bürger mit schlichterer Architektur zu versehen waren, um die Prachtbauten innerhalb der Residenz um so schöner erscheinen zu lassen. – Nach der →Entfestigung ging man in der ersten Hälfte des 19. Jh. von der geschlossenen zur offenen Bauweise über, wozu die *«Allgemeine Bauordnung für die Residenz-Stadt Dresden»* von 1827 mit 132 Paragraphen die gesetzliche Grundlage bot. Infolge der – durch die schnelle Bevölkerungsentwicklung – in hohem Maße zunehmenden Bautätigkeit und der erheblichen Erweiterung des Stadtgebietes von der zweiten Hälfte des 19. Jh. an wuchs der Aufgabenbereich der städtischen Baubehörden stark an (1855 Trennung von Baupolizei und Stadtbauamt, 1865 Einrichtung des städtischen Tiefbauamtes, 1876 Einrichtung der Abt. Vermessungswesen und 1913 der Abt. Stadterweiterung). Die Stadtverwaltung versuchte mit bauplanerischen und baugesetzlichen Regelungen private Bauinteressen zu lenken und damit ordnend die Stadtentwicklung zu beeinflussen. So legte der erste Generalbebauungsplan von 1859/62 für 27 Prozent des Stadtgebietes eine geschlossene und für 45 Prozent eine offene Bebauung fest sowie Industriegebiete, Tabuzonen und Baugrenzen. Das Ortsstatut von 1878 trug ebenso der Entwicklung Dresdens zur modernen Industrie- und Verwaltungsstadt Rechnung. Damit sollte unter Berücksichtigung der wertvollen historischen Bausubstanz und der landschaftlichen Lage (besonders Freiräume im Elbuferbereich – gleiche Festlegung 1936, 1946, 1956, 1992) eine möglichst sinnvolle Verteilung von Wohn- und Industriestandorten erreicht werden. In der Bauordnung von 1905, die 84 Bauregulative umfaßte, wurde u.a. bestimmt, 50 Prozent der Stadtfläche von «Gewerbe und Dampfkesseln» freizuhalten. Diese B., die im wesentlichen bis 1948 in Kraft war, wurde beispielgebend für andere deutsche Großstädte und diente u.a. als Vorbild für die in der Bundesrepublik Deutschland geltende Baugesetzgebung. 1949/90 entschied in Berlin die Staats- und Parteiführung der DDR über die städtebauliche Entwicklung in Dresden. Seit 1991 werden wieder durch die Stadtverwaltung entsprechende Bestimmungen erlassen (Flächennutzungs- und Bebauungspläne, Sanierungskonzepte, Orts-Satzungen). Sie orientieren sich anhand der Bevölkerungszahl und der Rolle Dresdens als Landeshauptstadt am Bedarf an Wohnungen, Gewerbe-, Verwaltungs- und Dienstleistungseinrichtungen, Kultur, Industrie und Verkehr und berücksichtigen Gesichtspunkte des Umwelt-, Natur- und Denkmalschutzes unter Bewahrung des historischen Stadtbildes. Seit 1993 wird eine neue B. für Dresden vorbereitet.

Bautzner Platz: →Albertplatz

Bautzner Schlag: →Schläge

Bautzner Straße: Ausfallstraße durch die Antonstadt (Äußere Neustadt) und durch Loschwitz, als Bautzner Landstraße über den Weißen Hirsch und Bühlau weiterführend. – Sie war Teil der alten Radeberger Straße vom Schwarzen Tor über die obere Prießnitzbrücke zum Fischhaus in der Dresdner Heide. Stärker befahren war ursprünglich jedoch die elbnahe «Stolpener Straße». Sie führte über die untere Prießnitzbrücke und stieg zum Meisenberg auf und wurde 1783/86 vom →Linckeschen Bad an zum Schutz vor Hochwasser höhergelegt. Der Abschnitt vom Schwarzen Tor bis zum Gasthof «Zum Goldenen Löwen» und die anschließende spätere →Holzhofgasse wurden Mitte des 18. Jh. Neue Straße, später Bautzner Straße genannt. Ab 1855 wurde zwischen Innerer (in Antonstadt) und Äußerer B. (in Loschwitz, ab 1859 Schillerstraße) unterschieden. Nach der Eingemeindung von Loschwitz 1921 wurde der gesamte Straßenzug B. genannt. – An der Straße sind bedeutende Villenbauten erhalten. Die Villa Nr. 17 nahe dem Albertplatz (heutige Form von 1887) wurde 1994 restauriert. Zu den großen, mit elbseitigen Gärten ausgestatteten Villen am Rande des →Preußischen Viertels zählt die Nr. 96 auf dem ehemaligen Vorwerk von Camillo →Marcolini (um 1854, Figuren von Franz →Pettrich). Im Haus Nr. 107 gründete Mary →Wigman 1920 eine Tanzschule. – Die →Kronenapotheke am Beginn der B. ist die älteste noch erhaltene Apotheke Dresdens. 1846 wurde nahe dem Prießnitzübergang die →Diakonissenanstalt angesiedelt, ihr gegenüber wurde 1880 →Pfunds Molkerei gegründet. Die Anhöhe am →Waldschlößchen mit einem Pavillon aus den 30er Jahren des 20 Jh. zählt zu den bekannten Dresdner Aussichtspunkten. Auf den Elbwiesen am Fuße der 1838 eröffneten →Waldschlößchenbrauerei fand das →Deutsche Sängerbundesfest 1865 statt. In der Nähe wurde 1820 Gerhard von →Kügelgen Opfer eines Raubmordes. Am ansteigenden Teil der B. entlang der Dresdner Heide bis zur →Mordgrundbrücke befinden sich mit ausgedehnten Parkanlagen →Schloß Albrechtsberg, die →Villa Stockhausen und →Schloß Eckberg. Zu Zeiten der DDR war der Name Bautzner Straße Synonym für den Staatssicherheitsdienst, dessen Bezirks- und Kreisverwaltung mit Untersuchungshaftanstalt sich über das elbseitige Areal zwischen Waldschlößchenpavillon und →Saloppe erstreckte. Die Einrichtungen wurden Ende 1989 unter Mitwirkung der Bürgerbewegung aufgelöst, die Gebäude dienen seitdem unterschiedlichsten zivilen Zwecken.

Bautzner Tor: auch *Lausitzer Tor* oder *Schwarzes Tor*: nordöstliches Tor der 1632 angelegten Altendresdner Befestigung am Ende der Hauptstraße, 1817 abgebrochen.

Bebel, August: geb. 22.2.1840 Köln, gest. 13.8.1913 Passugg (Schweiz). – Der Mitbegründer der deutschen Sozialdemokratie hielt seine erste Dresdner Rede

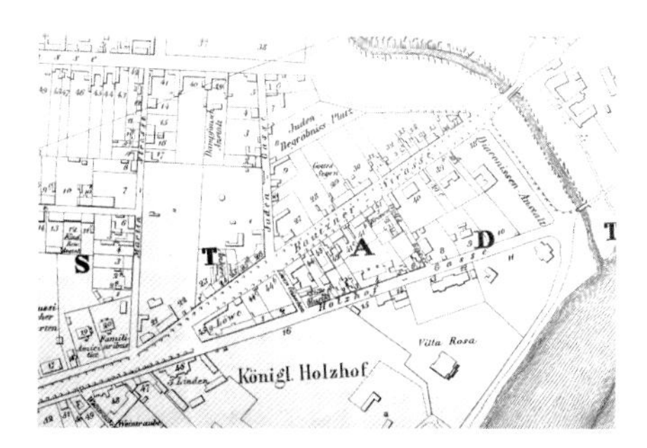

Plan um die Bautzner Straße. Um 1850

1863 auf dem Stiftungsfest des Arbeiterbildungsvereins, nahm am 25./26. März 1866 hier an einer Versammlung des Verbandes deutscher Arbeitervereine teil und referierte auf dem 2. Kongreß der Sozialdemokratischen Arbeiterpartei am 12./15. August 1871 in der →Centralhalle über die Wahlrechtsfrage. 1877 und 1878 gewann B. einen Reichstagssitz für den Wahlkreis Dresden-Altstadt. 1881/90 war er Abgeordneter der 2. Kammer des sächsischen Landtages. Während des Sozialistengesetzes wohnte B. mit Frau Julie und Tochter Frieda 1884/90 im Vorort Plauen, Hohe Straße 22, (Ecke Bamberger Straße, 1945 zerstört). 1886 leitete er die illegale Landesdelegiertenkonferenz in der Meixmühle bei Pillnitz (Gedenktafel). Am 1. Mai 1890 sprach er im Restaurant Schweizerei (jetzt Ullrichstraße 5) in Loschwitz auf der ersten Maifeier Dresdner Arbeiter. Auf dem SPD-Parteitag am 13./20. September 1903 in den «Trianon»-Sälen (1945 zerstört) am Schützenplatz setzte sich B. mit Eduard BERNSTEIN (1850–1932) auseinander. Seine letzte Dresdner Rede hielt er am 31. Januar 1907 in den «Blumensälen» Johannstadt. – August-Bebel-Straße in Strehlen.

Becker: **1.** *Reinhold*, Komponist, geb. 11.8.1842 Adorf/Vogtl., gest. 4.12.1924 Dresden. – B. erhielt seine Ausbildung am Dresdner Konservatorium u.a. bei Julius →OTTO, mußte seine Karriere als Violinvirtuose 1860/70 in Pau/Südfrankreich wegen eines Handleidens aufgeben und lebte ab 1871 als Komponist und Dirigent in Dresden. 1884–1894 leitete er die →Dresdner Liedertafel, mit der er bedeutende Aufführungen veranstaltete. Von seinen Kompositionen (2 Opern, 2 Violinkonzerte, 1 Sinfonie, über 300 Lieder) waren vor allem die Männerchöre um die Jahrhundertwende sehr beliebt. 1898 wurde B. mit dem Titel eines Professors der Musik ausgezeichnet. B. lebte in Blasewitz. – Reinhold-Becker-Straße in Blasewitz. –

2. *Wilhelm Gottlieb*, Kunstschriftsteller, Professor an der Ritterakademie, geb. 4.11.1753 Callenberg, gest. 3.6.1813 Dresden. – Der Inspektor der Antikengalerie und des Grünen Gewölbes gab neben einer Beschreibung des Seifersdorfer Tales (1792, Reprint 1977) und des Plauenschen Grundes (1799) auch eine Beschreibung der Dresdner antiken Denkmäler unter dem Titel «Augusteum» (1804–1811) heraus.

Beese-Boutard, Amelié (genannt *Melli Beese*): Motorfliegerin, geb. 13.9.1886 Laubegast b. Dresden, gest. durch Freitod 22.12.1925 Berlin. – Die Tochter eines Laubegaster Architekten studierte 1905/08 Bildhauerei in Stockholm und richtete sich nach ihrer Rückkehr nach Dresden am neuen Wohnsitz ihrer Eltern, Hochuferstraße 18 (heute Käthe-Kollwitz-Ufer), ein Atelier ein. Sie wandte sich noch im gleichen Jahr der Fliegerei zu, hörte Vorlesungen an der Technischen Hochschule und siedelte 1910 nach Berlin-Johannisthal um. Hier legte sie an ihrem 25. Geburtstag als erste deutsche Frau die Pilotenprüfung ab und leitete 1912/14 mit ihrem Mann Charles BOUTARD eine Flugschule. – Begr. Friedhof Berlin-Schmargendorf; Gedenktafel seit 1986 am Geburtshaus Österreicher Straße 84, Melli-Beese-Straße in Laubegast.

Beethoven, Ludwig van: Komponist, get. 17.12.1770 Bonn, gest. 23.3.1827 Wien. – Auf seiner großen Konzertreise 1796 weilte B. auch in Dresden. Aus Prag kommend, traf er am 23. April hier ein und reiste am 1. oder 2. Mai nach Leipzig weiter. Er logierte im Hotel de Pologne auf der Schloßstraße. Der Künstler hatte die Absicht, bei Hofe vorzuspielen, was ihm auch trotz gerade herrschender Hoftrauer am 29. April gewährt wurde. Er spielte abends im Musikzimmer der Kurfürstin im Schlosse der kurfürstlichen Familie u.a. auch eigene Werke vor und beeindruckte besonders durch seine Improvisationskunst, wofür er von FRIEDRICH AUGUST III. mit einer goldenen Tabatiere beehrt wurde. In den Tagen zuvor hatte er bereits als Virtuose große Erfolge in den Salons Dresdner Musikfreunde gehabt. – Beethovenstraße in Strehlen.

Beethovenchor: →Singakademie Dresden

Befreiung Dresdens am 8. Mai 1945: Verbände der 1. Ukrainischen Front der Roten Armee unter Marschall Iwan Stepanowitsch KONEW (1897–1973) rückten im Zuge der Prager Operation nahezu zeitgleich mit der bedingungslosen Kapitulation Deutschlands am 8. Mai 1945 in Dresden ein. – Nach der →Zerstörung Dresdens 1945 durch alliierte Luftangriffe hielt die militärische Führung am Status der Stadt als Festungsbereich fest. Darin wurden verbliebene Einheiten von 2 Panzer-, 1 Infanterie- und 2 motorisierten Divisionen sowie Volkssturmeinheiten konzentriert. Der Verteidigungsbezirk Dresden wurde im April unter das Kommando des Generals von und zu GILSA gestellt, NSDAP-Gauleiter Martin MUTSCHMANN (1879–1948) verkündete noch am 14. April die Verteidigung der schwer geprüften Stadt «mit allen Mitteln und bis zum letzten». Der Ausbau von Verteidigungsstellungen blieb jedoch – mit Ausnahme örtlicher Panzersperren und -gräben – unvollendet. Am 7. Mai befand sich der Gefechtsstand Konews nordwestlich der Stadt. Einheiten der 5. Gardearmee unter A. S. SHADOW (→Ehrenmal der Sowjetarmee) durchbrachen auf der Autobahn bei Radeburg die deutschen Stellungen. Am Abend des 7. Mai rückten sowjetische Verbände im Norden der Stadt bis zur Elbe vor. Die Heeresgruppe Mitte der Wehrmacht wies die kampflose Räumung Dresdens an. Einheiten, die dieser Befehl nicht erreichte, leisteten noch Widerstand. Die NSDAP-Zeitung «Der Freiheitskampf» propagierte noch in ihrer letzten Ausgabe am 8. Mai Durchhalteparolen. Deutsche Truppenangehörige sprengten auf der Flucht Richtung Süden mehrere Elbbrücken. –

Im Morgengrauen des 8. Mai überschritten sowjetische Truppen die Loschwitzer Elbbrücke und rückten von Osten in die Altstadt ein. Der Versuch des Stabes des 32. Gardeschützenkorps, telefonisch den 1. Bürgermeister KLUGE zur Kapitulation zu bewegen, scheiterte, doch blieben der Stadt größere Kampfhandlungen erspart. Am Vormittag des 8. Mai war Dresden vollständig befreit. Zu den letzten Opfern des Nationalsozialismus zählte Rainer →FETSCHER, der den einrückenden Truppen gemeinsam mit Hermann ECKARDT (1901–1965) als Parlamentär entgegenging und auf der Prager Straße von einer SS-Patrouille erschossen wurde. –

Zum Ortskommandanten mit Sitz in der Pestalozzi-Oberschule wurde S. F. GOROCHOW ernannt, dem N. F. LEBENDENKO als Stadtkommandant folgte. Speziell für die Suche nach den Dresdner Kunstschätzen wurde das 164. Bataillon der 5. Gardearmee eingesetzt, zu dem am 11. Mai die

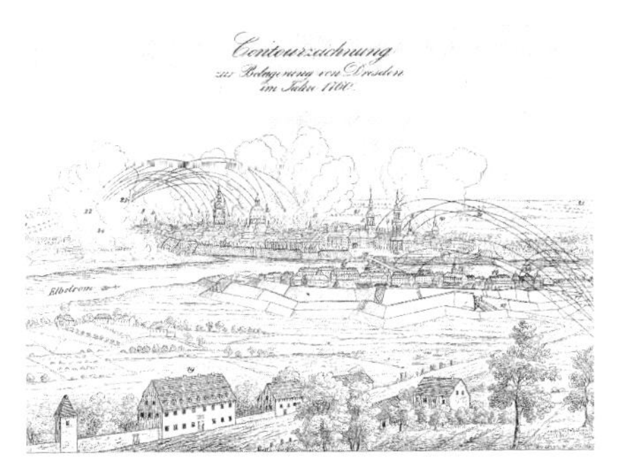

Begerburg. Aufn. 1937
Belagerung von 1760 (im Vordergrund der Gasthof «Zu den drei Linden»)

Kunsthistorikerin Natalia S. SOKOLOWA stieß. Die künftige Zusammensetzung einer deutschen Stadtverwaltung sowie der sächsischen Landesverwaltung wurde schon am 9. Mai mit dem Eintreffen von KPD-Beauftragten der Gruppe Anton ACKERMANN (1905–1973) der 1. Ukrainischen Front gesteuert. Zu ihr zählten u.a. Hermann MATERN (1893–1971), Kurt FISCHER (1900–1950), Heinrich GREIF (1907–1946), Helmut WELZ (1911–1979) und Elsa →FENSKE. Am 10. Mai wurde der Sozialdemokrat Rudolf →FRIEDRICHS zum Oberbürgermeister mit Sitz in der Berufsschule Melanchthonstraße ernannt. Herbert →CONERT erwarb sich Verdienste um den →Aufbau nach 1945. In «Wackerbarths Ruhe» Radebeul legten Konew und Anastas MIKOJAN (1895–1978) mit R. Friedrichs, K. Fischer und H. Matern Maßnahmen zur Versorgung der Bevölkerung fest. Am 22. Mai erschien die erste «Tageszeitung für die deutsche Bevölkerung» in Dresden.

Begerburg: Villa im spätromantischen Zeitgeschmack auf dem linken Steilhang des Weißeritztales. – Das «Wahrzeichen des Plauenschen Grundes» errichtete der Architekt Theodor LEHNERT 1852/54 als Wohnhaus für den Dölzschener Gutsbesitzer Johann Gottlieb BEGER (gest. 1874). An gleicher Stelle hatte sich im 18. Jh. die «Carls-Burg», ein Lusthäuschen der Herren von NIMPTSCH, befunden. Bis 1871 diente die B. auch als Weinwirtschaft (heute Wohnhaus).

Behrens, Christian: Bildhauer, geb. 12.5.1852 Gotha, gest. 14.9.1905 Breslau. – Der in Wien und in Dresden (bei →HÄHNEL) ausgebildete Künstler war 1881/85 in Dresden tätig und wurde danach Vorsteher des Malerateliers am Museum in Breslau. Er wirkte an der bildhauerischen Ausschmückung des →Johanneums (Kindergruppen an der Treppe, Reiterrelief, Statuen Bevenuto CELLINIS und Kurfürst CHRISTIANS I.), des →Georgenbaues (Erkerträger, Reiterstatue Herzog GEORGS DES BÄRTIGEN) und der zweiten Semper-Oper («Eros und Psyche») mit.

Belagerung 1760: Nach den Niederlagen der Preußen bei Kunersdorf und Maxen 1759 waren Dresden und große Teile Sachsens von den Österreichern und der Reichsarmee besetzt worden. Im Sommer 1760 versuchte →FRIEDRICH II. von Preußen die Verbündeten wieder aus Sachsen zu verdrängen. – Am 13. Juli begannen die Preußen mit der Belagerung Dresdens. In der Stadt befanden sich etwa 14000 Mann Reichstruppen und Österreicher unter dem Grafen VON MAGUIRE. Die Vorstädte hatten sie geräumt. Die preußische Artillerie um die Altstadt herum war u.a. am Pirnaischen Schlag, hinter dem Johanniskirchhof und am Zinzendorffschen Garten postiert. Die Beschießung der Stadt erreichte am 19. Juli ihren Höhepunkt. Dresden erfuhr dabei die schwersten Zerstörungen durch Kriegseinwirkungen vor den anglo-amerikanischen Luftangriffen im Jahre 1945. 226 Häuser in der Kreuz-, Frohn-, Schießgasse und vor allem in den Gassen um den Neumarkt wurden zerstört. Darunter befanden sich Palaisbauten und öffentliche Gebäude, wie das Gewandhaus. Schwer wog der Verlust der Kreuzkirche. Die Frauenkirche widerstand dem gezielten Beschuß. Weitere 37 Häuser der Altstadt wurden schwer beschädigt. Viele Bewohner der Altstadt flüchteten in die Neustadt, die nur von einigen Geschützen in der Gegend der Scheunenhöfe beschossen wurde und fast unversehrt blieb, oder in die umliegenden Weinberge. Schwer zerstört wurden die Vorstädte (21. Juli Brand der Wilsdruffer Vorstadt mit der Annenkirche; in allen Vorstädten wurden 190 Häuser zerstört und 53 stark beschädigt). Am 30. Juli mußten die preußischen Truppen die Belagerung Dresdens ergebnislos abbrechen, nachdem bereits am 19. Juli die österreichische Hauptarmee den Belagerungsring durchbrochen hatte.

Bellevue: →Hotel Bellevue

Bellingrath, Ewald: Ingenieur, Begründer der →Kettenschiffahrt auf der Oberelbe, geb. 18.4.1838 Barmen, gest. 22.8.1903 Dresden. – B. erhielt 1868 die Konzession für die Elbeschiffahrtsgesellschaft «Kette», deren Direktor er wurde. Nach Ausweitung des Unternehmens zur «Kette Deutsche Elbschiffahrtsgesellschaft» war er 1881/98 deren Generaldirektor. Er leitete bis 1890 auch die Schiffswerft Übigau, erfand das Kettengreifrad sowie den hydraulischen Schiffstransportwagen und führte den von Gustav Anton →ZEUNER entwickelten Turbinenpropeller ein. B. unterhielt enge Verbindungen zur Technischen Hochschule Dresden, die ihn 1901 zu einem ihrer ersten Ehrendoktoren ernannte. – Bellingrathstraße in Tolkewitz.

Bellotto, Bernado (gen. *Canaletto*): Maler und Zeichner, geb. 30.1.1721 Venedig, gest. 17.11.1780 Warschau. – B. wurde in Venedig durch seinen Onkel, den berühmten Vedutenmaler Giovanni Antonio CANAL (1697–1768) ausgebildet. Von diesem übernahm er seinen Beinamen «Canaletto», mit dem er in Mitteleuropa bekannt geworden ist. Der junge Künstler schuf bereits in seiner Heimat so bedeutende Stadtansichten, daß der kunstliebende Kurfürst FRIEDRICH AUGUST II. auf ihn aufmerksam wurde und ihn nach Dresden holte. Im Juli 1747 kam B. mit seiner Familie in die sächsische Residenz, wo er 1748 zum Hofmaler (bis 1763) berufen wurde, um die in der

Bernardo Bellotto, genannt Canaletto
Belvedere von Nosseni
Knöffel, Johann Christoph (1686–1752): Brühlsches Belvedere. Aufriß der Elbfront

ersten Hälfte des 18. Jh. so prächtig erstandene Stadt im Bilde festzuhalten. In den Wirren des Siebenjährigen Kriegs folgte B. 1758 einem Ruf nach Wien und später nach München, von dort kehrte er Ende 1761 nach Dresden zurück, wo beim preußischen Bombardement 1760 seine Wohnung in der Pirnaischen Vorstadt zerstört worden war. In seiner zweiten Dresdner Schaffensperiode ging das Ansehen B. zurück, da man innerhalb der neuen klassizistischen Kunstrichtung seine Vedutenmalerei als veraltet empfand. Hatte er als Hofmaler 1750 Taler jährlich bezogen, erhielt er ab 1764 in seiner neuen bescheidenen Anstellung als Lehrer für perspektivische Vorkurse in den Unterklassen der Kunstakademie nur noch 600 Taler. Deshalb zog er 1767 nach Warschau, wo er zu neuen Ehren gelangte. Zu B. bedeutendsten Werken in seiner Dresdner Zeit gehören die 18 – zumeist mehrfach wiederholten – Dresdner Ansichten für den Kurfürsten, von denen die →Gemäldegalerie Alte Meister noch 15 besitzt. Von den 21 Gemälden für den Minister →Brühl gelangten die meisten mit der Verkauf der →Brühlschen Galerie nach Rußland. B. malte den Altmarkt, den Neumarkt, den Zwinger, mehrere Vorstadtansichten sowie mehrfach das Stadtbild von unterschiedlichen Standpunkten von der Elbe her.
Unter Verwendung einer Zeichen-Lochkamera (Camera obscura) gab der Künstler die Wirklichkeit in perfekter Malweise mit Exaktheit und topographischer Detailtreue wieder, wobei seine Bilder Architektur und Landschaft harmonisch verbinden sowie auch in der Farbgebung von Licht und Schatten von hoher künstlerischer Qualität sind. Als die berühmtesten Ansichten von Dresden stellen sie, besonders nach der Zerstörung der Stadt 1945, unschätzbare Dokumente für die Dresdner Architekturgeschichte dar. Die Staatlichen Kunstsammlungen ehrten den Maler 1963/64 mit einer umfangreichen Personalausstellung. – Canalettostraße in Johannstadt.

Belvedere: Bezeichnung für vier Bauwerke, die nacheinander an der Nordostecke der →Brühlschen Terrasse gestanden haben. Das *erste B.* wurde ab 1590 in über 60jähriger Bauzeit nach Plänen von Giovanni Maria →Nosseni als *«Lusthaus auf der Jungfernbastei»* errichtet, dem «repräsentativsten Aussichtspunkt der Stadt». Das bündig auf der Festungsmauer stehende, 24 m hohe, dreigeschossige Gebäude mit geschweiften Kupferdächern im italienischen Renaissance-Stil, für das wohl das Belvedere auf dem Prager Hradschin Vorbild gewesen sein dürfte, diente ausschließlich höfischen Vergnügungszwecken. Es war außen und innen prächtig mit Plastiken und anderem bildnerischen Schmuck unter Verwendung sächsischer Edel- und Halbedelsteine ausgestattet, wobei Carlo de Cesare und Sebastian →Walther sich als Künstler besonders auszeichneten. – Im unteren Geschoß (sog. Vulkanshöhlen) wurde Anfang des 18. Jh. für Johann Friedrich →Böttger ein Laboratorium eingerichtet, in dem 1709 die Erfindung des europäischen Hartporzellans gelang (→Porzellanerfindung). Am 22. September 1747 wurde das B. bei der Explosion des darunterliegenden Pulvermagazins zerstört. Johann Christoph →Knöffel war der Architekt des *zweiten B.*, das im Auftrage Brühls an gleicher Stelle 1749/51 errichtet wurde. Es gilt als Höhepunkt der Dresdner Rokoko-Architektur, die sich vor allem in dem ovalen, über zwei Geschosse reichenden Mittelsaal zeigte, in dem die Decke und Wandzone mit ihrem malerischen und plastischen Schmuck ineinander übergingen. Gottfried →KNÖFFLER schuf den plastischen Schmuck, der – bis auf zwei Steinsphinxe – mit dem als «Kabinettstück der Architektur» bezeichneten B. im Jahre 1759 durch die Willkür →FRIEDRICHS II. zerstört wurde. Als ein Wahrzeichen des Siebenjährigen Krieges blieben die Trümmer liegen, bis 1814 auf Veranlassung des Fürsten →REPNIN-WOLKONSKI der Architekt Christian Friedrich →SCHURICHT das *dritte B.* in klassizistischem Stil errichtete, das als Gaststätte diente. Es war ein Sockelbau mit offener, von dorischen Säulen getragener Halle im Untergeschoß und einer Aussichtsterrasse um einen zurückgesetzten Pavillon im Obergeschoß. 1842 wurde dieses Gebäude abgebrochen und an gleicher Stelle nach Plänen von Otto von →WOLFRAMSDORF das *vierte B.* errichtet. In architektonischer Anlehnung an den italienischen Renaissance-Stil und im Grundriß an SEMPERS erstes Dresdner Opernhaus enthielt es 2 Festsäle, zahlreiche Gesellschaftszimmer und eine Aussichtsgalerie. Bis zu seiner Zerstörung 1945 gehörte das B. zu den beliebtesten Gaststätten der Dresdner.

Bendemann, Eduard: Maler, geb. 3.12.1811 Berlin, gest. 27.12.1889 Düsseldorf. – Nach Ausbildung in Berlin, zwei Italienreisen und kurzem Aufenthalt in Düsseldorf erhielt B. 1839 seine Anstellung als Professor an der Kunstakademie in Dresden. Er war maßgebend an der Ausgestaltung des →Residenzschlosses beteiligt (Wandgemälde im Thronsaal, sowie Ball- und Konzertsaal). Neben Porträts schuf B. in Dresden zahlreiche Buchillustrationen (z. B. Nibelungenlied, Ammen-Uhr, ABC-Buch für kleine und große Leute), die ihn berühmt machten. 1859 ging er als Direktor an die Düsseldorfer Akademie.

Bergander, Rudolf: Maler und Grafiker, geb. 22.5.1909 Meißen, gest. 10.4.1970 Dresden. – B. hatte in Meißen Porzellanmaler gelernt, 1928/ 1933 die Dresdner Kunstakademie besucht, wo er Meisterschüler von Otto →DIX war, und in Meißen als freischaffender Künstler gewirkt, ehe er ab 1949 als Dozent für Malerei und Komposition an die Hochschule für Bildende Künste nach Dresden kam. Dort wurde er 1951 zum Professor ernannt und leitete die Hochschule als Rektor in den Jahren 1952/59 sowie 1964/65. B. war Mitglied der →Assoziation revolutionärer bildender Künstler Deutschlands und Mitbegründer der Künstlergruppe «Das →Ufer». Für sein Werk, das typisch für die Kunst in der DDR war, erhielt er u. a. den Nationalpreis (1956) und den Martin-Andersen-Nexö-Kunstpreis der Stadt Dresden (1969). – Grab auf dem Heidefriedhof, Rudolf-Bergander-Ring im Wohngebiet Reicker Straße.

Bergbahnen: →Seilbahnen

Bergen: bedeutende Buchdruckerfamilie, die im 16./17. Jh. in vier Generationen die Dresdner Buchdruckerkunst repräsentierte. Stammvater ist der aus Lübeck eingewanderte Gimel B. (1538 bis ca. 1598), der um 1575 in der Moritzstraße eine Druckerei einrichtete und besonders durch den Druck des «Dresdner Gesangbuches» von 1593 bekannt wurde. Seine Söhne Christian (gest. 1610) und Gimel (gest. 1637) setzten das Gewerbe fort. Letzter Drucker aus der Familie B. war Immanuel (gest. 1693). Die Dresdner Buchdrucker Johann RIEDEL (gest. 1718), Johann Christoph KRAUSE (gest. 1763) und Johann Conrad STÖSSEL (gest. 1733) heirateten in diese Familie ein.

Berger, Erna: Sängerin, geb. 19.10.1900 Cossebaude b. Dresden, gest. 14.6.1990 Essen. – Sie war mit ihren Eltern nach dem Ersten Weltkrieg nach Südamerika ausgewandert und 1923 nach Dresden zurückgekehrt, wo sie Gesangsunterricht nahm. Fritz →BUSCH engagierte sie 1925 als Koloratursoubrette an die Dresdner Staatsoper. Nach ihrem Debüt mit dem «1. Knaben» in der «Zauberflöte» und weiteren Hosenrollen hatte sie nachhaltige Erfolge, später auch als «Olympia» in «Hoffmanns Erzählungen» und als «Ännchen» im «Freischütz». 1930 ging die Sängerin als Koloratursopranistin an die Städtische Oper Berlin und 1934 an die Berliner Staatsoper, wo ihre internationale Karriere begann. – Erna-Berger-Straße in der Inneren Neustadt.

Bergsteigerchor «Kurt Schlosser»: →Sächsischer Bergsteigerchor «Kurt Schlosser»

Berliner Bahnhof: ehemaliger Personen- und Güterbahnhof der Berlin-Dresdner Eisenbahn, 1873/75 westlich der →Berliner Straße errichtet. Das Empfangsgebäude war im damaligen städtischen Villenstil gehalten und verfügte über zwei Durchgangsgleise nach dem Böhmischen Bahnhof. Der B. wurde 1894 in den →Rangierbahnhof Friedrichstadt einbezogen und dient seitdem nur noch als Haltestelle für den Personennahverkehr.

Berliner Straße: 1875 angelegte Zufahrtsstraße zum →Berliner Bahnhof in Friedrichstadt. In der B. wurde 1905 die Künstlergemeinschaft →«Brücke» gegründet. Ernst-Ludwig →KIRCHNER wählte das einstige, von ärmeren Schichten besuchte Konzert- und Balletablissement «Bellevue» (B./Ecke Waltherstraße) zum Motiv für eines seiner Werke. Auf der Baulücke Ecke Löbtauer Straße wurde 1991/94 ein U-förmiges Büro- und Gewerbegebäude in moderner Architektur errichtet (u. a. Sitz des Amtsgerichtes Dresden).

Berner, Peter: erster urkundlich erwähnter Stadtschreiber, gest. 1402. Ab 1380 Ratsherr, 1396 auch Bürgermeister. B. stellte wahrscheinlich das erste Stadtrechtsbuch («Willkür») zusammen.

Bernhard *(Bernhardi),* Christoph: Komponist, Kapellmeister, geb. 1.1.1628 Kolberg (Kolobrzeg), gest. 14.11.1692 Dresden. – Nach musikalischer Ausbil-

Belvedere von Schuricht
Belvedere von Wolframsdorf. Um 1925

dung in Danzig wurde B. 1649 als «Musico und Sänger» (Altist, später Tenor) in die kurfürstliche Kapelle in Dresden aufgenommen, wo er in seinem berühmten Lehrer Heinrich →SCHÜTZ einen besonderen Gönner fand. 1655 zum Vizekapellmeister ernannt, setzte er sich gegen den Widerstand der Italiener besonders für die deutsche Musik am Hofe ein. 1664/74 als Kantor in Hamburg, wurde er danach als Lehrer der späteren Kurfürsten JOHANN GEORG IV. und →FRIEDRICH AUGUST I. an den sächsischen Hof zurückberufen und zugleich als Vizekapellmeister wieder eingestellt (ab 1681 Kapellmeister). Mit seinen vorwiegend geistlichen Kompositionen gehört B. zu den bedeutendsten Meistern zwischen Schütz und Johann Sebastian BACH, auch hat er in seinen theoretischen Schriften (unveröff.) wesentliche Aussagen zur Kompositionslehre von Schütz überliefert. – B. hatte 1662 an den Loschwitzer Hängen einen kleinen Weinberg erworben, den er 1685 mit dem Kauf des angrenzenden Weinbergs wesentlich vergrößerte. Für das dazugehörige Berghaus erwarb er 1688 die Schank- und Gastierungskonzession und ließ es von einem Pächter als Schenke →«Zum weißen Hirsch» betreiben, wonach später der Stadtteil →Weißer Hirsch seinen Namen erhielt. – Begr. in der Sophienkirche.

Berthold, Ferdinand: Zeichner und Radierer, geb. 30. 12. 1800 Meißen, gest. 27. 1. 1838 Dresden. – Der zum Freundeskreis von Ludwig →RICHTER und Wilhelm von KÜGELGEN gehörende Künstler wurde vor allem durch Illustrationen mit anmutigen Figurendarstellungen bekannt. Seine Wohnung in der Großen Meißner Gasse 11 (Gasthof «Zum Blauen Stern») war ein beliebter Künstlertreffpunkt. – Begr. auf dem Inneren Neustädter Friedhof.

Bethlehemkirche Tolkewitz: erster evangelischer Kirchenbau der DDR, 1950/51 an der Kipsdorfer/Marienberger Straße von Wolfgang →RAUDA und Fritz →STEUDTNER erbaut. Am Turm der Stern von Bethlehem, die Krippe und das Kreuz.

Beutel, Tobias: Mathematiker, Astronom und Kartograph, Kurf. Sekretär, geb. 1630, gest. 1690 Dresden. – B., der auch als Verfasser von mathematischen und astrologischen Lehrbüchern (z. B. «Geometrischer Lustgarten», «Arithmetica oder sehr nützliche Rechenkunst») bekannt war, leitete seit Juni 1658 als Kämmerer die kurfürstl. →Kunstkammer. Obwohl er häufig in Sachsen umherreiste, da er eine Vermessung des Kurfürstentums plante, waren die Zugänge der Kunstkammer in seiner Amtszeit sehr zahlreich. Das dürfte allerdings auch dem Interesse des prachtliebenden Kurfürsten →JOHANN GEORG II. zuzuschreiben sein. B. hinterließ eine Beschreibung der kurfürstlichen Sammlungen: «Curf. Sächs. Cedernwald ... oder kurtze Vorstellung der Kunstkammer», Dresden 1671.

Beutler, Gustav Otto: Jurist, Oberbürgermeister, geb. 6. 8. 1853 Waldkirchen (Vogtl.), gest. 1. 8. 1926 Dresden. – B. studierte 1873/76 in Leipzig Jura, wirkte nach mehrjähriger Tätigkeit in Rechtsanwaltbüros als Bürgermeister in Meerane und Freiberg und arbeitete 1888/93 im sächsischen Finanzministerium. 1894 wurde er 2. Bürgermeister in Dresden. Am 7. Februar 1895 wählten ihn die Stadtverordneten nahezu einmütig als Nachfolger von Alfred →STÜBEL zum Oberbürgermeister; 1897 bestätigten sie ihn auf Lebenszeit in diesem Amt. – B. förderte den weiteren Ausbau Dresdens zur Großstadt. In seine Amtszeit fällt der Übergang zur elektrischen Stromversorgung, der Ausbau von Markthallen, Wasserwerken und Verkehrswegen, der Bau des Neuen Rathauses und der Ausstellungsgebäude. Seine zielstrebige Eingemeindungspolitik führte zur Übernahme von 17 Vororten durch die Stadt. Er schied 1915 aus dem Amt, wurde noch im gleichen Jahr zum Ehrenbürger ernannt und wohnte zuletzt Comeniusstraße 62. – Grab auf dem Johannisfriedhof Tolkewitz; →Beutlerpark.

Beutlerpark: 2,5 ha große Parkanlage an der Reichenbachstraße in der Dresdner Südvorstadt. Sie wurde 1913 von der Stadtgartenverwaltung auf den Resten der noch aus der →Schlacht bei Dresden 1813 stammenden Befestigungswerke als «Schanzenpark» angelegt, wobei man bei der gärtnerischen Gestaltung den Charakter der ehemaligen Schanze zu erhalten suchte. Nach 1926 wurde der Park nach Gustav Otto →BEUTLER umbenannt.

Beyer: 1. *Christoph*, Architekt, geb. 15. 7. 1653 Dresden, gest. 6. 1. 1741 Steinigtwolmsdorf. – B. war 1692/1706 Oberlandbaumeister. Zusammen mit Johann Georg →STARCKE baute er die englische Treppe und den Wendelstein im →Residenzschloß; er war beim Bau des →Palais im Großen Garten beteiligt, erbaute 1696/97 das Kleine Theater am Zwingerwall und wirkte auch an den Plänen zum →Taschenbergpalais mit. – **2.** *Kurt*, Bauingenieur, geb. 27. 12. 1881 Dresden, gest. 9. 5. 1952 Dresden. – Nach seiner Promotion an der TH Dresden war B. 1908/14 im Verkehrsbau in Siam (Thailand) tätig. Er wurde 1919 zum Ordinarius des Lehrstuhls Statik der Baukonstruktion und Technische Mechanik an der TH Dresden berufen und veröffentlichte 1927 sein international beachtetes Fachbuch «Statik im Eisenbetonbau». Im gleichen Jahr gründete er ein Ingenieurbüro. B. war am Bau des Pumpspeicherwerkes Niederwartha bei Dresden (1928/32) und der Kaditzer Elbbrücke (1932) sowie bei der Verbreiterung der Loschwitzer Elbbrücke (1935) beteiligt. Er konstruierte zahlreiche Tagebaugroßgeräte. Nach 1945 hatte er maßgeblichen Anteil am Wiederaufbau zerstörter Elbbrücken in Dresden; ab 1946 leitete er an der Technischen Hochschule das Materialprüfungsamt. – Beyer-Bau der TU nach Entwurf von Martin →DÜLFER. – Begr. Friedhof Loschwitz.

Bibliographisches Museum:
→Klemm, Heinrich

Biedermann, Gustav Woldemar Freiherr von: Staatsbeamter und Goethe-Forscher, geb. 5. 3. 1817 Marienberg/Sachsen, gest. 6. 2. 1903 Dresden. – Nach Abschluß seiner Studienzeit in Freiberg, Leipzig und Heidelberg ließ B. sich 1842 in Dresden als Advokat nieder. Ab 1845 trat er in den Staatsdienst und war im Direktorium der Chemnitz-Riesaer Eisenbahngesellschaft (1849/58) und der westlichen Staatseisenbahnen Sachsens in Leipzig tätig (1858/69). 1869/87 gehörte er der Generaldirektion der sächsischen Staatseisenbahn, Sitz Dresden, an. B. versuchte sich auch als Dichter. Unter dem Pseudonym FÖHRAU sowie EINEM erschienen «Eine Sängerjugend» und das Schauspiel «Dr. Goethe in Weimar». Seine größeren literarischen Abhandlungen über GOETHE erschienen erst in den sechziger Jahren des 19. Jh. («Goethe und Leipzig», «Zu

Goethes Gedichten» usw.). Sein Hauptwerk erschien 1889/98 «Goethes Gespräche» in zehn Bänden. B. gehörte seit der Gründung der Goethe-Gesellschaft dieser an und wurde deren Vizepräsident. Gleichzeitig war er Vorsitzender der Dresdner Schillerstiftung.

Bienert: Dresdner Industriellenfamilie. – **1.** *Gottlieb Traugott*, geb. 21.7.1813 Eschdorf b. Dresden, gest. 22.10.1894 Dresden. – B. entstammt einer alten sächsischen Müllerfamilie und siedelte sich 1843 mit einer Bäckerei in der Nähe des Linckeschen Bades in der Neustadt an. Er pachtete 1852 die Hofmühle in Plauen, erwarb sie 1872 käuflich und baute sie zur bedeutendsten industriellen Großmühle im Dresdner Raum aus. 1874 erhielt Plauen als erstes Dorf Sachsens aus B.s betriebseigenem Steinkohlengaswerk Gasbeleuchtung. Mit der Gutsbesitzerwitwe Amalie Wilhelmine HEGER gründete er 1883 die Heger-Bienert-Stiftung, die den Kindergarten Nöthnitzer Straße 4 errichtete (ab 1921 städtisch, neoromanisches Gebäude unter Denkmalschutz). 1863 errichtete er das Wohnhaus (spätere «Bienertvilla») neben der Mühle. B. beteiligte ab 1881 zwei seiner sieben Kinder, die Söhne Theodor und Erwin, an der Firma und verlegte seinen Wohnsitz in die Arndtstraße (Dresden-Neustadt). Er vermachte testamentarisch 1 Mill. Mark für soziale und kommunale Zwecke. – Grab mit Porträtrelief von Robert →HENZE auf dem Inneren Plauenschen Friedhof; Bienertstraße in Plauen. –
2. *Theodor*, Sohn von 1., geb. 18.9.1857, gest. 20.8.1935, leitete die Mühle gemeinsam mit seinem Bruder *Erwin* (geb. 5.11.1859, gest. 3.12.1930). Die Brüder kauften 1898 die Königsmühle im Plauenschen Grund hinzu und errichteten 1913 die →Hafenmühle in Friedrichstadt. Sie stifteten Gelder für den →Müllerbrunnen, den Westendpark (→Fichtepark), die Parkanlagen am Hohen Stein und am Dölzschener Kirschberg und gründeten 1913 die Baugesellschaft Süd-West in Plauen. –
3. *Ida geb. Suckert*, Frau von Erwin B., geb. 29.11.1870 Langenbielau (Schlesien), gest. 18.8.1966 in München. – Sie stiftete 1906 die Freie öffentliche Bibliothek Plauen (ab 1920 städtisch) und war eine großzügige Mäzenin vor allem für zeitgenössische Künstler der Avantgarde. Zum engsten Kreis um Ida B. in der Villa Würzburger Str. zählten neben Theodor →DÄUBLER und Fritz →LÖFFLER, Oskar →KOKOSCHKA, Paul KLEE, Conrad →FELIXMÜLLER, Emil NOLDE, Mary →WIGMAN, Paul →ARON, Otto →DIX und Walter GROPIUS. Ihre Kunstsammlung enthielt u.a. Werke von CHAGALL, Dix, GAUGUIN, VAN GOGH, KANDINSKY, Klee, Kokoschka, PICASSO und RENOIR. Die Sammlung wurde bis Kriegsende ausgelagert, kurzzeitig nach Dresden zurückgebracht, Ende 1945 nach München überführt und später weitgehend aufgelöst. –
4. *Friedrich* (Fritz), Sohn von Erwin und Ida B., geb. 1891, gest. 15.2.1969 in Berlin, führte die Mühlenwerke bis zur Enteignung fort. Der Freundeskreis in seinem Hellerauer Heim vereinte bedeutende Dresdner Persönlichkeiten aus Kunst und Literatur. 1924 heiratete er Gret →PALUCCA. – Grabstätte für Erwin und Friedrich B. auf dem Inneren Plauenschen Friedhof, wahrscheinlich nach Entwurf von Gropius.

Birkholzens: im 17. Jh. angelegtes und insbesondere von Kurfürstin MAGDALENA SIBYLLA (1612–1687) bewirtschaftetes Vorwerk am →Fischhofplatz in der Wilsdruffer Vorstadt, zeitweise mit prachtvoller Gartenanlage für höfische Feste. Das Grundstück gehörte 1695/1701 dem Festungskommandanten Christoph von BIRKHOLZ, bis 1738 dem Kammerherrn Georg von Birkholz (daher der Name «Auf Birkholzens» für das spätere Ausflugsziel) und beherbergte 1822/36 die →Flemmingsche Blindenanstalt. Auf dem ehemaligen Vorwerksgelände bestand seit 1866 die Gaststätte →Centralhalle (später Annensäle), 1945 zerstört.

Birnstengel, Richard: Maler und Grafiker, geb. 27.10.1881 Dresden, gest. 8.4.1968 Dresden. – Der Künstler studierte 1901/09 an der Dresdner Kunstakademie, wo er besonders durch Gotthardt →KUEHL und Oskar →ZWINTSCHER beeinflußt wurde. Obwohl in seinem Schaffen die Landschaft und Menschen am Meer vorherrschen, gehört B. mit seinem reifen Können zu den bedeutendsten Dresdner Malern in der ersten Hälfte des 20. Jh.

Bischofsweg: zwischen Bischofsplatz und Forststraße gelegen. Als vermutlich älteste Straße in der heutigen Äußeren Neustadt wurde der B. bereits im 13. Jh. von den Meißner Bischöfen angelegt, die auf ihrer Fahrt nach dem Schloß Stolpen das Stadtgebiet nicht berühren wollten. Der Weg verließ ein Stück vor Altendresden die Meißnische Straße, führte am Ratstännicht in der Heide vorbei und mündete an der unteren, am Ausgang der Holzhofgasse befindlichen Prießnitzbrücke in die Stolpener Straße (→Bautzner Straße) ein, 1508 als «Pischoffsweg» bezeichnet. – Am Ausgang des 18. und Anfang des 19. Jh. hieß der B. An der Dresdner Haide, seit 1840 führt er wieder seinen alten Namen.

Bismarck-Denkmal: 1903 errichtetes Bronzedenkmal für den Reichskanzler Otto VON BISMARCK (seit 1871 Ehrenbürger Dresdens) an der Ringstraße/Ecke Seestraße Das B. stellte Bismarck als Soldaten dar, umgeben von allegorischen Adler- und Engelsfiguren. Es wurde von Robert →DIEZ in vierjähriger Arbeit geschaffen und gehörte zu den bedeutendsten Leistungen der Dresdner Bildhauerkunst der Jahrhundertwende. 1944 wurden die Seitenfiguren für Kriegszwecke eingeschmolzen. Das Standbild überstand den Bombenangriff vom Februar 1945, wurde

Gottlieb Traugott Bienert
Hofmühle in Plauen. 1894

aber im Juni 1946 in einer bilderstürmerischen Aktion umgerissen, abtransportiert und eingeschmolzen.

Bismarckturm: →Fichteturm

Bistum Dresden-Meißen: am 25. 3. 1980 wurde der Sitz des (1921 wiederbegründeten) Bistums Meißens von Bautzen nach Dresden verlegt (Beschluß des II. Vatikan. Konzils, Bischofssitze möglichst in zentral gelegene Orte zu legen). Dabei wurde der Name des Bistums in Bistum Dresden-Meißen geändert. Die bisherige Konkathedrale (ehemalige Hofkirche) wurde zur Bischofskirche (Kathedrale) erhoben.

Blanckmeister, Franz Theodor: ev. Pfarrer und Kirchenhistoriker, geb. 4. 2. 1858 Plauen i. V., gest. 5. 5. 1936 Dresden. – Pfarrer in Schönberg (Vogtl.) und Schneeberg; 1889 als erster Pfarrer ans Friedrichstädter Krankenhaus berufen. 1897/1928 Pfarrer der Trinitatisgemeinde Dresden. B. war Mitglied des Dresdner Hauptvereins der Gustav-Adolf-Stiftung und Mitherausgeber des «Sächsischen Gustav-Adolf-Boten». Als Kirchenhistoriker widmete er sich der Sächsischen («Sächsische Kirchengeschichte», 1899) und Dresdner («Pastorenbilder aus dem alten Dresden», 1917) Kirchengeschichte.

Blasewitz: linkselbischer Stadtteil, 1349 Vorwerk Blasenwicz eines Nickolaus KARAS urkundlich erwähnt, nach slawischem Personennamen Blohas; als Villenort 1921 zu Dresden eingemeindet. – 1384 wurde der Dresdner Bürger Peter MÜNZMEISTER von Markgraf WILHELM mit «Blasenwicz daz dorf halb» belehnt. Das Dresdner →Brückenamt verfügte in B. über Wiesen und Zinseinnahmen. 1683 zog Kurfürst JOHANN GEORG III. im Lager am Tännicht seine Streitmacht zusammen, die das von den Türken belagerte Wien entsetzte. 1799 zerstörten Hochwasser und Eisgang der Elbe mehrere Grundstücke und verwüsteten Felder und Gärten. Das Hochwasser 1845 traf B. besonders schwer. Seit 1855 bestand östlich vom →Schillerplatz eine Schiffswerft, die 1898 nach Laubegast verlegt wurde. – Neben dem früheren Gasthof B. wurde im 18. Jh. eine Sommerschänke, der spätere →Schillergarten, eröffnet. Hier lernte Friedrich →Schiller während seines Loschwitzer Aufenthaltes die *Gustel von Blasewitz* (Johanne Justine →RENNER) kennen. Ernst LITFASS (1816–1874) stiftete den Schillergedenkstein im Wirtsgarten, Martin →ENGELKE schuf die Figur der Gustel am Rathaus B. Im alten Dorf wurde 1741 der Hofkapellmeister Johann Gottlieb →NAUMANN als bedeutendster Sohn des Ortes geboren. – B. gehörte zur Gemeinde der Kreuzkirche, bildete 1887 mit →Neugruna eine eigene Kirchgemeinde und erbaute 1893 die neugotische →Heilig-Geist-Kirche (Innenausstattung 1969 von Fritz →STEUDTNER erneuert). Für das 1851 errichtete erste Schulhaus wurde ein Entwurf von Gottfried →SEMPER verwendet. 1876 folgte die Schule an der heutigen Wägnerstraße 9, der auch Realgymnasiumsklassen angeschlossen wurden. 1908 wurde das Realgymnasium Kretschmerstraße 27 bezogen, das auch Schülern aus Dresden und anderen Nachbarorten offenstand. Daneben wurden Privatschulen wie das Knaben-Lehr- und Erziehungsinstitut Loschwitzer Straße 34 und die Höhere Töchterschule Kretschmerstraße 13 gegründet. – Entscheidend beeinflußt wurde die Entwicklung des Vorortes durch die Anlage des →Waldparkes Blasewitz durch Arthur Willibald →KÖNIGSHEIM ab 1869 im →Blasewitzer Tännicht. In den angrenzenden Straßen errichteten namhafte Architekten wie Julius GRÄBNER, Konstantin →LIPSIUS, Heino OTTO, Max Georg POSCHARSKY, Rudolph →SCHILLING, Richard →SCHLEINITZ und Emil WAGNER bemerkenswerte Villenbauten. Sie konzentrieren sich noch heute auf die Goethe-, Händel- und Mendelssohnallee, die damalige Residenzstraße (→Loschwitzer Straße), den Vogesen- und Lothringer Weg. Der ortsansässige Architekt Karl Emil →SCHERZ erbaute sich um 1875 die Villa Sebastian-Bach-Straße 18 und schuf in B. die Villa Rothermund an der Mendelssohnallee 34 (1897), die Heilig-Geist-Kirche, das Realgymnasium und den Erweiterungsbau für das Rathaus B. (1904/05). Das →«Weiße Schloß» am Königsheimplatz wurde nach 1860 erbaut und diente ab 1890 zeitweise als Hotel (1945 zerstört). 1892 errichteten SCHILLING & GRÄBNER für den Schriftsteller Franz von SCHÖNTHAN (1849–1913) die Villa Muttersegen (Pernwaldhaus) an der Goetheallee 24. Zu den aufwendigsten Villenbauten zählte das Haus des Hofgoldschmieds Julius JACOBY am Lothringer Weg 12. Es wurde 1894 von Ernst →GIESE und Paul WEIDNER (1848–1893) errichtet und 1945 zerstört. Jenseits des Schillerplatzes schuf Christian Friedrich →ARNOLD um 1860 die Villa Emmaus an der Tolkewitzer Straße. 1893 wurde das Kurhaus an der Prellerstraße (→Waldparkhotel) eröffnet. Das Elbsanatorium an der Händelallee und die großen Gaststätten Kurhaus B. und Dampfschiffhotel wurden 1945 vernichtet. Um 1880 entstanden die Tennisplätze im Waldpark. 1922 schuf Georg →WRBA den →Europabrunnen am Königsheimplatz. – Durch den Zuzug hoher Beamter, Fabrikanten und Offiziere zählte B. zu den reichsten

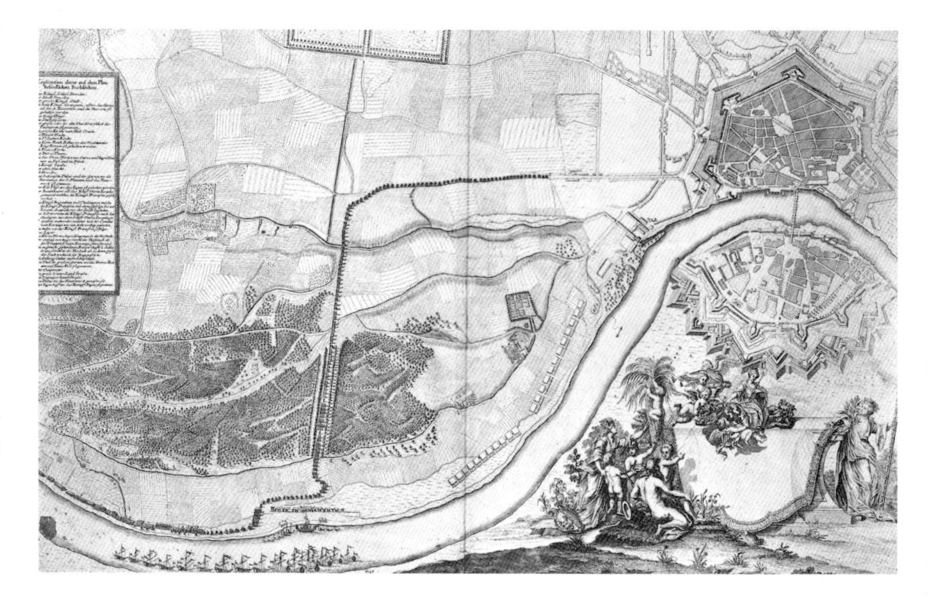

Plan von Dresden mit dem Blasewitzer Tännicht. 1719

Gemeinden Sachsens mit hohem Steueraufkommen. Dresden führte seit 1901 vergebliche Verhandlungen um die Eingemeindung, die erst unter Bernhard →BLÜHER zustande kam. In B. ließen sich auch Künstler wie der Maler Friedrich →PRELLER nieder. Karl →MAY wohnte ab 1883 in der Sommerstraße (heute Sebastian-Bach-Straße 22). Ferdinand →AVENARIUS gründete 1887 in B. den «Kunstwart». – 1872 erhielt B. Pferdebahnanschluß an Dresden, am 6. Juli 1893 wurde die erste elektrische Straßenbahn Sachsens vom Schloßplatz über das Terrassenufer und den Sachsenplatz nach dem Schillerplatz eröffnet. Wenige Tage später wurde die →Loschwitzer Elbbrücke dem Verkehr übergeben und die Straßenbahn zum Körnerplatz verlängert. – Am Königsheimplatz wurden 1989 etwa 270 Wohnungen errichtet. Nach 1989 begannen die Sanierungsarbeiten an Wohn- und Geschäftsgebäuden und Bauarbeiten u. a. für das Hotel «Blaues Wunder» an der Loschwitzer Straße. Für den Wassersport hat B. Bedeutung durch die Regattastrecke auf der Elbe und das Trainingszentrum des Rudersports.

Blasewitzer Straße: Verbindung zwischen Gerokstraße und →Loschwitzer Straße, ursprünglich der alte, am Eliasfriedhof beginnende Weg nach dem Dorf Blasewitz, der bis 1849 Blasewitzer Weg und ab 1850 Blasewitzer Straße hieß. Der Teil zwischen Elias- und Trinitatisplatz erhielt 1894 den Namen Gerokstraße. Die dadurch verkürzte Straße wurde nach W. bis zum Zöllnerplatz verlängert.

Blasewitzer Tännicht: Fichten- und Kiefernwald, der sich einstmals vom östlichen Teil der Pirnaischen Vorstadt (Linie Hertelstraße – Trinitatisfriedhof) bis nach Tolkewitz ausdehnte. Der Wildbestand an Hasen und Rebhühnern hat zur Jagd angeregt. – Die Namen der verschiedenen Waldteile, wie an der Brennpacher Aue, am Hausholz, am Gellenberg, am Schwalbenkopf und am Faselberg, sind verschwunden. Teile des B. sind schon in früher Zeit von den Blasewitzer Bauern in Ackerland verwandelt worden. – Der Siebenjährige Krieg hinterließ seine Spuren im B., so daß seine Aufforstung teilweise unterblieb. 1899/1901 erbaute die Stadt Dresden darauf das Johannstädter Krankenhaus und die Frauenklinik (1903 eingeweiht). Auf dem westlichen Teil des B. entstand 1813 das Birkenwäldchen um den Fiedlerplatz. Seit 1868 ist für das Birkenwäldchen die Bezeichnung «Strauchwerk» gebräuchlich und erst 1881 erschien auf Plänen der Name «Birkenwäldchen». Große Verdienste um die Erhaltung des Restes des B. erwarb sich der 1867 von Arthur Willibald →KÖNIGSHEIM gegründete Waldparkverein. Dieser verwandelte das sog. Stangenholz in einen mischwaldartigen Naturpark mit einer Fläche von 23ha (→Waldpark Blasewitz).

Blaßmann, Anton Ludwig: Architekt, geb. 26. 7. 1784 Dresden, gest. 31. 3. 1843 Dresden. – Schüler der Dresdner Akademie, 1808 Hofbaukondukteur und 1824 Hofbaumeister in Dresden. Als solcher baute er für König FRIEDRICH AUGUST I. die klassizistische Gebäudegruppe im Wachwitzer →Königs Weinberg. Für die Dresdner Innenstadt entwarf er die Kaufhallen am →Antonsplatz (ab 1820) und baute 1826 das Palais Riesch (→Türkischer Garten) um.

«Blaues Wunder»: →Loschwitzer Elbbrücke

Bleyl, Fritz: →«Brücke»

Blindenanstalten: →Flemmings Blindenanstalt

Blochmann: 1. *Karl Justus*, Pädagoge, geb. 19. 2. 1786 Reichstädt bei Dippoldiswalde gest. 31. 5. 1855 Chateau Lancy bei Genf. – B. wurde 1819 Vizedirektor der Friedrich-August-Schule in Dresden. 1824 gründete er eine Erziehungsanstalt für Knaben, die 1826 auf einem Gartengrundstück an der Großen Plauenschen Gasse eröffnet und zwei Jahre später mit dem →Vitzthumschen Gymnasium vereinigt wurde. B., von den Ideen PESTALOZZIS beeinflußt, leitete die Anstalt bis 1851, öffnete sie Schülern aller Schichten und erweiterte den Unterricht auf Fächer wie Sprachen, Naturwissenschaften und Turnen. B. war 1833 Mitbegründer, zeitweise auch Vorsitzender des Pädagogischen Vereins in Dresden (→Dresdner Lehrerverein). Die Erziehungsanstalt wurde später ganz in das Vitzthumsche Gymnasium eingegliedert und 1898 von der Stadt übernommen. –
2. *Rudolf Sigismund,* Techniker, Bruder von 1., geb. 13. 12. 1784 Reichstädt bei Dippoldiswalde, gest. 21. 5. 1871 Dresden. – B. arbeitete nach der in Dresden abgeschlossenen Mechanikerlehre im Institut REICHENBACH in München und in der Optischen Anstalt Joseph von FRAUNHOFER in Benediktbeuren. 1818 folgte er einem Ruf nach Dresden und übernahm das Amt des Oberinspektors des Mathematisch-Physikalischen Salons und der Kunstkammer, das er bis 1864 bekleidete. 1819 richtete er ein Mechanisches Atelier ein. Mit einer Denkschrift an die sächsische Regierung förderte er die Gründung der Technischen Bildungsanstalt 1828, an der er bis 1834 die praktisch-mechanische Abteilung leitete. Seine Verdienste um die →Gasversorgung in Dresden begannen 1819 mit Inbetriebnahme einer Gaslaterne in seiner Werkstatt. 1825 demonstrierte er die neue Beleuchtungsart im Schloß. B. errichtete auf der Bastion des Zwingerwalls das erste Gaswerk, das er 1828/49 leitete, und behielt danach noch die Oberaufsicht über die Beleuchtung des Hoftheaters. Ab 1834 ersetzte er die hölzerne Trinkwasserleitung der Stadt durch ausgebohrte Sandsteinröhren (B.sche Wasserleitung), die 1838/64 in einem Gesteinsbohrwerk östlich vom Sachsenplatz angefertigt wurden. Mit seinem Sohn betrieb er eine Maschinenfabrik. – Begr. auf dem Trinitatisfriedhof; Blochmannstraße in der Pirnaischen Vorstadt.

Blochwitz, Herbert: Tischler, Widerstandskämpfer, geb. 25. 10. 1904 Dresden, gest. (erm.) 16. 8. 1944 Dresden. – B. gehörte seit 1923 der KPD an, übte Parteifunktionen in Striesen/Johannstadt und Antonstadt aus, baute ab 1924 den «Roten Frontkämpferbund» und die «Jungwehr» in Dresden auf und wurde 1933/36 inhaftiert. B. nahm Verbindung zu Kurt →SCHLOSSER auf, wurde Ende 1943 erneut verhaftet und am 30. Juni 1944 mit K. Schlosser, Otto GALLE und Arthur WEINECK wegen Hochverrats zum Tode verurteilt. – Gedenkstätte auf dem Städtischen Heidefriedhof.

Blockhaus: quadratischer, 3geschossiger Barockbau am rechten Neustädter Brückenkopf der Augustusbrücke, der die Elbseite des Neustädter Marktes abschließt. Der KLENGELsche Bebauungsplan nach dem Brand von Altendresden 1685 hatte an der Südseite des Neustädter Marktes einen Monumentalbau vorgesehen, der den Platz schloß und als Überleitung zur Brücke wirken sollte. Dieses Projekt wurde nicht verwirklicht. Erst nach dem Umbau der Brücke 1727/31 ging man an die Errichtung eines von Zacharias →Longuelune für die Unterbringung der Neustädter Wache entworfenen Gebäudes. LONGUELUNE hatte zunächst ein stufenförmig aufsteigendes pyramidenähnliches Bauwerk mit dem glorifizierenden Reiterstandbild FRIEDRICH AUGUSTS I. auf der Spitze geplant. Auf der anderen Neustädter Brückenseite sollte ein ähnliches Bauwerk mit einer Minerva-Statue entstehen. Da das Reiterstandbild jedoch auf der Mitte des Neustädter Marktes aufgestellt wurde, (→Goldener Reiter), entwarf Longuelune für das «Corps du Garde» einen eingeschossigen, quadratischen Bau, den ein gewaltiger Obelisk krönen sollte. Nach Longuelunes Entwürfen wurde das Bauwerk *«Pyramidengebäude»* genannt, erst ab 1777 setzte sich die Bezeichnung «Blockhaus» durch, nach dem ehemaligen Klengelschen Zollgebäude, das beim Brückenbau abgerissen worden war. Die feierliche Grundsteinlegung für das B. erfolgte am 3. August 1732. Als der sandsteinverkleidete Bau bis zum Hauptsims fertiggestellt war, unterbrach man 1739 die Arbeiten und schloß ihn nur mit einem Interimsdach ab, das 1747 durch einen Sturm zerstört wurde. Erst 1749/55 wurde das B. nach Plänen von Johann Christoph →KNÖFFEL fertiggestellt, wobei die als fünfachsige Bogenhalle geplante Nordfassade mit nur drei Bögen vollendet wurde, das Obergeschoß hinzukam und statt des Pyramidendachs ein niedriges Satteldach aufgesetzt wurde. Seit 1755 befand sich im B. die Neustädter Hauptwache. Das bis dahin der Wache dienende Gebäude am Neustädter Markt wurde im gleichen Jahr abgerissen. Im Jahre 1831 zog das Kriegsministerium ins B., das damit während der revolutionären Ereignisse 1848/49 das Hauptquartier der Regierungstruppen war. 1892/93 wurde die Dachzone durch Karl →WEISSBACH stilwidrig umgebaut, wobei auch neuer Fassadenschmuck hinzukam (Figurengruppe seit 1986 am Ostgiebel der Neustädter Markthalle). Nach 1918 fand die Wehrkreisbücherei im B. Unterkunft. Nachdem in den sechziger Jahren die Fassaden des 1945 ausgebrannten Gebäudes gesichert worden waren, erfolgte 1975/82 sein äußerer Wiederaufbau in originaler barocker Form und seine Einrichtung als «Haus der Deutsch-Sowjetischen Freundschaft» mit architektonisch gestaltetem Foyer, Festsaal, Klubräumen und öffentlicher Gaststätte. Nach 1990 wurde das Gebäude durch die Stadt Dresden für Veranstaltungen genutzt, bis es im Herbst 1993 in den Besitz des Freistaates Sachsen überging.

Entwurf Longuelunes für das Blockhaus (Pyramidengebäude)
Neustädter Markt mit Blockhaus

Blockhausgasse: lag zwischen der Großen Meißner Straße und der Elbe; erstmalig 1477 erw., hieß sie damals Badergasse, da sich dort die Badestube des Augustinerklosters befand. Seit 1840 trug sie die Bezeichnung Blockhausgasse nach dem anstoßenden 1737/55 entstandenen →Blockhaus. Im Zweiten Weltkrieg wurde die Bebauung um die Blockhausgasse zerstört, die Gasse errichtete man nicht wieder.

Blüher, Bernhard: Dresdner Oberbürgermeister, geb. 11.4.1864 Freiberg, gest. 12.7.1938 Dresden. – Der in Leipzig und Berlin ausgebildete B. wirkte zunächst als Jurist und ab 1899 als Bürgermeister in Freiberg. 1909 kam er ans sächsische Oberverwaltungsgericht Dresden und war 1915/31 Oberbürgermeister von Dresden. B. hatte besondere Verdienste um die Förderung der Technischen Hochschule sowie der Staatstheater Dresden nach dem Ersten Weltkrieg und setzte sich engagiert für den Bau des Deutschen Hygiene-Museums ein. – Grab auf dem Johannisfriedhof Tolkewitz, Blüherpark und Blüherstraße im Stadtbezirk Mitte (Altstadt).

Blüherpark: 5,9 ha großes Parkgelände an der Blüherstraße zwischen Bürgerwiese und Hygiene-Museum. In der Mitte des 17. Jh. hatte der Oberhofmarschall Johann Georg von RECHENBERG (1610 bis 1664) nördlich vom Dohnaischen Schlag außerhalb der Stadtmauern am Kaitzbach einen Garten erworben und 1652 ein Lusthaus darin erbauen lassen, das mit geöffnetem laubenähnlichem Untergeschoß als bedeutendes Gebäude außerhalb der Stadt galt. Kurfürst JOHANN GEORG III. erwarb 1682 den Rechenbergischen zusammen mit dem benachbarten Taubeschen Garten (Ecke Lange Gasse/Pirnaische Gasse) und ließ sich von Johann Friedrich →KARCHER dort als Gegenstück zum Großen Garten den sog. *«Kleinen Lustgarten»* anlegen, der als langgestrecktes Rechteck auch *«Langer Garten»* genannt wurde und häufig höfischen Festlichkeiten diente. Ein vom Kaitzbach gespeistes 280 m langes Wasserbecken mit Teichen an den Enden durchschnitt das Areal in der Längsrichtung und diente zu Gondelfahrten. 1688 schenkte der Kurfürst den im vorderen Teil mit Statuen und Springbrunnen geschmückten Garten der Hofdame Margarete Susanne von ZINZENDORF, die ihn 1694 an ihren Bruder weiterverkaufte. 1703 kam der *«Zinzendorfsche Garten»* in bürgerlichen Besitz und erhielt am nördlichen Ende ein beliebtes Vergnügungslokal das als *«Zinzendorfs»* bekannt wurde und bis 1854 als öffentliche Gaststätte bestand. 1764 erwarb JOHANN GEORG, Chevalier de Saxe, das durch den Siebenjährigen Krieg z.T. zerstörte Grundstück. Er ließ es erweitern, von Friedrich August →KRUBSACIUS als französischen Garten gestalten (dabei Auffüllung des Kanals) und vom gleichen Architekten das Palais erbauen (→Palais der Sekundogenitur). Von 1781 an befand sich das Grundstück im Besitz des jeweiligen zweitgeborenen sächsischen Prinzen und wurde jeweils nach dessen Namen benannt. In der zweiten Hälfte des 18. Jh. wurde der *«Garten der Sekundogenitur»* als erster in Dresden von Johann August

→GIESEL nach englischem Muster umgestaltet, wobei der Kaitzbach in Windungen durch den Garten geleitet wurde. Nach dem sentimentalen Zeitgeschmack errichtete man verschiedene Kleinbauten (u. a. Eremitage mit Hauskapelle, 1779; künstliche Ruine eines im Wasser versunkenen antiken Tempels, 1788; Vogelvoliere, Einsiedeleien und Pavillons). 1888 verkaufte man wegen Anlage der Johann-Georgen-Allee den nördlichen Teil des Gartens (Rest eines Torpavillons von 1889 noch vorhanden), während der südliche erst 1927 von der Stadt Dresden erworben wurde. Sie ließ bis 1930 auf 3ha das →Deutsche Hygiene-Museum errichten und den Restteil des Gartens zum Volkspark umgestalten, der nach Bernhard →BLÜHER benannt wurde. Das Palais und die Kleinbauten wurden im Februar 1945 zerstört (künstliche Ruine 1963 abgetragen), während zwei Statuen im Heilpflanzengarten des Hygiene-Museums und einige Barockvasen im 1968 umgestalteten B. an die Anlage des 18. Jh. erinnern.

Blumenmarkt: →Altmarkt

Böckstiegel, Peter August: Maler, geb. 7. 4. 1889 Arrode/Westf., gest. 22. 3. 1951 Arrode. – B. studierte 1913/15 an der Dresdner Kunstakademie bei Oskar →ZWINTSCHER und Otto →GUSSMANN. Nach seinem Kriegsdienst ließ er sich für ständig in Dresden nieder und war an der Gründung der →«Dresdner Sezession Gruppe 1919» beteiligt. B. wurde besonders durch farbenkräftige Darstellungen des Landlebens bekannt. 1937 wurden über 100 Werke von B. als «entartete Kunst» in Berlin verbrannt, und bei der Zerstörung Dresdens 1945 verlor der Künstler große Teile seines Werks. Ab 1945 wohnte B. wieder in Arrode.

Bodt, Jean de: Architekt, Ingenieur und Offizier, geb. Oktober 1670 Paris, gest. 3. 1. 1745 Dresden. – B. wechselte 1698 aus englischen Diensten in preußische und wurde Chef des Artilleriewesens und Kommandant der Festung Wesel. Als Architekt (z. B. Zeughaus Berlin, Stadtschloß Potsdam), fühlte er sich zurückgesetzt und ging deshalb 1728 in sächsische Dienste über, wurde als Generalintendant oberster Leiter der gesamten sächsischen Militär- und Zivilbauten (Nachfolger von →WACKERBARTH) und Chef des Ingenieurkorps. B. war maßgeblich an der Ausarbeitung des Baureglements für die Stadt Dresden (1728 und 1733) beteiligt und wurde 1735 Gouverneur von Dresden-Neustadt. In Dresden baute er die Kasernen an der Hauptstraße der Neustadt und wirkte am Umbau des Holländischen Palais zum →Japanischen Palais mit. Umfangreiche Pläne von B. (z.B. Stadtschloß Dresden mit Anschluß an den Zwinger) und Handschriften befinden sich im →Sächsischen Hauptstaatsarchiv und in der →Sächsischen Landesbibliothek. – B. wohnte im sog. Kommmandantenhause am Neustädter Markt (später Hotel «Zu den vier Jahreszeiten»).

Boettiger, Carl August: Schriftsteller und Kunstgelehrter, geb. 8. 6. 1760 Reichenbach/Vogtl., gest. 17. 11. 1835 Dresden. – B., der von 1796 bis 1809 den «Neuen Teutschen Merkur» redigierte, wurde 1806 Studiendirektor der Pagerie in Dresden und 1814 Oberaufseher der Antikensammlung. Er wohnte zuletzt in einem Haus hinter der Frauenkirche. Etwa 20000 Briefe aus seiner Privatkorrespondenz, die sich in der Sächsischen Landesbibliothek befinden, sind eine Fundgrube für die Geschichte Dresdens Anfang des 19. Jh. – Begr. Eliasfriedhof.

Bogenschütze: überlebensgroße Bronzefigur am Neustädter Elbufer zwischen Albertbrücke und Carolabrücke. Die Plastik von Ernst Moritz GEYGER (1861 bis 1941) entstand 1895 und wurde als Zweitguß 1902 aufgestellt (der Erstguß befindet sich im Park von Potsdam-Sanssouci). Der B. ist ein beliebtes Motiv für Maler und Fotografen.

Bogenschützengesellschaft: ehemalige Vereinigung der bürgerlichen Dresdner Armbrustschützen, die als Veranstalter der →Vogelwiese Bedeutung im gesellschaftlichen Leben der Stadt besaß. Die B. geht auf die mittelalterlicher Wehrverfassung zurück, bei der jeder wehrfähige Bürger zum Kriegsdienst, zur Stadtverteidigung und dementsprechend regelmäßig zur Übung im Waffenhandwerk verpflichtet war. Das Übungsgelände war ein Stück des in Friedenszeiten trockenliegenden Stadtgrabens (Schützen- oder Schießgraben genannt; etwa zwischen heutiger →Schießgasse, Landhausstraße und Ringstraße) mit dem Schießhaus und dem Zielhaus. Bierspenden und Schießprämien (1411 erstmals urkundlich erwähnt) sollten bei einmal im Jahr vom Rat veranstalteten feierlichen Schießwettbewerben (sog. Pfingstschießen; 1440 erste urkundliche Erwähnung) die Schützen zu den wöchentlich vorgesehenen Übungen motivieren. 1446 vereinigten sich die Schützen mit Genehmigung Kurfürst FRIEDRICHS DES SANFTMÜTIGEN zur B. Zu ihren Mitgliedern gehörten auch Angehörige der kurfürstlichen Familie und des Rates. Die B. hatte vor der Reformation besondere Altäre in den Kirchen; ihr

Bernhard Blüher. Gemälde von Robert Sterl
Jean de Bodt. Gemälde von Louis de Silvestre

Schutzpatron war der heilige Sebastian. Mit der Einführung der Feuerwaffen ging der Wert der B. für die Wehrfähigkeit zurück, dagegen nahm die Bedeutung für die Vogelwiese zu. So gilt 1577 als eigentliches Gründungsjahr der B., als die große Wiese am Ziegelschlag zum Ort des jährlichen Vogelschießens bestimmt wurde. Vom Kurfürsten verliehene Privilegien (z. B. 1699 durch AUGUST DEN STARKEN für steuerfreies Bier, Genehmigung von Bauten auf der Festwiese u. a.) ermöglichten ihr ab 1700 die alleinige Ausrichtung der Vogelwiese. Das 1554 am Stadtgraben errichtete Schießhaus, das «prächtig ausgemalt» gewesen war, wurde beim preußischen Bombardement 1760 zerstört. 1765 erhielten die Bogenschützen für ihre ständigen Übungen ein neues Areal neben dem Platz der Scheibenschützen (→Schießhaus) in der Wilsdruffer Vorstadt.

Böhm, Karl: Dirigent, geb. 28. 8. 1894 Graz, gest. 14. 8. 1981 Graz. – Der zu den bedeutendsten Opern- und Konzertdirigenten des 20. Jh. zählende Künstler war vom 1. Januar 1934 bis Dezember 1942 musikalischer Leiter der Dresdner Staatskapelle und der Staatsoper, wobei er in der bewährten Tradition seiner Vorgänger Ernst von →SCHUCH und Fritz →BUSCH wirkte. In seiner wohl künstlerisch fruchtbarsten Zeit dirigierte B. in Dresden 689 Vorstellungen, darunter zahlreiche Ur- und Erstaufführungen, z. B. von Rudolf WAGNER-REGENY, Carl ORFF und Johannes Paul →THILMAN. Besonders hervorzuheben sind die in der «Ära Böhm» inszenierten 15 Opern seines Freundes Richard →STRAUSS, darunter die Uraufführungen von «Die schweigsame Frau» (1935) und «Daphne» (1938). Als Gastdirigent blieb B. zeitlebens mit der Staatskapelle verbunden, wovon zahlreiche Schallplattenaufnahmen zeugen.

Der Bogenschütze

Böhmert, Karl Victor: Rechtsanwalt, Nationalökonom, Sozialreformer und Schriftsteller, geb. 23. 8. 1829 Quesitz bei Leipzig, gest. 12. 2. 1918 Dresden. – 1875 Berufung an die Technische Hochschule nach Dresden als Professor für Nationalökonomie und Statistik. Gleichzeitig leitete er bis 1895 das sächs. Statistische Büro. 1873/95 redigierte B. mit GNEIST den in Berlin erschienenen «Arbeiterfreund» sowie 1875/95 die «Zeitschrift des königlich sächsischen Statistischen Büros». Ab 1879 war er an einer Reform der Armenpflege beteiligt. B. stand an der Spitze des «Vereins gegen Armennot und Bettelei» und des →Vereins «Volkswohl». – Böhmert-Stein (1899 err.) im Heidepark, Böhmertstraße in der Neustadt.

Böhmische Gemeinde: →Exulanten

Böhmische Kirche: →Johanniskirche

Böhmische Straße: zwischen Alaunstraße und Martin-Luther-Platz gelegen, wahrscheinlich 1765 entstanden, bis 1863 noch Böhmische Gasse genannt. Die B. ist nach den böhmischen Exulanten benannt, die bis zum Siebenjährigen Krieg als Gärtner in den Vorstädten des linken Elbufers wohnten, dann aber auf diese Straße übersiedelten.

Böhmischer Bahnhof: →Hauptbahnhof

Böhmischer Friedhof: →Johannisfriedhof

Bomätscher: Schiffszieher (auch *Treidler* genannt), slaw. Gehilfe. – Die B. gehörten in Dresden zum gewohnten Bild und sind auf vielen historischen Ansichten dargestellt. Sie zogen in Kolonnen auf dem noch heute z.T. vorhandenen, oft gepflasterten *Leinpfad* (Treidelpfad) entlang und schleppten unter eintönigem Gesang mittels langer Leinen die auf Bergfahrt befindlichen Lastkähne stromauf. Erst die Überlegenheit der →Kettenschiffahrt brachte in der zweiten Hälfte des 19. Jh. diesen für viele Elbanwohner existenzsichernden Erwerbszweig zum Erliegen.

Bongartz, Heinz: Dirigent, geb. 31. 7. 1894 Krefeld, gest. 2. 5. 1978 Dresden. – B. war Leiter der Dirigentenklasse der Musikschule Leipzig, als er 1947 zum Chefdirigenten der →Dresdner Philharmonie berufen wurde. Unter seiner Leitung erlangte die Philharmonie neue künstlerische Qualität und entwickelte sich zu einem Klangkörper von Weltgeltung. Mit seiner systematischen Konzertarbeit sowie seiner grundlegenden Konzertorganisation für die Philharmonie leistete B. auch einen wichtigen Beitrag für die jüngere Musikgeschichte. B. wohnte auf der Oeserstraße in Oberloschwitz. – Grab auf dem Loschwitzer Friedhof.

Bordoni, Faustina: →Hasse, Faustina

Born, Stephan: Schriftsetzer, Redakteur und Professor für Literatur, führender Vertreter der frühen Arbeiterbewegung, geb. 28. 12. 1824 Leszno bei Poznán, gest. 4. 5. 1898 Basel. – B. gehörte seit 1847 dem Bund der Gerechten sowie dem Bund der Kommunisten an und beteiligte sich 1848 führend an den revolutionären Ereignissen in Berlin. Während des Maiaufstandes von 1849 war er in Dresden einer der militärischen Führer der Revolutionäre, zunächst an der Hauptbarrikade in der Schloßstraße, dann als Oberkommandant aller Barrikaden. Nach dem Scheitern des Aufstands emigrierte er in die Schweiz.

Borngasse: Die 1450 erstmals erwähnte B. verlief vom Jüdenteich (später Georgplatz) zur Johannesstraße. Der Name rührt von den am Anfang der Gasse vorüberlaufenden Röhrenleitungen her. Von der Mitte des 16. Jh. bis 1848 hieß die B. im Unterschied zur Großen Borngasse «Kleine B.».

Borngassengemeinde: bis 1835 als selbständige Ratsgemeinde bestehende Vorstadtsiedlung vor der Kreuzpforte. Die B. war ursprünglich Wohnort der Ratsröhrmeister, die die städtischen Brunnen (Born: Brunnen) beaufsichtigten. Zur Gemeinde gehörten die Große Borngasse (die spätere →Carusstraße) und die Kleine →Borngasse. Die B. war zugleich Bestandteil der größeren →Pirnaischen Vorstadt.

Borsberg: 355 m hohe Erhebung unmittelbar an der Stadtgrenze bei Pillnitz, bis 1780 als «Golk» bezeichnet, dann nach dem benachbarten Ort benannt. Der aus Lausitzer Granodiorit bestehende Gipfel bildet einen markanten, bewaldeten Eckpfeiler der rechtselbischen Hänge. Er wurde ab 1780 durch Kurfürst FRIEDRICH AUGUST III. und Camillo →MARCOLINI in die sentimental-romantische Landschaftsgestaltung des nahen →Friedrichsgrundes einbezogen und mit einer künstlichen Felsgrotte (Eremitage) versehen. Auf dem B. befindet sich am Schnittpunkt von Wanderwegen ein Ausflugsgasthof und eine steinerne Vermessungssäule I. Ordnung der europäischen Gradmessung von 1865.

Bosco, Bartolomeo: Zauberkünstler, geb. 11. 1. 1793 Turin, gest. 7. 3. 1863 Dresden. – B., der ursprünglich Arzt werden wollte, machte 1812 Napoleons Feldzug gegen Rußland mit, bereiste danach ganz Europa und den Orient und führte als vortrefflicher «Taschenspieler» seine Zaubereien vor, wobei er auf alles überflüssige Beiwerk verzichtete und als erster Zauberkünstler im ärmellosen Gewand arbeitete. Mit außergewöhnlicher Eleganz und Fingerfertigkeit zeigte er vor allem das «Kugel- und Becherspiel» Seine letzten Lebensjahre verbrachte B. in Dresden-Gruna (Hausbesitz in der Rosenbergstraße). – Grab auf dem alten katholischen Friedhof, mehrfach erneuert und vom Dresdner Magischen Zirkel gepflegt.

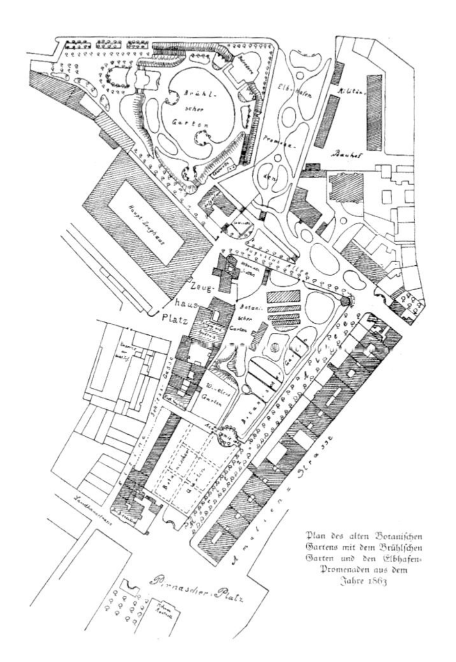

Boskau; *Boskaw*: mittelalterliche Wüstung im Süden der Stadt. Die Flur (etwa zwischen der heutigen Strehlener Straße und dem →Zelleschen Weg gelegen) des ursprünglich slawischen Dorfes wurde wahrscheinlich bereits in der ersten Hälfte des 15. Jh. in die Stadtflur einbezogen.

Bosse, Harald Julius von: Architekt, geb. 17.(28.)9. 1812 St. Petersburg, gest. 10. 3. 1894 Dresden. – Nach Studium in Dresden, Darmstadt und Petersburg arbeitete B. vor allem in Rußland. Für Dresden entwarf er die →Russisch-orthodoxe Kirche (1872/74, mit Karl →WEISSBACH) und die →Reformierte Kirche (1892). – Begr. auf dem Trinitatisfriedhof.

Botanischer Garten: zur →Technischen Universität Dresden gehörende öffentliche Gartenanlage von 3,25 ha Fläche an der Stübelallee/ Nordwestecke des Großen Gartens. Der B. verfügt über 4 Schauhäuser mit einer Fläche von etwa 1000 m², 5 Anzuchthäuser und etwa 9000 Pflanzenarten, davon rund 3000 in den Gewächshäusern. Die Schauhäuser umfassen das Tropenhaus Amerika (1975 rekonstruiert), das Sukkulentenhaus mit Freilandanlage, das Victoria-regia-Haus und das 1979/81 anstelle des 1945 zerstörten Palmenhauses errichtete Tropenhaus Asien/Afrika. – Der B. wurde mit der Einrichtung der →Chirurgisch-medizinischen Akademie gegründet und ab 1818 nach Plänen des Hofgärtners Carl Adolf →TERSCHECK unter Mitwirkung Gottlob Friedrich →THORMEYERS nach Abtragung der Befestigungsanlagen am Zeughausplatz angelegt. Der erste verantwortliche Gärtner war 1820/32 Johann Gottfried TERSCHECK (1784–1870), der auch den Brühlschen Wallgarten betreute. 1825 entstand das erste Gewächshaus, außerdem wurde der Raum zum Pirnaischen Platz hin erweitert; 1855/56 kam der ehemalige →Gondelhafen mit Parkanlage hinzu und 1869 der sog. Winklersche Privatgarten, wo 1870/71 ein großes eisernes Gewächshaus gebaut wurde. Unter der 59 Jahre währenden Direktion (1820/79) von Heinrich Gottlieb Ludwig →REICHENBACH diente der B. nicht ausschließlich als «Hortus medicus», sondern entwickelte sich zu einer bedeutenden wissenschaftlichen Einrichtung mit breiter Öffentlichkeitswirkung (seit 1821 jährliches Samen- und Pflanzentauschverzeichnis; Pflanzenbestand 1825: 7800 Arten). Nach Schließung der Akademie 1864 konnte der B. selbständig weiterbestehen, jedoch seine Anlage war veraltet, seine Fläche von reichlich 1 ha zu klein, und außerdem wurde das stadtnahe Gelände für Bauzwecke benötigt. Deshalb wurde 1833 unter dem neuen Direktor Oskar →DRUDE die Verlegung an den jetzigen Standort beschlossen (Schließung des alten B. am 1. Dezember 1890, Eröffnung des neuen am 1. April 1893). Durch seinen Artenreichtum, seine klare übersichtliche Anlage nach dem Plan des Garteninspektors Franz LEDIEN (1859 bis 1912) und vor allem durch die von Drude eingeführte neuartige, nach pflanzengeographischen Gesichtspunkten geordnete Bepflanzung stand der B. um die Jahrhundertwende an der Spitze der Botanischen Gärten Deutschlands. 1893 waren die Gewächshäuser und das Institutsgebäude fertiggestellt, 1907 kam das Victoria-regia-Haus hinzu (1938/39 neu aufgebaut) und 1937 das Kakteenhaus. Nach der völligen Zerstörung am 13./14. Februar 1945 begann man mit dem Wiederaufbau, wobei 1950 das Freigelände fertiggestellt war. 1949 wurde der B. dem Botanischen Institut der Technischen Universität zugeordnet und ab 1968 in die Sektion Wasserwesen der TU integriert. Als wissenschaftliche Einrichtung der heutigen Fakultät für Bau-, Wasser- und Forstwesen dient er neben Lehre und Forschung auch der Allgemeinbildung und Erholung.

Böttcher, Wilhelm Eduard: Pädagoge, geb. 6. 12. 1806, gest. 15. 4. 1879 Dresden. – B. wandelte die 1819 gegründete Friedrich-August-Schule 1833 in die «Böttchersche Privatschule» um. Diese bedeutende Knabenschule befand sich auf der →Breiten Gasse, später in der Reitbahnstraße. – Begr. auf dem Trinitatisfriedhof.

Böttger, Johann Friedrich: Alchimist, Erfinder des europäischen Porzellans, Gründer der ersten sächsischen Fayencemanufaktur, geb. 4. 2. 1682 Schleiz, gest. 13. 3. 1719 Dresden. – «Unter größter Heimlichkeit» traf der «Goldmacher» mit militärischer Bewachung von Wittenberg kommend, Ende November 1701 erstmalig in Dresden ein. Sein erstes Quartier

Plan des Botanischen Gartens

war das sog. Goldhaus im Schloß, 1702 zog er in das →Fürstenbergsche Haus am Schloßplatz, danach in ein Hintergebäude dort, das sog. Bünauische Haus, wo er auch sein Laboratorium hatte, und im gleichen Jahr wiederum ins Schloß. Nach seiner Flucht 1703 und der Inhaftierung auf dem Königstein bezog B. am 23. September 1707 ein Haus mit Laboratorium auf der Jungfernbastei (→Stadtbefestigung), wo ihm die →Porzellanerfindung gelang. Er legte dort ein Gewächshaus mit über 400 seltenen Pflanzen an. Auch nach seiner Berufung als Administrator der Meißner Porzellanmanufaktur 1710 behielt B. seine Dresdner Wohnung. Nach seiner Freilassung 1714 bewohnte er bis zu seinem Tode ein Stadthaus auf der Schießgasse. – Begr. auf dem alten Johannisfriedhof, Bildnismedaillon (von Christian BEHRENS) an der Ostseite des Johanneums, Gedenkstele (seit 1982) auf der Brühlschen Terrasse, Böttgerstraße in Trachau.

Bottschild (Potschild), Samuel: Maler, geb. 30.7.1641 Sangerhausen, gest. 29.5.1706 Dresden. – Der Sohn eines Malers kam spätestens 1669 nach Dresden. Nach einer Italienreise wurde er 1677 Oberhofmaler und 1699 Inspektor der Gemäldesammlung der →Kunstkammer. Neben Porträts der Dresdner Hofgesellschaft schuf er mit seinem Neffen Heinrich Christoph →FEHLING die Deckenmalereien im →Palais im Großen Garten.

Bouché, Johann Karl Friedrich: Gartenarchitekt, geb. 6.7.1850 Schönberg b. Berlin, gest. 11.3.1933 Dresden. – Nach gärtnerischer Ausbildung und Tätigkeit in Berlin wurde B. 1873 zum Direktor des →Großen Gartens in Dresden berufen. Unter seiner tatkräftigen Leitung wurde der verwahrloste Große Garten zu seiner gegenwärtigen Größe erweitert und in seiner Anlage zum Landschaftspark und zu einer Volkserholungsstätte umgestaltet. 1885 wurde B. kgl. Obergartendirektor, womit ihm auch andere Gärten in Sachsen unterstellt waren. 1922 trat er in den Ruhestand. Im Landesverein Sächsischer Heimatschutz und 1895/1922 als Vorsitzender der Gesellschaft «Flora» hat er sich intensiv für den Naturschutz eingesetzt. – Grab auf dem Trinitatisfriedhof; Friedrich-Bouché-Weg im Großen Garten.

Boxbergisches Palais: →Palais Boxberg

Brabant, Artur: Archivar und Historiker, geb. 16.1.1870 Döbeln, gest. 28.4.1936 Dresden. – B. hat sich besonders um die Erforschung und Darstellung der sächs. Kriegsgeschichte verdient gemacht. Er stand seit 1907 im sächs. Archivdienst und war als Vorsitzender des →Vereins für Geschichte und Topographie Dresdens von 1919 bis 1935 Herausgeber der «Dresdner Geschichtsblätter». – Grab auf dem Loschwitzer Friedhof.

Brandes, Gustav: Zoodirektor, geb. 2.5.1862 Schöningen b. Helmstedt, gest. 19.7.1941 Dresden. – B. leitete seit 1901 den Zoologischen Garten Halle und wurde 1910 als Zoodirektor nach Dresden berufen. Gleichzeitig übernahm er eine Professur an der Tierärztlichen Hochschule Dresden. Nach neuen tiergärtnerischen Gesichtspunkten ging er vom Menagerieprinzip im →Zoologischen Garten ab und stellte die Tiere in ihren Lebensgewohnheiten in Freianlagen dar (z.B. Raubtierfelsen, Stelzvogelwiese, Rundkäfig für Greifvögel). Seine Erfolge bei der Haltung von Orang-Utans wurden weltberühmt. Als der Zoo 1934 unter städtische Verwaltung kam, trat der von der faschistischen Presse verleumdete B. von der Direktion zurück. – Gedenkstätte im Zoologischen Garten.

Bräter, Edmund: Architekt, geb. 6.3.1855 Dresden, gest. 1.3.1925 Langebrück. – Der 1891 zum Stadtbaurat ernannte B. erbaute in Dresden den Städtischen →Ausstellungspalast (1894/96), die Neustädter →Markthalle (1899), das →Krankenhaus Johannstadt (1901 vollendet), das →Güntzbad (1906) und mit Karl ROTH (1875–1932) das Neue Rathaus (→Rathäuser).

Johann Friedrich Böttger. Unbekannter Stecher

Brauereien: Die Eröffnung der →*Waldschlößchenbrauerei* in der Neustadt 1838 als einer der ersten Dresdner Aktiengesellschaften überhaupt leitete den Übergang vom traditionellen Brauwesen zur großindustriellen Bierherstellung ein. Die «Societätsbrauerei Waldschlößchen» betrieb auch die stadtbekannten Lokale im Brauereigelände und am Postplatz (→Stadtwaldschlößchen). Zuletzt (ab 1981) wurden hier noch alkoholfreie Getränke hergestellt. Bis Ende des 19. Jh. entstanden in Dresden 8 weitere Aktienbrauereien, zumeist im Industrieviertel von Löbtau und Plauen. 1847 wurde an der Chemnitzer Straße die →*Feldschlößchenbrauerei* gegründet. Im Plauenschen Grund errichteten Aktionäre 1857/58 die →*Felsenkellerbrauerei*. 1869 entstand am Rande des →Reisewitzschen Gartens die *Aktienbrauerei Reisewitz*, die 1931 eingestellt wurde. Ab 1872 wurde an der Zwickauer und Falkenstraße die *Lagerkellerbrauerei* errichtet, die das Restaurant «Zum Plauenschen Lagerkeller» Chemnitzer/Ecke Würzburger Straße betrieb. Weiter gab es in diesem Raum die Brauerei *Gambrinus* und die *Falkenbrauerei* (zuletzt Hersteller alkoholfreier Getränke). Bedeutung hatte auch das *Hofbräuhaus Cotta* (1872/1921). Weiterhin gab es u.a. die Brauerei Amalienhof Pillnitzer Straße und die Nationalbrauerei S. G. Naumann in Neustadt. – Als modernste Großbrauerei Dresdens wurde 1973/1981 die *Brauerei Dresden-Coschütz* in ummittelbarer Nähe des dortigen Wasserwerkes mit 48 Reaktoren von je 22 m Höhe erbaut. 1990/93 wurden die Marken Feldschlößchen («Pichelmännel») und Felsenkeller («Eiswurm») von der zur Holsten-Gruppe gehörenden Sächsischen Brau-Union übernommen, die Bierherstellung in Coschütz konzentriert und die Areale der Felsenkeller-, Feldschlößchen-, Waldschlößchen- und Falkenbrauerei für anderweitige Bauvorhaben veräußert.

Brehme, Christian, Pseudonym *Corimbo*: Bürgermeister, Bibliothekar und Schriftsteller, geb. 26.8.1613 Leipzig, gest.

Feldschlößchenbrauerei Ende des 19. Jh.

Briesnitz (Kupferstich von Adrian Zingg)

10. 9. 1667 Dresden. – B. lebte seit 1639 in Dresden. 1640/56 war er Bibliothekar der kurfürstlichen Bibliothek und Geh. Kammerdiener am Hofe, nach 1642 zugleich fast immer Mitglied des Dresdner Stadtrats und mehrmals Bürgermeister. Seine schriftstellerischen Arbeiten (ein Schäferroman, Gedichte und 3 Bände «Christl. Unterredungen») sind heute fast vergessen. – Wohnungen: Wilsdruffer Gasse und Landhausstraße.

Breihahnhaus: städtisches Gebäude in der Breiten Gasse, das unterschiedlichen Zwecken diente (Malzhaus, Hochzeitshaus, Handelshaus der Leinwandhändler, Marstall usw.). 1645 wurde erstmals in Dresden eine Probe der Halberstädter Biersorte «Breihahn» gebraut, ein Jahr später verlegte man die Produktion dieses Bieres in das umgebaute Haus, das fortan B. genannt wurde. 1866 brannte das B. ab.

Breite Straße: Die bis 1945 existierende B. verlief zwischen der →Seestraße und der →Marienstraße. Im Mittelalter hieß sie Kundigengasse (1342 erstmals erwähnt), nach einer der führenden Familien der Stadt. Da die Gasse die breiteste der damaligen Stadt war, wurde sie seit etwa 1500 Breite Gasse genannt, mitunter auch Breihahngasse nach dem gleichnamigen städtischen Brauhaus (→Breihahnhaus), das sich in der Gasse befand. 1862 wurde sie in B. umbenannt. Nach 1877 gehörte zur B. auch die vorher unter dem Namen «An der Polytechnischen Schule» bekannte Fortsetzung von der →Wallstraße zur Marienstraße (benannt nach dem zeitweise dort befindlichen Sitz der späteren Techn. Hochschule bzw. Techn. Universität).

Bretschneider, Andreas d. Ä.: Maler und Baumeister, geb. erstes Drittel des 16. Jh. Dresden, gest. vor 1583 Dresden. – Neben italienischen Künstlern war B. als Hofmaler bei der Innenausgestaltung des →Residenzschlosses beteiligt; er fertigte zahlreiche Pläne zu kurfürstlichen Bauten (z.B. 1558 zu Lusthäusern und 1563 zum →Schießhaus) und hinterließ ein unvollendetes, inzwischen verschollenes Manuskript über die Baukunst. Seine Söhne Andreas d. J., Daniel und Stephan waren ebenfalls als Maler in Dresden tätig.

Briesnitz: Stadtteil am linken Elbufer, 1071 als Bresnica (von breza, slaw. Birke) urk. erw., 1921 zu Dresden eingem. – Auf dem Gelände einer sorbischen Wallanlage wurde im Laufe der deutschen Ostkolonisation im 11. Jh. der Burgward B. gegr. Er bildete den politischen und kirchlichen, anfangs auch militärischen Mittelpunkt für einen Teil des oberen Elbtals. Zugleich schützte er die Elbfurt des →«Bischofsweges». Ein archäologischer Komplex mit Resten der Burganlage, einer romanischen Kirche und slaw. Reihengräbern wurde ab 1991 an der Neuen Meißner Landstraße freigelegt. – In B. hatte der Archidiakon für den früheren Slawengau Nisan seinen Sitz. Hier wurde auch die geistliche Rechtsprechung ausgeübt; die Urteile wurden in den «Briesnitzer Rügen» festgehalten. Als Verhandlungssprache bei Gericht war bis 1424 auch Sorbisch zugelassen. Aus der Vormachtstellung von B. resultierte die Rolle des Ortes als kirchlicher und schulischer Mittelpunkt bis in die jüngere Zeit. Bis zu den Parochialteilungen des 19./20. Jh. gehörten 26 Dörfer zur →Briesnitzer Kirche. – Erst mit Auflösung der beiden bischöflich-meißnischen Vorwerke im 16. Jh. konnte sich B. als Bauerngemeinde in der Form eines Gassendorfes entwickeln. Seit dem 18. Jh. erwarben auch begüterte Dresdner Landbesitz. Oberst Römer ließ nach 1760 ein Gartenhaus und die beim Eisenbahnbau 1875 z.T. abgetragene Neptungrotte errichten. 1769 baute der Hofbeamte Heinrich Roos ein ehem. Vorwerksgebäude zum «Bennogut» um. Es wurde nach einem heftig umstrittenen Bildnis des Bischofs Benno von Meißen (11. Jh.) genannt. Der Landsitz gehörte bis 1830 dem sächsischen Minister Detlev Graf von Einsiedel (1773–1861), 1840/93 der Kaufmannsfamilie Schunck und ab 1893 dem Cottaer Brauhausbesitzer Bürstinghaus. Der Bürstinghauspark ging 1921 in städtischen Besitz über und wurde 1938 bei der Begradigung der Meißner Landstraße geteilt. – Das Anwachsen der Einwohnerzahl von 515 im Jahre 1871 auf 3971 im Jahre 1919 war mit der raschen Abnahme landwirtschaftlicher Flächen verbunden. 1880/1909 wurden die Schulgebäude an der Merbitzer Straße gebaut. 1911 konstituierte sich die «Eigenheimsiedlung Briesitz-Dresden GmbH», die in den Jahren bis zum Ersten Weltkrieg und 1924/39 364 Ein- und Mehrfamilienhäuser baute. Sie erwarb 1927 das Gelände der Ziegelei Nötzold und errichtete dort die Rundhäuser Felix-Dahn-Weg. Bei Brunnenbohrungen wurde 1904 in 64 m Tiefe eisen- und kieselsäurehaltiges Wasser entdeckt, das zu Kurzwecken verschickt wurde (später Getränkebetrieb Margon). – Denkmalgeschützt sind neben der Kirche das Pfarrgut, die «Alte Schule» Meißner Landstraße 67, das Bennogut, die alte Schmiede von 1556, die letzte Scheune von B. sowie alte Wohngebäude.

Briesnitzer Kirche: älteste ehemalige Dorfkirche im westlichen Stadtgebiet, 1273 erstmals erw., 1474 flachgedeckter Saalbau mit Turm an der Westseite. Die auf einem Plänerhügel über der Elbfurt aufragende Kirche wurde 1881/82 durch Gotthilf Ludwig →Möckel umgebaut und gegen den Willen des Architekten mit dem neugotischen Turm versehen. Chorpolygon, Triumphbogen und das im 19. Jh. erneuerte Sandsteingewände an der Ostseite stammen aus dem 13. Jh., das spätgotische Chorgewölbe und die Gorbitzer Halle (Betstube des Kammergutsverwalters) aus dem 16. Jh. – An der Südpforte Relief des guten Hirten von 1882. Die Kantorei wurde 1929/77 von Karl Krönert geleitet und widmete sich neben der Bach- und Händelpflege besonders der Gegenwartsmusik.

«Brille»: →Narrenhäusel

British Hotel: ehem. historisches Hotel in der Landhausstraße 6 (vorher Innere Pirnaische Gasse 22). Das Barockgebäude, das mit einer reich gegliederten Fassade versehen war, wurde um 1712 wohl von

George →BÄHR und Georg HASE (1665 bis 1725) für die Brüder von BEICHLING erbaut und war bis 1753 mit dem in gleicher Zeit entstandenen →Palais de Saxe (Moritzstraße) verbunden. In dem Gebäude wurde der →Dresdner Friede von 1745 abgeschlossen; 1760 wurde es zerstört und diente nach Wiederaufbau ab 1840 als Hotel (zunächst «Englischer Hof», später «British Hotel»). 1869 wurde das Erdgeschoß durch August Hermann RICHTER (1842–1911) umgebaut und enthielt später das Restaurant «Löwenbräu». 1885 folgte eine weitere Erneuerung. Im Februar 1945 wurde das B. durch Bomben zerstört.

Brohn, Wolf Ernst: Bildhauer, geb. nach 1600 Dresden, begr. 8. 11. 1664 Dresden. B. war in der Werkstatt seines Großonkels Sebastian →WALTHER tätig, wo er auch an der Ausgestaltung des ersten →Belvedere auf der Jungfernbastei mitwirkte. Sein Hauptwerk ist das 1652 geschaffene stattliche barocke Alabaster-Epitaph der Herzogin SOPHIE HEDWIG (mit zwei Bronzefiguren) in der →Sophienkirche.

Brotbänke: Die bis in die zweite Hälfte des 19. Jh. bestehende Einrichtung der B. wurde 1362 erstmalig urkundlich erwähnt, obwohl sie wahrscheinlich schon früher bestanden hatte. Sie waren die Vorläufer unserer heutigen Bäckereigeschäfte und unterstanden damals der besonderen polizeilichen Überwachung hinsichtlich Gewicht und Qualität der Backware. Deshalb mußten die Bäcker ihre Waren auch öffentlich in den unter dem Rathaus befindlichen B. anbieten. Im 15. Jh. wurde den Bäckern ausdrücklich verboten, Brot und Semmeln auf ihren Fenstern feilzuhalten. Sie durften nur zum Zeichen, daß da ein Bäcker wohne, «ein Stößchen Ware vor die Türe legen, aber keinen Verkäufer dazu setzen». Die wenigen zugelassenen B. beschränkten auch die Zahl der Bäcker. In →Altendresden befanden sich die B. im Rathaus. 1868/70 wurden anstelle der B. und der Fleischbänke sowie der ehemaligen Portechaisenstationen zwölf Verkaufsläden eingerichtet. Auf Altstädter Seite standen die B. bis 1558 am Rathaus an der Nordseite des →Altmarktes. Danach wurden sie in den östlichen Teil der →Rosmariengasse verlegt, die deshalb bis ins 17. Jh. der «Brotmarkt» oder «An den Brotbänken» genannt wurde.

«Brücke»: Am 7. Juni 1905 in Dresden von den Achitekturstudenten Fritz BLEYL (geb. 8. 10. 1880 Zwickau, gest. 19. 10. 1966), Erich →HECKEL, Ernst-Ludwig →KIRCHNER, und Karl →SCHMIDT-ROTTLUFF gegründete expressionistische Künstlervereinigung, von der starke Impulse für die Aquarellmalerei ausgingen und deren Verdienst besonders in der Wiederbelebung des Holzschnittes in Deutschland liegt. – Das 1906 von Kirchner verfaßte Programm zeigte die gegensätzliche Kunstauffassung der jungen Autodidakten zum konventionellen akademischen Kunstbetrieb. Weitere bedeutende Mitglieder waren zeitweilig Emil NOLDE, Max PECHSTEIN, Cuno AMIET und Otto MUELLER. Häufig wurden Motive aus Dresden (Friedrichstadt) und seiner Umgebung (Moritzburg, Goppeln) gewählt. – Am Anfang ihres Zusammenschlusses trafen sich die jungen Künstler im Atelier von Fritz Bleyl (Ecke Bürgerwiese 18/Lüttichaustraße 1), der bis 1907 der Gruppe angehörte, bevor er ein Lehramt an der Freiberger Bauschule annahm. Seit 1906 benutzte die Gruppe auf der Berliner Straße einen ehemaligen Laden als gemeinsames Atelier. Ihre erste Ausstellung hatte sie 1906 im Mustersaal der Lampenfabrik SEIFERT in Löbtau, 1907 zeigte der Kunstsalon RICHTER erstmalig Werke von «Brücke»-Künstlern, 1910 veranstaltete die Galerie ARNOLD die erste größere Ausstellung in Dresden. Ab 1911 lebten alle «Brücke»-Künstler in Berlin, wo sich die Gruppe 1913 auflöste.

«British Hotel», Fassade
Titelblatt zur «Brücke-Chronik» von Ernst Ludwig Kirchner

Brücken: 1. *Elbbrücken*, Im Stadtgebiet überspannen 7 Straßen- und eine Eisenbahnbrücke den Fluß. Die erste Elbbrücke wurde 1275 erwähnt und war im 15. Jh. die längste Gewölbebrücke Mitteleuropas. Sie wurde im 18. Jh. durch Matthäus Daniel →PÖPPELMANN umgebaut und 1910 durch die neue →Augustusbrücke ersetzt. Die alte Augustusbrücke war bis zum Bau der →Marienbrücke 1852 für den Eisenbahn- und Wagenverkehr der einzige feste Elbübergang zwischen der Landesgrenze und Meißen. 1877 wurde die →Albertbrücke zwischen Pirnaischer Vorstadt und Antonstadt eröffnet. Seit 1893 verbindet die →Loschwitzer Elbbrücke («Blaues Wunder») die östlichen Vororte. 1895 folgte die →Carolabrücke, die 1945 zerstört und 1971 durch eine Spannbetonbrücke ersetzt wurde. Für den Eisenbahnverkehr entstand 1901 neben der ersten Marienbrücke – baulich heute die älteste Elbbrücke Dresdens – die stählerne Marienbrücke II. Unterhalb des Stadtzentrums wurden 1930 die →Kaditzer Elbbrücke (Flügelwegbrücke) und 1936 die →Autobahnbrücke eröffnet. Die 1875 erbaute Eisenbahnbrücke Niederwartha liegt bereits außerhalb der Stadtgrenzen. Neue Straßenbrücken sind am Waldschlößchen und neben der Marienbrücke geplant. – Über das Grünland der Neustädter Flutrinne führt seit 1927 eine Straßenbrücke im Zuge der Sternstraße und seit 1936 eine Autobahnbrücke. 1910 wurde die Schlachthof-

brücke über die Altstädter Flutrinne im →Ostragehege erbaut.
2. *Weitere Fluß- und Bachbrücken.* Unter den *Weißeritzbrücken* ist die 1921 stillgelegte Hegereiter- oder Forsthausbrücke aus Pirnaer Sandstein im Plauenschen Grund die älteste erhaltene. Die «Zweipfennigbrücke» in Gittersee erinnert an den früher erhobenen Brückenzoll. Die Löbtauer Weißeritzbrücke an der Kesselsdorfer Straße wurde 1837 anstelle eines Vorgängerbaues von 1704 errichtet (zeitweise Bismarckbrücke). Die Ostra- oder Friedrichsbrücke über den alten Weißeritzlauf am Eingang zur Friedrichstraße verfiel nach der Weißeritzverlegung dem Abbruch. Über die *Prießnitz* blieben in der Dresdner Heide mehrere historische Wegbrücken (Küchen-, Kannenhenkel-, Kuhschwanzbrücke) erhalten. In der Albertstadt überquert ein 23m hoher, dreibogiger Straßenviadukt (Carolabrücke von 1875) das Prießnitztal. Ein 1945 zur Hälfte zerstörter Eisenbahnviadukt überquert die Prießnitz am Bahnhof Klotzsche. – Die Bautzner Straße überschreitet auf der →Mordgrundbrücke den Stechgrund.
3. *Weitere Brücken.* Mit dem Verkehrsbauprogramm 1890/1901 wurden mehrere massive Viadukte für die Eisenbahn in der Neustadt, der Viadukt des Rangierbahnhofes über den Flügelweg, die Waltherstraßenbrücke in Friedrichstadt und die Brücke über den Elbhafen errichtet. Unter den jüngeren Brückenbauten sind vor allem die →Nossener Brücke (1964) und ihre Verlängerung über die Weißeritz hinweg sowie der als «Hochstraße» bekannte Teil der Budapester Straße (1967) am →Hahneberg zu nennen. Die Nossener Brücke wird seit 1990 über die Weißeritz und die Löbtauer Straße weitergeführt.

Brückenamt: eines der wichtigsten «Verwaltungsämter» des Rates in der Zeit vor Einführung der Stadtordnung 1832, 1303 erstmals erwähnt. Dem Amt oblag die Verwaltung des gemeinsamen Vermögens der Elbbrücke und der Kreuzkirche (Stiftungen, Grundstücke, Brückenzoll, Ablässe, Almosen). Besondere Bedeutung hatte der Brückenzoll als Haupteinnahmequelle des B. Er wurde, 1388 erstmals erwähnt, von einem Zöllner direkt auf der Brücke in einem Zollhaus eingenommen und ist nicht zu verwechseln mit dem Geleitzoll, den der Burggraf

v. →DOHNA auf der Altendresdner Seite der Brücke für die Benutzung der Straße nach Königsbrück erhob. Brücke und Kirche waren besonders im Mittelalter aufeinander angewiesen. Der Kirche sicherte die Elbbrücke gewissermaßen einen stetigen Pilgerstrom, diese wiederum sorgte mit ihren Einkünften für die kostspielige Unterhaltung der Brücke. Der Brückenmeister (seit dem 16. Jh. Brückenamtsverwalter) wurde vom Rat (am Ende des Mittelalters zeitweise vom Landesherrn) ernannt und war zumeist selbst ein Ratsherr. Er war zugleich auch mit der Administration der Frauenkirche, des Brückenhofs, des Brückenhospitals sowie der Ausübung der niederen Gerichtsbarkeit in den sieben, dem B. zinspflichtigen Dörfern beauftragt. Das B . wurde im Mittelalter auch des öfteren als das «Hl. Kreuzes Amt», seit Anfang des 18. Jh. meist als «Geistliches Brückenamt» bezeichnet. Nach Einführung der Städteordnung gingen die Aufgaben des B. auf verschiedene städtische Verwaltungsorgane über. Der Name B. blieb als Bezeichnung des Vermögensfonds und der entsprechenden Gerichtsstelle im Stadtgericht bis 1851 (Abgabe der städt. Gerichtsbarkeit an den Staat) erhalten.

Brückenmännchen: zu den →Wahrzeichen von Dresden gehörende Sandsteinreliefplastik am Altstädter Landpfeiler der →Augustusbrücke. Die hockende Figur schaut stromabwärts; sie soll den italienischen Brückenbaumeister Matthäus FOCIUS darstellen, der in der zweiten Hälfte des 13. Jh. die erste steinerne Dresdner Brücke errichtet habe. Bei der Sprengung der Brücke im Jahre 1813 wurde die Figur zerstört; der Bildhauer Christian Gottlieb →KÜHN schuf eine Nachbildung, die beim Neubau der Brücke 1907/10 und auch 1967 restauriert wurde. Eine Kopie der Plastik befindet sich am Hause Kotzschweg 12 in Loschwitz.

Brückentor: →Elbtor

Brühl, Heinrich von: «Königlich polnischer und kurfürstlich sächsischer Premierminister», geb. 13. 8. 1700 Gangloffsömmern, gest. 28. 10. 1763 Dresden. – Als von →FRIEDRICH AUGUST II. bevorzugter Günstling hatte B. eine rasche Karriere vom Leibpagen und Kammerherrn (1730) zum Außenminister (1738) und «alleingebietenden» Minister (1746) am sächsischen Hofe gemacht und dabei seine Machtstellung zu seiner persönlichen Bereicherung gründlich ausgenutzt. Dadurch konnte er sich eine aufwendige Hofhaltung und kostspielige Privatsammlungen leisten, wofür er von Johann Christoph →KNÖFFEL prächtige Bauten (→Brühlsche Herrlichkeiten, →Brühlsche Terrasse, →Marcolinipalais, →Palais Brühl) mit reizvollen Gärten errichten ließ, die wesentlich zum barocken Stadtbild der damaligen Residenz beitrugen.

Brühlsche Bibliothek: ehem. zweigeschossiges, 62 m langes Gebäude an der →Brühlschen Terrasse, das sich östlich dem →Palais Brühl (Augustusstraße) anschloß, durch einen Portikus mit diesem verbunden war und durch eine besondere Treppe Zugang von der Stadt aus ermöglichte. Der Bau entstand 1748 nach Plänen von Johann Christoph →KNÖFFEL und diente der Unterbringung der Büchersammlung des Ministers BRÜHL. Ab 1740 hatte dieser – wohl weniger aus eigenem Bildungsbedürfnis, sondern eher aus

Brückenmännchen
Brühlsche Bibliothek

Eitelkeit und Ehrgeiz, mit der Bibliothek des Grafen BÜNAU konkurrieren zu wollen – seine Beziehungen zu Kunsthändlern und Antiquaren zu bedeutenden Bucherwerbungen genutzt. Trotz Verlusten beim Bombardement 1760, bei dem auch das Gebäude beschädigt wurde, zählte die Sammlung nach Brühls Tode ca. 62 000 Bände, die 1768 weit unter ihrem Wert für 50 000 Taler in die kurfürstliche Bibliothek (→Sächsische Landesbibliothek) übernommen wurden. In das Gebäude zog nach dem Umbau 1789/91 durch Johann Gottfried →KUNTSCH die Kunstakademie ein. 1897 riß man den Bau ab und errichtete an seiner Stelle die →Sekundogenitur.

Brühlsche Galerie: ehem. 87,5m langes und 11,4m breites einstöckiges Gebäude auf dem elbseitigen Festungswall (→Brühlsche Terrasse). Die B. wurde 1746 von Johann Christoph →KNÖFFEL für die bedeutende private Gemäldesammlung des Ministers BRÜHL errichtet, die dieser sich mit Hilfe seines Kunstsachverständigen Carl Heinrich von →HEINECKEN in der Mitte des 18. Jh. zugelegt hatte. Der Bau enthielt drei Räume, die durch 19 hohe, rundbogige Fenster von Norden Licht erhielten, während die Südfront zugemauert war. Nachdem 1768 die Bilder an KATHARINA II. von Rußland verkauft worden waren, nutzte man das Gebäude für akademische Kunstausstellungen und den →Sächsischen Kunstverein, bis es 1887 wegen des Neubaus der Kunstakademie abgerissen wurde.

Brühlsche Gasse: Sie verläuft zwischen dem Terrassenufer und der →Augustusstraße. Als ältester Teil der im Mittelalter außerhalb der Stadt gelegenen →Fischergemeinde wurde sie 1494 erstmals als Kleine Fischergasse (1565 auch als Nesselgrund) erwähnt. Auf Ersuchen der Bewohner, denen der Ruf der Gasse als früheres Prostituiertendomizil mißfiel, wurde sie 1892 in B. nach dem benachbarten Brühlschen Palais umbenannt. Die Bebauung an der Ostseite der Gasse wurde 1945 völlig zerstört. Jetzt befindet sich dort der Westflügel des 1987/90 errichteten Hilton-Hotels (→Dresden Hilton).

«Brühlsche Herrlichkeiten»: im 18. Jh. verwendete Bezeichnung für die ab 1739 im Auftrage Heinrich von →BRÜHLS von Johann Christoph →KNÖFFEL auf der →Brühlschen Terrasse errichteten Gebäude und Sammlungen. Dazu zählen das →Palais Brühl (Augustusstraße), die →Brühlsche Bibliothek, die →Brühlsche Galerie, das zweite →Belvedere und der →Brühlsche Garten.

Brühlsche Terrasse: an der Elbe über dem Terrassenufer gelegener touristischer Hauptanziehungspunkt von Dresden, der mit seinen umgebenden Bauten die Stadtansicht wesentlich prägt und selbst reizvolle Ausblicke über die Stadt und ihre Umgebung bietet. Das rund 500 m lange, bis 10 m hohe und von 20 bis zu 200 m breite Areal birgt zahlreiche Zeugnisse der Stadtgeschichte. Es ist der heute noch erhaltene Teil der im 16. Jh. angelegten neuen Befestigungsanlagen am Altstädter Elbufer (→Stadtbefestigung). Der ab 1550 von Caspar →VOIGT VON WIERANDT bereits an dieser Stelle angelegte Festungsabschnitt wurde Ende des 16. Jh. nach Nordosten hin erheblich ausgebaut (Grundsteinlegung am 18. August 1589) und 1592 als «Neue Festung» oder «Berg am Ziegeltor» unter der Leitung von Hans RUSSWURM und Paul →BUCHNER vollendet. In den ausgedehnten →Kasematten der B. ist noch heute u. a. das →Ziegeltor zu erkennen. 1589/1622 wurde nach Plänen von →NOSSENI das erste, höfischen Vergnügungszwecken dienende →Belvedere erbaut, dem im Laufe der Jahrhunderte drei weitere folgten. An die Stadtbefestigung und die Umbenennung der 7 Hauptbastionen im Jahre 1721 nach den Planeten erinnert das 1990 von Vinzenz WANITSCHKE (geb. 1932) auf der B. aufgestellte Planetendenkmal. In den Gewölben der Jungfernbastei gelang 1709 Johann Friedrich →BÖTTGER in Zusammenarbeit mit →TSCHIRNHAUS die →Porzellanerfindung. Nach Rückgang der militärischen Bedeutung der Festungsanlagen im 18. Jh. verschenkte der Kurfürst 1739/48 den elbseitigen Festungsteil seinem Günstling, dem Grafen →BRÜHL, nach dem die Terrasse später benannt worden ist. Brühl ließ sich dort von Gottfried →KNÖFFLER eine barocke Gartenanlage mit prächtigen Gebäuden gestalten (→Brühlsche Herrlichkeiten). Erhalten aus dieser Zeit sind noch der →Delphinbrunnen (1750), zwei Sphinxgruppen von Gottfried Knöffler aus dem Eingangsbereich zum Belvedere und ein 1991 wiederentstandenes Bassin vor dem Landtagsgebäude.
Mit der Anlage der großen Freitreppe zum Schloßplatz (1814 auf Befehl des russischen Gouverneurs →REPNIN-WOLKONSKI durch →THORMEYER) wurde die B. der Öffentlichkeit zugänglich gemacht. Sie war am Fuße zuerst von zwei Sandsteinlöwen von Christian Gottlieb →KÜHN geschmückt, 1868/71 wurden die →«Vier Tageszeiten» aufgestellt. Ihr Schöpfer war Johannes →SCHILLING, der auch die Denkmäler von →RIETSCHEL (1876) und →SEMPER (1892) auf der B. entwarf.
In ihrer Einzigartigkeit ist die B. seit Beginn des 19. Jh. als «Balkon Europas» zum beliebtesten Flaniergebiet der Dresdner und ihrer Gäste geworden (→Café

Gartensaal am Palais Brühl, Illumination 1738

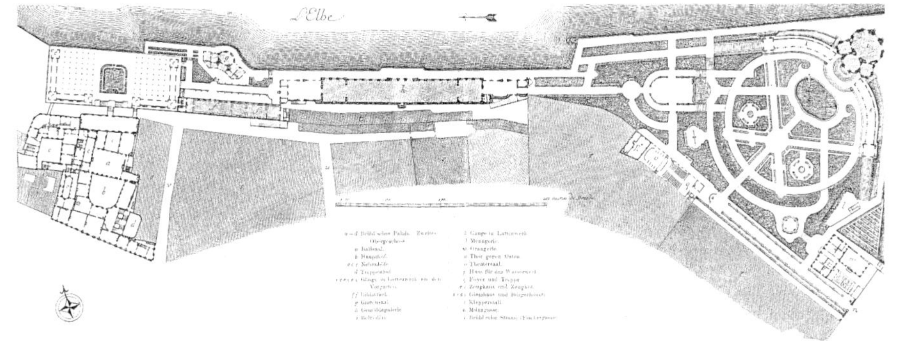

Plan der Brühlschen Terrasse. 1751

Blick auf die Brühlsche Terrasse

Reale, 1843). Mit den Treppenanlagen zur Terrassen- und Münzgasse (1848) und zum Georg-Treu-Platz (1890/94) wurde die B. besser von der Stadtseite zugänglich. Die beiden Durchbrüche an der Münzgasse (1878) und an der Brühlschen Gasse (1900) ermöglichen einen kürzeren Zugang zum Terrassenufer.
Als Keimzelle der heutigen →Technischen Universität gründete man 1828 die Technische Bildungsanstalt, die ihre erste Unterkunft in dem ehemaligen Brühlschen Gartenpavillon fand (später Atelier von Rietschel). Er wurde ebenso abgebrochen wie die anderen Brühlschen Bauten, die dem Gebäude der Kunstakademie mit dem Ausstellungsgebäude (errichtet 1890/94; →Hochschule für Bildende Künste), der →Sekundogenitur (1897) und dem →Landtagsgebäude (1900/03) weichen mußten. Das frühere Zeughaus an der Ostseite der B. wurde 1884/87 zum →Albertinum umgebaut. Die gegenüberliegende ehemalige Hofgärtnerei wird seit 1956 von der →Reformierten Kirche genutzt, unterhalb in den Gewölben befindet sich der 1968 gegründete Studentenklub «Bärenzwinger». Am ehemaligen Standort der →Synagoge erinnert eine Stele an deren brutale Zerstörung 1938. An der östlichen Terrassenecke am Eingang zum →Gondelhafen (seit 1853 zugeschüttet) befindet sich seit 1895 das →Moritzmomument, das älteste in Dresden erhaltene Denkmal.

Brühlscher Garten: Ostteil der →Brühlschen Terrasse; eine Bezeichnung, die auf die Gartenanlage auf dem gesamten ehem. elbseitigen Festungswall zurückgeht. Der B. entstand als französischer Garten ab 1739 im Zusammenhang mit den Brühlschen Bauten auf der Festungsmauer nach Plänen von Johann Christoph →KNÖFFEL. Seit 1814 ist er der Öffentlichkeit zugänglich. Auf der Höhe der kleinen Bastion stand ein von Knöffel 1743 entworfener Rokoko-Gartensaal mit schlichter Außenarchitektur, der 1828/33 der Technischen Bildungsanstalt als erste Unterkunft diente und danach bis 1859 das Atelier Ernst →RIETSCHELS war. Seit 1876 befindet sich an der Stelle des Pavillons das Rietscheldenkmal von Johannes →SCHILLING.

Brühlsches Palais: →Palais Brühl

Brunnen: urspr. für die Wasserversorgung und zum Feuerlöschen angelegte Wasserbehälter. Erst in der zweiten Hälfte des 15. Jh. finden sich in den Dresdner Stadtrechnungen Angaben über öffentliche B. Vorher mußten sich die Hausbesitzer eigene B. anlegen. 1556 wurden eine «Bornordnung» erlassen und sog. Bornmeister angestellt, die für Erhaltung und Ausbesserung der B. verantwortlich waren. Ab 1604 übernahm der Rat der Stadt selbst die Unterhaltung der B. und verlangte von den Bürgern ein jährliches «Brunnengeld». Die Zahl der B. wird 1556 mit 36 angegeben. Durch den Bau von weiteren Rohrwasserleitungen (schon 1476 wurde das Zschorrwasser aus der Dresdner Heide in das Augustinerkloster geleitet) ging die Bedeutung der B. zurück. Einige der noch vorhandenen B. wurden durch plastische Gestaltung zu Zierbrunnen, während viele Hausbrunnen mit Abfällen aller Art zugeschüttet wurden. Dieser «Kulturschutt» bildet heute eine wertvolle Quelle für stadtgeschichtliche Forschungen. Gegenwärtig sind noch über 75 Zierbrunnen im Stadtgebiet vorhanden, die vom Grünflächenamt betreut werden.

Buchner (Puchner), Paul d. Ä.: Baumeister, Oberzeugmeister, geb. 1531 Nürnberg, gest. 23. 1. 1607 Dresden. – Der handwerklich vielseitig ausgebildete Meister wurde 1559 als Hofhandwerker von Kurfürst AUGUST eingestellt. Er hatte sich bald bis zum Berater des Kurfürsten in Bausachen emporgearbeitet und dadurch maßgeblichen Einfluß auf die Bauten der Spätrenaissance in Dresden genommen. 1559 noch Werkmeister am Zeughaus, war er dort 1563 bereits Befehlshaber; 1576 wurde er Hauszeugmeister und 1578 Oberst-, Haus- und Landzeugmeister. Er leitete den Bau des Zeughauses (→Albertinum), wirkte ab 1567 am Ausbau der Stadtbefestigung mit, entwarf die Anlage des →Stallhofes (1586/91), die neue Festung am Ziegeltor (1589), die Jungfernbastei (1589), das

Schloßportal an der Schloßgasse (1589/1590), das →Pirnaische Tor (1590/91), das Gewandhaus am Neumarkt (1591), den kleinen Schloßhof mit Portal (1592/93) und das alte →Ballhaus (1598). – Begr. auf dem alten Frauenkirchhof.

Bühlau: rechtselbischer Stadtteil am Rande der Dresdner Heide, 1349 als Bele (slaw. hell, weiß) urkundlich erwähnt, 1921 mit ca. 3600 Einwohnern zu Dresden eingemeindet. – B. ist aus mehreren Gemeinden zusammengewachsen. Das Straßendorf *Altbühlau* («das Oberdorf») entstand in einer Talmulde an der Quohrener Straße. Daran schloß sich das Bauerndorf *Quohren* an (1365 als Quorne, slaw. Hof, urkundlich erwähnt). Beide unterstanden dem Rittergut Helfenberg, das im 16. Jh. der Familie →DEHN-ROTHFELSER gehörte, und wiesen nachweislich Ende des 16. Jh. zahlreiche Güter auf. *Neubühlau* entwickelte sich mit seinem westlichen Teil, dem Niederdorf, längs der Bautzner Landstraße; Adelig-Bühlau reichte in die Grundstraße hinab. Die östliche Amtsgemeinde von Neubühlau, Dürr-Bühlau genannt, entstand Mitte des 16. Jh. als Waldarbeitersiedlung im Heidegebiet. 1839 wurden die Bühlauer Gemeinden mit Quohren zu einer Gemeinde «Bühlau mit Quohren» vereinigt, die 1899 das Rathaus Bautzner Landstraße errichtete. Bühlau und Quohren waren nach Schönfeld, die Amtsgemeinde nach Weißig eingepfarrt. 1899 errichtete die nunmehr selbständige ev.-luth. Kirchgemeinde die neugotische Erlöserkirche (Entwurf Wolfgang KANDLER, Dresden; seit 1949 →Michaelskirche). Die ev.-methodistische Friedenskirche an der Neubühlauer Straße entstand 1896. Das erste Schulhaus wurde 1806 an der Quohrener Straße 15, das zweite 1861 in der Nähe errichtet, daneben 1899 die heutige Schule erbaut. – Die Einwohner waren zu Diensten in der Heide verpflichtet und genossen Hutungs- und andere Rechte im Forst. 1833 wurde B. Sitz eines Revierförsters (Hegereiters) im Forsthaus an der Ullersdorfer Straße. Ackerbau betrieben die B.er Bauern auf Böden sehr unterschiedlicher Wertigkeit. Bereits 1651 wurden 3 Mühlen am oberen Loschwitzbach erwähnt, darunter die Lohmühle zur Verarbeitung von Eichenrinde und die von Ludwig →RICHTER zum Lied «In einem kühlen Grunde» gezeichnete, 1938 abgetragene Zeibigmühle. – Die Lage an der «Alten Budissinischen Land- und Poststraße» brachte mehrmals schwere Kriegsschäden. Im Siebenjährigen Krieg brannten 1760 Quohren und der obere Teil von Bühlau ab. Am 12. Mai 1813 brannten 15 Gebäude des Oberdorfes aus. – Mit dem Aufblühen des Nachbarbades →Weißer Hirsch wurde Ende des 19. Jh. auch B. Sommerfrische. Ab 1894 entstand der Neubühlauer Villenvorort nordwestlich der Bautzner Landstraße, 1904 ein Sanatorium (1928 geschlossen) und 1930 das Bad. Schutzhütten und Konzerthalle im B.er Waldpark verfielen während des 2. Weltkrieges. 1899 wurde die elektrische Straßenbahn Waldschlößchen–Bühlau eröffnet (1908/51 bis Weißig); 1947/75 war B. an Teilstrecken einer Obuslinie angeschlossen. Im →Kurhaus Bühlau leitete Joseph →KEILBERTH am 16. Juli 1945 das erste Nachkriegs-Sinfoniekonzert der Staatskapelle. Am 7. April 1946 wurden an gleicher Stelle SPD und KPD Sachsens zur SED zusammengeschlossen.

Bülow, Hans von: Pianist, Dirigent, geb. 8. 1. 1830 Dresden, gest. 12. 2. 1894 Kairo. – Der Sohn des Schriftstellers Eduard v. B. (1803–1853) verbrachte seine Kindheit in Dresden, er wurde mit 9 Jahren Klavierschüler von Friedrich →WIECK. 1846 lernte er in Graupa Richard WAGNER kennen, dessen Musik ihn bewog, die Musikerlaufbahn einzuschlagen. – An der Stelle des 1945 zerstörten Geburtshauses von B. (Körnerstraße 12/Ecke Palaisgäßchen in der Inneren Neustadt) erinnert am Kongreßzentrum des Hotels Bellevue eine Tafel (1994) an den berühmten Musiker.

Bünauische Bibliothek: →Sächsische Landesbibliothek

«Burgberg»: ehem. Bergrestaurant und Hotel in Loschwitz oberhalb des Körnerplatzes. Es wurde 1853 von Gottfried BORMANN am Burgberg (Name erinnert an spätslawischen Burgwall) erbaut, danach mehrfach erweitert und war wegen seiner reizenden Lage mit Ausblick auf Loschwitz bis zu seiner Zerstörung im Februar 1945 (1960 Ruine abgetragen) ein beliebtes Ausflugsziel und eine Fremdenverkehrsattraktion. Im Unterschied zu der vom gleichen Besitzer 1859 am Körnerplatz erbauten Gaststätte «Unterer Burgberg» hieß das Bergrestaurant auch «Oberer Burgberg». Der *«Untere Burgberg»* hatte in den unteren Räumen den *«Ratskeller»*; das Restaurant wurde 1892 durch das «Stadtcafé» sowie später durch das Bräustübl erweitert.

Bürgergarde: staatliche polizeiliche Hilfstruppe, die aus der 1765 aufgelösten städtischen →Bürgerwehr entstand. Wegen der Kriegsunruhen wurde im Jahre 1809 die neugegründete B., auch *Nationalbürgergarde* oder *Nationalgarde* genannt, auf dem Altmarkt vereidigt. Die B. basierte auf dem in der französischen Revolution zur Geltung gekommenen Gedanken der Volksbewaffnung. Sie sollte sowohl zur Erhaltung der Polizei als auch zur Verteidigung der Stadt dienen. Alle tauglichen Bürger bis zu 60 Jahren, ausgenommen Gelehrte, Künstler, Beamte, Geistliche, Lehrer, Offiziere und Adlige, waren dienstpflichtig. Ältere Bürger konnten bei Einberufung einen Stellvertreter benennen. Die Bekleidung und Bewaffnung hatte grundsätzlich jeder Gardist selbst zu beschaffen, was sich von vornherein als undurchführbar erwies. Die Offiziere wurden rangmäßig denen der Armee gleichgestellt. Bis zum Ende der Freiheitskriege hatte die B. die unterschiedlichsten Aufgaben. So wurde sie für Wachdienste, bei Feuersbrünsten, für Gefangenentransporte, zur Spalierbildung, für Paraden und zur Verhinderung von Plünderungen eingesetzt. Selbst während der Besetzung Dresdens im Jahre 1813 blieb die B. bestehen und mußte ihren Dienst tun. Obwohl in anderen sächsischen Städten nach dem Friedensschluß die B. aufgelöst wurde, blieb sie in Dresden auf Wunsch des Königs bestehen. 1830 wurde sie mit der Schützengesellschaft vereinigt. Noch im selben Jahr, am 4. Dezember, wurde die B. aufgelöst, da sie während der revolutionären Unruhen im September des Jahres (→Revolutionäre Bewegung 1830/31) mit den Aufständischen sympathisierte und sich in den Augen der Regierung für die Erhaltung der «althergebrachten Ordnung» als unzuverlässig, für den bürgerlich-demokratischen Gedanken als anfällig erwiesen hatte. An die Stelle der B. trat die bereits am 10. September 1830 gegründete →Kommunalgarde.

Bürgerhospital: 1849 als «Altersheim» gegründetes Hospital für arme altersschwache Bürger. 1852 wurde das B. mit der Hohenthalschen Anstalt in Friedrichstadt vereinigt, 1872 das Plauertsche Haus am Markt Nr. 10 (ab 1877 Hohenthalplatz) hinzugekauft. Aufnahmebedingungen im B. waren: unbescholtener Ruf, Alter von mindestens 50 Jahren, Besitz des →Bürgerrechts, keine ansteckenden Krankheiten und einmalige Zahlung von 100 Talern. Die Versorgten erhielten freie Wohnung, Pflege und ärztliche Hilfe sowie Arzneimittel. Das unter städtischer Verwaltung stehende B. bezog noch vor der Jahrhundertwende sein neuerrichtetes Gebäude in →Johannstadt auf der Pfotenhauerstraße, in dem etwa 200 Personen Platz fanden. Erhebliche Erweiterungsbauten wurden durch Stadtbaurat Paul →WOLF bis 1928 vorgenommen. Zwei Neubauten an der Neubert- und Fürstenstraße (Fetscherstraße) boten für 169 Ehepaare im nunmehrigen Bürgerheim Platz. Das ehem. B. wurde zum Haus A des Bürgerheims. Das Bürgerheim, das nach seiner Zerstörung 1945 wieder ausgebaut wurde, beherbergte vorübergehend Teile der Städtischen Verwaltung; es dient heute als Pflege- und Seniorenheim «Clara Zetkin».

Bürgermeister: Im Zuge der Stadtentstehung im frühen 13. Jh. bildete sich die städtische Stadtverwaltung mit einem Rat und einem B. an dessen Spitze aus. Der jährlich wechselnde B. wurde vom Rat gewählt, vom Landesherrn bestätigt und war ehrenamtlich tätig. Im Jahre 1292 wird HERMANNUS de Blankenwalde als erster B. erwähnt. Bis 1832 sind 125 B. namentlich bekannt. Zur Aufgabe des regierenden B. gehörte die Leitung des gesamten Stadtregiments, der Vorsitz in allen Ratsversammlungen, die Ausführungskontrolle der gefaßten Beschlüsse, die Vertretung der Stadt nach außen, besonders auf den Landtagen, und der Oberbefehl über die bewaffnete Bürgerschaft. Weiterhin mußte der B. das Stadtsiegel, den Schlüssel zur Ratsstube und die städtischen Privilegienurkunden verwahren. Zu den bekanntesten B. zählen Lorenz →BUSMANN, Niclaus und Johann MUNCZMEISTER, der Apotheker Johannes HUFFENER, Petter BYNER (Biener), Gabriel →TZSCHIMMER, Christoph Heinrich VOGLER, Friedrich August ERMEL und Carl Christan POHLAND. Nach der allgemeinen Städteordnung von 1832 wählten die Kommunrepräsentanten B. und Stadträte. Seit der neuen Ratsgeschäftsordnung von 1853 gab es einen Oberbürgermeister sowie zweite und dritte B. mit unterschiedlichsten Aufgabenstellungen. Als Stadtoberhaupt waren seitdem folgende Oberbürgermeister tätig: Wilhelm →PFOTENHAUER (1853/77), Alfred →STÜBEL (1877/95), Otto →BEUTLER (1895/1915), Bernhard →BLÜHER (1915/31), Wilhelm →KÜLZ (1931/33) Ernst ZÖRNER (1933/40), NIELAND (1940/1945), Rudolf →FRIEDRICHS (ab Mai 1945), Johannes MÜLLER (ab Juli 1945), Gustav LEISSNER (ab Februar 1946), Walter →WEIDAUER (1946/58), Herbert GUTE (1958/61), Gerhard Schill (1961/86), Wolfgang BERGHOFER (1986/90); seit Mai 1990 ist Herbert WAGNER Oberbürgermeister.

Bürgerrecht: von den Anfängen der Stadt bis zur Mitte des 19. Jh. geltendes Recht, das von Einwohnern erworben werden mußte, die innerhalb des →Weichbilds von Dresden Grund und Boden erwerben, ein Handwerk ausüben oder Handel treiben wollten. Mit dem B. waren auch Pflichten verbunden: in älterer Zeit der persönliche Waffendienst bei Verteidigung der Stadt, später Wachdienste zum Schutze der Stadt (vor allem bei Feuergefahr). Für den Erwerb des B. war der Nachweis ehelicher Geburt durch zwei Zeugen oder ein Geburtsbrief erforderlich. Bei der Aufnahme eines Bürgers mußte von diesem der Bürgereid geleistet und eine Gebühr entrichtet werden, von der die Bürgersöhne befreit waren. Wer sich der Stadtbehörde widersetzte oder einen schlechten Lebenswandel führte, der verlor das B. und mußte meistens mit einer Stadtverweisung rechnen. Auch durch Wegzug aus der Stadt oder bei Einstellung der Steuerzahlungen erlosch das B. Die im →Stadtarchiv für die Jahre 1533/1851 vorhandenen Bürgerbücher sind eine wichige Quelle für familiengeschichtliche und soziologische Forschungen.

Bürgerverein: erste Organisation der bürgerlich-demokratischen Opposition in Sachsen, die während der revolutionären Unruhen 1830/31 in Dresden gegründet wurde (Dezember 1830). Vorsitzender der 2000 Mitglieder zählenden Organisation war der Advokat Bernhard →MOSSDORF. Am 6. April 1831 wurde der B. bereits wieder verboten und nach darauffolgenden Unruhen völlig zerschlagen.

Bürgerwehr: eine seit dem Mittelalter bestehende städtische Wach- und Ordnungsmannschaft. Anfangs waren alle Bürger zum Waffendienst verpflichtet und mußten, wenn es nottat, auch im Gefolge der Landesherren Kriegsdienst leisten. Dieser Kriegsdienst hörte im 16. Jh. auf, weil der Landesherr angeworbene Landsknechttruppen hielt und später die stehenden Heere aufkamen. Der Wach- und Ordnungsdienst der B. blieb auch dann weiter bestehen, als Kurfürst →CHRISTIAN I. 1587 die militärisch organisierte 100 Mann starke Stadtgarde einrichtete und Dresden 1708 eine stehende Garnison erhielt. 1588 erließ Kurfürst Christian an den Rat der Stadt die Verordnung: «... daß wegen in Aussicht stehender Kriegsunruhen sofort eine Musterung der B. vorgenommen werden solle». Das Ergebnis war, daß die wehrhafte Bürgerschaft aus 2275 Mann bestand, worunter 829 Bürgerschützen und 9 Trommelschläger mit Pfeifern waren. Besonders bei Abwesenheit der Garnison, bei Festlichkeiten oder schweren Unglücksfällen trat die B. in Aktion. Die Aufgabe, die Wehrhaftigkeit der Bürgerschaft zu erhalten, übernahmen 2 Schützengesellschaften. Zum einen war es die →Bogenschützengesellschaft (seit 1446) und zum anderen die Büchsen- und Scheibenschützengesellschaft (seit 1586). Wenn Bürger zu Diensten in die B. herangezogen werden sollten, wendeten sich die städtischen Behörden zuerst an die beiden Schützengesellschaften. Als 1765 die Verteidigungsangelegenheiten den Händen der Stadt entzogen und staatlich wurden, hörte auch die B. auf zu bestehen. →Bürgergarde.

Bürgerwiese: Parkanlage (10 ha, etwa 850 m lang, 80–100 m breit) die sich von der St. Petersburger Straße im Stadtzentrum bis zum Großen Garten erstreckt. – Neben der Ziegelwiese (→Ziegelstraße) und der Niederwiese mit einer Stadtscheune hinter →Fischersdorf gehörte die zwischen →Dohnaischer Gasse und →Halbegasse in einer Senke am →Kaitzbach gelegene B. zum städtischen Landbesitz und diente bis 1838 der Grasnutzung bzw. als Viehweide. Seit 1370 als *«kleine Viehweide»* (später auch als *«Oberwiese»*) im Süden der Stadt nachgewiesen, wurde die Wiese erstmalig 1410 entwässert, von Unkraut gesäubert, mit einem Zaun umgeben und als *«Neue*

Wiese» ständig gepflegt (1458 erstmals als «Bürgerwiese» bezeichnet; Anfang des 19. Jh. vereinzelt auch «Ratswiese»). Aufsicht und Pflege oblagen bis Anfang des 18 Jh. dem «Gräbermeister» (städtischer Bauaufseher) und danach einem besonderen «Wiesenvogt», der seine mietfreie Dienstwohnung an der Dohnaischen Gasse/Ecke Lange Gasse hatte. Zu Beginn des 18. Jh. wurde die B. bis zum Dohnaischen Schlag (heute ungefähr Anfang der Lindengasse) mit einer 2 m hohen Mauer umgeben und dadurch in die *innere* und *äußere* B. (auch Vorder- und Hinterwiese) geteilt; die Einfahrt befand sich am →Jüdenteich. Nach 1760 wurde das «Garstige Ding», ein Dresdner →Wahrzeichen, bei einem Pförtchen gegenüber der Langen Gasse angebracht, nach Umgestaltung der B. ging es verloren. Mit der →Entfestigung war der Gedanke zur Verschönerung der Stadt durch Grünanlagen aufgekommen, der auch zur Umgestaltung der B. in eine Parkanlage führte. Hinzu kam, daß die B. den Zugang zu den an ihrer Westseite entstandenen Grundstücken wohlhabender Bürger erschwerte, denen der Ausblick auf die ummauerte Viehweide als «unschicklich» erschien. Deshalb beschlossen die Stadtverordneten und der Rat Anfang 1838 die 5m tiefer als das umgebende Gelände liegende innere B. mit Bauschutt aufzufüllen und nach Plänen von Carl Adolf →TERSCHECK (1843) in eine öffentliche Parkanlage umzugestalten. Nach 1850 war die *innere* B. mit von Gehölzen umgebenen Rasenpartien, Blumenbeeten und Schlängelwegen fertiggestellt; die *äußere* B. (wegen des Vorkommens seltener Sommerwurzgewächse bei Botanikern als «Orobanchenwiese» bekannt) wurde erst ab 1857 in die weitere Parkgestaltung einbezogen, wobei die Verbindung mit dem →Großen Garten und die Aufstellung des →Neptunbrunnens in der B. erwogen wurden. 1859 zog man Peter Josef LENNÉ (1789 bis 1866) zu Rate, der im gleichen Jahr seinen «Endgültigen Entwurf zur Einrichtung der öffentlichen Anlagen und eines Zoologischen Garten auf dem Terrain der Bürgerwiese bis zum Großen Garten» mit detaillierten Bepflanzungs- und Höhenangaben vorlegte. Dadurch wurde die äußere B. bis zum Zoologischen Garten in die großzügige Gestaltung der Parkanlage einbezogen. 1861 kam der mit Kaitzbachwasser gespeiste Teich hinzu (1879/80 vergrößert). Die Leitung der Arbeiten hatte der Hofgartendirektor Gustav KRAUSE (1821–1895). 1869 war die B. als erste städtische Parkanlage in ihrer gesamten Ausdehnung fertiggestellt. Die Verdienste Lennés würdigte man, indem die Straße, die 1874 durch die äußere B. am Großen Garten nach Norden geführt wurde, seinen Namen bekam. – Durch den Bau der Albrechtstraße (heute Blüherstraße) wurde 1930 die räumliche Wirkung beeinträchtigt, während die 1932 hergestellte Verbindung zum →Blüherpark den Gesamteindruck verbesserte. Vom bildhauerischen Schmuck der B. wurden im Februar 1945 das 1907 aufgestellte Mozartdenkmal (1991 wiedererrichtet; →Mozartverein) sowie eine 1919 aufgestellte Tänzerfigur von Edmund MÖLLER zerstört. Die 4 Sandstein-Figuren von Thaddäus Ignaz →WISKOTSCHILL sowie eine von ehemals 3 Sandstein-Vasen (1854 vom Marcolini-Palais an die B. versetzt), die Marmorgruppe «Venus und Amor» von Heinrich →BÄUMER (1888), die Bronzegruppe «Zwei Mütter» von Heinrich →EPLER (1902), die Nymphenbrunnen mit der Marmorfigur von Bruno FISCHER und der Architektur von Wilhelm →KREIS (1908) sowie die Ludwig-Otto-Stele von Arno KRAMER (1911) blieben erhalten.

Bürgerwiese Ende des 18. Jh.

Burglehn: Grundstücke von adligen Hofbediensteten am Residenzschloß, die wie die übrigen sogenannten Freihäuser (z. B. von Geistlichen) in Dresden frei von allen städtischen Abgaben waren. Die Burglehnhäuser gingen aus Häusern von Ministerialen oder der Befehlshaber der mittelalterlichen Dresdner Burg, auf deren Gelände sie sich auch befanden, hervor. Sie unterstanden der Jurisdiktion des Hofes oder des herzoglichen, später kurfürstliche Amtes Dresden. Anton WECK nennt 1680 in seiner Dresden-Chronik vier adlige Häuser am Schloß. Das Polenzsche Haus befand sich in der Nähe des Prinzenpalais (Taschenbergpalais) und wurde beim Bau des Palais im 18. Jh. abgerissen. Das Starschedelsche, später Einsiedelsche bzw. Pflugksche Haus war das bedeutendste und befand sich direkt an der Stelle des späteren Prinzenpalais. Das Schleinitzsche lag in der Großen Brüdergasse, das Miltitzsche und ein weiteres bei Weck nicht erwähntes in der Kleinen Brüderstraße. Die Namen der Häuser wechselten im Laufe der Zeit, da die Grundstücke im Besitz verschiedener Familien waren. Im Zuge des Wiederaufbaus des →Taschenbergpalais als Hotel wurden Reste der Grundstücke freigelegt.

Burgstädtel: ehem. Vorwerk am Hang des Omsewitzer Grundes, als Herrengut 1317, als Vorwerk Borckstadel 1511 urk. erw., 1905 mit →Omsewitz vereint, mit diesem 1930 zu Dresden eingemeindet. – B. entwickelte sich in enger Verbindung mit dem benachbarten Omsewitz. Das Herrengut B. stiftete 1317 der Archidiakon von →Nisani dem Meißner Dom. Das kleine Bauerndorf zählte noch 1890 nur 76 Einwohner. In Alt-B. blieb u.a. ein Renaissance-Sitznischenportal erhalten. – Frühgeschichtliche Wehranlage (Bodendenkmal) mit Ringwall in Altburgstädtel 18.

Busch, Fritz: Dirigent und Pianist, geb. 13. 3. 1890 Siegen/Westf., gest. 14. 9. 1951 London. – B. war Operndirektor in Stuttgart, als ihn 1922 der Generalintendant Alfred REUCKER (1868–1958) als Chefdirigent der →Staatskapelle nach Dresden holte. Hier gewann B. der Dresdner Oper den Glanz der «Ära Schuch» zurück und begründete die «Ära Busch». Etwa 1000mal stand B. am Pult der Staatskapelle, wobei seine Opernaufführungen Festspielcharakter hatten (darunter zahlreiche Ur- und Erstaufführungen, z. B. von Richard →STRAUSS, Paul HINDEMITH, Kurt WEILL) und seine Sinfoniekonzerte von den Zuhörern als «Kette von Gipfelleistungen» empfunden wurden. Er war der erste Chefdirigent der Staatskapelle, der bewußt die kollegiale Zusammenarbeit mit der →Dresdner Philharmonie suchte; auch leitete er den Dresdner Lehrergesangverein (→Singakademie Dresden). Auf skandalöse Weise wurde der international anerkannte Dirigent im Februar 1933 von den Faschisten aus Dresden vertrieben. B. emigrierte nach Argentinien, dessen Staatsbürgerschaft er später annahm. – In Dresden hatte er sein Haus an der Wiener Straße. Fritz-Busch-Straße im Neubaugebiet Dohnaer Straße.

Busmann (Familie): Zu den →Ratsgeschlechtern des 14./15. Jh. gehörende Familie, die ihren Wohlstand durch Grundbesitz in der Umgebung Dresdens erworben hatte. 1408 besaßen die vier Brüder Vincenz, Hans, Alexius und Georg B. Erbzinsen in Mockritz, Strehlen, Pesterwitz, Rosentitz, Quohren, Sedlitz und Luga. Auch Zauckerode, Gorbitz, Pennrich und Ockerwitz waren in Besitz der Familie. Lorenz B. d. Ä., der in den Jahren 1392, 1400, 1403 und 1406 regierender Bürgermeister in Dresden war, besaß u. a. das Vorwerk «Dürrhof» in Laubegast, dessen Zinsen er der Kreuzkapelle stiftete. Vermutlich um 1400 wurde am Südchor der Franziskanerkirche (→Sophienkirche) durch Stiftungen der frommen Familie B. eine Kapelle angebaut, die ihr als Begräbnisstätte diente. Dort wurden die männlichen Mitglieder der Familie in der Tracht der Minoriten (Franziskanerbruderschaft) bestattet. In dieser Busmannkapelle wurden z. B. 1412 Lorenz d. Ä., 1440 Lorenz d. J. und 1478 Elisabeth, die Frau eines Johannes B., beigesetzt. Als Begleiter von Herzog ALBRECHT starb ein Heinrich B. auf einer Reise nach Jerusalem. Merten B., 1507–1517 Ratsherr, lebte als letzter Vertreter der Familie bei einem Vermögen von 400 Gulden in durchschnittlichen bürgerlichen Verhältnissen.

Busmannkapelle: →Sophienkirche

Büttelgasse: →Große Frohngasse, →Kleine Frohngasse

Büttner, Paul: Komponist und Dirigent, geb. 10. 12. 1870 Löbtau b. Dresden, gest. 1. 10. 1943 Dresden. – Der Sohn eines Arbeiters wurde bei Felix →DRAESEKE am Dresdner Konservatorium ausgebildet, bekam dort 1896 selbst ein Lehramt und wurde 1924 zum Direktor des Konservatoriums ernannt. Für die Dresdner Musikgeschichte erlangte B. Bedeutung als «musikalischer Volkserzieher» und «Arbeiterkomponist». Er leitete den Arbeitersängerbund Dresden (ab 1905), veranstaltete mit dem Gewerbehausorchester (→Dresdner Philharmonie) regelmäßig Sinfoniekonzerte für den «Jugendbildungsverein der Arbeiterschaft von Dresden und Umgebung» (ab 1912) und wirkte als vielseitiger Musikkritiker vor allem an der sozialdemokratischen «Dresdner Volkszeitung». 1933 wurde B. von den NS-Machthabern aller Ämter enthoben, seine Kompositionen galten als «unerwünscht». Von 1962 bis 1992 trug die ehemalige Musikschule Dresden-Stadt und spätere Spezialschule für Musik seinen Namen; sein Nachlaß befindet sich in der Sächsischen Landesbibliothek. – Grab auf dem Neuen Annenfriedhof.

Caesarsches Palais: ehem. stattliches, 4geschossiges Barock-Gebäude in der Schössergasse (Nr. 25), das wohl unter dem Einfluß von Johann Christoph →KNÖFFEL in der Mitte des 18. Jh. erbaut wurde. In dem 1945 zerstörten Haus befand sich das Weinrestaurant «Rebengold».

Café Kreutzkamm: berühmte Dresdner Konditorei mit Café am Altmarkt. Sie ging zurück auf das am 17. Oktober 1825 von Heinrich Jeremias KREUTZKAMM (1799 bis 1849) in der Moritzstraße gegr. Konditoreiwarengeschäft, das nach einigen Umzügen 1848 zu einem Kaffeehaus erweitert wurde, 1850 von Heinrich Julius KREUTZKAMM (1825–1914) weitergeführt, 1873 zur Hofkonditorei ernannt wurde und sich seit 1878 in ununterbrochenem Familienbesitz am Altmarkt 14 befand. Das Gebäude wurde 1945 zerstört, die Firma jedoch in München weitergeführt. Seit 1991 wurde das C. wieder an der Westseite des Altmarkts eingerichtet. International bekannt ist das C. besonders durch seine →Christstollen.

Café Prag: ehem. Konzert- und Tanzcafé, das nach 1953 im Zuge des Wiederaufbaus an der Westseite des →Altmarktes errichtet und am 20. Dezember 1956 eröffnet wurde. Bis zu seiner Schließung aus baulichen Gründen Mitte der 80er Jahre gehörte es zu den repräsentativen Restaurants der Innenstadt und trug mit regelmäßigen Varieté-Veranstaltungen zum Dresdner Kulturleben bei. 1992 wurde das C. zum Tanzetablissement «Luxorpalast» umgestaltet.

Café Reale: ehem. Kaffeehaus auf der Brühlschen Terrasse östlich der →Brühlschen Galerie, das im 19. Jh. ein beliebter Treffpunkt der künstlerischen und literarischen Kreise Dresdens und ein besonderer Anziehungspunkt für Fremde war. Es wurde 1843 von Otto von →WOLFRAMSDORF im klassizistischen Stil errichtet und gehörte der Stadt, die es von dem Italiener Ercole TORNIAMENTI (1803 bis 1890) bewirtschaften ließ. Ab 1830 hatte sich an gleicher Stelle ein einfaches Sommercafé als Filiale des vornehmen Café de →Europe (Altmarkt) befunden. Das C. war wie ein kleiner Tempel mit vier 3,20 m hohen vorgesetzten Säulen gestaltet, an den sich zwei Nebengebäude mit darüberliegenden Terrassen anschlossen. Es wurde auch «Café Torniamenti» oder scherzhaft «Bonboniére» genannt und mußte 1886 wegen des Neubaus der Kunstakademie abgerissen werden. Die vier dorischen Säulen erwarb der Besitzer des früheren Hotels «Zum Goldenen Apfel» in Klotzsche, wo sie sich noch heute befinden (jetzt «Bürgerschenke», Wolgaster Straße).

Café Prag, Innenansicht 1957
Café Reale

Calberla, Heinrich Wilhelm: Fabrikant, geb. 29.6.1774 Walle b. Braunschweig, gest. 22.8.1836 Dresden. – Der Lebensweg von C. war typisch für viele Vertreter der in dieser Zeit sich herausbildenden Industriemagnaten. Der Drechslergeselle siedelte 1796 nach Dresden über, erwarb im Jahr 1800 hier das Meister- und Bürgerrecht und erweiterte u.a. durch Finanzspekulationen schnell sein Geschäft in der Seegasse. 1812 gründete C. ein Industrieunternehmen. Er ließ 1817 den Grundstein für eine Zuckerraffinerie neben dem Italienischen Dörfchen, an der Stelle der alten Bastion Sol, legen. Die 1820 privilegierte Fabrik beschäftigte etwa 30 Arbeiter und verarbeitete anfangs nahezu 8000 Zentner Rohzucker im Jahr. Es war die erste Fabrik ihrer Art in Sachsen und einer der ersten Industriebetriebe in Dresden. C. Gründung stieß auf stärksten Widerstand der Dresdner Handelsinnung. Mit dem Problem eines möglichst billigen Transports des Zuckers beschäftigt, ließ C. 1834 noch vor der →«Königin Maria» in Krippen ein Frachtdampfschiff für den Verkehr auf der Oberelbe bauen, das allerdings nicht rentabel eingesetzt werden konnte. C. betätigte sich auch politisch. Er war Mitglied der im Ergebnis der Septemberunruhen von 1830 gebildeten Kommunrepräsentation. Die Fabrik wurde nach seinem Tod von seinem Sohn aufgegeben. Das vorübergehend als Wohnhaus und für Ausstellungen des →Sächsischen Kunstvereins genutzte Gebäude wurde 1853 von der Familie verkauft. Die neuen Besitzer bauten das Gebäude zu dem später bekannten →Hotel Bellevue um. – Grab auf dem Inneren Neustädter Friedhof, Calberlastraße in Loschwitz.

Canaletto: → Bellotto, Bernardo

Canzler, Carl Adolph: Architekt geb. 29.9.1818 Bautzen, gest. 1.3.1903 Dresden. – Von C., der 1883 Oberlandbaumeister wurde, stammen folgende Dresdener Bauten: mehrere Gebäude im Zoologischen Garten (Affenhaus, Bärenzwinger, Raubtierhaus usw.), das Staatsgymnasium Dresden-Neustadt in der Holzhofgasse (1872/74), das Landgerichtsgebäude Pillnitzer Straße (1876/1878) und der Umbau des Zeughauses zum →Albertinum (1884/87). C. hatte seine letzte Wohnung in der Walpurgisstraße 13. – Begr. Trinitatisfriedhof.

Cappella Sagittariana Dresden: aus 16 Musikern der →Staatskapelle gebildete Kammermusikgruppe, die auf historischen Instrumenten vorwiegend Renaissance- und Barockmusik interpretiert. Sie besteht seit 1968 und trägt ab 1972 ihren Namen zu Ehren von Heinrich →SCHÜTZ (lat. Sagittarius). Das besondere musikalische und musikhistorische Anliegen der C. unter Leitung von Wolfram JUST und Wolfram STEUDTE besteht im «Wiedererwecken» vergessenen Musikgutes, z.B., der alten Dresdner Kapellmusik.

Carl Adlers Buchhandlung: älteste in Dresden noch bestehende Buchhandlung, seit 1991 in der Leisniger Straße in Pieschen. C. wurde 1833 von Eduard PIETZSCH und dessen Schwager Gustav Heinrich DIETZE vor allem als Kunsthandlung begründet. 1837 trat Carl Maximilian Ottomar ADLER in das Geschäft ein. Größere Bedeutung erlangte C., als 1862 Adler die Buchhandlung und Dietze den Verlag übernahm. 1874 kaufte Alwin HUHLE die Buchhandlung, die sich damals in der Wallstraße befand. Er spezialisierte sich besonders auf pädagogische Literatur und Schulbücher, so daß man damals in Dresden «Was wäre die Schule ohne Huhle» sagte. Der Nachfolger Curt HOLZE verlegte C. in die Marienstraße, wo sie beim Bombenangriff 1945 unterging. Mit bescheidenen Anfängen wurde C. in der Wohnung von Holze in Blasewitz betrieben und später von Hans Georg KÜHNEL vorwiegend als wissenschaftliches Antiquariat und Versandbuchhandlung weitergeführt.

Carl-Maria-von-Weber-Gedenkstätte: ehem. Winzerhaus in Hosterwitz, Dresdner Straße 44, das in den Jahren 1818, 1819 und 1822/24 Carl Maria von →WEBER als Sommersitz diente. Darin wurde bereits 1836 eine kleine Erinnerungsstätte an den Komponisten eingerichtet, die nach 1930 durch den Landesverein Sächsischer Heimatschutz, der das Haus erworben hatte, erweitert wurde. Nach 1945 übernahm die Dresdner Stadtverwaltung diese einzige nach dem Zweiten Weltkrieg erhaltene Wohnstätte Webers. Sie wurde 1948 als Gedenkstätte eröffnet, 1957 neu gestaltet und 1972/76 umfassend restauriert, wobei auch der Garten historisch getreu gestaltet wurde. Außer der Darstellung des Lebens und Schaffens Webers dient die C. auch als Veranstaltungsort, vorwiegend von Kammerkonzerten.

Carolabrücke: **1.** 1892/95 erbaute Elbbrücke am Elbbogen zwischen Augustusbrücke und Albertbrücke, in die das Ringstraßenprojekt der Altstadt einmündete (Architekten Hermann →KLETTE und K. MANCK). Um die Schiffahrt nicht zu behindern und den freien Ausblick von der Brühlschen Terrasse zu gewährleisten, wurde für das 500 m lange Bauwerk eine Kombination von Stein- und Eisenträgerwerk verwendet, das mit nur zwei Strompfeilern in elegantem Bogen die Elbe überspannte, wobei die 16 m breite Brückenbahn so tief wie möglich gehalten wurde. Die Übergabe der nach der sächsischen Königin CAROLA genannten *Königin-Carola-Brücke* erfolgte am 6. Juli 1895. 1945 wurde sie bis auf die Pfeiler zerstört, die vor Baubeginn der Dr.-Rudolf-Friedrichs-Brücke abgebrochen wurden. Die 1907 von dem Bildhauer Friedrich OFFERMANN (1859–1913) geschaffenen Reiterplastiken («Brückenpferde») sind am Altstädter Brückenaufgang noch vorhanden. –
2. An der Stelle von 1. wurde 1967/71 eine neue Elbbrücke errichtet, die vor allem der Nord-Süd-Verbindung dient. Sie wurde von Eckhart THÜRMER, Rolf BERGER und Michael FRANKE projektiert (Länge 375 m, Breite 32 m, Fläche 12 880 m², Bauhöhe über Mittelwasser 13 m) und war mit einer Spannweite von 120 m im Strombereich die größte Spannbetonkonstruktion in der DDR. Sie besteht aus drei getrennten Brückenkörpern (als Hohlkastenprofil hergestellt, mit Versorgungsleitungen) mit zwei Fahrbahnen für den Straßenverkehr, einem Gleiskörper für die Straßenbahn und seitlichen Fußgängerbereichen; ihr einziger Strompfeiler steht asymmetrisch an der Neustädter Seite (am Gleitufer) und ermöglicht so eine ungehinderte Schiffahrt. Das am 3. Juli 1971 der Öffentlichkeit übergebene Bauwerk erhielt den Namen von Rudolf →FRIEDRICHS, dem ersten Dresdner Oberbürgermeister nach dem 2. Weltkrieg. 1991 wurde es in C. umbenannt.

Carolahaus: ehem. öffentliches Krankenhaus in Johannstadt, zwischen Gerokstraße und Tatzberg sowie Stephanien- und Arnoldstraße. – Als Einrichtung des 1867 gegründeten Albertvereins (sächs. Frauenverein unter dem Roten Kreuz) wurde es 1878 fertiggestellt und nach der Präsidentin des Albertvereins, der sächs. Königin CAROLA, benannt. Der umfangreiche Gebäudekomplex, der mehrere Kliniken und andere soziale Hilfsdienste umfaßte, war von ausgedehnten Gartenanlagen umgeben. Durch den Bombenangriff vom 13./14. Februar 1945 wurde das C. zerstört.

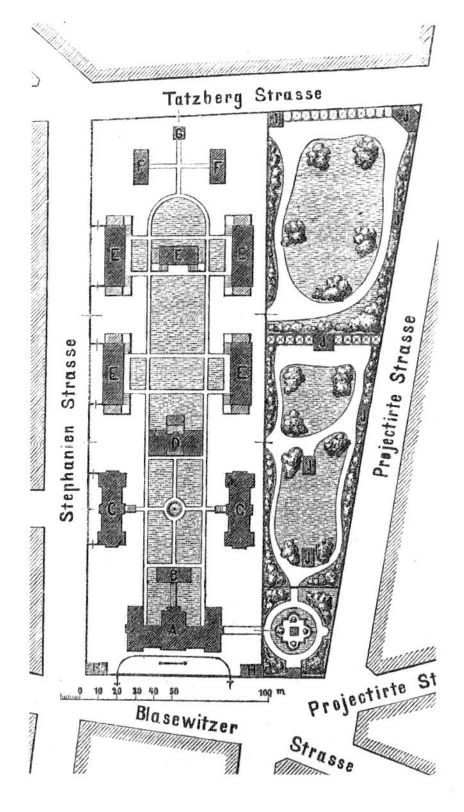

Carolabrücke. Altstädter Brückenkopf
Carolabrücke
Carolabrücke. Blick Richtung Neustadt
Carolahaus, Grundriß mit Garten

Carolasee: nach der sächsischen Königin CAROLA genannter Teich im Südosten des

→Großen Gartens, der 1881/86 aus Kiesgruben der ehem. Strehlener «Krähenhütte» im Zuge der Erweiterung des Großen Gartens durch Karl Friedrich →BOUCHÉ angelegt wurde. Der C. dient im Sommer als Gondelteich und im Winter als Schlittschuhbahn. Die reizvoll mit Gästegarten am C. gelegene Ausflugsgaststätte «Carolaschlößchen» entstand 1895; sie wird seit 1992 in Anpassung an ihre ursprünglich barockisierte Gestalt neu errichtet.

Carolastift: kleines Altersheim für Frauen, das 1879 auf Anregung der Königin CAROLA gegründet wurde und bis 1945 bestand. Das «Heim für hilfsbedürftige und unbescholtene weibliche Dienstboten Dresdens» (Dienstbotenheim) eröffnete 1881 auf der Grenadierstraße 4 (Schwepnitzer Straße) mit 7 Pfleglingen seine Pforten. 1886 erwarb man das ehem. Grundstück von Andreas →SCHUBERT auf der →Friedrichstraße 29 (1889 in Nr. 46 geändert). Ende 1935 wurde das Dienstbotenheim in C. umbenannt. Eine neue Satzung unterstellte das C. dem Roten Kreuz und dem Landesfrauenverein (Albertverein).

Carus, Carl Gustav: Arzt, Maler, Naturphilosoph, geb. 3. 1. 1789 Leipzig, gest. 28. 7. 1869 Dresden. – Nach dem Studium der Medizin, Philosophie und Naturwissenschaften und einer dreijährigen Tätigkeit als Assistenzarzt in Leipzig wurde C. Ende 1814 von dem Statthalter Fürst Repnin-Wolkonski als Professor für Geburtshilfe an die →Chirurgisch-Medizinische Akademie und als Direktor der Kgl. Hebammenschule nach Dresden berufen. 1827 wurde er königlicher Leibarzt und erhielt zugleich den Titel eines Hof- und Medizinalrats. 1862 ernannte man ihn zum 13. Präsidenten der Leopoldinisch-Carolinischen Akademie der Naturforscher, die damals ihren Sitz in Dresden hatte. Als Mediziner, Naturforscher, Künstler und Philosoph erstreckten sich sein Wirken und sein Einfluß auf Wissenschaft und Geistesleben weit über Dresden hinaus. C. gehörte zum Romantikerkreis um Ludwig →Tieck, stand im Briefwechsel mit Alexander von HUMBOLDT und vor allem mit GOETHE. Obwohl künstlerisch nicht ausgebildet, lieferte er als Maler und Zeichner, zunächst nach dem Vorbild seines Freundes und Mentors Caspar David →FRIEDRICH, dann jedoch durchaus eigenständig seinen Beitrag zur realistischen Landschaftsmalerei. – Seine ca. 200 Veröffentlichungen waren zu ihrer Zeit bedeutsam, z. B. behandelte C. die vergleichende Anatomie erstmals in Deutschland als selbständiges Fach. Wesentlich sind in der Gegenwart noch immer seine vom romantischen Denken geprägten naturphilosophischen Schriften. Seine Kunstauffassung enthalten die «Neun Briefe über Landschaftsmalerei» (1831) sowie die «Betrachtungen und Gedanken vor auserwählten Bildern der Dresdener Galerie» (1867). Die fünf Bände seiner «Lebenserinnerungen und Denkwüdigkeiten» (1865/66 – 1931) sind eine Fundgrube für die Geschichte des Dresdner Geisteslebens im 19. Jh. – C. wohnte 1814/27 im Oberzeugwärterhaus neben dem →Kurländer Palais (Dienstwohnung), danach bis 1834 in der Moritzstraße/Ecke Landhausgasse und ab 1834 in seinem eigenen Hause, der «Villa Cara» (ehem. Landhaus von Johann Christoph →KNÖFFEL) in der Borngasse (ab 1863 Carusstraße 6–7), das 1945 zerstört wurde. In Pillnitz besaß C. ab 1832 ein Landhaus (heute «Parkcafé» mit Gedenktafel). Seine Tochter Charlotte (1810–1838) war mit dem Bildhauer Ernst RIETSCHEL verheiratet. – Dresden ehrte das Andenken des berühmten Arztes mit der Namensgebung der 1954 gegründeten →Medizinischen Akademie «Carl Gustav Carus» (seit 1993 Medizinische Fakultät der Technischen Universität Dresden). An international bedeutende Wissenschaftler verleiht die Leopoldina (Halle) die Carusmedaille. – Grab auf dem Trinitatisfriedhof, Carus-Büste an der Fiedlerstraße vor dem Gebäude der Medizinischen Fakultät (1980, von der Dresdner Bildhauerin Eva PESCHEL), Personalausstellung im Albertinum (1989).

Carl Gustav Carus
Giovanni Battista Casanova

Carusstraße: ehemals in der →Pirnaischen Vorstadt (→Borngassengemeinde) gelegene Straße, die bis Mitte des 16. Jh. der längere Teil der →Borngasse war. Danach wurde sie unter dem Namen Große Borngasse als selbständige Straße angesehen. 1863 wurde sie verlängert und nach Carl Gustav →CARUS umbenannt, der in dieser Straße gewohnt hatte.

Casanova: 1. *Giacomo Girolamo*, Sohn von 2., Abenteurer und Schriftsteller, geb. 2. 4. 1725 Venedig, gest. 4. 6. 1798 Dux (Duchcov). – Nach dem Studium der Theologie und Rechtswissenschaften bereiste er in wechselnden Diensten die europäischen Höfe, war ständig in Händel verwickelt und auf der Flucht. 1785 wurde er Bibliothekar des Grafen WALDSTEIN in Dux, wo er seine kulturgeschichtlich wertvollen Memoiren, Übersetzungen und Dramen schrieb. C. hielt sich mehrmals in Dresden auf (1752/53, 1766, 1783, 1786, 1788, 1796 und 1797), besuchte seine Verwandten und Angehörige der damaligen Gesellschaft (Elisa von der →RECKE, Graf Camillo →MARCOLINI u.a.). –
2. *Giovanna* (auch Zanetta), geb. Farussi,

Schauspielerin, geb. 1703 auf der Insel Burano, gest. 29.11.1776 Dresden. – C. kam 1738 mit einer in Venedig zusammengestellten Schauspielertruppe nach Dresden, wo sie unter den →«Comici italiani» vor allem die Rolle der Liebhaberin («Rosaura») spielte. Nach Auflösung der Trupppe erhielt sie ab 1763 eine Pension. Ihre Tochter Maria Maddalena (1732 bis 1800), anfangs im «corps de ballet» in Dresden, war mit dem Hofcembalisten und Hoforganisten Peter AUGUST (1726 bis 1787) verheiratet. –
3. *Giovanni Battista*, Sohn von 2., Maler und Direktor der Dresdner Kunstakademie, geb. 4.11.1730 Venedig, gest. 8.12.1795 Dresden. – Der Schüler von Louis de →SILVESTRE, Christian Wilhelm →DIETRICH und ab 1752 in Rom von Anton Raphael →MENGS erhielt 1764 eine Professur an der Dresdner Kunstakademie, deren Direktor er 1776 wurde. Neben mythologischen und allegorischen Bildern und Porträts schuf er auch Zeichnungen (z.B. von den in Pompeji und Herculaneum ausgegrabenen Altertümern). – Grab (mit Grabmal von Franz →PETTRICH) auf dem Alten Katholischen Friedhof.

Caspari, Gertrud: Kinderbuchillustratorin; geb. 22.3.1873 Chemnitz, gest. 7.6.1948 Dresden. – Die in Dresden ausgebildete Zeichenlehrerin veröffentlichte 1903 ihr erstes Bilderbuch «Das lebende Spielzeug», dem über 50 weitere Kinderbücher in zahlreichen Auflagen folgten. Sie gehört mit ihren flächigen, farbfreudigen und stark konturierten Darstellungen zu den frühen Wegbereitern des kindgemäßen Bilderbuches. 1894 zog sie nach Dresden, lebte von 1904/14 in Bühlau und danach bis 1945 in Klotzsche. Häufig bezog sie die Stadt Dresden sowie deren Umgebung in ihre Illustrationen ein. – Grab auf dem Neuen Friedhof in Klotzsche; Gertrud-Caspari-Straße in Klotzsche.

Cebotari, Maria: rumän. Sopranistin, geb. 10.2.1910 Kischinjow, gest. 9.6.1949 Wien. – Zunächst als Schauspielerin am Moskauer Künstlertheater engagiert, debütierte sie 1931 in Dresden als Opernsängerin (Mimi in PUCCINIS «La Boheme») unter Fritz →BUSCH. Mit ihrer lyrischen ausdrucksreichen Stimme galt sie als hervorragende Mozart- und Strauss-Interpretin. Sie blieb bis 1943 in Dresden, sang ab 1936 auch an der Berliner Staatsoper. In Dresden wohnte sie zuerst Hospitalstraße 13, später Wiener Straße 36 und zuletzt Parkstraße 3. – Nach 1945 ging sie an die Wiener Staatsoper. – Maria-Cebotari-Straße in Johannstadt.

Cellarius (Keller), Johannes: Theologe, geb. 1496 Kunstadt (Franken), gest. 21.4.1542 Dresden. – C. wurde 1539 als erster ev. Pfarrer (gleichzeitig Superintendent) der Kreuzkirche eingewiesen, wo er am 6. Juli die «erste ev. Messe» vor dem Hof und der Dresdner Bürgerschaft hielt.

Centralhalle: ehem. Veranstaltungshaus am Fischhofplatz (Wilsdruffer Vorstadt), 1866 auf dem Vorwerksgelände →Birkholzens errichtet, ab 1820 «Annensäle» genannt, 1945 durch Bomben zerstört. Die C. war als Versammlungsstätte der Arbeiterbewegung bekannt. Hier fanden vom 12. bis 14. August 1871 die öffentlichen Sitzungen des zweiten Kongresses der «Eisenacher» Sozialdemokraten mit August →BEBEL statt. Am 26. September 1874 nahm Karl →MARX, von der Polizeibehörde nicht erkannt, an einer Versammlung in der C. teil.

Central-Theater: ehem. Theater im Bereich Waisenhausstraße/Prager Straße/Trompeterstraße, das 1899/1900 von William →LOSSOW und Hermann VIEHWEGER (1846–1922) an der Stelle des →Palais Boxberg im pompösen Neobarockstil errichtet wurde. Der 26 m breite, viergeschossige Bau von 7500 m^2 Grundfläche, dessen Fassade sich fast ausschließlich in dekorativen Elementen präsentierte, enthielt neben dem prächtigen Zuschauerraum für 2000 Personen und 12,5 m breiter Bühne sowie anderen Theaterräumen ein Weinrestaurant, das Central-Theater-Café mit Wintergarten, einen Billard- und Spielsaal sowie ein Tunnel-Bierrestaurant (für 1000 Gäste). Im Untergesoß befand sich eine nach drei anliegenden Straßen auslaufende Passage. Im C. fanden im Winterhalbjahr Varieté-Vorstellungen und im Sommerhalbjahr Aufführungen von vorwiegend neuen Schauspielen, Lustspielen und Operetten statt. Die Ruine des am 13./14. Februar 1945 ausgebrannten Gebäudes wurde später abgetragen.

Chaisenträger: neben der Droschke einziges Personenbeförderungsmittel der Stadt bis zum Beginn des 19. Jh., später eine Dresdner Besonderheit. – Der Ratsherr und Kaufmann Johann Friedrich LANDSBERGER gründete 1705 eine Sänftenträgeranstalt mit zunächst 8 Trägern und 4 Chaisen, die 1730 vom Rat der Stadt übernommen wurde und in einem Chaisenhaus am Altmarkt ihren Sitz hatte. Als Konkurrenzunternehmen entstanden 1719 eine Chaisenanstalt in der Neustadt

Fassade des Central-Theaters
Chaisenträger vor dem Kronentor des Zwingers

und 1720 die Schloß- oder Hofchaisenträgeranstalt des Hofmarschallamtes. Nach der Blütezeit um 1750 sank die Bedeutung der C. durch die Konkurrenz der Privatchaisen, Fiaker und Droschken. – Noch 1896 verzeichnet ein Reiseführer die Königlichen Chaisenträger, Jüdenhof 6, (Eingang Sporergasse) und die Städtischen Chaisenträger, Schreibergasse 9, als «eine Eigentümlichkeit Dresdens», deren Dienste «in vielen Fällen der Droschke vorzuziehen (sind), z. B. für Damen in Toilette, welche bei schlechtem Wetter im Zimmer oder Hausflur ein- oder aussteigen können». Aus den städtischen C. ging die heutige Rats-Chaisenträger-Genossenschaft mit Sitz in Löbtau für Speziallasten hervor.

Chiaveri, Gaëtano: ital. Architekt, geb. 1689 Rom, gest. 5.3.1770 Foligno. – FRIEDRICH AUGUST II. hatte C. als «letzten Vertreter des römischen Barocks» in Warschau kennengelernt und 1737 nach Dresden berufen, um ihn mit dem Bau der katholischen Hofkirche (→Kathedrale) zu beauftragen. Der Bau begann 1738, 1751 wurde er geweiht, jedoch erst 1755 endgültig fertiggestellt. Umfangreiche Pläne von C. für den Schloßbau zwischen Elbe und Zwinger wurden nicht verwirklicht. Infolge von Intrigen hatte er seine Stellung 1749 aufgegeben und die Stadt verlassen, bezog aber weiterhin ein jährliches Ruhegehalt. Seine Wohnung soll sich zuerst in der Gegend des heutigen Theaterplatzes (→«Italienisches Dörfchen») befunden haben, 1742/43 baute und bezog er ein Haus in der Ostra-Allee, das spätere →Prinz-Max-Palais.

Chirurgisch-medizinische Akademie: Als 1813 das →Collegium medico-chirurgicum nebst dem chirurgischen Spital und der Entbindungsanstalt aufgelöst wurde, mußten die Lehrkräfte und die bestehenden Sammlungen die →Kasernen in der Neustadt verlassen. Da es in der Zeit kriegerischer Auseinandersetzungen unbedingt notwendig war, genügend gut ausgebildete Wundärzte zu haben, mußte eine neue Chirurgenschule geschaffen werden. Vom kaiserlich-russischen und königlich-preußischen Generalgouvernement im Königreich Sachsen erhielt der Wittenberger Burkhard Wilhelm →SEILER den Auftrag, eine dem Fortschritt der Wissenschaft entsprechende neue Chirurgenschule einzurichten. Am 17. August 1814 gab der Generalgouverneur Nikolai Grigorjewitsch von →REPNIN-WOLKONSKI seine Zustimmung zur Wiederaufnahme des Unterrichts. Am 3. Dezember 1814 wurde eine provisorische Lehranstalt für Medizin und Chirurgie eröffnet, die über ein Entbindungsinstitut, eine chirurgische Poliklinik und eine anatomische Anstalt verfügte. Als König FRIEDRICH AUGUST I. am 17. Oktober 1815 die neue Kgl.-sächs. C. gestiftet hatte und ihr das →Kurländer Palais überließ, begann nach Seilers Plänen die Reorganisation der medizinischen Anstalten. Das Palais mit seinen Nebengebäuden und das ehemalige Oberzeugwärterhaus wurden so umgebaut, daß Hörsäle, Sammlungen und Klinikräume entstanden. Im Oberzeugwärterhaus befanden sich die Entbindungsanstalt mit der Wohnung des Professors für Geburtshilfe Carl Gustav →CARUS, das Klinikum für innere Krankheiten, die chirurgische Klinik für Frauen sowie die Wohnräume für Hebammen, Mägde, Aufwärterinnen und den Oberwundarzt. Die Räumlichkeiten des Palais boten Platz für Hörsaal, Klinikum, Bibliothek und Archiv. Eine Erweiterung erfuhr die C. am 21. Januar 1817 durch den Anschluß der reorganisierten kgl. Tierarzneischule an die Akademie. In einer Stiftungsurkunde von 1815 wurde der C. ein Gartengrundstück zwischen der Kleinen Schießgasse, dem →Pirnaischen Platz, der Moritzallee und der Augustusallee zugewiesen. Auf diesem Gelände begann 1819 die Akademie mit den Vorarbeiten zur Anlage des →Botanischen Gartens. 1856 wurde die Tierarzneischule aus dem Verband der Akademie entlassen und seit dem 7. September 1861 die C. zur Aufnahme neuer Studenten gesperrt; die endgültige Schließung war am 30. September 1864.

Chiaveris Wohnhaus an der Ostra-Allee
Cholerabrunnen

Chlorodont-Werk Leo: →Dental-Kosmetik GmbH

Chodowiecki, Daniel: Maler, Zeichner und Radierer, geb. 16.10.1726 Danzig, gest. 7.2.1801 Berlin. – C., Illustrator vieler Kalender und Werke der zeitgenössischen Literatur, besuchte im Oktober/November 1773 in Dresden seine Freunde Anton →GRAFF, Adrian →ZINGG und den Geheimen Kriegsrat Johann Julius von VIETH (1713–1784), einen Kunstliebhaber und -sammler. Das Tagebuch dieser Reise (1916 erschienen) ist eine wichtige Quelle für die Dresdner Kunstszene des 18. Jh. und enthält treffende Charakterbilder seiner Zeitgenossen. Im Jahr 1789 weilte C. noch einmal in Dresden.

Cholerabrunnen, auch *Gutschmidbrunnen*: an der Sophienstraße gegenüber dem Glockenspielpavillon des Zwingers stehender Sandsteinbrunnen, dessen Hauptelement ein 18 m hoher, reich gegliederter, mit 40 Wasserspeiern versehener neugotischer Spitzturm bildet, der von einem achteckigen Wasserbecken umgeben ist. Der Brunnen wurde von dem kgl.-sächs. Hauptmann Eugen von GUTSCHMID seiner Vaterstadt Dresden zum Gedenken daran gestiftet, daß sie von der 1841/42 in Europa grassierenden Cholera-Epidemie verschont geblieben war. Deshalb wird in der Brunnenplastik die reinigende und heilende Wirkung des Wassers symbolisiert. Der Bildhauer Julius Moritz SEELIG (1809–1887) führte den von Gottfried →SEMPER stammenden Entwurf (1843) aus. Die am 15. Juli 1846 feierlich von Gutschmid dem Rat der Stadt übergebene Anlage stand zuerst auf dem Postplatz gegenüber dem ehemaligen Postgebäude, wurde 1883 restauriert und in die Mitte des Platzes verlegt, 1891 wieder erneuert und 1927 aus verkehrstechnischen Gründen an ihren jetzigen Standort versetzt. Dort überstand sie den Bombenangriff vom 13./14. Februar 1945 mit geringen Schäden (um 1970 restauriert).

Chopin, Fryderyk: Komponist und Pianist; geb. 1. 3. 1810 Zelazowa Wola, gest. 17. 10. 1849 Paris. – Der polnische Komponist weilte viermal in Dresden. Der erste Besuch dauerte vom 26. August bis 2. September 1829, als C. von Wien nach Polen zurückreiste. Er logierte im →Hotel Stadt Berlin am Neumarkt und lernte u. a. den Hofkapellmeister Francesco →MORLACCHI kennen. Als C. im Spätherbst 1830 seine polnische Heimat für immer verließ, hielt er sich vom 12. bis 19. November in Dresden auf. Er erneuerte die Bekanntschaft zu dem Hoforganisten August Alexander KLENGEL (1783–1852), der sich vergeblich um ein öffentliches Konzert für C. bemühte, und lernte auch vornehme Mitglieder der polnischen Kolonie kennen. 1835 besuchte C. auf dem Rückweg, von Karlsbad kommend, Dresden vom 19. September bis 3. Oktober, wo er im Hotel Stadt Gotha in der Schloßstraße abstieg. Er verbrachte die meiste Zeit im Kreise der polnischen Familie WODZINSKY, wobei ihn besonders die sechzehnjährige Maria Wodzinska fesselte, die später ein Porträt des Musikers anfertigte. Vom 29. August bis 11. September 1836 wohnte C. wiederum im Hotel Stadt Berlin. Das bei diesem letzten Aufenthalt C. zustandegekommene Verlöbnis mit Maria Wodzinska löste sich bald wieder. Der sog. Dresdner Walzer (op. 69, Nr. 1), zwei Etüden in op. 25 und ein Lied zeugen von seinen Besuchen in Dresden. – Gedenktafel an der Schloßstraße 5, Chopinstraße auf dem Weißen Hirsch.

Choulant: **1.** *Johann Ludwig*, Mediziner, geb. 12. 11. 1791 Dresden, gest. 18. 7. 1861 Dresden. – C. wurde 1823 als Professor der theoretischen Heilkunde an die →Chirurgisch-Medizinische Akademie berufen, deren Direktor er 1843/60 war. Er gehörte zu den bekanntesten medizinischen Schriftstellern seiner Zeit und förderte mit seinen Übersichtswerken die Geschichte und Bibliographie der Medizin. – Nachlaß in der Sächsischen Landesbibliothek. –
2. *Theodor*; Sohn von 1., Architekturmaler und Architekt, geb. 18. 7. 1827 Dresden, gest. 12. 7. 1900 Dresden. – Der Semper-Schüler C. wurde nach mehreren Italienreisen 1868 zum Hofmaler ernannt und war an der Ausschmückung des Hoftheaters und des →Residenzschlosses beteiligt. Er entwarf die Diakonissenhauskirche (1856/57) und leitete den Bau der →Katholischen Kirche St. Franziskus Xaverius (1852/53). – C. wohnte zuletzt in der Camelienstraße 19. – Begr. Alter Annenfriedhof.

Christ, Joseph Anton: Schauspieler, geb. 5. 6. 1744 Wien, gest. 13. 3. 1823 Dresden. – C. kam nach einem wechselvollen Wanderleben bei namhaften Schauspielergesellschaften 1793 zu der Secondaischen Gesellschaft nach Prag, der er später nach Dresden und Leipzig folgte. Von seinen Zeitgenossen wurde seine Charakterdarstellung mit sparsamer Gestik und Mimik gerühmt. Seine Erinnerungen (als «Schauspielerleben» 1912 veröffentlicht) sind eine wertvolle kulturhistorische Darstellung des Schauspielerberufs. Fünf seiner Töchter wurden Schauspielerinnen, darunter die von →TIECK geschätzte Friederike (1788 bis 1833, verheiratet mit dem Schauspieler Daniel SCHIRMER) und Henriette (1790 bis 1853, verheiratet mit dem Schauspieler und Opernsänger Johann Gottfried BERGMANN), die beide an der kgl. Hofbühne in Dresden auftraten.

Christian I.: Kurfürst von Sachsen, geb. 28. 10. 1560 Dresden, gest. 29. 9. 1591 Dresden (beigesetzt im Dom zu Freiberg). – Seit 1581 wurde der Kurprinz von seinem Vater →August (gest. 1586) an den Staatsgeschäften beteiligt. Während seiner Regierungszeit ließ sich C. in außen- und kirchenpolitischen Fragen von seinem Kanzler Nikolaus →KRELL leiten. Eigene Initiativen entfaltete der prunkliebende Kurfürst im kulturellen Bereich. Mit Kunstverständnis setzte er die von seinen Vorgängern begonnene bauliche Umgestaltung Dresdens fort. Unter den Baumeistern Martin RICHTER, Hans →IRMISCH und Paul →BUCHNER entstanden der Turm der →Kreuzkirche, der →Stallhof mit dem Langen Gang und dem →Jagdtor, das →Gewandhaus auf dem →Neumarkt, der Neubau des Schloßportals, das →Pirnaische Tor und die Anlage des →Herzogin-Gartens. Den bildhauerischen Schmuck besorgten Giovanni Maria →NOSSENI und die Bilhauerfamilie →WALTHER. Unter C. erhielt Dresden eine neue Bauordnung, in deren Folge erstmalig die Dresdner Plätze vermessen wurden. Für die kurfürstliche Kunstkammer ließ er das erste Inventar anfertigen. Mit C. zeichnete sich der gesellschaftliche Wandel der Landesherrschaft im Reformationszeitalter zum Absolutismus ab. Seine unter Krells Einfluß unternommenen Versuche, in Kursachsen die lutherische durch die calvinistische Konfession zu verdrängen und den Einfluß der Stände zurückzudrängen und eine im Interesse der protestantischen Partei im Reich aktive Außenpolitik zu führen, scheiterten allerdings durch seinen frühzeitigen Tod und den Widerstand der Stände und der lutherischen Geistlichkeit.

Christianstraße: →St. Petersburger Straße

Christstollen: traditionelles Dresdner Weihnachtsgebäck, das zu den sog. Gebildbroten zählt und das in Windeln gewickelte Christkind darstellen sollte. Die Bezeichnung «Stollen» (bereits im 14. Jh. nachgewiesen) für das «Christbrot» geht auf die längliche, ehemals kastenförmige Form zurück, aber ebenso ist die Benennung «Striezel» (im 12. Jh. mhdt. «struzel»; urk. in Dresden 1486 erstmalig «strozel») gebräuchlich gewesen, die dem Dresdner →Striezelmarkt den Namen gegeben hat, da der Striezel bis ins 17 Jh. hinein die einzige Ware war, die dort am Heiligabend bzw. am Montag vor Weihnachten verkauft wurde. Urspr. wegen der Fastenzeit nur mit Öl gebacken, durfte ab 1491 einem päpstlichen Erlaß zufolge Butter verwendet werden («Buttergeld» für den Wiederaufbau der abgebrannten Kreuzkirche). Weiterhin gehörten zum Grundrezept, das von den Bäckern und Hausfrauen Dresdens variiert wurde und wird, Weizenmehl, Hefe, Milch, Zucker, Rosinen, Mandeln und Zitronat. In der Gegenwart zählt der C. als Markenware zu den beliebtesten Exportartikeln der Dresdner Backwarenbetriebe.

Christuskirche Strehlen: In Altstrehlen erbauten 1903/05 die Architekten Rudolph →SCHILLING und Julius GRÄBNER nach der Überwindung des Historismus als ersten modernen Kirchbau Dresdens und Sachsens die doppeltürmige C. im Jugendstil. Die auf einer Anhöhe stehende Kirche ist im Innern als Zentralbau ohne Emporen angelegt. Die ornamentale Ausgestaltung schuf Karl →GROSS, während die Deckenmalereien und die farbigen Fenster Otto →GUSSMANN ausführte. 1945 wurde die C. vor allem im Inneren schwer beschädigt. 1950/51 erfolgte der Wiederaufbau. 1973/80 wurden fortwährende Schäden im Inneren beseitigt.

Blick von Nordosten auf die Christuskirche Strehlen

Club der Linken: Zusammenschluß von 21 Abgeordneten der äußersten Linken im sächsischen Landtag von 1849. – Die Gruppierung unter Führung von Samuel Erdmann →TZSCHIRNER vertrat bis zur Auflösung des Landtages am 30. April 1849 konsequent die demokratische Opposition.

Collegium medico-chirurgicum: Die von →FRIEDRICH AUGUST II. am 18. November 1748 eröffnete erste Dresdner Medizinschule befand sich in der Neustädter Infanteriekaserne zwischen Ritterstraße und Hauptstraße. Das Königlich-Polnische und Kurfürstlich-Sächsische C., anfangs «Collegium anatomico-chirurgicum» genannt, sollte «die Chirurgie in Sachsen auf einen besseren Fuß setzen». Das Ziel der Anstalt war, tüchtige Chirurgen für die Armee sowie gute Wundärzte für das «platte Land» auszubilden. Das Kasernengebäude hatte vier Flügel, von denen einer der obersten Medizinalbehörde, dem C. mit dem Theatrum anatomicum, Sammlungen und Bibliothek, Charité, Geburtshilflichen Institut und Hebammenlehranstalt vorbehalten war. Der Lehrkörper der Chirurgenschule setzte sich aus den Lehrern für Pathologie, Therapie, Anatomie und Chirurgie zusammen, denen sechs Kompanie- und Lazarettfeldschere zur Seite standen. Die Ausbildungszeit dauerte ein Jahr und war in einen theoretischen und einen praktischen Teil gegliedert. Die aus den Infanterie- oder Kavallerieregimentern kommenden Feldschere konnten nur noch nach erfolgreichem Studium zu Regimentsfeldscheren ernannt werden. Auch den Gesellen der Barbier- und Baderchirurgen wurde gegen ein Entgelt die Ausbildung im C. gestattet. Dadurch konnten sie ohne weiteres Examen in ihrer Innung den Meistertitel erlangen und hatten beim Kauf von Barbier- oder Baderstuben sowie bei der Besetzung der Amts- bzw. Ratsbarbierstellen große Vorteile. Von der Gründung bis zur Auflösung des C. mußte der Rat der Stadt die Anatomie des C. mit Leichen aus dem Stadtlazarett versorgen. Durch verschiedene Reformen und Verbesserungen konnte 1781 ein neuer Lehrstuhl für Heilmittellehre eingerichtet werden. Nach der Anstellung eines chirurgischen Instrumentenmachers wurde ab 1786 der Unterricht an der Schule durch Vorlesungen über Zahnchirurgie erweitert. Bis zu seiner Schließung im August 1813 war das C. mit der praktischen Ausbildung und seinen klinischen Anstalten eine anerkannte Institution. Von 1966 eingeschriebenen Studierenden der Jahre 1778/1813 gingen 581 zum Militär und 1383 in den zivilen Bereich.

Collum, Herbert: Organist, Komponist, geb. 18.7.1914 Leipzig, gest. 29.4.1982 Dresden. – Nach Ausbildung und Organistentätigkeit in Leipzig wurde C. 1935 als Nachfolger von Bernhard PFANNSTIEHL (1861–1940) zum Kreuzorganisten in Dresden gewählt und behielt dieses Amt bis zu seinem Tode. Daneben widmete er sich als Organist sowie als Cembalist intensiv der Kammermusikpflege, wobei das Werk Johann Sebastian BACHS im Mittelpunkt stand (ab 1935 regelmäßige Collum-Konzerte in Dresden; 1946 Gründung des Collum-Chores, der ca. 20 Jahre bestand). Außerdem unternahm er ausgedehnte Konzertreisen im In- und Ausland und schrieb zahlreiche, vorwiegend geistliche Kompositionen. 1960 wurde C. Professor an der Dresdner Musikhochschule. Der Musiker, der am 13. Februar 1945 seine Wirkungsstätte und seine Wohnung verloren hatte, gehörte zu den Persönlichkeiten, die nach dem Zweiten Weltkrieg aktiv am Wiedererstehen des Dresdner Musiklebens mitwirkten. – Grab in Reinhardtsgrimma.

Comici italiani, auch *Comédie italienne*: Bezeichnung für die im 18. Jh. am Dresdner Hoftheater engagierten italienischen Schauspielgesellschaften, die neben der italienischen Oper sowie dem französischen Schauspiel und Ballett, mit Lust- und Singspielen (Commedia dell'arte), Tragödien und Tanzspielen zum höfischen Theatervergnügen beitrugen. Hervorzuheben ist die 1715/33 engagierte Truppe des Direktors Tomaso RISTORI, dessen Sohn Giovanni Alberto Ristori (1692 bis 1753) ab 1717 als beliebter Komponist zum italienischen Schauspiel gehörte und der 1746 zum Kirchenkomponisten ernannt wurde. 1737 verpflichtet man die Schauspielgesellschaft von Andrea BERTOLDI (der auch Giovanna →CASANOVA angehörte), die bis zu ihrer Auflösung 1763 auftrat.

Compagnie Laferme: eine der ersten deutschen Zigarettenfabriken, gegr. 1862 auf der Ostra-Allee 10. – Sie entstand als Zweigwerk eines St. Petersburger Unternehmens von Joseph Michael von HUPPMANN-VALBELLA und hatte ab 1877 ihren Sitz auf der Großen und Kleinen Plauenschen Gasse. Ihr Tabakmeister, der Grieche Georg A. JASMATZI, gründete 1880 auf der Waisenhausstraße einen eigenen Betrieb.

Conert, Herbert: Bauingenieur, Stadtbaurat, geb. 8.9.1886 Magdeburg, gest. 7.6.1946 Dresden. – 1905/08 Hochbaustudium an der Technischen Hochschule

Dresden, 1909 Regierungsbauführer bei der Baudirektion im Sächsischen Ministerium des Innern, ab 1912 vorübergehend im Landbauamt II und im Hochbauamt des Finanzministeriums beschäftigt; in dieser Zeit Mitarbeit am Umbau des Jägerhofs zum Museum für Volkskunst. Im Juli 1922 wurde er zum Stadtbaudirektor in Dresden gewählt und mit der technischen Leitung des Baupolizeiamtes betraut. Als Mitglied der Deutschen Volkspartei lehnte C. die Gefolgschaft zum faschistischen Regime ab. Er stellte sich im Mai 1945 dem Neuaufbau zur Verfügung. Am 11. Mai 1945 übertrug ihm Rudolf →FRIEDRICHS die Leitung der städtischen Bauverwaltung. Er arbeitete am Dresdner Aufbauplan 1946 entscheidend mit. C. gehörte zu den Mitbegründern des Landesverbandes Sachsens der CDU. – Grab auf dem Loschwitzer Friedhof. 1947/91 Dr.-Conert-Straße in der Neustadt (Theresienstraße), seit 1993 Conertplatz in Löbtau.

«Constantia»: ehem. Tanzgaststätte an der Meißner Landstraße in Cotta, heute Theater. – Nach der Zerstörung der meisten Säle der Innenstadt bot das Haus nach 1945 Kunst und Kultur eine Heimstatt. Am 7. Juli 1945 erster Auftritt des →Sächsischen Bergsteigerchores «Kurt Schlosser»; am 5. November 1945 Eröffnungskonzert der Volksbühne Dresden. Ab 1947 war die C. zusammen mit dem Apollo-Theater Spielstätte der Deutschen Volksbühne Dresden. Seit 1950 →Theater (der) Junge(n) Generation.

Coschütz: linkselbischer Stadtteil östlich der Weißeritz, 1279/84 als Coswicz (slaw. Leute des Koz) urkundlich erwähnt, 1910 ca. 3350 Einwohner, 1921 zu Dresden eingemeindet. C.er Bauern nahmen 1285 bischöflich-meißnisches Acker- und Weideland in Besitz; den «Starrsinn» der Bauern brach erst ein Machtspruch des Markgrafen. 1315 gehörten einzelne Höfe und das Vorwerk dem Maternihospital in Dresden (Spitalfelder am Collmberg), andere verschiedenen Adels- und Patrizierfamilien wie den BUSMANNS in Dresden. Ab 1547 wurde C. dem Amt Dresden dienstpflichtig. An den Weinbau am Franken-, Lachen-, Müllers- und Steffensberg erinnern alte Hausmarken. Der Dorfkern in Gestalt eines Rundweilers ist mit mehreren Gehöften (u. a. RÜHLE-Hof) und Resten der ihn umgebenden

Bruchsteinmauer erhalten, der Dorfteich wurde 1899 in eine Grünanlage verwandelt. – Am 29. April 1829 brannte C. bis auf 5 Gehöfte nieder. – 1788 wurden die Steinkohlevorkommen auf C.er Flur vermessen und bis 1836 drei Bergwerke angelegt. 1840 beschäftigte das Claussche Bergwerk etwa 50 Arbeiter. Zur C.er Gemarkung gehört auch die Schlucht im →Plauenschen Grund, in der 1767 vergebliche Bergbauversuche auf Kupfererz unternommen wurden. Das Huthaus dieses Bergwerks wurde zur barocken Villa Cosel umgebaut, war später Mietshaus und wurde um 1970 abgetragen. Die Industrialisierung des Weißeritztales, beginnend mit dem Bau des →Eisenhammers Dölzschen, führte zur Anlage der Arbeitersiedlung *Neucoschütz*, die 1896 zu Potschappel eingemeindet wurde (heute Freital). Die Pulvermühle im Plauenschen Grund war 1830/85 Brotbäckerei der Dresdner Garnison. – Am Collmberg und an der →Heidenschanze wurden insgesamt vier Syenodiorit-Steinbrüche eröffnet, deren Betrieb zeitweise den Bestand des ur- und frühgeschichtlichen Bodendenkmals gefährdeten. Die Gemeinde nutzte seit 1836 ein Haus an der Kleinnaundorfer Straße als Schule und errichtete 1875 an der gleichen Straße die neue Schule. 1897 schied C. aus der Kreuzkirchparochie aus und bildete eine eigene Kirchgemeinde (Pfarrhaus mit Betsaal von 1900). Die Wohnsiedlungen zwischen Saar- und Karlsruher Straße wurden ab 1890, das Rathaus 1902/03 und die Reihenhäuser des Deutschen Siedlerbundes im Bereich des Achtbeeteweges 1924/28 errichtet. Das Wasserwerk wurde 1937/40 erbaut, 1946 an die Talsperrenleitung aus dem Osterzgebirge und an das Dresdner Netz angeschlossen und deckt ca. 50 Prozent des Dresdner Wasserbedarfs. Auf C.er Flur entstand 1973/81 die modernste Brauerei Dresdens (heute Sächsische Brau-Union). Am Collmberg betrieben die Bombastuswerke Freital eine 25 ha große Salbeipflanzung, die zeitweise 90 Prozent des deutschen Anbaus dieser Arzneipflanze bestritt, nach 1945 jedoch durch die Nutzung des Geländes als bergbauliche Abbranddeponie einging.

Cosel, Anna Constanze von, geb. von Brockdorf, verehel. von Hoym: Mätresse des Kurfürsten →FRIEDRICH AUGUST I., geb. 17. 10. 1680 Depenau/Holstein, gest. 31. 3. 1765 Stolpen. – Mit ihrem Gatten, dem Kabinettsminister Adolf Magnus von HOYM (1668–1723), kam die Gräfin an den Dresdner Hof, wo sie 1705 den Kurfürsten mit ihrer Schönheit und Intelligenz so eingenommen hatte, daß er sie nach ihrer Scheidung 1706 zu seiner Geliebten machte und beim Kaiser ihre Ernennung zur Reichsgräfin von Cosel erwirkte. Zu den unermeßlichen kurfürstlichen Geschenken gehörten neben einer jährlichen Pension von 100 000 Talern das →Schloß Pillnitz, ein Weinberg in Loschwitz und einige Häuser am Taschenberg,

Gutshof in Alt-Coschütz

an deren Stelle PÖPPELMANN für sie das →Taschenbergpalais errichtete. 20 Mill. Taler soll ihre Lebensführung gekostet haben, bis die ehrgeizige Gräfin, die nicht nur auf Hoffesten glänzen, sondern auch die Politik mitbestimmen wollte, im Jahre 1713 in Ungnade fiel und von 1716 an in der Burg Stolpen gefangengehalten wurde. Ihr Schicksal hat zu unzähligen, teilweise romantisch verklärten literarischen Darstellungen Anlaß gegeben. – Aus ihrer Verbindung mit August dem Starken gingen vier Kinder hervor: ein totgeborener Sohn (1707), Auguste Constantia (1708–1728, getr. mit Heinrich Friedrich von FRIESEN), Friederike Alexandrine (1709–1784, getr. mit Johann Anton MOSCZINSKY, →Palais Mosczinska) und Friedrich August (1712–1770, →Coselpalais).

Coselpalais: ehem. spätbarocker Palast an der Einmündung der Salzgasse bei der Frauenkirche (An der Frauenkirche 12). Den ursprünglich dort stehenden →Pulverturm hatte Kurfürst FRIEDRICH AUGUST II. 1744 Johann Christoph →KNÖFFEL geschenkt, der ihn abtragen und an dessen Stelle 1745/46 zwei 5geschossige Gebäude errichten ließ, die beim preußischen Bombardement 1760 stark beschädigt wurden. 1762 erwarb Friedrich August von COSEL (1712–1770), ein Sohn AUGUSTS DES STARKEN und der Gräfin →Cosel, die beiden Häuser und ließ sich daraus bis 1764 von Julius Heinrich →SCHWARZE das nach ihm benannte Palais errichten. Der 5geschossige, 11achsige, durch Lisenen gegliederte Hauptbau mit Mittelrisalit und Dreiecksgiebel und einem prächtigen Festsaal im ersten Stock entsprach wohl im wesentlichen noch der Knöffelschen Architektur, während die beiden 2geschossigen Seitenflügel, die den Ehrenhof flankierten, in einfacheren Formen von Schwarze hinzugefügt wurden. Den bildhauerischen Schmuck, von dem die noch vorhandenen reizvollen 12 Kinderfiguren auf den Torpfosten als Höhepunkt des sächsischen Rokoko gelten, schuf Gottfried →KNÖFFLER. – Nachdem das C. in der ersten Hälfte des 19. Jh. in bürgerlichen Besitz gekommen war, wurde es 1845/53 als «Russisches Hotel» genutzt, diente anschließend bis 1901 als Polizeigebäude und danach u. a. der Unterbringung des Dresdner Landbauamtes. Am 13./14. Februar 1945 wurde es durch Bomben zerstört. 1973/75 errichtete man die Flügelbauten wieder. Der Wiederaufbau des Hauptgebäudes ist vorgesehen.

Cotta: linkselbischer Stadtteil zwischen Weißeritz, Friedrichstadt, Löbtau, Leutewitz, Gorbitz und Briesnitz; 1328 als Cottowe (von slaw. Personennamen CHOT) urk. erw., seit Mitte des 19. Jh. Wandel vom Bauerndorf zum Wohnvorort, 1903 mit über 10 000 Einw. zu Dresden eingemeindet. – An die Lage des urspr. Gassendorfes inmitten sumpfiger Wiesen erinnern bis heute der volkstümliche Name «Frosch-Cotta» und der Gasthofsname «Zum Frosch». Von den dörflichen Anwesen blieb nur wenig erhalten, erwähnenswert das Weingut der Famile FAUST (Hebbelstraße 26) mit Rebstock im farbigen Türschlußstein und historischen Inschriften. C. mußte 1568 nahezu die Hälfte seines Acker- und Weidelandes an das neugegründete Vorwerk →Ostra abgeben. Die Bauern wurden mit Geld sowie mit Briesnitzer Vorwerksland entschädigt, in der sozialen Struktur überwogen seitdem kleine Wirtschaftsbesitzer und Häusler. – Der Zuzug zahlreicher Arbeiterfamilien, insbesondere aus Löbtau und Friedrichstadt, verwandelte das Dorf im 19. Jh. in einen Wohnvorort mit überwiegend in Einzelbauweise errichteten Mietshäusern und z. T. schachbrettartigem Straßengrundriß. Die Einwohnerzahl stieg von 248 im Jahre 1834 bis zur Eingemeindung auf das 40fache. Das Wachstum Cottas wurde durch den Bau der Berliner Eisenbahn (1875) und der elektrischen Straßenbahn Cotta–Cossebaude (1906) noch gefördert. Zu den wenigen größeren Industrieansiedlungen zählt das 1872 erbaute Hofbräuhaus an der Hamburger Straße (ab 1921 Sitz der Pianofabrik Hupfeld-Zimmermann, ab 1935 Werk für Armaturen). Am Elbufer befindet sich seit 1836 das Mundloch des →Elbstollens. Auf der Höhe des Lerchenberges warfen die Preußen 1866 eine Schanze auf (1875 abgetragen).
Die Gemeinde löste sich 1897 von der Parochie Briesnitz, jedoch konnte erst 1927 die ev.-luth. →Heilandskirche geweiht werden. Die kath. →St. Marien-Kirche wurde 1906, die ev.-methodistische Immanuelkirche Hühndorfer Straße 1927 errichtet. Noch kurz vor der Eingemeindung ließ C. 1899/1901 durch den Architekten VORETZSCH das Rathaus Lübecker Straße errichten (heute Sitz von Ortsamtsbehörden). An der Hebbelstraße entstand 1897 Cottas drittes und bis dahin größtes Schulgebäude, wegen seiner Ziegelfassade «rote Schule» genannt. 1909/10 erbaute Hans →ERLWEIN an der Cossebauder Straße eine der damals größten Volksschulen Sachsens mit 64 Klassenzimmern für 3000 Schüler. Sie wurde nach einem Fresko von Georg LÜHRIG allgemein «Rübezahlschule» ge-

Anna-Constanze Gräfin von Cosel. Unbekannter Künstler
Fassade des Coselpalais. Vor 1945
Gemeindeamt Cotta nach der Hochwasserkatastrophe 1897

nannt. – Weitere Veränderungen erfuhr das Ortsbild durch die Verlegung der Weißeritzmündung an das →Schusterhaus 1893, den Bau der →Kaditzer Elbbrücke 1929/30 sowie den genossenschaftlichen Wohnungsbau zwischen den Weltkriegen. Das Ortskartell Arbeiterheim Cotta errichtete nach 1925 auf Anregung des Sozialdemokraten Richard GÄRTNER das Volkshaus Hebbelstraße. In der ehem. Gaststätte →«Constantia» spielt seit 1950 das →Theater Junge Generation. Das Hallenbad an der Hebbelstraße wurde 1899 errichtet und 1929 umgebaut; das benachbarte Luftbad des Naturheilvereins Cotta ging 1946 in städtischen Besitz über. – Luftangriffe zerstörten 1944/45 mehrere hundert Wohnungen. Weitere Lücken wurden vor allem in der 70er und 80er Jahren durch zunehmenden Verfall der Wohnbauten gerissen. Den damit verbundenen Bevölkerungsrückgang konnte auch der Bau von 250 Wohnungen am Weidigtbach nach 1965 nicht aufhalten. Erste Lücken werden seit 1993 durch Büro- und Hotelbauten geschlossen.

Coudray, François: franz. Bildhauer, geb. 1678 Villecerf (Champagne), gest. 9.4.1727 Dresden. – C. wurde 1715 Hofbildhauer in Dresden und schuf eine Reihe von Plastiken für den →Großen Garten, die größenteils bei der preußischen Belagerung 1760 zerstört bzw. abtransportiert wurden. Eine Marmorbüste und ein Medaillonbildnis von AUGUST DEM STARKEN sind in Dresden erhalten. →WINCKELMANN bezeichnete C. als den begabtesten der damaligen Dresdner Bildhauer. Sein Sohn *Pierre C.* (geb. 17.2.1713 Paris, gest. 2./3.10. 1770 Dresden) war nach Ausbildung in Italien und England Professor für Bildhauerei an der Dresdner Kunstakademie. – Grabmal auf dem Alten Kath. Friedhof.

Crafft, Johann Daniel: Manufakturunternehmer, geb. 28.9.1624 Miltenberg/ Franken, gest. 16.4.1697 Amsterdam. – C. trat nach Medizinstudium und ausgedehnten Reisen in kurmainzische Dienste; 1673 wechselte er in kursächsische Dienste über. C. machte dem Kurfürsten verschiedene Vorschläge zur Gründung von Manufakturen. 1674 ließ er in Dresden Maulbeerbäume anpflanzen, um die Seidengewinnung in Gang zu setzen. Im gleichen Jahr gründete er in Leipzig die erste sächs. Seidenmanufaktur. 1675 wurde er zum «Commercienrath» ernannt. Gleichzeitig begann C. mit der Errichtung einer Wollmanufaktur in Neustadt-Ostra, die 1678 in Betrieb genommen wurde und bis 1690 bestand. Auseinandersetzungen mit Vertretern der Stände und der wirtschaftliche Mißerfolg der Manufaktur führten 1680 zur vorübergehenden Inhaftierung Craffts. 1684 verließ er Sachsen. C. übte großen Einfluß auf die Wirtschaftspolitik des Kurfürsten aus, obwohl er sich mehr als Theoretiker verstand.

Crell, Johann Christian, Pseudonym *ICCander*: Auktionator und Taxator, Journalist, Schriftsteller und Herausgeber, geb. 7.7.1690 Dresden, gest. 5.9.1762 Dresden. – C., der weitläufig mit dem kursächs. Kanzler Nikolaus →KRELL verwandt war, gehörte zu den wichtigsten Persönlichkeiten der frühen Geschichte des Dresdner Zeitungswesens, wobei er meistens mit dem Verleger Peter Georg →MOHRENTHAL zusammenarbeitete. C. gab in Dresden in der ersten Hälfte des 18. Jh. ungefähr ein Dutzend Zeitungen und Zeitschriften heraus, darunter das →Diarium Dresdense, die älteste Dresdner Zeitung, die «Dreßdnischen Frag- und Anzeigen» und die ersten Jahrgänge der →«Dreßdnischen Merckwürdigkeiten» sowie die →«Curiosa Saxonica». Von seinen zahlreichen schriftstellerischen Werken, die er unter seinem Pseudonym (die ersten drei Buchstaben sind die Anfangsbuchstaben seines Namens) schrieb, ist die mehrfach aufgelegte und erweiterte Beschreibung Dresdens unter dem Titel «Das fast auf dem höchsten Gipfel der Vollkommenheit prangende Dresden», Leipzig 1719, am bekanntesten geworden. Hauptberuf C. blieb aber immer der des Auktionators. – Begr. auf dem alten Johannisfriedhof.

«Curiosa Saxonica»: von Johann Christian →CRELL herausgegebene und in der Mohrenthalschen Buchhandlung verlegte Zeitschrift. Die Zeitschrift, die mehrmals ihren Titel änderte (1733 in «Sächsisches Curiositäten-Cabinet») erschien von 1729 bis 1762. Hauptinhalt waren sog. interessante Begebenheiten, Hofereignisse, biographische Beiträge und die Beschreibung neuerer «Hof-, Kunst- und anderer schöner Gebäude». Letzteres macht die Zeitschrift zu einer Quelle für die Stadtgeschichte.

Dahl, Johann Christian Claussen: Landschaftsmaler, geb. 24. 2. 1788 Bergen (Norwegen), gest. 14. 10. 1857 Dresden. – Der für die Kunst Norwegens bedeutende D. kam im September 1818 auf einer Studienreise nach Dresden und wurde 1820 Mitglied der Kunstakademie. Seine realistischen Naturdarstellungen erregten Aufsehen und Begeisterung. Nach einer Italienreise bezog D. mit seiner Familie eine Wohnung im Hause «Am Elbberge 33», in dem auch Caspar David →FRIEDRICH wohnte. Mit diesem verband ihn – trotz unterschiedlicher ästhetischer Auffassungen – eine lebenslange Freundschaft. Für Dresden sind seine Stadtansichten (z. B. «Nächtliche Ansicht von Dresden», «Dresden in Abendbeleuchtung») von besonderer Bedeutung. – Begr. auf dem Elias-Friedhof, Claussen-Dahl-Straße in Leubnitz.

Dalcroze-Schule: →Jaques-Dalcroze, Émile

Damms Etablissement: ehem. Vergnügungslokal in der Äußeren Neustadt Ecke Königsbrücker Straße/Bischofsweg. Es wurde 1873 im Neorenaissance-Stil der Gründerzeit errichtet und ist als Veranstaltungsstätte, die 2000 Personen fassen konnte, unter den späteren Namen «Reichskrone», «Reichsbanner» und «Reichsadler» bekannt geworden. Das Lokal diente neben Tanzveranstaltungen – vor allem für die Militärangehörigen der benachbarten Albertstadt – auch als Austragungsort sportlicher Wettkämpfe, als Versammlungsstätte der Dresdner Arbeiterschaft und noch 1947/48 dem Aeros-Varieté für Revue- und Operetten-Aufführungen. Danach wurde es als sogen. Wohngebietsgaststätte «Aktiv», als Turnhalle und Lagerraum genutzt, bis es während der 80er Jahre baulich mehr und mehr verfiel und 1993 abgerissen wurde.

Dampfschiffahrt: →Elbschiffahrt

Dante-Gesellschaft: 1865 gegr. Vereinigung zur Pflege und Erforschung der Werke des italienischen Dichters Dante ALIGHIERI. Entstanden ist die D. auf Anregung des Danteforschers und Übersetzers Karl WITTE und von König →JOHANN. In der kurzen Zeit ihres Bestehens gab die D. 1867/77 vier Dante-Jahrbücher heraus. 1914 bildete sich die Gesellschaft erneut und reorganisierte sich 1927 zu einer festgegründeten Einrichtung.

Darnstedt, Johann Adolph: Kupferstecher und Zeichner, geb. 20. 6. 1769 Auma/Thür., gest. 8. 5. 1844 Dresden. – Nach Ausbildung an der Dresdner Akademie ließ sich D. in Dresden nieder und wurde einer der vorzüglichsten Landschaftsstecher Deutschlands. Er schuf vor allem Darstellungen aus der Umgebung der Stadt (Plauenscher Grund, Seifersdorfer Tal). D. wurde 1815 zum außerordentlichen Professor an der Kunstakademie ernannt, mußte aber wegen eines Augenleidens 1829 in den Ruhestand treten.

Daßdorf, Karl Wilhelm: Bibliothekar, geb. 2. 2. 1750 Stauchitz/Kr. Riesa, gest. 28. 2. 1812 Dresden. – Nach Besuch der Fürstenschule Meißen und dem Abschluß des Theologie- und Philologiestudiums in Leipzig kam D. 1772 als Hofmeister eines Adligen nach Dresden. Ab 1775 bekleidete er die Stelle des dritten Bibliothekars und ab 1786 die des zweiten Bibliothekars an der kurfürstlichen Bibliothek (→Sächsische Landesbibliothek), wo er sich «durch meisterhaften Diensteifer und unermüdliche Dienstgefälligkeit für das literarische Publikum» auszeichnete. Außerdem trat er selbst als Übersetzer, Dichter und Dramatiker hervor und gab auf Anregung LESSINGS 1782 seine «Beschreibung der vorzüglichsten Merkwürdigkeiten der Churf. Residenzstadt Dresden und einiger umliegender Gegenden» heraus. Seine Wohnung hatte D. in der Inneren Neustadt (Haus «Sonne» am Markt/Ecke Rähnitzgasse).

Dathe, Freiherr von Burgk: →Krebs, Carl Friedrich August

Däubler, Theodor: Erzähler und Lyriker, geb. 17. 8. 1876 Triest, gest. 14. 6. 1934 St. Blasien/Schwarzwald. – D. hielt sich häufig in Dresden auf, das erste Mal von 1914 bis 1916. Er war mit Ida →BIENERT befreundet, in deren Salon er viel verkehrte. Seine Bücher wurden großenteils im Hegnerverlag (Jakob →HEGNER) in Hellerau verlegt, so auch «Der neue Standpunkt», in dem D. die neue expressionistische Kunstrichtung feierte. In Pillnitz schrieb er 1919 «Die Treppe zum Nordlicht».

Theodor Däubler. Gemälde von Otto Dix

Dawison, Bogumil: Schauspieler, geb. 15. 5. 1818 bei Warschau, gest. 1. 2. 1872 Dresden. – D. gehörte zu den berühmtesten Mimen des 19. Jh.; er zeichnete sich durch Vielseitigkeit und neue Gestaltungsmethoden aus. Nach Engagements in Lemberg, Hamburg und Wien kam er nach Dresden. Hier war er 1853/64 als Hofschauspieler mit 3500 Talern Gehalt und fünfmonatigem Urlaub/Jahr fest angestellt. – Wohnungen: 1855/57 Waisenhausstraße 17, 1858/64 Chemnitzer Straße 1, 1865/70 Ammonstraße 9 und Wiener Straße 2. – Grab auf dem Alten Annenfriedhof; Bildnismedaillon am ersten Rang im Opernhaus.

Dedekind, Constantin Christian: Komponist und Dichter, geb. 2. 4. 1628 Reinsdorf b. Heldrungen, begr. 2. 9. 1715 Dresden. – D. kam 1651 nach Dresden, wurde 1654 Bassist in der Hofkapelle und später «Konzertmeister der deutschen Musik» (frühester Konzertmeister der Staatskapelle), wobei er wesentliche Impulse für das Dresdner Musikleben gab. In seiner Zeit war D. durch seine geistlichen und volkstümlichen Liedkompositionen und seine Schauspiele zu biblischen Themen bekannt.

Degele, Eugen: Sänger, geb. 4. 7. 1834 München, gest. 26. 7. 1886 Dresden Weißer Hirsch. – Der von Heinrich MARSCHNER geförderte Baßbariton hatte fünf Jahre in Hannover gewirkt, als er 1861 an das Dresdner Hoftheater verpflichtet wurde, dem er als einer der prominentesten Künstler bis kurz vor seinem Tode angehörte. Von Zeitgenossen wurde er sowohl als Gestalter bedeutender Opernpartien als auch als Konzertsänger gerühmt. Seine Villa auf der Bautzner Landstraße 50 dient seit 1886 als Pfarrhaus (Gedenkstein mit Porträtrelief von D. im Grundstück). – Begr. auf dem Loschwitzer Friedhof, Degelestraße auf dem Weißen Hirsch, Degele-Quelle im Stechgrund.

Dehn-Rothfelser, Hans von: Verwaltungsbeamter und Bauintendant, geb. 1500, gest. 13. 6. 1561 Dresden. – Der vielseitig gebildete D. stieg schnell im Hofdienst empor, wurde 1539 Waffen- und Oberrüstmeister, 1541 Forstmeister, Amtshauptmann der Ämter Radeberg, Senftenberg und Laußnitz und 1554 oberster Befehlshaber der Harnischkammer. Er hatte 1548/54 die Bauaufsicht über die Erweiterungsbauten des →Residenzschlosses und über die Befestigungsarbeiten der Stadt Dresden. – Grabdenkmal von Christoph (II.) →WALTHER in der Leubener Kirche (ehem. in der Frauenkirche).

Deibel, auch *Deubel*, Joseph: Holzbildhauer, geb. 18. 5. 1716 Gräfendorf b. Graz, gest. 1793 Dresden. – Der 1752 zum «Hofgaleriebildhauer» ernannte D. ist der Hauptvertreter der Rokokodekoration in Dresden. So schuf er z.B. die Innenausstattung des →Kurländer Palais, des →Prinz-Max-Palais und zusammen mit Johann Joseph →HACKL die der Katholischen Hofkirche (→Kathedrale). Für die Gemäldegalerie schnitzte er über 400 Rahmen.

Delphinbrunnen: Brunnenanlage auf der →Brühlschen Terrasse nahe dem Albertinum. Die Brunnenplastik stellt einen großen Delphin dar, auf dem ein Putto reitet und aus dessen Maul das Wasser in eine Riesenmuschel strömt. Der D. wurde um 1750 von Pierre →COUDRAY (nach anderen Angaben von Gottfried →KNÖFFLER) für die kleine Gartenanlage geschaffen, die das zweite →Belvedere umgab. Der Bildhauer Werner →HEMPEL schuf Kopien der beim Angriff 1945 zerstörten Brunnenfiguren und stellte 1954 den D. in seiner alten Schönheit wieder her. Der D. wurde 1991/92 gründlich restauriert.

Demolitions-Kommission: →Entfestigung

Denkmalpflege: Die Bemühungen um Erhaltung und Pflege von kunst- und kulturhistorisch wertvollen Werken der Baukunst, Plastik und Malerei setzten in Dresden zu Beginn des 19. Jh. ein, wenn man nicht Restaurierungen und Umbauten von Gebäuden in vorheriger Zeit dazurechnet, bei denen – oft aus finanziellen Gründen – vorhandene Bausubstanz bewußt erhalten und in den Neubau einbezogen wurde. Dazu gehört z.B. die alte Franziskanerkirche (→Sophienkirche), die 1599/1602 restauriert wurde und danach den reichen Dresdner Bürgern und Adligen als Begräbniskirche diente. Die Erhöhung des Hausmannsturms am →Residenzschloß 1674/76 durch →KLENGEL und die Erweiterung des Südflügels des Schlosses sind weitere Beispiele dafür, weil die Barockarchitekten bei der Fassadengestaltung des großen Schloßhofes die Renaissancearchitektur beibehalten haben. Mit der Begründung des →Sächsischen Altertumsvereins 1824 wurden die Ziele der D. formuliert: Entdecken, Erforschung, Erhaltung und Abbildung «vaterländischer Alterthümer». Bei der Sammlung solcher Altertümer war man bestrebt, die sächsische Kunst möglichst umfassend in Dresden zu repräsentieren. Schon ab 1839 wurde das Erdgeschoß des →Palais im Großen Garten dafür genutzt. Seit 1864 standen dem Altertumsverein staatlicherseits jährlich 300 Taler zur Verfügung, die für die D. zu verwenden waren. So konnten 1872 das Portal der →Schloßkapelle an den →Jüdenhof umgesetzt und Restaurierungen am →«Totentanz» vorgenommen werden. Der 1861 gegründete «Verein für kirchliche Kunst im Königreich Sachsen» und verschiedene Architekten- und Ingenieurvereine nahmen Einfluß auf die D. Doch kam es durch Mangel an Fachleuten und Autoritäten dabei auch zu Fehlentscheidungen. 1880 wurde Richard STECHE mit der Inventarisierung der Kunstdenkmäler Sachsens beauftragt, später von Cornelius →GURLITT unterstützt. Die drei Bände über Dresden dieses 41 Bände umfassenden Inventarwerkes erschienen 1903.
Zu den hauptsächlichsten denkmalpflegerischen Arbeiten des 19. Jh. in Dresden gehören: die zweite Restaurierung des →Zwingers, der Umbau des →Taschenbergpalais (1843/48), die Erneuerung des Mittelschiffgewölbes der →Kathedrale (1850/51), der Turmbau der →Dreikönigskirche (1854/57), der Umbau der →Sophienkirche (1864/68), die Erneuerung der Kirche in →Briesnitz (1880/81) und die Neugestaltung des →Residenzschlosses (1889/93). Als Beispiel einer «schöpferischen» D. gilt der Umbau der →Kreuzkirche (1897/1900). 1917 wurde die «Kommission zur Erhaltung der Kunstdenkmäler» in das «Königliche Landesamt für Denkmalpflege» (später Amt für Denkmalpflege im Land Sachsen) umgewandelt. Zum Leiter wurde 1920 Walter →BACHMANN berufen, der das Amt (mit Denkmalarchiv, Bibliothek, Plankammer, Fotosammlung usw.) zu einer wissenschaftlich arbeitenden Einrichtung ausbaute. Unterstützt wurden die Aktivitäten ab 1918 durch den →Landesverein Sächsischer Heimatschutz. Wichtigste denkmalpflegerische Leistungen im 20. Jh. bis 1945 sind die Erneuerung der →Frauenkirche (1924/30 und 1940/43) und die große Restaurierung des →Zwingers (ab 1924). Die Folgen der Bombardierung vom 13./14. Februar 1945 setzten die D. in Dresden vor neue und besonders schwere Aufgaben.

Dental-Kosmetik GmbH: Hersteller mundhygienischer und kosmetischer

Delphinbrunnen

Erzeugnisse. Der seit 1917 auf der Königsbrücker Straße gelegene Betrieb wurde 1907 vom Apotheker Heinsius von →MAYENBURG als *Leo-Werk* gegründet. Die ersten Tuben Chlorodont-Zahnpasta entstanden im Dachgeschoß der →Löwenapotheke, wo der kleine Betrieb zunächst als Laboratorium «Leo» eingetragen war. Da die Zahnprophylaxe durch regelmäßige Pflege mit Zahnbürste und Paste ihren Siegeszug über die Welt antrat, nicht zuletzt durch den Einsatz von Karl August →LINGNER, nahm das Unternehmen einen großen Aufschwung. Der Betrieb besaß u. a. Zweigfabriken in Moskau, Wien und Chicago. Das Produktionsprogramm beinhaltete Zahnpasta, Mundwasser, Kosmetika und «Leo-Pillen» (Abführmittel). Selbst der Radium-Euphorie der zwanziger Jahre wurde mit verschiedenen Radiumpräparaten Rechnung getragen. Nach dem Zweiten Weltkrieg führten die Leo-Werke, ab 1953 als VEB Chlorodont Leo, ihre alte Tradition zu neuer Blüte. Dann wurde am 1. Januar 1957 dieses Werk mit der Max ELB AG (später VEB Elbe-Kosmetik) und den Resten der Lingner-Werke zum «VEB Elbe-Chemie» zusammengelegt. Im Mai 1992 erfolgte die Privatisierung zur D.

Deutsche Fotothek: zur →Sächsischen Landesbibliothek gehörende wissenschaftliche Einrichtung, die der umfassenden Erschließung und Bereitstellung fotografischer Bilddokumente dient, vorwiegend aus den Gebieten Kunst, Musik, Architektur und der sächsischen Regionalkunde. Die D. befindet sich im ehemaligen →Landtagsgebäude an der Brühlschen Terrasse und verfügt z. Z. über einen Bestand von etwa 800 000 Originalen (Negative mit Abzügen) sowie von etwa 140 000 Farb-Diapositiven. Ein großer Teil des Bestandes stammt aus Sammlungen verschiedener Institutionen und Firmen sowie aus Nachlässen bedeutender Fotografen. – Ihren Ursprung hat die D. in der *«Sächsischen Landesbildstelle»*, die 1924 gegründet wurde. 1925 kam ein Lichtbildarchiv (Photographisches Landesarchiv) hinzu, das 1944 47 000 Negative und 65 000 Diapositive umfaßte. Am 13./14. Februar 1945 wurde die in der Zirkusstraße 40 untergebrachte Landesbildstelle durch Bomben zerstört (bis auf ausgelagerte Bestände) und im Sommer 1946 auf der Ehrlichstraße 1 wiedereröffnet (ab 1951 im Landtagsgebäude). 1951 wurde das Landesbildarchiv als *«Landesfotothek»* dem Landesamt für Volkskunde und Denkmalpflege zugeordnet, 1952 unterstellte man diese als *«Staatliche Fotothek Dresden»* der Staatlichen Kommission für Kunstangelegenheiten, 1956 erhielt sie vom Ministerium für Kultur als *«Deutsche Fotothek Dresden – Zentrales Institut für kulturwissenschaftliche Bilddokumente»* ein eigenes Statut, 1961 wurde sie der Deutschen Staatsbibliothek Berlin angegliedert, und seit 1983 gehört sie als eigene Abteilung zur Sächsischen Landesbibliothek. Seit 1964 verwaltet die D. auch das gesamte Kunstarchiv der damal. Akademie der Künste der DDR.

Deutsche Werkstätten Hellerau: traditionsreiche Möbelwerkstätten am Moritzburger Weg. – Ihren Ursprung haben die D. W. in der 1898 gegr. Werkstatt für Reformmöbel von Karl →SCHMIDT in Laubegast. Im Zusammenhang mit der Gründung der Gartenstadt-Gesellschaft →Hellerau erfolgte am 9. Juni 1909 der erste Spatenstich für die «Deutschen Werkstätten für Handwerkskunst» in Hellerau. Schmidt verlegte seinen Betrieb 1910 in diese von Richard →RIEMERSCHMID entworfene, heute z. T. unter Denkmalschutz stehende Fabrikanlage. Die D. W., ab 1913 unter Schmidts Leitung als Aktiengesellschaft geführt, wurden für industriell gefertigte, betont sachliche, z. T. dem Jugendstil entsprechende Innenausstattungen bekannt, die von R. Riemerschmid, Bruno PAUL, Adelbert NIEMEYER, Heinrich →TESSENOW u. a. entworfen wurden. Die D. W. waren Mitbegründer des Deutschen Werkbundes. In den 20er Jahren entwarf u. a. Adolf G. SCHNECK industriell gefertigte Möbel im Stil der Neuen Sachlichkeit. In den D. W. arbeitete bis 1931 der Widerstandskämpfer Kurt →SCHLOSSER. Die D. W. wurden 1946 enteignet, als «volkseigener Betrieb» weitergeführt (u. a. 1968 MDW-Möbelprogramm) und 1992 reprivatisiert.

Deutscher Vaterlandsverein: zahlenmäßig stärkste politische Gruppierung während der Revolution 1848/49 in Dresden, im April 1848 gebildet. Dem Verein gehörten vor allem das Kleinbürgertum, Handwerker, Gesellen, Arbeiter und Soldaten an. Er vertrat die Interessen des Industrie- und Handelsbürgertums, erklärte sich anfangs für die konstitutionelle Monarchie, ab September 1848 für eine demokratische Republik. Die Zahl der Mitglieder in Dresden wuchs bis Ende 1848 auf 4000, die etwa je zur Hälfte dem Kleinbürgertum und dem «vierten Stand» angehörten. Dem Verein schloß sich politisch – konsequenter in den Zielen – der Deutsche Arbeiterverein in Dresden an. Sprachrohre waren die «Dresdner Zeitung», an der Ludwig →WITTIG wirkte, und die «Volksblätter» von August →RÖCKEL. Dem D. gehörten auch Franz →WIGARD und Johann Andreas →SCHUBERT an. Nahezu 10 000 Demokraten begrüßten am 4. September 1848 auf einer Massenversammlung im →Reisewitzschen Garten die Forderung nach außerparlamentarischen Aktionen. Am 22. April 1849 tagte in Dresden die 5. Generalversammlung der deutschen Vaterlandsvereine. Am 30. April 1849 rief der Dresdner Ausschuß des Vereins zu Volksaktionen auf. Vor allem seine radikal-demokratischen Mitglieder nahmen aktiv am →Maiaufstand teil.

Deutscher Verein: politischer Zusammenschluß von Kreisen des liberalen Bürgertums, Beamten und Intellektuellen, gebildet im April 1848. – Der Verein zählte in Dresden etwa 2000 Mitglieder, vertrat im Gegensatz zum →Deutschen Vaterlandsverein liberalistische Ansichten im Sinne Berhard August von →LINDENAUS und befürwortete die konstitutionelle Monarchie.

Deutsches Hygiene-Museum Dresden: führendes medizinisch-wissenschaftliches Forschungs-, Informations- und Bildungszentrum auf dem Gebiet der Gesundheitserziehung in Sachsen. Diese Einrichtung wurde 1912 (im Anschluß an

Deutsches Hygiene-Museum. Luftbild vor 1945

die erfolgreiche 1. →Internationale Hygiene-Ausstellung 1911) auf Initiative Karl August →LINGNERS gegründet. Die große Resonanz der Hygiene-Ausstellung führte zu dem Plan, die besten Exponate in einer ständigen Ausstellung, einem «Hygiene-Museum» zusammenzufassen. Anläßlich der für 1930 geplanten II. Internationalen Hygiene-Ausstellung erbaute Wilhelm →KREIS im Park der ehem. Sekundogenitur (→Blüherpark) von Oktober 1927 bis Mai 1930 das Hygiene-Museum. Das in «zeitloser Schönheit» errichtete Gebäude beherbergt in seiner Vierflügelanlage einen großen Kongreßsaal, den kleinen Saal (Steinsaal) sowie umfangreiche Ausstellungsräume, Arbeitsräume und Werkstätten. Die in den eigenen Werkstätten (Zeichensäle, Fotoatelier, Moulagenmalerei, Gips- und Holzbildhauerei, Wachsgießerei, Anatomisches Labor, Anatomisch-Patho-Plastische Werkstätten usw.) hergestellten biologisch-anatomischen Anschauungs- und Lehrmittel (Gläserne Frau) fanden im In- und Ausland große Anerkennung. Im Februar 1945 wurde das Hygiene-Museum durch Bomben zu 80 Prozent zerstört, nach 1947 in mehreren Etappen wieder-aufgebaut. 1952/61 legten Mitarbeiter an der Südseite des Gebäudes einen Heilkräutergarten an (für die Öffentlichkeit zugänglich). In Fortsetzung alter Tradition und dem humanistischen Anliegen des Hauses entsprechend, leisten das Institut für Gesundheitserziehung und das Institut für anatomisch-biologische Unterrichtsmittel und Anschauungsmaterialien im D. eine umfangreiche Gesundheitspropaganda und Gesundheitserziehung. Dazu gehören die ständigen Ausstellungen im eigenen Haus, Wanderausstellungen in Deutschland und im Ausland, Aus- und Weiterbildung von Ärzten und mittlerem medizinischen Personal, die Herausgabe populärwissenschaftlicher Broschüren, Verkauf und Verleih von Kleinausstellungen, Lichtbildreihen, Lehrtafeln und Modellen sowie die Produktion und der Export ganzer Ausstellungen.

Deutsches Sängerbundesfest 1865: Nachdem Dresden 1842 und 1849 bereits Austragungsort der «Allgemeinen Sächsischen Männergesangsfeste» gewesen war, organisierte der 1862 aus 41 Sängerbünden gegründete Deutsche Sängerbund mit großem Aufwand vom 22. bis 25. Juli 1865 in Dresden das 1. Deutsche Sängerbundesfest, das das Bekenntnis zur Einigung des deutschen Reiches dokumentieren sollte. Dafür wurde innerhalb von 4 Monaten auf der Neustädter Elbwiese unterhalb der Waldschlößchen-Terrasse als «Wunderbau der Neuzeit» eine prächtige Festhalle errichtet, die etwa 20000 Sänger aufnehmen konnte. Sie hatte die Form eines säulenlosen Hallenschiffs (152m Länge, 67m Breite, 22m Höhe, 45 m Spannweite), wurde durch Blitzschlag am letzten Festtag teilweise zerstört und danach abgebaut. Die 1865 gepflanzte Sänger-Eiche am Elbufer unterhalb der ehem. Waldschlößchenbrauerei erinnert an das D.

Devrient, Eduard: Schauspieler, Theatertheoretiker, geb. 11.8.1801 Berlin, gest. 4.10.1877 Karlsruhe. – Als Nachfolger von Ludwig →TIECK wirkte D. 1844/52 als Dramaturg am Dresdner Hoftheater, wo er das historische Kostüm und eine exakte Probengestaltung (mit Lese- und Generalproben) einführte. In Dresden begann D. mit der Herausgabe seiner «Geschichte der deutschen Schauspielkunst» (5 Bände, 1848/74), einem Werke, das – wegen seiner Stoffsammlung – noch heute wertvoll ist. D. ging 1852 als Intendant nach Karlsruhe. – Sein Bruder Emil D. (1803 bis 1872) war ab 1831 Schauspieler am Dresdner Hoftheater (begr. auf dem Alten Annenfriedhof). – Devrientstraße in Dresden-Mitte.

Diakonissenanstalt: auf klinische und ambulante Basisbetreuung ausgerichtetes ev. Krankenhaus zwischen Bautzner Straße und Holzhofgasse, zu dem auch Kindertagesstätten und Altenberatungsheime gehören. Es wurde unter der Leitung von Frau VON LEIPZIGER und der Gräfin HOHENTHAL-KÖNIGSBRÜCK in der →Antonstadt nach dem Muster von Kaiserswerth am Rhein am 19. Mai 1844 auf der Böhmischen Gasse Nr. 13 eröffnet. Eine Vergrößerung der D. war bald notwendig, weil auf der Neustädter Seite kein Krankenhaus bestand und der Weg zum städtischen →Krankenhaus Friedrichstadt sehr weit war. Daher bezog 1846 die kleine Anstalt das ehem. Schenksche Grundstück zwischen der Bautzner Straße und der Holzhofgasse. Die ärztliche Leitung lag in den Händen von Dr. HEDENUS und Dr. VON AMMON. Im Jahre 1856 wurde mit der Errichtung einer von Graf EINSIEDEL geförderten Anstaltskirche begonnen, die ein Jahr später eingeweiht werden konnte. Am 6. Oktober 1890 fand die Grundsteinlegung zum neuen Krankenhausgebäude statt, welches am 13. Oktober 1893 eröffnet wurde. Die folgenden Umbauten in der Anstalt führten u. a. zu den lange benötigten Schwesternwohnungen sowie einem Isolierhaus für Patienten mit ansteckenden Krankheiten. Um den gewünschten Ansprüchen gerecht zu werden, wurden 1912/13 weitere Gebäude errichtet. Nunmehr besaß die D. eine medizinische und chirurgische Abteilung, Abteilungen für Augen- und Frauenkrankheiten, für Hals-, Nasen- und Ohrenkrankheiten sowie eine Röntgenabteilung. 1928/29 erbauten →Lossow und KÜHNE für die D. eine neue Kirche, die 1945 zerstört und von Oswin →HEMPEL bis 1962 wieder aufgebaut wurde. Das ebenfalls stark zerstörte Krankenhaus

Festhalle des Deutschen Sängerbundesfestes 1865

befindet sich in der Endphase seines Wiederaufbaus (→Schwanenhaus).

Dianabad: auf dem Gelände zwischen Lüttichaustraße und Lindengasse an der Bürgerwiese 1865 eingerichtete Badeanstalt. Das D. bot «allen Classen der Bevölkerung» irisch-römische Bäder, verschiedene Arten von Kurbädern, Heilgymnastik und orthopädisches Turnen.

«Diarium Dresdense»: älteste Dresdner Zeitung. Sie erschien (wöchentlich 2 Blatt) von 1714 bis 1733. Herausgeber war Johann Christian →CRELL, der die meisten Beiträge, Hofnachrichten, Todesfälle u. a. neben dem Anzeigenteil selbst schrieb.

Dietrich: **1.** *Anton*, Historienmaler, geb. 27. 5. 1833 Meißen, gest. 4. 8. 1904 Leipzig. – Der durch die Ausgestaltung der Meißner Albrechtsburg bekannte Maler und spätere Professor an der Leipziger Kunstakademie hatte an der Dresdner Kunstakademie studiert und seine Ausbildung in Düsseldorf und Italien vervollkommnet, als er nach Dresden kam, um 1868 die Aula der neuerbauten →Kreuzschule mit Fresken zu schmücken. Weiterhin schuf er in Dresden die Deckengemälde zur Prometheus-Sage im neuen Gebäude des Polytechnikums, die im Februar 1945 ebenso zerstört wurden wie seine zwölf Sgraffiti am →Alberttheater und sein Altarbild in der →Trinitatiskirche. Dagegen sind das von D. gestaltete elbseitige Giebelbild am →Finanzministerium und sein Altarbild in der →Kreuzkirche (zweite Fassung; die erste wurde 1897 zerstört) noch erhalten. –
2. *Antonia*, Schauspielerin, geb. 8. 1. 1900 Österreich, gest. 21. 8. 1975 Dresden. – Die Künstlerin debütierte 1918 in Wien und stand 1919 erstmals als «Gretchen» in Goethes «Faust» in Dresden auf der Bühne. In über 50 Jahren Zugehörigkeit zum Dresdner Staatstheater gestaltete sie in fast 200 Rollen klassische und moderne Frauengestalten, wobei sie mit ihrer Charakterisierungskunst und hoher Sprechkultur in die Dresdner Theatergeschichte eingegangen ist. Sie wurde 1969 mit dem Martin-Andersen-Nexö-

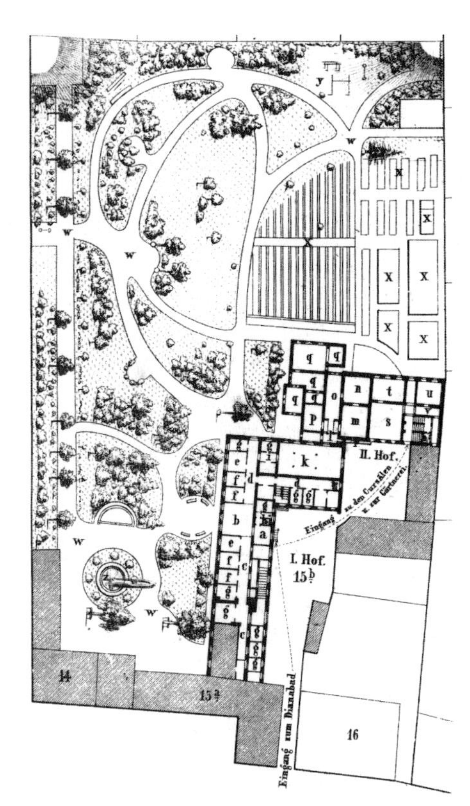

Grundriß des Dianabades

Christian Wilhelm Ernst Dietrich. Gemälde von Anton Graff

Kunstpreis der Stadt Dresden ausgezeichnet. D. wohnte auf dem Weißen Hirsch. –
3. *Christian Wilhelm Ernst* (gen. Dietericy), Maler und Radierer, geb. 30. 10. 1712 Weimar, gest. 23. 4. 1774 Dresden. – D. kam 1727 als Schüler Johann Alexander →THIELES nach Dresden und wurde nach ausgedehnten Reisen 1741 Hofmaler, 1748 Inspektor der Gemäldegalerie und 1764 Professor an der Kunstakademie. Er verstand es meisterhaft, in der Manier früherer Maler zu arbeiten, doch findet sich in seinem vielseitigen Werk auch durchaus Eigenständiges.

Dietrich der Bedrängte, Markgraf von Meißen und der Ostmark: gest. 17. 7. 1221. – D., Sohn Markgraf OTTOS DES REICHEN und einer Tochter ALBRECHTS DES BÄREN, gilt als der Neubegründer der durch Fehden Markgraf ALBRECHTS (seines Bruders) sowie durch Einziehung der Mark Meißen nach Albrechts Tod 1195 durch Kaiser HEINRICH VI. zerstörten wettinischen Hausmacht. 1197 konnte sich D. nach Heinrichs VI. Tod mit Hilfe seines Schwiegervaters Landgraf HERMANN von Thüringen in den Besitz der Mark setzen. 1210 fiel ihm auch die Ostmark (Niederlausitz) zu. Geschicktes Taktieren im staufisch-welfischen Thronstreit, der Ausbau der Landesverwaltung (Vogteien) und eine aktive Städtepolitik festigten die Macht der Wettiner in ihren alten Besitzungen wieder. D. hatte wesentlichen Einfluß auf die →Stadtgründung Dresdens.

Dietze, Marcus Conrad: Bildhauer, Architekt, geb. 1656 Ulm, gest. 11. 4. 1704 Warschau. – Der Nachfolger von Johann Georg →STARCKE und Vorgänger von Matthäus Daniel →PÖPPELMANN arbeitete im letzten Jahrzehnt des 17. Jh. als Kondukteur im Dresdner Oberbauamt und wurde ab 1703 von FRIEDRICH AUGUST I. als «Hofarchitekt» (eigens für D. geschaffene Stelle) angestellt. Als Bildhauer wirkte er am plastischen Schmuck des →Palais im Großen Garten mit und gestaltete das →Grüne Tor an der Elbfront des Residenzschlosses (1692/93). Nach dem Schloßbrand 1701 entwarf er bedeutende Pläne für den Neubau des Schlosses sowie einen Plan für ein Stall- und Reithaus.

Diez, Robert: Bildhauer, geb. 20. 4. 1844 Pößneck, gest. 6. 10. 1922 Dresden. – D. war ab 1867 Schüler →SCHILLINGS und machte sich 1873 in Dresden selbständig. 1878 erregte er Aufsehen durch sein Standbild «Gänsedieb» (→Gänsediebbrunnen), für das er die große goldene Medaille auf der Internationalen Ausstellung in München erhielt. Seine Hauptwerke in Dresden sind die Monumentalbrunnen «Stürmische Wogen» und →«Stilles Wasser» für den Albertplatz und das →Bismarckdenkmal an der Ringstraße. 1891 wurde D. zum Prof. an der Kunstakademie ernannt. – D. wohnte in Loschwitz, in der späteren Robert-Diez-Str.

Dilich, Wilhelm: Topograph und Festungsbauingenieur, geb. um 1571 Wabern (Hessen), begr. 4.4.1655 Dresden. – D. trat 1625 aus hessischen in sächsische Dienste über und wurde Leiter des gesamten Festungswesens Sachsens. In Dresden war er am Ausbau der Festungswerke beteiligt und baute den ➔Riesensaal des ➔Residenzschlosses neu aus (Wölbung und malerische Ausschmückung, 1701 zerstört). D. veröffentlichte mehrere theoretische Abhandlungen über den Festungsbau; bekannt wurde er durch seine «Federzeichnungen kursächsischer und meißnischer Ortschaften» (gedruckt 1907).

Dinglinger, Johann Melchior: Goldschmied, Hofjuwelier, geb. 26.12. 1664 Biberach bei Ulm, gest. 6.3. 1751 Dresden. – D. kam um 1692 nach Dresden, wurde 1693 in die Goldschmiedeinnung aufgenommen, 1698 zum Hofjuwelier ernannt und war bis zu seinem Tode in Dresden tätig. Er schuf in seiner Werkstatt mit seinen zwei Brüdern *Georg Friedrich* (1666–1720; Emailleur) und *Georg Christoph* (1668–1746; Hofjuwelier) sowie 14 Gesellen zahlreiche unvergleichliche Kunstwerke für den Dresdner Hof, die heute zu den Prunkstücken des ➔Grünen Gewölbes gehören, z.B. den «Hofstaat zu Delhi am Geburtstag des Großmoguls Aureng-Zeb» (1701/08), das Goldene Kaffeezeug (1697/1701) und das «Bad der Diana» (1704). Dabei verband er höchstes handwerkliches Können mit ausgeprägtem Kunstsinn und bestimmte ausschlaggebend den Stil des ➔«Dresdner Barocks» mit. 1637 hatte D. für 4000 Taler das Haus Frauengasse 9 erworben, das wegen seiner Kuriositäten (Sternwarte, Wetteruhr, Feuerspritze, Brunnen) von Besuchern als bemerkenswerte Sehenswürdigkeit gerühmt wurde. Im Oktober 1711 und November 1712 weilte Zar ➔PETER I. hier zu Gast und ließ ein Modell des Gebäudes nach Petersburg schicken. Das Haus wurde bei der Beschießung Dresdens 1760 zerstört und 1770 durch einen Neubau ersetzt, der nach Umbau und Vergrößerung später die Drogerie «Klepperbein» beherbergte. 1888 brachte man dort eine Erinnerungstafel an D. an. In Loschwitz besaß D. ein Weingut mit einem hübschen Landhaus (jetzt Schevenstraße 59), das heute unter Denkmalschutz steht. – Begr. auf dem alten Johannisfriedhof, Dinglingerstraße in der Johannstadt.

Dinglinger-Brunnen: Der Brunnen des Hauses Frauengasse 9 mit Sandsteinplastiken eines unbekannten Meisters (vermutlich nach Entwürfen Johann Melchior ➔DINGLINGERS) entstand nach 1718 und gilt als frühester Dresdner Hofbrunnen. Er bestand aus einem reichgestalteten Becken in Muschelform mit figürlichem Beiwerk (Delphinen, Putten) und umrahmte ein Fenster. Die nach 1945 aus dem zerstörten Hause geborgenen Teile wurden von dem Bildhauer Werner ➔HEMPEL zur Rekonstruktion des Brunnens verwendet, der seit 1966 die Westfassade des Gewandhaus-Hotels ziert.

Dinglingerhaus: barockes Bürgerhaus am Jüdenhof 5/Ecke Sporergasse, das dem Hofjuwelier und Goldschmied Georg Christoph DINGLINGER gehörte (nicht dem berühmten Johann Melchior DINGLINGER). Es entstand vor 1716 nach Entwürfen von ➔PÖPPELMANN oder George BÄHR und wurde 1945 zerstört.

Dinter, Gustav: Pfarrer, Pädagoge, geb. 29.2.1760 Borna b. Leipzig, gest. 29.5.1831 Königsberg. – Der «sächsische Pestalozzi», der zuvor zehn Jahre als pädagogisch äußerst erfolgreicher Pfarrer in Kitzscher/Kr. Borna gewirkt hatte, wurde 1797 zum Direktor des Lehrerseminars in Friedrichstadt berufen, dem er bis 1807 vorstand. Er verbesserte die finanziellen und sozialen Verhältnisse am Seminar entscheidend, erweiterte die Lehrmittelsammlung und die Bibliothek. Seine Wohnung hatte er im Seminargebäude Seminarstraße 11. – Dinterstraße in der Friedrichstadt.

Dippoldiswald(a)er Platz: bis zur Zerstörung 1945 stark frequentierter Platz am Rande der Seevorstadt im Schnittpunkt von: Johannesring, Waisenhausstraße, Trompeterstraße, Reitbahnstraße, Gr. Plauensche Straße, Kl. Plauensche Gasse, Am See und Marienstraße; Ende des 18. Jh. Am Festungsgraben. – Nach dem historischen Gasthaus ➔Trompeterschlößchen an seiner Südseite hieß der Platz später Am Schlößchen oder Am Trompeterschlößchen, um 1830 D. Der Platz ging ab 1967 in der Budapester Straße auf und wurde 1991 wiederbenannt.

Dippoldiswalder Schlag: ➔Schläge

Dippoldiswalder Straße: ➔Reitbahnstraße

Dittrich, Rudolf: Sänger (Tenor), geb. 12.2.1903 Prositz b. Riesa, gest. 12.12. 1990 Dresden. – Der Sänger wurde 1929 von Fritz ➔BUSCH nach Dresden verpflichtet und wirkte bis 1950 an der Dresdner Oper, wo er vor allem Partien des jugendlichen Helden sang. 1945 gehörte er zu den Kulturschaffenden, die nach dem Kriege das Dresdner Kunstleben wieder

Johann Melchior Dinglinger
Dinglinger-Brunnen

aufbauten. Als Mitglied des Staatstheaters und als Gesangslehrer an der Dresdner Musikhochschule blieb er bis zu seinem Tode dem Dresdner Musikleben eng verbunden.

Dix, Otto: Maler, Grafiker, geb. 2. 12. 1891 Gera-Untermhaus, gest. 24. 7. 1969 Singen am Bodensee. – Der zu den großen kritischen Realisten des 20. Jh. zählende Künstler, der auch einen bedeutenden Beitrag zur Dresdner Kunstgeschichte geleistet hat, besuchte nach einer Ausbildung als Dekorationsmaler von 1909 bis 1914 die Dresdner Kunstgewerbeschule. Nach dem Militärdienst an der Westfront war er 1919/22 an der Dresdner Kunstakademie Meisterschüler von Otto →GUSSMANN und Max FELDBAUER (1869–1948) und gehörte zu den Mitbegründern der «Gruppe 1919» der →Dresdner Sezession. Nach Aufenthalten in Düsseldorf und Berlin lehrte D. ab 1927 als Professor für Malerei an der Dresdner Kunsthochschule. Sein Atelier hatte er in der Kesselsdorfer Straße. 1933 wurde er als «politisch untragbar» entlassen und erhielt danach als «entartet» Ausstellungsverbot. Ab 1936 war D. in Hemmenhofen am Bodensee ansässig, blieb aber durch jährliche Arbeitsaufenthalte und Besuche (bis 1966) zeitlebens mit Dresden verbunden. 1946 beteiligte er sich an der Ersten Deutschen Kunstausstellung, 1957 wurde er zum Ehrensenator der Hochschule für Bildende Künste in Dresden ernannt und erhielt 1966 den Martin-Andersen-Nexö-Kunstpreis der Stadt Dresden. Die Staatlichen Kunstsammlungen besitzen u. a. von ihm 75 Handzeichnungen und das berühmte Tryptichon «Der Krieg» (1929/30). – Otto-Dix-Ring im Wohngebiet Reicker Straße.

Otto Dix

Dorfplatz Dobritz um 1900

Dixielandfestival: →Internationales Dixielandfesival

Dobritz: linkselbischer Stadtteil, 1378 als Doberwicz (altsorbisch svw. Leute eines Dobr) erw., 1921 zu Dresden eingemeindet. Der Ort entstand aus dem älteren Großdobritz, der Wüstung Lippen und dem Bauernweiler Kleindobritz. Im Ort standen Gutshöfe im O, Kleinhäuser im W und Drescherhäuser an der Pirnaer Landstraße. Das Dorf gehörte im Laufe der Zeit anteilsweise den Rittergütern Bärenstein, Rottwerndorf und Borthen, dem Rat zu Pirna und dem Dresdner Religionsamt. Seit 1582 bis Anfang des 19. Jh. übten über Großdobritz die BÜNAUS auf Weesenstein die Erbgerichtsbarkeit aus und das Dresdner Religionsamt über Kleindobritz. Der Ort wurde 1674 nach Leuben eingepfarrt. Das Spinnen und Zwirnen sowie das Strohflechten übten im 18. Jh. die Häusler in Heimarbeit aus. 1839 vereinigten sich Groß- und Kleindobritz zur Gemeinde D. Bis 1883 mußten die Kinder nach Leuben zur Schule gehen, danach schuf sich D. eine eigene Schule. D. begann Ende des 19. Jh. sein bäuerliches Aussehen zu verlieren, Striesener Gärtnereien verlegten ihre Betriebe hierher. Es entstanden bis 1895 sieben große Gärtnereien, die später z. T. mit Gartenbaubetrieben in Laubegast verschmolzen. D. entwickelte sich zum Arbeiterwohnort von Niedersedlitz. 1884 entstand als wichtigstes Industrieunternehmen eine Gardinenfabrik. In diesem Betrieb arbeiteten 1909 Beschäftigte aus 38 verschiedenen Orten, in der Mehrzahl Frauen. 1912/13 übersiedelte der Hauptbetrieb der Dresdner Gardinen- und Spitzenmanufaktur AG hierher. 1908 erhielt D. einen Schulneubau, dem 1923 ein Anbau folgte. Das ehemalige Vorwerk oder Stadtgut, an der Pirnaer Landstraße gelegen, wurde im Zuge der Bodenreform 1945 Teilbetrieb des Volksgutes Pillnitz.

Dohna, Burggrafen von: seit Mitte des 11. Jh. bestehende Burggrafschaft. Sie wurde 1156 vom deutschen König dem aus dem Pleißenland stammenden edelfreien Geschlecht von Röda übertragen. Die Lage zwischen der Mark Meißen und Böhmen bot ihm die Chance eigener Machtentfaltung. Der Versuch, eine eigene Territorialherrschaft zu etablieren, scheiterte jedoch endgültig nach siebenjähriger Fehde mit den Wettinern im Jahre 1402, als der Markgraf die Burggrafschaft eroberte. Zur Zeit der →Stadtgründung besaßen die Burggrafen als Reichsbeamte im Gau →Nisan die Gerichtsgewalt. An der Altendresdner Seite der Elbbrücke erhob die Königsbrücker Linie des Geschlechts seit 1440 einen Geleitzoll für die Straße von Dresden nach Königsbrück, der dem jeweiligen Besitzer dieser Stadt zustand. 1577 verpfändeten die Burggrafen den Zoll an den Dresdner Rat.

Dohnaische Gasse: ehemalige Verbindung zwischen Waisenhausstraße und dem Dohnaischen Schlag. – Die wenigen am Rand der →Bürgerwiese gelegenen Häuser wurden bis 1815 «An der Kaitzbach» genannt, der Weg von der Waisenhauskirche am →Georgplatz bis zur Strehlener Flurgrenze hieß in der zweiten Hälfte des 18. Jh. Dohnaer Straße (auch Strehlener Fuhrweg). 1815 wurde die Gasse An der Kaitzbach mit dem Straßenabschnitt an der Westseite des →Jüdenteiches vereint und bis zum Dohnaischen Schlag als Dohnaische Gasse bezeichnet. Ab 1816 wurde der Anfang der Gasse zum Dohnaischen Platz (Georgplatz) erweitert, der restliche Teil An der Bürgerwiese genannt und nach 1867 bei der Anlage der inneren Bürgerwiese aufgehoben.

Dohnaischer Schlag: →Schläge

Dohrn, Wolf: Mitbegründer der Gartenstadt →Hellerau, geb. 3. 4. 1878 Neapel, gest. 4. 2. 1914 durch Skiunfall bei Chamonix. – Der Sohn des Meeresbiologen Anton D. studierte an den Universitäten von Berlin, Leipzig und München Volkswirtschaft und promovierte 1906 in

Leipzig. 1908 wurde er erster Sekretär des Deutschen Werkbundes und widmete sich intensiv seinem Gartenstadtgedanken. Er wollte mit der Schaffung einer ländlichen Kleinstadt ohne Bodenspekulation dem Großstadtmenschen ein Leben ohne Mietskasernen ermöglichen. Mit dem Gründer der Hellerauer Werkstätten, Karl →SCHMIDT, der ihn mit der englischen Gartenstadtidee bekannt machte, und den Architekten →RIEMERSCHMID, Hermann MUTHESIUS (1861–1927) und →TESSENOW schuf er ab 1909 als neues Wohnmodell die Gartenstadt Hellerau. Nach seinem Ausscheiden aus dem Werkbund hat sich D. ganz seinen Plänen in Hellerau gewidmet. Es gelang ihm, den französisch-schweizerischen Musikpädagogen →JAQUES-DALCROZE nach Hellerau zu holen. 1911 gründete D. für Dalcroze unter Einsatz seines ganzen Vermögens die «Bildungsanstalt Jaques-Dalcroze» und ließ für ihn durch den Architekten Tessenow das klassizistische →Festspielhaus errichten. Ihm ist es zu danken, daß Hellerau das «Bayreuth Dresdens» und der «größte Wallfahrtsort der Jugendstil-Ära» sowie eine «Versuchsstation für soziale Kultur» wurde.

Döll, Oskar: Bildhauer, geb. 31.3.1886 Suhl, gest. (gef.) 20.9.1914 Frankreich. – Der Meisterschüler von Georg →WRBA wurde 1910 durch seine Medaille auf die Einweihung des Neuen Rathauses bekannt und schuf in Dresden die Balustradenfiguren am →Schauspielhaus, die Flachrelieffiguren am Gemeindehaus der →Auferstehungskirche in Dresden-Plauen und für einige Bauten Hans →ERLWEINS den plastischen Schmuck (z. B. für das heutige Gymnasium «Romain Rolland» und die heutige Kommunale Berufsschule II).

Dölzschen: Stadtteil im und über dem →Plauenschen Grund; 1144 als Deltsan (slaw. delcane, Burgbewohner) urk. erw., 1923 um →Roßthal erweitert, 1945 zu Dresden eingemeindet. – D. setzt sich aus dem hochgelegenen alten Rundplatzdorf, jüngeren Landhausvierteln sowie den Wohn- und Industriebauten im Weißeritztal zusammen. Bis auf ein Gehöft von 1744 überdauerten kaum ältere Bauernhäuser die Kriegsschäden 1813. Der Burgwartberg bei D., auf der Flur von Pesterwitz, wurde als (nicht sicher belegter) Standort des in der ältesten Dresdner Urkunde 1206 erw. Burgwarts Thorun angesehen. – Über den Weinbergen des linken Weißeritzhanges ließ Carl Siegmund von NIMPTSCH um 1742 auf der Felskanzel des «Kanapee» das Lusthäuschen Carlsburg bauen, an dessen Stelle 1852/54 die →Begerburg entstand. Die Steinkohlenvorkommen des Döhlener Beckens, die Lage an der Weißeritz und die 1855 angelegte →Albertbahn förderten das Entstehen frühindustrieller Unternehmen. Carl Friedrich August →KREBS baute den →Eisenhammer Dölzschen zum Hüttenwerk mit Kokshochofen aus. Die unter AUGUST DEM STARKEN errichtete Neumühle wurde von den Gebr. BRAUNE mit der nahen Garnisonsmühle vereinigt und 1903 zur Großmühle mit Brotfabrik erweitert. In der Nähe der Buschmühle, wo 1719 das prachtvolle Saturnusfest stattfand, entstand die →Felsenkellerbrauerei. Als geologisches Lehrbeispiel gilt der →Ratssteinbruch. Den zum Elbtal geneigten Hang prägen Landhausviertel des 20. Jh. Auf dem städtischen Friedhof befindet sich die letzte Ruhestätte von Victor →KLEMPERER. Das heutige Schulhaus in Altdölzschen entstand 1898; das Freibad D. wurde nach 1920 aus einem um 1885 vom Naturheilverein Löbtau angelegten Luft- und Sonnenbad geschaffen.

«Donaths Neue Welt»: ehem. Tanz- und Gartenlokal in Laubegast, Alttolkewitz 26, das zu den größten und bekanntesten Vergnügungsstätten in Dresden gehörte. Es entstand 1873 aus dem vorherigen alten Gasthof, den die Brüder Rinaldo DONATH (1823–1897) und Hermann DONATH (gest. 1909) mit phantasievollen, aufwendigen Dekorationen im Saal und im Garten umgestaltet hatten. Die Hauptattraktion war im Garten bei Einbruch der Dämmerung das Alpenglühen in einer künstlichen Berglandschaft. Zu den späteren Höhepunkten gehörten nach dem Ersten Weltkrieg die Festbälle des Besitzers Karl WATTIG. – Nach dem Zweiten Weltkrieg, als in der Dresdner Innenstadt alle Kulturstätten zerstört waren, diente das Lokal weiterhin größeren kulturellen, geselligen und auch sportlichen Veranstaltungen, bis es – zunehmend verfallen – ab 1956 nur noch für Lagerzwecke genutzt wurde.

Dornblüth, Marcus: Dresdner Bürgermeister, geb. 22.5.1642 Großenhain, gest. 2.9.1715 Dresden. – D., Sohn eines Großenhainer Kaufmanns und Stadtrichters, nahm nach dem Besuch der Dresdner Kreuzschule und der Fürstenschule Pforta in Wittenberg das Studium der Rechte auf. Nach einer Tätigkeit als Hauslehrer in Dresden und als Anwalt in Leipzig siedelte er 1676 endgültig nach Dresden über. Auf Betreiben seines Gönners, des. Geh. Rats Gotthelf Friedrich von SCHÖNBERG wurde er bereits 1677 Ratsherr. Bald hatte D. außerdem verschiedene städtische Ämter in seiner Hand. JOHANN GEORG II. übertrug ihm das Amt des Steuerprokurators für den Meißnischen und den Erzgebirgskreis. 1689 übertrug der Rat D. das Amt des Stadtrichters und Inspektors der Kreuzschule. Von 1697 an war D. achtmal Bürgermeister der Residenzstadt. Er stand in hoher Gunst AUGUSTS DES STARKEN (Ernennung zum Kurfürstlichen Rat 1697). – Dornblüth-Straße in Striesen.

Dorsch: 1. *Ferdinand*, Maler, geb. 10.12.1875 Fünfkirchen (Pécs) in Ungarn, gest. 9.1.1938 Dresden. – D. studierte seit 1891 an der Dresdner Kunstakademie (Meisterschüler von Gotthardt →KUEHL). Nach einem Aufenthalt in Wien ließ er sich 1901 in Dresden nieder und war Mitbegründer der Künstlervereinigung →«Elbier». Besondere Verdienste erwarb sich D. als Mitorganisator der Dresdner Kunstausstellungen und ab 1906 als Leiter eines vielbesuchten Malateliers. – 2. *Johann Baptist*, Bildhauer, geb. 1744 Bamberg, gest. 29.11.1789 Dresden. – Der seit 1777 in Dresden wirkende D. wurde 1786 Hofbildhauer. Er schuf den plastischen Schmuck an verschiedenen Dresdner Gebäuden, z. B. die Löwenfiguren, zwei Hermen und das gräfliche Wappen am →Marcolinipalais, die beiden Sphinxe am Elbaufgang von →Schloß Pillnitz und die Statue Widukinds auf dem Stallgebäude neben dem Georgentor (1787). Im →Japanischen Palais stammen die Dekorationen der Säle von D. und auf dem Alten Katholischen Friedhof das Grabdenkmal des Chevalier de SAXE (gest. 1774). Mit Thaddäus Ignatius →WISKOTSCHILL erneuerte und ergänzte D. 1785/87 die Bildwerke im Zwingerhof.

Dostojewski: 1. *Anna Grigorjewna*, Gattin von 2. – Sie begleitete ihren Mann häufig auf seinen Reisen. Über den Aufenthalt in Dresden im Jahre 1867 hinter-

ließ sie ein Tagebuch (deutsch 1925 unter dem Titel «Das Tagebuch der Gattin Dostojewskis»), das anschaulich über die Konzert- und Theaterszene in der Stadt berichtet, die Kunstsammlungen beschreibt und Eindrücke des alltäglichen Lebens wiedergibt. Interessant sind auch die Berichte über ihre Ausflüge in die Blasewitz-Loschwitzer Gegend, nach Pillnitz und in die Sächsische Schweiz. Ihr Urteil über die Bewohner Dresdens fiel recht hart aus («Stadt der Krüppel», «höflich, aber schwerfällig»). –
2. *Fjodor Michailowitsch,* russ. Schriftsteller, geb. 11.11.1821 Moskau, gest. 9.2.1881 St. Petersburg. – Ein erster kurzer Aufenthalt D. in Dresden ist für das Jahr 1863 bezeugt, als er sich auf einer Reise nach Paris befand. Der erste längere Aufenthalt fällt in das Jahr 1867. D. wohnte damals mit seiner Frau zuerst im Hotel «Stadt Berlin» am Neumarkt, danach in einem Haus in der Johannisstraße. Vom August 1869 bis zum 5. Juli 1871 lebte D. wiederum in Dresden. In dieser Zeit wohnte er in den Häusern Viktoriastraße 5 und 9, im sog. →Englischen Viertel, und später Johann-Georgen-Allee 8. Im Haus Viktoriastraße Nr. 5 wurde seine Tochter Ljubow geboren. D. beendete während dieser Zeit seinen Roman «Der ewige Ehemann» und schrieb den Roman «Die Dämonen». – Dostojewskistraße in Loschwitz.

Dotzauer, Justus Johann Friedrich: Violoncellist, geb. 20.1.1783 Häselrieth (Hildburghausen), gest. 6.3.1860 Dresden. – Der von Kindheit an musikalisch vielseitig ausgebildete Musiker erlangte im In- und Ausland anerkannte Meisterschaft auf dem Violoncello. 1811 wurde er von Francesco →MORLACCHI an die Dresdner Kapelle verpflichtet, der er – trotz glänzender anderweitiger Angebote – zeitlebens als erster Cellist (seit 1821) treu blieb. Er schuf etwa 165 verschiedenartige Kompositionen, auf die auch Carl Maria von →WEBER anregend gewirkt hat. Seine Unterrichtswerke werden noch heute von Cellisten geschätzt.

Dr.-Külz-Ring: südlicher Abschnitt der →Ringstraßen um die innere Altstadt, zwischen Neuem Rathaus und →Dippoldiswalder Platz. – Nach der Abtragung der Festungswälle (ab 1809) wurde der Teil westlich der Prager Straße zunächst Johannisallee (nach dem Johannisfriedhof), ab 1872 nach König JOHANN (1801 bis 1873) Johannesallee, nach 1900 Johannesring genannt. 1822 wurde nach dem Abbruch des → Seetores der östliche Teil angelegt und nach dem Prinzen FRIEDRICH AUGUST (1797–1854) als Friedrichsallee bezeichnet (nach 1900 Friedrichsring). Beide Abschnitte erhielten 1948 den Namen des Oberbürgermeisters Wilhelm →KÜLZ. An der Kreuzung mit der Prager und Seestraße befand sich seit 1903 das →Bismarckdenkmal. Den «Ring» säumten repräsentative Bauten vom Anfang des 20. Jh. sowie die →Reformierte Kirche. Mit Ausnahme des Neuen Rathauses wurde die Bebauung 1945 zerstört.

Ring-Café am Dr.-Külz-Ring. 1959

Gasthof «Drei Lilien»

Dr.-Rudolf-Friedrichs-Brücke: → Carolabrücke

Draeseke, Felix: Komponist und Musikschriftsteller, geb. 7.10.1835 Coburg, gest. 26.2.1913 Dresden. – Der mit dem Musikerkreis um Franz LISZT verbundene Künstler war am Leipziger Konservatorium ausgebildet worden und wirkte u.a. 1856/60 in Dresden, bis er sich 1876 endgültig hier niederließ. Seit 1886 lehrte er als Professor Komposition am Konservatorium. Mit seinen musiktheoretischen Schriften und seinen zahlreichen Kompositionen (z.B. vier Sinfonien, drei Opern, Kirchenmusik, Lieder, Klavier- und Orgelwerke) gehörte er zu den berühmten Tonkünstlern seiner Zeit. – Nachlaß in der Sächsischen Landesbibliothek; begr. auf dem Tolkewitzer Friedhof; Draesekestraße in Blasewitz.

Drahtseilbahn: → Seilbahnen

«Drei Lilien»: ehem. Gasthof am Ausgang des →Fischhofplatzes (sog. Liliengäßchen; heute Schulhof). Mit seiner Ausspanne diente er vorwiegend Botenfuhrleuten als Herberge, wurde bereits 1555 erstmals erwähnt und hieß auch «Drei weiße Lilien», «Weiße Lilie» oder «Die Lilie». 1577/81 war er im Besitz des kursächsischen Kartographen Matthias OEDER. Der Gasthof bestand bis 1932 und wurde im Februar 1945 durch Bomben zerstört.

Dreikönigskirche: älteste ev. Kirche in Dresden-Neustadt (Altendresden). Die mehrfach neu errichtete D. wurde erstmals 1421 als Pfarrkirche «Zu den Heiligen Drei Königen» erwähnt. Das gotische Gebäude mit seinem Turm befand sich nördlich vom Markt mitten auf der späteren Hauptstraße. 1429 zerstörten Hussiten die Kirche. Nach der Wiederherstellung erfolgte 1514/20 durch Hans SCHWABE ein Um- und Erweiterungsbau zu einer dreischiffigen Hallenkirche mit Chor. Bereits 1501 legte man rund um die D. einen Friedhof an. Beim großen Brand von Altendresden im Jahre 1685 brannte ein großer Teil Altendresdens und mit ihm die Kirche nieder. 1686/88 wurde die D. vom Maurermeister Johann Benedikt KNÖFFEL und Zimmermeister Johann Andreas VOIGT an gleicher Stelle neu erbaut. 1731 befahl AUGUST DER STARKE, den Bau abzubrechen und einen passenden Neubau auf seine Kosten in der Flucht der Hauptstraße zu errichten. Ehe es zum Abbruch kam, wurde 1731/32 durch Matthäus Daniel →PÖPPELMANN eine 2000 Zuhörer fassende Interimskirche errichtet. Sie wurde erst nach Fertigstellung der neuen D. (jetzige Kirche) abgebrochen. Nach Plänen von Pöppelmann errichteten 1732/39 auf ehemaligen Friedhofsgelände George →BÄHR und Johann Gottfried →FEHRE die heutige D. Den Giebelschmuck sowie den 7 m hohen Altar schuf der Bildhauer Benjamin →THOMAE. Mitte des 18. Jh. diente die D. auch als Begräbniskirche. In der Krypta unter der späteren Turmkapelle stehen über 70 Särge drei- und vierfach übereinander. Erst 1854/57 konnten Karl Moritz

→HAENEL und Frommherz Lobegott MARX den 87,5 m hohen Turm an die Westseite der D. anbauen. Durch das Bombardement 1945 brannte die D., die mit 3850 Sitzplätzen eine der größten Kirchen der Stadt war, bis auf die Grundmauern aus. 1984/90 erfolgte der Wiederaufbau der D. bei Erhaltung der ursprünglichen äußeren Form zu einem «Haus in der Kirche» als kirchliches Tagungs- und Veranstaltungszentrum (besonders für behinderte Menschen), wobei ein Gottesdienstraum für 450 Personen mit dem restaurierten Thomae-Altar eingebaut wurde. 1990 wurde das restaurierte Sandsteinrelief →«Totentanz» unter der Orgelempore des neuen Kirchenraumes angebracht. Im gleichen Jahr erfolgte die Einweihung des «Hauses der Kirche.» Der Turm wurde erstmalig 1993 restauriert. 1990/92 diente die D. als Sitzungsstätte des Sächsischen Landtages.

Dreikönigsschule (Realgymnasium zu Dresden-Neustadt): älteste Schule von Altendresden, über deren Entstehung urkundlich nichts bekannt ist. Wahrscheinlich als Pfarrschule der →Dreikönigskirche gegründet, wird sie erstmalig 1465 erwähnt und entwickelte sich auch nach der Reformation als Lateinschule weiter. Das Schulhaus (zugleich Lehrerwohnung) befand sich in der Nähe der Kirche (schon im 16. Jh. erhielt ein Teil des Rathausgäßchens den Namen Schulgäßchen). Neben dem Schulmeister (Rektor), der bis zur Mitte des 16. Jh. zugleich Stadtschreiber von Altendresden war, wird ab 1543 ein Kantor und ab 1544 ein Organist (Baccalaureus oder Tertius) genannt. Die Schülerzahl hatte durch die Reformation zugenommen. 1670 werden über 130 Schüler genannt. Beim Stadtbrand von 1685 zerstört, wurde die D. an gleicher Stelle wieder aufgebaut. 1803 wandelte man sie in eine höhere Bürgerschule um und ab 1845/47 entwickelte sie sich unter dem Rektor Friedrich August BEGER zu einer Realschule. Die D. erhielt 1851 das Recht der Reifeprüfung und Beger erreichte auch, daß anstatt von Hebräisch und Griechisch, Mathematik, Naturwissenschaften und Französisch gelehrt wurden. 1854 konnte der nach Plänen von Karl →EBERHARD errichtete Neubau der D. in der Königstraße bezogen werden (damals 327 Schüler). Die alte D. wurde bald darauf abgerissen, später stand an ihrer Stelle das Hotel «Zum Kronprinzen». Schon 1874 klagte man darüber, daß es der D. an «Licht, Luft, Raum und Ruhe» fehlte. 1892 erhielt die Schule deshalb einen Neubau (nach Plänen von Bruno → ADAM und Georg SCHRAMM) in der Wasserstraße (später Arnimstraße, heute Wigardstraße). 1895 wurde die D. das erste Reformrealgymnasium Sachsens. Die Zahl der Schüler stieg bis 1890 auf 430, bis 1900 auf 580 und erreichte 1920 624. Ab 1927 besuchte jede Klasse 14 Tage im Schuljahr das schuleigene Landheim in Hetzdorf-Herrndorf. Beim Bombenangriff 1945 wurde die D. zerstört. Aus der Ruine entstand 1951 das erste Lehrgebäude der →Pädagogischen Hochschule (seit 1994 Staatsministerium für Wissenschaft und Kunst).

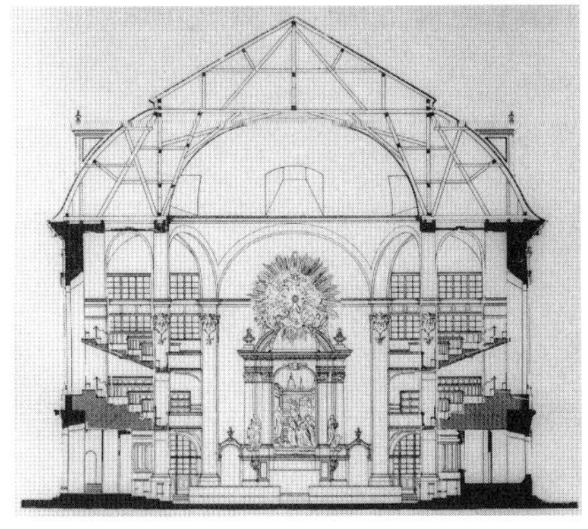

Dreißigjähriger Krieg: Dresden galt im D. als uneinnehmbare Festung. Aus diesem Grund ist die Stadt nie belagert worden, so daß sie von kriegerischen Ereignissen selten berührt wurde. Am 30. September 1631 erschienen 500 kroatische Reiter vor Altendresden. Der beabsichtige Überfall auf den Stadtteil mißlang jedoch, da die Einwohner durch einen Deserteur, den Sachsen Jakob SCHÖNE, gewarnt worden waren. Auf ihrem Rückzug zündeten die kaiserlichen Reiter Bühlau und Weißig an. Nach diesem Ereignis postierte man in Altdresden und in den Vorstädten ständige Wachen. Nachdem Anfang 1632 JOHANN GEORG I. mit seinen Truppen die Stadt in Richtung Schlesien verlassen hatte, tauchten im August und September Truppen des Generals HOLK vor den Vorstädten auf und griffen sie erfolglos an. Im gleichen Jahr wurde mit dem Bau der Altendresdner Befestigung und dem Bau von Schanzen rings um die Stadt begonnen. Nach 1635, Kursachsen war in diesem Jahr auf die kaiserliche Seite übergewechselt, erschienen schwedische Truppen in der Umgebung der Stadt. Anfang 1639 floh die Landbevölkerung vor ihnen scharenweise in die Dresdner Festung. Wie der Chronist WECK erwähnte, waren es so viele, «daß alle Tor und Brücken zu enge sein wollten». Am 25. Juli 1639 fand vor Altendresden ein Gefecht zwischen schwedischen und kaiserlichen Truppen statt. 1642, nachdem die Schweden Leipzig besetzt hatten, fürchtete man eine Belagerung Dresdens, zu der es jedoch nicht kam. Der Waffenstillstand zu Kötzschenbroda vom 27. August 1645 bestimmte u. a., daß die Schweden Dresden im Umkreis von drei Meilen nicht berühren durften. Die kriegsbedingten Zerstörungen hielten sich während dieser Zeit in Grenzen. 1642 stellte man z. B. fest, daß 207 Vorstadthäuser zerstört worden seien. – Schwerwiegendere Folgen hatte der Krieg für die innere Entwicklung der Stadt. Die Bevölkerung, Dresden hatte um 1630 etwa 17 000 Einwohner, litt unter Einquartierungen, Sondersteuern und Kontributionen und wurde außerdem mehrfach zum Schanzenbau herangezogen. Zwischen 1631 und 1643 forderte die Pest Tausende Tote. Die Lebensmittelverknappung führte zu Teuerungen. Zwischen 1618 und 1639 vervierfachte sich z. B. der Kornpreis. Zunehmende Verarmung der Stadtbevölkerung (viele Bettler) und der Verfall des wirtschaftlichen Lebens in Dresden waren kennzeichnend. So ging die Zahl der Meister in wichtigen Handwerken zwischen 1631 und 1647 drastisch zurück: bei den Leinewebern von 90 auf 11, bei den Tuchmachern von 17 auf 5, bei den Fleischern von 66 auf 16 und bei den Bäckern von 42 auf 27. Die Jahrmärkte und der Elbhandel wurden durch die Kriegsereignisse erheblich gestört.

Ansicht der alten Dreikönigskirche
Dreikönigskirche, Querschnitt 1739

Dennoch blieb der Finanzhaushalt der Stadt in diesen Jahren in Ordnung, die Verschuldung hielt sich in engen Grenzen. Das erklärt zumindest teilweise die relativ schnelle Erholung Dresdens nach 1648, im Gegensatz zu anderen sächsischen Städten. Dazu beigetragen haben allerdings auch die z. T. hochqualifizierten und kapitalkräftigen etwa 1000 böhmischen →Exulanten, die von 1623 bis 1648 in die Stadt kamen.

Drescherhäuser: allg. historische Bezeichnung für bescheidene Gutsarbeitersiedlungen. – Die nahe der Löbtauer Flurgrenze im 16. Jh. vom Vorwerk →Ostra errichteten Tagelöhnerhäuser wurden 1688 als «die 14 Häuser zu Trescherdorf», 1804 als «Dreschersdorf», 1840 als «Häuser am Drescherberge» bezeichnet und leben im Straßennamen D. an der Weißeritz fort. – Eine andere, 1785 von Karl Albrecht von NIMPTSCH auf Roßthaler Gutsflur angelegte Siedlung von D. bildete den Ursprung des Ortsteiles →Neunimptsch.

Dresden, (Name): Dresdene und Dreseden in den Urkunden von 1206 bzw. 1216, wird vom altsorbischen «drezdany» svw. Waldbewohner, Auenwaldbewohner, abgeleitet. Die Ableitung des Namens von «drežga» – Sumpfwald ist z. Z. umstritten.

Dresden Hilton: exklusives Dresdner 5-Sterne-Hotel (An der Frauenkirche 5), das den Raum zwischen ehem. Töpfergasse, Brühlscher Gasse, Terrassengasse und Münzgasse einnimmt. Es wurde 1987/90 als «Dresdner Hof» unter Leitung einer schwedischen Firma in Anlehnung an traditionelle Dresdner Architekturformen errichtet und 1992 vom Hilton-Konzern übernommen. Die Namen einiger seiner gastronomischen Einrichtungen haben historische Bezüge (z. B. «Alte Münze», «Espresso Reale», «Kleppereck»).

Dresden in der Reiseliteratur: Schon seit der Mitte des 16. Jh. übte die Stadt große Anziehungskraft auf Reisende aus. Viele der zahlreichen mehr oder weniger prominenten Besucher der vergangenen Jahrhunderte hinterließen Berichte und Tagebuchaufzeichnungen, nüchtern und knapp gehalten oder mit literarischem Anspruch verfaßt, über ihren Aufenthalt in Dresden. Es verwundert kaum, daß dabei der Beschreibung der Bauwerke und Kunstsammlungen der fürstlichen Residenzstadt immer eine große Bedeutung zukam, wobei die Übergänge zu den → geographisch-topographischen Beschreibungen häufig fließend waren, so z. B. schon in der entsprechenden Passage eines von dem Juristen Paul →HENTZNER nach 1600 verfaßten und im 17. Jh. weit verbreiteten Reisehandbuchs. Auch in den beiden Reiseberichten des Augsburger Patriziers Phillipp →HAINHOFER aus den Jahren 1617 und 1629, den bedeutendsten Zeugnissen dieser Art aus der älteren Stadtgeschichte, steht die Beschreibung der kurfürstlichen Sammlungen und der herausragenden Bauwerke im Vordergrund. Für das 17. Jh. sind noch erwähnenswert die Schilderungen des Grafen Christoph von DOHNA und des Abenteurers und Schriftstellers Johann LIMBERG (Denkwürdige Reisebeschreibung durch Teutschland, Italien..., Leipzig, 1670). Im 18. Jh. erreichte die Reiseliteratur ihren Höhepunkt und bildete für das aufgeklärte bürgerliche Publikum einen wichtigen Lesestoff. Neben die reine Beschreibung traten zunehmend Schilderungen von wirtschaftlichen Zuständen und von Lebensverhältnissen der Menschen. Die persönliche Betrachtungsweise verlieh dem Reisebericht dieser Zeit oft etwas Belletristisches. Bei Johann Georg KEYSSLER (1730) überwiegt die Beschreibung der Kunstsammlungen. Hingegen gehen beispielsweise der Stralsunder Pfarrer Johann Chr. MÜLLER und der Berliner Gelehrte Johann Carl Conrad OELRICH auch auf die Lebensverhältnisse bzw. das wissenschaftlich-kulturelle Leben in der Stadt ein. Viele Besucher in der ersten Hälfte des 18. Jh. waren nicht zuletzt von der prachtvollen Hofhaltung, den Hoffesten im augusteischen Dresden beeindruckt. Das traf nicht nur für den berühmt-berüchtigten Baron Karl Ludwig von POELLNITZ oder für Johann Michael →LOEN zu, sondern beispielsweise auch für den Schriftsteller David →FASSMANN. Zu den wichtigsten Zeugnissen aus der zweiten Hälfte des 18. Jh. zählen der betreffende Abschnitt in dem seinerzeit weit verbreiten handbuchartigen Werk von Gottlob Friedrich KREBEL, die Berichte des Schweden Jonas APELBLAD, des Historikers und Schriftstellers Johann Wilhelm von →ARCHENHOLTZ und die für die Kulturgeschichte Dresdens aufschlußreichen Tagebücher von Daniel →CHODOWIECKI. Das Städteporträt Kaspar RIESBECKS leitet schon über zu den gesellschaftskritisch angelegten Reiseberichten aus der Zeit der Französischen Revolution. Die sehr kritische Darstellung Georg Friedrich →REBMANNS ist dafür das bemerkenswerteste Beispiel. Im 18. Jh. sind auch einige recht umfangreiche anonyme Beschreibungen Dresdens erschienen. – Von der großen Zahl der Reisenden, die im 19. Jh. Dresden besuchten, seien nur einige namentlich erwähnt, deren Berichte z. T. auch literarisch anspruchsvoll sind: Hans Christian → ANDERSEN, Daniel ATTERBOM, Christian →KOSEGARTEN, Johann MASS und Christian →MÜLLER. In der Mitte des Jahrhunderts begann auch für Dresden der Tourismus (→Fremdenverkehr). Für Künstler, reiche Globetrotter aus England und Amerika und für russische Aristokraten wurde die Stadt zunehmend ein lohnendes Ziel. Deren Reiseberichte trugen jedoch vielfach einen sehr persönlichen Charakter und versuchten selten, die Stadt in ihrer Gesamtheit zu erfassen. Dies übernahmen mehr und mehr, wenn auch in klischeehafter Form, die immer häufiger speziell für Touristen herausgegebenen Reiseführer.

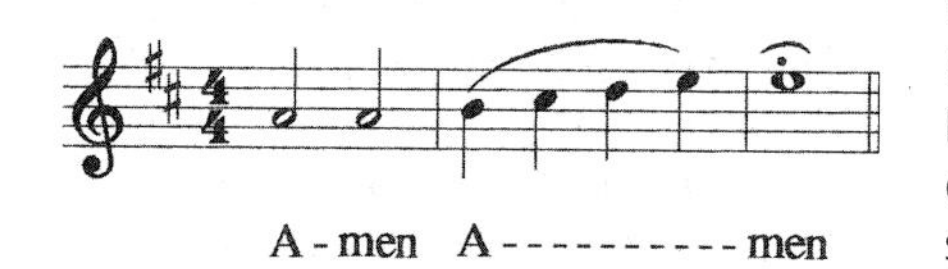

Die letzten Drescherhäuser in Löbtau
Dresdner Amen

Dresdenansichten: → Stadtansichten

«Dresdner Amen»: drei Takte liturgischer Musik, die ausschließlich in der Dresdner Kirchenmusik Anwendung fanden. Die Notenfolge soll ursp. möglicherweise aus den Gesängen der Böhmischen Brüder stammen oder als Instrumentalsatz von den →Hoftrompetern verwendet worden sein, ehe sie zunächst in der ev. Kirchenmusik (auch «Evangelisches Amen» genannt) und seit Ende des 18. Jh. in der kath. Hofkirchenmusik gesungen wurde. Die Melodie verwendete Richard →WAGNER in der Oper «Parsival» als Gralsmotiv, sie kommt auch in Kompositionen von Louis SPOHL (Sonate für Violine und Klavier, op. 96) und von Felix MENDELSSOHN-BARTHOLDY (Reformations-Sinfonie, op. 107) vor.

Dresdner Anzeiger: eine der ältesten und die zeitlich am längsten existierende Tageszeitung der Stadt (1730–1945). Geistiger Urheber des Blattes war Johann Christian →CRELL. Der Buchhändler Gottlob Christian HILSCHER (1705–1748), der ein ähnliches Gesuch an den Kurfürsten gerichtet hatte wie Crell, erhielt jedoch das notwendige Privileg des Landesherrn und gab den «Wöchentlichen Anzeiger oder Nachricht» heraus, Nr. 1 vom 1. September 1730. Crell arbeitete in der ersten Zeit an der Zeitung mit. Nach Hilschers Tod waren verschiedene Buchhändler im Besitz des Privilegs. 1837/56 besaß es Friedrich →GÜNTZ. Der D. hatte mehrere Beilagen. Das älteste Verlagshaus der Zeitung war die Hilschersche Buchhandlung in der →Schloßstraße. Später befand sich der Verlag an den verschiedensten Stellen der Innenstadt; seit 1900 auf der →Breiten Straße.

Dresdner Aufbauplan: → Aufbau nach 1945

Dresdner Bank: nach ihrem Gründungsort benannte Großbank mit ca. 40 000 Mitarbeitern; zweitgrößtes deutsches Kreditinstitut. – Die Bank wurde 1872 von Eugen →GUTMANN gemeinsam mit Felix und Carl von →KASKEL aus dem Kapital des Dresdner Bankhauses Michael Kaskel gegründet, übernahm schon 1873 mehrere weitere Banken in Dresden und eröffnete 1881 eine Niederlassung in Berlin, die sich zum Hauptsitz entwickelte. Nachfolger Gutmanns in der Leitung der Bank war Henry NATHAN (1862–1932); zu ihren Vorstandsmitgliedern zählten auch Gustav und Victor von →KLEMPERER. Die D. übernahm das erst 1869 von der Sächsischen Bank umgebaute →Hotel de Pologne in der Schloßstraße und ließ 1895/97 von Gustav →RUMPEL und Ernst →SOMMERSCHUH das Gebäude König-

Freytags, den 1. Septembr. Anno 1730.

Numero I.

Der Königl. Pohln. Churfl. Sächsischen Residentz-Stadt Dreßden Wöchentlicher

Anzeiger oder Nachricht,

Dessen, was in- und außerhalb der Stadt zu kauffen und zu verkauffen, zu miethen und zu vermiethen, zu pachten und zu verpachten, wer Capitalia ausleihen, und solche erborgen will, wer Dienste oder Bedienungen, desgleichen zu einer Reise ein, oder mehr Compagnons suchet, wer nach Persohnen, so nicht zu erforschen, fraget, wer etwas gefunden oder verlohren, wer in abgewichener Woche begraben, getauffet und copuliret worden, wer von Frembden ankommen, oder abgangen, wenn Fuhr-Leute oder Schiffe ankommen, oder abgehen, wie hoch die Victualien in Tax gesetzet worden, und was sonst in gemeinen Leben zu wissen nöthig und nützlich.

Dreßden, zu finden auf der Schloß-Gasse in der Hilscherischen Buchhandlung.

Erste Nummer des «Dresdner Anzeigers» 1730

Johann-Straße (heute Wilsdruffer Straße) errichten, in dem bis 1941 auch die Hauptversammlungen der Bank abgehalten wurden (1945 zerstört). Die D. kehrte 1990 mit ihren Filialen an den Gründungsort zurück und gründete 1991 eine Kulturstiftung, aus der u. a. Mittel in den Wiederaufbau der →Frauenkirche fließen.

Dresdner Barock, auch sächsischer oder augusteischer Barock: Stilrichtung des Barocks, die im allgemeinen durch ihren beschwingten, festlich-heiteren Charakter mit harmonisch-großzügiger Gestaltung ohne pathetisch-abweisende Monumentalität gekennzeichnet ist. – Der D. ist verbunden dem Repräsentationsbedürfnis des zur absolutistischen Herrschaftsform strebenden, zum Katholizismus übergetretenen Kurfürsten →FRIEDRICH AUGUST I. (erste Phase des D.) und der Kunstbesessenheit von →FRIEDRICH AUGUST II. (zweite Phase des D.). In ihrer Regierungszeit wurde Dresden zu einer der vornehmsten europäischen Residenzen ausgebaut. – Der D. fußt auf italienischen, österreichischen und böhmischen sowie auf französischen, niederländischen und englischen Einflüssen, wobei die «Einfachheit und Klarheit der Kunst des protestantischen Nordens mit der Bewegtheit und dem bildkünstlerischen Überschwang» des katholischen Südens korrespondieren. Außerdem wurden die «China-Mode» des frühen 18. Jh. und die reichen inländischen handwerklichen Traditionen mit einbezogen. Beim Zusammenwirken der verschiedensten Künste (an den →Hoffesten als Gesamtkunstwerke großen Ausmaßes besonders offensichtlich) vereinigte das Oberbauamt als zentrale Behörde Beamte, Künstler und die einzelnen Gewerke. Unter direkter Einflußnahme von Friedrich August I. orientierte es auf komplexe Planungen mit einheitlichen Gestaltungskonzeptionen (→Bauordnungen), so daß trotz differenzierter Entwürfe einzelner Künstler und Architekten eine relative Homogenität erreicht wurde. Dabei lassen sich (mit Übergängen und Überschneidungen) vor allem in der Architektur und Plastik an höfischen und bürgerlichen Bauten sowie den Adelspalästen die zwei Phasen des D. deutlich unterscheiden. Während die erste (1694–1728) durch besonders reiche figurale Plastik und üppige schmuckhafte Dekorationen (Blütenketten, Waffen-, Früchte- und Tuchgehänge) gekennzeichnet ist, herrschen in der zweiten Phase (um 1730 bis 1763) zurückhaltendere und intimere Formen vor, die teils Züge des Rokokos zeigen und andererseits zum Klassizismus überleiten. In der Architektur sind dafür die maßvollen Fassadengliederungen (Lisenen, Spiegel unter den Fenstern, vorschwingender Mittelrisalit, Dachreiter, Sandsteinverkleidung) und die anmutige Ausgestaltung der Innenräume typisch. – Hauptvertreter der *ersten Phase* des D. sind Matthäus Daniel →PÖPPELMANN und Balthasar →PERMOSER, die den →Zwinger als Höhepunkt der barocken Festarchitektur Dresdens schufen, der zum Inbegriff des D. wurde. Zu weiteren hervorragenden Architekten der ersten Phase des D. zählen Johann Friedrich →KARCHER (→Taschenbergpalais, mit Pöppelmann), Johann Rudolph →FÄSCH, George →BÄHR, Johann →FEHRE, (→Löwenapotheke) und Johann Christoph →NAUMANN, während zu den bekanntesten Bildhauern Benjamin →THOMAE und Johann Christian →KIRCHNER gehören. Der bedeutendste Architekt der *zweiten Phase* war Johann Christoph →KNÖFFEL, der stark vom Stil →LONGUELUNES beeinflußt war (→Blockhaus) und vor allem mit seinen Bauten für den Grafen BRÜHL (→Brühlsche Herrlichkeiten) hervorgetreten ist. Weiterhin ist hier Julius Heinrich →SCHWARZE zu nennen (→Palais Mosczinska). An Bildhauern traten besonders Gottfried →KNÖFFLER sowie in der

Porzellanplastik Johann Joachim →KÄNDLER hervor, der mit dem Maler Johann Gregorius HÖROLDT (1696–1775) den Ruhm der europäischen Porzellankunst (→Porzellanerfindung) begründete.- Zu den Vertretern des D. in der Malerei rechnen Samuel →BOTTSCHILDT, Heinrich Christoph →FEHLING, Louis de →SILVESTRE, Ismael MENGS (1688–1764), Johann Alexander →THIELE, Bernardo →BELLOTTO und Christian Wilhelm Ernst →DIETRICH. Die Besonderheiten des D. zeigen sich außerdem in der Goldschmiedekunst (Johann Melchior →DINGLINGER), in der Möbelkunst, in einer eigenständigen Glaskunst, in der Stein- und Bergkristallschneidekunst sowie in der Medaillen- und Münzschneidekunst.– Mit dem Aufkommen des Klassizismus im ausgehenden 18. Jh. abgelehnt und später vergessen, wurde der D. gegen Ende des 19. Jh. wiederentdeckt (Cornelius →GURLITT) und fand in Anklängen wieder Anwendung in der neueren Architektur Dresdens.

Dresdner Brettl: Kleinkunsttheater für Kabarett, Musik und Literatur, das 1988 von dem Dresdner Schauspieler Friedrich Wilhelm JUNGE (geb. 1938) gegründet wurde. Es unterstand zunächst dem Staatsschauspiel und besteht seit September 1990 als eigenständiges Theater beim Rat der Stadt. Spielstätten: 4. September 1988 bis August 1990 Jazzklub «Tonne» im ehemaligen Kurländer Palais, ab. 1. September 1990 «Haus der Kultur und Bildung», Maternistraße.

Dresdner Friede von 1745: am 25. Dezember in der sächsischen Residenz unter englisch-hannoverscher Vermittlung abgeschlossener Friedensvertrag zwischen Preußen auf der einen und Österreich und Sachsen auf der anderen Seite, der den Zweiten Schlesischen Krieg beendete. Preußen wurde der Besitz Schlesiens bestätigt. Außerdem erhielt es von Kursachsen 6 Mill. Taler Kriegskosten erstattet. →FRIEDRICH II. gab dafür FRANZ I., dem Gemahl von MARIA THERESIA, seine Stimme zur Kaiserwahl. Die Verhandlungen wurden seit dem 18. Dezember geführt, nachdem die sächs. Armee von LEOPOLD von Anhalt bei Kesselsdorf vollständig geschlagen und Dresden von preußischen Truppen besetzt worden war. Im Auftrage des Kurfürsten und BRÜHLS, die beide schon am 1. Dezember nach Prag geflohen waren, führten die Minister von BÜLOW und von STUBENBERG zusammen mit dem österreichischen Vertreter Graf HARRACH die Verhandlungen mit dem preußischen Staatsminister von PODEWILS. Die preußische Besatzung verließ Dresden am 29. Dezember 1745.

Prießnitzbrücke am Wasserfall bei Klotzsche

Dresdner Geschichtsblätter: →Verein für Geschichte und Topographie Dresdens und seiner Umgebung.

Dresdner Geschichtsverein: →Verein für Geschichte und Topographie Dresdens.

Dresdner Heide: im Norden von Dresden liegendes und zur Stadt gehörendes zusammenhängendes Waldgebiet mit einer Fläche von rund 50 km² (21 Prozent des gesamten Stadtareals; längste Ausdehnung von Osten nach Westen 16 km und von Norden nach Süden 7 km). Die D. wird im Süden durch die Vororte Bühlau und Weißer Hirsch, im Westen durch Klotzsche, im Norden von der Weixdorfer und Langebrücker Flur und im Osten durch die Radeberger und Ullersdorfer Flur begrenzt. Im 12./13. Jh. erhielt sie im wesentlichen den heutigen Umfang, zuvor hatte sich der Wald bis zum Moritzburger Friedewald (→Junge Heide), der nördlich liegenden Laußnitzer Heide und dem östlich angrenzenden Carswald erstreckt. 1827 wurde der →Heller zur Nutzung für militärische Zwecke abgetrennt und seit 1873/79 sowie um 1900 wurde der Südwestzipfel für Kasernenbauten bzw. für die Anlage eines etwa 600 ha großen Schießplatzes genutzt. Ab 1845 bzw. 1884 durchziehen die Eisenbahnlinien Dresden–Radeberg und Klotzsche– Königsbrück das NW-Gebiet der D.; 1841 erfolgte der Ausbau der Radeberger Straße, die als einzige Autostraße mitten durch die Heide führt (Abzweig über die Hofewiese nach Langebrück). Ein dreifaches *Wegenetz* durchzieht das Waldgebiet: erstens unregelmäßig verlaufende Wege aus vorgeschichtlicher und mittelalterlicher Zeit; zweitens das im 16. Jh. unter Kurfürst AUGUST angelegte Netz der acht geraden Stellflügel, die im Dresdner Saugarten (→Saugärten) zusammentreffen und durch Querwege miteinander verbunden sind (auf der ersten kartographischen Aufnahme durch Matthias OEDER von 1598 eingezeichnet); drittens die rechtwinklig zueinander angeordneten Flügel und Schneisen des Wegesystems, das 1832/33 von dem Forstfachmann Heinrich COTTA (1763–1844) geschaffen wurde, wobei die dadurch entstandenen rechtwinkligen Waldabteilungen numeriert sind. Vor der Einteilung nach dem Cottaschen System waren durch die kurfüstliche Forstverwaltung die Waldstücke durch schwarze Zeichen und die Wege durch rote Zeichen markiert worden, die zu teilweise eigentümlichen Wegebezeichnungen führten. – Mit 90 Prozent ihrer *Fläche* befindet sich die D. auf der Lausitzer Granitplatte, an deren Steilrand in südwestlicher Richtung die breite Heidesandterrasse mit bis zu 70 m hohen

Flugsanddünen vorgelagert ist. So herrschen in den nördlichen Teilen verschiedene Granite und Granodiorite vor, während in den südlichen und westlichen vorwiegend Kiese und Sande auftreten, außerdem besteht der Waldboden aus Geröllen und Geschieben eiszeitlicher Gletscher. Der 280,5 m hohe Dachsenberg im NO bildet die höchste Erhebung. Außer zahlreichen Quellen (z. B. Schwestern- und Degelequelle im Stechgrund, Melzerquelle im Prießnitzgrund) und einigen Teichen (Forellenteiche bei Langebrück, Kleiner Silbersee bei Klotzsche, Staubecken im Bühlauer Revier) wird die D. von vielen Bächen durchzogen, die flache Muldentäler (vor allem am Nordrand) oder tief eingeschnittene V-Täler gebildet haben (besonders am Südrand). Die wichtigsten Bäche sind die →Prießnitz, der Stechgrundbach (Mündung in die Elbe bei Loschwitz) und der Eisenbornbach (Mündung in die Elbe an der Saloppe). Letzterer diente seit 1476 als «Mönchswasserleitung» der Wasserversorgung des →Augustinerklosters, später des kurfürstlichen Jägerhofs und bis 1945 der Bürger von Dresden-Neustadt. Die jährlichen Durchschnittstemperaturen in der D. betragen +7,0 °C bis +7,9 °C und die durchschnittliche Niederschlagsmenge 500 bis 800 mm. Der ursprünglich aus Kiefern und Eichenmischwald bestehende *Forst* wurde seit der Besiedlung genutzt, wobei vor allem im 16./17. Jh. durch Jagdschäden und im 18. Jh. durch Raubbau ein beträchtlicher Laubholzschwund zu verzeichnen war, den man seit der zweiten Hälfte des 18. Jh. mit Nadelholzanpflanzungen auszugleichen versuchte. Nachdem in der Mitte des 19. Jh. die bäuerlichen Waldnutzungsrechte (Weide, Schweinemast, Waldstreu) beseitigt und der Wildabschuß geregelt wurden, stiegen die Holzerträge wieder an. In der Gegenwart überwiegen außer einzelnen älteren Nadelholzmonokulturen je nach Bodenbeschaffenheit Nadelmischwald und Nadel-Laub-Mischwald (58 Prozent Kiefer, 32 Prozent Fichte, 10 Prozent Laubbäume). – Zur *Tierwelt* gehörten in vorgeschichtlicher Zeit Auerochse, Wisent, Elch und Wildpferd, während bis ins 17. Jh. außer Rot- und Schwarzwild noch Wolf und Bär (letzter 1612) gejagt wurden. 1932 zählte man 15 Säugetier-, 56 Vogel-, 6 Kriechtier- und 5 Lurcharten. Ausgrabungsfunde aus der jüngeren Steinzeit und der Bronzezeit belegen die früheste *Besiedlung* des Gebiets; in der slawischen Zeit erfolgte die südliche und westliche Besiedlung des Heiderands, wie die dortigen Ortsnamen beweisen. Auf Niederlassungen deutscher Kolonisten im 12. Jh. weisen die Ortsnamen des Nord- und Ostrandes hin. Als markgräflicher Besitz war die D. *Jagdrevier* der Landesherren, wobei im 16. Jh. die hohe, mittlere und niedere Jagd – einschließlich der Vogeljagd – zum alleinigen Vorrecht des Kurfürsten wurde (→Saugärten, →Jägerhof). Nur die Vogelstellerei war allgemein erlaubt. Die Leitung des Forstwesens, (ab 1447 Oberförster, ab 1484 Forstamt in Dresden) oblag dem obersten Jagdbeamten. Bis Mitte des 19. Jh. mußten die Bewohner der umliegenden Dörfer Jagddienste leisten. Ab 1831 kam die D. in Staatsbesitz, war aber bis 1918 noch als Jagdrevier dem sächsischen König vorbehalten. 1893/1945 war sie zum Schutz der umliegenden Felder von einem Wildzaun umgeben. – Seit 1918 wird die Heide im Einklang mit forstwirtschaftlichen und forstpflegerischen Erfordernissen betreut. Sie gehört zum *Sächsischen Forstamt Dresden* (Sitz Klotzsche) und umfaßt die Reviere Bühlau, Ullersdorf und Langebrück. Der Waldbestand wird nach modernen wissenschaftlichen Erkenntnissen durch langfristige Bewirtschaftungsplanung erhalten, wobei er zur Holz- und Harzgewinnung von volkswirtschaftlicher Bedeutung ist. Für die Jagd sind 3 Jagdgesellschaften mit über 240 Mitgliedern verantwortlich, wobei aufgrund jährlicher Wildzählungen exakte Abschlußpläne erfüllt werden. – Am 27. März 1969 erklärten die Dresdner Stadtverordneten die D. zum *Landschaftsschutzgebiet*, wodurch die Erhaltung der Waldbestände ohne weitere Gebietsabtrennungen gesichert ist. Der «Landschaftsschutztag Dresdner Heide» entwarf im Oktober 1985 einen Landschaftspflegeplan, in dem 7 Flächennaturdenkmale enthalten sind. Die D. ist als «grüne Lunge» Dresdens mit 11,8 ha Waldfläche auf 1000 Einwohner, ihrer abwechslungsreichen Landschaft, einigen Gaststätten (→Fischhaus, →Heidemühle, →«Hofewiese») das bedeutendste, mit öffentlichen Nahverkehrsmitteln zu erreichende Naherholungsgebiet für die Dresdner.

Dresdner Heidebahn: historisches Verkehrsmittel vom Arsenal an der Königsbrücker Straße nach dem Vorort Klotzsche, Gasthaus «Deutsche Eiche». – Die gleislose elektrische Oberleitungsbahn wurde von der Dresdner Wagenbauanstalt Carl STOLL am 24. März 1903 eröffnet und bis Herbst 1905 betrieben. Sie verkehrte auf einer 5,2 km langen Strecke, verfügte über 6 Wagen und gilt ebenso wie die 1901 eröffnete «Bielathal-Motorbahn» in Königstein (Sächsische Schweiz) als ein Vorläufer heutiger Obusse.

Dresdner Kaufmannschaft: Innung der Dresdner Kaufleute, die schon 1643 ihre ersten Innungsartikel aufgestellt hatten. Die D. gründete 1854 eine Handelsschule, die zuerst in der Kreuzstraße 17 untergebracht war. Die daraus hervorgegangene Handelslehranstalt wurde in dem 1912/14 nach Plänen von Alexander HOHRATH (1878–1913) erbauten «Haus der Dresdner Kaufmannschaft» in der Ostra-Allee 12 (Ecke Malergäßchen) untergebracht (später Investitionsbank; 1945 z. T. zerstört, jetzt Berufsschule). Die D. bestand bis 1949.

Dresdner Klub: →Villa Stockhausen

Dresdner Konferenzen 1850/51: Verhandlungen aufgrund der sog. «Olmützer Punktation» vom 29. November 1850 (Vertrag zwischen Österreich und Preußen, in dem Preußen auf österreichischen und russischen Druck hin auf seine Pläne verzichten mußte, den Deutschen Bund aufzulösen und durch einen preußisch-kleindeutschen Bundesstaat im Bündnis mit Österreich zu ersetzen). Die Vertreter der deutschen Staaten tagten vom 23. Dezember 1850 bis zum 15. Mai 1851 auf Einladung Österreichs und Preußens in der sächsischen Hauptstadt. Gegenstand der Verhandlungen war die Reform des Deutschen Bundes, Ergebnis der Konferenz ein dreijähriges Bündnis zwischen Österreich und Preußen sowie die Wiederherstellung der Bundesverfassung in der vor 1848 bestehenden Form.

Dresdner Kunstgenossenschaft: am 2. Februar 1867 gegr. Vereinigung von Malern, Bildhauern und Architekten zur «Förderung der geistigen und materiellen Interessen der Mitglieder sowie des geselligen Verkehrs». Sie beteiligte sich an umfassenden Kunstausstellungen und veranstaltete ab 1909 jährlich auch eigene Ausstellungen auf der Brühlschen

Terrasse. 1907/08 ließ sie das →Künstlerhaus Albrechtstraße als eigenes Vereinshaus erbauen.

Dresdner Lehrergesangverein: →Singakademie Dresden

Dresdner Lehrerverein: 1868 gegr. Verein zur «Wahrung der Interessen der Dresdner Elementarschullehrer», der sich 1901 mit dem «Pädagogischen Verein» zusammenschloß. Dieser war schon 1833 von Dresdner Lehrern zur gegenseitigen «Befreundung», gemeinschaftlichen Fortbildung, Hebung des Unterrichts und gegenseitigen Unterstützung gegründet worden. Seit 1905 trugen beide Vereine den gemeinsamen Namen «Dresdner Lehrerverein». Er setzte sich erfolgreich mit Vorträgen, Weiterbildungskursen und Ausstellungen für die Schulgesundheitspflege, die Schulgesetzgebung, den Fremdsprachenunterricht, gute Jugendschriften usw. ein. Der D. besaß eine umfangreiche Bibliothek (1915 11 000 Bände) und ein 1906 gegr. →Schulmuseum. 1884 entstand der Lehrergesangverein des D.

Dresdner Liederkreis: pseudoromantische Vereinigung Dresdner Dichter und Schriftsteller sowie literarisch bemühter Laien, die anfangs nach ihrem Hauptorgan auch «Abendzeitungspoeten» genannt wurden. Als Vorläufer des D. ist der von Friedrich →KIND, Karl Gottfried Theodor →WINKLER, dem Rechtsanwalt Friedrich Adolf KUHN (1774–1844), Friedrich August →SCHULZE und anderen ins Leben gerufene literarische *Wochenzirkel* von 1801 anzusehen. Dieser wurde 1815 – zunächst unter der Bezeichnung «*Der Dichtertee*» – und bald darauf als «Dresdner Liederkreis» wiederbelebt. Außer den oben Genannten gehörten zu den Hauptvertretern als Vorsitzende der kgl.-sächs. Konferenzminister Gottlob Adolf Ernst von NOSTITZ und JÄNKENDORF (1765–1836; Pseudonym Arthur von NORDSTERN), weiterhin Karl August BOETTIGER, Otto Heinrich von LÖBEN (1786–1825), Karl Friedrich von KALKREUTH (1790–1847), der Jurist Eduard Heinrich GEHE (1795–1850) sowie Karl August →ENGELHARDT, Therese aus dem →WINKEL und Helmina von CHEZY. – Es herrschte keine einheitliche künstlerische oder politische Überzeugung vor, sondern nur eine gewisse modische Geschmacksübereinstimmung, die zudem durch Stilvermengungen und Epigonentum gekennzeichnet war. Dennoch galt der D., dem Carl Maria von →WEBER als Mitglied zu Ruhm verholfen hatte, in den zwanziger Jahren des 19. Jh. als bedeutsame literarische Gesellschaft in Deutschland, in die sich berühmte Besucher Dresdens mit Vorliebe einführen ließen. Für Dresden hatte der D. als bürgerlicher Gegenpol zu den im gesellschaftlichen Leben vorherrschenden Hofkreisen besondere Bedeutung, die jedoch nachließ, nachdem sich Ludwig →TIECK mit ihm kritisch auseinandergesetzt hatte und selbst zum literarischen Mittelpunkt in Dresden geworden war.

Dresdner Liedertafel: ehem. berühmter Männerchor, der am 3. Januar 1839 «von Herren aus höheren Gesellschaftskreisen» gegründet wurde und im 19. sowie in der ersten Hälfte des 20. Jh. mit eigenen Konzerten und mit Beteiligung an anderen großen öffentlichen Aufführungen wesentlich zum Dresdner Musikleben beitrug. Außer Laien sangen in der D. auch viele namhafte Dresdner Opernsänger. Die Mitgliederzahl, die anfangs auf 33 festgelegt war, schwankte öfter (1865: 252; 1914: 478) und erreichte 1925 mit 625 ihren Höchststand. 1906 wurde innerhalb der D. ein eigenständiger Frauenchor gegründet. Der Sitz der D. hat anfangs öfter gewechselt, bis ab 1882 die kleinen Säle des →Gewerbehauses zum ständigen Vereinslokal wurden.
Zu den berühmtesten Leitern der D. gehörten Carl Gottlieb →REISSIGER (1839), Julius →OTTO (1840/43; 1848/51; 1855/58), Richard →WAGNER (1843/45), Robert →SCHUMANN (1847/48), Carl →KREBS (1851/55; 1860/65), Reinhold →BECKER (1884/94) und Karl Maria →PEMBAUR (1903/39). Nach 130jährigem Bestehen wurde die D. am 3. Januar 1969 aufgelöst.

Dresdner Museumsverein: von Dresdner Kunstfreunden am 1. Dezember 1911 auf Anregung von Woldemar von →SEIDLITZ und von Gustav Otto →BEUTLER zur Unterstützung der Dresdner Kunstsammlungen gegründeter Verein. In den über 30 Jahren seines Bestehens brachte der Verein bedeutende Mittel zum Erwerb von Kunstwerken für die Museen auf und sorgte ständig mit Vorträgen und Führungen für ihre Wirksamkeit.

Dresdner Musikfestspiele: seit 1978 jährlich 14 Tage im Mai/Juni stattfindendes Musikfestival mit Vokal- und Instrumentalmusik unter Beteiligung aller Dresdner Musikinstitutionen sowie in- und ausländischer Künstler und Ensembles (1978/87: 1161 Veranstaltungen mit über 1 Mill. Besuchern). Die D. stehen in jedem Jahr unter einem anderen Motto und enthalten das musikalische Volksfest «Dresden singt und musiziert». Außerdem wird innerhalb der D. der «Internationale Carl-Maria-von-Weber-Wettbewerb» für Musiktheater- und Kammermusikkompositionen ausgeschrieben.

Dresdner Orpheus: ehem. bürgerlicher Männergesangverein, der als erster der Stadt am 7. Mai 1834 gegründet und nach einem damals bekannten Liederbuch «Orpheus» genannt wurde. Mit seinen ungefähr 90 Sängern nahm er bis zum Zweiten Weltkrieg einen festen Platz im Dresdner Musikleben ein. Besondere Verdienste um den Chor erwarb sich der Kantor der Dreikönigskirche Johann Gottlieb MÜLLER, der den D. 1840/80 leitete. 1842 hatte der D. zu dem ersten und 1843 mit der →Dresdner Liedertafel zu dem zweiten Sächsischen Männergesangsfest in Dresden eingeladen, wofür Richard →WAGNER das «Liebesmahl der Apostel» komponierte.

Dresdner Philharmonie: neben der Sächsischen →Staatskapelle repräsentativster Klangkörper der Stadt, der aus etwa 120 Musikern besteht und ausschließlich sinfonische und Konzertmusik interpretiert. Die Geschichte der D. setzt mit dem Ende der →Stadtmusik ein. Anläßlich der Eröffnung des →Gewerbehauses im Jahre 1870 verpflichtete der Gewerbeverein das Stadtmusikcorps zur regelmäßigen Durchführung sinfonischer Konzerte im Gewerbehaussaal für weite Kreise der Bevölkerung zu niedrigen Eintrittspreisen. Mit einem umfangreichen Konzertprogramm setzte Hermann Gustav MANNSFELDT dieses Anliegen fort (bereits 1871 erste Auslandstournee nach Petersburg). Er hatte einen Teil der Stadtmusiker in seine aus Kassel stammende Mannsfeldische Kapelle übernommen, die als hauseigene Körperschaft bald «Gewerbehauskapelle» oder «*Gewerbehausorchester*» genannt wurde. Ab 1890 wurde das Orchester, dessen Entwicklung häufig von wirtschaftlichen Krisensituationen

geprägt war, in ein Privatunternehmen umgewandelt; 1924 wurde es in eine Genossenschaft umgebildet und 1937 in eine Stiftung unter städtischer Verwaltung. Ab 1885 veranstaltete man die ersten «Philharmonischen Konzerte», in denen besonders prominente Künstler auftraten. Bei einer Konzertreise 1909 durch die USA erstmals als «The Dresden Philharmonic Orchestra» bezeichnet, trug das Orchester ab 1915 den Namen «Dresdner Philharmonisches Orchester», seit 1924 heißt es «Dresdner Philharmonie». Es hatte einen festen Platz im Bildungsprogramm des städtischen Bürgertums und förderte neben musikalischer Unterhaltung (sog. Ausschank- oder Tischkonzerte 1890/1934) vor allem die Musikerziehung breitester Schichten (z. B. städtische Volkssinfoniekonzerte im «Volkswohlhaus» mit 30 Pf. Eintritt und ab 1912 unter Paul →BÜTTNER Konzerte für die Arbeiterjugend). In den 20er/30er Jahren dieses Jahrhunderts entwickelte sich die D. – vor allem unter Eduard MÖRIKE und Paul van KEMPEN – zu einem erstklassigen Klangkörper von europäischem Rang. Hatten bereits im 19. Jh. berühmte Künstler mit dem Gewerbehausorchester musiziert, z. B. Johannes BRAHMS, Antonin DVOŘÁK, Anton RUBINSTEIN, Richard STRAUSS und Peter TSCHAIKOWSKI, so waren in der ersten Hälfte des 20. Jh. folgende Gastdirigenten besonders mit der D. verbunden: Bruno WALTER, Erich KLEIBER, Hermann ABENDROTH, Fritz →BUSCH, Eugen JOCHUM und Carl SCHURICHT (noch im Juli 1944 offiziell zum Chefdirigenten berufen). Im September 1944 wurde nach Proklamierung des «totalen Krieges» mit der Schließung aller Kultureinrichtungen auch die D. aufgelöst. Mit der Zerstörung des Gewerbehauses am 13./14. Februar 1945 hatte die D. ihr Domizil, ihre Noten, ihr Archiv und wertvolle Instrumente verloren, dennoch veranstaltete sie am 8. Juni 1945 im Gemeindesaal Strehlen bereits wieder ein Konzert, das erste in Dresden nach dem Kriege und eines der ersten im zerstörten Nachkriegsdeutschland. Nachdem die D. zunächst in den Randgebieten der Stadt aufgetreten war, konzertierte sie 1946/57 im Steinsaal und 1958/69 im Kongreß-Saal des Hygiene-Museums. Seit Oktober 1969 steht der D. der →Kulturpalast als künstlerische Heimstatt zur Verfügung. Der Chefdirigent Heinz →BONGARTZ brachte den Klangkörper, der 1950 den Status eines staatlichen Instituts erhalten hat und seit 1954 in die Spitzenklasse der Kulturorchester der DDR eingestuft war, zur Weltgeltung. Bongartz entwickelte dabei die von Mörike und van Kempen begründete Tradition zu der noch heute gültigen Konzertorganisation (Dreiteilung in Philharmonische Konzerte, Zyklus-Konzerte und Außerordentliche Konzerte), brachte zahllose DDR-Ur- und Erstaufführungen heraus und setzte auch die Tradition der sommerlichen Konzerte im Freien fort (1947 erste Serenade in Pillnitz). Seit 1967 steht dem Orchester, das bereits in der Vergangenheit häufig mit namhaften Dresdner Chören musiziert hatte (z. B. Kreuzchor, Dresdner Singakademie, Dresdner Lehrergesangverein), der Philharmonische Chor (Laienchor mit Erwachsenen und Kindern) zur Seite, der aus dem 1959 gegründeten Städtischen Chor Dresden gebildet worden war. – Neben den üblichen Konzerten, In- und Auslandstourneen, Rundfunk- und Schallplattenproduktionen (erste Schallplatte 1937) und intensiver Kammermusikpflege steht auch das musikerzieherische Anliegen im Mittelpunkt des Wirkens der D. Besonders pflegt die D. das Werk von BEETHOVEN, MAHLER, BRAHMS, BRUCKNER und TSCHAIKOWSKI sowie das Gegenwartsschaffen (Vergabe von Kompositionsaufträgen).
Übersicht über die künstlerischen Leiter der Dresdner Philharmonie: 1870/71 Moritz Erdmann PUFFHOLDT (gest. 1889), 1871/85 Hermann Gustav MANNSFELDT (1833–1892), 1885/86 M. ZIMMERMANN, 1886/90 Ernst STAHL, 1890/1903 Friedrich August TRENKLER (1836–1910), 1903/15 Henrik Willy OLSEN (geb. 1867), 1915/23 Edwin LINDNER (1884–1935), 1923/24 Joseph Gustav MRACZEK (1878–1944), 1924/29 Eduard MÖRIKE (1877–1929), 1929/32 Paul SCHEINPFLUG (1875–1937), 1932/34 Werner LADWIG (1899–1934), 1934/42 Paul van KEMPEN (1893–1955), 1945/46 Gerhart WIESENHÜTTER (1912–1978), 1947/64 Heinz BONGARTZ (1894–1978), 1964/67 Horst FÖRSTER (geb. 1920), 1967/72 Kurt MASUR (geb. 1927), 1972/77 Günther HERBIG (geb. 1931), 1977/85 Herbert KEGEL (geb. 1920), 1986/94 Jörg Peter WEIGLE (geb. 1953), ab 1994 Michel PLASSON.

Dresdner Sezession: Künstlergruppen, die sich in Opposition zur traditionellen Akademiekunst verstanden, aber unterschiedliche künstlerische und gesellschaftliche Auffassungen vertraten. – **1.)** *«Freie Vereinigung Dresdner Künstler»:* Nachdem sich in den 80er Jahren des 19. Jh. unkonventionelle Dresdner Künstler nach ihrem häufigsten Treffpunkt auf den südlich der Stadt vorgelagerten Höhen zur *«Goppelner Schule»* zusammengefunden hatten, gründeten sie nach Münchner und Berliner Vorbild 1893 unter Führung von Carl →BANTZER die «Freie Vereinigung Dresdner Künstler», die als erste D. anzusehen ist (Mitglieder u. a. Otto →GUSSMANN, Emanuel →HEGENBARTH, Gotthardt →KUEHL, Robert →STERL). Sie vertraten um die Jahrhundertwende die

Gewerbehausorchester (später Dresdner Philharmonie) unter Trenkler. Um 1900

neuen Tendenzen des Impressionismus, der Freilichtmalerei und des Naturstudiums. – **2.)** *Die «Neue Dresdner Sezession Gruppe 1919»* wurde am 29. Januar 1919 gegründet und gilt als wichtige Künstlervereinigung der Revolutionszeit sowie als eine Vorläuferin der →Assoziation Revolutionärer Bildender Künstler Deutschlands. In ihr brachten junge, progressive Maler und Grafiker unter dem Eindruck des Ersten Weltkriegs in vorwiegend expressiver Form ihre Forderungen nach revolutionärer Umgestaltung der Gesellschaft zum Ausdruck (erste Ausstellung im Kunstsalon Emil →Richter). Der Initiator und erste Vorsitzende war Conrad →Felixmüller, außerdem gehörten zu ihr u. a. Peter August →Böckstiegel, Otto →Dix, Gela Forster (1892–1957), Willi Heckrott (1890–1956), Eugen →Hoffmann, Otto Lange (1879–1944) und Lasar Segall (1891–1957). Die intensiven Bemühungen der Gruppe um entscheidende Machtveränderungen in der Dresdner Kunstpolitik scheiterten am Ausgang der →Novemberrevolution und revolutionären Nachkriegskrise (letzte Ausstellung 1922). – **3.)** *Dresdner Sezession* (auch Neue Dresdner Sezession): Die auf der Internationalen Kunstausstellung 1926 in Dresden erfolgreich gewesenen Künstler Bernhard →Kretzschmar, Peter August Böckstiegel, Otto →Griebel, Hans →Grundig, Wilhelm →Lachnit, Wilhelm →Rudolph und Eugen Hoffmann veranstalteten 1927 in der Galerie Neue Kunst «Fides» auf der Ferdinandstraße eine gemeinsame Ausstellung. Eine danach mit wechselnder Besetzung gebildete lockere Gemeinschaft fortschrittlicher Dresdner Künstler schloß sich 1930 unter der Bezeichnung «Aktion» fester zusammen und erweiterte sich – zunächst vorwiegend aus wirtschaftlichen Interessen – mit festem Programm zur «Dresdner Sezession 1932». Vorsitzende waren Kretzschmar, Erich →Fraass und der Bildhauer Hermann Theodor Richter (1894–1942). Die erste Ausstellung fand im Herbst 1932 auf der Brühlschen Terrasse statt, die zweite unter dem Titel «Dresdner Sezession 33» im Rahmen einer größeren Ausstellung im →Städtischen Kunstausstellungsgebäude, wo auch die dritte und letzte Ausstellung der Sezession zusammen mit anderen sächsischen Künstlerverbänden gezeigt wurde. Inzwischen hatte Kretzschmar die Leitung niederlegen müssen, die von Hans →Jüchser übernommen wurde, bis die D. 1935 aufgelöst und die Mitglieder, sofern «politisch tragbar», in die «Reichskammer der bildenden Künste» integriert wurden.

Plakat einer Ausstellung der Gruppe 1919 in der Galerie Richter von Otto Dix

Dresdner Sportclub 1898 (DSC): Sportverein mit etwa 2500 Mitgliedern, darunter 1000 Schwimmer. – Der DSC wurde am 30. April 1898 gegründet, war bis 1912 an der ehem. Gaststätte «Sorge» in Löbtau, dann am «Schützenhof» Trachau und ab 1919 im Ostragehege beheimatet. Die DSC-Fußballer (bekanntester Spieler: Richard Hofmann) gewannen die deutschen «Kriegsmeisterschaften» 1943 und 1944 und setzten die Vereinstradition bis 1950 in der SG Dresden-Friedrichstadt fort. Die Anlagen im Ostragehege wurden 1954/89 vom SC Einheit Dresden genutzt, der zahlreiche Weltmeister und Olympiasieger stellte. Am 19. April 1990 erfolgte die Wiedergründung als Nachfolgesportverein des DSC und des SC Einheit.

Dresdner Sportverein 1910 (DSV): ehem. der bedeutendste Arbeitersportverein Dresdens, 1910 mit dem Beitritt Striesener und Laubegaster Sportler zum Arbeiter-Turner-Bund entstanden. Er trat seit 1920 unter diesem Namen auf und erbaute sich 1923/25 das Stadion an der Bärensteiner und Hepkestraße. Der DSV wurde 1933 von den Faschisten aufgelöst.

Dresdner Tanzsinfoniker: 1946 zur Begleitung von Tanzvergnügungen gegründetes Orchester, das sich bald zu dem bedeutendsten Klangkörper auf dem Gebiete der Unterhaltungsmusik in Dresden profilierte. Mit seinem spezifischen Stil bietet es in Combo- oder Bigbandbesetzung konzertante Aufführungen von Jazz, Tanzmusik sowie sinfonischer Unterhaltungsmusik und wirkt auch als vielseitiges Begleitorchester in Film und Fernsehen mit. Seit 1952 wird es von Günter Hörig (geb. 1927) geleitet, der seit 1962 auch die Ausbildung im Fach Tanzmusik an der Dresdner Musikhochschule übernommen hat. – 1986 Martin-Andersen-Nexö-Kunstpreis der Stadt Dresden.

Dresdner Verkehrsbetriebe AG: 1993 gegründetes städtisches Verkehrsunternehmen, Nachfolger der Verkehrsbetriebe der Stadt Dresden. – Die DVB betreiben 15 Linien der →Straßenbahn (Gesamtlänge 239 km), 27 Linien im →Kraftomnibusverkehr (Gesamtlänge 261 km), zwei →Seilbahnen, vier →Fähren und die Industriebahn im Industriegelände. Sie verfügen über ca. 600 Straßenbahn-Trieb- und Beiwagen und ca. 190 Busse und beschäftigen ca. 3000 Mitarbeiter.

Dresdner Vokalisten: im Jahre 1975 von den ehemaligen Kruzianern Gerd Reichard, Gottfried Trepte, Bodo Lange und Reinhard Decker gegründetes Männerquartett, das mit stilvollen Interpretationen seines umfangreichen Repertoires von der mittelalterlichen bis zur zeitgenössischen Gesangsliteratur das Dresdner Musikleben bereichert und internationalen Ruf genießt.

«Dresdner Volksbote»: erstes sozialdemokratisches Presseorgan in Dresden und eine der ältesten lokalen sozialdemokratischen Zeitungen Deutschlands überhaupt. Der D. erschien von 1871 bis 1877. Redakteur war zeitweise August →Otto-Walster. Als Nachfolgeorgan des D. erschien 1878 die «Dresdner Volkszeitung», die aber noch im gleichen Jahr (Sozialistengesetz) verboten wurde. In der Folgezeit erschienen mehr oder weniger getarnt folgende sozialdemokratische Zeitungen in Dresden: «Dresdner Presse» (bis September 1879), «Dresdner Abendzeitung» (bis April 1881), «Sächsisches Wochenblatt» (1883/89). Zu den Redakteuren der beiden erstgenannten Organe gehörte Max →KEGEL. – Seit 1889 erschien dann die «Sächsische Arbeiterzeitung», herausgegeben vom Verleger W. A. KADEN. Sie hatte so bedeutende Redakteure wie G. →GRADNAUER, PARVUS-HELPHAND, R. →LUXEMBURG und G. LEDEBOUR. Von 1908 bis 1933 trug das Organ der Dresdner und sächsischen Sozialdemokratie wieder den Titel «Dresdner Volkszeitung».

«Dresdner Volksbühne»: Theaterbesucherorganisation, die am 25. November 1921 unter dem Vorsitz von Bernhard →BLÜHER gegründet wurde und bis 1933 bestand. Von Gewerkschaften, Angestelltenverbänden und zahlreichen Vereinen getragen, vermittelte sie zu geringen Preisen eine festgelegte Anzahl von Theatervorstellungen, Konzertbesuchen, Rezitations-Abenden,Vorträgen, Tanz-Matineen und anderen Veranstaltungen, um breite Bevölkerungsschichten mit niveauvoller Kunst vertraut zu machen (Herausgabe der Zeitschrift «Volk und Kunst» 1924/33). Am 28. Dezember 1946 als «Deutsche Volksbühne Dresden» neu gegründet, ging die Organisation später in die im Dresdner Theaterwesen gebräuchlichen Betriebsanrechte ein, die bis 1990 bestanden.

Dresdner Volkshaus: Gewerkschaftshaus in der Wilsdruffer Vorstadt.
In Kreisen der Dresdner Arbeiterschaft wurde 1892/93 der Bau eines Volkshauses erwogen. Die Sächsische Arbeiterzeitung veröffentlichte am 12. April 1902 den Beschluß zur Errichtung eines Gewerkschaftshauses, für das das Hotel «Zum Schwan» Ritzenberg- und Maxstraße erworben wurde. Das am 7. Juni 1902 eingeweihte Volkshaus verfügte über 20 Büros, 80 Herbergs- und 22 Hotelplätze. Nach Ankauf der Clausschen Gewerbeschule 1913 wurde an deren Stelle am 1. April 1915 ein Bürohaus bezogen. 1929/30 entstand nach Plänen von Carl RICHTER das Bürohochhaus. Am 8. März 1933 wurde das D. von den Faschisten besetzt, die in dessen Räumen viele Arbeiter mißhandelten. Die wieder ausgebauten Gebäude wurden nach 1945 wieder als Gewerkschaftshaus genutzt.

«Dresdner Zeitung»: Als Zeitung des Dresdner Vaterlandsvereins war sie das wichtigste Organ der sächsischen Demokraten in der Zeit der bürgerlich-demokratischen Revolution von 1848/49. Die Zeitung erschien erstmals am 28. September 1848. Am 5. August 1850 wurde sie verboten. Chefredakteur bis zum Ende des →Maiaufstands 1849 war Ludwig →WITTIG. In der bis dahin radikalsten und revolutionärsten Dresdner Tageszeitung publizierte u. a. Michael →BAKUNIN.

Dresdner Zentrum für zeitgenössische Musik: Einrichtung zur Förderung und Verbreitung zeitgenössischer Musik, am 1. Oktober 1986 unter Leitung des Dresdner Komponisten Udo ZIMMERMANN gegründet, Sitz Schevenstraße. Mit monatlichen Veranstaltungen «Begegnung der Künste – Begegnung mit Künstlern sowie den jährlich vom 1. bis 10. Oktober stattfindenden «Dresdner Tagen der zeitgenössischen Musik» bereichert es das Dresdner Musikleben.

«Dresdnische Merckwürdigkeiten»: Journal, das 1729/83 in der Buchhandlung MOHRENTHAL in der Frauengasse erschien. Herausgeber war bis 1742 Johann Christian →CRELL. Ursprünglich als historisch-politische Zeitschrift konzipiert, entwickelte sich das Journal infolge der geltenden Zensurbestimmungen zu einem Anzeigenblatt mit historischen Beiträgen und einem Unterhaltungsteil. Als Fortsetzung der D. gilt das 1784/91 von Johann Christian →HASCHE herausgegebene «Magazin der Sächsischen Geschichte». 1792/93 erschienen dann in der Richterschen Verlagsbuchhandlung die «Neuen Dresdnischen Merckwürdigkeiten», die durch die Mitwirkung Georg Friedrich →REBMANNS den Charakter eines echten historisch-politischen Journals trugen.

Dreyssigsche Singakademie: erster gemischter Laienchor in Dresden. Er wurde am 5. März 1807 vom Dresdner Hoforganisten Anton DREYSSIG (1774 bis 1815) gegründet unter der Mithilfe von Christian Gottfried →KÖRNER, der die Statuten entwarf. Besondere Bedeutung erlangte die D. unter dem Organisten der ev. Hofkirche Johann Gottlob SCHNEIDER (1789–1864), unter dessen Leitung 1832/57 viele künstlerisch herausragende Aufführungen stattfanden. Dabei erklangen sowohl vergessene Chorkompositionen älterer Meister (z. B. PALESTRINA, HÄNDEL, J. S. BACH) als auch die Werke zeitgenössischer Komponisten. Oft wirkte die D. bei großen Konzerten der Staatskapelle unter berühmten Dirigenten mit. Als Probenraum benutzte die D. einen Saalbau auf der Brühlschen Terrasse (heute dort Semper-Denkmal). Die D. bestand bis in die 30er Jahre des 20. Jh.

Drude, Oscar: Botaniker, Direktor des Botanischen Gartens, geb. 5. 6. 1852 Braunschweig, gest. 1. 2. 1933 Dresden. – Nach dem Studium in Göttingen wurde D. 1879 als Direktor des →Botanischen Gartens und Professor der Botanik an der Technischen Hochschule nach Dresden berufen, wo er bis zu seiner Emeritierung 1920 wirkte. Er verfaßte zahlreiche Standardwerke über Pflanzengeographie und -ökologie, hielt von 1880 an stark beachtete Vorträge in der Gesellschaft «Flora» und war mit seinen Lehrveranstaltungen an der Technischen Hochschule seiner Zeit voraus. Sein Hauptwerk ist die Neuanlage des Botanischen Gartens an der Stübelallee und die mit diesem verbundene Pflanzenphysiologische Versuchsstation. D. hatte seine Wohnung in Bühlau. – Grab auf dem Johannisfriedhof Tolkewitz; Gedenktafel (seit 1982) im Botanischen Garten.

Duboc, Charles Edouard, Pseudonym Robert *Waldmüller*: Dichter, Dramatiker und Übersetzer, geb. 17. 9. 1822 Hamburg, gest. 13. 4. 1910 Dresden. – D. wohnte seit 1855 in der Gustav-Adolf-Straße Nr. 2 in Dresden-Strehlen. Er war Mitglied der →«Montagsgesellschaft», Mitbegründer des →Literarisches Vereins und von 1874 bis 1879 Präsident der Schiller-Stiftung.

Dülfer, Martin: Architekt, geb. 1. 1. 1859 Breslau (Wrocław), gest. 21. 12. 1942 Dresden. – D. war 1906/28 Professor für Entwerfen von Hochbauten an der Technischen Hochschule Dresden (1920 zum Rektor gewählt). Er verzichtete in seinen Entwürfen auf den Einsatz von Elementen früherer Stilepochen und betonte die ästhetische Wirkung von Konstruktion und Material (insbesondere des Stahlbaus). D. entwarf mehrere große Theaterbauten und legte 1910 einen preisgekrönten Entwurf für das Schauspielhaus an der Ostra-Allee vor, auf dessen Ausführung er zugunsten des Architektenbüros LOSSOW & KÜHNE verzichtete. 1913 entwarf er den Neubau des Hotels Bellevue. 1910/13 legte D. den Gesamtplan für das →Hochschulviertel vor, für das er u.a. den Beyer-Bau entwarf. 1921/26 projektierte D. weitere Hochschulbauten wie das Chemische Institut. – Dülferstraße im Hochschulviertel; begr. Alter Annenfriedhof, dort auch Gedenktafel an der TU-Erinnerungsstätte.

Dunger, Gustav: Architekt, geb. 23.7. 1845 Plauen/Vogtl., gest. 1920. – D. wirkte ab 1881 bis zu seiner Pensionierung 1910 als Hofbaumeister in Dresden. Sein Hauptwerk ist der Umbau des →Residenzschlosses (mit Gustav →FRÖLICH) 1890/1902. – Dungerstraße in Trachau.

Dynamo Dresden: Fußball-Bundesligamannschaft mit dem →Rudolf-Harbig-Stadion als Heimspielstätte.
Geschichte: 1950
Die von Mitgliedern des ehem. →Dresdner Sportclubs 1898 gegr. SG Dresden-Friedrichstadt wird im Endspiel um die DDR-Meisterschaft gegen Horch Zwickau im Ostragehege durch gezielte Benachteiligung um den Sieg gebracht und verläßt nahezu geschlossen die DDR. Die Sportvereinigung «Deutsche Volkspolizei» wird in die Oberliga delegiert und spielt im Heinz-Steyer-Stadion.
1953
Am 12. April wird in der «Schauburg» die SG Dynamo Dresden gegr., in der die Fußballer der «Volkspolizei» die stärkste Sektion bilden.
1954
Dynamo Dresden wird aus politischen Gründen nach Berlin verlegt. In Dresden wird eine neue Dynamo-Mannschaft als Liga-Elf formiert, die ab 1957 im Rudolf-Harbig-Stadion spielt.
1962
Dynamo Dresden erstmals wieder in der Oberliga, dann mehrfacher Ab- und Wiederaufstieg.
ab 1969
ständig in der DDR-Oberliga, Fußballmeister 1971, 1973, 1976, 1977, 1978, 1989, 1990; 6facher Pokalsieger.
1990
am 1. Juni offiziell Profiverein.
1991
Qualifikation für die Bundesliga; Spielzeitabschluß 1991 auf dem 14., 1992/93 auf dem 15. Rang.

Eberhard, Karl: Architekt und Baurat, geb. 22. 2. 1820 Elstra, gest. 10. 4. 1907 Dresden. – E. war ein Vertreter der sog. Semper-Nicolai-Schule in Dresden. Er entwarf verschiedene Villen in der Parkstraße, Schillerstraße und Goethestraße, das Superintendenturgebäude der Kreuzkirche (1857/59, 1907 abgerissen), die Filiale der Landständischen Bank (1876/1877, 1904 abgerissen) und leitete 1869 den Umbau des Hotels de Pologne zur Sächsischen Staatsbank. E. wohnte zuletzt Lindengasse 26. – Begr. auf dem Annenfriedhof.

Echtermeyer, Ernst Theodor: Schriftsteller und Literaturhistoriker, geb. 12. 8. 1805 Bad Liebenwerda, gest. 6. 5. 1844 Dresden. – E., der nach dem Philosophiestudium (bei HEGEL) und dem Studium der Literatur die «Quellen des Shakespeare in Novellen, Märchen und Sagen» mit herausgegeben hatte, an den Franckeschen Stiftungen in Halle unterrichtet und 1838 mit Arnold →RUGE die «Halleschen Jahrbücher», das Hauptorgan der Junghegelianer, begründet hatte, lebte seit 1841 in Dresden. Hier gehörte er dem Kreis um Ruge, Julius →MOSEN, Michail →BAKUNIN u. a. an. Zusammen mit Ruge gab er hier die «Deutschen Jahrbücher für Kunst und Wissenschaft» heraus, die die Fortsetzung der «Halleschen Jahrbücher» bildeten. Die 1843 von der Zensur verbotenen «Dt. Jahrbücher...» galten als eine der revolutionärsten Zeitschriften des Vormärz. In Dresden hielt E. 1842/43 auch Vorlesungen über deutsche Literaturgeschichte. E. wohnte zuerst in der Inneren Pirnaischen Gasse, der späteren Landhausstraße, und später an der Kreuzkirche.

Eckberg: →Schloß Eckberg

Ehrenbürger: Auszeichnung für Personen, die nach Einschätzung der Stadtverordneten besondere Verdienste um Dresden erworben bzw. besondere Verbundenheit mit Dresden gezeigt haben. Die Würdigung wird auf Beschluß der Stadtverordnetenversammlung vorgenommen und dokumentiert sich in einer künstlerisch gestalteten, mit dem Stadtsiegel versehenen Ehrenurkunde. Zum ersten E. wurde am 7. Oktober 1833 der spätere Staatsminister Johann Paul von FALKENSTEIN (1801–1882) ernannt. Bis 1915 erhielten weitere 34 Personen diesen Titel, der dann erst wieder ab 1933 vergeben wurde. Seit 1945 sind folgende Persönlichkeiten mit der Auszeichnung bedacht worden: Hermann MATERN (1946), Rudolf →FRIEDRICHS (1946), Kurt FISCHER (1946), Martin →ANDERSEN-NEXÖ (1953), Otto BUCHWITZ (1954), Johannes DIECKMANN (1963), Natalie I. SOKOLOWA (1963), Stepan Sergejewitsch TSCHURAKOW (1963), Andrej GUBER (1963), Otto GROTEWOHL (1964), Walter →WEIDAUER (1969), Wilhelm →RUDOLPH (1979), Gret →PALUCCA (1979), Max →SEYDEWITZ (1982), Karl FRIEDEMANN (1986), Martin FLÄMIG (1988), Liesel von →SCHUCH (1988), Manfred von ARDENNE (1989).

Ehrenmal der Sowjetarmee: erstes, für sowjetische Soldaten nach dem Zweiten Weltkrieg auf deutschem Boden errichtetes Denkmal, das am 25. November 1945 am →Albertplatz enthüllt wurde. Es wurde von dem Dresdner Bildhauer Otto ROST geschaffen und erinnert an die Anfang Mai 1945 gefallenen Kämpfer der 5. Gardearmee unter Generaloberst SHADOW (Fundament aus rotem Meißner Granit, Personengruppe aus Bronze). Vor Errichtung des E. wurde 1945 der Brunnen «Stürmische Wogen» von Robert →DIEZ demontiert. Im Zusammenhang mit dessen Rückkehr an seinen alten Platz wurde das E. im April 1994 an das →Militärhistorische Museum an der Stauffenbergallee umgesetzt.

Ehrlich, Johann Georg: Kaufmann, geb. 13. 10. 1676 Hennersdorf b. Frauenstein, gest. 8. 2. 1743 Dresden. – E., der sich als Pachter des Ratskellers, des →Breihahnhauses, des Weißbierhauses und der Ratswaage sowie als Handelsmann (Eisenhandlung) ein großes Vermögen erworben hatte, stiftete ein Jahr vor seinem Tode einen großen Teil seines Besitzes für eine Armen- und Schulstiftung (→Ehrlichsches Gestift). Er war auch Ältester der Dresdner Kramerinnung und ab 1740 Ratsherr. – E. wohnte von 1715 bis zu seinem Tode im eigenen Hause Töpferstraße 1. – Begr. auf dem alten Johannisfriedhof, Ehrlichstraße in der Wilsdruffer Vorstadt.

Ehrlichsches Gestift: von dem Kaufmann Johann Georg →EHRLICH 1743 begründete Stiftung. Diese bestand aus zwei Teilen: 1. Unterstützung von erwachsenen Armen durch eine wöchentliche Brotspende; 2. Fürsorge für arme Kinder (50 Jungen und 50 Mädchen), die in einer Schule durch 2 Lehrer in Religion, Lesen, Schreiben und Rechnen unterrichtet und außerdem verköstigt werden sollten. Zum

Ehrenmal der Sowjetarmee
Kirche des Ehrlichschen Gestifts

E. gehörten noch das sog. Schulgut am Blasewitzer Schlage und drei Gärten am Rampischen Schlage. Die Schule befand sich zuerst in der Nähe des Freiberger Platzes, an der später nach dem E. genannten Stiftsstraße. Im Oktober 1880 bezog sie die neuen Gebäude an der Blochmannstraße, die 1912 noch erweitert wurden. Das E. wurde 1921 in eine Volksschule umgewandelt und 1945 zerstört. Zum E. gehörte eine Stiftskirche: anfangs die ehem. Lazarettkirche (1898 für den Bau der →Jakobikirche abgerissen) und ab 1907 eine eigene Kirche im Schulgelände, die 1945 teilzerstört wurde. Obwohl der Wiederaufbau – z. B. als Konzertsaal für die auf dem Gelände geplante →Hochschule für Musik «C. M. v. Weber» – möglich gewesen wäre, wurde die Ruine 1951 gesprengt.

Eichendorff, Joseph von, Pseudonym Florens: Dichter, geb. 10. 3. 1788 Schloß Lubowitz b. Radibor, gest. 26. 11. 1857 Neiße/Schles. – E. lebte von Mai 1848 bis Ende September 1849 in Dresden, wobei er häufig seine Wohnung wechselte. E. wohnte zuerst in der Drachenschänke, zog bald danach ins Hotel →«Stadt Wien» und wohnte später nacheinander in Häusern am Neustädter Markt, in der Johannesgasse und auf der Königsbrücker Straße. Daß er auch in Wachwitz gewohnt haben soll (1907 dort Enthüllung eines Gedenkzeichens), ist nicht erwiesen. – Ursprünglich wollte der Dichter bereits Ende 1848 nach Berlin weiterreisen, blieb aber noch in Dresden, «da diese Stadt in der Tat ein reizender Ort ist, der alle besonders literarischen Vorteile einer großen Stadt ohne deren Übelstände darbietet». Nur in der Zeit vom 5. Mai bis Ende Mai 1849 hielt er sich wegen der Revolutionsereignisse in Dresden in Meißen auf. Während seines Aufenthalts in der Stadt arbeitete E. u. a. an seinem Märchen «Libertas und ihre Freier». – Eichendorffstraße in Löbtau, Eichendorffsteg in Wachwitz.

Eierschecke: für Dresden typische Kuchenart, die neben dem →Christstollen zu den bekanntesten Backwaren der Dresdner Bäcker gehört. Die E. ist ein Quarkkuchen, der mit einer Eierschaumdecke überzogen ist.

Ehemalige Lazarettkirche (Ehrliche Gestiftskirche) an der Stiftsstraße. Aufn. vor 1897

Eigenwillig, Christian Heinrich: Baumeister, geb. 1732 Dresden, gest. 28. 4. 1803 Dresden. – Der Maurermeister und Schüler von Friedrich August →Krubsacius wurde 1774 als Nachfolger von Johann George →Schmidt Ratsbaumeister. Ab 1769 hatte er die Bauleitung beim Wiederaufbau der →Kreuzkirche. 1770 baute er das →Hotel Stadt Berlin am Neumarkt, 1777/80 die →Waisenhauskirche und 1789 die →Johanniskirche. – Begr. auf dem Alten Annenfriedhof.

Eingemeindungen: Das Wachstum der Großstadt im 19. und 20. Jh. war mit der amtlichen Eingemeindung zahlreicher, bis dahin selbständiger Orte verbunden. 1835 wurde das Stadtgebiet um die Antonstadt, Leipziger Vorstadt und Friedrichstadt erweitert. Die rasche Zunahme der Bevölkerung ließ die Stadt baulich über ihr →Weichbild hinauswachsen. Ausdehnungsmöglichkeiten besaß die Stadt mit ihren Randgebieten, die 1835 in Pirnaische Vorstadt, See(tor)-vorstadt und Wilsdruffer Vorstadt gegliedert wurden. Die äußeren Bereiche dieser Vorstadtfluren wurden erst in der zweiten Hälfte des 19. Jh. stärker bebaut und als Johannstadt und Südvorstadt bezeichnet. Parallel zum Wachstum der Stadt entwickelten sich bisherige Bauerndörfer zu neuen Wohn- und Industriestandorten, die z. T. mit der sich ausdehnenden Stadt verschmolzen. Das Ortsgesetz von 1878 schrieb die entstandenen Fabrikbezirke fest. Gemeinden wie Cotta und Briesnitz vervielfachten ihre Einwohnerzahl als Wohnvororte der in Dresden Beschäftigten, ohne selbst eigene nennenswerte Industrie aufzuweisen. Andere Orte wie Löbtau, Pieschen, Striesen und Niedersedlitz entwickelten sich selbst zu Industriestandorten. Mehrere Gemeinden überschritten schon um 1890 eine Einwohnerzahl von je 10 000. So war Löbtau bei der Eingemeindung 1903 mit über 30 000 Einwohnern – obwohl ohne Stadtrecht – die zehntgrößte Kommune Sachsens. Andere Vororte bauten sich noch um diese Zeit repräsentative Rathäuser. Mehrere Vororte wiederum verkörperten wie Loschwitz und Blasewitz den Typ der wohlhabenden bürgerlichen Gemeinde. Daneben gab es einen Gürtel reiner Bauerndörfer, die auch nach der Eingemeindung ihren ländlichen Charakter behielten und z. T. heute noch bewahren. Wachsende kommunale, versorgungstechnische und Verkehrsbeziehungen (Eisen- und Straßenbahn, Wasser- und Abwasserversorgung, Stadtpolizei) und die Notwendigkeit einheitlicher städtebaulicher Planung geboten in diesem Stadium eine weitschauende Eingemeindungspolitik, die vor allem von Oberbürgermeister Gustav Otto →Beutler energisch vorangetrieben wurde. In der größten Eingemeindungsaktion seiner Amtszeit wurden der Stadt neun überwiegend bevölkerungsreiche Vororte angegliedert. Innerhalb von 3 Jahrzehnten verdreifachten sich die →Einwohnerzahlen. 1913 wurde auch Reick eingemeindet, auf dessen Flur sich das städtische Gaswerk befand. Unter der Amtsführung von Bernhard →Blüher gelang es 1921 auch, neben ländlichen Vororten solche Gemeinden mit hohem Pro-Kopf-Steueraufkommen wie Loschwitz und Blasewitz einzugliedern. Die Eingemeindung weiterer elf Gemeinden und des Staatsforstgebietes Dresdner Heide 1949/50 rundete das Territorium der Stadt im Norden und Südosten ab. Aus zahlreichen anderen Gemeinden entstanden im 20. Jh. unmittelbar vor den Grenzen Dresdens die Städte Radebeul, Freital und Heidenau, die trotz ihrer Verflechtung mit Dresden starke eigene Bevölkerungs- und Wirtschaftszentren bilden.

Zeittafel:
Eingemeindungen seit 1835
(in Klammern genannte Orte wurden bereits zu einem früheren Zeitpunkt der jeweiligen Gemeinde eingegliedert)

1835 Antonstadt, Friedrichstadt, Leipziger Vorstadt
1866 Neudorf
1892 Strehlen, Striesen
1897 Hellerberge, Pieschen, Trachenberge, Wilder Mann
1899 Albertpark
1901 Gruna
1902 Räcknitz, Seidnitz, Zschertnitz

1903 Cotta, Kaditz, Löbtau, Mickten, Plauen, Trachau, Übigau, Wölfnitz
1912 Tolkewitz
1913 Reick
1921 Blasewitz, Briesnitz, Bühlau, Coschütz, Dobritz, Gostritz, Kaitz, Kemnitz, Kleinpestitz, Kleinzschachwitz, Laubegast, Leuben, Leubnitz-Neuostra, Leutewitz, Loschwitz, Mockritz, Niedergorbitz, Obergorbitz, Prohlis, Rochwitz, Stetzsch, Torna, Weißer Hirsch
1924 Kammergut Gorbitz
1930 Lockwitz (mit Nickern), Omsewitz (mit Burgstädtel), Wachwitz
1934 Heidefriedhof
1945 Albertstadt, Dölzschen (mit Roßthal-Neunimptsch), Gittersee
1949 Staatsforstgebiet Dresdner Heide
1950 Großzschachwitz (mit Meußlitz und Sporbitz), Hellerau (mit Rähnitz), Hosterwitz, Klotzsche, Niederpoyritz, Niedersedlitz (mit Groß- und Kleinluga), Oberpoyritz, Pillnitz, Pillnitzer Kammergut, Söbrigen, Wilschdorf, Zschieren.

Einsiedlerkapelle: →St. Erasmuskapelle

Einwohnerzahlen: Die Entwicklung der E. drückt nicht nur schlechthin das Wachstum der Stadt durch die Jahrhunderte hindurch aus, sondern widerspiegelt zugleich die Auswirkungen bestimmter Ereignisse und Entwicklungen der Stadtgeschichte, wie Kriege (Siebenjähriger Krieg, Zweiter Weltkrieg), Veränderungen der politischen Bedeutung Dresdens (Residenzcharakter seit 1485, Aufschwung während der Zeit der sächsisch-polnischen Personalunion), wirtschaftliche Veränderungen (industrielle Revolution im 19. Jh.) oder kommunalpolitische Entscheidungen (→Eingemeindungen). – Sichere Angaben über die E. Dresdens lassen sich erst seit 1396 machen, da erst von dieser Zeit an die für die Berechnung der E. wichtigsten Geschoßregister (→Geschoß) vorliegen.
Entwicklung der E. von 1396 bis 1993:
1396: 3745 (ohne Altendresden und die Vorstädte), insgesamt ca. 5 000.

1546:	6 502
1603:	14 793
1699:	21 298
1755:	ca. 63 000
1772:	ca. 54 000
1814:	ca. 50 000
1831:	63 865
1849:	94 092
1855:	108 966
1867:	156 024
1871:	177 089
1890:	276 522
1900:	396 146
1905:	516 996
1910:	548 308
1919:	ca. 529 000
1925:	619 157
1930:	631 400
1933:	649 252
1939:	630 216
Ende 1945:	454 249
1946:	467 966
1956:	492 208
1964:	503 859
1972:	505 385
1975:	509 331
1981:	521 060
1988:	518 057
1989:	501 417
1990:	ca. 493 000
1991:	ca. 484 000
1992:	ca. 482 000
Mitte 1993:	480 265

Eisenbahn: Das «Eisenbahnzeitalter» begann für Dresden mit dem Bau der ersten deutschen Fernbahn Leipzig–Dresden unter Leitung von Karl Theodor →KUNZ. Sie wurde am 19. Juli 1838 vom →Leipziger Bahnhof in der Neustadt bis (Radebeul-) Weintraube und am 7. und 8. April 1839 auf der gesamten Strecke bis Leipzig eröffnet. An der Eröffnungsfahrt war auch Johann Andreas →SCHUBERT mit der Lok →Saxonia beteiligt. Als zweite Strecke wurde 1845 – zunächst bis Radeberg – die →Sächsisch-Schlesische Eisenbahn mit dem →Schlesischen Bahnhof in der Neustadt in Betrieb genommen. Die vom Staat erbaute und 1848 zunächst bis Pirna eröffnete →Sächsisch-Böhmische Eisenbahn erhielt ihren Endbahnhof südlich der Altstadt mit dem Böhmischen Bahnhof, dem Vorgänger des →Hauptbahnhofes. Für die 1855 eröffnete →Albertbahn nach Tharandt entstanden unweit der Freiberger Straße ein Personen- und der Kohlenbahnhof. Als fünften Personenbahnhof eröffnete die private Berlin-Dresdner Eisenbahn 1875 den →Berliner Bahnhof in der Friedrichstadt und die Elbbrücke Niederwartha. Die 1852 errichtete erste →Marienbrücke verband die Bahnhöfe des links- und rechtselbischen Dresden miteinander. Den fünf dezentralen Personenbahnhöfen entsprachen fünf verschiedene Güterbahnhöfe: Altstadt (zum →Alten Güterbahnhof erweitert), Friedrichstadt, Kohlenbahnhof Altstadt, Leipziger und Schlesischer Bahnhof. Das 1838/75 entstandene Eisenbahnnetz war entscheidend für die Herausbildung der Industriestandorte in Dresden und im gesamten Ballungsraum des oberen Elbtals.
Mit dem Wachstum der Großstadt erwiesen sich die dezentralen Bahnhöfe und die niveaugleiche Kreuzung von Straße und Eisenbahn (z.B. Übergang Prager Straße) als zunehmendes Hindernis. Nach dem Übergang aller Strecken in den Besitz des sächsischen Staates (Königlich-Sächsische Staatseisenbahn) wurde das umfangreichste Verkehrsbauprogramm in der Geschichte der Stadt Dresden ermöglicht. Es wurde 1890/1901 unter Leitung von Hermann →KLETTE, Klaus →KÖPCKE u.a. verwirklicht, war mit aufwendigen Erd- und Hochbauarbeiten verbunden und verlieh dem Eisenbahnknoten Dresden für das gesamte nächste Jahrhundert seine Gestalt. Das Programm umfaßte: den Ersatz des Leipziger und Schlesischen Bahnhofs durch den Bahnhof Dresden-Neustadt (→Neustädter Bahnhof), den Abbruch des Böhmischen und Bau des Hauptbahnhofs sowie des Wettiner Bahnhofes (→Bahnhof Mitte), die viergleisige neue Eisenbahnbrücke neben der Marienbrücke, den Bau von Viadukten und Hochdammen zwischen Strehlen und Pieschen, die Anlage des →Rangierbahnhofes Friedrichstadt mit 17 m hohem Ablaufberg und des Werkstättenbahnhofes (Reichsbahnausbesserungswerk) sowie die Verbreiterung der Elbbrücke

Karikatur auf die Eingemeindung von Vororten. Postkarte von 1903

Niederwartha. Dieses Bauprogramm war eng verbunden mit der Verlegung der →Weißeritz nach Cotta und dem Bau des Alberthafens (→Elbhäfen).
Die Luftangriffe 1945 richteten am Hauptbahnhof, Wettiner Bahnhof und Rangierbahnhof Friedrichstadt schwerste Schäden an. Der Hauptbahnhof und der wenig zerstörte Neustädter Bahnhof blieben in der Folgezeit die beiden Fernbahnhöfe Dresdens, der Rangierbahnhof errang seine Rolle als bedeutendster Güterumschlagplatz nach dem Südosten Europas rasch wieder. 1964 begann die Deutsche Reichsbahn mit der schrittweisen Elektrifizierung der Strecken von Dresden nach Leipzig, Chemnitz, Berlin und Bad Schandau, 1973 mit dem Ausbau eines Stadt- und Vorortverkehrs nach Pirna/Schöna, Tharandt, Arnsdorf und Meißen-Triebischtal. Ab 1991 wurde Dresden in den Intercity- und Eurocity-Verkehr einbezogen.
Auswahl historischer Zeugen der Eisenbahn: Empfangshalle des Hauptbahnhofes; Maschinenbahnhof 1868/69 bei Pieschen, Teile des Güter- und Rangierbahnhofes 1875 nordöstlich der Gehestraße, Güterboden von 1872 an der Leipziger Straße, Bahnbetriebswerk mit Lokeinsatzstelle am Neustädter Bahnhof, Reste des zweiten Leipziger Bahnhofes von 1857 an der Großenhainer Straße; außerhalb Dresdens in Niederau das älteste noch in Betrieb befindliche Stationsgebäude Deutschlands. – Traditionsbahnhof Obergittersee der →Windbergbahn. Feldbahnmuseum Dresden-Klotzsche. Abt. Eisenbahnverkehr im →Verkehrsmuseum.

Eisenbahnbrücke: →Marienbrücke

Eisenbahnmuseum: →Sächsisches Eisenbahnmuseum

Eisenbart(h), Johann Andreas: Wundarzt, «Stein- und Bruchschneider», geb. 1661 Oberviechtach/ Oberpfalz, gest. 11.11.1727 Hannoversch-Münden. → E. war einer der vielen im 17. Jh. in Dresden tätigen Wundärzte. Er bat 1692 den Kurfürsten JOHANN GEORG IV. um ein Privileg zur Ausübung seiner Kunst und legte dazu Bestätigungen über sieben erfolgreiche Heilungen vor. Der Rat der Stadt mußte seine Methoden durch akademisch ausgebildete Ärzte überprüfen lassen. Der Dresdner Stadtphysikus und der kurfürstliche Leibarzt Heinrich ERNDEL stellten ihm ein sehr gutes Zeugnis aus.

Eisenberg (Eyssenberg), Peter: letzter kathol. Pfarrer an der Kreuzkirche, geb. um 1472 Halle, gest. Bautzen. – E. wurde nach einer Tätigkeit als Schulmeister in Halle und als Professor für Theologie an der Universität Leipzig 1512 an die Kreuzkirche berufen. Darüber hinaus stand er in kirchlichen Fragen eine Zeitlang im Dienste Herzog GEORGS. 1521 wurden ihm von Anhängern der Reformation die Fenster seines Hauses eingeschlagen. Mit dem Rat lag er häufig im Streit (z.B. wegen der Gerichtsrechte über →Poppitz). 1539 erwog E. offenbar vorübergehend, sich der Reformation anzuschließen, gab aber dann seine Stelle auf. Am 17. Juni 1539 wurde er mit einem Ruhegehalt entlassen und zog nach Bautzen. E. veranlaßte während seiner Amtszeit den Bau der Marienkapelle am →Queckbrunnen.

Eisenhammer Dölzschen: frühestes Industrieunternehmen im Plauenschen Grund. – Seine Gründung durch den Hammerschmied Johann Gottfried ULBRICHT 1792/95 leitete die Industrialisierung des nahezu unberührten Weißeritztals zwischen Dölzschen/Gittersee und Plauen ein. Ulbrichts Nachfolger betrieben 1823/73 ein mit Unterkunft und Kost verbundenes «Schlackenbad», in dem rheumatische Erkrankungen mit dem Löschwasser der Rohschlacke behandelt wurden. Carl Friedrich August →KREBS baute das Werk ab 1827 zur bedeutenden Eisenhütte aus und nahm 1842 erstmals in Sachsen einen einfachen Kokshochofen in Betrieb. Seit einem Besuch des sächsischen Königs 1846 «König-Friedrich-August-Hütte». 1945 Demontage des Werkes, Wiederaufbau als VEB Eisenhammerwerk Dölzschen und Spezialisierung auf Gußteile für die Fahrzeugindustrie. Erhalten blieb das in schlichten Barockformen Ende des 18. Jh. errichtete Gebäude der *Hüttenschänke* (jüngst restauriert).

Eisenstuck, Christian Gottlob: Advokat, liberaler Politiker, geb. 3.10. 1773 Annaberg, gest. 31.5. 1853 Dresden. – E. lebte seit 1798 als Jurist in der Stadt. 1820 wurde er Obersteuerprokurator. 1830/32 wirkte er maßgeblich an den Reformen in Sachsen mit und war 1832/1837 Vorsitzender der →Kommunrepräsentanten, des Vorläufers der Stadtverordneten-Versammlung. 1837/47 war E. einer der vier Vertreter Dresdens in der zweiten Kammer des Landtages, dessen Vizepräsident er außerdem war. E. setzte sich in Dresden und Sachsen besonders für die Förderung von Handel und Industrie ein. So war er z.B. einer der ersten Aktionäre der →Waldschlößchenbrauerei. – Eisenstuckstraße in der Südvorstadt.

Eiswurm: →Felsenkellerbrauerei

Elbbäder: →Bäder

Elbberg: heute überbaute Straße zwischen Terrassenufer und Rathenauplatz, entstanden Mitte des 18. Jh. – An der

Elbe bei Pillnitz mit Bomätschern (Schiffsziehern)

Ecke Terrassenufer befand sich das →Venezianische Haus. Durch den Bau der →Carolabrücke 1892/95 blieb nur eine Straßenseite bebaut, an der 1905 das →Güntzbad errichtet wurde. Alle Gebäude 1945 zerstört.

Elbe: 1156 km langer Strom, davon 940 km schiffbar, entspringt als Labe im Riesengebirge (Tschechische Republik) in 1396 m NN, vereinigt sich bei Melnik mit der Vltava (Moldau), durchbricht die Ceske středohori (Böhmisches Mittelgebirge) und die Sächsisch-Böhmische Schweiz, durchfließt die 40 km lange Elbtalweitung zwischen Pirna und Meißen, tritt nördlich von Meißen in das norddeutsche Flachland ein und mündet bei Cuxhaven in die Nordsee.
Der Fluß im Stadtbild: Die E. tritt bei Zschieren in 110 m NN in das Stadtgebiet ein und verläßt es bei Stetzsch und Kaditz in 106 m NN. Ihre aus dem Holozän stammenden alten Flußarme waren stark hochwassergefährdet und blieben bis in die jüngste Zeit weitgehend von Besiedlung frei. Im Stadtgebiet beschreibt die E. zwei markante, durch die Schuttkegel der →Priesnitz und →Weißeritz gebildete Schleifen. Der Fluß wird oberhalb und unterhalb der Stadt von z. T. steilen Hängen begleitet, während die Uferbereiche in der Stadtmitte nur wenig ansteigen. Auf der Neustädter Seite und oberhalb der Altstadt trennt eine breite Grünzone die ufernahen Bauten vom Fluß, während sich die berühmte Silhouette der inneren Altstadt unmittelbar über dem 120 m breiten Strom erhebt. An dieser Stelle bildete das Wasser den natürlichen Schutz für den Festungswall der heutigen Brühlschen Terrasse. Die Elbansichten zwischen Albert- und Marienbrücke und die Sichtbeziehungen von der Brühlschen Terrasse zu den Hängen zwischen Borsberg und Lößnitzhängen sowie die Kulturlandschaft der Loschwitz-Pillnitzer Hänge bilden das beherrschende Motiv der meisten Dresden-Maler. Das Landschaftsschutzgebiet «Dresdner Elbwiesen und Elbtalarme» umfaßt die Flußaue und die weitgehend unbebauten Teile der Niederterrasse, der →Flutrinne, des →Ostrageheges und des alten Elbarmes zwischen Tolkewitz und Zschieren.
Verkehr, Wirtschaft, Versorgung: Elbfurten in Briesnitz und nahe der Frauenkirche förderten das Entstehen von

Siedlungen, die sich an der Kreuzung wichtiger Straßen (Hohe Straße) mit dem bereits in slawischer Zeit benutzten Schiffahrtsweg entwickelten. Bereits 1275 wird für Dresden eine Brücke erwähnt. Heute verbinden im Stadtgebiet acht →Brücken und mehrere →Fähren die Ufer. Die →Elbschiffahrt wurde bis weit in das 19. Jh. noch von Untiefen, Zöllen und Stapelrechten der Elbanliegerorte behindert. Erst die Stromkorrektur ab 1861 schuf einen regulierten und planmäßig unterhaltenen Schiffahrtsweg. Im heutigen Stadtgebiet entstanden mehrere →Häfen und →Schiffswerften. – Im 16. Jh. zeichnete Johannes Kentmann (1518 bis 1574) die ersten Elbkarten für Schiffer. Der Fluß ernährte weitere Erwerbszweige wie die Flößerei, die bis um 1880 in Dresden →Holzhöfe besaß, die →Bomätscher und die Fischer. An mehreren Stellen wurden Schiffsmühlen betrieben, so am Ausgang des späteren Neustädter Hafens die Neudorfer Mühle (bis 1874 auf den Stadtplänen verzeichnet). Eine verkehrsgeschichtliche Besonderheit war der →Wasserflugplatz in Johannstadt. An der E. befinden sich drei der vier großen Aufbereitungswerke fur die Dresdner →Wasserversorgung.
Fremdenverkehr, Erholung, Sport: Als Träger des Ausflugsverkehrs bedient die Weiße Flotte fahrplanmäßig und im Sonderverkehr den größten Teil der Fahrgastschiffahrt. Die am Ufer oder auf Pontons verankerten →Bäder bestimmten für lange Zeit das Stadtbild mit, mußten jedoch nach 1935 wegen zunehmender Wasserverschmutzung schließen. Für den Ruder- und Kanusport bildet die E. eine Trainingsstrecke, Boots- und Klubhäuser befinden sich u. a. in Blasewitz und Cotta. Erholungswert haben die Uferwege, auch der im Ausbau begriffene Elbradfahrweg.
Wasserstände: Christian Gottlieb Pötzsch (1732–1805) verfaßte eine Chronik der Hochfluten und begann 1775 mit ständigen Pegelbeobachtungen am Altstädter Pfeiler der Augustusbrücke. Der Nullpunkt dieses Pegels wurde 1935 auf 103 m NN festgelegt und entspricht einer Wassertiefe von 65 cm in der Schiffahrtsrinne. Der niedrigste Pegelstand der jüngeren Zeit wurde am 9. Januar 1954 mit 2 cm registriert. Bei extremer Trockenheit, wie 1904, werden die «Hungersteine» mit Inschriften früherer Dürrejahre sichtbar. Eine geschlossene Eisdecke, über die sichere Übergänge für Fußgänger freigegeben wurden, bildete sich in den letzten Jahrzehnten nicht mehr. Die Schiffahrt wird bei einem Pegel von 4,70 m eingestellt; bei 5,50 m wird die Straße am Terrassenufer gesperrt. Der bisher höchste Pegelstand wurde 1845 verzeichnet, als das goldene Brückenkreuz der alten Elbbrücke in den Fluten versank. Noch das Hochwasser von 1890 setzte den Zwingerhof unter Wasser.

Hochwasser über 800 cm im 19. Jh. am Dresdner Pegel:

31. März 1845:	8,77 m
6. September 1890:	8,37 m
3. Februar 1862:	8,24 m

Hochwasser über 700 cm im 20. Jh. am Dresdner Pegel:

11. April 1900:	7,78 m
17. März 1940:	7,78 m
17. Januar 1920:	7,77 m
5. Februar 1923	7,18 m
10. April 1941	7,15 m

Elbehotel: in Loschwitz oberhalb des «Blauen Wunders» an der Elbe gelegenes ehem. großes Hotel mit Restaurant, Saal und Gästegarten. Es entstand aus einem Bauerngut, dessen Besitzer um 1630 das Schankrecht erworben hatte. In der Mitte des 18. Jh. kam die Konzession für freies Backen und Schlachten hinzu, so daß die Gästebetreuung zunahm. Da in der Mitte des 19. Jh. Loschwitz als Ausflugsort an

Niedrigwasser der Elbe an der Augustusbrücke im Aug. 1904
Elbe mit geschlossener Eisdecke 1929

Bedeutung gewann, erweiterten der Pächter Ernst DEMNITZ (ab 1848) und danach sein Sohn Gustav (ab 1880) die *«Loschwitzer Erbschänke»* zum *«Hotel Demnitz»* (später Elbehotel), wobei es zu einem beliebten Ausflugsziel und Veranstaltungsort geselliger Vergnügungen wurde. 1945 wurde das E. enteignet und bis Anfang der 70er Jahre als Volkseigentum von der HO weitergeführt, bis es wegen baulichem Verfall geschlossen wurde.

Elbe-Schlag: →Schläge

Elbfähren: →Fähren

Elbflorenz: →Herder, Johann Gottfried

Elbhäfen: Die frühesten, relativ kleinen Lande- und Ausschiffungsplätze lagen seitlich der Altstadt und am Neustädter Ufer. Bedeutender waren die im →Packhofviertel entstandenen Ladeplätze für Güter. Die ersten Personendampfer wurden ab 1837 im →Gondelhafen oberhalb der Brühlschen Terrasse stationiert. 1856/59 entstand für die Frachtschiffahrt der Neustädter Hafen im Pieschener Winkel. Durch die Stromkorrektur im 19. Jh. wurde ein toter Elbarm in Loschwitz gebildet, der schrittweise zum Winterhafen der Weißen Flotte ausgebaut wurde, sich jedoch nach 1960 als zu klein erwies und seitdem als Liegeplatz für Sportboote dient. Dafür übernahm die Fahrgastschiffahrt 1968 den Neustädter Hafen als Winterhafen. – 1891/95 wurde am Rand des Ostrageheges der *König-Albert-Hafen* mit 1100 m langem und bis zu 150 m breitem Hafenbecken angelegt (Nordkai am 1. November 1895 eröffnet). Die ausgehobenen Erdmassen dienten z. T. der Aufschüttung des nahen Ablaufberges im →Rangierbahnhof Friedrichstadt. Der Hafenbau zog umfangreiche Gleisanlagen und Umschlagpätze sowie den Bau der →Hafenmühle nach sich. Der Hafen wurde auch als Schutzhafen der Frachtschiffahrt bei Hochwasser und Eisgang konzipiert. Einen hohen Anteil am Umschlag nehmen Schüttgüter wie Baukies ein. Heute mit den Häfen Riesa und Torgau als Sächsische Binnenhafen GmbH Oberelbe in Landesbesitz.

Blick von der Loschwitzer Brücke auf das «Elbehotel»

Elbhangfest: Volksfest, das seit 1991 jährlich Ende Juni in den rechtselbischen Vororten von Loschwitz bis Pillnitz stattfindet. Durch Bürgerinitiative angeregt und getragen, soll es die Bedeutung dieser reizvollen Kulturlandschaft im Dresdner Raum hervorheben.

Elbier: Dresdner Künstlergemeinschaft, die 1902 von Schülern von Gotthardt →KUEHL begründet wurde und im gleichen Jahr ihre erste Ausstellung in Berlin hatte. Sie beteiligte sich vor dem Ersten Weltkrieg an den bedeutenden Kunstausstellungen in Dresden und schloß sich später dem Deutschen Künstlerbund an. Zu den Mitgliedern gehörten u.a. Fritz BECKERT (1877–1962), Arthur BENDRAT (1872–1914), Ferdinand →DORSCH, Georg ERLER (1871–1951), Josef GOLLER, Johannes UFER und der Bildhauer Walter SINTENIS (1867–1911).

Dampferanlegestelle am Terrassenufer

Elbinsel: →Pillnitzer Elbinsel

Elbschiffahrt: 1. *Frachtschiffahrt:* Spätestens seit dem 13. Jh. diente die Elbe als Transportweg für Holz, das in losen Stämmen als «Trift» oder zu Flößen gebunden Dresden passierte und bis etwa 1870 auch auf den hiesigen →Holzhöfen gestapelt wurde. Andere Güter wurden vornehmlich auf hölzernen Kähnen befördert, die Segel setzten und stromauf durch →Bomätscher und Zugtiere vom Ufer aus geschleppt wurden. Zollschranken, Stapelrechte der Anliegerstädte sowie natürliche Hindernisse wie Stromschnellen und Untiefen hemmten die Schiffahrt. Erst die Elbschiffahrtsakte von 1821, die Ablösung aller Binnenzölle bis 1870 und die Stromkorrekturen des 19. Jh. sicherten ihr auch gegenüber der Eisenbahn die Wettbewerbsfähigkeit. – Den ersten Frachtdampfer auf der Oberelbe baute Heinrich Wilhelm →CALBERLA 1833 in Krippen. 1869 gründete Ewald →BELLINGRATH die →Kettenschiffahrt auf der Oberelbe, die Ende des 19. Jh. von technisch verbesserten Radschleppdampfern überflügelt und ab 1928 von Motorgüterschiffen ganz verdrängt wurde. Frachtschiffahrt betrieben in Dresden neben der Gesellschaft «Kette» auch die →Sächsisch-Böhmische Dampfschiffahrts-Gesellschaft, die «Frachtschiffahrts-Gesellschaft» (bis 1874) sowie seit 1883 die «Dampfschiffahrts-Gesellschaft vereinigter Schiffer». Letztere erweiterte ihren Einfluß 1929 als «Neue Norddeutsche und Vereinigte Elbeschiffahrts-AG» und dominierte auf der Oberelbe. Als letzter Frachtdampfer überhaupt wurde 1974 die «Württemberg» außer Dienst gestellt. Motorgüterschiffe und Schubschiffverbände bestimmen heute das Bild. Wichtigster Hafen auf der Oberelbe ist der Dresdner →Elbhafen. – **2.** *Personenschiffahrt:* Erst die Dampfkraft ermöglichte auf der Elbe einen regelmäßigen und öffentlichen Linienverkehr. Johann Andreas →SCHUBERT baute 1837 den ersten sächsischen Personendampfer →«Königin Maria» für die von ihm und einer Gruppe Dresdner Kaufleute gegründete Sächsische-Dampfschiffahrts-Gesellschaft. Der ersten Fahrt am 30. Juli 1837 folgten noch im gleichen Jahr regelmäßige Fahrten in die Sächsische Schweiz. 1838 liefen die Dampfer «Prinz Albert» und «Dresden» vom Stapel, die entgegen Schuberts Vorstellungen

schwere Niederdruckmaschinen erhielten und häufig Grundberührung hatten. Die «Dresden» wurde 1841 ausgemustert, die «Prinz Albert» und «Königin Maria» 1846/47 durch neue Fahrzeuge gleichen Namens ersetzt. – Der Gesellschaft erwuchs Konkurrenz u.a. durch das Unternehmen der Gebr. WEIGEL, Dresden, und durch die Böhmische Dampfschiffahrts-Gesellschaft von Joseph RUSTON, der jedoch 1851 seine Schiffe an die Sächsische Dampfschiffahrts-Gesellschaft abtrat. Sie hieß ab 1867 →Sächsisch-Böhmische Dampfschiffahrts-Gesellschaft und verkehrte bis Mühlberg und Leitmeritz (Litomerice). Die SBDG verfügte 1856/96 über eine eigene Werft in Blasewitz, wo u.a. 1858 die «Kronprinz» als erste einer neuen Serie von Fahrgast-Deckdampfern gebaut wurde, unterhielt mit ihren ersten Salondampfern «Loschwitz» und «Blasewitz» einen dichten Vorortverkehr, stellte 1896 die «Bodenbach» als ihren ersten Oberdeckdampfer in Dienst und eröffnete im gleichen Jahr die Schiffswerft Laubegast. Die SBDG erreichte um 1900 jährliche Fahrgastzahlen von 3 Millionen. 1910 gab sie die Landeplätze unterhalb der Augustusbrücke auf und richtete die das Stadtbild mit prägenden Anlegestellen am Terrassenufer ein. – Die Übernahme der großen Salondampfer «Dresden» und «Leipzig» 1926 und des ersten Dieselmotorschiffes «von Hindenburg» 1929 leitete einen nochmaligen Aufschwung des Unternehmens ein. Mit der Umstellung des grün-weißen bzw. gelben Außenanstrichs auf weiß im Jahre 1928 bürgerte sich der Name «Weiße Flotte» ein. Auslagerungen, Kriegseinsätze und -schäden sowie Reparationsleistungen reduzierten 1942/46 den Schiffsbestand erheblich. Mit dem Dampfer «Lößnitz» wurde die Schiffahrt 1946 wiederaufgenommen. Das Unternehmen hieß ab 1948 «Elbeschiffahrt Sachsen», wurde 1950 der «Deutschen Schiffahrts- und Umschlagsbetriebszentrale» eingegliedert und 1955 als VEB Fahrgastschiffahrt Dresden weitergeführt. Es nahm 1963/64 vier dieselelektrische Luxusmotorschiffe in Dienst und betrieb ab 1974 zeitweilig einen Schnellverkehr mit zwei Motorgleitschiffen sowjetischer Herkunft. – 1992 wurde die «Sächsische Dampfschiffahrts-GmbH» (Teilhaber Land Sachsen und Conti-Reederei) gebildet, die mit acht rekonstruierten Dampfschiffen über die größte Raddampferflotte in der Flußschiffahrt Europas verfügt. Älteste Schiffe sind die Seitenraddampfer «Stadt Wehlen» (1879) und «Meißen» (1885). Die «Diesbar» (1884, mit Maschine von 1856) wurde 1986 als technisches Denkmal rekonstruiert. Mit diesen Dampfern und mehreren Motorschiffen werden Linienfahrten durch Dresden und die Sächsische Schweiz sowie Charterfahrten durchgeführt.

Elbschlösser: zusammenfassende Bezeichnung für die drei, das Landschaftsbild beherrschenden Schloßbauten auf der rechtselbischen Hügelkette zwischen Loschwitz und dem Waldschlößchen. Mit ihren weitläufigen Parkanlagen bilden →Schloß Eckberg (1859/61), →Villa Stockhausen (1850/53) und →Schloß Albrechtsberg (1850/54) eine «Zierde des Dresdner Elbtales». Im 19. Jh. zu den häufigsten Motiven von Dresden-Ansichten gehörend, sind sie mit ihren reizvollen Aussichten auch in der Gegenwart beliebte Anziehungspunkte für die Dresdner und ihre Gäste.

Elbstollen: bergmännischer Entwässerungsstollen für die ehem. Steinkohlengruben links der Weißeritz, auch Tiefer Erbstollen genannt. – Der 6044 m lange Stollen (Höhe 3 m, Breite 1,50 m) wurde 1817/36 zur Ableitung von Grubenwässern angelegt, beginnt in 81 m Tiefe in Freital-Zauckerode, unterquert die Fluren von Gorbitz, Leutewitz und Cotta und mündet hier in die Elbe (Mundloch mit Tafel hinter dem Bahnhof Cotta). Dem Bau dienten neun senkrechte «Lichtlöcher»; auf einer der dabei entstandenen Halden steht die Windmühle von →Leutewitz. Pläne, auf dem Stollen auch Kohle zu transportieren, wurden durch den Eisenbahnbau hinfällig. Der E. wurde nach Einstellung des Freitaler Steinkohlenbergbaus 1959/60 letztmals bergmännisch «befahren», führt jedoch weiterhin ca. 2 Millionen m^3 Wasser jährlich zur Elbe und wird vom Wismut-Sanierungsbetrieb als Nachfolger des Bergbaubetriebes Gittersee unterhalten.

Elbtor, auch *Brückentor*: im Mittelalter das nördliche Stadttor, das am Ausgang der →Schloßstraße vor der Elbbrücke gelegen war. 1407 wurde es erstmals urkundl. als «Elbisches Tor» erwähnt: (1445 als «Wasserthor», 1458 als «Bruckenthor»). 1553 wurde das Tor von Melchior →TROST erweitert. Im Zuge der Anlage des Schloßplatzes mußte das E. 1738 abgerissen werden.

Elbschiffahrt
Brückentor um das Jahr 1555

Elektrizitäts- und Fernheizwerke: Die erste elektrische Beleuchtung in Dresden flammte am 16. Dezember 1882 im Möbelgeschäft von A. TÜRPE in der Marienstraße auf und wurde durch einen dampfkraftgetriebenen Generator gespeist. Ab 1884 erzeugte man versuchsweise in der Altstädter Gasanstalt Elektroenergie, verlegte die 80-PS-Gasmaschine in das alte Rathaus am Altmarkt und versorgte dort erstmals am 1. Oktober 1886 elektrische Glühlampen. – Das zunächst private, später städtische «Ostwerk» Hertelstraße lieferte seit 1893 Gleichstrom für die elektrischen Straßenbahnen. 1894 entschied sich der Rat der Stadt für den Bau eines kommunalen Gleichstromkraftwerkes, das am 28. November 1895 als «Lichtwerk» auf dem Gelände der abgetragenen Gasanstalt Stiftsstraße den Betrieb aufnahm und ab 15. Dezember die ersten elektrischen Straßenlaternen Dresdens auf der Schloß- und Seestraße speiste. Neben diesem Werk wurde 1900 am Wettiner Platz das «Westkraftwerk» für die Straßenbahn errichtet.
Eine technische Großtat war der Bau des ersten kombinierten Fernheiz- und Elektrizitätswerkes an der Großen Packhofstraße neben dem Zwinger. Es wurde durch die sächsische Regierung in Auftrag gegeben, am 15. Dezember 1900 eröffnet und für die Strom- und Fernwärmeversorgung der brandgefährdeten historischen Bauten des Zentrums (Oper, Galerie u. a.) eingesetzt (Bau von LOSSOW & VIEHWEGER). Das wegen seiner Architektur umstrittene Gebäude mit dem turmartig verkleideten Schornstein diente nach dem Bau einer Heißwasserleitung zum Westkraftwerk ab 1929 nur noch als Umformerstation, der Schornstein wurde abgebrochen (Gebäude 1945 zerstört). Für die Stromversorgung der Vororte errichteten Gemeinden und Gemeindeverbände mehrere eigene Kraftwerke, so die linkselbischen Vororte unter Führung Cottas 1906 das Werk «Elbtal» in Cossebaude. Nach 1920 wurde das städtische Stromnetz in das Landesverbundnetz der AG Sächsische Werke einbezogen; die Stadt beteiligte sich am Bau des Pumpspeicherwerkes Niederwartha 1927/29. 1929 begann die

Luftbild vom Kraftwerk West (Mitte) um 1930

Verlegung eines Heißwasserstadtnetzes; 1930 entstand das Heizwerk Ost an der Terscheckstraße. 1961/66 wurde das Braunkohlen-Heizkraftwerk Nossener Brücke mit 140 m hohem Schornstein und 55 m hohem Kühlturm errichtet (5 Dampferzeuger und 4 Generatoren). Es wird durch das benachbarte Gas- und Dampfturbinen-Heizkraftwerk ersetzt, das die Fa. Siemens seit 1993 für die Technischen Werke Dresden und die Energieversorgung Sachsen Ost AG für eine Leistung von 260 MW Elektro- und 480 MW Wärmeenergie errichtet. – Auf dem Gelände der 1973 stillgelegten →Gasanstalt Reick wurde 1973/77 ein Spitzenheizwerk mit 220 m hohem Schornstein für das Fernwärmeverbundnetz erbaut. Das ehem. Westkraftwerk am Wettiner Platz und der Stiftsstraße wurde als Kraftwerk Mitte bis 1993 weiterbetrieben und wird mit Fertigstellung des neuen Kraftwerkes Nossener Brücke stillgelegt.

Elektrotechnische Industrie: Erstes bedeutendes Unternehmen dieser Branche war das spätere →*Sachsenwerk Niedersedlitz*, in dem Oskar Ludwig KUMMER 1887 den Elektromotorenbau aufnahm. Ein weiterer Elektromotorenhersteller entstand an der Sächsisch-Böhmischen Eisenbahn mit dem Elbtalwerk im benachbarten Heidenau. 1904 wurde →*Koch & Sterzel* an der Zwickauer Straße gegründet. Dieses Unternehmen errichtete 1922/23 das Werk Mickten/Übigau, das als *Transformatoren- und Röntgenwerk* (heute Siemens) nach 1945 zu den bedeutendsten Dresdner Großbetrieben zählte. Weitere elektrotechnische Unternehmen entstanden an der Großenhainer Straße, so das Reglerwerk im Fabrikgebäude der früheren Nähmaschinenfabrik Clemens Müller und ein Elektromotorenwerk. Aus der 1916 gegr. Firma Cruse & Co in Mickten entstand das Elektroschaltgerätewerk mit Neubau an der Sternstraße. Großausrüstungen für Kraftwerke erzeugt der *AEG-Starkstromanlagenbau* im Industriegelände (bis 1990 VEB «Otto Buchwitz»). Im Industriegebiet Klotzsche wurde 1961 aus dem Potential der stillgelegten Flugzeugindustrie der *VEB Elektromat* mit 2000 Beschäftigten gegründet. Er baute ein Fertigungsprogramm von Maschinen für die Elektroindustrie auf und stellte ab 1966 Ausrüstungen für die elektronische Industrie her. 1969 wurde das Sondermaschinenwerk Reick angegliedert, 1980 erfolgte der Zusammenschluß von Elektromat und Institut für Mikroelektronik zum Zentrum für Forschung und Technologie Mikroelektronik (nach 1989 weitgehend aufgelöst).
Enge Bindungen zur Technischen Hochschule bzw. Universität förderten die Entwicklung der Elektrotechnik und Elektronik in Dresden. Prof. N. Joachim LEHMANN (TH) und das Funkwerk Dresden (später Meßelektronik «Otto Schön») entwickelten 1956 einen elektronischen Rechenautomaten D 1 («Dresden 1»). Die 1961 gegr. Arbeitsstelle für Molekularelektronik unter Werner HARTMANN schuf die erste Generation mikroelektronischer Schaltkreise in der damaligen DDR. Mit dem Bau des «Atriumkomplexes» am Pirnaischen Platz begann um 1970 der Aufbau des *Kombinates Robotron*, das weitere Produktionssstätten an der Bodenbacher Straße bezog. Seine Betriebe Robotron-Elektronik, R.-Meßelektronik, R.-Projekt und R.-Anlagenbau hatten im Dresdner Raum 11 000 Beschäftigte. Das Kombinat wurde nach 1989 aufgelöst.
Die elektrotechnische und elektronische Industrie in Dresden befindet sich noch in der Umprofilierung. Die Stadtverordnetenversammlung stimmte 1994 der Ansiedlung eines Großbetriebes für Mikroelektronik der Firma Siemens an der Königsbrücker Straße zu.

Eliasfriedhof: ehem. Seuchenfriedhof, der infolge der im Jahre 1680 in Sachsen und insbesondere in Dresden aufgetretenen Pest weit außerhalb der Stadt vor dem →Ziegelschlag angelegt wurde. Auf dem bis zum 30. Juni 1876 benutzten E. wurden anfangs nur die Toten der Armen bestattet. 1723 wurde er durch George →BÄHR erweitert und nun auch von der Bürgerschaft benutzt. Der E. besitzt als unter Denkmalschutz stehender historischer Friedhof die unterschiedlichsten

künstlerisch gestalteten Grabsteine (→FRIEDRICH, Caspar David) aus dem 18./19. Jh. Auf dem leider verfallenen E. ruhen u. a. J.G. →NAUMANN, Oberhofprediger REINHARD, W.G. →LOHRMANN, F.A.v. →AMMON, J.J. →RENNER (Gustel von Blasewitz), J.C.C. →DAHL, J.F. →GÜNTZ, G.F. →THORMEYER, C.A. BÖTTIGER und J.C. →KIRCHNER.

«Elisensruhe»: ehem. prächtiger Park mit Landhaus auf dem Gelände, das von Hopfgarten-, Wintergarten-, Blumen- und Elisenstraße durchschnitten wurde, wobei die Straßennamen an die Gartenanlage erinnern. In der Besitzung (früher →Hopfgartens) hatte sich ab 1819 der Gartenliebhaber und Mitbegründer der →Gesellschaft für Botanik und Gartenbau «Flora», der Leutnant Friedrich WÄBER (gest. 1836) eine bedeutende Privatgärtnerei eingerichtet, die nach 1832 in eine Handelsgärtnerei umgewandelt wurde. Aus ihr ging nach 1836 die bekannte Gärtnerei von Ludwig Leopold LIEBIG (geb. 1801) hervor. 1822 bestattete man Wäbers neunjährige Tochter Elisabeth in dem Park, der danach «Elisensruhe» hieß, bis er nach 1878 wegen Anlegung neuer Straßen verschwand. Auf E. befand sich 1859/78 →Lüdickes Wintergarten.

Ellenberger, Wilhelm: Veterinärmediziner, geb. 28.3.1848 Beiseförth, Bez. Kassel, gest. 5.5.1929 Dresden. – Der in Wien und Göttingen als Veterinärmediziner ausgebildete E. wirkte ab 1874 an der Tierärztlichen Hochschule Berlin und wurde 1879 Professor für Physiologie und Histologie an der →Tierärztlichen Hochschule Dresden. Seine 44jährige Tätigkeit an dieser Hochschule (viele Jahre Rektor) diente stets der Förderung dieser Einrichtung (z.B. Rektoratsverfassung sowie Promotions- und Habilitationsrecht). E. war Mitbegründer und 48 Jahre lang Herausgeber der «Ellenberger-Schützschen Jahresberichte» auf dem Gebiet der Veterinärmedizin.

Emmauskirche Kaditz: 1273 wurde erstmals für Kaditz eine dem heiligen Laurentius geweihte Kapelle erwähnt. Die Kirche als einheitlicher Bau dürfte erst um 1500 entstanden sein (Teile am jetzigen Gebäude stammen aus dieser Zeit). Bei verschiedenen Um- und Erneuerungsbauten erhielt die Kirche 1680 ihren Turm mit Satteldach und Renaissancegiebel. 1869 wurde der quadratische Turm durch einen achteckigen neugotischen Oberbau ersetzt, der die Glocken der →Sophienkirche aus dem Jahre 1676/77 erhielt. Der hölzerne Kanzelaltar mit den geschnitzten Figuren der Apostel Paulus und Petrus stammt vom Bildhauer Gottfried →KNÖFFLER und dem Tischler Johann Peter PETANI (1756). 1904 erhielt die Kaditzer Kirche den Namen E. Zur heutigen Gemeinde der E. gehören →Übigau, →Mickten und →Kaditz.

Emser, Hieronymus: Theologe, geb. 26.3.1477 Weidenstetten b. Ulm, gest. 8.11.1527 Dresden. – E. war seit 1504 Sekretär und Hofkaplan von Herzog →GEORG. Nach der Leipziger Disputation wurde er zum erbitterten Gegner Luthers. In Dresden wurden die meisten antireformatorischen Streitschriften E. gedruckt (bei Wolfgang →STÖCKEL). Seine Schrift «Annotationes über Luthers Neues Testament» (1524) ist das erste Buch, das mit dem Druckort Dresden versehen ist. 1521 wurden ihm von Anhängern der Reformation die Fenster seines Hauses eingeschlagen. Weniger bekannt sein dürfte, daß E. im Auftrage Georgs die Heiligsprechung des Bischofs BENNO von Meißen betrieb. – Die Grabstätte E. befand sich in der alten Frauenkirche. Das von einem Leipziger Bürger gestiftete Grabmal ist in E. Übersetzung des Neuen Testaments, Leipzig 1528, abgebildet.

Engel-Apotheke: ehem. Dresdner Apotheke, die als erste außerhalb der Stadtmauer lag. Am 20. Mai 1695 erteilte AUGUST DER STARKE dem Apotheker Johann Andreas MIETIGER das Privileg, die «Apotheke zum Engel vorm Wilsdorffer Thore» zu errichten (→Wilsdruffer Vorstadt). Das Gebäude war die Botenherberge «Weißes Rößchen», auch «Gasthof zum Roß» genannt und befand sich auf der →Annengasse (seit 1858 Annenstraße Nr. 33). Daraus ist auch erklärlich, daß das Privileg mit der Berechtigung zum Ausschank einheimischer Biere und dem Recht, Gäste über Nacht zu beherbergen, verbunden war. Nachdem die Besitzer mehrmals wechselten (Gasthof und Apotheke getrennt), ging 1729 der Apothekenteil an die Familie des Apothekers Johann David BEYLICH über, die dann 1731 von Johann Georg →EHRLICH den Gasthof dazu kaufte und dadurch die Apotheke erweitern konnte. Seit 1740 erscheint der Name E.; das Wahrzeichen bezieht sich auf den Erzengel Raphael als Boten Gottes. Der siebte Besitzer (später Inhaber der →Adler-Apotheke) Albert FROHN verkaufte 1892 die E. an Gustav Adolf MENDEL. Dieser ließ 1897 das über 200 Jahre alte Gebäude abbrechen und ein neues Apothekengebäude errichten, das bis zur Zerstörung Dresdens im Februar 1945 an der Annenstraße bestand.

Engelhardt, Karl August: Pseudonym *Richard Roos*: Schriftsteller, geb. 4.2.1768 Dresden, gest. 28.1.1834 Dresden. – Nach dem Theologiestudium in Wittenberg schlug sich E. bis 1805 als Hofmeister und Literat durch. Danach fand er durch →ADELUNGS Vermittlung eine unbezahlte Anstellung an der Kurf. Bibliothek. 1810 wurde er im Archiv der Geh. Kriegskanzlei angestellt. Später wurde er Archivar des Geheimen Kriegsrats-Kollegiums und 1831 Archivar im Kriegsministerium. E. verfaßte sowohl schöngeistige als auch wissenschaftliche Literatur. Neben zahlreichen Zeitschriftenbeiträgen, Gedichten, Schwänken sind vor allem seine 1808/12 erschienenen «Tägliche Denkwürdigkeiten aus der sächsischen Geschichte», «Malerische Wanderungen durch Sachsen» (Leipzig 1795) und die zusammen mit dem Dresdner Gelehrten MERKEL erarbeitete «Erdbeschreibung Sachsens» (1796) zu nennen. Mit Merkel zusammen gab er außerdem die in mehreren Auflagen erschienene Jugendschrift «Der neue Jugendfreund» (Leipzig 1794/98) heraus. E. verkehrte im →Dresdner Liederkreis.

Engelhardts: ehem. Vorwerk im Stadtteil Johannstadt, entstand nach dem Siebenjährigen Krieg dort, wo später nach Plänen von →THORMEYER die beiden

Gruftreihe auf dem Eliasfriedhof

Gebäude auf dem →Trinitatisfriedhof errichtet wurden. Die Engelhardtsche Wirtschaft fiel 1813 der Schlacht bei Dresden zum Opfer.

Engelke, Martin: Bildhauer, geb. 22.6.1852 Tilsit, gest. 27.1.1932 Dresden. – E. war ab 1873 Schüler von Johannes →SCHILLING und ließ sich 1880 in Blasewitz und später in Dresden nieder. Seine Hauptwerke für Dresden sind: vier große Reliefs an der Vorhalle des Annenfriedhofs in Löbtau, Bildnisse von WINCKELMANN und SCHINKEL sowie einige Nischenfiguren am Ausstellungsgebäude der Kunstakademie und die «Gustel von Blasewitz» (→RENNER, Johannes Justine) am Blasewitzer Rathaus.

Englische Kirche: Die E. wurde nach Plänen der Architekten ST. AUBYN und PIEPER 1868/69 an der Ecke Wiener-/Beuststraße für die englische Gemeinde errichtet. Der Baustil erinnerte an englische Gotik des 13. Jh., den Early English Style. Altartische, Orgel, Kanzel, Taufstein und plastisches Bildwerk der 3schiffigen Kirche stammten aus England. Die Fenster waren mit Glasmalereien der englischen Firma Hardman aus Birmingham versehen. Die Ruine der im Februar 1945 teilzerstörten Kirche wurde 1952 abgerissen.

Englisches Viertel: ehem. Villenviertel zwischen Bürgerwiese und Wiener Straße (Seevorstadt Ost), 1945 durch Luftangriffe fast völlig zerstört, der urspr. Straßengrundriß später z.T. überbaut. – Die Erschließung des Viertels setzte ab 1847 mit der Anlage der Lüttichau-, Räcknitz-, Mosczinsky- und Struvestraße, der Lindengasse und (1858) der →Prager Straße ein. Das seinerzeit vornehmste Dresdner Wohnviertel zog auch begüterte Ausländer an und erhielt 1868/69 die →Englische Kirche. – In einer früheren Bauphase entstanden bereits am Rande des späteren E. das →Palais Kaskel-Oppenheim, das →Palais Lüttichau, die →Villa Struve, das Haus Bürgerwiese 14 (1838 von Woldemar →HERMANN, 1899 abgerissen) und das Seebachsche Haus Bürgerwiese 16 (1839 von Hermann →NICOLAI, 1899 abgerissen). – Bedeutende Beispiele der Dresdner Villenarchitektur in der Semper-Nachfolge schufen die Architekten Hermann Nicolai (Villa für Johann MEYER, Beuststraße 1, 1867/69; Villa Parkstraße 3, 1867/68), Hermann August →RICHTER (Villa Opitz, Mosczinskystraße 10, 1873/74; Villa Wiener Straße 44, 1873/74), Bernhard →SCHREIBER (→Palais Kap-herr; Villa Pilz, Parkstraße 4, 1868/1869), Karl →EBERHARD (Goethestraße 6, 1869/70; Villa Häbler, Beuststraße 2, 1866/67), Karl →WEISBACH (Haus Lennéstraße 2, 1873/74) und Otto GRAHL (1839 bis 1875, Villa Parkstraße 2, 1869/70). Sämtliche genannten Villen wurden 1945 zumeist teilzerstört und die Ruinen in den fünfziger Jahren abgerissen; erhalten blieb im E. die Villa Tiergartenstraße 8 von 1875.

Enking, Ottomar: Schriftsteller, Dramatiker, geb. 28.9.1867 Kiel, gest. 13.2.1945 Dresden . – E. lebte seit 1904 in Dresden (Wohnungen Zirkusstraße 39, Wintergartenstraße 27). Bis 1906 war er am →«Dresdner Anzeiger» als Redakteur tätig, danach als freier Schriftsteller und seit 1919 außerdem als Dozent für Literatur an der Kunstgewerbeakademie. In Dresden entstanden seine meisten Werke, humoristische Romane und Novellen, die meist im norddeutschen Kleinstadtmilieu angesiedelt waren («Patriarch Mahnke», 1905, «Die Dornekower», 1906, «Kantor Liebe», 1910) sowie einige Lustspiele («Das Kind», 1919, «Der Glückswagen», 1925). E. arbeitete auch als Lyriker. – Begr. auf dem Striesener Friedhof.

«Entenpfütze»: 1601 erstmals erwähnter künstlicher See (Fischteich) westlich der Stadt unmittelbar an der Stelle des späteren →Freiberger Platzes. Die Reste des Sees wurden 1830 beseitigt.

Entfestigung: Über Jahrhunderte bestimmte die →Stadtbefestigung die Entwicklung des Grundrisses der Stadt. Nachdem sie um die Mitte des 18. Jh. ihren militärischen Wert weitgehend verloren hatte, wurden aus städtebaulicher und verkehrsökonomischer Sicht erste Überlegungen zu ihrer Beseitigung angestellt. Die E. war, wie in vielen anderen europäischen Städten auch, eine wichtige Voraussetzung für das ungehinderte Wachstum Dresdens in der Zeit der industriellen Revolution. – In die Altstädter Befestigung waren bereits in der ersten Hälfte des 18. Jh. «Breschen» geschlagen worden. Beim Bau des Zwingers wurden Teile der Bastion Luna (die hölzerne Brücke über den Graben wurde 1715 angelegt) und 1738 beim Bau der Hofkirche und bei der Anlage des Schloßplatzes Teile des Walls westlich der Brücke abgetragen. Anfang 1760 entwarf im Auftrage des Königs der Oberlandbaumeister Julius Heinrich →SCHWARZE einen Plan, der die weitgehende Beseitigung der Festungsanlagen vorsah. Dabei sollten u.a. die Gräben verfüllt und einige innerstädtische Gassen verlängert werden (die Webergasse bis zum Jakobshospital, die Breite Gasse bis zur Gasse Am See, die Schreibergasse bis zur späteren Friedrichsallee, die Rampische Gasse bis zum Zeughausplatz). Aus militärischen Erwägungen heraus wurde der Plan abgelehnt. Nach dem Bombardement Dresdens durch die

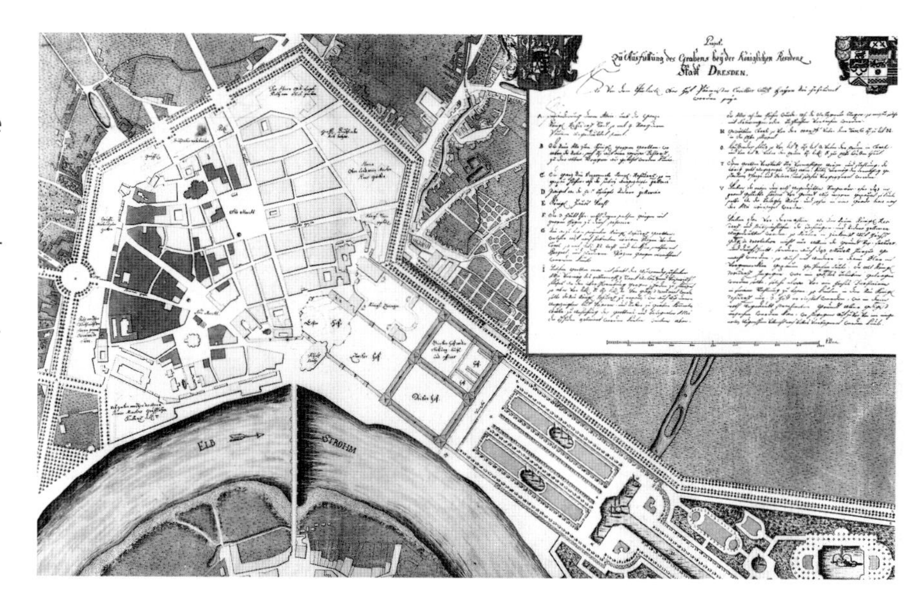

Entfestigung: Plan von Cuvillies 1760 zum Neubau der Residenz

Preußen im gleichen Jahr legte 1762 der bayrische Hofarchitekt François de Cuvilliés (1695–1768) einen großzügigen Plan für eine vollständige Demolition der Festung vor. Die prekäre finanzielle Situation des sächsischen Staates und der Tod König Augusts III. ließen auch dieses Projekt hinfällig werden. – Erst im Jahre 1809 beschloß, wahrscheinlich auf Veranlassung Napoleons I., die Regierung, die Befestigungsanlagen abzutragen. Mit etwa 1000 Arbeitern (Frondienste der Landbevölkerung) begannen am 20. November des gleichen Jahres an verschiedenen Stellen gleichzeitig die Abbrucharbeiten. Die Leitung des Unternehmens lag in den Händen des Geh. Finanzkollegiums. Ein genauer Plan für die Demolition sollte erst später von einer entsprechenden Kommission erarbeitet werden. Rasche Fortschritte machten die Arbeiten in der Neustadt, da dort die Wälle alle im Besitz des Staates waren. Die Wälle der Altstadt hingegen waren seit Mitte des 18. Jh. zu einem großen Teil in der Hand von Privatpersonen, die sich auf ihnen Gärten angelegt hatten. Diese Besitzverhältnisse erschwerten die Entfestigungsarbeiten. Die →Brühlsche Terrasse nahm man wegen ihrer Schönheit von vornherein von der E. aus und schlug bereits damals die Anlage einer Freitreppe vor. Im April 1812 wurden alle Arbeiten eingestellt. Im Kriegsjahr 1813 kam es sogar zur Anlage einiger neuer Befestigungen. Im April 1817 setzte das Geh. Finanzkollegium zur Fortsetzung der E. eine «Demolitionskommission» ein, der u.a. auch der Architekt Gottlob Friedrich →Thormeyer angehörte. Thormeyer spielte eine maßgebliche Rolle bei der Bebauungsplanung für die freiwerdenden Flächen. Noch im gleichen Jahr wurden die Abbrucharbeiten in der Neustadt wieder aufgenommen. An die Stelle der Festung trat dort bis 1824 eine Accismauer. Mit den Arbeiten in der Altstadt begann man wieder 1818. 1829/30 war die E. insgesamt abgeschlossen. – Heute noch sichtbare Reste der Stadtbefestigung sind außer der Brühlschen Terrasse noch Teile der o.g. Bastion Luna am Zwinger und Reste der Bastion VI der Neustädter Befestigung im →Palaisgarten.

Enzmann, Friedrich Wilhelm: Mechaniker, Optiker, geb. 27.1.1802 Großpöhla (Erzgeb.), gest. 13.2.1866 Dresden. – E. befaßte sich gemeinsam mit seinem Bruder Carl in seiner Werkstatt Annengasse 8 mit dem Bau fotografischer Apparate. 1839 bot er als erster Produzent außerhalb Frankreichs Kameras und fotografische Platten mit quadratischem Aufnahmeformat an. Seine Werbeanzeige im Dresdner Anzeiger vom 31. Oktober 1839 darf als «Geburtsurkunde» der Dresdner →Fotoindustrie gelten. – Grab auf dem Alten Annenfriedhof.

Eosander von Göthe, Johann Friedrich: Architekt und Offizier, get. 23.8.1669 Stralsund, gest. 22.5. 1729 Dresden. – Der aus einer schwedischen Familie stammende E. kam nach einem wechselvollen Leben in preußischen und schwedischen Diensten 1722 nach Dresden. Als preußischer Baudirektor war er 1692/1713 an Planung und Bau von etwa 25 Schlössern und Lusthäusern in Berlin und Umgebung beteiligt. Durch Vermittlung →Wackerbarths wurde E. 1723 sächsischer Generalleutnant und 1726 Chef des Ingenieur-Corps. Für den Grafen Jacob Heinrich von Flemming errichtete E. 1724/26 das →Schloß Übigau. – E. besaß erst ein Haus in der Großen Schießgasse (Nr. 10) und ab 1723 zwei Häuser in der Inneren Rampischen Gasse.

Epler, Heinrich: Bildhauer, geb. 5.8.1846 Königsberg (Franken), gest. 30.4.1905 Dresden. – E. kam 1869 als Schüler von Johannes →Schilling nach Dresden und gründete 1871 eine eigene Werkstatt. Ab 1895 war er provisorischer Lehrer der Modellierklasse und ab 1897 Professor der Kunstakademie. Er schuf den plastischen Schmuck an vielen öffentlichen Gebäuden der Stadt, auch Grabmäler und Marmorstatuetten. Seine bekanntesten Werke sind die Fahnenmasten auf dem Neustädter Markt (1893) und die Plastik «Zwei Mütter» (1902) in den Anlagen der →Bürgerwiese. E. wohnte zuletzt in der Haydnstraße 27. – Grab auf dem Johannisfriedhof Tolkewitz.

Erasmuskapelle: 1401 stiftete Wilhelm der Einäugige in →Altendresden zur Reiseandacht für Elbreisende die E. Sie soll sich auf einem Hügel zwischen der Elbe

Sogenannter Demolierungsplatz
Fahnenmast am Beginn der Hauptstraße von Epler

und dem heutigen Japanischen Palais befunden haben. Die zum →Augustinerkloster gehörende Kapelle besaß vermutlich auch ihren eigenen Kirchhof, denn «als man 1716 die Schleuße zum Holländischen Palais grub, fand man da in Ordnung liegende Todtengerippe».

Erbstein, Karl Friedrich Wilhelm: Altertumswissenschaftler, Numismatiker und Fachschriftsteller, geb. 1. 2. 1757 Wehlen, gest. 9. 7. 1836 Dresden. – E. setzte sich bes. für die Erhaltung sächs. Altertümer ein; z. B. verdankt Dresden seinem Einsatz die Erhaltung des →Moritzmonuments. – Grab auf dem Eliasfriedhof. Sein Sohn *Julius Theodor* (geb. 29. 3. 1803 Meißen, gest. 4. 10. 1882 Dresden) war ebenfalls Altertumsforscher, Archivar und Numismatiker. Dessen Söhne waren *Heinrich Albert* (geb. 3. 7. 1840 Dresden, gest. 25. 6. 1890 Blasewitz b. Dresden) und *Richard Julius* (geb. 30. 6. 1838 Blasewitz b. Dresden, gest. 17. 10. 1907 Dresden). Beide gaben die «Blätter für Münzfreunde» heraus und waren Direktoren des →Münzkabinetts bzw. des →Grünen Gewölbes. – Grabstätte auf dem Trinitatisfriedhof.

Erfurth, Hugo: Fotograf, geb. 14. 10. 1874 Halle/Saale, gest. 14. 2. 1948 Gaienhofen am Bodensee. – E. gilt als einer der bedeutendsten deutschen Fotografen in der 1. Hälfte des 20. Jh., vor allem auf dem Gebiete der Bildnisfotografie. 1874 kam er an die Dresdner Kreuzschule, besuchte später hier die Handelsschule und ließ sich 1895 zum Fotografen ausbilden. 1896 übernahm er das Atelier des Hoffotografen SCHRÖDER in der Reißigerstraße 46. 1906 kaufte er das →Palais Lüttichau in der Zinzendorfstraße 11, wo er sein Atelier einrichtete, dem er 1922 sein «Graphisches Kabinett» anschloß. Der bis zu seiner Übersiedlung 1934 nach Köln fest mit dem Dresdner Kunstleben verbundene Fotograf leistete mit seinen Porträts bedeutender Persönlichkeiten aus Kunst, Wirtschaft, Wissenschaft und Politik sowie als Theaterfotograf nicht nur einen wesentlichen Beitrag zur Dresdner Fotografiegeschichte, sondern auch zur Dokumentation der Stadtgeschichte des 20. Jh. – Personalausstellung im Albertinum (1993).

Erlöser-Kirche Bühlau: →Michaelskirche Bühlau

Erlöserkirche Striesen: Aus Mitteln der Exulantenkasse der böhmischen Gemeinde erbaute der Architekt Gotthilf Ludwig →MÖCKEL 1878/80 an der Wittenberger-/Paul-Gerhardt-Straße die E. im neugotischen Stil. Eine Vereinbarung mit der Erlösergemeinde sah vor, daß sich die Pfarrer der böhmischen und der Erlösergemeinde in die Gottesdienste teilen. Die 1000 Kirchgänger fassende E. mit ihren zwei Seitenschiffen und dem 60 m hohen Turm erfuhr 1897 verschiedene Veränderungen, wie Gasbeleuchtung, neues Orgelwerk und erneuerte Altarbilder; 1909 folgte die Erneuerung der Inneneinrichtung. Die letzten großen Veränderungen waren die Wiederbeschaffung der Orgel-Prospektpfeifen (1918), anstelle der abgelieferten Bronzeglocken neue Gußstahlglocken (1920) und die Einrichtung der elektrischen Beleuchtung (1925). Beim Bombenangriff 1945 wurde die E. teilzerstört; die gut erhaltene Ruine, im Sommer für Gottesdienste genutzt, wurde gegen den Einspruch der Kirche 1961 abgetragen.

Erlwein, Hans: Architekt, Stadtbaurat, geb. 13. 6. 1872 Gmain bei Bad Reichenhall, gest. 9. 10. 1914 Rethel/ Ardennen. – E. hatte in München Architektur studiert, einige Studienreisen unternommen und war in Bamberg tätig, bis er am 17. November 1904 in Dresden Stadtbaurat wurde und im Februar 1905 das Hochbauamt übernahm. In knapp 10 Jahren entstanden unter seiner Leitung etwa 50 Gebäude, die wesentlich das neuzeitliche Stadtbild Dresdens mitprägen. «Zweckmäßigkeit, Klarheit, Schlichtheit, lockere Gliederung des Aufbaus und der Einordnung in die Umgebung» sowie Anlehnung an die örtliche Bautradition und Farbigkeit zeichneten seine Entwürfe aus, mit denen er den Historismus der vorhergehenden Jahrzehnte überwand. Dabei gelang es ihm, auch jüngere bildende Künstler (→«Zunft») zur Gestaltung der Bauwerke als Gesamtkunstwerke einzubeziehen. Folgende Bauten sind u. a. in E. Amtszeit entworfen worden: Vieh- und Schlachthof im Ostragehege (1906/10; →Schlachthöfe), Wasserwerk Hosterwitz (1907/08), →Gasanstalt Reick (1907/08), Hochbehälter für die Kläranlage Kaditz (1910), Elbspeicher (1913/14), Gaststätte →«Italienisches Dörfchen» (1911/13), Neubau der →Löwenapotheke am Altmarkt (1913/14; 1945 zerstört), Beutler-Haus in der Wilsdruffer Straße (1913/14; 1945 zerstört), Wolfshügelturm in der Dresdner Heide (1911/12; 1945 zerstört), →Städtisches Kunstausstellungsgebäude Stübelplatz/Lennéstraße (1914/16; 1945 zerstört), Schulen Pestalozziplatz (1913/1914), Cossebauder Straße (1909/11), Cottbuser Straße (1910/11), Haydnstraße (1906/07), Junghansstraße (1912/14) und Gustav-Freytag-Straße (1907/09), →König-Georg-Gymnasium in Johannstadt (1906; 1945 teilzerstört), Berufsschule Melanchthonstraße (1914/16), Gymnasium Weintraubenstraße (1913/15), Feuerwache Schlüter- und Louisenstraße (1906/07 bzw. 1913/16), →Artesischer Brunnen am Albertplatz (1905/06), Sparkassen Schulgasse (1905/07; 1945 zerstört), Löbtauer Straße (1907/08) und →Stadthaus Güntzplatz (1912/14), Wohnbauten in der Otto-Franke-Straße, Klingestraße (Krenkelhäuser), Dölzschener Straße (Johann-Meyer-Stiftung), Bürgerstraße, Industriestraße und Wilder-Mann-Straße. Auch für Wartehallen, Verkehrseinrichtungen und Gewächshäuser schuf E. Entwürfe. Zu den nicht mehr ausgeführten Vorhaben gehörte der seit 1912 vorliegende umfangreiche Entwurf zur Umgestaltung des →Königsufers. Von E. denkmalpflegerischer Tätigkeit ist die Umgestaltung des Inneren der →Sophienkirche (1910) hervorzuheben. Im gesellschaftlichen Leben Dresdens spielte der Stadtbaurat eine einflußreiche Rolle als Vorsitzender des Hochbauausschusses, als Mitglied des Seniorenkonvents, des städtischen Kunstausschusses und des Ausschusses zur Förderung des Dresdner Hochschulwesens. – Erlweinstraße in der Südvorstadt.

Ermisch, Hubert Georg: Architekt, geb. 21. 9. 1883 Dresden, gest. 11. 11. 1951 Dresden. – Der Sohn des Archivars Hubert ERMISCH (1850–1932) studierte 1904/07 an der Technischen Hochschule Dresden und München. Von Cornelius GURLITT auf die Denkmalpflege hingewiesen und in enger Beziehung zur Heimatschutzbewegung stehend, war er ein konsequenter Vertreter landschaftsgebundener Bauweise. 1924/36 leitete er die umfassende Restaurierung des →Zwingers und 1927/35 auch den Umbau des →Japanischen Palais für die Neueinrichtung der →Sächsischen Landesbibliothek. Große Verdienste erwarb er sich durch die von

Hubert Ermisch
Europabrunnen

ihm eingeleiteten Sofortmaßnahmen zur Rettung des 1945 zerstörten Zwingers und der zerstörten Hofkirche. – Grab auf dem Johannisfriedhof Tolkewitz.

Ernemann: 1. *Carl Heinrich Alexander*, Industrieller, Sohn von 2., geb. 3. 6. 1878 Dresden, gest. 14. 10. 1956 Stuttgart. – E. übernahm 1910 die technische Leitung der Ernemann-Werke, konstruierte wie schon sein Vater u. a. neue Kinoprojektoren und brachte die Kleinbildkamera «Ermanox» heraus. Nach der Fusion der Ernemann-Werke mit weiteren Betrieben zur →Zeiss-Ikon Dresden (1926/28) gehörte er deren Vorstand an. – 2. *Johann Heinrich*, Kamerafabrikant, geb. 28. 5. 1850 Gernrode (Eichsfeld), gest. 16. 5. 1928 Dresden. – E. betrieb in Dresden zunächst ab 1876 einen Textilhandel, nahm aber dann 1889 an der Güterbahnhofstraße den Kamerabau auf, den er in Betriebsräumen an der Pirnaischen Straße und der Kaulbachstraße fortsetzte. Er wandelte den Betrieb 1898 in die Heinrich-Ernemann-AG um, die das «Stammhaus» an der Schandauer Straße bezog und dort 1923 den →Ernemannturm errichtete. E. entwickelte neue konstruktive Lösungen für Kinoprojektoren und Präzisionskameras. – Grab auf dem Johannisfriedhof.

Ernemannturm: Industriebau unter Denkmalschutz an der Schandauer/Junghansstraße in Striesen, Wahrzeichen der Dresdner →Fotoindustrie. Der 48 m hohe Eisenbeton-Kuppelbau wurde 1923 für den Neubau der Ernemann-Werke (→Zeiss-Ikon Dresden) von Emil HÖGG und Richard MÜLLER errichtet und war urspr. für die Aufnahme einer Sternwarte vorgesehen. Die zugehörigen Produktionsgebäude – Stahlbetonbauten mit vertikal betonter Fassadengliederung – wurden vom VEB Pentacon weitergenutzt («Pentaconturm») und beherbergen neben kulturellen Einrichtungen das →Technische Museum.

Ernst-Thälmann-Straße: →Wilsdruffer Straße

Eschebach-Werke: ehem. Metallwaren- und Möbelfabrik, hervorgegangen aus der 1867 gegr. Klempnerwerkstatt von Carl ESCHEBACH (1842–1905). Der Betrieb wurde 1875 nach dem Pirnaischen Platz, 1878 in einen Pontonschuppen in Neustadt und 1880 in das ehem. Garnisonslazarett am Hospitalplatz verlegt. Er wurde 1890/91 mit dem 1886 gegr. Zweigwerk Radeberg zu den «Vereinigten Eschebachschen Werken» verschmolzen, beschäftigte bis zu 2000 Arbeiter und produzierte ein breites Sortiment von Küchenmöbeln, Haushalt- und Emaillewaren. Um 1900 entstand das Hauptgebäude Riesaer Straße 7 (Industriebau mit Klinkerfassade). Der Unternehmer ließ die →Villa Eschebach errichten.

Eulengasse: 1370 (als E. 1450) erstmals erwähnte, nach einer Herberge «Zur Eule» benannte Gasse in der →Halbegassengemeinde. Im 17. Jh. bildete sie zusammen mit der →Halbegasse die Halbeulengasse. Seit 1876 war die E. ein Teil der ehem. Bankstraße.

Eulentor: →Halbegassengemeinde

Europabrunnen: Brunnenanlage auf dem Königsheimplatz, bei der aus Masken von Wassertieren das Wasser in das flache Becken strömt. Der Entwurf für den im Mai 1922 eingeweihten E. stammt von Georg →WRBA, der auch die Brunnenfigur «Europa auf dem Stier» schuf. Diese Bronzeplastik stellt den in einen Stier verwandelten Zeus dar, der auf seinem Rücken die Königstochter Europa entführt. 1942 wurde die Figur nach Hamburg gebracht, um für Kriegszwecke eingeschmolzen zu werden. Nach 1945 wurde sie stark beschädigt aufgefunden; sie soll (eventuell als Kopie) wieder aufgestellt werden.

Europäische Modenakademie: →Klemm, Heinrich

Exner, Christian Friedrich: Architekt, geb. 13. 5. 1718 Lamprechtswalde b. Oschatz, gest. 1. 9. 1798 Dresden. – Der Schüler von Zacharias →LONGUELUNE und Johann Christoph →KNÖFFEL ist der bedeutendste Vertreter des Dresdner Rokokos. E. wurde 1744 Bauaufseher im Oberbauamt, 1752 Landbaumeister, 1766 Oberlandbaumeister und im gleichen Jahr Professor an der Kunstakademie. Neben Bürgerhäusern in der Wiesentorstraße und der Schössergasse stammen von ihm der Ostflügel des →Taschenbergpalais (1761/63) und die Umbauten am →Fürstenbergschen Haus (1766). Weiterhin wirkte er am Bau der →Kreuzkirche (1766/68) und am Um- und Ausbau des →Japanischen Palais (1782/82) mit. Nach den Plänen von Christian Traugott →WEINLIG errichtete er am →Schloß Pillnitz die Flügelbauten des Bergpalais (1788) und des Wasserpalais (1789/91). – Seine Tochter Johanne Karoline (1751–1801) war mit seinem Nachfolger Weinlig verheiratet. E. wohnte im eigenen Haus am Neustädter Elbufer (spätere Wiesentorstraße 1).

Exulanten: Nach der Schlacht am Weißen Berge bei Prag (1620) und der Schließung ihrer Kirchen 1622 mußten die glaubenstreuen evangelischen Einwohner Böhmens das Land verlassen. So kamen 1623/39 ca. 1000 böhmische E. nach Dresden, die sich innerhalb der Festung niederließen bzw. das Bürgerrecht erwarben und Häuser kauften. Entgegen der weitverbreiteten Ansicht haben sich diese Flüchtlinge nicht «auf dem Sande» in der heutigen →Antonstadt angesiedelt, sondern der erste Grundstückskauf dort erfolgte erst 1756 durch den böhmischen Gärtner Bartholomäus PABLICK, der schon 1718 Bürger der Stadt geworden war. Erst nach ihm ließen sich weitere Angehörige der Böhmischen Gemeinde in dieser Gegend nieder. Die «neue Vorstadt» erhielt seit 1783 eine Einteilung nach Gassen. Heute erinnert noch die →Böhmische Straße an die Besiedlung. 1650 überwies man der Exulantengemeinde die alte →Johanniskirche «zur Fortpflanzung ihres Gottesdienstes in der Muttersprache». Ab 1672 wurde dort auch ein deutscher Gottesdienst eingerichtet. Der kurf. Leibarzt Johann Christoph NEIDE (geb. 23. 3. 1680 Wittenberg, gest. 5. 3. 1754 Dresden) schenkte 1749 sein Haus mit Garten in der Neustadt der Gemeinde, die darin u. a. eine Schule einrichtete, die bis 1843 bestand; eine andere böhmische Schule in der Altstadt bestand bis 1872. Als die Johanniskirche 1860 wegen Baufälligkeit abgerissen wurde, siedelte die Gemeinde vorübergehend in die →Waisenhauskirche über, ehe sie 1880 in der →Erlöserkirche in Striesen eine neue Heimstatt fand. 1910 schloß sich die Exulantengemeinde mit der Striesener Erlösergemeinde zu einem Verband zusammen. Beim Bombenangriff 1945 wurden die Erlöserkirche, das Pfarrhaus und das Neidesche Stift (seit 1890 in Striesen) völlig zerstört. Zu den E. aus Glaubensgründen gehören auch die Salzburger Emigranten. Ein Zug von 950 Personen kam 1732 auf dem Wege nach Preußen durch Sachsen. Die Landeshauptstadt Dresden durfte von ihnen nicht berührt werden. Auch wurden ihnen die in Dresden zu ihrer Unterstützung gesammelten 30 000 Taler nicht ausgehändigt, sondern auf kurfürstlichen Befehl für den Weiterbau der Frauenkirche verwendet.

Faber, Traugott: Landschaftsmaler, geb. 10.11.1786 Dresden, gest. 25.7.1863 Dresden. – F. war ein Schüler Johann Christian →KLENGELS und wurde 1820 Mitglied der Dresdner Kunstakademie. Für Dresden sind seine genauen Stadtansichten von Bedeutung (z. B. «Blick auf Dresden von Pieschen», «Blick von Königs Weinberg»).

Dampffähre «Loschwitz» (1863–1893) an der Anlegestelle Loschwitz

Fähren: Die Rechtshoheit über die Elbfähren besaßen im Mittelalter die Landesherren, die Städten und Grundherren Fährgerechtigkeiten verliehen und in Fährregalen Rechte und Pflichten niederlegten. Das Maternihospital besaß bereits 1270 eine eigene Fähre. Im Laufe der Jahrhunderte gingen Fährrechte an Gemeinden, Fischerinnungen, Schifffahrtsgesellschaften und Einzelpersonen über. Zu den ältesten F. im Dresdner Raum gehört die F. Loschwitz- Blasewitz. Hier setzte die →Sächsisch-Böhmische Dampfschiffahrts-Gesellschaft ab 1863 Dampffähren und ab 1887 Schraubendampfer ein. Ihr Betrieb wurde trotz Bestehens der Loschwitzer Elbbrücke erst 1926 eingestellt. Neben frei fahrenden Kahnfähren und Prahmen wurden im 19. Jh. zunehmend Gierseilfähren eingesetzt. Um 1930 vollzog sich in Dresden der Übergang zu Motorfähren, nachdem bereits 1912 Versuche mit der ersten motorisierten Wagenfähre in Pillnitz stattfanden. Im heutigen Stadtgebiet gab es um 1920 zwischen Zschieren–Söbrigen und Kaditz–Stetzsch noch 13 Fährstellen. 1993 betrieb die →Dresdner Verkehrsbetriebe AG im Stadtgebiet die Fähren Kleinzschachwitz–Pillnitz, Tolkewitz–Niederpoyritz, Johannstadt–Neustadt und Schlachthof–Pieschen. Für die Verbindung Kleinzschachwitz–Pillnitz wurde 1994 auf der Schiffswerft Laubegast die motorgetriebene «Schloßfähre» gebaut.

Falkenbrücke: ehem. Straßenbrücke über die Gleisanlagen am →Hahneberg, westl. des Hauptbahnhofs. – Die Stahlbrücke wurde bei der Eisenbahnelektrifizierung nach 1960 abgetragen und durch die als Hochstraße ausgebildete Budapester Straße ersetzt. Über die F. führte die Falkenstraße, die nach dem ehem. Falkenhof benannt war, den →Sternplatz mit dem Feldschlößchen verband und Ende des 19. Jh. noch die verkehrsreichste Straße Plauens war. Seit 1878 ist dieser Name auf den Straßenabschnitt innerhalb der Wilsdruffer Vorstadt beschränkt.

Falkenschlag: →Schläge

Fäsch, Johann Rudolph: Architekt, geb. 6.4.1680 Basel, gest. 1.11.1749 Dresden. – F. trat 1712 als Ingenieur-Kapitän und Architekt in kursächsische Dienste, nahm an verschiedenen Kriegszügen teil und wurde 1742 zum Obristen befördert. In Dresden schuf F. folgende Bauten: das →Palais Flemming-Sulkowski (vor 1714), die →Alte Wache (mit Garnisonkirche, 1715) und mit →FÜRSTENHOFF das Weiße Tor (1718). Neben seiner Lehrtätigkeit im Kadettencorps trat F. auch mit architekturtheoretischen Schriften hervor. Sein Sohn *Georg Rudolph* (1715–1787) war Chef des Ingenieur-Corps, Direktor des Militär-Oberbauamts und Verfasser von kriegswissenschaftlichen Werken.

Fassmann, David: Schriftsteller, geb. 14.6.1683 Wiesenthal/Erzgeb., gest. 14.6.1744 Lichtenstädt/Böhmen. – Vom Verfasser der schwülstigen Biographie AUGUSTS DES STARKEN «Des glorwürdigsten... Friedrich Augusti des Großen... Leben und Heldenthaten... «(Frankf./ M., Hamburg 1734) ist auch ein Reisebuch überliefert, das 1731 in Leipzig anoym unter dem Titel: «Der auf Ordre und Kosten seines Kaisers reisende Chinesier, was er von dem Zustand und Begebnissen der Welt... Bericht erstattet» erschien. Es enthält eine Beschreibung Dresdens und eine lebendige Schilderung des Treibens in der Stadt und der Hofhaltung.

Fayencefabrik: erste sächsische Manufaktur für Fayencewaren, gegr. als «Stein- und Rundbäckerei» im Febr. 1708 durch Johann Friedrich →BÖTTGER. Die auch als «Backerey von holländischen Platten und Gefäßen» bezeichnete F. befand sich in der Inneren Neustadt am Abdankeplatz (Hintergebäude eines Hauses in der Hauptstraße, das später dem Bildhauer Johann Benjamin →THOMAE gehörte). 1710 übernahm Peter EGGEBRECHT (geb. 1680, begr. 24.5.1738 Dresden) die Leitung der F., die er 1718 kaufte. 1721 erhielt er ein Privileg zur alleinigen Herstellung von Fayencen in der Stadt Dresden. Nach dem Tode führte erst die Witwe und später eine Tochter die F. weiter. Auch der Schwiegersohn Eggebrechts, Johann Joachim →KÄNDLER, bewarb sich um die F., konnte aber wahrscheinlich die geforderten 6000 Taler nicht aufbringen. 1768 erwarb Christiane Sophie HÖRISCH die F., die 1782 ihr Sohn Carl Gottlieb H. übernahm. 1784 wurde die Produktion – zuletzt einfachste Geschirre und Maßkrüge – eingestellt.

Fehling, Heinrich Christoph: Maler, get. 23. 4. 1654 Sangerhausen, gest. 1725 Dresden. – Nach einer Studienreise mit seinem Onkel Samuel →BOTTSCHILD ließ sich F. 1677 in Dresden nieder. Er wurde 1692 Hofmaler und 1706 Inspektor der Gemäldesammlung der →Kunstkammer. Er schuf die Deckengemälde im →Palais des Großen Gartens (mit Bottschild) und im Jahre 1721 die im ehem. →Palais Vitzthum-Rutowski.

Fehre: Dresdner Maurer- und Baumeisterfamilie. – **1.** *Christian*, Baumeister, get. 6. 4. 1649 Dresden, gest. 12. 5. 1720 Dresden. – Er wurde ab 1689 als Festungsmaurermeister zu Arbeiten an der Stadtmauer eingesetzt. Von seinen Wohnungsbauten (z. B. in den Scheffelgasse) ist nichts erhalten geblieben. – **2.** *Johann*, Bruder von 1., Ratsmaurermeister, get. 21. 3. 1645 Dresden, gest. 14. 4. 1715 Dresden. – 1690/93 war er mit anderen an dem Wiederaufbau der →Dreikönigskirche nach dem Brande von →Altendresden beteiligt. Seine bedeutendsten Bauwerke sind aber Wohnhausbauten (→«Goldener Ring» und →Löwenapotheke, beides am Altmarkt, 1945 zerstört). – **3.** *Johann Gottfried*, Sohn von 2., Ratsmaurermeister, get. 22. 3. 1685 Dresden, gest. 29. 10. 1753 Dresden. – Sein Hauptwerk (Bauausführung) ist die →Frauenkirche, bei der er 1740/43 nach dem Tode George →BÄHRS die steinerne Laterne vollendete. 1733/39 war er am Bau der →Dreikönigskirche beteiligt, 1727/31 am Erweiterungsbau der Elbbrücke (unter der Leitung →PÖPPELMANNS) und 1741/45 am Bau des Rathauses. Für das Neustädter Rathaus (→Rathäuser) fertigte er die Pläne an.

Feige, Johann Christian d. Ä.: Bildhauer und Bildschnitzer, geb. 4. 2. 1689 Zeitz, gest. 11. 2. 1751 Dresden. – F. schuf neben Grabdenkmälern (u. a. für George →BÄHR) den Altar der →Frauenkirche (1733/39) und den später umgestalteten Altar der →Auferstehungskirche in Plauen. Seine Söhne *Johann Christian* (1720 bis 1788), *Johann Friedrich* (1726–1788) und *Johann Ferdinand* (1733–1783) waren ebenfalls als Bildhauer in Dresden tätig.

Feldschlößchenbrauerei: ehem. Brauerei am →Hahneberg zwischen Zwickauer und Budapester Straße, 1846/47 durch Albert Leonhard MEISL errichtet. – Sie erhielt ihren Namen nach dem benachbarten Ausflugslokal «Zum Feldschlößchen», das bereits 1684 durch JOHANN GEORG III. das Privileg des Bierausschanks erhielt. Sie gehörte zeitweise zur Radeberger Exportbierbrauerei, wurde 1945 stark zerstört und später auf Spezialbiere umgestellt. Unter den Brauerei- und Mälzereigebäuden befanden sich bis 18 m tiefe Lagerkeller. Die Brauerei wurde nach 1990 eingestellt, die Marke von der Holsten-Tochter Sächsische Brau-Union (Coschütz) übernommen und das Gelände auf dem Immobilienmarkt veräußert.

Felixmüller, Conrad (eigentl. Conrad Felix Müller): Maler und Grafiker, geb. 21. 5. 1897 Dresden, gest. 23. 3. 1977 Berlin. – Der Sohn eines Fabrikschmieds studierte nach Besuch der Dresdner Kunstgewerbeschule (1911/12) bis 1915 bei Ferdinand →DORSCH und Carl →BANTZER an der Dresdner Kunstakademie und war anschließend freischaffend tätig. Mit seinen von revolutionärem Inhalt erfüllten expressionistischen Werken gilt F. als Mitbegründer der proletarisch-revolutionären Kunst in Deutschland. Er lieferte u. a. sozialkritische Holzschnitte für die Zeitschriften «Der Sturm» und «Die Aktion», gab seit 1917 mit Felix STIEMER die Zeitschrift «Menschen» heraus, war Mitbegründer der Neuen →Dresdner Sezession «Gruppe 1919» und schuf neben zahlreichen Gemälden und ausdrucksstarken Porträts auch Illustrationen und Bühnenbilder. Der mit dem Sächsischen Rompreis (1920), dem Großen Preis für Malerei des Sächsischen Kunstvereins (1928) und dem Sächsischen Staatspreis für Malerei (1931) ausgezeichnete Künstler wurde von den Faschisten künstlerisch und wirtschaftlich boykottiert. In der nazistischen Dresdner Ausstellung «Spiegelbilder des Verfalls in der Kunst» wurden 1933 vierzig seiner

Konrad Felixmüller, Selbstbildnis
Felsenkeller-Brauerei vom Hohen Stein aus

Werke gezeigt; 151 in öffentlichem Besitz befindliche Bilder von ihm wurden später beschlagnahmt. 1934 siedelte F., der seine Wohnung in Klotzsche (Königsbrücker Straße) gehabt hatte, nach Berlin über. – Umfassende Personalausstellung 1975 im Albertinum; Conrad-Felixmüller-Straße im Wohngebiet Reicker Straße.

Felsenkellerbrauerei: ehem. Großbrauerei im Plauenschen Grund. – Sie wurde 1857/58 vom «Aktienverein der Brauerei zum Felsenkeller» im Bereich der 1559 gegründeten, 1871 abgetragenen Buschmühle errichtet. Als Lagerkeller wurden neun, je 66 m tiefe Stollen in den Fels gesprengt und durch einen 140 m langen Gang miteinander verbunden. Der Fuhrpark verfügte zeitweise über 150 Zugpferde. Die F. erzielte 1928/29 einen Jahresausstoß von 400 000 und 1973 von 500 000 hl Bier, spezialisierte sich 1981 auf Faß- und Tankabfüllung und mußte 1990 die Produkion einstellen. Danach wurde geplant, die z. T. unter Denkmalschutz stehenden Gebäude einschl. der ehem. Brauereigaststätte (am Standort der ehem. Villa Grassi) gewerblich zu nutzen. – Das Markenzeichen eines feuerspeienden roten Drachens und der Straßenname Am Eiswurmlager gehen auf eine Anekdote aus dem Jahr 1862 zurück. Damals wurden Kleinaktionäre durch das Gerücht erschreckt, ein «*Eiswurm*» in den Lagerkellern verzehre das Kühleis und lasse so das Bier verderben.

Fenske, Elsa: Arbeiterfunktionärin, geb. 20. 4. 1899 Aachen, gest. 29. 12. 1946 Dresden. – Seit 1920 mit der Arbeiterbewegung verbunden, bekleidete F. bis 1933 in Berlin und Hamburg Funktionen in der KPD. Nach der faschistischen Machtergreifung war sie illegal tätig, wurde zweimal verhaftet, in Konzentrationslager gebracht und 1938 wegen «Vorbereitung zum Hochverrat» zu lebenslänglicher Zuchthausstrafe verurteilt. Im Jahre 1945 von der Sowjetarmee befreit, traf sie mit Mitgliedern der Initiativgruppe der KPD unter Leitung von Anton Ackermann am 8. Mai 1945 in Dresden ein und wirkte beim Neuaufbau mit. Seit Mai 1945 leitete sie als Stadträtin in der neuen Stadtverwaltung das Dezernat Sozialfürsorge und übernahm am 1. Oktober 1946 die Abteilung Arbeit und Sozialfürsorge in der Landesverwaltung Sachsen. Bei einem Verkehrsunfall fand sie den Tod. – Begr. Tolkewitzer Friedhof, Gedenktafel am Stadthaus Theaterstraße, Seniorenheim F. Alfred-Althus-Straße.

Fernheizwerke: →Elektrizitäts- und Fernheizwerke

Fernsehturm: höchstes Bauwerk der Stadt von 252 m Gesamthöhe, das sich 230 m über dem Meeresspiegel und 121 m über dem Elbpegel auf der Wachwitzer Höhe erhebt. Im Auftrage der Deutschen Post wurde es 1963/69 errichtet (Architekten: Kurt Nowotny, Hermann Rühle, Johannes Braune), wobei seine Gesamtmasse von 7300 t auf einem 6 m tiefen Stahlbeton-Ringfundament von 21 m Durchmesser ruht (auf Lausitzer Granit gegründet). In den 8 Stockwerken des Kelches befinden sich technische Anlagen für 3 Fernsehsender, 4 UKW-Sender und je 1 Ersatzsender sowie die entsprechenden Richtfunkgeräte. Der Übertragungstechnik dient ebenfalls der 85 m hohe stählerne Antennenträger. Mit seiner Aussichtsplattform in 148 m Höhe für max. 150 Personen (Weitsicht bis zu 60 km) und seinem zweigeschossigen Turmcafé mit 132 Plätzen war der F. bis 1990 ein beliebtes Ausflugsziel. Zwei Schnellaufzüge (25 s Fahrzeit bei 6 m/s) beförderten die Gäste, außerdem verläuft im Turmschaft eine Treppe mit 750 Stufen. 1991 wurde der F. von Telekom übernommen.

Festspielhaus Hellerau: für die Tanzschule von Emilie →Jaques-Dalcroze nach Plänen von Heinrich →Tessenow 1911/12 am Nordwestrand der Gartenstadt →Hellerau errichteter Mehrzweckbau. Er sollte sowohl Unterrichtszwecken als auch regelmäßigen Festspielen dienen. Der streng symmetrische Baukomplex, der von einem Vorhof und Wohnhäusern für Lehrer und Studierende umgeben war, wird bestimmt von dem hauptschiffartigen, durch Säulenportikas markierten Zentralbau. Darin befand sich der Festsaal, der mit variablen Bühnenelementen, raffinierter Lichtanlage und ausgezeichneter Akustik so angelegt war, daß auch Aufführungen unter Beteiligung der Zuschauer stattfinden konnten. Nach Auszug der Schule für angewandten Rhythmus wurde das Gebäude später von anderen Institutionen genutzt, u. a. betrieb hier Alexander Sutherland Neill, der Vertreter der antiautoritären Erziehung und spätere Gründer der Summerhill-Kolonie, eine internationale Schule. Nachdem das F. in Staatseigentum übergegangen war, diente es ab 1937 als Kaserne für die Reichspolizei, dann für die SA und bis 1945 für die SS. 1945/92 war es Lazarett der in Dresden stationierten sowjetischen Streitkräfte. Die verfallene denkmalgeschütze Anlage soll in der ursprünglichen Gestaltung von

1913 wiedererstehen und erneut kulturell genutzt werden.

Festungsanlagen: →Stadtbefestigung

Festungsbaukirche: 1711 ließ August der Starke zwischen →Seetor und →Pirnaischem Tor auf der Salomonisbastion ein hölzernes Bethaus für die Festungsbaugefangenen errichten. Nach Umbauten und einer Verlegung hinter das →Fraumutterhaus folgte 1780 ein Neubau durch Festungsbaumeister Johann Gottfried Lohse (1740–1792) über dem Pirnaischen Tor, 1792 erneuert und verschönert. In der schlichten F. war J. C. →Hasche als Festungsbauprediger tätig. 1824 wurde sie abgerissen.

Fetscher, Rainer: Arzt, geb. 26. 10. 1895 Wien, gest. (erm.) 8. 5. 1945 Dresden. – Nach dem Medizinstudium in Wien und Tübingen kam F. 1922 als Assistent an die Technische Hochschule Dresden, wo er 1923 Privatdozent, 1925 Dozent für Hygiene am Pädagogischen Institut und 1928 außerordentlicher Professor wurde. Mit seiner wissenschaftlichen Arbeit auf sozialhygienischem und erbbiologischem Gebiet erlangte er internationalen Ruf. Seine Forschungsarbeit verband F. mit praktischer Tätigkeit als Schularzt und in der Ehe- und Sexualberatungsstelle der Dresdner Ortskrankenkasse. Aus ethisch begründeter Ablehnung der nationalsozialistischen Rassenideologie stellte er ab 1933 seine erbbiologischen Forschungen ein und wurde von seinem Lehramt an der Technischen Hochschule entbunden. In der Christianstraße (jetzt St. Petersburger Straße) eröffnete er eine Privatpraxis, in der er vor allem Arbeitern und Widerstandskämpfern selbstlose Hilfe leistete. Zugleich wurde seine Praxis zu einem

Elsa Fenske
Eingangsseite des Festspielhauses Hellerau um 1915

ideal getarnten Treffpunkt des Widerstands, wo F. auch wissenschaftliche Aufzeichnungen über die Folgen der Verbrechen an KZ-Häftlingen machte (im Februar 1945 mit der Zerstörung der Praxis vernichtet). Seine Pläne für die Neugestaltung des Gesundheitswesens in Dresden nach dem Ende des Zweiten Weltkriegs konnte F. nicht mehr verwirklichen, denn als er am 8. Mai 1945 auf der Prager Straße als Parlamentär den sowjetischen Truppen entgegenging, wurde er von einer SS-Patrouille hinterrücks erschossen. F. hatte seine Wohnung in Zschertnitz, Rungestraße 45. Seit 1974 verleiht die Stadt Dresden jährlich zum Tag des Gesundheitswesens für besondere Leistungen auf sozialhygienischem Gebiet den Fetscher-Preis. – Begr. auf dem Heidefriedhof, Fetscherstraße und Fetscherplatz in Johannstadt, Gedenkstein am Fetscherplatz.

Feuerwehr: Bis weit in das 19. Jh. hinein gab es keine ständige F. Die Pflicht der Bewohner zur Brandbekämpfung wurde durch Feuerordnungen geregelt, mit denen später auch bauliche Vorschriften verbunden waren. Die älteste gedruckte Feuerordnung für Dresden stammt von 1572. Nach großen Feuersbrünsten wie 1491 und dem Brand von Altendresden 1685 wurden diese Ordnungen im allgemeinen neugefaßt. 1741 bildete die Stadt aus den zum Löschen verpflichteten Bürgern zwei Feuerlöschkompanien, deren Gerätschaften im Rathaus und in Spritzenhäusern u. a. an der Breiten und Wilsdruffer Gasse sowie an der Kreuzkirche aufbewahrt wurden. Im Manteuffelschen Brauhaus in Friedrichstadt konstituierte sich 1835 unter seinem Direktor Johann Gottfried LEHMANN ein Lösch- und Rettungsverein. – Eine ständige Einsatzbereitschaft entstand erstmals 1863 mit der Freiwilligen Turnerfeuerwehr des Altstädter Turnvereins, die von Gustav RITZ (geb. 1829) geleitet wurde, 75 Mann zählte und sich um 1880 auflöste. Ritz leitete auch das städtische Feuerlöschwesen (bis 1887), nachdem 1868 die Dresdner *Berufsfeuerwehr* gegründet wurde. Um 1880 wurde das Läuten der Kirchenglocken bei Brandgefahr eingestellt. (Der

Rainer Fetscher

Alarm in der Hauptfeuerwache

Türmer der Kreuzkirche war durch die Feuerordnung von 1751 zum Sturmläuten verpflichtet). Die F. bezog 1878 ein neues Depot im städtischen Marstall, verfügte 1888 über 8 auf Alt- und Neustadt verteilte Dienststellen, nahm nach dem Brand der Kreuzkirche (1897) im Jahr darauf die erste pferdebespannte Dampfspritze und 1903 die erste mobile Dampfspritze in Betrieb. – Nach dem Ersten Weltkrieg verfügte die F. über die Feuerwachen Altstadt (Annenstraße 9), Neustadt (Louisenstraße; 1913/15 nach Entwurf von Hans →ERLWEIN), Löbtau (Wallwitzstraße), Striesen (Schlüterstraße) und Pieschen (Bürgerstraße) sowie die Rettungszentrale Dürerstraße. Mit der Eingemeindung von Vororten 1921 wurden ihr auch 8 Freiwillige F. unterstellt. 1922 wurde die letzte pferdebespannte Dampfspritze ausgemustert. – Die Anschaffung von 18 Großfahrzeugen mit starken Maybachmotoren und Stahlleitern bis 30 m Hubhöhe ab 1929 sicherte der Dresdner Feuerwehr eine Spitzenstellung in Deutschland. Ihre Leistungsfähigkeit wurde auf der Jahresschau « Der Rote Hahn» 1935 demonstriert, die aber auch von der systematischen Einbeziehung der F. in die faschistische Ideologie geprägt war. – Trotz aufopfernden Einsatzes konnte die F. gegen die Folgen der Luftangriffe 1945 nur wenig ausrichten; sie verlor die völlig zerstörte Hauptwache Annenstraße und ca. 100 Fahrzeuge. Ihr Wiederaufbau wurde bis 1949 durch den Branddirektor Johannes BITTKOW geleitet, Hauptwache wurde die Wache Louisenstraße. Seit 1991 ist die F. mit den freiwilligen F. des Stadtgebietes dem städtischen Brandschutz- und Rettungsamt unterstellt. – Ständige Ausstellung zur Geschichte der F. im Stadtmuseum.

Fichtepark: 2,4 ha großer Erholungspark in Dresden-Plauen, der 1890/91 als «Westendpark» mit einem Kostenaufwand von 23 000 Mark angelegt wurde. 1902/03 verschönerte man den Park mit einer Teichanlage und 1920 mit neun von Dresdner Bildhauern geschaffenen Sandsteinskulpturen, von denen noch zwei vorhanden sind. 1937 wurde der Park anläßlich des 175. Geburtstages von Johann Gottlieb FICHTE in F. umbenannt.

Fichteturm: 25 m hoher Aussichtsturm (200 m ü. NN) im →Fichtepark in Dresden-Plauen. Er wurde 1896 als *Bismarck-Turm* eingeweiht und 1954 nach Johann Gottlieb FICHTE umbenannt, zu dessen Ehren man 1962 eine Gedenktafel und ein Medaillon am Turm anbrachte.

Bismarckturm (Fichteturm)

Ficinus, Heinrich David August: Mediziner und Naturforscher, geb. 18. 9. 1782 Dresden, gest. 16. 2. 1857 Dresden. – F. ließ sich 1805 als Arzt in Dresden nieder, wurde 1814 Professor der Physik und Chemie an der →Chirurgisch-medizinischen Akademie und übernahm 1822 die väterliche →Mohren-Apotheke. 1828/33 war er Professor an der neugegründeten Technischen Bildungsanstalt. Wichtig für Dresden ist ein botanisches Grundlagenwerk «Flora der Gegend um Dresden» (1807/09).

Filmtheater: Nachdem Lichtbildervorführungen von der Schaubudenattraktion auf Volksfesten (z. B. Vogelwiese in Dresden) nach der Jahrhundertwende mehr und mehr zu festen Einrichtungen geworden waren, entstanden auch in Dresden die ersten ständigen Kinos. Bereits 1904 gab es Filmvorführungen im Viktoriasalon in der Waisenhausstraße, dem 1869/70 eingerichteten ersten bedeutenden Dresdner Varieté, ab 1924 Ufa-Palast *«Viktoria-Theater»*. 1906 wurden in der Großen Brüdergasse und der Wettiner Straße F. eingerichtet, im selben Jahr gründete Heinrich OTT, der sich um die Entwicklung der Dresdner F. verdient gemacht hat, als erstes größeres Kino das *«Campanetto-Theater»* am Freiberger Platz. Die ersten großstädtischen F. waren das *Tonbildtheater* in der Prager Straße und das *«Olympia-Tonbildtheater»* am Altmarkt. Vor dem Zweiten Weltkrieg existierten in Dresden 36 F., die zum größten Teil am 13./14. Februar 1945 zerstört wurden. – Führend beim Bau repräsentativer F. war der Architekt Martin →PIETZSCH. Er entwarf für Dresden die *«UT-Lichtspiele»* in der Waisenhausstraße (1911; erstes großes F. mit 1000 Plätzen), das F. *«Capitol»* Prager Straße (1925), die *«Gloria-Palast-Lichtspiele»* Schandauer Straße (1926; Umbau des alten Gasthofes Zum Kronprinzen), das *«Theater am Bischofsplatz – TB»* (1926; 500 Plätze), das F. *«Schauburg»*, Königsbrücker Straße (1927; 1000 Plätze; erstes F. Dresdens, das als Eckbau mit großen Fassadenflächen das Straßenbild prägte, 1993/94 umfassend modernisiert, Einbau von drei Sälen) und den *«Faun-Palast»* Leipziger Straße (1929; 1000 Plätze, aus einem ehemaligen Tanzsaal umgebaut, 1991 geschlossen). Weitere bedeutende F. waren das *«Prinzeßtheater»* Prager Straße (1916) sowie die von Richard FÜLLE entworfenen F. *«Kammerspiele»* Wilsdruffer Straße, die *«Zentrum-Lichtspiele»* Seestraße, die *«Fürstenhof-Lichtspiele»* Striesener Straße (1920) und die als erster Theaterbau Dresdens in Stahl-Skelettbauweise 1929 in Löbtau entstandene *«Musenhalle»* (1300 Plätze). – Zu den «Filmkunsttheatern» der Nachkriegszeit gehörten die «Schillergarten-Lichtspiele» in Blasewitz und das «Astoria» an der Leipziger Straße. In den sechziger Jahren existierten 24 F. in Dresden, die von etwa 5 Mill. Zuschauern jährlich besucht worden sind. 1990 gab es 18 F. und gegenwärtig sind es noch 7. Das größte und repräsentativste ist das 1970/72 als Premierentheater errichtete *F. Prager Straße* (Architekten Gerhard LANDGRAF und Waltraud HEISCHKEL). Der 20 m hohe Rundbau von 50 m Durchmesser mit Seilnetzhängekonstruktion für das Dach ist mit moderner Kinotechnik ausgestattet. Er wurde 1991/92 als *«UFA-Palast»* umgebaut, wobei zum Großen Saal (1080 Plätze) und zur Studiobühne (148 Plätze) fünf weitere Spielstätten hinzukamen (Gesamt-Platzkapazität 2070 Plätze).

Inneres der UT-Lichtspiele. Um 1920

Finanzministerium (Gebäude): repräsentativer Neorenaissance-Bau am Neustädter Elbufer zwischen Carolabrücke und Augustusbrücke. Das Gebäude entstand 1890/94 für die Unterbringung des sächs. Finanzministeriums (vorher im →Fürstenbergschen Haus) nach einem Entwurf von Otto →WANCKEL, der die Ergebnisse eines 1887 ausgeschriebenen Wettbewerbs mit verwertete. Für die baukünstlerische Ausstattung des mehrere Innenhöfe umfassenden F. war Oberbaurat Ottomar REICHELT verantwortlich. Das aus Majolikaplatten bestehende Giebelbild an der Elbfront (Wirtschaft und Kultur symbolisierende Gestalten umgeben die Saxonia) schuf Anton →DIETRICH. Das 1945 stark zerstörte F. wurde in den fünfziger Jahren wiederaufgebaut und war bis 1990 Sitz der Bezirksbehörde der Volkspolizei sowie der Ingenieurschule für Geodäsie und Kartographie. Seit Ende 1990 dient es wieder dem Sächsischen Staatsministerium der Finanzen und wurde 1992/94 gründlich rekonstruiert, wobei auch das Dach wieder seine ursprüngliche Form erhielt. Die Eingangshalle, die mit zu den schönsten Räumlichkeiten des 19. Jh. in Dresden gehört, wurde 1985/87 originalgetreu restauriert.

Findeisen, Kurt Arnold, Pseudonym *Wendelin Dudelsack*: Schriftsteller, geb. 15. 10. 1883 Zwickau, gest. 18. 11. 1963 Dresden. – F. , der zuerst als Lehrer in Plauen und Dresden tätig war, etablierte sich danach als freier Schriftsteller in der Elbestadt. Außerdem wirkte er bis 1933 als Mitarbeiter beim Mitteldeutschen Rundfunk. 1920/25 gab er die «Sächsische Heimat» heraus. Sein umfangreiches schriftstellerisches Werk war schon vor 1945 weit verbreitet. Besonders bekannt wurde sein 1954 erschienener Roman um August den Starken: «Der goldene Reiter und sein Verhängnis». Wohnungen: Bautzener Straße, später Löbauer Straße und Nordstraße. – Grab auf dem Trinitatisfriedhof.

Findlaters Weinberg: ehem. Landsitz am Loschwitzer Elbhang. – Der schottische Lord Jacob von FINDLATER UND SEAFIELD (1747–1811) erwarb die Weinberge zwischen Saloppe und Mordgrund bis 1806 über seinen Sekretär Georg Christian FISCHER. Im Todesjahr Findlaters wurde das zweigeschossige, palaisartige Landhaus (vermutlich von Johann August →GIESEL) fertiggestellt. Fischer veräußerte es 1821 an den Besitzer des Hotels de France, Johann Gabriel KREBS (1781 bis 1840), der es zu einem von Dresdnern und Fremden stark besuchten Ausflugsgasthaus einrichtete (u. a. Besuche von →JEAN PAUL und E. T. A. →HOFFMANN). 1849 erwarb die Baronin von STOCKHAUSEN im Auftrag des preußischen Prinzen ALBRECHT (1809–1872) den größten Teil des ehem. Findlater-Grundstücks. Auf dem Platz der abgetragenen Gaststätte errichtete Adolf →LOHSE 1850/53 →Schloß Albrechtsberg für den Prinzen Albrecht (1925 städtisch, jetzt Freizeitpalast, seit 1987 umfangreiche Restaurierungen) und oberhalb die →Villa Stockhausen (1891 im Besitz von Bruno

NAUMANN, 1906 von Karl August →LINGNER, jetzt Dresdner Klub). Als drittes der «Elbschlösser» baute Christian Friedrich →ARNOLD 1859/61 →Schloß Eckberg für John Daniel SOUCHAY (1925 im Besitz →Ottomar Heinsius von MAYENBURGS, jetzt Hotel).

Fischer, Karl August: Orgelvirtuose, Komponist, geb. 25. 7. 1828 Ebersdorf b. Chemnitz, gest. 25. 12. 1892 Dresden. – Der durch seine Konzerte berühmtgewordene Virtuose, der als «Orgelkönig» in Sachsen bekannt war, lebte ab 1853 in Dresden. Er gab privaten Musikunterricht und wirkte ab 1857 als Organist an der Englischen Kirche, ab 1860 an der Waisenhauskirche, ab 1864 an der Annenkirche und 1880/92 an der Dreikönigskirche.

Fischergasse: →Brühlsche Gasse

Fischergemeinde: im Mittelalter Vorstadtsiedlung, die teilweise auf die schon vor der →Stadtgründung bestehende dörfliche Gemeinde um die →Frauenkirche zurückging. Sie trug damals die Bezeichnung «Häuser auf der Brücke» und «An der Elbe». Die zumeist Fischfang treibenden Bewohner der F. waren dem →Maternihospital zinspflichtig. Zum Bereich der F. gehörten die Fischergasse (spätere

Findlaterscher Weinberg
Plan von Fischersdorf
Waldgaststätte «Fischhaus», Um 1906

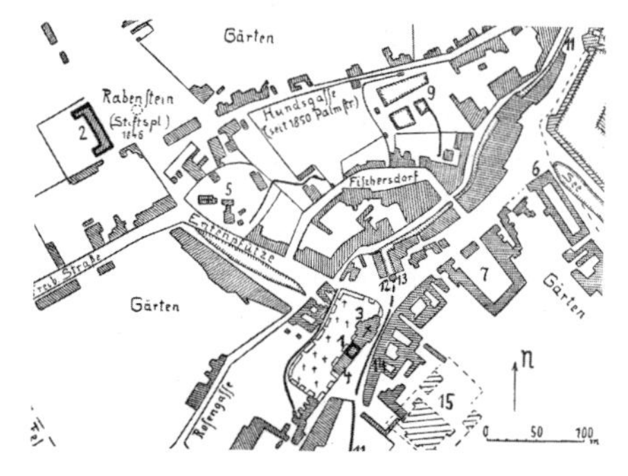

→Brühlsche Gasse) und die →Töpfergasse. Im Zuge der Stadterweiterung unter Herzog GEORG nach 1519 wurde die gesamte F. in das eigentliche Stadtzentrum einbezogen.

Fischersdorf, Fischersdorfer Gemeinde: Fischersiedlung, nördlich der späteren Annenkirche gelegen, die durch die Erweiterung des Weichbilds der Stadt im Jahre 1550 zur Vorstadtgemeinde wurde. Kern der Ansiedlung war der spätere →Fischhofplatz. Zu F. gehörten außerdem die →Entenpfütze, die →Rosengasse und die Freiberger Gasse. In F. befand sich auch das im 13. Jh. gestiftete →Bartholomäushospital.

Fischertor, auch *Neues Fischertor*: seit 1565 Name für das →Ziegeltor.

Fischhaus: historische Gaststätte im Süden der Dresdner Heide an der Radeberger Straße. Das F. diente seit dem 16. Jh. als Wohnhaus (seit 1573 «Fischhaus» genannt) des Teichwärters, der für die Fischversorgung der Hofhaltung aus den benachbarten «Fischmannsteichen» verantwortlich war. In der ersten Hälfte des 17. Jh. wurde es Amts- und Wohnsitz des Revierförsters (Fischhäuser Revier) und um 1650 mit Schank- und Gastgerechtigkeit versehen; am Ende des 19. Jh. von der Stadt Dresden zusammen mit dem →Albertpark erworben, ist es seither eine Einkehrstätte.

Fischhofgasse: ehem. zwischen →Fischhofplatz und Palmstraße gelegen, 1840 angelegt. Die F. trug ihren Namen nach dem Hoffischgarten, in dessen Fischbehältern die aus dem Ämtern für den Hof gelieferten Fische aufbewahrt wurden. 1864 brach man die Gebäude ab und verkaufte das Gelände.

Fischhofplatz: Dorfplatz des bereits 1411 erwähnten →Fischersdorf, das 1550 mit Dresden vereinigt und Teil der Vorstadt wurde. Seit 1855 trug der Platz seinen Namen nach dem in seiner Nähe befindlichen Hoffischgarten sowie wegen der ehemals dort wohnenden Fischhändler. Durch die Neubebauung des 1945 zerstörten Gebiets und die Neugestaltung des Verkehrsnetzes entfielen Platz und →Fischhofgasse.

Fleischbänke: Verkaufsstände der Fleischer. Die F. waren Eigentum der Stadt und wurden den Fleischern gegen Zins vermietet. Sie befanden sich zuerst am Rathaus auf dem Markte, ab 1487 in der Kleinen Webergasse, ab 1491 in der Kleinen Judengasse, ab 1558 am Jüdenhof und ab 1592 am Gewandhaus. Die Zahl der F. blieb ungefähr gleich (1557; 56, davon 22 in Altendresden) und erhöhte sich bis zur Einführung der Gewerbefreiheit 1861 nur geringfügig auf 68. Durch die vom Rat festgelegte Anzahl der F. war auch die Anzahl der Fleischermeister begrenzt, da die Ausübung des Handwerks an den Besitz einer

Fleischbank gebunden war. 1869 wurden die F. geschlossen.

Fleischergasse: nach 1945 überbaute Gasse zwischen →Palaisplatz und →Rähnitzgasse. Sie hieß spätestens seit 1543 Neue Gasse und wurde 1840 wahrscheinlich nach den hier wohnhaften Fleischern benannt.

Flemmings Blindenanstalt: am 2. Januar 1809 vom Privatgelehrten Emanuel Gottlieb FLEMMING auf der damaligen →Badergasse eröffnete erste sächsische Blindenanstalt. Nach dem Tod Flemmings im Jahre 1820 errichtete der Kaufmann SCHÜTZ in Dresden noch eine Beschäftigungs- und Unterrichtsanstalt für erwachsene Blinde, die 1825 mit F. vereinigt wurde. 1830 erhob König ANTON F. zur Staatsanstalt (Königliche Landesblindenanstalt). 1836 siedelte sie in das Anstaltsgebäude auf die Chemnitzer Straße Nr. 4 über. Die Anstalt war zur Aufnahme von 225 bildungsfähigen Blinden eingerichtet, die ab sechstem Lebensjahr neben der allgemeinen Schulbildung eine technische Ausbildung zur Erwerbsfähigkeit erhielten. Durch Stiftungen und Vermächtnisse bestanden in der Königlichen Landesblindenanstalt über 80 Freistellen für unbemittelte Blinde. Die in der Anstalt gefertigten Handarbeiten, wie Bürsten- und Seilerwarenerzeugnisse, wurden im institutseigenen Geschäft verkauft. Geeignete Zöglinge wurden als Klavierstimmer ausgebildet. 1910 verlegte man F. nach Chemnitz.

Flemmingsches Palais: → Palais Flemming-Sulkowski

Flemmingstraße: ehem. zwischen Wettiner Straße und Annenstraße gelegen. Die 1859 angelegte Straße erhielt 1860 ihren Namen nach Emanuel Gottlieb FLEMMING, der 1809 →Flemmings Blindenanstalt in der Nähe dieser Straße gegründet hatte. 1889 wurde die Bezeichnung Flemmingstraße auch auf den Verbindungsweg zwischen Annenstraße und dem Fischhofplatz erweitert, der im 18. Jh. als das «Quergäßchen neben dem Jungfernpalais» bezeichnet wurde.

Fletschersches Lehrerseminar: →Freiherrlich von Fletschersches Schullehrerseminar

«Flora»: →Gesellschaft für Botanik und Gartenbau «Flora»

Flügelwegbrücke: →Kaditzer Elbbrücke

Flughafen Dresdens-Klotzsche: internationaler Flughafen im Norden der Stadt mit 2 Terminals (Terminal 1 «Hansahaus»), jährlich ca. 1,25 Mill. Passagiere. – Er wurde 1934/35 unter Inanspruchnahme von Rähnitzer Bauernland als Nachfolger des Hellerflugplatzes (→Luftfahrt) angelegt und am 11. Juni 1935 eröffnet. Die vorhandenen Anlagen waren ausschlaggebend für die Ansiedlung der DDR-Luftfahrtindustrie in Klotzsche 1955/61. Der Linienflugverkehr wurde am 16. Juni 1957 durch die Deutsche Lufthansa (später Interflug) wieder aufgenommen und 1967 auf internationale Routen ausgedehnt.

Flugplätze: →Flughafen Dresden-Klotzsche, →Luftfahrt, →Wasserflugplatz

Flutrinnen: Entlastungskanäle für Elbhochwasser, meist als Grünland genutzt. – Nach ersten Planungen um 1902 wurde 1918/21 im Elbbogen von Kaditz und Mickten die Neustädter Flutrinne angelegt, für deren Böschung auch Abbruchmaterial aus der Bastion Merkur zum Einsatz kam. 1925/27 wurde die Sohle von 40 auf 119 m verbreitert. Über die Neustädter F. führt seit 1927 eine 130 m lange Straßenbrücke aus rotem Meißner Granit und seit 1936 eine Autobahnbrücke. Pläne für eine weitere rechtselbische F. im Seegraben bei Radebeul wurden nicht verwirklicht. Eine «Altstädter Flutrinne» entstand 1906/10 im Zusammenhang mit dem Bau des Schlachthofes im Ostragehege. Sie wird von der 320 m langen Schlachthofbrücke überspannt und nur noch durch Rückstau z. T. überflutet.

Fontane, Theodor: Dichter, Schriftsteller und Journalist, geb. 30. 12. 1819 Neuruppin, gest. 20. 9. 1898 Berlin. – F. war vom 1. Juli 1842 bis zum 31. März 1843 als Apothekergehilfe bei Gustav STRUVE, dem Besitzer der →Salomonis-Apotheke, Neumarkt Nr. 8, tätig. In dieser Zeit übersetzte F. englische Gedichte und verfaßte erste Zeitschriftenaufsätze. – 1940/45 befand sich an dem Haus Neumarkt 8 eine Gedenktafel. – Th.-Fontane-Straße in Klotzsche.

Forschungsinstitut Manfred von Ardenne: →Ardenne-Institut

Förster, Karl August: Dichter und Übersetzer, geb. 3. 4. 1784 Naumburg, gest. 18. 12. 1841 Dresden. – Nach Beendigung seines Studiums in Leipzig war F. seit 1803 in Dresden als Hauslehrer und bald darauf als Lehrer an der →Kadettenanstalt tätig. Dort wurde er 1807 zum Professor für Deutsche Sprache, Literatur und für Moral ernannt. F. gehörte zeitweise dem →Dresdner Liederkreis an. Durch seine Übersetzungen italienischer Literatur (Dante, Petrarca, Tasso) wurde er mit König →JOHANN bekannt und war Mitglied der von diesem begründeten «Academia Dantesca». F. verfaßte auch Gedichte (einige vertont, u. a. von Carl Maria v. →WEBER) und trat als Literaturhistoriker in Erscheinung («Abriß der allgemeinen Literaturgeschichte», 4 Bände, Dresden 1828/30). Die Wohnungen F. befanden sich in der Ritterstraße, Gr. Meißner Straße, auf dem Palaisplatz und in der Kasernenstraße.

Fotoindustrie: Dieser traditionsreiche Industriezweig hat zusammen mit dem Wirken herausragender Fotografen wie Hugo →ERFURTH, Franz FIEDLER (1885 bis 1956), Walter →HAHN, Edmund →KESTING, August →KOTZSCH, Hermann →KRONE,

Kaditzer Flutrinne 1920 (dahinter ehem. Luftschiffhalle)
Ehem. Ica-Werke

Walter Möbius (1900–1959), Max →Nowak, Richard →Peter sen. und Kurt Schaarschuch (1905–1955) und mit reichen Beständen an Fotodokumenten und fotografischer Technik (→Deutsche Fotothek, →Technische Sammlungen, Hermann-Krone-Sammlung der TU) den Ruf Dresdens als Heimstatt der Fotografie begründet. – In Dresden stellte Friedrich Wilhelm →Enzmann erstmals 1839 Kameras und Fotoplatten her. H. Krone entwickelte die Fototechnik weiter und führte die Fotografie als Wissenschaftsdisziplin an der TH ein. Die von Johann Heinrich →Ernemann gegründeten *Ernemann-Werke* (urspr. Ernemann & Matthias) und die *Hüttig-AG* waren um 1900 in Dresden die führenden Kamerahersteller. Richard Hüttig aus Berlin wurde 1862 auf der Elisenstraße ansässig. Diese Firma fusionierte 1909 mit der 1889 gegründeten Firma vom Emil Wünsche. – 1920 begann sich mit Bildung der Ernemann-Krupp-Kinoapparate-GmbH die Konzentration der F. abzuzeichnen. 1926/27 verschmolzen die Ernemann AG und die Ica-AG mit weiteren deutschen Unternehmen zur Zeiss-Ikon-AG. →*Zeiss-Ikon Dresden* war noch 1941 der größte europäische Kamerahersteller. Weitere Dresdner Unternehmen waren unter anderen die 1912 gegründete *Ihagee-Kamerawerke* Steenbergen & Co, die 1936 die erste einäugige Kleinbild-Spiegelreflexkamera der Welt herstellten, die 1899 gegründete Fa. Müller & Wetzig, die Kamerafabrik Noble in Niedersedlitz, das Werk Gustav Heyde an der Kleiststraße und die Werkstätten Guthe & Torsch.
Die 1900 in Köln gegründete *Mimosa-GmbH* siedelte 1904 nach Dresden um, hieß seit 1913 Mimosa-AG und war der größte deutsche Fotopapierhersteller. Mit ihrem Zuzug an die Bärensteiner Straße war neben der Kameraindustrie nun auch die Fotopapierindusrtie im Wohn-Industrie-Mischgebiet von Striesen und Blasewitz beheimatet. Die Ernemann-Werke waren seit 1897 an der Schandauer Straße ansässig, wo sie ihre vor dem Ersten Weltkrieg begonnenen Neubauten 1922/23 mit dem →Ernemannturm krönten. Die Ihagee-Werke zogen 1922 von Cotta an die Schandauer Straße und erbauten wenig später ein Zweigwerk an der Augsburger Straße. Auch die Ica-AG produzierte an der Schandauer Straße. 1945 brannten die Ihagee-Gebäude völlig aus, das Ica-Werk wurde zu 90 Prozent zerstört. Im nur wenig beschädigten Ernemannbau wurde die Produktion durch das enteignete Zeiss-Ikon-Werk wieder aufgenommen. Mit dem Zusammenschluß von fünf Dresdner Kamerabetrieben wurde der VEB *Pentacon* gebildet, dessen Name von dem fünfkantigen Prisma der 1948 entwickelten Contax-Kamera und dem ehem. Ernemann-Firmenzeichen, einer Lichtgöttin, abgeleitet wurde. Mit der Practica-Reihe setzte das Werk die Tradition der einäugigen Spiegelreflexkameras fort (1959/89 ca. 10 Mill. Kameras). Die Produktion wurde nach 1989 weitgehend eingestellt. Die Schneider-Feinwerktechnik GmbH setzt Traditionen der Practica-Reihe in Dresden fort.

Fraaß, Erich: Maler, Grafiker, geb. 14. 4. 1893 Glauchau, gest. 8. 1. 1974 Dresden. – Der als Lithograph ausgebildete F. besuchte ab 1910 die Dresdner Kunstgewerbeschule und nahm 1912 das Studium an der Dresdner Kunstakademie bei Oskar →Zwintscher auf, das er nach dem Ersten Weltkrieg 1919/22 bei Robert →Sterl fortsetzte. Danach wirkte er vorwiegend als Maler Dresdner Landschaften freischaffend, hatte seine Wohnung in Gostritz und sein Atelier auf der Ammonstraße (im Februar 1945 zerstört). Der eng mit der Arbeiterbewegung verbundene Künstler, der 1921 Mitglied der Künstlergruppe «Die Schaffenden» und 1931 Mitbegründer und Vorsitzender der zweiten →Dresdner Sezession war, wurde nach Aberkennung der Künstlerschaft (1935) durch die NS-Machthaber auf die «schwarze Liste» gesetzt. 1945 wirkte er im Vorstand des antifaschistischen Vertrauensrates Bildender Künstler mit und lehrte seit 1947 als Dozent sowie 1953/58 als Professor für Malerei an der Hochschule für Bildende Künste Dresden. 1959 wurde er mit dem Martin-Andersen-Nexö-Kunstpreis der Stadt Dresden ausgezeichnet.

Franziskanerkirche: →Sophienkirche

Franziskanerkloster, auch *Barfüßerkloster*: Das 1272 erstmals erwähnte Kloster lag unmittelbar an der Stadtmauer, am nordwestlichen Ausgang der

Franziskanerkloster. Um 1550

Großen und Kleinen Brüdergasse. Es dürfte aber bereits vor 1265 von →Heinrich dem Erlauchten gegründet worden sein, da in diesem Jahr in der Stadt der sächsische Provinzial des Ordens ein Kapitel abhielt. Gegenüber dem Kloster, in der Großen Brüdergasse, befand sich ein Regelhaus des Klarissenordens. Die Franziskaner selbst besaßen in Dippoldiswalde und Pirna je ein Terminierhaus. 1321 wurde das F. vergrößert; 1407 durch einen Brand schwer mitgenommen. Seit 1410 verwaltete der Stadtrat das F. Nach der Reformation (nur noch fünf Mönche im Kloster) übernahm der Rat die Klostergebäude. Die Klosterkirche nutzte der Landesherr. Die Klostergebäude wurden in den folgenden Jahren größtenteils abgetragen. Einige Gebäude dienten bis ins 18. Jh. als Hofbrauhaus. – Wie die Bettelorden in der Regel alle, verfügten die Dresdner Franziskaner praktisch über keine nennenswerten Besitztümer. Eine wichtige Einnahmequelle ergab sich aus dem Begräbnisrecht, das vor allem von den Laienbrüdern der Mönche in Anspruch genommen wurde. In Dresden waren ganze Zünfte (z. B. die Schneider und Schuster) in Bruderschaften der Franziskaner organisiert. – Aus der Klosterkirche ging Anfang des 17. Jh. die →Sophienkirche hervor.

Frauengasse: Die urspr. einzige Gasse dieses Namens führte im Mittelalter aus der Stadt heraus in die Frauenkirchsiedlung (Verlauf: südlicher Teil der →Galeriestraße und Mittlere Frauengasse zum späteren →Neumarkt) und wurde durch das →Frauentor abgeschlossen. Im 15. Jh. befand sich in der Gasse die städtische Badestube. Erwähnt wurde die F. erstmals 1370 als «platea beatae virginis», 1396 dann als «Frowingasse». 1513 wird sie als Große F. bezeichnet. Dieser Name wurde später vorübergehend auf die Galeriestraße angewandt. Als Große F. wurde aber bald darauf das Endstück der alten F.

einschließlich eines Teils der →Rosmaringasse (wo sich die →Brotbänke befanden) bezeichnet, während die Galeriestraße nun einfach F. hieß. Ende des 18. Jh. wechselte die Bezeichnung erneut. Die F. hieß wieder Große F. und die zuletzt als Große F. bezeichnete Gasse Mittlere F. (seit 1862 nur F.). Im 18. Jh. befand sich in der Gasse (in der Nähe der Brotbänke) die bekannte Mohrenthalsche Verlagsbuchhandlung. Im Hause Nr. 9 wohnte ab 1697 der berühmte Goldschmied und Hofjuwelier Johann Melchior →DINGLINGER. Im 19. Jh. war die in der F. gelegene Wohnung von Julius →MOSEN einer der geistigen Mittelpunkte der Stadt.

Frauenkirche: älteste Pfarrkirche Dresdens, bis zum Abbruch der mittelalterlichen Kirche 1727 bedeutende Begräbnisstätte der Stadt, Neubau George →BÄHRS 1726/43 als Höhepunkt barocken protestantischen Kirchenbaus; 1945 zerstört, seit 1990 international beachteter Wiederaufbau eingeleitet.
1. *Frauenkirche bis 1727:* Die Kirche Zu Unserer Lieben Frauen wurde im 11. Jh. im Bereich des →Neumarktes gegründet, jedoch erst 1366 urkundlich erwähnt. Sie war geistlicher Mittelpunkt der damals sorbischen Bewohner des Dresdner Elbtals und Sitz des Archidiakons des Gaues Nisan im Bistum Meißen. Ihr Kirchspiel erweiterte sich auf 26 Dörfer. Bis zur Stadterweiterung 1547 lag sie außerhalb der Stadtmauern vor dem Frauentor inmitten der Fischersiedlung. Bis zur Einführung der Reformation 1539 war sie einzige Pfarrkirche der Stadt, verlor diese Rolle dann an die →Kreuzkirche, wurde jedoch ab 1559 wieder für nunmehr protestantische Gottesdienste genutzt. Als wichtigste Begräbniskirche war sie von dem 1724 aufgelösten →Frauenkirchhof umgeben. Auf diesem und in der Kirche selbst fanden u.a. Paul →BUCHNER, Hieronymus →EMSER, Nikolaus →KRELL, Heinrich →SCHÜTZ, Melchior →TROST, Caspar →VOIGT VON WIERANDT und Mitglieder der Bildhauerfamilie →WALTHER die letzte Ruhe. Die erste Frauenkirche besaß ein dreischiffiges romanisches Langhaus mit gotischem Choranbau (von 1477). Der Altar Christoph Walthers von 1584 gelangte über die →Annenkirche in die →Matthäuskirche, die Tafelbilder Heinrich →GÖDINGS von 1606 über die →Sophienkirche in das Stadtmuseum. Nach dem letzten Gottesdienst am 9. Februar 1727 wurde die baufällige und zu klein gewordene Kirche abgerissen. –
2. *Bährs barocke Frauenkirche 1726 bis 1945:* 1722 überreichte Ratszimmermeister George Bähr dem Rat zu Dresden den ersten Entwurf für die neue Kirche. In deren endgültige Gestalt flossen weitere Entwürfe Bährs, ein Gegenentwurf von Johann Christoph →KNÖFFEL sowie die Auflagen und Anregungen des Oberlandbauamtes, des Gouverneurs Christoph August von →WACKERBARTH und AUGUSTS DES STARKEN ein. Die so entstandene Stadtkirche der protestantischen Bürgerschaft bereicherte und krönte die vom katholischen Landesherrn inspirierten anderen Prachtbauten. – Unmittelbar neben der alten Kirche erfolgte am 26. August 1726 im Beisein von Valentin Ernst →LÖSCHER die Grundsteinlegung. Unter Leitung Bährs übernahm Johann Gottfried →FEHRE die Bauausführung, die bis 1729 bis zum Hauptgesims gedieh. Am 28. Februar 1734 wurde die noch unvollendete Kirche geweiht. Bedenken beim Oberlandbauamt, bei Gaëtano →CHIAVERI u.a. löste Bährs Idee aus, die aus Holz geplante durch eine Steinkuppel zu ersetzen. Nach Bährs Tod krönten Fehre und Bährs Schüler Johann Georg →SCHMIDT die Sandsteinkuppel durch eine steinerne Laterne mit barocker Haube, vergoldeter Kugel und Kreuz statt des früher geplanten Obelisken. Am 27. Mai 1743 wurde der Turmknopf auf die 95 m hohe Außenkuppel gesetzt. Mit der konkav geschwungenen, glockenförmigen Kuppel schuf Bähr ein Novum in der Baukunst und eine bedeutende ingenieurtechnische Leistung des 18. Jh. Die später so genannte «steinerne Glocke» erhielt eine Innenkuppel und vier Emporen, deren untere 48 Betstübchen besaß. Die Emporen waren durch Turmtreppen, die Plätze im Schiff durch drei Eingänge erreichbar. Die Kirche verfügte über 3500 Sitzplätze. Durch die vorgelagerten Ecktürme erhielt der Zentralbau einen quadratischen Grundriß. Johann Christian →FEIGE schuf die barocke Ausstattung des Altarraums, die Kanzel und den Orgelprospekt. Gottfried →SILBERMANN vollendete 1736 die Orgel, an der am 1. Dezember1736 Johann Sebastian →BACH spielte. Die Ausmalung der Kuppel stammte von Johann Baptist →GRONE. Im Untergeschoß

Alte Frauenkirche mit Pulverturm
Außenansicht der Frauenkirche (Zeichnung von Thormeyer)
Querschnitt durch die Frauenkirche

schuf George Bähr die Gewölbe (Katakomben), in denen bis 1819 244 Beisetzungen erfolgten. 1854 wurden die sterblichen Überreste Bährs und das zugehörige, von Feige d. Ä. geschaffene Grabmal vom alten Johannisfriedhof in die Katakomben überführt.
Die «steinerne Glocke» krönte über zwei Jahrhunderte die Dresdner Stadtsilhouette und wurde von vielen Malern unterschiedlichster Handschrift im Bild festgehalten, so von Bernardo →BELLOTTO, Johann Christian Clausen →DAHL, Gotthardt →KUEHL und Fritz BECKERT (1877–1962). Ihre erste bekannte Darstellung (1735) stammt von Christian Wilhelm Ernst →DIETRICH. Ihre Rolle im Dresdner Musikleben verdankt die Kirche vor allem ihrer Silbermannorgel, der Raumgröße und Akustik. In der Kuppel fand 1843 die Uraufführung von Richard →WAGNERS «Liebesmahl der Apostel» mit 1200 Sängern statt. Kurt →STRIEGLER leitete hier 1920 die Dresdner Erstaufführung von Gustav MAHLERS 8. Sinfonie mit Elisabeth →RETHBERG und Richard TAUBER. →Jehmlich-Orgelbau schuf 1937 zwei kleinere, mit der Silbermannorgel verbundene Instrumente. – Erst 1878 wurde die Frauenkirche, bis dahin der Kreuzkirche unterstellt, selbständige Pfarrkirche für die östliche Altstadt und westliche Pirnaer Vorstadt sowie Sitz der Superintendentur Dresden-Land. Der Beschießung im Siebenjährigen Krieg widerstand die Kuppel unversehrt. Zementausbesserungen 1887/92 und 1904/05 erwiesen sich als wenig glücklich. Rißbildung erzwang 1924 die baupolizeiliche Schließung; ihr folgten bis 1932 Sicherungsarbeiten unter Leitung von Paul →WOLF. Man erkannte, daß die von Bähr wohl als «tragende Glocke» konzipierte Kuppel ihre Last im wesentlichen auf die acht Innenpfeiler übertrug, deren Fundamente Setzungen aufwiesen. Georg RÜTH (1880–1945) erhöhte 1938/42 die statische Sicherheit der Kuppel u.a. durch Ringanker. – Die Katakomben wurden 1872 zugemauert. 1924 wieder geöffnet, dienten sie vor der Zerstörung der Lagerung brennbaren Filmmaterials und wurden nach 1945 mehrmals aufgebrochen und verwüstet.
3. *Zerstörung und Wiederaufbau:* Am 10. Februar 1945 fand die letzte musikalische Vesper in der unzerstörten Kirche statt. Die Kuppel widerstand zunächst den Luftangriffen des 13./14. Februar inmitten der brennenden Umgebung, sank jedoch durch die Hitzeeinwirkung am Vormittag des 15. Februar 1945 in sich zusammen. Ersten Begehungen der Ruine 1945 folgte 1948/49 die Bergung wiederverwendbarer Werksteine, die jedoch 1959 z.T. zerstört wurden. Arno KIESLING (1889–1962) schuf mit einem umfangreichen Zeichenwerk Grundlagen für eine spätere Rekonstruktion. Der im Trümmerberg befindliche Altar von Feige wurde 1951 mit einer Schutzwand versehen. Die Stadtbehörden erklärten die Ruine 1966 zum Mahnmal und versahen sie 1967 am Treppenturm E mit einer Gedenktafel. In den achtziger Jahren war die Ruine an den Jahrestagen der Zerstörung Schauplatz sowohl staatlich verordneter Veranstaltungen als auch von Mahnwachen der oppositionellen Friedensbewegung. – Internationale Entwurfswettbewerbe für den Neumarkt ergaben ab 1981 Vorschläge für den Wiederaufbau des Wahrzeichens Dresdens. 1988 begannen Sicherungsarbeiten an der Ruine. Der «Ruf aus Dresden» einer Bürgerinitiative vom 13. Februar 1990 bereitete die Gründung des Förderkreises für den Wiederaufbau unter Vorsitz von Ludwig GÜTTLER am 14. März 1990 und der Stiftung «Wiederaufbau Frauenkirche Dresden e. V.» am 23. November 1991 vor. Die Enttrümmerung und Inventarisierung wiederverwendbarer Sandsteingrund- und -werkstücke wurde bis April 1994 abgeschlossen. Dabei wurden Altar, das Turmkreuz und andere Bau- und Ausstattungsteile aus ihrem nahezu fünfzigjährigen Trümmer«grab» geborgen. Die «archäologische Rekonstruktion» umfaßt eine originalgetreue Wiederherstellung der inneren und äußeren Gestalt und des konstruktiven Systems, die Einbeziehung erhaltener Mauerwerksteile, Keller und Grundmauern und die Einfügung von etwa 10 000 geborgenen Werksteinen in den Bau. Gemäß Stiftungssatzung wird die nach der Jahrtausendwende wiedererstandene Kirche primär gottesdienstlich sowie musikalisch genutzt.

Ruine der Frauenkirche
Grundriß der Frauenkirche

Frauenkirchhof: älteste Begräbnisstätte Dresdens und der umliegenden Dörfer, wobei die Frauenkirche selbst auch als Begräbnisort diente. Der F. wurde durch den Stadtgraben, das →Maternihospital, durch die Fischer- und die Töpfergasse sowie die Rampische Gasse begrenzt. Zu Beginn des 18. Jh. hatte er vier Eingänge: an der Töpfergasse, der Rampischen Gasse, der Pirnaischen Gasse und am Jüdenhof. In unmittelbarer Nähe des F. hatten die Trödler und Stockfischhändler ihre Buden. Der Friedhof beherbergte neben der Frauenkirche noch eine kleine Kapelle und seit 1514 ein Beinhaus. Bei den Begräbnissen wurde die Totenmesse stets in der →Kreuzkirche gehalten. Der Innenraum der Frauenkirche war ursprünglich nur Geistlichen als Begräbnisstätte vorbehalten. Erst gegen Ende des Mittelalters fanden auch vornehme Laien dort ihre Ruhestätte. Nachdem das Kircheninnere kaum noch Raum bot, wur-

den 1565 um die Kirche herum und an der Kirchhofmauer 112 Grabgewölbe angelegt und als Erbbegräbnisse verkauft. Noch im 16. Jh. wurde der Platzmangel auf dem Kirchhof so groß, daß zusätzlich der Friedhof des →Bartholomäushospitals mit benutzt werden mußte. Vor allem aber schuf der neue →Johannisfriedhof Entlastung. 1714 hielt der Kirchner der Frauenkirche Johann Gottfried MICHAELIS die zu seiner Zeit noch vorhandenen Grabinschriften und Denkmäler des F. (insgesamt 1351), die familien- und stadtgeschichtlich von großem Interesse sind, fest. Von den wertvollen, z.T. verlorengegangenen Epitaphen sind zwei in Teilen noch im Stadtmuseum vorhanden: das des 1559 verst. Melchior →TROST (drei weibliche Sandsteinkaryatiden von Hans →WALTHER) und das Denkmal für Günther von BÜNAU (Kreuzigungsgruppe aus Holz und Alabaster von Hans →KRAMER). Erwähnt sei noch der sog. Mönchstein, ein Grabstein aus dem 14. Jh. Nach der Sage sollte es die Grabstätte eines Mönches gewesen sein, der nachts auf dem Johanniskirchhof herumgegeistert sein soll, wobei unklar blieb, ob diese Gestalt mit der des sog. «Dresdner Mönches» identisch ist. – Der F. wurde zu Beginn des 18. Jh. aufgelöst. 1715 wurden Teile von ihm eingeebnet, um der im gleichen Jahr erbauten →Alten Wache Platz zu schaffen. Vorangegangen war 1714 der Befehl des Landesherrn, keine Bestattungen mehr vorzunehmen. Infolge des bevorstehenden Baues der neuen Frauenkirche wurde 1722/24 der restliche Kirchhof abgebrochen (die Mauern erst 1738). Die Toten wurden auf andere Friedhöfe überführt. Während des Siebenjährigen Kriegs diente das Gelände noch einmal kurzzeitig als Friedhof.

Frauentor: im Mittelalter östliches Stadttor (1297 erstmals erwähnt) am Ende der Kleinen →Frauengasse. Es stellte die Verbindung mit den vorstädtischen Siedlungen um die Frauenkirche her. Nach der Einbeziehung dieser Siedlungen in die Stadt 1529 verlor es seine Funktion und wurde 1548 mit der alten Stadtmauer, die bis dahin noch zwischen dem eingemeindeten Stadtteil und der alten Stadt verlief, abgerissen. Am F. befand sich das «Narrenhäusel», ein Käfig, in dem Nachtschwärmer und Säufer strafweise zur Schau gestellt wurden.

Fraumutterhaus: vornehmes Wohnhaus in der Kreuzgasse am →Salomonistor. 1555 vom Festungsbaukommandanten Melchior HAUFFE erbaut, ging es 1571 in kurfürstlichen Besitz über. Seinen Namen erhielt es 1611, nachdem es Witwensitz der Gattin →CHRISTIANS I. wurde. 1705 übernahm die Malerakademie die erste Etage des Gebäudes. Das Kommerziencollegium und die Oberrechnungskammer bezogen 1750 das F. 1760 wurde der größte Teil des F. durch preußische Truppen zerstört. In dem stehengebliebenen Teil richtete sich die reformierte Gemeinde einen Saal für ihren Gottesdienst ein. An gleicher Stelle wurde von Samuel →LOCKE die →Reformierte Kirche errichtet

Freiberger Platz: nordwestlich der →Annenkirche an der →Freiberger Straße gelegener Platz, der 1830 unmittelbar an der Stelle der zuvor trockengelegten →Entenpfütze entstanden war.

Freiberger Schlag: →Schläge

Freiberger Straße: Ausfallstraße durch die Wilsdruffer Vorstadt und Löbtau, vom →Freiberger Platz bis zur Löbtauer Weißeritzbrücke. – Name urspr. nur für den Anfang der Straße (1564 «Freibergische Straßen»), der mittlere Teil vor dem Freiberger Schlag ab 1840 Tharandter Straße, ab 1871 F., der Löbtauer Teil bis 1904 Tharandter Straße, dann F. – Am Anfang der Straße befand sich seit dem 13. Jh. das →Bartholomäushospital, an der Kreuzung mit dem Environweg (Ammonstraße) seit 1838 das neue →Maternihospital (heute Feierabendheim). Nach Eröffnung der →Albertbahn entstand an der F., Rosen- und Fabrikstraße ein Industriegebiet (u.a. Glasfabrik von Friedrich →SIEMENS). Am Löbtauer Ausgang der Straße befand sich der Weißeritzholzhof, auf dessen Areal der Crispiplatz (heute Ebertplatz) angelegt und 1910 vom Dresdner Spar- und Bauverein Wohnblöcke errichtet wurden. 1963/64 wurde die Trainingshalle für Wasserspringer, 1968/69 die Schwimmsporthalle errichtet. Nach Abbruch der Schokoladenfabrik «Elbflorenz» begann 1991 der Bau des World Trade Centers mit 57 m hohem Büroturm. Das Richtfest für dieses 89 000m² Nutzfläche umfassende Gebäude mit Hotel, Büros, Geschäften und Freizeiteinrichtungen erfolgte 1994.

Freiherrlich von Fletschersches Schullehrerseminar: durch Friederica Christiana Elisabeth von FLETSCHER (1727 bis 1778) im Jahre 1769 gestiftete, aber erst 1825 eingerichtete Lehrerbildungsanstalt. Das F. war zuerst in einem Haus in der Freiberger Straße untergebracht, 1847 erhielt es ein eigenes Gebäude in der gleichen Straße, und nachdem dieses auch zu klein geworden war, 1880 einen Neubau in der Marienallee 5 (1945 ausgebrannt, heute dort 1. Mittelschule «Freiherr von Fletscher»). Nach Auflösung der Lehrerseminare wurde das F. 1926 in eine höhere Schule, die «freiherrlich von Fletschersche Aufbauschule und Deutsche Oberschule zu Dresden-Neustadt» umgewandelt.

Freilichtbühnen: Für sommerliche Veranstaltungen (Konzerte, Film, Theater, Ballett, sonstige Unterhaltung) stehen den Dresdnern sechs F. zur Verfügung. Die älteste ist das →Parktheater am Palais im →Großen Garten. Ebenfalls dort existiert die mit 5000 Plätzen größte F. Dresdens, die unter dem Namen «Junge Garde» 1954/57 aus einer ehemaligen Kiesgrube in der Nähe der früheren «Pikardie» in nachempfundenem Barock-Stil erbaut wurde. Außerdem befindet sich im Großen Garten das 1955 aus Mitteln des damaligen Nationalen Aufbauwerkes

Freiherrlich von Fletschersches Schullehrerseminar in der Marienallee
Freilichtbühne im Großen Garten

errichtete Freilicht-Puppentheater «Sonnenhäusel» (350 Plätze). Für Ballettaufführungen steht vorwiegend die Bühne am Wallpavillon im Zwinger zur Verfügung (800 Plätze), während das Wasserpalais im Schloßhof Pillnitz die Kulisse für Konzertveranstaltungen bietet (800 Plätze) und der Konzertplatz «Weißer Hirsch» auch zu Filmvorführungen genutzt wird (800 Plätze).

Freimaurerinstitut: ehem. Internatsschule der Freimaurerloge «Zu den drei Schwertern» in Friedrichstadt. – Die Anstalt wurde 1772 in einem Gartengrundstück an der Wachsbleichstraße und Institutsgasse zunächst als Armenschule gegründet und entwickelte sich über eine «Knabenerziehungsanstalt» zur höheren humanistischen Bildungsstätte. Zu ihren Schülern zählten Ferdinand von →RAYSKI und Johann Andreas →SCHUBERT, der 1859 als ehrenamtlicher «vollziehender Dirigent» selbst auf das Leben der Schule Einfluß nahm. Das F. ermöglichte zahlreichen Kindern aus armen Familien, darunter vielen Waisen, unentgeltlichen Unterricht. Die Schule siedelte 1899 in den Neubau in Striesen an der Eisenacher Straße um, in dem nach 1945 zunächst die →Sächsische Landesbibliothek, dann die →Kreuzschule untergebracht wurden. Die Gebäude in Friedrichstadt verfielen dem Abbruch.

Freimaurer-Logen: aus den Werkmaurerbrüderschaften hervorgegangene Vereinigungen, die vom ersten Viertel des 18. Jh. an auch in Dresden ihre Anhänger fanden. Die beiden größten Dresdner Logen waren die Loge «Zu den drei Schwertern», die 1738 gegründet wurde und sich 1831 mit der 1815 gegründeten Loge «Asträa zur grünenden Raute» vereinigte. Die Schwerter-Loge begründete 1772 die «Lehr- und Erziehungs-Anstalt für Knaben zu Friedrichstadt» (→Freimaurerinstitut). Die Loge «Zum goldenen Apfel im Orient» wurde 1776 in Wildenfels gegründet und übersiedelte 1781 nach Dresden, wo sie bis 1808 in der Kreuzgasse 8 und bis 1838 in der Rampischen Straße 14 untergebracht war. Sie unterstützte das Blindeninstitut in Dresden, unterhielt 1852/87 ein Mädchen-Lehr- und Erziehungsinstitut und begründete 1894 den Unterstützungsverein «Fürsorge». Ab 1838 waren beide Logen im →Logenhaus in der Ostra-Allee untergebracht. Weitere Dresdner Logen waren die Loge «Zu den ehernen Säulen» (ab 1865), die Loge «Zur Wahrheit und Treue» und die «Genossenschaft Dresdner Odfellow-Logen». 1991 wurden in Dresden die Logen «Zu den drei Schwertern» und «Zum goldenen Apfel» wiedergegründet.

Fremdenverkehr: Drei Vorzügen verdankt Dresden seine Anziehungskraft: den weltbekannten Kunstschätzen und Kulturstätten, den architektonischen, erst zum Teil wiederhergestellten Glanzpunkten und der beeindruckenden Landschaft des oberen Elbtals. Schilderungen des 18. und 19. Jh. (→Dresden in der Reiseliteratur) vermitteln die Reisemotive jener Zeit, die den Dresdner Kunstschätzen auf «Bildungsreisen» begüterter Kreise galten. Die Brühlsche Terrasse, der «Balkon Europas», war berühmt als Treffpunkt der Fremden im sächsischen «Elbflorenz». – Ein F. im heutigen Sinne kam mit der Romantik auf, die die Bewunderung für die Dresdner Sammlungen mit der Begeisterung für die malerische Natur des →Plauenschen Grundes, der Gründe bei Pillnitz und des Seifersdorfer Tales verband. In diese Zeit fällt auch die Entdeckung der Sächsischen Schweiz für den F. Bevorzugt wurde der «Fremdenweg» von Pillnitz durch den Liebethaler Grund zur Bastei und weiter zum Kuhstall und Prebischtor. – Seit Mitte des 19. Jh. erweiterten Eisenbahn und Dampfschiff die Reisemöglichkeiten. Einen weiteren Aufschwung brachte der Anschluß des Osterzgebirges an die Eisenbahn zeitgleich mit dem Aufkommen des Wintersportes, das Entstehen von Freibädern in den ersten Jahrzehnten des 20. Jh. und schließlich das Kraftfahrzeug. Mit der allmählich wachsenden Freizeit der Arbeiter und Angestellten entwickelte sich das →Wandern und Bergsteigen zu einer in Dresden besonders stark verwurzelten Form der Erholung. – Auf den bürgerlich bestimmten F. stellte sich die Stadt mit zahlreichen Hotels, Pensionen und Vergnügungsstätten ein. In den letzten Jahren des 19. Jh. verfügte Dresden über zahlreiche erstrangige Hotels: in der Altstadt u. a. das →Hotel «Europahof» Prager Straße, →Hotel «Bellevue» am Theaterplatz, das «Grand Union» und das Hotel Viktoria am Bismarckplatz, das →Hotel «Stadt Rom» (Hòtel de Rome) und das →Hotel «Stadt Berlin» am Neumarkt, das →British Hotel Landhausstraße, Hòtel du Nord Mosczinskystraße, das →Hòtel de France an der Wilsdruffer Straße, →Palasthotel Weber am Postplatz; in der Neustadt u. a. das Hotel Kronprinz, Hauptstraße 5, das Hotel Royal Antonstraße 33 und der «Kaiserhof» an der Augustusbrücke. – Der Kurort →Weißer Hirsch mit →Lahmanns Sanatorium und anderen Kuranstalten errang Weltruf. Viele Fremde ließen sich auf Dauer in Dresden nieder, so daß vor dem Ersten Weltkrieg 5,4 Prozent der Einwohner Ausländer waren. Eine rege Wirksamkeit entfaltete der Verein zur Förderung des Fremdenverkehrs. Das musikalische Leben und bedeutende Ausstellungen führten ebenfalls Besucher in die Stadt. – Unter den ca. 30 Museen Dresdens ziehen die →Staatlichen Kunstsammlungen die weitaus meisten Besucher an. Das Musikleben übt mit der Staatsoper, der Staatskapelle, dem Kreuzchor, dem Internationalen Dixielandfestival und den Dresdner Musikfestspielen eine große Anziehungskraft aus. Ca. 250 wissenschaftliche Veranstaltungen festigen den Ruf der Stadt als Standort von Tagungen und Kongressen. Das →Dresden-Hilton und das →Hotel Bellevue führen die Liste der Hotels an. Am 18. März 1991 wurde unter Vorsitz von Oberbürgermeister Herbert WAGNER der Dresdner Fremdenverkehrsverein wiederbegründet.
Fremdenverkehrs- und Erholungsgebiete in den äußeren Stadtteilen und der Umgebung Dresdens:
1. Kulturlandschaft Loschwitz – Pillnitz – Graupa: KÖRNERhaus Loschwitz (Aufenthalt Friedrich SCHILLERS); C.-M.-WEBER-Gedenkstätte Hosterwitz; R.-WAGNER-Museum Graupa; Schloß mit Museum für Kunsthandwerk und Park in Pillnitz; NSG Borsberghänge; Liebethaler Grund; Loschwitz mit Bergbahnen, Kurort Weißer Hirsch, anschließend LSG →Dresdner Heide. – 2. Kulturlandschaft Lößnitzhänge – Radebeul: zahlreiche historische Weingüter unter Denkmalschutz; Weinbaumuseum Hoflößnitz; Karl-MAY-Museum; Landesbühnen Sachsen; Volkssternwarte auf den Ebenbergen; historische Schmalspurbahn Radebeul-Ost – Radeburg. – 3. Moritzburger Teichgebiet: Kulturlandschaft im Friedewald mit Teichen (Strandbäder, Zeltplätze); Barockmuseum Schloß Moritzburg; Käthe-KOLLWITZ-Gedenkstätte; Fasanenschlößchen; historische Waldschänke. –

4. Elbsandsteingebirge (Sächsische Schweiz): Sommererholungsgebiet und Kletterzentrum, bizarre Felslandschaft (Schrammsteine u.a.), Durchbruchstal der Elbe; Tafelberge mit Bergbauden (Lilienstein, Papststein, Pfaffenstein, Rauenstein); Kreisstadt Pirna mit Altstadtkern und Stadtmuseum; Museum Festung Königstein; berühmter Aussichtspunkt Bastei; Felsenbühne Rathen; Stadt und Burg Hohnstein; zahlreiche Ferienorte (Stadt Wehlen, Kurort Rathen, Hinterhermsdorf mit Oberer Schleuse); Bad Schandau mit Kurbad und Kirnitzschtalbahn. Kernbereiche des Gebirges als Nationalpark, das gesamte Gebirge als LSG geschützt. – 5. Unteres Osterzgebirge, Elbtalschiefergebirge, Weißeritztäler: Rabenauer Grund und Tharandter Wald; Forstbotanischer Garten Tharandt und Forstlehrschau Grillenburg der TU Dresden; Strandbäder Talsperre Malter; Wandergebiet Bad Kreischa, Wilisch, Lockwitztal; Museen in Rabenau und Dippoldiswalde; Haus der Heimat Freital (Schloß Burgk) mit bedeutenden Werken zeitgenössischer Kunst, u.a. Sammlung Pappermann, Dresden); Schloßpark Heidenau-Großsedlitz; Schloß Weesenstein im Müglitztal; Kurorte Berggießhübel und Bad Gottleuba. – 6. Oberes Osterzgebirge: Sommer- und Winterferiengebiet bis 901 m NN; Ferienorte in waldreicher Umgebung (u.a. Bärenfels, Bärenburg, Waldydille, Schellerhau, Kipsdorf); Aussichtspunkt Geisingberg (824 m NN); Bergbaumuseum Altenberg; Hochmoor Zinnwald-Georgenfeld; Stadt und Schloß Lauenstein. – 7. Elbtal um Meißen: Meißen mit Albrechtsburg, Dom, Staatlicher Pozellanmanufaktur, historischer Altstadt; Weinbauorte Diesbar und Seußlitz. – 8. Westlausitz: Lessingmuseum Kamenz; Barockmuseum mit J.-G.-Fichte-Gedenkstätte; Töpferstadt Pulsnitz; am Wege in die Lausitz Burg Stolpen mit Erinnerungen an Gräfin →Cosel.

Frenzel, Johann: Dresdner Bürger, der in seinem 1592 erschienenen Werk «Synopsis Geographica Oder Kurtze und Eigentliche Beschreibung des gantzen Erdkreises, wie derselbe zu unserer Zeiten in seine Länder und Herrschaften abgetheilet wird...» auch auf seine Heimatstadt eingeht. Dabei ist die Beschreibung Dresdens ziemlich genau (auch die Mühlen am Weißeritzgraben werden z.B. erwähnt).

Freytag, Gustav : Schriftsteller, Dramatiker, Lyriker und Kulturhistoriker, geb. 13.7.1816 Kreuzburg/Schlesien, gest. 30.4.1895 Wiesbaden. – Der Publizist der preuß.-deutschen Bewegung lebte von 1847 bis Anfang 1848 in Dresden, wo er in regem Verkehr mit den hiesigen literarischen Kreisen stand. 1847 wurde in der Stadt seine dramatische Dichtung «Valentine» aufgeführt. In Dresden gründete F. einen geselligen Verein zur Weiterbildung von Arbeitern und Gehilfen. – Gustav-Freytag-Straße in Striesen.

Fridabad: →Lahmanns Sanatorium

Friedensbrunnen: auf der Südseite des →Neumarkts vor dem Eingang zum →Johanneum stehender Brunnen, der zu den ältesten der Stadt gehört. Er ist aus einem Röhrkasten entstanden, der anfangs aus Holz, später aus Stein gefertigt worden war und sich auf der Ostseite des Neumarkts befand. 1616 entstand der achteckige Brunnentrog (Durchmesser 5 m, Tiefe 1,40 m). Urspr. war als Brunnenfigur ein Samson mit Löwe geplant; nach dem Dreißigjährigen Krieg wurde 1649 aber eine Darstellung der Friedensgöttin Eirene auf dem Brunnensockel errichtet. 1683 wurde die Eirene gegen eine Siegesgöttin (Nike oder Victoria), geschaffen von Conrad Max Süssner, ausgetauscht, die an den Sieg Johnann Georgs III. über die Türken erinnern sollte (deshalb auch die Namen Johann-Georgen-Brunnen, Victoriabrunnen und Türkenbrunnen). Als 1866 das Denkmal für Friedrich August II. errichtet wurde, erhielt der Brunnen seinen jetztigen Standort, wo er 1969 durch den Bildhauer Egmar Ponndorf gründlich restauriert wurde.

Friedenskirche: ev.-luth. Kirche in Löbtau. – Sie wurde 1889/91 nach dem Entwurf von Friedrich →Arnold mit neoromanischen und neogotischen Stilelementen für die neugebildete Parochie Löbtau-Naußlitz errichtet. Sie zählt zu den insgesamt 33 im Zweiten Weltkrieg zerstörten oder schwer beschädigten Kirchen Dresdens. Innerhalb der Umfassungsmauern befindet sich seit 1949 eine der aus Holzfertigteilen errichteten «Notkirchen» nach den Plänen von Otto Bartning (1883–1959). Der Altar stammt aus der zerstörten Sophienkirche.

Friedhof der Dreikönigskirche: Die alte →Dreikönigskirche, in der Mitte der heutigen →Hauptstraße gelegen, war von einem Kirchhof umgeben, der aber keine Mauer besaß und auch sonst in schlechtem Zustand war, wie die reformatorischen Visitatoren Mitte des 16. Jh. feststellten. Auch der bestehende Platzmangel machte einen neuen Friedhof erforderlich. 1574 erwarb ein Bürger zu diesem Zweck einen Platz vor der →Rähnitzpforte (heutiger Platz →An der Dreikönigskirche) und übergab ihn an die Kirche. Durch den Bau der Befestigungsanlagen im 17. Jh. kam der Kirchhof in die Stadt herein und wurde etwas verkleinert. In die Kirchhofmauer wurde 1701 der →«Totentanz» vom →Georgenbau eingebaut. Der alte Friedhof der Dreikönigskirche fiel dem Brand von Altendresden 1685 zum Opfer. 1732 wurde vor der Stadt der →Innere Neustädter Friedhof angelegt.

Friedhöfe: Erdbegräbnisstätten, die ehem. in unmittelbarer Nähe von Kirchen als Kirchhöfe angelegt wurden. Der größte Teil dieser F. verschwand bis zum 19. Jh. So ebnete man Dresdens ältesten F., den →Frauenkirchhof, bereits 1772 ein.

Figur des Friedensbrunnnens

Gleiches geschah 1731 mit dem ältesten Neustädter F. (nach Verlegung →Innerer Neustädter F.) und 1819 mit dem F. an der →Sophienkirche. Wegen der aufgetretenen →Pestepidemien im 16./17. Jh. wurde mit der Anlage sog. Außenfriedhöfe begonnen. Von den einst außerhalb der Stadt angelegten Pest- oder Seuchenfriedhöfen (F. am →Bartholomäushospital, →Johannisfriedhof im 19. Jh. aufgelöst) existieren noch der →Eliasfriedhof und der →Trinitatisfriedhof. Zu den konfessionsgebundenen F. des 18. Jh. gehören der →Alte Katholische Friedhof und der alte →Jüdische Friedhof. Mit der →Eingemeindung der Vororte im 19./20. Jh. erhöhte sich zugleich die Anzahl der Dresdner F. Heute bestehen im Stadtgebiet 17 ev.-luth., 1 jüdischer-, 2 römisch-kath. und 3 städtische F. sowie der →Sowjetische Garnisonfriedhof.

Friedrich: 1. *Caspar David*, Maler und Zeichner, geb. 5.9.1774 Greifswald, gest. 7.5.1840 Dresden. – Der bedeutendste Landschafter der deutschen Romantik und Wegbereiter der realistischen Landschaftsmalerei des 19. und 20. Jh. gehört zu den berühmtesten Malern, die in Dresden gelebt und gewirkt haben. Nach einer ersten Ausbildung in Greifswald und dem Kunststudium 1794/98 an der Akademie in Kopenhagen ließ er sich im Oktober 1798 in Dresden nieder, «um hier, in der Nähe der trefflichsten Kunstschätze und umgeben von einer schönen Natur» seine «artistischen Arbeiten fortzusetzen», wie er selbst schrieb. In den ersten zehn Jahren beschäftigte er sich vorwiegend mit Zeichnungen, Aquarellen und Sepiamalerei. Großes Aufsehen erregte 1808 sein Altarbild «Kreuz im Gebirge» für die Tetschener Schloßkapelle, womit er über die Grenzen Dresdens hinaus bekannt wurde (1810 Aufnahme in die Berliner Akademie). Die bis um 1820 geschaffenen repräsentativen Ölgemälde brachten F. verdienten Ruhm, aber die offizielle Anerkennung wurde dem patriotisch gesinnten und politisch progressiv engagierten Künstler versagt. So wurde er am 4. Dezember 1816 zum Mitglied der Dresdner Kunstakademie ohne Lehramt ernannt und erhielt 1824 nur die Berufung zum außerordentlichen Professor (200 Taler Gehalt) ohne Lehrbefugnis. Da sich 1820/30 die allgemeine Kunstauffassung stark gewandelt hatte, verbrachte F., der seinem Stil treugeblieben war, seine letzten, von Krankheit überschatteten Lebensjahre in immer stärkerer Isolierung und materieller Armut (letztes großes Gemälde «Das große Gehege», um 1832).

Caspar David Friedrich, Selbstbildnis

Seine Kunstwerke wurden vergessen und erst 1906 zur Jahrhundertausstellung der deutschen Kunst (1775–1875) in Berlin wieder in ihrer Bedeutung erkannt und gewürdigt. Neben etwa 180 noch vorhandenen bzw. in Abbildungen nachweisbaren Gemälden (davon 14 in der Dresdner Gemäldegalerie Neue Meister) schuf F. etwa 900 zeichnerische Arbeiten, von denen ungefähr noch 150 Blätter erhalten sind, auch sind 18 Radierungen und 4 Holzschnitte bekannt. Seine künstlerische Vielseitigkeit (er schrieb Gedichte und befaßte sich u. a. mit Innenarchitektur) dokumentiert sich auch in Grabmalsentwürfen, nach denen noch drei Grabsteine auf dem →Eliasfriedhof existieren. Oftmals hat Dresden und seine Umgebung den Künstler zu Darstellungen angeregt. Von seinen Zeitgenossen wurde F. als starke, verinnerlichte Persönlichkeit geschildert, als wortkarg und bedürfnislos. Während der Napoleonischen Fremdherrschaft war sein Atelier Treffpunkt vaterländisch gesinnter Intellektueller, zu denen Ludwig →TIECK, Heinrich von →KLEIST, Philipp Otto →RUNGE, Ferdinand →HARTMANN, Friedrich →KERSTING, Gerhard von →KÜGELGEN, Gottfried Heinrich von →SCHUBERT und Theodor →KÖRNER gehörten. Eng befreundet war F. mit Christian Gottlieb →KÜHN, mit Carl Gustav →CARUS (ab 1817) und Christian Claussen →DAHL (ab 1818), die zugleich seine bedeutendsten Schüler waren. F. lebte in der Pirnaischen Vorstadt, bis 1820 im Haus «An der Elbe 26» und danach «An der Elbe 33». – Grab auf dem Trinitatisfriedhof; Büste (1807) von Christian Gottlieb Kühn im Albertinum; Denkmal (1990) von Wolf Eike KUNTSCHE im Brühlschen Garten; Caspar-David-Friedrich-Straße in Zschertnitz; umfassende Ausstellung «Caspar David Friedrich und sein Kreis» (1974/75) im Albertinum.
2. *Theodor*, Architekt, geb. 28.1.1829 Maxen bei Pirna, gest. 28.8.1891 Dresden. – Er war Schüler der Dresdner Akademie, wurde 1863 Stadtbaumeister, 1877 Stadtbaurat und trat 1891 in den Ruhestand. Seine bedeutendsten Werke in Dresden sind die →Gasanstalt Reick (1878), das Wasserwerk →Saloppe (1871/75), etwa 20 Schulen, darunter das →Wettiner Gymnasium (1884) und die Annenrealschule (1867), sowie eine Reihe von Bauten für das städtische Gesundheitswesen.

Friedrich Clemme, der «Kleine»: jüngster Sohn →HEINRICHS DES ERLAUCHTEN, Herr (Markgraf) von Dresden, geb. 1273, gest. 25.4.1316. – F. ging aus der dritten Ehe Heinrichs mit der unebenbürtigen ELISABETH V. MALTITZ hervor. 1279 verlieh ihm König RUDOLF VON HABSBURG das Recht der freien Geburt und damit der Erbfähigkeit. In seiner Erbteilung bedachte ihn Heinrich mit der Stadt Dresden und einigen angrenzenden Gebieten (→Landesherrschaft im Mittelalter). Als F. ohne Erben starb, war die Chance der Entstehung einer selbständigen Landesherrschaft mit dem Sitz in Dresden vorüber.

Friedrich II.: König von Preußen, geb. 24.1.1712 Berlin, gest. 17.8.1786 Sanssouci b. Potsdam. – F. war mehrfach in Dresden. 1728 begleitete er seinen Vater, König →FRIEDRICH WILHELM I., bei dessen Besuch des Dresdner Hofs. F. traf allerdings zwei Tage später, am 16. Januar, in der Stadt ein und bewohnte für die Dauer seines Aufenthalt (bis zum 11. Februar) das Palais des Grafen FLEMMING in der Kreuzgasse. Erstmals als König hielt sich F. am 19./20. Januar 1742 in der sächsischen Residenz auf, um mit dem Kurfürsten das weitere gemeinsame Vorgehen im Kriege gegen Österreich zu besprechen, wobei es ihm gelang, dem an politischen Fragen wenig interessierten FRIEDRICH AUGUST II. wichtige Zugeständnisse abzuringen. Nach dem preußischen Sieg bei Kesselsdorf am 18. Dezember 1745 zog F., diesmal als Feind, in die Stadt ein. Sein Quartier war bis zum 27. Dezember das Flemmingsche Palais. Überliefert ist, daß er in dieser Zeit allabendlich seine gewohnten Kammerkonzerte abhielt, an denen Teile der sächs. Hofkapelle, Johann Adolf →HASSE, die Sängerin Faustina HASSE-BORDONI sowie er selbst als Flötist teilnahmen. – Nach dem überfallartigen Einmarsch in Sachsen zu Beginn des →Siebenjährigen Krieges hatte die preußische Armee bereits 9. September 1756 Dresden besetzt. F. traf einen Tag später selbst in der Stadt ein und bezog das →Palais Mosczinska. Der Kurfürst und Brühl hatten die Residenz schon vorher verlassen. Ende September ging F. nach Böhmen, kam aber Mitte November wieder nach Dresden zurück, wo er bis zum April 1757 das →Palais Brühl (Augustusstraße) bewohnte. Danach begab sich F. wiederum zum böhmischen Kriegsschauplatz. Im August/September des gleichen Jahres lagerte der König mit einem Truppenkorps vor der Neustadt, wobei er vom Dresdner Rat kurzfristig 120 000 Taler Kontributionen verlangte (Quartier im Gasthof →Schönbrunn). – Durch tagelange Beschießung im Juli 1760 versuchte F. vergeblich, die nun von den Österreichern besetzte Stadt zur Übergabe zu zwingen (→Belagerung 1760). Seine Unterkunft hatte er im Leubnitzer Pfarrhaus.

Friedrich August I., Kurfürst von Sachsen, seit 1697 als August II. auch König von Polen, gen. *August der Starke*: geb. 12. 5. 1670 Dresden, gest. 1. 2. 1733 Warschau, in Krakau beigesetzt, sein Herz wurde nach eigener Anordnung in einer silbernen Kapsel nach Dresden gebracht (Gruft der Kathedrale). – Mit dem Namen F. A. verbinden sich in der politischen Geschichte Sachsens die z. T. erfolgreichen Bemühungen zur Durchsetzung des Absolutismus sowie das – letztlich erfolglose – Bestreben, Kursachsen bzw. den albertinischen Wettinern eine Großmachtstellung zu verschaffen (Erwerbung der polnischen Krone). Der mit einem außerordentlichen Kunstverständnis begabte F. A. war wie nur wenige deutsche Fürstenpersönlichkeiten des 17. und 18. Jh. bestrebt, politischem Machtanspruch und seinem Selbstverständnis von barockem Herrschertum auch äußerlich Ausdruck zu verleihen. Dresden wurde während seiner Regierungszeit zu einer Residenzstadt von europäischem Format. F. A. verhalf Dresden zu einer künstlerischen Blüte, die noch heute ihren Ruf als Kunststadt ausmacht. Vor allem die bauliche Entwicklung Dresdens in dieser Zeit prägte der Kurfürst/König persönlich mit eigenen Plänen und Vorstellungen (Bauordnung von 1720). Er holte sich die berühmten Architekten →PÖPPELMANN, →LEPLAT, de →BODT, →LONGUELUNE und den Bildhauer →PERMOSER an seinen Hof. Als Bauherr ließ F. A. u. a. das →Taschenbergpalais, den →Zwinger, das →Opernhaus errichten sowie die →Augustusbrücke erweitern und für die →Frauenkirche den Grundstein legen. Nach dem Brand von →Altendresden wurde unter seinem Einfluß mit dem Bau der «Neustadt bei Dresden» oder «Neuen Königstadt» begonnen. Hier sind die →Dreikönigskirche und der Umbau des Holländischen Palais zum →Japanischen Palais zu nennen. Weiterhin ließ er die →Stadtbefestigung verstärken, neue →Kasernen anlegen und den Grundstein für das →Blockhaus legen. Er erweiterte die Dresdner Sammlungen und richtete Spezialsammlungen ein. Aus der alten Schatzkammer entstand das →Grüne Gewölbe. Im Japanischen Palais fanden chinesische, japanische und später Meißner Porzellane sowie Kostbarkeiten aus dem Orient ihre Aufstellung. Mit der Antiken-, Kupferstich-, Modell- und Naturaliensammlung entstanden weitere Spezialsammlungen. Als Förderer des Gewerbes war F. A. der Initiator zur Gründung einer Glasfabrik in →Friedrichstadt, der Edelsteinschleiferei, einer Fayencemanufaktur und der Porzellanmanufaktur in Meißen. Seit 1736 steht auf dem →Neustädter Markt das Reiterstandbild Augusts des Starken, der sog. →Goldene Reiter. Die ehemaligen Elbgasse erhielt Anfang des 19. Jh. den Namen →Augustusstraße. Ein Relief mit seinem Bildnis von 1730 befindet sich am Johanneum (vormals an der Ritterakademie); Bildnisse in der Gemäldegalerie.

Friedrich August II., Kurfürst von Sachsen zugleich als August III. König von Polen: geb. 7. 10. 1696 Dresden, gest. 5. 10. 1763 Dresden. – Im Vergleich zu seinem Vater →FRIEDRICH AUGUST I. politisch unbedeutender und unter dem Einfluß seines Günstlings →BRÜHL stehend, hatte er auf die kulturelle Entwicklung Dresdens dennoch einen großen Einfluß ausgeübt. Als Kunstkenner und leidenschaftlicher Sammler erweiterte er durch großartige Erwerbungen die Dresdner Kunstsammlungen, insbesondere die Gemäldesammlung und trug damit zu deren heutigem Weltruhm bei (→Staatliche Kunstsamm-

Friedrich August I. Gemälde von Louis de Silvestre
Thronsessel Friedrich Augusts I. (1718/19)

lungen). Außerdem holte sich F. A. auch berühmte Maler und Bildhauer wie Bernardo →BELLOTTO, Louis de →SILVESTRE sowie Lorenzo →MATTIELLI und Ferdinand →DORSCH an seinen Hof. Zu den bereits von seinem Vater eingesetzten Architekten und Bildhauern traten nun →KNÖFFEL, →EXNER, →CHIAVERI und →SCHWARZE in den Mittelpunkt des Baugeschehens. So wurde u.a. die →Frauenkirche fertiggestellt und die Kath. Hofkirche erbaut. Zwei neue →Rathäuser entstanden (Altmarkt, Neustädter Markt). Zusammen mit seiner Gattin MARIA JOSEPHA förderte er mit großen Engagement die Musikkultur. Die italienische Oper erlebte damals in Dresden ihre Glanzzeit (→Sächsische Staatsoper Dresden). Der →Siebenjährige Krieg, der mit den letzten Regierungsjahren von F. A. zusammenfiel, beendete die glanzvolle Augusteische Epoche. – Grab in der Kathedrale.

Friedrich Wilhelm I., König von Preußen: geb. 15. 8. 1688 Cölln, gest. 31. 5. 1740 Potsdam. – F. W. nahm 1728 zusammen mit seinem Sohn (→FRIEDRICH II.) auf Einladung AUGUSTS DES STARKEN an den Karnevalsfestlichkeiten am Dresdner Hof teil. Vom 14. Januar an hielt sich der König für vier Wochen in der Stadt auf. Er bewohnte die erste Etage des Palais des Grafen WACKERBARTH (→Kurländer Palais). Nachdem das Palais in der Nacht zum 18. Januar ausgebrannt war, wobei F. W. nur in letzter Minute sein Leben retten konnte, wohnte der König im Flemmingschen Palais in der Kreuzgasse.

Friedrich August II. Gemälde von Louis de Silvestre

Friedrich Wilhelm III., König von Preußen: geb. 3. 8. 1770 Potsdam, gest. 7. 6. 1840 Berlin. – F. W. hielt sich vom 26. bis 30. Mai 1812 erstmals in Dresden auf, um mit →NAPOLEON zusammenzutreffen. Er wohnte im →Taschenbergpalais. Ende April 1813, während der Befreiungskriege, weilte der König zusammen mit dem russischen Kaiser →ALEXANDER I. in der Stadt, wobei er das Racknitzsche Haus am →Palaisplatz bewohnte. An der Schlacht bei Dresden im August 1813 nahm F. W. ebenso wie der russische Kaiser als Beobachter teil. Sein Quartier befand sich in →Lockwitz.

Friedrich Wilhelm, Herzog von Braunschweig-Lüneburg, reg. Herzog von Braunschweig-Öls, gen. der «schwarze Herzog», geb. 9. 10. 1771 Braunschweig, gest. (gef.) 16. 6. 1815 Quatrebas. – F. W. wurde 1806 durch Napoleon seines Herzogtums beraubt und nahm 1809 als selbständiger Reichsfürst mit einer Freiwilligenschar am Kriege Österreichs gegen Frankreich teil. Dabei besetzte er mit seinen Freiwilligen und österreichischen Truppen unter dem Fürsten LOBKOWITZ (etwa 8000 Mann zusammen) vom 11. bis 28. Juni 1809 das von Truppen entblößte Dresden. Versuche, bei Kesselsdorf und Pennrich stehender sächsischer Truppen, den Braunschweiger und die Österreicher zu vertreiben, waren erfolglos. Vom 14. bis 20 Juli 1809 besetzten noch einmal österreichische Truppen allein die Stadt.

Friedrichs, Rudolf: Jurist, sozialdemokratischer Politiker, Oberbürgermeister, Ministerpräsident der Landesregierung Sachsen, geb. 9. 3. 1892 Plauen/Vogtl., gest. 13. 6. 1947 Dresden. – F. hatte die Kreuzschule absolviert, in Leipzig Rechts- und Staatswissenschaften sowie Volkswirtschaft studiert und einige Jahre als Jurist an verschiedenen Gerichten gearbeitet, als er 1923 in den Dienst des sächsischen Innenministeriums trat. 1926 wurde er zum Regierungsrat ernannt, 1927 zum Stadtrat gewählt, und seit 1930 gehörte er der Gemeindekammer für den Freistaat Sachsen an. Da er seit 1922 SPD-Mitglied war, wurde er 1933 von den NS-Machthabern wegen «politischer Unzuverlässigkeit» aller Staatsfunktionen enthoben, mehrere Monate inhaftiert und danach unter ständige Polizeiaufsicht gestellt. Wegen seiner allgemein bekannten aufrechten antifaschistischen Gesinnung und seinen reichen Erfahrungen und Kenntnissen ernannte ihn die sowjetische Stadtkommandantur am 10. Mai 1945 zum Oberbürgermeister. Unter den äußerst schwierigen Bedingungen der völlig zerstörten Stadt hatte er zusammen mit Hermann MATERN und Kurt FISCHER bald eine arbeitsfähige Verwaltung aufgebaut. Am 3. Juli 1945 wurde er zum Präsidenten der Landesverwaltung Sachsen berufen und im Dezember 1946 zum sächsischen Ministerpräsidenten gewählt. – Ehrenbürger von Dresden (17. Juni 1946); begr. auf dem Waldfriedhof Weißer Hirsch, später auf den Städtischen Heidefriedhof überführt; Dr.-Rudolf-Friedrichs-Brücke (1971 bis 1991; jetzt →Carolabrücke).

Friedrichsgrund: →Meixgrund

Friedrichstadt: Stadtteil links der Elbe, von dieser, der Weißeritz sowie von Cotta, Löbtau und der Bahnlinie Hauptbahnhof – Neustädter Bahnhof begrenzt; 1670 als Vorstadt →Ostra (Neustadt Ostra) angelegt, seit 1730 nach Kurfürst FRIEDRICH AUGUST II. (damals Kurprinz) benannt, 1835 zu Dresden eingemeindet. – Die F. bildet mit der engen Nachbarschaft von kulturhistorischen Bauten, ausgedehnten Industrie- und Verkehrsanlagen, älteren, stark vernachlässigten Vorstadtwohnvierteln und elbnahen Grünflächen (→Ostragehege) ein äußerst uneinheitliches Bild. Die von Kurfürst JOHANN GEORG II. gegr. Vorstadt →Ostra konnte sich infolge des Widerstandes der Dresdner Innungen nicht zur angestrebten Handwerkersiedlung entwickeln. Stattdessen erwarben Hofbeamte und Bürger hier Grundstücke. Im Zeichen des Merkantilismus förderte der Hof das Entstehen von Manufakturen. Johann Daniel →CRAFFT gründete 1678 eine Wollmanufaktur, Baron BLUMENTHAL 1718 die Wachsbleiche an der späteren →Wachsbleichstraße und Ernst Christoph von MANTEUFFEL 1720 das Brauhaus an der Bräuergasse. Die kurfürstliche Salpeterhütte an der →Schäferstraße wurde 1692 gegründet. – Die spätere →Friedrichstraße entwickelte sich zur Hauptstraße des Vorortes. Hier entstanden ab 1736 das Palais Brühl (später →Marcolinipalais, →Stadtkrankenhaus Friedrichstadt), die →Matthäuskirche mit der Gruft von Matthäus Daniel →PÖPPELMANN, der auch an einem Bauplan für die F. beteiligte war. Zeitweise wohnten in der F. u. a. Ernst Julius →HÄHNEL, Ludwig →RICHTER, Johann Andreas →SCHUBERT, Richard →WAGNER und August →RÖCKEL. – Mit der Umwandlung des Marcolinipalais zum Stadtkrankenhaus konnte in das 1779 durch den Minister von HOHENTHAL-Königsbrück gestiftete Amtskrankenhaus ein Altersheim (Hohenthalhaus) einziehen. Der 1730 angelegte Marktplatz erhielt 1877 den Namen Hohenthals. Hier befindet sich das Denkmal für König ANTON I. von Ernst →RIETSCHEL, das bis etwa 1893 an der →Weißeritzstraße stand. Die Institutsgasse und die →Seminarstraße erinnern an das in der F. gegründete erste sächsische →Lehrerseminar und an das →Freimaurerinstitut. Industrie- und Verkehrsbauten veränderten seit der zweiten Hälfte des 19. Jh. das Bild des Vorortes und breiteten sich auch auf den Flächen des 1917 ganz aufgelösten Kammergutes Ostra aus. Nach dem Durchbruch der Wettiner Straße (→Schweriner Straße) vom Postplatz zur Schäferstraße 1875 wurde der →Berliner Bahnhof mit der →Berliner Straße als Zufahrt angelegt. Das Ortsgesetz von 1878 schrieb den Stadtteil als Fabrikbezirk fest. Die Verlegung der →Weißeritz nach Cotta 1893 erbrachte Bauland und begünstigte die Errichtung des städtischen Bauhofs an der →Löbtauer Straße, der Großmarkthalle (→Markthallen), der Zigarettenfabrik →Yenidze, der Haltestelle Wettiner Straße (→Bahnhof Mitte) und des Kühlhauses. Auf der →Hamburger Straße wurde 1884 die Fabrik →Seidel & Naumann, im Ostragehege 1895 der →Alberthafen, nahe der Weißeritz 1894/95 der →Rangierbahnhof Friedrichstadt und der Werkstättenbahnhof (Reichsbahnausbesserungswerk) und am Hafen 1913 die →Hafenmühle der Firma →Bienert errichtet. An der Bremer Straße war 1851 der ev. Äußere →Matthäusfriedhof und 1875 der →Neue Katholische Friedhof entstanden. An dieser Straße errichtete eine Transport- und Lagerhaus-Gesellschaft nach Auflösung des Kammergutes Ostra umfangreiche Lager. Hans →ERLWEIN schuf bis 1910 im Ostragehege den damals modernsten deutschen Vieh- und Schlachthof. Mit der Arbeiterbewegung in der F. sind die Namen von Emerich →AMBROS und Bruno SIEGEL im Reichsbahnausbesserungswerk sowie Christian BEHAM bei Seidel & Naumann, das Auftreten von Ernst THALMANN 1926 im «Kristallpalast» und der blutige Zwischenfall von 1933 im →Keglerheim verbunden.

Die Luftangriffe 1944/45 zerstörten in der F. etwa 440 Gebäude. Wiederaufgebaut bzw. rekonstruiert wurden die Matthäuskirche (1974/78), einige Bürgerhäuser der Friedrichstraße sowie Gebäude im Stadtkrankenhaus. Die kriegsbedingten Baulücken wurden nach 1945 durch den Verfall von Bausubstanz und Abbruch z.T. historischer Straßenzüge weiter vergrößert, so daß der Charakter der alten F. nahezu verlorenging. Erhebliche Mittel erfordert die Beseitigung von Umweltschäden. Geplant sind u. a. die Umgestaltung des Ostrageheges für die Internationale Gartenbauausstellung 2003, der Umbau des Bahnhofs Mitte, der Ersatz des Kühlhauses durch einen Gewerbeneubau, der Neubau eines Tanklagers. Für die F. wurde 1993 ein Denkmalpflegeplan entwickelt.

Friedrichstraße: kulturhistorisch bedeutendste Straße der Friedrichstadt, urspr. Ostraer Gasse oder Straße, seit 1732 Brückenstraße (nach der 1895 abgetragenen Friedrichsbrücke über die alte Weißeritz), seit 1830 nach Kurfürst FRIEDRICH AUGUST I. benannt. – An dieser ältesten Straße des Stadtteils errichteten Hofbeamte und Dresdner Bürger nach der Gründung der Vorstadt Ostra ab 1670 Sommerwohnungen und Gartengrundstücke. Hofzahlmeister August Franz ESSENIUS (gest. 1792) ließ 1738 das erste massive Wohnhaus bauen. Das Grundstuck diente von 1747 an als königliches →Krankenstift, im Garten befand sich bis 1945 die kath. Pfarrkirche St. Michael. – Kabinettsminister Ernst Christoph von MANTEUFFEL und dessen Frau geb. von BLUDOWSKA errichteten 1717/20 das Manteuffelsche Brauhaus an der späteren Bräuergasse. – Die weitaus bedeutendste Anlage der Friedrichstadt ist das ab 1736 entstandene Palais Brühl, später →Marcolinipalais, heute →Krankenhaus Friedrichstadt, mit dem →Neptunbrunnen. Neben dem Palais schuf Matthäus Daniel →PÖPPELMANN 1728/30 die ev. →Matthäuskirche und auf der gegenüberliegenden Straßenseite das barocke Wohnhaus für seinen Sohn, den Hofmaler *Johann Adolph* Pöppelmann (später Gaststätte «Pöppelmanns Garten»). Auf diesem Grundstück gründete Ludwig BRAMSCH 1842 eine Preßhefen- und Spiritusfabrik. – Der →Alte Katholische Friedhof mit seinen künstlerisch und historisch wertvollen Grabsteinen des 18./19. Jh. wurde 1720/24 angelegt. Am Ausgang der Straße zum Ostragut befanden sich der Küchengarten (Menagerie) und der Hirschgarten sowie das Hegereiterhaus als Wohnsitz des Jagdaufsehers. – Charakteristisch für die Straße wurden die nach dem strengen Baureglement von 1736 erbauten

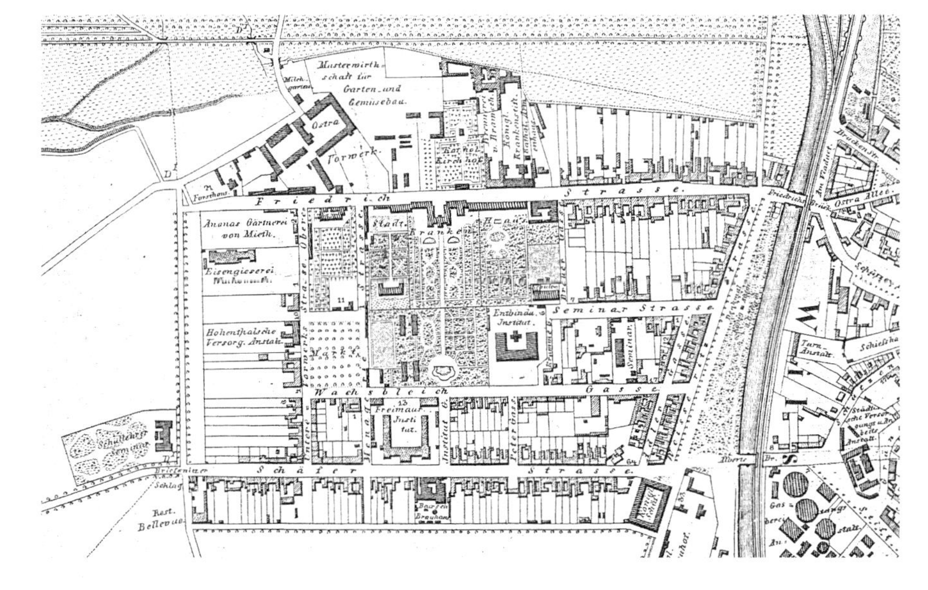

Plan der Friedrichstadt. Um 1870

Laubenganghäuser mit farbiger Bemalung und die weit in die Tiefe reichenden, später z.T. überbauten Gärten. Die Häuser Nr. 29 und 33 wurden bereits von Johann Christian →HASCHE beschrieben. Sie gehören zu den wenigen 1945 erhalten gebliebenen barocken Bürgerhäusern der Altstädter Seite und beherbergen Restaurierungswerkstätten der Denkmalpflege . – Die Geschichte der Straße ist mit bedeutenden Persönlichkeiten verbunden. Johann Wolfgang von GOETHE wohnte 1768 bei dem Schuhmacher HAUCK (Haus 1945 zerstört). Im erhaltenen Gartenhaus Nr. 44 wurde 1803 Ludwig →RICHTER geboren, in «einer Vorstadt Dresdens, welche die Hautevolee zu ihrem Sitze nicht erkoren hatte. Auf der geraden und sehr breiten Friedrichstraße, die bei der Kirche ins freie Feld endete, lag zwar das schöne Palais des Grafen Marcolini..., aber dieses Palais ausgenommen, trugen die Häuser der ganzen Vorstadt mehr den Charakter eines kleinen Landstädtchens und waren zumeist von armen Leuten bewohnt» (L. Richter: Lebenserinnerungen eines deutschen Malers). – Das ebenfalls erhaltene Nachbarhaus Nr. 46 gehörte 1842/70 Johann Andreas →SCHUBERT, bei dem 1848/49 Musikdirektor August →RÖCKEL wohnte. Die Wohnungen Röckels, Richard →WAGNERS im gegenüberliegenden Marcolinipalais und →BAKUNINS im nahen Menageriegarten waren vor dem →Maiaufstand 1849 mehrfach Treffpunkte revolutionärer Demokraten. In Röckels Wohnung fanden sich auch Gottfried →SEMPER und demokratisch gesonnene Offiziere ein. – Am Anfang der Straße befand sich die Gaststätte →Keglerheim.

Friesengasse: kleine, erstmals 1559 erwähnte Verbindung zwischen der ehem. →Moritzstraße und der →Landhausstraße. Ihren Namen hat die F. von dem kurf. Fourier Franz GEMACHREICH, genannt Friese, der auch die ersten Häuser an der Gasse errichtet hatte.

Fröbel: 1. *Carl Ferdinand Julius*, Pseudonym *Carl Junius*, radikaldemokratischer Politiker und Publizist, geb. 16.7.1805 Griesheim b. Arnstadt, gest. 6.11.1893 Zürich. – F., Mitglied der Frankfurter Nationalversammlung, hielt sich im Mai/Juni 1843 in Dresden auf, um mit Arnold →RUGE und Karl →MARX zusammenzutreffen, wobei er Marx jedoch nicht mehr antraf. Ein zweiter Aufenthalt in der Stadt fand 1848 oder 1849 statt. Dabei führte ihn Hermann →KÖCHLY in die →«Montagsgesellschaft» ein. – **2.** *Friedrich Wilhelm August*, Pädagoge, geb. 21.4.1782 Oberweißbach/Thür., gest. 21.6.1852 Marienthal b. Bad Liebenstein. – Der durch seine 1837 in Bad Blankenburg gegründete «Anstalt zur Pflege des Beschäftigungstriebes der Kindheit und Jugend» bekanntgewordene F. kam im Dezember 1838 nach Dresden. In verschiedenen Vorlesungen warb er für seine pädagogische Spielkonzeption und richtete hier auf Wunsch mehrerer Familien eine Spielanstalt (Vorläufer des Kindergartens) ein. Im April 1839 kehrte er nach Blankenburg zurück, obwohl er ursprünglich in Dresden seßhaft werden wollte. Im Winter 1848/49 hielt F. in Dresden einen pädagogischen Kurs für interessierte Frauen.

Fröhlich, Joseph: Hofnarr, geb. 14.2.1694 Aussee (Salzkammergut), gest. 24.6.1757 Mariemont bei Warschau. – Der gelernte Müller hatte sich als witziger, fingerfertiger Taschenspieler bereits einen großen Ruf erworben, als er 1725 erstmalig nach Dresden kam und Aufsehen erregte. Seit 1727 gehörte er als «kurtzweiliger Rat» ständig zu den populärsten Figuren am Dresdner Hofe. Er hatte das Recht, jedermann ungeschminkt die Wahrheit zu sagen, wobei er nicht nur als bloßer Possenreißer die Hofgesellschaft unterhielt, sondern sich als ein technisch und wissenschaftlich gebildeter Mann mit philosophischen Einsichten und einem klaren Blick für die Wirklichkeit erwies. Zahlreiche mehr oder minder wahre Anekdoten und Histörchen sind mit dem Namen des Hofnarren verbunden. – Nachdem er in der Altstadt gewohnt hatte, bezog F. 1747 das sogenannte Saturnhaus in der Nähe des Neustädter Marktes und ließ sich in dessen unmittelbarer Nachbarschaft sein eigenes «Narren-Palais» als sein «Klein-Moritzburg» errichten, in das er 1755 einzog (im Volksmund wegen seiner zwei achteckigen Vorbauten «die Brille» genannt; →Narrenhäusel). Das Bild des Hofnarren ist auf BELLOTTOS «Ansicht Dresdens vom rechten Elbufer aus» (1747) sowie in mehreren Porzellanplastiken von Johann Christian KIRCHNER

Barockhäuser in der Friedrichstraße. Aufn. vor 1920

Hofnarr Joseph Fröhlich. Stich von Christian Friedrich Boetius

und Johann Joachim Kändler festgehalten; am Hengstdepot Moritzburg schaut F. als Steinfigur mit seinem Mitnarren Baron Schmiedel vom Dachrand auf die Straße herab. – Bronzeplastik am Neustädter Markt (1979 von Heinrich Apel).

Frölich, Gustav: Architekt, geb. 25. 3. 1859 Cilli (Steiermark), gest. 18. 6. 1933 Dresden. – Mit Gustav →Dunger führte er den Umbau des →Residenzschlosses durch (vor allem Innenausstattung). 1897 baute er anstelle der ehem. →Brühlschen Bibliothek die →Sekundogenitur an der Brühlschen Terrasse.

Fürstenau: **1.** *Anton Bernhard*, Flötist, Musiklehrer und Komponist, get. 22. 10. 1792 Münster/Westf., gest. 18. 11. 1852 Dresden. – Durch Vermittlung Carla Maria von →Webers wurde F. 1820 Flötist in der Sächsischen Hofkapelle, wo er sich besonders durch hervorragende Aufführungen von Werken Webers und Wagners hervortat. – **2.** *Moritz*, Sohn von 1., Flötist, Musikhistoriker und Kustos der kgl. Musikaliensammlung, geb. 26. 7. 1824 Dresden, gest. 27. 3. 1889 Dresden. – F. trat bereits 1842 in die Dresdner Hofkapelle ein und wurde 1844 erster Flötist. Sein umfassendes Werk «Zur Geschichte der Musik und des Theaters am Hofe zu Dresden» (1861/1862, Reprint 1971) bildet die Grundlage der Dresdner Musikgeschichtsforschung. Als Vorsitzender des →Tonkünstlervereins zu Dresden erwarb sich F. auch besondere Verdienste um die Kammermusikpflege. – Begr. auf dem Alten Katholischen Friedhof.

Fürstenbergsches Haus, auch *Palais Fürstenberg*: Das im 16. Jh. erbaute und ursprünglich mit Giebeln, zwei Obergeschossen, zahlreichen Zimmern und einem großen Saal versehene Haus befand sich am Schloßplatz 1/Ecke Augustusstraße. Ein auf zwei toskanischen Säulen ruhender Erker wurde im 17. Jh. angebaut. Das Gebäude, das auch das Wohnhaus von Giovanni Maria →Nosseni gewesen war, kaufte Johann Georg IV. im Jahre 1692 dem damaligen Besitzer Hans Kaspar von Schönberg ab, um es nach Umbau und Verschönerung seiner Geliebten Magdalena Sibylle von Neitschütz zu schenken. Nach ihrem und des Kurfürsten Tode überließ Friedrich August I. es seinem Statthalter Anton Egon von Fürstenberg (1656–1716), nach dem es seit dieser Zeit benannt wurde. 1701 fand Johann Friedrich →Böttger darin Unterkunft. Für ihn wurden die Kellerräume als Laboratorium eingerichtet, die auch Ehrenfried Walter von →Tschirnhaus nutzte, der bei dem letzten Besuch bei seinem Freund Fürstenberg im Jahre 1708 dort verstarb. Wieder in kurfürstlichem Besitz wurde das Haus 1734 dem Grafen Sulkowski und 1759 dem Minister Brühl geschenkt. 1768/86 beherbergte es die Kunstakademie, wobei es auch als Wohnhaus für die Kunstprofessoren diente. Dafür wurde es 1766 durch Christian Friedrich →Exner um ein drittes Geschoß erhöht, dabei beseitigte man die Giebel. Anschließend brachte man das Geheime Finanzkollegium darin unter und ab 1838 das Finanzministerium, nachdem man das F. mit dem benachbarten sog. Charonschen Haus (Augustusstraße 2, um 1720 von Georg Hase errichtet) vereinigt hatte. Seitdem wurde es auch als «*Finanzhaus*» bezeichnet. Nachdem 1894 das →Finanzministerium am Neustädter Ufer einen Neubau erhalten hatte, brach man 1899 das F. ab, um dort das →Landtagsgebäude zu bauen.

Fürstenhoff, Johann Georg Maximilian von: Architekt, geb. 1686 wohl Dresden, gest. 15. 7. 1753 Dresden. – Der illegitime Sohn des Kurfürsten Johann Georg III. erhielt seine architektonische Ausbildung im sächs. Ingenieurkorps, dem er 1709 beitrat und dessen Chef er 1745 als Generalleutnant wurde. Zu seinen Hauptwerken gehören der Wiederaufbau des Georgentrakts des →Residenzschlosses, die Umgestaltung des Stallgebäudes (1722/25) mit der Englischen Treppe (→Johanneum) sowie der Umbau des Zeughauses (1742/47). Sein *Palais* (1740 von ihm selbst entworfen, 1758 zerstört) befand sich vor dem Pirnaischen Tor. Die Ruine dieses elfachsigen Gebäudes mit großem Dreiecksgiebel ist auf Bellottos Blatt der zerstörten Pirnaischen Vorstadt abgebildet.

Fürstenzug: zu den bekanntesten Dresdner Sehenswürdigkeiten zählender Wandfries aus Meißner Porzellankacheln an der Nordwand des →Langen Ganges am →Stallhof (Augustusstraße). Das von Wilhelm →Walther geschaffene Werk symbolisiert die Geschichte der Mark Meißen und später Sachsens seit 1089 in der Wiedergabe der Regenten des Hauses Wettin. Auf einem angedeuteten Teppich sind 35 Fürsten in historisch detailgetreuer Ausstattung in anderthalbfacher Lebensgröße hoch zu Roß dargestellt, angeführt von Konrad von Wettin, Markgraf von Meißen (gest. 1157) bis zu Georg, König von Sachsen (1832 bis 1904), begleitet von Herolden und Fußvolk. Dem «Zuge der Fürsten in Treue folgend» schließen sich Zeitgenossen des Künstlers an. Dem letzten König folgt als Grenadier Georg von Vitzthum, dem sich

Der Fürstenzug

weitere Militärs aus sächsischen Adelsgeschlechtern anschließen (von METZRADT, von NOSTITZ, von POSERN, von LÜTTICHAU). Die Schlußgruppe wird von Vertretern des höheren Bildungswesens angeführt, dem Studenten Heinrich Gustav von ERDMANNSDORF mit der Leipziger Universitätsfahne, dem Sohn des Künstlers Johannes W. (1855–1916, um 1884 bis 1913 Pfarrer in Löbtau) mit der Fahne der Kreuzschule und dem Freund von Johannes W., dem Kreuzschüler Karl Adolf WIRTHGEN, mit der Fahne der Technischen Hochschule Dresden. In der Reihenfolge der Darstellung erkennt man weiterhin den Architekten Georg Hermann →NICOLAI, die Maler Karl Gottlieb PESCHEL (1798–1879) und Julius →HÜBNER, die Bildhauer Johannes →SCHILLING und Ernst Julius →HÄHNEL zusammen mit Ludwig →RICHTER, den Oberbibliotheker Ernst Wilhelm FÖRSTEMANN (1822–1906) mit dem Vertreter des Innerministeriums Geheimrat WIESNER und dem Kunsthistoriker Hanns Adolf von WEISSENBACH (1847–1912). Hinter seinen Helfern, dem Zimmermann KERN und dem Maurer PIETSCH schaut der Schöpfer des F. selbst hervor. Insgesamt enthält der Fries (957 m², 102 m lang, 7 m hoch) 45 Reiter, 48 Fußgänger, 19 Kandelaber, 45 Wappen sowie reichen ornamentalen Schmuck. – Die ursprüngliche Renaissancebemalung am Stallhof war im 19. Jh. verschwunden, so daß man 1864 zur Gestaltung der kahlen Wand einen Wettbewerb ausgeschrieben hatte, aus dem 1868 Walther als Sieger mit einem Sgraffito-Entwurf hervorging, der die ursprüngliche Dekoration berücksichtigte. Bis 1872 dauerten die Vorstudien für die Vorlagen des Künstlers, die er auf 4 m hohe und 10 m lange Kartons zeichnete. Mittels Pausen brachte er die Zeichnungen auf die mit verschiedenen Kalkschichten versehene Wand und ritzte sie eigenhändig ein. Am 12. Juli 1876 wurde der F. der Öffentlichkeit übergeben. Da der Kalk durch Umwelteinflüsse bereits um 1900 schadhaft wurde, übertrug man das Wandbild 1904/07 originalgetreu in Unterglasurmalerei auf 25 000 speziell vorbereitete Meißner Porzellankacheln, die bis Juli 1907 fugenlos in Zementmörtel eingesetzt wurden. Damit ist der F. das größte Porzellanbild der Welt (1978/79 gründlich restauriert).

Schlußgruppe des Fürstenzuges mit Gelehrten und Künstlern

«Fürstliches Haus»: ehem. Haus Schloßstraße Nr. 30, wurde um 1500 erbaut. Bemerkenswert war der 1609/10 unter Leitung von Melchior BRENNER vorgenommene Umbau zum «fürstlichen» Haus, nachdem es Kurfürst CHRISTIAN II. in seinen Besitz gebracht hatte. Die Bildnisse Christian II. und seiner Frau HEDWIG (Hochreliefs aus Sandstein von Hans STEYER geschaffen) vom Erker des Hauses haben den Luftangriff 1945 überstanden und befinden sich heute im Stadtmuseum.

Galerie Arnold: →Gutbier, Ludwig

Galeriestraße: an der Ostseite des Kulturpalastes bestehende Straße, die bis 1945 zwischen der →König-Johann-Straße und dem →Jüdenhof verlief. Der nördliche Teil bis zur Mittleren Frauengasse hieß im Mittelalter Windische Gasse (1396 erwähnt), möglicherweise nach wendischen Siedlern. 1486 wird dieser Teil auch als «Kleyne Judengasse» bezeichnet, da hier, wie in der →Schössergasse und am Jüdenhof, größtenteils Angehörige der mittelalterlichen Jüdischen Gemeinde wohnten. Der 1550 bis 1650 nun offiziell als Judengasse bezeichnete Straßenteil wurde seit 1576 auch als →Frauengasse bezeichnet. Nach der Vereinigung mit dem südlichen Teil der späteren G., einem Teil der alten Frauengasse, wurde sie dann Große Frauengasse benannt. Im 18. Jh. hieß die gesamte Gasse nur Frauengasse, seit 1797 jedoch wieder Große F. 1862 schließlich erfolgte die Umbenennung in G., nach der bis Mitte des 19. Jh. im Stallgebäude (→Johanneum) am Jüdenhof befindlichen Gemäldegalerie. In Häusern der G. wohnten im 18. Jh. Persönlichkeiten wie Christian Ludwig →HAGEDORN, Adam Friedrich →OESER und Johann Joachim →WINCKELMANN. Die berühmte Walthersche Verlagsbuchhandlung hatte hier ebenfalls ihren Sitz. Anfang des 19. Jh. war die Weinstube «Chiapone» Treffpunkt hervorragender Vertreter des geistig-kulturellen Lebens der Stadt (u. a. verkehrte hier Arthur →SCHOPENHAUER).

Galgen: →Richtstätten

Gambrinus: ehem. volkstümliches Speiserestaurant am →Postplatz, das im früheren Akzisehaus beim Wilsdruffer Tor eingerichtet war. Im 20. Jh. wurde es zu einem vierstöckigen Gebäude mit eigener Fleischerei und Konditorei ausgebaut (Innenausstattung von Oswin →HEMPEL). Die im Februar 1945 durch Bomben stark beschädigte Gaststätte wurde zunächst behelfsmäßig wieder aufgebaut und anläßlich der 750-Jahr-Feier 1956 rekonstruiert und als «Markengaststätte» eröffnet. Auf dem Mittelbau erhielt sie einen verglasten und beheizten Dachgarten. Bei der verkehrstechnischen Umgestaltung des Postplatzes wurde sie 1966 abgerissen.

Gänsediebbrunnen

Gänsediebbrunnen: in der Weißen Gasse stehender Brunnen, dessen Figur 1878 (urspr. als Standbild) von Robert →DIEZ geschaffen wurde. Der in Bronze gegossene G. wurde 1880 auf dem ehem. Ferdinandplatz eingeweiht. Die Brunnenfigur stellt einen fahrenden Schüler dar, der eine Gans unterm Arm hält und nach einer zweiten greift. Das Motiv stammt aus der Lebensbeschreibung des Humanisten Thomas PLATTER, der um 1512 als wandernder Schüler in der Nähe Dresdens zwei Gänse gestohlen hat. Der G. überstand den Bombenangriff von 1945 und erhielt 1961 seinen jetzigen Standort.

Garnison: →Albertstadt

Garnisonkirche: im Kasernenbezirk der →Albertstadt 1893/1900 von →LOSSOW und VIEHWEGER an der Heerstraße (Stauffenbergallee) im neuromanischen Stil errichtete Simultankirche. Mit 2100 Sitzplätzen ausgestattet, war sie ausschließlich für die Armee und deren Angehörige bestimmt. Erstmals für Mitteleuropa wurde eine ev. (rechte Seite) und eine kath. Kirche (linke Seite) in zwei getrennten Räumen unter einem Dach vereinigt. 1945 erhielt der kath. Teil der G. den Namen *St.-Martins-Kirche*. Anstelle der zerstörten →Kath. Kirche St. Franziskus Xaverius ist sie nunmehr die Pfarrkirche der Neustadt. Im ev. Teil sind ein Magazin des Staatstheaters und die Phonothek der →Sächsischen Landesbibliothek untergebracht.

Gärten: →Parkanlagen

Garten der Freundschaft: mit Rosen bepflanzte Gartenanlage am Altstädter Elbufer hinter dem «Italienischen Dörfchen», die Mitte der 60er Jahre als Zeichen der Versöhnung nach dem Zweiten Weltkrieg von Jugendlichen aus Strasbourg, Coventry und Dresden angelegt wurde.

Gartenbau: 1. *Zierpflanzenbau*. Führend in diesem Zweig waren bis zum Beginn des 19. Jh. die *Hofgärtnereien*, die u. a. im →Großen Garten, →Herzogin-Garten, dem Menageriegarten, dem →Palais-Garten am Japanischen Palais und im Schloßpark Pillnitz bestanden. In Pillnitz steht seit 1771 die älteste europäische Kamelie. Darüberhinaus gab es berühmte Gärten von Adligen und Bürgern. Im →Hoffmannseggischen Garten wurden ab 1840 auch Orchideen gezüchtet. Am →Tatzberg bildete der Privatgarten des Leutnants von WÄBER (→Elisensruhe; später →Lüdickes Wintergarten) einen Anziehungspunkt. Im Palais im Großen Garten veranstaltete die →Gesellschaft für Botanik und Gartenbau «Flora» 1828 ihre erste Ausstellung. – Die Gründung einer Gärtnerei durch die Brüder Traugott (1775–1858) und Jacob →SEIDEL (1789–1860) an der Kleinen Plauenschen Gasse 1813 gilt als Geburtsstunde der Dresdner Moorbeetkulturen, deren Azaleen, Rhododendren, Kamelien und Eriken europäischen Ruf errangen. Damit war ein vom Gemüsebau getrennter, auch als *Kunst- und Handelsgärtnerei* bezeichneter Erwerbszweig entstanden. Um 1820 wurden auch die Gartenbaubetriebe von Christian Friedrich POSCHARSKY an der Bautzner Straße und Carl STIEHLER an der Friedrichstraße

gegründet. 1837 eröffnete Ludwig Leopold LIEBIG am Tatzberg eine Gärtnerei, in der er die erste Magnolie in Dresden pflanzte und vor allem die Azaleenzucht weiterentwickte. Bereits um 1840 genoß Dresden einen Ruf als Stadt der Azaleen-, Kamelien- und Rosenzucht, während die massenhafte Zucht von Eriken erst Ende des 19. Jh. einsetzte. 1860 übernahm Herrmann →SEIDEL (1833–1896) den Betrieb Seidel. – 1853 zählte Dresden 107, um 1900 über 150 Gartenbaubetriebe. Die internationalen →Gartenbauausstellungen und die Erfolge Dresdner Gärtner auf den Weltausstellungen in Chikago und Paris festigten den Ruf des Dresdner Gartenbaus weiter. Um 1880 waren neben Seidel und Liebig u. a. W. MITZSCH in Räcknitz, C. F. TUBE in Löbtau, J. E. LEHMANN an der Chemnitzer Straße, ZIEGENBALG in Leuben und Bernhard HAUBOLD in Laubegast bedeutend. In Strehlen bestand die Rosenschule von T. SIMMGEN. Victor TESCHENDORF verlegte 1890 seine Gärtnerei und Baumschule von Strehlen nach Cossebaude. Robert HOFMANN eröffnete 1877 eine Gärtnerei an der Geisingstraße, aus der sich ein großer Saatzuchtbetrieb entwickelte. In Laubegast betrieb Oskar POSCHARSKY 1895/1924 eine bekannte Baumschule. – Bis etwa 1880 konzentrierte sich der Zierpflanzenbau vor allem in Striesen und Blasewitz. Mit fortschreitender Bebauung Striesens verlagerte sich der Gartenbau in östliche Vororte wie Laubegast, Dobritz und Leuben (Dahlienzucht Engelhardt), aber auch von Dresden weg nach Coswig und Weinböhla. Die Gärtnerei Seidel in Striesen wurde 1891 von den Brüdern Rudolf und Heinrich S. übernommen und 1894 nach Laubegast verlegt. 1898 gründete der Betrieb die Rhododendrenzucht in Grüngräbchen bei Kamenz. Ein erheblicher Teil des Seidel-Sortiments ist seit 1970 im →Rhododendrongarten Wachwitz zu sehen. –
2. *Obst- und Gemüsebau*. Im 16. Jh. förderten Kurfürst AUGUST und Kurfürstin ANNA im Vorwerk →Ostra die Obstbaumzucht und verbreiteten ein «Kurfürstlich Obstgarten Büchlein». Um die gleiche Zeit wirkte Martin KÜNZELMANN (1535/68 Pfarrer in Döhlen) für den Obstbau im Plauenschen Grund. – Das Anwachsen der Großstadt im ausgehenden 19. Jh. führte zur Gründung größerer Gartenbaubetriebe, die – wie auch die Zierpflanzengärtnereien – mit fortschreitender Bebauung in die Außenbezirke und Nachbarorte auswichen. Mit der Eingemeindung zahlreicher Vororte nach dem Zweiten Weltkrieg nahm die landwirtschaftlich genutzte Fläche im Stadtgebiet wieder zu. Bedeutendster Gemüseproduzent wurde das Frühgemüsezentrum Kaditz mit 1600 ha Anbaufläche. Der Obstbau konzentrierte sich innerhalb der Stadtgrenzen auf Pillnitz, Hosterwitz, Oberpoyritz und Söbrigen sowie Nickern. Zahlreiche Gartenbaubetriebe nutzen den Westhang der Elbtalweitung (Briesnitz, Omsewitz, Leutewitz) und das Elbtal (Stetzsch, Kemnitz). –
3. *Kleingärten*. Die Gründung ausgedehnter Schrebergartenanlagen fiel mit dem Wachstum der Großstadt zusammen. Allein 1900/10 wurden in Dresden 52 neue Kleingartenanlagen gegründet. Um 1990 zählten 400 Sparten 45 000 Mitglieder mit ca. 25 000 Kleingärten; sie verteilen sich mit Ausnahme des Stadtzentrums auf fast alle Stadtteile. –
4. *Gartenbauschulen*. Seit 1856 bestand im Königl. Menageriegarten an der Friedrichstraße die Gärtnerlehranstalt des Landwirtschaftlichen Kreisvereins. Ihr Nachfolger war ab 1874 die Gartenbauschule der «Flora», die 1912 in die III. Städtische Berufsschule (Kleine Plauensche Gasse) verlegt und dieser 1922 als Gärtnerabteilung angegliedert wurde. Der 1886 gegr. «Verband der Gartenbauvereine» Sachsens rief eine Gartenbauschule ins Leben, die später nach Pillnitz zog. In der dortigen Hofgärtnerei entstand 1922 die Höhere Staatslehranstalt für Gartenbau, aus der das Institut für Obstforschung Pillnitz hervorging. Die Tradition der gärtnerischen Ausbildung in Dresden wird an der 1992 gegründeten Hochschule für Technik und Wirtschaft (FH) mit dem Fachbereich Gartenbau fortgesetzt.

Gartenbau-Ausstellungen: Die Tradition der bei den Dresdnern sehr beliebten G., die in konzentrierter Form die Entwicklung des Dresdner Gartenbaus repräsentieren, geht zurück auf die Blumen- und Früchteschauen, die die →Gesellschaft für Botanik und Gartenbau «Flora» ab Herbst 1828 und teilweise auch im Sommer veranstaltete. Ausstellungsorte waren das →Palais im Großen Garten, der Naturhistorische Hörsaal im Glockenspielpavillon des Zwingers, das Kunstausstellungsgebäude und das →Belvedere auf der Brühlschen Terrasse, die Orangerie im →Herzogin-Garten sowie der Garten am →Prinz-Max-Palais. Während anfangs die für Dresden typischen Sonderkulturen (Kamelien, Azaleen, Rhododendren, Eriken) im Vordergrund standen, wurden zunehmend auch Orchideen, Rosen, Ziersträucher, Obstbäume und Nadelhölzer gezeigt. Höhepunkte waren die Internationalen G. von 1887 (im Großen Garten), von 1896 (mit der Einweihung des →Austellungspalastes), von 1907 («Landschaftsbilder»), von 1926 («Jubiläums-Gartenschau» von April bis Oktober mit wechselnden Sonderschauen nicht nur in Hallen, sondern auch auf 35 ha Freiland; über 3 Mill. Besucher) und von 1936. – Nach dem Zweiten Weltkrieg wurden die G. zunächst als «Exportmusterschau» (vom Ministerium für Land- und Forstwirtschaft; 1953, 1954, 1956), dann unter dem Titel «Frühling in Dresden» (vom VEB Ausstellungen Dresden; 1958/64 zweijährlich) in der Stadthalle (jetzt →Militärhistorisches Museum) veranstaltet. Als «Dresdner Blumensommer» fanden die G. in den achtziger Jahren in der →Ausstellungshalle am Straßburger Platz statt (1980, 1984, 1989).

Gartenstadt Hellerau: →Hellerau

Gärtner: **1.** *Andreas*, Kunsttischler, Hofmechaniker, geb. 21. 12. 1654 Quatitz/Kr. Bautzen, gest. 2. 2. 1727 Dresden. – Nach Abschluß der Tischlerlehre in Bautzen begab sich G. 1673 auf Wanderschaft, von der er 1686 «als ein großer Virtuosus, stattlicher Mechanicus und vortrefflicher Künstler» nach Dresden kam. Hier schuf der «sächsische Archimedes» im Auftrage des Hofes vielfältige technische Meisterleistungen, die u. a. von Wasserleitungsanlagen, Krankenfahrstühlen, Salz- und Braupfannen, transportablen Stubenöfen und Brückenkränen bis zu hölzernen Brennspiegeln und Kunstuhren reichten. G. wohnte im →Fraumutterhaus, wo ihn Zar PETER I. 1711 bei seinem Besuch in Dresden aufsuchte und dabei den von G. konstruierten Fahrstuhl bis zum zweiten Stock ausprobierte. – Zu den Prunkstücken des →Staatlichen Mathematisch-Physikalischen Salons gehört heute noch G. fast 2,50 m hohe Weltzeituhr von 1709. – Begr. auf dem alten Johannisfriedhof. –
2. *Christian*, Garnbleicher und Bauern-

astronom, geb. 6. 5. 1705 Tolkewitz, gest. 31. 12. 1782 Tolkewitz. – Aus eigenem Antrieb hatte sich G. schon von Kindheit an mit der Astronomie beschäftigt und unter großen Entbehrungen Hilfsmittel verschafft, um seine astronomischen Kenntnisse zu erweitern. Nach 1737 vervollkommnete er nebenbei seine Fertigkeiten im Glasschleifen, um sich eigene Fernrohre herzustellen, womit er sich im Dach seines Häuschens (heute Grundstück Alttolkewitz Nr.19 oder in unmittelbarer Nähe) ein bescheidenes Observatorium einrichtete. Ende 1758 gelang ihm dort die Wiederentdeckung des Halleyschen Kometen. – Grab auf dem Leubener Friedhof.

Gärtnereien: →Gartenbau

Gasanstalt Reick: wichtigster Betrieb der städtischen →Gasversorgung von 1881 bis 1973. – Sie wurde am 1. März 1881 eröffnet und war seit 1923 alleiniger Produzent von Heiz- und Beleuchtungsgas für Dresden. Die G. wurde 1957 mit dem Braunkohle-Ferngasnetz der DDR verbunden, dem später Erdgas zugemischt wurde. 1959 wurde ein 85 m hoher Scheibengasbehälter aus Stahl mit 150 000 m³ Speicherkapazität errichtet (ab 1973 Ferngasspeicher, 1987 außer Betrieb genommen, 1992 gesprengt). Die städtische Gaserzeugung in Reick wurde am 2. Mai 1973 eingestellt. Auf dem Gelände der G. entstand ein Fernheizwerk mit 200 m hohem Schornstein. Als Industriedenkmale blieben erhalten: der 68 m hohe Betonrundbau des Gasbehälters von

Hans →Erlwein (1907/08) mit 5 kubischen Treppentürmen und einer Kapazität von 110 000 m³ (Dachkuppel abgetragen, Bauzustand stark geschädigt) und ein zweigeschossiger, 18 m hoher Behälter von Theodor →Friedrich (1878).

Gasmotorbahn: schienengebundenes, mit komprimiertem Stadtgas betriebenes Verkehrsmittel. – Die G. wurde 1892 von der «Dresdner Motorwagen-Gesellschaft» auf der Friedrichstraße und ab März 1894 von einer englischen Gesellschaft zwischen den Neustädter Bahnhöfen und dem Wilden Mann erprobt. Die Deutsche Straßenbahngesellschaft setzte ab 28. Juli 1894 vier mit Decksitzen ausgestattete Wagen auf der Linie zwischen Albertplatz und St.-Pauli-Friedhof ein. Die Wagen wurden auf der «Gaskraftstation» Großenhainer Straße 28 mit Gas versorgt. Die Überlegenheit des elektrischen Betriebs führte schon am 31. Dezember 1895 zur Einstellung der G.

«Gasthaus zur Eule»: histor. Gaststätte an der →Grundstraße. Seit Anfang des 16. Jh. nachweisbar als Raststation für die von Bühlau nach Dresden ziehenden Reisenden, wurde das Gasthaus trotz Zerstörungen im Dreißigjährigen Krieg weiter bewirtschaftet und war im 19./20. Jh. eine beliebte Volksgaststätte mit eigenem Schlachtbetrieb. Von ihrer wechselhaften Geschichte zeugen die an der Giebelwand angebrachten Sprüche.

Gasversorgung. Dresden war die erste deutsche Stadt mit Gasbeleuchtung aus einheimischen Anlagen. Nach erfolglosen Versuchen, u. a. durch den Freiberger Professor Wilhelm August Lampadius für eine Gasbeleuchtung der Elbbrücke, führte Rudolf Sigismund →Blochmann 1825 im Schloß erstmals die neue Lichtquelle vor (originaler Leuchter und Kupferkessel im →Staatlichen Mathematisch-Physikalischen Salon). Blochmanns «Gasbereitungsanstalt» auf Steinkohlebasis am Zwingerwall speiste am 23. April 1828 erstmals 36 Gaskandelaber auf dem Theaterplatz. 1831 erhielt das Hotel de Saxe Gasbeleuchtung. Das entstehende Rohrnetz bildete das erste unterirdische Versorgungssystem der Stadt. – 1839 wurde die Gasanstalt Altstadt an der Stiftsstraße eröffnet. Sie nahm 1843 einen Gasometer für die Versorgung der Neustadt auf der Glacisstraße in Betrieb. 1843 schloß die Anstalt auf dem Zwingerwall mit Ausnahme eines Gasbehälters für die Beleuchtung des Opernhauses. 1865 entstand die Gasanstalt Lößnitzstraße in Neustadt, die schon wenige Jahre später gemeinsam mit dem Altstädter Werk über 2700 Straßenflammen und 33 700 Flammen privater Abnehmer versorgte. Trotz des Aufkommens von Petroleumlampen stieg der Absatz von Gas dank zahlreicher Fabrikgründungen, verbesserter Gasmotoren und der von Friedrich →Siemens entwickelten Regenerativfeuerung rasch an. Die Stadt finanzierte aus den Einnahmen der Gaserzeugung u.a. den Bau der König-Johann-Straße. – 1881 entstand die →Gasanstalt Reick, die nach Schließung der Werke Stiftsstraße (1895) und Lößnitzstraße (1923) allein die Großstadt versorgte. Oberbürgermeister Gustav Otto →Beutler betrieb erfolgreich die Vereinigung der Gas- mit der aufkommenden Elektrizitätsversorgung in städtischer Hand. – Einzelne Vororte, aber auch Fabriken besaßen eigene Gasanstalten, so →Villeroy & Boch (etwa 1860/1919), Trachau (1900/22), Niedersedlitz (1902/24), Klotzsche (1905/50) und der Gemeindeverband Bannewitz in Mockritz (1907/22). Gottlieb Traugott →Bienert

Christian Gärtner
Gasanstalt Reick

versorgte mit seiner Gasanstalt an der Tharandter Straße ab 1874 Löbtau und Plauen (1903 städtisch, 1920 stillgelegt). – Das Rohrnetz wurde 1945 durch Bomben zu einem Drittel zerstört und ab Mai 1945 vordringlich instandgesetzt. Die Gaserzeugung in Reick wurde 1957/58 mit der DDR-Ferngasversorgung aus den Braunkohlekombinaten gekoppelt und 1973 eingestellt. Seitdem wurde Dresden mit Ferngas aus Braunkohle und Erdgas versorgt, das in jüngster Zeit durch reines Erdgas ersetzt wird. Im Gas- und Dampfturbinenkraftwerk Nossener Brücke bildet Erdgas nunmehr auch die primäre Energiequelle für die Strom- und Fernwärmeversorgung Dresdens.

Gay, Fritz: Erzähler, Lyriker und Verfasser von Puppenspielen, geb. 27. 3. 1907 Gera, gest. 23. 5. 1969 Dresden. – G. lebte fast sein ganzes Leben lang in Dresden. Von seinen Werken ist das Buch «Unsterbliche Stadt. Requiem und Ruf» (1948) erwähnenswert. Außerdem gab er Novellen von Ludwig →TIECK heraus und übersetzte P. HOGARTHS «Irisches Skizzenbuch». – Grab auf dem Trinitatisfriedhof.

Gebirgsverein für die Sächsische Schweiz: heimatkundlich und touristisch orientierter Verein, gegr. am 25. 11. 1877 in Pirna unter Leitung von Sophus →RUGE. Der Verein wurde 1905/13 von dem Historiker und Privatgelehrten Alfred MEICHE (1870–1947) geleitet, zählte um 1920 etwa 400 Mitglieder und hatte seinen Sitz in Dresden. – Er gab die Vereinszeitschrift «Über Berg und Tal» heraus und betreute u. a. ein Vereinsmuseum in Pirna und den Pflanzengarten in Bad Schandau. Für die Böhmische Schweiz bestand seit 1878 der Gebirgsverein für die Böhmische Schweiz mit Sitz in Tetschen (Děčin).

Gasbeleuchtungsanstalt am Zwingerwall
Franz Ludwig Gehe

Gehe: 1. *Franz Eduard*, Jurist, geb. 23. 7. 1797 Oschatz, gest. 10. 12. 1875 Dresden. – Nach dem Studium an der Leipziger Universität ließ sich G. in Dresden als Advokat nieder und wurde 1832 Stadtrat. Als Vorstand der «Schuldeputation» und der «Armen-Versorgungsbehörde» setzte sich G. für die Verbesserung des Volksschulwesens und der Armenschulen in Dresden ein. – **2.** *Franz Ludwig*, Großhändler, Fabrikant, geb. 7. 5. 1810 Merkwitz bei Oschatz, gest. 22. 6. 1882 Dresden. – G. gründete 1835 eine Drogengroßhandlung auf der Moritzstraße und errichtete 1865/66 auf dem ehem. Wasserbauhof am Anfang der Leipziger Straße die Drogen-Appretur-Anstalt, die sich zur bedeutenden chemisch-pharmazeutischen Fabrik entwickelte und 1904 in die Gehe & Co-AG umgewandelt wurde (später Arzneimittelwerk Dresden). Das Handlungsbüro befand sich bis 1909 in der Königstraße 1. – G. setzte sich für die nationalökonomischen Ziele des mit ihm befreundeten Friedrich LIST ein und trieb die Schaffung von Handelskammern voran. – Vor seinem Tode stiftete G. 2 Millionen Mark für eine «Commercial-Akademie», die 1885 als Gehe-Stiftung gegründet wurde. Ihre Vortragstätigkeit wurde am 10. Januar 1885 mit einem Vortrag von Sophus →RUGE eröffnet. Die volks- und staatswissenschaftliche Bibliothek der Stiftung in der Kleinen Brüdergasse (später in der Kreuzstraße) war mit 100 000 Bänden eine der größten deutschen Fachbibliotheken und verbrannte 1945 zum großen Teil. Seit 1896 erschien ein Jahrbuch der Stiftung, das seit 1903 als «Neue Zeit- und Streitfragen» fortgesetzt wurde. –

Grabmal, geschaffen von Johannes →SCHILLING, auf dem St.-Pauli-Friedhof; Gehestraße in der Leipziger Vorstadt.

Geinitz, Hans Bruno: Geologe und Museologe, geb. 16. 10. 1814 Altenburg, gest. 28. 1. 1900 Dresden. – G. wurde 1847 Inspektor des Naturalienkabinetts und 1857 Direktor des Mineralogischen Museums, das er zu einer bedeutenden Schausammlung ausbaute. Außerdem verfaßte G. viele grundlegende Veröffentlichungen auf dem Gebiet der Mineralogie und Geologie, besonders über die sächsischen Kohlenvorkommen. – Letzte Wohnung in der Lindenaustraße; begr. auf dem alten Annenfriedhof, Geinitzstraße in der Südvorstadt.

Der «Geist»: →Bartholomäus-Hospital

Gemäldegalerie «Alte Meister»: als Zentrum der →Staatlichen Kunstsammlungen geltende Sammlung von ca. 3000 Gemälden deutscher, niederländischer, flämischer, französischer, italienischer und spanischer Meister des 14. bis 18. Jh., die sich im Galeriegebäude am Theaterplatz befinden. – *Geschichte:* Die weltberühmte Dresdner Gemäldegalerie, deren kunsthistorische Bedeutung zuerst von Johann Joachim →WINCKELMANN erkannt worden war, hat ebenso wie die meisten Dresdner Sammlungen ihren Ursprung in der kurfürstlichen →Kunstkammer. Schon seit dem 16. Jh. befanden sich dort bedeutende Gemälde, u. a. von Lucas CRANACH d. Ä., DÜRER und RUBENS. Die eigentliche, zielgerichtete Sammeltätigkeit, die der G. zur Weltgeltung verhalf, erfolgte in der ersten Hälfte des 18. Jh. durch die Kurfürsten →FRIEDRICH AUGUST I. und →FRIEDRICH AUGUST II. Aus dem absolutistischen Selbstgefühl und Repräsentationsbedürfnis der Fürsten heraus, «mit Glanz den Gesandten und anderen ansehnlichen Fremden recht in die Augen zu leuchten», wurden mit erstaunlichem Kunstverstand und ausnahmslos auf friedlichem Wege vor allem Bilder der Hochrenaissance, des Manierismus und des Barocks in größeren Mengen erworben. Im Jahre 1700 wurden bereits 342 Gemälde in die Kunstkammer eingegliedert. Zu den bedeutendsten Ankäufen unter Friedrich August II. gehörten die 268 Bilder der Wallensteinschen Sammlung aus Dux (1741 für 22 000 Gulden erworben), ca. 200 niederländische Bilder

aus Amsterdam und Den Haag (1741/42), 69 Bilder aus der Kaiserlichen Galerie in Prag (1749 für 50 000 Taler erworben) und vor allem die 100 Bilder aus der Sammlung des Herzogs FRANCESCO III. von Modena (1746 für 100 000 Zechinen erworben), zu denen weltbekannte Gemälde von HOLBEIN, Rubens, TINTORETTO, TIZIAN, VERONESE, VELAZQUEZ und CORREGGIO nach Dresden kamen. 1754 gelang der Ankauf der →«Sixtinischen Madonna». Bedeutende Kunstkenner, Künstler, Händler und Diplomaten waren in kurfürstlichem Auftrag in ganz Europa für den Erwerb der Bilder tätig gewesen. Zu ihnen gehörten Wolf Caspar von →KLENGEL, Raymond →LEPLAT, die Galerie-Inspektoren Johann Georg RIEDEL (1691–1755) und Pietro GUARIENTI (um 1700–1753), Francesco →ALGAROTTI und Carl Heinrich v. →HEINECKEN. – Im Jahre 1722, das als Gründungsjahr der G. gilt, ordnete Friedrich August I. die vollständige Inventarisation aller Bilder an, die nach Abschluß im Jahre 1728 3592 wichtige und weniger wichtige «Schildereyen» erfaßte. Bereits 1707 waren der Kunstkammer zur Ausstattung des Schlosses nach dem Brand von 1701 614 Gemälde entnommen und vorwiegend im →Redoutenhaus und ab 1718 im eigens eingerichteten Galeriesaal des →Residenzschlosses ausgestellt worden. Ab 1725/26 hingen die meisten Gemälde im →Riesensaal und in angrenzenden Schloßräumen, wurden jedoch auf Veranlassung von Friedrich August II. ab 1740 zunehmend in den Obergeschossen des ehemaligen Stallgebäudes untergebracht, das von 1744/46 durch Johann Christoph →KNÖFFEL zur «Galerie royale» umgebaut wurde (→Johanneum). Zur gleichen Zeit wurden die Bilder einheitlich gerahmt. Die bis auf ca. 4700 Gemälde angewachsene Sammlung war während des Siebenjährigen Krieges auf dem Königstein sichergestellt worden. Ende des 18. und im 19. Jh. folgten Aussonderungen von weniger bedeutend erachteten Bildern und Zuwächse aus königlichem Privatbesitz sowie durch Ankäufe besonders italienischer und spanischer Meister. Die progressiven bürgerlichen Reformen des Ministers Bernhard von →LINDENAU im Museums- und Sammlungswesen bewirkten 1836 die Bildung einer Galeriekommission (befaßte sich u.a. mit Konservierungs- und Restaurierungsproblemen), 1839 den Erlaß einer großzügigeren Besucherordnung (bereits seit der ersten Hälfte des 18. Jh. wurde privilegierten Personen eingeschränkt Zugang gewährt) sowie auch Bemühungen um einen geräumigeren Neubau, der 1855 bezogen werden konnte. Mit Karl WOERMANN (1844–1933) und Hans POSSE (1879 bis 1942) wurden 1882 bzw. 1910 erstmals Fachwissenschaftler mit der Leitung der G. betraut. Sie sorgten u. a. für die Herausgabe wissenschaftlicher Kataloge, für eine aufgelockerte Hängung der Bilder und die Umorganisierung der G. nach 1918 (→Gemäldegalerie Neue Meister). Bei Ausbruch des Zweiten Weltkriegs wurden 1939 die Bilder zunächst im eigenen Hause deponiert, von 1942 an in 45 Rittergüter und Schlösser Sachsens ausgelagert und teilweise zu Kriegsende von östlich der Elbe gelegenen Orten in neue, unzugängliche Unterkünfte gebracht. 1945 wurden die bedeutendsten Werke von der «Trophäenkommission» der Roten Armee beschlagnahmt und in Museen von Moskau, Kiew und St. Petersburg untergebracht. 154 Gemälde verbrannten am 13./14. Februar 1945 in Dresden in einem abgestellten Möbelwagen, und 42 Bilder verbrannten im Schloß. Weitere 507 Bilder wurden noch 1963 als vermißt nachgewiesen. Ab 1946 wurde die deutsche Abteilung mit den Beständen der Gemäldegalerie Neue Meister im neu gegründeten «Zentralmuseum im Bundesland Sachsen» im Schloß Pillnitz gezeigt. 1955 erfolgte die Rückgabe von 1 240 in der Sowjetunion aufbewahrten Gemälden, von denen 380 seit 3. Juni 1956 (anläßlich der 750-Jahr-Feier Dresdens) im wiederaufgebauten Ost- und Mittelteil des Galeriegebäudes gezeigt wurden. Weitere 240 Bilder kamen hinzu, als am 31. Oktober 1960 zur 400-Jahr-Feier der Kunstsammlungen das Gebäude völlig wiederhergestellt war. Seit 1956 ist die G. wieder eine selbständige museale Institution innerhalb der staatlichen Kunstsammlungen.
Gebäude: Ein eigener Museumsbau für die kurfürstlichen Sammlungen, der auf Veranlassung AUGUSTS DES STARKEN um 1730 von LONGUELUNE als architektonischer Abschluß des Zwingers zur Elbe hin entworfen wurde, kam nicht zur Ausführung. Erst mit dem von Gottfried →SEMPER entworfenen Museumsgebäude, in dem im Jahre 1855 2200 Bilder der G. untergebracht werden konnten, wurde das Projekt verwirklicht. 1847 begonnen, wurde das Gebäude nach Sempers Flucht 1855 von Bernhard KRÜGER (1821–1881) und Moritz →HAENEL mit einem Kostenaufwand von 473 388 Talern vollendet (mit Abweichungen von Sempers Plänen, z. B. verringerte Kuppelhöhe). Der zweigeschossige, in Gestalt eines Palastes der italienischen Hochrenaissance entworfene Sandsteinbau mit Bogenfenstern, dreiteiligem Portikus mit Kuppelbekrönung (als Gegenstück zum Kronentor des Zwingers) und einer Balustrade mit Plattform über dem Obergeschoß schließt die Nordseite des Zwingers und bildet die Südseite des Theaterplatzes. Er ist 127 m lang, 24 m breit und 24 m hoch. Der plastische Schmuck wurde von Ernst →RIETSCHEL, Ernst Julius →HÄHNEL und Johannes →SCHILLING geschaffen. Das Gebäude wurde beim Bombenangriff im Februar 1945 zerstört und von 1955 bis 1960 mit

Südfront der Gemäldegalerie Alte Meister

einem Kostenaufwand von 7,6 Mill. Mark wiederaufgebaut. Man hatte über 30 Millionen Besucher gezählt, bis die G. wegen gravierender baulicher Mängel am 16. Februar 1988 geschlossen werden mußte. Die nachfolgende Rekonstruktion (Kostenaufwand etwa 100 Mio. DM) bis zur Wiedereröffnung am 5. Dezember 1992 erfolgte nach modernen technischen und konservatorischen Anforderungen eines auf Massenbesuch eingestellten Museums (z. B. Unterbringung technischer Anlagen in einem gesonderten Unterflurbauwerk). Gleichzeitig legte man Wert auf die Wiedergewinnung ursprünglicher Architektur- und Gestaltungsformen, die beim Wiederaufbau 1955/60 vereinfacht oder weggelassen worden waren. So sind mit der originalen bildkünstlerischen Ausstattung der Innenräume die ursprüngliche Gestalt der Eingangshalle, des Treppenhauses, der Kuppel und des Deutschen Saales wiedererstanden.

Gemäldegalerie «Neue Meister»: im →Albertinum untergebrachte und zu den →Staatlichen Kunstsammlungen gehörende Sammlung von rund 2000 Werken der deutschen Romantik, des bürgerlichen Realismus des 19. Jh., des französischen und deutschen Impressionismus, des deutschen Expressionismus, der proletarisch-revolutionären Kunst, der sozialistisch-realistischen Kunst der DDR sowie der Gegenwartskunst des In- und Auslands. – Die in der zweiten Hälfte des 19. Jh. als Abteilung neuer Meister in der Königlichen Gemäldegalerie angelegte Sammlung geht auf eine Stiftung August Bernhard von →LINDENAUS im Jahre 1843 und eine Anordnung des Akademischen Rates der Kunstakademie zurück, die 1848 festlegte, daß die Hälfte des Reinertrags aller akademischen Ausstellungen zum Ankauf von Werken vaterländischer (d. h. sächsischer), zumeist noch lebender Künstler zur Verfügung gestellt werden sollte. Den Provinzialismus in der Ankaufspolitik überwanden erst die Galeriedirektoren Karl WOERMANN (1882/1910) und Hans POSSE (1910/42), die besonderen Wert auf die Werke der deutschen Romantik, des bürgerlichen Realismus der zweiten Hälfte des 19. Jh. sowie auch später auf die des deutschen und französischen Impressionismus legten. Unterstützung gab dabei der 1911 gegründete →«Dresdner Museumsverein» (ab 1917 «Patronatsverein der Staatlichen Gemäldegalerie»). Eine räumliche Trennung von der Abteilung Alte Meister wurde 1925 vorgenommen, als Werke der neuen Abteilung in dem Gebäude Parkstraße 7 untergebracht wurden. Der Erste Weltkrieg hatte den Bau des 1913 geplanten zweiten Galeriegebäudes verhindert. Das Jahr 1931, in dem man die Bilder des 19. Jh. in die →Sekundogenitur auf der Brühlschen Terrasse brachte, gilt als eigentliches Gründungsjahr der G., die jedoch mit der Gemäldegalerie Alte Meister unter einer Direktion verblieb. Die Werke des 20. Jh. befanden sich bis zur Deponierung und Auslagerung 1942 in der Osthalle der Semper-Galerie. 1937 erlitt die G. erhebliche Verluste durch die nazistische Aktion «Entartete Kunst», wobei bedeutende Werke ins Ausland verkauft worden sind. Dem Bombenangriff im Februar 1945 fielen 199 Bilder zum Opfer. 1946/65 fand die G., die seit 1959 unter eigener Direktion steht, eine provisorische Unterkunft im Schloß Pillnitz. Seit 20. Oktober 1965 werden ständig ca. 400 Bilder mit Kleinplastiken der →Skulpturensammlung in 12 großen Oberlichtsälen und drei Seitenlichtsälen im Obergeschoß des Albertinums gezeigt.

Genossenschaft bildender Künstler Dresdens: →Kunst der Zeit

Geographisch-topographische Beschreibungen: Im Falle Dresdens ist eine strenge Unterscheidung zwischen Darstellungen dieser Art und Chroniken nicht möglich, da bei letzteren das topographische Element häufig überwiegt oder zumindest sehr ausgeprägt ist (→Stadtgeschichtsschreibung). Auch die zahllosen Reisebeschreibungen (→Dresden in der Reiseliteratur) enthalten oft ausführliche Beschreibungen der Stadt. – Als die ältesten ausgesprochen geographisch-topographisch orientierten Darstellungen sind die von Daniel →WINTZENBERGER (1591), Johann →FRENZEL (1592) und Martin →ZEILLER (1632) anzusehen. Von Zeiller stammen auch die Ortsbeschreibungen und damit auch die von Dresden in der berühmten «Topographia Superioris Saxonia» (1650) des Matthäus MERIAN. Die bekanntesten stark topographisch orientierten Werke des 18. Jh. sind die von Johann Christian →CRELL, Benjamin Gottfried →WEINART und Johann Christian →HASCHE. Erwähnenswert ist noch die «Description de la ville de Dresde...» von Jean Auguste LEHNINGER aus dem Jahre 1782. Seit Beginn des 19. Jh. sind dann die entsprechenden Abschnitte in geographisch-statistischen Handbüchern, wie z. B. dem «Staats-, Post- und Zeitungslexikon» von August SCHUMANN (1814ff.) und dem «Handbuch der Geographie, Statistik und Topographie des Kgr. Sachsen» von Albert SCHIFFNER (1839/40), und in Reiseführern charakteristisch. Aus jüngster Zeit ist die Beschreibung Dresdens innerhalb der Reihe «Werte unserer Heimat» (Bd. 42, Berlin 1984) bemerkenswert.

Georg der Bärtige: Herzog von Sachsen 1500/39, geb. 27. 8. 1471 Meißen, gest. 17. 4. 1539 Dresden. – G. betrieb zielstrebig und umsichtig die Festigung der Landesherrschaft und förderte die wirtschaftliche Gesundung und Entwicklung des albertinischen Sachsen, indem er auf die Fortsetzung der kostspieligen außenpolitischen Aktivitäten seines Vaters verzichtete. Während der →Reformation gehörte er zu den entschiedensten Verteidigern der alten Kirche und zu den herausragendsten Gegnern LUTHERS. Er konnte jedoch nicht verhindern, daß nach seinem Tode auch im albertinischen Sachsen die Reformation eingeführt wurde. Auf die innere Entwicklung Dresdens nahm G. auch durch die von ihm erlassene neue Ratsordnung von 1517 Einfluß. Unter seiner Herrschaft begann die Entwicklung Dresdens von der unscheinbaren mittelalterlichen Landstadt zur fürstlichen Residenzstadt. 1519/29 ließ G. die Stadtmauern verstärken und bezog in diesem Zusammenhang die Frauenkirchsiedlung mit in die Stadt ein. Mit der Errichtung des →Georgenbaus 1530/35 – des ersten Renaissancebauwerks in Dresden – begann die erste große Blütezeit in der Bau- und Kunstgeschichte der Stadt. G. zog auch die Bildhauerfamilie →WALTHER, die über Generationen die Kunstentwicklung in Dresden mitbestimmen sollte, an seinen Hof.

Georg-Arnhold-Bad: zentrumsnahes Freibad am Rand des Großen Gartens. – Das Bad wurde 1923/26 nach dem Entwurf von Paul →WOLF mit zweigeschossigen Torhäusern, dreiteiligem Schwimmbecken und einem (nicht mehr vorhandenen) 10-m-Sprungturm in der verlängerten Achse der Ilgenkampfbahn (→Rudolf-Harbig-Stadion) errichtet und am 27. Mai 1926 eingeweiht. 75 Prozent der Kosten übernahm der Mitinhaber des →Bankhauses Gebrüder Arnhold, Georg Arnhold. Während des Faschismus wurde das Bad amtlich Güntzwiesenbad bezeichnet; nach 1945 erhielt es den Namen seines jüdischen Stifters zurück.

Georgenbau: Teil des →Residenzschlosses, der, die →Schloßstraße überbauend, den →Stallhof mit dem Nordflügel des Schlosses verbindet. Urspr. in Verbindung zum →Elbtor stehend, wurde der G. 1530/35 unter Herzog →Georg dem Bärtigen wohl von Bastian →Kramer erbaut und gilt als erster Renaissancebau in Dresden. Das mit prächtigen Portalen, Erkern und vier Volutengiebeln versehene Gebäude war mit Plastiken geschmückt, die das kath. Glaubensbekenntnis des Fürsten dokumentieren sollten (Elbseite: Sünde und Tod; Stadtseite: Erlösung). Erhalten sind noch der →Totentanz, der sich über dem zweiten Geschoß der Nordseite befand, sowie der untere Teil des ehem. nördlichen Mittelportals (eigentliches «*Georgentor*»), der um 1900 westlich an den Schloßausgang gegenüber der Kathedrale versetzt wurde. Etwa von 1550 bis zum Anfang des 18. Jh. war das Georgentor zugemauert. Beim Schloßbrand 1701 zerstört, wurde der G. 1730 von Johann Georg Maximilian von →Fürstenhoff als schmuckloses, durch Lisenen gegliedertes zweigeschossiges Gebäude wiedererrichtet (1832 um ein Geschoß erhöht). Beim Schloßumbau 1900/01 durch Gustav →Dunger und Gustav →Frölich wurde das G. im Stil der Neurenaissance (steiles Zeltdach mit Türmchen, fünfstufige Giebel, Mittelerker, Rundtürmchen, Reliefschmuck, drei Portale im Untergeschoß) völlig neu gestaltet. Die Plastiken an der Nordfassade schuf Christian →Behrens. Beim Bombenangriff 1945 ausgebrannt, wurde der G. 1964/66 auf der Stadtseite vereinfacht, zur Elbseite in urspr. Gestalt wiederaufgebaut.

Georgplatz: ehem., 1945 völlig zerstörter Platz zwischen Rathaus, Ringstraße und Bürgerwiese; heute Verkehrsfläche; Neugestaltung geplant. – Er entstand nach der Trockenlegung des →Jüdenteiches 1849, hieß ab 1861 Dohnaischer Platz und seit 1871 G. nach dem späteren König Georg (1831–1904). Ältestes öffentliches Gebäude war hier das städtische Waisenhaus mit der 1897 abgetragenen →Waisenhauskirche. Nach Verlegung der Anstalt wurden die Gebäude zeitweise vom →Wettiner Gymnasium genutzt und später abgebrochen; das Gelände wurde 1903/06 durch die 9. Bezirksschule und die I. Bürgerschule bebaut. – Christian Friedrich →Arnold errichtete 1864/66 als dominierendes Gebäude des Platzes die →Kreuzschule. In ihrer Umgebung errichteten Ernst Julius →Hähnel 1871 das Standbild für den ehem. Kreuzschüler Theodor →Körner, Gustav →Kietz 1886 das Denkmal für Julius →Otto und Emmerich Andresen 1887 das Denkmal für Karl →Gutzkow. Einzig das Körnerdenkmal kehrte 1952 wieder an den alten Standort zurück. 1970/74 wurde auf der Höhe des ehem. G. das Bürozentrum des Kombinates Robotron («Atriumkomplex») erbaut.

St. Georgsbrunnen: ehem. Brunnen auf einem kleinen Platz neben der →Sophienkirche. Die von Ernst Julius →Hähnel 1896 geschaffene Brunnenfigur stellte den heiligen Georg als Drachentöter dar. Dieser darf nicht mit dem *Georgsbrunnen* verwechselt werden, der 1898 von Artur Volkmann für den Kleinen Schloßhof des →Residenzschlosses geschaffen wurde.

Gerbergasse: →Theaterstraße

Gerbergemeinde: bis 1835 als selbständige Ratsgemeinde bestehende Vorstadtsiedlung vor dem →Wilsdruffer Tor am →Weißeritzmühlgraben. Die G. war zugleich Teil der Mitte des 18. Jh. gebildeten größeren →Wilsdruffer Vorstadt. Im 15. Jh. hieß die Siedlung auch «Gemeinde vor dem Wilischen Tor». Kern und ältester Teil der G. waren die Häuser der Gerber, die sich wegen des großen Wasserbedarfs ihres Gewerbes am Mühlgraben ansiedelten. Außerdem gehörten die Häuser am →Queckbrunnen zur Siedlung.

Gerechtigkeitsbrunnen: ehem. Brunnen auf dem Dürerplatz in Johannstadt, 1899 von Bruno Fischer geschaffen. Die 3 Figuren stellten die Gerechtigkeit, die gefesselte Schuld und die befreite Unschuld dar.

Gerichtsbarkeit: Mit der Gründung der Stadt und der Anlage eines Marktes wurde die Stadt vom Landgericht befreit und erhielt ihr besonderes Stadtgericht. Dieses «Marktgericht» übte anfangs nur die niedere G. aus, die bald auf die Rechtssprechung über städtischen Grundbesitz erweitert wurde. Den Vorsitz der richterlichen Tätigkeit führte seit 1260 ein dem Rat angehörender markgräflicher Schultheiß. Schon um 1400 muß die niedere G. mit den Gerichtseinkünften vom Schultheiß auf den Rat übergegangen sein, denn seit dieser Zeit wurde ein besoldeter Richter erwähnt. Die G. (peinliche) über Hals und Hand erhielt der Rat erst 1484 vom Landesherren verliehen. Die Ausübung der G. oblag seit der Ratsordnung von 1470 stets drei Ratsherren,

Georgenbau. Um 1680
Georgenbau. Um 1810
Altes Georgentor

wobei sie abwechselnd das Richteramt führen mußten. Dabei sollte der amtsführende Richter nicht im regierenden Rat sitzen. 1517 bestimmte die Ratsordnung, daß immer zwei lebenslängliche Richter die G. ausüben sollten, von denen einer dem regierenden und der andere dem ruhenden Rat angehörten. Weil das Richteramt von allen Rechtsämtern am unbeliebtesten war, mußte der Rat bisweilen ein Mitglied zu diesem Amt zwingen oder es einem überlassen, der nicht zu den angesehensten Bürgern gehörte. Ausgenommen von der städtischen G. waren die Geistlichen, die Hofbedienten, die Inhaber ansässiger Häuser und die als landesherrliche Kammerknechte geltenden Juden. Durch Gesetz vom 30. September 1851 trat die Stadt die G. an den Staat ab.

Germania-Denkmal: →Siegesdenkmal

Gerstäcker, Friedrich: Erzähler und Reiseschriftsteller, geb. 10. 5. 1816 Hamburg, gest. 31. 5. 1872 Braunschweig. – G. lebte 1843 bis etwa 1849 und nach 1868 zeitweise in Dresden. Hier entstanden auch seine bekanntesten Werke, wie die «Streif- und Jagdzüge durch die Vereinigten Staaten Nordamerikas» (1844), die «Regulatoren in Arkansas» (1846) und «Die Flußpiraten des Mississippi» (1846).

Gesamtministerium (Gebäude): repräsentativer Monumentalbau am Neustädter Elbufer zwischen Albertbrücke und Carolabrücke. Er entstand 1900/04 im Neorenaissance-Stil mit einem breiten Turmaufbau nach dem Entwurf des Leiters des Hochbauamtes Edmund Waldow (1844–1921) unter Leitung des Architekten Heinrich Tscharmann (1859–1932) zur Unterbringung der sächsischen Ministerien des Innern, des Kultus und des öffentlichen Unterrichts sowie der Justiz. Das 1945 z. T. zerstörte Bauwerk wurde wieder aufgebaut und war 1953/90 Sitz des Rates des Bezirkes Dresden. Seitdem dient es wieder der Sächsischen Landesregierung als Sitz der Staatskanzlei, des Innen- und des Justizministeriums. Bei der Gebäuderekonstruktion 1990/94 wurde 1992 die in den fünfziger Jahren dem Turm aufgesetzte Friedenstaube durch eine dem Original angepaßte goldene Krone ersetzt.

Geschoß, auch «*der Schoß*»: urspr. die einzige ständige Steuer und damit zugleich wichtigste Einnahmequelle der Stadt (1284 erstmals erwähnt). Das G. war eine gemischte Einkommens-, Grund- und Gewerbesteuer. Es überwog aber die Eigenschaft einer Grundsteuer. Ansässige versteuerten ihren gesamten Grundbesitz, seit 1499 aber nur noch ihre Häuser. Unansässige Bürger mußten dagegen ihren gesamten Besitz und das Bürgerrecht versteuern. Die vorstädtischen Hausgenossen (Unansässige) waren erst seit Ende des 15. Jh. geschoßpflichtig. Die Häuser einiger Adliger und der Geistlichkeit, die sog. Freihäuser (1474 waren es 26), waren vom Geschoß befreit. Grundlage für die Erhebung des G. waren die (seit 1396 überlieferten) *Geschoßregister*, die auch die einzige Quelle für die Kenntnis der Einwohnerzahlen des spätmittelalterlichen Dresdens sind.

Gesellenaufstand 1794: Streikaktion von rund 3000 Gesellen 26./29. Juli des Jahres. Anlaß war die ungerechte Behandlung eines Schneidergesellen durch seinen Meister und die schroffe Haltung des Rates auf seine Klage hin. Der Streik erfaßte neben den Schneidern noch etwa 20 andere Gewerke. Die wirtschaftliche Versorgung Dresdens wurde lahmgelegt. Militär besetzte die Innenstadt, nahm die 300 Insassen der Schneiderherberge auf der Webergasse fest und sperrte sie ins Gewandhaus. Eine kurfürstliche Untersuchungskommission verhörte die Gefangenen im Rathaus. Einige Beteiligte erhielten daraufhin Haftstrafen. Die Bedrohung ihrer wirtschaftlichen Existenz veranlaßte die Streikenden bald zum Abbruch ihrer Aktion. Obwohl die eigentliche Ursache der Unruhen die im 18. Jh. allgemein bedrückende wirtschaftliche und rechtliche Lage der Gesellen war, stellten die Dresdner Gesellen keine allgemeinen Forderungen, die etwa die Zunftordnung in Frage gestellt hätten.

Gesellschaft für Botanik und Gartenbau «Flora»: Am 22. Februar 1828 auf Anregung des Direktors des →Botanischen Gartens Heinrich Gottlieb →Reichenbach zur «Förderung der Pflanzenkunde und Pflanzenkultur in bezug auf das vaterländische Gartenbauwesen in allen seinen Zweigen» gegründet. Unter den Mitgliedern befanden sich außer Gärtnern bekannte Dresdner Gelehrte, Architekten, Künstler, Juristen, Ärzte, Unternehmer, Beamte und Geistliche. Während ihres Bestehens (bis 1945) hatte die «Flora» entscheidend zum Aufschwung des Gartenbaus in Dresden beigetragen. Große Bedeutung hatten die von ihr regelmäßig veranstalteten Ausstellungen (erste öffentliche Früchteausstellung im Herbst 1828, erste Blumenschau im Mai 1829), die als ein Spiegelbild der Dresdner Gartenbauentwicklung gelten konnten (→Gartenbau-Ausstellungen). Mit der «Gartenbauschule der Gesellschaft Flora» (1874/1922) trug die G. wesentlich zur Ausbildung des gärtnerischen Nachwuchses bei und förderte die Weiterbildung aller am Gartenbau Interessierten. Der Nachlaß der G. befindet sich in der Sächsischen Landesbibliothek.

Gesellschaft zu Rat und Tat: →Verein zu Rat und Tat

Altes Gewandhaus am Neumarkt

Gewandhaus: städtisches Gebäude, das bis ins 19. Jh. hinein vorwiegend Verkaufszwecken diente. – Das *älteste*, erstmals 1295 als «Kaufhaus» erwähnte G. war ein einfacher, zweigeschossiger Zweckbau an der Nordseite des →Altmarkts. Anfangs wurden im unteren Geschoß die in Dresden gewebten Stoffe und im oberen die feineren, fremden Tuche feilgeboten; später befanden sich an ihm noch die Fleisch-, Brot- und Schuhbänke. Da in ihm auch die Ratsgeschäfte erledigt wurden (1380 als Rathaus bezeichnet, →Rathäuser), die an Umfang zunahmen, erwarb der Rat 1453 die leerstehende Synagoge am →Jüdenhof und richtete sie u. a. für die Jahrmarktstage als G. ein (1553/58 Einbau der →Fleischbänke). Kurfürst Christian I. gab die Veranlassung für den Bau des sog. *alten G.*, das 1591/92 nach Plänen von Paul →Buchner zwischen Frauengasse und Jüdenhof am Neumarkt entstand. Das mit breiten Rundbogenportalen versehene Untergeschoß des 120m langen Gebäudes enthielt die Schuh- und Fleischbänke

sowie den Ratskeller. In dem mit drei mächtigen Giebeln versehenen Obergeschoß befand sich ein großer Saal, der nicht nur dem Verkauf von Tuchen diente, sondern auch festlichen Veranstaltungen, Theateraufführungen (→NEUBER, Karoline) und Versammlungen der feudalen Landstände. Durch das preußische Bombardement 1760 zerstört, wurde die Ruine 1791 abgebrochen, da zuvor 1768/1770 an der Stelle des 1760 ebenfalls zerstörten Palais Werthern (→Palais Kötteritz) nach Plänen von Johann Friedrich →KNÖBEL das *neue G.* zwischen Kreuzstraße und Gewandhausstraße errichtet worden war (heute Ringstraße 1). Das dreigeschossige, mit Mansarddach, Mittelrisalit und Dreiecksgiebel versehene Gebäude von 15 Fenstern Front gilt mit seiner schlichten Lisenenarchitektur als Bindeglied zwischen Rokoko und Klassizismus in Dresden und war der bedeutendste städtische Bau nach dem Siebenjährigen Krieg. Er enthielt im Untergeschoß bis 1893/95 die Fleischbänke und in den oberen Geschossen Verwaltungsräume sowie einen Theatersaal (→Nesmüllersches «Zweites Theater»). 1925 wurde das G. von Paul →WOLF zur Dresdner Stadtbank umgebaut. Beim Bombenangriff 1945 brannte es aus. Nachdem 1956/58 die Fassade gesichert worden war, baute man das G. 1964/66 unter Wahrung der historischen äußeren Bauform als Hotel (200 Betten) wieder auf, wobei der Schmuckhof und die Westfassade mit dem →Dinglinger-Brunnen neu gestaltet wurden. 1992 kam das G. aus städtischem Besitz in Privathand und wurde bis 1994 als Hotel innen völlig neugestaltet.

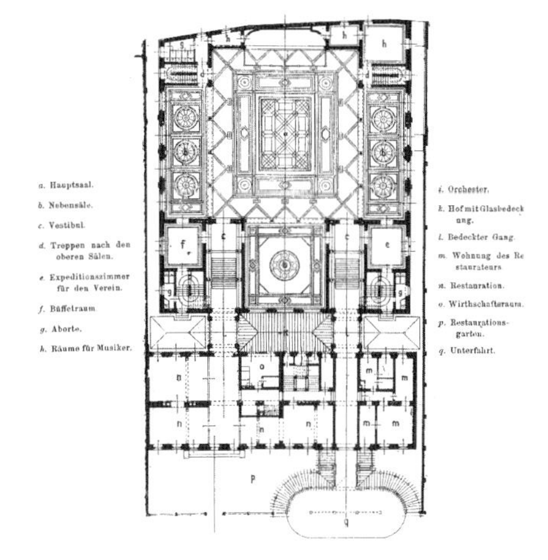

Gewandhausstraße: verläuft zwischen der →Kreuzstraße und →Wilsdruffer Straße. Urspr. als Gewandhausweg 1824 angelegt, bildete dieser die Verbindung von der Kreuzstraße zur →Dohnaischen Gasse. Die 1840 nach dem →Gewandhaus umbenannte Straße führte von der →Moritzstraße bis zum Friedrichsring. Nach dem Rathausneubau von 1905/10 wurde der Rathausplatz angelegt, und die G. verlief nur noch zwischen Moritzstraße und Kreuzstraße.

Gewehrgalerie: reichhaltige Sammlung von Feuerwaffen des 16. bis 18. Jh., die seit 1959 Teil der Rüstkammer ist. Sie wurde 1733 auf Veranlassung von FRIEDRICH AUGUST II. aus kurfürstlichen Beständen im →Langen Gang zum Stallgebäude mit dem Charakter einer «Galerie» eingerichtet. Die im ersten Inventar verzeichneten 984 Gebrauchs- und Luxuswaffen (davon 80 Pistolenpaare) wurden Mitte des 18. Jh. vorwiegend durch Übernahme von Nachlässen bedeutend vermehrt.

Gewerbehaus: an der Ostra-Allee 13 (im Gelände des ehem. Herzogin-Gartens) von Bernhard →SCHREIBER entworfenes Vereinsgebäude für den Dresdner →Gewerbeverein, das 1870 eingeweiht wurde. Der Vorderbau bestand aus einem älteren, ehem. Wohnhaus (Wohnung Richard →WAGNERS), während der neu errichtete Anbau u. a. einen im Neorenaissance-Stil gehaltenen Vortragssaal enthielt, der reichlich 2000 Personen fassen konnte. Da dieser eine vorzügliche Akustik besaß, wurde er auch als öffentlicher Konzertsaal genutzt, der in dieser Größenordnung neu für Dresden war und zur Heimstatt der →Dresdner Philharmonie wurde. Am 13./14. Februar 1945 fiel das G. den Bomben zum Opfer.

Gewerbehausorchester: →Dresdner Philharmonie

Gewerbeverein zu Dresden: 1834 gegründeter Verein zur Verbreitung allgemeiner Kenntnisse in Gewerbe, Handel, Kunst und Wissenschaft. Der Begründer und erste Vorsitzende war Johann Andreas →SCHUBERT, der sich vor allem für die Verbreitung von neuen wissenschaftlichen Erkenntnissen einsetzte. Die umfassende Vortragstätigkeit des G., seine Veranstaltungen und Ausstellungen gehörten zu Höhepunkten im kulturellen Leben Dresdens. Der G. eröffnete 1870 das →Gewerbehaus an der Ostra-Allee mit einem Konzertsaal, wo der G. für eine kontinuierliche bürgerliche Konzertpflege in Dresden sorgte, indem er das Stadtmusikcorps an sein Haus band (→Dresdner Philharmonie). Die 1861 in der Maxstraße eröffnete Gewerbeschule des G. wurde nach anfänglichen Schwierigkeiten zu einer bedeutenden Ausbildungsstätte. 1897 in Besitz der Stadt übergegangen, trug sie später den Namen «Technische Lehranstalt der Stadt Dresden». Der G. erwarb 1907 das Haus Am Queckbrunnen Nr. 5 und richtete dort einen «Kleinen Saal» und ein Maschinenhaus ein. Beim Bombenangriff 1945 sind alle Einrichtungen des G. zerstört worden.

Gewandhaus nach seiner Wiederherstellung
Grundriß des Gewerbehauses

Giese, Ernst: Architekt, geb. 16. 4. 1832 Bautzen, gest. 12. 10. 1903 Charlottenburg. – G. war Schüler der Dresdner Akademie und ließ sich nach einer Italienreise in Dresden nieder. 1866/72 lehrte er in Düsseldorf und ab 1878 als Professor und Leiter des Ateliers für Baukunst an der Technischen Hochschule Dresden. Seine Dresdener Bauwerke sind die Festhalle zum →Sängerbundesfest 1865, die Kapelle des Neuen →Jüdischen Friedhofs (1875), die Villa Wolf (1883/84; Altenzeller Straße 50), die →Martin-Luther-Kirche (1885/87) und das Empfangsgebäude des →Hauptbahnhofs (1893/98).

Giesel, Johann August: Architekt, geb. 14. 1. 1751 Dresden, gest. 18. 4. 1822 Dresden.– G. wurde 1783 vom Prinzen MAX zum Bauinspektor ernannt und stand seit mindestens 1797 als Bau- und Garteninspektor im Dienste des Prinzen ANTON. Seine Hauptwerke in Dresden sind der Umbau des →Prinz-Max-Palais in der Ostra-Allee (neues Portal, Observatorium, Innenausstattung und Garten), die Umgestaltung des Sekundogenitur-Gartens in den englischen Parkstil (1783; →Blüherpark), der Umbau des Bayrischen Brauhauses in der Friedrichstadt (1789), der Entwurf für das von Johann Baptist →DORSCH geschaffene Grabmal des JOHANN GEORG, Chevalier de SAXE, auf dem →Alten katholischen Friedhof und wahrscheinlich das Weinberghaus →Findlaters Weinberg (1811). – Sein Bruder *Johann Ludwig* G. (geb. 9. 6. 1747 Dresden, gest. 4. 3. 1814 Dresden) war Landschafts-, Fresko- und Theatermaler in Dresden, der dekorative klassizistische Innenausmalungen schuf.

Gille, Christian Friedrich: Maler, Kupferstecher, geb. 20. 3. 1805 Ballenstedt/Harz, gest. 9. 7. 1899 Wahnsdorf bei Dresden. – Nach dem Studium an der Dresdner Kunstakademie arbeitete G. ab 1830 im Atelier Claussen →DAHLS und war danach freischaffend tätig. Er gilt als Mitbegründer einer realistischen Landschaftsmalerei in der Nachfolge Dahls und wird aufgrund seiner breiten, pastösen Maltechnik sowie der Behandlung des Lichts auch als ein Vorläufer impressionistischer Malweise angesehen. In der Gemäldegalerie Neue Meister befinden sich einige seiner Bilder, die die Schönheit der Dresdner Umgebung wiedergeben. – Gillestraße in Leubnitz-Neuostra.

Gittersee: linkselbischer Stadtteil, das Platzdorf 1349 als Geterssin (altsorbisch svw. Besitz eines Jutros) erwähnt, wurde 1945 zu Dresden eingemeindet. 1352 verkauften Nickel und Ulrich von MALTITZ den Bürgern zu Dresden «vier hufen und zween garten». Diesen Besitz sowie einige andere Dörfer unterstellte der Rat zu Dresden dem →Brückenamt. Nach dem großen Dresdner Stadtbrand von 1491 löste man die Frondienste der Bauern von G. durch Geldzahlungen ab, da die Stadt Dresden Mittel zum Wiederaufbau benötigte. Im 16. Jh. wurde der Obstbau im Ort durch den Pfarrer Martin KÜNZELMANN gefördert, der in G. den größten Hof besaß. Die Folgen des Siebenjährigen Krieges trafen auch G. schwer. 1759 legten die Österreicher am Windberg ein Lager an und schlugen dafür in G. 2500 Obstbäume für Schanzzwecke um. 1789 kaufte Johann Gottfried ULBRICHT im Tale der Weißeritz die «Gitterseer Wiese» und errichtete einen Eisenhammer (→Eisenhammer Dölzschen) sowie 1795 die Hüttenschenke. 1809 baute man erstmalig in Nieder-G. Steinkohle ab. Der 1837 entstandene Steinkohlenbauverein beschäftigte 1840 183 Bergleute und betrieb u. a. den Meiselschacht (Meiselschachtweg/Karlsruher Straße), den Moritzschacht (Cornelius-Gurlitt-Straße 18) und den Emmaschacht (Karl-Stein-Straße 10/11). Um 1860 wurden die Gruben stillgelegt. Nach 1945 wurde der Steinkohlenabbau wieder aufgenommen und ein neuer Schacht (VEB Steinkohlenwerk «Willy Agatz», später Sowjetisch-Deutsche Aktiengesellschaft [SDAG] Wismut, 1990 eingestellt) abgeteuft. 1857 erbaute man die →Windbergbahn, die auch durch die G. Flur führte. Durch den Bergbau eng mit dem heutigen Freital verbunden, geriet G. Mitte des 19. Jh. in den Einflußbereich der Großstadt Dresden. Dazu trugen u. a. der Ausbau der jetzigen Karlsruher Straße als Chaussee in Richtung Dresden und die wachsende Bevölkerungszahl bei. Kirchlich gehörte G. nach Döhlen, 1897 wurde es selbst Parochie. Die Friedhofskapelle benutzte man gleichzeitig als Kirche. 1842 besuchten die Gitterseer Kinder die Coschützer Schule, bis der Ort sich 1897 ein eigenes Schulgebäude errichtete. Um 1910 entstand in G. eine Nagelfabrik und eine Wellpappenfabrik. Eine Wohnsiedlung entstand um 1932 am Birkigter Hang. Die Deutsche Volksoper, ein Vorläufer der Landesbühnen Sachsen, spielte 1946/50 im Gasthof Karlsruher Straße 83.

Gjellerup, Karl: dänischer Dichter, geb. 2. 6. 1857 Roholte auf Seeland, gest. 11. 10. 1919 Klotzsche. – G. lebte seit 1892 in Dresden (Schumannstraße, Beilstraße, ab 1913 in Klotzsche). Einen ersten Besuch stattete er Dresden allerdings schon im Jahre 1884 ab. Sein Roman «Minna» (1889) und seine Komödie «Die Hochzeitsgabe» stellen Stimmungsbilder von Dresden und der Sächsischen Schweiz dar. 1917 erhielt G. den Nobelpreis für Literatur. – Grab auf dem Alten Klotzscher Friedhof.

Glacisstraße: Mitte des 18. Jh. angelegte Straße in der Neustadt, von der Neuen (Bautzner) Straße zur Wasserstraße, nach Abtragung der Festungswälle 1818 weiter ausgebaut, ursprünglich «Dem Festungsgraben gegenüber», 1829 «Am Glacis», nach dem flachen Vorfeld der Festung benannt, 1840 G., 1965/90 benannt nach Palmiro TOGLIATTI (1893–1964). – In der ehemaligen «Tonhalle» an der G. (heute →Kleines Haus) wurde am 10. Juli 1945 mit LESSINGS «Nathan der Weise» der Theaterspielbetrieb wiedereröffnet.

Gleina: →Kaditz

Glockenspielpavillon: →Zwinger

Glöckner, Hermann: Maler, Grafiker und Plastiker, geb. 21. 1. 1889 Cotta bei Dresden, gest. 10. 5. 1987 bei Besuch in Berlin. – Der in Leipzig als Zeichner und Entwerfer ausgebildete Künstler hatte 1904/11 Abendkurse an der Dresdner Kunstgewerbeschule besucht, 1923/24 an der Dresdner Kunstakademie studiert und war seitdem freischaffend tätig. 1930/37 entstand sein etwa 150 Arbeiten umfassendes «Tafelwerk» über die Gesetzmäßigkeiten präziser Flächeneinteilung, das nicht, wie viele seiner Werke, bei der Zerstörung seines Ateliers am 13. Februar 1945 vernichtet wurde. Nach 1945 wohnte er im Künstlerhaus Loschwitz und gehörte bis 1948 der Künstlergruppe →«der ruf» an. Mit seinen von großer Phantasie, Flexibilität und Experimentierfreude zeugenden Arbeiten (auch architekturgebundene Kunst und Plastiken) leistete der «Patriarch der Moderne» einen bedeutenden Beitrag zum europäischen Konstruktivismus

(Gemälde und Grafiken in den Staatlichen Kunstsammlungen; Plastik «Mast mit zwei Faltungszonen» am Fritz-Löffler-Platz). – Ausstellung im Albertinum (1989), Grab auf dem Loschwitzer Friedhof.

Göding, Heinrich d.Ä.: Maler, geb. 1531 Braunschweig, gest. 28.4.1606 Dresden. – Der Schüler von Lucas CRANACH d.J. kam vor 1560 nach Dresden und wurde 1570 von Kurfürst AUGUST zum Hofmaler ernannt. Er war maßgeblich an den Sgraffiti beteiligt, die die Fassaden der Gebäude am →Stallhof schmückten, und schuf zum größten Teil die Wandbilder und Deckenmalereien des Saales im Obergeschoß des →Langen Ganges, darunter 46 Kurfürsten-Bildnisse der «wettinischen Ahnengalerie». Drei Pergamentbände mit von G. handgezeichneten Turnierdarstellungen befinden sich in der Sächsischen Landesbibliothek («Renn- und Stechbücher», 1584).

Goethe, Johann Wolfgang von: geb. 28.8.1749 Frankfurt/Main, gest. 22.3. 1832 Weimar. – G. hielt sich insgesamt siebenmal in Dresden auf. 1768 weilte er als Student in der Stadt (Wohnung bei einem Schuhmachermeister in der →Friedrichstraße). Er besuchte die Gemäldegalerie und lernte deren Direktor Christian Ludwig von →HAGEDORN kennen. G. sah auch noch die durch den →Siebenjährigen Krieg verursachten Zerstörungen in der Stadt. An diesen ersten Besuch G. erinnern dessen Aufzeichnungen im 8. Buch von «Dichtung und Wahrheit». Während seiner Reise von Weimar nach Reichenbach/ Schles. im Jahre 1790 hielt sich der Dichter vom 28. bis zum 30. Juli in Dresden auf, wobei er Christian Gottfried →KÖRNER auf dessen Weinberg in Loschwitz besuchte. Auf der Rückreise von Reichenbach machte G. wiederum in der Stadt Station (vom 25. September bis zum 4. Oktober 1790). Er wohnte im Gasthof «Drei Goldene Palmzweige», besuchte wieder Körner und lernte den Direktor der Kunstakademie Giovanni Battista →CASANOVA, den Maler ROMBERG und den Oberbibliothekar Johann Christoph →ADELUNG kennen. Über diesen Aufenthalt schrieb G.: «Dresden hat mir große Freude gemacht und meine Lust, an Kunst zu denken, wieder belebt. Es ist ein unglaublicher Schatz aller Art an diesem schönen Orte.» Zum vierten Male weilte G. vom 3. bis 11. August 1794 mit Herzog CARL AUGUST von Sachsen-Weimar in der Stadt. Er besuchte die Gemäldegalerie und im Zusammenhang mit seinen Forschungen zur Metamorphose der Pflanzen den Hofgärtner SEIDEL in der Ostra-Allee. Bei seinem Besuch Dresdens im Jahre 1810 (Wohnung im →«Goldenen Engel», Wilsdruffer Gasse 7) lernte G. Louise →SEIDLER kennen und besuchte wiederum Körner und mehrmals Gerhard von →KÜGELGEN, von dem er sich porträtieren ließ. Als G. 1813 zur Kur nach Teplitz fuhr, hielt er sich vom 20. bis zum 25. oder 26. April in der Stadt auf. Außer mit Körner und Kügelgen traf er mit Ernst Moritz →ARNDT zusammen. Vom Fenster des Kügelgen-Hauses in der Neustadt erlebte er den Einzug des Kaisers →ALEXANDER von Rußland und des preuß. Königs →FRIEDRICH WILHELM III. in die Stadt. In der Gemäldegalerie studierte er eingehend die Gemälde RUISDAELS. Auf der Rückreise von Teplitz hielt sich G. nochmals Anfang August für einige Tage in Dresden auf. Bei beiden Besuchen wohnte er bei dem Hof- und Justizrat BURGSDORFF in der →Seegasse (später Seestraße 6). – An den Dichter erinnern oder erinnerten: Goetheallee in →Blasewitz, Goethestraßen westlich des Großen Gartens und in →Klotzsche, Statue von Ernst →RIETSCHEL am Eingang des Opernhauses, eine Marmorbüste von David D'ANGERS in der Sächsischen Landesbibliothek sowie Gedenktafeln an den Häusern Friedrichstraße 5, Palaisplatz 12 (ehem. Hotel «Drei Goldene Palmenzweige»), Terassenufer 3 (seit 1849) und im Durchgangsraum des Ausstellungsgebäudes vom Sächsischen Kunstverein (seit 1928).

Der «Goldene Engel»: um 1715 erbautes fünfgeschossiges barockes Gasthaus Wilische Gasse Nr.7 (später Wilsdruffer Straße), das 1930 abgebrochen wurde. Über dem Eingang befand sich die von Christian Gottlieb →KÜHN geschaffene Sandsteinfigur eines Engels. Das zu Beginn des 19. Jh. mit 24 herrschaftlich eingerichteten Zimmern und Stallung für 24 Pferde zu Dresdens renommiertesten Hotels zählende Haus beherbergte viele berühmte Gäste; so wohnten z. B. hier →SCHILLER vom 11. bis 12. September 1785, →GOETHE vom 16. bis 25. September 1810 und in den Jahren 1808 bis 1817 häufig der Freiberger Geologe Abraham Gottlob →WERNER, der am 30. Juni 1817 in dem Hotel verstarb.

Goldener Reiter: in Überlebensgröße ausgeführtes Denkmal des Kurfürsten →FRIEDRICH AUGUST I., der im antiken Gewand nach Art römischer Cäsaren auf einem sich aufbäumenden Pferde (mit Zunge) sitzt. Das Denkmal bildet den beherrschenden Mittelpunkt des Neustädter Marktes in der Nord-Südachse von der Hauptstraße zur Augustusbrücke. Dem Wunsche Augusts nach verherrlichender Selbstdarstellung, die Macht und Kraft ausdrücken sollte, gaben Künstler wie PÖPPELMANN und LONGUELUNE mit Plänen zur Aufstellung eines Reiter-

Hotel «Drei goldene Palmenzweige»
Der Goldene Reiter.
Standbild Augusts des Starken

standbildes auf dem Schloßdach, auf der neugestalteten Augustusbrücke sowie auf dem Blockhaus Ausdruck. Die Bildhauer PERMOSER und KÄNDLER schufen Entwürfe in Holz bzw. in Porzellan. Aber erst 1732/34 stellte der aus Nördlingen gebürtige «Kunst-Kanonenschmidd» Ludwig WIEDEMANN (1690–1754), ein Offizier in sächsischen Diensten, das Monument her – wohl nach einem Modell des aus Frankreich stammenden Hofbildhauers Jean Joseph VINACHE. Da damals niemand in Dresden einen so großen Bronzeguß ausführen konnte, trieb Wiedemann das Standbild in seiner Werkstatt im Ostragehege in bis zu 2 mm dünnem Kupferblech und versah es zur Befestigung im Inneren mit eisernen Verstrebungen. Nachdem man sich auf den Vorschlag von Jean de BODT über den endgültigen Standort geeinigt hatte, erfolgte am 12. August 1735 die Grundsteinlegung des von Longuelune entworfenen Sockels und am 26. November 1736 die Enthüllung des Reiterstandbildes. Der unvollendet gebliebene Sockel wurde erst 1884 nach einem Vorschlag von Konstantin →LIPSIUS anläßlich der Restaurierung der Plastik mit der Anbringung der lateinischen Inschriften fertiggestellt. Vor Ende des Zweiten Weltkrieges zerlegte man das Denkmal und lagerte es aus. 1953/56 wurde es von dem Bildhauer Walter FLEMMING wieder zusammengesetzt und restauriert sowie anläßlich der 750-Jahr-Feier Dresdens an seinem ursprünglichen Standort aufgestellt. 1965 nahmen die Restauratoren Ernst BAUMANN und Gerhard GESCHE eine Blattvergoldung vor (Verwendung von insgesamt 187 g Gold), da aus technischen Gründen die originale Feuervergoldung nicht mehr möglich war. Der G. gilt als ein Wahrzeichen Dresdens und hat als Sinnbild der Ära Augusts des Starken literarischen Niederschlag im Roman «Der Goldene Reiter und sein Verhängnis» von Kurt Arnold FINDEISEN gefunden (erschienen 1954).

«Goldener Ring»: im 17./18. Jh. größte und vornehmste Beherbergungsstätte Dresdens, die sich am Altmarkt 15 zwischen Scheffel- und Webergasse befand. Sie bestand bereits im 15. Jh. (seit 1556 Erbgasthof) und diente häufig fremden Gesandtschaften als Unterkunft. In dem 1703 durch Johann Gottfried →FEHRE zu einem repräsentativen viergeschossigen Barockgebäude mit 8 Fenstern Front umgebauten Hotel logierte am 20./22. September und 18./23. Oktober 1711 Zar →PETER I. 1729 wurde der G. vom Rat der Stadt erworben, um das Rathaus hineinzuverlegen, wofür die kurfürstliche Genehmigung jedoch nicht erteilt wurde. Bis 1737 blieb der G. Gasthaus, wurde danach als Wohnhaus genutzt und diente 1840/72 nach Umbau als «Hotel de l'Europe» wieder der Gastronomie. Der danach noch im Erdgeschoß betriebene «Stadtkeller» ging 1892 ein. Das Haus wurde am 13./14. Februar 1945 durch Bomben zerstört. – Eine am Altmarkt 1991 eröffnete Gaststätte «Zum Goldenen Ring» erinnert an den historischen G.

«Goldener Stiefel»: histor. Gaststätte in Dresden-Torna. Sie wurde 1815 als kleine Gastwirtschaft von einem Schuster eröffnet und erhielt um 1850 den Namen «Restauration zum goldenen Stiefel». Die heutige beliebte Tanzgaststätte mit Gartenbetrieb existiert seit 1877 oberhalb des ursprünglichen Standortes auf dem sog. Pfaffenberg und war um 1900 das Stammlokal des →Gebirgsvereins für die Sächsische Schweiz, Sektion Strehlen.

Goldschmiedekunst: Die G. (einschließlich Silberschmiedekunst) umfaßt die künstlerische Gestaltung von Geräten, Schmuckgegenständen und Gefäßen aus Edelmetallen. Sie ist durch die seit 1168 im Erzgebirge gefundenen Silbererze – außer in den Bergstädten – auch in Dresden schon zeitig nachweisbar. Das beweist die hohe Anzahl von goldenen und silbernen Gefäßen im Inventar des →Augustinerklosters aus dem Jahre 1539. Durch die Verlegung der kurfürstlichen Residenz nach Dresden und dem damit verbundenen wirtschaftlichen Aufschwung entstanden für die Dresdner Goldschmiede neue Auftraggeber. Neben den kirchlichen Würdenträgern und Stiftern von kirchlichen Prunkgefäßen stand nun die höfische Repräsentation im Vordergrund. Die heute im →Grünen Gewölbe erhaltenen Arbeiten Dresdner Meister sind meistens Auftragswerke der sächsischen Kurfürsten und waren oft für die →Kunstkammer bestimmt gewesen. So fertigte Urban SCHNEEWEISS (1536 bis 1600) künstlerische Pokale u. a. Trinkgefäße für den Hof. Herausragend sind auch die Arbeiten der Meister aus den Familien SCHWEDLER und →KELLERTHALER. Der Ausbau des Ratsschatzes und die Bedürfnisse des aufkommenden Bürgertums führten zur weiteren Förderung des Goldschmiedehandwerks. In der Barockzeit spornte die Prunksucht des Kurfürsten →FRIEDRICH AUGUST I. mit seinen prächtigen →Hoffesten die Dresdner Goldschmiede zur weiteren Leistungssteigerung an. Das kann man auch an der Anzahl der zugelassenen Meister ablesen: 1612 gab es 29, im Jahre 1700 aber schon 58 Meister. Hauptvertreter der barocken Goldschmiede- und Juwelierkunst war Johann Melchior →DINGLINGER, der mit sechs Familienmitgliedern einzigartige Stücke der G. für den Hof geschaffen hat. Daneben sind noch die Dresdner Hofjuweliere Johann Jacob IRMINGER (1655–1724) aus Zürich und Johann Heinrich KÖHLER (1669–1736) aus Langensalza zu nennen. Auch Moritz →RACHEL, Johann Friedrich KLEMM (um 1648–1726) und Paul INGERMANN (gest. 1747) haben als Zunftmeister hervorragende Einzelstücke der G. geschaffen. Der →Siebenjährige Krieg brachte dagegen einen Niedergang der G. in Dresden. Dazu kam noch das Verlangen der Käufer nach billigerem Schmuck, was wiederum zur Einführung von maschinellen Techniken im Handwerk führte. Während bis zum Ende des 19. Jh. meist ältere Stilarten nachgeahmt wurden, kam es zu Beginn des 20. Jh. in der Dresdner G. zu einem deutlichen künstlerischen Aufschwung, vor allem durch die Rückbesinnung und Neuverwendung einheimischer Materialien (z. B. Achate aus Halsbach). Die ältesten Artikel der Dresdner Goldschmiedeinnung stammen von 1542, weitere Bestätigungen erfolgten 1556, 1598, 1607, 1645. Vorbildlich war die 1607 erfolgte Einrichtung einer Begräbniskasse für alle Innungsmitglieder.

Gondelhafen: ehem. Abschnitt des Stadtgrabens an der Ostseite der →Brühlschen Terrasse (Jungfernbastei), der 1820 verbreitert wurde und seit 1824 den Dresdner Schiffern als Winterhafen diente. 1852 wurde der G. zugeschüttet und bis 1856 zu einer Gartenanlage umgestaltet, die bis 1890 zum →Botanischen Garten gehörte.

Gorbitz: Stadtteil am Westhang der Elbtalweitung, 1206 als Gurbewicz (slaw. Gorb, Hügel) urk. erw., kam 1921 zu Dresden.

– G. umfaßt die Dorfkerne der lange selbständigen Gemeinden Ober- und Niedergorbitz längs der Uthmannstraße, die Siedlungen in Obergorbitz aus der ersten Hälfte des 20. Jh. und das größte Dresdner Neubauwohngebiet in Plattenbauweise. – Die beherrschende Rolle des Kammergutes und die starke soziale Differenzierung zwischen dem relativ wohlhabenden Bauerndorf Obergorbitz und der bevölkerungsreichen Tagelöhner- und Häuslergemeinde Niedergorbitz prägten noch bis in das 19. Jh. das Bild dieses Stadtteils. Das Vorwerk war 1445 im Besitz der Dresdner Familie →BUSMANN. Nach Erwerb durch Kurfürstin MAGDALENA SYBILLA 1644 wurde es ständig erweitert und in den folgenden Jahrhunderten durch Zukäufe von Besitzungen in der gesamten Dresdner Umgebung vergrößert. 1832 ging es aus unmittelbarem Besitz des Landesherren in fiskalische Verwaltung über. Die 153 ha große Gutsflur verhinderte die Wohnbebauung von Dresden aus, jedoch wurde die landwirtschaftliche Nutzfläche 1981/90 geschlossen bebaut. – Kurfürst AUGUST ließ 1584 die *Gorbitzer Röhrfahrt*, eine hölzerne Wasserleitung, bis zum Dresdner Schloß anlegen. An den Aufenthalt des preußischen Heerführers LEOPOLD I. von Anhalt-Dessau am 16. Dezember 1745 nach der Schlacht bei Kesselsdorf erinnerte der frühere Gasthofsname «Zum Alten Dessauer». Im Haus Wilsdruffer Straße 15 (später Kesselsdorfer Straße 139) führten Franzosen und Verbündete am 9./10. November 1813 Verhandlungen über den Abzug der französischen Besatzung, womit Dresden von einer Belagerung verschont blieb. – Die Einwohnerzahl von Niedergorbitz stieg im 19. Jh. durch Zuzug von Bergleuten aus dem Plauenschen Grund weiter an und erreichte 1895 bereits 2 877 gegenüber 686 in Obergorbitz. Vom dichtbevölkerten Niedergorbitz aus breitete sich 1873 die letzte Choleraepidemie Dresdens über Löbtau bis in das Gerberviertel aus. – An der 1890/91 erbauten Niedergorbitzer Schule wirkte bis 1904 der Heimatchronist Friedrich August →LESSKE. 1900 wurde die Schule an der Uthmannstraße errichtet. Eine 1872 gegründete Diakonenbildungsanstalt siedelte 1899 nach Moritzburg über; ihre Kapelle wurde von der seit 1913 selbständigen Kirchgemeinde übernommen. Der Friedhof an der Rädestraße besteht seit 1905. – Stadtbekannt war vor dem Zweiten Weltkrieg die Gorbitzer Vogelwiese auf den abgeernteten Kammergutsfeldern. – Im ehem. Gasthof «Zum Reichsschmied» eröffnete Rudolf →FRIEDRICHS am 7. Dezember1945 das erste Dresdner Rundfunkstudio nach dem Kriege. Das Studio (Sender Dresden des Mitteldeutschen Rundfunks) zog wenig später in die Stadt um. Im gleichen Gebäude war seit 1955 das →Trickfilmstudio der DEFA tätig.
Das aus der Kammergutsflur stammende Bodenreformland ging 1952 bzw. 1960 in die landwirtschaftlichen Produktionsgenossenschaften mit ein. Vor allem entlang der Uthmannstraße blieben Gehöfte und Häusleranwesen im Bauzustand des 18./19. Jh. mit Plänermauern, Fachwerk, alten Schlußsteinen und anderen Details erhalten. Das schon in der Chronik von Leßke erwähnte Gut Uthmannstraße 40 wurde um 1990 durch einen Brand beschädigt. Einzelne Gebäude dieses Gorbitzer Denkmalbereichs werden durch Bürgerinitiative denkmalsgerecht erhalten, ganze Bereiche sind jedoch durch stilwidrige Einbauten um ihren Wert gebracht. Auch wurde beim Aufbau des benachbarten Wohngebietes versäumt, diese Ortskerne kulturell und gewerblich einzubeziehen.
Der Grundstein für das Neubaugebiet wurde am 21. August 1981 am Platz der späteren Gaststätte «Grüner Heinrich» gelegt. Am 15. Januar 1982 erfolgte die Schlüsselübergabe für die ersten 102 Wohnungen. Am Wölfnitzer Ring wurde 1984 die Übergabe der 100 000. nach 1945 in Dresden erbauten Wohnung vollzogen. Mit dem Abschluß des Wohnungsbaues umfaßte das Gebiet auf 220 ha Fläche, die sich auch auf benachbarte Gemarkungen (Leutewitz, Omsewitz) erstreckt, ca. 15 000 Wohnungen mit über 40 000 Einwohnern. In vier Wohnkomplexen, die durch Ring- und Anliegerstraßen erschlossen sind, wurden vorwiegend 6geschossige Gebäude der Wohnungsbauserie WBS 70, im Raum Wölfnitz auch vier 17geschossige Hochhäuser errichtet. Für die Straßenbahn entstand eine «Mittelachse» mit Ladenpavillons. Das Wohngebiet erhielt 11 Schulen, die entsprechenden Kindertagesstätten, Ambulatorien und zwei Seniorenheime. Um 1990 begann der Bau einer Umfahrungsstraße «Nordtangente» für Löbtau. – Das größte Dresdner Neubaugebiet wies bei seiner Fertigstellung eine unzureichende sozial-kulturelle und gewerbliche Infrastruktur auf und ist trotz der Hanglage von städtebaulicher Monotonie bestimmt. G. wurde 1992 in das Bundesforschungsvorhaben «Weiterentwicklung großer Neubaugebiete in den neuen Bundesländern» aufgenommen. 1992 erfolgte die Weihe des ev.-luth. Philippus-Gemeindezentrums. Ein Büro- und Einkaufszentrum entstand 1993 im oberen Teil von G.

Alt-Gorbitz im Winter

Gostritz: linkselbischer Stadtteil, am Nöthnitzbach gelegen, das Gassendorf mit Blockflur 1378 als Gostericz (altsorbisch svw. Leute eines Gostirad) erstmalig erw., 1921 zu Dresden eingemeindet. Bis 1403 gehörte der Ort den Burggrafen von Dohna, danach verschiedenen Adelsfamilien. Der Klosterhof von Leubnitz hatte frühzeitig in G. Besitz erworben, den er so weit ausbaute, daß am Ende des Mittelalters das ganze Dorf dem Klosterhof gehörte. Nach der Reformation kam G. mit anderen Dörfern 1550 an das Leubnitzer Amt des Rates der Stadt. Bei den Kämpfen um Dresden 1813 wurden 10 Häuser im Ort vernichtet. G. gehörte bis 1445 zur Parochie Dohna und danach wurde es nach Leubnitz eingepfarrt. 1897 entstand ein Schulhaus im Ort, seit 1923 besuchten die Gostritzer Kinder die Leubnitzer Schule. Die in der Flur befindlichen Lehm- und Tonvorkommen führten zur Errichtung von Ziegeleien. Bekannt wurde G. durch seine Baum- und Rosenschulen. In Altgostritz sind Teile des alten Dorfkerns mit Schlußsteinen und Hausinschriften erhalten. Bis 1965 wurde an der Gostritzer Straße der Gasthof →«Mutter Unger» betrieben. An der Friebelstraße wohnte seit 1917 der Maler Bernhard →KRETZSCHMAR.

Gouvernementshaus: →Kurländer Palais

Gräbner, Julius: →Schilling, Rudolph

Gradnauer, Georg: Redakteur und Politiker, geb. 16. 11. 1866 Magdeburg, gest. 18. 11. 1946 Berlin. – G. war 1890/1896 Redakteur der Dresdner «Sächsischen Arbeiter-Zeitung» (SAZ) und danach am Zentralorgan der SPD, dem «Vorwärts» tätig. Nachdem er dort wegen seiner opportunistischen Haltung ausscheiden mußte, war er von 1906/18 Chefredakteur der «Dresdner Volkszeitung». 1918 wurde G., ein Vertreter des rechten Flügels der SPD, sächsischer Justiz- und Innenminister, 1919 Ministerpräsident und 1921 Reichsinnenminister. 1933 von den Faschisten verhaftet, kam er später in das KZ Theresienstadt, das er überleben konnte.

Graesse, Johann Georg Theodor: Kulturhistoriker, geb. 31. 1. 1814 Grimma, gest. 27. 8. 1885 Radebeul. – Der an der Landesschule Grimma und der Universität Leipzig ausgebildete Gelehrte kam 1837 nach Dresden, wo er zehn Jahre als Lehrer an der Kreuzschule wirkte. 1843 ernannte ihn König FRIEDRICH AUGUST II. zu seinem Privatbibliothekar. Europäischen Ruf errang G. durch seine Tätigkeit auf den Gebieten der Sagenforschung und der Volkskunde, durch die Herausgabe seines lateinischen Ortsnamenverzeichnisses «Orbis latinus» (1860) sowie durch bibliographische Arbeiten. 1848 wurde er zum Inspektor des →Münzkabinettes berufen, 1852 zum Direktor der →Porzellansammlung und 1864 zum Direktor des →Grünen Gewölbes. Diesen Sammlungen verhalf er mit gründlichen wissenschaftlichen Arbeiten zu dem ihnen gebührenden Ansehen. 1881 trat er von den Museumsämtern zurück, betreute aber danach noch die Kupferstichsammlung von Friedrich August II. – Seine Stadtwohnung hatte G. seit 1869 in der Forststraße, daneben besaß er das Weingut «Wackerbarths Ruhe» in Radebeul.

Graff, Anton: Maler, geb. 18. 11. 1736 Winterthur (Schweiz), gest. 22. 6. 1813 Dresden. – Der seit 1759 in Augsburg lebende Künstler wurde 1766 als Lehrer mit einem Jahresgehalt von 400 Talern an die Dresdner Kunstakademie berufen. Damit war zugleich das Hofmaleramt verbunden, unter anderem mit der Aufgabe, «jährlich ein Bildnis mit oder ohne Hand, halbe Figur, für den Hof unentgeltlich und besten Fleißes zu verfertigen». G. hatte seine Wohnung im Haus Altmarkt 9. Trotz eines lukrativen Angebots 1788 an die Berliner Kunstakademie blieb er Dresden treu, wo er 1789 mit einem Jahresgehalt von 700 Talern zum Professor ernannt wurde. Schon in seinen ersten Dresdner Jahren war G. so erfolgreich, daß er bald der gesuchteste Porträtmaler in Deutschland wurde, wobei sich seine Bilder durch Verinnerlichung und Vergeistigung der dargestellten Personen auszeichnen. Zu den 1240 Bildnissen, die er schuf, gehören die fast aller berühmter Zeitgenossen, so z. B. auch die der Dresdner Persönlichkeiten Johann Christoph →ADELUNG, Christian Ludwig von →HAGEDORN, Christian Gottfried →KÖRNER, Johann Gottlieb →NAUMANN, Johann George →PALITZSCH, Gottlieb Wilhelm →RABENER, Elisa v.d. →RECKE, Friedrich v. →SCHILLER, Christoph August →TIEDGE und Adrian →ZINGG. In seinen letzten Lebensjahren malte G. auch einige kleine stimmungsvolle Landschaften mit Motiven aus der Dresdner Umgebung. – Begr. auf dem alten Johannisfriedhof, Anton-Graff-Straße in Johannstadt.

Grassi, Josef: Maler, geb. 22. 4. 1757 Wien, gest. 8. 1. 1838 Dresden. – Als Porträtmaler der Wiener und Warschauer Hofgesellschaft hatte G. bereits einen guten Ruf und ein beträchtliches Vermögen erworben, als er im August 1800 zum Professor an die Dresdner Kunstakademie berufen wurde. Neben Anton →GRAFF lehrte er in der Porträtklasse. G. besaß bis 1816 ein Landhaus im Plauenschen Grund, das auch später noch als «Grassis Villa» beschrieben und abgebildet wurde. Heute steht dort die Felsenkeller-Brauerei.

Anton Graff, Selbstbildnis

Greser, Hans Daniel: lutherischer Theologe, geb. 6. 12. 1504 Weilburg a. d. Lahn, gest. 29. 9. 1591 Dresden. – Der nach seiner Priesterweihe zum Luthertum übergetretene G. wurde 1542 vom sächsischen Herzog nach Dresden berufen, wo er bis kurz vor seinem Tode Pfarrer der Kreuzkirche und Superintendent war. G. hatte maßgeblichen Anteil an der Organisierung der ev. Kirche im albertinischen Sachsen (Autor der Generalartikel, mit denen Kurfürst AUGUST das sächsische Kirchenwesen ausbaute). 1574 verfaßte er eine neue Gottesdienstordnung für die Kreuzkirche, 1580 wurde er als Assessor Mitglied des neu geschaffenen Oberkonsistoriums.

Griebel, Otto: Maler und Grafiker, geb. 31. 3. 1895 Meerane, gest. 7. 3. 1972 Dresden. – Der zunächst als Dekorationsmaler ausgebildete Künstler kam 1909 an die Königliche Zeichenschule in Dresden und studierte 1911/15 an der Dresdner Kunstgewerbeschule Glasmalerei. Nach dem Erlebnis des Ersten Weltkrieges als Soldat schloß sich G. aktiv der revolutionären Arbeiterbewegung an (war z. B. Mitglied im Dresdner Arbeiter- und Soldatenrat) und entwickelte sich zu einem bedeutenden Vertreter der proletarisch-revolutionären deutschen Kunst. Nachdem er seine Ausbildung 1919/22 an der Kunstakademie bei Robert →STERL fortgesetzt hatte, war er freischaffend tätig. Mit seinen künstlerischen Werken beteiligte er sich mutig an den sozialen Auseinandersetzungen der Nachkriegszeit. 1929 gehörte G. zu den Mitbegründern der Dresdner Sektion der →Assoziation Revolutionärer Künstler Deutschlands und 1931 zu den Mitgliedern der Neuen →Dresdner Sezession. Nach seiner Verhaftung im Mai 1933 wurden seine Werke durch die Faschisten als «entartet» verfemt, z.T. beschlagnahmt und vernichtet. Einen weiteren Teil seines Werks verlor der Künstler bei der Zerstörung seines Ateliers am 13./14. Februar 1945. Nach dem Zweiten Weltkrieg gehörte er zu den Mitgliedern der Künstlergruppe «Das →Ufer», wirkte als Kunstpädagoge an Oberschulen und 1952/60 als Dozent und Studiendirektor an der Arbeiter-und-

Bauern-Fakultät der Hochschule für Bildende Künste Dresden. Seine Wohnung hatte er in Loschwitz (Pillnitzer Landstraße 11). – Grab auf dem Loschwitzer Friedhof.

Grillparzer, Franz: österreichischer Dichter, geb. 15. 1. 1791 Wien, gest. 21. 1. 1872 Wien. – Am 27. August 1826 traf G. in Dresden ein und wohnte im →Goldenen Engel, Wilsdruffer Gasse. Seine Reise galt Ludwig →TIECK und den Dresdner Sehenswürdigkeiten. Mit den Dresdnern und dem sächsischen Dialekt wollte er sich nicht anfreunden, er reiste bereits nach einer Woche ab. Seine Meinung von den Dresdnern war: «Diese quäkenden Frösche mit ihrer äußeren Höflichkeit und inneren Grobheit, mit ihrer Bereitwilligkeit und Taktlosigkeit, ihrer schwächlichen Großtuerei, all das ekelt mich an. Die Sprache dieser Leute beleidigt mein Ohr.» – Grillparzerstraße und Grillparzerplatz im Stadtteil Cotta.

Groll, Peter: →Originale, Altdresdner

Grone, Johann Baptist: Maler, geb. 1682 Venedig, gest. 10. 5. 1748 Dresden. – G. ist seit 1719 in Dresden nachweisbar, wo er die Innenausstattung des Opernhauses am Zwinger übernahm. 1734 bemalte er 8 Felder in der Kuppel der →Frauenkirche (4 Evangelisten, 4 Tugenden). Als Theatermaler schuf er eine Reihe von Dekorationen zu den Opern von Johann Adolph →HASSE.

Groß, Karl: Bildhauer, Goldschmied und Kunstpädagoge, geb. 28. 1. 1869 Fürstenfeldbruck b. München, gest. 5. 10. 1934 Dresden. – G. wurde 1898 als Lehrer für Goldschmiedekunst und Architekturplastik an die Kunstgewerbeschule in Dresden berufen, deren Direktor er 1914/1933 als Nachfolger William →LOSSOWS war. Er arbeitete fast auf allen Gebieten des Kunsthandwerks, so stammen z. B. Altar und Beleuchtungskörper der →Kreuzkirche, der Kronleuchter der →Sophienkirche (beides 1945 zerstört) und die Ornamente in der Christuskirche Strehlen von ihm.

Große Borngasse: →Carusstraße

Große Brüdergasse: verlief bis 1945 von der →Sophienstraße aus südlich an der →Sophienkirche vorbei bis zur →Schloßstraße. Ihren Namen erhielt sie nach dem 1272 erstmalig erwähnten →Franziskanerkloster. Die Franziskanermönche wurden auch «Barfüßer» oder «Graue Brüder» genannt. Urkundliche Erwähnung fand die Gasse im Jahre 1362 als Große Brudirgasse. Im Volksmund wurde sie in der ersten Hälfte des 18. Jh. genau wie die →Kleine Brüdergasse nur Klostergasse genannt. Im Mai 1849 fanden in der G. heftige Barrikadenkämpfe statt. 1883 errichtete man neben der Sophienkirche den St.→Georgsbrunnen von HÄHNEL. Seit 1967 ist die G. vom Gebäudekomplex der ehem. Großgaststätte «Am Zwinger» überbaut.

Große Fischergasse: Die unter Kurfürst →MORITZ entstandene G. existierte bis Mitte des 19. Jh. Sie führte vom Platz →An der Frauenkirche zur Straße Am Klepperstall (→Terrassengasse). 1556 wurde sie zeitweise «Newe Fischergasse», doch seit 1572 wieder G. genannt. Auf der G. befanden sich 13 Häuser, von denen das Haus des Senators und Stadtschreibers →LANGBEIN das bekannteste war. Als 1814 die Freitreppe zur →Brühlschen Terrasse erbaut wurde, baten die Anwohner den Rat der Stadt, die G. umzubenennen. 1849 erhielt sie den Namen →Münzgasse.

Große Frauengasse: →Galeriestraße

Große Frohngasse: ehem. Straße im Stadtzentrum, die den →Altmarkt mit der Großen →Schießgasse verband. Sie wurde 1451 erstmals als «Botilgasse» erwähnt (1560 Büttelgasse, 1561 Stockgasse, 1567 Frongasse, 1700 Große Büttelgasse). Der Name rührt von der am Ende der Gasse gelegenen Fronfeste (Büttelei, Stockhaus) des Rates. Ende des 18. Jh. unterschied man drei Teile der Gasse: die Große Marktgasse (zwischen Altmarkt und Gr. Kirchgasse), die Kleine Marktgasse (Abschnitt bis zur →Weißen Gasse) und die Frohngasse. Ebenso wie in der Kleinen Frohngasse befanden sich hier Häuser der Freudenmädchen. Im Zweiten Weltkrieg wurde die Bebauung in diesem Gebiet zerstört. Beim Wiederaufbau wurde die Gasse nicht mehr berücksichtigt.

Große Kirchgasse: bestand bis 1945 und führte von der →Kreuzkirche zur →König-Johann-Straße und kreuzte etwa in der Mitte die →Große Frohngasse. Von 1480 bis zur Anlage der König-Johann-Straße führte die G. vom Kreuzkirchplatz bis zur →Badergasse. Die G. trug vielerlei Namen. So nannte man sie 1577 Kirchgasse, 1614 große Kirchgasse, 1635 Creutzkirchgasse und seit 1641 sogar Nasengasse. Diesen Namen erhielt sie nach einer im 16./17. Jh. dort ansässigen Familie. Aufgrund ständiger Nässe in der tiefliegenden Gasse nannte man sie bis zum Beginn des 19. Jh. Nasse Gasse. Heute ist die G. von Wohn- und Geschäftshäusern überbaut.

Große Meißner Straße: Die seit dem Mittelalter bestehende Straße wurde wegen ihrer Richtung zum Meißnischen Tor 1456 als «Meisnische Gasse» bezeichnet und führte vom →Neustädter Markt westwärts zum →Palaisplatz. Auf der ehem. «Meisnischen Gasse» brach am

Blick vom Neustädter Markt in die Große Meißner Gasse. Aufn. 1894

6. August 1685 im Haus eines Tischlers ein Brand aus, dem 331 Häuser von →Altendresden zum Opfer fielen. Beim Wiederaufbau nach Plänen von Wolf Caspar von →KLENGEL wurde die Meißnische Gasse mit dem Westteil der kleinen Meißnischen Gasse verbunden und erhielt seit Anfang des 18. Jh den Namen Große Meißnische Gasse. Der Teil der ehem. Kleinen Meißnischen Gasse wurde zu dieser Zeit auch «Holländische Straße» genannt, nach dem an ihrem Ausgang befindlichen Holländischen (Japanischen) Palais. Seit 1864 wird sie Große Meißner Straße genannt. Die G. gehörte zu den berühmtesten barocken Straßenzügen in Dresden. Dennoch wurden die Ruinen der 1945 teilzerstörten Straße, die vom städtischen Denkmalamt Ende der vierziger Jahre als wiederherstellbar eingestuft worden waren, kurzfristig am 1. Juni 1950 gesprengt. Bei der Anlegung eines parallel zur Elbe verlaufenden Verkehrswegs von der →Marienbrücke bis zur Nord-Süd-Magistrale wurde auch die G. mit einbezogen und erhielt 1972 den Namen Köpckestraße. Als einziges historisches Gebäude ist das ehem. «Kollegienhaus», Große Meißner Straße 15, heute unverändert in seiner denkmalpflegerischen Substanz in den Komplex des →Hotels «Bellevue» einbezogen worden. 1992 wurde die Köpckestraße wieder in G. umbenannt.

Große Plauensche Gasse: Sie entstand Mitte des 16. Jh. und wurde 1567 «Plauische Straße», 1570 «Plauische Gasse» und seit 1618 «Groß Plauische Gaße» genannt. Sie führte vom →Dippoldiswaldaer Platz (ehem. Am Festungsgraben oder Am Schlößchen) südwärts zum Plauenschen Platz. Ihren Namen erhielt sie nach dem in südlicher Richtung liegenden Dorf Plauen. Bedeutung gewann die Gasse durch den →Türkischen Garten (später Blochmanns Erziehungsanstalt und Vitzthumsches Gymnasium) sowie das gegenüberliegende Josephinenstift. Seit 1847 erhielt sie den Namen G., der dann 1863 in Große Plauensche Straße umbenannt wurde. Beim Dresdner Maiaufstand 1849 befand sich an der G. Ecke Dippoldiswaldaer Platz eine Barrikade.

Große Meißner Gasse nach der Bombardierung 1945
Große Plauensche Gasse um 1900. Gemälde von Teiche

Großenhainer Straße: Ausfallstraße vom Neustädter Bahnhof zum →Wilden Mann, bereits im Mittelalter als Landstraße nach Hain (dem späteren Großenhain) vorhanden, 1517 als der Hainische Weg, Ende des 18. Jh. als Moritzburger Straße oder Moritzburger Chaussee erwähnt, im Volksmund in der ersten Hälfte des 19. Jh. Hainer oder Berliner Straße genannt. – Die Nähe der Eisenbahn (am Beginn der G. Teile des Leipziger Bahnhofs von 1857 erhalten) führte zur Ansiedlung von Industriebetrieben, darunter die Schreib- und Nähmaschinenfabrik Clemens Müller (später Reglerwerk). An der G. hat →Jehmlich-Orgelbau seinen Sitz. Die Straße kreuzt den Großenhainer Platz mit der →St.-Petri-Kirche, den Pestalozziplatz mit dem Schulgebäude von Hans →ERLWEIN von 1913/15 und steigt in die →Junge Heide auf. 1894/95 verkehrte probeweise die →Gasmotorbahn.

Großer Garten: größte zusammenhängende Parkanlage der Stadt mit 2 km² nahezu rechteckiger ebener Fläche, einer Länge von 1900 m und einer Breite von 1000 m bzw. 900 m; begrenzt durch die Lennéstraße im Westen, die Stübelallee im Norden, die Karcherallee im Osten und die Tiergartenstraße im Süden; eingeteilt in drei Längsalleen und eine Querallee. Die Hauptallee bildet die Längsachse, in deren Schnittpunkt mit der Querallee das Palais steht. Schon gegen Ende des 16. Jh. ließen Hof und Adel Lustgärten vor den Stadtmauern anlegen, in diesem Trend entstand auch der G. durch Ankauf von Feldern Strehlener, Grunaer und Striesener Bauern im kurfürstlichen Auftrag.
Geschichtliche Übersicht:
1676:
Beginn mit der Anlage als kurfürstlicher Jagdgarten größten Ausmaßes im Auftrag von JOHANN GEORG II. und JOHANN GEORG III. durch den Gärtner Martin GÖTTLER und Oberlandbaumeister Johann Georg →STARCKE;
1683:
Beginn mit der Gestaltung als Ebenengarten im streng geometrischen französischen Stil durch Oberlandbaumeister Johann Friedrich →KARCHER, Fertigstellung des →Palais;
1684/94:
Errichtung der 8 →Kavaliershäuser durch Starcke als Spiel- und Erfrischungsstätten für die Hofgesellschaft;
1698:
Beseitigung der alten Pirnaischen Landstraße, die durch das Parkgelände hindurchführte, und Anlage einer neuen Straße nach Pirna (Stübelallee);
1715:
Anlage des Palaisteiches;
1716:
Verlegung der Fasanerie vom Ostravorwerk und vom Neudorfer Elbwerder in den G.;
1718:
Bau einer 2 m hohen Mauer um den G. zum Schutze der Fasanen (mit 4 Eingängen und Torhäusern für «Personen von Kondition»);
1719:
Anlage des Naturtheaters (→Parktheater am Palais), des Hecken-Labyrinths, der Ringrennbahn, der Orangerie, des Venus-Tempels und einer Schießhütte; der G. dient als Veranstaltungsort der prächtigen Vermählungsfeiern des Kurprinzen;
um 1720:
Ausschmückung des G. mit zahlreichen

Sandstein- und Marmorplastiken (im Laufe der Jahre ca.1500 Stück, davon u.a. heute noch erhalten «Die Zeit enthüllt die Wahrheit» und zwei Zentaurengruppen von Antonio CORRADINI, «Die Zeit entführt die Schönheit» von Pietro BALESTRA sowie vier Herkulesstatuen von Balthasar →PERMOSER);
1730:
Unterbringung der Antikensammlung in vier Kavalierhäusern;
1758:
(November) Fluchtort für ca. 3000 obdachlose Dresdner aus den durch Brand im Siebenjährigen Krieg zerstörten Vorstädten;
1760:
Kampfgelände im Siebenjährigen Krieg, Zerstörung der Gebäude, Parkanlagen und Figuren sowie «Entwendung» der Skulpturen durch FRIEDRICH II. für den Potsdamer Park, ab Ende 1760 Wiederherstellung der gesamten Anlage einschließlich eines Geheges für 2000 Fasanen durch Oberlandbaumeister Julius Heinrich →SCHWARZE;

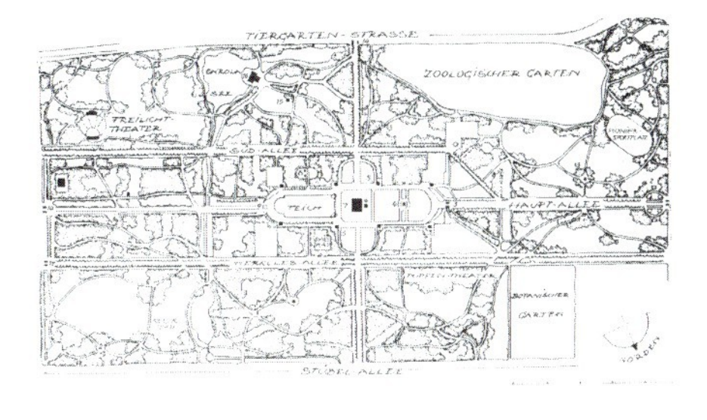

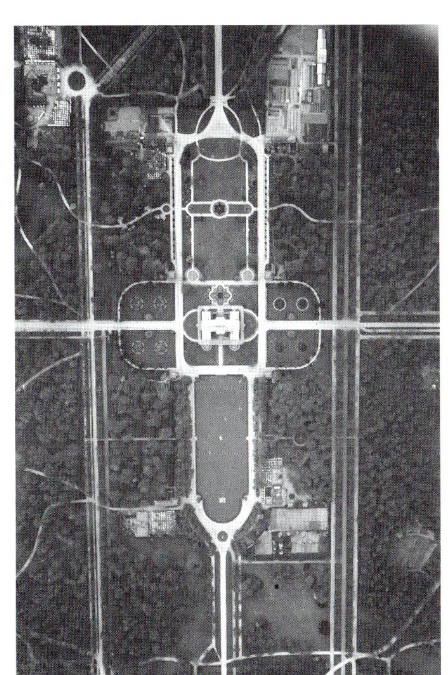

1813:
Kampfgelände während der →Schlacht bei Dresden;
1814:
allmähliche Beseitigung der Kriegsschäden, Abtragung der Mauer und Freigabe des G. für die Bevölkerung auf Befehl des russischen Generalgouverneurs von →REPNIN, Bau der Torhäuser von Gottlob Friedrich →THORMEYER, Beginn mit der Umgestaltung in den aufgelockerten englischen Parkstil durch den Hofgärtner Johann Gotthelf HÜBLER, Anlage des Rasen- und Blumenparterres vor dem Palais anstelle der barocken Spielanlagen;
1815:
Aufgabe der Fasanenzucht, Einrichtung der «Großen Wirtschaft», im Haus des Fasanenwärters, Anlage einer Obstbaumschule;
1829:
Erneuerung des Palais;
um 1830 ff.:
weitere vorwiegend wirtschaftliche Nutzung des G. zu Holzgewinnung, Seidenraupenzucht, Fischzucht, Gartenbau, als Düngerabladeplatz und Laubstreuquelle fur Gartnereien usw., Anlage weiterer Schankstätten, Ausbau der Kavalierhäuser zu Wohnzwecken für Sommergäste;
1834:
Aufstellung der Marmor-Prachtvasen von Corradini;
1861:
Abtretung von 12,8 ha Fläche für die Gründung des →Zoologischen Gartens;
1863:
Aufstellung der steinernen Löwen von Christian Gottlieb →KÜHN an der Querallee;
1873 ff.:
Vergrößerung und Umwandlung des G. in einen Volks- und Erholungspark durch Karl Friedrich →BOUCHÉ, weitere Gestaltung im englischen Parkstil durch bedeutende Erweiterung des Geländes und Neubepflanzung mit einheimischen, wie bisher, aber auch nordamerikanischen, kaukasischen und ostasiatischen Gehölzen, Anlage neuer Wege und Spielplätze;
1874:
Bewilligung eines eigenen Etats für den G. durch den Landtag;
1881/86:
Umwandlung einer Kiesgrube zum →Carolasee;
1887:
Erste internationale Gartenbauausstellung (→Gartenbau-Ausstellungen);
1889:
Beginn der Anlage des →Botanischen Gartens auf 3 ha des G. an der Stübelallee;
1890/94:
Anlage des «Neuteiches»;

Plan des Großen Gartens
Mittelteil des Großen Gartens. Luftbild-Senkrechtaufn. 1933
Christian August Günther (1759–1824), Großer Garten (1789)

1895:
Anlage des Rhododendronhaines, Bau der Gaststätte «Carolaschlößchen»;
1896:
Einweihung des →Ausstellungspalastes; um 1900 gibt es über 30 km Wege, auch Radfahrwege;
1926:
Aufstellung des →Mosaikbrunnens von Hans POELZIG;
14. Februar 1945:
Abwurf von anglo-amerikanischen Brand- und Sprengbomben auf den G., wobei u. a. alle Gebäude zerstört wurden und zahllose aus der brennenden Stadt geflüchtete Menschen den Tod fanden;
1946:
erste Aufräumungsarbeiten und Neugestaltung unter Gartenbauinspektor Kurt GIRT, erste Erhaltungsarbeiten am ausgebrannten Palais;
1. Juni 1950:
Beginn der Umgestaltung zum Volks- und Erholungspark, Einweihung der Pioniereisenbahn (→Parkeisenbahn);
1953:
Anlage des Sommerblumengartens;
1954/55:
Anlage des Stauden- und des Dahliengartens, Wiederaufbau von 5 Kavalierhäusern, Beginn mit dem Wiederaufbau des Palais, Einrichtung von Kinderspielplätzen; 1955 Einweihung des Puppentheaters «Sonnenhäusel»;
1954/57:
Bau des Freilichttheaters «Junge Garde»;
1969:
Abriß der beiden Torhäuser;
1. Januar 1993:
Übernahme der Trägerschaft durch den Freistaat Sachsen.
Mit seinen in den sechziger und siebziger Jahren entstandenen Sport- und Freizeitzentren und seinem artenreichen Pflanzen- und Vogelbestand ist der G., der als historische Parkanlage unter Denkmalschutz steht, für die Dresdner Bevölkerung ein Zentrum der Erholung und der aktiven Freizeitgestaltung sowie eine beliebte Stätte für Kulturveranstaltungen und Volksfeste.

Großes Gehege: →Ostragehege

Großes Haus: →Schauspielhaus

Großluga: linkselbischer Stadtteil im Südosten Dresdens, 1321 als Luge (slaw.: Ort mit feuchter Niederung) erwähnt, 1378 zur Unterscheidung von →Kleinluga als Luck major bezeichnet; 1920 mit Kleinluga vereinigt, beide 1922 zu Niedersedlitz und mit diesem 1950 zu Dresden eingemeindet. – G. war Besitz der Burggrafen von Dohna, die 1321 dem Kloster Altzella Zinsen überließen, und gehörte 1378 zum castrum Dresden. Es war bis in die jüngste Zeit nach Dohna eingepfarrt und bis 1922 dem Amt Pirna unterstellt. Das Dorf wuchs vom 16. bis in das 19. Jh. nur wenig und erweiterte sich erst nach 1890 in nordwestlicher

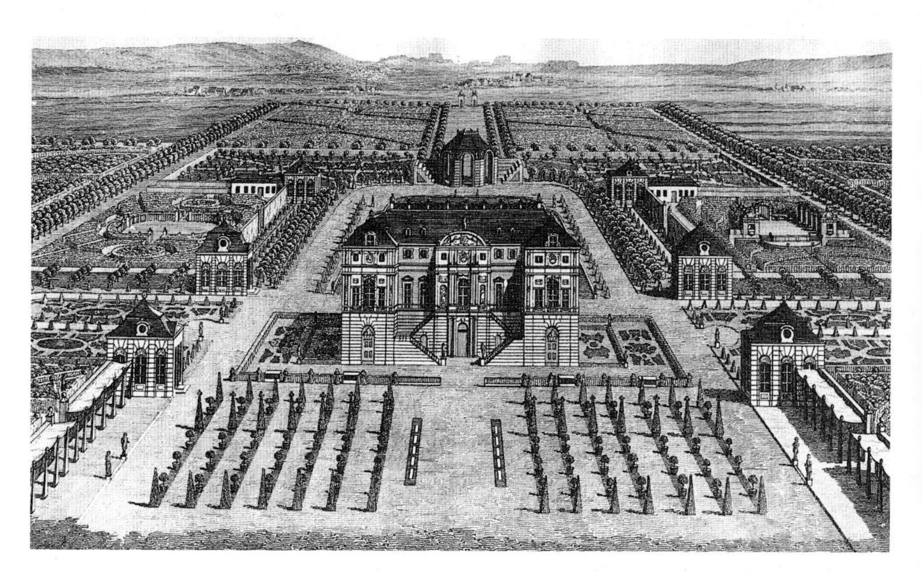

Richtung (1896 Gasthof an der Dohnaer Straße). Anfang des 19. Jh. wurde Flachs angebaut und Strohflechterei betrieben. Die Landwirtschaft spielte bis in die jüngste Zeit ein größere Rolle (1953 Zusammenschluß von 17 Bauern zu einer Produktionsgenossenschaft). Der Dorfkern befand sich in Form eines Rundweilers am Lugaer Platz. 1841 errichtete die Gemeinde ein Schulhaus an der Dohnaer Straße, 1899 ein neues an der Kleinlugaer Straße. An der Eisenbahnlinie Dresden–Pirna entstand das Eisenwerk Kelle & Hillebrandt (später Sächsischer Brücken- und Stahlhochbau, dann Sächsische Bühnen-, Förderanlagen- und Stahlbau GmbH). Auf Lugaer Flur befindet sich das Hauptumspannwerk Dresden-Süd.

Großmarkthalle: →Markthallen

Großzschachwitz: linkselbischer Stadtteil, 1350 als Schachwicz (slaw., Ort eines Cach) urkundlich erwähnt, als Großzschachwitz seit 1791 bezeichnet, 1950 zu Dresden eingemeindet. – Auf G.er Flur besaßen Dresdner Bürger und adlige Familien Güter, ab 1465 war die Familie

Großer Garten. 1719
Pickertsche Wirtschaft im Großen Garten. Um 1830
Marmorplastik in der Hauptallee

von KORBITZ im Besitz des Dorfes. Sie verkaufte es 1513 an die BÜNAUS auf Weesenstein, in deren Besitz es bis Anfang des 19. Jh. verblieb. Schäden erlitt der Ort in der Schlacht bei Dresden 1813. G. blieb bis in das 19. Jh. hinein eine kleine Bauern- und Häuslergemeinde mit Strohflechten und Zwirnen als Nebenerwerb. Es hatte um 1890 nur ein Drittel der Einwohnerzahl des benachbarten →Kleinzschachwitz, entwickelte sich dann jedoch zum stark bevölkerten Arbeiterwohnort. Kirchlich war es Dohna angegliedert, bevor es 1897 mit Kleinzschachwitz eine eigene Kirchgemeinde bildete. Seit etwa 1840 bestand ein Schulverband mit Kleinzschachwitz, ehe G. 1898 eine eigene Schule errichtete. Die 1547 erstmals erwähnte Mühle am Lockwitz-Mühlgraben büßte 1906 ihre Nebengebäude bei der Straßenerweiterung für die Straßenbahn nach Niedersedlitz ein. Der Wohnungsbau entfaltete sich besonders nach dem Ersten Weltkrieg Am Sand, an der Bahnhofstraße und der Schweizstraße. 1921 wurde →Sporbitz, 1922 →Meußlitz nach G. eingemeindet. An der Eisenbahnlinie Dresden–Pirna (Haltepunkt Dresden-Zschachwitz seit 1950) siedelten sich Industriebetriebe wie der Mühlenbau Dresden GmbH an.

Grötzsch, Robert: Dichter, Journalist, geb. 10. 3. 1878 Naunhof b. Leipzig, gest. 8. 3. 1946 New York. – G., der Romane, satirische Erzählungen, Komödien und Kinderbücher schrieb, war seit 1905 an der Sächsischen Arbeiterzeitung tätig, deren Chefredakteur er 1919 wurde. Im März 1933 verließ G. Deutschland.

Gruna: linkselbischer Stadtteil, 1370 als Grunow (Ort in der grünen Aue) urkundlich erwähnt, 1901 mit →Neugruna zu Dresden eingemeindet. – G. erstreckte sich zwischen zwei Altwassern der Elbe, woran Flurnamen wie Alte Elbe und Blanschfeld erinnern. Der südliche Elbarm zwischen Bodenbacher und Winterbergstraße führte zum Großen Garten und zur Bürgerwiese, das nördliche Flußbett, heute noch bis zu 2 m tiefer als seine Umgebung, reichte bis zum Frauensteiner Platz. 1309 hatten in diesem Altwasser deutsche Siedler den →Landgraben angelegt. Nach der Zerstörung der Burg Dohna 1402 wurde die alte Pirnaer Landstraße (heute Bodenbacher Straße) wichtigster Verbindungsweg nach Böhmen. Die Brücke über den Landgraben im Verlauf dieser Straße ist bereits 1439 erwähnt. Die neben der Brücke errichtete Schmiede wurde →«Grüne Wiese» genannt und übertrug ihren Namen auf eine bekannte Schänke. Der Ort unterstand dem Meißner Hochstift, nach der Reformation dem Religionsamt des Rates zu Dresden und dem kurfürstlichen Amt Dresden. Bei der seit 1676 fortschreitenden Anlage des Großen Gartens verloren auch Grunaer Bauern ihre Felder. In der →Schlacht bei Dresden 1813 brannte das Dorf ab; die Bauern erhielten deshalb die Erlaubnis, Bausteine aus den zerstörten Mauern des Großen Gartens zu gewinnen. Im 19. Jh. entwickelte sich G. zum Ausflugsort der Dresdner und zur Sommerfrische. Die Grunaer Kinder besuchten die Schule in Striesen, erhielten 1865 ein eigenes, 1884 vergrößertes Schulhaus an der Bodenbacher Straße und siedelten 1914 in die neue Schule Junghansstraße (Entwurf Hans →ERLWEIN) um; heute Gymnasium Dresden-Gruna. Von 1867 bis 1890 vervierfachte sich die Einwohnerzahl, jedoch entwickelte sich G. im Gegensatz zu Strehlen oder Blasewitz nicht zum Villenvorort. G. war bis 1892 nach der Kreuzkirche eingepfarrt, errichtete dann die →Thomaskirche, die 1945 schwer beschädigt und bis 1950 wiederhergestellt wurde. – Nach dem ErstenWeltkrieg wandelte G. seinen ländlichen Charakter durch Wohnbauten. Der 1919 gegründete Bauverein Gartenheim errichtete in den zwanziger Jahren nach Plänen von Paul BECK unter Leitung von Max OERTEL zwischen Junghansstraße und Landgraben eine Gartenstadt mit 800 Wohnungen. 1924/28 baute der Dresdner Spar- und Bauverein eine weitere Siedlung östlich des Landgrabens, und nach 1925 begann die Wohnungsbaugenossenschaft Gewobag mit der Bebauung des nördlichen Teils der Grunaer Flur. 1945 existierten in G. nur noch drei Bauerngehöfte; der Ort hatte sich zum Wohngebiet für Arbeiter, Angestellte und Geschäftsleute entwickelt. Die Luftangriffe 1945 trafen besonders den alten Dorfkern und das Gebiet um den Falkensteinplatz. 1949 wurde mit dem Ausbau beschädigter Wohngebäude als sogenannte Aktivistenwohnungen begonnen. Der Wieder- und Neuaufbau der rund 440 zerstörten Wohnungen der Genossenschaft Daheim war Ende der sechziger Jahre abgeschlossen. Der von Julius Ludwig ROTHERMUND (1827–1890) geschaffene →Rothermundpark blieb z. T. erhalten, während die Reste Altgrunas beim Bau der 17geschos-

Barockvase am Palaisteich des Großen Gartens

Grunaer Straße/Blochmannstraße. Aufn. 1956

sigen Hochhäuser an der Zwinglistraße ab 1975 abgetragen wurden.

Grunaer Straße: zwischen Straßburger Platz und Pirnaischem Platz gelegen, 1864 nach dem 1901 eingemeindeten Dorf Gruna benannt. Die G. ist heute die W-O-Magistrale des Stadtkerns, die sich in der Wilsdruffer Straße fortsetzt. Mit der Bebauung der N-Seite der G. begann 1951 der Neuaufbau des Stadtzentrums nach dem Kriege.

Grünanlagen: →Parkanlagen

Grundig: **1.** *Hans*, Maler und Grafiker, geb. 19. 2. 1901 Dresden, gest. 11. 9. 1958 Dresden. – G. zählt zu den Dresdner Malern in der ersten Hälfte des 20. Jh., die sich mit leidenschaftlichem Engagement der Thematik des Klassenkampfes und des antifaschistischen Widerstands gewidmet haben. Seine Werke gehören zu den ausdrucksstarken Zeugnissen des sozialistischen Realismus in der europäischen antifaschistischen Kunst und hatten einen großen Einfluß auf die Dresdner Malerei nach 1945. – Nach einer Lehre als Dekorationsmaler im väterlichen Handwerksbetrieb studierte G. 1920/21 an der Dresdner Kunstgewerbeschule, danach bis 1927 an der Kunstakademie in Dresden und war anschließend freischaffend tätig. Er gehörte 1929 mit seiner Frau Lea zu den Mitbegründern der Dresdner Gruppe der →Assoziation Revolutionärer Bildender Künstler Deutschlands und leistete nach der Machtergreifung der Faschisten nach 1933 aktiven Widerstand. 1936 erhielt er Malverbot, wurde nach Verhaftungen 1936 und 1938 von 1940 bis 1944 im KZ Sachsenhausen eingekerkert. Danach kam er in eine Strafdivision an die Ostfront, wo er zur Roten Armee übertrat. Über Berlin kehrte G. 1946 nach Dresden zurück. Hier wurde er mit dem Wiederaufbau des Lehrbetriebs an der Hochschule für Bildende Künste beauftragt, die er bis 1948 als Rektor leitete. 1958 erhielt er postum den Nationalpreis. Seine Selbstbiographie «Zwischen Karneval und Aschermittwoch» (1957) ist ein Zeugnis für die Geschichte der Dresdner Widerstandsbewegung und Kunstszene. – Grab auf dem Städtischen Heidefriedhof; 64. Schule «Hans Grundig» in Laubegast; Hans-Grundig-Straße in Johannstadt; Ausstellung im Albertinum (1974).–

2. *Lea*, geb. Langer, Zeichnerin und Grafikerin, geb. 23. 3. 1906 Dresden, gest. 10. 10. 1977 auf einer Mittelmeerfahrt. – Sie gehört, wie ihr Mann Hans G., zu den Vertretern der sozialistischen Kunst in Deutschland, wozu sie vor allem mit Bildnissen werktätiger Menschen und mit expressiven grafischen Folgen zu politischen Themen beitrug. Nach dem Studium an der Dresdner Kunstschule von Edmund →Kesting «Der Weg» (1923) und an der Kunstakademie in Dresden war sie freischaffend tätig. Mit ihrem Mann beteiligte sie sich am antifaschistischen Widerstandskampf und wurde 1936 sowie 1938/39 verhaftet. Danach konnte sie aus Deutschland fliehen und emigrierte nach Palästina. 1949 über Prag nach Dresden zurückgekehrt, erhielt sie eine Dozentur bzw. ab 1951 die Professur für Grafik an der Dresdner Kunsthochschule und war mitverantwortlich für die Kulturpolitik in der DDR. 1964/70 war sie Präsidentin des Verbandes Bildender Künstler und wurde 1958 sowie 1967 mit dem Nationalpreis und 1972 mit dem Martin-Andersen-Nexö-Kunstpreis der Stadt Dresden ausgezeichnet. Ihre Wohnung hatte sie zuletzt in der Donndorfstraße in Zschertnitz. – Grab auf dem Städtischen Heidefriedhof.

Grundstraße: vom Körnerplatz in Loschwitz durch den Loschwitzgrund zur Bautzner Landstraße in Bühlau ansteigende Verbindung aus dem Elbtal zur Lausitzer Hochfläche, mit der Regulierung der →Trille bis 1936 verbreitert und begradigt. – Die unterste der einst 7 Mühlen, die Hentschelmühle («Rote Amsel») wurde nach 1880 durch Eduard →Leonhardi in ein Museum verwandelt (Gedenkstein für Ludwig →Richter). Leonhardis Vater August L. errichtete 1854 an der alten Vettermühle unweit vom Ausgang des →Ziegengrundes 1854 eine Tintenfabrik (1936 abgetragen, Grünanlage mit zwei kleinen Brunnen von Robert →Diez später zerstört). Auf Rochwitzer Flur liegt die historische Gaststätte «Zur Eule». Durch die G. fuhr 1950/75 die einzige Obuslinie Dresdens.

Grüne Straße: Seit dem 16. Jh. bestehend, reichte die damalige Grüne Gasse damals von der →Ostra-Allee bis zum späteren Wettiner Platz. Bei der Erweiterung des →Herzogin-Gartens 1623 mußte der Teil der Gasse zwischen Ostra-Allee und Am Schießhaus den Gartenanlagen weichen. Zur Namensgebung verhalfen die Gärten, «deren Bäume ihre Wipfel auf die Gasse streckten und dem Auge einen lieblichen grünen Anblick gaben».

«Grüne Wiese»: ehemaliger Landgasthof in Gruna an der westlichen Seite des →Landgrabens. Der Gasthof mit angeschlossener Schmiede entstand Ende des 15. Jh. als Raststätte und Herberge für Fuhrleute an der von Dresden nach Pirna bei Gruna vorbeiführenden Straße. Seiner Lage inmitten der Fluren verdankte er seinen Namen. Während der Schlacht bei Kesselsdorf im Dezember 1745 diente er den Österreichern und im Juli 1760 bei der →Belagerung Dresdens →Friedrich II. als Hauptquartier; bei der Schlacht um Dresden im August 1813 wurde in seiner Nähe heftig gekämpft. Im 19. Jh. war die G. auch im Winter ein beliebtes Ausflugsziel der Dresdner. 1875 ließ ihr Besitzer die Gaststätte 300 m nordwestlich vom alten Standort neu errichten; sie wurde im Februar 1945 durch Bomben zerstört.

Grünes Gewölbe: zu den → Staatlichen Kunstsammlungen gehörende und im →Albertinum untergebrachte materiell wertvollste deutsche Sammlung von über 3000 kunsthandwerklichen Arbeiten aus edlen und kostbaren Materialien deutscher, italienischer, französischer und vorderasiatischer Meister des Mittelalters bis um 1800. Das G. als «erstes Spezialmuseum für dekorative Kunst» ging aus der kurfürstlichen Schatzkammer hervor. Diese «Geheime Verwahrung» war im 16. Jh. im Erdgeschoß des Residenzschlosses in streng bewachten und gesicherten Räumen mit meterdicken, grün getünchten Wänden untergebracht, woraus sich die Bezeichnung «Grünes Gewölbe» herleitet (seit 1572 erstmalig aktenkundig). Hier wurde neben Geld, Schmuck und Staatspapieren auch anderes wertvolles kurfürstliches Eigentum aufbewahrt, z. B. Bergkristallgefäße, vergoldetes Silbergeschirr und Bernsteinarbeiten. Kurfürst Friedrich August I. ließ von 1721 an die Schatzkammer zu einer prächtigen Schausammlung umgestalten. Geldvorräte und Geheimpapiere wurden herausgenommen, dafür kamen Schmuckgarnituren und Schmuckstücke aus fürstlichem Besitz im Werte von fast 1½ Millionen Talern hinzu, weiterhin Geräte, Geschirr und Figuren aus der

Hofsilberkammer sowie Kunstwerke unterschiedlichsten Charakters aus den Beständen der →Kunstkammer. Die Räume im Schloß wurden bis 1724 und nochmals 1727/31 für die Präsentation der Ausstellungsstücke, die in dieser Zeit fast verdoppelt wurden, ausgebaut. Entwürfe hierzu lieferten u. a. PÖPPELMANN, LONGUELUNE, DINGLINGER und LEPLAT. Die mit ornamentalen Wandmalereien, Spiegelglasfeldern (z. T. farbig hinterlegt), vergoldeten Schnitzereien, prächtigen Holzkonsolen, Stuckdecken und Marmorfußböden versehenen Räume ließen das G. als innenarchitektonisches Gesamtwerk erscheinen, in dem Schaustücke und Ausstattung eine barocke Einheit bildeten. Nach dem Tode Augusts des Starken verlor das G. an Bedeutung. Erst als es 1831 unter staatliche Verwaltung gestellt wurde und die Bestände durch seinen Direktor A. B. von LANDSBERG erstmals wissenschaftlich untersucht wurden, kamen seit der Mitte des 19. Jh. – nicht zuletzt durch die Entwicklung des Tourismus – neues Interesse und Verständnis durch die Öffentlichkeit auf. 1832 erfuhr das G. letztmalig nennenswerten Zuwachs bei der Auflösung der Kunstkammer. – Zu Beginn des 20. Jh. war der bauliche Zustand im Schloß den Anforderungen für die Erhaltung der Bestände und dem Besucherandrang nicht mehr gewachsen, so daß unter dem Direktor Jean Louis →SPONSEL Erweiterungs- und Modernisierungsarbeiten durchgeführt wurden. Danach gehörten zu dem «einzigen noch vollständigen fürstlichen Pretiosenkabinett Europas» folgende Räume: Kaminzimmer (mit dem kostbaren Kamin des Hofjuweliers Johann Christian NEUBER, der als einziges größeres Inventarstück des G. 1945 zerstört wurde), Elfenbeinzimmer, Emaillenzimmer, Silberzimmer, Pretiosensaal mit Eckkabinett, Wappenzimmer, Juwelenzimmer, Bronzenzimmer. 1942 deponierte man die Bestände (wie schon im Siebenjährigen Krieg und in den Befreiungskriegen) auf der Festung Königstein, von dort aus wurden sie 1945 durch die Trophäenkommission der Roten Armee nach Moskau überführt und 1958 mit anderen Kunstschätzen wieder zurückgebracht. Ein Hauptteil von ihnen ist seitdem im Albertinum zu besichtigen (1974 Neugestaltung der Ausstellung). Die vollständige Sammlung soll nach dem Wiederaufbau des Schlosses in ihre teilweise unzerstört gebliebenen Räume zurückkehren, wobei auch die originale Innenausstattung, die größtenteils geborgen werden konnte, wieder eingebaut werden soll.

Grünes Tor: stattliches Portal an der Nordfassade des →Residenzschlosses, unterhalb des Hausmannsturms. Es entstand 1692/93 mit der Durchfahrt nach dem Entwurf von Wolf Caspar von →KLENGEL und sollte mit dem von Marcus Conrad →DIETZE geschaffenen plastischen Wappen- und Trophäenschmuck an die Türkenkriege erinnern.

«Gruppe der 20»: während der revolutionären Ereignisse im Oktober 1989 spontan in Dresden entstandene Bürgerinitiative, die sich als erste oppositionelle Gruppe öffentlich für die Demokratisierung im kommunalen Bereich Dresdens und darüber hinaus einsetzte. – Nach dem gewalttätigen Vorgehen der Polizei bei Demonstrationen vom 4. bis 8. Oktober 1989 fanden sich durch Vermittlung von Vertretern der Kirche am Abend des 8. Oktober aus den Demonstrierenden heraus 20 Dresdner Bürgerinnen und Bürger, die den Oberbürgermeister Wolfgang BERGHOFER aufforderten, für den friedlichen Verlauf der Demonstrationen zu sorgen und die Forderungen der Demonstranten anzuhören. Mit dem daraufhin vereinbarten ersten «Dresdner Rathausgespräch» zwischen der G. und Berghofer, das am 9. Oktober vormittags stattfand, wurde der Anstoß für die gewaltfreie Umwälzung der gesellschaftlichen Verhältnisse nicht nur in Dresden, sondern in der gesamten DDR (Abordnung der G. am 9. Oktober bei der großen Demonstration abends in Leipzig) gegeben. Die in der Folgezeit gebildeten fachlichen Arbeitsgruppen mit kompetenten Beauftragten der G. und der Stadtverordneten erarbeiteten konkrete Vorschläge zur Neugestaltung der Stadtpolitik in allen Bereichen. Nach der Wahl der ersten demokratisch legitimierten Stadtverordnetenversammlung nach 1949 löste sich die G. am 31. Mai 1990 auf.

Gudehus, Heinrich Wilhelm: Opernsänger, geb. 30. 3. 1842 Altenhagen bei Celle, gest. 9. 10. 1909 Dresden. – Ursprünglich Lehrer, nahm G. später Gesangsunterricht und wurde ein erfolgreicher Heldentenor. 1880 kam er nach Dresden, wo er besonders Wagner-Partien sang. 1890/96 trat G. auf verschiedenen Bühnen der Welt auf, blieb aber in Dresden wohnen (zuletzt Johann-

Grünes Gewölbe. Orden des Goldenen Vlieses aus der Diamant-Garnitur. Zweite Hälfte des 18. Jh.
Prätiosensaal des Grünen Gewölbes. 1933

Georgen-Allee 17). – Begr. auf dem Alten Annenfriedhof.

Guhr, Richard: Maler und Bildhauer, geb. 30.9.1873, gest. 27.10.1956 Höckendorf. – Der als Schöpfer des →Rathausmanns (1908/10) bekanntgewordene G. war seit 1905 an der Kunstgewerbeakademie Dresden tätig und wurde 1935 Professor für dekorative Malerei und Bildhauerei an der Kunstakademie. Von ihm stammen auch die Skulpturen «Verwaltung» und «Rechtspflege» am Neuen Rathaus (1912), das Richard-Wagner-Denkmal im Liebethaler Grund und die Wagner-Stele in Graupa.

Güntz, Justus Friedrich: Redakteur am →Dresdner Anzeiger und Begründer der →Güntz-Stiftung, geb. 27.1.1801 Wurzen, gest. 11.7.1875 Dresden. – G. stammte aus einer alten sächsischen Familie, studierte Jura und promovierte in Leipzig. Danach zog er nach Dresden und ließ sich als Rechtsanwalt nieder. 1836/41 wurde er als unbesoldeter Stadtrat gewählt; 1837/56 war er Besitzer des Dresdner Anzeigers. Tragische Familienereignisse führten ihn zu dem Entschluß, die Einkünfte des Anzeigers in eine gemeinnützige Stiftung umzuwandeln. – Grab auf dem Eliasfriedhof (1752 errichtete Familiengruft), Güntzplatz und Güntzstraße in Johannstadt.

Güntzbad: erstes großes Hallenbad Dresdens, 1903/05 von Edmund →Bräter am Elbberg (Brückenkopf der Carolabrücke) errichtet. – Die Baukosten des am 2. Januar 1906 eröffneten Bades trug die →Güntz-Stiftung. Das Bad bildete mit der reich geschmückten fünfgeschossigen Schauseite den bedeutendsten im städtischen Auftrag errichteten Jugendstilbau. Es verfügte über eine Damen- und eine Herrenschwimmhalle (ebenfalls in Jugendstilformen), 50 Wannenbäder und zahlreiche weitere Einrichtungen und wurde 1925/27 unter Paul →Wolf nochmals erweitert. – Das 1945 nur teilzerstörte G. war bis 1960 zum Wiederaufbau vorgesehen, dennoch wurde es 1964 abgerissen.

Güntz-Stiftung: aus dem Gewinn des →Dresdner Anzeigers von Justus Friedrich →Güntz am 26. August 1856 ins Leben gerufene gemeinnützige Stiftung, deren Verwalter die jeweiligen Oberbürgermeister waren. Die Fundationsurkunde bestimmte, daß die Mittel für Wohltätigkeit und zur Verschönerung Dresdens zu verwenden seien. Stattliche Zuwendungen erhielten das Bürgerheim, das neue Güntzheim in →Trachau (heute Krankenhaus Dresden-Neustadt), das →Maternihospital, das Fürsorgeamt zur Speisung Armer sowie das →Güntzbad und die sog. Güntzwiesen an der Lennéstraße. Viele Künstler schufen mit Mitteln der G. hervorragende Kunstwerke. Erhalten sind →Schillings Rietscheldenkmal, →Hähnels Körnerdenkmal, der →Gänsediebbrunnen, die Brunnenanlage am →Palaisplatz, der →Ballwerfer am Lingnerplatz und am →Albertplatz die Brunnen →«Stilles Wasser» und «Stürmische Wogen».

Gurlitt, Cornelius: Kunsthistoriker; geb. 1.1.1850 Nischwitz b. Wurzen, gest. 25.3.1938 Dresden. – Nach einer Tätigkeit als Assistent am Dresdner Kunstgewerbemuseum wurde G. 1899 als Professor für Baukunst an die Technische Hochschule Dresden berufen, wo er bis zu seiner Emeritierung 1920 wirkte. Sein wissenschaftliches Werk umfaßt etwa 100 Bücher und weit über 400 Abhandlungen vor allem zur Barockbaukunst, aber auch zum Kirchen- und Städtebau. – Grab auf dem Johannisfriedhof Tolkewitz, Cornelius-Gurlitt-Straße in Coschütz.

Fassade des Güntzbades
Deckenmalerei von Otto Gußmann in der Kuppel des Rathauses

Gußmann, Otto: Maler, geb. 22.5.1869 Wachbach b. Mergentheim, gest. 27.7.1926 Dresden. – G. gilt als bedeutendster Monumentalmaler vor dem Ersten Weltkrieg in Dresden. Zugleich machte er sich verdient um das Dresdner Ausstellungswesen und schuf als Vertreter der Moderne zahlreiche kunstgewerbliche Entwürfe für Tapeten, Textilien, Möbel u.a. Dinge des täglichen Lebens, insbesondere für die Deutschen Werkstätten Hellerau. – Der Künstler kam 1897 an die Dresdner Kunstakademie – Professur für dekorative Malerei – und war dort ab 1910 Leiter des Meisterateliers für dekorative Malerei. Zu seinen Schülern gehörten u.a. Max Pechstein, Otto →Dix, Peter August →Böckstiegel, Edmund →Kesting und Wilhelm →Rudolph. Für Dresden entwarf G. u.a. Deckengemälde und Glasfenster der →Lukaskirche (1903), Wandgemälde im Großen Sitzungssaal des →Gesamtministeriums (1903/04), Kuppelgemälde und Fenster der →Christuskirche Strehlen (1905), Innenausstattung des Konversationssaales im →Landtagsgebäude (1907), Wandmalerei in der Aula des →König-Georg-Gymnasiums, Innendekoration und Fenster der →Versöhnungskirche Striesen (1908/09), Wand- und Kuppelmalerei im Treppenhaus des Neuen Rathauses (→Rathäuser) sowie Innenausstattung im →Italienischen Dörfchen (1913). – Grab im Urnenhain auf dem Johannisfriedhof Tolkewitz; Gußmannstraße in Strehlen.

Gustel von Blasewitz: →Renner, Johanne Justine

Gutbier, Ludwig: Kunsthändler, geb. 25.10.1873 Dresden, gest. 18.3.1951 Rottach-Egern. – G. trat 1890 in die von seinem Vater Adolf G. (1841–1902) von Ernst Arnold 1867 übernommene Kunsthandlung ein. Von der Jahrhundertwende an organisierte er Grafik-Ausstellungen, vor allem von zeitgenössischen Künstlern. Nach dem Tode des Vaters erweiterte G. die Kunsthandlung durch die «*Galerie Arnold*» in der Schloßstraße, in der bes. die deutsche Grafik der Gegenwart ausgestellt wurde (z. B. Künstler der →«Brücke»). Unter der Naziherrschaft wurde G., der sich für die «entartete Kunst» eingesetzt hatte, diffamiert, in seinen Geschäften behindert und 1936 zur Aufgabe der Kunsthandlung gezwungen. Er übersiedelte nach München und später nach Rottach-Egern.

Gutmann, Eugen: Bankier, geb. 24.6. 1840 Dresden, gest. 21.8.1925 München. – G. absolvierte eine Banklehre in Dresden, kehrte nach mehrjährigem Aufenthalt in Budapest nach Dresden zurück und gründete gemeinsam mit dem Bankhaus Michael Kaskel 1872 die →Dresdner Bank. Mit der Verlegung des Direktionssitzes nach Berlin siedelte G. 1884 in die deutsche Hauptstadt um, war bis 1920 Vorstandsmitglied, danach Ehrenpräsident der Bank. – Begr. Friedhof Berlin-Friedrichsfelde.

Gutschmidbrunnen: →Cholerabrunnen

Gutzkow, Karl: Dramatiker, Schriftsteller, Journalist und Kritiker, geb. 17.3.1811 Berlin, gest. 16.12.1878 Sachsenhausen. – G. lebte 1847/61 (abgesehen von einem längeren Aufenthalt in Frankfurt/M. 1850) in Dresden (Marienstraße, Am See, Johannisgasse, Struvestraße, Carolastraße, Prager Straße). Er war als Dramaturg ans Hoftheater berufen worden (1847/49). G. war Mitglied der →«Montagsgesellschaft» und unterhielt zugleich enge Beziehungen zum Kreis um Julius →Mosen. In Dresden entstanden neben verschiedenen Romanen seine Dramen «Wullenweber», «Liesli», «Königsleutnant» und «Uriel Acosta». 1852 gründete er die Zeitschrift «Unterhaltungen am häuslichen Herd» (erschien aber in Leipzig), die er bis 1861 leitete. – Gutzkowstraße in der Südvorstadt, bis 1939 stand eine 1887 aufgestellte Bronzebüste von G. vor der alten →Kreuzschule.

Hackl, (Johann) Joseph: Holzbildhauer, geb. um 1710, gest. 12. 11. 1785 Wurzen. – H. wurde 1737 von →CHIAVERI aus Prag nach Dresden berufen, wo er 1741 zum Hofbildhauer beim Oberbauamt ernannt wurde. Seine Haupttätigkeit in Dresden bestand in der Ausschmükkung der →Kathedrale (Prospekt der Silbermannorgel, Schalldeckel der Kanzel, Rahmen des Altarbildes, Beichtstühle usw.) und in der Innenausstattung der Kapelle des →Taschenbergpalais sowie des →Palais Brühl (Augustusstraße). – H. wohnte in der Königstraße.

Haenel: 1. *Erich*, Kunsthistoriker und Museologe, geb. 22. 6. 1875 Dresden, gest. 26. 12. 1940 Dresden. – H. begann seine Museumslaufbahn 1903 an der →Rüstkammer, deren Leiter er 1913 wurde (ab 1924 auch Direktor des →Grünen Gewölbes und ab 1937 des →Münzkabinetts). 1913/28 lehrte er als Professor an der Akademie der bildenden Künste. Sein reiches Werk umfaßt vor allem Arbeiten über die Waffen der Rüstkammer. Bekannt wurde er durch die Organisation von umfassenden Ausstellungen (z. B. «August der Starke und seine Zeit», 1933 in 40 Räumen des Dresdner Schlosses) und die Wiederbelebung der «Turnierspiele» im →Stallhof. –
2. *Karl Moritz*, Architekt, geb. 27. 4. 1809 Dresden, gest. 3. 1. 1880 Dresden. – Nach dem Studium an der Dresdner Bauakademie trat H. in den sächsischen Staatsdienst (1844 Landbaumeister, 1861 Oberlandbaumeister). Seine bedeutendsten Werke in Dresden sind: der Turm der →Dreikönigskirche (1854/57, mit Frommherz Lobegott MARX), die Vollendung der Gemäldegalerie nach dem Weggang von →SEMPER (1849), die Gebäude der Tierarzneischule (1858/61), der Umbau des Stallgebäudes zum →Johanneum (1872/1876) und der alte Böhmische Bahnhof (1861/64). 1852/63 leitete er die zweite große Restaurierung des →Zwingers und war bis 1880 für dessen bauliche Betreuung verantwortlich. –
3. *Oswald*, Architekt, Sohn von 2., geb. 1842. – H. war mit Bruno →ADAM assoziiert. Von beiden stammen die Bebauung des →Sachsenplatzes (1879/80), die Jägerkaserne (1881) und eine Reihe von Wohnbauten.

Hafenanlagen: →Elbhäfen

Hafenmühle: markanter Industriebau am Elbhafen Friedrichstadt mit 64 m hohem Siloturm, 1913 von William →LOSSOW und Hans Max KÜHNE in Stahlbeton für die Mühlenwerke von Theodor →BIENERT errichtet. Die H. war durch eine elektrische Güterstraßenbahn mit der Bienertschen Hofmühle Dresden-Plauen verbunden. Sie blieb im 2. Weltkrieg unzerstört.

Christian Ludwig von Hagedorn
Walter Hahn beim Fotografieren des Rathausmannes

Hagedorn, Christian Ludwig von: Kunstsammler und Schriftsteller, geb. 14. 2. 1712 Hamburg, gest. 24. 1. 1780 Dresden. – H. war seit 1736 in kursächsischen Diensten (Legationssekretär in verschiedenen Städten) und wohnte ab 1761 ständig in Dresden (Große Frauengasse). In den folgenden Jahren schrieb er eine Reihe kunsttheoretischer Werke, die ihm den Ruf einbrachten, einer der besten Kunstkenner des 18. Jh. zu sein. 1764 wurde er Generaldirektor der Kunstakademie und der Kunstsammlungen. Seine bedeutende private Gemäldesammlung, die von GOETHE, OESER, WINCKELMANN, LESSING u. a. besucht wurde, ging nach seinem Tode ins Ausland. – Hagedornplatz in Strehlen.

Hahmann, Christian Gottfried: Baumeister, geb. 6. 2. 1739, gest. 16. 7. 1798 Dresden. – H. war ursprünglich Maurermeister, wurde 1773 Kammerkondukteur und 1795 Hofbaumeister. Er baute ab 1760 eine Reihe von Bürgerhäusern in Dresden, leitete ab 1762 unter Julius Heinrich →SCHWARZE den Bau des →Coselpalais, ab 1770 den Bau des →Landhauses unter Friedrich August →KRUBSACIUS und den des →Prinz-Max-Palais unter Johann Ludwig →GIESEL. Von ihm stammen auch das Reisewitzsche Gartenhaus (1783), die Häuser Pirnaische Straße 1 und Kreuzgasse 1 und 3, die er auf der Ruine des →Palais Vitzthum-Rutkowski errichtete.

Hahn: 1. *Hermann Joachim,* Archidiakon an der Kreuzkirche, geb. 31. 7. 1679 Grabow/Mecklenburg, gest. (erm.) 21. 5. 1726 Dresden. – H., der seit 1707 an der Kreuzkirche tätig war, wurde in seiner Wohnung von dem offenbar geistesgestörten Konvertiten (der kurz vor seiner Tat wieder zum Katholizismus übergetreten war) Franz LAUBLER erstochen. Der Mord entfachte unter der Dresdner Bevölkerung konfessionelle Leidenschaften. Die Behörden mußten die Straßen teilweise mit Militär sichern, um antikatholische Ausschreitungen zu verhindern. Laubler wurde am 18. 7. 1726 in Dresden hingerichtet. – Begr. auf dem

alten Johannisfriedhof (Grabstein nach dessen Auflassung auf den Trinitatisfriedhof versetzt). –
2. *Hugo*, ev.-luth. Geistlicher, geb. 22.9.1886 Reval (Tallinn), gest. 5.11.1957 Dresden. – H. wurde 1930 als Superintendent des Kirchenbezirks Dresden-Land und Pfarrer an der Frauenkirche nach Dresden berufen. In dem in Dresden besonders heftig geführten «Kirchenkampf» war H. die herausragende Persönlichkeit der bekenntnistreuen Christen im Widerstand gegen den Mißbrauch der Kirche durch den faschistischen Staat und gegen nationalsozialistisch beeinflußte Amtsträger der «Deutschen Christen». H. leitete ab 1934 den Landesbruderrat der Bekennenden Kirche. Er wurde am 12. Mai 1938 aus Dresden ausgewiesen und fand als Pfarrer in Württemberg Zuflucht. Nach seiner Rückkehr nach Dresden war er 1947/53 sächsischer Landesbischof. –
3. *Walter*, Fotograf, geb. 20.4.1889 Berlin, gest. 24.11.1969 Dresden. – Der gelernte Lithograph wurde früh durch Bergsteigeraufnahmen aus der Sächsischen Schweiz bekannt. Er vertrieb im eigenen Postkartenverlag, Wallgäßchen 7, hochklassige Ansichtskarten und widmete sich ab Mitte der 20er Jahre verstärkt der Landschafts- und Architekturfotografie. H. fertigte zahlreiche Luftaufnahmen von Dresden und Umgebung. 1945 hielt er das Grauen des Bombenkrieges unmittelbar nach der Zerstörung Dresdens im Bilde fest. Etwa 15 000 großformatige Glasnegative entgingen der Vernichtung durch die Luftangriffe und werden in der Deutschen Fotothek der Sächsischen Landesbibliothek aufbewahrt. Nach dem Krieg fertigte H. u. a. in seinem Labor Godeffroystraße 26 (heute Leonhard-Frank-Straße) begehrte Handabzüge seiner Aufnahmen des alten Dresden.

Hahneberg: Höhenzug am Rande Plauens und der Südvorstadt, Name seit 1464 überliefert, mit der höchsten Erhebung am Alten Annenfriedhof, Areal weitgehend überbaut. – Napoleon I. ließ vor der →Schlacht bei Dresden 1813 auf dem H. eine Schanze graben und begab sich während der Kämpfe mehrfach dorthin. 1847 wurde neben dem beliebten Ausflugslokal «Feldschlößchen» am H. die gleichnamige Brauerei eröffnet. Ab 1892 entstand westlich des neuen Hauptbahnhofes der «Hahnebergeinschnitt» mit drei Stahlbrücken für den Straßenverkehr, darunter die →Falkenbrücke. Diesen Gleisbereich überspannt seit 1967 die 850 m lange Brücke («Hochstraße», Architekt Eckhart Thurmer) im Zuge der Budapester Straße. – Hahnebergstraße seit 1876.

Hähnel, Ernst Julius: Bildhauer, geb. 9.3.1811 Dresden, gest. 22.5.1891 Dresden. – Nachdem H. 1825/30 die Dresdner Bauschule besucht hatte, setzte er seine Ausbildung in München und Italien fort. 1838 wurde er von Gottfried →Semper zur Mitarbeit bei der künstlerischen Ausstattung der neuen Hofoper aufgefordert und kehrte für immer nach Dresden zurück. Für die Oper schuf er den →Bacchuszug (1869 zerstört) sowie die Statuen des Euripides, Sophokles, Shakespeare und Moliére. Er entwarf den gesamten plastischen Schmuck des Galeriegebäudes am Theaterplatz (1847/55; hervorzuheben sind die Figuren des Raffael und Michelangelo an der Südseite), in dessen Ausführung er sich mit Ernst →Rietschel teilte. Weitere Werke H. in Dresden sind das Körnerdenkmal an der Bürgerwiese (1871), die «Flora» und «Pomona» am Orangerie-Gebäude (Ostra-Allee) das Standbild von König Friedrich August II. am Neumarkt (1867) und der →St. Georgsbrunnen (ehemals an der Sophienkirche, wohl vor 1945 eingeschmolzen). Von 1853 an war er Professor an der Kunstakademie und begründete mit Rietschel den Ruhm der Dresdner Bildhauerschule. Bedeutende Denkmale für andere Städte trugen seinen Ruf weit über die Grenzen Dresdens hinaus. Das Bildnis des zum Ehrenbürger Dresdens ernannten Künstlers wurde in der Personengruppe am Ende des →Fürstenzuges festgehalten. – Begr. auf dem Alten Katholischen Friedhof, Hähnelstraße in Johannstadt.

Hahn-Hahn, Ida Gräfin: Schriftstellerin, geb. 22.6.1805 Tressow/Meckl., gest. 12.1.1880 Mainz. – Die zu ihrer Zeit berühmteste deutsche Schriftstellerin lebte 1845/48 in Dresden (Waisenhausstraße). Ihr exklusiver Salon übte eine große Anziehungskraft aus. In der Dresdner Zeit entstand der Roman «Sybille», ihr bekanntestes Werk.

Halbegasse: 1437 erstmals erwähnte Gasse in der →Halbegassengemeinde, die im 17. Jh. zusammen mit der →Eulengasse eine Straße bildete. Seit 1876 war die H. dann ein Teil der ehemaligen Bankstraße. Der äußerste Teil gehörte seit 1861 zur →Bürgerwiese.

Halbegassengemeinde: vor dem →Seetor gelegene, zur größeren Seevorstadt gehörende, zugleich aber bis 1835 als selbständige Ratssiedlung bestehende

Ernst Julius Hähnel
Denkmal Theodor Körners (1871) von E. J. Hähnel

Vorstadt. Zur H. gehörten die →Eulengasse und die →Halbegasse. Früher schloß das Eulentor die H. nach außen hin ab.

Hainhofer, Philipp: Augsburger Patrizier, Kunsthändler und Diplomat, geb. 21.7.1578 Augsburg, gest. 23.7.1647. H. stand im Dienste verschiedener deutscher Fürsten. Als Berichterstatter des Herzogs von Pommern reiste er 1617 nach Stettin. Auf der Rückreise weilte H. vom 13. bis zum 19. Oktober in Dresden. Hier übergab er eine Botschaft des pommerschen Herzogs an den sächsischen Kanzler CARPZOV. Außerdem traf er mit dem Kurfürsten selbst, dem Oberhofprediger Matthias HOE VON HOENEGG und dem Architekten und Bildhauer Giovanni Maria →NOSSENI zusammen. Von seinem ersten Dresdenbesuch hinterließ H. Beschreibungen des Stallhofs mit den dortigen Sammlungen, der Kunstkammer, des Zeughauses, des Residenzschlosses und des Jägerhofs sowie anderer Gebäude. – Ein zweites Mal hielt sich H. im Auftrage des Rates seiner Vaterstadt vom 10. September bis 16. Oktober 1629 in der kursächsischen Residenz auf. Die von ihm geleitete vierköpfige Gesandtschaft der Stadt Augsburg wollte Kurfürst JOHANN GEORG I. um Hilfe für ihre von der Rekatholisierung nach dem Erlaß des kaiserlichen Restitutionsedikts vom gleichen Jahr bedrohten Mitbürger bitten. Der Bericht über seinen Dresden-Aufenthalt von 1629 ist ausführlicher als der erste; H. beschreibt hierin wiederum die Stadt und die Kunstkammer sowie die kurf. Bibliothek, daneben teilt er interessante Einzelheiten über verschiedene bei Hofe oder in der Stadt lebende Persönlichkeiten mit.

Hallwachs, Wilhelm: Physiker, Prof. an der Techn. Hochschule, geb. 9.7.1859 Darmstadt, gest. 20.6.1922 Dresden. – H. hatte bereits einen großen wissenschaftlichen Ruf durch die Entdeckung einer lichtelektrischen Erscheinung («Hallwachs-Effekt») erworben, als er 1893 von Straßburg an die Technische Hochschule Dresden kam, wo er bis 1900 Direktor des elektrotechnischen und danach des physikalischen Instituts war. Neben der Arbeit an seinem wissenschaftlichen Spezialgebiet setzte er sich besonders für die Verbesserung der Studienbedingungen ein. – Hallwachsstraße in der Südvorstadt.

Hamburger Straße: Ausfallstraße in Friedrichstadt und Cotta. – Urspr. Breßnitzer Straße, Briesnitzer Straße, im 19. Jh. auch «Vor dem Briesnitzer Schlage», Umbenennung 1893 wegen Verwechslungen mit der Prießnitzstraße, 1904 mit der Meißner Straße in Cotta vereint. – Diese Verbindung von der Schäferstraße nach Briesnitz wurde im letzten Drittel des 19. Jh. mit einzelnen Fabriken und Lagerplätzen bebaut, unter denen das Schreibmaschinenwerk →Seidel & Naumann das bedeutendste war (Gebäude heute z.T. Technisches Rathaus).

Hammer: 1. *Christian Gottlob*, Landschaftszeichner und Kupferstecher, geb. 18.7.1779 Dresden, gest. 7.2.1864 Dresden. – H. wurde 1794 Schüler der Dresdner Kunstakademie und 1829 dort Professor. Der sehr produktive Künstler schuf eine Reihe von Zeichnungen und Kupferstichen vornehmlich von Dresden und Umgebung. Seine umfangreiche Grafiksammlung wurde 1864 versteigert. –
2. *Guido*, Maler, geb. 4.2.1821 Dresden, gest. 27.1.1898 Dresden. – Nach dem Besuch der Dresdner Kunstakademie und anschließenden Reisen ließ sich H. in Dresden nieder, wo er durch seine Tier- und Jagddarstellungen bekannt wurde. Er malte alle jagdbaren Tiere zu allen Jahreszeiten, besonders in der Dresdner Heide, in Oberbayern und Tirol. Auch als Jagdschriftsteller und Illustrator (Mitarbeiter der «Gartenlaube») trat H. hervor. Er wohnte im Hause Marienallee 4. – Begr. auf dem Pauli-Friedhof, Denkmal mit Porträtrelief in der Dresdner Heide (Nähe Heidemühle). –
3. *Julius*, Dichter, geb. 7.6.1810 Dresden, gest. 23.8.1862 Pillnitz. – H. lebte 1848/1859 in Dresden (Wohnungen: Freiberger Platz, Röhrhofgasse und Carolastr.), danach kurze Zeit in Nürnberg und dann in →Pillnitz. Er war auch als Journalist tätig, so z.B. war er 1851/59 Feuilletonredakteur der «Constitutionellen Zeitung». H. stand dem →Dresdner Liederkreis nahe und regte die Gründung der Schillerstiftung an. Von seinem Werk sind der Roman «Einkehr und Umkehr» erwähnenswert sowie die Lustspiele, die auch z.T. am Hoftheater aufgeführt wurden. – Begr. auf dem Hosterwitzer Friedhof. Ehemaliger Sandsteinobelisk mit Bronzereliefbildnis vor der Pillnitzer Schule.

Händel, Georg Friedrich: Komponist, geb. 23.2.1685 Halle (Saale), gest. 14.4.1759 London. – Auf seiner Reise auf den Kontinent kam H. im Herbst 1719 nach Dresden, wo er bei Hofe auf dem Klavier vorspielte und im Rahmen der Vermählungsfeierlichkeiten des sächs. Kurprinzen einigen Opernvorstellungen unter der Leitung von Antonio Lotti beiwohnte. Außerdem gewann er eine Anzahl der besten italienischen Sänger in Dresden für die von ihm in London gegründete Oper. Der Weggang dieser Solisten war wohl der Hauptgrund für den «Opernskandal» 1720, der zur vorübergehenden Auflösung der Oper in Dresden führte.

Handwerk: →Innungen

Hans der Maler: namentlich nicht näher bekannter Künstler, der in den Jahren 1528 und 1529 für die Kreuzkirche die Darstellung der «Zehn Gebote» in der Malweise Lucas CRANACHS schuf. Die 135 mal 85 cm großen Holztafeln wurden nach der Reformation aus der Kirche entfernt und befinden sich heute im Stadtmuseum.

Hansa: private Dresdner Postanstalt, gegründet 1. Dezember 1886 als «Deutsche Privatpost Hansa», ab 1887 «Dresdner Verkehrsanstalt Hansa». – Sie beförderte mit eigenen Wertzeichen frankierte Postsendungen innerhalb des Stadtgebietes und zu niedrigeren Tarifen als die Reichspost, beschäftigte zuletzt 127 Mitarbeiter und leerte rund 600 Briefkästen. Die H. wurde von Carl Heinrich Joachim ECKHOFF in der Scheffelstraße 2 gegründet und ab 1888 von David Immanuel Fürchtegott SÜRING und Friedrich Wilhelm Eduard STRYK weitergeführt (ab 1889 Hauptsitz Scheffelstraße 19 mit eigener Druckerei). Mit der Schließung aller deutschen Privatpostanstalten im Jahre 1900 wurde der gesamte Wertzeichenvorrat an einen Berliner Händler veräußert; zahlreiche Dokumente bewahrt das Stadtarchiv Dresden auf. Süring gründete 1900 eine «Neue Dresdner Verkehrsanstalt Hansa» für verschiedene Dienstleistungen und zur Beförderung unfrankierter Sendungen.

Hansastraße: Ausfallstraße vom Neustädter Bahnhof zum →Pauli-Friedhof, 1898 angelegt, ursprünglich nur bis zum

Abzweig der →Großenhainer Straße bestehend, nach dem Bund der Hansestädte benannt. – Sie wurde als Autobahnzubringer in den vierziger Jahren über die Fritz-Reuter-Straße hinaus durch Kleingartengelände verlängert und in den 50er Jahren verbreitert. Seit 1994 Neubau der Hotel- und Bürohäuser «Hansa-Zentrum» Ecke Fritz-Reuter-Straße.

Hans-Sachs-Haus: ehemaliges Innungsgebäude der Schuhmacher an der Scheffelstraße 10, das 1687 gekauft, 1804 erneuert und 1945 zerstört wurde.

Hantzsch, Karl Adolf: Lehrer und Heimatforscher, geb. 17. 6. 1841 Dresden, gest. 19. 5. 1920. – H. war am Friedrichstädter Lehrerseminar ausgebildet worden und 1863/1902 Lehrer an verschiedenen Dresdner Schulen. Er veröffentlichte fundierte Beiträge zur Dresdner Geschichte und war Mitbegründer des Vereins für Geschichte und Topographie Dresdens. – Begr. auf dem Alten Annenfriedhof. – Seine Söhne waren: *Viktor*, Lehrer und Privatgelehrter, geb. 10. 5. 1868 Dresden, gest. 12. 11. 1910 Dresden. – Erwarb sich Verdienste durch Vorarbeiten zu einer umfassenden Bibliographie der sächsischen Geschichte und durch die Katalogisierung der Kartenbestände der →Sächsischen Landesbibliothek. – *Bernhard*, Ornithologe und Polarforscher, geb. 12. 1. 1875 Dresden, gest. Anfang Juni 1911 Wordie Bay, Baffin-Insel). – Hantzschstraße in Plauen.

«Harmonie»: ehemaliger Dresdner Geselligkeitsverein des mittleren Bürgertums (Beamte, Gelehrte, Kaufleute, Offiziere, Künstler), der im Mai 1786 gegründet wurde und bis zum Zweiten Weltkrieg bestand. Seit 1800 unter dem Namen «Harmonie», leistete er im 19. Jh. einen bedeutenden Beitrag zum gesellschaftlichen Leben in Dresden, wobei viele angesehene Bürger Mitglieder waren (z. B. Carl Maria von Weber und Gottfried Semper). 1786/99 hatte der Verein als «Freundschaftlicher Klub» sein Domizil im Garten des Freiherrn von Riesch (→Türkischer Garten), 1799/1816 während des Winters im Lindnerschen Haus am Altmarkt/Schreibergasse und während des Sommers in Lokalen vor den Stadttoren, 1816/30 im ehemaligen →Palais Brühl, Schießgasse 10, und ab 1830 im →Palais Hoym, Innere Pirnaische Gasse 6. Dieses ließ er zu dem in Dresden bekanntgewordenen «Harmoniegebäude» umbauen. Über 1000 Personen konnten sich dort zu Tanzveranstaltungen, Theaterabenden und Konzerten zusammenfinden, wobei der Saal, der zu den größten und schönsten in Dresden gehörte, auch öffentlichen Veranstaltungen zur Verfügung gestellt wurde und vielen berühmten Künstlern Auftrittsmöglichkeiten geboten hat.

Harmoniegebäude: →Palais Hoym

Harnischkammer: →Rüstkammer

Hartmann, Ferdinand: Porträt- und Historienmaler, geb. 14. 7. 1774 Stuttgart, gest. 6. 1. 1842 Dresden. – Der Vertreter des akademischen Klassizismus kam 1803 nach Dresden, wo er dem Kreis um Caspar David →Friedrich nahetrat. 1812 wurde er Professor und 1825 Direktor der Dresdner Kunstakademie. – Begr. auf dem Trinitatisfriedhof.

Hartmann-MacLean, Hans: Bildhauer, geb. 21. 5. 1862 Dresden, gest. 28. 12. 1946 Dresden. – Der Schüler →Schillings hat eine Reihe von bedeutenden Werken für seine Vaterstadt geschaffen: die Figurengruppen «Erde und Meer» und «Himmel und Hölle» sowie drei Putten am Gebäude der Kunstakademie, die Figur der «Dresda» auf der alten →Carolabrücke (1897), die Brunnenfigur des Stübel-Gedächtnisbrunnens (1901), das Hauptportal der →Kreuzkirche, das Giebelfeld des →Kaiserpalastes, die Bronzetür der →Jakobikirche und die Plastik «Der verlorene Sohn» (jetzt vor der →Heilig-Geist-Kirche Blasewitz). – Grab auf dem Trinitatisfriedhof.

Hartwig & Vogel: →Schokoladenindustrie

Hasche, Johann Christian: Prediger an der Dresdner Festungsbaukirche, Geschichtsschreiber, geb. 1. 1. 1744 Nieska b. Mühlberg, gest. 25. 7. 1827 Dresden. – H., Sohn eines Schneiders, besuchte bis 1768 die Dresdner Kreuzschule und studierte danach in Leipzig Theologie. Nach 1773 war er in Dresden als Hauslehrer tätig. Von 1789 an war er 33 Jahre lang als Festungsbauprediger der Stadt angestellt. Neben historischen und theologischen Aufsätzen in verschiedenen Zeitschriften und einer achtbändigen Sammlung von Abhandlungen («Magazin der sächsischen Geschichte») sind der Nachwelt vor allem seine beiden umfangreichen Darstellungen zur Geschichte Dresdens im Gedächtnis geblieben. – Die 1781/83 in Leipzig erschienene «Umständliche Beschreibung Dresdens, mit allen seinen inneren und äußeren Merkwürdigkeiten» ist in erster Linie eine genaue Beschreibung des Zustands der Stadt am Ende des 18. Jh. Der Materialreichtum des Werks stellt noch heute für Heimatforscher eine Fundgrube dar. Bedeutender ist die sechsteilige (einschließlich eines Urkundenbuches) «Diplomatische Geschichte Dresdens von seiner Entstehung bis auf unsere Tage», die 1816/22 in Dresden erschien. Es ist die erste Darstellung der Geschichte Dresdens, in der der topographische Aspekt keine Rolle spielt und die über Anton →Wecks berühmte Chronik hinausgeht. Das ebenfalls sehr materialreiche, neben der Lokalgeschichte auch Landes- und Kulturgeschichte gleichermaßen berücksichtigende Werk steht noch in der Tradition der Geschichtsschreibung der Aufklärung. – H. wohnte im Pirnaischen Tor über der Festungsbaukirche, nach deren Abbruch 1820/27 in der Straße Am See Nr. 16 und zuletzt «Vor dem Falkenschlag».

Hasenberg: →Stadtbefestigung

Hasenclever, Walter: expressionistischer Dramatiker, Lyriker und Erzähler, geb. 8. 7. 1890 Aachen, gest. 21. 6. 1940 Les Milles in Frankreich. – H. lebte 1916/24 vorwiegend in Dresden (Oberloschwitz, Strehlen). Er verkehrte hier u. a. mit Paul Adler, Jakob →Hegner, Oskar →Kokoschka und Walter →Rheiner. Von Rheiner übernahm er 1920 die Leitung der Zeitschrift «Menschen». In Dresden entstanden einige seiner Dramen; 1916 Uraufführung des aufsehenerregenden Stücks «Der Sohn» am Albertheater, 1920 «Jenseits» am Schauspielhaus, 1922 die Balzac-Dramatisierung «Gobseck» mit Erich →Ponto.

Hasse: 1. *Faustina*, (geb. Bordoni), Sängerin, geb. 1700 Venedig, gest. 4. 11. 1785 Venedig. – Die gefeierte Koloratur-Mezzosopranistin, die auch ein hervorragendes Darstellungstalent besaß, wirkte 1734/51 an der Dresdner Oper zusammen

mit ihrem Gatten (2.). Auch als sie ihr aktives Wirken auf der Bühne beendet hatte, erhielt sie bis zu ihrem Wegzug von Dresden nach dem Tode des Kurfürsten FRIEDRICH AUGUST II. ein Jahresgehalt von 3000 Talern. Ihre Wohnung befand sich am Altmarkt, später in der Schloßstraße. Bildnismedaillon am 1. Rang im Opernhaus. –
2. *Johann Adolf*, Komponist, Oberkapellmeister, geb. 25. 3. 1699 Bergedorf b. Hamburg, gest. 16. 12. 1783 Venedig. – H. weilte 1731 zur erfolgreichen Uraufführung seiner Oper «Cleofide» zusammen mit seiner Gattin Faustina in Dresden und wurde im Dezember 1733 mit einem Jahresgehalt von 6000 Talern als Kapellmeister fest angestellt; 1750 wurde er Oberkapellmeister. Seine Tätigkeit in Dresden – unterbrochen von einigen längeren Reisen – dauerte bis 1763. In dieser Zeit erlangte die Hofkapelle einen künstlerischen Höchststand. Unter der Leitung von H. bildeten die Opernaufführungen in ihrer Geschlossenheit von Musik, Wort, Maskerade, Ballett, bildkünstlerischen Elementen und Feuerwerk den Mittelpunkt der →Hoffeste. H. schuf in Dresden etwa 100 Opern und zahlreiche geistliche Musiken. Nach Ende des Siebenjährigen Krieges und dem Tode FRIEDRICH AUGUSTS II. wurden Oper, Schauspiel und Ballett aufgelöst und H. mit seiner Gattin entlassen. – Hassestraße zwischen Johannstadt und Blasewitz.

Hassebrauk, Ernst: Maler und Zeichner, geb. 28. 6. 1905 Dresden, gest. 30. 8. 1974 Dresden. – H. studierte ab 1925 an der Dresdner Kunstgewerbeakademie und an der Technischen Hochschule sowie 1927/32 in Leipzig, wo er sich danach als freier Künstler niederließ. 1938 kehrte er nach Dresden zurück, hier wurde im Februar 1945 ein großer Teil seines Werks zerstört. 1946/49 wirkte er als Professor an der Hochschule für Grafik und Buchkunst in Leipzig und lebte danach in Dresden-Loschwitz. Zu den Hauptmotiven des Künstlers gehörten seine Heimatstadt und deren Umgebung sowie die 1958 zurückgekehrten Schätze der Kunstsammlungen. In allen malerischen und grafischen Techniken gestaltete er in kräftigen Farben und mit zeichnerischer Deutlichkeit «leuchtende Hymnen auf seine Stadt». – Wohnung in der Schevenstraße 29; Grab auf dem Loschwitzer Friedhof.

Haßler, Hans Leo: Komponist, get. 26. 10. 1564 Nürnberg, gest. 8. 6. 1612 Frankfurt/M. – Der in Süddeutschland zu hohem Ansehen gelangte Musiker (1595 geadelt) kam 1608 nach Dresden, wo er bis zu seinem Tode als Hoforganist wirkte. Er starb auf der Reise zur Krönung des Kaisers MATTHIAS, bei der er den Kurfürsten JOHANN GEORG I. begleitet hatte.

Hauptbahnhof: kombinierter Durchgangs- und Kopfbahnhof mit wappengeschmückter Kuppelhalle, 3 Bahnsteighallen und 18 Bahnsteigen; stadtwärtige Längsfront an der Nordseite, Haupteingang mit Monumentalfigurengruppe «Saxonia» von RENTSCH, an der Ostseite Prager Straße. – Die 1851 eröffnete →Sächsisch-Böhmische Eisenbahn verfügte anfangs nur über einen Interimsbahnhof vor dem Dippoldiswalder Schlag. 1861/64 wurde nach Plänen von Karl Moritz →HAENEL und Karl Adolph →CANZLER der *Böhmische Bahnhof* errichtet. Sein repräsentatives Empfangsgebäude im italienischen Renaissancestil war der «Dresdner Schule» der SEMPER-Nachfolge verbunden. Als Zugang vom Stadtzentrum entwickelte sich die Prager Straße zur belebtesten Geschäfts- und Vergnügungsstraße der City. Bei der Umgestaltung der Dresdner Bahnhofsanlagen mußte der Böhmische Bahnhof 1892/97 dem heutigen H. weichen. Er entstand nach Entwürfen von Ernst →GIESE und Paul WEIDNER (1843–1899) sowie von Arwed ROSSBACH (1844 bis

Faustina Hasse
Johann Adolf Hasse
Blick auf den Hauptbahnhof mit Wiener Platz von Osten. Um 1900

1902). Die Hallenkonstruktion erforderte 1950 t Stahl. Mit Inbetriebnahme der neuen Südhalle am 18. Juni 1895 begann der Abbruch des Böhmischen Bahnhofs. Mit der Einfahrt des Nachtschnellzuges aus Bodenbach (Podmokly, heute Dečin-Hbf.) am 16. April 1897 wurde der H. feierlich eingeweiht. – Der H. wurde 1945 durch Luftangriffe schwer beschädigt und im wesentlichen 1949/50 (Verzicht auf einige Schmuckdetails) in der alten Form wiederaufgebaut. Der frühere Königspavillon an der SW-Seite wurde als Filmtheater genutzt. Größtes Bauvorhaben der letzten Jahre war die Modernisierung der Brücken über die Prager Straße.

Hauptmann: 1. *Gerhart*, Dichter, geb. 15. 11. 1862 Bad Obersalzbrunn (Szczawno Zdròj, Schlesien), gest. 6. 6. 1946 Agnetendorf (Jagniatkòw, Polen). – H. hielt sich häufig in Dresden auf. Im Sommer 1884 besuchte er mehrere Wochen die Zeichenklasse der Kunstakademie, um sich danach endgültig für die Schriftstellerei zu entscheiden. Zwischen 1881 und 1885 hielt sich H. oft in der Nähe Dresdens im Hohenhaus in den Lößnitzbergen bei Radebeul auf, wo er seine spätere erste Frau Marie THIENEMANN kennenlernte. Diese Zeit fand u. a. ihren Niederschlag in dem autobiographischen Werk «Abenteuer meiner Jugend» und in dem Lustspiel «Die Jungfern vom Bischofsberg». Von 1891 bis zur Jahrhundertwende besuchte H. wieder häufig die Stadt. In Blasewitz ließ er für seine 1904 von ihm geschiedene Frau und seine Söhne ein Landhaus bauen (Hochuferstraße 12, 1945 zerstört). Zwischen 1906 und 1925 weilte er mehrmals zu Kuraufenthalten in Oberloschwitz und auf dem Weißen Hirsch. Später wohnte H. während seiner Aufenthalte in Dresden (zu Theaterproben und Uraufführungen) oft im Hotel Bellevue. Zum 70. Geburtstag 1932 ehrte ihn die Stadt mit einer Feier. Der letzte längere Aufenthalt H. in Dresden war vom 5. Februar bis zum 20. März 1945 im Sanatorium Weidner in Oberloschwitz. Von hier aus erlebte er den Untergang Dresdens am 13./14. Februar. Bekannt wurde die Botschaft des Dichters zu diesem grauenvollen Ereignis, die mit den Worten beginnt: «Wer das Weinen verlernt hat, der lernt es wieder beim Untergang Dresdens…». – Gerhart-Hauptmann-Straße am Großen Garten. Grab in Kloster auf Hiddensee. – 2. *Johann Gottlob*, Architekt, geb. 28. 10. 1755 Dresden, gest. 29. 10. 1813 Dresden. – Der Schüler von Christian Friedrich →EXNER wurde 1778 Kondukteur im Oberbauamt, 1799 Hofbaumeister, 1800 Oberlandbaumeister und später Professor der Architektur an der Kunstakademie. H. führte in Dresden den Umbau des Finanzhauses auf der Landhausstraße zur Generalhauptkasse (1783) und des ehemaligen →Komödienhauses zur Aufnahme des Hauptstaatsarchivs (1802/04) aus.

«Hauptmann Hirsch»: Denkmal auf dem sog. Affenberg in Trachenberge in Nähe der Hellerhofstraße. Auf einem Bruchsteinsockel steht ein Granitwürfel, der von einem klassischen Bronzehelm bekrönt wird. Das 1823 von Franz →PETTRICH geschaffene Monument erinnert an den Hauptmann J. B. J. HIRSCH, der am 7. Oktober 1822 auf dem ehemaligen Artillerie-Exerzierplatz verunglückte. Der H. wurde 1872 und 1900 renoviert und 1977 neu aufgestellt.

Hauptstaatsarchiv: →Sächsisches Hauptstaatsarchiv

Hauptstraße: Nach modernen städtebaulichen Erkenntnissen entstand nach Plänen des Architekten Wolf Caspar von →KLENGEL in Altendresden zwischen 1687 und 1732 die vom Markt (Neustädter Markt) nordwärts zum Schwarzen Tor (Albertplatz) führende H. Wegen der Anlage der Straße mußte die →Dreikönigskirche abgebrochen werden. Die 400 m lange Hauptachse, deren Breite am Markt 57 m betrug und am Schwarzen Tor sich auf 38 m verengte, sollte von der Brücke aus den Eindruck einer endlosen Allee vermitteln, wogegen die vom Tor Kommenden die Vorstellung eines monumentalen Platzes haben sollten. 1732 wurden zwischen den beiden Fahrstraßen Linden angepflanzt, was im Volksmund zu dem Namen «Allee» führte. 1946 wurde die fast völlig zerstörte H. in Straße der Befreiung umbenannt. An Bausubstanz verblieben nach der Bombardierung an der Ostseite ein Geschäftshaus und die aus dem 18. Jh. stammende Häuserzeile mit der Dreikönigskirche zwischen →Obergraben und →An der Dreikönigskirche auf westlicher Seite. Für immer gingen das 1750 erbaute Rathaus, das 1852/53 errichtete katholische Pfarrhaus mit Schule und die →Katholische Kirche St. Franziskus Xaverius verloren, während die Neustädter →Markthalle erhalten blieb. – 1974 wurde mit den Erschließungsarbeiten für den Neuaufbau der H. begonnen. Die in Großplattenbauweise WBS 70 erbauten Wohngebäude erhielten eine für Dresden typische Sandsteinfassadenverkleidung. Die historischen Bürgerhäuser Nr. 9/21 wurden detailgetreu rekonstruiert, wobei in Nr. 13, dem sog. Kügelgen-Haus, das →Museum der Dresdner Frühromantik eingerichtet wurde. Im Rahmen des Bebauungsplanes Innere Neustadt verlegte man den gesamten Verkehrsstrom von der H. nach der Großen Meißner Straße. Am 5. Oktober 1979 wurde die neue Fußgängermagistrale der Bevölkerung übergeben. Zur Zierde der H. gehören beidseitig Platanen, verschiedene Plastiken, Brunnen und eine Schmuckuhr. Historische Denkmäler sind die beiden →Nymphenbrunnen von Benjamin →THOMAE aus dem Jahre 1739 am südlichen Eingang der H. Unmittelbar daneben stehen noch die 1882 aufgestellten bronzenen Fahnenmasten mit Balustraden und Ruhebänken aus schwedischem Granit vom Bildhauer Heinrich EPLER. Nördlich von der Dreikönigskirche steht das 1914 errichtete Schillerdenkmal des Bildhauers Selmar WERNER. Der letzte Bauabschnitt an der H. von der Dreikönigskirche bis zum Albertplatz wurde 1988 vollendet. Seit 1991 wieder in H. umbenannt.

Hauptwachen: →Alte Wache, →Altstädter Wache, →Blockhaus

Haus Altmarkt: 1954/56 errichteter Gaststättenkomplex im Kopfbau an der Ostseite des Altmarktes/Wilsdruffer Straße (Figurengruppen am Hauptportal von Otto ROST). Ungefähr an gleicher

Blick in die Hauptstraße

Stelle befand sich bis 1945 das →Residenzcafé. Das 1974/76 rekonstruierte H., das mehrere gastronomische Einrichtungen umfaßt, gehört zu den bekanntesten Einkehrstätten der Innenstadt.

Hauschild, Alfred: Architekt, geb. 24.10.1841 Hohenfichte/Erzgeb., gest. 8.7.1929 Dresden. – H. war Schüler von →NICOLAI und bildete sich auf Studienreisen durch Südeuropa und Nordafrika weiter. Seine Pläne für den →Ausstellungspalast in Dresden wurden beim Bau (1894/95) mit verwendet. Weiterhin stammen von ihm die Filiale der Reichsbank in der Bankstraße (1876/77, mit Robert ELTZNER), das Hauptgebäude des →Carolahauses und einige Villen an der →Bürgerwiese, darunter sein eigenes Wohnhaus Parkstraße 9b.

Hebenstreit, Pantaleon: Instrumentenbauer und Komponist, geb. 1667 Eisleben, gest. 15.11.1750 Dresden. – H. baute ein dem Hackbrett ähnliches Instrument, dessen Seiten mit zwei Hämmerchen angeschlagen wurden und das «Pantaleon» genannt wurde. Er beherrschte es virtuos und bereiste mit ihm zahlreiche Höfe. 1714 kam er nach Dresden und wurde Kammermusiker und «Pantaleonist» der Hofkapelle, später Vizekapellmeister und 1734 Hofkapelldirektor der ev. Kirchenmusik. Das «Pantaleon» wurde z.B. von Gottfried →SILBERMANN nachgebaut, geriet aber bald nach H. Tod in Vergessenheit. – H. wohnte in der Frauengasse (späteres Haus Galeriestraße 9).

Hechtviertel: im 19 Jh. planmäßig angelegtes Wohnviertel der Äußeren Neustadt ohne dörfliche Vergangenheit, Teil der Antonstadt, ab 1874 der Leipziger Vorstadt. – Polizeidirektor Hans Ludwig von →OPPELL erwarb 1836 und 1841 23 ha Land auf dem Artillerie-Schießplatz nördlich des Bischofsweges. Dieses Gebiet wurde wie die Hechtstraße nach dem Weinberg des Revierförsters August HECHT in Trachenberge als «Auf dem Hecht», im Volksmund später als *Oppellvorstadt* bezeichnet. Von Oppell erhielt 1842 einen Bebauungsplan für Kleinhäuser in offener Bauweise genehmigt. Die Besiedelung ging nur langsam voran (1846 Schleusenanschluß, 1876 Straßenpflaster, 1877 Anschluß an das Wasserwerk Saloppe). Ab 1855 wurde das Viertel amtlich «Neuer Anbau auf den v. Oppellschen Feldern» genannt. 1866 entstand nach Plänen von Theodor →FRIEDRICH die Doppelschule am Königsbrücker Platz. Großkaufmann Johann MEYER (1800–1887) stiftete 1872 Gelder zum Bau von Arbeiterwohnhäusern in einfacher Form an der nach ihm benannten Straße. 1875 wurde für das H. die Errichtung hoher Mietshäuser in geschlossener Bauweise genehmigt. Zu dieser Zeit befanden sich an der Königsbrücker, Hecht- und Oppell-(heute Rudolf-Leonhard-)Straße noch große Gärtnereien. Das H. entwickelte sich zum ausgesprochen proletarischen Wohngebiet mit der höchsten Bevölkerungsdichte Dresdens (1910: 672 Einwohner/ha) und zählte 1890 ca. 13 200 Bewohner. Das H. wurde 1881 durch die Pferdebahnlinie Postplatz– Arsenal, ab 1900 durch die elektrische Straßenbahn mit Endstelle Hecht-/Buchenstraße (um 1906 bis →Pauli-Friedhof) erschlossen. Christian SCHRAMM erbaute 1892 am Königsbrücker Platz die →Pauli-Kirche. Im Anschluß an den «alten Hecht» wurden die Felder des ehemaligen Gutsbezirkes Wilder Mann bis zum Pauli-Friedhof in den 30er Jahren durch den Wohnungsbauverein mit zeitgemäßen Siedlungen bebaut. Der Luftangriff vom 16. Januar 1945 zerstörte den oberen Teil des «alten Hecht» mit der Pauli-Kirche. Nach 1970 rascher Verfall der alten Bausubstanz.

Hechtwagen: nach seiner schlanken äußeren Form benannter, 1931/71 eingesetzter Wagentyp der Dresdner Straßenbahn. – Die Wagen wurden von Alfred BOCKEMÜHL (geb. 1896) entwickelt und vorwiegend auf der längsten Dresdner Linie Weinböhla – Niedersedlitz (30,4 km) und auf der Steigungsstrecke Hauptbahnhof – Bühlau (später auch Coschütz) eingesetzt. Ab 1931 verkehrten insgesamt 31 Wagen des 14,5 m langen «Großen Hecht» – des ersten deutschen Straßenbahn-Großraum-Triebwagens – und ab 1936 noch rund 50 weitere Triebwagen des «Kleinen Hecht». Hersteller waren Christoph & Unmack, Niesky, und die Waggonfabrik Busch, Bautzen. Die meisten großen H. wurden 1970/72 verschrottet; ein Triebwagen Nr. 1702 (Baujahr 1930) gelangte in das Verkehrsmuseum, ein weiterer Trieb- und ein Beiwagen sind als Traditionsbahn erhalten.

Gelehrter am Mathematisch-Physikalischen Salon. Stein von Paul Heermann

Heckel, Erich: Maler und Grafiker, geb. 31.7.1883 Döbeln, gest. 27.1.1970 Radolfzell/Bodensee. – 1904 hatte H. ein Architekturstudium an der Dresdner Technischen Hochschule aufgenommen, das er jedoch nach dem dritten Semester abbrach, um sich der Malerei zu widmen. 1905 gründete er mit seinen Kommilitonen Fritz BLEYL, Karl →SCHMIDT-ROTTLUFF und Ernst Ludwig →KIRCHNER die Künstlergemeinschaft →«Brücke». Er mietete 1906 als Arbeitsraum einen leeren Laden in der Berliner Straße (Friedrichstadt), der später von Kirchner übernommen wurde. 1911 siedelte H. nach Berlin über.

Hedenus, Johann August Wilhelm: Chirurg, geb. 11.8.1760 Langensalza, gest. 29.12.1836 Dresden. – Der Apothekersohn wurde am →Collegium medico-chirurgicum in Dresden ausgebildet, war 1783/91 als Militär-Wundarzt tätig und wurde danach am Collegium medico-chirurgicum angestellt, wo er 1798/1808 als Lehrer der Chirurgie wirkte. Seine 1800 erstmals erfolgreich durchgeführte Schilddrüsenoperation brachte ihm den Ruf eines Chirurgen von europäischem Rang. 1808/33 war H. Leibarzt beim König FRIEDRICH AUGUST I. und erhielt 1824 den Ehrendoktortitel der Universität Leipzig. Sein Sohn *August Wilhelm* (geb. 27.12.1797 Dresden, gest. 6.11.1862

Dresden, begr. Trinitatisfriedhof), Schwiegersohn →STRUVES, war ein ebenfalls in Dresden sehr geschätzter Arzt, der sich auch uneigennützig um ärmere Kranke bemühte und außerdem als Dichter hervorgetreten ist.

Heermann, Paul: Bildhauer, get. 23.1.1673 Weigmannsdorf b. Freiberg, gest. 22.7.1732 Dresden. – Als Schüler seines Onkels George H. (um 1640/50 bis um 1700) vollendete er dessen Hauptwerk (Freitreppe am Schloß Troja b. Prag) und ist danach in Dresden nachweisbar (1714 Bürgerrecht), wo er an der plastischen Gestaltung des →Zwingers mitwirkte. Die drei nördlichsten Hermen am Wallpavillon, das Parisurteil (August der Starke als Paris mit der Krone Polens statt des Apfels in den Händen) und der Flötenspieler am Kronentor sollen von ihm stammen. Im Albertinum befinden sich eine Bildnisbüste Augusts des Starken (1725) und eine «Ruhende Venus» (um 1720) von H. Als Hofbildhauer arbeitete er an der Vervollständigung antiker Fragmente der späteren →Skulpturensammlung.

Hegenbarth: 1. *Emanuel*, Tiermaler, geb. 14.1.1868 Böhmisch-Kamnitz, gest. 18.7.1923 Dresden. – Nach dem Kunststudium in Berlin und München und kurzer Tätigkeit als freischaffender Maler in München wurde H. 1903 an die Kunstakademie nach Dresden berufen und ein Jahr später zum Professor ernannt. 1907 bezog er das neu errichtete Tierklasse-Atelier an der Pfotenhauerstraße. – **2.** *Josef*, Maler, Grafiker, geb. 15.6.1884 Böhmisch-Kamnitz gest. 27.7.1962 Dresden. – Seit 1905 erhielt H. seine erste künstlerische Anleitung durch seinen Vetter Emanuel H. 1905/08 besuchte er die Dresdner Kunstakademie als Schüler von Gotthard →KUEHL, Oskar →ZWINTSCHER und Carl →BANTZER und war anschließend freischaffend tätig. Von 1946 bis 1949 wirkte er als Professor an der Hochschule für Werkkunst bei der Wiedereinrichtung des Dresdner Kunstlebens mit. Mit seinem durch virtuose Beherrschung der grafischen Mittel gekennzeichneten thematisch äußerst vielfältigen und umfangreichen Werk half H. «den Ruhm Dresdens als Stadt der Künste wesentlich (zu) prägen». Mit 6460 Illustrationszeichnungen gehört er zu den bedeutendsten deutschen Buchillustratoren des 20. Jh. Ab 1919 besaß er das Haus Calberlastraße 2 in Loschwitz, dessen zweite Etage er bis zu seinem Tode bewohnte und in dem sich heute das Hegenbarth-Archiv befindet. – Grab auf dem Loschwitzer Friedhof; Josef-Hegenbarth-Weg in Wachwitz.

Josef Hegenbarth

Hegewald, Zacharias: Bildhauer, get. 12.2.1596 Chemnitz, gest. 30.3.1639 Dresden. – H. war wahrscheinlich Schüler von Sebastian →WALTHER, dessen Tochter Viktoria er 1625 heiratete. Er schuf 1630/31 für die Kunstkammer die lebensgroßen Steinfiguren «Adam und Eva» (Kriegsverlust 1945), die ersten reinen Aktfiguren der Dresdner Plastik, eine Reihe von figürlichen Grabsteinen in der Sophienkirche, die sich durch sorgfältige Behandlung der Kostüme auszeichnen, und 1638 den Altar der Kirche in Kötzschenbroda, dessen Figuren später im Museum des Sächsischen Altertumsvereins zu sehen waren (Sockel und Abendmahlsbild heute im Dresdner →Stadtmuseum).

Hegner, Jakob (Jacques): Verleger, geb. 25.2.1882 Wien, gest. 24.9.1962 Lugano, beerdigt in München. – 1899 ging H. nach Leipzig, um kunst- und kulturgeschichtliche Vorlesungen zu hören. Nach seiner Tätigkeit im Seemann-Verlag Leipzig und Berlin gründete er seinen ersten Buchverlag «Magazin-Verlag Jacques Hegner Berlin und Leipzig» (1904 bankrott gegangen). 1912 siedelte H. nach →Hellerau und brachte seinen neuen kleinen Verlag mit, die «Neuen Blätter». Seine eigene dichterische Produktion hatte er eingestellt und widmete sich nun ganz der Übersetzung fremdsprachiger Schriftsteller. Es entstanden im Verlag Jakob Hegner (er arbeitete nur mit Handsatz – ohne Setzmaschinen) hervorragende verlegerische Ausgaben. Unter ihnen Paul CLAUDELS «Mariä Verkündigung», Francis JAMMES' «Der Hasenroman», Georges BERNANOS' «Tagebuch eines Landpfarrers», William Butler YEATS' «Die chymische Rose», Theodor →DÄUBLERS «Der neue Standpunkt» und Reinhold SCHNEIDERS «Das Leiden des Camoes». Wegen der Wirtschaftskrise verließ H. 1930 Hellerau.

Heidefriedhof: →Städtischer Heidefriedhof

«Heidemühle»: volkstümliche Ausflugsgaststätte inmitten der →Dresdner Heide an der Radeberger Straße (Überquerung der Prießnitz). Der Name stammt von einer schon im 16. Jh. am Oberlauf der Prießnitz in der Nähe der Ullersdorfer Straße befindlichen Mühle, die 1841 abgetragen und teilweise zur Errichtung einer neuen Mahl-, Schneide- und Ölmühle mit Gasthaus an der neuen Radeberger Chaussee verwendet wurde. Der Besitzer Samuel HEMPEL eröffnete 1843 das «Gasthaus in der neuen Heidemühle», das 1880 abbrannte und 1881 durch einen Neubau im Schweizer Stil als «Gasthof zur Heidemühle» ersetzt wurde. Die beliebte Gaststätte, im Volksmund auch «Zur schwarzen Gake» oder «Heide-Gake» genannt, wurde in der Folgezeit mehrfach verändert (z.B. um 1930 Anlage eines Wildgeheges) und diente 1950/90 auch als Betriebsferienheim. Dazu entstanden 1969 ein Neubau auf dem alten Mühlenfundament sowie ein Freibad.

Heidenschanze: frühgeschichtliches Bodendenkmal auf einem Bergsporn über dem →Plauenschen Grund bei Coschütz (224 m NN). – Die befestigte Siedlung der Bronzezeit wird als Mittelpunkt einer vom Elbtal bis Tharandt reichenden Siedlungszone angesehen, war von einem Ringwall und Graben umgeben und enthielt neben Blockhäusern auch Werkstätten von

Bronzeschmelzern und Knochenarbeitern. Eine zweite Siedlungsphase in slawischer und frühdeutscher Zeit endete vermutlich im 11. Jh. Archäologische Grabungen legten seit 1851 in den bis zu 5 m starken Kulturschichten u. a. Bronzeschmelzöfen und andere Funde frei. Seit Mitte des 19. Jh. wurden bis etwa 1965 erhebliche Teile dieses archäologischen Denkmals durch Steinbrüche abgetragen.

Heidepark: Erholungspark am Stadtrand der Dresdner Heide zwischen Bautzner Landstraße und Fischhausstraße. Er wurde ab 1893 vom →Verein Volkswohl für die Dresdner Kinder mit Spiel- und Sportplätzen, Blockhütten, Schulgärten, Naturtheater, Luftbad, Waldschulen und der Gaststätte «Volksheim» eingerichtet. 1000 bis 1500 Kinder konnten sich während einer vom Verein veranstalteten «Heidefahrt» in dem nach 1898 mit dem →Albertpark verschmolzenen Waldgebiet erholen. In der 1928 als massives Gebäude errichteten Waldschule befindet sich heute eine Schule für schwerhörige Kinder. Ein Teil des H. ist zu einem Wildgehege umgestaltet.

Heilandskirche Cotta: ev.-luth. Kirche mit denkmalartigem, massigem Turm, 1914 nach Plänen des Loschwitzer Architekten Rudolf KOLBE (geb. 1873) begonnen. – Nach elfjähriger Unterbrechung durch Krieg und Inflation wurde die Kirche erst 1926/27 vollendet. Sie erhielt nach dem Zweiten Weltkrieg das Geläut der zerstörten →Jakobikirche.

Heiliger Brunnen: Quelle in der Nähe von →Leubnitz-Neuostra, der man im Mittelalter und auch noch später Heilwirkung zuschrieb. Das Kloster Altzelle, auf dessen Grund und Boden sich die Quelle befand, ließ dort eine (später verfallene) Kapelle errichten und zog beträchtlichen Gewinn aus den im Mittelalter dorthin ziehenden zahlreichen Wallfahrern. Noch im 19. Jh. war der H. ummauert.

Heilig-Geist-Kirche Blasewitz: von Karl Emil →SCHERZ 1891/93 an der Berggartenstraße im neugotischen Stil errichtete Kirche. Den äußeren Schmuck der 800 Personen fassenden H. bilden am Hauptportal die Statuen des Elias, Johannes des Täufers und ein Christusrelief von Bildhauer Friedrich HECHT. An der Inneneinrichtung wirkten die Gebrüder →JEHMLICH (Orgel), Glasmaler URBAN (Glasfenster), Bildhauer →EPLER (Christusfigur) und Oskar RASSAU (Altarrelief) mit. Nach schwerer Beschädigung 1945 wurde die Kirche in schlichter Form erneuert.

Heine(c)ken, Carl Heinrich von: Kammerrat, Förderer der Dresdner Kunstsammlungen, geb. 24. 1. 1707 Lübeck, gest. 23. 1. 1791 Altdöbern. – Der vielseitig gebildete H. war seit 1730 als Erzieher in verschiedenen adligen Häusern Dresdens tätig und stand ab 1739 im Dienste des Ministers Heinrich von BRÜHL, zunächst als Bibliothekar, später als Verwalter seiner sächsischen Güter. Neben anderen öffentlichen Ämtern hatte der 1749 Geadelte als Direktor des →Kupferstich-Kabinettes (ab 1746) die Oberaufsicht über die kurfürstlichen Sammlungen und als künstlerischer Berater und Agent →FRIEDRICH AUGUSTS II. wesentlichen Einfluß auf die Entwicklung der Dresdner Kunstsammlungen im 18. Jh. 1763 verlor er nach dem Tode Brühls alle Ämter und wurde nach einem Gerichtsprozeß 1769 aus Dresden verbannt. Unter seinen als Quellenwerke geschätzten Veröffentlichungen zur bildenden Kunst ist das « Galeriewerk» (Dresden 1753 bzw. 1757) hervorzuheben, eine umfangreiche Übersicht über die Meisterwerke der Gemäldegalerie in Kupferstichen, woran namhafte Zeichner und Kupferstecher Europas mitarbeiteten.

Heinichen, Johann David: Hofkapellmeister, geb. 17. 4. 1683 Krößuln b. Weißenfels, gest. 16. 7. 1729 Dresden. – H. hatte seine juristische Laufbahn zugunsten der Musik aufgegeben und sich bereits als Komponist einen Namen gemacht, als er von Italien (1710/17) mit einem Gehalt von 1200 Talern/Jahr nach Dresden zum Hofkapellmeister berufen wurde. Dieses Amt bekleidete er vom 1. Januar 1717 bis zu seinem Tode. Neben seinem vielfältigen, vorwiegend kirchen- und kammermusikalischen Schaffen ist sein musiktheoretisches Werk «Der Generalbaß in der Komposition» (Hamburg 1711; veränderte Bearbeitung Dresden 1728) hervorzuheben, in dem u. a. Anweisungen für die spezielle Dresdner Aufführungspraxis vermittelt werden. Sein musikalischer Nachlaß befindet sich in der Sächsischen Landesbibliothek. Seine Wohnung war in der Schössergasse.

Heinrich der Erlauchte: Markgraf von Meißen und der Ostmark, seit 1247 auch Landgraf von Thüringen, geb. 1215 oder 1216, gest. Anfang 1288. – H. bevorzugte in den letzten zwei Jahrzehnten seines Lebens Dresden als Residenz. In dieser Zeit wurde die Dresdner Burg zu einem Mittelpunkt höfisch-mittelalterlicher Kultur. Am Hofe H., der selbst als Dichter, Komponist und Minnesänger hervortrat, hielt sich höchstwahrscheinlich zeitweise der Minnesänger HEINRICH von Meißen (Frauenlob) auf. H. förderte durch die Erteilung von Privilegien die verfassungsmäßige und wirtschaftliche Entwicklung der jungen Stadt. So verkaufte er 1271 der Stadt den Marktzoll und beseitigte 1285 weitgehend die rechtliche Sonderstellung der adligen Grundstücke (Herrenhöfe). H. stiftete auch das →Maternihospital.

Heinrichstraße: Straße in der →Inneren Neustadt, die bereits zur Entstehungszeit Altendresdens als «Pfarrgasse», damals allerdings als Sackgasse, existierte. Nach 1685 wurde sie bis auf den Platz vor dem Leipziger Tor verlängert. Von 1840 an trug sie den Namen «Heinrichstraße», nach Herzog Heinrich dem Frommen. 1945/91 war die Straße nach Rosa Luxemburg benannt.

Heinzebrunnen: →Marie-Gey-Brunnen

Helbigsches Etablissement: →Italienisches Dörfchen

Hell, Theodor: →Winkler, Karl Gottfried Theodor

Heller: Ortsteil von →Trachenberge, der Name, urspr. Flurname, leitet sich wahrscheinlich von holy (tschechisch: kahl) oder hola (sorbisch: Heide) ab. 1673 suchte der Oberforstmeister Hans Caspar KNOCH beim Kurfürsten JOHANN GEORG II. um Überlassung eines auf der Dresdner Heide gelegenen Platzes zur Weinbergsanlage nach. Knoch errichtete 1680 das Hellergrundstück mit einem Herrenhaus, für das er das Schankrecht erhielt. Daraus entstand die «Hellerschänke» (→«Zum letzten Heller»). Diese sowie die Hellerberge unterstanden dem Amt zu Dresden. An den Hängen des 200 m hohen Hellerbergs trieben Wilschdorfer Einwohner bis 1850 Weinbau. 1827 entstand der Exerzierplatz auf dem H., 1866 erwarb die sächsische

Heeresverwaltung das Hellergut und richtete darin eine Sommerkaserne ein. Ab 1907 widmete sich der «Heidemaler» Otto →ALTENKIRCH besonders der Darstellung des Hellergeländes. 1918 ging der H. am Hellergut an die Stadt Dresden über und gehörte als Enklave zu Trachenberge, der Truppenübungsplatz blieb staatlich. 1925 wurde der Kaditzer Flugplatz hierher verlegt (ab 1935 in Klotzsche). Wegen der militärischen Nutzung der Hellerterrasse blieb dieses Gebiet unbesiedelt. Heute wird das Gebiet des H. u. a. durch Kleingärten und als Deponie genutzt.

Hellerau: rechtselbischer Stadtteil, 1908 als erste deutsche Gartenstadtsiedlung gegründet und nach dem benachbarten Flurteil →Heller benannt, 1919 mit dem Bauerndorf →Rähnitz zu Rähnitz-H. vereinigt, der Doppelort (seit 1938 Hellerau) 1950 mit ca. 5900 Einwohnern zu Dresden eingemeindet. – H. verdankt sein Entstehen in erster Linie dem Tischler Karl →SCHMIDT, der den Gedanken der Erneuerung der deutschen kunstgewerblichen Produktion mit dem einer Werkgemeinschaft verband. Schmidt stand gleich anderen Mitbegründern des Deutschen Werkbundes den Ideen des nationalliberalen Politikers Friedrich NAUMANN (1860–1919) nahe und war mit Kunstgewerblern und Architekten wie Oswin →HEMPEL, Fritz →SCHUHMACHER und Theodor →FISCHER an der 3. Deutschen Kunstgewerbeausstellung in Dresden beteiligt. Er kaufte von 73 Grundstücksbesitzern in Klotzsche und Rähnitz 130 ha Land, gründete 1908 die Gartenstadtgesellschaft GmbH und zur Verwertung und Vermietung die Baugenossenschaft H. 1909 wurde mit dem Bau der →Deutschen Werkstätten H. am Moritzburger Weg und der ersten Kleinhäuser «Am grünen Zipfel» begonnen. Die Bebauungskonzeption stammte von Richard →RIEMERSCHMIDT, der eine baukünstlerisch ausgereifte, höchsten Anspruchen an die Arbeitsbedingungen entsprechende Fabrikanlage mit einer modernen Gartenstadtsiedlung verband. Er fügte die bereits vorhandene «Waldschänke» 1910 in die Siedlung ein und schuf neben den Häusern Am Grünen Zipfel weitere Am Hellerrand, Am Talkenberg, Hirtenweg, Karl-Liebknecht-Straße, Kurzer Weg, Moritzburger Weg und Ruscheweg sowie die Südwestseite des Marktes. Der Architekt Hermann MUTHESIUS (geb. 20.4.1861 Großneuhausen/Thür., gest. 26.10.1927 Berlin) errichtete Gebäude Am Dorffrieden, Beim Gräbchen, Auf dem Sande und An der Winkelwiese. Mit eigener Architekturauffassung war Heinrich →TESSENOW an Einzelhäusern u. a. Am Schänkenberg und Heideweg beteiligt; sein Hauptwerk ist das →Festspielhaus, für das Adolphe APPIA den Festsaal gestaltete. Wolf →DOHRN begründete den Ruf H. als fortschrittliches Zentrum europäischen Kulturlebens. Er holte den Tanzpädagogen Emile →JAQUES-DALCROZE nach H., der im Festspielhaus seine «Bildungsanstalt für Musik und Rhythmus» eröffnete. Dohrn war auch Sekretär des Deutschen Werkbundes, dessen Nachfolge 1910 Alphons PAQUET (1881–1914) antrat. 1912/30 war Jakob →HEGNER in H. ansässig, der sich mit seinem Verlag um die Verbreitung moderner französischer Literatur verdient machte. Zur Erstaufführung von Paul CLAUDELS «Mariä Verkündigung» 1913 im Festspielhaus fanden sich Gerhart →HAUPTMANN, Oskar →KOKOSCHKA, Rainer Maria →RILKE, Franz WERFEL, George Bernhard SHAW und andere Dichter ein. In H. wohnten die Publizisten und Schriftsteller Hugo ZEHDER (1882–1962), Camill HOFFMANN (1878–1944), Emil STRAUSS (1866–1960) und Paul ADLER (1878–1946). Zu den Gästen H. zählten Theodor →DÄUBLER, Stefan ZWEIG und Franz KAFKA. 1910 siedelte der Kunsthandwerker Georg MENDELSSOHN nach H. über. Dessen Sohn, der Schriftsteller Peter DE MENDELSSOHN (1908–1982), verließ H. 1926. Das kulturelle Leben H. wurde durch den Ersten Weltkrieg weitgehend abgebrochen. – Die Gartenstadt umfaßte vor dem Krieg 387 Häuser mit ca. 1900 Einwohnern. Der Architekt Curt FRICK (1884 bis 1963) schuf neben Häusern Am Schützenfeld und an der Hendrichstraße 1913/14 die Volksschule (84. Schule), die in den zwanziger Jahren als Versuchsschule bekannt wurde. Eine Höhere Schule wurde 1913 am Moritzburger Weg gegründet. Finanzielle Schwierigkeiten in der Inflationszeit zwangen die Baugesellschaft 1923, 336 Kleinhäuser in Privathand zu übergeben. Der Architekt LÜDECKE errichtete 1922/24 die 11 Kleinbauten des sogenannten D-Zuges und das Rathaus. Rudolf KOLBE vollendete die Bebauung des Marktes 1932 abweichend von den Entwürfen Riemerschmids und schloß damit den zweiten Bauabschnitt Helleraus ab. 1937 wurden noch 28 Volkswohnungen am Pfarrlehn errichtet. Trotz der verschiedenen Bauabschnitte blieb die einheitliche Grundkonzeption gewahrt. Das gilt auch für die nach 1950 erbauten, «Neu-Dessau» genannten Häuser der Flugzeugwerke. – Die 1913 nach Hellerau eröffnete Straßenbahn wurde 1938 bis Rähnitz verlängert. – In H. gründete Bruno TANZMANN (1877–1939) 1919 die Deutsche Bauernhochschulbewegung, die sich ab 1924 mit völkisch-chauvinistischen Jugendbünden zur sogenannten Artamanenbewegung vereinigte. – Das Festspielhaus sah 1932 noch eine glanzvolle Aufführung von GLUCKS «Iphigenie in Aulis» unter Fritz →BUSCH. Es wurde 1937 in eine Kaserne verwandelt, 1945/92 von sowjetischen Truppen genutzt und in dieser Zeit sowohl stilfremd umgebaut als auch dem Verfall preisgegeben. Die Gartenstadtgesellschaft verfügte nach 1945 noch über ca. 200 Wohnungen. Die Gesamtanlage steht unter Denkmalschutz.

Hellerhof: an der Hellerhofstraße in →Trachenberge gelegene soziale Einrichtung. Sie entstand 1894 am oberen Ende der Trachenschlucht auf Anregung des Arztes Dr. KLEMM als eine gemeinnützige Genossenschaft zur Bekämpfung der Säuglingssterblichkeit durch die Verabreichung von Eselsmilch. Die hier gehaltenen 70 Esel gaben dem Hellerhof im Volksmund auch die Bezeichnung Eselshof. 1915 mußte das Institut wegen des Krieges geschlossen werden. – 1933 war der H. Aktionszentrum der Sturmstaffeln (SS) in Dresden. In seiner Nähe wurden 1934 SA-Führer im Zusammenhang mit dem sog. «Röhm-Putsch» von der SS erschossen. Um 1936

Ansicht Helleraus mit Alt-Klotzsche

entstanden weiter nördlich an der Hellerhofstraße Kasernen für die Waffen-SS.

Hellerschänke: →«Zum letzten Heller»

Hellerstraße: zwischen Radeburger Straße und Bauernweg in den dreißiger Jahren des 19. Jh. entstandene und anfangs «Leichenweg» benannte Verbindung, damals der einzige Weg, auf dem die Verstorbenen von Rähnitz zum Neustädter Friedhof überführt werden konnten. 1840 erhielt der Weg die Bezeichnung H., weil er in Richtung Gasthaus «Zum letzten Heller» führte.

Hempel: **1.** *Eberhard*, Kunsthistoriker, geb. 30.7.1886 Dresden, gest. 16.9.1967 Dresden. – Der als «führend in der Kunstgeschichte» eingeschätzte Wissenschaftler war der Sohn von 4.; er hatte an süddeutschen und österreichischen Universitäten studiert und an der Universität in Graz gewirkt, bevor er 1933 als außerordentlicher Professor für Kunstgeschichte an die Technische Hochschule Dresden berufen wurde. Erst 1946 erhielt er das ihm bis dahin von den Nationalsozialisten vorenthaltene Ordinariat für Geschichte der Baukunst und allgemeine Kunstgeschichte (Vorlesungen bis 1961). Im Mittelpunkt seiner wissenschaftlichen Arbeit stand der Themenkreis Barock und Architektur in Europa, wozu auch das für Dresden wichtige Werk über Gaëtano →Chiaveri (1955) gehört. –
2. *Oswald*, Puppenspieler, geb. 4.5.1895 Dresden, gest. 13.2.1945 Dresden. – Der von Oskar →Seyffert für den Landesverein Sächsischer Heimatschutz nach Dresden verpflichtete Künstler spielte während der Wintermonate im Barocksaal des →Kurländer Palais nicht nur für Kinder, sondern auch für Erwachsene. Mit seinen Volks- und Heimatstücken sowie auf die Dresdner Staatstheater (H. war dort Ehrenmitglied) zugeschnittenen Opern- und Schauspielparodien wurde das «Dresdner Kasperle» weit über die Stadtgrenzen hinaus bekannt. – Grab auf dem Inneren Neustädter Friedhof. –
3. *Oswin*, Architekt, geb. 13.2.1876 Oberlütschera bei Döbeln, gest. 19.8.1965 Dresden. – Der Schüler von Paul →Wallot und Karl →Weissbach lehrte als Nachfolger Fritz →Schuhmachers ab 1907 zunächst als außerordentlicher und ab 1920 als ordentlicher Professor für Raumkunst, Freihand-, Ornament- und Figurenzeichnen an der Technischen Hochschule Dresden. Außer der →Apostelkirche Trachau (1927/29) entwarf er den Kirchensaal des Diakonissenhauses, die Innenausstattung der Gaststätten →Bärenschänke, →Gambrinus und →Trompeterschlößchen sowie die Architektur zum Schillerdenkmal von Selmar →Werner am Albertplatz (1914). –
4. *Walther*, Chemiker, geb. 5.5.1851 Pulsnitz, gest. 1.12.1916 Dresden. – Der zunächst als Privatdozent tätige Wissenschaftler wirkte 1879/1912 als Professor für anorganische Chemie und anorganisch-chemische Technik an der Technischen Hochschule Dresden, wobei er zugleich das Laboratorium leitete. Mit Tatkraft setzte er sich für die Reorganisation des Chemie-Studiums ein, was zur endgültigen Trennung von organischer und anorganischer Chemie in der Ausbildung führte, die vorbildlich für andere Hochschulen wurde. – Hempelstraße im Hochschulviertel. –
5. *Werner*, Bildhauer, geb. 1.11.1904 Dresden-Blasewitz, gest. 18.9.1980 Dresden. – Nachdem H. bei seinem Vater den Bildhauerberuf erlernt hatte, die Gewerbeschule absolviert und seine Ausbildung an der Kunstakademie München (1926/27) sowie als Meisterschüler bei Karl →Albiker in Dresden beendet hatte, gründete er 1930 seine eigene Werkstatt in Tolkewitz, Wehlener Straße 20. Mit Verantwortungsbewußtsein und hohem künstlerischem Einfühlungsvermögen entwickelte sich H. zu einem großen Meister der bildhauerischen Restaurierungskunst. Zu seinen ersten Arbeiten gehörte die Mitwirkung an der Restaurierung des →Zwingers und der katholischen Hofkirche (→Kathedrale), wobei er die damals neue Methode der Restaurierung mit originalgetreuem Material anwandte. Hervorragend gelangen ihm ebenfalls Kopien nach Abbildungen. Sein Werk, das auch eigenständig gestaltete Grab- und Gedächtnismonumente umfaßt, erstreckt sich über fast ganz Ostdeutschland, besonderen Anteil hatte H. jedoch an der Wiederherstellung des in Dresden zerstörten barocken Gebäude- und Parkschmucks (z. B. Zwinger, Kathedrale, →Dinglinger-Brunnen, →Delphinbrunnen, Plastiken im →Großen Garten). Die Bildhauerwerkstatt wird von seinem Sohn Christian (geb. 1937) weitergeführt. – Grab auf dem Tolkewitzer Friedhof.

Hentzner, Paul: Jurist, Rat in der hessischen Stadt Münsterberg. – H. bereiste zwischen 1596 und 1600 Deutschland und Westeuropa. Sein «Itinerarium Germaniae, Calliae, Angliae, Italiae» erschien 1612 in Nürnberg. Die darin enthaltene Beschreibung Dresdens geht auf seinen Besuch der Stadt im Jahre 1600 zurück.

Henze, Robert: Bildhauer, geb. 8.7.1827 Dresden, gest. 3.4.1906 Dresden. – H. hatte zunächst das Schlosserhandwerk gelernt, studierte dann an der Dresdner Kunstakademie bei Ernst →Rietschel, Johannes →Schilling und Ernst Julius →Hähnel, schloß 1866/67 seine Ausbildung in Italien ab und lebte danach bis zu seinem Tode freischaffend in Dresden. 1881 wurde er zum Ehrenmitglied der Kunstakademie ernannt. Sein Hauptwerk war die im Stil des Historismus geschaffene «Germania» auf dem Altmarkt. (1880; →Siegesdenkmal). Für das Gebäude der Kunstakademie entwarf er die Monumentalfiguren «Phantasus» und «Eros» sowie die 5 m hohe, in Kupfer getriebene und vergoldete Nike auf der Kuppel. Außerdem stammen von ihm ein Standbild der Kurfürstin Anna (1869; jetzt auf dem alten Annenfriedhof), die Figuren am Giebel der Hinterbühne des Opernhauses, das Relief von Arthur →Königsheim im Waldpark, der →Müller-Brunnen (1902), die Plastiken am 1945 ausgebrannten →Albert-Theater und zahlreiche Grabmäler (z. B. für Eduard →Leonhardi in Loschwitz und auch für sein eigenes Grab) sowie Medaillonbildnisse von Dresdner Persönlichkeiten (z. B. am Ludwig-Richter-Denkmal in Loschwitz). – Begr. auf dem Alten Annenfriedhof; Henzestraße in Johannstadt.

Herder, Johann Gottfried: Dichter und Philosoph, geb 25.8.1747 Mohrungen/ Ostpreußen, gest. 18.12.1803 Weimar. – H. weilte in seinem Todesjahr in Dresden. Von einem Kuraufenhalt in Eger kommend, traf er am 18. August in der Stadt ein. Er wohnte zuerst im →Hotel de Pologne, vom 21. August an im Hoffmannseggischen Haus in der Neustadt nahe der Elbbrücke. In Dresden begegnete er zahlreichen Persönlichkeiten, darunter Mitgliedern des Hofes und dem Kurfürsten, bei dem er sich für seinen in kursächsischen Diensten stehenden Sohn August einsetzte. Mit Unterstützung von

Karl Wilhelm →DASSDORF benutzte er die Königliche Bibliothek (→Sächsische Landesbibliothek) im Japanischen Palais (dort Arbeit an seinem «Cid»). H. hegte die größten Erwartungen an seinen Besuch der an Kulturschätzen reichen kursächsischen Residenz (Besuch der Galerie usw.), glaubte er doch, hier noch einmal neue Schaffenskraft gewinnen zu können. – Die gesellschaftliche Anerkennung, die ihm in Dresden zuteil wurde, beruhte sicher zu einem großen Teil auf seinen Bemerkungen über die Dresdner Kunstsammlungen, die er 1802 in einem Aufsatz in der von ihm herausgegebenen Zeitschrift «Adastrea» gemacht hatte. H. gebrauchte dort für Dresden die später berühmt gewordene Wendung *«Deutsches Florenz» (Elbflorenz)*. – Herderstraße im Stadtbezirk Mitte.

«Herkuleskeule»: Kabarett der Stadt Dresden mit eigener Spielstätte am →Sternplatz. Das nach der Berliner «Distel» und der Leipziger «Pfeffermühle» gegründete Kabarett hat seinen Namen nach →PERMOSERS Herkules-Statuen im Großen Garten. Es trat erstmalig am 1. Mai 1961 auf («Keine Witzbeschwerden»). Seine Programme sind eigens für das Ensemble geschriebene satirische Beiträge, kabarettistisches Erbe sowie Unterhaltungsveranstaltungen. Bis 1986 trat die H. in rund 5500 Vorstellungen in 34 Programmen vor etwa 790 000 Zuschauern auf. Anfangs befand sich die H. im Keller der zerstörten Reformierten Kirche am Altmarkt, später im Klubhaus «Martin Andersen-Nexö» in der Neustadt und ab 1967 im eigenen Haus. Am 1. April 1993 wurde die H. aus der Trägerschaft der Stadt Dresden in eine GmbH überführt.

Hermann, Woldemar: Architekt und Maler, geb. 20. 6. 1807 Dresden, gest. 15. 4. 1878 Dresden. – H. besuchte ab 1821 die Bauschule der Dresdner Kunstakademie. Schon als Zwanzigjähriger entwarf er für den Kunstmäzen und Sprachlehrer Frederic de VILLERS (1770 bis 1846) das →Wasserpalais auf Cosel. Nach einer Italienreise ließ sich H. in Leipzig nieder, kehrte aber 1840 nach Dresden zurück. Er baute (wiederum für Villers) die Villa Bürgerwiese, Ecke Lindengasse (1840), die Terrassentreppe nach der Münzgasse (1843) und eine Reihe von Prachtgebäuden an der Wasserstraße (Carusufer). H. wohnte ab 1855 in der von ihm gebauten «Schwanenvilla», Holzhofgasse 12.

Herrmann-Denkmal: von dem Bildhauer Joseph HERRMANN (1801–1869) gestiftetes und entworfenes Denkmal, das 1869 am Loschwitzer Dorfplatz (Körnerplatz/Friedrich-Wieck-Straße) errichtet wurde. Mit dem kleinen Rundbau, im Volksmund auch «Senfbüchse» genannt, würdigte der Künstler seinen Vater, den Bildhauer Joseph H., der am 24. Februar 1799 bei Kaditz zwei Schiffsleuten bei Eisgang und Hochwasser der Elbe das Leben gerettet hatte.

Herz-Jesu-Kirche: kath. Kirche an der Borsberg-/Krenkelstraße im Stadtteil →Johannstadt. Auf einem 1900 von der kath. Kirche gekauften Grundstück erbaute 1903/05 Ratsbaumeister HENKER im neugotischen Stil die H.; Gründung des Pfarramts 1904. Die beim Bombenangriff 1945 beschädigten Kirchenfenster wurden 1951/52 nach Entwürfen von Bruno SEENER erneuert. 1972 gestaltete der Architekt Egon KÖRNER den Altarraum um.

Herzogin-Garten. Blick über Schrebergärten zur Orangerie

Herzogin-Garten: ehemalige kurfürstliche Garten-Anlage an der Ostra-Allee. Als früheste größere Gartenanlage Dresdens wurde der H. 1591 für die Kurfürstin SOPHIE (1568–1622) durch Zusammenlegen zweier vorhandener Gärten als «Pomeranzengarten» vor dem Wilsdruffer Tor geschaffen. Die Kurfürstin MAGDALENE SIBYLLE (1587–1659) ließ nach 1622 den im Renaissance-Stil gehaltenen Garten bedeutend erweitern, ein bewohnbares Gartenhaus errichten (1706 zerstört), Springbrunnen und erstmals in Sachsen eine mit Wasserkünsten versehene Grotte anlegen. Als besondere Zierde galten zwei ca. 6 m hohe Obelisken, die später im →Türkischen Garten aufgestellt wurden und von denen einer im Park von Neschwitz (Kreis Bautzen) noch vorhanden ist. Für Hoffeste und gesellige Zusammenkünfte wurde der H. bis gegen Ende des 17. Jh. genutzt, während er im 18./19. Jh. als *«Orangengarten»* vorwiegend zur Pflege und Aufzucht seltener Gewächse (z. B. von Orangen-, Feigen-, Lorbeer- und Taxusbäumchen) sowie auch als Erwerbsgarten für den Hofgärtner diente. 1841 errichtete Otto →WOLFRAMSDORF ein ca. 113 m langes, 15 m breites und 88 m hohes Orangeriegebäude in typischen Renaissance-Formen, das 1945 zerstört wurde, während die von Ernst Julius →HÄHNEL geschaffenen Nischenfiguren «Flora» und «Pomona» am Rest der Fassade an der Ostra-Allee noch vorhanden sind. Nachdem das Gelände schon im 19. Jh. durch Straßenanlegungen verkleinert wurde, brachte man um 1912 die wertvollen Pflanzen nach Pillnitz und legte auf dem verbliebenen Gelände die Schrebergartenkolonie «Herzogin Garten» an, die 1945 durch Bomben zerstört wurde. Gegenwärtig befindet sich dort u. a. ein Sportplatz. Die Neugestaltung des H. – auch mit gärtnerischen Anlagen – ist seit 1991 vorgesehen.

Hettner, Hermann: Professor für Kunstgeschichte, geb. 12. 3. 1821 Leysersdorf (Schlesien), gest. 29. 5. 1882 Dresden. – Im Herbst 1854 wurde H. von Jena als Direktor der königlichen Antikensammlung (→Skulpturensammlung) nach Dresden berufen. Ab 1868 wurde ihm noch die Leitung der Rüstkammer übertragen. Nachdem er seit 1869 den Lehrstuhl für allgemeine Kunstgeschichte an der Polytechnischen Schule (→Technische Universität) innegehabt hatte, leitete er die Museumsarbeit in Personalunion. An der Schule hielt er Vorlesungen über Geschichte der griechischen, römischen, mittelalterlichen, der deutschen und niederländischen Kunst, der italienischen Renaissance und Kunst und des Kunstgewerbes im 17. und 18. Jh. H. stellte die Kunst als einen Teil der allgemeinen Kultur dar. Von 1871 bis zu seinem Tod war er Mitglied der →«Vierzehner». – Begraben Alter Annenfriedhof; Hettnerstraße in der Südvorstadt.

Heubner, Otto Leonhard: Advokat, Politiker, geb. 17. 1. 1812 Plauen (Vogtl.), gest. 1. 4. 1893 Blasewitz. – Nach dem Jurastudium in Leipzig wirkte H. als Rechtsanwalt in seiner Geburtsstadt, wo er die erste große Turnanstalt Sachsens aufbaute, und ab 1843 als Kreisamtmann in Freiberg. Er wurde 1848 als Vertreter des Wahlkreises Frauenstein in die Nationalversammlung gewählt. In der Ersten Sächsischen Kammer trat er ab Anfang 1849 als Sprecher der gemäßigten Linken auf. H. eilte auf die Nachricht vom →Maiaufstand am 3. Mai 1849 von Freiberg nach Dresden und bildete mit Karl Gotthelf TODT und Samuel Erdmann →TZSCHIRNER die Provisorische Regierung. Nach der Niederlage der Aufständischen führte er die letzten Freiwilligen nach Freiberg zurück, wurde am 9. Mai gemeinsam mit M. A. →BAKUNIN in Chemnitz verhaftet, im Januar 1850 wegen Hochverrats zum Tode verurteilt und am 12. Mai 1850 zu lebenslanger Haft begnadigt. Nach Entlassung aus dem Zuchthaus Waldheim wählte H. 1859 Dresden zum Wohnsitz, wo er als Direktor einer Versicherungsanstalt und Rechtsanwalt wirkte. Er schloß sich nach seiner Wahl in den sächsischen Landtag (1869) der Fortschrittspartei an, machte sich als Stadtrat um das Dresdner Schulwesen verdient und vertrat als Mitglied der ev.-luth. Landessynode Grundsätze der Trennung von Staat und Kirche. Anläßlich seines Ausscheidens aus dem Amt 1887 huldigten 500 Dresdner Turner H. mit einem Fackelzug. – Grab auf dem Alten Annenfriedhof; Heubnerstraße in Striesen.

Heucher, Johann Heinrich von: Arzt, Naturwissenschaftler, geb. 1. 1. 1677 Wien, gest. 22. 2. 1746 Dresden. – Im Jahre 1713 berief Kurfürst FRIEDRICH AUGUST I. den als Professor für Medizin in Wittenberg wirkenden und umfassend gebildeten H. als Leibarzt an den Dresdner Hof (jährliche Besoldung 1200 Taler). Hier erwarb sich H. bleibende Verdienste bei der Einrichtung der naturwissenschaftlichen Sammlungen und dem Aufbau des →Kupferstich-Kabinetts im Zusammenhang mit der Reorganisation der kurfürstlichen Sammlungen um 1720. 1728 organisierte er den Umzug der Sammlungen in den Zwinger, wobei ihm die «generelle Aufsicht» über die «Königlichen Galleries des Sciences als 1) über das Naturaliencabinet, 2) das Estampencabinet (=Kupferstichkabinett), 3) das Physikalische und Mathematische Instrumentencabinet, 4) den Tempel Salomonis, 5) das Mineraliencabinet und 6) die Kunstkammer» anvertraut war. Vielfach zog er auswärtige Fachleute zu wissenschaftlichen Auskünften über noch nicht bestimmte Ausstellungsstücke heran. Seine eigene wissenschaftliche Tätigkeit auf medizinischem, mineralogischem und botanischem Gebiet wurde mit der Erhebung in den Adelsstand gewürdigt. – Begraben auf dem ehemaligen Annenfriedhof.

Grabstätte von Otto Leonhard Heubner auf dem Alten Annenfriedhof

«Hiddigeigei»: eine der ältesten in Dresden erschienenen satirischen Zeitschriften (Untertitel «Organ für Witz und Humor»), die ab 1880 von dem sozialdemokratischen Publizisten Max →KEGEL herausgegeben, aber schon ein Jahr später verboten wurde.

Hilliger: Glocken- und Geschützgießerfamilie, die ursprünglich aus Freiberg stammte. Der Dresdner Zweig der Familie beginnt mit Martin (1538–1601), der kurf. Zeugmeister und Bürgermeister in Dresden war. Seine Söhne waren Johannes (1567–1640), ebenfalls Gießer (er schuf 1619 die große Glocke der alten Frauenkirche) und Bürgermeister in Dresden, und Siegmund (1568 bis nach 1627), Zeug- und Oberbaumeister in Dresden. Deren Nachkommen wurden vor allem Hofbeamte, bis die Familie 1748 mit dem Premierleutnant Johann Siegmund H. in Dresden ausstarb.

Hilscher, Paul Christian: Theologe und Schriftsteller, geb. 15. 3. 1666 Waldheim, gest. 3. 8. 1730 Dresden. – H. wurde 1695 als Diakon an die Dreikönigskirche berufen und wurde dort 1704 Pfarrer. Als sehr fruchtbarer Schriftsteller befaßte er sich nicht nur mit theologischen Problemen, sondern auch mit der Dresdner Stadtgeschichte, z. B. Abhandlungen über LUTHERS Anwesenheit in Dresden, über das →Augustinerkloster und den →Totentanz.

Himmelfahrtskirche Leuben: ev. Kirche in Altleuben. Im alten Dorf →Leuben bestand bereits seit 1362 eine Pfarrei. Der Vorgängerbau der heutigen H. wurde 1512 (wahrscheinlich) erbaut, 1610 erneuert und 1704 umgebaut. Nach Abbruch der alten Dorfkirche erbaute 1899/1901 der Architekt Karl Emil →SCHERZ die neue Kirche im neugotischen Stil mit einem 75 m hohen Turm. Beim Neubau blieb vom alten Bau nur der untere Teil des Turms erhalten. Aus der alten Kirche stammen der Taufstein und ein Fenster in Glasmalerei. Das Grabmal des Architekten Hans von →DEHN-ROTHFELSER schuf der Bildhauer Christoph →WALTHER; es befand sich ehemals in der alten →Frauenkirche.

Hinterseer-Gemeinde: bis 1835 als selbständige Ratsgemeinde bestehende Vorstadtsiedlung im Bereich des späteren →Dippoldiswalder Platzes und der nördlichen späteren →Prager Straße südlich des Oberen Sees. Zur H. gehörten außerdem die →Oberseergasse, die →Trompeterstraße, die →Große Plauensche Gasse und die →Kleine Plauensche Gasse. Auf dem Gebiet der Gemeinde befand sich im Mittelalter das →Jakobshospital. Seit Mitte des 18. Jh. war die Siedlung Bestandteil der größeren →Seevorstadt.

Hirschdenkmal: →«Hauptmann Hirsch»

Historisches Museum: →Rüstkammer

Hochhaus am Albertplatz: erstes Dresdner Hochhaus, 1929 von H. PAULICK im Auftrag der Sächsischen Staatsbank errichtet. Der 40 m hohe, elfgeschossige Stahlbetonskelettbau wurde im Zweiten Weltkrieg im Inneren z. T. beschädigt und ist Verwaltungssitz der Dresdner Verkehrsbetriebe.

Hochschule für Bildende Künste: für die Ausbildung auf den Gebieten Tafel- und Wandmalerei, Grafik, Plastik, Bühnenbild, Restaurierung und Masken-

bildnerei verantwortliche Bildungseinrichtung, die sich im Kunstakademiegebäude auf der Brühlschen Terrasse, im Gebäude der ehemaligen Kunstgewerbeakademie an der Güntzstraße und im Bildhaueratelier an der Pfotenhauerstraße befindet. Die H. gehört zu den traditionsreichsten Kunstinstitutionen Europas. Viele an ihr tätig gewesene Lehrer trugen mit ihrem eigenen Werk zum Ruf Dresdens als Kunststadt und teilweise zur Gestaltung des Stadtbildes selbst bei. Bedeutende Künstler, die die deutsche Kunstgeschichte mitprägten, sind aus ihr hervorgegangen. Enge Beziehungen bestanden und bestehen zu den →Staatlichen Kunstsammlungen (bis 1882 Unterstellung der Gemäldegalerie Alte Meister unter die Direktion der Kunstakademie). – *Geschichte:* Als eine der frühesten Gründungen ihrer Art in Deutschland ließ Kurfürst JOHANN GEORG III. 1680 eine Zeichen- und Malschule zur Ausbildung von künstlerischen Fachkräften einrichten, die die nötigen Fähigkeiten zur Befriedigung fürstlicher Repräsentationsbedürfnisse erwerben sollten. Diese Schule wurde von Samuel →BOTTSCHILD geleitet, 1691 aufgelöst, 1697 von AUGUST DEM STARKEN neu gegründet und 1705 unter Heinrich Christoph →FEHLING gründlich reorganisiert. 1727/43 von Louis de →SILVESTRE und dessen Sohn geleitet, besaß die sogenannte *Malerakademie*, die dem Oberbauamt unterstand und nur wenige Schüler und Lehrer hatte, den Charakter einer Zeichenschule, die weniger künstlerischen Zielen, sondern vorwiegend der Heranbildung guter Fachkräfte für Manufakturen und Handwerk diente. – Christian Ludwig von →HAGEDORN hatte mit Unterstützung des Kurfürsten FRIEDRICH CHRISTIAN auf der Grundlage rationalistischen bürgerlichen Ideenguts nach dem organisatorischen Vorbild der Pariser Akademie den Plan erarbeitet, der am 6. Februar 1764 zur Einrichtung der *«Akademie der zeichnenden und bildenden Künste für Maler, Bildhauer, Kupferstecher und Architekten»* in Dresden führte. Zugleich wurden auch die Kunstakademie in Leipzig und die Zeichenschule an der Meißner Porzellanmanufaktur gegründet. Mit Schaffung der Kunstakademie, deren Lehrer nicht nur den vom Hof bevorzugten italienischen und französischen Kunstrichtungen angehören, sondern gleichberechtigt auch aus bürgerlichen deutschen Kreisen kommen sollten, war die Übertragung der Kunstpflege vom Hofleben auf die Akademie selbst und damit die Grundlage für die Entwicklung des Künstlers zur eigenständigen, vom Handwerk losgelösten Persönlichkeit gegeben. Zum ersten Direktor der Akademie und Leiter der Zeichenschule wurde Charles →HUTIN berufen. Die neue Abteilung für Baukunst leitete Friedrich August →KRUBSACIUS. Außerdem gehörten u. a. zu den ersten Lehrern der Akademie der Hofmaler Christian David MÜLLER (1718 oder 1723 bis 1797), Giovanni Battista →CASANOVA, Bernardo →BELLOTTO und Gottfried →KNÖFFLER. Mit der Gründung der Akademie regte Hagedorn auch die jährliche Veranstaltung öffentlicher Ausstellungen an, die das Leistungsvermögen der Akademie repräsentieren, bestimmte künstlerische Ideen propagieren und zum Verkauf der Werke dienen sollten. Die erste Akademie-Ausstellung fand am 3. August 1864 statt. Durch so berühmte Professoren wie Anton →GRAFF, Adrian →ZINGG, →SCHENAU, Johann Christian →KLENGEL und Gerhard von →KÜGELGEN hatte sich die Akademie zu Beginn des 19. Jh. auf dem Gebiete der Malerei zur bedeutendsten Kunstschule Europas entwickelt. 1814 erhielt sie auf Anordnung des russischen Generalgouverneurs REPNIN erstmals Statuten, die fortschrittliche Reformen einleiteten. Diese Entwicklung stagnierte jedoch mit der Restaurationsperiode. Erst nach 1830 kam es durch den Einsatz des bürgerlichen Demokraten Bernhard von LINDENAU zu einem neuen Aufschwung. Der 1837 zur Verwaltung der Akademie gegründete *Akademische Rat* löste die alleinige Befehlsgewalt des Hofs ab, dessen Einfluß jedoch noch durch einen Kurator erhalten blieb, bis 1919 die Akademie mit einer neuen Verfassung alleiniges Entscheidungsrecht in allen künstlerischen Fragen erhielt. Ernst →RIETSCHEL, Gottfried →SEMPER und Ludwig →RICHTER begründeten die zweite bedeutende Periode der Ausbildung an der Kunstakademie. An der revolutionären Bewegung 1848/49 beteiligten sich auch demokratisch gesinnte Studenten und Lehrer durch die Bildung eines bewaffneten Freikorps *(«Akademische Legion»)*, das sich jedoch während der Maikämpfe 1849 im wesentlichen neutral verhielt. In der zweiten Hälfte des 19. Jh. kam es durch Vorherrschen einer konservativen Kunstauffassung, die den Zeichenunterricht in den Mittelpunkt stellte, wiederum zur Stagna-

Kunstakademiegebäude von Constantin Lipsius bei Nacht

tion in der Ausbildung an der Akademie. Repräsentanten dieser Periode waren vor allem Julius →SCHNORR VON CAROLSFELD, Julius →HÜBNER und Ernst Julius →HÄHNEL. Erst die Berufung Gotthardt →KUEHLS leitete um die Jahrhundertwende den dritten Höhepunkt der Akademie mit einer neuen, naturverbundenen Ausbildung ein, zu der sich auch u. a. Carl →BANTZER, Oskar →ZWINTSCHER, Emanuel →HEGENBARTH und Robert →STERL bekannten. Um 1920 trugen besonders Oskar →KOKOSCHKA, Karl →ALBIKER und Heinrich →TESSENOW zum europäischen Ruf der Akademie bei. Otto →DIX hatte vorwiegend auf die jungen, fortschrittlichen Künstler einen großen Einfluß. Unter der Naziherrschaft mußten ab 1933 viele der besten Lehrkräfte die Akademie verlassen, während nazitreue Professoren, wie der Maler Richard MÜLLER (1874–1954), der die berüchtigte Ausstellung «Spiegelbilder des Verfalls in der Kunst» (1933 im Lichthof des Neuen Rathauses) inspiriert hatte, das Niveau bestimmten. Nach der Zerschlagung des Faschismus kam es bereits im Dezember 1945 zur ersten Ausstellung in der Kunstakademie unter dem Titel «Freie Künstler-Ausstellung Nr. 1». Am 17. April 1947 wurde die Kunstakademie als «*Hochschule für Bildende Künste*» unter dem ersten Rektor Hans →GRUNDIG wiedereröffnet und zählte zu ihren ersten Lehrern Wilhelm →RUDOLPH, Eugen →HOFFMANN, Joseph →HEGENBARTH und Hans Theo →RICHTER. 1950 wurde die H. unter dem Rektor Fritz DÄHN reorganisiert, wobei die Staatliche Hochschule für Werkkunst (→Staatliche Akademie für Kunstgewerbe) hinzukam, während die Fachrichtung Architektur von der Technischen Hochschule Dresden übernommen wurde. 1964 fand anläßlich des 200jährigen Bestehens der H. eine umfangreiche Ausstellung im Albertinum statt. – Weitere Rektoren: Rudolf BERGANDER (1952/58; 1964/65); Paul MICHAELIS (1959/64); Gerhard BONDZIN (1965/70); Gerhard KETTNER (1971/74; 1980/82); Fritz EISEL (1965/79); Ingo SANDNER (1982/88); Johannes HEISIG (1989/90); Diether SCHMIDT (1991/92); Horst SCHUSTER (1992/93); Horst HIRSIG (ab 1993).
Gebäude: Die Malerakademie befand sich bis 1760 im →Fraumutterhaus und anschließend in einem Kasernengebäude in der Neustadt. 1768/90 fand die Kunstakademie Unterkunft in dem eigens dafür von Christian Friedrich →EXNER umgebauten →Fürstenbergschen Haus. 1786 machte Camillo von →MARCOLINI den Vorschlag, die Akademie in dem Gebäude der ehemaligen →Brühlschen Bibliothek unterzubringen, das 1789/91 dafür umgebaut wurde. 1885/94 entstand an der Brühlschen Terrasse der von Constantin →LIPSIUS entworfene Neubau der Kunstakademie, verbunden mit dem Ausstellungsgebäude des →Sächsischen Kunstvereins, wofür die →Brühlsche Galerie und das →Café Reale abgebrochen werden mußten. Die Enge des Baugeländes hinter der Terrasse ließ für den Neubau keine großzügige Lösung zu. Der im monumentalen Neorenaissance-Stil errichtete Bau, der mit bildhauerischem Schmuck u. a. von Heinrich →BÄUMER, Johannes →SCHILLING und Robert →HENZE reich versehen ist, bestimmt mit seiner 1968 neu verglasten Kuppel unübersehbar die Altstädter Elbfront mit. Akademie- und Kunstvereinsgebäude wurden im Februar 1945 beim Bombenangriff teilweise zerstört. Während mit dem Wiederaufbau des Ausstellungsgebäudes erst 1991 begonnen wurde, konnte das Akademiegebäude weiter für die Hochschule genutzt werden. Seit 1992 wird es unter Beachtung denkmalpflegerischer Gesichtspunkte zu einer dem modernen technischen Standard genügenden Ausbildungsstätte ausgebaut.

Hochschule für Musik «Carl Maria von Weber»: für die Ausbildung von Instrumentalmusikern (vorwiegend Nachwuchs für die →Dresdner Philharmonie und die →Sächsische Staatskapelle Dresden), Dirigenten, Sängern, Komponisten, Musikwissenschaftlern und Musikerziehern verantwortliche Hochschule mit etwa 500 Studenten; Gebäude an der Blochmannstraße und am Wettiner Platz. Sie wurde am 11. November 1952 mit 368 Studenten in einer ehemaligen Villa an der Mendelssohnallee 34 gegründet und ist aus der 1945 entstandenen «Akademie für Musik und Theater» (→Konservatorium) hervorgegangen. Ihr erster Rektor war Karl →LAUX, sein Nachfolger bis 1980 der Komponist Siegfried KÖHLER (1927–1984). 1959 bekam die H. den Ehrennamen «Carl Maria von Weber»; 1965 zog sie mit Auflösung des Konservatoriums in ihr jetziges Gebäude an der Blochmannstraße, an dessen Stelle sich früher das →Ehrlichsche Gestift befunden hatte. Außerdem wurde ihr die im gleichen Jahr eingerichtete Spezialschule für Musik «Paul Büttner» angegliedert (bis 1990). Viele international bekannte Solisten und Hochschullehrer haben an der H. studiert, an der auch zahlreiche Mitglieder der Dresdner Spitzenensembles als Lehrkräfte wirken. Mit eigenen musikalischen Veranstaltungen – besonders zum zeitgenössischen Musikschaffen – beteiligt sich die H. aktiv am Dresdner Musikleben und liefert mit musikwissenschaftlicher Arbeit (Konferenzen, Publikationen, Einrichtung des Heinrich-Schütz-Archivs 1986) auch einen Beitrag zur Erforschung der Dresdner Musikgeschichte.

Hochschule für Verkehrswesen: ehemalige Ausbildungs- und Forschungseinrichtung für wissenschaftliches und leitendes Personal des Transport- und Nachrichtenwesens, gegründet 1952 aus den verkehrstechnischen Fachrichtungen der Technischen Hochschule, 1962 benannt nach dem Begründer des deutschen Eisenbahnwesens Friedrich LIST. – Bei ihrer Gründung war die HfV unter ihrem ersten Rektor Hans REINGRUBER die einzige europäische Hochschule, die Technik und Ökonomie auf dem Gebiet des Verkehrswesens vereinte. 1953 wurde eine Fakultät für Verkehrsbauwesen gegründet. Die H. verfügte über die Hauptgebäude (mit 800 Hörsaalplätzen) am Friedrich-List-Platz (erbaut 1954/60 von Richard PAULICK u. a.), die 1953/56 errichteten Bauten an der Hettnerstraße, die 1957/58 erbaute Mensa an der Hochschulstraße und über Gebäude des sogenannten Industrieinstituts. Mit dem sächsischen Hochschulstrukturgesetz wurde die HfV 1992 aufgelöst und z. T. in die neugegr. Hochschule für Technik und Wirtschaft (Fachhochschule), z. T. in die neue Fakultät für Verkehrswissenschaften «Franz List» an der Technischen Universität Dresden überführt.

Hochschulen: Das Hochschulstrukturgesetz des Freistaates Sachsen hat in der Dresdner «Hochschullandschaft» zu größeren Veränderungen geführt. Weitaus bedeutendste Ausbildungsstätte bleibt die →Technische Universität mit 26 000 Studierenden (Ausbauziel). Sie wurde vor allem um geisteswissenschaftliche Disziplinen erweitert. Ihre kontinuierliche Entwicklung begann 1828 mit Gründung der Technischen Bildungsanstalt, die 1871 als Polytechnikum weitergeführt wurde, 1890 den Status Technische Hochschule erhielt und 1929 die Forstliche Hochschule Tharandt als Fakultät übernahm. Sie führt seit 1961 den Universitätsstatus und übernahm 1987 die 1969 gegr. *Ingenieurhochschule* Dresden. – Aus der verkehrswissenschaftlichen Fakultät der TH entstand 1952 die →*Hochschule für Verkehrswesen* (ab 1962 HfV «Friedrich List»). Sie wurde 1992 z.T. in die wiedergegründete Fakultät Verkehrswissenschaften an der TU, z. T. in die am 16. Juli 1992 neugegründete *Hochschule für Technik und Wirtschaft* Dresden (HTW) überführt. Diese Fachhochschule mit künftig 4300 Studierenden (Ausbauziel) hat in den Gebäuden der ehem. HfV ihren Sitz und hat die ehem. Ingenieurschule für Geodäsie und Kartographie mit übernommen. – Die Lehrerausbildung, in der Dresden in den ehemaligen →Lehrerseminaren reiche Traditionen aufzuweisen hat, erfolgte ab 1953 im Pädagogischen Institut an der Wigardstraße, ab 1967 →*Pädagogische Hochschule «Karl Friedrich Wilhelm Wander»*. Die PH wurde 1992 in die Fakultät für Erziehungswissenschaften der TU überführt. – In der Tradition des 1748 gegründeten →Collegium medico-chirurgicum wurde 1954 die →Medizinische Akademie «Carl Gustav Carus» im →Krankenhaus Johannstadt gegründet. Sie wurde mit Gründung der Medizinischen Fakultät an der TU aufgelöst. – Die 1764 gegründete Kunstakademie wurde 1947 als →*Hochschule für Bildende Künste* wiedereröffnet und 1950 um die ehemalige →Staatliche Akademie für Kunstgewerbe erweitert. Zweite Dresdner Kunsthochschule ist die →*Hochschule für Musik «Carl Maria von Weber»*, die 1952 in der Nachfolge der Akademie für Musik und Theater (→Konservatorium) entstand. – Eine Neugründung ist die seit 1992 bestehende Evangelische Fachhochschule für Sozialarbeit.

Hochschulviertel: zusammenhängendes Gebiet von Hochschulbauten in der →Südvorstadt und angrenzenden Teilen von Strehlen und Räcknitz. – Mit dem Bau des neuen →Polytechnikums hinter dem Hauptbahnhof 1875 war der Auftakt für die künftige «Hochschulstadt» in diesem Raum erfolgt. 1900/05 errichtete Karl →WEISSBACH für die Technische Hochschule die Rohziegelbauten im Bereich Helmholtzstraße am Räcknitzer Hang. Martin →DÜLFER legte einen Bebauungsplan mit Schwerpunkt am späteren Fritz-Förster-Platz vor, schuf 1910/13 den heutigen Beyer-Bau mit dem 40 m hohen Turm des Lohrmann-Observatoriums und 1926 den Bau des Chemischen Instituts. 1925 entstand das Studentenhaus Mommsenstraße (Architekt Paul →WOLF), 1928 die Hochspannungshalle des Binder-Baus, 1930 der Hörsaal des nach 1900 errichteten heutigen Zeuner-Baus, 1937/40 das Institutsgebäude für Kraftfahr- und Flugwesen. – Nachdem die Luftangriffe 1945 ca. 85 Prozent aller Hochschulbauten zerstört hatten, entwickelten R. KONWIARZ und Georg FUNK erste Wiederaufbaupläne. Zunächst wurden die älteren Gebäude zwischen George-Bähr-Straße und Mommsenstraße (Toepler-Bau, Goerges-Bau u. a.) rekonstruiert. 1951/54 wurde der Barkhausen-Bau in der Helmholtzstraße nach Plänen von Karl Wilhelm OCHS errichtet und 1950/55 das Studentenhaus Mommsenstraße zum Rektoratsgebäude mit Mensa und Atrium erweitert. – 1957 übernahm die TH das Gebäude des ehemaligen →Landgerichts am Münchner Platz. – Am Zelleschen Weg siedelte sich die TH mit folgenden Gebäuden an: Drude-Bau (1950) für Biologie, Andreas-Schubert-Bau (1956/57) für Kernphysik (Architekten Helmut FISCHER, Heinz STOLL) und Willers-Bau (1955/57) für mathematisch-naturwissenschaftliche Fachrichtungen (Architekt Walter HENN u. a.) mit astronomischer Kunstuhr von Alfred SCHMIDT an der Schauseite. 1974/78 wurde die Mensa Fritz-Förster-Platz von Ulf ZIMMERMANN u. a. in Stahlskelettbauweise errichtet (seit 1984 Stahlplastik «Mast mit zwei Faltungszonen» von Hermann →GLÖCKNER). – Weitere TU-Bauten: Merkel-Bau Helmholtzstraße (1955/57) als dreigeschossiges Lehrgebäude mit Versuchshalle; Institut für Fördertechnik Nöthnitzer Straße (1956/65); Institut für Textilchemie Mommsenstraße (1961/65); Institut für Landtechnik Bergstraße (1956/58). – Am Standort des ehemaligen Strehlener Lehrerseminars an der Teplitzer Straße errichtete Heinrich RETTIG 1959/64 das turmgekrönte Gebäude der damaligen Arbeiter- und Bauernfakultät der TU. Das gesamte Areal der TU umfaßt über 200 ha und schließt mehrere Internate ein. Wolfgang RAUDA entwarf das Studentenwohnheim von 1953/55 an der Fritz-Löffler-Straße mit 700 Betten, Manfred GRUBER u. a. das benachbarte Internat von 1966/68 mit 1200 Betten. 1969/71 wurden am Zelleschen Weg/Wundstraße nach Entwurf von Gunnar HARTMANN u. a. sechs 15geschossige Internatshochhäuser errichtet (Bronzeplastik von Helmut HEINZE und Wilhelm LANDGRAF). – Für die 1952 gegründete →Hochschule für Verkehrswesen entstanden 1954/60 das neungeschossige Hauptgebäude am Friedrich-List-Platz mit viergeschossigen Seitenflügeln (Architekt Richard PAULIEK u. a., vor dem Gebäude Gedenkstein für List von Wilhelm Landgraf), 1953/56 das Lehrgebäude Hettnerstraße mit Hörsaalgebäude am Fritz-Förster-Platz und 1957/58 die Mensa an der Hochschulstraße. Im Hochschulviertel haben außerdem mehrere nicht zur TU gehörende Institute (u. a. Institut für Festkörper- und Werkstofforschung mit Neubau) ihren Sitz. Für die damalige Ingenieurschule für Verkehrstechnik errichteten R. Pauliek,

Blick über das Gelände der TH nach Norden. 1932

Friedrich Wilhelm WURM u. a. 1954/58 das Gebäude am Strehlener Platz. Gebäude der TU tragen die Namen folgender Hochschullehrer: Heinrich →BARKHAUSEN, Georg BERNDT (1880 bis 1972), Kurt →BEYER, Ludwig Max BINDER (1881–1958), Oscar →DRUDE, Fritz FÖRSTER (1866–1932), Carl Friedrich Wilhelm von GERBER (1823–1891), Johannes GOERGES (1859–1946), Walter KÖNIG (1878–1967), Franz Karl KUTZBACH (1875–1942), Friedrich MERKEL (1892 bis 1929), Richard MOLLIER (1863–1935), Friedrich Wilhelm NEUFFER (1882–1960), Johann Andreas →SCHUBERT, Maximilian August →TOEPLER, Friedrich Adolph WILLERS (1883–1959) und Gustav Anton →ZEUNER. – Der Gerberbau an der Bergstraße wurde 1993 für die Juristische Fakultät als erster TU-Neubau seit Bestehen des Freistaates Sachsen eröffnet.

Hochwasser: →Elbe

Hofapotheke: Mit Privileg vom 7. Mai 1581 wurde aus der privaten Apotheke des Hofs die kurfürstliche nichtöffentliche H. als dritte Dresdner Apotheke eröffnet. Als Hofapotheker wurde Andreas PEISSKER berufen. 1581/90 vereinigte Kurfürst →AUGUST die H. mit der «alten Apotheke» (Marien-Apotheke) zur Kurfürstlich-Sächsischen H., die sich im Schloß befand. 1590 trennte man beide Apotheken wieder, und die H. zog in ein Haus am →Taschenberg. Mit Dekret vom 1. März 1831 wurde die H. zum Staatsgut erklärt. Am 26. Mai 1857 erfolgte der Umzug vom Taschenberg zur Schloßstraße 15. Die nunmehr staatliche Apotheke wurde 1877 verpachtet und dann in einen Privatbetrieb umgewandelt. Eine beachtliche Erweiterung erfuhr die H. 1882 durch den Ankauf der «Ernst-Grunerschen homöopathischen Offizin» und 1925 mit Übernahme der Apotheke der Veterinärmedizinischen Abteilung der nach Leipzig verlegten Tierärztlichen Hochschule. Am 13. Februar 1945 wurde die H. zerstört, aber bereits im September interimsmäßig auf der Helmholtzstraße wieder eröffnet. 1947 wurde sie verstaatlicht und 1965 als Helmholtzapotheke in die Rugestraße verlegt.

Hof-Chaisenträger: →Chaisenträger

«Hofewiese»: Ausflugsgaststätte in der →Dresdner Heide zwischen Langebrück und der →Heidemühle. Die Nutzung der 48 ha großen Langebrücker Hofewiese (→Hofewiesen) ist seit 1547 belegt. 1804/28 war sie im Besitz der Grafenfamilie MARCOLINI, die am Gänsefußweg ein Wohnhaus und mehrere Wirtschaftsgebäude für den Wiesenvogt errichten ließ, wo man 1869 mit der Bewirtung von Gästen begann (1877 Schankrecht). Seitdem ist die 1935, 1960, 1988/93 umgebaute und erneuerte, mit Jagdbildern und -trophäen ausgestattete H. nebst ihrem großen Gästegarten das meist besuchte Ausflugsziel der Dresdner Heide.

Hofewiesen: ehemals dem Landesherrn gehörende, besonders große Wiesenflächen in der →Dresdner Heide, die der Futtergewinnung für Wild und Jagdpferde dienten, wobei die Bewohner der Heidedörfer Frondienste zu leisten hatten. Da die Wiesen längere Zeit unter der Verwaltung des →Ostra-Vorwerks standen, wurden sie auch *Ostraer Vorwerkswiesen* genannt. Die ältesten und größten der ehemals fünf H. sind die bereits im 16. Jh. nachgewiesenen und bis heute erhaltenen Freiflächen in der Nähe von Ullersdorf und Langebrück (→«Hofewiese»); sie werden noch landwirtschaftlich genutzt.

Hoffeste: Festlichkeiten, die von den wettinischen Landesherren in ihrer Residenz Dresden und Umgebung unter Heranziehung der Bevölkerung als Zuschauer, Mitbeteiligte, Lieferanten und Arbeitskräfte veranstaltet wurden. Die großen H. dienten oft nicht ausschließlich der Belustigung des Hofstaates, sondern auch der Demonstration von Reichtum und Macht des sächsischen Landesherrn. Anlässe waren politischer (Fürstenbesuche, Krönungen, Sieges- und Friedensfeiern), familiärer (Geburten und Taufen, Verlobungen, Vermählungen, Geburts- und Namenstage, Ordensverleihungen, Rückkehr von Reisen) sowie sonstiger Art (z. B. Karneval, Jahrestage, Einweihung von Gebäuden, Eröffnung von Institutionen u. ä.). Zu den verschiedenartigen Veranstaltungen, die im Laufe der Jahrhunderte zu den H. gehörten, zählten neben Banketten und Tanzvergnügungen je nach Jahreszeit Turniere, «Inventionen» (phantastische Aufzüge), «Caroussels» (Scheinturniere), Ringrennen, Schützenfeste, ausgedehnte Jagden, Tierhatzen, Maskeraden, sogenannte «Wirtschaften», Opern-, Ballett-, Schauspiel- und Konzertaufführungen, Lotterien, Feuerwerke, Illuminationen und Schlittenfahrten. Bei der Ausgestaltung bezog man nicht nur einheimische, sondern auch namhafte auswärtige Künstler ein, wobei die Oberaufsicht oft Architekten übertragen wurde (z. B. →NOSSENI, →PÖPPELMANN, →THORMEYER). Die zeitgenössischen Darstellungen der H. in Literatur und Dichtung (z. B. durch →SCHIRMER, →TZSCHIMMER, →KÖNIG), in der bildenden Kunst (z. B. von Daniel BRETSCHNEIDER, →GÖDING, →WERNER, →THIELE) und in Musikwerken sind Dokumentationen der politischen, wirtschaftlichen, kulturellen, künstlerischen, volkskundlichen und technischen Verhältnisse ihrer Zeit. Zu den allgemein sichtbaren Zeugnissen der H. gehört der Zwinger als Höhepunkt der Festarchitektur. – Die höfische Festkultur entwickelte sich in Dresden – wohl nach dem Vorbild Kaiser MAXIMILIANS I. – zu Beginn des 16. Jh. aus den mittelalterlichen Ritterturnieren zu mehr spielerischen Wettkämpfen, die, mit anderen Lustbarkeiten verbunden, schon unter Kurfürst AUGUST größere Ausmaße annahmen (→Vogelwiese). Von den pompösen H. der Kurfürsten CHRISTIAN I. und CHRISTIAN II. befinden sich in der →Rüstkammer noch zahlreiche Ausstattungsstücke. Schauplätze der H. waren im 16./17. Jh. das →Residenzschloß mit dem →Riesensaal, der →Altmarkt, das →Belvedere, der →Stallhof, das →Ballhaus und der →Herzogin-Garten. Von der zweiten Hälfte des 16. Jh. an gewannen zunehmend Musik, Tanz und schauspielerische Darbietungen bei den H. an Bedeutung (→Sächsische Staatskapelle, →Sächsische Staatsoper, →Staatsschauspiel). Eine große Rolle spielte – vor allem in der ersten Hälfte des 17. Jh. – die Jagd (→Jägerhof). Beispielsweise veranstaltete Kurfürst JOHANN GEORG I. 1611/50

Hofewiese. Erste Hälfte 19. Jh.

nahezu 2000 Jagden, wobei über 100 000 Stück Wild erlegt wurden. Die Kurfürsten JOHANN GEORG II. und JOHANN GEORG III. feierten fast jährlich prächtige H., wofür sie z. B. den →Großen Garten mit dem Palais und den Langen Garten (→Blüherpark) anlegen ließen. An Aufwand, Pracht und Einfallsreichtum waren die barocken H. unter Kurfürst FRIEDRICH AUGUST I. nicht zu überbieten. In einzigartiger Weise wurden alle Kunstarten und Handwerke aufgeboten, um die unter einheitlichen Programmen stehenden H. umso wirkungsvoller durchführen zu können (z. B. sogenannte «Wirtschaften» zum Karneval). Höhepunkt aller H. waren die Vermählungsfeierlichkeiten des Kurprinzen FRIEDRICH AUGUST mit der Habsburger Prinzessin MARIA JOSEPHA im September 1719. Sie sollten, sorgfältig vorbereitet, den Anspruch auf kaiserliche Macht verdeutlichen. Unter Leitung des 1718 gegründeten Oberbauamts wurden Bauwerke, wie der Zwinger mit dem Opernhaus (→Opernhäuser) und dem →Redoutenhaus, das Holländische Palais (→Japanisches Palais), die Repräsentationsräume im Schloß, das →Taschenbergpalais und das →Türkische Palais, neu bzw. umgebaut. Dem ungeheuren Aufwand stand gerade bei diesem ausgedehnten H. bei der einfachen Bevölkerung die große materielle Not gegenüber, die durch Mißernten 1719/20 und Nahrungsmittelmangel noch verstärkt wurde. Zu den letzten großen Festbauten Augusts des Starken gehörten →Schloß Pillnitz und →Schloß Übigau. In der Regierungszeit des Kurfürsten FRIEDRICH AUGUST II. stand bei den H. vorwiegend das Musiktheater im Mittelpunkt. Nach dem Siebenjährigen Krieg und der Verarmung Sachsens war die Glanzperiode der Dresdner H. vorüber. Das Hofleben wurde bescheidener, privater, man paßte es den veränderten politischen und wirtschaftlichen Bedingungen an. Anfang des 19. Jh. kam es nochmals unter König FRIEDRICH AUGUST I. zu größeren öffentlichen Festlichkeiten. Das letzte große H. wurde 1889 anläßlich des Wettin-Jubiläums veranstaltet, wofür das Residenzschloß einen gründlichen Umbau erfuhr.

Übersicht über Festlichkeiten bzw. deren Anlässe am sächsischen Hofe:
1524 (November)
Hochzeit der sächsischen Prinzessin MAGDALENA mit JOACHIM II., Kurfürst von Brandenburg
1538 (Mai)
Besuch des späteren Kaisers FERDINAND I. in Dresden
1541 (Herbst)
Ankunft der Gemahlin des Herzogs MORITZ
1553 (Fastnacht)
PHILIPP II. von Hessen in Dresden
1575 (April)
Zweiter Besuch des Kaisers MAXIMILIAN II. mit anderen Fürsten
1582 (April)
Ringrennen und andere Ritterspiele anläßlich der Hochzeit des Kurfürsten CHRISTIAN I.
1591 (Januar)
Ringrennen zur Taufe von DOROTHEA, Tochter des Kurfürsten CHRISTIAN
1607 (Februar)
Ringrennen zu Fastnacht
1609 (Februar/März)
Inventionen (Aufzüge) zu Fastnacht beim Besuch des Markgrafen CHRISTIAN von Brandenburg
1617 (August)
Besuch des Kaisers MATTHIAS und anderer Fürsten
1638
Hochzeit des Kurprinzen JOHANN GEORG (II.) mit MAGDALENE SIBYLLE von Brandenburg
1647
Besuch des dänischen Kurprinzen CHRISTIAN (V.)
1652, 1657 und 1663 (März)
Besuch des Kurfürsten von Brandenburg FRIEDRICH WILHELM
1662 (Oktober/November)
Hochzeit der sächsischen Prinzessin ERDMUTHE SOPHIE mit dem Markgrafen ERNST CHRISTIAN
1666/67 (Dezember/Januar)
Hochzeit des Kurprinzen JOHANN GEORG (III.) mit ANNA SOPHIA von Dänemark

Ringelstechen im Großen Schloßhof. Deckblatt zu «Abriß und Verzeichnis aller Inventionen und Aufzüge, welche an Fastnachten Anno 1609...»
Karussell der Elemente im Zwinger anläßlich der Vermählung des Kurprinzen 1719

Bergfest (Saturnfest) im Plauenschen Grund. 1719

1672 (Februar)
Zusammenkunft von Mitgliedern des Hauses Wettin («Vertrauliche und fröhliche Zusammenkunft»)
1678 (Februar)
Zusammenkunft von Mitgliedern des Hauses Wettin («Durchlauchtigste Zusammenkunft»)
1693 (Januar/Februar)
Verleihung des Hosenbandordens an Kurfürst Johann Georg IV.
1695 (Februar)
«Götteraufzug» zum Karneval, erstes großes Fest Augusts des Starken
1697 (Februar)
Festaufzug zum Karneval
1709 (Mai/Juni)
Besuch des dänischen Königs Friedrich IV.
1719 (2.–30. September)
Hochzeit des Kurprinzen Friedrich August mit Maria Josepha von Österreich, dabei u. a.: 2. 9. Einzug des Brautpaares, 3. 9. Eröffnung des neuen Opernhauses, 10. 9. Beginn der «Planetenfeste» mit dem Sonnenfest (Sol) am Holländischen Palais, 12. 9. Marsfest mit Turnier auf dem Altmarkt, 15. 9. Einweihung des Zwingers mit dem «Fest der vier Elemente» unter dem Patronat Jupiters, 17. 9. Türkisches Fest im Türkischen Palais unter dem Patronat der Erde, 18. 9. Dianafest des Planeten Luna auf der Elbe, 20. 9. Fest der Nationen unter dem Patronat Merkurs im Zwinger, 23. 9. Venusfest im Großen Garten, 26. 9. Saturnfest im Plauenschen Grund mit Bezug auf das sächsische Berg- und Hüttenwesen
1725 (Juni)
Festwochen in Pillnitz anläßlich der Hochzeit von Auguste Constantia von Cosel mit dem Grafen von Friesen
1728 (Januar/Februar)
Besuch des preußischen Königs Friedrich Wilhelm I. und seines Sohnes Friedrich (II).
1730 (Februar)
Besuch des preußischen Königs Friedrich Wilhelm I.
1747 (Juni/Juli)
Doppelhochzeit des sächsischen Kurprinzen Friedrich Christian mit der bayerischen Prinzessin Maria Antonia und des bayerischen Kurfürsten Maximilian Joseph mit der sächsischen Prinzessin Maria Anna
1769 (Januar)
Hochzeit des Kurfürsten Friedrich August III. mit Amalie Auguste von Pfalz-Zweybrücken
1806 (Dezember)
Ausrufung der Königswürde für Friedrich August I.
1807 (Juli)
Besuch Napoleons I.
1815 (Juni)
Rückkehr von Friedrich August I. aus dem Exil
1818 (September)
Fünfzigjähriges Regierungsjubiläum von Friedrich August I.
1882
Besuch des Kaisers Wilhelm I.
1889 (Juni)
800jähriges Wettin-Jubiläum

Hoffmann: 1. *Ernst Theodor Amadeus*, Dichter und Musiker, geb. 24. 1. 1776 Königsberg, gest. 25. 6. 1822 Berlin. – Als Reisender hatte H. Dresden bereits 1798 und im März 1800 kennengelernt. Bis 1817 kam er häufiger als Kapellmeister der Schauspieltruppe Joseph Secondas, die im Sommertheater des →Linckeschen Bades und im Hoftheater gastierte, nach Dresden. Mit dieser Truppe weilte H. so auch vom April bis zum 20. Mai und vom 25. Juni bis zum 9. Dezember 1813 in der Stadt. Er wohnte zunächst am Altmarkt, dann in einem Häuschen vor dem Schwarzen Tor und wegen der Kriegsereignisse seit dem 22. August 1813 in der Moritzstraße. Die Schlacht bei Dresden erschütterte ihn besonders (die «Visionen auf dem Schlachtfelde bei Dresden» entstanden kurz danach). Während seines Aufenthalts in Dresden schuf H. noch weitere Werke: «Der goldene Topf», «Dichter und Komponist» und Vollendung der Oper «Undine». – **2.** *Eugen*, Bildhauer, Grafiker und Maler, geb. 27. 9. 1892 Dresden, gest. 1. 7. 1955 Dresden. – H. gehört zu den bedeutendsten proletarisch-revolutionären Künstlern in der ersten Hälfte des 20. Jh., die nach 1945 der Dresdner Kunst wieder zu neuem Ruf verhalfen. Nach einer Ausbildung als Musterzeichner für Tapetenentwürfe, nach Kriegsdienst und russischer Gefangenschaft, wo 1917 das Erlebnis der Oktoberrevolution prägend auf ihn wirkte, studierte H. 1918/21 an der Dresdner Kunstakademie (zuletzt als Meisterschüler von Karl →Albiker) und war anschließend freischaffend tätig. Er gehörte der «Dresdner Sezession – Gruppe 1919» und 1929 der →Assoziation Revolutionärer Bildender Künstler Deutschlands an. 1933 wurde er verhaftet und 1936 mit Arbeits-, Ausstellungs- und Verkaufsverbot belegt. 1938 konnte er über Prag und Polen nach England emigrieren. Ein Großteil seines Werks wurde von den Faschisten vernichtet. 1946 kehrte H. nach Dresden zurück und wirkte ab 1947 bis zu seinem Tode als Professor für Bildhauerei an der Hochschule für Bildende Künste. – Eugen-Hoffmann-Straße im Wohngebiet Reicker Straße.

Hoffmannseggischer Garten: ehemaliger Privatgarten an der Wiesentorstraße, zwischen Jägerhof und Militärrequisitenschuppen. Er wurde 1807 von dem Arzt und Erbherrn auf Rammenau Johann Centurius von HOFFMANNSEGG (geb. 23.8.1766 Dresden, gest. 13.12.1849 Dresden, Grab auf dem Alten Katholischen Friedhof) erworben und wohl ab 1813 als botanischer Garten eingerichtet. Mit seinem Reichtum an seltenen Pflanzen (ab 1840 Orchideenkultur, 1843 181 Arten) und seiner «eleganten» Anlage gehörte der H. zu den berühmtesten Gärten Dresdens im 19. Jh.

Hoffnungskirche Löbtau: ev.-luth. Kirche an der Clara-Zetkin-Straße. 1934/36 als Gemeindehaus für die seit 1915 bestehende Hoffnungskirchgemeinde errichtet, später zur Kirche erweitert; Glasmalereien von Helmar HELAS, farbiges Kreuz von Elly-Viola NAHMMACHER (geb. 1913) von 1965.

Hofkapelle: →Sächsische Staatskapelle Dresden

Hofmann: **1.** *Ludwig von*, Maler und Grafiker, geb. 17.8.1861 Darmstadt, gest. 23.8.1945 Dresden-Pillnitz. – Seine Ausbildung erhielt H. 1883/86 an der Dresdner Kunstgewerbeschule u.a. bei seinem Onkel Heinrich HOFMANN (1824 bis 1911), anschließend in Karlsruhe, München und Paris. Nach Aufenthalten in Berlin, München, Rom und Weimar (Lehrtätigkeit an der Kunstschule) wirkte er 1916/30 als Professor für Monumentalmalerei an der Dresdner Kunstakademie. Seine Wohnung hatte er in der Schaufußstraße in Tolkewitz und von 1931 an in einem Flügel des Pillnitzer Schlosses. Der Künstler schuf seine bedeutendsten, vom Jugendstil beeinflußten Arbeiten vor dem Ersten Weltkrieg (z.B. Wandbilder für die Museumshalle der 3. Deutschen Kunstgewerbeausstellung 1905/06). Mehrere seiner Werke befinden sich in den Staatlichen Kunstsammlungen Dresden. – Begraben Friedhof Hosterwitz. – **2.** *Walter*, Schriftsteller, Bibliothekar, geb. 24.3.1879 Dresden, gest. 24.4.1952 Leipzig. – H. gilt als Begründer des modernen öffentlichen Bibliothekswesens in Deutschland. – Der gelernte Graveur hatte sich selbst zum freien Schriftsteller weitergebildet, der der Arbeiterbewegung und den pädagogischen Reformbewegungen um die Jahrhundertwende nahestand. 1904 erhielt er von Erwin und Ida →BIENERT den Auftrag, eine «neuzeitliche Volksbibliothek» einzurichten, die am 6. Februar 1906 als «Freie öffentliche Bibliothek Dresden-Plauen» eröffnet wurde (1956 in «Walter-Hofmann-Bibliothek» umbenannt). Hier verwirklichte H. seine Idee einer Volksbücherei, die nicht der Bücherverwaltung, sondern der «Menschenförderung» dienen sollte. 1913 wurde H. nach Leipzig berufen, wo er u.a. das dortige städtische Bibliothekswesen aufbaute.

Hofmannsthal, Hugo von, Pseudonym Theophil *Morren*, Loris *Melikow*: Lyriker, Bühnendichter, Erzähler, geb. 1.2.1874 Wien, gest. 15.7.1929 Rodaun b. Wien. – H. war zwischen 1906 und 1928 mehrere Male in Dresden (wohnte im Hotel Bellevue oder im Hotel Europahof) zu Privatbesuchen bei Helene von NOSTITZ und zu Proben von Richard Strauss-Opern, zu denen er die literarische Vorlage geliefert hatte («Elektra», Januar 1909, «Rosenkavalier», Januar 1911 und «Ägyptische Helena», Juni 1928).

Hoftheater: →Opernhäuser; →Sächsische Staatsoper Dresden; →Staatsschauspiel Dresden

Hoftrompeter: fest bei Hofe angestelltes Musiker-Corps, dem das Musizieren auf den besonders vornehm geltenden Trompeten und Pauken vorbehalten war. Die H. hatten vorwiegend im Residenzschloß und als Ehreneskorte auf Reisen beim Fürsten ihre Dienste zu verrichten, z.B. beim «Aufzugsblasen» als Zeichen für Gottesdienst- und Mahlzeitenbeginn, bei der Ankündigung und beim Empfang hoher Gäste, bei Festlichkeiten (vor allem bei ritterlichen Turnierveranstaltungen), bei der Kirchenmusik und ab 17./18. Jh. zunehmend bei Theatervorstellungen. Diesen Gelegenheiten war ihre Musik angepaßt, die vom reinen Signalblasen bis zu virtuoser, mehrstimmiger Kunstmusik reichte. – Unter den 1386 erstmals am Hofe der Wettiner urkundlich belegten Musikern dürften sich auch Trompeter befunden haben, der erste H. selbst wird 1402 erwähnt. Vom Ende des 16. Jh. bis zur Mitte des 19. Jh. bestand das Corps im allgemeinen aus einem Obertrompeter, 12 Trompetern und ein bis zwei Paukern. Die H. genossen im Gegensatz zu den wandernden Musikanten und den Stadtpfeifern besondere Vorrechte (z.B. Gründung einer Zunft), die 1623/30 durch kaiserliche Erlasse festgelegt, 1633 erweitert und im Laufe der Jahrhunderte mehrmals bestätigt wurden. Dabei galt die «Oberkameradschaft» der sächsischen H. als die vornehmste im Heiligen Römischen Reich Deutscher Nation, denn der Kurfürst von Sachsen war als «Erzmarschall» die oberste Rechtsinstanz für alle Hof- und Feldtrompeter und hatte für die Einhaltung der Privilegien zu sorgen. Ihre bevorzugte Stellung büßten die H. erst 1831 ein (Aufhebung des Zunftzwanges). Sie wurden danach bis 1918 in die «Livree-Hofdienerschaft» eingereiht und waren anschließend bis in die dreißiger Jahre noch als private Künstlergemeinschaft tätig. Im Besitz des →Museums für Kunsthandwerk befinden sich acht silberne Hoftrompeten aus dem 18. Jh., die 1985 restauriert und damit wieder spielbar wurden.

Hoher Stein: bis 190 m NN über dem →Plauenschen Grund aufragender Muschelkalk-Felsen, der mit einer ehemaligen, 1862 eingerichteten Gastwirtschaft und dem 1864 erbauten Turm einen beliebten Aussichtspunkt über das Weißeritztal und das Dresdner Elbtal bildet. Schon in urgeschichtlicher Zeit befand sich dort eine Siedlung, im Mittelalter wahrscheinlich ein Kalvarienberg, und im 19. Jh. diente der H. als Steinbruch. Ein Gedenkstein am H. erinnert an den Antifaschisten Fritz →SCHULZE.

Holländisches Palais: →Japanisches Palais

Hölzer, Gottlob August: Architekt, geb. 1744 Dresden, gest. 18.2.1814 Dresden. – Der gelernte Maurer war einer der ersten Schüler der neubegründeten Bauschule an der Kunstakademie unter Friedrich August →KRUBSACIUS, wurde 1769 Unterlehrer an der Kunstakademie, 1776 Hofbaumeister und 1790 Professor für Baukunst an der Akademie. Hier wirkte er besonders verdienstvoll, da fast alle Dresdner Architekten des beginnenden 19. Jh. seine Schüler waren. Beim Bau des →Landhauses nach Plänen von Krubsacius war H. in ziemlich selbständiger Stellung beteiligt. Weiterhin stammen von H. die Pläne für den Turm und die innere Ausschmückung der →Kreuzkirche (ab

1784) und der Bau des →Palais Vitzthum-Schönburg in der Moritzstraße. – H. wohnte in der Zahnsgasse (spätere Nr. 12).

Holzhöfe: Stapelplätze für Floßholz an Elbe und Weißeritz. – Auf beiden Flüssen wurde bis in das letzte Viertel des 19. Jh. Holz geflößt oder getriftet und auf mehreren Dresdner H. angelandet. Auf Altstädter Seite befand sich vor dem Ziegelschlag in der Pirnaischen Vorstadt der Böhmische H., auf dem das aus Böhmen kommende Holz drei Tage zum Verkauf angeboten werden mußte. In dessen Nähe bestand auch der Rampische H. 1750/1833 wurde im Packhofviertel der Ostra-H. betrieben. Der kurfürstliche H. in Neustadt bestand bereits seit 1685 in der Nähe der Prießnitzmündung (→Holzhofgasse) und wurde 1871 geschlossen. Einen weiteren H. betrieb das Sägewerk Grumbt an der Leipziger Straße. Der Weißeritzholzhof wurde 1717 auf Löbtauer Gemeindeflur errichtet, nahm über den →Weißeritzmühlgraben die Hölzer aus dem Tharandter Wald und Osterzgebirge auf und wurde 1875 geschlossen.

Holzhofgasse: ursprünglich Teilabschnitt der Bautzner Chaussee in der Antonstadt, ab 1823 Altbautzner Straße genannt, seit 1839 nach dem kurfürstl. Holzhof bezeichnet. – Auf dem Gelände des ehemaligen Holzhofes errichtete Carl Adolf →CANZLER 1872/74 das Königliche Gymnasium, dessen Neorenaissancebau 1945 durch Luftangriffe zerstört wurde. An der Prießnitzmündung errichtete Woldemar →HERMANN 1827 das →Wasserpalais auf Cosel. Im Coselgarten arbeitete Carl Maria von →WEBER 1820 am «Freischütz» und an der «Preciosa». Palais und Gartenhaus wurden 1945 zerstört, ebenso das 1826/27 von W. Hermann erbaute →Schwanenhaus. An der H. 20 gegenüber der →Diakonissenanstalt befand sich die →Villa Rosa, mit der Gottfried →SEMPER das Vorbild für die bürgerliche Neorenaissancevilla in Dresden schuf. An der Ecke zur Wolfsgasse logierte 1813 E.T.A. →HOFFMANN. 1921 errichtete Paul POLTE im Auftrag des Tierschutzvereins an der Ecke zur Bautzner Straße den →Pferdebrunnen.

Weißeritzholzhof (in der Nähe der heutigen Nossener Brücke). Aquarell 1857

Dresden-Hosterwitz: Blick über die Elbe auf die Dorfkirche Maria am Wasser (Elbwiesen mit Schneeresten)

Homilius, Gottfried August: Kirchenkomponist, Kreuzkantor, geb. 2.2.1714 Rosenthal/Sächs. Schweiz, gest. 2.6.1785 Dresden. – Der Schüler J.S. BACHS war 1742/55 Organist an der Frauenkirche und wurde danach Kreuzkantor, damit zugleich Musikdirektor der Kreuz-, Frauen- und Sophienkirche. Durch großen persönlichen Einsatz meisterte er die Schwierigkeiten, die die Zerstörung der Kreuzkirche 1760 mit sich brachte. Er galt als virtuoser Orgelspieler, erfolgreicher Chor- und Schulerzieher sowie als einer der bedeutendsten Kirchenkomponisten des 18. Jh. Seine Wohnung hatte er anfangs in der Friesengasse, als Kreuzkantor wohnte er im Kantoreigebäude an der Schulgasse. – Homiliusstraße in Mickten.

Hopfgartens: ehemaliges Vorwerk in Johannstadt, im 18. Jh. vom Vorwerk →Lämmchen abgetrennt, Rampisches, dann Unruhsches Vorwerk; 1779/1813 im Besitz des kurf. Vizekanzlers Georg Wilhelm von HOPFGARTEN. Unter ihm wurde es ein beliebtes Einkehrziel. 1819 erwarb Friedrich WÄBER das Vorwerk, das als →«Elisensruhe» und →Lüdickes Wintergarten bekannt wurde.

Hospitäler: Die seit dem 13. Jh. existierenden H., auch Pfründenanstalten oder Elendshäuser genannt, standen meistens unter kirchlicher Verwaltung. So ist das 1286 gestiftete →Maternihospital immer ein Altersheim für Frauen gewesen. Ähnliches kann man vom →Jakobshospital sagen, denn von 1455 bis 1715 war es ein Altersheim für alte und arme Männer, die jedoch keine ansteckenden Krankheiten besitzen durften. Nur die Not förderte zeitweilig die Gründung von H. mit dem Charakter von Krankenanstalten. Diese Anstalten wurden aber nicht etwa zur Pflege und Heilung der Erkrankung errichtet, sondern dienten zur Absonderung von Sondersiechen und Aussätzigen. Aus Angst vor der Ansteckung durften derartige H. nur außerhalb der Stadtmauern erbaut werden. Das seit 1334 erwähnte →Bartholomäus-Hospital war bis zum 17. Jh. als H. für aussätzige Frauen bestimmt und wurde nach Rückgang der Aussätzigen zu einem Altersheim für Frauen umfunktioniert. Im 15./16. Jh. grassierten die als Franzosenkrankheit bezeichnete Syphilis und die Pest. Aus dieser Zeit stammt das als «Franzosenhaus» 1517 errichtete Brückenamtshospital. 1838 wurden das Bartholomäus-

und das Brückenamtshospital und 1839 das Jakobshospital aufgelöst.

Hospitalplatz: an der Wasserstraße gelegener Platz, der nach der Niederlegung der Neustädter Festungswerke 1818 entstanden war und zuerst Exerzierplatz genannt wurde. Seit 1840 wurde er nach dem an der Elbseite 1837/38 erbauten Militärhospital bezeichnet, das bis 1879 benutzt wurde; um 1905 verschwand der Hospitalplatz.

Hospitalstraße: zwischen Albertplatz und Wigardstraße gelegen, entstand 1818 gleichzeitig mit dem →Hospitalplatz und hieß erst nach den in der Nähe befindlichen Kasernen Kasernenstraße. 1840 erhielt sie die Bezeichnung H., weil sie am Militärhospital einmündete.

Hosterwitz: rechtselbischer Stadtteil am Ausgang des →Keppgrundes, 1406 als Hostembricz (slawisch: Dorf eines Gostimer) urkundlich erwähnt, 1950 zu Dresden eingemeindet. – Das ursprüngliche Sackgassendorf an der Elbe wurde 1618 durch Häusleranwesen am Keppbach und später an der Dresdner Straße erweitert. Ein 1414 erwähntes Vorwerk zu H. war 1445 im Besitz der CARLOWITZ und wurde am Ausgang des Mittelalters aufgelöst. 1622 wurde H. Teil der Herrschaft Pillnitz des Joachim von LOSS. Gegen die unangemessenen Dienste des Grundherrn beteiligten sich auch die H.er an einem Aufstand. Das Kirchlein →Maria am Wasser Hosterwitz wurde bereits 1406 erwähnt. Ihr Pfarrer bekleidete ab 1638 zugleich das Predigeramt an der seit 1596 bestehenden Pillnitzer Schloßkapelle. Der alte Kirchhof liegt zum Schutz vor Hochwasser erhöht und birgt mehrere künstlerisch wertvolle Grabmäler. Bemerkenswert ist das Grabmal für den 1788 in der Elbe ertrunkenen Silberpagen Christoph Ferdinand von BRANDENSTEIN. Hier wurden auch der Maler Ludwig von →HOFMANN und das Kunstlerehepaar Wanda BIBROWICZ (1878–1954) und Max WISLICENUS (1861–1957) beigesetzt. «Maria am Wasser» erhielt bei der Außenerneuerung 1973 die originale Farbigkeit zurück. 1870 wurde der neue Friedhof an der Dresdner Straße angelegt, auf dem Reste eines Gräberfeldes der Lausitzer Kultur gesichert wurden. – H. wurde durch den Dreißigjährigen Krieg und das Pestjahr 1680 fast entvölkert. Die Grundherrschaft suchte nach Käufern für die verwüsteten Güter und verkaufte das größte Anwesen, das spätere *Plantagengut*, 1687 an Johann WEISSKOPF. Es gelangte 1698 mit weiteren Gütern an den Hoffourier August ZENKER und 1745 an den Hofbildhauer Lorenzo →MATTIELLI. Er richtete hier eine Werkhütte ein und schuf für die Katholische Hofkirche die Heiligenstatuen, die auf der Elbe nach Dresden transportiert wurden. 1749 kaufte Heinrich von →BRÜHL das Gut, betrieb darin eine Manufaktur für Schnupf- und Rauchtabak, verkaufte sie jedoch schon 1753 an die kurfürstliche Kammer. Im Zuge der merkantilistischen Politik zur Förderung der sächsischen Wirtschaft betrieb die Landeskommerziendeputation bis 1800 eine Seidenmanufaktur mit Maulbeerbäumen für die eigene Seidenraupenzucht. 1801 nahm Camillo von →MARCOLINI das Gut in Erbpacht. Er ließ das Brühlsche →Keppschloß am Hang umbauen. Nach Marcolinis Tod 1814 teilten seine Erben den Hosterwitzer Besitz, der nur durch den Bankier Robert THODE noch einmal vereinigt war. – 1904 kaufte der Rat zu Dresden 82 ha des «Plantagengutes» beiderseits der Pillnitzer Landstraße zur Anlage des Wasserwerkes, für das Hans →ERLWEIN bis 1908 die Hochbauten schuf (→Wasserversorgung). Zum Schutz der Grundwasser-Anreicherungsanlage wurde das Gelände mit Obstbäumen bepflanzt. – 1721 wurden am Keppbach 4 Mühlen betrieben. Die Hänge dienten dem Weinbau. 1818/24 wohnte Carl Maria von →WEBER mit seiner Frau Caroline als Sommergast des Winzers Gottfried FELSNER im Haus Dresdner Straße 44 (→Carl-Maria-von-Weber-Gedenkstätte), von wo aus er mehrfach die Keppmühle besuchte. – In der zweiten Hälfte des 19. Jh. wurde H. durch Siedlungen an der van-Gogh-Straße erweitert. An der Dresdner Straße entstand 1877 im neugotischen Stil die katholische Kapelle «Maria am Wege» als Privatkapelle des Königshauses. Das katholische «Haus Hoheneichen» an der gleichen Straße geht auf eine Schenkung der Prinzessin MARIA IMMACULATA nach 1918 zurück. – Das bereits 1745 erwähnte Schulhaus von H. wurde 1835 auch von den Kindern aus Ober- und Niederpoyritz, Söbrigen und Pillnitz besucht. Mit Bildung des Schulverbandes Pillnitz – H. 1920 fand der Unterricht nur noch in Pillnitz statt. Ein Schulneubau wurde 1969 an der Dresdner Straße errichtet. Seit 1986 wurde das Wasserwerk rekonstruiert und erweitert. Zur Flur von H. gehört auch ein Streifen zwischen Maillebahn und Elbe, auf dem sich in einer Villa aus der Zeit um 1870 eine Genossenschaftsschule befand.

Hotel Bellevue, Köpckestraße. Ansicht von Süden

Hotel Astoria: Hotel (seit 1986 dem →Hotel Bellevue angeschlossen) am Strehlener Platz. Das Gebäude wurde als «Haus der Jugend» von Paul →WOLF errichtet, 1931 eingeweiht und diente im Sommer als Jugendherberge sowie im Winter als Jugendheim. 1945 wurde es zerstört, 1950 als Hotel wiederaufgebaut, zwischenzeitlich als Gästehaus des Rates der Stadt bzw. des Rates des Bezirkes genutzt (1965/90 Interhotel; seit 1991 in Privatbesitz).

Hotel Bellevue: Das *erste* H. an der Elbseite des Theaterplatzes westlich vom →Italienischen Dörfchen wurde 1856 nach Umbau der ehemaligen Calberlaschen Zuckersiederei (Heinrich Wilhelm →CALBERLA) eröffnet. Das große luxuriöse Hotel war durch seine schöne Lage mit Garten und Elbterrasse (6000 m² Terrain, davon 2300 m² bebaute Fläche) besonders bei prominenten Gästen des nahen Opernhauses sehr beliebt. Es brannte am 13./14. Februar 1945 aus und wurde 1951 abgerissen. Das *zweite* H. wurde 1982/85 als internationales Reisehotel der Spitzenklasse am Neustädter Elbufer zwischen →Blockhaus und →Japanischem Palais errichtet und bildet seitdem mit den neugestalteten weitläufigen Gartenanlagen einen interessanten Teil des Neustädter Elbufers. Der fünfgeschossige, sandsteinverkleidete, mit kupfergedecktem Mansarddach versehene Hotelkomplex ist Dresdner Bautraditionen angepaßt, wobei in den modernen Baukörper die historische Doppelhofanlage des ehemaligen Hauses Große Meißner Gasse 15 (→Kollegienhaus) einbezogen wurde. Das H. verfügt u.a. über 340 Gästezimmer und Appartements, Bankett- bzw. Konferenzsäle, 4 Restaurants und einen Fitneßbereich. Seit 1991 gehört es zur Maritim-Hotelkette.

Hotel de France: ehemaliges historisches Hotel auf der Wilsdruffer Straße 15. Das Gebäude (um 1680 von Johann Georg →STARCKE umgebaut, später mit streng klassizistischer Fassade versehen, wobei der prächtige, zweigeschossige Erker erhalten blieb) gelangte 1801 in den Besitz des Hoftraiteurs Carl ERLER, der 1802 die Genehmigung erhielt, die schon vorher dort betriebene «Speisewirtschaft» zu erweitern und das Haus als *«Hotel zum Goldenen Helm»* einzurichten. 1821 wurde es von seinem Besitzer in «Hotel de France» umbenannt und gehörte im 19. Jh. zu den vornehmsten Beherbergungsstätten in Dresden. Bevor das alte Gebäude 1915 abgerissen wurde, hatte es nach Ausbruch des Ersten Weltkriegs die Bezeichnung «Schloßhotel» erhalten, die 1916 auf den an gleicher Stelle im «Dresdner Barockstil» errichteten Neubau überging. Er wurde im Februar 1945 durch Bomben zerstört.

Vorderansicht des Hotels Stadt Rom

Hotel de Pologne: im 18./19. Jh. vornehmstes Hotel Dresdens in der Schloßstraße 7/Große Brüdergasse. Das Gebäude, das im 16. Jh. das Wohnhaus des Kanzlers Nikolaus →KRELL gewesen war, diente seit 1696 als Gasthaus. 1753 wurde es von Samuel →LOCKE neu errichtet und später mit dem Nachbarhaus an der Schloßgasse vereinigt. Die Fassade war mit vorspringenden Erkern ausgestattet. Bis 1869 bestand das H., in dem vorwiegend «Personen von Stand» logierten und dessen Saal zur Durchführung öffentlicher Konzerte genutzt wurde; danach wurde es von Karl →EBERHARD für die Sächsische Staatsbank umgebaut und im Februar 1945 durch Bomben zerstört.

Hotel de Saxe: ehemaliges bekanntes Hotel am Neumarkt 9/Moritzstraße. Es wurde 1786 durch Umbau sechs verschiedener älterer Gebäude errichtet, wobei auch das →Palais de Saxe (Moritzstraße 2) mit einbezogen war. Das H. war im 19. Jh. besonders berühmt durch seinen vornehmen Konzertsaal in der ersten Etage (zuletzt von Gottfried SEMPER ausgestattet). Nachdem 1868 ein größerer Umbau des Erdgeschosses durch Bernhard →SCHREIBER erfolgt war, wurde das H. 1888 abgebrochen und an seiner Stelle ein Postgebäude errichtet. Ein Hotel gleichen Namens befand sich später auf der Prager Straße.

Hotel Europahof: ehemaliges renommiertes Hotel mit Restaurant an der Prager Straße/Ecke Sidonienstraße, das 1910 von Richard →SCHLEINITZ im Stil Altwiener Kaffeehäuser errichtet worden war. In den dreißiger Jahren baute man gegenüber vom alten Standort das neue «Hotel Europahof», das im Februar 1945 zerstört wurde.

Hotel «Stadt Berlin»: ehemaliges historisches Hotel am Neumarkt 1/Augustusstraße. Es gehörte zu den alten Hotels, die mit ihren schönen Außenfronten eine Zierde des Stadtbildes darstellten. 1769/1770 wurde es an der Stelle von drei älteren Bürgerhäusern von Christian Heinrich →EIGENWILLIG für den Bürgermeister Christoph BORMANN (1698–1787) erbaut. Es war ein fünfgeschossiger, halbrunder Bau, der einen architektonisch wirkungsvollen Übergang am Neumarkt zwischen Johanneum und Frauenkirche bildete. Am 13./14. Februar 1945 wurde es zerstört.

Hotel «Stadt Rom»: ehemaliges historisches Hotel am Neumarkt 10, zwischen Moritzstraße und Kleiner Kirchgasse. Dieses wirkungsvolle Bauwerk, das besonders typisch für den Dresdner Stil des 18. Jh. war und starken Einfluß der Knöffelschen Schule zeigte, entstand wohl schon zwischen 1740 und 1750, wurde wahrscheinlich im Siebenjährigen Krieg zerstört und 1773 für den Mühleninspektor RICHTER wiederaufgebaut. Es war ein fünfgeschossiges Gebäude, das an den Ecken jeweils mit dreigeschossigen Erkern versehen war. Zu den Gästen gehörte im Mai 1843 Karl →MARX. Es wurde am 13./14. Februar 1945 zerstört.

Hotel Weber: →Palasthotel Weber

Hottenroth, Ernst: Bildhauer, geb. 13.2. 1872 Frankfurt/M., gest. 27.2.1908 Dresden. – H. lieferte für zahlreiche Dresdner Bauten den plastischen Schmuck, z.B. für das →Centraltheater (1900), die Städtische Sparkasse (1905), die Kreuzkirche (Innendekoration) und das →Landgericht (1905/07). Seine letzte Wohnung hatte er am Dürerplatz 3. – Begraben auf dem Alten Katholischen Friedhof.

Hoymsches Palais: →Palais Hoym

Hübner, Julius: Historien- und Porträtmaler, geb. 27. 1. 1806 Oels/ Schles., gest. 7. 11. 1882 Loschwitz b. Dresden. – Der in Berlin und Düsseldorf ausgebildete H. wurde 1839 an die Dresdner Kunstakademie berufen, wo er 1842 Professor wurde. 1871/82 war H. als Nachfolger →Schnorr von Carolsfelds Direktor der Gemäldegalerie. – Neben vielen Porträtdarstellungen entwarf H. 1840 den Theatervorhang für das Hoftheater (→Opernhäuser). H., der erst bei Ernst →Rietschel in der Langen Gasse wohnte, besaß ein Grundstück in der Schillerstraße in Loschwitz. Sein Atelier befand sich 1871 im Zoologischen, danach im Französischen Pavillon des →Zwingers. Am Ende des →Fürstenzugs ist er abgebildet. – Hübnerstraße im Hochschulviertel.

Hülße, Julius Ambrosius: Technologe, Direktor der Polytechnischen Schule, geb. 2. 5. 1812 Leipzig, gest. 26. 6. 1876 Dresden. – H. war ab 1841 Direktor der Chemnitzer Gewerbeschule und wurde 1850 als Professor für mechanische Technologie und Volkswirtschaft an die Polytechnische Schule in Dresden berufen. Hier beschäftigte er sich besonders mit dem Eichwesen und begründete 1835 das «Polytechnische Centralblatt». Er veröffentlichte grundlegende Werke über die Kammgarnfabrikation (1861) und die Baumwollspinnerei (1863). – Begr. Alter Annenfriedhof; Hülßestraße in Reick.

Julius Hübner, Selbstbildnis

Hultzsch, Hermann: Bildhauer, geb. 20. 4. 1837 Dresden, gest. 17. 12. 1905 Dresden. – H. kam in dem Haus «Neun Musen» (Pillnitzer Straße 26) zur Welt. Er war an der Dresdner Kunstakademie Schüler →Rietschels und ließ sich nach einer Italienreise in Dresden nieder (Gartenhaus Blasewitzer Straße 90). Neben Porträtplastiken schuf H. vor allem architekturgebundene Plastik, in Dresden z. B. 1875 «Jason und Medea» sowie 1877 «Eros und Psyche» für das Opernhaus, die Figuren Luthers und Melanchthons am Gebäude der →Kreuzschule und die Statue Christian Daniel →Rauchs am Ausstellungsgebäude des Sächsischen Kunstvereins auf der Brühlschen Terrasse. H. wohnte zuletzt Vogelstraße 10 in Blasewitz. – Begraben auf dem Trinitatisfriedhof.

Hundsgasse: →Palmstraße

Hünig, Maximilian: Schriftsetzer, geb. 2. 7. 1851 Wilschdorf b. Dresden, gest. 27. 12. 1935 Dresden. – H. trat 1873 der Sozialdemokratischen Arbeiterpartei bei und war bis zum Ausbruch des Krieges bereits zehnmal aus politischen Gründen verurteilt. Er wurde Mitglied der Dresdner Spartakusgruppe, organisierte →Antikriegsdemonstrationen und wurde im Frühjahr 1918 als 66jähriger gemeinsam mit Mitgliedern der Dresdner Arbeiterjugend vom Reichsgericht zu 4 Jahren Zuchthaus verurteilt. Nach dem Krieg eröffnete er eine Druckerei am Palaisplatz und druckte Schriften der Arbeiterbewegung. H. gründete 1927 am Oberen Waldteich bei Wilschdorf eine Erholungsstätte für Dresdner Stadtkinder. – Max-Hünig-Straße in Klotzsche; Gedenkstein für «Vater Hünig» am Oberen Waldteich.

Hussitenkriege: In Dresden wirkten nicht nur hussitische Prediger (z. B. Nikolaus von Dresden), sondern die Stadt wurde auch von den H. berührt und mußte sich mit finanziellen Beiträgen, Lieferung von Lebensmitteln und Kriegsknechten an ihnen beteiligen. So nahmen beispielsweise an der Schlacht bei Aussig 1426 etwa 350 Dresdener teil. Seit 1427 wurde auch die Stadtbefestigung verstärkt. Mitte Oktober 1429 zog dann ein hussitsches Heer unter Prokop dem Großen von Pirna her gegen Dresden. Am 13. Oktober wurde →Altendresden nach heftigem Kampf erobert und niedergebrannt. Dresden belagerten die Hussiten nicht. Ihr Versuch, über die Elbbrücke von Altendresden her in die Stadt einzudringen, mißlang. Landgraf Friedrich von Thüringen, der seiner Stadt mit 1000 Reitern zu Hilfe gekommen war, konnte die Brücke erfolgreich verteidigen. Mitte Dezember 1429 erschien Prokops Heer noch einmal vor Dresden. Dieses Mal wurden die Vorstädte einschließlich des →Maternihospitals zerstört.

Hutin, Charles: Maler, geb. 4. 7. 1715 Paris, gest. 29. 7. 1776 Dresden. – Nach seiner Ausbildung in Paris und Rom trat H. 1748 in Dresden in die Dienste des Kurfürsten Friedrich August II. und wurde am 1. Mai 1762 Direktor der alten Dresdner Zeichen- und Malschule. Als 1764 die Kunstakademie gegründet wurde, ernannte man H. zu deren ersten Direktor. Das Altarbild in der restaurierten Kreuzkapelle der →Kathedrale und ein Bild in der Gemäldegalerie sind heute noch in Dresden vom ihm erhalten.

Hüttig-AG: →Fotoindustrie

Hygiene-Museum: →Deutsches Hygiene-Museum

Ibsen, Henrik: norwegischer Dramatiker, geb. 20. 3. 1828 Skien, gest. 23. 5. 1906 Christiania (Oslo). – Abgesehen von einem kurzen Aufenthalt im Jahre 1852 weilte I. von Oktober 1868 bis März 1875 in Dresden. Er war 1873/75 und 1904/06 Ehrenmitglied des Literarischen Vereins zu Dresden. Von seinen Wohnungen sind nachweisbar die An der Frauenkirche 6 (1869), in der Königsbrücker Straße 33 (1870/71), Dippoldiswalder Gasse 7 (1872) und die im Haus Wettiner Straße 22. Dort befand sich eine 1908 angebrachte Gedenktafel.

Iccander: →Crell, Johann Christian

Ihagee-Kamerawerk: →Fotoindustrie

Ilgenkampfbahn: →Rudolf-Harbig-Stadion

Immelmann, Max: Pilot, Jagdflieger, geb. 21. 9. 1890 Dresden, gef. 18. 6. 1916 bei Sallaumines (Flandern). – I. meldete sich 1914 freiwillig zur Ausbildung als Militärflieger und entwickelte sich durch eine besondere, später nach ihm benannte Flugtaktik zu einem der bekanntesten deutschen Jagdflieger bis 1916. – Denkmal im Urnenhain des Johannisfriedhofs in Tolkewitz.

Industrie: Dresden bildet den Mittelpunkt des Ballungsgebietes oberes Elbtal; seine Industriegebiete sind entlang der Eisenbahn mit denen von Radebeul–Coswig, Heidenau–Pirna und Freital zusammengewachsen. Typisch für die industriellen Traditionen Dresdens ist eine wertintensive, spezialisierte Präzisionsfertigung. Im Stadtbild tritt die I. weniger störend in Erscheinung, weil die größeren Fabrikbezirke am Stadtrand liegen und Zweige wie Geräte- und Maschinenbau,

Lingner-Werke

Gehe-Werke

Elektrotechnik und Elektronik die Umwelt weniger belasten. Die chemische I. ist in Dresden geringer, die Metallurgie überhaupt nicht vertreten.
Zur Standortverteilung: Das Ortsgesetz von 1878 schrieb die Standortverteilung entlang der Eisenbahn fest, indem es größere Dampfmaschinen nur westlich der →Sächsisch-Schlesischen Eisenbahn (Leipziger Vorstadt, Pieschen) und westlich der →Albertbahn (Löbtau, Friedrichstadt) erlaubte und so die Innenstadt und die bürgerlichen Wohnviertel von I. weitgehend freihielt. Unabhängig von der Eisenbahn entstanden Wohn-I.-Mischgebiete mit geringem Massengüterumschlag (Foto-, Zigaretten- und grafische Industrie in Striesen–Johannstadt). – Das erste frühindustrielle Gebiet bildete sich an der Weißeritz und dem →Weißeritzmühlgraben in Löbtau, Plauen, der Wilsdruffer Vorstadt und im →Plauenschen Grund aus den bereits vorhandenen →Manufakturen und dank der Steinkohle des Döhlener Beckens, der Wasserkraft der Weißeritz und der 1856 erbauten →Albertbahn. In dieser *«Industriegasse des Südwestens»* siedelten sich u. a. das Glaswerk von Friedrich →SIEMENS, der →Eisenhammer Dölzschen, die →Felsenkellerbrauerei, Schokoladenfabriken und Betriebe der Metallbranche (Blechwaren Anton REICHE) an. – In der *Friedrichstadt* gründete Ludwig BRAMSCH eine Preßhefen- und Spiritusfabrik. Der Bau des →Berliner Bahnhofs, des Rangierbahnhofs und der Hafenanlagen förderte im Zusammenhang mit den Baulandreserven des Ostragutes die Ansiedlung von Fabriken. Hier entstanden die Nähmaschinenfabrik →Seidel & Naumann, die Zigarettenfabrik →Yenidze, der Schlachthof und weitere Versorgungsbetriebe. – An Elbe und Leipziger Eisenbahn bildete sich der *Neustädter Industriebezirk* mit der Steingutfabrik →Villeroy & Boch, der Nähmaschinenfabrik Clemens Müller, der feinmechanischen Fabrik von Gustav Heyde, der Schiffswerft und Maschinenbauanstalt an der Leipziger Straße, der Malzfabrik König in Pieschen und den →Eschebach-Werken. Hier siedelten sich später weitere Unternehmen der Elektrotechnik und Metallverarbeitung an. – Im Elbbogen von *Übigau/ Kaditz/Mickten* entwickelten sich aus der Maschinenbauanstalt von Johann Andreas →SCHUBERT eine Schiffswerft und Dampfkesselfabrik. 1923 baute →Koch & Sterzel das Transformatorenwerk. – An der Sächsisch-Böhmischen Eisenbahn entstand die Industriezone des *Dresdner Südostens* mit dem →Sachsenwerk Niedersedlitz, der Chemischen Fabrik von Otto Kauffmann (später Plattenwerk), einer Gardinenfabrik, der Fa. Höntzsch & Co (später Metalleichtbau), Kelle & Hillebrandt (später Sächsischer Brücken- und Stahlhochbau) sowie jüngeren Betrieben des Nahrungsgüter-Maschinenbaus (Nagema, Mühlenbau), des Anlagen-, Geräte- und Werkzeugbaus (Stanzila, Hochvakuum, Mikromat), der Elektrotechnik/Elektronik (Betriebsteile von ehemals Elektromat und Robotron) sowie der Baustoffindustrie (Plattenwerk Sporbitz). – Nach dem Ersten Weltkrieg wurde das ehemalige Arsenal an der Königsbrücker Straße zum →*Industriegelände* ausgebaut (nach 1945 u. a. Starkstromanlagen- und Strömungsmaschinenbau). – Nach Einstellung des Flugzeugbaus wurden 1961 im *Industriegebiet Nord* am Flughafen Klotzsche mehrere Betriebe gebildet, die nach 1989 weitgehend aufgelöst wurden (VEB Elektromat, Lufttechnische Anlagen, Forschungszentrum Mikroelektronik). – *Striesen* entwickelte sich zum Standort der Dresdner Zigaretten- und Fotoindustrie.
Zur Geschichte: Während die erste Phase der industriellen Revolution nach 1830 verschiedene Zentren Sachsens erfaßte, suchte Dresden seinen Charakter als Residenzstadt zu wahren. 1838 wurden in der Stadt 18 Fabriken registriert, die noch vorwiegend auf Handarbeit beruhten, darunter mehrere Strohhutfabriken, die

Zuckersiederei von Heinrich Wilhelm →CALBERLA, die Zichorienfabrik Rossner & Co, die Fa. Bramsch, die →Maschinenbauanstalt Übigau und der →Eisenhammer Dölzschen. 1824 wurde in der Neustädter Furnierfabrik Schaft die erste Dampfkraftanlage installiert. 1846 entfielen von den 197 sächsischen Dampfmaschinen nur 10 auf Dresden. – In den fünfziger Jahren brach sich die Industrialisierung trotz der politischen Restauration auch in Dresden Bahn. Clemens MÜLLER (1828–1902) begründete 1855 die deutsche Nähmaschinenindustrie. 1867 produzierten Dresdner Unternehmen bereits 11 000 Nähmaschinen. Mit Villeroy & Boch und der Glasfabrik Siemens entstanden erste Großbetriebe. Unter den Aktiengesellschaften befanden sich mehrere Brauereien. – Führend wurden die Branchen →Schokoladenindustrie, →Zigarettenindustrie, →Brauereien, Verpackungs- und Spezialmaschinenbau, feinmechanische und optische Industrie (→Fotoindustrie) und später auch die →elektrotechnische I. Die pharmazeutische I. (→Arzneimittelwerke) faßte mit Ludwig →GEHE in Dresden Fuß. Hingegen konnte sich die bedeutende Strohhutfabrikation auf Dauer nicht behaupten. Auch die Pianoforte-Herstellung (1880 mit über 8000 Instrumenten der Firmen Rönisch und →Rosenkranz) und die grafische Industrie (→Meinhold, Römmler & Jonas) hielten mit der Expansion anderer Zweige nicht Schritt. Eine Besonderheit Dresdens waren die 22 Blattgoldschlägereien. Bedeutung erlangte in der Stadt des Kamerabaus die Fotopapierherstellung, in der sich 7 Betriebe zu einer Aktiengesellschaft zusammenschlossen. – In der Gründerzeit wurden 1871/73 vierzig neue Aktiengesellschaften gegründet, darunter 6 Banken, 6 Baugesellschaften sowie mehrere weitere Brauereien und die Maschinenbauanstalt (ehemals Schlick) in Neustadt. Bis zur Jahrhundertwende schritt der Konzentrationsprozeß weiter voran. Die Fabriken Clemens Müller, Seidel & Naumann, Siemens-Glasfabrik, Schokoladenfabrik Hartwig & Vogel sowie Villeroy & Boch hatten jeweils mehr als 1000 Arbeiter. Für die Nahrungs- und Genußmittelindustrie entstand ein spezieller Industriezweig, der Zigaretten-, Schokoladen- und andere Fertigungs- und Verpackungsmaschinen herstellte. Größter Betrieb dieser Branche war die «Universelle». – Im 20. Jh. nahm der Anteil ausländischen Kapitals in der Dresdner Industrie zu, wie die Eingliederung der Dresdner Zigarettenfabriken in die American-Tobacco-Comp. nach 1900 zeigt. Reformbestrebungen wurden in der Gründung der →Deutschen Werkstätten sichtbar. Zwischen den beiden Weltkriegen festigten zahlreiche Weltneuheiten und traditionelle Markenartikel den Ruf der Dresdner Foto-, Schreibmaschinen-, Verpackungsmaschinen- und elektrotechnischen I. 1929 gab es 10 Betriebe mit mehr als 1000 Beschäftigten; demgegenüber arbeiteten 40 Prozent aller Dresdner Industriearbeiter in Kleinbetrieben, die 95 Prozent aller Unternehmen ausmachten. – Wie schon im Ersten wurden auch im Zweiten Weltkrieg zahlreiche Betriebe auf Rüstungsproduktion umgestellt. 1945 wurden 70 Prozent aller Dresdner Fabriken durch Luftangriffe zerstört. 176 enteignete Betriebe wurden «volkseigen» bzw. bis 1954 als Sowjetische Aktiengesellschaft (SAG) geführt. – Die meisten traditionellen Zweige der Dresdner I. wurden nach dem Wiederaufbau weitergeführt. Ein Novum war die *Luftfahrtindustrie* in Klotzsche. 1954 kehrten deutsche Luftfahrtfachleute unter Führung von Brunolf →BAADE aus der UdSSR zurück, bauten 80 Maschinen des Mittelstrecken-Passagierflugzeuges Iljuschin 14 P und entwickelten das Strahlenverkehrsflugzeug 152 für den zivilen Luftverkehr. Die Flugzeugindustrie wurde 1961 eingestellt und die verbliebene Flugzeugwerft für die Reparatur von Militärflugzeugen eingesetzt. Aus ihr ging 1992 der Wartungs- und Montagebetrieb Elbe-Flugzeugwerk hervor. Zwei Produktionshallen des Flugzeugbaus im Industriegebiet Klotzsche zählten nach ihrem Bau 1958 zu den größten freitragenden Hallen Europas. – Der traditionsreiche *Steinkohlenbergbau* des benachbarten Freitaler Reviers wurde 1945 in Coschütz/Gittersee wieder aufgenommen und überdauerte den 1959 eingestellten Abbau in Freital. Die Schächte wurden bis 1990 von der Sowjetisch-Deutschen Aktiengesellschaft Wismut (Uranabbau) betrieben. – Zu den größten Betrieben zählten bis 1989 die Werke Starkstromanlagenbau, Transformatoren- und Röntgenwerk, Elektromat, Schreibmaschinenwerk, Pentacon, Mikromat, Prācitronic, Nagema, Hochvakuum, Meßelektronik, Arzneimittelwerk und Luft- und Kältetechnik. Neben der →elektrotechnischen I. wurde die elektronische und mikroelektronische I. in Dresden strukturbestimmend (Kombinat Robotron). – Der Strukturwandel nach der deutschen Wiedervereinigung war geprägt durch einen starken Rückgang der Industrieproduktion, die Entflechtung und Privatisierung großer Kombinate und Betriebe und das Entstehen mittelständischer Unternehmen und Gewerbegebiete. Überalterte Fabrikgebäude (Raum Niedersedlitz–Heidenau–Pirna, Schokoladenfabrik «Elbflorenz» u. a.) wurden abgebrochen. An die Traditionen der Dresdner Kamerindustrie knüpfen private Unternehmen an (J. Noble, J. Schneider). Während einige charakteristische Dresdner Branchen wie die Schreibmaschinenindustrie und die Schokoladenherstellung nicht überleben konnten, wurde die Zigarettenindustrie fortgeführt. Im Industriegebiet Klotzsche wurden personelle und technische Kapazitäten durch die Elbe-Flugzeugwerke übernommen. Teilfertigungen des Elektromaschinen- und Anlagenbaus werden von AEG und Siemens u. a. in den Großbetrieben Starkstromanlagenbau, Sachsenwerk und Transformatoren- und Röntgenwerk weitergeführt. Über ein großes Potential in Forschung, Entwicklung, Herstellung und Anwendung verfügte Dresden auf dem Gebiet der Mikroelektronik und des Elektronikmaschinenbaus (1989: ca. 20 000 Beschäftigte). Dieses soll u.a. mit dem Aufbau eines Fertigungszentrums für Mikrochips von Siemens am Rand der Dresdner Heider wieder genutzt werden.

Industriegelände: Bezeichnung für die Fabrikzone an der Eisenbahn Dresden–Görlitz am Rand der Dresdner Heide (Königsbrücker Straße). – Auf diesem ehemaligen Heereswerkstätten- und Arsenalgelände der →Albertstadt siedelten sich nach 1918 Industriebetriebe an. Sie blieben 1945 weitgehend unzerstört, wurden durch Neubauten ergänzt und bilden vor allem einen Standort des Elektromaschinen- und Anlagenbaus.

Ingenieurakademie: ehemalige militärische Bildungsanstalt, die neben der →Ritterakademie und der Artillerie-Akademie bestand, vorwiegend für die Ausbildung im Militärbauwesen und in technischen Gebieten zuständig und

1742 von Jean de →BODT gegründet worden war. Zuvor waren die Interessenten im Militär- und Zivilbau durch Privatlehrer ausgebildet worden; sie wurden dann in die Spezialistenabteilung des Sächsischen Heeres, das 1702 gegründete «Ingenieur-Corps» übernommen. Die I. befand sich in der Infanteriekaserne in der Inneren Neustadt (→Kasernen) und beschäftigte u. a. →EOSANDER VON GÖTHE, Maximilian von →FÜRSTENHOFF und Johann Rudolph →FÄSCH als Lehrer. 1815 wurde die I. mit der Artillerie-Akademie zur Militär-Akademie vereinigt, die bis 1831 bestand.

Innere Neustadt: der rechtselbische Stadtkern zwischen Elbe, Anton-, Bautzner und Glacisstraße entsprechend dem alten Festungsgürtel umgeben von der →Äußeren Neustadt. Die 1350 urkundlich erwähnte Siedlung →Altendresden brannte 1685 nahezu völlig ab und wurde als «Neue Stadt bey Dresden» (→Neustadt, Name seit 1732) wiederaufgebaut.

Innerer Katholischer Friedhof: →Alter Katholischer Friedhof

Innerer Neustädter Friedhof: Weil die Hauptstraße angelegt werden sollte, mußte auf Anweisung des Kurfürsten →FRIEDRICH AUGUST I. die →Dreikönigskirche abgerissen werden und der älteste Neustädter Friedhof dem Bauvorhaben weichen. Am 10. November 1731 wurde außerhalb der Stadt «bei den Scheunen» der I. angelegt. Zahlreiche Schwibbögen und Grabsteine wurden vom abgerissenen Friedhof zum I. überführt. Ende des 18. Jh. wurde er auf das Dreifache erweitert (Friedensstraße/Conradstraße). Nach Entwürfen von Oberlandbaumeister Christian Traugott →WEINLIG legte man 1799 eine neue «Kirchengruft», verbunden mit zwei Leichenstuben, an. Neben mehreren wertvollen Grabdenkmälern aus der Zeit des Barocks und Rokokos wurde 1733 auch der →«Totentanz» nach dem I. verlegt. Auf dem I. ruhen der deutsche Sprachforscher Johann Christoph →ADELUNG, die Schriftstellerin Elisa v. d. →RECKE, der Dichter Christoph August →TIEDGE, der Baurat Karl Theodor →KUNZ und der Jugendschriftsteller Gustav →NIERITZ.

Innungen: Zusammenschlüsse von selbständigen Handwerksmeistern desselben oder von verwandten Gewerben in einer Stadt zur Vertretung ihrer Interessen. In Dresden entstanden die I. bzw. Zünfte – im Gegensatz zu anderen deutschen Städten – sehr spät. Die Innungs- oder Handwerksordnungen (Statuten, Artikel) der einzelnen Berufsgruppen stellten anfangs die Meister selbst auf, sie mußten keiner Behörde zur Bestätigung vorgelegt werden. In ihnen legte man allgemeine Regeln und «Handwerksgewohnheiten» fest (z. B. über den Erwerb des Meisterrechts, das Lossprechen der Gesellen, die Dauer der Lehrzeit, über Versammlungen, Qualitätskontrollen, Strafen und die Bestimmungen gegen «Störer» usw.). Im 15. und 16. Jh. werden diese Ordnungen vom Rat der Stadt oder vom Landesherren bestätigt, oftmals von beiden. Seinerseits erließ der Dresdner Rat eine Reihe von Überwachungsvorschriften für bestimmte Handwerke. Die Einrichtung der →Brotbänke und →Fleischbänke zur besseren polizeilichen Kontrolle der angebotenen Waren gehen auf solche Ratserlässe zurück. Die ältesten Dresdner I. waren vor allem Zusammenschlüsse der Meister der Nahrungs- und Bekleidungsgewerbe; so werden 1407 die I. der Tuchmacher, Schuster, Bäcker, Kürschner, Schneider und Schmiede genannt. Im Laufe des 15. Jh. kommen noch vier hinzu: die Müller, Fleischer, Büttner und Leineweber und Anfang des 16. Jh. die I. der Fischer, Seiler und Hutmacher. 24 I. entstehen in der Mitte des 16. Jh. unter der Regierung der Kurfürsten →MORITZ und →AUGUST. Gründe dafür waren die Zunahme der Dresdner Bevölkerung, die Einverleibung von →Altendresden und die vermehrte Bautätigkeit in dieser Zeit. Dies belegt eine allgemeine Handwerkerordnung von 1543, die auf Befehl des Kurfürsten Moritz vom Dresdner Rat erlassen wurde. In ihr werden Warenpreise und Löhne (Taxen) für die Gewerbe festgelegt. Ähnliche Anordnungen gab es schon früher für einzelne Berufsgruppen (z. B. 1441 für die Tuchscherer, 1469 für die Schneider, 1480 für die Fleischer und 1511 für die Müller). Im 17. Jh. bildeten sich nur 14 neue I. in Dresden. Der Dreißigjährige Krieg mit dem wirtschaftlichen Niedergang in der Folgezeit führte auch zum Verfall des Innungswesens. Die überspitzte Auslegung der Ordnungen gegen die Konkurrenz, die Verknöcherung alter Bestimmungen und Gebräuche, die ständigen Prozesse und Streitigkeiten und das Erstarken der Gesellenbrüderschaften sind die Ursachen dafür. Das allgemeine deutsche Zunftgesetz von 1731 brachte einige Erleichterungen (z. B. Aufhebung der Begrenzung der Meister- und Gesellenzahlen). Erst die Einführung der Gewerbefreiheit 1869 führte zur völligen Aufhebung der I. bzw. Zünfte. Ende des 19. Jh. entstanden wiederum freiwillige Interessenvereinigungen von selbständigen Handwerkern, danach auch Zwangsinnungen. Im 20. Jh. übernahm die Handwerkskammer mit ihren einzelnen Berufsbereichen die Interessenvertretung der Handwerker.

Institut und Museum für Geschichte der Stadt Dresden: →Stadtmuseum

Internationale Gartenbau-Ausstellung: →Gartenbau-Ausstellungen

Internationale Hygiene-Ausstellung 1911: Dresden war im letzten Viertel des 19. Jh. auf dem Gebiet der Gesundheitspflege wegweisend und galt dank Karl August →LINGNER als Hochburg der hygienischen Volksaufklärung. Durch den Erfolg der Städte-Ausstellung 1903 in Dresden ermutigt, begann Lingner mit Unterstützung des Oberbürgermeisters Gustav Otto →BEUTLER sowie eines großen Stabs von Gelehrten, Hygienikern, Technikern und Organisatoren die große Weltgesundheitsschau vorzubereiten. 1908 wurde der «Verein zur Veranstaltung der I. in Dresden» gegründet. Auf

Plakat zur Internationalen Hygiene-Ausstellung. 1911

einem Gelände von 320000 m² entstand zwischen Stübel-Allee, Großem Garten und Lennéstraße sowie westlich der Lenné-, Albrecht- und Pirnaischen Straße die Weltausstellung für Gesundheitspflege. In über 50 Palästen, Hallen und Gebäuden mit landeseigener Architektur stellten von Mai bis Oktober 1911 elf Nationen ihre Exponate aus. Den Hauptanziehungspunkt der I. bildete der domartige Kuppelbau der Ausstellungshalle «Der Mensch». In den Abteilungen «Der Mensch als Kunstwerk», «Ernährung», «Kleidung», «Wohn- und Siedlungsangelegenheiten» wurde den mehr als 5 Mill. Besuchern durch allgemeinverständliche Bildtafeln, wirklichkeitsgetreue Nachbildungen von Krankheitssymptomen und anatomischen Modellen ein populäres «Riesenlehrbuch» der Hygiene vorgeführt. Die I. war der Anlaß für die Gründung des →Deutschen Hygiene-Museums.

Internationales Dixielandfestival: seit 1971 jährlich in Dresden einige Tage im Mai stattfindendes Jazzfestival, das unter Beteiligung in- und ausländischer Interpreten in zahlreichen Veranstaltungen durchgeführt wird. Hauptspielstätten sind der →Kulturpalast, das Jazzlokal «Tonne» und die Freilichtbühne «Junge Garde» im Großen Garten.

Irmisch, Hans: Maurer- und Baumeister, geb. 1526 Stollberg/Erzgeb., gest. 16.9.1597 Stollberg. – I. kam 1549 nach Dresden, erwarb 1554 das Bürgerrecht und wurde 1565 kurf. Baumeister. In Dresden baute er das →Kanzleihaus (1565/67), erweiterte das Münzhaus am Elbtor (1579) und schuf zusammen mit Paul →BUCHNER das Wilische Tor sowie den Kleinen Schloßhof (1592/93). Außerdem wurde er vom Kurfürsten zu vielen Schloßbauten in Sachsen herangezogen. Er starb während der Bauarbeiten an der Burg Hoheneck in Stollberg.

«Isis»: →Naturwissenschaftliche Gesellschaft «Isis»

Israelitische Gemeinde: →Juden in Dresden

Italienischer Garten: →Türkischer Garten

«Italienisches Dörfchen»: Gaststätte an der Elbseite des Theaterplatzes. – Der Name ist eine bleibende Erinnerung an die italienischen Bauleute, die in der Mitte des 18. Jh. am Bau der →Kathedrale beteiligt waren und sich in deren unmittelbarer Nähe ihre Arbeits- und Wohnstätten errichtet hatten. Nach ihrer Heimkehr blieb der Name der aus kleinen Häusern bestehenden Ansiedlung treu, in der vorwiegend Hof- und Theaterbedienstete wohnten. Nach dem Abbruch der Häuser an der Elbe entstand dort ein Wohngebäude für den Maler Carl Christian →VOGEL VON VOGELSTEIN. Als *«Helbigsches Etablissement»* wurde dieses Haus später zu einem viel besuchten Terrassenrestaurant. Es mußte 1911 der Anlage der Niederuferstraße längs der Elbe im Zuge des Brückenneubaus weichen. Vorschläge zur Verwirklichung des Semperschen Forumplans bzw. für einen offenen Zugang zum Theaterplatz von der Elbe her wurden nicht verwirklicht, sondern man errichtete 1911/13 die von Hans →ERLWEIN entworfene Gaststätte, die sich harmonisch in das historische Ensemble des Theaterplatzes einfügt. Den plastischen Schmuck schuf Georg →WRBA, während die Maler Otto →GUSSMANN, Paul PERKS und Paul RÖSSLER bei der Innenausstattung mitwirkten. Das 1945 weitgehend zerstörte Gebäude wurde bis 1956 anläßlich der 750-Jahr-Feier Dresdens wieder aufgebaut. 1992/94 wurde es umfassend rekonstruiert.

Helbigs Restaurant. Aufn. vor 1869
Italienisches Dörfchen von der Kathedrale aus. Aufn. 1950

Jagdtor: Das 1587/88 von Andreas WALTHER III. geschaffene J. befindet sich im Verbindungsbau zwischen →Georgenbau und dem →Langen Gang. Den plastischen Schmuck des J. bilden das von Löwen flankierte kursächsische Wappen und die auf Sockeln rechts und links stehenden Landsknechte. Die darüber befindliche Schrifttafel ist eine Huldigung für Kurfürst →CHRISTIAN I.

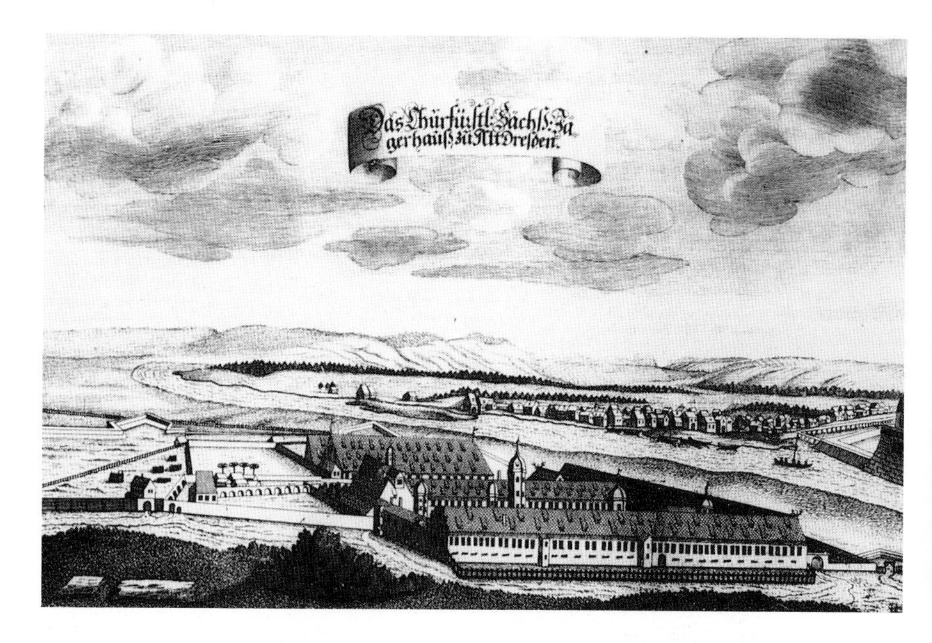

Jägerhof: ehemalige, dem kurfürstlichen Jagdwesen dienende Gebäude-Anlage im Südosten der Inneren Neustadt. – Ein erstes Jägerhaus befand sich an der Weißeritz vor dem Wilsdruffer Tor; das zweite, das nur die Jagdgerätschaften enthielt, wurde 1492 in der Nähe des Jakobshospitals errichtet. 1568 ließ Kurfürst AUGUST die Jägerei von der Altstadt in die heutige Neustadt verlegen und auf dem Gelände des 1546 abgetragenen ehemaligen →Augustinerklosters den J. erbauen, der die ausgeprägte Jagdleidenschaft der sächsischen Kurfürsten repräsentierte. Er wurde 1582/1611 vergrößert und danach durch Kurfürst JOHANN GEORG I. bedeutend erweitert sowie verschönert und im Juli 1617 eingeweiht (1639 und erste Hälfte des 18. Jh. erneute Erweiterungen). Der im Renaissancestil errichtete, mit reichem Giebelschmuck und Skulpturen versehene Komplex umfaßte in der Mitte des 18. Jh. drei große, von Wohn-, Tier- und Zeughäusern, Ställen und Wagenschuppen umgebene Höfe. In den Gebäuden befanden sich außer prächtigen Festräumen die Unterkünfte für Jagdpersonal und Handwerker. Sie enthielten auch neben zahllosen Jagdgerätschaften verschiedenartige Tiere (z. B. Mitte des 17. Jh. 350 Hunde, 40 Bären, 25 Luchse sowie Löwen, Affen, Leoparden und Eisbären). Bis ins 19. Jh. hinein blieb der J. im wesentlichen unverändert, ein um 1725 von PÖPPELMANN erarbeitetes Projekt für den Neubau des J. im spätbarocken Stil wurde nicht verwirklicht. 1830/77 diente der J. als *Kavallerie-Kaserne*, wobei ein Teil der Gebäude ab 1831 bis Ende des 19. Jh. abgebrochen wurde. Im Restbau, dem Westflügel des Hauptgebäudes mit drei Treppentürmchen, wurde 1913 das →*Museum für Sächsische Volkskunst* eingerichtet, das auch wieder seine Unterkunft dort fand, nachdem der im Februar 1945 ausgebrannte J. 1950 bzw. 1952/54 wiederhergestellt worden war. Die Jägerfigur vor dem Museum erinnert noch an den ehemaligen Zweck des Gebäudes.

Jägerhof. Um 1860
Kampfjagden im Jägerhof. Um 1740
Plan des Jägerhofs. Um 1750

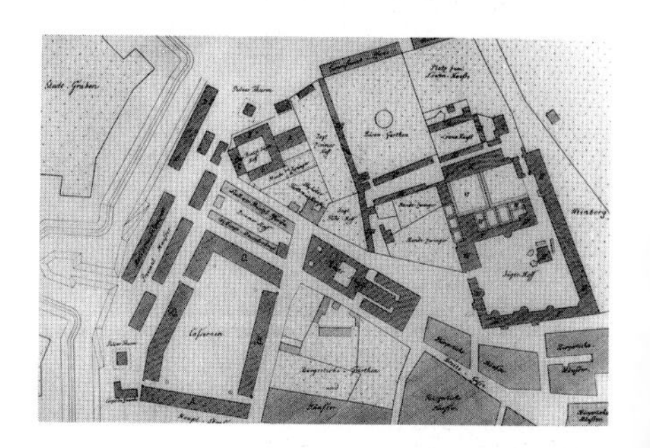

Jägerhofgasse: Die 1815/1945 bestehende J. in Dresden-Neustadt verlief zwischen →Kasernenstraße (vormals Breite Gasse) und Wiesentorstraße (vormals Am Jägerhof). Bei ihr handelt es sich vermutlich um das bereits 1541 erwähnte «Jägergäßchen»; diese volkstümliche Bezeichnung rührte vom nahen →Jägerhof her. Die bis Anfang des 19. Jh. offiziell namenlose Gasse wurde während des preußischen Generalgouvernements J. benannt.

Jägertor: →Wiesentor

Jahresschau Deutscher Arbeit: umfangreiche industrielle Fachausstellungen, die mit unerschiedlicher Thematik im und um den →Ausstellungspalast in Dresden veranstaltet wurden. Sie wurden von dem 1921/32 bestehenden «Verein zur Veranstaltung der Jahresschau Deutscher Arbeit» vorbereitet und durchgeführt. Unter Einbeziehung historischer und wissenschaflicher Aspekte sollten sie auch den Aufschwung der Industrie nach dem Ersten Weltkrieg repräsentieren. Höhepunkt dieser Ausstellungen war die von 1926, während die nach 1933 von der Ideologie der Nationalsozialisten beeinflußten Ausstellungen keine Jahresschauen im ursprünglichen Sinne mehr waren.
Übersicht der Jahresschauen:
1. 1922: «Deutsche Erden» (Glas, Porzellan, Keramik),

2. 1923: «Spiel und Sport»,
3. 1924: «Textil»,
4. 1925: «Wohnung und Siedlung»,
5. 1926: Jubiläums-Gartenbauausstellung (→Mosaikbrunnen) verbunden mit Internationaler Kunstausstellung,
6. 1927: «Das Papier»,
7. 1928: «Die Technische Stadt», (zur Hundertjahrfeier der Technischen Hochschule; →Kugelhaus),
8. 1929: «Reisen und Wandern»,
9. 1930/31: 2. Internationale Hygiene-Ausstellung (→Deutsches Hygiene-Museum),
1934: «Land Sachsen» (besonders Verkehr und Wirtschaft),
1935: «Der rote Hahn» (Feuerschutz und Rettungswesen),
1936: «1. Reichsgartenschau»,
1937: «Garten und Heim»,
1938: «Sachsen am Werk»,
1939: «Deutsche Kolonialausstellung».

Jakobikirche: ehemalige ev.-luth. Kirche am →Wettiner Platz. – Den neoromanischen Zentralbau mit 80 m hohem Turm schuf der Architekt Jürgen KRÖGER (1856–1928) in den Jahren 1897/1901 für die Jakobikirchgemeinde, die 1884 aus der Annenparochie ausgepfarrt worden war und seitdem interimistisch die Kirche des →Ehrlichschen Gestifts an der Stiftsstraße nutzte. Eine Zierde der Kirche war die aus Mitteln der Tiedge-Stiftung finanzierte bronzene «Festtür» von Hans →HARTMANN-MACLEAN. Die J. wurde 1945 teilweise zerstört und 1953 abgetragen.

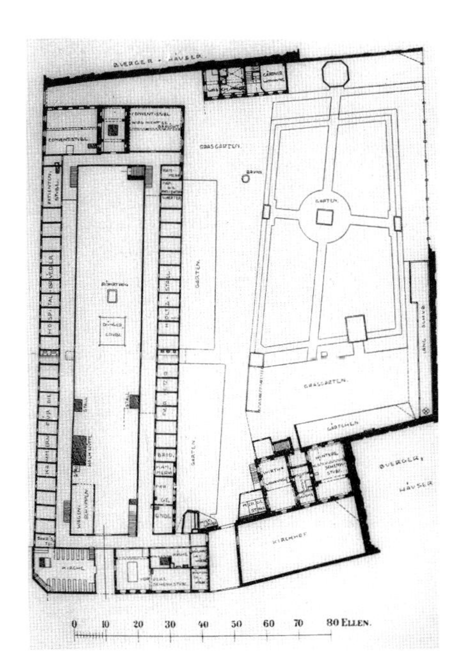

Jakobshospital: Das vom Mittelalter bis 1839 auf Poppitzer Flur existierende J. war ursprünglich nur eine Nachtherberge für arme Reisende und Pilger, welche die dem heiligen Jakob geweihte Kapelle als Wallfahrtsort besuchten. Erstmalig wird es 1455 erwähnt. 1456 wurde dem Hospital ein Hof an der →Annengasse Ecke →Am See zur Errichtung eines Spitals und einer Elendenherberge geschenkt, wahrscheinlich unmittelbar neben dem bisherigen Hospital. 1535 ließ Herzog →GEORG DER BÄRTIGE die baufälligen Gebäude abbrechen und an gleicher Stelle in größerem Umfang (für 100 Personen) neu erbauen. Neben dem großen Gartenstück besaß das J. auch einen kleinen Hospitalfriedhof. Infolge finanzieller Schwierigkeiten und Unterbelegung wurde das J. 1715 in ein Armenhaus umgewandelt und 1839 aufgelöst. Bis 1854 wurden die Gebäude als Strafanstalt, dann als Arbeitsanstalt und bis zum Abbruch im Jahre 1859 als öffentliche Speiseanstalt genutzt.

Jakobskapelle: Mit der Anlage des →Jakobshospitals entstand im Jahre 1539 auch das hölzerne Gebäude der J. Die nach dem Apostel Jakobus dem Älteren (Schutzheiliger der Pilger und Wanderer) benannte Kapelle befand sich vor dem →Wilsdruffer Tor (Annenstraße/Am See). 1715 wurde sie erweitert und das Obergeschoß ausgebaut. Die zweigeschossige J., auch Jakobskirche genannt, hatte einen kleinen Turm mit Glocke. Im saalartigen Gebäude befanden sich Altar, Orgel und Betstübchen sowie verschiedene Gemälde und Statuen. Die geistliche Betreuung oblag bis zur Reformation einem Priester, danach einem Diakon der →Kreuzkirche. 1857 wurde abgerissen.

Japanisches Palais: repräsentativer Museumsbau an der Südseite des →Palaisplatzes mit Gartenfront zur Elbe. – Als größter und künstlerisch am reichsten ausgestatteter Prachtbau, der im Zuge der Umgestaltung Altendresdens nach dem Brand von 1685 entstanden ist, bildet das J. den architektonischen Höhepunkt in der Achse vom Albertplatz zum Palaisplatz. – Im Jahre 1715 hatte sich Graf Jakob Heinrich von FLEMMING wohl nach einem Entwurf von →PÖPPELMANN in seinem an der Elbe gelegenen Gartengelände nahe dem →Weißen Tor ein zweigeschossiges Schlößchen mit zwei eingeschossigen Seitengebäuden als Sommersitz errichten lassen. Nach Fertigstellung vermietete es Flemming dem holländischen Gesandten Harsolde von CRANEBORG, der es bis zu seinem Tode Ende Januar 1716 bewohnte. Danach trug das Haus die Bezeichnung *«Holländisches Palais»*. 1717 kaufte es Kurfürst →FRIEDRICH AUGUST I., der es mit fremdländischen Kostbarkeiten (vor allem Porzellanen) ausstatten ließ. Am 10. September 1719 fand dort im Rahmen der prunkvollen Hochzeitsfeierlichkeiten des sächsischen Kurfürsten das erste der «Planetenfeste» statt, bei dem die mit italienischen Barockplastiken ausgestattete kunstvolle französische Gartenanlage mit einbezogen wurde (→Palais-Garten). 1721/27 befand sich die →Kunstkammer im Dachgeschoß des Gebäudes, für das ab 1722 Erweiterungen geplant wurden. Es sollte die ständig wachsende Porzellansammlung des Kurfürsten aufnehmen und schließlich ganz zu einem *«Porzellanschloß»* werden. An der Umsetzung dieser

Grundriß des Jakobshospitals
Japanisches Palais
Japanisches Palais. Gesamtansicht der Parkseite

Idee arbeiteten neben Pöppelmann Jean de →BODT, Zacharias →LONGUELUNE und Johann Christoph →KNÖFFEL. 1727/33 erfolgte der Umbau zu einem Vierflügelbau in spätbarock-klassizistischem Stil. Dabei wurden ab 1729 der nördliche Flügel und die beiden Seitenflügel völlig neu errichtet und 1732 der Elbflügel umgestaltet, wobei das Haupttreppenhaus des alten Holländischen Palais im Mittelpunkt erhalten blieb. Der Entwurf für die Schauseite zur Elbe stammt von Longuelune, während de Bodt den Mitteltrakt mit der offenen Vorhalle an der Vorderfassade entwarf und Pöppelmann wohl die Fassaden um den rechteckigen Innenhof gestaltete. Die doppelt konkav geschwungenen kupfergedeckten Dächer der Eckbauten, das Halbrelief im Dreiecksgiebel des Portalbaues (Vertreter der porzellanherstellenden Völker huldigen der thronenden Saxonia; von Benjamin →THOMAE) und die im Innenhof die Galerie des Obergeschosses tragenden 24 realistischen Chinesenhermen von Johann Matthäus OBERSCHALL (1688–1755) weisen u. a. auf die Bestimmung des Bauwerks hin. Neben Meißner Ware sollte es vor allem die vom Kurfürsten gesammelten chinesischen und japanischen Porzellane aufnehmen. Die Bezeichnung «Japanisches Palais» tritt erstmals 1719 aktenmäßig auf (ab 1732 allgemein gebräuchlich). Die eingeschränkten technischen Möglichkeiten der Meißner

Walter Hahn (1895–1942): Eingangshalle im Japanischen Palais 1914 (vor dem Umbau 1927–1935)

Manufaktur, die mit der Porzellanausstattung beauftragt war, und der Tod Friedrich Augusts I. verhinderten jedoch die Vollendung des Palastes mit porzellangedeckten Dächern, porzellanverkleideten Außenwänden und der auf die Präsentation des Porzellans ausgerichteten Innenausstattung. Dennoch gaben die bereits fertigen Räume einen prächtigen Eindruck. Auf Konsolen stehende riesige Wandarrangements zeigten in den unteren Räumen die ostasiatischen Porzellane und in den oberen die Meißner Erzeugnisse. Zu den weiteren Sehenswürdigkeiten gehörten die großen Meißner Porzellantiere, ein Porzellanglockenspiel, das mit indianischen Vogelfedern tapezierte Federzimmer (kam 1830 nach Moritzburg), fünf große farbige Wandteppiche nach Zeichnungen von RAFFAEL (heute in der →Gemäldegalerie Alte Meister) sowie die katholische Kapelle mit Kanzel, Altar und Orgelpfeifen aus Porzellan. – Im Siebenjährigen Krieg verwahrte man die Porzellane (als sogenannte Gefäßsammlung) in den Kellern, während am Gebäude durch das Bombardement 1760 Schäden angerichtet wurden, die 1766 behoben wurden. Auf Vorschlag →MARCOLINIS wurde das J. 1782/86 durch Gottlob August →HÖLZER und Johann Daniel →SCHADE umgebaut, um anschließend darin die Antikensammlung (→Skulpturensammlung), das →Münzkabinett und die kurfürstliche Bibliothek (→Sächsische Landesbibliothek) unterzubringen. Dabei wurde der noch im Inneren vorhandene Schmuck der Barockzeit beseitigt, die Aufschrift «Museum usui publico patens» (der öffentlichen Nutzung dienendes Museum) am Portal angebracht, und die Antikensäle wurden durch Johann Gottfried Benedikt THEIL (1745–1797) ausgemalt. Im 19. Jh. enthielten die 19 Räume des Untergeschosses die →Porzellansammlung (bis 1876), das Erdgeschoß die antiken Skulpturen (bis 1887) sowie das Münzkabinett (bis 1877), während in den 23 Zimmern und drei Sälen des Obergeschosses die Bibliothek untergebracht war. 1834/36 wurde das Erdgeschoß durch Gottfried →SEMPER im spätklassizistischen Stil umgebaut und mit «pompejanischen» Malereien versehen, die 1887 übermalt wurden. Beim umfassenden Umbau des J. 1927/35, der bei größtmöglicher Bewahrung historischer Bausubstanz modernen praktischen Bibliothekszwecken diente (unter Hubert Georg →ERMISCH), wurden Sempers Wandmalereien wieder freigelegt und restauriert. Ab 1952 begann der Wiederaufbau des 1945 zerstörten Gebäudes, das seit 1957 für die Unterbringung des →Landesmuseums für Vorgeschichte und des →Staatlichen Museums für Völkerkunde bestimmt ist.

Jaques-Dalcroze, Émile: Tanz- und Musikpädagoge, geb 6. 7. 1865 Wien, gest. 1. 7. 1950 Genf. – Nach musikalischer Ausbildung in Genf, Paris und Wien war J. am Genfer Konservatorium als Pädagoge, Schriftsteller und Komponist tätig. Bei der künstlerischen Erziehung junger Menschen maß er der Rhythmik besondere Bedeutung bei, die er zu einer «sozialen Institution» erheben wollte. Mit dem Schweizer Regisseur und Bühnengestalter Adolphe APPIA (1862–1928) kam er 1910 auf Anregung von Wolf →DOHRN zur Errichtung einer Tanzschule nach →Hellerau. 1911/12 wurde von Heinrich →TESSENOW der Komplex dieser Schule mit dem zentralen →Festspielhaus Hellerau und anschließenden Wohnhäusern für Lehrer und Studierende errichtet. 1911/15 war die «Bildungsanstalt für Musik und Rhythmus Émile Jaques-Dalcroze» ein Mittelpunkt der bürgerlichen Lebensreformbewegung; sie gab wesentliche Impulse für die Entwicklung der rhythmischen Gymnastik sowie für den Kunsttanz und trug zum Ruf Helleraus als Kulturzentrum bei. Herausragende künstlerische Ereignisse waren die Schulfeste von 1912 und 1913. – Nach Ausbruch des Ersten Weltkrieges blieb J. in Genf und gründete dort 1915 das «Institut Jaques-Dalcroze», das er bis zu seinem Tode leitete. Die Hellerauer Bildungsanstalt, der 1914 etwa 500 Schüler aus 14 Ländern angehörten, bestand nach kurzer Unterbrechung als «Neue Schule für angewandten Rhythmus» weiter und siedelte 1925 nach Schloß Laxenburg bei Wien über.

Jasmatzi: →Zigarettenindustrie

Jean Paul (Richter): Erzähler, Publizist, Pädagoge, geb. 21. 3. 1763 Wunsiedel (Fichtelgeb.), gest. 14. 11. 1825 Bayreuth. – Auf Anregung der ihm befreundeten Schriftstellerin Emilie von BERLEPSCH hielt sich J. erstmals vom 15. bis 31. Mai 1798 in Dresden auf. Das größte Kunsterlebnis war für ihn dabei die Besichtigung der Skulpturensammlung. J. zweiter Dresden-Besuch fiel in die Zeit vom 5. Mai bis zum 12. Juni 1822, als er nach dem Tode seines Sohnes Ablenkung suchte. Die Brühlsche Terrasse und der Palaisgarten in der Neustadt waren dabei seine Lieblingsaufenthaltsorte. Besonders engen Kontakt pflegte er bei diesem zweiten Aufenthalt in der Stadt mit Karl August →FÖRSTER. Nach seiner Abreise veröffentlichte J. in der →Abendzeitung einen Aufsatz, der seine Verbundenheit mit Dresden ausdrückte.

Jehmlich-Orgelbau: ältester Orgelbaubetrieb Sachsens; gegründet 1808 in Neuwernsdorf (Erzgeb.) von den Brüdern Gotthelf, Johann Gotthold und Gottlieb Jehmlich. Ihr erster Orgelneubau entstand 1819 in Lauenstein. Mit der Erneuerung der Kreuzkirchenorgel siedelten Gotthelf und Gotthold nach Dresden über. Sie wurden 1836 zu Hoforgelbauern ernannt, rekonstruierten u. a. die Silbermannorgel der Frauenkirche und prägten den bis heute gepflegten, an Gottfried →SILBERMANN orientierten Klangstil der Jehmlich-Orgeln. 1862 übernahm Gottliebs Sohn Carl-Eduard die Firma. Dessen Söhne Emil und Bruno führten den Betrieb seit 1889 weiter und bezogen 1897 das bis heute genutzte Grundstück an der Großenhainer Straße. 1938 übernahmen Emils Söhne Otto und Rudolf die Firma und bauten u. a. die neuen Orgelwerke für die Kreuzkirche und den Kulturpalast Dresden. Seit 1973 führt Rudolfs Sohn Horst den Betrieb, der 1972 verstaatlicht und 1990 reprivatisiert wurde. Als 1000. Instrument entstand 1979 die Jehmlich-Orgel für das Liebfrauenkloster Magdeburg. Neben dem Orgelbau für Kirchen und Konzertsäle widmet sich die Firma der Pflege und Restaurierung historischer Instrumente (z. B. 1971 Silbermann-Orgel in der Dresdner Kathedrale).

Jess-Verlag: →Wolfgang-Jess-Verlag

Johann, König (seit 11. August 1854) von Sachsen. Danteübersetzer, Pseudonym *Philaletes*, geb. 12. 12. 1801 Dresden, gest. 29. 10. 1873 Pillnitz. – Der bedeutende Gelehrte sammelte zur Förderung der Dante-Studien im Rahmen einer «Danteakademie» andere Gelehrte und Dichter um sich, so u. a. Karl August →FÖRSTER, Wolf Graf v. →BAUDISSIN, Carl Gustav →CARUS, Ludwig →TIECK, Gustav →KLEMM. Die «Akademie» tagte anfangs in der Villa des Kunstgelehrten Carl Friedrich v. RUMOHR in Wachwitz, später in Pillnitz und im Residenzschloß. König Johann übersetzte noch Werke von HORAZ, OVID, MILTON und MANZONI. Außerdem trat er auch mit eigenen Werken hervor (Gedichte und dramatische Versuche). 1829 stiftete er den →Sächsischen Altertumsverein. – Reiterstandbild von Johannes →SCHILLING (1889) auf dem →Theaterplatz.

Johann Georg II.: Kurfürst von Sachsen (seit 1656), geb. 10. 6. 1613 Dresden, gest. 1. 9. 1680 Freiberg. – J. G., prunksüchtig und auf höfische Repräsentation bedacht, förderte sowohl das Musikleben (besonders die Oper), als auch das Entstehen der ersten barocken Bauwerke (Ballhaus und Reithaus von W. C. v. →KLENGEL und Schießhaus von J. G. →STARCKE am Schloß); außerdem ließ er den →Großen Garten anlegen. Zum raschen Aufschwung der Stadt nach dem Dreißigjährigen Krieg trug er darüber hinaus durch die Förderung von Manufakturgründungen (den ersten in Dresden) und durch die Gründung von Neustadt-Ostra (der späteren Friedrichstadt) im Jahre 1670 bei.

Johannes-Apotheke: Die letzte der sogenannten alten Apotheken eröffnete am 1. Februar 1854 der Apotheker und Stadtrat Eduard TÜRK am →Dippoldiswalder Platz. Um 1725 wurden die sogenannten «Geheimmittel» (die Zusammensetzung der Arzneimittel wurde geheimgehalten) des Medicinae Practicus OEHME bekannt. Türk hatte von seinem Vater das «Oehmsche Medicamenten-Comptoir» in der →Wilsdruffer Straße im Jahre 1843 übernommen, verlegte dieses nach dem Dippoldiswalder Platz und vereinigte es mit seiner neuen Apotheke. Seit 1876 war der Apotheker Wilhelm NEUENBORN Besitzer der J., die er 1892 an seinen Schwiegersohn Medizinalrat Otto SCHWEISSINGER übergab. Die wissenschaftliche Tätigkeit Schweißingers verhalf der J. bald zu einem guten Ruf als Untersuchungs- und Fabrikationsstätte und förderte sie zu einer der bedeutendsten Apotheken der Stadt. Viele Erkenntnisse Schweißingers fanden in deutschen Arzneibüchern ihren Niederschlag. 1894 entstanden in der J. die ersten Gemeinschaftspräparate Dresdner Apotheken. Schweißingers Enkel übernahm 1925 die Apotheke und ließ sie baulich umgestalten. Bis zur Vernichtung der J. im Februar 1945 erwarb sich Erich Schweißinger durch die Ausbildung des pharmazeutischen Nachwuchses Verdienste.

Johanneskirche: Zwischen →Pillnitzer-, Elias- (heute Güntzstraße) und Pestalozzistraße entstand 1874/78 nach Plänen des Architekten Gotthilf Ludwig →MÖCKEL die ev. J. für die 1860 abgebrochene →Johanniskirche. Sie galt als der am besten gelungene ev. Kirchenbau Sachsens im 19. Jh. Die in frühgotischen Formen entstandene J. besaß eine einschiffige, gewölbte Halle mit Querschiff und anschließendem Chor. Der 65 m hohe Turm wurde im klassischen Stil der französischen Gotik errichtet und bildete ein Wahrzeichen an der Grenze von der Innenstadt zu den östlichen Vorstädten. Zur Inneneinrichtung gehörten u. a. die Figuren der zwölf Apostel mit Johannes dem Täufer aus französischem Kalkstein. 1945 brannte die Kirche aus; das Schiff wurde 1951 abgetragen und der fast unversehrte Turm im April 1954 gesprengt.

Johanneum: nach König JOHANN benanntes ehemaliges Stallgebäude (Teil des →Stallhofs) an der Westseite des Neumarkts. – Der Bau entstand 1586/91 nach Plänen von Paul →BUCHNER unter

Denkmal König Johanns von Sachsen

künstlerischer Mitwirkung von Andreas →WALTHER und Heinrich →GÖDING im Auftrage des Kurfürsten CHRISTIAN I. als Hauptgebäude des Stallhofkomplexes. Er war ein Zweckbau der Hofhaltung und diente der Unterbringung der kurfürstlichen Kutschen und Pferde, der →Rüstkammer sowie vornehmer Gäste. Das dreigeschossige Renaissance-Gebäude mit fast quadratischem Grundriß und versehen mit hohem Satteldach, Treppengiebeln, mächtigen Portalen, Eckbastionen nach Süden, einem offenen Altan im ersten Geschoß der Innenseite sowie reichem Sgraffito-Fassadenschmuck umschloß einen offenen Hof mit Ziehbrunnen. Das gesamte fensterlose Erdgeschoß bestand aus einer hufeisenförmigen dreischiffigen Halle von je 60 m Länge und 15 m Breite mit einem von 44 toskanischen Säulen getragenen Kreuzgratgewölbe. Dies war der eigentliche Stall, nach →HAINHOFER «gebauet wie aine Kirche, hat auf 3 seiten in die vierung herumb 128 pferdtständ gegen ainander über, alle voll pferd und den landsarten nach gestellet, ... Bey iedem pferdstand steckt ain leichter zu den kerzen: zu ainem iedem pferdt hanget in der höhe sein sattel...» Aus 24 Säulen spendeten bronzene Pferdeköpfe aus Bleirohren Wasser; der mit Sandsteinplatten belegte Estrich ließ alle Flüssigkeit nach innen abfließen. Die über 30 Gemächer und Säle der Obergeschosse enthielten außer den prächtig ausgestatteten Gastzimmern des Mittelbaus bis zum Jahre 1722 die Gegenstände der Rüstkammer. Der östliche Saal im ersten Obergeschoß hieß «Schlittenkammer» und der westliche «Ballienkammer». 1729/31 wurde das Stallgebäude auf Befehl des Kurfürsten Friedrich AUGUST I. von Maximilian von →FÜRSTENHOFF umgestaltet, um im ersten und zweiten Obergeschoß Festräume zu gewinnen und die Gemälde aufzunehmen (→Gemäldegalerie Alte Meister). Dabei wurde die bereits 1722 angelegte hölzerne Treppe vom Jüdenhof in das Hauptgeschoß durch eine steinerne doppelläufige englische Treppe ersetzt und ein stattlicher Eingang geschaffen. Beim Ausbau des Dachs beseitigte man die Giebel und beim Einbau eines Treppenhauses im Nordosten den Renaissance-Altan mit dem inneren Umgang. Bei dem zweiten größeren Umbau 1744/46 gestaltete Johann Christoph →KNÖFFEL das Bauwerk ausschließlich zum Galeriegebäude um, wobei die beiden oberen Stockwerke zu einem einzigen Geschoß mit 9 m hohen Rundbogenfenstern zusammengezogen wurden, dabei verschwanden u. a. die Bastionen und Wendelstiegen. Bis 1855 verblieb die Gemäldegalerie im Obergeschoß, während in der Osthalle des Erdgeschosses 1794/1857 die Sammlung der Mengsschen Gipsabgüsse aufgestellt war und die Westhalle noch immer als Stall und vorwiegend als Wagenremise diente. – 1872/77 erfolgte durch Karl Moritz →HAENEL ein von praktischen Gesichtspunkten bestimmter Umbau des seitdem als «Johanneum» bezeichneten Gebäudes für die Unterbringung der →Rüstkammer in den beiden unteren Geschossen und der →Porzellansammlung in einem hufeisenförmig zusammenhängenden Saal des zweiten Geschosses. Dabei wurde der Hauptzugang wieder durch das Tor an der Augustusstraße verlegt und die Fassade mit Schmuck der Neorenaissance versehen (weitere Umbauten 1913 und 1926/29). Das 1945 ausgebrannte J. wurde ab 1950 wieder aufgebaut; es beherbergt das 1956 eröffnete →Verkehrsmuseum, wobei der Eingang wieder vom Neumarkt aus erfolgt. 1966/68 wurde die Fassade gründlich renoviert.

Stallgebäude um 1680
Stallgebäude. Ende 18. Jh.
Johanneum (Verkehrsmuseum)

Johann-Georgen-Brunnen: →Friedensbrunnen

Johannisfriedhof: Wegen der Überlastung des →Frauenkirchhofs befahl Kurfürst AUGUST 1555 die Anlage eines zusätzlichen Friedhofs für die Stadt. Der Rat kaufte zu diesem Zweck Grundstücke vor dem Salomonistor zwischen der Äußeren Pirnaischen Gasse, der Langen Gasse und der Borngasse auf. 1571 wurde mit der Anlage des Friedhofs begonnen. 1575 weihte ihn der Superintendent Daniel →GRESER ein. Der Eingang befand sich an der Langen Gasse. Als Begräbniskirche diente die ebenfalls in dieser Zeit erbaute →Johanniskirche. Der Friedhof wurde im Laufe der Zeit mehrmals erweitert, so 1721 in Richtung Borngasse. Bei der →Belagerung 1760 durch die Preußen lag er inmitten des Kampfgebiets. Einige Namen der im Laufe der Jahrhunderte dort Bestatteten sind erwähnenswert: der 1726 ermordete Prediger an der Kreuzkirche Hermann Joachim →HAHN, der später in die →Frauenkirche überführte Baumeister George →BÄHR, Johann Melchior →DINGLINGER, Johann Christoph →KNÖFFEL, Gottfried →SILBERMANN, der Schriftsteller Gottlieb Wilhelm →RABENER, der Komponist und Kantor an der Kreuzkirche Gottfried August →HOMILIUS, der sächsische Kabinettsminister C. G. von GUTSCHMID, der Historienmaler →SCHENAU, der Oberhofprediger Franz Volkmar REINHARD, der später auf den →Eliasfriedhof überführt wurde. – 1814 entschied das Oberkonsistorium, den Friedhof für vorerst sechs

Jahre zu schließen. Daraus wurde eine endgültige Lösung. Von diesem Zeitpunkt an wurden keine Bestattungen mehr vorgenommen. Ab 1858 wurde der Friedhof säkularisiert (zu dieser Zeit 20 Grüfte und mehr als 3000 Grabsteine). Danach wurde auf dem Gelände der Johannisplatz angelegt, der spätere vordere Teil der Johann-Georgen-Allee. Am 16. Mai 1881 wurde der *neue Johannisfriedhof* in →Tolkewitz eingeweiht. Hier entstand nach 1894 die von Paul →WALLOT als Zentralbau konzipierte Kapelle. Auf dem J. fanden Kämpfer gegen den Nationalsozialismus ihre letzte Ruhestätte. Auch die ehemaligen Oberbürgermeister Otto →BEUTLER und Friedrich Wilhelm →PFOTENHAUER, die Kammersängerin Eva PLASCHKE VON DER OSTEN und der Gründer des Museums für Volkskunst Oskar →SEYFFERT sind hier beigesetzt. Als Ehrenhain ist ein Gemeinschaftsgrab für die Opfer des 13./14. Februar 1945 angelegt. – 1908 kaufte die Stadt Dresden im Tännicht 3 ha Kiefernwald zur Anlage des nach Entwürfen von Fritz →SCHUMACHER errichteten und mit Bauplastik von Georg →WRBA ausgestalteten →Krematoriums Tolkewitz, das 1912 eingeweiht wurde.

Johanniskirche: Die bis 1861 existierende J. entstand Mitte des 16. Jh. als Begräbniskapelle auf dem alten →Johannisfriedhof vor dem Pirnaischen Tor. 1649 erhielten die böhmischen →Exulanten die J., was auch zu dem Namen «Böhmische Kirche» führte. 1715 erhielt die J. einen neuen Turm. Im Inneren besaß sie zwei Chöre mit je einer Orgel, eine für den tschechischen und eine für den deutschen Gottesdienst. Um 1790 war sie so baufällig, daß sie abgetragen werden mußte. Ratsbaumeister Christian Heinrich →EIGENWILLIG errichtete 1789/95 an der Johannisgasse aus pirnaischem Sandstein die neue J. 1831 wurde die schmucklose Kirche restauriert. Ende 1860 fand für die böhmische Gemeinde in der J. die letzte Predigt statt, dann fiel sie der Stadterweiterung zum Opfer.

Johannistag: kirchlicher Feiertag, der in Dresden Ende des 15./Anfang des 16. Jh. mit besonderen Festlichkeiten verbunden war. – Bereits Markgraf →HEINRICH DER ERLAUCHTE hatte den in die Stadt pilgernden Verehrern der Kreuzesreliquie in der →Kreuzkirche am Tage Johannes' des Täufers (24. Juni) sowie jeweils am Tage zuvor und danach freies Geleit garantiert, um so der Stadt indirekt wirtschaftliche Vorteile zu verschaffen. 1319 erlangte die Dresdner Geistlichkeit von der Kurie einen vierzigtägigen Ablaß für die Gläubigen, die an den Festen des Hl. Kreuzes und am Johannistag die Kreuzkirche bußfertig aufsuchten bzw. Schenkungen zugunsten der als Stiftung zur Kirche gehörigen Elbbrücke tätigen würden. Der J. gewann in Dresden nicht nur durch die Möglichkeit der Ablaßgewährung, sondern auch durch die öffentlichen Prozessionen der Geistlichkeit (die die Kreuzesreliquie zur Schau stellten) und der Zünfte, bei denen biblische Szenen, insbesondere der Leidensweg Christi, dargestellt wurden, eine große Anziehungskraft. Ihren Abschluß fanden die farbenprächtigen Umzüge mit einer dramatischen Aufführung der Enthauptung Johannes' des Täufers auf einer Bretterbühne vor der Kreuzkirche (Ersterwähnung des sogenannten Johannesspiels 1480). Seit 1489 veranstaltete der Rat am J. zusätzlich eine Reihe weltlicher Vergnügungen, wie z. B. ein Wettrennen auf dem Marktplatz. Mit der Einführung der Reformation 1539 fanden sowohl die Prozessionen als auch die Aufführungen vor der Kreuzkirche ein Ende.

Johannstadt: linkselbischer Stadtteil zwischen Elbe und Großem Garten, östlich der Sachsenallee und Güntzstraße, im Osten vom Waldpark Blasewitz und Striesen begrenzt; ursprünglich Äußere Pirnaische Vorstadt, 1877 nach König JOHANN von Sachsen benannt. – Bodenfunde aus der Jungsteinzeit und Aunjetitzer Kultur bezeugen eine frühe Besiedlung. Das Gebiet der J. entspricht zu großen Teilen der Flur des 1310 erwähnten Dorfes →Ranvoltitz. Die Flur gehörte dem Dresdner Augustinerkloster und dem Maternihospital. Nach der Reformation gelangte der Besitz der Augustiner an den Landesherrn, der die Wiesen an der Elbe dem Stallamt überließ. Den Besitz des Maternihospitals verwaltete der Rat zu Dresden. Durch das Gebiet führte bereits um 1300 der Landgraben, den östlichen Teil bedeckte das →Blasewitzer Tännicht. Die Flur wurde von der

Johanniskirche
Luftbildaufnahme des Thomas-Müntzer-Platzes in Johannstadt

Chaussee nach Pirna, der Striesener Straße, der Blasewitzer Straße und dem Lämmchenweg durchzogen. Der Weg nach Striesen begann als Fortsetzung der Pillnitzer Straße am Rampischen Schlag, der Blasewitzer und Lämmchenweg führten vom Ziegelschlag in das Tännicht. Der Anfang der Blasewitzer Straße hieß seit 1894 Gerokstraße, der Lämmchenweg seit 1860 Blumenstraße. Der Ausbau der Grunaer Straße erfolgte erst mit der Bebauung der J. um 1880. – Vor dem Ziegelschlag lagen verstreut einige Besitzungen: das Vorwerk →Tatzberg, seit 1742 →Lämmchen, die «Neue Sorge» bzw. →Stückgießers, die «Engelhardtsche Wirtschaft» (→Engelhardts), →Hopfgartens, →Elisens Ruhe (später →Lüdickes Wintergarten). Auf den Tatzbergen bauten die Dresdner Bürger lange Zeit Wein an. Zwischen dem Lämmchengut und der Elbe wurde nach 1758 das Schlößchen →Antons errichtet, das später ein beliebtes Einkehrziel war. Das Vorwerk «Stückgießers» war mit einer Schenke verbunden, die seit 1866 «Güldene Aue» und ab 1901 «Blumensäle» hieß. – In der →Schlacht bei Dresden 1813 besetzten die Franzosen alle Vorwerke. Im Feuer der Geschütze brannten die vier Bockmühlen auf dem Windmühlenberg nieder. – In der Nähe des Tatzberges lag die 1837 gegründete Gärtnerei der Familie →SEIDEL, die durch ihre Azaleen-, Kamelien- und Rhododendrenzucht bekannt wurde. In der J. ließen sich um 1870 weitere Gärtnereien aus der Pirnaischen Vorstadt nieder, die mit zunehmender Bebauung um die Jahrhundertwende noch weiter landwärts ausweichen mußten. Am Tatzberg richtete die Stadt Dresden 1893 die Stadtgärtnerei ein. – Im Pestjahr 1680 wurde in der unbewohnten Gegend vor dem Zielgelschlag der →Eliasfriedhof angelegt, der bis 1876 benutzt wurde. 1814 legte Gottlob Friedrich →THORMEYER den «Neuen Friedhof (später →Trinitatisfriedhof) an, auf dem zahlreiche bedeutende Dresdner beigesetzt wurden. 1866 entwarf Ernst →GIESE die benachbarte Anlage des Neuen →Jüdischen Friedhofs, auf dem Überlebende der Jüdischen Gemeinde Dresdens 1950 die neue Synagoge errichteten. Aus einer Stiftung des Bankierehepaars Wilhelm und Henriette SCHIE wurde 1852 an der Elisen-(Güntz-)straße das Henriettenstift als Altersversorgungsheim der Israelitischen Gemeinde errichtet. Es wurde 1904 erweitert, 1942 von den faschistischen Behörden als Sammellager für jüdische Bürger mißbraucht und 1945 zerstört (Gedenktafel am dortigen TU-Wohnheim). – Auf dem Exerzierplatz der Kommunalgarde an der Güntzstraße wurde bis 1873 die →Vogelwiese der Bogenschützen abgehalten, die danach bis 1939 auf den Elbwiesen gegenüber dem Waldschlößchen stattfand. – Zur Wahrung des Stadtbildes wurde noch 1826 ein Bauverbot für das Gelände zwischen Elbe und Großem Garten erlassen. Eine Ausnahme galt für den Bereich Blumenstraße, wo gewerbliche Anlagen entstanden. 1858 nahm die Stadt eine Grundstücksparzellierung vor, 1876 wurde die J. als reiner Wohnbezirk ausgewiesen, in dem sich lediglich an der Blasewitzer Straße ein schmaler Streifen mit Betrieben der grafischen, Foto- und Zigarettenbranche bildete. 1870 wurde die Striesener Straße, 1875 die Schumann- und Reißigerstraße angelegt. Die Zentralbank für Landerwerb und Bauten erwarb 1872 den größten Teil der Fläche zwischen dem Großen Garten und der Blasewitzer Straße, ließ von E. Giese einen Bebauungsplan aufstellen, mußte jedoch 1878 in Liquidation gehen. Den Besitz übernahm 1881 der Bauverein Johannstadt. In der Nähe des Großen Gartens entstanden Häuser in offener Bauweise, in den anderen Bereichen meist vierstöckige Mietshäuser. Der Bau der →Albertbrücke 1875/77 steigerte die Bedeutung dieses Bereichs, in dem mehrgeschossige repräsentative Wohnbauten um den →Sachsenplatz, an der Sachsenallee und am Terrassenufer sowie die Jägerkaserne errichtet wurden. Die Ostendgesellschaft bebaute die Stübelallee, die «Germania» 1886/95 die Pfotenhauerstraße. Die Straßenbahn erbaute 1896 das Ostkraftwerk Hertelstraße. Inmitten der Straßenzüge wurden mehrere große Plätze mit hervorgehobenen Eckbauten gestaltet, so der Holbeinplatz mit Neorenaissancehäusern und →Gerechtigkeitsbrunnen, der Dürerplatz (beide 1945 zerstört) und der Fürstenplatz (Fetscherplatz) mit dem →Artushof. Erhalten blieb der Bönischplatz mit Gründerzeit- und Jugendstilfassaden (um 1980 rekonstruiert, Stadtteilzentrum geplant). An der Hochuferstraße wurde um die Jahrhundertwende ein halbkreisförmiger Platz (später Thomas-Müntzer-Platz) angelegt. Um 1900 war die J. baulich sowohl mit der Pirnaischen Vorstadt als auch mit Striesen zusammengewachsen. Ihre Mietshäuser wurden teils von wohlhabenderen Schichten, teils von Arbeitern bewohnt. Hintergebäude beherbergten vielfach Kleingewerbe. Die «Blumensäle» waren ein bekanntes sozialdemokratisches Versammlungslokal, in dem 1907 August →BEBEL seine letzte Dresdner Rede hielt. – Am Güntzplatz erfolgte 1872 der erste Spatenstich für die Dresdner Pferdeeisenbahn. Auf den Elbwiesen bei «Antons» richtete die Stadt 1922 ein Freibad ein, in der Nähe bestand 1925/26 der →Wasserflugplatz. – Am Rand der Pirnaischen Vorstadt errichtete Gotthilf →MÖCKEL 1874/78 an der Güntzstraße die neugotische →Johanneskirche (1945 zerstört) für die von der Kreuzgemeinde abgetrennte

Luftbildaufnahme zwischen Pfeifferhans- und Neubertstraße

Johannes-Gemeinde. 1894 wurde die ev.-luth. →Trinitatiskirche neben dem gleichnamigen Friedhof geweiht (1945 teilzerstört) und 1903/05 die →Herz-Jesu-Kirche an der Borsbergstraße als zweitgrößte katholische Kirche Dresdens errichtet. Die ev.-luth. Andreas-Kirche am Stephanienplatz, 1902 in neobarocker Form entstanden, wurde 1945 totalzerstört. – In J. entstanden einige medizinische Einrichtungen. Der Albertverein eröffnete 1878 das →Carolahaus am Trinitatisplatz (ab 1934 Kaserne, 1945 zerstört). 1896 wurde an der Wintergartenstraße das Krankenhaus des →St.-Joseph-Stifts errichtet. Im «Birkenwäldchen» entstanden 1894 das Bürgerhospital (nach 1945 Altersheim Clara Zetkin), 1903 die Staatliche Frauenklinik und 1898/1901 das →Krankenhaus Johannstadt (1954/92 →Medizinische Akademie Carl Gustav Carus; dann Medizinische Fakultät der Technischen Universität). – Mehrere öffentliche Gebäude wurden um den Güntzplatz errichtet: 1901/08 die →Staatliche Akademie für Kunstgewerbe von William →LOSSOW und Hermann VIEHWEGER mit dem 1945 zerstörten zweistöckigen Festsaal aus dem →Palais Brühl (Münzkabinett, Kupferstich-Kabinett, Zentrale Kunstbibliothek); 1901 die Gewerbeschule zwischen Dürer- und Gerokstraße (später Städtische Ingenieurschule, Ingenieurhochschule, 1987 zur TU); 1911 das Stadthaus (heute Sparkasse) von Hans →ERLWEIN; 1928 das Postamt und bis 1935 die Berufsschule Gerokstraße. Erwein erbaute 1907 auch das →König-Georg-Gymnasium an der Fiedlerstraße. Eine staatliche Mädchenoberschule befand sich in der Marschnerstraße. – In den Luftangriffen 1945 wurde die J. zu ca. 90 Prozent zerstört. Am Elbufer wurden Trümmerschuttmassen abgelagert, am Dürerplatz eine Anlage zur Trümmerverwertung geschaffen und an der Gerokstraße ein Betonwerk für die Plattenfertigung errichtet. Nach der großflächigen Enttrümmerung der J. entstanden 1957/60 die Wohnblöcke Fetscherstraße und die vier- und fünfgeschossigen Wohnzeilen südlich der Striesener Straße, 1969/71 das Wohngebiet Johannstadt-Süd mit ca. 2500 Wohnungen in fünf- und zehngeschossigen Bauten, 1972/75 das Wohngebiet Johannstadt-Nord östlich des Sachsenplatzes mit 15geschossigen Hochhäusern am Elbufer und zehngeschossigen Bauten (ca. 3800 Wohnungen) und 1977/78 die zehngeschossigen Wohnbauten am Straßburger Platz. Im Zusammenhang damit wurden auch sechs neue Schulen sowie an der Güntzstraße auch Hochschulbauten errichtet.

Johannstraße: →König-Johann-Straße

Jordan & Timäus: →Schokoladenindustrie

St. Joseph-Kirche Pieschen: kath. Pfarrkirche im Standtteil →Pieschen, 1909/10 an der Rehefelder Straße nach Entwürfen von Alexander TANDLER als erste Stahlbetonkirche in Dresden im neuromanischen Stil mit Elementen des Jugendstils erbaut. Der Turm, das Wahrzeichen von Pieschen, wurde 1911 ergänzt. Nach der teilweisen Zerstörung 1945 wurde die Kirche 1950 instand gesetzt. Rekonstruktionsmaßnahmen 1970/78 von Architekt Hubert PAUL und Bildhauer Friedrich →PRESS.

Joseph-Stift: Seit 1881 besaßen die «Grauen Schwestern» als Dresdner Niederlassung zunächst nur eine kleine Klinik in der Käufferstraße, die von Chirurgen von MANGOLD und Sanitätsrat MANN geleitet wurde. 1895/96 errichtete man in →Johannstadt auf der Wintergartenstraße 17 das Krankenhaus des Stiftes. Während des ersten Weltkriegs diente es als Lazarett. Später wurde das Gebäude Wintergartenstraße 15 hinzugenommen und beide Häuser nach Plänen des Baumeisters LEBSANFT vereinigt und zu einem modernen Krankenhaus umgebaut. Nach einem erneuten Umbau 1930/32 hatte das S. 120 Krankenbetten. Nach der fast völligen Zerstörung im Jahre 1945 wurde mit Mitteln des Mutterhauses der Wiederaufbau begonnen. 1947 konnten die ersten 20 Nachkriegspatienten aufgenommen werden. In dem 1983/87 erweiterten J. stehen eine Chirurgische, Innere, Frauen-, Orthopädische und eine Hals-Nasen-Ohren-Abteilung sowie dazugehörige Operationssäle zur Verfügung.

Jüchser, Hans: Maler und Grafiker, geb. 14.7.1894 Chemnitz, gest. 13.8.1977 Dresden. – J. gehört zu den bedeutendsten Vertretern der Dresdner Malkultur im 20. Jh. Er studierte nach dem Kriegsdienst 1919/22 an der Dresdner Kunstgewerbeschule und anschließend bis 1928 an der Kunstakademie, zuletzt als Meisterschüler von Ludwig von →HOFMANN. Seit 1928 freischaffend, wurde der sozial engagierte Künstler 1931 Mitglied der →Assoziation Revolutionärer Bildender Künstler Deutschlands und 1932 der Neuen →Dresdner Sezession. Während der Hitler-Diktatur wurde er diffamiert. 1945 kehrte er aus der Kriegsgefangenschaft nach Dresden zurück und setzte seine an der klassischen Moderne orientierte Malerei fort. J. wohnte in Wachwitz (Wachwitzgrund 56) und hatte sein Atelier im Künstlerhaus Loschwitz. – Grab auf dem Loschwitzer Friedhof; Hans-Jüchser-Straße im Wohngebiet Reicker Straße; Gedächtnisausstellung im Albertinum (1978).

Juden in Dresden: In Dresden gibt es, wie in vielen europäischen Städten, keine durchgängige Geschichte einer jüdischen Gemeinde vom Mittelalter bis zur Gegenwart. Die erste urkundliche Nachricht über J. findet sich in der von Markgraf HEINRICH DEM ERLAUCHTEN 1265 erlassenen Judenordnung. Sie gewährte den Juden, die weder Grundstücke erwerben noch ein Handwerk erlernen durften und stets Verfolgungen und Verleumdungen ausgesetzt waren, einen gewissen Schutz, da sie als Händler und Geldverleiher auch dem Fürsten von Nutzen waren. Markgraf FRIEDRICH III., der Strenge, erließ 1368 erneut eine Schutzordnung für die wenigen J., die nach einem Autodafé zu Fastnacht 1349 auf dem Altmarkt – angeblich hatten sie die Pest in Dresden eingeschleppt – noch hier lebten. Aber nach Enteignung der J. 1411 und ihrer Vertreibung aus Sachsen 1430 hatte fast kein Jude mehr bis zum 18. Jh. seinen festen Wohnsitz in Dresden. Die Wohnstätten der wenigen J. im Mittelalter lagen an der Großen und Kleinen Judengasse (→Schössergasse, →Galeriestraße), die zum →Jüdenhof führten, wo sich die erste →Synagoge mit der Judenschule befand. In der Nähe des →Jüdenteichs lag möglicherweise die älteste jüdische Begräbnisstätte. – Noch Kurfürst JOHANN GEORG III. verbot 1683 in Dresden die Aufnahme von J. Erst durch die Vermittlung des als «Stammvater» der späteren jüdischen Gemeinde geltenden Berend LEHMANN (1661–1730) kamen zu Beginn des 18. Jh. wieder Juden nach Dresden. Lehmann war in Halberstadt ansässig. Er erwirkte

als Resident (diplomatischer Vertreter) und «Hofjude» AUGUSTS DES STARKEN, dem er 1697 zur Erlangung der polnischen Krone etwa 10 Mill. Gulden beschafft hatte, 1708 einen Schutzbrief für seinen Sohn, den «Hoffaktor» Lehmann BEREND, und seinen Schwager, den «Hoffaktor» Jonas MEYER, mit dem sich diese und deren Familien in Dresden niederlassen durften (1710 Wilsdruffer Gasse). 1718/34 wurde ihnen das Posthaus an der Pirnaischen Gasse (im Volksmund «Judenhaus»; spätere Landhausstraße 7) mietweise überlassen, wo sie ein ansehnliches Wechselgeschäft betrieben, mit Luxuswaren handelten und in den Teuerungsjahren 1719/20 die Dresdner mit Getreide versorgten. Trotz der Untersagung dieses Handels 1728 auf wiederholte Eingaben des Rates hin und des Bankrotts von Lehmann und Meyer 1731 nahm die Anzahl der J. zu (1705: 15; 1734: 109; 1746: 891). Sie lebten im allgemeinen vom Handel. Ab 1751 durften sie in Dresden einen eigenen Friedhof besitzen (→Jüdische Friedhöfe). Aber nach wie vor waren sie einschränkenden Bestimmungen unterworfen (1734 diskriminierende Ratserlasse; 1746 kursächsisches Judenmandat; 1772 Judenordnung für die Stadt Dresden), die erst 1837 aufgehoben wurden, während die bürgerliche Gleichstellung der Katholiken und Reformierten bereits 1811 erfolgt war. Von nun an durften auch die J. Boden erwerben und ihre Religion frei ausüben. Sie gründeten die «*Israelitische Religionsgemeinde zu Dresden*», deren erster Oberrabbiner 1837/54 Zacharias FRANKEL sich um den Bau der →Synagoge (1838) bemühte, für die Gottfried →SEMPER den Entwurf schuf. Der 1829 von dem Gemeindevorsitzenden Bernhard BEER (1801–1861) gegründete Moses-Mendelssohn-Verein setzte sich vor allem für die Hebung des Bildungsniveaus der J. ein und eröffnete ihnen Wege in Handwerksberufe.

In der zweiten Hälfte des 19. Jh. nahm die Anzahl der J. (1867: 870; 1905: 3510) und ihre Bedeutung im wirtschaftlichen, kulturellen, politischen und gesellschaftlichen Leben Dresdens rasch zu (z. B. 1865 Wahl von Emil LEHMANN zum ersten jüdischen Stadtverordneten). Um 1900 hatten sie sich der Lebensweise ihrer Umgebung weitgehend angepaßt, aber der Zuzug armer jüdischer Familien aus Osteuropa brachte neue wirtschaftliche und religiöse Probleme, zu deren Lösung verschiedene jüdische Vereine beizutragen versuchten. Zu den Gebäuden der J. gehörten außer der Synagoge das Gemeindeamt (Zeughausstraße 3), Vereinshäuser (Moritzstraße 1b, Sporergasse 2), das Henriettenstift (1852 eingerichtetes Asylheim für bedürftige Familien in der Eliasstraße 24), ein Kinderhort (Rietschelstraße 13) und ein Kinderferienheim in Rochwitz (1909 eröffnet). Besonders viele Geschäfte jüdischer Besitzer befanden sich in der Großen Brüderstraße. Zu bekannten jüdischen Persönlichkeiten in Dresden gehörten der Auftraggeber Sempers, der Bankier Martin Wilhelm OPPENHEIM (1781 bis 1863), der Bankier Georg ARNHOLD (→Bankhaus Gebr. Arnhold), die Politiker Max KAYSER (1833–1888) und Georg →GRADNAUER, die Künstler Eduard →BENDEMANN und Lasar SEGALL (1891–1957) sowie die Wissenschaftler Edler von MISES (1883–1933), Harry DEMBER (1882–1943), Euren GALEWSKY (1864–1935) und Victor →KLEMPERER, dessen Tagebuch aufschlußreiche authentische Details über die unmenschliche Lage der J. während der faschistischen Diktatur 1933/45 gibt. Wie im Mittelalter waren die J. durch die erniedrigenden nazistischen Gesetze ständig zunehmenden Repressalien, Verfolgungen und Deportationen ausgesetzt, die in der Pogromnacht am 9./10. November 1938 gipfelten, bei der u. a. auch die Dresdner Synagoge zerstört wurde. Von den etwa 6000 J. Anfang 1933 lebten im Mai 1945 nur noch 12 in Dresden. Bei der Zerstörung der Stadt im Februar 1945 wurden auch die gesamten Unterlagen der israelitischen Gemeinde vernichtet. Dennoch besteht seit Ende 1945 wieder eine «*Jüdische Gemeinde zu Dresden*» mit einer kleinen Synagoge auf dem Jüdischen Friedhof (Mitglieder 1946: 112; 1953: 100; 1989: 50). Auch unter dem DDR-Regime wurden Mitglieder der Jüdischen Gemeinde – vor allem in den fünfziger Jahren – politisch motivierten Repressalien ausgesetzt. An die ehemalige Synagoge erinnert eine an deren Standort am 22. April 1975 eingeweihte Gedenkstele und an die durch die Faschisten verfolgten und umgebrachten jüdischen Dresdner Bürger eine im November 1988 an der Kreuzkirche angebrachte Gedenktafel.

Gedenkstele am Albertinum

Jüdenhof: kleiner, sich westlich an den →Neumarkt anschließender Platz vor dem →Johanneum. In den J. mündete vor 1945 die →Galeriestraße. Der Name J. rührt von dem dort bis ins 16. Jh. befindlichen Gebäude der alten Synagoge der mittelalterlichen Dresdner jüdischen Gemeinde (1416 erstmals als «Jüdenhoff» erwähnt). Seiner Funktion als Synagoge wurde das Gebäude bereits 1411 beraubt, da in diesem Jahr die Juden in der Mark Meißen enteignet wurden. 1453 wird die Synagoge als im Besitz des Rates befindlich erwähnt. Im Zuge der Erbauung des Stallhofs wurde das Haus nach 1591 abgerissen, so daß erst jetzt der J. den Charakter eines Platzes erhielt. Am 9. Oktober 1601 wurde auf dem J., der wie der Neumarkt mitunter als Hinrichtungsstätte diente, der ehemalige kursächsische Kanzler Nikolaus →KRELL enthauptet (heute noch markierter Stein im Pflaster). Im 18. Jh. entstand hier das →Dinglingerhaus. Traditionsreich war das 1611 erbaute →Regimentshaus, das zeitweise Sitz des kurfürstlichen Gouverneurs der Stadt und 1720/29 einiger kurfürstlicher Sammlungen war. Außerdem befanden sich im 18. Jh. am J. auch einige damals bekannte Gaststätten, u.a. das «Französische Kaffeehaus». 1866 wurde der zuvor auf dem Neumarkt gelegene Friedens- oder Türkenbrunnen hier aufgestellt. Um den Namen «Jüdenhof» verschwinden zu lassen, wurde er 1936 in den Neumarkt einbezogen. Abgesehen vom Stallgebäude, wurde die gesamte Bebauung des J. 1945 vernichtet.

Jüdenteich: Der J. bestand am Dohnaischen Schlag (nördlich der →Bürgerwiese) bis 1849 als Rest eines größeren Sees. Bereits um 1400 wird er als «Yodin tych» erwähnt. Um 1555 nannte man ihn wegen seiner Schilfränder auch Rohrteich. Er soll eigene Quellen besessen haben, so daß er im Sommer nicht austrocknete. 1849 schüttete man ihn zu und gewann dadurch einen großen freien Platz. Dieser war anfangs namenlos, wurde aber im Volksmund immer noch als «auf dem J.» bzw. «Am J.» genannt. 1861 erhielt der ehemalige J. den Namen Dohnaischer Platz (seit 1871 →Georgplatz).

Jüdische Friedhöfe: 1. *Alter J.* 1750 richtete die jüdische Gemeinde ein Gesuch an den Kurfürsten zur Überlassung eines Begräbnisplatzes (die Juden mußten ihre Toten bislang nach Teplitz bringen). Am 5. Juli 1751 erhielt die Gemeinde einen Platz vor dem Schwarzen Tor zwischen der heutigen Pulsnitzer und Prießnitzstraße zugewiesen. Durch Gesetze wurde geregelt, daß kein Jude Hüter des Friedhofs sein durfte. Die Grabsteine durften nur eine bestimmte Größe haben und hatten eben auf der Erde zu liegen. Seit 1771 wurden hochstehende Grabsteine gestattet, jedoch nicht höher als 42 cm, sonst mußte eine Nachgebühr bezahlt werden. 1852 waren 1067 Grabstellen belegt und von den restlichen 198 bereits ein Teil vergeben. Der Rat der Stadt ordnete deshalb an, den Friedhof zu schließen, was aber erst 1869 geschah. Die überwiegend stelenartigen Grabsteine des unter Denkmalschutz stehenden J. sind in regelmäßigen Reihen angeordnet und zeigen mit ihrer Schriftseite nach Osten. –
2. *Neuer J.* Vier Jahre vor Schließung des alten J. erhielt die jüdische Gemeinde (1865) ein Waldstück des Blasewitzer Forstreviers für einen neuen Friedhof. Der neben dem →Trinitatisfriedhof angelegte J. (Fiedlerstraße) entstand 1866 nach Entwürfen des Architekten Ernst →Giese. Während des Faschismus wurden der größte Teil der jüdischen Mitbürger Dresdens ermordet und die Grabstätten auf dem J. schwer beschädigt. 1950 erbauten Überlebende der Jüdischen Gemeinde eine neue kleine Synagoge an der Fiedlerstraße. Die Mittel dazu stellte die damalige Landesregierung Sachsen sowie der Rat der Stadt Dresden zur Verfügung.

Junge Heide: von Siedlungen begrenztes, etwa 400 ha großes Waldgebiet auf der Heidesandterrasse im Norden Dresdens, das als Naherholungsgebiet genutzt wird. Die J. ist ein Rest des ehemaligen zusammenhängenden Waldareals von Friedewald (im Westen) und der Dresdner Heide (im Osten) und trug bereits um 1560 den heutigen Namen, als sie noch über den →Heller mit der →Dresdner Heide verbunden war. In dem vorwiegend aus Kiefern bestehenden und stellenweise mit Stieleichen und Robinien durchsetzten Wald ließ die Stadt Dresden 1929/34 den über 70 ha großen →Städtischen Heidefriedhof anlegen.

Jungfernbastei: →Stadtbefestigung

Jupiterbastei: →Stadtbefestigung

Justitia-Brunnen: ehemaliger Brunnen auf dem →Altmarkt, der 1653 von Christoph Abraham →Walther geschaffen wurde. Der mit der Figur der Gerechtigkeitsgöttin versehene Brunnen wurde 1749 erneuert und 1888 abgerissen.

Alter Jüdischer Friedhof

Kadettenanstalt: →Kasernen; →Ritterakademie

Kaditz: rechtselbischer Stadtteil zwischen Elbe, Radebeul, der Leipziger Straße, nördlich der Lommatzscher Straße und westlich der Washingtonstraße, 1269 als Kayticz (slawisch: Leute eines Kojeta) urkundlich erwähnt, 1903 zu Dresden eingemeindet. – K. wuchs aus mehreren Flurteilen zu seiner Größe von 495 ha. Das Straßenangerdorf mit Gewannflur umfaßte ursprünglich nur 6 Höfe mit der Flur zwischen Altkaditz und Riegelplatz. Im 14. Jh. wurde die Flur der Wüstung *Gleina* (slawisch: Lehm) östlich des Riegelplatzes übernommen. Spätestens im 15. Jh. wurde das bischöflich-meißnische Vorwerk Poppitz (oder Poppewitz) aufgelöst und von den Kaditzer Bauern erworben. Es lag mit 2 weiteren Wirtschaften in Kleinkaditz nördlich vom Dorf. Nach einer Pestseuche im benachbarten Übigau, die nur wenige dortige Bewohner überlebten, wuchs K. über den alten Bischofsweg (Scharfenberger Straße) hinaus bis an die Elbe. Die hochwassergefährdeten Flächen dienten zunächst nur als Weideland. Zu K. gehörte auch der Seegraben (ein alter Elbarm an der Radebeuler Stadtgrenze) und das waldbestandene Tännicht nördlich des Riegelplatzes sowie einige Weinberge. Der weiteren Zersplitterung der Wirtschaften wurde 1635 durch die Erbfolge für den jüngsten Sohn Einhalt geboten. Die 30 Bauern bildeten eine festgefügte, untereinander verwandte «Nachbarschaft», die gemeinsam Feste feierte und noch lange einige Überreste sorbischer Bräuche wahrte. Erst im 18. Jh. ließ man dringend benötigte Handwerker zuziehen. Die Einwohnerzahl lag jahrhundertelang bei 300 bis 400. K. unterstand dem kurfürstlichen Amt Dresden und war mit seiner 1273 urkundlich erwähnten, dem heiligen Laurentius geweihten Kirche geistlicher und kultureller Mittelpunkt von bis zu 9 Dörfern. Erst mit der Bevölkerungszunahme im 19. Jh. wurde die Parochie geteilt. Der 1904 so umbenannten →Emmauskirche Kaditz gehören noch Übigau und Mickten an. Der Kirchhof war jahrhundertelang der einzige in der Umgebung. 1862 wurde der «mittlere» Friedhof Serkowitzer Straße angelegt, auf dem ein Denkmal an 116 durch Krankheiten verstorbene französische Kriegsgefangene von 1870/71 aus dem Barackenlager in Übigau erinnert. 1878 folgte der dritte Friedhof an der Spitzhausstraße. Der Dorfkern Altkaditz hat sich mit Fachwerkhäusern, mehreren Höfen mit Laubengalerien, Inschriftentafeln und dem Pfarrhaus von 1668 als Gesamtanlage erhalten und steht unter Denkmalschutz. Die Höfe mit dem Giebel zur Straße wurden nach dem Brand von 1818 wieder aufgebaut. K. baute 1845 eine Schule gegenüber der Kirche und 1895 das große Schulhaus am Riegelplatz. – Bis Ende des 18. Jh. führte die alte Leipziger Chaussee nahe am Dorf vorüber nach Serkowitz, wodurch K. häufig unter Kriegen zu leiden hatte. Die Industrialisierung der Nachbarorte griff nur mit kleineren Betrieben hauptsächlich auf Neukaditz an der Rankestraße über. Dieser Ortsteil entstand mit vorstädtischen Arbeiterhäusern nach 1875. Die Einwohnerzahl stieg bis zur Jahrhundertwende auf 3 780. Um 1900 wurden Häuserblocks am Riegelplatz und zwischen den beiden Weltkriegen die Kleinhaussiedlungen zwischen Kötzschenbrodaer und Gleinaer Straße errichtet. Diese Siedlungen entstanden auf dem Gelände des Tännichts, der Seewiesen und des Seegrabens ohne baulichen Zusammenhang mit dem Dorfkern. Nach der Eingemeindung von K. errichtete Hans →Erlwein auf dem nahezu niedrigsten Punkt der Stadt bis 1911 die städtische Kläranlage, die durch Dükerrohre unter der Elbe mit dem Altstädter Schwemmkanal verbunden wurde. 1913/26 befand sich westlich der Washingtonstraße der Dresdner Flugplatz. Arbeitslose errichteten 1918/21 in Notstandsarbeiten die →Flutrinne von Mickten nach Kaditz zur Ableitung von Elbhochwässern auf dem Boden eines alten Elbearmes. Sie wurde 1925/27 verbreitert. Zur Erschließung eines geplanten Industriegebietes wurde auf Übigauer Flur 1930 die →Kaditzer Elbbrücke errichtet. 1934/36 entstand die →Autobahnbrücke zwischen den Abfahrten Altstadt und Neustadt. Das 1923 auf Micktener Flur angesiedelte Werk →Koch & Sterzel (Transformatoren- und Röntgenwerk; Siemens) berührt K. nur am Rande. In jüngster Zeit sank die Bedeutung des Gartenbaus, des bisher wichtigsten Erwerbszweiges in K. Bis 1960 bestanden 34 landwirtschaftliche und gärtnerische Betriebe mit 207 ha Land. Nach Bildung einer Gärtnerischen Produktionsgenossenschaft 1960 wurde 1973 der (nach 1990 aufgelöste) Großbetrieb «Frühgemüsezentrum» mit Hauptsitz in K. und Anbauflächen in mehreren Elbgemeinden gegründet.

Alter Gutshof in Kaditz 1930

Kaditzer Elbbrücke: 1929/30 errichtete, am 1. Oktober 1930 eingeweihte Stahlkonstruktion zwischen Cotta und Kaditz. – Sie wurde unter Mitwirkung von Heinrich Koch, Kurt →Beyer und Paul →Wolf als wegweisendes Beispiel modernen Brückenbaus geschaffen. Mit ihrer 115 m weit gespannten Stromöffnung galt sie seinerzeit als längste genietete Blechträgerbrücke Europas. Die K. sollte die Wohnviertel des Dresdner Westens mit einem in Kaditz– Mickten–Übigau geplanten Industriegebiet verbinden. Ihre Zerstörung in den letzten Kriegstagen 1945 wurde verhindert. Sie war 1984/90 nach dem KPD-Redakteur Rudolf Renner (1894–1940) benannt. – Die gebräuchliche Bezeichnung *Flügelwegbrücke* ist strenggenommen nur für den Bahndurchlaß an der Hafenzufahrt des Flügelwegs vorgenommen worden.

Kaffeehäuser: Dresden entwickelte sich seit Beginn des 19. Jh. zu einer Stadt mit traditioneller Kaffeehauskultur, wobei auch die Dresdner Back- und Konditoreiwaren berühmt waren. Unter den bereits im 18. Jh. betriebenen Konditoreien waren die der Italiener Orlandi, Pusinelli und Lonjo am bekanntesten. 1828 gründete der Schweizer Zucker-

bäcker BALDINI nach Wiener und Pariser Vorbildern am Altmarkt das äußerst vornehme «Café de l'Europe», zu dem auch ein Sommercafé auf der Brühlschen Terrasse gehörte. Dort führte seit 1843 Ercole TORNIAMENTI das →Café Reale, das mit dem «Café Français» zu den berühmtesten der zahlreichen K. gehörte, die in der Mitte des 19. Jh. in Dresden bestanden. Vor Ende des Zweiten Weltkrieges gab es in Dresden etwa 50 K., außerdem 22 Wiener Cafés und 36 Konditoreien. Zu dem meistbesuchten K. gehörten am Altmarkt das →Café Kreutzkamm, das →Residenz-Café und das exquisite Zeitungscafé «Central», auf der Schloßstraße das «Café Prüfer», auf der Prager Straße die K. «Hülfert» und «Limberg», das «Eden-Café» sowie das elegante «Café Rumpelmeyer»; in der Waisenhausstraße das «Café König»; in der Wilsdruffer Straße die K. «Beyer» und «Schmorl»; in der Moritzstraße das «Café Maximilian» sowie im Großen Garten das «Café Pollender». Im Café «Toscana» am Schillerplatz ist die alte Dresdner Kaffeehaustradition noch lebendig.

Kaiserhof: →Stadt Wien

Kaiserkapelle: Bis zur Einrichtung der sog. K. fand der kath. Gottesdienst für die kaiserlichen Gesandten in deren Wohnung statt. 1736/38 befand sich die kaiserliche Gesandschaftskapelle auf der Großen Meißner Gasse (an der Stelle des heutigen Hotels Bellevue). 1739 ließ Kurfürstin MARIA JOSEPHA im Südflügel (Flügel B) der Neustädter Infanteriekaserne an der Hauptstraße, die dem heiligen Franz Xaver geweihte K. einrichten. 1806 wurde sie aufgelöst und ging in staatlichen Besitz über. Der König verkaufte das Mobiliar und überließ die Kapelle der kath. Gemeinde. 1826 wurde die K. zur Pfarrkirche für das rechtselbische Gebiet Dresdens und Umgebung erhoben, bis diese Funktion von der →Kath. Kirche St. Franziskus Xaverius übernommen wurde.

Kaiserpalast: ehemaliges Privatgebäude in prunkvollem Neubarockstil an der Nordseite des Pirnaischen Platzes zwischen Moritz-Ring und Amalienstraße. Es wurde 1895/97 als *Geschäftshaus Ilgen* durch die Architekten Rudolf →SCHILLING und Julius GRÄBNER errichtet, enthielt ein Restaurant und diente später auch als Bankhaus. Die Figuren im Giebelfeld des fünfgeschossigen, mit einem Turm gekrönten Gebäudes schuf der Bildhauer Hans →HARTMANN-MACLEAN. Beim Bombenangriff brannte der K. aus und wurde später abgebrochen.

Kaitz: linkselbischer Stadtteil am →Kaitzbach und am Boderitzer Wasser, 1206 als Kiz (slawisch: Hütte oder Leute eines Kyi) urkundlich erwähnt, ursprünglich Rundweiler mit Blockflur, 1921 zu Dresden eingemeindet. – Bis zur zweiten Hälfte des 16. Jh. mußte K. den Garbenzehnten an das Hochstift Meißen abführen. Am Bach existierten zu jener Zeit ein Mühlengut und drei weitere Mühlen. Kurfürst JOHANN GEORG II. förderte 1667 die Herausbildung eines Herrschaftsgutes, das 1672 Erb- und Allodialgut, später Amtslehngut wurde. Es gehörte bis 1920 nicht zur Dorfgemeinde, sondern bildete einen eigenen Gutsbezirk, der um 1900 fast die gesamte Dorfflur von 113 ha umfaßte. Das Gut wurde durch die Bodenreform 1945 unter 12 Neubauern aufgeteilt; Ende 1952 wurde eine Landwirtschaftliche Produktionsgenossenschaft gebildet. – K. gehörte 1572 zur Frauenkirche und wurde 1674 nach Leubnitz eingepfarrt. Eine 1736 gebildete Winkelschule wurde erst 1840 als Nebenschule von Leubnitz anerkannt. 1844 erbaute die Gemeinde ein eigenes Schulhaus, das 1868/1906 dreimal erweitert wurde. – In der →Schlacht bei Dresden 1813 war das Dorf heftig umkämpft und wurde von den abziehenden Franzosen in Brand gesteckt. Als vorstädtische Siedlung erweiterte sich K. durch Einbau von Geschäften und Gewerberäumen in die alten Tagelöhnerhäuser an der Possendorfer Straße. An der Boderitzer Straße wurden Mehr-, an der Straße Am Kaitzer Weinberg Einfamilienhäuser errichtet. In den zwanziger Jahren wurde der Fernverkehr durch den Ausbau der Kehre Innsbrucker Straße aus dem Dorfkern genommen. Im Ortskern stehen mehrere Gehöfte, u. a. Bauten des Amtslehngutes sowie Tagelöhnerhäuser, unter Denkmalschutz. Der Gasthof wurde 1979 abgebrochen. An den bis Ende des 19. Jh. betriebenen Weinbau erinnert das Winzerhäuschen am Kaitzer Weinberg.

Kaitzbach: Der südlich von Kleinnaundorf entspringende Grundbach fließt als zentraler, offener Abflußgraben in nördlicher Richtung zum Dorf →Kaitz. Von da an wird er K. genannt. Sein Weg führt ihn weiter durch das Gelände des Mockritzer Bades (ehemals Münzteich) nach →Strehlen. Um den vielen Überschwemmungen im Strehlener Gebiet zu begegnen, wurde

Café Pollender im Großen Garten 1896
Kaiserpalast mit Blick in die Amalienstraße

für den K. ein Flutkanal bis zur Lingnerallee gebaut. Nach dem Eintritt in den →Großen Garten benutzt er ab Querallee (am Carolasee) einen alten Elblauf und setzt den Weg entlang der →Bürgerwiese fort. Vorbei am →Georgplatz floß er in Richtung Rathausplatz, und von da an setzte er den Weg unterirdisch in Rohrleitungen fort. Das Wasser durchfließt nunmehr die →Kreuzstraße, dann entlang der Südseite des →Altmarktes und biegt an der ehemaligen →Seestraße nach Norden ab. Nach dem Passieren der →Schloßstraße fließt der K. neben der →Augustusbrücke in die Elbe. Als der →Stadtgraben noch bestand, floß er von der Schloßstraße in die →Große Brüdergasse und gelangte dann in den Stadtgraben.

Kameraindustrie: →Fotoindustrie

Kammerdieners: →Schönbrunn

Kanalisation: In der mittelalterlichen Stadt flossen die Abwässer in offenen Rinnen durch die Straßen ab. Mit der Anlage von Schleusen, die z. T. in den Festungsgraben mündeten, suchte man seit dem 16. Jh. die hygienischen Verhältnisse zu verbessern. Das Wachstum der Stadt, die Gefährdung der Trinkwasserbrunnen sowie Kellerüberschwemmungen durch undichte Abwasserschleusen veranlaßten 1867 den Rat der Stadt zur Vorlage eines Schleusenprojektes. 1868/74 wurde mit den ersten Altstädter Hauptkanälen und dem Neustädter Auffangkanal der Ausbau einer modernen Schwemmkanalisation in die Wege geleitet, für die in den folgenen Jahrzehnten weitere Hauptkanäle aus den Vorstädten angelegt wurden. Sie mündeten noch unmittelbar in die Elbe. Erst mit dem Bau des 4400 m langen, für Wartungszwecke mit Kähnen befahrbaren Altstädter Hauptkanals parallel zur Elbe von Blasewitz bis zur Marienbrücke und der Verlängerung des Neustädter Hauptkanals bis Pieschen wurde im inneren Stadtgebiet 1899/ 1900 die direkte Einleitung der Abwässer in die Elbe eingestellt. Die Kanäle wurden bis Cotta und Kaditz verlängert, als 1904/11 nach dem Entwurf von Hans →ERLWEIN die *Kläranlage Kaditz* mit einer täglichen Reinigungskapazität von 100 000 m³ errichtet wurde. Für die Überleitung der Altstädter Abwässer verlegte man 1907 unterhalb der späteren Kaditzer Elbbrücke zwei Dükerrohre. Dresden verfügte seinerzeit über eine der modernsten Schwemmkanalisationen Europas, deren Kanalsystem im Prinzip heute noch genutzt wird.

Kändler, Johann Joachim: Bildhauer, Porzellangestalter, geb. 15. 6. 1706 Fischbach/Kr. Bischofswerda, gest. 18. 5. 1775 Meißen. – Der berühmte Meißner Künstler begann 1723 seine Lehre in Dresden bei Benjamin →THOMAE. 1730 wurde K. hier Hofbildhauer und war an der Neueinrichtung des →Grünen Gewölbes mit beteiligt. Im Löwenhaus und Bärenzwinger des Jägerhofes sowie der «Animaliengalerie» im Zwinger wird er gründliche Studien für seine Tierplastiken betrieben haben, die er nach 1731 in vollendeter Form in Meißen u. a. für das →Japanische Palais schuf. Die →Porzellansammlung besitzt einen Großteil seiner Plastiken.

Kanonenbohrwerk: ehemalige Manufaktur am →Weißeritzmühlgraben in Löbtau. – An seiner Stelle stand ein bereits 1574 urkundlich erwähnter Kupferhammer, der 1765 in das Churfürstliche Kanonenbohrwerk umgewandelt wurde. Die dem Fiskus unterstellte Manufaktur erzeugte mittels einer wasserkraft-, später dampfkraftgetriebenen Bohrmaschine Geschützrohre. 1870 verpachteten die Artillerie-Werkstätten des sächsischen Kriegsministeriums das Werk an den letzten Werkmeister HERZOG, der die «Sächsische Stahl- und Windmotorenfabrik» gründete. Das Gebäude brannte 1928 z. T. aus und wurde 1945 durch Luftangriffe zerstört.

Kanzleigäßchen: bis 1945 südlich des →Kanzleihauses, nach dem es auch benannt war, zwischen →Schloßstraße und →Schössergasse verlaufend. Die Gasse wurde 1413 erstmals erwähnt. Ihren Namen erhielt sie erst nach dem Bau des Kanzleihauses (1633 erstmals «gäßchen an der cantzlei»). Im Mittelalter befand sich am Ende der Gasse das Brückenhofhospital.

Kanzleihaus: ältestes Verwaltungsgebäude in Dresden zwischen →Kanzleigäßchen, →Schloßstraße und →Stallhof. Der für die kurfürstliche Kanzlei bestimmte Bau wurde 1565/67 im Auftrage von Kurfürst AUGUST von Hans →IRMISCH errichtet. Es war ein dreiflügliger Renaissancebau mit Giebeln, reichem Sgraffito-Fassadenschmuck von Benedetto la →TOLA sowie einem Innenhof mit zwei Wendelsteinen. Die rundbogigen Nischen über dem Erdgeschoß zum Stallhof hin dienten als sog. «Judizierlogen» bei Ritterspielen den Preisrichtern. Im Flügel der Schloßstraße befand sich seit 1581 die →Hofapotheke. Im 18. Jh. wurde das K. mehrfach verändert, wobei 1737 auch die Sgraffiti verschwanden. 1911/45 war im Untergeschoß das →Münzkabinett untergebracht. Das im Februar 1945 ausgebrannte Gebäude wurde 1961 zum größten Teil abgebrochen.

Kapellknabenchor: zweitältester Knabenchor Dresdens, dessen rund 50 Sänger im Alter von 10 bis 18 Jahren für die liturgische Musik an der →Kathedrale

zuständig sind und darüber hinaus aktiv im allgemeinen Dresdner Musikleben mitwirken. Nach dem Vorbild der protestantischen «Urkantorei» wurde von Johann →WALTHER 1548 eine Sängergemeinschaft von 20 Mitgliedern für die höfische Musik gebildet, die besonders unter Heinrich →SCHÜTZ hohe künstlerische Qualität erlangte. Nach dem Konfessionswechsel AUGUSTS DES STARKEN folgte 1709 eine Teilung des Chores in eine

Kaitz um 1900, Aquarell von Otto Schneider

Kanzleihaus, Georgenbau und Gewehrgalerie vor 1945

protestantische Gruppe, die in der →Sophienkirche sang, und in eine kath. Gruppe (*Kapellknabeninstitut*), aus der der heutige Kapellknabenchor hervorging. Diese Sänger kamen häufig aus Nordböhmen. Ihre Wirkungsstätte war anfangs das zur ersten kath. Hofkirche umfunktionierte →Komödienhaus und ab 1751 die neue kath. Hofkirche. Außerdem hatte sich der K. bei Musiktheateraufführungen zu beteiligen. In einer Lateinschule wurden die Jungen von Jesuitenpatres unterrichtet. Bis 1819 hatten sie Unterkunft in einem Haus am Taschenberg, danach im eigenen Institut an der Schloßstraße. Nach 1918 setzte sich Karl Maria →PEMBAUR für die Erhaltung der Musik an der Hofkirche und damit für den K. ein. Da das Institut beim Bombenangriff 1945 zerstört wurde, wurde es im Vinzentiusstift an der Wittenberger Straße untergebracht.

Kapp-Putsch: →Novemberrevolution 1918 und revolutionäre Nachkriegskrise

Karcher: Johann Friedrich: Gartenarchitekt, Oberlandbaumeister; geb. 8.9.1650, gest. 9.2.1726 Dresden. – Nach Studienaufenthalten in Paris und Italien kam der aus Westfalen stammende K. 1683 nach Dresden, wo er als Gartengestalter in kurfürstliche Dienste trat. 1684 übernahm er die Aufsicht über alle Gärten der Residenz, wurde 1696 zum Obergärtner ernannt und war von 1699 an als Oberlandbaumeister tätig. Da Gartengestaltung und Architektur damals eng miteinander verbunden waren, wirkte K. auch als Baumeister; so soll er entscheidend am →Taschenbergpalais und anderen Dresdner Barockbauten beteiligt gewesen sein, was sich nur selten exakt nachweisen läßt. Sein Hauptwerk ist die Gartenanlage im →Großen Garten, die das Palais umgibt und als Höhepunkt in der Gestaltung französischer Gärten in Dresden gilt. – K. selbstentworfenes Epitaph befindet sich über seiner Familiengruft hinter der Kanzel der Leubnitzer Kirche. – Karcheralle in Gruna.

Karén, Inger (eigentl. Inger Karen von Zarembskij, geb. Federhof-Möller): Sängerin, geb. 4.8.1908 Berlin, gest. 9.10.1972 Dresden. – K. wurde 1935 als Erste Altistin an der Staatsoper Dresden engagiert, wo sie bis zur Spielzeit 1962/63 ununterbrochen tätig war. In dieser Zeit verkörperte sie mehr als 60 Rollen des dramatischen und des Charakterfaches. Ebenso reich war ihr Repertoire als Oratorien-, Konzert- und Liedsängerin. Bereits 1935 wurde ihr Können mit dem Titel «Sächsische Kammersängerin» gewürdigt. Nach dem Zusammenbruch 1945 gehörte sie zu den ersten, die das Dresdner Musikleben wieder aufzubauen halfen.

Karl XII.: König von Schweden, geb. 17.6.1682 Stockholm, gest. (gef.) 11.12.1718 Frederikshall (Norwegen). – Als K. nach dem Frieden von Altranstädt mit seinem Heer aus Sachsen abzog, entschloß er sich überraschend zu einem aufsehenerregenden unangekündigten «Blitzbesuch» bei seinem Widersacher AUGUST DEM STARKEN in dessen Residenz. Inkognito (als schwedischer Trabantenoffizier) ritt er am 6. September 1707 mit nur vier Begleitern von seinem bei Oberau lagernden Heer (dessen Führung er ebenfalls nicht unterrichtet hatte) nach Dresden. Durch das Bautzner Tor gelangte er zur Altstädter Wache, wo er von General FLEMMING erkannt wurde. Flemming mußte ihn zu August geleiten, der angeblich im Schlafrock von seinem «Gast» überrascht wurde. Nach einem halbstündigen Gespräch mit dem Kurfürsten und der Besichtigung der Festungsanlagen und des Zeughauses verließ K. noch am gleichen Tag Dresden, von August bis Neudorf begleitet, und kehrte zu seinem Heer zurück. Der lange Zeit für tollkühn gehaltene Besuch des schwedischen Königs bei seinem kurz zuvor erst besiegten und gedemütigten Gegner war ungefährlich, da August dem Gedanken einer Gefangennahme von K. angesichts des 40 000 Mann starken schwedischen Heeres notgedrungen widerstehen mußte.

Kasematten: Bezeichnung für den erhaltenen Nordostteil (die Elbfront und die sogenannte Jungfernbastei) der ehemaligen →Stadtbefestigung unterhalb der →Brühlschen Terrasse, seit Oktober 1991 in Rechtsträgerschaft des Freistaates Sachsen. Die K. wurden erst durch Ausgrabungen in jüngster Zeit den Dresdnern ins Bewußtsein gebracht und sind seitdem zu einem touristischen Anziehungspunkt geworden (seit Oktober 1990 öffentliche Führungen). Neben den eigentlichen K., den mit Tonnengewölben versehenen Unterkünften der Mannschaften bzw. den Aufbewahrungsstätten für militärisches Material, umfaßt das unterirdische Areal das ehemalige →Ziegeltor mit Nebengelassen, zwei Kanonenhöfe, Festungsgänge, Treppen, Schießscharten, Brückenfundamente, ummauerte Grabenanlagen, Kommunikationsröhren und sogar Reste einer Gießereiwerkstatt für Kanonen und Glocken mit einem Bronzeschmelzofen aus dem 17. Jh. Die ersten Bauten der K. entstanden 1520/29 bei der Umwallung der Frauenvorstadt durch Herzog →GEORG mit der Anlage des Ziegeltores für das eingezogene alte Frauentor. Mit dem Ausbau Dresdens zur mächtigen Festung unter Kurfürst →MORITZ durch Caspar →VOIGT VON WIERANDT wurde 1553 die Nordostbastion ausgebaut, wobei man das Ziegeltor weiter westlich verlagerte. Zur Deckung der Elbe und des Zeughauses erweiterte man 1589/92 die Bastion erheblich nach Nordosten, damit fand der letzte große Festungsbau in Dresden seinen Abschluß. Am 18. August 1589 war die Grundsteinlegung des Bauvorhabens, das von Paul →BUCHNER und dem Hauptmann Hans Claus RUSSWURM geleitet wurde. An dem Bau wirkten 700 Bauleute mit, er kostete 98 000 Gulden. Das Ziegeltor wurde überbaut, weitere Kasematten und riesige Kellergewölbe («Vulkanushöhlen») wurden angelegt sowie ein für Elbschiffe durch Schleusen erreichbares Arsenal (→Gondelhafen) gebaut. Die «neue Festung» (auch «Berg am Ziegeltor») nannte man «Jungfernbastei», wegen der auf ihr errichteten Figur einer Justitia (ab 1721 «Venusbastion»). Rund 200 Jahre nach der Erbauung wurden die K. mit Erde verfüllt, als der Festungswall ab Mitte des 18. Jh. in den Besitz des Grafen →Brühl kam, der ihn für seine prächtige Gartenanlage nutzte. Die Mitte der sechziger Jahre dieses Jh. begonnenen Untersuchungen und Ausgrabungen setzt seit 1990 der durch private Initiative entstandene «Dresdner Verein Brühlsche Terrasse» (gegründet 25. Januar 1991) intensiv fort; dabei bringen ständig neue Funde auch fortlaufend neue Erkenntnisse über die Frühzeit der Dresdner Befestigung.

Kasernen: Dresdens K. stammen aus dem 17. bis 19. Jh. Für die unter Kurfürst JOHANN GEORG IV. 1692 entstandene

«Kriegs- oder Cadettenschule» sollte durch seinen Befehl ein Barackenbau errichtet werden. Bislang waren die Kadetten in Bürgerhäusern untergebracht, was für die Ausbildung nicht dienlich war. Der Baracken- oder Kasernenbau verzögerte sich aber immer wieder, obwohl 1707/08 von der Stadt bereits 18 000 Taler dafür gefordert wurden. Erst in den Jahren 1723/26 entstand der Riesenkomplex der →Ritterakademie als Militärschule. Die damit als erste K. im späteren Kasernenbezirk Dresden-Neustadt entstandene Einrichtung befand sich zwischen dem →Niedergraben längs der →Kasernenstraße (ehemalige Breite Gasse) und der Wiesentorstraße (vormals am Jägerhof) sowie der Ritterstraße. Am 12. Mai 1732 wurde auf dem Areal (vorher Wirtshaus «Zum weißen Rosse» und Wolfisches Haus) an der Haupt-, Ritter-, Breite- und Magazinstraße durch Generalleutnant Jean de →Bodt der Grundstein für die Infanterie- und Artillerie-K. gelegt. Hier wurden 1732 zum «Vergnügen der Herrschaft» 24 Kinder als «Kasernenknaben», 1745 die Ingenieurakademie», 1748 das «Medizinisch-chirurgische Collegium» und 1767 die «Artillerieschule» untergebracht. 1831 folgte die Umänderung und Einrichtung des →Jägerhofs zur Reiterkaserne. Nach 1867 begann eine Reorganisation der sächsischen Armee und damit die Verlegung der militärischen Einrichtungen aus der Inneren Neustadt an den Rand der →Dresdner Heide. Dem sächsischen Kriegsminister Graf Alfred von Fabrice oblag die Gründung eines fast 4 km langen Kasernenbezirks in der →Albertstadt. 1870 wurde nördlich des Alaunplatzes zuerst die Schützenkaserne für das aus Leipzig stammende Schützen-Regiment erbaut (1945 zerstört). Ab 1873 wurde auf der Heidesandterrasse zwischen Radeberger Straße und dem →Pauli-Friedhof mit der Anlage der Neustädter «Soldatenstadt» begonnen. Längs der 3,2 km langen und 30 m breiten Heeresstraße (Stauffenbergallee) entstanden zwischen 1877 und 1904 die Infanterie-K. für das Grenadierregiment 101 und das Leibgrenadierregiment 100 (1945 vernichtet), das Kadettenhaus (1920 wurde das Kadettenkorps aufgelöst) und die K. für das Infanterieregiment 177 mit einem Erweiterungsbau, in dem sich seit 1947 die →Sächsische Landesbibliothek befindet. Im gleichen Zeitraum wurden an der Königsbrücker Straße weitere K. errichtet, so die Trainkaserne (1878), die K. für die Pioniere (1879), eine Artillerie- und Gardereiterkaserne (1879) und als letzte K. der Monarchie die Maschinengewehrkaserne (1904 an der Tannenstraße). Auf städtischem Gebiet wurde nur eine Kaserne errichtet. Für das aus Meißen kommende 2. Jägerbatallion Nr. 13 erbaute man 1881/82 auf Johannstädter Flur nahe der Albertbrücke am →Sachsenplatz die Jägerkaserne (auch Elbkaserne genannt).

Jägerkaserne
Grabstätte der Familie Kaskel auf dem Trinitatisfriedhof

Kasernenstraße: Die von 1840 bis 1945 existierende K. führte vom →Neustädter Markt zum St.-Privat-Platz (ab 1946 Archivplatz). Entstanden ist die K. aus der im Mittelater angelegten ehemaligen Breiten Gasse. Der Teil zwischen der Ritterstraße und den einstigen Proviant-häusern an der Magazinstraße hieß 1830/40 Hinter den Kasernen. Der gesamte Straßenzug erhielt den Namen K., weil er an den 1732/34 erbauten Kasernen entlangführte.

Kaskel: Dresdner Bankiersfamilie: – Der jüdische Handelsmann Jacob Kaskel (geb. um 1730, gest. 7. 6. 1788 Dresden) wurde 1772 zum kursächsischen Hofagenten ernannt und begründete in Dresden einen Warenhandel (vor allem Getreide) und ein Bankgeschäft. Nach seinem Tode übernahm der Sohn Michael (geb. 9. 11. 1775 Dresden, gest. 30. 1. 1845 Dresden) die Firma, die er zu einem großen Waren-, Kommissions- und Großhandel ausbaute. Das Geschäftshaus befand sich in der Wilsdruffer Gasse 44 (erst Mieter, ab 1831 Besitzer des Hauses). 1832 wurde von der Familie das Landgut →Antons ersteigert. Nachfolger waren die Söhne Carl (geb. 6. 10. 1797 Dresden, gest. 31. 7. 1874 Dresden) und Julius K. (geb. 1802 Dresden). 1867 erhielt Carl den österr. Adel und 1869 den Freiherrenstand, nachdem er schon 1851 sächs. Kammerrat geworden war. Er wandelte das Privatbankhaus 1872 in eine AG um (→Dresdner Bank). Sein Sohn Felix (geb. 7. 1. 1833 Dresden, gest. 2. 6. 1894) stand an der Spitze des Aufsichtsrates, wurde aber vor allem als Kunstmäzen bekannt. 1869 kaufte er das →Palais Oppenheim an der Bürgerwiese, das er umbauen und pompös einrichten ließ. Sein Sohn Carl (gen. Carlo, geb. 10. 10. 1866 Dresden) war Musikprofessor und Komponist. Das große Kaskelsche Vermögen war 1921 durch die Inflation verlorengegangen. – Erbbegräbnis auf dem Trinitatisfriedhof.

Kästner: **1.** *Erhart*, Schriftsteller, Essayist, geb. 13. 3. 1904 Augsburg, gest. 3. 2. 1974 Staufen/Breisgau. – K. war 1927/45 an der Sächsischen Landesbibliothek als Bibliothekar tätig. 1936/38 war er vom Dienst beurlaubt, um in dieser Zeit als Sekretär für Gerhart →HAUPTMANN tätig sein zu können. K. wohnte in Dresden in der Großen →Klostergasse und nach 1933 im Haus Wolfshügelstraße 7. Zu seinem Dresdner Freundeskreis zählte der Kunsthistoriker Fritz →LÖFFLER. – **2.** *Erich*, Schriftsteller, geb. 23. 2. 1899 Dresden, gest. 29. 7. 1974 München. – Der durch seine Romane «Emil und die Detektive» (1928), «Das fliegende Klassenzimmer» (1933) und «Das doppelte Lottchen» (1949) bekanntgewordene K. verbrachte seine Kindheit und Jugend in Dresden (Jugenderinnerungen: «Als ich ein kleiner Junge war», 1957). Seit 1913 besuchte er das Fletschersche Lehrerseminar, gab jedoch später das Ziel, Lehrer zu werden, auf. K. war u. a. auch für die «Dresdner Neuesten Nachrichten» journalistisch tätig. – Erich-Kästner-Straße in Niedersedlitz; Gedenktafel am Haus Königsbrücker Straße 66; Denkmal vor dem «Café Kästner» am Albertplatz.

Kathedrale St. Trinitatis, Katholische Hofkirche: Als Gegenstück zur protestantischen →Frauenkirche ließ →FRIEDRICH AUGUST II. durch den italienischen Architekten Gaëtano →CHIAVERI unter Einbeziehung italienischer Bauarbeiter die repräsentative Katholische Hofkirche am Altstädter Kopf der Elbbrücke 1738/54 erbauen. Um eine bessere Wirkung zu erzielen, stellte Chiaveri die Kirche schräg zur Brücke. – Zur Bauvorbereitung gehörte das Zuschutten zweier Bruckenpfeiler, das Abtragen des →Elbtors und der anstoßenden Wälle. Die ganz aus Sandstein im Stil des römischen Barocks errichtete Kirche läßt in der inneren Gliederung eine Anlehnung an die Schloßkapelle von Versailles erkennen. Nach Weggang Chiaveris (1749) führten sein Bauführer Sebastian WETZEL, danach Johann Christoph →KNÖFFEL und Julius Heinrich →SCHWARZE den Bau weiter. Für die größte kath. Kirche (4800 m² Grundfläche; 85,5 m Turmhöhe) im sächsischen Raum schuf Lorenzo →MATTIELLI 78 Steinfiguren von 3,5 m Höhe. Die Heiligen, Apostel und Kirchenfürsten schmücken die Balustraden und Nischen. Im Inneren zieht sich um das Mittelschiff ein Prozessionsumgang, an dem zwei Seitenschiffe und vier Eckkapellen (die Kreuz-, Sakraments-, Benno- und Johann-Nepomuk-Kapelle) liegen. Zu den wertvollsten Ausstattungsgegenständen zählen das große Hochaltarbild «Die Himmelfahrt Christi» von Anton Raphael →MENGS, das 4,20 m hohe silberne Kruzifix von Joseph Ignaz BAUER, die Kanzel von Balthasar →PERMOSER und die Orgel von Gottfried →SILBERMANN. In den vier Grufträumen ruhen in 49 Sakophagen die katholischen Kurfürsten und Könige Sachsens sowie ihre nächsten Angehörigen. 1945 wurde die K. durch Sprengbomben schwer beschädigt. Bereits 1946 begann unter Leitung von Hubert →ERMISCH und später durch Arthur FRENZEL der Wiederaufbau der Kirche. Die rechtzeitig ausgelagerten Kunstschätze wurden restauriert und wieder aufgestellt. 1964 erhob ein päpstliches Dekret die Katholische Hofkirche zur Konkathedrale. Die Johann-Nepomuk-Kapelle wurde 1973 zu einer Gedächnisstätte für die Opfer des 13. Februar 1945 umgestaltet. (Pietà von Friedrich →PRESS). 1980 wurde die ehemalige Katholische Hofkirche zur K. St. Trinitatis des Bistums Dresden-Meißen erhoben.

Käthe-Kollwitz-Ufer: Hochuferstraße vom Sachsenplatz bis zum Barteldesplatz, kreuzungsfreie Verbindung aus dem Zentrum nach Blasewitz. – Sie wurde ab 1901 als Fortsetzung des →Terrassenufers als Johannstädter Ufer angelegt, später verlängert und als Hindenburgufer bezeichnet, 1945 nach der Künstlerin Käthe KOLLWITZ benannt. Die elbnahe Straße bietet prachtvolle Blicke auf die Loschwitzer Elbschlösser. An der ehemaligen Hochuferstraße 12 ließ Gerhart

Erich Kästner
Die Kathedrale (im Hintergrund das Opernhaus)
Johann Joseph Hackl (gest. 1785) und Pierre Coudray (1713–1770): Orgelprospekt, Holz, geschnitzt, gefaßt (1750/55), Detail: Putten

→HAUPTMANN 1899/1900 von Rudolph →SCHILLING und Julius GRÄBNER die von seiner ersten Frau Marie THIENEMANN bewohnte Villa errichten (1945 zerstört).

Katholische Hofkapellen: Die erste K. ließ AUGUST DER STARKE zunächst provisorisch im Audienzsaal des →Residenzschlosses einrichten. 1707/08 ließ er dann durch Johann Christoph →NAUMANN und Raymond →LEPLAT das alte →Komödienhaus am Taschenberg interimistisch zu einer K. umbauen. In dieser, der «Heiligen Dreifaltigkeit» geweihten ersten sogenannten Kath. Hofkirche wurde bis 1751 Gottesdienst gehalten, der nach der Einweihung von →CHIAVERIS Kath. Hofkirche in diese verlegt wurde. Eine weitere K. ließ August der Starke in →Pillnitz im Pavillon des Venustempels einrichten. Nach dem Pillnitzer Schloßbrand von 1818, dem auch der Venustempel zum Opfer fiel, wurde die K. in einen Flügel des neuerbauten Schlosses verlegt. Die Wandmalereien in der neuen Kapelle schuf C. →VOGEL VON VOGELSTEIN. Heute nutzt die kath. Gemeinde von Pillnitz die ehemalige K.

Katholische Hofkirche: →Kathedrale

Katholische Kapelle Heiliges Kreuz Klotzsche: 1938 wurde von der Kath. Hofkirche aus in →Klotzsche auf der Goethestraße die Pfarrvikarie «Zum heiligen Kreuz» errichtet. 1947 zog die Vikarie aus der «Harzerschen Villa» (Goethestraße) in die «Villa Odin» Darwinstraße 19 um und erhielt 1958 den Status einer Pfarrei (bis 1975 von Franziskanern betreut).

Kathedrale, Ansicht Anf. 19. Jh.
Pietà und Altar von Friedrich Press in der Kathedrale
Grundriß der Kathedrale

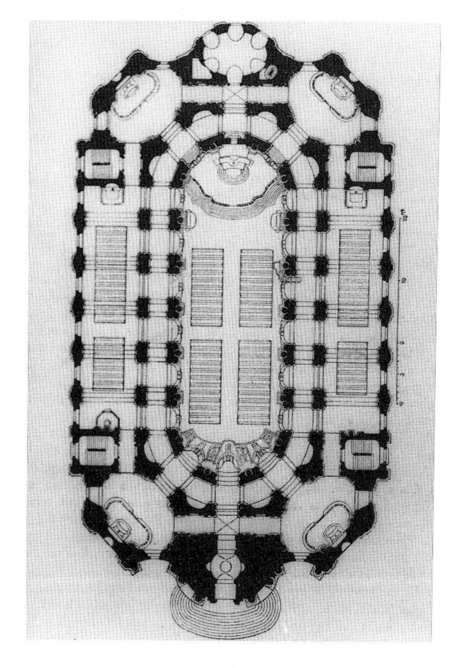

Katholische Kirche St. Franziskus Xaverius: Anstelle der →Kaiserkapelle erbauten 1852/55 Ratsbauinspektor H. BOTHEN und →CHOULANT am nördlichen Ende der Hauptstraße die K. Die Pfarrkirche mit ihren beiden 56,6 m hohen Türmen war ein einschiffiger Putzbau im neuromanischen Stil mit lombardischen Formen. In den zwei angebauten Seitenflügeln befanden sich das Pfarr- und Gemeindehaus sowie die Schule. Zum äußeren Schmuck gehörten eine Christusfigur von E. J. →HÄHNEL, ein wasserglasfarbenes Gemälde sowie die große Fensterrose aus farbigem Glas über der Eingangstür. Im Inneren herrschte eine altchristliche und sizilianische Dekoration vor (Malereien von Julius SCHNORR VON CAROLSFELD). 1945 wurde die K. zerstört, die Ruine 1957 gesprengt.

Kaufhaus Renner: eines der bekanntesten Warenhäuser im Vorkriegs-Dresden, gegründet 1854. – Das K. erwarb schrittweise alle Bürgerhäuser an der Südseite des Altmarktes mit Ausnahme des Eckhauses Seestraße, beließ die Fassaden im wesentlichen unverändert und gestaltete die Innenräume völlig um. Ein Übergang überbrückte die Schreibergasse. Mit seinen 60 Schaufenstern und der ersten Rolltreppe Dresdens zählt es zu den Kindheitserinnerungen vieler alter Dresdner. Nach der völligen Zerstörung eröffnete Herbert RENNER nochmals ein Geschäft auf der Königsbrücker Straße.

Kaufmann: 1. *Friedrich*, Sohn von 2., bedeutendster Vertreter der Firma K., geb. 5. 2. 1785 Dresden, gest. 1. 12. 1866 Dresden. – Seit 1805 wurde K. engster Mitarbeiter seines Vaters, der ihn in Mechanik, Akustik und Musik ausgebildet hatte. Wertvolle Anregungen hatte K. außerdem bei den Brüdern MÄLZEL in Wien erhalten. Er vervollkommnete bisherige und entwickelte neue automatophonische Instrumente, z. B. den von C. M. v. WEBER gerühmten automatischen Trompeter, das Chorlaudonion und das Symphonion. Auf Kunstreisen (z. B. 1810 bis 1812 mit seinem Vater, 1837 mit seinem Sohn) machte er die Instrumente in ganz Europa bekannt. Von 1858/59 bis 1899 befand sich eine ständige umfassende Ausstellung der Firma K. im «*Akustischen Kabinett*» auf der Ostra-Allee 12. Der Sohn K., Friedrich Theodor – er wurde durch das «Große Orchestrion» weithin berühmt – und sein Enkel Karl Theodor führten die Fabrikation weiter. –
2. *Johann Gottfried*, Mechaniker, Musikautomatenhersteller, geb. 12. 4. 1751 Siegmar b. Chemnitz, gest. 9. 4. 1818 Frankfurt/M. – K. kam 1769 als gelernter Strumpfwirker nach Dresden, wo er zunächst bei einem Uhrmacher und Mechaniker arbeitete, bis er sich durch den Bau komplizierter mechanischer Musikuhren und Automatophone selbständig machte und zum Begründer der Firma K. wurde. Seine erste Musikuhr (1774) befindet sich im Staatlichen Mathematisch-Physikalischen Salon.

Kaufmannschaft: →Dresdner Kaufmannschaft

Kavaliershäuser im Großen Garten: von Johann Georg →Starcke entworfene und 1684/94 erbaute Pavillons im →Großen Garten. Die acht quadratischen, ursprünglich eingeschossigen Saalbauten mit Mansarddächern (erstmalig in Dresden), die das Palais umgaben, dienten anfangs als Spiel- und Erfrischungsräume für die Hofgesellschaft. 1730/85 war in vier von ihnen die Antikensammlung untergebracht. Später setzte man noch ein Halbgeschoß auf und vermietete sie ab 1834 als Wohnungen für Sommergäste. Beim Bombenangriff 1945 wurden sie zerstört; fünf K. konnten nach 1955 wieder aufgebaut werden und werden seitdem als Wohnungen für Gärtner des Großen Gartens genutzt.

Kegel, Max: Journalist, geb. 6. 1. 1850 Dresden, gest. 10. 8. 1902 Thalkirchen b. München. – K. absolvierte eine Lehre als Schriftsetzer in der Gärtnerischen Druckerei und Buchhandlung in der Großen Brüdergasse, in der auch der sozialdemokratische →«Dresdner Volksbote» gedruckt wurde. 1869 trat er dem Ortsverein der Sozialdemokraten bei. Er hatte enge Kontakte zu Julius →Vahlteich, Ignaz Auer und August →Otto-Walster. K. traf auch mit August →Bebel, Julius Motteler, Wilhelm Liebknecht und 1874 in Dresden mit Karl →Marx zusammen. 1874 ging er dann als Redakteur der «Freien Presse» nach Chemnitz. Neben Gedichten und einem

Lustspiel verfaßte K. auch Lieder, so 1891 den «Sozialistenmarsch».

Keglerheim: ehemaliges Ball- und Konzerthaus an der Friedrichstraße 22 (früher auch Wettiner Säle); 1945 zerstört. – Das «Blutbad im Keglerheim» in den späten Abendstunden des 25. Januar 1933 forderte 9 Tote und 12 Schwerverletzte. Nach Auflösung einer Versammlung des kommunistischen Kampfbundes gegen den Faschismus kam es im überfüllten Saal zu Auseinandersetzungen mit der Polizei, die von der Schußwaffe Gebrauch machte. Die näheren Umstände wurden auch in einer Landtagssitzung am 31. Januar 1933 nicht mehr restlos aufgeklärt, das Versagen der Polizei jedoch bestätigt. Die Beisetzung der Opfer am 31. Januar auf dem Johannisfriedhof Tolkewitz (Gedenkstätte) war die letzte öffentliche Massenaktion gegen die faschistische Machtergreifung in Dresden.

Keilberth, Joseph: Dirigent, geb. 19. 4. 1908 Karlsuhe, gest. 20. 7. 1968 München. – K. begann seine Laufbahn in Karlsruhe (seit 1935 Generalmusikdirektor), war ab 1940 Leiter der Prager Philharmonie und wurde 1945 als erster musikalischer Oberleiter der Staatsoper und Chefdirigent der Staatskapelle nach dem Zweiten Weltkrieg nach Dresden verpflichtet. Bis zu seinem Weggang 1950 sorgte er mit großem musikalischem Können und Tatkraft unter den schwierigen Nachkriegsbedingungen für den Wiederaufstieg des Dresdner Musiklebens (z. B. Juli 1945/November 1946: 13 Premieren; Leitung von 144 Opernvorstellungen und 57 Sinfoniekonzerten). Dabei förderte er besonders die Aufführung bisher unbekannter bzw. «verbotener» Werke.

Keller, Johannes: →Cellarius, Johannes

Kellerthaler: Dresdner Goldschmiedefamilie, aus der besonders Christoph d. Ä. (um 1535 – nach 1592) und seine Söhne Hans (um 1560–1611) und Daniel (um 1575 – vor 1651) herausragen und deren Werke zu den Glanzstücken des →Grünen Gewölbes gehören; z. B. der 1575 entstandene Kunstschrank der Kurfürstin Sophie von Hans K., ein «Bornkinnl» von Hans oder Daniel K. und die Kanne des Rosenwasserbeckens von Daniel K. Hans K. trat auch als Zeichner und Daniel K. als Medailleur und Punzenstecher hervor.

Kemnitz: Stadtteil an der Mündung des Zschonergrundbaches in die Elbe, 1254 als Kemenitz (slaw.: kamenica, Steinbach) erste urkundliche Erwähnung, 1921 zu Dresden eingemeindet. – Neben der Landwirtschaft bildete der Fischfang mittels Pfahlwerk und Weidengeflecht in der Elbe einen wichtigen Erwerbszweig, doch mußte er ab dem 17. Jh. wegen der damit verbundenen Behinderung der Schiffahrt eingestellt werden. K. entwickelte sich seit Ende des 19. Jh. zum Wohnvorort ohne größere Industriebetriebe (1890: 306 Einwohner, 1910: 1372 Einwohner) und erweiterte sich nach 1920 durch neuzeitliche Wohnsiedlungen in Hanglagen. Der Kern des ursprünglichen Platzdorfes mußte 1935 bis auf wenige Zeugen ländlicher Bauweise dem Autobahnbau wei-

Altmarkt mit Kaufhaus Renner. Aufnahme vor 1945

Saal des Keglerheims nach dem Überfall der Polizei am 25. 1. 1933

chen (→Autobahnbrücke). Ein beliebtes Ausflugsziel war in der ersten Hälfte des 20. Jh. die Weltemühle mit Lunapark und Gästegarten am Ausgang des →Zschonergrundes.

Kempe, Rudolf: Dirigent, geb. 14. 6. 1910 Niederpoyritz b. Dresden, gest. 11. 5. 1976 Zürich. – An der Orchesterschule der Staatskapelle Dresden studierte K. Klavier und Oboe, wirkte 1929/36 im Leipziger Gewandhausorchester mit und anschließend als Dirigent in Weimar und Chemnitz. 1949 kam er nach Dresden und wurde 1950 Generalmusikdirektor an der Staatskapelle, wobei er 1951/52 auch die Staatsoper mit bedeutenden Operneinstudierungen leitete. Ab 1953 erhielt K. feste Anstellungen in München, London und Zürich und blieb als Gastdirigent von Weltruf stets mit der Dresdner Staatskapelle verbunden.

Keppgrund: rechtselbisches Seitental im Landschaftsschutzgebiet «Schönfelder Hochland und Elbhänge Dresden–Pirna». – Das enge Kerbtal wird vom 5 km langen Keppbach durchflossen, dessen Quellarme im Schönfelder Hochland liegen. Der Bach hat sich tief in den Lausitzer Granodiorit gegraben und mündet bei der Kirche Hosterwitz in die Elbe. Die *Keppmühle* (Fachwerkhaus von 1781) erlag 1903 der Konkurrenz der Dampfmühlen, blieb jedoch als Ausflugsziel erhalten. Während seiner Sommeraufenthalte in Hosterwitz ab 1818 besuchte Carl Maria von →WEBER mehrfach die Mühle und arbeitete hier an der Oper «Euryanthe» (Gedenktafel von 1963).

Keppschloß: Landsitz in Hosterwitz am Ausgang des →Keppgrundes. 1774 erwarb Camillo von →MARCOLINI Landbesitz auf den ehemaligen Gütern des Heinrich von →BRÜHL in Hosterwitz, den er in den folgenden Jahren erweiterte. Er ließ das Brühlsche Landhaus zu einer Einflügelanlage umbauen. An weiteren Umbauten war Woldemar →HERMANN beteiligt. Unter späteren Besitzern (Bankier Robert THODE; Konsul FINKE) wurde das K. im englischen Tudorstil verändert. 1872 kam es in den Besitz der Großherzogin ELISABETH von Mecklenburg-Strelitz. Es diente 1925/26 als Kindergenesungsheim, später als Polizeischule und nach Enteignung des letzten Besitzers Prinz ERNST von Lippe 1947 als Schulungsstätte, wobei es stilwidrig um ein Geschoß erhöht wurde (nach 1990 Sächsische Verwaltungs- und Wirtschaftsakademie).

Kersting, Georg Friedrich: Maler, geb. 31. 10. 1785 Güstrow, gest. 1. 7. 1847 Meißen. – Nach dem Studium an der Kopenhagener Akademie 1805/08 ließ sich K. in Dresden nieder, wo er zum Romantikerkreis um Christian Gottfried →KÖRNER und Gerhard von →KÜGELGEN gehörte und besonders mit Caspar David →FRIEDRICH befreundet war, der ihn künstlerisch beeinflußte. 1813 kämpfte er mit Theodor →KÖRNER als Lützower Jäger gegen die Napoleonische Fremdherrschaft, war 1816/18 als Zeichenlehrer in Warschau tätig und erhielt anschließend die Stellung des Malervorstehers an der Porzellanmanufaktur Meißen. Mit seinen feinfühligen Innenraumbildern, auf denen er oft Personen aus seinem Freundeskreis darstellte, leistete K. einen eigenständigen Beitrag zur Dresdner frühromantischen Malerei. – Kerstingstraße in Strehlen.

Kesselsdorfer Straße: Ausfallstraße durch Löbtau, Naußlitz, Wölfnitz und Gorbitz, u. a. 1559 Freybergische Straße, 1767 Gebürgische Hauptstraße, 1871 Wilsdruffer Straße, seit 1904 bis Wölfnitz heutiger Name. – Sie beginnt an der Löbtauer Weißeritzbrücke, die im 16. Jh. steinerne Pfeiler besaß, Anfang des 18. Jh. und 1837 erneuert wurde und 1902/45 Bismarckbrücke hieß (seit 1989 Bau einer Hochstraße im Zuge der →Nossener Brücke, seit 1993 einer zweiten Weißeritzbrücke). Der untere Straßenabschnitt war bis zu den schweren Luftkriegsschäden von 1944/45 Sitz zahlreicher Einkaufs- und Veranstaltungsstätten, u.a. Hotel und Filmtheater «Dreikaiserhof» an der Ecke zur Tharandter Straße und Filmtheater und Varieté «Musenhalle». Neben dem Neuen Annenfriedhof (1875/78 angelegt) wurde 1898 der benachbarte Friedhof «Friede und Hoffnung» eröffnet, in dessen Höhe ein Denkstein «Zu Werners Andenken» an den Mineralogen Abraham Gottlob →WERNER erinnert. Seit 1881 fuhr die Pferdebahn, seit 1900 die elektrische Straßenbahn nach Löbtau bzw. Naußlitz. Neben dem Straßenbahnhof wurde 1939 der städtische Busbahnhof errichtet. Der obere Straßenabschnitt führt am Neubauwohngebiet →Gorbitz entlang. Oberhalb befindet sich die ehemalige Gaststätte «Reichsschmied» (→Trickfilmstudio), vor der Stadtgrenze der Altfrankener Park (Campingplatz). Hier errichtete Karl Alexander von HEIDELOFF um 1850 für die Grafen LUCKNER ein Schloß, das ab 1871 von Bernhard →KRÜGER umgebaut wurde. Es wurde 1939 – nicht zuletzt wegen seines neogotischen Tudor-Stils – abgebrochen.

Kesting, Edmund: Maler, Grafiker, Fotograf, geb. 27. 7. 1892 Dresden, gest. 21. 10. 1970 Birkenwerder bei Berlin. – Der zur deutschen Künstleravantgarde der zwanziger und dreißiger Jahre des 20. Jh. und zu den Pionieren der modernen Fotokunst gehörende K. studierte 1911/16 an der Dresdner Kunstgewerbeschule und 1918/22 an der Kunstakademie, zuletzt als Meisterschüler von Otto →GUSSMANN. Bereits 1919 gründete er seine private *Kunstschule «Der Weg»*, Münchner Straße 5, in der unter Beteiligung aller Kunstgattungen die Synthese der bildenden Künste angestrebt wurde. K. beschäftigte sich dabei eingehend mit gestalterischen Experimenten bei der Verbindung von Fotografie und Malerei. Er gilt als meisterhafter Schöpfer der Technik der Mehrfachbelichtung bei der künstlerischen Fotografie und Malerei. Nach dem Machtantritt der Faschisten wurde er verfemt und mußte seine Kunstschule (mit Filiale in Berlin) schließen. K. gehörte 1945 zu den ersten Malern, die dem Dresdner Kunstleben einen neuen Anfang gaben (Gründung der Künstler-

Georg Friedrich Kersting

gruppe «der →ruf»; 1946 Ernennung zum Titularprofessor). Nach kurzer Tätigkeit an der Akademie für Werkkunst in Dresden ging er 1948 an die Hochschule Berlin-Weißensee und 1956 an die Filmhochschule Potsdam-Babelsberg. Eindrucksvolle Dresden-Bilder gestaltete er u.a. in dem Fotoband «Dresden wie es war» (Berlin 1955) und in der Folge von Fotografiken «Totentanz von Dresden» (1946) – Umfassende Austellung im Albertinum (1988).

Kettenschiffahrt: historische Form der Frachtschiffahrt mittels einer eisernen, im Flußbett versenkten und von Dampfwinden über Deck gezogenen Kette. – 1869 gründete Ewald →BELLINGRATH in Dresden die «Kettenschleppschiffahrt der Oberelbe» und nahm zwischen Loschwitz und Merschwitz bei Riesa den Betrieb auf. Ihre Schleppkette wurde 1871 mit den Ketten einer Prager und einer Magdeburger Gesellschaft verbunden. Die Dresdner Gesellschaft wurde 1881 zur «Kette, Deutsche Elbeschiffahrtsgesellschaft» erweitert und verfügte damit über 27 Kettenschlepper, 12 Radschlepper, 2 Personendampfer, mehr als 100 Schleppkähne und die Schiffswerft Übigau. Durch die Konkurrenz der Radschleppdampfer löste sich die «Kette» 1903 auf und übergab ihre Betriebsmittel der «Vereinigten Elbe-Schiffahrts-Gesellschaft AG» Dresden. Nach 1920 wurde die Schleppkette schrittweise aus dem Flußbett entfernt, lag 1938 nur noch zwischen Strehla und Blasewitz, 1940 zwischen Riesa–Gröba und Scharfenberg. 1943 wurde die sächsische Strecke ganz eingestellt. Der letzte Kettenschlepper der Elbe wurde 1948 nach einer Havarie bei Usti nad Labem (Aussig) außer Dienst gestellt.

Kielmannsegge: Auguste Charlotte von (geb. von Schönberg, verw. von Lynau): Napoleonverehrerin, geb. 18.5.1777 Hermsdorf bei Dresden, gest. 26.4.1863 Dresden. – Die häufig als Spionin verdächtigte Gräfin hatte jahrelang am französischen Hof in Paris geweilt, als sie Anfang 1813 nach Sachsen zurückkehrte und hier Napoleons Politik vertrat, was ihr vom patriotisch gesinnten sächsischen Adel stark verübelt wurde. Im Juli 1813 traf sie mehrfach mit →NAPOLEON I. im →Marcolinipalais zusammen. Wegen ihres späteren übertriebenen Napoleon-Kultes und ihrer eigentümlichen menschenscheuen Lebensweise gab sie bereits zu Lebzeiten Anlaß zu seltsamen Gerüchten, die sich zu Legenden verdichteten. Von 1840 bis zu ihrem Tode bewohnte sie das Wasserpalais im Reisewitzer Park in Dresden-Plauen. Ihre erst 1927 veröffentlichten Memoiren enthielten nicht die sensationellen Enthüllungen, die man erwartet hatte. – Grab auf dem Alten Katholischen Friedhof.

Kietz, Gustav Adolph: Bildhauer, geb. 26.3.1824 Leipzig, gest. 24.6.1908 Laubegast bei Dresden. – Der Künstler studierte ab 1841 an der Dresdner Kunstakademie, war Meisterschüler von Ernst →RIETSCHEL und anschließend als freischaffender Bildhauer in Dresden tätig. Seine Wohnung und sein Atelier hatte er in der Wintergartenstraße. Er schuf zahlreiche Denkmäler, so u. a. für Dresden die von Gustav →NIERITZ (1878) und von Julius →OTTO (1886); außerdem war er an der plastischen Ausschmückung der →Johanneskirche, der →Sophienkirche und dem zweiten Semperschen Opernhaus beteiligt, für das er auch die Marmorbüste des mit ihm befreundeten Richard →WAGNER gestaltete.

Kind, Friedrich: Jurist, Dichter, Dramatiker, Unterhaltungsschriftsteller, geb. 4.3.1768 Leipzig, gest. 25.6.1843 Dresden. – Der vor allem als Textdichter des «Freischütz» von C.M.v.→WEBER bekanntgewordene K. lebte seit 1792 in Dresden (Kleine Meißner Gasse, Amalienstraße, Elbberg, Johannisgasse, Georgplatz). K. war eines der führenden Mitglieder des spätromantischen →Dresdner Liederkreises und Mitbegründer der «Abendzeitung», des Organs des Liederkreises, das er mit Theodor →HELL zusammen bis 1822 leitete. Das Werk von K. besteht aus meist seichten und rührseligen Erzählungen und Theaterstücken, die sich zur Zeit ihres Erscheinens allerdings großer Beliebtheit erfreuten. Nach →TIECKS Übersiedlung nach Dresden verblaßte sein Ruhm. 1832 zog er sich aus dem literarischen Leben zurück. Sein Versuch, zusammen mit Tieck, Karl KRAUKLING und Friedrich Adolf EBERT eine neue literarische Zeitschrift zu gründen, schlug fehl. Die «Dresdner Morgenzeitung» erschien nur 1827/28. – Grab auf dem Trinitatisfriedhof; Friedrich-Kind-Straße in Kleinzschachwitz.

Kinos: →Filmtheater

Kirche Dresden-Bad Weißer Hirsch: ev.-luth. Kirche im romanischen Baustil Skandinaviens an der Stangestraße. 1889 errichtete Baumeister SCHAEFER nach dem Vorbild der Kirche Wang im Riesengebirge (Karpacz) eine Kurkapelle. Der Mittelbau der K. wurde 1891 mit einem Turmbau von Professor SEITLER ergänzt. Vergrößerungen folgten 1908 (Altarplatz und Emporen) sowie 1935 (Anbau der Kirchkapelle, jetzt Sakristei). Die Rekonstruktion 1963 leitete der Architekt Fritz →STEUDTNER.

Kirchen: Die erste Stadtkirche Dresdens war die Nikolaikirche (→Kreuzkirche). 1548 wurde die älteste Dresdner Kirche «Unserer lieben Frauen» (→Frauenkirche) in die Stadt einbezogen. Neben der Franziskanerkirche (→Sophienkirche) und der →Dreikönigskirche entstanden bis 1650 in den Vorstadtgemeinden die →Jakobi-, →Annen- sowie die →Johanniskirche. Nach dem Erwerb der polnischen Königskrone durch AUGUST DEN STARKEN begann in Dresden eine rege Bautätigkeit. Zu den barocken Um- bzw. Neubauten gehörten u. a. die Frauen-, Dreikönigs-, →Matthäus-, Annenkirche, Katholische

Rhythmische Synthese eines Stadtbildes von Edmund Kesting

Hofkirche (→Kathedrale) und die Loschwitzer Kirche. Im 19. Jh. entstanden u. a. noch die →Synagoge, eine englische und die →russisch-orthodoxe Kirche. Mit der Teilung der übergroßen Stadtgemeinden (1878) begann eine neue Epoche des städtischen Kirchenbaus. Als Gegensatz zum Barock prägte nun die Dom- und Denkmalsidee mit ihrem neuromanischen bzw. gotischen Stil das Stadtbild. Bis 1913 entstanden 27 ev.-luth., vier kath., eine reformierte und zwei K. der Ev. Gemeinschaft. Der Kirchenbau in den Jahren 1914/35 war schlicht aber zweckmäßig angelegt (→Apostelkirche, Kirche des →Diakonissenkrankenhauses, →Weinbergskirche, →Hoffnungskirche). Bei der Bombardierung Dresdens im Februar 1945 wurden von 58 K. 30 zerstört bzw. schwer beschädigt. Bereits 1945 begann der Wiederaufbau und Neubau einiger K. In den Jahren 1950/81 entstanden z. B. eine neue Synagoge, die Nazarethkirche Seidnitz, die →Betlehemkirche Tolkewitz (erster Kirchenbau der DDR), die Weinbergskirche Trachenberge, die Pfarrkirche St. Petrus Strehlen und die →Zionskirche Südvorstadt. Mehrere ausbaufähige Kirchenruinen, wie die Sophienkirche und die Johanneskirche, wurden jedoch abgerissen. Der Wiederaufbau der Frauenkirche bildet das bedeutendste Kirchenbauvorhaben Dresdens am Ausgang des Jahrhunderts.

Kirchner: 1. *Ernst-Ludwig*, Maler und Grafiker, geb. 6. 5. 1880 Aschaffenburg, gest. 15.6.1938 Frauenkirch/ Davos. – K. studierte 1901/05 an der Technischen Hochschule Dresden Architektur. Daneben widmete er sich der Malerei und gründete mit seinen Kommilitonen Fritz Bleyl, Erich →Heckel und Karl →Schmidt-Rottluff die Künstlergemeinschaft →«Brücke», für die er 1906 das Programm abfaßte. Im selben Jahr übernahm er das in einem ehemaligen Laden auf der Berliner Straße in der Friedrichstadt eingerichtete Atelier als Wohn- und Arbeitsstätte. 1911 siedelte er nach Berlin über. –
2. *Johann Christian*, Bildhauer, geb. 17. 8. 1691 Merseburg, gest. 28. 12. 1732 Dresden. – K. wurde 1717 zum Hofbildhauer ernannt und erwarb 1720 das Bürgerrecht in Dresden. Unter →Permoser war er an der plastischen Ausschmückung des Zwingers beteiligt: Er schuf die Doppelfiguren der vier Winde auf den vier Ecken des Wallpavillons und einige Putten im Nymphenbad. Von K. stammen in Dresden auch die Figuren auf den Torsäulen am Osteingang und im Naturtheater des Großen Gartens, die Japaner-Hermen am →Japanischen Palais und das Epitaph des Oberlandbaumeisters →Karcher in der Leubnitzer Kirche. – Grabmal (von ihm selbst geschaffen, von seinem Bruder Johann Gottlieb K. vollendet) auf dem Eliasfriedhof.

Klaar, Ernst: sozialistischer Schriftsteller, Journalist, geb. 25. 12. 1861 Chemnitz, gest. 13. 10. 1920 Dresden. – K. kam 1884 nach Dresden und schloß sich hier der Arbeiterbewegung an. 1888 gab er seinen Beruf als Schriftsetzer auf und schrieb für sozialdemokratische Zeitschriften. Gleichzeitig betrieb er ein Putz- und Schnittwarengeschäft im Haus Liliengasse 25. 1907 zog er von dort nach Klotzsche (Querallee 7). – Grab auf dem Hellerauer Friedhof.

Kleine Brüdergasse: befand sich bis 1945 zwischen dem →Taschenbergpalais und der →Sophienkirche und führte bis zur →Schloßstraße. Urk. Erwähnung fand die Gasse um 1370 als perva platea minorum, seit 1396 als «wenynge Brudirgasse» und ab 1413 als «cleyne Brudergasse». Ihr Ursprung geht auf das ehemalige →Franziskanerkloster zurück. Auf der K. befand sich einst das Hofbrauhaus. Beim Dresdner Maiaufstand 1849 befanden sich an der K. zwei Barrikaden: eine am Ausgang zur Schloßstraße und die andere zwischen K. und →Großer Brüdergasse, am sog. Quergäßchen. Die Reste der Gasse sind heute noch südlich des Taschenbergpalais sichtbar.

Kleine Frauengasse: →Schuhmachergasse

Kleine Frohngasse: ehemalige Straße im Zentrum; zwischen Großer Frohngasse und →Badergasse bzw. Moritzstraße gelegen, führte sie im Laufe der Jahre folgende Bezeichnungen: 1557 Bottelgasse, 1571 Frongeßlein, 1577 Schwartzegasse (wegen ihrer Enge und der Dunkelheit), 1601 kleine Frohngasse, um 1700 kleine Bittelgasse. Seit der zweiten Hälfte des 18. Jh. hieß sie nach der an ihrem südlichen Ausgang gelegenen Fronfeste des Rates «Kleine Frohngasse». Im Zweiten Weltkrieg wurde die Bebauung in dem Gebiet zerstört, beim Wiederaufbau entstand die Gasse nicht mehr.

Kleine Kirchgasse: bis 1945 bestehende Verbindung zwischen der →König-Johann-Straße und dem →Neumarkt. Entstanden ist sie unter Kurfürst →Moritz. Nach den dort ansässigen Familien Preuss oder Preusser sowie Ranisch hieß sie 1560 und 1580 «Preußengeßlein» oder «Preussengasse». 1572 und 1591 führte sie auch die Namen «Das kleine Ranischgeßlein» und «Ranischgäßchen». 1577 wurde sie kurzzeitig auch «Kleine Weiße Gasse» genannt. Wegen der dort ansässigen Schuhmacher nannte man die Gasse zeitweilig auch «Kleine Schuhmachergasse» und «Schustergäßchen». Die K. führt ihren Namen seit dem 18. Jh., weil sie auf geradem Weg von der →Kreuzkirche zur →Frauenkirche führte. Ein bemerkenswertes Gebäude an der K./Neumarkt war das →Hotel Stadt Rom. Im Mai 1849 wurde die K. in die revolutionären Kampfhandlungen einbezogen. Heute ist die Gasse von Wohngebäuden der →Wilsdruffer Straße überbaut.

Kleine Meißner Gasse: Die seit dem Mittelalter bestehende Gasse existierte bis in die siebziger Jahre des 20. Jh. Anfangs verlief sie zwischen Markt-Platz (heute Neustädter Markt) und →Palaisplatz. Später führte sie nur noch vom →Neustädter Markt bis an die →Große Meißner Straße. Nach einem Gasthaus, das im Namensschild Rosen trug, nannte man sie vom 15. bis Anfang 16. Jh. «Roßengase», «Roßegaß», «Rußengasse» und «Rosengasse». Weil ihr westlicher Ausgang nach dem Meißnischen Tor führte, erhielt sie bald die Bezeichnung «Kleine Meißnische Gasse», am Anfang des 19. Jh. wurde sie dann in K. umbenannt.

Kleine Plauensche Gasse: Die seit Mitte des 16. Jh. bis 1945 existierende K. wurde als Parallelgasse zur →Großen Plauenschen Gasse angelegt und 1594 erstmalig erwähnt. Sie führte von der Straße →Am See bis zur Ammonstraße (vor 1855 sog. Environweg). Benannt wurde die Gasse wegen ihrer Richtung nach dem Dorf Plauen. Beim Dresdner Maiaufstand 1849 befand sich auch eine der vielen Barrikaden an der K./Ecke Seilergasse.

Kleines Gehege: kurfürstlicher Besitz an der Elbe östlich der alten Weißeritzmündung, bis 1573 vom Vorwerk →Klein-Ostra bewirtschaftet.

Kleines Haus: Spielstätte der Dresdner Staatstheater an der Glacisstraße in der Neustadt. – Das Gebäude wurde als «Tonhalle» in der zweiten Hälfte des 19. Jh. erbaut und diente mit seinen drei großen Sälen für Konzert- und Tanzveranstaltungen. Da es den Bombenangriff relativ unzerstört überstanden hatte, konnte dort die erste feste Spielstätte der Dresdner Theater nach dem Zweiten Weltkrieg eingerichtet werden. Mit der Aufführung von Lessings «Nathan der Weise» durch das «Interimstheater Dresdner Bühnen» am 10. Juli 1945 in der Tonhalle begann der Wiederaufbau des Dresdner Theaterlebens. Als 1948 das →Schauspielhaus als «Großes Haus» wiedereröffnet wurde, bekam die Tonhalle den Namen «Kleines Haus». Das inzwischen mehrfach umgebaute Theater dient sowohl Schauspiel- als auch Opern- und Ballettaufführungen.

Kleinluga: linkselbischer Stadtteil im Südosten Dresdens, 1378 als lug minor (zur Unterscheidung von →Großluga) urkundlich erwähnt, 1920 mit Großluga vereinigt, beide 1922 zu Niedersedlitz und mit diesem 1950 zu Dresden eingemeindet. – K. war 1445 im Besitz des Hans MARSCHALGK; Lehen und andere Rechte besaß auch das Meißner Hochstift und ab 1453 Kurfürst FRIEDRICH. Mit dem neuen Besitzer ab 1501, Stephan ALNPECK, kam K. 1511 zum Rittergut Lockwitz. 1856/1922 unterstand K. dem Amt Pirna; es war zur Kirche Dohna, erst in jüngerer Zeit zu Lockwitz eingepfarrt. Der Dorfkern in Form eines Rundweilers lag um den noch vorhandenen Teichplatz (Luthereiche von 1883). Groß- und Kleinluga bildeten einen Schulbezirk. Die Anlage von drei Ziegeleien im Ort und die Industrialisierung des Elbtals führten im 19. Jh. zum Anwachsen der nichtbäuerlichen Bevölkerung. Über K. erhebt sich der Lugturm von 1880; daneben die Lugschänke.

Klein-Ostra: ehemaliges Vorwerk an der Elbe, im →Kleinen Gehege zwischen der alten Weißeritzmündung, der späteren →Ostra-Allee und dem →Weißeritzmühlgraben; 1305 ostro minor, 1469 Parvum Ostrow (slaw.: Insel). – Das Vorwerk befand sich zunächst im Besitz der Meißner Bischöfe, wurde 1535 vom Rat Georg KOMMERSTÄDT, 1550 vom Landesherrn erworben und 1573 nach Hochwasserschäden abgebrochen. Klein-Ostra und das östlich anschließende →Packhofviertel unterstanden kurfürstlicher, später fiskalischer Verwaltung.

Kleinpestitz: linkselbischer Stadtteil im Tal des →Kaitzbaches, 1370 als Pestewicz (slaw.: Leute eines Pests) urkundlich erwähnt, 1921 zu Dresden eingemeindet. – K. erstreckt sich von der Höhe des Tonberges in das Kaitzbachtal. 1495 zinsten 3 Bauernstellen dem Meißner Hochstift. 1620 besaß der Bauer PALITZSCH den gesamten Weiler und besetzte 6 Häuser mit Tagelöhnern. Der alte Dorfkern in Form eines Rundweilers liegt nur 400 m vom Dorfplatz →Mockritz entfernt; er weist denkmalgeschützte Gehöfte mit historischen Schlußsteinen und Toranlagen auf. Während der Schlacht bei Dresden 1813 wurde der schwer verwundete General Jean Victor →MOREAU auf den russischen Verbandsplatz im Stammgut (Nr. 5), dem späteren Herrnsdorfschen Beigut, gebracht. Der Ort ging in Flammen auf. Bilder der Schlacht zeigt die in einem Fachwerkhaus untergebrachte «Moreauschänke». K. war der Parochie der Frauenkirche unterstellt und gehört seit 1889 zur Lukaskirche. Die Kinder gingen um 1835 nach Kaitz, ab 1893 nach Mockritz zur Schule. Bei der Anlage der Eigenheimstraße wurden 1926 zwei Gruben einer eisenzeitlichen Siedlung entdeckt.

Kleinpestitz um 1900, Aquarell von Otto Schneider

Kleinzschachwitz: linkselbischer Stadtteil an der Elbe und östlich des Lockwitzbaches, 1310 als «villa Schyzewicz» (slaw.: Ort des Ciž) urkundlich erwähnt, später Zscheisewitz; Name K. erst Anfang des 19. Jh. zur Unterscheidung von →Großzschachwitz allgemein üblich; 1921 zu Dresden eingemeindet. – K. unterstand dem Klosterhof Leubnitz, lag aber seit Anfang des 15. Jh. wüst. 1438 bemühten sich die umliegenden Dörfer um seine Feldmark. Erst Anfang des 18. Jh. wurde mit dem Aufbau eines neuen Dorfes begonnen, das 1736 erst 4 Häuser zählte. – Für die Hofhaltung im gegenüberliegenden Pillnitz wurde 1765 die seit 1727 bestehende Fähre als «Fliegende Fähre» mit Gierseil hergerichtet. Sie blieb bis 1849 den Angehörigen des Hofes vorbehalten. Den Fährdienst leisteten bis 1911 Pioniere der Armee, die an der Fährstelle eine Kaserne bewohnten (heute Berthold-Haupt-Straße 130). – Der russische Fürst und stadtbekannte Sonderling Nikolaus Abramowitsch →PUTJATIN erwarb 1797 das Anwesen des Bauern Pätzold und baute hier ein skurriles, vielbestauntes Haus, das «Große Storchennest» (Putjatinstraße 26). 1825 ließ Putjatin an der Meußlitzer Straße 83 eine Schule errichten, die bis 1872 genutzt wurde («Kleines Storchennest») und als «Putjatinhaus» kulturellen Zwecken dient. – Noch Mitte des 19. Jh. bedeckte Kiefernwald den größten Teil der Dorfflur, lediglich an der Mündung des Lockwitzbaches stand Auwald. Außerhalb des heutigen Altkleinzschachwitz befanden sich die Papiermühle am Lockwitzbach, das Jagdhaus am Elbufer und das Fährhaus. Zu den Erwerbsquellen zählten das Färben und Bleichen von Strohgeflecht und ein Holzsägewerk. – Mit der Einrichtung einer Dampfschiffstation 1886 begannen Dresdner Bürger, im Bereich der damaligen Königsallee (Berthold-Haupt-Straße) Landhäuser und Villen zu errichten. Später entstanden auch Eigenheimsiedlungen in Richtung Meußlitz. Die Arbeiter unter den Bewohnern von K. waren vor allem in den Fabriken von Niedersedlitz und Dobritz sowie auf der Laubegaster Schiffswerft beschäftigt. – K. gehörte kirchlich bis 1897 zu Dohna. 1897 bildete es mit Großzschachwitz, Meußlitz, Sporbitz und Zschieren die Parochie K. Die ev.-luth. Kirchgemeinde erwarb die ehemalige Schule Meußlitzer Straße 113 und baute sie bis 1901 zur Stephanuskirche aus. 1978/81 errichtete die kath. Gemeinde die Kirche «Zur Heiligen Familie» an der Meußlitzer Straße (Architekt Hubert PAUL). – K. erhielt 1906 Anschluß an die «Dresdner

Vorortbahn», die von O.L. KUMMER (→Sachsenwerk Niedersedlitz) angelegt wurde und keine Verbindung mit dem Dresdner Straßenbahnnetz hatte. 1925/36 verkehrte sie bis an die Elbfähre. 1936 wurde sie umgespurt und verband K. mit Dresden. – 1899 entdeckte man bei der Anlage einer Sandgrube und beim Hausbau an der Laubegaster Straße ein Urnenfeld aus der Zeit 900–700 v. Chr. – Eine Siedlung mit Reihen- und Doppelhäusern wird seit 1993 an der Oberonstraße errichtet.

Kleist, Heinrich von: Dichter und Dramatiker, geb. 18. 10. 1777 Frankfurt/Oder, gest. 21. 11. 1811 Wannsee b. Berlin. – K. hielt sich mehrmals in Dresden auf, erstmals am 2. September 1800, danach für drei Wochen im Mai 1801 und vom Frühjahr bis zum 20. Juli 1803 (Arbeit am «Zerbrochenen Krug»). Bedeutsam war K. vierter Aufenthalt vom September 1807 bis zum 29. April 1809 (Wohnungen Äußere Rampische Gasse, spätere →Pillnitzer Straße, in den letzten Monaten im Dachgeschoß der 1913 abgebrochenen alten →Löwenapotheke). Im Liebhabertheater des österreichischen Gesandten Joseph Graf BOUL-MÜHLINGEN in dessen Haus in der späteren →Landhausstraße (1913 abgebrochen) wurde am 10. Oktober 1807 der «Zerbrochene Krug» aufgeführt. Zusammen mit Adam →MÜLLER gab K. 1808/09 die Kunst- und Literaturzeitschrift «Phöbus» heraus. Da beide ihr anspruchsvolles inhaltliches Programm nicht realisieren konnten, verzichteten sie aufgrund der damit verbundenen finanziellen Schwierigkeiten auf den weiteren Eigenverlag der Zeitschrift. Der «Phöbus» erschien noch einige Zeit ohne ihre Mitarbeit in der Waltherschen Hofbuchhandlung. Um K., der auch bei Chr. G. →KÖRNER verkehrte, hatte sich ein kleiner Kreis gebildet, dem neben Adam Müller u.a. auch der Historiker Friedrich Christoph DAHLMANN angehörte. K. stand auch in Verbindung mit Carl Adolf von CARLOWITZ, der die Gründung des «Phöbus» gefördert hatte. Von den Werken K. entstanden größtenteils in Dresden: «Michael Kohlhaas», «Penthesilea», «Käthchen von Heilbronn», «Die Hermannsschlacht», «Prinz Friedrich von Homburg» und das Gedicht «Germania an ihre Kinder». – Gedenktafel der Tiedgestiftung 1906 am Haus Pillnitzer Straße 29, Kleiststraße in Pieschen.

Klemm: 1. *Gustav*, Historiker, Oberbibliothekar, geb. 12. 11. 1802 Chemnitz, gest. 26. 8. 1867 Dresden. – K. kam nach dem Studium der Geschichte in Leipzig 1825 nach Dresden und wurde 1831 als Sekretär in der Kgl. öffentlichen Bibliothek (→Sächs. Landesbibliothek) angestellt, der er 1852/64 als Direktor vorstand. Zugleich war er 1833 als Inspektor und kurz danach als Direktor der →Porzellansammlung tätig. Er verfaßte zahlreiche kulturhistorische Werke, z. B. auch eine dreibändige Chronik von Dresden (1837). Seine wertvolle Sammlung ethnologischer Schaustücke bildete den Grundstock des Museums für Völkerkunde in Leipzig. –
2. *Heinrich*, Verleger und Bibliophile, geb. 19. 9. 1819 Altfranken b. Dresden, gest. 28. 11. 1886 Dresden. – Der in Altfranken aufgewachsene Waisenknabe und spätere Schneidergeselle war mit schriftstellerischer Begabung und Geschäftssinn in Leipzig als Herausgeber und Verleger von Modezeitschriften sowie seines Werkes «Handbuch der höheren Bekleidungskunst» (bis Ende des 19. Jh. in 50 Auflagen erschienen) zu Ansehen gelangt. 1849 gründete er in Dresden mit dem Schneidermeister Gustav Adolf MÜLLER (1818 bis 1884) am Neumarkt/Ecke Frauenstraße die «Deutsche Akademie für höhere Bekleidungskunst», aus der 1850 die *«Europäische Modeakademie»* und auch der Verlag «Europäische Modezeitung» hervorgingen. Die Akademie entwickelte sich bald von einer Ausbildungsstätte zu einem Gesellschaftsunternehmen, das einheimische Modetendenzen förderte. 1867 erhielt sie an der Nordstraße 20 einen repräsentativen Neubau. An der Forststraße ließ K. 1859 das Verlags- und Redaktionshaus für seinen «Europäischen Modeverlag» errichten, daneben befand sich seine Villa. Mit mehreren international verbreiteten Modezeitschriften sowie auch mit Lehr- und Fachbüchern für das Schneiderhandwerk beeinflußte er den Modetrend in allen Bevölkerungsschichten Deutschlands. – Die aus seinen Unternehmen gewonnenen Einnahmen verwendete K. zum Aufbau einer bedeutenden Sammlung von ca. 5000 wertvollen alten Drucken, Handschriften, Einbänden sowie anderen bibliophilen Kostbarkeiten, die von der Fachwelt als hervorragende Grundlage zur Erforschung der Frühdruckzeit anerkannt wurde. Der sächsische Staat erwarb 1914 dieses *«Bibliographische Museum»*, das den Grundstock des seit 1950 der Deutschen Bücherei Leipzig eingegliederten Deutschen Buch- und Schriftmuseums bildete.

Klemperer: 1. *Gustav von*, Bankier, geb. 24. 4. 1852 Prag, gest. 27. 12. 1926 Dresden. – K. war ab 1871 im Bankhaus Thode & Co. Dresden tätig und wurde 1891 von Eugen →GUTMANN in den Vorstand der →Dresdner Bank berufen. 1910 erhielt er den österreichischen Adelstitel Edler von Klemenau. Er trug eine bedeutende private Kunstsammlung zusammen, die u.a. über 800 wertvolle Meißner Porzellane und ca. 1000 Wiegendrucke und wertvolle Buchausgaben enthielt. Nach der Emigration seines Sohnes *Victor von K.* (geb. 1876 Dresden, gest. 1943 Bulawayo, Südrhodesien) wurde die Sammlung 1938 als jüdischer Besitz von den Nazis geraubt und später in staatliche Museen eingegliedert. 1945 wurde ein Teil der Sammlungen durch Luftangriffe vernichtet. – Grab von G. v. K. auf dem Jüdischen Friedhof Fiedlerstraße. –
2. *Victor*, Sprach- und Literaturwissenschaftler, Romanist, Essayist, geb. 9. 10. 1881 Landsberg (Warthe)/ Gorzow, Polen, gest. 11. 2. 1960 Dresden. – K. hatte 1921/35 eine Professur an der Technischen Hochschule Dresden inne und verfaßte Arbeiten insbesondere zur französischen Literatur. Nach der Amtsentlassung durch die Faschisten 1935 wurde er durch die Judengesetzgebung zunehmend aller Arbeitsmöglichkeiten beraubt, mußte sein Heim in Dölzschen aufgeben und 1940/44 in den sog. Dresdner Judenhäusern leben. Er überlebte als Zwangsarbeiter diese Jahre, konnte sich nach dem Luftangriff vom Februar 1945 verbergen und übernahm nach Kriegsende wieder eine Professur an der TH. K. war 1946 erster Direktor der Volkshochschule und übernahm nach 1947 Lehrämter in Greifswald, Halle und Berlin. 1947 erschien sein Buch «LTI. Lingua Tertii Imperii», in dem er seine persönlichen Erfahrungen mit einer Analyse von Sprache und Denken des «Dritten Reiches» verbindet. Der handschriftliche Nachlaß in der Sächsischen Landesbibliothek enthält die Tagebücher aus dem Alltag der faschistischen Diktatur in seiner Heimatstadt. – Grab auf dem städtischen Friedhof Dölzschen; V.-Klemperer-Straße in Räcknitz.

Klengel: 1. *Johann Christian*, Maler, geb. 5.5.1751 Kesselsdorf b. Dresden, gest. 19.12.1824 Dresden. – Nach der Ausbildung bei Charles →HUTIN, Bernardo →BELLOTTO und ab 1768 bei Christian Wilhelm Ernst →DIETRICH an der Dresdner Kunstakademie wurde K. 1777 als erster aus der Akademie hervorgegangener Künstler selbst zum Mitglied der Akademie ernannt. 1800 übernahm er als Professor den neu errichteten Lehrstuhl für Landschaftsmalerei. Der damals als Landschafts- und Tiermaler hochgeachtete Künstler wirkte bahnbrechend für die Dresdner Landschaftsmalerei, da er von dem holländisch beeinflußten klassizistischen Landschaftsstil des 18. Jh. den Weg zur Romantik wies. Wohnung in der Langen Gasse 310 (Zinzendorfstraße). – Begraben auf dem Eliasfriedhof. –

2. *Wolf Caspar von*, Architekt, Oberlandbaumeister, geb. 8.6.1630 Dresden, gest. 10.1.1691 Dresden. – Auf Reisen durch Europa hatte K. sich ausgezeichnete mathematische, zeichnerische und militärische Kenntnisse erworben, ehe er als Nachfolger Wilhelm →DILICHS 1656 zum Oberlandbaumeister ernannt wurde. In diesem Amt sowie seit 1672 als Oberinspektor aller Fortifikations- und Zivilgebäude, seit 1685 als Oberkommandant der Festungen Neu- und Altendresden, Sonnenstein, Stolpen und Königstein sowie seit 1689 als Generalwachtmeister wirkte er im Dienste der Kurfürsten →JOHANN GEORG II. und JOHANN GEORG III. auf vielseitige Weise weit über die Grenzen Dresdens hinaus. Für die Residenzstadt entwarf der «Schöpfer des Dresdner Barockstils» u.a. den neuen Altar der ehemaligen Schloßkapelle (1662), das →Komödienhaus (1664/67), das neue →Ballhaus (1668/69), das neue →Schießhaus (1672/73), obere Teile des Schloßturms (1677/78; als einziges Bauwerk noch erhalten), das neue →Reithaus (1674/78), einen Bebauungsplan für die Vorstadt →Ostra (1670), den Aufbauplan für →Altendresden nach dem Brand von 1685 sowie Pläne zur Festungserweiterung. Als Lehrer von →FRIEDRICH AUGUST I. hatte er maßgeblichen Einfluß auf dessen spätere Baupläne. – Begraben in der Sophienkirche (selbstentworfenes, kupfergetriebenes Epitaph schon im 18. Jh. verschollen), Klengelstraße in Loschwitz, Klengel-Denkmal am Körnerweg.

Klepperstall: →Terrassengasse

Klette, Hermann: Architekt, geb. 8.2.1847 Dresden, gest. 27.2.1909 Dresden. – Der 1889 zum Stadtbaurat ernannte K. erwarb sich große Verdienste bei der Einrichtung des städtischen Tiefbauamts (Verbesserung und Erweiterung des Kanalisationsnetzes, Verlegung der Weißeritzmündung usw.). K. entwarf die Königin-Carola-Brücke (→Carolabrücke), die Tiefbauanlagen für den →Schlachthof, war an der Umgestaltung des →Hauptbahnhofs und dem Umbau der Augustusbrücke beteiligt. – K. wohnte zuletzt Elsässer Straße 2. – Klettestraße in Leuben.

Klettenberg, Johann Hektor von: Alchimist, geb. 1684 Frankfurt, gest. (hinger.) 1.3.1720 Königstein. – K. war ein Abenteurer, der auf Jahrmärkten als Schwarz- und Zauberkünstler auftrat und vorgab, durch eine von ihm hergestellte Tinktur unedle Metalle in Gold verwandeln zu können. AUGUST DER STARKE, der schon den «Goldmacher» Johann Friedrich →BÖTTGER in Dresden festhielt, um mittels des «Steins des Weisen» seine finanziellen Probleme lösen zu können, nahm 1714 auch K. in seine Dienste. Er ernannte ihn zum Kammerherrn, wies ihm eine monatliche Besoldung von 1500 Talern an und ließ ihm im Erdgeschoß der Schloßstraße 15 ein Laboratorium einrichten. Als der Kurfürst den Betrüger erkannt hatte, ließ er ihn 1719 auf den Königstein bringen und wegen zweier Fluchtversuche enthaupten.

Klima: Die Dresdner Elbtalweitung gehört dem schwach kontinental getönten Klimabereich des Hügellandes an. Das Jahresmittel der Lufttemperatur überschreitet innerhalb der geschlossenen Bebauung, wo sich ein besonderes «Stadtklima» herausbildet, +10°C und sinkt in den Randlagen auf +8,5°C. Besonderheiten werden durch die Höhenunterschiede innerhalb des Stadtgebietes (101 ... 315 m NN) und die Richtung und Hangformen der Elbtalweitung verursacht. Bei Temperaturschwankungen um den Gefrierpunkt bildet sich in den Außenbezirken häufig eine geschlossene Schneedecke aus, während das Stadtzentrum schneefrei bleibt. Die sonnenexponierten unteren Hanglagen von Pillnitz bis Weinböhla ermöglichen →Weinbau und anspruchsvolleren Obstbau. Windstille Hochdrucklagen lassen im Winter flache Inversionen, im Sommer eine hochreichende Dunstglocke über dem Ballungsgebiet entstehen. – Die Richtung der Talachse lenkt die Luftströmungen aus den Hauptwindrichtungen ab, so daß WNW- und OSO-Winde überdurchschnittlich häufig auftreten und die Durchlüftung des Elbtalkessels begünstigen. Im Winterhalbjahr treten dadurch gelegentlich unangenehm schneidende SO-Winde auf, während es bei südlichen, über das Erzgebirge kommenden Winden zu typischen Föhnaufheiterungen kommt. Lokale «Hangwinde» mildern in den Randgebieten sommerliche Hitze. Die Bedeutung der die Stadt umgebenden Hänge für die Luftzirkulation ist bei Bebauungsvorhaben zu berücksichtigen. – Das Jahresmittel der Niederschläge liegt je nach Höhenlage im Stadtgebiet bei 640 ... 680 mm. Bei örtlichen Schauern oder Gewittern treten innerhalb der Stadt äußerst unterschiedliche Niederschlagsmengen auf. Langandauernde Starkregen über dem Erzgebirge und der Oberlausitz erfassen mitunter auch den Elbtalkessel.

Kliniken: Als fachgebietsorientierter Bestandteil der →Krankenhäuser bestanden neben den K. der Krankenanstalten bis 1945 viele Privatkliniken. Unter ihnen

Wolf Caspar von Klengel

waren die K. für Radiumbestrahlung, für Krankheiten der Schilddrüse, der Nerven-, Haut- und Augenkrankheiten sowie für Chirurgie, Urologie, Hals-, Nasen- und Ohrenerkrankungen, Orthopädie, Inneres und die Frauenkliniken mit Entbindungsanstalten. In den heutigen Krankenhäusern Dresden-Neustadt und Friedrichstadt bestehen zwei Frauen-K., drei Medizinische K., eine Augen-, eine Haut-, eine Chirurgische und eine Kinderklinik. Dazu kommen noch die K. mit den entsprechenden Abteilungen der →Medizinischen Akademie «Carl Gustav Carus» (seit 1993 Medizinische Fakultät der TU).

Klöster: →Augustinerkloster; →Franziskanerkloster

Klostergasse: Die seit dem Mittelalter existierende K. verlief als Verlängerung der →Großen Meißner Straße/→Neustädter Markt ostwärts bis zur →Wiesentorstraße. Auch «Große Klostergasse» genannt, wurde sie auf dem ehemaligen Areal des 1539 aufgelösten →Augustinerklosters angelegt (1550 bereits als «Clostergasse» erwähnt) und führte zum →Jägerhof. – 1976 wurde aus der K. ein Teil der Köpckestraße.

Klosterschänke, auch *«Gasthof zum alten Kloster»*: ehemalige historische Gaststätte in →Leubnitz-Neuostra. Sie wurde bereits 1564 urkundlich als Schenke im erhaltengebliebenen Teil des früheren Klosterhofs erwähnt, der sich bis Mitte des 16. Jh. im Besitz des Klosters Altzella befunden hatte und 1550 vom Kurfürsten dem Dresdner Rat überlassen worden war. Das ehemalige Wohnhaus des Hofmeisters (Klosterhofverwalter) wurde vom Rat 1572 als Schankstätte für das Dresdner Bier ausgebaut und mit dem Ratswappen über der Tür versehen. Als *«Steinernes Haus»* und Wahrzeichen von Leubnitz überstand die K. die Jahrhunderte und war um 1900 eine beliebte, in altdeutschem Stil eingerichtete Gaststätte. Nach 1972 mußte sie wegen Baufälligkeit abgerissen werden.

Fachwerkhäuser und Kirche von Alt-Klotzsche

Klotzsche: rechtselbischer Stadtteil, 1309 als Kloiczowe (slawisch: Rodung) urkundlich erwähnt, 1935 Stadtrecht, 1950 zu Dresden eingemeindet. – K. war ein Bauerndorf, das lange unter den kargen Sandböden, Wildschäden und den Folgen der Hofjagden litt. Vogelstellerei wurde noch bis in das 19. Jh. betrieben, zeitweise gab es 5 Vogelherde. Der Ortskern an der Hauptstraße weist einige alte Fachwerkhäuser auf. Hier befindet sich auch das «Erbgericht», das im 16. Jh. Schankgerechtigkeit besaß (Klubhaus «Friedrich Wolf»). Bis 1321 waren die Bewohner zur Frauenkirche eingepfarrt. Ab 1539 war die Klotzscher Kirche Filialkirche von Wilschdorf. Beim großen Dorfbrand 1802 brannte sie ab und wurde 1810/11 neuerrichtet (heutige «Alte Kirche», alte Grabmale auf dem Kirchhof). Der «Schänkhübel» an der Königsbrücker Landstraße war eine hölzerne Waldschenke und seit 1835 ein festes Gebäude. K. erweiterte sich in der zweiten Hälfte des 19. Jh. um die Ortsteile Königswald und Alberthöhe. Längs der Königsbrücker Landstraße entstand der Villen- und Kurort *Königswald*, um dessen Ausbau sich August Wilhelm QUOSDORF Verdienste erwarb (Gedenkstein vor dem Bahnhof K.). Nach der Einrichtung eines eigenen Bahnhofs an der Strecke Dresden–Görlitz schritt der Ausbau des Ortes mit zahlreichen Villen weiter voran. 1884 wurde die Eisenbahnstrecke Klotzsche–Königsbrück angelegt, 1903/1905 verkehrte die →Dresdner Heidebahn vom Arsenal nach K., 1911 wurde die elektrische Straßenbahn zum Schänkhübel eröffnet, 1925 bis Kurhaus, 1926 bis Deutsche Eiche, 1929 bis Weixdorf-Lausa verlängert. Nach 1890 erwarb die Gemeinde zusätzlich zur Churwiese 180 ha vom Staatsforst und legte den Waldpark an. Das Wasser der Prießnitz wurde ab 1902 für das Waldbad genutzt. Das Kurhaus an der Königsbrücker Landstraße entwickelte sich zum gesellschaftlichen Mittelpunkt des Villenvorortes. – Der Ortsteil *Alberthöhe* entstand in der Nähe des Schänkhübels um die 1888 gegründete Gaststätte «Alberthöhe», die noch nach 1945 größeren Veranstaltungen diente und 1950 geschlossen wurde. Dieser Ortsteil wuchs mit der Schänkhübel-Wohnkolonie zusammen. Die Zahl der Kurgäste in Königswald und Alberthöhe stieg bis 1916 auf ca. 1275, sank dann jedoch rasch ab. Die Gemeinde errichtete ein eigenes Gas- und Wasserwerk an der Königsbrücker Landstraße und 1907 das Rathaus Kieler Straße. In K. siedelten sich neben Beamten, Kaufleuten und Wissenschaftlern bekannte Künstler wie Johannes →SCHILLING (Goethestraße 9), Conrad →FELIXMÜLLER, Karl →GJELLERUP und Gertrud →CASPARI an. – Als zweite Kirche im Ort errichtete Woldemar KANDLER 1906/07 die *Christuskirche Klotzsche* am Boltenhagener Platz im Neurenaissancestil. 1882 wurde der «alte Friedhof» angelegt (Grab von Karl →SCHMIDT-HELLERAU), 1932 der Neue Friedhof (Grab von vier im Jahre 1959 verunglückten Testpiloten). – Die 1938 gegründete katholische Pfarrei übernahm 1947 die Villa Odin der Klarissen an der Darwinstraße. Zwei Villen wurden zum kath. St.-Marien-Krankenhaus ausgebaut. 1883 wurde an der Hauptstraße die heutige 83. Grundschule, 1892 in Königswald eine Bürgerschule und 1896 an der Casparistraße die heutige 82. Mittelschule errichtet. – Nach dem Ersten Weltkrieg wurde die bauliche Entwicklung von Siedlungsgedanken der benachbarten Gartenstadt Hellerau beeinflußt. 1927/31 entstand am Dörnichtweg nach Plänen von Oswin →HEMPEL die Trobischbergsiedlung, 1920/30 die Steinacker- und 1928/31 die Eigenwerk- und Ödlandsiedlung. Julius FINCK gründete 1926 in der Goethestraße das Institut für Wirbeltuberkulose, das nach dessen Tod in der Orthopädischen Abteilung der Medizinischen Akademie aufging. Aus der Albertstadt siedelte 1927 die →Landesschule, ein Realgymnasium mit Heimerziehung, in die von Heinrich →TESSENOW entworfenen Gebäude um. Sie wurde 1934 in eine «nationalpolitische Erziehungsanstalt» umfunktioniert, ihre Gebäude nach 1945 von sowjetischen Truppen bezogen. 1935 wurde der Flughafen vom Heller auf die Hochfläche nordwestlich von Altklotzsche verlegt. K. wurde Garnisonsstandort (umfangreiche Kasernenbauten der Luftkriegsschule 1 im Norden von K.) und zur Stadt erhoben.

1946 wurde ein landtechnisches Instandsetzungswerk an der Königsbrücker Landstraße errichtet. Die 1948 gegründete «Gesundheitshaus Klotzsche GmbH» entwickelte sich unter Leitung von Hans TICHY zu einem Rheumaspezialkrankenhaus. Am →Flughafen Dresden-Klotzsche wurde ab 1955 eine zivile Luftfahrtindustrie aufgebaut (→Industrie). Für die Montage der hier produzierten Flugzeuge errichtete man u.a. zwei Hallen, die damals zu den größten freitragenden Hallenkonstruktionen Europas zählten. Nach der Einstellung des Flugzeugbaues 1961 wurden die Kapazitäten des entstandenen Industriegebiets mit ca. 15 000 Beschäftigten durch verschiedene Nachfolgebetriebe genutzt, darunter als größter Betrieb der VEB Elektromat, des weiteren ein Betrieb für lufttechnische Anlagen, die Flugzeugwerft, das Institut für Leichtbau u.a. An der Grenzstraße wurden in den siebziger Jahren Fertigungsstätten der Mikroelektronik errichtet. Im Zusammenhang mit der Industrialisierung von Klotzsche wurde die Eisenbahn zum Haltepunkt Grenzstraße verlängert, 1975 unterhalb der Wohnsiedlung aus den dreißiger Jahren ein Neubaugebiet an der Karl-Marx-Straße und 1986 ein weiteres an der Grenzstraße errichtet. Der Flughafen wird seit 1992 erweitert. Die Elbe-Flugzeugwerke nahmen 1992 die Produktion auf. Im Entstehen ist seit 1993 ein Büropark zwischen Dörnichtweg und Grenzstraße. 1994 bestätigten die Dresdner Stadtverordneten die Ansiedlung einer Mikrochipfabrik am Rand der Dresdner Heide.

Knöbel, Johann Friedrich: Architekt, Landbaumeister, get. 14. 6. 1724 Dresden, gest. 26. 9. 1792 Dresden. – Nach zehnjähriger Lehre bei Johann Christoph →KNÖFFEL wurde K. 1749 als Kondukteur beim Dresdner Oberbauamt angestellt. 1752 zum Landbaumeister ernannt, hatte er sich um die Erhaltung der königlichen Bauten in Warschau zu kümmern. Ab 1755 beaufsichtigte er in Polen eine Anzahl von Neu- und Umbauten. Von 1766 an wirkte K. als Landbaumeister in Dresden, wobei er die Aufsicht über die bestehenden und zu errichtenden kurfürstlichen Bauwerke aller Art hinsichtlich ihrer Erhaltung, Kosten, Sicherheit und Bequemlichkeit hatte. K. eigener Stil, der bereits klassizistische Züge trägt, ist am neuen →Gewandhaus zu erkennen, das nach seinen Entwürfen 1768/70 als bedeutendster städtischer Bau nach dem Siebenjährigen Krieg entstand.

Knöffel, Johann Christoph: Architekt, Oberlandbaumeister, geb. 1686 Dresden, gest. 6. 3. 1752 Dresden. – K. war Schüler LONGUELUNES und PÖPPELMANNS. Er hatte als Maurer begonnen, trat 1708 als Kondukteur ins Dresdner Oberbauamt ein, wurde 1722 Landbaumeister und 1728 Oberlandbaumeister. 1750 ernannte man ihn als Nachfolger Pöppelmanns, mit dessen Enkelin er verheiratet war, zum Generalakzisebaudirektor. In seinem überwiegend für höfische Auftraggeber geschaffenen Werk gilt K. als «Begründer des Dresdner Rokokos», wobei bereits eine durch die Aufklärung beeinflußte Rationalität erkennbar ist. Mit über 50 großen Bauprojekten gehört er zu den bedeutenden sächs. Architekten des 18. Jh., der den Baustil in Dresden auch noch lange nach seinem Tode beeinflußt hat. Zu seinen bedeutendsten Bauten in Dresden zählen die →Ritterakademie (1724/30), das →Kurländer Palais (1729), das →Palais Brühl in der Augustusstraße mit Gartensaal, Galeriegebäude und Bibliothek (1734/53), die Erweiterung der Kgl. Gemäldegalerie im Stallgebäude (1745/46), das zweite →Belvedere auf der Brühlschen Terrasse (1749/51), der Umbau und die Erweiterung des Palais Brühl in der Friedrichstadt (→Marcolinipalais), das Rathaus am Altmarkt (1741/44), der Erweiterungsbau des →Palais Flemming-Sulkowski (1737/1747) und das →Saulsche Haus (1752/53). Nennenswert sind weiterhin die Gartengestaltung auf der Brühlschen Terrasse, das Gegenprojekt zur →Frauenkirche von George BÄHR (1725), der seitliche Glockenturm an der →Sophienkirche (1736/37), die Fertigstellung des →Blockhauses, die Vollendung der kath. Hofkirche (→Kathedrale) und die Mitwirkung am Neustädter Rathaus. – K. bewohnte sein nach eigenen Plänen errichtetes Haus in der Borngasse und besaß auch zwei fünfstöckige Gebäude hinter der Frauenkirche (→Coselpalais). – Knöffelstraße in Zschertnitz.

Knöffler, Gottfried: Bildhauer, geb. 21. 3. 1715 Zschölkau (Kr. Delitzsch), gest. 11. 9. 1779 Dresden. – K. kam Ende der dreißiger Jahre des 18. Jh. als Gehilfe des Hofbildhauers Benjamin →THOMAE nach Dresden, übernahm als dessen Schwiegersohn 1751 die Werkstatt und wurde im gleichen Jahr zum Hofbildhauer ernannt. Von 1764 an wirkte er mit einem Jahresgehalt von 350 Talern als Lehrer der Bildhauerkunst an der kurfürstlichen Malerakademie. Mit zahlreichen Puttengruppen hat er die Schlösser und Parks seiner adligen Auftraggeber geschmückt, z. B. in Dresden das Brühlsche →Belvedere, das →Taschenbergpalais, das →Coselpalais und das Palais der Sekundogenitur (Zinzendorfstraße). Zu den wenigen in Dresden noch erhaltenen Statuen gehören die Kindergruppen am Coselpalais, die zwei Sphinxe und das auf dem Delphin reitende Kind auf der Brühlschen Terrasse sowie der unvollendete «Milon von Kroton» im Großen Garten. K. hatte seine Wohnung auf der jetzigen Hauptstraße 17 und seine Werkstatt auf dem Grundstück Rähnitzgasse 22. – Gruft mit Sandsteinmonument auf dem Inneren Neustädter Friedhof.

Koch & Sterzel: elektrotechnischer Großbetrieb, gegründet 1904 an der Zwickauer Straße 42 von Franz Joseph KOCH (1872–1941) und Karl August STERZEL (geb. 1875). Sie entwickelten enge Beziehungen zur Technischen Hochschule, bauten Forschung und Prüftechnik stark aus und spezialisierten sich auf Hochspannungstechnik (erster

Johann Christoph Knöffel

1-MV-Prüftransformator Europas für die Hochspannungshalle der TH) und auf Röntgentechnik. 1922/23 errichtete die Koch & Sterzel AG das Werk Mickten-Übigau auf dem Gelände der ehemaligen Luftschiffhalle Kaditz für die Transformatorenproduktion. – Koch betrieb ab 1927 auch eine Geigenbauwerkstatt zuerst auf der Prager Straße, zuletzt auf der Plattleite. – Das Röntgenwerk Zwickauer Straße wurde im Februar und April 1945 völlig zerstört. Das unversehrt gebliebene Trafowerk an der Washingtonstraße wurde demontiert, unter sowjetische Verwaltung gestellt, 1948 «volkseigen» und als Transformatoren- und Röntgenwerk Dresden (TuR) zu einem der bedeutendsten Exportbetriebe Dresdens ausgebaut. Die 29 m hohe Transformatorenhalle und die Montagehallen für Prüfgeräte waren 1950/53 die ersten größeren Industriebauten nach der Zerstörung Dresdens. 1958 wurde die ehemalige Schiffswerft Übigau angegliedert. Das Werk beschäftigte mit 7 Zweigbetrieben 5000 Mitarbeiter. Traditionelle Bereiche werden von der Siemens-Energie- und Medizintechnik weitergeführt.

Köchly, Hermann: Philologe, geb. 5. 8. 1815 Leipzig, gest. 3. 12. 1876 Triest. – Der junghegelianische Pädagoge wurde 1840 Oberlehrer an der Dresdner Kreuzschule, an der er gegen behördlichen Widerstand energisch für die Erneuerung der Lehrpläne eintrat. K. legte 1845/46 zwei Schriften über das Gymnasialwesen vor und übernahm 1846 den Vorsitz im neugegründeten Dresdner Gymnasialverein. 1849 arbeitete er in der Kommission zur Vorbereitung eines sächsischen Schulgesetzes mit. – K. war Abgeordneter der Frankfurter Nationalversammlung und verfaßte die demokratischen Forderungen, die am 8. März 1848 im Hotel de Pologne auf einer Bürgerversammlung bestätigt wurden. Er wirkte am 4. Mai 1849 an der Bildung der Provisorischen Regierung mit und floh nach dem Scheitern des →Maiaufstandes nach Brüssel. 1851 übernahm er in Zürich, 1864 in Heidelberg eine Professur und widmete sich als Philologe vor allem den altgriechischen Epikern.

Kohlmarkt: Gasse, die bis 1863 vom →Palaisgarten zum Weg «Der Grund» an der →Großen Meißner Gasse verlief. 1460 wurde sie «Kolmarth» und 1472 «Kohlmargckt» genannt. Ihren Namen erhielt sie, weil dort ehemals Holzkohlen verkauft wurden. Das Gebäude K. Nr. 14 (auch Am Kohlmarkt genannt) war das Geburtshaus von Theodor →KÖRNER und zugleich lange Zeit der Treffpunkt des geistig-kulturellen Lebens Dresdens. Anläßlich des 50. Todestages von Theodor Körner wurde die Straße K. am 26. August 1863 in Körnerstraße umbenannt.

Kokoschka, Oskar: österr. Maler und Dramatiker, geb. 1. 3. 1886 Pöchlarn a. d. Donau, gest. 22. 2. 1980 Montreux. – Der Künstler kam Ende 1916 als verwundeter österr. Offizier zur Rekonvaleszenz in →Lahmanns Sanatorium nach Dresden/Weißer Hirsch. Am 3. Juni 1917 wurden drei seiner frühen Dramen («Mörder, Hoffnung der Frauen», «Hiob» und «Der brennende Dornbusch») in einer geschlossenen Veranstaltung im Alberttheater uraufgeführt, wofür K. auch die Bühnenbilder geschaffen hatte. – Als exponiertester Künstler, der damals in Dresden lebte, wurde er 1919 an die Kunstakademie berufen und baute dort als jüngster unter den Professoren mit seiner unkonventionellen, rein auf das Schöpferische ausgerichteten Lehrmethode ein neues, ungezwungenes Verhältnis zu den Studenten auf. Im Herbst 1923 verließ er Dresden, dessen «Begrenztheit des künstlerischen Wirkens, die Kleinlichkeit des Bürgertums» ihm «unerträglich» geworden waren. Er blieb aber bis zum Ablauf seines Vertrages 1926 Angehöriger der Akademie. In der Dresdner Zeit entstanden mit den Ansichten der Stadt seine ersten Landschaften sowie einige seiner bedeutendsten Figurenkompositionen. Fünf von den Dresdner Kunstsammlungen erworbene Bilder wurden 1937 in der Aktion «Entartete Kunst» konfisziert. – Seine Wohnung hatte K. anfangs im →Palasthotel Weber, später auf dem Weißen Hirsch in der Pension «Felsenburg» und danach in einem Kavaliershäuschen im Großen Garten.

Kollegienhaus: im 17. Jh. errichtetes dreigeschossiges Bürgerhaus Große Meißner Straße 15, das 1733 von AUGUST DEM STARKEN erworben wurde, um es bis 1734 von →PÖPPELMANN für die Unterbringung des Appellationsgerichtes, der Oberrechnungskammer, des Oberkonsistoriums und anderer Landesbehörden umbauen zu lassen. Während Pöppelmann das vom Amtsmaurermeister Johann Georg GEBHARDT entworfene reich gegliederte Straßenhaus (1724) beließ, stammen von ihm selbst die zur Elbe weisenden Gebäudeteile mit den zwei Innenhöfen. Die Bauleitung für den Umbau des später als «Regierung» bezeichneten Gebäudes hatte Andreas →ADAM. Das 1945 teilzerstörte K., das bis Ende der siebziger Jahre Verwaltungsstellen verschiedener Betriebe beherbergt hatte, sollte als letztes erhaltenes barockes

Oskar Kokoschka (1886–1980): Elblandschaft in Dresden (1923)

Baudenkmal an der Großen Meißner Straße dem Neubau des →Hotels Bellevue weichen. Durch massive Proteste von Fachleuten und der Dresdner Bevölkerung bei den DDR-Machthabern wurde Anfang 1982 die schon vorbereitete Sprengung verhindert und die Einbeziehung des K. in historisch getreuer Form in den Hotelkomplex erreicht (1985 fertiggestellt).

Kommunalgarde: von der Staatsregierung geforderte, 1830/51 bestehende städtisch polizeiliche Hilfstruppe, die die Nachfolge der →Bürgergarde antrat. Die unter dem Oberkommando des Prinzen JOHANN stehende K. entstand in einer Zeit äußeren Friedens, aber innerer Unruhen. Anfangs bestand die Garde nur aus Freiwilligen, die ihre Offiziere selbst wählten. Zunächst trugen die Kommunalgardisten keine Uniform, sondern nur eine weiße Armbinde und eine Kokarde. Nach und nach wurde allerdings die Teilnahme zu einem gewissen Zwang, besonders für Gewerbetreibende und Kaufleute, und das Tragen einer Uniform (obwohl nie Pflicht) eingeführt. Ähnlich der →Bürgergarde zählte zu den Aufgaben der K. das Abhalten von Paraden, die Stadt vor Schaden und Unglück zu bewahren und bei Ausschreitungen die Ordnung wieder herzustellen. Während der →Revolution 1848/49 beteiligte sich die Mehrheit der K. nicht an den Kämpfen bzw. stand mit ihrer Scharfschützenabteilung auf der Seite der Revolution, was auch zu ihrer späteren Auflösung führte.

Kommunrepräsentanten: gewählte Vertreter der Dresdner Bürgerschaft, die bis zur Einführung (1837) der bürgerlichen Reformen der 1832 erlassenen Städteordnung die Interessen der Bürger gegenüber dem Stadtrat wahrnahmen. Das entsprechende Wahlgesetz vom 1. Oktober 1830 bestimmte, daß alle angesessenen und unangesessenen Bürger wahlberechtigt seien. Vom 14.–16. Oktober 1830 bestimmten die Dresdner Bürger in indirekter Wahl 66 K., beguterte Handwerksmeister, Kaufleute oder Beamte. Man darf dabei nicht übersehen, daß nur rund 3500 von den etwa 70 000 Einwohnern der Stadt im Sinne des Wahlgesetzes wahlberechtigt waren. Am 31. Oktober 1830 fand die feierliche Amtseinführung der K. statt, die auf ihrer ersten Sitzung den Obersteuerverwalter →EISENSTUCK zu ihrem Vositzenden wählten.

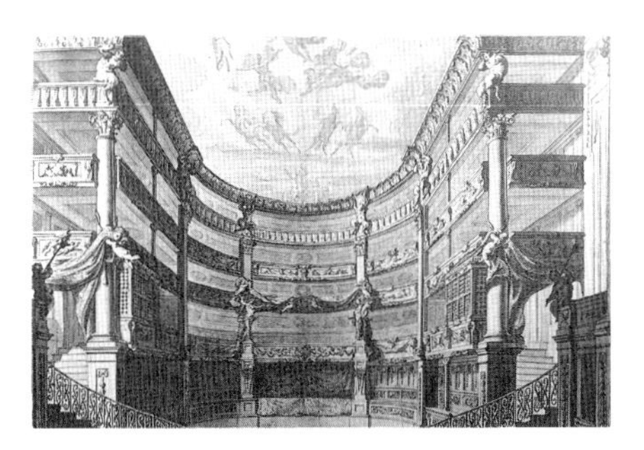

«Komödie»: ehemaliges Privattheater an der Reitbahnstraße. Mit der Spielzeit 1923/24 hatten vormalige Mitglieder des →Alberttheaters mit Unterstützung der →Dresdner Volksbühne das «Neue Theater» gegründet, das zunächst im Saal der Dresdner Kaufmannschaft an der Ostra-Allee untergebracht war und ab September 1926 unter der Bezeichnung «Die Komödie» ein Gebäude an der Reitbahnstraße bezog, das 1923 nach dem Entwurf von L. LUSTIG als Konzerthaus gebaut worden war (im Februar 1945 teilzerstört, 1957 abgerissen).

Komödienhaus: ehemaliges Theatergebäude, das 1664/67 nach Plänen Wolf Caspar von →KLENGELS am Taschenberg neben dem Schloß aus Pirnaer Sandstein errichtet wurde. Es zählte zu den ersten festen Theaterbauten in Deutschland, faßte 2000 Personen und war vor allem im Inneren prächtig ausgestaltet. Der Zuschauerraum war 16 m breit, 20 m tief und enthielt zwei von Säulen getragene Ränge, die flache Decke war von dem Maler Oswald HARMS mit großartigen allegorischen Gestalten bemalt worden. Die Bühne war 25 m tief und konnte 10 Kulissenpaare aufnehmen. Das Bauwerk wurde 1691 von Johann Georg →STARCKE verändert (vier Ränge) und 1707 durch Johann Christoph →NAUMANN und Raymond →LEPLAT zur ersten *katholischen Hofkirche* umgestaltet, für deren Altar Balthasar →PERMOSER zwei überlebensgroße Kirchenväterfiguren schuf. 1755 baute man das K. erneuert um zum →*Ballhaus,* das 1802/04 mit einer klassizistischen Fassade versehen wurde und von da an als *Hauptstaatsarchiv* diente. Mit der Veränderung der gesamten Platzanlage wurde es 1896 abgebrochen. An seiner Stelle stand bis 1945 der Wettinobelisk.

König, Johann Ullrich von: Hofpoet, geb. 8.10.1688 Eßlingen, gest. 14.3.1744 Dresden. – Nach seinem Studium der Theologie und Jurisprudenz war K. zunächst Hofmeister eines Grafen in Heidelberg. Dann zog er nach Hamburg, wo er die «teutschübende Gesellschaft» stiftete und für die Hamburger Oper verschiedene Singspiele, Serenaden und Lustspiele schrieb. 1719 kam K. an den Dresdner Hof und verfaßte anläßlich der Hochzeit des Kurprinzen das Gedicht «Heldenlob Friedrich Augusts». Auf Empfehlung des Leibarztes →HEUCHER wurde er zum Hofpoeten ernannt. Nach der Ernennung zum Ceremonienmeister 1729 besaß K. den Rang eines Hofrats. Aus seiner Dresdner Zeit sind die Singspiele «Dresdner Schlendrian» und «Die verkehrte Welt» zu nennen. Sein Hauptwerk war das Pseudoepos «August im Lager» (Lustlager bei Zeithain).

König-Albert-Hafen: →Elbhäfen

König-Albert-Park: →Albertpark

König-Georg-Gymnasium: 1903 in der Johannstadt eröffnete erste humanistische Reformschule in Sachsen. Das K. war erst in der 12. Bürgerschule am Fiedlerplatz untergebracht und erhielt 1908 ein neues Schulgebäude in der Fiedlerstraße, das 1906/07 nach Plänen von Hans →ERLWEIN gebaut worden war. Beim Bombenangriff 1945 brannte das Gebäude aus; im Inneren nach 1946 umgebaut, ist es heute ein Teil der →Medizinischen Fakultät «Carl Gustav Carus» der TU Dresden. Zu den Lehrern gehörte der Kunsthistoriker Will GROHMANN, und zu den Schülern zählten Erich KÄSTNER und Fritz LÖFFLER.

«Königin Maria»: erstes Personendampfschiff auf der Oberelbe, 1836/37 von Johann Andreas →SCHUBERT erbaut. – Der eiserne Schiffsrumpf des 36,10 m langen Schiffes wurde auf dem alten Vogelwiesengelände am Altstädter Ufer, die Dampfmaschine mit dem Niederdruckkessel auf der Schiffswerft Übigau montiert. Auf die Probefahrt zwischen Übigau und Briesnitz am 6. Juni 1837 folgte am 30. Juli die Eröffnungsfahrt vom Packhof nach Meißen und zurück und am 25. August 1837 der fahrplanmäßige Verkehr in die Sächsische Schweiz. Das

Zuschauerraum des Komödienhauses

Schiff erhielt 1841 eine neue Maschine der Firma John Penn und wurde 1846 verschrottet; die Dampfmaschine wurde in ein zweites Schiff gleichen Namens eingebaut.

Königin-Carola-Brücke: →Carolabrücke

König-Johann-Straße: Die 1886/88 angelegte K. (ab 1919 Johannstraße) bestand bis 1954 und führte von der Ostseite des →Altmarkts als Verlängerung der →Wilsdruffer Straße zum →Pirnaischen Platz. Entstanden ist sie aus der →Badergasse, einer engen Sackgasse, an deren Ende 46 Häuser für die Neuanlegung der K. abgebrochen wurden. Die moderne Geschäftsstraße hatte überwiegend protzige Bauten aus der Gründerzeit. Kritiker bezeichneten die Architektur der Straße als «Zippel-Zappel-Stil». Das einzige historische Gebäude der K. war das →Landhaus im Ostteil der Straße. Nach der Zerstörung 1945 und dem Wiederaufbau in den fünfziger Jahren wurde sie 1954 mit der Wilsdruffer Straße in Ernst-Thälmann-Straße umbenannt, die 1991 die Bezeichnung Wilsdruffer Straße erhielt.

Königs Weinberg (ein Teil davon heute *Wachwitzer Höhenpark*): ehemals 38 ha umfassender wettinischer Besitz auf Loschwitzer und Wachwitzer Flur. Er wurde 1824/54 durch Käufe verschiedener privater Weinberge und des Ritterguts Wachwitz als Sommersitz für König FRIEDRICH AUGUST II. (1797–1854) angelegt. Der erste Parkgestalter war der Hofgärtner Karl Adolf TERSCHECK. Außer Wald, Weinbergen (Ende des 19. Jh. verödet) und Parkanlagen befand sich bis 1855 auch ein Tiergehege auf dem Gelände. Die am unteren Berghang gelegene Sommervilla wurde 1893 durch das untere Schloß ersetzt (heute Studentenwohnheim); 1900/04 entstand inmitten des Parks die Sommerresidenz für König FRIEDRICH AUGUST III. (heute Sächsische Akademie für Weiterbildung der Lehrer und Erzieher) während das obere Schloß für den Prinzen CHRISTIAN erst 1934/36 erbaut wurde. Bis 1945 gehörte K. den Wettinern, danach wurde er dreifach geteilt. 1948 begann man mit der Wiederherstellung des verfallenden Geländes; 1970/71 wurde auf einem Teil von K. der →Rhododendrongarten angelegt.

Königsbrücker Straße: Ausfallstraße vom Albertplatz durch die →Äußere Neustadt nach Norden, 1414 als «Weg nach Langebrück» erwähnt, seit dem 17. Jh. nach der Stadt Königsbrück, 1964/1990 nach dem Landtags-Präsidenten 1947/52 Otto BUCHWITZ (1879–1964) benannt. – Der Fahrweg führte vom Schwarzen Tor über den «Neuen Anbau auf dem Sande» und wurde nur zögernd bebaut. Erstes Anwesen war die 1735 von dem aus Böhmen zugewanderten Gärtner PABLICK erbaute «Sandschänke» (später «Grüne Tanne»). Westlich der K. entstand 1756 das Gasthaus →Schönbrunn. Östlich der K. wurde 1835 die erste Schokoladenfabrik Jordan & Timäus gegründet; westlich der K. entstand die Oppellvorstadt. Oberhalb der heutigen Stauffenbergallee errichtete die Stadt 1876/78 die Arbeitsanstalt, neben der die bekannte Gaststätte «Lindengarten» steht. Das Kasernenviertel der →Albertstadt, für die 1911 auch das →Sächsische Soldatenheim entstand, veränderte diesen Teil der Straße völlig. 1903/04 verkehrte die →Dresdner Heidebahn vom Arsenal (nach dem Ersten Weltkrieg →Industriegelände) nach Klotzsche, wo sich die Straße als Königsbrücker Landstraße fortsetzt. Im Haus Nr. 66 wurde Erich →KÄSTNER geboren (Gedenktafel), der seine Kindheitserlebnisse an «dieser merkwürdig dreigeteilten Straße mit ihren Vorgärten am Anfang, ihren Mietshäusern in der Mitte und ihren Kasernen am Ende der Stadt» schilderte («Als ich ein kleiner Junge war»). – 1927 wurde Ecke Bischofsweg das Filmtheater «Schauburg» mit 1000 Plätzen erbaut; gegenüber stand das Lokal «Zur Reichskrone» mit reich geschmücktem Saal (zuletzt «Aktiv», 1993 abgebrochen; →Damms Etablissement). – Im unteren Abschnitt: Hauptpostamt von 1962/1964; Fabrikgebäude →Dental-Kosmetik.

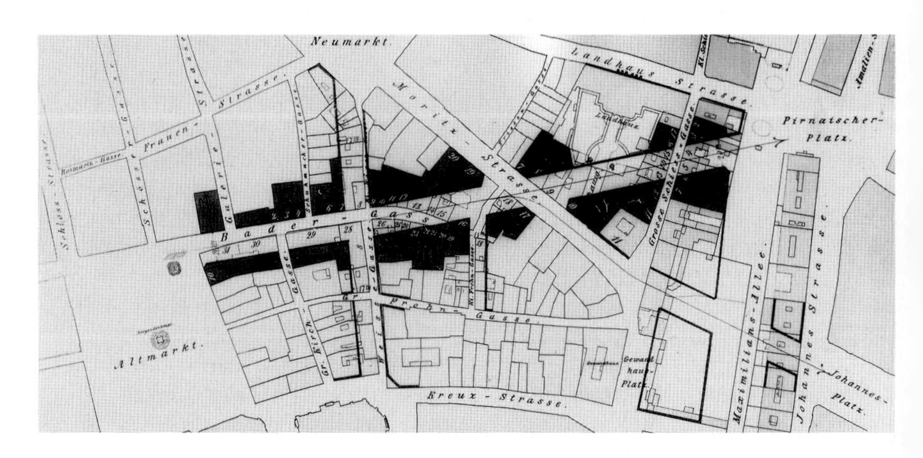

«Königin Maria» vor Schloß und Maschinenbauanstalt Übigau 1836
Durchbruch der König-Johann-Straße

Königsheim: Arthur Willibald: Regierungsrat, geb. 18. 3. 1816 Dresden, gest. 17. 3. 1886 Dresden. – K. hatte in Leipzig Rechtswissenschaften studiert und war 1857/84 in Dresden als Beamter tätig. 1863 hatte er sich in Blasewitz eine Villa errichten lassen (heute Goetheallee 4) und durch die Wohnlage enge Bindung an das →Blasewitzer Tännicht bekommen. Um der planlosen Aufteilung des Waldes in Baugrundstücke entgegenzuwirken, bemühte sich K. unermüdlich um dessen Erhaltung und landschaftsgestalterische Umwandlung zum Naherholungsgebiet, womit er zum Schöpfer des →Waldparks Blasewitz wurde. – Begraben Johannisfriedhof Tolkewitz; Königsheimplatz in Blasewitz (ehemals Bronzebildnis von Robert Henze an der Brunnenanlage); Königsheim-Stein mit Bildnis-Relief im Waldpark Blasewitz.

Königstraße: Straßenzug vom →Palaisplatz über den Platz an der →Dreikönigskirche zum →Albertplatz; 1945/91 Friedrich-Engels-Straße. – Die 27 m breite, lindenbestandene Straße wurde ab 1731 unter maßgeblicher Mitwirkung von Matthäus Daniel →Pöppelmann als zweite Hauptstraße der «Neuen Königsstadt» angelegt und auf die Mittelachse des Holländischen (Japanischen) Palais ausgerichtet. Die barocken Bürgerhäuser wurden nach dem Baureglement von 1732 mit einheitlichen Gesims- und Geschoßhöhen versehen, spätere klassizistische Gebäude nach der Bauordnung von 1828 diesen Proportionen angepaßt. Einige Gebäude erlitten 1945 Schäden, andere verfielen in der Folgezeit. Rekonstruiert wurden u. a. Nr. 3, unter Mitwirkung von George →Bähr für den Maler Christian Reinow erbaut, Nr. 5, 1740 von Andreas →Adam errichtet, und die Durchgangshäuser Nr. 10 und 12 zur →Rähnitzgasse. An mehreren Häusern sind farbige Hauszeichen des 18. Jh. erhalten.

Königsufer: im engeren Sinn der Straßenzug an der Elbfront des →Gesamtministeriums und des →Finanzministeriums (1947/91 Dr.-Rudolf-Friedrichs-Ufer); im weiteren Sinn die gestaltete Elbuferzone zwischen Café Rosengarten und Marienbrücke. – Das Neustädter Elbufer ließ bis in das 20. Jh. eine einheitliche Gestaltung vermissen. Kontroverse Standpunkte über den Ausbau des Uferbereichs durch Ufermauern und -straßen wurden bereits in der zweiten Hälfte des 19. Jh. verfochten. 1910/12 legte Hans →Erlwein einen Gesamtplan für das Neustädter Ufer vor, der wiederum eine Hochuferstraße vorsah. Diesen Plan griff Paul →Wolf 1933/36 wieder auf, ließ jedoch die geplante Straße weg. Damit wurde der weite Grünraum oberhalb der Marienbrücke mit seinen Sichtbeziehungen zur Altstadt erhalten, der Garten des Japanischen Palais einbezogen und eine Uferpromenade mit Freitreppen, Pavillons und Plastiken (u. a. der →«Bogenschütze» sowie die Statue «Genesung») sowie Gartenanlagen (→Rosengarten, Englischer und Staudengarten) geschaffen. Paul Wolf entwarf auch den Japanischen Pavillon mit Bronzeglockenspiel (1938) und die Milchverkaufsstelle von →Pfunds Molkerei. Der Pavillon wurde 1992 wieder errichtet. In die gartenarchitektonische Gestaltung des Neustädter Ufers wurden die Gartenanlagen des →Hotels Bellevue einbezogen.

Königsvilla Strehlen: 1860 an der Straße von Dresden nach Strehlen erbauter Landsitz, der von einem parkähnlichen Garten umgeben war und vorwiegend im Frühjahr und im Herbst als Lieblingsaufenthalt der königlichen Familie diente. Auf dem Gelände befand sich zuvor das Wohnhaus des Strehlener Revierförsters, *«Rotes Haus»* genannt, das auch als Schenke bekannt war und 1813 bei der Schlacht um Dresden mehrfach umkämpft war. 1939/40 errichtete Wilhelm →Kreis im Park die Militärverwaltungsgebäude des Luftgaukommandos. 1945/52 war dort der Sitz der Sächsischen Landesregierung und 1959/90 befand sich die Militärakademie Friedrich Engels auf dem Gelände (danach Bundeswehr). Ein unter Denkmalschutz stehender Pavillon, der als Eisenbahnhaltepunkt für Besucher diente, erinnert noch an die ehemalige K.

Königswald: →Klotzsche

Konservatorium: am 1. Februar 1856 durch den Musiker der Hofkapelle Friedrich Tröstler an der Landhausstraße 11 mit 20 Schülern gegründete Ausbildungsstätte für Berufsmusiker, nachdem die bereits 1814 von Francesco →Morlacchi und 1849 von Richard →Wagner dafür gegebenen Empfehlungen ergebnislos geblieben waren. Das K., an dem auch Musiker der Hofkapelle unterrichteten, hatte um 1900 etwa 500 Schüler. Es wurde als private Lehranstalt nicht nur durch künstlerische, sondern auch durch kommerzielle Interessen seiner Besitzer beeinflußt, wodurch das Ausbildungsniveau unterschiedlich und besonders nach dem Ersten Weltkrieg unbefriedigend war. Deshalb wurde 1923 die «Orchesterschule der Sächsischen Staatskapelle» als parallele Einrichtung gegründet. Erst sein Direktor Paul →Büttner machte ab 1924 das K. wieder zu einer ausgezeichneten Ausbildungsstätte. 1937 wurde es verstaatlicht, wobei man die Orchesterschule der Staatskapelle dem neuen «Konservatorium der Landeshauptstadt Dresden – Akademie für Musik und Theater» angliederte und in einer umgebauten ehemaligen Volksschule am Seidnitzer Platz unterbrachte. Zum künstlerischen Leiter berief man Karl →Böhm. Die durch den Zweiten Weltkrieg beeinträchtigte Ausbildung fand ab Juni in einer ehemaligen Villa Mendelssohnallee 34 einen neuen Anfang. 1946 gründete man hier die «Akademie für Musik und Theater», die Musikschule, Konservatorium (Fachschule) und Musikhochschule vereinigte und bis 1951 von dem Komponisten Fidelio F. Finke (1891–1968) geleitet wurde. Nach Gründung der →Hochschule für Musik «Carl Maria von Weber» 1952 befanden sich K. und Musikschule als gemeinsame Einrichtung im heutigen Hauptgebäude der Musikhochschule an der Blochmannstraße (ehemals Ehrlichsches Gestift). 1965 wurde das K. aufgelöst und im gleichen Jahr als eigene Abteilung der Musikhochschule für rund 200 Schüler die Spezialschule für Musik «Paul Büttner» eingerichtet, welche die Schüler auf den Hochschulbesuch vorbereitet (ab 1991 Landesmusikschule).

Königsufer um 1940 – Rosengarten

Köpcke, Claus: Bauingenieur, geb. 28. 10. 1831 Borstel bei Hannover, gest. 21. 11. 1911 Dresden. – Nach seiner Ausbildung am Polytechnikum in Hannover und einer vielseitigen Tätigkeit bei der Projektierung von Eisenbahnbauten in der Generaldirektion der Eisenbahnen in Hannover wurde K. 1869 als Professor und Nachfolger von Johann Andreas →Schubert an die Polytechnische Schule Dresden berufen. Neben seinen Vorlesungen (bis 1873) über Eisenbahn-, Straßen- und Wasserbau arbeitete K. auch an der organisatorischen und inhaltlichen Umgestaltung der Polytechnischen zur späteren Hochschule. 1872 trat er als Beamter ins Sächsische Finanzministerium ein, wo er sich bis 1904 vor allem mit technischen Neuerungen, dem Brückenbau und dem Ausbau des sächsischen Schmalspurnetzes widmete. Dresden verdankt ihm die Konstruktion der 1891/93 errichteten →Loschwitzer Elbbrücke, sowie die Umgestaltung seiner Bahnhöfe. – Köpckestraße in der Inneren Neustadt, Grabstätte im Urnenhain des Johannisfriedhofs Tolkewitz.

Koppel-Ellfeld, Franz: Erzähler und Dramatiker, geb. 7. 12. 1838 Eltville/ Rheinland, gest. 16. 1. 1920 Dresden. – K. lebte seit 1870 in Dresden, zuerst als Privatdozent bzw. Professor für Kulturgeschichte am Polytechnikum, ab 1877 als Kulturredakteur an der →«Dresdner Zeitung» und den «Dresdner Nachrichten» und schließlich 1890/96 als Dramaturg am Hoftheater. Er veröffentlichte 1888 in der «Gartenlaube» eine kurze Beschreibung Dresdens, in der er die durch die Industrialisierung bedingten Veränderungen im Stadtbild darlegte.

Körner: 1. *Christian Gottfried*, Jurist, Schriftsteller, Vater von 2., geb. 2. 7. 1756 Leipzig, gest. 12. 5. 1831 Berlin. – K. kam im Mai 1783 nach Dresden, wo er zuerst als Oberkonsistorialrat, danach ab 1790 als Oberappellationsgerichtsrat, nach 1798 als Geh. Referendar im Geh. Konsilium und ab 1811 wieder am Appellationsgericht tätig war. Er bewohnte zuerst ein Haus am →Kohlmarkt.

Christian Gottfried Körner
Theodor-Körner-Denkmal
Denkmal von Wolf-Eike Kuntsche (1987) am ehem. Standort des Körnermuseums

Außerdem hatte er 1785 einen Weinberg nebst Landhaus in Loschwitz gekauft. 1793 bis 1801 wohnte K. in einem Haus am Palaisplatz, von August 1801 bis zu seinem Weggang nach Berlin im Haus →Moritzstraße Nr. 10 (1885 abgebrochen). 1799/1823 war er außerdem Besitzer eines Hauses in der Schloßstraße. Der einem klassischen Kunstideal verpflichtete K. sammelte um sich einen Kreis von bedeutenden Persönlichkeiten des geistig-kulturellen Lebens. Sein Salon war damals das bedeutendste, wenn auch etwas isolierte geistige Zentrum Dresdens. Häufige Besucher waren Friedrich →Schiller, Wolfgang Amadeus →Mozart, Joahnn Gottlieb →Naumann, Anton →Graff, Johann Christoph →Adelung, Franz Volkmar Reinhard, Josef Friedrich von →Racknitz, Caspar David →Friedrich, Friedrich Hildebrand von Einsiedel, der preußische Gesandte Graf Gessler, gelegentliche Besucher waren J. W. von →Goethe, Johann Friedrich Nicolai, Karl Friedrich Zelter, J. G. →Herder, die Gebr. Humboldt, die Gebr. →Schlegel, Ernst Moritz →Arndt, Friedrich von Gentz, Heinrich von →Kleist, der Freiherr von Stein, Herzogin Anna Amalie von Weimar, Frau von Lengefeld und Frau von Wolzogen. 1812/15 besorgte K. die erste Gesamtausgabe der Werke seines Freundes Schiller einschließlich einer Biographie des Dichters. – Körnerplatz und Körnerweg in Loschwitz; bis 1945 →Körnermuseum. – **2.** *Theodor*, Dichter, geb. 23. 9. 1791 Dresden, gest. (gef.) 26. 8. 1813 b. Gadebusch (beigesetzt b. d. Dorf Wöbbelin). – Der Dichter der Befreiungskriege («Lützows wilde verwegene Jagd», vertont von Carl Maria von Weber) lebte bis zur Aufnahme seines Studiums in Freiberg im Hause seines Vaters (1.). Er fiel als Leutnant in Lützows Freikorps in einem Verfolgungsgefecht mit französischen Truppen. – Körnerstraße in der Inneren Neustadt, →Körnermuseum im Geburtshaus bis 1945, dort und am Haus Körnerweg Gedenktafeln; Denkmal in der Schillerstraße gegenüber dem Schillerhäuschen; Bronzestandbild von Ernst →Hähnel an der Bürgerwiese (1871 errichtet, 1945 beschädigt, 1952 wieder aufgestellt).

Körnermuseum: Das bis 1945 in der Körnerstraße 7 (Am Kohlmarkt) existierende K. entstand durch Initiative Emil

PESCHELS, der es am 28. März 1875 eröffnete. Im Geburts- und ehemaligen Wohnhaus →KÖRNERS, das häufig auch Aufenthaltsort →SCHILLERS war, zeigte er seine Sammlungen über die Familie Körner. Später übernahm die Stadt das K. und unterstellte es den städtischen Sammlungen. 1929 erfolgte eine Neugestaltung des Museums, das wertvolle Erinnerungen (Zeichnungen, Gemälde, Büsten, Drucksachen, Manuskripte und Autographen) an den Sänger von «Leyer und Schwert» und seine Freunde (besonders Schiller) barg. Am 13. Februar 1945 fiel das K. dem Bombenangriff zum Opfer. – Denkmal (1987) in den Gartenanlagen des Hotels Bellevue, ungefähr am ehemaligen Standort des K.

Körnerplatz: Geschäfts- und Verkehrsmittelpunkt am Loschwitzer Brückenkopf des «Blauen Wunders» (→Loschwitzer Elbbrücke), benannt nach Christian Gottfried und Theodor →KÖRNER. – Der K. entstand auf dem ehemaligen Dorfplatz der Loschwitzer Ratsgemeinde am Ausgang des →Loschwitzgrundes. Das ländliche Aussehen des Platzes überlieferte der Fotograf August →KOTZSCH. Im Zuge des Brückenbaus wurden ab 1892 mehr als 10 Wohnhäuser abgetragen und durch vierstöckige städtische Mietshäuser ersetzt. Erhalten blieben der «Ratskeller» und bis zur Zerstörung 1945 die Gaststätte →«Burgberg» am Hang. 1895 und 1901 wurden die beiden →Seilbahnen nach dem Weißen Hirsch und Oberloschwitz eröffnet. Die meisten der 7 in den K. mündenden Straßen und Wege sind kulturhistorisch von Bedeutung: Friedrich-Wieck-Straße, Dammstraße, Körnerweg, Schillerstraße, Plattleite, →Grundstraße, Veilchenweg und →Pillnitzer Landstraße.

Kosegarten, Christian: Rechtsanwalt, geb. 1776 Grevesmühlen, gest. 21.4.1821 Hamburg. – K. behandelt in seinem etwas belletristisch gehaltenen Reisebuch «Meine Freunde in Sachsen» (Leipzig, 1801) ausführlich Dresden. Im Vordergrund steht die Beschreibung der Sammlungen, besonders der Gemäldegalerie. Die übrigen Passagen sind den Lebensverhältnissen, dem Zustand von Handel und Gewerbe in der Stadt sowie dem Zusammentreffen mit einzelnen Persönlichkeiten (→NELSON, →A. GRAFF) gewidmet.

Kotzsch: 1. *August*, Fotograf, geb. 20.9.1836 Loschwitz, gest. 20.10. 1910 Loschwitz. – Der neben Hermann →KRONE wohl bedeutendste Dresdner Fotograf des 19. Jh. erhielt künstlerische Anregungen durch Ludwig →RICHTER, der erstmals 1852 ein Sommerquartier auf dem Weinberg der Familie K. mietete. Die früheste exakt datierbare Fotoaufnahme von K. hält die Glockenweihe der Loschwitzer Kirche im Jahre 1861 fest. K. dokumentierte als Bildchronist den Wandel seines Heimatdorfes zum Vorort der Großstadt, schuf künstlerisch hervorragende Naturstudien und nahm eine Vielzahl von Alltagsmotiven auf. Das komplizierte Kollodiumverfahren und das Mitführen einer fahrbaren Dunkelkammer schränkten den Wirkungskreis auf die engere Heimat ein. Als gewerblicher Fotograf (seit 1861) baute er seine Geschäftsverbindungen bis Nordamerika aus, wurde 1873 auf der Wiener Weltausstellung und 1875 auf der Dresdner Industrieausstellung mit Preisen bedacht. In den letzten eineinhalb Jahrzehnten seines Lebens widmete sich K. vor allem einer umfangreichen Schmetterlingssammlung, die in der Loschwitzer Leonhardi-Villa 1945 durch einen Luftangriff vernichtet wurde. – Bis heute sind etwa 700 fotografische Motive gesichert. Originalplatten, -negative und -abzüge von K. befinden sich im Kupferstich-Kabinett, in der Deutschen Fotothek der Sächsischen Landesbibliothek, im Staatsarchiv Dresden, im Stadtarchiv Dresden (u.a. aus dem 1947 aufgelösten Ortsmuseum Loschwitz), im ev.-luth. Kirchenarchiv Loschwitz sowie in Privatbesitz. – Grab auf dem Friedhof Loschwitz; Kotzschweg in Loschwitz. – **2.** *Hermann*, Fotograf, Sohn von 1., geb. 15.5.1873 Loschwitz, gest. 18.1.1933 Blasewitz. – K. besaß ein bekanntes Fotoatelier auf der Hüblerstraße in Blasewitz. – **3.** *Otto*, Lehrer, Sohn von 1., geb. 13.7.1880 Loschwitz, gest. 23.4. 1967 Radeburg. – Er wertete die Aufnahmen seines Vaters ortsgeschichtlich aus und erwarb Verdienste um Loschwitz als Heimatchronist und Vorsitzender des Ortsvereins.

Krafft, Johann Daniel: → Crafft, Johann Daniel

Kraftomnibusverkehr: 1. *städtische Kraftomnibuslinien*. Der einwöchige Betrieb eines Dampfkraftomnibusses mit 16 Sitzplätzen zwischen Waldschlößchen und Weißem Hirsch im Jahre 1886 und der Linienverkehr der gleislosen elektrischen →Dresdner Heidebahn Arsenal – Klotzsche 1901/03 waren erste Versuche eines regulären Linienbetriebes ohne Pferdeomnibus. Am 1. April 1914 eröffnete die Städtische Straßenbahn die erste Dresdner Kraftomnibuslinie Neustädter Bahnhof–Altmarkt– Hauptbahnhof–Nürnberger Straße. Alle 12 Busse wurden am 4. August 1914 von der Heeresverwaltung beschlagnahmt. Erst am 1. März 1925 nahm die Straßenbahn AG den Busliniendienst Neustädter Bahnhof–Hauptbahnhof wieder auf, verlängerte ihn noch im gleichen Jahr bis Löbtau und 1926 bis Cotta. 1929 bestanden die Buslinien

A Neustädter Bahnhof–Obergorbitz
B Coschütz–Gittersee
C Hauptbahnhof–Loschwitz
D Hauptbahnhof–Kaditz
E Kaitz–Weißer Adler
F Altmarkt–Hepkestraße
G Leuben–Kleinzschachwitz
I Neustädter Bahnhof–Cotta
H Sonderlinie Hauptbahnhof– Vogelwiese.

In den dreißiger Jahren wurde das Netz noch erweitert, der Wagenpark auf 75 Busse und zwei Anhänger (1935) aufgestockt, der Straßenbahnhof Blasewitz-Neugruna zum Busbahnhof umgebaut (1936) und ein neuer Busbahnhof in Naußlitz errichtet (1939). Die Beschlagnahme der Hälfte aller Busse und Schäden durch die Luftangriffe brachten den Verkehr bis 1945 zum Erliegen. Mit den Linien 11 Bühlau–Weißig (20.2. bis 31.10.1949), A Wölfnitz– Gompitz (ab 24.10.1949) und B Mickten Kaditz (ab 1.11.1949) begann der Wiederaufbau eines städtischen Busnetzes. 1961 waren

Omnibus um 1930

auf 16 Stamm- und 3 Sonderlinien 104 Kraft- und 24 Oberleitungsbusse sowie 9 Bus- und 24 O-Busanhänger eingesetzt. Zum Einsatz kamen für mehrere Jahrzehnte überwiegend Busse des ungarischen Typs «Ikarus». Im Jahresfahrplan 1993/94 betrieben die Dresdner Verkehrsbetriebe 27 Buslinien, deren längste mit 24,1 km die Linie 80 Omsewitz–Klotzsche ist.

2. *städtische Obuslinie.* Am 1. November 1947 wurde eine Obuslinie zwischen Bühlau und Weißig und zwischen Loschwitz und Fritz-Förster-Platz eröffnet. Sie wurde 1950 durchgehend durch die Stadt geführt, 1958 bis zur Nürnberger Straße und 1964 nochmals bis Löbtau verlängert. 1971 wurde der Abschnitt Bühlau–Weißig durch Kraftomnibusse ersetzt, 1975 der Obusverkehr auf den Abschnitt Loschwitz–Bühlau beschränkt und am 30. November 1975 ganz eingestellt.

3. *Überlandbusverkehr.* Erste Überland- und Fernfahrten wurden ab 1912 von der Staatlichen Kraftwagenverwaltung begonnen und 1919 durch die «Kraftverkehrsgesellschaft Freistaat Sachsen» (KVG) wieder aufgenommen. Parallel dazu baute die Reichspost ihren Liniendienst auf. Herausragende Ereignisse waren u. a. die Eröffnung der KVG-Linie Dresden– Moritzburg 1925 mit 5000 Fahrgästen allein am Eröffnungstag und der Einsatz von 5 leistungstarken doppelmotorigen Büssing-Dreiachsern vom Typ «Fichtelberg» auf der Linie Dresden–Oberwiesenthal ab 1933. Die KVG wurde 1949 in den VEB Kraftverkehr umgewandelt, der 1952 die letzten noch verbliebenen Postbuslinien übernahm. Die heutige Regionalverkehr Dresden GmbH und weitere ostsächsische Gesellschaften nutzen den zentralen, neben dem Hauptbahnhof gelegenen Busbahnhof Dresden.

Kraftwerke: →Elektrizitäts- und Fernheizwerke

Kramer: 1. *Bastian*, Steinmetz und Baumeister, 1527/53 in Dresden nachweisbar. – K. wird 1527/28 als Kirchenwerkmeister der Kreuzkirche und 1535/36 als «Steinmetz der Brücke und Kirche» erwähnt. Er schuf 1543/44 die Steinerne Empore der Kreuzkirche und war 1553 am Schloßbau (→Residenzschloß) beteiligt. –

2. *Hans*, Steinmetz und Baumeister, Sohn von 1., gest. 1577 Danzig. – K. trat frühzeitig in kurf. Dienste und wurde zu vielen Bauten in Sachsen (z. B. Schloßbauten in Wittenberg und Torgau) herangezogen. In Dresden baute er 1559 das Malzhaus am Schloß. Er ging 1565 als Festungsbaumeister nach Danzig. –

3. *Oskar*, Architekt (1871–1946). – Er baute 1903/07 das Amts- und Landgericht mit Untersuchungsgefängnis am Münchner Platz (jetzt Georg-Schumann-Bau der TU) und mit →TESSENOW 1925/26 die →Landesschule Dresden. Von ihm und Oskar PUSCH (1879–1970) stammt der Entwurf für eine Galerie moderner Gemälde (1913), die aber aufgrund des Kriegsausbruches nicht gebaut wurde.

Krankenhaus Friedrichstadt: Das K. ist als Nachfolger des alten →Stadtkrankenhauses das älteste Krankenhaus in der Stadt. Durch eine Stiftung von Geheimrat von HÜNERBEIN war es möglich, das ehemalige →Marcolinipalais vom Stadtrat Carl Ernst WERNER im Jahre 1845 zu kaufen. Die Anregung, dieses Grundstück zu einem Krankenhaus umzubauen, war vom Stadtverordneten BENEDICTUS ausgegangen. Besondere Verdienste bei diesem Vorhaben erwarben sich Hofrat ABENDROTH und die Ärzte SIEBENHAAR, LEONHARDI, KOHLSCHÜTTER, KÜTTNER und SCHRAG. Bevor am 27. November 1849 der umfangreiche Bau vollendet war, und die Patienten des Stadtkrankenhauses übernommen werden konnten, wurden 106 verwundete Barrikadenkämpfer im K. untergebracht und behandelt. Bei der Eröffnung hatte das K. eine Kapazität von 300 Betten (heute weit über 1000). Die Krankenzahl in der chirurgischen Abteilung stieg besonders wegen der 1864 erfolgten Aufhebung der →Chirurgisch-medizinischen Akademie. Auf dem Gelände wurden ab 1870 zahlreiche Erweiterungs- und Neubauten errichtet. 1880 konnte das alte Manteuffelsche Brauhaus Friedrichstraße/Bräuergasse gekauft und 1884 als Beamtenwohnhaus mit Familienwohnungen für Krankenhausangestellte eingerichtet werden (1954 umgebaut als Ärztehaus). Mit Übernahme der III. städtischen Bezirksschule (1840/88) Seminarstraße/Bräuergasse wurde ein weiteres Gebäude dem K. angegliedert. Eine große Erweiterung folgte 1904, als man die Gebäude des Entbindungsinstitutes der Königlichen Frauenklinik (seit 1869), die 1903 nach →Johannstadt verlegt wurde, erwarb. 1947 wurde auf Anforderung der Zentralverwaltung für Gesundheitswesen als selbständige Institution die Poliklinik Friedrichstadt mit sieben Fachabteilungen eingerichtet. Der alte parkartige Garten mit seinem prächtigen Baumbestand und dem barocken →Neptunbrunnen dient zur Genesung der Patienten. Im heutigen Bezirkskrankenhaus Friedrichstadt befinden sich u. a. verschiedene Ambulanzen, die Krankenhausapotheke, eine Augen-, Haut- und Frauenklinik, Stationen für Hals-Nasen-Ohrenerkrankungen, der Urologie und Radiologie sowie mehrere Medizinische Kliniken. 1985 wurde das K. zum Fortbildungszentrum der Akademie für Ärztliche Fortbildung der DDR ernannt.

Krankenhaus Johannstadt: Durch die große Influenzaepidemie 1889/90 traten Unzulänglichkeiten im →Krankenhaus Friedrichstadt zutage. Die nicht ausreichende Bettenzahl führte zum Bau eines zweiten städtischen Krankenhauses. Als Bauplatz wählte die Stadt ein Gelände zwischen Fürstenstraße, Fiedlerplatz, Trinitatisstraße (Fiedlerstraße) und Terscheckstraße. Die Entwürfe vom Stadtbaurat Edmund →BRÄTER wurden mit dem Oberbürgermeister Gustav Otto →BEUTLER und sämtlichen leitenden Oberärzten Friedrichstadts sowie den ersten für das K. vorgesehenen Oberärzten CREDÉ, SCHMALTZ und BECKER beraten. Nach Grundsteinlegung am 20. September 1898 fand am 2. Dezember 1901 die Eröffnung im ersten Bauabschnitt statt. Anfangs verfügte das K. über 581 Betten in 24 Krankensälen und 79 Krankenzimmern. Neben den Gebäuden für Technik und Versorgung hatte das K. ein Haus für Geistesgestörte, zwei Häuser für Patienten mit ansteckenden Krankheiten, ein chirurgisches Doppelhaus, vier Krankengebäude sowie Gebäude für Sonderkranke, Augen- und

Krankenhaus Johannstadt

Hals-Nasen-Ohren-Krankheiten. 1932/34 wurde das K. vorübergehend geschlossen. Zwischen 1934/45 änderte sich der Name des K. in «Rudolf-Hess-Krankenhaus», dann kurzzeitig in «Krankenhaus Fürstenstraße» und zuletzt in «Gerhard-Wagner-Krankenhaus». 1945 erlitt das K. erhebliche Zerstörungen. Bereits 1948 begann der Wiederaufbau der Augenklinik und der schwer beschädigten Kinderklinik; es folgten das Röntgeninstitut, die Frauenklinik und die chirurgische Klinik. Dresden hatte wieder eine medizinische Lehrstätte, als im K. am 7. September 1954 die →Medizinische Akademie «Carl Gustav Carus» gegründet wurde. Als erste Klinik der Akademie wurden die Medizinische, die Chirurgische und die Stomatologische zum Lehrbetrieb herangezogen (heute Medizinische Fakultät der TU).

Krankenhäuser: Im Mittelalter besaß Dresden keine K. im heutigen Sinne, denn die bestehenden →Hospitäler waren Siechhäuser, Altersheime und Obdachlosenasyle, in denen zwar auch kranke Menschen untergebracht waren, aber keinerlei oder sehr wenig Krankenpflege bestand. Die erste Einrichtung, in der Erkrankte stationär, wenn auch nur recht dürftig, behandelt wurden, war das 1568 errichtete Pesthaus oder →Lazarett. Im 17. und 18 Jh. entstanden lediglich die aus Stiftungen hervorgegangene Hofpatientenburg und das Königliche →Krankenstift. Die eigentliche Entstehung der K. begann 1815 mit der Errichtung der →Chirurgisch-medizinischen Akademie. Dazu wurde das →Kurländer Palais und das ehemalige Oberzeugwärterhaus so umgebaut, daß ein K. und die Entbindungsanstalt (spätere Frauenklinik) eingerichtet werden konnten. Es folgten die →Diakonissenanstalt und das erste Stadtkrankenhaus in Friedrichstadt (→Krankenhaus Friedrichstadt). Seit den siebziger Jahren des 19. Jh. entwickelten sich die K. besonders durch das Ansteigen der Bevölkerung, das Aufblühen der Industrie und die in diesem Zusammenhang entstandene Krankenversicherungsgesetzgebung. Die Fortschritte der medizinischen Wissenschaft sowie die Erkenntnis der Krankheitsursachen und deren Behandlung führten bald zum Bau neuer K. Es entstanden Kinderkrankenhäuser, Säuglings- und Krüppelheime sowie andere städtische K. 1945 wurde der größte Teil der Dresdner K. durch Bombenangriffe zerstört. Zur Unterbringung der Kranken mußten Hilfs- und Behelfskrankenhäuser eingerichtet werden. Unter ihnen z. B. das K. Neustadt, das Hilfskrankenhaus Plauen, das Behelfskrankenhaus Wilder Mann und Industriegelände sowie das Infektionskrankenhaus auf der Industriestraße. Nach erfolgtem Wiederaufbau bestehen heute die Krankenhäuser Friedrichstadt und Dresden-Neustadt, die Diakonissenanstalt, die K. St. Anna, St. Marien und das →St. Joseph-Stift sowie die →Medizinische Fakultät «Carl Gustav Carus» der TU Dresden.

Krankenstift, königliches: Bis 1945 auf der →Friedrichstraße Nr. 50 bestehende Krankeneinrichtung, die 1747 von Kurfürst FRIEDRICH AUGUST II. als Familienstiftung gegründet und 1748 gegenüber dem →Marcolinipalais eröffnet wurde. Das K. diente zur unentgeltlichen Aufnahme und Verpflegung von zwölf männlichen und weiblichen heilbaren Kranken, ohne Unterschied der Konfession. Das an der Friedrichstraße stehende *Esseniussche Haus* wurde mit in den Krankenhausbetrieb einbezogen, obwohl das eigentliche K. im nördlichen Teil des Gartens lag. Hinter dem aus Mittelbau und Seitenflügeln bestehenden Krankengebäude stand seit 1749 die kath. *Pfarrkirche St. Michael*. Die Direktorialaufsicht erhielt das Apostolische Vikariat des Königreiches Sachsen, die Administration das kath. Pfarramt von Dresden-Friedrichstadt. 1842 bezogen die Kranken der 1696 errichteten *Hofpatientenburg* einen Seitenflügel des K. Die Hofpatientenburg war ein «Krankenhaus» für unbeweibte Hofdiener und befand sich bis 1750 am Klepperstall und dann bis zum Umzug nach Friedrichstadt im ehemaligen Gebäude der Glashütte an der →Ostra-Allee. Zahlreiche Stiftungen und Vermächtnisse dienten der Förderung und Erhaltung des K. Die Krankenpflege übten die Grauen Schwestern aus. Bis zu 30 Kranke fanden in dem kleinen Krankenhaus Aufnahme, wobei für zahlende Privatpatienten besondere Zimmer eingerichtet wurden. Nach 1918 wurde das K. in ein staatliches Krankenstift umgewandelt.

Kraszewski, Josef Ignacy: polnischer Schriftsteller, geb. 28. 7. 1812 Warschau, gest. 19. 3. 1887 Genf. – K. mußte Warschau während der polnischen Erhebung 1863 verlassen und emigrierte nach Dresden (Ankunft 3. Februar 1863), wo er bis 1884 wohnte (Pillnitzer Straße, Augustusstraße, Nordstraße, Hauptstraße, Blumenstraße u.a.). Hier organisierte er sogleich Hilfsaktionen für polnische Flüchtlinge. 1863/64 bis 1868 unternahm K. von Dresden aus Reisen in die Schweiz, nach Italien, Frankreich und nach Galizien. Seit 1864 soll K. im Dienst des französischen Geheimdienstes gestanden haben. 1883 wurde er in Berlin verhaftet und ein Jahr später vom Reichsgericht in Leipzig zu dreieinhalb Jahren Festungshaft verurteilt, jedoch bereits Ende 1885 gegen eine Kaution zu einem Genesungsurlaub entlassen. K. schrieb in seiner Emigrationszeit 94 historische Romane, darunter solche zur sächsisch-polnischen Geschichte des 18. Jh. («Gräfin Cosel», 1873, «Brühl» 1874; «Aus dem Siebenjährigen Krieg», 1875). In seinem 1874 erschienenen Buch «Blätter von einer Reise durch Europa» beschreibt K. auch Leipzig und Dresden. Seit 1960 besteht das K.-Museum im Hause Nordstraße 28.

Krause: 1. *Jakob*, Buchbinder, geb. wohl 1526 Zwickau, gest. 9. 7. 1585 Dresden. – K. hatte nach fast fünfzehnjähriger Ausbildung in verschiedenen Städten Europas fünf Jahre als Meister und Bürger in Augsburg gelebt, als er 1566 als kurfürstlicher Buchbinder an den Hof des Kurfürsten →AUGUST nach Dresden kam. Er beherrschte unübertroffen alle buchbinderischen Techniken und Gestaltungsmöglichkeiten seiner Zeit und gilt nicht nur als Handwerker, sondern auch als eigenschöpferischer Künstler auf seinem Gebiet. Von den Einbänden, die er für die kurfürstliche Bibliothek (→Sächsische Landesbibliothek) fertigte, waren bis zum Zweiten Weltkrieg noch 1164 vorhanden; z. Z. existieren dort noch rund 180 Bände, während die übrigen zum größten Teil 1946 in die heutige Russische Staatsbibliothek nach Moskau gebracht wurden. – K. hatte anfangs seine Werkstatt im Dresdner Schloß, bald aber mit seiner Wohnung im 1567 entstandenen →Kanzleihaus. – Begraben auf dem alten Frauenkirchfriedhof. –
2. *Karl Christian Friedrich*, Philosoph, geb. 6. 5. 1781 Eisenberg/Thür., gest. 27. 9. 1832 München. – K. zog 1805 von

Jena nach Dresden, um Kunststudien zu treiben. Er hielt einige Privatvorlesungen und gab auch Musikunterricht. In seiner Dresdner Zeit entstand das Werk «System der Sittenlehre» (1810). Im Dezember 1812 zog K. nach Berlin, habilitierte sich dort, kehrte aber Ende 1815 nach Dresden zurück, da er in der preußischen Hauptstadt die Stelle des 1814 verstorbenen FICHTE nicht erhalten hatte. In Dresden beschäftigte er sich mit Sprachstudien (1816 «Über die Würde der deutschen Sprache»). Im August 1823 verließ K. Dresden und übersiedelte nach Göttingen. – Krausestraße in Dresden-Plauen.

Krebs: 1. eigentl. *Miedcke, Carl*, Kapellmeister und Komponist, geb. 16.1.1804 Nürnberg, gest. 16.5.1880 Dresden. – Nach gründlicher musikalischer Ausbildung als «Wunderkind» bei seinem Adoptiv-Vater, dem Sänger Johann Baptist K. in Stuttgart, wurde K. 1826 Kapellmeister in Wien und wirkte 1827/1849 am Hamburger Stadttheater. 1850 wurde er als Nachfolger von Richard →WAGNER als Hofkapellmeister nach Dresden berufen. Der Musiker, der 1871 vom Dienst an der Oper entbunden wurde, aber bis zu seinem Tode noch die Kirchenmusik an der Katholischen Hofkirche leitete, ist auch mit Opern, Lied- und Klavierkompositionen hervorgetreten. Er hatte seine Wohnung am Neumarkt. – Begraben auf dem Alten Katholischen Friedhof. –
2. *Carl Friedrich August*, seit 1822 Freiherr Dathe von Burgk, geb. 29.4. 1791 Dresden, gest. 26.7.1872 Dresden. – K. nahm 1813 am «Banner der freiwilligen Sachsen» gegen NAPOLEON teil. Er wurde von seinem Oheim Carl Gottlieb Theophil DATHE adoptiert und erbte 1827 dessen Güter Roßthal, Großburgk und Pesterwitz. K. erwarb 1827 dem →Eisenhammer Dölzschen und modernisierte die Burgker Steinkohlengruben. Er war führend an der Industrialisierung des Plauenschen Grundes beteiligt. – Der 1946 enteignete Familienbesitz Schloß Burgk in Freital ist Sitz des Stadt- und Bergbaumuseums und beherbergt heute bedeutende Sammlungen zeitgenössischer Dresdner Kunst wie die Sammlung PAPPERMANN.

Kreis, Wilhelm: Architekt, geb. 17.3.1873 Eltville/Rhein, gest. 13.8.1955 Honnef/Rhein. – K. gehört zu den bedeutendsten und vielseitigsten Architekten des 20. Jh. Nach dem Studium der Architektur in München, Karlsruhe, Charlottenburg und Braunschweig und kurzer Tätigkeit in Leipzig kam er 1899 nach Dresden. 1902 nahm er eine Lehrtätigkeit an der Kunstgewerbeschule Dresden auf, ging 1908 nach Düsseldorf und war 1926/41 als Nachfolger Heinrich →TESSENOWS Professor an der Kunstakademie in Dresden. Als Mitarbeiter von Paul →WALLOT war er am Bau des Ständehauses mitbeteiligt, er entwarf die Villen Hottenroth und Wollner in Wachwitz, baute 1907/10 die Friedrich-August-Brücke (→Augustusbrücke) um und schuf das →Deutsche Hygiene-Museum (1928/1930). Das umfangreiche Werk von K. umfaßt neben Schloß- und Fabrikbauten auch Denkmäler (ca. 50 Bismarcktürme), Warenhäuser, Grabmal- und Friedhofsarchitektur, repräsentative Räume (z. B. Ständehaus) und einzelne Möbel.

Krellstein am Neumarkt
Krematorium Tolkewitz

Krell, Nikolaus: kursächs. Kanzler, geb. um 1550 Leipzig, gest. (hinger.) 9.10.1601 Dresden. – Nach dem Studium der Rechte in Leipzig und nach einiger Zeit der Lehrtätigkeit an der dortigen Universität wurde K. 1580 an den Dresdner Hof berufen. Er erlangte bald maßgeblichen Einfluß auf den Kurprinzen CHRISTIAN (I.). 1586 wurde K. zum Geheimen Rat und 1589 zum Kanzler mit erheblichen Vollmachten ernannt. Seine Macht wurde noch gestärkt, nachdem Christian I. den von den Ständen beherrschten «Geheimen Rat» aufgelöst hatte. Die Stände gerieten so in immer stärkere Opposition gegen K. und den Kurfürsten, wobei sie von der Kurfürstin SOPHIE unterstützt wurden. Vor allem zog sich K. durch Förderung des Calvinismus die Feindschaft der lutherischen Geistlichkeit im Lande zu. In außenpolitischer Hinsicht suchte K. Anschluß an die calvinistische Partei im Reich (Kurpfalz) zu gewinnen und war bestrebt, die Hugenotten zu unterstützen. Sein Versuch, eine zweite Reformation einzuleiten und Kursachsen ein größeres außenpolitisches Gewicht zu verschaffen, scheiterte nach dem frühzeitigen Tod Christians im Jahre 1591. K. wurde inhaftiert und zehn Jahre auf dem Königstein gefangengehalten. Nach einem Prozeß vor einem Ständeausschuß und nach einem Rechtsgutachten der böhmischen Appellationskammer in Prag wurde der ehemalige Kanzler zum Tode verurteilt und auf dem Jüdenhof hingerichtet (dort noch gekennzeichneter Stein im Straßenpflaster). – K. wurde auf dem Frauenkirchhof begraben. Er besaß zwei Häuser in der Moritzgasse, wohnte aber im Haus Schloßstraße 7 (später Gasthaus «Hotel de Pologne» und nach 1869 Teil des Gebäudes der «Sächsischen Bank».).

Krematorium Tolkewitz: städtische Feuerbestattungsanstalt zwischen Wehlener und Tolkewitzer Straße unmittelbar neben dem →Johannisfriedhof. Nachdem 1906 das Verbrennen von Leichen gesetzlich zugelassen wurde, kaufte der Rat der Stadt Dresden in Tolkewitz ein 3 ha großes Kiefernwaldstück zur Anlage des K. Nach Entwürfen von Architekt Fritz →SCHUMACHER entstand 1909/11 mit dem K. einer der bedeutendsten Jugendstil-Monumentalbauten Deutschlands am Anfang des 20. Jh. Den plastischen Schmuck an der

Einsegnungshalle schuf Georg →WRBA. Den Bau umgibt ein parkartiger Urnenhain.

Kretzschmar, Bernhard: Maler und Grafiker, geb. 29. 12. 1889 Döbeln, gest. 16. 12. 1972 Dresden. – Der Künstler gehört zu den Repräsentanten der Dresdner Malkultur im 20. Jh. Nach Ausbildung und Tätigkeit als Dekorationsmaler studierte er 1909/11 an der Dresdner Kunstgewerbeschule und anschließend mit Unterbrechungen bis 1920 an der Kunstakademie in Dresden, wo u. a. Oskar →ZWINTSCHER, Karl →BANTZER und Robert →STERL seine Lehrer waren. Danach war K., der sich 1917 in Gostritz (Friebelstraße 62) niedergelassen hatte, freischaffend. 1930 gehörte er zu den Gründern der Künstlergruppe «Aktion» und gründete 1932 die Neue →Dresdner Sezession, die er auch leitete. Nach 1933 wurde er als «entartet» verfemt. Obwohl er einen großen Teil seines Lebenswerks mit seinem Atelier auf dem Antonsplatz durch den Bombenangriff 1945 verloren hatte, gehörte K. nach dem Zusammenbruch des Faschismus zu den ersten, die das Dresdner Kunstleben wieder aufbauten. 1946 wurde er zum Titularprofessor ernannt; 1969 erhielt er den Martin-Andersen-Nexö-Kunstpreis der Stadt Dresden. Einen breiten Raum in dem umfangreichen und vielseitigen Schaffen des Malers nimmt die Darstellung Dresdens, seiner Vororte und seiner Landschaft ein. – Personalausstellung im Albertinum (1990), Grab auf dem Leubnitzer Friedhof; Bernhard-Kretzschmar-Straße im Wohngebiet Reicker Straße.

Kreuzchor: zu den berühmten Knabenchören der Welt gehörendes Ensemble, das mit rund 150 Sängern das Dresdner Musikleben in Vergangenheit und Gegenwart wesentlich mitgestaltet. – Als älteste Dresdner Musikinstitution ist seine *Entwicklung* eng mit der Stadtgeschichte und untrennbar mit der Geschichte der →Kreuzkirche und der →Kreuzschule verbunden. Der Ursprung des K. geht auf die in der zweiten Hälfte des 13. Jh. bei der Nikolaikirche entstandenen Wallfahrtskapelle zum Heiligen Kreuz (ab 1388 für die ganze Kirche namensgebend) zurück. Für den liturgischen Gesang bei den Gottesdiensten wurden geschulte Chorknaben benötigt, deren Unterhalt durch Stiftungen bestritten wurde, wobei sich die Ausbildung in der gleichzeitig entstandenen Schule anfangs nur auf Gesang und Latein beschränkte (1399 erste urkundliche Erwähnung der Kreuzschule). Der Aufgabenbereich der Chorknaben, die in Alumnen (wohnten in der Schule) und Kurrendaner (wohnten privat in der Stadt) unterteilt waren, wurde ständig erweitert. So hatten sie im 15. Jh. wöchentlich bei zahlreichen Messen in der Kreuzkirche und in der Frauenkirche zu singen, außerdem bei Nebengottesdiensten, Kirchenfesten, Prozessionen, geistlichen Spielen, Kindtaufen, Hochzeiten, Begräbnissen und größeren Festlichkeiten (z. B. Johannisfest). Da die Stiftungen zum Unterhalt der Schüler nicht ausreichten, waren die Knaben auf mildtätige Gaben angewiesen, die sie bei den o. g. Gelegenheiten bzw. verschiedensten Nebenbeschäftigungen (z. B. Läuten, Kirchenkehren, Transportarbeiten) sowie bei Singumgängen, dem sog. *Kurrendesingen* erhielten, das heute noch als Tradition in den weihnachtlichen Konzerten des K. fortlebt. Die Reformation brachte durch die Abschaffung der kath. Kirchenbräuche wesentliche Veränderungen im Chor mit sich. Als erster ev. Kreuzkantor wurde S. BAUMANN auf Empfehlung von MELANCHTHON eingestellt. Er war der erste in der Reihe von Kreuzkantoren, die bis zur Gegenwart das Musikleben in Dresden mitprägten. In einer neuen Schulordnung von 1575 wurde ausführlich auf die Musikerziehung und Chorarbeit eingegangen. Nach dem Rektor und dessen Stellvertreter war der Kantor der dritte (seit erster Hälfte des 16. Jh. vierte) Lehrer, der neben der gesamten musikalischen Ausbildung auch Lateinunterricht geben mußte. Unter den Kantoren NEANDER, LOHR und BEUTEL erreichte der K. im 17. Jh. ein sehr hohes musikalisches Niveau, wobei die zeitgenössische polyphone Kirchenmusik von →SCHÜTZ, SCHEIDT, SCHEIN u. a. gesungen wurde. Eine allmähliche Abkehr von der a-capella-Musik erfolgte im 18. Jh., als so bedeutende Kirchenmusiker wie REINHOLD, →HOMILIUS und →WEINLIG den K. auf hohem künstlerischem Stand hielten und damit zugleich die bürgerliche Musikpflege gegenüber der höfischen Musikausübung in Dresden vertraten. Mit Gründung der italienischen Oper 1717 in Dresden wurden die Chorknaben auch zu Opernaufführungen herangezogen (bis 1817); in das weltliche Musikleben wurden sie seit Beginn des 19. Jh. (Mitwirkung des K. bei der Aufführung von Bachs «Matthäuspassion» 1833 und von Beethovens 9. Sinfonie 1846 unter Richard WAGNER) verstärkt einbezogen. Ein fester Bestandteil des Dresdner Musiklebens waren 1861/1939 die jährlichen Fastnachtskonzerte des K., die von dem im 19. Jh. bedeutendsten Kreuzkantor

Kreuzchor vor dem Altar der Kreuzkirche 1957

→OTTO eingeführt wurden. Mit WERMANN setzte eine verstärkte Bach-Pflege ein, und unter →RICHTER begannen die Konzertreisen, R. →MAUERSBERGER, der vor allem den a-capella-Gesang und die Schütz-Pflege wiederbelebte, hat besondere Bedeutung für den Fortbestand des K. nach dem Krieg. Er verhalf dem K. zu der weltberühmt gewordenen hohen Klangkultur, die von seinen Nachfolgern weiter gepflegt wird. –
Zu den *Wirkungsstätten* des K. in Dresden gehörte neben der Kreuzkirche und den Straßen und Plätzen der Stadt die →Frauenkirche (1559/1897 zur Gottesdienstmusik), in der 1736 erstmalig unter REINHOLD eine besonders musikalische Wirkung durch einen Echochor von der Kuppel aus erzielt wurde. Weiterhin sang der K. Sakralmusik in der →Sophienkirche (1610/1737) und der Begräbniskirche des alten →Johannisfriedhofs. Die erste Nachkriegsvesper nach dem Zweiten Weltkrieg erklang am 4. August 1945 in der Ruine der Kreuzkirche, bis zu deren Wiederaufbau 1955 verschiedene andere Kirchen (besonders in den Vororten) genutzt wurden. (1950/55 Gottesdienstmusik in der Annenkirche). Zu den weltlichen Auftrittsstätten des K. gehörten vor 1945 neben dem Opernhaus das →Gewerbehaus, das Vereinshaus des Stadtvereins für innere Mission an der Zinzendorfstraße (1894/96 erbaut), das →Künstlerhaus Albrechtstraße und der Festsaal des neuen Rathauses. Nach 1945 waren es die Säle des Hygenie-Museums, und in der Gegenwart ist der →Kulturpalast bevorzugter Konzertort. Mit Konzerten im Freien beteiligt sich der K. am sommerlichen Dresdner Musikgeschehen. –
Zur *Unterbringung* des K.: →Kreuzschule
Übersicht über die ev. Kreuzkantoren:
1. 1540/52 Sebaldus Baumann (um 1515 bis nach 1588);
2. 1553/60 Johannes Selner (Söllner, um 1525–1583);
3. 1560/61 Andreas Lando;
4. 1561/85 Andreas Petermann (um 1531–1611);
5. 1585/86 Caspar Füger (um 1562–1617);
6. 1586/89 Basilius Köhler;
7. 1589/1606 Bartholomäus Petermann;
8. 1606/12 Christoph Lisberger (um 1575–1612);
9. 1612/15 Samuel Rüling (1586–1625);
10. 1615/25 Christoph Neander (1589–1626);
11. 1625/54 Michael Lohr (1591–1654);
12. 1654/94 Jacob Beutel (1624–1694);
13. 1694/1713 Basilius Petritz (1647–1715),
14. 1713/20 Johann Zacharias Grundig (1669–1720),
15. 1720/55 Theodor Christlieb Reinhold (1682–1755);
16. 1755/85 Gottfried August Homilius (1714–1785);
17. 1785/1813 Christian Ehregott Weinlig (1743–1813);
18. 1813 Gottlob August Krille (1779–1813);
19. 1814/17 Christian Theodor Weinlig (1780–1842);
20. 1818/22 Christian Friedrich Hermann Uber (1781 bis 1822);
21. 1822/28 Friedrich Wilhelm Agthe (1796–1830);
22. 1828/75 Julius Otto (1804–1877);
23. 1875/1906 Oskar Wermann (1840–1906);
24. 1906/30 Otto Richter (1865–1936);
25. 1930/71 Rudolf Mauersberger (1889–1971);
26. 1971/90 Martin Flämig (geb. 1913);
27. ab 1991 Gothart Stier (geb. 1938).

Kreuzkirche vor 1760
Chor der alten Kreuzkirche

Kreuzkirche: früheste Dresdner Stadtkirche, wahrscheinlich in der zweiten Hälfte des 13. Jh. für die Fernhändlersiedlung gegründet und dem hl. Nikolaus geweiht, ursprünglich *Nikolaikirche* genannt. – Sie befand sich hinter der SO-Ecke des späteren Altmarktes; seit 1370 führte von hier die Kreuzgasse (→Kreuzstraße) zur →Kreuzpforte. Das Kirchenvermögen wurde seit Beginn des 14. Jh. gemeinsam mit dem der Elbbrücke durch das →Brückenamt verwaltet. Die Kirche unterstand als Filialkirche der vor den Stadtmauern gelegenen →Frauenkirche, der ältesten Pfarrkirche Dresdens. Für eine seit dem 13. Jh. als Wallfahrtziel verehrte Kreuzesreliquie wurde an der Südseite die Kreuzkapelle (capella sanctae crucis, 1319 urkundlich erwähnt) errichtet. 1390 wurde die Nikolaikirche als *Kreuzkirche* neu geweiht. Hans KUMOLLER (gest. nach 1469) gestaltete die urspr. romanische Basilika um 1447 durch einen gotischen Chor um und baute sie zur dreischiffigen Hallenkirche aus. Um 1515 verfügte sie über etwa 27 Altäre. Zur Unterweisung in Latein und Gesang für den liturgischen Gottesdienst wurde um 1300 die →Kreuzschule eingerichtet, die zusammen mit dem →Kreuzchor, der frühesten Pflegestätte der Musik in Dresden, seitdem mit der Geschichte der Kirche eng verbunden ist. Beim Stadtbrand am 15. Juni 1491 brannte die K. nieder; auf ihren Grundmauern errichteten Hans REINHART, Conrad PFLÜGER

(gest. nach 1506) und Matthes Kumoller (gest. 1511) nochmals eine dreischiffige Hallenkirche, die der Bischof von Meißen am 20. November 1499 weihte.
Am 6. Juli 1539 fand in der K. der erste evangelische Gottesdienst Dresdens statt. Die K. wurde Hauptkirche der Stadt, der nunmehr auch die Frauenkirche unterstand. Der erste Pfarrer der K. hatte als Superintendent die Aufsicht über 51 Kirchspiele der Umgebung. 1709/49 wirkte in diesem Amt Valentin Ernst →LÖSCHER. – Mit Einführung der Reformation wurden die meisten Nebenaltäre und Heiligenbilder, u. a. auch Kruzifix und «Schwarzer Herrgott», beseitigt. Meister HANS schuf 1529 die Tafeln der Zehn Gebote (heute im Stadtmuseum). 1574/79 vollendete Hans →WALTHER II. den zweigeschossigen Renaissancealtar mit Abendmahlsrelief (1768 in die →Annenkirche, 1927 in die St. Johannes-Kirche Bad Schandau versetzt). 1579/84 wurde die 92 m hohe Westturmfront errichtet, die als Wahrzeichen der Stadt galt und u. a. von Bernardo →BELLOTTO gemalt wurde. Bei der Beschießung der Stadt durch Friedrich II. während der →Belagerung 1760 wurde im Juli auch die Kreuzkirche zerstört. Der z. T. stehengebliebene Turm sollte in den Neubau einbezogen werden, stürzte jedoch am 22. Juni 1765 zusammen. 1764 wurde der Grundstein für die neue K. gelegt, um deren Gestalt langwährende Auseinandersetzungen zwischen Johann Georg →SCHMIDT, Friedrich August →KRUBSACIUS und Christian Friedrich →EXNER entbrannten. Schmidts

Raumkonzeption wurde weitgehend übernommen. Ab 1769 leitete Christian Heinrich →EIGENWILLIG den Bau, zu dem 1771 noch Gottlieb August →HÖLZER hinzugezogen wurde. Der Innenraum wurde im deutschen Spätbarock mit klassizistischem Einfluß gestaltet, der 1788 vollendete Außenbau betont schmucklos gehalten. Die Kirchenweihe erfolgte 1792.
Die 1894 von Emil →SCHERZ eingeleitete Erneuerung der K. im neoklassizistischen Stil brach schon 1897 ab, als ein Großbrand die K. zerstörte. Das Feuer brach am Nachmittag des 16. Februar aus ungeklärter Ursache aus und vernichtete bis zum nächsten Morgen die gesamte Kirche mit Ausnahme des Turmes. Rudolph →SCHILLING und Julius GRÄBNER übernahmen den Wiederaufbau und verliehen dem Inneren nach Abbruch der verglühten Sanddsteinsäulen ein neues Gesicht. Sie verzichteten dabei auf neogotische Formen und schufen eine dekorative Neubarockausstattung mit Elementen des Jugendstils. Kirchenschiff und Emporen boten 3476 Sitzplätze. 1900 wurde ein fünfstimmiges Geläut von Franz SCHILLING, Apolda, installiert, das heute zu den größten Kirchengeläuten Deutschlands zählt. 1900 weihte Superintendent Franz Wilhelm DIBELIUS die Kirche. – Ihre letzte Zerstörung erlitt die K. durch die Luftangriffe am 13./14. Februar 1945, bei denen nur der Turm und die Außenmauern erhalten blieben. Ein Altarbild der Kreuzigung von Anton →DIETRICH und ein Marmorrelief von Heinrich →EPLER überdauerten die Angriffe. In der Ruine dirigierte Rudolf →MAUERSBERGER am 4. August 1945 seinen Trauerhymnus «Wie liegt die Stadt so wüst». Fritz →STEUDNER führte 1946/55 den Wiederaufbau aus. Der ursprünglich nur als Unterputz gedachte Rauhputz wurde beibehalten, das Innere schmucklos belassen. R. Mauersberger stiftete 1956 die Gedächtnisstätte für Heinrich →SCHÜTZ in der Traukapelle und führte zur Einweihung der K. am 13. Februar 1955 mit dem Kreuzchor sein «Dresdner Requiem» auf. →JEHMLICH Orgelbau installierte 1963 die neue Orgel. Durch die Vergrößerung des Altmarktes rückte die Kirche an die Platzfront. Außenmauern und Turm wurden in den letzten 25 Jahren schrittweise saniert, der Turm ist seit 1992 wieder zugänglich. Seit 1955 ist die K. Predigtkirche des Landesbischofs. Sie ist die bedeutendste Aufführungsstätte sakraler Musik in Dresden. Vor und während der demokratischen Wende war die K., an der Superintendent Christof ZIEMER wirkte, Symbol und Sammelstätte der Bürger- und Friedensbewegung in Dresden.

Kreuzpforte: kleines, erstmals 1370 erwähntes Stadttor am Ende der Kreuzgasse (→Kreuzstraße), 1592 zugemauert.

Kreuzschule: älteste Schule Dresdens, deren Geschichte und Entwicklung unmittelbar mit der Geschichte des →Kreuzchores und der →Kreuzkirche verbunden ist. Die K. wird urkundlich erstmalig am 6. April 1300 erwähnt, wahrscheinlich diente sie damals der Unterweisung der Chorknaben und Ministranten in Latein und Gesang. Die älteste Schulordnung der K. stammt von Nicolaus THIERMAN (1413/24 Rektor). In ihr wurden der

Blitzschlag in den Turm der Kreuzkirche 1669
Kreuzkirche Anfang 19. Jh.
Ruinen der alten Kreuzkirche 19. Jh.

Ablauf des Schuljahres, die Einnahmen der Schule und die Einteilung der Schüler in bestimmte Leistungsgruppen festgelegt. Die K. war damals eine Lateinschule, die den Bildungsstoff der «Sieben freien Künste» vermittelte und somit den Universitätsbesuch vorbereitete. Die Alumnen (Internatsschüler) waren auf Stiftungen und Einnahmen aus Nebenbeschäftigungen angewiesen. Die vorreformatorischen Unruhen zu Beginn des 15. Jh. wirkten sich auch auf die K. aus. Ihr Rektor →PETER von Dresden (bis 1413) und der Lehrer NIKOLAUS von Dresden mußten die Stadt verlassen und erlitten später den Märtyrertod, ebenso der erste namentlich nachweisbare Kreuzschüler Johann von DRÄHNDORF, der 1425 in Heidelberg hingerichtet wurde. Die Einführung der Reformation 1539 brachte auch für die K. eine Reihe von Veränderungen. So entfielen z. B. die Einnahmen durch den kirchenmusikalischen Dienst bei Messen u. ä., und die Schüler mußten von der Schulgeldzahlung befreit werden. Das 1541 begründete Religionsamt faßte das gesamte kirchliche Vermögen zusammen, aus dem feste Gehälter für die Kirchen- und Schuldiener (Pfarrer und Lehrer) gezahlt wurden. Die neue Schulordnung der K. von 1575 unterschied zwischen Alumnen und Kurrendanern (Schüler, die in der Stadt wohnten). Es wurde in fünf Klassenstufen unterrichtet, wobei der Musikerziehung und Chorarbeit ein breiter Raum gegeben wurde. 1572 betrug die Schülerzahl 284, die Zahl der Lehrer sechs. Zu den bedeutendsten Rektoren der K. im 17. Jh. gehörte Johann BÖHME oder BOHEMUS (geb. 11. 6. 1599 Dittmannsdorf b. Freiberg, gest. 3. 9. 1676 Dresden), der den Sprachunterricht und die Aufführungen von Schulkomödien förderte. In seiner Amtszeit stieg die Schülerzahl, die während des Dreißigjährigen Krieges zurückgegangen war, wieder an (1659 238 Schüler). Der bedeutendste Rektor des 18. Jh. war Christian →SCHÖTTGEN, der die Bibliothek der K. weiter ausbaute (1743 über 3000 Bände). Die inneren und äußeren Verhältnisse der Schule veränderten sich bis zum Beginn des 19. Jh. kaum. Der Rektor Christian Ernst August GRÖBEL (geb. 22. 12. 1783 Flemmingen b. Naumburg, gest. 24. 6. 1854 Dresden) wandelte die K. von einer Stiftungsschule in ein modernes Gymnasium um (offiziell ab 1819), führte eine neue Klasseneinteilung und den Zeichen- und Turnunterrichtet (als Privatunterricht) ein. Auch der Lehrplan wurde völlig umgestaltet. Ab 1868 stieg die Schülerzahl so beträchtlich an, daß Parallelklassen gebildet werden mußten (1880 über 600 Schüler). Die Zahl der Lehrer verdoppelte sich ebenfalls von 14 auf 28. Deshalb wurde 1879 das →Wettiner Gymnasium begründet.

Schulgebäude: Die ersten Gebäude der K. befanden sich in der Nähe der Kreuzkirche. Das 1480/81 erbaute Schulhaus wurde 1491 ein Opfer des großen Stadtbrandes. 1493 entstand ein neues Schulhaus, das gleichzeitig Wohnung des Rektors war. Das Haus wurde bald baufällig, so daß schon 1557 ein Neubau zwischen Schul- und Pfarrgasse errichtet wurde, der in den folgenden Jh. mehrfach umgebaut und erst 1891 abgerissen wurde. Nach vielen Bemühungen konnte die K. 1866 einen Neubau am Dohnaischen Platz (später Georgplatz) beziehen. Der von Christian Friedrich →ARNOLD im neugotischen Stil errichtete Bau enthielt 12 Klassenzimmer und das Alumnat mit 32 Plätzen. Doch schon 1899 machte sich ein Anbau nötig (Turnhalle, Zeichensaal, Lehr- und Sammlungsräume für den naturwissenschaftlichen Unterricht). 1925/26 wurde der Anbau durch zwei Geschosse aufgestockt. Das Gebäude wurde beim Angriff am 13. Februar 1945 völlig zerstört und später abgerissen. Nach verschiedenen Interimslösungen bezog die K. 1947 das Gebäude des ehemaligen →Freimaurerinstitutes an der Eisenacher Straße und wurde später in eine Oberschule umgewandelt.

Kreuzstraße: Die seit dem 14. Jh. bestehende K. führt von der →Kreuzkirche ostwärts zur Ringstraße. Ursprünglich reichte sie nur bis an die →Gewandhausstraße, wurde aber 1888 bis an die Maximilian-Allee (heute Ringstraße) verlängert. Um 1370 wird sie als «platea sanctae crucis», 1394 als «des Heiligen Cruczes gazse» und 1428 als «Cruczgasse» genannt. Danach wurde sie als «Kreuzgasse» geführt und 1862 in K. umbenannt. Beim Dresdner Maiaufstand 1849 schützten zwei Barrikaden die K.

Kreysig, Georg Christoph: Historiker und Bibliograph, geb. 7. 10. 1695 Dörfel b. Annaberg, gest. 13. 1. 1758 Dresden. – K. studierte in Leipzig und Wittenberg und war anschließend als Hauslehrer bei Landadligen tätig. Auf Empfehlung des bedeutenden Historikers Johann Burchard MENCKE gelangte er 1724 in den Haushalt des Hof- und Justizrates BASTINELLER nach Dresden. Kurz darauf war K. als «Bücher- und Medaillen-Auctionator» in Dresden tätig. Hauptsächlich widmete er sich jedoch als Privatgelehrter der Erforschung der sächsischen Geschichte. K. hielt engen Kontakt zu den anderen bedeutenden sächsischen Historikern seiner Zeit. Er war maßgeblich an der Herausgabe verschiedener Quellensammlungen, die die Hauptleistungen der sächsischen Geschichtswissenschaft im 18. Jh. darstellten, beteiligt, so z. B. an Christian →SCHÖTTGENS «Diplomatischer und curieuser Nachlese der Historie von Obersachsen», Dresden, Leipzig 1730/33. K. stellte auch die erste umfassende Bibliographie zur sächsischen Landesgeschichte, die «Historische Bibliothec von Ober-Sachsen und einigen angren-

Die Kreuzkirche am Altmarkt
Fassade der 1945 zerstörten Kreuzschule

zenden Ländern...» Dresden und Leipzig 1732, zusammen.

Kreyßig, Friedrich Ludwig: Mediziner, geb. 7. 7. 1770 Eilenburg, gest. 4. 6. 1839 Dresden. – K. hatte 1795 in Leipzig promoviert und danach als Professor der Anatomie und Botanik an der Universität Wittenberg gewirkt, als er 1803 zum Leibarzt des späteren Königs FRIEDRICH AUGUST I. in Dresden ernannt wurde (bis 1827). 1815 gehörte er zu den Gründern der →Chirurgisch-medizinischen Akademie und lehrte dort bis 1822 spezielle Pathologie und Chirurgie. Zu den Dresdner Sehenswürdigkeiten gehörte sein botanischer Garten an der Großen Schießgasse, wo K. in Gewächshäusern besonders seltene Pflanzen züchtete.

Krieger, Adam: Komponist und Organist, geb. 7. 1. 1643 Driesen (Neumark), gest. 30. 6. 1666 Dresden. – Der bedeutende Vertreter der Studenten- und Hausmusik des 17. Jh. war Schüler von Samuel SCHEIDT in Halle. 1655/57 war er Organist in Leipzig und kam 1658 als Hoforganist nach Dresden, wo er nicht nur als Musiker, sondern auch als Dichter geschätzt wurde. – Begraben auf dem alten Frauenkirchhof.

Kristallpalast: →Schäferstraße

Krone, Hermann: Fotograf, Hochschullehrer, geb. 14.9.1827 Breslau (Wrocław), gest. 27.9.1916 Dresden-Laubegast. – Der Altmeister der deutschen Fotografie studierte in Breslau Naturwissenschaft, war ab 1849 Student an der Kunstakademie Dresden und arbeitete 1851/52 als Daguerreotypist in Leipzig. In seiner 1853 in Dresden gegründeten «Photographischen Lehr- und Portraitanstalt» entwickelte er die damaligen Verfahren der Photographie weiter. Er schuf 1853 mit einem Album der Sächsischen Schweiz die ersten sächsischen Landschaftsaufnahmen (Gedenktafel am Basteifelsen), gründete 1869 die Photographische Gesellschaft in Dresden und hielt 1870/1907 Vorlesungen am Polytechnikum bzw. an der Technischen Hochschule Dresden (Professur ab 1895). – 1874 astronomische Aufnahmen als Teilnehmer einer deutschen Neuseeland-Expedition. – Die Porträtstudien und Stadtansichten von K. verkörpern eine Epoche Dresdner Kulturgeschichte. K. machte sich um die Anerkennung der Fotografie als wissenschaftliche Lehrdisziplin verdient und begründete ein Historisches Museum für Photographie (später Hermann-Krone-Sammlung der Technischen Universität). Sein Manuskript «Photographische Urmethoden» wurde erstmals nach rund einem Jahrhundert in Leipzig 1985 als Buch gedruckt.

Kronen-Apotheke: 1830 erhielt Ernst Friedrich DORN vom König ANTON die Konzession zum Eröffnen einer Apotheke in dem Neuen Anbau vor dem →Bautzner Tor. Bereits im Folgejahr wurde die Apotheke «Zur goldenen Krone» in der →Bautzner Straße 22b im Haus des ehemaligen Albertgartens eröffnet. Das Apothekengebäude befand sich Bautzner/Glacisstraße. Unzulänglichkeiten und Platzmangel führten 1841 zum Kauf eines neuen Grundstücks auf der Bautzner Straße 17. 1842 bezogen, erlebte es 1846/87 unter Leitung der Apothekerfamilie CRUSIUS eine erste Blütezeit. Die Personalkonzession wurde 1861 in ein Realrecht umgewandelt. Neben der ausgezeichneten Arzneimittelversorgung wurde von Georg Crusius 1871 noch das Engrosgeschäft für natürliche Mineralwässer gegründet und die Herstellung von Extrakten und eigens angefertigten Heilpräparaten für den Großhandel begonnen. Der Name der Apotheke änderte sich später in K. Ab 1882 entwickelte sich aus dem Chemischen Labor von Dr. OSTERMEYER und dem vergrößerten Laboratoriumsbetrieb der K. ein kleines selbständiges Unternehmen zur Herstellung von Verbandsstoffen. Anfang des 20. Jh. wurde die pharmazeutische und Verbandsstoff-Fabrik von der Apotheke getrennt und nach Striesen verlegt. – Die überalterten Einrichtungen der ältesten noch bestehenden Dresdner Apotheke erfuhren in den achtziger Jahren eine umfangreiche Rekonstruktion.

Kronentor: →Zwinger

Krubsacius, Friedrich August: Architekt und Architekturtheoretiker, geb. 2. 3. 1718 Dresden, gest. 28. 11. 1789 Dresden. – Der Schüler von →LONGUELUNE und de →BODT trat 1740 in das Oberbauamt ein, war während des Siebenjährigen Krieges außerhalb Sachsens tätig, wurde 1764 der erste Professor für Baukunst an der Dresdner Kunstakademie und 1776 Oberlandbaumeister. Als bedeutendster Vertreter des Klassizismus in Dresden baute K. das →Palais der Sekundogenitur (1764/74), 1766 das Harmoniegebäude (→Palais Hoym) und das →Landhaus (1770/76). Er entwarf das Denkmal der Karoline →NEUBER in Laubegast (1776) und die Innenausstattung für das →Kurländer Palais (1774). K., der die Formenwelt der Antike erforschte, schrieb eine Reihe von theoretischen Abhandlungen zu diesem Thema, z.B. «Betrachtungen über den Geschmack der Alten» (1747). Er wohnte in der Webergasse (spätere Nr. 1).

Krüger: Künstlerfamilie in Dresden, die von dem aus Danzig eingewanderten Elfenbein- und Bernsteinschnitzer *Wilhelm* K. (1680–1756) abstammt. Seine beiden Söhne *Gottlieb Wilhelm* und *Ephraim Benjamin* waren ebenfalls Elfenbein-, Bernstein- und Schildpattschnitzer. Drei Söhne des Letztgenannten waren als Medailleure bzw. Kupferstecher tätig. Der jüngste dieser Brüder, *Christian Joseph* (1759–1814) war Graveur und Stempelschneider an der Dresdner →Münze. Dessen erster Sohn *Carl Reinhard* (geb. 20. 3. 1794 Dresden, gest. 20. 2. 1879 Dresden), 1817/57 ebenfalls als Graveur an der Dresdner Münze tätig, schuf künstlerisch wertvolle Medaillen (z.B. auf C. M. v. →WEBER oder G. P. PALESTRINA). Der im Volksmund «Münzkrüger» genannte K.

Hermann Krone

besaß in Oberloschwitz ein Weinberghäuschen (jetzige Krügerstraße 22) und wurde von Ludwig →RICHTER als «Einsiedler von Loschwitz» gezeichnet. Der zweite Sohn *Anton* (geb. 1.8.1795 Loschwitz, gest. 24.4.1857 Loschwitz) war Kupferstecher und ab 1828 Lehrer an der Dresdner Kunstakademie.

«Kuchenloch»: ehemalige beliebte Bäckerei im Gebäude Alaunstraße 47/ Ecke Louisenstraße, die um 1800 entstanden war und 1850 abgerissen wurde. Die volkstümliche Bezeichnung übertrug sich auf das nachfolgend erbaute, mit Turm und Turmuhr auffällige Mietshaus, das 1945 zerstört wurde.

Kuehl, Gotthardt: Maler, geb. 28.11. 1850 Lübeck, gest. 9.1.1915 Dresden. – K. besuchte 1867/70 die Dresdner Kunstakademie, wurde danach Schüler von Wilhelm DIEZ in München, lebte 1876/89 in Paris und danach wieder in München. Von 1895 bis zu seinem Tode wirkte er als Professor an der Dresdner Kunstakademie, wobei es ihm mit malerischem Können und Zielbewußtsein gelang, eine moderne impressionistisch geprägte Richtung gegen den bisherigen konservativ-akademischen Stil durchzusetzen. Etwa 100 namhafte Künstler sind aus seiner Schule hervorgegangen. Ab 1897 richtete er in Dresden die internationalen Kunstausstellungen ein und gründete 1901 mit Freunden die Gruppe der «→Elbier». Als «Bellotto des 20. Jh.» stellte K. das Dresden der Jahrhundertwende in zahlreichen Architekturgemälden dar. – Personalausstellung im Albertinum (1993); Grab im Urnenhain des Johannisfriedhofes Tolkewitz; Gotthardt-Kuehl-Straße in Strehlen.

Kufenhaus: zur Hofkellerei gehörendes Gebäude an der Kleinen Schießgasse, das 1589 erbaut, beim Bombardement 1760 zerstört, danach wieder aufgebaut und 1893 wegen der Errichtung des →Polizeipräsidiums abgebrochen wurde.

Kügelgen, Gerhard von: Maler, geb. 6.2.1772 Bacharach, gest. (erm.) 27.3.1820 Dresden. – K. ließ sich, 1805 aus Petersburg kommend, wo er als gesuchter Porträtmaler ein Vermögen erworben hatte, in Dresden nieder. 1814 zum Professor an der Kunstakademie ernannt, widmete er sich vor allem der Historienmalerei, leistete jedoch Bedeutenderes bei den Porträts, die er von vielen Zeitgenossen angefertigt hat, mit denen er teilweise freundschaftlich verbunden war. Seine Ermordung (Nähe des Grundstückes Bautzner Straße 96) auf dem Heimweg von seinem Loschwitzer Weinberg erregte unter der Dresdner Bevölkerung große Anteilnahme. Der Mörder, Gottfried KALTOFEN, wurde am 12. Juni 1821 auf dem Altmarkt mit dem Schwert hingerichtet. K. wohnte zunächst in der Halbegasse und zog 1908 mit seiner Familie in das zweite Obergeschoß des 1699 erbauten «Gottessegen» oder «Kügelgen-Hauses», das zum Ensemble der seit 1979 wiederhergestellten Bürgerhäuser auf der Hauptstraße (Nr. 13) gehört. Das rege geistig-kulturelle Leben der Familie in diesem Hause schilderte der älteste Sohn des Malers Wilhelm von K. (1802–1867) in seinen bekannten «Jugenderinnerungen eines alten Mannes» (1870). 1981 wurde in der ehemaligen Wohnung des Künstlers das →Museum zur Dresdner Frühromantik eröffnet, in dem auch der Wohnraum und das Atelier nachgestaltet sind. – Grab auf dem Alten Katholischen Friedhof; Kügelgenstraße zwischen Loschwitz und Wachwitz.

Kugelhaus: im Rahmen der Ausstellung «Die Technische Stadt» 1928 auf dem

Gotthardt Kuehl
Blick auf Dresden vom Neustädter Ufer. Gemälde von G. Kuehl
Gerhard von Kügelgen (Selbstbildnis)

Ausstellungsgelände des heutigen Straßburger Platzes nach dem Entwurf von Peter BIRKENHOLZ (1876–1961) errichteter Experimentalbau, der maximale Raumausnutzung auf geringster Grundfläche dokumentieren sollte. Das «erste Kugelhaus der Welt» war 30 m hoch; 24 m betrug der Durchmesser der Kugel, die auf einem 10 x 10 m messenden Sockelbau auflag. Die 5 Stockwerke des Stahlgerüstbaues waren ringförmig um einen freien Lichthof angelegt, in der obersten Galerie befand sich eine Gaststätte. 1938/39 wurde das von den Nationalsozialisten als «undeutsch» bezeichnete K. abgebaut und sein Metallgerüst für Kriegszwecke verschrottet.

Kühl, Heinrich: Kunsthändler, geb. 14. 3. 1886 Hannover, gest. 16. 12. 1965 Dresden. – K. kam 1911 nach Dresden und war zunächst in der Arnoldschen Kunsthandlung tätig, ehe er 1924 seine eigene Kunsthandlung mit Galerie im ehemaligen Hotel Kaiserhof (→Stadt Wien) eröffnete, die sich in der Folgezeit zu einem festen Kulturzentrum in Dresden entwickelte (ab 1936 Kleine Brüdergasse 21). K. förderte mit wechselnden Angebotsausstellungen von Grafik, Malerei und Plastik neben modernen, progressiven Künstlern wie Ernst BARLACH, Otto →DIX, Käthe KOLLWITZ, Emil NOLDE und EL LISSITZKY besonders Dresdner Künstler (z.B. Hermann →GLÖCKNER), wobei er diejenigen, die während des Nationalsozialismus verfolgt wurden, tatkräftig unterstützte. Seit 1946 befindet sich die *Galerie Kühl* auf der Zittauer Straße 12, wo sie bis in die Gegenwart von Sohn Johannes K. (gest. 21. 9. 1994 Bautzen) fortgeführt wurde. – Bildnis (von Rudolf NEHMER) in der Gemäldegalerie Neue Meister; Grab auf dem Tolkewitzer Friedhof.

Kühn, Christian Gottlieb: Bildhauer, geb. 16. 6. 1780 Dresden, gest. 20. 12. 1828 Dresden. – Nach seiner Ausbildung bei Franz →PETTRICH und in Italien wirkte K. ab 1803 in Dresden, wo er seinen Lebensunterhalt vorwiegend mit der Herstellung von Grabdenkmälern bestritt (z.B. «Genius mit umgestürzter Fackel» auf dem Loschwitzer Friedhof). 1814 schuf er nach antikem Vorbild zwei Sandstein-Löwen (bis 1863 am Fuße der Treppe zur Brühlschen Terrasse und seitdem am südlichen Ende der Querallee im Großen Garten). Nach dem Entwurf von Gottlob Friedrich →THORMEYER fertigte K. das Moreau-Denkmal auf der Räcknitz-Höhe. Der Bildhauer war besonders eng mit Caspar David →FRIEDRICH befreundet, von dem er eine noch erhaltene Büste schuf. Bis 1824 bewohnte K. ein kleines Haus am Gondelhafen und bezog danach sein Vaterhaus an der Äußeren Rampischen Gasse (1859/1945 Pillnitzer Straße 26). Das von ihm 1826 geschaffene und über der Toreinfahrt seines Hauses angebrachte über 3 m lange Stuckrelief *«Musenreigen»* (im Volksmund «die neun Männeln über der Tür» genannt), befindet sich seit 1986 im neuerbauten Opernrestaurant. – Begraben auf dem Trinitatisfriedhof.

Kühne, Max Hans: →Lossow, William

Kulturpalast: an der Nordseite des Altmarktes zwischen Schloß- und Galeriestraße gelegener Bau für verschiedenartige gesellschaftliche und kulturelle Veranstaltungen. Der Grundstein für das von Wolfgang HÄNSCH, Herbert LÖSCHAU und Heinz ZIMMERMANN nach Entwürfen von Leopold WIEL und Kurt HEMMERLING projektierte Gebäude wurde am 13. Februar 1967 gelegt. Das kompakte, relativ flache Bauwerk mit einer Grundfläche von 7380 m², der südlichen Glasfassade und dem gefalteten Kupferdach wurde unter Mitwirkung von 62 Betrieben errichtet und am 2. Oktober 1969 als ein «Haus sozialistischer Kultur und Bildung» der Öffentlichkeit übergeben. Seitdem ist der K. auch ständige Wirkungsstätte der →Dresdner Philharmonie. Er enthält eine großzügige Eingangshalle und zwei Foyers mit Blickrichtung zum Altmarkt; den sechseckigen Festsaal (mit 32 m breiter und 10 m tiefer Bühne, fahrbarer Jehmlich-Orgel und 2415 Sitzplätzen), der mittels Wipparkett auch als Ball- oder Kongreßsaal genutzt werden kann; an der Westseite ein Studiotheater sowie Gesellschafts- und Klubräume; an der Ostseite gastronomische Einrichtungen

Kugelhaus
Fries der neun tanzenden Musen von Christian Gottlieb Kühn
Kulturpalast

und an der Nordseite interne Räume für die Künstler, Technik und Verwaltung. Zur Ausgestaltung des K. gehörten das Wandbild «Der Weg der roten Fahne» an der Westfassade (Farbglassplitter auf Betonplatten; von Gerhard BONDZIN, die fünf zweiflügligen Eingangstüren aus Bronze mit Motiven aus der Dresdner Geschichte (von Gert JAEGER) und das Wandbild «Unser sozialistisches Leben» im Foyer des ersten Obergeschosses (von Heinz DRACHE und Walter REHN).

Külz, Wilhelm: bürgerlich-liberaler Politiker, geb. 18.2.1875 Borna, gest. 10.4.1948 Berlin. – Nach elfjähriger Amtszeit als Oberbürgermeister von Zittau war Dr. jur. K. 1923/26 zweiter Bürgermeister von Dresden und für die Stadtfinanzen verantwortlich. Er war führendes Mitglied der Deutschen Demokratischen Partei, 1926/27 Innenminister in der Reichsregierung und bekleidete 1930/31 den Posten eines Reichskommissars für die Internationale Hygiene-Ausstellung in Dresden. – Mit reichen kommunalpolitischen Erfahrungen, engen Verbindungen zu Dresdner Industrie- und Finanzkreisen sowie einflußreichen Ehrenämtern (u.a. Vorsitz im sächsischen Gemeindetag, Dresdner Hochschulverein und Dresdner Verkehrsverein) empfahl sich K. für das Amt des Dresdner Oberbürgermeisters, in das ihn die Stadtverordneten am 9. Februar 1931 als Nachfolger von Bernhard ➔BLÜHER wählten. Nach der faschistischen Machtergreifung protestierte K. in aller Form beim Reichspräsidenten gegen den braunen Terror und verweigerte das Hissen der Hakenkreuzfahne auf dem Rathaus. Die faschistischen Machthaber reagierten darauf am 7. März 1933 mit einer vorher inszenierten Besetzung des Rathauses und am 14. März mit der «sofortigen Beurlaubung» des Stadtoberhauptes. K. siedelte 1935 nach Berlin über und schloß sich im privaten Kreis bürgerlichen Hitlergegnern an. K. war 1945 Mitbegründer der LDPD in der sowjetischen Besatzungszone. – Gedenktafel am Neuen Rathaus; Dr.-Külz-Ring in Mitte, Wilhelm-Külz-Straße in Hellerau.

Kummer, Friedrich August: Cellist, geb. 5.8.1797 Meiningen, gest. 22.5.1879 Dresden. – K. war der bedeutendste Vertreter einer weitverzweigten Dresdner Musikerfamilie, die sein Großvater, der kurf.-sächs. «Jagdhautboist» Johann Gottfried K. (1730–1812), begründet hatte. Durch seinen Vater, Friedrich August K. (1770–1849), der 1797 Oboist an der Dresdner Hofkapelle wurde, kam K. schon zeitig mit Musik in Berührung und wurde später von J. Friedrich ➔DOTZAUER ausgebildet. 1814 wurde er zunächst Oboist und ab 1817 auf Fürsprache WEBERS Cellist an der Dresdner Hofkapelle, wo er bis 1864 als ausgezeichneter Orchestermusiker blieb. Darüber hinaus war er als virtuoser Solist, Pädagoge und Komponist (über 160 gedruckte Kompositionen für Violoncello) geschätzt.

Wilhelm Külz

Kunadmühle: ehemalige Getreidemühle am ➔Weißeritzmühlgraben in der Wilsdruffer Vorstadt. – Sie befand sich am Rande des ➔Hahneberges an der heutigen Kunadstraße, wurde 1569 von Kurfürst AUGUST der Witwe KUNAD abgekauft und mußte 1894 der Erweiterung der Eisenbahnanlagen weichen.

Kundigengasse: Im Mittelalter verlief die K. von der Seegasse (➔Seestraße) westwärts bis an die Stadtmauer (Wallstraße). Urkundlich wird sie bereits 1324 als K. erwähnt. Ihren Namen erhielt sie nach einer Familie KUNDIGEN, die sich in dieser Gasse zuerst niedergelassen haben soll. Das begüterte Geschlecht der Kundigen besaß u.a. auch das Gut Helfenberg bei Dresden. Seit 1500 wird die K. «Brete Gasse» (Breite Gasse) genannt, weil sie damals die breiteste Straße Dresdens war. Zwischen 1523 und 1528 führt sie den Namen «Konigengasse» und «Konigisgasse». Ab Mitte des 16. Jh. verschwindet der Name K. endgültig, und sie wird in Breite Gasse umbenannt.

Kunst der Zeit: Genossenschaft bildender Künstler Dresdens mit Galerie und Verkaufsräumen an der Wilsdruffer Straße. Hervorgegangen aus der Künstlergemeinschaft «Das ➔Ufer – Gruppe 1947» wurde die «Verkaufsgenossenschaft Bildender Künstler» als selbständige Ausstellungs- und Handelseinrichtung von Malern, Grafikern, Bildhauern und Kunsthandwerkern Dresdens am 28. November 1953 in Dresden gegründet. Sie fand ihre erste Unterkunft im Klingersaal des ➔Albertinums. Am 8. Januar 1960 übernahm die Genossenschaft unter der Bezeichnung «Kunst der Zeit» ihre jetzigen Räume und bestimmt seitdem mit ständig wechselnden thematischen, Einzel- und Gruppenausstellungen die Entwicklung des Dresdner Kunstlebens mit.

Kunstakademie: ➔Hochschule für Bildende Künste

Kunstausstellungen der DDR: regelmäßig aller 5 Jahre in Dresden durchgeführte Ausstellungen, die die offiziell anerkannte bildende Kunst der DDR innerhalb der jeweiligen Zeitabstände repräsentierten. (Malerei, Grafik, Plastik, Gebrauchsgrafik, Kunsthandwerk, Formgestaltung, Karikaturen, Bühnenbildarbeiten, architekturbezogene Kunst, Fotokunst). Die (erste) «Allgemeine deutsche Kunstausstellung», die unter schwierigen Nachkriegsbedingungen vom 25. August bis 31. Oktober 1946 in der Stadthalle gezeigt wurde, hat besondere Bedeutung für die deutsche Kunstgeschichte, da dort erstmals die während des Nationalsozialismus als «entartet» verfemten Künstler wieder in größerem Rahmen ihre Werke der Öffentlichkeit vorstellen konnten. Zu ihnen gehörten auch 74 Dresdner Künstler. Die zweite und dritte Deutsche Kunstausstellung wurde noch in der Stadthalle gezeigt, während für alle folgenden das →Albertinum das Ausstellungszentrum bildete (Malerei, Grafik, Plastik). Für die letzten K. wurde die →Ausstellungshalle am Fučikplatz (heute Straßburger Platz; ab 1977) und die Galerie Rähnitzgasse (ab 1987) hinzugezogen. Die anfangs auf gesamtdeutsche Kunst orientierten Ausstellungen wurden zunehmend auf die Kunst der DDR spezialisiert, so daß sie ab 1972 unter der Bezeichnung «Kunstausstellung der DDR» liefen.

Übersicht:

(I.) Allgemeine Deutsche Kunstausstellung August/Oktober 1946
II. Deutsche Kunstausstellung September/Oktober 1949
III. Deutsche Kunstausstellung März/Mai 1953
IV. Deutsche Kunstausstellung September 1958/Januar 1959
V. Deutsche Kunstausstellung September 1962/März 1963
VI. Deutsche Kunstausstellung Oktober 1967/Februar 1968
VII. Kunstausstellung der DDR Oktober 1972/März 1973
VIII. Kunstausstellung der DDR Oktober 1977/April 1978
IX. Kunstausstellung der DDR Oktober 1982/April 1983
X. Kunstausstellung der DDR Oktober 1987/April 1988

Kunstgewerbeakademie: →Staatliche Akademie für Kunstgewerbe

Kunstgewerbemuseum Dresden: zu den →Staatlichen Kunstsammlungen gehörende und im Schloß Pillnitz untergebrachte Sammlung von ca. 50 000 vom Spätmittelalter bis zur Gegenwart reichenden handwerklich und künstlerisch wertvollen Gegenständen aus Glas, Holz (Möbel, Schnitzereien), Metall, Keramik, Textil (auch Leder und Papier) und Naturstoffen (Stein, Elfenbein, pflanzliche Stoffe) sowie auch von Gegenständen der industriellen Formgestaltung. – Am 16. September 1876 wurde das «Königliche Kunstgewerbemuseum» als Bestandteil der ein Jahr zuvor gegründeten Kunstgewerbeschule am Antonsplatz in der Altstadt eröffnet. Die Initiative dazu ging von Handwerkern, Fabrikanten und Geschäftsleuten aus. Es sollten kunstgewerbliche Objekte aller Stilperioden, jeglichen Materials und verschiedenster Herstellungstechniken gesammelt werden, um den Studierenden, den Entwerfern und Produzenten handwerklicher und industrieller Gebrauchs- und Ziergegenstände zu Studienzwecken zur Verfügung zu stehen (vorwiegend für die in Sachsen vorherrschenden Industrien). Ausdrücklich wurde festgelegt, daß keine Ausstellungsstücke von reinem geschichtlichem, kunsthistorischem oder Raritätswert angekauft werden sollten. Das Museum sollte auch unabhängig von den bereits in Dresden existierenden ähnlichen Sammlungen (Grünes Gewölbe, Porzellansammlung, Rüstkammer) geführt werden. Im Laufe der Jahre wandelte sich jedoch die Auffassung von der Sammeltätigkeit und der Ausstellungskonzeption. Im Jahre 1902 besaß das K. bereits 28800 eigene Exponate und 810 Leihgaben. 1907 erhielt es in dem von LOSSOW und VIEHWEGER entworfenen Neubau der →Staatlichen Akademie für Kunstgewerbe an der Güntzstraße sein neues Domizil mit Schauräumen («Stilzimmer» sowie «Materialzimmer»). Verwaltungsmäßiger Zusammenhang mit der Schule bestand bis 1914; bis 1918 war das M. dem Ministerium des Innern unterstellt, 1918/1933 dem Wirtschaftsministerium und danach bis 1945 dem Ministerium für Volksbildung. Seit 1. Dezember 1947 ist es den Staatlichen Kunstsammlungen angegliedert. Die Ausstellung wurde 1940 für die Öffentlichkeit geschlossen; 1944/45 folgten ungenügend gesicherte Auslagerungen in verschiedene Schlösser der Dresdner Umgebung, so daß 1945 ein Verlust von rund 15000 Exponaten durch Kriegseinwirkungen entstand (50 Prozent des Bestandes). Hinzu kam noch der Bombenschaden am Gebäude durch den Angriff am 13. Februar 1945. Von den nach 1945 in die Sowjetunion gebrachten Werken wurden 548 im Jahre 1958 zurückgegeben. Eine Erweiterung um Objekte aus dem Milieu des Feudaladels erfuhr das Kunstgewerbemuseum ab 1945 durch Ausstattungsstücke des Residenzschlosses, des Schlosses Moritzburg und durch im Zuge der Bodenreform durchgeführte Schloßbergungen. Dadurch konnte das Barockmuseum Moritzburg, Schloß Weesenstein, Schloß Rammenau, Schloß Hoflößnitz, die Albrechtsburg Meißen u.a. mit Dauerleihgaben ausgestattet werden. Für die 1951/91 als «Museum für Kunsthandwerk» bezeichnete Sammlung wurden seit 1963 im Wasserpalais und seit 1968 im Bergpalais des Schlosses Pillnitz geeignete Ausstellungsräume zur Verfügung gestellt.

Kunstkammer: von Kurfürst AUGUST um 1560 aus vorhandenen Beständen und Neuerwerbungen angelegtes Universalmuseum von kostbaren, raren, seltsamen und kuriosen Gegenständen aus der Natur sowie von menschlicher Tätigkeit. Bei der Gründung gab vorwiegend das Interesse des im Geiste der Renaissance wirkenden Fürsten an den praktischen Wissenschaften den Ausschlag, während seine Nachfolger mehr oder weniger den Gesichtspunkt fürstlicher Repräsentation in den Vordergrund stellten. Die erhaltenen Inventare von 1587 (mit 317 Doppelseiten), 1595, 1610, 1619 und 1640 verzeichnen anfangs vor allem Werkzeuge und feinmechanische Instrumente, Mineralien, Fossilien, Globen, Tierbälge, Skelette u. ä. Der Bestand an künstlerischen und kunsthandwerklichen Arbeiten wurde vor allem in der zweiten Hälfte des 17. Jh. ergänzt, wobei Skulpturen und Gemälde – oftmals Geschenke auswärtiger Fürsten – eingegliedert wurden. Besondere Glanzstücke bildeten die im 17./18. Jh. mit damals neuen technischen Mitteln meisterlich bearbeiteten Ausstattungsstücke aus verschiedensten Materialien, die sog. Kunstkammerstücke, in denen Wissenschaft, Technik und bildende Kunst vereinigt sind. Im 17. Jh. gehörte die K., die in 7 Zimmern unter dem Dach des Schlosses untergebracht war, zu den berühmtesten Sehenswürdigkeiten Europas. Als zweitälteste europäische Sammlung dieser Art war sie im allgemeinen für gebildete Interessenten des In- und Auslandes zugänglich und wurde oft in Reiseberichten beschrieben. Das Fremdenbuch des Kunstkämmerers

Modell der Kunstkammer um 1615 (Nachbildung 1960)

verzeichnete gegen Ende des 17. Jh. rund 800 Besucher jährlich. Als Kurfürst →FRIEDRICH AUGUST I. um 1720 die Bildung von Spezialmuseen anregte, begann die Auflösung der K. Ihre verbleibenden Bestände wurden 1721 im →Japanischen Palais, 1727 im →Palais Flemming-Sulkowski und später im Zwinger untergebracht. 1832 prüfte man letztmalig den Bestand und überführte das Wertvollste in die jeweiligen Museen. Die als weniger wertvoll eingestuften Stücke wurden 1835 für 1336 Taler, 6 Groschen und 9 Pfennige versteigert, ein Verlust für die Dresdner Museen, der heute als «kulturelle Katastrophe» eingeschätzt wird. Im →Grünen Gewölbe ist das Charakteristische der ehemaligen K. noch am deutlichsten erkennbar.

Künstlerhaus: 1. Atelier- und Wohngebäude in *Loschwitz*, Pillnitzer Landstraße 59, das namhaften Dresdner Malern und Bildhauern als Wohn- und Arbeitsstätte dient. Es entstand 1897/98 nach Plänen von Martin →PIETZSCH als eines der frühesten Bauwerke Dresdens mit Jugendstilelementen, enthält 17 Ateliers und 13 Wohnungen sowie auf dem Dach eine 350 m² große Plattform und ist der einzige Zweckbau dieser Art in Sachsen. Zu seinen prominenten Nutzern gehörten die Maler Hermann →PRELL und Joseph →HEGENBARTH sowie der Bildhauer Sascha →SCHNEIDER. – **2.** Ehem. Klubhaus der →Dresdner Kunstgenossenschaft an der Ecke *Albrechtstraße* (jetzt Blüherstraße)/Grunaer Straße. Es entstand 1907/08 und galt mit seinem vornehmen Äußeren als Hauptwerk seines Architekten Richard →SCHLEINITZ. Außer Klubräumen, einem Vortragssaal, der öffentlichen Gaststätte «Künstlerkeller» mit Garten und Kegelbahnen enthielt das K. einen großen Festsaal mit 600 Plätzen, dessen Akustik berühmt war. Mitglieder der Kunstgenossenschaft hatten für die Innenausstattung mit Gemälden und Skulpturen gesorgt. Das K. wurde am 13./14. Februar 1945 teilzerstört und 1951 abgerissen.

Künstlervereinigung Dresden: 1910 gegründete Vereinigung bedeutender bildender Künstler Dresdens, die in jährlichen Verkaufsausstellungen (bis 1934) ihre Werke vorstellte. Dafür wurde 1914/16 das →Städtische Kunstausstellungsgebäude errichtet. Mitglieder der K. waren u.a. Carl →BANTZER, Martin →DÜLFER, Otto →GUSSMANN, Robert →STERL, Georg →WRBA und Oskar →ZWINTSCHER.

Kunstpreis der Landeshauptstadt Dresden: jeweils ein Kunst- und ein Förderpreis für Persönlichkeiten oder Ensembles, die sich mit ihren Werken auf den Gebieten der Musik, Literatur, bildenden Kunst, Fotografie, Architektur oder des Films besonders um die Stadt Dresden verdient gemacht haben. Erstmals wurde der K. am 3. April 1993 an die Dresdner Malerin und Grafikerin Gerda LEPKE (geb. 1939) und der Förderpreis an die Bildhauerin Marion KAHNEMANN (geb. 1960) verliehen. Mit dem K. wird an die Tradition des Martin-Andersen-Nexö-Kunstpreises der Stadt Dresden angeknüpft, der 1959 bis 1989 jährlich am 26. Juni (Geburtstag von Martin →ANDERSEN-NEXÖ) durch die Stadt Dresden verliehen worden war.

Kuntsch, Johann Gottfried: Architekt, geb. 1735 Wilschdorf bei Dresden, gest. 12.4.1795 Dresden. – Der Schüler von Christian Friedrich →EXNER wurde 1758 Hofkondukteur und 1768 Hof- und Amtsmaurermeister. Er baute in Dresden das →Palais Loß (1773), schuf mit Johann Daniel →SCHADE die Erweiterungsbauten zum →Marcolinipalais (ab 1775) und baute ebenfalls mit Schade das →Japanische Palais um (1782/86). Weiterhin stammen von ihm der Umbau der →Brühlschen Bibliothek zur Kunstakademie (1789/91) und die Weißeritzbrücke am Eingang des Plauenschen Grundes.

Küntzelmann, Ludwig: Seifenfabrikant, geb. 29.12.1826 Dresden, gest. 16.10.1881 Dresden. – K. übernahm 1850 den väterlichen Handwerksbetrieb (Am See 56) und baute ihn zu einem Fabrikunternehmen aus. Die Erzeugnisse der Firma wurden mehrfach ausgezeichnet (bekannt wurde Küntzelmanns «Palmöl-Borax-Seife»). K. war Stadtverordneter in Dresden und erwarb 1874 das ehemalige Rittergut auf dem →Weißen Hirsch, dessen Herrenhaus er später zum Kurhaus umwandelte und auf dessen Gelände er eine Villenkolonie gründete. Auch regte er die Anlage des Waldparks Weißer Hirsch an und gilt damit als Gründer des Kurorts Weißer Hirsch. – Denkmal an der Bautzner Landstraße/Ecke Luboldtstraße; Küntzelmannstraße auf dem Weißen Hirsch.

Kunz, Karl Theodor: Eisenbahningenieur, Wasserbaudirektor, geb. 27.6.1791 Dresden, gest. 30.12.1863 Dresden. – Der vielseitige Techniker war ab 1835

Künstlerhaus Albrechtstraße
Künstlerhaus Loschwitz

Oberbauleiter der ersten deutschen Ferneisenbahn Leipzig–Dresden, 1841/43 der Sächsisch-Bayerischen Eisenbahn Leipzig–Hof und seit 1844 Geheimer Baurat in den sächsischen Ministerien. 1846 gründete er mit Johann Andreas →SCHUBERT den Sächsischen Ingenieurverein. K. leitete gemeinsam mit Johann Gottlieb LOHSE den Bau der →Marienbrücke. – Begraben auf dem Inneren Neustädter Friedhof. Bronzerelief, 1867 vom Sächsischen Ingenieurverein gestiftet, urspr. am Leipziger Bahnhof in Dresden; seit dessen Abbruch am Neustädter Bahnhof.

Kupferstich-Kabinett: zu den →Staatlichen Kunstsammlungen gehörende Sammlung von etwa 390 000 grafischen Einzelblättern, grafischen Folgen, Zeichnungen, Plakaten, Fotografien und illustrierten Büchern aus europäischen Ländern vom 15. Jh. bis zur Gegenwart im ehemaligen Gebäude des Kunstgewerbemuseums an der Güntzstraße. Das K. ging ebenso wie die anderen Dresdner Sammlungen aus der kurfürstlichen →Kunstkammer hervor. Um 1720 wurde es als «graphisches Bildarchiv» eigenständig und war damit das erste seiner Art in Deutschland. Das K. wurde kurz nach 1727 im Salon unter dem Nordost-Pavillon des Zwingers untergebracht. Sein erster Betreuer war Johann Heinrich →HEUCHER. Unter ihm und unter seinem Nachfolger Carl Heinrich von →HEINECKEN erfuhr es seinen ersten großen Aufschwung, wobei nicht nur Barockgrafik italienischer, niederländischer oder französischer Meister erworben wurde, sondern auch schon Wert auf die frühen Holzschnitte und Kupferstiche der deutschen Renaissance-Meister gelegt wurde. Heineckens Nachfolger Christian Ludwig von →HAGEDORN erreichte ab 1763 einen beschränkten öffentlichen Zugang interessierter Kunstfreunde zum K. 1856 brachte man es – wie auch die Gemälde – im neuen Museumsgebäude von →SEMPER unter. Mit dem von Karl WOERMANN berufenen neuen Leiter Max LEHRS (1855–1938) begann die zweite Blütezeit des K., das durch Ankäufe zeitgenössischer Blätter wesentlich bereichert und im alten Bestand wissenschaftlich bearbeitet wurde. Die Sammlung moderner Grafik erlitt durch die faschistische Aktion gegen die sog. «entartete Kunst» 1937 empfindliche Verluste. Während des Zweiten Weltkriegs waren die Bestände vorwiegend im Schloß Weesenstein ausgelagert, danach wurde ein Teil von ihnen in die Sowjetunion gebracht und 1958 mit der ab 1946 neu aufgebauten «Graphischen Sammlung» vereint. In der Gegenwart zählt das K. (seit 1963 an der Güntzstraße) zu den reichsten grafischen Sammlungen der Welt.

Kurhaus Bühlau: traditionsreiche Gaststätte am Ullersdorfer Platz in Bühlau. – Die seit Anfang des 17. Jh. bestehende Ausspanne und Schenke wurde um 1900 zu einem beliebten, größeren Tanzetablissement umgestaltet. Am 6./7. April 1946 fand dort der Vereinigungsparteitag der KPD und SPD für das Land Sachsen statt. – Da die Dresdner Theatergebäude nach Kriegsende zerstört waren, diente das K. – auch «Kulturscheune» genannt – vom Sommer 1945 bis 1948 den Dresdner Theatern und der Staatskapelle als Spielstätte. Nach längerer Schließungszeit wurde das K. rekonstruiert und im April 1986 als Gaststättenkomplex und Kulturstätte wiedereröffnet.

Kurländer Palais: Rokokopalais am heutigen Tzschirnerplatz, das 1728/29 von Johann Christoph →KNÖFFEL für den Grafen →WACKERBARTH errichtet wurde. Bereits um 1570/80 erbaute man auf den früheren Wallanlagen in der Nähe des Zeughauses ein einstöckiges, mit zwei Giebeln und einem Treppenturm versehenes *Gouvernementshaus*, das als Regierungsgebäude verschiedenen militärischen Zwecken diente. 1705 legte man einen Lustgarten daneben an und erweiterte das Gebäude, nachdem es 1718 der neuernannte Gouverneur von Dresden, Graf Wackerbarth, als Amtssitz übernommen hatte, wobei die Stadtkommandantur vom →Regimentshaus ins Gouvernementshaus verlegt wurde. Dieses wurde am 17./18. Januar 1728 durch einen Brand zerstört, wobei u.a. die dort verwahrten Unterlagen vieler Dresdner Bauten und die wertvolle Bibliothek Wackerbarths vernichtet wurden. Bereits am 30. November 1729 weihte man das neue Palais am Zeughausplatz ein, das erstmals die von Knöffel geschaffene «rationale Eleganz des Dresdner Rokokos» zeigte. Das zweigeschossige Gebäude mit plastischem Trophäenschmuck im Giebelfeld, mit repräsentativer Eingangshalle und einem Innenhof mit offenen Rundbogenarkaden war auch im Inneren prächtig ausgestattet, wobei der Ballsaal und der Gobelinsaal hervorzuheben sind. In eigens dafür eingerichteten Keller-

Fassade des Kurländer Palais um 1908
Festsaal im Kurländer Palais

räumen hielt die von AUGUST DEM STARKEN gegründete Société des antisobres (Gesellschaft von Nüchternheitsgegnern) ihre Sitzungen ab. Nach dem Tode Wackerbarths bewohnte 1734/40 Friedrich August von RUTOWSKI (1702 bis 1764) das Palais und gründete darin 1738 die erste Dresdner Freimaurerloge «Zu den drei Schwertern». Danach erwarb JOHANN GEORGE Chevalier de SAXE (1704–1774) das Gebäude und ließ es, nachdem es 1763 teilweise durch Brand gelitten hatte, von Friedrich August →KRUBSACIUS im Inneren verändern, wobei der reizvolle Rokoko-Festsaal mit ornamentalen Stuckdecken versehen wurde. Der nächste Bewohner war Prinz CARL (1733–1796) – der dritte Sohn FRIEDRICH AUGUSTS II. – der 1750/63 Herzog von Kurland gewesen war. Nach ihm trägt das «Kurländer Palais» seinen Namen. Es galt nach erneutem Umbau im Inneren 1774 als schönstes und am elegantesten eingerichtetes Palais in Dresden und war auch nach den Interessen seines Besitzers ein Zentrum für Mystiker und Geistesbeschwörer. Ab 1796 wurde das K. wieder Sitz des Stadtkommandanten; 1813/14 diente es als Lazarett für erkrankte und verwundete Soldaten und wurde 1815 von Christian Friedrich →SCHURICHT zur Aufnahme der neugegründeten →Chirurgisch-Medizinischen Akademie umgebaut, die bis zu ihrer Auflösung 1864 dort verblieb. 1818 gründete man die Gesellschaft für Natur- und Heilkunde im K. und legte nach Abtragung des Walls an seiner Rückseite den ersten →Botanischen Garten an. Von 1865 an beherbergte das K. das Landes-Medizinal-Kollegium, 1912/24 das Landesgesundheitsamt und war auch Sitz des Sächsischen Altertumsvereins. Ab 1924 diente das K. dem Landesverein Sächsischer Heimatschutz, bis es im Februar 1945 ausbrannte, wobei auch der bekannte Puppenspieler Oswald →HEMPEL mit umkam. Die unzerstört gebliebenen Kellergewölbe dienten von Ende des 19. Jh. bis nach 1945 als Weinkeller und wurden seit 1981 für den Jazzklub «Tonne» eingerichtet. Das K. ist für den Wiederaufbau vorgesehen.

«Kuttelgasse»: →Schuhmachergasse

Innenhof des Kuttelhofs in der Gerbergasse

«Kuttelhof»: zentrale städtische Schlachtstätte für Großvieh, dessen Name sich von den Kutteln (ältere Bezeichnung für Eingeweide größerer Tiere) ableitet. Aus hygienischen u.a. Gründen waren die Innungs-Fleischer vom Rat der Stadt verpflichtet worden, alles Vieh, dessen Fleisch zum Verkauf bestimmt war, im K. zu schlachten. Erst später wurde es üblich, Großvieh im K., alles Kleinvieh aber zu Hause zu schlachten. Der K. wurde auch von den Altendresdner Fleischern mitbenutzt. Er befand sich zuerst in der Kuttelgasse (spätere →Schuhmachergasse), ab 1418 in der Wildruffer Gasse und 1473 wurde er an den Weißeritzmühlgraben (Nähe Gerbergasse) verlegt. Als man 1873 den «Zentralschlachthof und Viehmarkt» (→Schlachthöfe) einrichtete, wurde der K. noch einige Jahre verpachtet und 1881 dann abgebrochen.

Lachnit: 1. *Max*, Bildhauer und Grafiker, geb. 28. 12. 1900 Gittersee b. Dresden, gest. 1. 11. 1972 Dresden. – L. hatte 1926/28 die Dresdner Kunstgewerbeschule besucht und arbeitete danach im Atelier von Eugen →HOFFMANN. Auf Anregung von Wilhelm →KREIS schuf er vorwiegend architekturgebundene Plastik. Nach Verlust seiner Wohnung (Georgplatz), seines Ateliers (Portikusstraße) und seines Gesamtwerks durch den Bombenangriff im Februar 1945 begann L. ab 1946 im Künstlerhaus Loschwitz neu und wurde durch Plastiken für Dresdens Neubauten bekannt (z.B. Grunaer Straße; Altmarkt, Studentenheim Fritz-Löffler-Straße, Technische Universität, Verkehrshochschule). – 1958 entstand der Brunnen «Der Flugwille des Menschen» an der Güntzstraße. Außerdem gestaltete er christliche Themen und schuf – oft farbig getönte – Kleinplastiken. – Grab auf dem Loschwitzer Friedhof. – 2. *Wilhelm*, Maler und Grafiker, geb. 12.11.1899 Gittersee b. Dresden, gest. 14.11.1962 Dresden. – Der Bruder von 1. gehört zu den bedeutenden Dresdner Künstlern in der ersten Hälfte des 20. Jh. Nach Abschluß der Lehre als Schriftmaler und Abendkursen an der Dresdner Kunstakademie bei Richard DREHER (1875–1932) wurde er künstlerisch stark durch Otto →DIX beeinflußt. Seit 1924 in Dresden freischaffend, setzte er sich mit seinen sozialkritischen Arbeiten als Vertreter der proletarisch-revolutionären Kunst für die Arbeiterklasse ein. Er wurde 1924 Mitglied der «Roten Gruppe», 1929 Mitglied der →Assoziation Revolutionärer Bildender Künstler Deutschlands und gehörte 1930 zur Künstlergemeinschaft «Aktion» sowie 1932 zur Neuen →Dresdner Sezession. Nach 1933 wurde er zeitweise inhaftiert und mit Berufsverbot belegt. Bei der Zerstörung Dresdens verlor er mit Wohnung und Atelier auch den größten Teil seines Werkes. 1947/54 lehrte L. als Professor an der Dresdner Kunsthochschule, war anschließend wieder freischaffend und leitete die Künstergemeinschaft «Kleine Akademie». «Der Tod von Dresden» (1945) gehört zu den Hauptwerken des Künstlers. – Grab auf dem Loschwitzer Friedhof, Wilhelm-Lachnit-Straße im Wohngebiet Reicker Straße; Gedächtnisausstellung im Albertinum (1965).

Lahmanns Sanatorium: ehemalige Kureinrichtung zur Heilung innerer Krankheiten, Diabetes, Rheuma und Frauenkrankheiten durch wissenschaftliche Naturheilkunde. Am Rande der →Dresdner Heide im quellenreichen Gebiet des →Weißen Hirschs erbaute Theodor LEHNERT 1866/67 als Badekuranstalt das nach seiner Tochter benannte *Fridabad*. Anfänglich hatte diese Kuranstalt, die auch ärztliche Betreuung leistete, einen guten Ruf. Lehnerts erhoffte Heilwirkung des Quellwassers entsprach aber nicht den Erwartungen, so daß nur der Sommerfrischlerbetrieb des Nahbereichs belebt wurde. 1887 kaufte der Arzt Johann Heinrich LAHMANN (geb. 30.3.1860 Bremen, gest. 1.6.1905 Friedrichsthal b. Radeberg) das abgewirtschaftete Fridabad und gründete am 1. Januar 1888 sein Sanatorium. Bereits als Student beschäftigte er sich mit der «naturgemäßen Lebensweise». Er erdachte eine vegetabile Milch zur Säuglingsernährung, vegetarische Kochmethoden und stellte einen Nährsalzextrakt aus Pflanzen zusammen. Zur wissenschaftlichen Naturheilkunde, dessen Mitbegründer er war, zählte auch seine Reform-Baumwollbekleidung und Lahmanns Grahambrot. Zm Ausbau von L. gehörte das Mieten von Villen im Ort zur Unterbringung der Kurgäste. Über 7000 Patienten/Jahr nutzten Sommer wie Winter Lahmanns natürliche Behandlungsmethoden (Licht, Luft, Wasser, Speise, Trank, Bewegung und Ruhe). Nach der Eingemeindung des Weißen Hirschs im Jahre 1921 wurden L., Weidners, Möllers, Teuschers und Steinkühlers Sanatorium zu einem Kurbetrieb zusammengefaßt und von der Stadt Dresden verwaltet. Durch diese Maßnahme stieg auch die während des Krieges gesunkene Anzahl ausländischer Kurgäste wieder an. Das weltberühmte Sanatorium mit seinen Bädern, Waldliegehallen, Sportplätzen und Behandlungshäusern bestand bis 1945 und wurde bis 1990 als sowjetisches Sanatorium genutzt, wobei die Gebäude stark verfielen. In Zukunft soll es wieder zu einem Kulturzentrum ausgebaut werden.

Lämmchen: ehemaliges Vorwerk in Johannstadt, urspr. Teil des Vorwerks →Tatzberg, 1640 von JOHANN GEORG I. dem Oberamtmann Johann Michael LEISTNER übereignet, 1742 erstmals «Lämmgen» genannt. – Von diesem Stammvorwerk wurden im 18. Jh. die Vorwerke →Engelhardts, →Hopfgartens und →Stückgießers abgetrennt. Alle Vorwerke erlitten 1758/60 und 1813 schwere Kriegsschäden. L. lag an der späteren Blumen-, Hertel- und Pfotenhauerstraße und wurde 1825 durch den Landwirt Carl August MEISSNER weitergeführt. Nach dem Abbruch für den Schanzenbau 1866 errichtete er an der Blasewitzer Straße das «zweite» Lämmchen, in dem bis 1909 eine Milchwirtschaft bestand. Das Gelände wurde nach 1890 überbaut, eine Gaststätte seines Namens später in der Nähe weiterbetrieben.

Landesbildstelle: →Deutsche Fotothek

Landesherrschaft im Mittelalter: Die Markgrafen von Meißen besaßen die Stadt Dresden mit Umgebung vom

Lahmanns Sanatorium

Bischof von Meißen zu Lehen. Bis heute ist ungeklärt, wie dieses Lehensverhältnis entstand. Das gilt auch für die von der Abtei Hersfeld beanspruchte Lehenshoheit über Dresden, die allerdings in der Praxis von der Abtei schon frühzeitig aufgegeben wurde. Gegen Ende des 13. und zu Beginn des 14. Jh. war durch landes- und reichspolitische Entwicklungen die L. der Wettiner über die Mark und Dresden gefährdet. Markgraf →HEINRICH DER ERLAUCHTE hatte bei der Teilung seines Besitzes Dresden mit der Heide, dem Friedewald und Radeberg seinem jüngsten Sohn →FRIEDRICH (CLEMME) vermacht. 1288 trat Friedrich die Herrschaft in dem so aus der Mark Meißen herausgelösten Territorium an. Er führte sogar den Titel eines Markgrafen von Dresden. 1289 versuchte er, die Herrschaft Dresden mit König WENZEL II. von Böhmen gegen einige böhmische und mährische Güter zu tauschen, was aber sein Neffe FRIEDRICH von Landsberg verhinderte, indem er Dresden selbst im Tausch gegen die Burg Gera erwarb. Nach dem Tode Friedrichs zog König ADOLF von Nassau 1291 (1296 gewaltsam realisiert) die Mark Meißen als erledigtes Reichslehen ein. 1298 setzte König ALBRECHT von Habsburg König Wenzel als Statthalter in der Mark ein und verpfändete sie ein Jahr später an ihn. Inzwischen (1294) hatte Friedrich Clemme die Herrschaft Dresden Wenzel als Lehen aufgetragen und so die Stadt auch während der nassauischen Herrschaft und der böhmischen Statthalterschaft regieren können. 1303 verpfändete der böhmische König die Mark an die Markgrafen von Brandenburg, die sie aber nach Wenzels Tod an König Albrecht zurückgeben mußten. Nach der Schlacht bei Lucka 1307, die die Auseinandersetzungen zwischen den Wettinern und der Reichsgewalt zugunsten der ersteren beendete, fiel die Mark Meißen an FRIEDRICH DEN FREIDIGEN. Von seinem Onkel Friedrich Clemme erhielt er die Zusicherung der Nachfolge in der «Markgrafschaft Dresden». Inzwischen gerieten die Wettiner jedoch mit den brandenburgischen Markgrafen in kriegerische Verwicklungen. 1315 eroberten die Brandenburger Dresden und zwangen «Clemme», ihnen die Stadt abzutreten. 1316 verpfändeten sie Dresden für drei Jahre an den Bischof von Meißen. Nach dem Tode Markgraf WALDEMARS von Brandenburg verzichtete der Bischof von Meißen gegen Zahlung einer Geldsumme auf seine ihm als Lehensherrn zustehenden Ansprüche auf die Stadt und gab sie 1319 als Lehen an die Markgrafen von Meißen zurück. Seit dieser Zeit blieben die Wettiner auch in unangefochtenem Besitz der Stadt Dresden.

Landesmuseum für sächsische Volkskunst: →Museum für sächsische Volkskunst

Landesmuseum für Vorgeschichte: staatliches wissenschaftliches Museum zur Ur- und Vorgeschichte mit Sitz im Japanischen Palais; archäologische Forschungsstelle für den sächsischen Raum.–Den Grundstock der Sammlungen bildeten prähistorische Bestände des Antikenkabinetts (→Skulpturensammlung), des →Sächsischen Altertumsvereins und des späteren →Staatlichen Museums für Mineralogie und Geologie. – Die nach Dresden gelangten urgeschichtlichen Funde wurden anfangs im Naturalien- und Mineralienkabinett (seit 1728 im Zwinger) aufbewahrt. 1827 entstand in Dresden der Kgl.-Sächs. Verein zur Erforschung und Erhaltung vaterländischer Altertümer, dessen bedeutende Persönlichkeit Carl Benjamin PREUSKER seit 1802 vorwiegend bronzezeitliche Funde zusammengetragen hatte. Preuskers Privatsammlung wurde ab 1853 vom Staat angekauft und mit weiteren Erwerbungen in der Antikensammlung im Japanischen Palais untergebracht. Parallel dazu baute Hanns Bruno →GEINITZ ab 1874 eine prähistorische Abteilung im Mineralogischen Museum auf, die aus Funden der zunehmenden Bautätigkeit, dem Erwerb von Privatsammlungen und eigenen Grabungen ständig erweitert wurde. In der →Naturwissenschaftlichen Gesellschaft «Isis» bestand seit 1869 eine Sektion für vorhistorische Archäologie. – Öffentlich ausgestellt wurden Bodenfunde ab 1892 bis in den Zweiten Weltkrieg hinein im Wallpavillon des Zwingers. Die Gründung des «Archivs urgeschichtlicher Funde aus Sachsen» im Jahre 1900 bereitete die spätere zentrale Bodendenkmalpflege vor. Das Landesamt für Vorgeschichte wurde 1952 mit dem L. vereinigt. – Die eigentliche Gründung des L. erfolgte am 1. April 1938 durch Umwandlung der prähistorischen Abteilung des Museums für Mineralogie in eine selbständige Einrichtung. Der Ausstellungssaal und die Arbeitsräume im Zwinger sowie zusätzliche Räume des L. im Schloß und Taschenbergpalais wurden 1945 zerstört; die ausgelagerten Bestände kehrten ab 1946 aus den Schlössern Weesenstein und Pillnitz zurück und wurden interimistisch im Ständehaus (Landtagsgebäude) untergebracht. Seit 1957 ist das L. im Japanischen Palais beheimatet. Es wurde 1949/82 durch Werner COBLENZ geleitet. Das L. ist für die Bodendenkmalpflege und die Erfassung, Sammlung und Erforschung von Bodenfunden aus den ältesten Siedlungsperioden bis zum Mittelalter im sächsischen Raum sowie für Rettungsgrabungen gefährdeter Bodendenkmäler zuständig. Arbeitsbeispiele in Dresden sind u. a. die →Heidenschanze und die →Stadtkernforschung (→Ur- und frühgeschichtliche Besiedlung).

Landesschule Dresden: ehemals größte Internatsschule (Realgymnasium) Sachsens, in der 250 Schüler, vor allem aus ärmeren Bevölkerungsschichten, ausgebildet wurden. Die L. entstand 1920 im Zuge der Reform des Schulwesens aus dem aufgelösten Kadettenkorps und stellte sich das Ziel, im Sinne bürgerlicher Humanitätsideale Erziehungsschule für die umfassende Persönlichkeitsbildung der Schüler zu sein. Sie war anfangs im ehemaligen Kadettenhaus an der Marienallee untergebracht und hatte von 1927 bis zu ihrer Auflösung 1945 ihre Unterkunft am Rande der Dresdner Heide zwischen dem Tümmelsberg und dem Schänkhübel Klotzsche. Dort war auf einem rund 0,14 km² großen Gelände von Oskar →KRAMER und Heinrich →TESSENOW für die L. ein größerer Gebäudekomplex errichtet worden, der sich mit Schule, 6 Internatsbauten, Festsaal, Turnhalle und Verwaltungsgebäuden um

Ehemalige Landesschule Klotzsche

einen Gartenhof gruppierte. Ein Sportstadion gehörte ebenfalls dazu. Die Schule wurde ab 1934 in eine «Staatliche Nationalpolitische Erziehungsanstalt» (Rudolf-Schröter-Schule) umgewandelt. 1945/92 besaßen die sowjetischen Streitkräfte das Gelände. Der Wiederaufbau zur Nutzung für Bildungszwecke ist in der Diskussion.

Landesverein Sächsischer Heimatschutz: zur Pflege heimatlicher Natur, Kunst und Bauweise am 15. Juli 1908 gegründeter Verein. – Er wurde von Oberbaurat Karl SCHMIDT (1853–1922) und ab 1923 von Oskar →SEYFFERT geleitet, hatte seinen Sitz im →Kurländer Palais (ab 1936 auch Filiale Seestraße 13) und eröffnete 1926 Ausstellungsräume am Altmarkt. 1923 übernahm er den 1897 gegründeten Verein für sächsische Volkskunde, 1923/49 die Trägerschaft über das →Museum für Sächsische Volkskunst. Der Landesverein zählte 1933 etwa 35 000 Mitglieder. Er erwarb Naturschutzgebiete, Schloß Weesenstein, die Meixmühle bei Pillnitz und gründete die Vogelschutzstation Neschwitz. 1908/41 gab er die «Mitteilungen des Landesvereins Sächsischer Heimatschutz» heraus, die mit Auflagen bis zu 50 000 Exemplaren in der Lehmannschen Druckerei am Obergraben gedruckt wurden. In ihnen veröffentlichten u.a. Otto Eduard →SCHMIDT und Kurt Arnold →FINDEISEN, Fotograf war Max →NOWAK. Der Verein verpflichtete auch den Puppenspieler Oswald →HEMPEL. Der Verein wurde am 7. April 1990 im Museum für Volkskunst wiedergegründet.

Landgericht (Gebäude): Das erste L. entstand 1876/78 nach Plänen von Karl Adolph →CANZLER an der Pillnitzer Straße 20. Es war ein vierflügliger, dreigeschossiger Neorenaissance-Bau mit neubarocken Elementen an der repräsentativen Hauptfront. Beim Bombenangriff 1945 wurde das Gebäude zerstört (→«Mathildenschlößchen»). – Das zweite L. wurde 1902/07 am Münchner Platz erbaut und enthält heute u.a. die →Mahn- und Gedenkstätte der TU Dresden.

Landgraben: Der um 1300 im Altwasser des ehemaligen Elbbetts angelegte L. kam als Koitzschgraben von →Leubnitz und vereinigte sich zwischen →Seidnitz und →Gruna nahe der →Gasanstalt Reick mit dem Prohliser L. Sein Verlauf geht durch den →Rothermundpark in Richtung →Striesen, parallel zur Lauensteiner Straße bis zum Niederwaldplatz, und mündet dann nach einem östlichen Schwenk zwischen Heinrich-Schütz- und Tauscherstraße in die Elbe. Der schon 1309 angelegte L. diente zur Entwässerung der Hänge um Leubnitz und Nickern, als Flutrinne, als Nutz- und Löschwasserkanal und auch für Verteidigungszwecke.

Landhaus: einziges historisches Gebäude an Dresdens Ost-West-Magistrale, an der Einmündung der Wilsdruffer Straße und der Landhausstraße in den Pirnaischen Platz. Als Hauptwerk von Friedrich August →KRUBSACIUS wurde es 1770/76 an der Stelle des 1760 zerstörten →Palais Flemming-Sulkowski erbaut und war als Versammlungsort für die sächsischen Landstände das bis dahin größte Verwaltungsgebäude der Stadt. Das viergeschossige, mit Mansarddach versehene Bauwerk mit 24 Fenstern Front zeigt an der 77 m langen Hauptschauseite nach der Landhausstraße mit 6 den Balkon tragenden dorischen Säulen und strengem Dreiecksgiebel im Mittelrisalit die erste klassizistische Fassade in Dresden. Die ehemalige Hofseite (jetzt Haupt- und Eingangsfront) an der Wilsdruffer Straße wird durch den vorgeschobenen Mittelrisalit bestimmt, der von dem Baukörper des durch drei Geschosse führenden, repräsentativen Treppenhauses gebildet wird. In diesem, noch im Rokokostil gehaltenen, kunstlerisch wertvollsten Teil des L. schwingt sich elegant eine doppelläufige, mit reichem Gitterwerk geschmückte Treppe zu einer Balustrade empor. – Nach 1831 wurden im Inneren größere Umbauten vorgenommen und der westliche Seitenflügel angefügt, um den Raumbedarf des Landtags und verschiedener dort untergebrachter staatlicher Behörden zu decken. Nach Bau des →Landtagsgebäudes erfolgte 1916/18 ein Umbau für die Unterbringung der Kreis- und Amthauptmannschaft Dresden. Beim Bombenangriff 1945 ausgebrannt, wurde nach ersten Sicherungsarbeiten 1957 das L. 1963/65 für das Stadtmuseum wiederaufgebaut. Das Portal des Ehrenhofes mit kleinen Delphinbrunnen von Johann Christian FEIGE d. J. mußte 1957 der Neuanlage der heutigen Wilsdruffer Straße weichen und befindet sich seit 1961 am Park Großsedlitz.

Landhausstraße: Sie verbindet den Neumarkt mit dem Pirnaischen Platz. Als Teil der Frauenkirchsiedlung lag sie im Mittelalter außerhalb der Stadt. 1388 wurde sie erstmals als *Pirnaische Gasse* erwähnt. Nach der Einbeziehung in die Stadt Anfang des 16. Jh. führte sie bis zur Stadtbefestigung. 1591 wurde an ihrem Endpunkt das →Pirnaische Tor errichtet. Außerhalb der Mauern wurde die Gasse durch die Pirnaische Landstraße fortgesetzt. Von 1840 bis 1859 hieß sie deshalb Innere Pirnaische Gasse. Die Umbenennung in L. erfolgte nach dem an der Südseite der Straße gelegenen, Ende des 18. Jh. erbauten →Landhaus. Die übrige Bebauung der L. bestand im 18. Jh. ebenfalls aus öffentlichen Gebäuden oder Adelspalästen. Das «Amtshaus» diente

Landgericht Pillnitzer Straße
Landhaus
Treppenhaus im Landhaus

seit 1772 den Behörden des Amts Dresden, der «Landes-Oekonomie-Manufaktur- und Kommerziendeputation» und später auch verschiedenen Justizbehörden als Sitz. Ein 1718/37 den «Hofjuden» Berend LEHMANN und Jonas MEYER gehörendes Haus diente später (bis 1832) als kurfürstliches Posthaus (→Post) und als Herberge. Im Stadthaus, das zeitweise Sitz der kurfürstlichen Generalhauptkasse war, tagten nach 1841 zeitweise die Stadtverordneten. Im Eckhaus L./Neumarkt befand sich die berühmte →Salomonis-Apotheke. In der L. war bis ins 20. Jh. die Meinholdsche Hofbuchdruckerei untergebracht. 1896/99 wurde das Polizeigebäude an der Nordseite der L. erbaut.

Landtagsgebäude: 1. die Stadtsilhouette mitbestimmender Monumentalbau an der Ostseite des Schloßplatzes zwischen Brühlscher Terrasse und Augustusstraße. Das auch als *Ständehaus* bekannte Bauwerk wurde 1901/07 nach Plänen von Paul →WALLOT an Stelle des →Palais Brühl, des →Fürstenbergschen und Charonschen Hauses errichtet. Das dreigeschossige, sandsteinverkleidete Gebäude mit trapezförmigem Grundriß, dem seitlich angefügten Turm und einer zum Platz zeigenden prächtig gestalteten Fassade diente als Repräsentationsbau dem sächsischen Parlament. An der plastischen und malerischen Ausgestaltung wirkten u.a. Karl GROSS (1869–1934), August HUDLER (1868–1905), Otto →GUSSMANN, Wilhelm →KREIS und Richard →RIEMERSCHMID mit. Außerdem wurden aus dem Palais Brühl die beiden von Johann Christoph →KNÖFFEL geschaffenen Brunnen und einige Treppenfiguren von Lorenzo →MATTIELLI in die Innenräume übernommen. Das 1945 teilweise zerstörte und noch im Wiederaufbau befindliche Gebäude beherbergt u.a. das Landesamt für Denkmalpflege, die →Deutsche Fotothek, das →Staatliche Museum für Mineralogie und Geologie sowie das →Staatliche Museum für Tierkunde.
2. Gebäude im ehemaligen →Packhofviertel zwischen Elbe und Devrientstraße, das seit der Wiedererrichtung des Freistaates Sachsen im Oktober 1990 dem Landtag dient. Der schlichte viergeschossige Verwaltungsbau wurde 1928/31 als Landesfinanzamt und Hauptzollverwaltung errichtet (Architekten Paul WOLF und THIEDE). – Die beim Bombenangriff 1945 zerstörten Teile wurden später abgetragen, den restlichen zweiflügeligen Teil übernahmen 1955 die Bezirks- und die Stadtleitung der SED. 1992/93 wurde elbseitig nach einem Entwurf des Aachener Architekten Peter KULKA die Glas- und Stahlkonstruktion des Plenarsaales neu errichtet.

Landwehr: Graben, der zusammen mit Zäunen die →Vorstädte nach außen abschloß und zugleich die Weichbildgrenze der Stadt markierte. Die L. konnte nur an den →Schlägen passiert werden.

Langbein, August Friedrich Ernst: Schriftsteller und Zensor, geb. 6. 9. 1757 Radeberg b. Dresden, gest. 2. 1. 1835 Berlin. – L., der vornehmlich Lustspiele verfaßte, lebte von 1784 bis 1800 in der Stadt (u.a. in der Schloßstraße und der Breiten Straße). Er war Mitarbeiter der →Abendzeitung und gehörte dem →Dresdner Liederkreis an.

Langer Gang: 100 m langes Verbindungsgebäude zwischen Schloß und ehemaligem Stallgebäude (→Johanneum) an der Augustusstraße. Der L. wurde, dem Verlauf der ehemaligen Stadtmauer folgend, 1586/91 im Zusammenhang mit der gesamten Stallhofanlage (→Stallhof) nach Plänen von Paul →BUCHNER und wohl auch von Giovanni Maria →NOSSENI errichtet. Die Außenfront war mit Sgraffitomalerei versehen (Darstellung eines Reiterzugs vom →Jagdtor ausgehend), die sich bis um das Stallgebäude herumzog. Im 19. Jh. war von der Malerei nichts mehr vorhanden, deshalb wurde die Außenfront 1872/76 durch Wilhelm →WALTHER mit dem →Fürstenzug neu gestaltet. Nach der Südseite öffnet sich der L. zum Stallhof hin im Untergeschoß mit einer Halle mit Kreuzgewölben und 22 von toskanischen Säulen getragenen Rundbogenarkaden. Sie war geschmückt mit lebensgroßen Darstellungen berühmter Pferde des Marstalls, Turnierszenen und über den Säulen mit Wappen der sächsischen Teilgebiete. Bei Bedarf wurden Tribünen und Galerien für die Zuschauer der Ritterspiele im Stallhof eingebaut. Das Obergeschoß zeigte außen ebenfalls Malereien (zwischen den Fenstern die 19 Taten des Herkules sowie im mittleren Feld eine Sonnenuhr) und enthielt im Inneren einen langen Saal mit dekorativ bemalter Zapfendecke. Dieser zeigte an den Wänden die Ahnengalerie der Wettiner bis zu JOHANN GEORG IV. (sog. *Stallgalerie*), insgesamt waren 54 Fürsten (z.T. Phantasiegestalten!) mit Szenen aus ihrem Leben dargestellt. Die Künstler waren Heinrich →GÖDING, Zacharias WEHME, Samuel →BOTTSCHILD, David RICHTER und Johann Heinrich SCHMIDT. Als 1733 die →Gewehrgalerie im L. untergebracht wurde, vermauerte man wechselseitig die Fenster, um in den Nischen Platz für die Waffen zu bekommen. Das im 19. Jh. durch Zubau der Bögen verunstaltete Bauwerk wurde 1935 wieder in seinen ursprünglichen Zustand versetzt. 1945 teilweise zerstört, stellte man es in den fünfziger Jahren wieder her und restaurierte 1972/79 die Südseite originalgetreu. Das Obergeschoß wird als Ausstellungsraum vom →Verkehrsmuseum genutzt.

Bogenhalle des Langen Ganges im Stallhof

Langguth, Johann Wolfgang: Pädagoge, geb. 17. 11. 1782 Neuhof bei Schleusingen, gest. 26. 10. 1867 Dresden. – L. eröffnete 1818 eine Privatschule in Dresden, die sich zu einer geachteten Lehranstalt entwickelte (1835: über 70 Schüler, 16 Hilfslehrer). L. ist Mitbegründer der →Naturwissenschaftlichen Gesellschaft «Isis». – Begraben auf dem Alten Annenfriedhof.

Langner, Reinhold: Bildhauer und Grafiker, geb. 21. 11. 1905 Weinböhla bei Dresden, gest. 11. 1. 1957 Dresden. – Gelernter Maurer; mit der Volkskunst eng verbundener Künstler, Vater Holzbildhauer, studierte ab 1925 an der Dresdner Kunstgewerbeakademie. – Als Mitbegründer des Kabaretts «Rote Ratten» gehörte L. zur sozialistischen Arbeiterjugend, wurde deshalb 1933 als Assistent an der Kunstgewerbeakademie entlassen, anschließend freischaffend. 1941/45 Dozent an der Kunstgewerbeakademie, die er anschließend leitete (1948/49 Rektor). Ab 1949 schuf er als Professor für Bauplastik an der Technischen Hochschule Dresden den bauplastischen Schmuck für die ersten Dresdner Neubauten. Von 1951 an leitete er das ➔Museum für Sächsische Volkskunst, für dessen Weiterentwicklung er sich bleibende Verdienste erwarb.

Lasker-Schüler, Else: Lyrikerin, Erzählerin, geb. 11. 2. 1869 Elberfeld, gest. 22. 1. 1945 Jerusalem. – Die L. besuchte Dresden mehrmals zwischen 1914 und 1930. Dabei war sie öfters Gast von Ida ➔Bienert, wo sie auch Vorlesungsabende veranstaltete. Sie traf in der Stadt auch mit Theodor ➔Däubler und in Hellerau mit Franz Kafka zusammen.

Laubegast: linkselbischer Stadtteil, 1921 zu Dresden eingemeindet. 1408 wurden die Brüder Hertel in Laubegast (slaw.: Ort des Lubogost) mit Zinsen und Gefällen belehnt. Erwähnung findet gleichzeitig ein «Fach an der Elbe», das von der hier betriebenen Fischerei zeugt. Im Ort, einem Zeilendorf an der Elbe mit Fischer- und Bauernbevölkerung, wird der Dürrhof 1501 als Vorwerk bezeichnet. 1501 wurde auch ein Fährmann im Ort erwähnt, dem das Fährgut (Fährstraße 30) gehörte. 1856 wurde die Fähre zur Gierfähre und 1870 durch die Kettenschiffahrtsgesellschaft zur «Fliegenden Fähre» umgebaut. Eine Schiffsmühle befand sich 1613 bis 1765 neben der Fähre. – In L. starb 1760 Friederike Caroline ➔Neuber (Neuberin-Denkmal am Ausgang der Fährstraße). Viele Häusler des Ortes fanden durch Strohflechten und als Schiffszieher einen Verdienst. – L. war 1539 nach Leuben eingepfarrt, später nach der Frauenkirche zu Dresden und seit 1670 wieder nach Leuben. Im ehemaligen Hegereiterhaus (Leubener Straße 1) zog 1836 die erste Schule im Ort ein, heute befindet sich darin die Gaststätte «Forsthaus». 1883 erhielt die Schule an der Linzer Straße 1 ein neues Gebäude, das 1896 und bis 1935 Erweiterungen erfuhr (heute 64. Mittelschule). Durch die Nutzung der stadtwärts gelegenen Gebiete für Wohn- und Gewerbezwecke siedelten sich u.a. seit 1893 ehemalige Striesener Gärtner in L. an (➔Gartenbau). 1899 entstand die Schiffswerft L. durch Verlegung der 1855 in Blasewitz gegründeten Werft. Sie hat sich auf die Reparatur von Flußschiffen aller Art spezialisiert. – Um die Jahrhundertwende war L. ein Villen- und Ausflugsort. Das Vergnügungsetablissement ➔«Donaths Neue Welt» (Alttolkewitz 26) bildete ein beliebtes Ziel der Dresdner. Erst 1925 entwickelte sich L. durch Bauten der Baugenossenschaft zum Arbeiter- und Angestelltenwohnvorort von Dresden. Mit dem Kirchplatz als Mittelpunkt entstanden dreigeschossige Reihenhäuser, während in Richtung Leuben eine offenere Bauweise vorherrscht. L. erhielt 1893 eine Straßenbahnverbindung in Richtung Blasewitz und 1900 nach Striesen. In Altlaubegast 5 war die Familie Wolf ansässig, die sog. «Zwirnwölfe». Bis 1926 kaufte sie gesponnenes Garn auf und bleichte es auf den Elbwiesen unterhalb der Straße Zur Bleiche. Im Gebiet Steirische Straße/Salzburger Straße entstand 1992/93 der Wohnpark «Solitude». Heute zählt L. zu den beliebtesten Dresdner Naherholungsgebieten, wozu der Elbuferweg zwischen Blasewitz und Zschieren wesentlich beiträgt.

Laun, Friedrich: ➔Schulze, Friedrich August

Lausitzer Tor: ➔Bautzner Tor

Laux, Karl: Musikwissenschaftler, geb. 26. 8. 1896 Ludwigshafen, gest. 27. 6. 1978 Dresden. – Als Musikkritiker der «Dresdner Neuesten Nachrichten» kam L. 1934 nach Dresden, verlor beim Bombenangriff 1945 mit seiner Wohnung sein gesamtes wissenschaftliches Material und gehörte dennoch zu den ersten, die sich nach dem Zusammenbruch mit Energie für die Erneuerung des kulturellen Lebens einsetzten. Als erster Rektor leitete er 1952/63 die Dresdner Musikhochschule. L. verfaßte zahlreiche musikwissenschaftliche Schriften – auch zur Dresdner Musikgeschichte – sowie seine Autobiographie (1977). 1969 erhielt er den Martin-Andersen-Nexö-Kunstpreis der Stadt Dresden. – Grab auf dem Trinitatisfriedhof, Karl-Laux-Straße im Neubaugebiet Dohnaer Straße.

Lazar, Auguste, eigentl. *Wieghardt-Lazar*; Pseudonym *Mary Macmillan*: Kinderbuchautorin, geb. 12. 9. 1887 Wien, gest. 7. 4. 1970 Dresden. – Die L. übersiedelte 1920 nach Dresden, wo sie Verbindung zur Arbeiterbewegung und zur KPD aufnahm. 1939 emigrierte sie nach Großbritannien. Erst 1949 kehrte sie nach Dresden zurück. Bekannt wurde L. durch ihre Erzählung «Sally Bleistift in Amerika» (Moskau 1935). 1959 erhielt sie den Martin-Andersen-Nexö-Kunstpreis der Stadt Dresden. Die L. wohnte in der Donndorfstraße in Strehlen. – Grab auf dem Heidefriedhof; Auguste-Lazar-Straße in Räcknitz.

Lazarette: Krankenanstalten für Armeeangehörige, für bei militärischen Handlungen verletzte Personen oder für bei Epidemien angesteckte Personen. Bei einer Pestepidemie richtete man 1507 z.B. die ➔Kreuzschule zu einem L. ein. Als erstes stehendes Krankenhaus ließ Kurfürst ➔August 1568 ein L. oder Nosokomium (Pestilenzhaus) auf der ➔Viehweide zwischen «Vogelstange und Rabenstein» anlegen. Am Holzhof in Dresden-Neustadt baute Graf ➔Wackerbarth 1732 ein Garnisonslazarett, das 1870 mit den anderen militärischen Einrichtungen in den Kasernenbezirk der Albertstadt verlegt wurde. Im Kriegsjahr 1813 entstanden 19 L., in denen bis zu 17 000 Verwundete untergebracht werden mußten. Viele öffentliche Gebäude, wie das ➔Palais im Großen Garten, das Palais im ➔Reisewitzischen Garten, das Kurländer Palais (nur für Militärpersonen) sowie die Kreuz-, Dreikönigs-, Annen- und Sophienkirche, wurden zu L. umfunktioniert. 1849 mußten während des Maiaufstands erneut L. geschaffen werden. So wurden als Hauptlazarette das Polizeihaus und die Ratsbaderei eingerichtet. Dazu kamen noch drei Nebenlazarette im Haus Altmarkt 6, Webergasse 25 und Frauengasse 1. Kurz vor Ende des Zweiten Weltkriegs veranlaßte das faschistische Kommando die Verlegung der L. aus

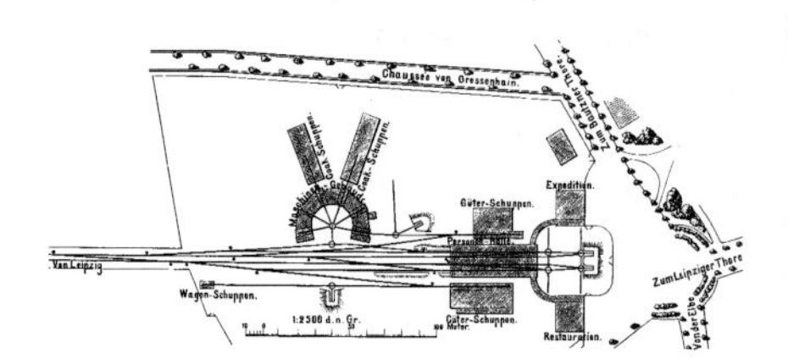

Lehrerseminar Strehlen an der Teplitzer Straße
Leipziger Bahnhof um 1850
Grundriß des Leipziger Bahnhofs

dem Osten nach Dresden. Fast alle Schulen, Gasthöfe und Ballhäuser wurden in Hilfslazarette umgewandelt.

Lazarettkapelle: Die zum Lazarett oder Pesthaus gehörende zwischen Grüner Gasse und Schützengasse längs dem Pichplatz (heute Wettiner Platz) gelegene L. war als Kirche ein ärmlicher Bau von wohnhausartigem Aussehen, ein Geschoß hoch mit Mansarddach. Die Innenarchitektur bestand aus Resten anderer Altäre und Denkmälern. Sie entstand aus einer einfachen Betstube, die 1702 erstmals erweitert wurde. 1732 erfolgte ein weiterer Anbau, dem sich 1738 auf Kosten von Johann Georg →EHRLICH eine Erhöhung des Gebäudes und die Ausgestaltung mit Emporen anschloß. 1897 wurde die L. abgebrochen.

Lehninger, Johann August: Sekretär in der kurfürstlichen Kabinettskanzlei, geb. 1730 Görlitz, gest. 1786 Dresden. – L. betätigte sich nebenbei als Übersetzer französischer und italienischer Kunstliteratur (z.B. von J. B. Passeris «Leben der Maler, Bildhauer und Baumeister»). Außerdem verfaßte er eine «Beschreibung des Plauenschen Grundes bey Dresden» (Dresden 1781) und eine Beschreibung Dresdens in französischer und deutscher Sprache (Dresden 1782).

Lehrerseminare: Als erstes sächsisches Lehrerseminar wurde 1787 das «Schullehrer-Seminar zu Dresden-Friedrichstadt» mit 12 Zöglingen eröffnet. Es war der 1785 erbauten Real- und Armenschule der Friedrichstadt in der Badergasse (später Seminarstraße) angeschlossen. 1789 wurde Carl Heinrich →NICOLAI Seminardirektor, und ab 1797 leitete der bekannte Pädagoge Gustav Friedrich →DINTER die Anstalt. Unterrichtet wurde zu dieser Zeit besonders in Religion (Bibelerklärung, Katechismus), deutscher Sprachlehre (Lesen, Rechtschreibung, Stilübungen), angewandtem Rechnen und Musik (Singen und Klavierspiel). 1820 wurde die erste Seminarordnung eingeführt, durch die die Dauer der Ausbildung auf drei Jahre (ab 1840 vier Jahre) festgelegt wurde. 1866 siedelte das Seminar in einen Neubau an der Waltherstraße über und, als dieser zu klein wurde, 1910 in einen weitläufigen Neubaukomplex in Strehlen an der Teplitzer Straße (1945 weitgehend zerstört und danach für die Arbeiter- und Bauern-Faktultät der TH Dresden neu errichtet; heute Fachbereich Berufspädagogik der TU). – Zu den im 19. Jh. in Dresden gegründeten Ausbildungsstätten für Lehrer gehören das →Freiherrlich von Fletschersche Schullehrerseminar (seit 1825) und die *Turnlehrerbildungsanstalt.* Sie wurde am 23. Oktober 1850 als erste Anstalt Deutschlands dieser Art zur Ausbildung von «tüchtigen pädagogisch vorgebildeten Männern» eröffnet. Zuerst befand sie sich in der Friedrichstadt (als Teil des ehemaligen Menageriegartens neben dem Ostra-Vorwerk) und ab 1863 in der Carusstraße (1925 der damaligen TH angegliedert).

Leipziger Bahnhof: erster Dresdner Personenbahnhof, am 19. Juli 1838 für die Teilstrecke Dresden–Radebeul-Weintraube eröffnet; am 7. und 8. April 1839 für die erste deutsche Ferneisenbahn Leipzig–Dresden eingeweiht. Er befand sich im Winkel zwischen Großenhainer und Leipziger Straße und war durch die Großenhainer Straße vom →Schlesischen Bahnhof getrennt. Mit zweigeschossigen Hauptgebäuden und halbrunder Kolonnade lehnte sich der Bau an klassizistische Vorbilder an. Er wurde 1847 umgebaut, erhielt mit dem Bau der →Marienbrücke 1852 die Prager Halle für die →Sächsisch-Böhmische Eisenbahn, wurde 1857 erneut verändert und 1875 zu großen Teilen durch größere Bauten ersetzt. Mit Eröffnung des →Neustädter Bahnhofs 1901 geschlossen, wurden die Gebäude seitdem als Ortsgüterbahnhof genutzt. 1945 wurden 3 von 6 erhaltengebliebenen Gebäuden zerstört. Noch vorhanden sind Teile des L. von 1857 an der Großenhainer und Güterböden an der Leipziger Straße (1872).

Leipziger Schlag: →Schläge

Leipziger Straße: Ausfallstraße durch die Leipziger Vorstadt (Neudorf), Pieschen, Mickten und Trachau nach Radebeul; ursprünglich am →Leipziger Tor beginnend. Als «Neue Meißner Poststraße» löste sie 1787 die elbnahe, von Pieschen über Kaditz nach Serkowitz geführte Straße ab. Der →Leipziger Bahnhof (1838) und der Neustädter Elbhafen (1859) förderten die industrielle Erschließung der Leipziger Vorstadt. Erhalten sind Gebäude des Güterbahnhofs von 1872 am Anfang der L. Es entstanden das Steinzeugwerk →Villeroy & Boch (1854), die Niederlassung von Franz Ludwig →Gehe (1866, →Arzneimittelwerke), die Schiffswerft Schlick, der Neustädter Holzhof und das Sägewerk von Carl Ernst Grumbt (Villa des Besitzers, 1888 in Neorenaissance errichtet, 1949/89 «Puschkinhaus»). Die 1866 aufgeworfene Schanze in Neudorf wurde bis 1873 abgetragen und auf deren Areal bis 1910 der Dresdner Vieh- und Schlachthof betrieben. – Seit 1882 verkehrte die Pferdebahn, ab 1899 die elektrische Straßenbahn nach Mickten. Die 1906 eröffnete Schmalspurstraßenbahn Mickten–Kötzschenbroda wurde 1930 auf Vollspur umgebaut. Entlang der L. lagen bekannte Gaststätten wie «Stadt Leipzig» (später Filmtheater «Faunpalast»), das 1898 von Paul Watzke eröffnete Ballhaus (1950 geschlossen, später Lager), das «Feldschlößchen» (später Jugendklubhaus), das «Goldene Lamm» (Puppentheater) und die 1878 von Moritz Gebler gegründete «Waldvilla» (später Arzneiwerk «Li-il»). – Luftangriffe zerstörten 1945 vor allem Teile der L. im stadtnahen Bereich. 1993 wurde im Pieschener Winkel der Grundstein für ein Büro- und Geschäftshaus Elbcenter gelegt.

Leipziger Teilung von 1485: am 26. August 1485 von den seit 1464 gemeinsam regierenden Brüdern Ernst und →Albrecht vertraglich festgelegte Teilung des wettinischen Gesamtbesitzes, der nach dem Heimfall Thüringens an die Hauptlinie 1482 wieder vereint war. Die am 11. November 1485 in Leipzig vollzogene Erbteilung hatte zur Folge, daß der Hauptteil der thüringischen Besitzungen und einige andere Territorien an Ernst fielen, der als Träger der Kurwürde bereits vor der Teilung alleiniger Herrscher des Herzogtums Sachsens war (das bei der Teilung auch nicht zur Disposition gestanden hatte), die übrigen Gebiete mit der Markgrafschaft Meißen als Kern an Albrecht gelangten. Ergebnis der wettinischen Hauptteilung für Dresden war, daß es ständige Residenz der albertinischen Wettiner wurde. Der Residenzcharakter bestimmte von nun an für Jahrhunderte maßgeblich die Geschichte der Stadt.

Leipziger Tor mit Blick zum Japanischen Palais
Leonhardi-Museum
Schlafzimmer Augusts des Starken im Residenzschloß von Raymond Leplat (1698)

Leipziger Tor, auch *Weißes Tor*: westliches Tor der 1632 angelegten Altendresdner Befestigung am späteren →Palaisplatz. Maximilian von →Fürstenhoff gestaltete 1718 die Schauseiten des L., das 1817 abgebrochen wurde. Von Gottlob Friedrich →Thormeyer stammten die 1828/29 am ehemaligen L. errichteten Torhäuser.

Leipziger Vorstadt: →Neudorf

Lennéstraße: zwischen Straßburger Platz und Lennéplatz gelegen, trug bereits 1874/1970 die Bezeichnung L., danach bis 1991 Dr.-Richard-Sorge-Straße. Vom Straßburger Platz aus führt die L. in südöstlicher Richtung am Großen Garten vorüber. An der westlichen Straßenseite befinden sich das 1923 angelegte und nach seinem Stifter benannte →Georg-Arnhold-Bad, das aus der 1923 angelegten Ilgen-Kampfbahn hervorgegangene →Rudolf-Harbig-Stadion und die Bürgerwiese, für die der bedeutende Landschaftsgestalter Peter Joseph Lenné (1789 bis 1866) den Plan schuf und die heute die einzige Lenné-Parkanlage in Sachsen ist. – Denkmal (seit 1989) am Lennéplatz.

Leonhardi, Eduard: Maler, geb. 19. 1. 1828 Freiberg, gest. 15. 7. 1905 Dresden. – Der Sohn des Tintenfabrikanten August Leonhardi studierte 1842/45 an der Dresdner Kunstakademie und war anschließend bis 1849 Atelierschüler von Ludwig →Richter. Nach einigen Studienreisen lebte der Maler ab 1859 in Dresden, wo er vor allem als Landschaftsmaler hervortrat und 1864 zum Ehrenmitglied der Kunstakademie ernannt wurde. Er förderte viele junge Künstler (z.B. Robert →Sterl) und stiftete in Loschwitz ein Armenhaus sowie ein Kinderheim. Sein Wohnhaus, die von ihm um 1880 zur «Roten Amsel» umgebaute ehemalige Hentzschelmühle an der Grundstraße 26, wurde nach seinem Tode zum *«Leonhardi-Museum»* umgestaltet und dient gegenwärtig der Galerie Ost zu Ausstellungszwecken. – Grab mit Grabmal von Robert →Henze auf dem Loschwitzer Friedhof, Leonhardistraße in Loschwitz, 1991 Personalausstellung im Leonhardi-Museum.

Leo-Werke: →Dental-Kosmetik GmbH

Leplat, Raymond: Innenarchitekt, geb. 1664 Flandern, gest. 3. 5. 1742 Dresden. – Der in Paris ausgebildete Architekt kam 1697 aus Wien als «Ordonneur du Cabinet» an den Dresdner Hof, wo er wesentlich zur Ausstattung der Schloßbauten AUGUSTS DES STARKEN beitrug und außerdem großen Anteil an der Erwerbung von Skulpturen und Gemälden für die kurfürstlichen Sammlungen hatte. Ab 1698 schuf er die Entwürfe für die Innenausgestaltung des Thronsaals und des Schlafzimmers im →Residenzschloß, 1721/24 war er maßgeblich an den Entwürfen für das →Grüne Gewölbe beteiligt, ebenso bei der Innengestaltung der Schlösser Pillnitz und Moritzburg. Als Inspektor der Gemälde- und Skulpturensammlung hatte er für die museale Aufstellung der Kunstwerke zu sorgen. 1733/35 legte er sein umfangreiches Kupferstichwerk über die Skulpturensammlung vor.

Lessing, Gotthold Ephraim: Dichter, Literaturtheoretiker, geb. 22.1.1729 Kamenz, gest. 15.2.1781 Braunschweig. – L. hielt sich auf der Heimreise von Italien im Januar 1776 in Dresden auf, wo er die Nachfolge von C.L. von →HAGEDORN als Direktor der Kunstakademie antreten sollte. Er entschied sich aber kurzfristig dagegen. Mit Hagedorn traf er in dessen Haus zusammen. Von Dresden sehr beeindruckt, regte er den Bibliothekar Karl Wilhelm →DASSDORF zu dessen 1782 erschienener Dresden-Beschreibung an. – Lessingstraße in der Äußeren Neustadt.

Dorfplatz Leuben. Um 1900. Aquarell

Leßke, Friedrich August: Heimatchronist, geb. 1.9.1841 Burkau (Lausitz), gest. 19.11.1904 Dresden. – L. trat nach seiner Ausbildung am Bautzner Lehrerseminar 1870 eine Lehrerstelle in Niedergorbitz an, wirkte 1876/93 als Kantor in Deuben (heute Freital-Deuben) und von 1894 bis zu seinem Tode als Schuldirektor wieder in Niedergorbitz. Im Ergebnis langjährigen Quellenstudiums verfaßte er die heimatgeschichtlichen Standardwerke «Beiträge zur Geschichte und Beschreibung der Dörfer Ober- und Niedergorbitz, Wölfnitz, Pennrich, Naußlitz und Neunimptsch» (1896) und «Beiträge zur Geschichte und Beschreibung des Plauenschen Grundes» (1892/1903). – Leßkestraße in Gorbitz und Freital; Heimatstube «Friedrich August Leßke» an der 132. Schule Gorbitz; begr. auf dem Alten Annenfriedhof.

Leuben: linkselbischer Stadtteil, 1349 als Luben (slawisch: Ort eines Luben) in einer Urkunde des Bischofs JOHANN I. von Meißen als Vorwerk und bischöflicher Rastplatz erwähnt, 1921 zu Dresden eingemeindet. – In ur- und frühgeschichtlicher Zeit lag ein siedlungsintensives Gebiet im Grenzbereich von L., Dobritz und Laubegast. Im Bereich der Kiesgruben wurden u.a. bronzezeitliche Gefäße gefunden. Im 14./15. Jh. traten in L. adlige und bürgerliche Lehnsherren auf, u.a. die Dresdner Bürgerfamilie →BUSMANN. Zur Leubener Kirchfahrt gehörten auch Laubegast, Seidnitz, Tolkewitz, Niedersedlitz, Dobritz und Teile von Reick. Eine Kirche wird 1362 erwähnt. 1899 errichtete Karl Emil →SCHERZ die →Himmelfahrtskirche (Grab des Hans von →DEHN-ROTHFELSER aus der Frauenkirche); von der abgetragenen Dorfkirche blieb der Turm erhalten. Der Friedhof an der Pirnaer Landstraße wurde 1675 angelegt. Auf ihm sind die Schauspielerin Friederike Caroline →NEUBER und der Bauernastronom Christian →GÄRTNER begraben. L. hatte um 1580 eine Kirchschule, errichtete 1782 ein Schulhaus und baute 1894 die heutige 66. Mittelschule (1909 und 1925 erweitert). – Im Dreißigjährigen Krieg, bei einem Dorfbrand 1728 und in der Schlacht bei Dresden 1813 wurde der Ort schwer verwüstet. Um 1800 unterstand das Dorf vier Grundherren, dem Leubnitzer Amt, dem Dresdner Religionsamt und den Rittergütern auf Weesenstein und Lockwitz. Trotz seiner relativ großen Flur von 230 ha zählte L. 1871 erst 371 Einwohner. Die Industrialisierung griff von Niedersedlitz her auf L. über, wo sich Hut-, Möbel-, Asbest-, Chemie- und metallverarbeitende Unternehmen niederließen. Die Einwohnerzahl stieg bis 1910 auf 4335. Infolge der Bebauung Striesens siedelten Gartenbaubetriebe mit Spezialkulturen, u.a. die Gärtnerei Max ZIEGENBALG, nach L. um. An der Stephensonstraße wurden ab 1895 zahlreiche Mietshäuser errichtet. Unter den genossenschaftlichen Wohnbauten nach 1925 sind vor allem die 1500 Wohnungen in der heutigen Berthold-Haupt-Straße zu nennen. 1899 legten die Kummer-Werke (→Sachsenwerk Niedersedlitz) die schmalspurige Vorortbahn Laubegast – L. – Niedersedlitz an, die 1902 von der Gemeinde L. gekauft und 1925 durch das Stadtspurnetz ersetzt wurde. Im Stadtgut Altleuben 10 wurde eine Siechen-, Pflege- und Korrektionsanstalt eingerichtet (später als Pflegeheim genutzt). Vom alten Dorfkern sind nur wenige Höfe und Häusleranwesen in Altleuben und an der Pirnaer Landstraße erhalten. Das Rathaus der Gemeinde diente nach 1945 als Verwaltungssitz des Stadtbezirks. – 1878 wurde das große Tanzlokal «Feenpalast» an der Pirnaer Landstraße eröffnet. Es diente nach 1945 als Veranstaltungshaus, wurde 1947 als Apollotheater eröffnet und ist seit 1954 Spielstätte der →Staatsoperette Dresden. Nach 1945 erweiterte sich das Sachsenwerk Niedersedlitz auf Leubener Flur, 1951/52 wurde das Klubhaus des Werkes errichtet. Zwischen Pirnaer Landstraße und Breitscheidstraße entstand 1970/74 im Bereich des Flutgrabens der erste «komplexe» Dresdner Wohnstandort mit ca. 3500 Wohnungen in fünfgeschossigen Bauten, einem elfgeschossigen und vier 15geschossigen Hochhäusern, drei Schulgebäuden und anderen Einrichtungen. Nach 1990 wurden Bauten an der Reisstraße vollendet und in Altleuben Gebäude saniert. Erhebliche Flächen der Ortsflur zwischen der Pirnaer Landstraße und dem ab 1993 errichteten Wohnpark «Solitude» dienen dem Kiesabbau.

Leubnitz: →Leubnitz-Neuostra

Leubnitzer Amt: Komplex von Ländereien aus dem ehemaligen Besitz des Klosters Altzelle, der im Zuge der Säkularisierung der Klöster nach der Reformation an die Stadt gelangte. Kurfürst MORITZ übergab den Besitz auf Ersuchen des Rates am 18. August 1550 als Entschädigung für die Leistungen Dresdens beim Bau der Befestigungsanlagen. Allerdings mußte der Rat bis 1663 dafür einen jährlichen Zins von 750 Gulden zahlen. Zum L. gehörten das Gut Leubnitz mit den zinspflichtigen Dörfern Leubnitz, Goppeln, Gostritz, Prohlis, Reick, Strehlen und Torna. Der Rat löste die Gutswirtschaft Leubnitz auf und verkaufte die Äcker u. a.

an Leubnitzer Bauern. Diese mußten die Ländereien aber 1569 an die nach Leubnitz umgesiedelten ehemaligen Ostraer Bauern abtreten. Das L. stellte die bedeutendste Erwerbung der Stadt in älterer Zeit dar.

Leubnitz-Neuostra: linkselbischer Stadtteil, entstanden aus dem älteren, zum Gassendorf erweiterten Rundweiler Leubnitz (1227 als Lubenitz, nach slawischem Personennamen Luban, urkundlich erwähnt) und dem 1569 gegründeten Neu-Ostra; beide 1898 vereinigt und 1921 mit ca. 3000 Einwohnern zu Dresden eingemeindet.- Die Familie von SCHÖNBURG überließ 1233 Leubnitz dem Kloster Geringswalde. →HEINRICH DER ERLAUCHTE übergab den Ort mit Vorwerk, Kirche und Gerichtsbarkeit 1288 dem Kloster Altzella bei Nossen. Es wandelte das Herrengut in einen Klosterhof um, der 1307 den größten Teil von Strehlen, Praschütz (→Neugruna), einen Weinberg in Sobrigau und 1310 Besitz in Kauscha erwarb. Dem Leubnitzer Klosterhof unterstanden am Ausgang des Mittelalters die Orte Goppeln, Gostritz, Reick, Strehlen, Torna sowie Einzelbesitz in Gompitz, Kauscha, Prohlis, Kleinzschachwitz und anderen Orten. Das Kloster Altzella beließ den meisten Orten die vorhandenen Wirtschaftsstrukturen, lediglich in Leubnitz, Torna und Strehlen entstand eine zusammenhängende, 130 ha große Klosterhofflur. Die anfallenden Arbeiten auf der Flur und dem Hof wurden durch Frondienste der Bauern ausgeführt. Der größte Teil der Erträge gelangte über den →Zelleschen Weg nach Altzella. 1550 überließ Kurfürst →MORITZ den Klosterhof dem Rat zu Dresden, der nunmehr Lehn- und Gerichtsherr über die ihm untertanen Dörfer war und das →Leubnitzer Amt bildete. Das «Steinerne Haus», Wohngebäude des Hofmeisters (Klosterhofverwalters), wandelte der Rat der Stadt zur Leubnitzer Dorfschänke um (→Klosterschänke). Das Gebäude wurde erst 1972 abgetragen. Neben der Kirche und dem Pfarrgut stehen ländliche Gebäude um Altleubnitz und den Klosterteichplatz unter Denkmalschutz. Die Teufelsbrücke südlich des Pfarrgutes gilt als längste aus einem Sandsteinblock gefertigte Brücke Dresdens. – Die 1288 erwähnte *Leubnitzer Dorfkirche* erhielt im 15. Jh. das flachgedeckte Schiff mit Triumphbogen. Der gotische Chor stammt vom Anfang des 16. Jh. 1672 bemalte Gottfried LUCAS die Kassettendecke, Emporen und die Nöthnitzer Betstube (Patronatsloge) mit biblischen Szenen. Die Kirche birgt eine Sandsteinkanzel von 1577, den Barockaltar von 1730, Grabmäler der Familie ALNPECK aus dem 16. Jh. und den barocken Epitaph des Oberlandbaumeisters Johann Friedrich →KARCHER von 1726. Das Äußere wurde mit Ausnahme des Turmes mehrfach verändert, die gotischen Ziergiebel 1874 beseitigt. Eine umfassende Restaurierung erfolgte 1968/77 durch Helmar HELAS u. a. Auf dem Friedhof befindet sich der Gedenkstein für den Bauernastronomen Johann Georg →PALITZSCH. 1945 wurde der Arzt Rainer →FETSCHER hier bestattet, später auf den Heidefriedhof umgebettet. – Die 1569 erbaute Kirchschule war die einzige der gesamten Kirchfahrt. 1868 wurde die Schule an der Menzelgasse und 1907 die heutige 68. Schule an der Heiligenbornstraße errichtet. An ihr wirkte der Schul- und Kommunalpolitiker Wilhelm FRANKE (geb. 29. 7. 1891, gest. in den Luftangriffen 13./14. Februar 1945) bis zu seiner Maßregelung 1933. –
Die Gründung des Vorwerks →Ostra durch Kurfürst AUGUST 1568 zwang die dortigen Bauern zum Umzug. 11 von ihnen mit dem Dorfrichter Georg FEHRMANN wurden auf dem ehemaligen Klosterhofgelände angesiedelt. Dadurch entstand parallel zu Leubnitz ein kurzes Straßendorf, die neuen Vorwerksgüter, bald *Neu-Ostra* genannt. Von der ursprünglichen Bebauung blieben keine Zeugen erhalten. Neu-Ostra unterstand dem kurfürstlichen Amt, Leubnitz dem Leubnitzer Amt. – Erhebliche Schäden erlitt L. durch die Kämpfe des Jahres 1813. Am Abzweig Kauschaer/Goppelner Straße stand noch 1821 der Leubnitzer Galgen. – 1555 legte eine Gewerkschaft Dresdner Hofbeamter und Bürger die Röhrfahrt mit hölzernen Doppelrohren von der Quelle des Heiligen Born (→Heiliger Brunnen) an. Das Quellwasser speiste noch bis 1939 die Pferdeschwemme im Dresdner Stallhof. 1875 ersetzte man die hölzernen durch gußeiserne Rohre. Das schmackhafte Leubnitzer Wasser wurde von AUGUST DEM STARKEN auf seinen Reisen nach Warschau mitgeführt. – 1906 verkehrte die Straßenbahn nach L., Gaststätte «Edelweiß». In den zwanziger Jahren entstanden Eigenheimsiedlungen auf dem Pfaffenberg in Richtung Torna, um 1930 Kleinhäuser am Fuchsberg, 1935 Wohnhäuser auf der Leubnitzer Höhe und Robert-Sterl-Straße. Weitere Wohnblocks wurden 1978/80 an der Robert-Sterl-Straße erbaut, denen nach 1986 das Neubaugebiet mit ca. 1 000 Wohnungen an der Dohnaer Straße folgte. Für den Wohnpark «Leubnitzer Höhe» an der Wilhelm-Franke-Straße erfolgte 1992 die Grundsteinlegung.

Leutewitz: Vorort am Westhang der Elbtalweitung; 1071 als Luciwice (nach dem slaw. Personennamen Lut) urkundlich erwähnt, 1921 zu Dresden eingemeindet. – L. unterstand 1311 dem Domstift Meißen und ab 1559 dem kurfürstlichen Amt Dresden. Es entwickelte sich Ende des 19. Jh. vom Bauerndorf zur stadtnahen Wohngemeinde (1871: 187 Einwohner, 1910: 1637 Einwohner) mit mehreren Gartenbaubetrieben. Nach 1921 wurden größere Eigenheimsiedlungen errichtet. Die Schule Warthaer Straße baute L. 1876 gemeinsam mit seinen Nachbargemeinden Omsewitz, Burgstädtel und Ockerwitz. In Altleutewitz ist der Kern des urspr. Straßendorfes z. T. erhalten. Auf der beim Bau des →Elbstollen aufgeschütteten Halde siedelte sich 1839 eine Holländerwindmühle an. Ihr Besitzer Wilhelm FELGENTREFF eröffnete 1844 eine Gaststätte. Die Mühle stellte 1914 den Betrieb ein und wurde in jüngerer Zeit als technisches Denkmal und kulturelles Zentrum wieder ausgebaut. 1906 verkaufte L. ein Flurstück zur Anlage des →Volksparkes Leutewitz an die Stadt Dresden.

Lewald, Fanny: Romanschriftstellerin, geb. 24. 3. 1811 Königsberg, gest. 5. 8. 1889 Dresden (im Hotel Bellevue). – Die engagierte Kämpferin für die Emanzipation der Frauen und Juden weilte häufig in Dresden. Im Juni 1844 hielt sie sich während einer Reise von Breslau (Wrocław) nach Teplitz (Teplice) für kurze Zeit in der Stadt auf, ebenso auf der Rückreise im September des gleichen Jahres. Ihrem Vetter August LEWALD schrieb sie begeistert über die Gemäldegalerie. Im Oktober 1848 weilte sie wiederum in der Stadt, und im August 1855 besuchte sie gemeinsam mit ihrem Gatten Adolf STAHR Hermann →HETTNER. Während ihres Aufenthaltes im Herbst 1857 pflegten beide intensive Kontakte mit zahlreichen Vertretern des Dresdner

Geisteslebens, so u.a. mit Carl Gustav →CARUS, Berthold →AUERBACH, Ernst →RIETSCHEL, HETTNER, Wolf Graf von →BAUDISSIN und Bogumil →DAWISON. Stahr schrieb über diesen Aufenthalt fünf Aufsätze, «Dresdner Skizzen», die in der «Kölnischen Zeitung» veröffentlicht wurden. – Fanny-Lewald-Straße in Kleinzschachwitz.

Leyser, Polycarp: Theologe, geb. 18. 3. 1552 Winnenden/Württ., gest. 22. 2. 1610 Dresden. – L. wurde 1577 Professor der Theologie in Wittenberg. Als «Kryptocalvinist» von dort vertrieben, wurde er 1594 als Oberhofprediger nach Dresden berufen. Seine Haltung in den theologischen Auseinandersetzungen seiner Zeit bestimmte für die Folgezeit das kirchliche Leben und die Kirchenpolitik in Dresden und Sachsen. In seinem «Regentenspiegel» (1605) äußerte er sich kritisch zum Hofleben. – Grab und Ölporträt (beides 1945 zerstört) in der Sophienkirche.

Lichtspielhäuser: →Filmtheater

Liederkreis: →Dresdner Liederkreis

Lincke, Erna: Malerin, geb. 15. 6. 1899 Dresden, gest. 28. 2. 1986 Dresden. – Die seit 1928 freischaffend in Dresden tätige, politisch engagierte Künstlerin war Mitglied der →Assoziation Revolutionärer Bildender Künstler Deutschlands der →Dresdner Sezession, gehörte der Künstlergruppe «Der →Ruf» (1947) sowie dem Künstlerkollektiv «Das →Ufer» (1951) an und arbeitete im Vorstand der Genossenschaft bildender Künstler →«Kunst der Zeit» mit. 1978 erhielt sie den Martin-Andersen-Nexö-Kunstpreis der Stadt Dresden. Ihre Wohnung hatte sie auf der Nürnberger Straße 41. – Grab auf dem Johannisfriedhof Tolkewitz.

Linckesches Bad: ehemaliges großes Gartenrestaurant zwischen Bautzner Straße (1859/1921 Schillerstraße) und Elbuferpromenade links der Prießnitzmündung, das im 18./19. Jh. einen der ersten Plätze unter den Dresdner Vergnügungsstätten einnahm. Das Grundstück «auf dem Sande vorm Schwarzen Tor» wurde 1734 von dem Generalmajor Georg Hubert von DIESSBACH erworben, der es bepflanzen und mit Gehöften bebauen ließ. Der nachfolgende Besitzer erhielt 1753 die Brau-, Back-, Schlacht- und Schankerlaubnis; 1764 bekam der Arzt Peter Ambrosius LEHMANN die Genehmigung zur Anlage eines *Mineralwasserbades*, das aus den auf dem Grundstück vorhandenen Mineralwässern betrieben wurde, die später nicht mehr ausreichten, so daß man für den Badebetrieb, der erst 1860 eingestellt wurde, auch Prießnitzwasser nutzte. 1766 erwarb der Akziserat Karl Christian LINCKE (1728 bis 1799) das Bad, das nach ihm und seinen Nachkommen, die das Grundstück bis 1852 besaßen, benannt wurde. Das L. war nicht nur als Bad, sondern vorwiegend als Ort des geselligen Verkehrs mit Gartenkonzerten, Tanz, Gondelfahrten auf der Elbe u.a. beliebt. Besondere Bedeutung hatte es für Dresdens *Theatergeschichte*, denn Lincke ließ 1776 auf dem östlich angrenzenden Grundstück ein festes Sommertheater (Fachwerkbau mit massiven Eck- und Grundmauern: 500 Zuschauer) errichten. Es wurde am 22. Mai 1776 durch die Schauspielertruppe von Abel SEYLER eröffnet und in der Folgezeit im Sommer an reisende Schauspielertruppen vermietet. Sie spielten wöchentlich zwei- bis viermal Lustspiele, Possen und kleinere Opern. 1790/1816 trat dort Josef SECONDA (Bruder des Dresdner Schauspieldirektors Franz SECONDA, 1755–1833) mit seinen Künstlern auf, zu denen zeitweilig E.T.A. →HOFFMANN als Kapellmeister gehörte. Berühmte Aufführungen fanden im «Theater auf dem Linckeschen Bade» statt (z.B. am 12. April 1815 Beethovens «Fidelio» in erster Fassung), wobei namhafte Künstler mitwirkten, vor allem als 1817/58 das Dresdner Hoftheater das Haus gepachtet hatte (letzte Vorstellung am 24. September 1858). Danach wurde das Theatergebäude abgebrochen. – Nach der Teilung des Grundstücks 1852/53 wurde der etwa 16000 m² große Gastwirtschaftsteil des L. (vorübergehend als «Volksgarten» bezeichnet) mit öffentlichem Konzert- und Ballsaal (30 m lang, 15 m breit, 1853 erbaut, 1859 abgebrannt und im gleichen Jahr wiedererrichtet) sowie neugestaltetem Konzertgarten (häufig Konzerte der Stadtkapelle) zum begehrten Veranstaltungsort von Jubiläen, Vereinsfesten, Tagungen, Versammlungen, Bällen, Sommerfesten und dergleichen. – An das frühere L. erinnert heute noch die «Drachenschänke», die um 1900 in dem mehrfach umgebauten ehemaligen Lusthaus an der elbseitigen Gartenmauer des L. eingerichtet wurde.

Lind, Jenny: Sopranistin, genannt «die schwedische Nachtigall», geb. 6. 10. 1820 Stockholm, gest. 2. 11. 1887 Malvren Hills (Herfordshire/England). – Nach großen Opernerfolgen an den bedeutendsten Bühnen wechselte sie zum Konzertgesang über. Sie kam 1854 nach Dresden und siedelte 1856 nach England über.

Lindenau: 1. *Bernhard August von*, Jurist, Staatsmann, Gelehrter, geb. 11. 6. 1779 Altenburg, gest. 21. 5. 1854 Altenburg. – Der progressive sächsische Reformpolitiker lebte 1829/43 in Dresden und hatte als leitender Minister (1830/43) u.a. entscheidenden Anteil an der liberalen Verfassung von Sachsen (1831) und an der Allgemeinen Städteordnung, die 1832 auch in Dresden die alte →Ratsverfassung ablöste. Für Dresden besonders bedeutsam war seine Wirksamkeit als Generaldirektor der Kgl. Museen. So

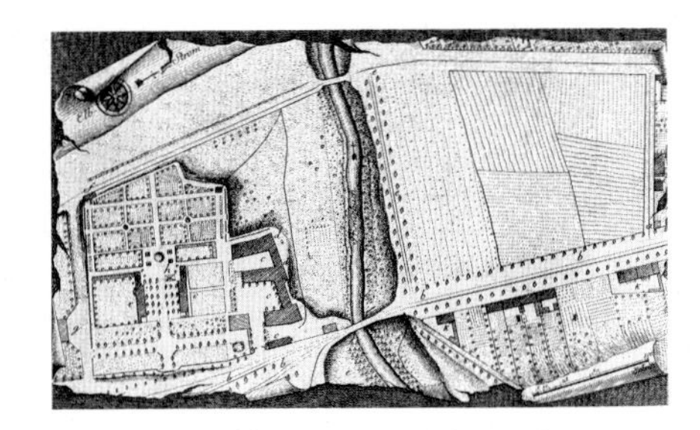

Grundriß des Linckeschen Bades
Bernhard August von Lindenau

reorganisierte er die →Staatlichen Kunstsammlungen umfassend (z. B. Gründung der →Rüstkammer) und setzte deren weitgehende öffentliche Benutzung durch. Auch regte er die Berufung namhafter Persönlichkeiten nach Dresden an (z. B. →RIETSCHEL, →HÄHNEL, →SEMPER, →BENDEMANN, L. →RICHTER). L. wohnte im Haus Johann Gottlob von QUANDTS in der Großen Klostergasse; er wurde zum Ehrenbürger Dresdens ernannt. – Lindenaustraße in der Südvorstadt. – 2. *Paul*, Theologe, geb. 1489 Chemnitz, gest. 1544 Dresden. – L. trat nach dem Studium dem Benediktinerorden bei, verließ ihn aber 1522 und wurde 1523 Pfarrer in Zwickau und später in anderen Orten Sachsens. Er kam 1539 mit Herzog HEINRICH DEM FROMMEN als erster ev. Hofprediger nach Dresden und wirkte hier für die Einführung der Reformation.

Lingner, Karl August: Industrieller, Sozialhygieniker, geb. 21. 12. 1861 Magdeburg, gest. 5. 6. 1916 Dresden. – L. war ab 1885 kaufmännischer Angestellter bei →Seidel & Naumann, gründete 1888 an der Wölfnitzstraße mit dem Ingenieur KRAFT einen Kleinbetrieb für Haushaltartikel und 1893 sein «Chemisches Laboratorium». Hier entwickelte er das Mundwasser «Odol» in der bekannten Seitenhalsflasche, für dessen weltweite Verbreitung er mit einem gigantischen Werbefeldzug sorgte (Odol-Luftschiffe). L. errichtete 1897 das Werk Zwickauer/Nossener Straße und gründete 1909 das Serumwerk in Löbtau. Das Werk Zwickauer Straße wurde 1945 zerstört. Die «Odol»-Produktion wurde nach 1945 sowohl bei Elbe-Chemie Dresden (→Dental-Kosmetik) als auch unter Ernst SCHNEIDER bei Lingner & Fischer, Düsseldorf, später Bühl (Baden) wiederaufgenommen (Jubiläumsausstellung 1993 im Deutschen Hygiene-Museum). – Große Verdienste erwarb sich der spätere Ehrenbürger Dresdens auf dem Gebiet der Volksgesundheit. Er gründete 1898 in Johannstadt mit dem Mediziner Arthur SCHLOSSMANN (1867–1932) eine der ersten deutschen Säuglingsstationen, 1900 die Zentralstelle für Zahnhygiene, 1901 eine Desinfektionsanstalt sowie 1903 die erste öffentliche Dresdner Lesehalle an der Waisenhausstraße. Der Erfolg der Sonderausstellung «Volkskrankheiten und ihre Bekämpfung» auf der Städtebauausstellung 1903 ermutigte ihn zur Vorbereitung seines größten Lebenswerkes, der →Internationalen Hygiene-Ausstellung 1911. L. legte 1912 die «Denkschrift zur Errichtung eines National-Hygiene-Museums in Dresden» vor. Nach seinem Tode wurde die Idee einer ständigen Hygiene-Ausstellung durch die Lingner-Stiftung weitergeführt. – Seinen musischen Neigungen entsprechend, förderte L. den Bau des →Schauspielhauses, sammelte zahlreiche Kunstwerke und betrieb das Orgelspiel. Der mit ihm befreundete Franz von STUCK schuf das Jugendstilplakat mit dem bekannten «Hygiene-Auge». L. bewohnte 1897/1906 die Villa Leubnitzer Straße 30 (mit Saalanbau vom Wilhelm →KREIS) und seit 1906 die →Villa Stockhausen («Lingnerschloß»), deren Park er für Besucher öffnete. Den Abschluß der Arbeiten an seinem Schloß Tarasp (Schweiz) erlebte er infolge eines Krebsleidens nicht mehr. – L. wurde 1916 in Tolkewitz bestattet und 1922 in das Mausoleum im Park der Villa Stockhausen überführt (Entwurf wohl von Hans →POELZIG, Reliefs von Georg KOLBE). – Lingnerallee und -platz am Hygiene-Museum.

Lipsius, Constantin: Architekt, geb. 20. 10. 1832 Leipzig, gest. 10. 4. 1894 Dresden. – Der angesehene Leipziger Architekt, der 1851/54 an der Dresdner Bauakademie studiert hatte, wurde 1881 als Professor an die Dresdner Kunstakademie berufen. Neben der Ausübung seines Lehramts hatte er Gutachten für Restaurierungen abzugeben. In diesem Zusammenhang wirkte er am Ausbau des Residenzschlosses mit und vollendete den Sockel für den 1883/84 restaurierten →Goldenen Reiter. Sein Dresdner Hauptwerk ist der monumentale Bau der Kunstakademie auf der Brühlschen Terrasse (1885/94). – Grab auf dem Trinitatisfriedhof; Lipsiusstraße in Striesen mit Gedenksäule an der Stübelallee (1912 errichtet).

Liscow, Christian Ludwig: satirischer Schriftsteller, geb. 26. 4. 1701 Wittenburg/Mecklenburg, gest. 30. 10. 1760 Burg b. Eilenburg. – L., der in anonym erschienenen Pamphleten reaktionäre Persönlichkeiten und Mißstände kritisierte, trat nach einem bewegten Leben als Hauslehrer, Hofmeister, Reisebegleiter und Diplomat 1741 als Sekretär des

Kleinluftschiff D-PN 30 mit Odol-Reklame auf dem Flugplatz Dresden-Hellerau, 1932
Karl August Lingner. Gemälde von Robert Sterl
Constantin Lipsius, Grabmal auf dem Trinitatisfriedhof

Grafen BRÜHL in sächsische Dienste (1745 Kriegsrat). Wegen seiner kritischen Äußerungen über Brühls Finanzpolitik wurde er im Dezember 1749 inhaftiert, im April 1950 entlassen und des Landes verwiesen.

Literarische Gesellschaft: Die von 1881 bis 1929 existierende L. entstand in einer Zeit, in der der Naturalismus Literatur und Bühnen eroberte. Die Anhänger dieser neuen Richtung wollten der Literatur neben der Musik zu einer gleichberechtigten Stellung verhelfen. Ihren Ursprung hatte die L. im Verein «Offene Loge», der den Zweck verfolgte, «das geistige Leben Dresdens durch persönlichen und geselligen Verkehr unter den hier lebenden Schriftstellern, Künstlern und Gelehrten, sowohl Männern als Frauen, zu fördern». 1886 übernahm Dr. RAHN den Vorsitz und gab dem im Auflösen befindlichen Verein den Namen «Literarische Gesellschaft für Herren und Damen», was zu einer Zunahme neuer Mitglieder führte. In der Gesellschaft (Vereinszimmer Zinzendorfstraße) wurden Literatur, Kunst und Wissenschaft durch Vorträge seiner Mitglieder gepflegt. Nach der Umbenennung in L. (1894) wurde ab 1898 mit der Einladung namhafter auswärtiger Schriftsteller und Gelehrter als Vortragende begonnen. Es wurden Vorträge, Kammermusikabende im →Belvedere, Dichterlesungen und selbst Aufführungen moderner Dramen im →Central-Theater organisiert. Dies führte bald zu einer wachsenden Mitgliederzahl. 1902 wurde die L. in das Vereinsregister eingetragen; 1909 trat sie dem Südwestdeutschen Verband für künstlerische Kultur bei. Bis zur Auflösung der L. fanden sich immer wieder Menschen zusammen, die an der Entwicklung des geistigen Lebens der Stadt Anteil nahmen. So fanden ab 1919 unter Leitung Ottomar →ENKINGS neben den Veranstaltungen über deutsche Dichtung vom Naturalismus bis zur Gegenwart auch Stefan ZWEIGS Vortragsabende über →DOSTOJEWSKI statt.

Literarischer Verein: Der von dem Romanschriftsteller Edouard →DUBOC (Waldmüller), dem Dramatiker Wilhelm →WOLFSOHN und dem Dichter Otto →LUDWIG im Januar 1863 gegründete L. bestand bis 1945. Zu seinen frühesten Mitgliedern gehörten Männer wie Karl →GUTZKOW und Richard von MEERHEIMB. Auch Henryk →IBSEN gehörte einige Jahre dem L. an. Durch Vortragsreihen, Ausspracheabende und feierliche Veranstaltungen war der L. jederzeit ein Förderer sächsischer und auswärtiger Literatur und zugleich ein Sammelpunkt der literarischen Kräfte Dresdens. In den zwanziger Jahren fanden würdige Feiern zum 600. Todestag DANTES und zum 200. Geburtstag KLOPSTOCKS statt. Auch die Geburtstage von G. →HAUPTMANN und Ricarda HUCH gingen nicht unbeachtet vorüber. Der L. wechselte seine Versammlungslokale vom Helbigschen Etablissement über den Palmengarten in der Pirnaischen Straße bis zum kleinen Saal der Kaufmannschaft an der →Ostra-Allee.

Literarisches Museum: ein nur sieben Jahre bestehendes Lesekabinett, das Hermann FRANCK, von BRUNNOW und Arnold →RUGE 1842 gründeten. Die Gesellschaft L., die im Café Français in der →Waisenhausstraße ihre Zusammenkünfte hatte, zählte zu ihren Mitgliedern die Musiker →REISSIGER und →WIECK, den Dichter →MOSEN, den Bildhauer →RIETSCHEL und den Geologen →GEINITZ. Ruges Programm forderte den politischen Meinungsaustausch heraus. Die Mitgliederzahl wuchs bis auf 200 Personen an, die sich mit politischen Tageszeitungen sowie literarischen Zeitschriften aller Gebiete und geistiger Richtungen auseinandersetzten. Mit den neuen Mitgliedern wie →BAKUNIN, Dr. HERZ und Advokat BLÖDE begannen im L. ernsthafte politische Auseinandersetzungen. Nach dem Maiaufstand von 1849 drängte das L. zur unpolitischen Lesegesellschaft, was 1850 zur endgültigen Auflösung führte. Ein Lesekabinett am Altmarkt/ Schössergasse schmückte sich später mit dem Namen L.

Löbtau: Stadtteil im Westen Dresdens, von der Weißeritz zum Westhang der Elbtalweitung ansteigend, bereits 1068 als Liubitowa (von einem slawischen Personennamen) urkundlich erwähnt; kam 1903 zu Dresden. – Die Übernahme der Amtsgeschäfte des Gemeinderates durch Oberbürgermeister Gustav Otto →BEUTLER beendete symbolisch den Landgemeindestatus des damals mit 39 000 Einwohnern zehntgrößten Ortes ganz Sachsens. Wenige Jahre vor dieser Amtshandlung am 31. Dezember 1902 hatte L. noch das Rathaus an der →Tharandter Straße errichtet. L. hatte sich binnen weniger Jahrzehnte vom Bauerndorf zum Arbeiterwohnvorort entwickelt (1834: 163 Einwohner, 1890: 12 908 Einwohner). Das Dorf gelangte 1559 aus bischöflicher in kurfürstliche Oberhoheit und mußte 1658 ein Sechstel der Flur an das Kammergut →Ostra abtreten. Am →Weißeritzmühlgraben bildete sich ein frühindustrielles Gebiet mit Mühlen und →Manufakturen heraus. Auf dem Weißeritzanger befand sich bis 1875 der Weißeritzholzhof.
Die Eröffnung der →Albertbahn, die Einführung der Gewerbefreiheit und die 1878 erfolgte Festlegung von Fabrikbezirken in Dresden förderten die Industrieansiedlung vor allem entlang der →Löbtauer Straße, Tharandter Straße und →Freiberger Straße (Glasfabrik von Friedrich →SIEMENS). Der Fabrikant Ludwig BRAMSCH war maßgeblich an der Industrialisierung des Ortes beteiligt und erwarb das Stadtgut Lübecker Straße. Die benachbarte «Sauerbratenschänke» (später «Bürgergarten») war ein bekanntes, auch von Adrian →ZINGG im Bild festgehaltenes Ausflugsziel. – Von den ersten Arbeiterwohnhäusern an der Flußstraße (1858) ausgehend, breitete sich die Besiedlung der Feldflur systematisch hangwärts aus. An der unteren →Kesselsdorfer Straße, an der Freiberger, Löbtauer, Lübecker und Wernerstraße entstanden Mietshäuser vor allem für Arbeiter der Wilsdruffer Vorstadt, «Neu-Löbtau» genannt. 1874 gab es in L. nur noch 4 Bauernhöfe (Reste sind am Dorfplatz Altlöbtau erhalten, z.B. Torbogen am Haus Nr. 4). Vorübergehend siedelten sich an der Tharandter und Löbtauer Straße Gärtnereien an. Nach 1874 bildete sich ein streng geometrisches Straßennetz mit Mietwohnhäusern aus. Durch den Bau von Einzelhäusern («Würfelhäusern») wurde das Mietskasernenbild anderer Städte jener Zeit vermieden, jedoch minderten spätere gewerbliche Hofeinbauten die Wohnqualität. Einmündungen und Plätze wurden durch markante Eckbauten betont. Den Grundriß dafür entwickelte der Vermesser Emil UEBERALL. Um 1880 erreichte die geschlossene Bebauung die Reisewitzer Straße, um 1900 den Kronprinzenplatz (heute Conertplatz). Karl Adolph →CANZLER legte 1879 einen Bauplan für das Areal des stillgelegten Floßhofes und der Pulvermühle vor, der nur z.T. am Crispiplatz (Ebertplatz) ver-

wirklicht wurde. – Die Kesselsdorfer Straße wurde Hauptgeschäftsstraße. An ihr wurde 1875 der jüngste der Dresdner Annenfriedhöfe angelegt. Für die 1891 aus der Kreuzkirche ausgegliederte ev.-luth. Kirchgemeinde entstand die →Friedenskirche, für die 1915 gebildete Hoffnungsparochie die ev.-luth. →Hoffnungskirche und für die katholische Kirchgemeinde 1923 die St.-Antonius-Kirche an der Bünaustraße (Architekt Zacek). – Das erste gemeindeeigene Schulhaus stand an der Lübecker Straße und wurde 1866 durch das Gebäude Lübecker/Wernerstraße ersetzt. Der rasche Bevölkerungsanstieg führte zum Bau der Schulen Groebelstraße (1874, zerstört 1945), Wallwitzstraße (1877, heute 35. Schule), Bünaustraße (1888, zerstört 1945) und Herbertstraße (um 1890, heute 36. und 37. Schule).
L. wurde von einer starken Arbeiterbewegung geprägt. Der Sozialdemokrat Georg Horn (1841–1919) aus der Glasfabrik Siemens vertrat den 6. Wahlkreis im Reichstag. Zahlreiche Bewohner waren in traditionsreichen Sportverbänden und in Kleingartensparten organisiert (u.a. 1906 gegründete Sparte «Erholung» an der Weißeritz). – 1927/30 errichtete Kurt Bärbig die architektonisch bemerkenswerte Fleischfabrik an der Fabrikstraße. – Die Luftangriffe vom 7. Oktober 1944 und vom Februar und April 1945 zerstörten vor allem den weißeritznahen Teil an der Freiberger, Löbtauer, Rosen-, Tharandter sowie unteren Kesselsdorfer und Wernerstraße, u. a. die Friedenskirche, das Rathaus, das gegenüberliegende Hotel «Dreikaiserhof» und die Fabriken Universelle und Petzold & Aulhorn. An der →Nossener Brücke entstand 1962/64 ein Heizkraftwerk, das bis 1995 durch ein neues Gas- und Turbinenkraftwerk ersetzt wird. 1973 wurde die Großwäscherei Rosenstraße errichtet. Durch den baulichen Verfall vieler Wohnhäuser in den siebziger und achtziger Jahren sank die Einwohnerzahl innerhalb der Gemarkung Löbtau bis 1992 auf ca. 15 500. In jüngster Zeit wurden zahlreiche Einzel- und Reihenhäuser rekonstruiert. Kunsthistorische Bedeutung hat das Haus Gröbelstraße 17, in dem der Lampenfabrikant Karl Max Seifert 1903 von Wilhelm →Kreis ein Ausstellungsgebäude errichten ließ. Hier stellte die Künstergemeinschaft →«Brücke» durch Vermittlung ihres Mitglieds Erich →Heckel erstmals in Dresden in den Jahren 1906/07 Gemälde und grafische Arbeiten aus.

Löbtauer Schlag: →Schläge

Löbtauer Straße: in Friedrichstadt und Löbtau, Name seit 1840, früher Vor dem Löbtauer Schlag; im Löbtauer Abschnitt 1877/1903 als Dresdner Straße bezeichnet. – An der L. wurde nach Verlegung der →Weißeritz 1893 ein städtischer Bauhof errichtet. In Nr. 9 hatte der Brücke-Maler Karl →Schmidt-Rottluff ein Atelier. Ecke Berliner Straße entstand 1991/94 ein Büro- und Gewerbekomplex. Entlang der L. gab es die Ausflugslokale «Neu-Hamburg» und «Altona» (Altonaer Straße). Ab 1888 erfolgte der Bau des damaligen Stadt-Irren- und Siechenhauses, später Städtische Heil- und Pflegeanstalt, zeitweise auch Stadtkrankenhaus Löbtau. Die Gebäude erlitten starke Schäden durch Luftangriffe und bieten heute Raum für ca. 400 Pflegeheimplätze. Die L. wird seit 1994 von der verlängerten Nossener Brücke überbrückt.

Loch, *Lochgasse*: seit dem 16. Jh. so benannte Sackgasse zwischen der →Großen Frauengasse und der →Kleinen Frohngasse. Ursprünglich wurden alle etwas tiefliegenden Nachbargassen bis zur →Kreuzgasse als L. bezeichnet. Später beschränkte sich diese Bezeichnung nur noch auf den hinteren Teil der Lochgasse. Im zweiten Viertel des 19. Jh. wurde die Lochgasse in →Badergassse umbenannt.

Locke, Samuel: Architekt, geb. 20.8.1710 Eisenberg b. Moritzburg, gest. 4.10.1793 Dresden. – L. erwarb 1739 als Maurermeister das Dresdner Bürgerrecht und übernahm 1752 als Nachfolger →Knöffels das Amt des Generalakzisebaudirektors. Er trat vor allem durch zahlreiche Wohnbauten hervor (z.B. Große Meißner Gasse 11 und 13), die zum harmonischen Gefüge des Dresdner Stadtbildes beitrugen. Weitere Dresdner Bauten von L. sind das →Hotel de Pologne (1753) und die ev.-reform. Kirche Kreuzstraße/Gewandhausstraße (1767 geweiht, 1905 abgebrochen). Für die →Kreuzkirche schuf L. 1762 einige Entwürfe, die aber nicht ausgeführt wurden.

Lockwitz: linkselbischer Stadtteil am Lockwitzbach, 1288 mit den Ortsteilen Groß- und Klein-Lucawitz (slawisch: Ort eines Wiesenbaches) urkundlich erwähnt, später unterschieden in Nieder-L. (die Gegend am Rittergut und Am Plan) und Ober-L. (Am Galgenberg), 1875 mit 1 573 Einwohnern, 1923 Eingemeindung von →Nickern, 1930 zu Dresden. – Die L.er Flur gehört zum ur- und frühgeschichtlichen Siedlungsgebiet zwischen Niedersedlitz und Nickern. Altslawische Siedlungen lagen im Bereich der Tögelstraße und des Gutsparkes sowie westlich des Ortes, eine Wallanlage des 10./11. Jh. befand sich am Burgberg im SW. – L. war 1288 dem Markgrafen von Meißen lehnspflichtig; 1311 bezog das Dresdner →Brückenamt, um 1400 auch das →Maternihospital Zins von L. Wie der Ort war auch das 1349 erwähnte Rittergut zweigeteilt. Die Güter gehörten ab 1402 der Dresdner Bürgerfamilie Ziegler, 1512/1620 der Familie Alnpeck (Grabdenkmäler in der Kirche Leubnitz-Neuostra, Glasfenster mit Wappen von Georg Alnpeck von 1512 heute in der Kirche Leuben). Anfang des 19. Jh. waren Dresdner Adels- und Bürgerfamilien im Besitz des Gutes. Das Herrenhaus wurde 1621 von Johann Georg von Osterhausen erneuert. Der Besitzer des Gutes ab 1813, Johann Gottlob Preusser, erließ den Bauern freiwillig Fronen und Zinsen. Das Gut wurde 1867 an die Familie Kapherr verkauft, die Barockfassade des Schlosses im italienischen Renaissancestil umgebaut. – Von Osterhausen baute 1622 die Schloßkapelle zur Kirche um. L. wurde aus der Parochie Leubnitz ausgepfarrt und bildet seit 1623 eine eigene Kirchgemeinde. Die baulich mit dem Schloß verbundene Kirche erhielt beim Umbau Ende des 17. Jh. den Glockenturm mit Barockhaube. – Der ersten Schule von 1623 Am Plan folgten 1868 die Schule an der Tögelstraße und 1906 die neue Schule Urnenstraße. – 1537 bestand der Obere Gasthof an der Röhrsdorfer Straße, in der zweiten Hälfte des 16. Jh. auch der Untere Gasthof an der Dohnaer Straße. Der Platz Am Plan wurde nach Anlage einer Schanze 1668/95 zum Rundling ausgebaut. Im 18. Jh. waren Müllerhandwerk, Brotbäckerei und Strohflechten wichtige Erwerbszweige. An der Niedermühle wurde das Strohgeflecht gebleicht. Aus der Bleiche entstand später eine chemische Fabrik, aus der Niedermühle 1928 eine Hornmehlfabrik. Im 19. Jh. gab es in L. sieben Destillateure und seit 1837 eine Zuckerfabrik. Die Bewohner betrieben auch Hopfen- und Weinanbau und sammelten Kräuter für den «Lockwitzer Balsam». – FRIEDRICH II. schlug 1756 sein Hauptquartier im Schloß auf. 1813 befand sich im gleichen Gut das preußisch-russische Lazarett. 1876 hatte L. noch neun Bauerngüter. – Der Arzt Friedrich THEILE nahm 1849 am Dresdner Maiaufstand teil und gründete 1878 die «Lockwitzer Nachrichten aus alter und neuer Zeit». Bedeutende Ortschronisten waren die Lehrer und Kantoren Christoph Gottlob TÖGEL (1791–1845) und dessen Sohn Julius Hermann T. (1822–1893), der Pfarrer Christian Gottlob GERBER (1686 bis 1764), Johann Samuel GROHMANN (1759–1835) und der Arzt Karl Franz BAMBERG (1881–1966). – Fast alle Mühlen des Lockwitzgrundes wurden industriell genutzt. Die Hänichenmühle diente ab 1838 der Spiritusherstellung, die Schmidtmühle nach 1868 als Papier-, später Teigwaren-, dann Polstermöbelfabrik, die Dampfmühle Lockwitzgrund 10 als Möbelfabrik, die Hintermühle ab 1885 als Kakaofabrik von Otto →RÜGER. Der Obstbau um L. gewann einen Großabnehmer in der ältesten sächsischen Kelterei alkoholfreier Obstmoste. Sie wurde 1893 durch Emil DONATH (Sohn des Mitbegründers von →Donaths Neue Welt, Hermann D.) in Laubegast gegründet und siedelte 1906 nach L. um (seit 1991 als Kelterei Lockwitzgrund GmbH wieder in Familienbesitz). Am Galgenberg entstanden vor dem Ersten Weltkrieg, an der Nickerner Straße und Auf dem Pläner nach dem Ersten Weltkrieg Wohnsiedlungen. 1906 wurde die →Lockwitztalbahn Niedersedlitz–Kreischa eröffnet (1977 eingestellt), 1933 eine Stadtbuslinie nach Dresden in Betrieb genommen. Mehrfach, so 1897, 1924, 1925, 1957 und 1958) richteten Hochwasser des Lockwitzbaches Schäden an. Nach 1927 wurde das vollautomatische Wehr am «Pferdetump» errichtet. Daneben befindet sich das Lockwitzer Wahrzeichen, ein Wetterhäuschen mit der Gestalt eines Frosches (1913, Entwurf Jean PAPE, Kunstakademie Dresden). Das Rittergutsland wurde 1946 auf 23 Neubauernstellen verteilt, aus denen 1952 die erste Landwirtschaftliche Produktionsgenossenschaft der Stadt hervorging. Im Schloß richtete man eine Feuerwehrschule und später eine Schule für Kartographen und Geodäten ein.

Lockwitztalbahn: ehemalige elektrische Straßenbahn Niedersedlitz–Kreischa. – Sie nahm am 3. März 1906 mit 6 Trieb- und 2 Beiwagen den Verkehr auf der rund 9 km langen Strecke auf, beförderte anfangs auch Post und Fracht (z.B. Erzeugnisse der Strohhutindustrie in Kreischa) und trug zur Erschließung des Kurbetriebes in Kreischa und des Wandergebietes um den Berg Wilisch bei. Sie wurde vom Gemeindeverband Niedersedlitz/Lockwitz/Kreischa erbaut und 1929 von der Dresdner Überland-Verkehrs-Gesellschaft Drüveg übernommen. Von 1941 bis zu ihrem Ersatz durch eine Buslinie am 18. Dezember 1977 wurde sie von den städtischen Verkehrsbetrieben unter der Liniennummer 31 als einzige Dresdner Straßenbahn mit 100 cm Spurweite betrieben.

Loen, Johann Michael von: Schriftsteller, Kgl. Preuß. Geh. Rat, geb. 11. 12. 1694 Frankfurt/M., gest. 24. 7. 1776 Lingen. – Der Großonkel GOETHES besuchte 1718 den Dresdner Hof. Seine Eindrücke gab er in den «Moralischen Schildereyen» (Ges. Schriften, Leipzig und Frankfurt/M. 1750) wieder. Sie stellen eine interessante Quelle für das Leben am Hofe AUGUSTS DES STARKEN dar.

Löffler, Fritz: Kunsthistoriker, geb. 12. 9. 1899 Dresden, gest. 15. 5. 1988 Dresden. – Der «Chronist Dresdner Kunstgeschichte» kam 1927 nach dem Studium in Jena, Greifswald und Italien als Assistent an das →Stadtmuseum. Als Freund und Förderer progressiver Dresdner Künstler – z. B. war er Sekretär der →Dresdner Sezession 1932 – wurde er 1937 von den Faschisten fristlos entlassen. Nach dem Zweiten Weltkrieg war er bis 1951 bei den Staatlichen Kunstsammlungen und danach bis 1967 im Institut für Denkmalpflege tätig. L. hat bedeutende Verdienste um die Denkmalpflege im Landesmaßstab. Mit großem persönlichem Engagement setzte er sich in Dresden für die Erhaltung historischer Bausubstanz ein, oft erfolglos gegen die politischen Machthaber. Als genauer Kenner der Dresdner Kunstszene des 20. Jh. publizierte er über in Dresden wirkende Künstler (z. B. Monographien über Otto →DIX, Josef →HEGENBARTH, Bernhard →KRETZSCHMAR). Sein für Dresden wichtigstes Werk ist die Architekturgeschichte «Das alte Dresden» (1. Auflage 1956). 1983 erhielt L. den Martin-Andersen-Nexö-Kunstpreis der Stadt Dresden. Sein schriftlicher Nachlaß befindet sich in der Sächsischen Landesbibliothek, während er die Kunstwerke aus seinem Besitz den Staatlichen Kunstsammlungen hinterließ. Seine Wohnung hatte er in der Südvorstadt (Liebigstraße). – Grab auf dem Äußeren Plauenschen Friedhof, Fritz-Löffler-Straße, Fritz-Löffler-Platz und «Fritz-Löffler-Gymnasium» in der Südvorstadt.

Logenhaus: für die Dresdner →Freimaurer-Logen 1837/38 von Gustav HÖRNIG erbautes Gebäude in der Ostra-Allee, das 1945 beim Bombenangriff zerstört wurde (Ruine 1963 abgebrochen).

Lohmar, Heinz: Maler und Grafiker, geb. 21. 7. 1900 Troisdorf b. Köln, gest. 14. 9. 1976 Dresden. – Der als Kommunist von den Nationalsozialisten verfolgte Künstler, der der französischen Widerstandsbewegung angehört hatte, kam 1949 an die Hochschule für Bildende Künste Dresden, wo er 1951 zum Professor für Wandmalerei ernannt wurde. Sein Werk war eng mit der Kunstentwicklung der DDR verbunden. L. wohnte in Bühlau. – Heinz-Lohmar-Weg im Neubaugebiet Reicker Straße.

Wilhelm Gotthelf Lohrmann

Lohrmann, Wilhelm Gotthelf: Geodät, Astronom, geb. 31. 1. 1796 Dresden, gest. 20. 2. 1840 Dresden. – L. wuchs im «Ziegelviertel» der Pirnaischen Vorstadt als Sohn des dortigen Rats- und Amtsziegelmeisters auf, beendete 1814 ein Architekturstudium und trat 1815 unter dem Direktor der Kameralvermessungsanstalt, Wilhelm Ernst August von SCHLIEBEN (1781–1839), in den geodätischen Dienst. Er führte Vermessungs- und Kartographierungsarbeiten für den Abbruch der Dresdner Festungswälle, den Eisenbahnbau, den Elbstrom und die sächsischen Floßgräben aus. Für die Grundsteuerregulierung leitete L . 1825/1830 die trigonometrische Katastervermessung, mit der er auch die geographischen Koordinaten Dresdens exakter bestimmte. Zu diesem Zweck errichtete er die →Meridiansäulen in Rähnitz und Rippien. – L. wirkte seit 1827 als Oberinspektor des →Staatlichen Mathematisch-Physikalischen Salons und der Modellkammer im Zwinger, seit 1835 als Vorsteher der Technischen Bildungsanstalt und in den beiden letzten Lebensjahren auch als Leiter der Kameralvermessungsanstalt. 1823/40 hatte er die Aufsicht über die Dresdner «Lithographische Gravieranstalt» inne. Mit Johann Andreas →SCHUBERT gründete er den Dresdner Gewerbeverein. Er gab 1824 die «Topographie der sichtbaren Mondoberfläche» heraus und fertigte Karten des Erdtrabanten. Im wissenschaftlichen Abendzirkel des späteren Königs JOHANN wurde L. wegen seiner astronomischen Kenntnisse wiederholt bei der Übersetzung von DANTES «Göttlicher Komödie» zu Rate gezogen. L. hatte sein Wohnhaus 1818/1840 in der Neuen Gasse (Pirnaische Vorstadt, 1945 zerstört). – Grab auf dem Eliasfriedhof; Lohrmannstraße in Reick; Gedenktafel an der Meridiansäule Rähnitz; Lohrmann-Observatorium der Technischen Universität; Porträt auf der Rektorenkette der TU.

Lohse, Adolf: Architekt, geb. 30. 8. 1807 Berlin, gest. 15. 1. 1867 Berlin. – Der Schinkel-Schüler L., der 1849 zum kgl. preußischen Landbaumeister ernannt wurde, baute 1850/54 für den preußischen Prinzen ALBRECHT (1809–1872) einen Sommersitz auf dem ehemaligen →Findlaterschen Weinberg in Dresden, das →Schloß Albrechtsberg und 1850/53 die →Villa Stockhausen (Bautzner Straße 132).

Longuelune, Zacharias: Architekt geb. 1669 Paris, gest. 30. 11. 1748 Dresden. – Der in Paris ausgebildete L. kam 1696 nach Berlin und 1715 nach Dresden, wo er eng mit →PÖPPELMANN, →KNÖFFEL und de →BODT zusammenarbeitete und 1722 zum Oberlandbaumeister ernannt wurde. Er wirkte mit beim Bau von →Schloß und Orangerie in Pillnitz (1720/24), bei der Innenausstattung des →Residenzschlosses (Porzellanzimmer) und beim →Blockhaus (1730/32 mit J. de Bodt). Er entwarf die Elbfront des →Japanischen Palais (1729/31) und den von MATTIELLI ausgeführten →Neptunbrunnen (1745/46). L. war an allen Bauvorhaben AUGUSTS DES STARKEN beteiligt und lieferte Pläne für ein Schloßprojekt zwischen Elbe und Zwinger (1724), für ein neues Zeughaus, das Palais Brühl und für eine Hofkirche (1735), die alle nicht ausgeführt wurden. Bei seinen Entwürfen verband L. geschickt Elemente der französischen Bauweise mit der traditionellen Dresdner Architektur und beeinflußte damit die Dresdner Baukunst bis zum Ende des 18. Jh. – L. wohnte in dem «Stadt Petersburg» genannten Haus (An der Frauenkirche 8).

Lonßewitz: westlich von →Poppitz gelegenes mittelalterliches Dorf, das später von der vorstädtischen Gemeinde am künftigen →Freiberger Platz (→Entenpfütze) aufgesogen wurde und somit dann auch in der →Wilsdruffer Vorstadt aufging.

Löscher, Valentin Ernst: Theologe, geb. 8. 1. 1674 Sondershausen, gest. 12. 2. 1749 Dresden. – 1709 berief der Rat der Stadt Dresden den Wittenberger Theologieprofessor L. als Superintendent nach Dresden. Hier mußte sich der hervorragende Prediger und orthodoxe Lutheraner in einer Zeit, als das ev. Kirchenwesen in Sachsen durch die Konversion AUGUSTS DES STARKEN und seines Nachfolgers zur kath. Kirche gefährdet war, mit dem Pietismus und anderen Zeitströmungen auseinandersetzen. Während seiner vierzigjährigen Tätigkeit in Dresden legte er die Grundsteine zum Bau der →Matthäuskirche (1730), der →Frauenkirche (1734) und der →Dreikönigskirche (1739). L. wohnte im alten Superintendenturgebäude, zuletzt An der Kreuzkirche 4.

Loschwitz: rechtselbischer Stadtteil, 1315 als Loscuicz (slawisch: Leute eines Ložek) urkundlich erwähnt, 1921 zu Dresden eingemeindet. – Die Ortsflur grenzt östlich vom Waldschlößchen an der Angelikastraße an die Äußere Neustadt (Antonstadt) und erstreckt sich zwischen Heiderand und Elbe, von der sie bis Wachwitz begrenzt wird, bis an die Gemarkungen von Wachwitz, Rochwitz und Bühlau. Sie umfaßt auch südlich der Linie Collenbuschstraße, Wolfshügelstraße und oberer Rißweg Teile des Villenviertels am Luisenhof, die gewöhnlich zum *Weißen Hirsch* gezählt werden. – L. entwickelte sich aus einem Rundweiler in Elbnähe zum Platzdorf mit abgetrennten Häuslergrundstücken und Blockflur. Bis 1838 war die Ortsflur dreigeteilt. Die Ratsgemeinde lag um den alten Dorfkern an der Elbe; die Amtsgemeinde erstreckte sich vom Rietschelweg im →Loschwitzgrund aufwärts; die Winzergemeinde befand sich auf den Hängen Richtung Wachwitz. Bis 1833 besaß das Dresdner →Maternihospital Besitzrechte in L., u. a.

Loschwitz vom Blasewitzer Ufer. Um 1900

Christian August Günther (1759–1824): Loschwitz (1787)

Dorfplatz Loschwitz, Aufn. von August Kotzsch. Um 1870

die Spittelberge zwischen Veilchenweg und Pillnitzer Straße. Auch die Altendresdner Augustinermönche, die Pirnaer Stadtkirche und weltliche Herren verfügten über Weinberge. Die Reblaus setzte Ende des 19. Jh. dem Weinbau ein jähes Ende. Zahlreiche Weinbergsmauern und -häuschen sowie Denkmale wie die →Winzersäule am Veilchenweg erinnern an die Rebenzucht. Ackerbau blieb in L., von zwei Bauerngütern abgesehen, relativ unbedeutend. Die Mehrzahl der Loschwitzer waren Häusler, deren Anwesen verstreut an den Weinbergen lagen. 20 Häusler, die sogenannten Loschwitzer Zwanziger, mußten Jagddienst in den umliegenden Wäldern leisten (Zwanzigerstraße). – Im Loschwitzgrund trieb die →Trille 7 Mühlen, aus denen u.a. die Chemische Fabrik von August und Eduard →Leonhardi (später nach Trachau verlegt) und die «Rote Amsel» hervorgingen. – Hochwasser der Elbe und Wolkenbrüche am Hang richteten häufig Schäden an. So waren die Hochfluten von 1784 und 1799 mit hohem Eisgang verbunden. Auch die Hochfluten von 1845 und 1890 überschwemmten den alten Dorfkern. Am Fährgut (Friedrich-Wieck-Straße 45) sind Wasserstandsmarken erhalten. Zu diesem Gut gehörten auch die Weinpresse und das Fährhaus am Ufer. Von der Erbschänke zeugt das Fachwerkhaus Friedrich-Wieck-Straße 18. Bis 1970 wurde an dieser Straße das Lokal →«Mutter Unger» betrieben. – Die Verbindung nach Dresden führte über den Stadtweg (heute Schillerstraße) oder die Ledergasse (Körnerweg) an der Elbe. Eine Fähre verband auch nach dem Bau der →Loschwitzer Elbbrücke («Blaues Wunder») 1893 noch L. mit dem gegenüberliegenden →Blasewitz. An Markttagen fuhren Kähne (Kaffer oder Käffer genannt) nach Dresden. 1862 wurde der Loschwitzer Winterhafen für die Fahrgastschiffahrt am Körnerweg angelegt. Das erste Dresdner Wasserwerk errichteten Bernhard Salbach und Theodor →Friedrich bis 1875 nahe der Mündung des Eisenbornbaches. Es wurde nach der Gaststätte →Saloppe benannt. – L. war nach der Dresdner Frauenkirche eingepfarrt. Unter Mitwirkung von George →Bähr und Johann Christian →Fehre errichtete die Gemeinde 1705/08 die *Loschwitzer Kirche* als achteckigen Zentralbau mit Dachreiter. Sie wurde 1945 durch die Luftangriffe zerstört; erhalten blieben die Umfassungsmauern. Eine 1990 gegründete Stiftung baute die Kirche gemeinsam mit der ev.-luth. Gemeinde wieder auf (Richtfest Oktober 1992). Bis 1710 wurden die Kinder im Pfarrhaus unterrichtet, danach im Grundstück Pillnitzer Landstraße 8. Die Körnerschule Pillnitzer Landstraße 16 wurde 1887 eingeweiht und 1945 zerstört. 1909 entstand die heutige 62. Mittelschule Fidelio-F.-Finke-Straße. – L. entwickelte sich frühzeitig zum Sommer- und Wohnsitz begüterter Dresdner Familien. Sie suchten z.B. im Pestjahr 1680 Zuflucht im Ort. Bedeutende Dresdner wie Wolf Caspar von →Klengel, Melchior →Dinglinger und Heinrich →Schütz erwarben Weinberge. Besitzer des Gartengrundstücks nahe dem Eisenbornbach war Theodor →Winkler und ab 1848 der Verleger Heinrich Brockhaus (1804–1874), der die Villa an der Brockhausstraße und die Gartenanlagen errichten ließ. Auf →Findlaters Weinberg erbaute Adolf →Lohse 1850/54 das dreigeschossige →Schloß Albrechtsberg für Prinz Albrecht von Preußen, daneben für dessen Kammerherrn die →Villa Stockhausen. Christian Friedrich →Arnold schuf 1859/61 →Schloß Eckberg. – 1785 kaufte Christian Gottfried →Körner den Weinberg am Körnerweg 6, auf dem Friedrich von →Schiller in den Jahren 1785/87 zu Gast war. Im oberen Teil des Grundstücks (Schillerstraße 19) blieb ein Gartenpavillon erhalten, an dem 1855 und 1905 Marmortafeln zur Erinnerung an Schillers Aufenthalt angebracht wurden. Als «Schillerhäuschen» wurde die vom Stadtmuseum betreute Gedenkstätte im Stil der Zeit Schillers ausgestattet. Gegenüber dem Pavillon befindet sich ein Jugendstilrelief von 1913 von Martin Pietzsch (1866–1961) und Oskar Rassau (1843–1912). Es stellt den Abschied Schillers von der Familie Körner 1801 und den Abschied Theodor Körners von seinen Angehörigen 1813 dar. – 1873 starb in seinem Haus an der nach ihm benannten Straße (Nr. 10) der Musiklehrer Friedrich →Wieck, der Vater von Clara →Schumann. In L. lebte der Schüler des Bildhauers Bertel Thorwaldsen (1768 bis 1849), Joseph Herrmann (1800–1869). Er ließ sich um 1852 von Theodor Lehnert die Villa Thorwald an der Schillerstraße 12 errichten. Herrmann schuf auch das Relief in dem Rundbau an der Friedrich-Wieck-Straße, das die Errettung zweier Menschen aus dem Eisgang durch Herrmanns Vater 1799 darstellt. Die reizvolle Lage in der Weinberglandschaft zog auch viele Maler an, darunter Gerhard von →KÜGELGEN, Hermann →VOGEL und Ludwig →RICHTER. Richter war mit dem Münzgraveur Carl Reinhard →KRÜGER und dem Fotografen August →KOTZSCH in L. befreundet. Kotzsch hielt den Wandel des Dorfes zum städtischen Vorort rund um den →Körnerplatz im Bild fest. In den Weinbergen wurden zahlreiche Villen erbaut. Zu den bemerkenswertesten zählen die Villa Orlando an der Schillerstraße (um 1850, Architekt Hugo ERHARD, 1810–1859) und die Villa San Remo, Bergbahnstraße (um 1900, später Wohnsitz der Kamerafabrikanten NOBLE). Zur Erschließung der Hanglagen wurden 1895 die Standseilbahn vom Körnerplatz zum →Luisenhof und 1901 die Schwebeseilbahn zur →Loschwitzhöhe eröffnet. Durch die Gründung der Sanatorien von Siegfried MÖLLER (geb. 1904) an der Alpenstraße und Eugen WEIDNER (geb. 1861) am Wachwitzer Höhenpark erlangte L. den Ruf eines Kurortes. Die «Victoriahöhe» am Veilchenweg diente ab 1886 zeitweise als Sanatorium.

Weitere bekannte Fremdenhäuser bzw. Gaststätten waren das →Elbehotel (Hotel Demnitz), die «Schweizerei» (hier sprach 1890 August →BEBEL auf der ersten Dresdner Maifeier), der 1853 erbaute, 1945 zerstörte «Obere Burgberg» und der zum Loschwitzer Ratskeller umgebaute «Untere Burgberg». Die Gaststätte «Zum Kamerad» an der Grundstraße wurde 1970 abgetragen. – Auch im 20. Jh. wählten zahlreiche Künstler L. zum Wohnort, so Joseph →HEGENBARTH, Oskar →ZWINTZSCHER, Hans Theo →RICHTER und Hermann →PRELL. Bekannte Maler und Bildhauer wirkten und wohnten im 1898 vollendeten →Künstlerhaus an der Pillnitzer Landstraße oder sind auf dem gegenüberliegenden, parkartig angelegten →Loschwitzer Friedhof beigesetzt. Am Körnerweg 12 hatte die Schauspielerin Pauline →ULRICH bis zu ihrem Tod 1916 eine Sommerwohnung. An der Collenbuschstraße wohnte der Schriftsteller Martin →ANDERSEN-NEXÖ. Der kulturelle und landschaftliche Reichtum im L.-Pillnitzer Raum wird mit dem →Elbhangfest in Erinnerung gebracht.

Loschwitzer Elbbrücke: Straßenbrücke zwischen Loschwitz und Blasewitz, unter Denkmalschutz, wegen ihres ursprünglich grünen, jedoch blau verfärbten Anstrichs *Blaues Wunder* genannt. – Die materialaufwendige Stahlfachwerkkonstruktion mit einer größten Spannweite von 141,5 m und einer Gesamtlänge von 260 m wurde 1891/93 von Hans Manfred KRÜGER (1852–1926) und Claus →KÖPCKE errichtet und am 15. Juli 1893 auf den Namen des Königs ALBERT eingeweiht. Am selben Tag wurde die elektrische Straßenbahn Schloßplatz–Blasewitz über die Brücke bis zum Körnerplatz verlängert. 1935 wurden die seitlich aufgehängten Gehbahnen hinzugefügt. Unabhängig voneinander verhinderten im Mai 1945 Erich STÖCKEL, Paul ZICKLER und Brückenkommandant WIRTH die Sprengung durch faschistische Einheiten (Gedenktafel am Blasewitzer Brückenkopf; Einzelheiten nicht eindeutig geklärt). Der Sraßenbahnverkehr wurde am 10. April 1986 eingestellt. Der Brückenbau wurde von August →KOTZSCH fotografisch dokumentiert, die Brücke von nicht wenigen Malern als Motiv gewählt. 1993 wurde das 100jährige Brückenjubiläum festlich begangen.

Loschwitzer Friedhof: Der 1708 an der Loschwitzer Kirche (Pillnitzer Landstraße 9) angelegte L. wurde bis 1892 als Begräbnisstätte genutzt. Persönlichkeiten wie Lord FINDLATER und der Ortschronist von →Loschwitz, Kantor PÖHLE, erhielten hier ihre letzte Ruhestätte. Um 1800 entstand

Chemische Fabrik von August Leonhardi in Loschwitz
Belastungsprobe der Loschwitzer Elbbrücke 1893, Aufn. von August Kotzsch
Blick auf die Elbbrücke «Blaues Wunder»

an der →Pillnitzer Landstraße gegenüber vom →Künstlerhaus als Ergänzung zum alten Kirchhof der *neue* L. Für die 1893 von Architekt Friedrich REUTER erbaute Kapelle schuf Wilhelm WALTHER die Glasfenster. Der auch als «Künstlerfriedhof» bekannte L. steht auf der Denkmalschutzliste. Hier ruhen u. a. die Maler Eduard →LEONHARDI, Oskar →Zwintscher, Sascha →SCHNEIDER, Hans UNGER, Wilhelm →LACHNIT, Otto →GRIEBEL, Ernst →HASSEBRAUK und Hans Theo →RICHTER.

Loschwitzer Straße: Villenstraße zwischen Königsheimplatz und →Schillerplatz in Blasewitz, bis zur Bebauung ab 1860 ein Waldweg durch das →Blasewitzer Tännicht. – Entlang der L. wurde unter Arthur Willibald →KÖNIGSHEIM ab 1867 der →Waldpark Blasewitz angelegt. 1897 entstand das heutige →Waldparkhotel. Entlang der Straße befinden sich – wie auch in den Nachbarstraßen – bemerkenswerte Villenbauten, u. a. Nr. 4. mit barockisierender Jugendstilornamentik, Nr. 21 (Villa St. Petersburg) und Nr. 37 (Villa Ilgen, 1891). Im Gebäude Nr. 19 befand sich bis Ende der achtziger Jahre die 1830 gegründete, heute einzige Blattgoldschlägerei Dresdens.

Loschwitzgrund: Im Steilabfall des Lausitzer Granodiorits eingeschnittenes Bachtal. In den L. münden kleinere Seitentäler, wie der zum Loschwitzer Ortsteil Schöne Aussicht führende →Ziegengrund. Sieben Mühlen befanden sich im Grund, darunter eine einzige Sägemühle. Künstler wie Ludwig →RICHTER, Eduard →LEONHARDI, August →KOTZSCH u. a. entdeckten die Schönheit des L. in ihren Bildern. Das Gasthaus «Zum Kameraden», um 1970 abgetragen, war z. Z. Friedrich →WIECKS ein Sammelpunkt Kunstbeflissener. Seit dem 19. Jh. ist der L. auch ein beliebtes Ausflugsziel der Dresdner. Unwetter in den Jahren 1875 und 1880 verwüsteten den Grund. 1875 begannen hier die Bachregulierung der →Trille und der Ausbau der Fahrstraße. Beide Baumaßnahmen konnten im wesentlichen erst 1936 abgeschlossen werden. Heute verbindet die →Grundstraße den Dresdner Osten über die Bundesstraße 6 mit der Lausitz und der Sächsischen Schweiz.

Löwenapotheke um 1930

Loschwitzhöhe: Aussichtspunkt an der Bergstation der Seilschwebebahn (→Seilbahnen) in Loschwitz mit «Balkonblick» auf Dresden. – Gleichzeitig mit der Bahn wurde 1901 die Gaststätte «Loschwitzhöhe» eröffnet (1968 geschlossen, 1977 abgetragen). In ihrer Nachbarschaft befindet sich die Gaststätte «Schöne Aussicht» an der früheren Berg-, heutigen Krügerstraße.

Lossow, William: Architekt, Direktor der Kunstgewerbeschule, geb. 21. 7. 1852 Glauchau, gest. 24. 5. 1914 Heidelberg. – L. war seit 1890 mit Hermann VIEHWEGER (Architekt, geb. 14. 8. 1846 Grünhain, gest. 4. 12. 1922 Dresden) und ab 1906 mit seinem Schwiegersohn Max Hans KÜHNE (Architekt, geb. 3. 6. 1874 Dresden, gest. 9. 7. 1942 Dresden) assoziiert. L. wurde 1906 Direktor der →Staatlichen Akademie für Kunstgewerbe und gilt als Schöpfer des «Dresdner Neubarocks». Mit seinen Partnern entwarf er das →Viktoriahaus (1891/92), das Rathaus Plauen (1893/94), die →Garnisonkirche (1896/1900), das →Central-Theater (1897/1901), die →Staatliche Akademie für Kunstgewerbe (1903/07), das →Palasthotel Weber (1911) und das →Schauspielhaus (1913).

Lotti, Antonio: Organist, Komponist und Dirigent, geb. 1667 Venedig, gest. 5. 1. 1740 Venedig. – Der Organist an der St. Markuskirche in Venedig wurde mit seiner Frau, der berühmten Sopranistin Santa Stella L. (gest. 1759), vom sächsischen Kurprinzen FRIEDRICH AUGUST I. im Zusammenhang mit der Gründung der italienischen Oper 1717 nach Dresden verpflichtet. Hier war er neben Johann David →HEINICHEN bis Ende 1719 als Hofkapellmeister tätig. In dieser Zeit erlangte Dresden als Musikzentrum europäischen Ruf. Drei von L. komponierte Opern bildeten die theatralischen Höhepunkte der Festlichkeiten anläßlich der Vermählung des Kurprinzen FRIEDRICH AUGUST mit MARIA JOSEPHA von Österreich im September 1719 (→Hoffeste).

Löwen-Apotheke: Nachfolgeeinrichtung der 1707 am Altmarkt/Wilsdruffer Straße abgebrannten und nach Plänen von Ratsmaurermeister Johann Gottfried →FEHRE 1725 neu errichteten →Vogelapotheke. 1740 wurde am Apothekengebäude ein Löwen-Wahrzeichen angebracht und der Name L. eingeführt. Johann Christian STENGEL erhielt 1760 die «landesherrliche Bestätigung» mit dem Privileg der L., die bisher interimsmäßig von ihm geführte →Salomonis-Apotheke weiter zu betreiben. Damit hörte vorerst die L. auf zu bestehen. Kurze Zeit später eröffnete der Leibapotheker der Kurfürstin-Witwe Adam HOPPE in der ehemaligen L. «Ihrer Königlichen Hohheit Leibapotheke». Damit verbunden war die Anbringung des kursächsischen und kurbayerischen Wappens am Haus. 1782 wurde die Bezeichnung «Königliche Leibapotheke» verboten. Daraufhin ließ der letzte «Leibapotheker» vom Bildhauer Johann Ferdinand →FEIGE einen neuen Löwen aus Sandstein fertigen und am Haus anbringen. Von dieser Zeit wird sie wieder L. genannt. Seit 1906 ist die Stadt Dresden Besitzerin der L. Der erste Pächter war Ottomar Heinsius von →MAYENBURG, der hier im Laboratorium das «Chlorodont» erfand und herstellte. Wegen einer geplanten Straßenerweiterung der →Wilsdruffer Straße wurde 1912 die alte L. nebst zwei Nachbargebäuden abgebrochen. Das Wahrzeichen, der liegende Löwe von Feige, befindet sich im →Stadtmuseum. Unter Leitung des Statbaurats Hans →ERLWEIN entstand 1913/14 die neue L. mit den bekannten Laubengängen. Die plastische Ausgestaltung übernahm der Bildhauer Georg →WRBA. Er schuf unter dem Erker die lebensgroße Figur, einen Apotheker, stehend zwischen zwei sitzenden Löwen. Die im ersten Stock modellierten Reliefs

illustrierten die verschiedenen Gewerke in alten Marktzeiten. Nach der Zerstörung 1945 entstand im Rahmen des Aufbauwerks 1959 eine neue L. auf der Ernst-Thälmann-Straße 5 (heutige Wilsdruffer Straße). Als neues Wahrzeichen dient ein von →LACHNIT geschaffener, aufrecht stehender goldener Löwe.

«Löwenbräu»: ehemalige historische Gaststätte im Erdgeschoß des früheren →Palais de Saxe (Moritzstraße) und mit ihm verbundenen →British Hotel (Landhausstraße). Sie wurde 1888 von dem bedeutenden Dresdner Gastronomen Heinrich HUSTEDT im Stil der Gründerjahre eingerichtet und blieb bis zu ihrer Zerstörung im Februar 1945 im Besitz der Familie.

Lubojatzky, Franz: Pseudonym Franz *Carion*: Schriftsteller, geb. 16. 12. 1807 Dresden, gest. 11. 6. 1887 Dresden. – Der ehemalige Wanderschauspieler ließ sich 1945 in Dresden als freier Schriftsteller nieder. Er schrieb zahlreiche historische Romane sowie volkstümliche Darstellungen zur Geschichte Sachsens. Dresden wird in folgenden Romanen behandelt: «1849 oder des Königs Maienblüte. Historischer Roman aus der Gegenwart», 1850; «Die Dresdner Fürstenhexe» (in: Neue Erzählungen, Bd. 3., 1856); «Ein Jahr aus dem Leben Augusts des Starken», 1863; «König August und sein Goldschmied», 1870. L. wohnte u. a. in der Pirnaischen Straße und der Rietschelstraße.

Lucius, Christiane Karoline verehelichte Schlegel: Schriftstellerin, geb. 7. 12. 1739 Dresden, gest. 21. 8. 1833 Dresden. – Die Übersetzungen und Dramenversuche der L. sind vergessen, ihr kultur- und lokalgeschichtlich interessanter Briefwechsel mit Christian Fürchtegott GELLERT (1715 bis 1769) wurde 1823 durch den Oberbibliothekar Friedrich Adolf EBERT (1791–1834) veröffentlicht. – Grab auf dem Inneren Neustädter Friedhof.

Lüdickes Wintergarten: von dem Kunst- und Handelsgärtner LÜDICKE (gest. 1873) in Johannstadt auf dem Grundstück →Elisenruhe in einem großen Gewächshaus eingerichteter Wintergarten, der während seines Bestehens bis 1878 zu den gärtnerischen Sehenswürdigkeiten Dresdens gehörte. Die heute noch bestehenden Blumen- und Wintergartenstraße wurden 1860 bzw. 1864 nach L. benannt.

Ludwig, Otto: Dichter und Schriftsteller, geb. 12. 2. 1813 Eisfeld, gest. 25. 2. 1865 Dresden. – L. wohnte 1843/44 und seit 1849 dauernd in Dresden (Äußere Rampische Gasse, Pillnitzer Straße, Gasthof «Trompeterschlößchen», wo sich bis 1945 auch eine Gedenktafel befand). L. war Mitglied der →«Montagsgesellschaft». Zu seinen bekanntesten Werken zählen der «Erbförster» (1850), «Die Heiterethei» (1854), «Die Makkabäer»(1854) und «Zwischen Himmel und Erde» (1855). – Otto-Ludwig-Straße in Wachwitz; Marmorherme, 1911 an der Bürgerwiese aufgestellt. Grab auf dem Trinitatisfriedhof.

Luftangriff, anglo-amerikanischer: →Zerstörung Dresdens 1945

Luftfahrt: Bereits kurze Zeit nach den Ballonaufstiegen der Brüder MONTGOLFIER sind aus Dresden Versuche mit Ballons überliefert. 1784 unternahm Inspektor KÖHLER vom Mathematisch-Physikalischen Salon auf dem Borsberg einen Aufstieg. 1789 soll der Mechaniker ENSLEN zwei «Luftmaschinen» vorgestellt haben. Der Fabrikbesitzer Gottfried REICHARD in Döhlen unternahm ab 1810 bemannte Ballonfahrten u. a. 1834 vom Zwinger nach Pillnitz. Die Ballonaufstiege des 1901 gegründeten Sächsischen Vereins für Luftschiffahrt in Reick und Weißig bei Dresden wurden rege besucht.

Otto Ludwig
Luftschiff D-LZ 127 «Graf Zeppelin» am 1. 5. 1933 über Dresden
Flugplatz Kaditz mit Luftschiffhalle um 1912

Weitere Ereignisse aus der Frühzeit der Dresdner L.:

1909 Der Dresdner Maler, Fotograf und Aviatiker Hermann REICHELT (geb. 1878) führt auf dem Heller Gleitflüge bis 72 m Weite vor.

1911 Der zeitweise in Cotta wohnhafte Hans GRADE und sein Schüler Oswald KAHNT führen Motorflüge über dem Dresdner Norden aus (Grade-Eindecker im Verkehrsmuseum). Das lenkbare Luftschiff «Parseval» landet erstmals in Dresden.
Die Dresdnerin Amélie →BEESE-BOUTARD erwirbt als erste deutsche Frau den Pilotenschein.

1912 Am 18. August landet die «Victoria Luise» als erstes Zeppelin-Luftschiff auf dem Heller.

1913 Der Dresdner Ernst Herbert KÜHNE (geb. 1891) absolviert den 1. Passagierflug über vier Stunden Dauer.

1914 H. Reichelt stürzt in Kaditz am 10. April tödlich ab.

1917 Flugtechnischer Verein Dresden gegründet.

Zur Geschichte der Flughäfen:

1912 Eröffnung des Flugfeldes Reichenberg/Boxdorf bei Dresden mit Schauflügen, jedoch kaum benutzt.

1913 Am 26. Oktober Übergabe des Flughafens Kaditz, Landung des Luftschiffes «Sachsen». Ab 1915 2. Luftschiffhalle für militärische Luftfahrt.

1925/26 Betrieb des →Wasserflugplatzes am Johannstädter Elbufer.

1926 Am 12. April Eröffnung des Flugplatzes auf dem ehemaligen Exerzierplatz am Heller, Linienflüge im In- und Ausland; Kaditz wird 1927 endgültig stillgelegt.

1935 Am 11. Juni Einweihung des →Flughafens Dresden-Klotzsche auf den Flurstücken von Klotzsche, Hellerau, Rähnitz und Lausa. 1939/57 ruht der zivile Luftverkehr.

1955/61 Konzentration der Luftfahrtindustrie (→Industrie) am Flughafen Klotzsche; 1959 Absturz eines Versuchsflugzeuges (4 Todesopfer)

1957 Lufthansa eröffnet DDR-Inlandverkehr

1967 1. Auslandslinie der Interflug in Klotzsche

1992 2. Terminal in Klotzsche übergeben.

Luga: →Großluga, →Kleinluga

«Luisenhof»: Restaurant und Hotel auf dem Weißen Hirsch an der Bergstation der Standseilbahn. Die wegen ihrer exponierten Lage mit herrlicher Fernsicht über das Elbtal auch «Balkon von Dresden» genannte Gaststätte wurde 1895 nach Plänen von Richard Paul REUTER an dem bereits vorher beliebten Aussichtspunkt erbaut und 1928/30 mit wesentlicher Kapazitätserweiterung (einschließlich Tiefgarage) um- und ausgebaut. Seit 1920 im Besitz der Familie VOIGT, wurde der L. von ihr 1949 an die volkseigene HO verpachtet und mußte 1957 nach einem Brand (1956, wobei die Schwimmsportlerin Helga VOIGT ums Leben kam) an die HO verkauft werden. Seit 1993 wieder in Privatbesitz, knüpft der L. nach Modernisierung an seine alte Tradition als eine der bekanntesten Dresdner Einkehrstätten an.

Luisenhof, Terrasse um 1930

Lukaskirche: ev.-luth. Kirche in der Südvorstadt, erbaut 1898/1903 von Georg WEIDENBACH (1853–1928) für die Lukasgemeinde, die 1889 aus der Kreuzkirchgemeinde ausgegliedert wurde und eine Interimskirche an der Winckelmannstraße nutzte. Die Kirche wurde im Neorenaissancestil mit dreischiffigem Langhaus auf einer künstlich noch erhöhten Erhebung errichtet. Nach schweren Kriegsschäden 1945, die auch die Deckenmalereien von Otto →GUSSMANN betrafen, wurde sie 1963/72 von Herbert BURCKHARDT vereinfacht wiederhergestellt. Wegen ihrer hervorragenden Akustik dient sie seit 1958 auch als Studio für Schallplattenaufnahmen.

Luna-Bastion: →Stadtbefestigung

Lusthaus auf der Jungfernbastei: →Belvedere

Luther: **1.** *Martin*, Theologe, Reformator, Begründer des deutschen Protestantismus, geb. 10.11.1483 Eisleben, gest. 18.2.1546 Eisleben. – Aus den historischen Quellen sind zwei Aufenthalte L. in Dresden bekannt. Das erste Mal kam er Anfang Mai 1516 als Distriktvikar seines Ordens zur Visitation des →Augustinerklosters nach →Altendresden. Nach Veröffentlichung seiner Reformationsthesen von 1517 kam er im Sommer 1518 das zweite Mal nach Dresden, wo er am 25. Juli in der Schloßkapelle vor Herzog GEORG und Angehörigen des Hofes predigte. – Denkmal auf dem Neumarkt vor der Frauenkirche von Ernst →RIETSCHEL (1885 aufgestellt, 1945 beschädigt, 1955 wieder aufgestellt, 1981/83 restauriert), Martin-Luther-Kirche am Martin-Luther-Platz und Martin-Luther-Straße in der Äußeren Neustadt. –
2. *Martin Gottlob*, Jurist, letzter direkter männlicher Nachkomme des Reformators, geb. 5.7.1707 Wurzen, gest. 3.11.1759 Dresden. – L. lebte seit 1734 als angesehener Rechtsanwalt in Dresden. Er bewohnte ein Haus (1760 zerstört) an der Stelle des späteren Hauses Neumarkt 13 (Ecke Frauengasse). –
3. *Paulus*, kurfürstlicher Leibarzt, geb.

28. 1. 1533 Wittenberg, gest. 8. 3. 1593 Leipzig. – Den als tüchtigen Mediziner bekannten dritten Sohn von 1. berief Kurfürst AUGUST 1571 als Leibarzt an den Dresdner Hof. Da L. infolge seiner guten chemischen Kenntnisse besonders wirksame Medikamente herstellte, stand er in hohem Ansehen und genoß die Gunst der um die Heilkunst bemühten Kurfürstin ANNA. Auch nach seinem Umzug 1589 nach Leipzig wurde er noch als medizinischer Beistand vom Dresdner Hof um Rat gebeten. L. wohnte wahrscheinlich bis 1581 mit im Schloß und danach im eigenen Haus an der Inneren Pirnaischen Gasse (→Palais Flemming-Sulkowski).

Lüttichau: 1. *Ida von*, geb. von Knobelsdorf; Ehefrau von 2., geb. 30. 5. 1798 Sellin (Neumark), gest. 1. 2. 1856 Dresden. – Sie übte in den Abendgesellschaften ihres Mannes maßgeblichen Einfluß auf das Dresdner Theaterleben aus und war u. a. mit →TIECK, →WAGNER und →CARUS befreundet. Letzterer bezeichnete sie als «geistvollste Frau Dresdens». – Grab auf dem Trinitatisfriedhof. –
2. *Wolf Adolf August von*, Musik- und Theaterdirektor, geb. 1788 Ulbersdorf bei Lichtenhain, gest. 16. 2. 1863 Dresden. – L., der bis 1824 Oberforstmeister war, übte einen positiven Einfluß auf die Entwicklung des Dresdner Theaters aus. Er war 1824/62 Generaldirektor der Kgl. musikalischen Kapelle und des Hoftheaters. 1825 stellte er Ludwig →TIECK als Berater und Dramaturg ein. – Wohnung Zinzendorfstraße 11, seit 1841 Lüttichauallee in Pillnitz. – Grab auf dem Trinitatisfriedhof.

Lüttichau-Palais: →Palais Lüttichau

Luxemburg, Rosa: Nationalökonomin, Journalistin, geb. 5. 3. 1871 Zamosc b. Lublin (Polen), gest. (erm.) 15. 1. 1919 Berlin. – Die führende Vertreterin der deutschen Linken war von September bis Dezember 1898 Chefredakteurin der Sächsischen Arbeiterzeitung (→Dresdner Volksbote) mit Sitz an der Großen Zwingerstraße in Dresden, wurde jedoch wegen ihrer antirevisionistischen Haltung aus der Redaktion herausgedrängt. Am 8. November 1898 trat sie in einer Massenversammlung in den «Trianonsälen» am Schützenplatz, am 11. Dezember 1911 im Versammlungslokal «Deutscher Kaiser» Leipziger Straße 112 auf. – 1945/91 Rosa-Luxemburg-Straße (Heinrichstraße), seit 1991 Rosa-Luxemburg-Platz (ehemals Köbisplatz) in der Inneren Neustadt.

Lynar, Rochus von: Festungsbaumeister, geb. 25. 12. 1525 Maradia/Italien, gest. 22. 12. 1596 Spandau. – L. trat aus französischen und später pfälzischen Diensten 1569 als Oberlandbaumeister in sächsische Dienste über und wurde Leiter des Festungsbaues in Dresden. Er förderte dieses Unternehmen durch eine Reihe von Plänen (z. B. Verlegung des Mühlgrabens an der Weißeritzmündung), war aber gleichzeitig auch auf vielen Baustellen im Lande tätig (Schloßbauten in Augustusburg, Freiberg usw.). L., der 1548 auch in brandenburgische Dienste getreten war, entwarf noch 1587 einen verbesserten Plan der Festung von Dresden.

Lutherdenkmal vor der zerstörten Frauenkirche

Maaß, Johann: Professor der Philosophie in Halle, Schriftsteller, geb. 26. 2. 1766 Crottendorf b. Halberstadt, gest. 23. 12. 1823 Halle. – M. behandelte in seinem 1808 in Wittenberg erschienenen Buch «Bemerkungen auf einer Reise von Wittenberg aus durch einen Teil des Wittenberger Kreises, der Nieder- und Oberlausitz und des Meißner Kreises» auch Dresden, wo er sich im April/Mai und am 20. Juli 1807 aufhielt. Im Mittelpunkt seiner Schilderung stehen die Beschreibung der Sehenswürdigkeiten, das kulturelle, kirchliche Leben, die Lebensgewohnheiten und wirtschaftlichen Verhältnisse der Bewohner, verschiedene Einrichtungen und der Besuch →NAPOLEONS in der Stadt im selben Jahr.

Mahn- und Gedenkstätte am Münchner Platz: Erinnerungsstätte für die Opfer totalitärer Systeme im ehemaligen →Landgericht am Münchner Platz. – Die Gebäudegruppe wurde 1902/07 für das Gericht und die Untersuchungshaftanstalt erbaut und durch die Luftangriffe 1945 teilzerstört. In der Hinrichtungsstätte fielen 1933/45 weit über 1000 Menschen aus vielen Ländern, darunter zahlreiche Tschechen und Slowaken, der faschistischen Justiz zum Opfer. Nach 1945 wurden an gleicher Stelle Todesurteile der stalinistischen Justiz vollstreckt. 1957 übernahm die Technische Hochschule (→Technische Universität) den Gebäudekomplex, verlieh ihm den Namen des hier hingerichteten KPD-Funktionärs Georg SCHUMANN (1886–1945) und baute ihn zu Lehr- und Verwaltungsräumen um. Eine erste Gedenkstätte wurde 1959, das eigentliche Museum des antifaschistischen Widerstandskampfes am 28. Oktober 1986 eröffnet. Im Innenhof befindet sich die Gruppenplastik von Arndt WITTIG u. a. sowie an der Stelle des Richtblocks eine Steinplatte. Zur Gedenkstätte gehören sechs ehemalige Todeszellen. Nach der Aufarbeitung des nach 1945 verübten Justizunrechts erfolgt die Erweiterung der Gedenkstätte auf die Opfer des Stalinismus.

Bronzedenkmal der antifaschistischen Widerstandskämpfer von Arndt Wittig
Barrikade
Barrikadenkampf. Gemälde von Julius von Scholz

Maiaufstand 1849: bewaffnete Erhebung in Dresden während der Reichsverfassungskampagne, Höhepunkt der →Revolution 1848/49 in Sachsen. – Nach der von König FRIEDRICH AUGUST II. verfügten Auflösung des Landtags und der Nachricht vom drohenden Einmarsch preußischer Truppen schwoll die revolutionäre Stimmung in Dresden stark an. Am Nachmittag des 3. Mai 1849 stürmte eine erregte Menge spontan die Tore des Zeughauses und forderte Waffen. Die tödlichen Schüsse der Zeughausbesatzung auf die unbewaffnete Menge gaben das Signal zum allgemeinen Aufstand. Noch am gleichen Tag wählten die Stadtverordneten unter dem Einfluß von Samuel Erdmann →TZSCHIRNER einen dreiköpfigen Sicherheitsausschuß. Alexander Clarus HEINTZE wurde zum Kommandanten der Kommunalgarde ernannt. Gottfried →SEMPER leitete den Bau von Barrikaden in der Altstadt in der Nacht zum 4. Mai. Schloß und Zeughaus sowie die Neustadt blieben in der Hand des Militärs.
Am frühen Morgen des 4. Mai floh der König mit dem Dampfschiff auf die Festung Königstein. Der Sicherheitsausschuß der Aufständischen schloß mit dem Militärgouverneur einen befristeten Waffenstillstand, der jedoch den konterrevolutionären Truppen strategische Vorteile verschaffte. Am Nachmittag wurde im Rathaus die Provisorische Regierung mit Tzschirner, Otto Leonhard →HEUBNER und Karl TODT (1803–1852) ernannt. Am Mittag des 5. Mai gingen die königstreuen Truppen vom Schloß aus zum Angriff über und leiteten den erbitterten Straßen- und Häuserkampf um die Altstadt ein. Den 3000 schlecht ausgerüsteten Aufständischen standen etwa 5000 gut bewaffnete sächsische und preußische Soldaten gegenüber. Vier Böllerkanonen bildeten die einzige Artillerie der Barrikadenkämpfer, die durch den Zuzug von Bürgerwehren, Bergleuten und Studenten aus dem Plauenschen Grund und dem Erzgebirge, durch polnische Emigranten und angesehene Persönlichkeiten wie August →RÖCKEL, Richard →WAGNER und Wilhelmine →SCHRÖDER-DEVRIENT in ihrem Mut bestärkt wurden. Die abwartende Haltung des Großbürgertums, das passive Verhalten von Teilen der Kommunalgarde und die eilige Flucht Todts am 5. Mai verringerten jedoch die Erfolgsaussichten des Aufstandes. Am 5. Mai nahmen die königstreuen Truppen das Brühlsche Palais, das Finanzhaus, den Zwingerwall sowie die Barrikaden am Moritzdenkmal, an der Frauenkirche und der Kleinen Schießgasse ein. Die Oper und

der Zwingerpavillon mit der Naturaliensammlung brannten.
Am 6. Mai stürmte das Militär die Gasthöfe «Stadt Rom» und «Hotel de Saxe» und brachte den Neumarkt unter seine Kontrolle. Am 7. Mai mußten die Aufständischen nach ihrem verzweifelt um jedes Haus geführten Kampf die engen Gassen um den Wilsdruffer Platz sowie das Gewandhaus räumen. Michael A. →BAKUNIN übernahm nun die militärische Leitung des Kampfes, Stephan →BORN wurde das Kommando über die noch nicht verlorenen Barrikaden übergeben, auf denen vor allem Angehörige kleinbürgerlich-radikaler und proletarischer Schichten ausharrten. Ihre aussichtslose Lage und völlige Erschöpfung zwangen sie am Morgen des 9. Mai zur Aufgabe. 2000 Mann konnten sich unter der Führung Bakunins und Borns in Richtung Freiberg zurückziehen. Etwa 250 Aufständische fielen im Kampf oder wurden noch als Gefangene von Soldaten ermordet. Wehrlose Gefangene wurden auf dem Transport von der Elbbrücke in den Fluß gestoßen. Die Justiz verhängte gegen 700 Revolutionäre, darunter Heubner und Röckel, hohe Zuchthausstrafen, Bakunin wurde an Rußland ausgeliefert, Tzschirner, Semper und Wagner glückte die Flucht. Die Niederlage des Maiaufstandes leitete auch in Sachsen eine längere Periode restaurativer Politik ein.
Gedenkstätten Trinitatisfriedhof und Alter Annenfriedhof; Gedenktafel Wilsdruffer/Wallstraße am Standort der damaligen Barrikade Wilsdruffer Gasse.

Malten, eigentlich *Müller*, Therese: Sängerin (Sopran), geb. 21.6.1853 Insterburg, gest. 2.1.1930 Dresden. – Nach gründlicher Ausbildung debütierte die M. 1873 in Dresden und wurde schon bald mit Wagner-Partien betraut. Bereits 1880 zur Kammersängerin ernannt, gastierte sie besonders in Bayreuth, München und London. 1903 nahm sie Abschied von der Bühne. Sie besaß ein Landhaus in Neuzschieren. – Therese-Malten-Straße in Kleinzschachwitz.

Mann: 1. *Heinrich*, Schriftsteller, geb. 27.3.1871 Lübeck, gest. 12.3.1950 Los Angeles. – 1889/91 war M. Buchhändlerlehrling bei Zahn und Jaensch, Buch-, Kunst- und Papierhandlung auf der Schloßstraße 24. In der Dresdner Zeit entstanden einige Gedichte sowie das Mauskript zu der Novelle «Haltlos». Am 11. August 1923 hielt M. eine Rede zur Verfassungsfeier in der Oper. – Heinrich-Mann-Straße in Niedersedlitz. – **2.** *Thomas*, Schriftsteller, geb. 6.6.1875 Lübeck, gest. 12.8.1955 Zürich. – M. hielt sich mehrfach zu Lesungen aus seinen Werken in Dresden auf. Am 11. Dezember 1905 las er in der →Literarischen Gesellschaft im →Künstlerhaus (auch «Musenhaus»), Albrechtstraße 6. Er wohnte bei seiner Tante in Blasewitz (Johannstraße 15). Im Mai 1906 weilte er nach einer Lesung für drei Wochen in Lahmanns Sanatorium auf dem Weißen Hirsch. Am 26. November 1909 las er wiederum im Künstlerhaus. Während der Lesungen im Februar 1923 und November 1924 wohnte M. bei dem Dirigenten Arthur NIKISCH auf der Bayreuther Straße 42. Am 11. Januar 1925 war M. letztmalig in Dresden. – Thomas-Mann-Straße in Leubnitz-Neuostra.

Manufakturen: vorindustrielle, bereits arbeitsteilige, jedoch noch überwiegend auf Handarbeit beruhende Produktionsstätten, die sich in Dresden besonders auf den →Weißeritzmühlgraben, die Wilsdruffer Vorstadt und die Vorstadt Ostra konzentrierten. – Kurfürst AUGUST gründete 1576 die erste sächsische Pulvermühle, die bis 1875, zuletzt fabrikmäßig, am Löbtauer Weißeritzmühlgraben weitergeführt wurde. August rief zur Förderung von Tuchmanufakturen niederländische Handwerker ins Land. 1582 wurde auf dem Vorwerk Ostra eine Kupferschmelz- und Saigerhütte gegründet und 1586 für eine Zuckersiederei das Privileg erteilt. – Einen neuerlichen Aufschwung des Maufakturwesens erfuhr Dresden um 1670. Johann Daniel →CRAFFT gründete 1678 in Ostra eine Wollmanufaktur, die von Johann Ernst SPAHN übernommen und 1690 eingestellt wurde. Entscheidend beeinflußt wurde das Manufakturwesen durch Ehrenfried Walther von →TSCHIRNHAUS, der 1697 die Edelsteinschleifmühle am Weißeritzmühlgraben gründete. Sie wurde 1715 zur →Spiegelschleife umgerüstet. 1708/84 bestand in Dresden die erste →Fayencefabrik Sachsens; die auf das Wirken von Tschirnhaus und Johann Friedrich →BÖTTGER zurückgehende Porzellanmanufaktur hingegen wurde in Meißen angesiedelt. Im Waisenhaus am Jüdenhof richtete der Stadtkämmerer Andreas SPITZNER 1679 eine Wollmanufaktur ein, in der Kinder arbeiten mußten. Weitere Gründungen waren 1696 eine Glashütte in Ostra, 1718 die Wachsbleiche des Kammerherrn von BLUMENTHAL (ab 1724 im Besitz von Jacob Heinrich von FLEMMING, nach 1800 eingestellt). – Nach der Stagnation 1740/62 setzte mit der Politik des Retablissements unter dem Einfluß von Thomas von FRITSCH (1700 bis 1775) und der Gründung der Landes-Ökonomie-, Manufaktur- und Commerzien-Deputation (1764) die bis etwa 1800 währende eigentliche «Manu-

Gedenkstätte auf dem Alten Annenfriedhof
Therese Malten

fakturperiode» ein. In diesen Zeitraum fallen 21 von den insgesamt 32 Gründungen in der Geschichte des Dresdner Manufakturwesens. Charakteristisch war die Ausrichtung auf Luxus- und Modeartikel (darunter allein vier Handschuhmanufakturen) sowie die Eigentumsvielfalt mit staatlichen (landesherrlichen), privaten, städtischen und gemeinschaftlichen Besitzverhältnissen. Wichtige Gründungen waren: 1748 die Gold- und Silberdrahtmanufaktur von Voigt (bis nach 1800), um 1764 die Seidenstrumpfwirkerei von M. Andio, 1765 das kurfürstliche →Kanonenbohrwerk, 1774 die «Cottondruckerei» von Koch und Neumann, 1779 die Flor- und Marlymanufaktur von Morauer, um 1782 die Tuchmanufaktur von Roch in Friedrichstadt sowie 1781 die Glasmanufaktur des Grafen Hagen in Potschappel bei Dresden und 1787 die Kattundruckerei von Franz Mosbeck in Kreischa bei Dresden. Auch die Tabak«fabrik» des Heinrich von →Brühl in Hosterwitz hatte Manufakturcharakter; an gleicher Stelle förderte die Landescommerzien-Deputation ab 1775 eine Seidenmanufaktur mit eigener Maulbeerplantage. – Die meisten Dresdner Manufakturen konnten sich während der nachfolgenden ersten industriellen Revolution nicht zu Fabriken entwickeln, sondern hörten auf zu bestehen.

«Mappe»: Verein junger bildender Künstler und Kunststudenten, der von 1870 bis gegen Ende des 19. Jh. bestand. Die gemeinsamen monatlichen Kompositions- und später auch Porträtabende der Mitglieder sollten ihre Phantasie und künstlerische Bildung anregen. Die besten der dabei entstandenen Arbeiten sammelte man in einer dem Verein gehörenden Mappe, woraus 1895 eine Jubiläumsausstellung mit 600 Blättern gestaltet wurde. Außerdem beteiligte sich der Verein rege am gesellschaftlichen Leben der Stadt und organisierte selbst große Veranstaltungen (z. B. 1887 Sommerfest im Palais Prinz Max mit über 500 Teilnehmern). Zu seinen Mitgliedern gehörten u.a. die Maler Hermann →Prell, Hermann →Vogel und Robert →Sterl sowie die Bildhauer Christian →Behrens und Martin →Engelke.

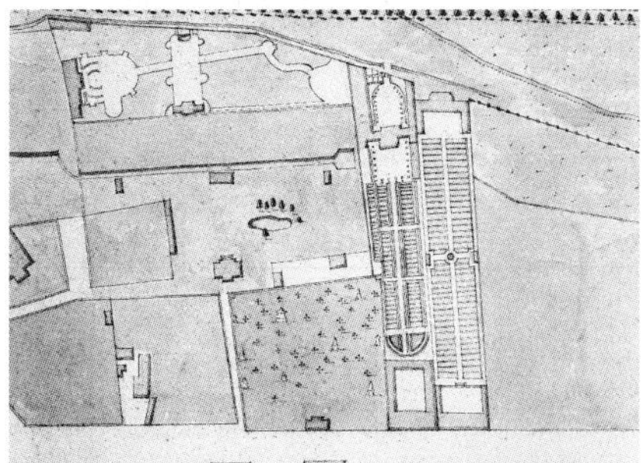

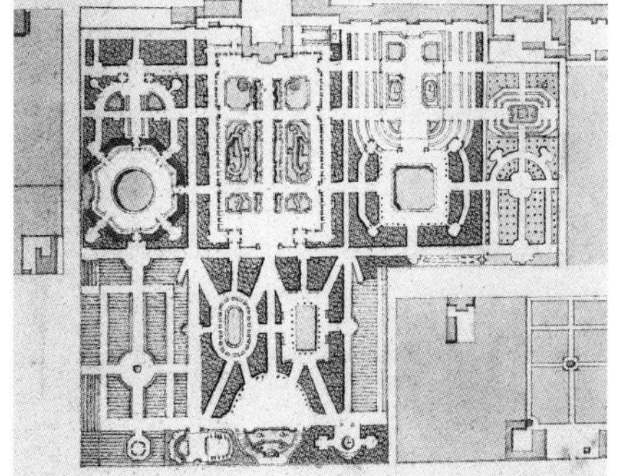

Marcolini-Palais
Plan der Gartenanlagen des Marcolini-Palais
Fassade der Nordseite des Marcolini-Palais

Marcolini, Camillo von: Minister, geb. 2.4.1739 Fano (Italien), gest. 10.7.1814 Prag. – M. kam mit 13 Jahren als Silberpage an den Dresdner Hof und wurde bald zum Vertrauten des Kurfürsten Friedrich August III., der ihn 1767 zum Kammerherrn und 1778 zum Oberkammerherrn ernannte. Mit dieser Funktion war die Oberaufsicht über die kurfürstlichen Sammlungen, die Meißner Porzellanmanufaktur und ab 1780 über die Kunstakademie verbunden. 1799 wurde M. Oberstallmeister und 1809 Kabinettsminister. Nach dem Sieg der Verbündeten 1813 schickte man ihn in die Verbannung nach Prag, wo er auch begraben wurde. In Dresden besaß M. das nach ihm benannte →Marcolini-Palais, wo er sich mit seiner Familie vorwiegend im Sommer aufhielt. Im Winter wohnte er in seinem Haus Große Brüdergasse 39, zu dem er das dahinterliegende Gebäude an der Wilsdruffer Gasse hinzugekauft hatte. Außerhalb der Stadt hatte er 1774 Brühlschen Landbesitz in Hosterwitz erworben, wo er sich das Landhaus umbauen ließ (→Keppschloß). 1785/87 kaufte er Grundstücke an der Bautzner Straße auf dem «Neuen Anbau», um nach englischem Vorbild ein landwirtschaftliches Mustergut anlegen zu lassen (Anbau von Obst, Hopfen, Feldfrüchten und versuchsweise Orangen-, Zitronen- und Maulbeerbäumen). Es wurde begrenzt von Elbe, Linckeschem Bad, Radeberger Straße und Fischhausstraße. Das 1790 errichtete Jagdhaus gab einem Teil des Besitzes später den Namen →Waldschlößchen. Den Mittelpunkt des Gutes bildete das *Vorwerk* (auch Meierei; heute Bautzner Straße 96), das auf dem Gelände der 1764 entstandenen und durch die Verlegung der Bautzner Straße wieder verschwundenen Eisen- und Kugelgießerei eingerichtet wurde. Die Bauten (Wirtschaftsgebäude parallel und zwei Torhäuser quer zur Bautzner Straße) wurden 1856 zu einer Villenanlage im Neorenaissance-Stil mit elbseitigem Park umgestaltet. Nach mehrmaligem Besitzerwechsel, erneuten Umbauten, Teilzerstörung 1945 und weiterem Verfall wurde der denkmalgeschützte Komplex 1991/92 wiederhergerichtet (Rundbogenreliefs in den Torhäusern von Franz →Pettrich). Außer einer medizinischen Einrichtung befindet sich heute dort auch eine öffentliche Gaststätte.

Marcolini-Brunnen: →Neptunbrunnen

Marcolini-Palais: bedeutendste Anlage der nach 1670 in der Vorstadt →Ostra angelegten Gartengrundstücke, Friedrichstraße, heute →Krankenhaus Friedrichstadt. – Das erste kleine Palais schuf Johann Christoph von →Naumann 1719 für Ursula Katharina Lubomirska, Fürstin von Teschen (1680–1763). Es wurde ab 1736 von Johann Christoph

→KNÖFFEL für Heinrich Graf von →BRÜHL umgestaltet *(Brühlpalais)* und durch eine Orangerie ergänzt. Die später überbaute Hauptachse der reich geschmückten französischen Gartenanlage führt auf den 1741/44 geschaffenen →Neptunbrunnen zu. Einen weiteren Umbau erfuhr das Palais ab 1774 durch Johann Daniel →SCHADE und Johann Gottfried →KUNTSCH für den neuen Besitzer Camillo von →MARCOLINI. Den Figurenschmuck schufen Johann Baptist →DORSCH (u. a. die Sandsteinlöwen am Hauptportal) und Thaddäus Ignatius →WISKOTSCHILL. Erhalten sind das zweigeschossige Barockpalais mit Chinesischem umd Pompejanischem Zimmer (Malereien von Johann Ludwig →GIESEL) und Flügelbauten, Löwenskulpturen, Hermenpfeiler, Puttenbrunnen und Gartenplastiken. Mehrere nach der →Bürgerwiese umgesetzte Plastiken von Wiskotschill wurden 1945 durch Luftangriffe in Mitleidenschaft gezogen, sind jedoch dort erhalten. – Am 10. Juni 1813 bezog →NAPOLEON I. das Palais. Im Chinesischen Zimmer fanden am 28. und 30. Juni 1813 die Begegnungen mit Fürst Clemens von METTERNICH statt, die den Beitritt Österreichs auf die Seite der Verbündeten besiegelten. 1835 richtete der damalige Besitzer des Palais, Stadtrat Carl Ernst WERNER, Mietwohnungen ein, die u. a. 1844/54 von Ernst Julius →HÄHNEL und 1847/48 von Richard →WAGNER bewohnt wurden. Der Garten ging durch Neu- und Erweiterungbauten für das 1849 eröffnete →Krankenhaus Friedrichstadt größtenteils verloren.

Marcolini-Schlößchen: →Waldschlößchen

Maria am Wasser Hosterwitz: Schifferkirche an der Elbe, erste Erwähnung 1406. Der Neubau von 1497/1500 wurde auf den Namen der Gottesmutter als Schutzpatronin der Elbeschiffer «konfirmiert». Bis zur Reformation war M. die Wallfahrtskirche der Elbeschiffer, danach wurde sie Pfarrkirche für Nieder- und Oberpoyritz, Söbrigen und →Pillnitz. Das heutige Aussehen (Barockform mit Zwiebeltürmchen) erhielt die Kirche durch einen Umbau im Jahre 1704.

Marie-Gey-Brunnen, auch *Heinze-Gey-* oder *Aphrodite-Brunnen*: am Friedrich-List-Platz, 1910 von Georg →WRBA aus Mitteln einer Stiftung des Leipziger Arztes Paul HEINZE zum Gedenken an die Malerin Marie GEY-HEINZE (geb. 1881, gest. durch Selbsttötung 1908) errichtet. Für die überlebensgroße Aphrodite-Figur stand die Frau des Malers Otto WESTPHAL (1878–1975), Margarete, Modell.

Marien-Apotheke: Am 12. Juni 1467 erhielt der aus Leipzig stammende Apotheker Johannes HUFFENER vom Rat der Stadt Dresden das alleinige Recht zugesprochen, in Dresden die erste Apotheke zu eröffnen. Wahrscheinlich errichtete er sie an der Südseite des →Altmarktes «im letzten Hause vor der Schreibergasse von der Kreuzkirche her» (ehemaliges Rennersches Haus Nr. 12). Außer der Befreiung von den städtischen Lasten wurde ihm der Handel mit Kräutern und Gewürzen gestattet sowie das Brennen und Schenken von Weinen erlaubt und die Krämerei genehmigt. Seit 1471 Ratsmitglied, wurde er mehrmals zum Bürgermeister gewählt. In den ersten Jahrzehnten des 16. Jh. war die Apotheke wahrscheinlich auf die Ostseite des Altmarktes verlegt worden. Bis 1645 wird sie nur als «alte Apotheke» bezeichnet, was aber der Apotheker Zacharias PEISSKER in «Apotheke zur Marien» änderte. Der Name M. bürgerte sich nach und nach ein und kam erst seit 1694 zur vollen Anwendung. Bei der Beschießung Dresdens im Juli 1760 durch preußische Truppen wurde die M. stark beschädigt, konnte aber gerettet werden. 1846 ersetzte der Apotheker Christoph SARTORIUS die Holzfigur «das Marienkind» durch ein vom Bildhauer Otto Siegismund RUNGE gefertigtes Marmorrelief (die alte Figur erhielt das Altertums-Museum). Das neue Wahrzeichen «Maria mit dem Kinde» wurde in die Wand der Offizin eingesetzt. 1890 ließ dann der Apotheker Otto ZIELKE vom Apothekengebäude das letzte Stück alter Baukunst, das gotische Portal, entfernen. Zielke schenkte das Tor dem Dresdner Zoo, der es nach vorübergehender Aufbewahrung dem →Stadtmuseum übergab, wo es 1945 vernichtet wurde. Nach der völligen Zerstörung im Februar 1945 führte der letzte Besitzer Hans NEUMKE die M. interimsweise in seinem Haus Julius Otto-Straße 6 bis 1959 weiter, dann hörte die M. auf zu bestehen.

Kirche Maria am Wasser von Westen

Marienbrücke: 1. älteste erhaltene Elbbrücke in Dresden, Sandsteinbogenbrücke mit 13 Pfeilern und 433 m Gesamtlänge. – Sie wurde unter der Leitung von Karl Theodor →KUNZ und Wasserbaudirektor Johann Gottlieb LOHSE (1797 bis 1880) errichtet und am 19. April 1852 als kombinierte Brücke für zweigleisigen Eisenbahnbetrieb, Fuhrwerks- und Fußgängerverkehr eröffnet. – **2.** Eisenbahnbrücke 50 m unterhalb der 1. M., Stahlgitterträgerkonstruktion von 461 m Länge. – Sie wurde durch Bauinspektor Hans Manfred KRÜGER (1852 bis 1926) 1898/1901 erbaut und am 1. März 1901 dem viergleisigen Eisenbahnverkehr zwischen Alt- und Neustadt übergeben. Die Stadt hatte bereits 1894 die 1. M. angekauft und baute sie bis zum 1. Oktober 1901 für den alleinigen Straßenverkehr aus. Kriegsschäden an beiden Brücken wurden nach 1945 behoben. – Eine neue Straßenbrücke neben der 2. M. befindet sich in Planung.

Marienhof: →Waisenhäuser

Marienkapelle: 1512 gestattete Bischof JOHANN VI. dem Rat der Stadt, für das am Queckborn (Queckbrunnen) aufgestellte Marienbild eine Kapelle zu erbauen. Die M. am Queckborn, auch «Queckbornkapelle» oder «die Kapelle zu unserer lieben Frauen Queckborn» genannt, soll von TROST oder REYNHARD erbaut worden sein. Sie wurde zum Nachteil der →Kreuzkirche schnell zu einem Wallfahrtsort vor dem →Wilsdruffer Tor. 1539 wurde die über dem Brunnen befindliche M. abgebrochen; nur der «wundertätige» →Queckbrunnen blieb erhalten.

St.-Marien-Kirche: katholische Kirche auf einer Anhöhe an der Gottfried-Keller-Straße, nahe der Flurgrenze von Cotta und Leutewitz. – Sie wurde nach Plänen des Paderborner Dombaumeisters Arnold GÜLDENPFENNIG (1830–1908) durch den Architekten OTTO (geb. 1869) in neuromanischem Stil errichtet und 1906 eingeweiht.

Marienstraße: Die nach der Abtragung der Altstädter Festungswerke entstandene Allee zwischen →Postplatz und →Dippoldiswalder Platz erhielt 1835 zu Ehren der Königin MARIA den Namen Marienstraße. Den nördlichen Eingang zur Straße bildeten das Fernsprech- und Telegrafenamt sowie das Postgebäude. Hier wurden am 4. August 1882 «die ersten zwei Drähte für Telephonie in Dresden über die Dächer der Häuser der Marienstraße gezogen». Es handelte sich um eine Telefonleitung vom alten Postgebäude zum Telegrafenamt. Am →Antonsplatz/Marienstraße eröffnete 1846 die Technische Bildungsanstalt ihre Pforten. Nach deren Auszug im Jahre 1875 war der Nutzer des Gebäudes die Königliche Kunstgewerbeschule. Bis zur Jahrhundertwende war die Bebauung des ehemaligen Hessischen Gartens (Ecke Johannesring) mit Wohnhäusern abgeschlossen. 1945 wurde die Marienstraße und ihre gesamte Umgebung völlig zerstört. Zwischen 1957 und 1992 hieß die M. Otto-Nuschke-Straße, danach zurückbenannt.

Markthallen: Die drei Dresdner städtischen Markthallen entstanden im Zeitraum 1891/99, nachdem sich die bisherigen Wochenmärkte als unzureichend für die Versorgung der rasch wachsenden Großstadt erwiesen hatten. Wilhelm RETTIG (1845–1920) und Theodor FISCHER (1862–1939) erbauten 1891/93 die erste Markthalle am →*Antonsplatz* als langgestreckten Rechteckbau mit schlichten Sandsteinfassaden, hoher Attika und Figurenschmuck (Kindergruppen) von Friedrich RENTSCH (1836–1899). Sie wurde am 17. Juli 1893 eröffnet und 1945 zerstört. 1893/95 erbaute das städtische Hochbauamt in Friedrichstadt die *Großmarkthalle* (Hauptmarkthalle) z.T. auf dem ehemaligen Weißeritzflußbett. Sie wurde am 7. Dezember 1895 eröffnet, verfügte über Eisenbahnanschluß, 9500 m² überdachte Fläche und ab 1896 auch über moderne Kühl- und Gefrieranlagen. Mit ihrer Eröffnung schlossen die bisherigen Wochenmärkte auf dem Altmarkt, Freiberger Platz, der Weißeritzstraße und an der Frauenkirche, während die Märkte Holbeinplatz, Neustädter Markt und Bischofsplatz zunächst noch beibehalten wurden, ebenso der Blumenhandel auf dem Altmarkt. Die Großmarkthalle wurde 1945 ihres markanten Turmes an der Schäferstraße beraubt. Als dritte öffnete am 7. Oktober 1899 die *Neustädter Markthalle*. Sie entstand auf dem Gelände der ehemaligen Infanteriekasernen an der Ritterstraße, die ab 1877 völlig überfüllte Mietwohnungen für 2000 Menschen enthielten und nach deren Räumung abgebrochen wurden. Die Markthalle dient nach teilweisem Wiederausbau als Kaufhalle. Ihren Ostgiebel ziert seit 1986 eine vom →Blockhaus übernommene Figurengruppe des ausgehenden 19. Jh.

Markuskirche Pieschen: Nachdem Pieschen 1884 aus der Kirchfahrt Kaditz ausgepfarrt wurde und eine eigene Parochie bildete, erbaute der Architekt Christian SCHRAMM 1886/88 an der Bürgerstraße die 900 Personen fassende ev. M. Die im neugotischen Stil in Ziegelrohbau errichtete M. wird am Portal von vier Prophetenstatuen des Dresdner Bildhauers Robert →HENZE aus französischem Kalkstein geschmückt. Das Sinnbild des Evangelisten Markus, der Löwe, befindet sich an der Stirnseite des 45 m hohen Turms.

Marlise: →Originale, Altdresdner

Marperger: 1. *Bernhard Walter*, luth. Theologe, geb. 14. 5. 1682 Hamburg, gest. 28. 3. 1746 Dresden. – M., der ein Schüler und Freund August Hermann FRANCKES war und damit dem Pietismus nahestand, wurde 1724 als Oberhofprediger nach Dresden berufen, nachdem er bereits in Nürnberg als Prediger tätig gewesen war. In Dresden geriet er noch in die Auseinandersetzungen um den Pietismus. M. verfaßte Streitschriften und erbauliche theologische Texte. – **2.** *Paul Jakob*, ökonomischer Schriftsteller, Vater von 1., geb. 27. 6. 1656 Nürnberg, gest. 27. 10. 1730 Dresden. – M., der auf ausgedehnten Reisen große Kenntnise über Gewerbe, Handel und Manufakturwesen verschiedenster Länder erworben und großes Ansehen erlangt hatte (1708 Mitglied der Berliner Societät der Wissenschaften) wurde 1724 als Hof- und Kommerzienrat nach Dresden berufen, um dem Hof seine Erfahrungen zur Verfügung zu stellen. In Dresden waren bereits vorher einige seiner sehr zahlreichen Schriften erschienen.

Mars-Bastion: →Stadtbefestigung

Hauptmarkthalle an der Weißeritzstraße in Friedrichstadt um 1910

Marschner: 1. *Amalie*, Frauenrechtlerin, geb. 30. 11. 1794 Heldrungen, gest. 29. 1. 1883 Dresden. – M. begründete 1846 den «Verein zum Frauenschutz» mit dem Zweck, verwaisten Töchtern «aus den gebildeten Ständen» Unterhalt und Möglichkeiten der sinnvollen Wirksamkeit zu schaffen. Aus bescheidenen Anfängen in der Glacisstraße entwickelte sich die Gesamtanstalt des Vereins mit den Gebäuden zwischen Georgenstraße, oberem Kreuzweg und Hospitalstraße mit Lehr- und Erziehunganstalt, Kindergarten, Pensionshaus usw. – Bronzetafel mit Reliefbild am Haus Georgenstraße 3. – 2. *Heinrich*, Komponist, geb. 17. 8. 1795 Zittau, gest. 14. 12. 1861 Hannover. – M. gehörte zu den bedeutendsten deutschen Opernkomponisten zwischen Carl Maria von →WEBER und Richard →WAGNER. Nach Aufführung seiner Oper «Heinrich IV. und D'Aubigne» 1820 in Dresden siedelte er von Preßburg (Bratislava) nach Dresden über und wurde 1824 zum Musikdirektor ernannt. Auf die Musikentwicklung in Dresden hatte er wenig Einfluß, da seine Bewerbung um die Nachfolge Webers abgelehnt wurde, er 1826 die Stellung kündigte, auf Konzertreisen ging und 1827 an das Leipziger Stadttheater berufen wurde. – Marschnerstraße in Johannstadt.

Marstall: ehemalige vierflüglige Stallanlage, begrenzt von der Ostra-Allee, der Straße «Am Zwinger» und der Devrientstraße. Der M. wurde 1745/48 für die Unterbringung der Pferde aus dem zur Galerie umgebauten alten Stallgebäude (→Johanneum) errichtet. 1794/95 fügte Christian Traugott →WEINLIG die →Reithalle an. Die Seitenflügel und die Front zum Zwingerteich wurden 1832 durch Joseph →THÜRMER umgestaltet. Um 1925 entstandene Pläne zum Umbau des M. zu einem Museumskomplex für die naturwissenschaftlichen Museen wurden nicht verwirklicht. Der 1945 zerstörte und teilweise nach 1950 wiederaufgebaute Gebäudekomplex wurde in die modernen Theaterwerkstätten der Staatstheater einbezogen.

Marthaheime: in der zweiten Hälfte des 19. Jh. entstandene Herbergen für weibliche Dienstboten (Mägdeherbergen). 1868 gründete der Anstaltsgeistliche der ev.-luth. →Diakonissenanstalt P. FRÖHLICH an der Holzhofgasse Ecke Wolfsgasse eine Mägdeherberge, die später den Namen M. erhielt. Hier wurden arbeitslose Dienstmädchen aufgenommen, die gegen ein geringes Entgelt Kost und Logis erhielten und für die Herberge (Hospiz) arbeiteten. Seit 1899 unterstand das Hospiz dem 1898 gegründeten Verein «Marthaheim». Im Jahre 1900 siedelte die Anstalt in ihr eigenes Grundstück Nieritzstraße 11 über, in dem ab 1908 auch ein Damenheim (für ständige Gäste) eingerichtet wurde. Heute dient das Hospiz M. als christliches Fremdenheim. Ein zweites M. mit Damenheim wurde auf Altstädter Seite durch den «Verein zur Hebung der Sittlichkeit» 1896 in der Portikusstraße 7 eröffnet (1945 zerstört).

Martin-Andersen-Nexö-Kunstpreis der Stadt Dresden: →Kunstpreis der Landeshauptstadt Dresden

Martin-Luther-Kirche: zweite ev. Kirche in Dresden-Neustadt (Antonstadt) am →Martin-Luther-Platz. 1883/87 erbauten Baurat Ernst →GIESE und Baumeister Paul WEIDNER im neuromanischen Stil das basilikaähnliche Bauwerk. Der 81 m hohe Turm entstand in frühgotischer Bauform. Die 1400 Sitzplätze fassende M. erhielt ihren Namen anläßlich des 400jährigen Geburtstages von Martin LUTHER.

Martin-Luther-Platz: Der zwischen Martinstraße (seit 1883 Martin-Luther-Straße) und Pulsnitzer Straße gelegene Platz erhielt 1883 anläßlich des 400jährigen Geburtstages von Martin Luther seinen Namen. Den Mittelpunkt des Platzes bildet die →Martin-Luther-Kirche mit der seit 1928 davorstehenden Bronzegruppe des Bildhauers August SCHREITMÜLLER. Der M. in seiner heutigen Gestalt mit seiner Anlage und den viergeschossigen Wohnhäusern entstand bis Ende des 19. Jh.

Marx, Karl: Philosoph und Ökonom, geb. 5. 5. 1818 Trier, gest. 14. 3. 1883 London. – M. hielt sich zweimal in Dresden auf. Der erste Aufenthalt datiert vom 10. bis 24. Mai 1843 (im →Hotel «Stadt Rom»). M. traf mit Arnold →RUGE zusammen, um mit diesem die Herausgabe der «Deutsch-Französischen Jahrbücher» vorzubereiten. Mehr als drei Jahrzehnte später machte M. in Begleitung seiner Tochter Eleanor auf der Rückreise von einem Kuraufenthalt in Karlsbad vom 24. bis 27. September 1874 in der Stadt Station (Hotel «Stadt Coburg», in der Nähe des →Palaisplatzes). Er nahm an einer Veranstaltung der Dresdner Sozialdemokraten in der →«Centralhalle» teil. In Begleitung von August →OTTO-WALSTER besichtigte M. die Dresdner Kunstsammlungen und die Umgebung der Stadt. Karl-Marx-Straße in Klotzsche.

Maschinenbauanstalt Übigau: frühindustrielles Unternehmen am Beginn des «Dampfzeitalters», gegründet 1836 als «Dresdner Actien-Maschinenbau-Verein» unter Mitwirkung von Johann Andreas →SCHUBERT. – Das Unternehmen stellte auf dem Gelände des →Schlosses Übigau Dampfmaschinen und -kessel sowie landwirtschaftliche Maschinen her. Schubert konstruierte hier die Personendampfer →«Königin Maria» und «Prinz Albert» sowie die Lokomotive →«Saxonia». Das Unternehmen verfiel 1841 der Liquidation. Auf dem Gelände betrieb die →Kettenschiffahrt ab 1877 eine Werft mit nahezu 1200 Beschäftigen und einem eigenen Schiffspark von 50 Dampfern. Bis in die jüngste Zeit diente das Areal einem Betrieb für Dampfkesselbau. Am Elbufer steht ein eiserner Drehkran von 1898 unter Denkmalschutz.

Maternihospital: Das bis 1945 existierende M. ist die älteste Einrichtung Dresdens zur Unterbringung alter oder hilfsbedürftiger Menschen. Es wurde vor 1286 vom Markgrafen HEINRICH DEM ERLAUCHTEN gestiftet und 1291 dem Nonnenkloster zu Seußlitz übereignet. Unter Vorbehalt einer Jahresrente übernahm 1329 der Rat zu Dresden das M. Der Standort befand sich außerhalb der ehemaligen Stadtmauern, östlich der Kirche «zu unserer lieben Frauen» in unmittelbarer Nähe des alten Frauenkirchhofs (aus heutiger Sicht etwa zwischen der Ruine der →Frauenkirche und dem südlichen Torhaus des zerstörten →Coselpalais). Seit 1287 wird der Vorsteher des Hospitals Spitalmeister genannt, der gewöhnlich ein Ratsherr war und über ein eigenes Amtssiegel verfügte. Umliegende Dörfer gehörten zum Hospital oder waren ihm zinspflichtig. Das für 24 «alte unvermögende rechtschaffene Bürgerinnen» bestimmte M. erhielt durch Stiftungen bedeutende Mittel. Die Hospitalinnen wurden «Schwestern, Nonnen» oder die «alten Mütter» genannt. 1429 zerstörten Hussiten das Hospital, das 1432 durch den Rat der Stadt wiederaufgebaut wurde. Bis 1744 verblieb das M. an seinem alten Platz, dann mußte es wegen des Baus der Frauenkirche abgebrochen werden und hinter die →Kreuzkirche ziehen. Das nunmehr an der östlichen Seite der Schulgasse/Friedrichsring (heute Teil des Gebäudekomplexes des neuen Rathauses) gelegene Hospital wurde als Weiberhospital bezeichnet. 1837/38 ließ der Rat der Stadt durch Gottfried →SEMPER auf einem unbebauten Feldgrundstück des →Bartholomäus-Hospitals am Freiberger Schlag das neue Frauenhospital errichten. Es waren 72 Wohnungen für Dresdner Frauen vorhanden, die sich ihren Hospitalplatz für 75 Taler kaufen mußten. 1915/16 erweiterte Stadtbauamtmann HIRSCHMANN das M. durch drei Neubauten auf 184 Zimmer. Es entstand ein hervorgehobener Mittelbau mit zwei Flügelbauten an der Ammon- und Ehrlichstraße. 1945 brannte das M. aus, wurde jedoch nach 1950 als «Elsa-Fenske-Feierabendheim» wieder aufgebaut. Das in städtischer Trägerschaft befindliche «Elsa-Fenske»-Pflegeheim wird zur Zeit umgebaut. Es werden etwa 60 Millionen DM benötigt. Der am 27. Februar 1993 gegründete Verein zur Förderung der Altenarbeit beim Pflegeheim will sich für die Einrichtung eines Seniorenzentrums einsetzen, in das Senioren nicht nur zur Pflege kommen, sondern das eine Begegnungsstätte für alle Senioren sein soll.

Mathematisch-Physikalischer Salon: →Staatlicher Mathematisch-Physikalischer Salon

«Mathildenschlößchen»: auch *«Mathilde»*: volkstümliche Bezeichnung für die ehemalige, zum →Landgericht Pillnitzer Straße gehörende Haftanstalt, deren Eingang sich an der Mathildenstraße befand. 1933/45 wurden hier auch viele deutsche und tschechoslowakische Antifaschisten eingekerkert und gefoltert (heute Gedenkstele an der Pillnitzer Straße).

Matkowski, Adalbert: Schauspieler, geb. 6. 12. 1858 Königsberg, gest. 16. 3. 1909 Berlin-Charlottenburg. – Der zu den bedeutendsten Helden- und Charakterdarstellern seiner Zeit zählende M. debütierte 1877 am Dresdner Hoftheater. Hier beherrschte er bald das klassische Repertoire des jugendlichen und ersten Helden, das er mit großer Meisterschaft verkörperte. 1886 ging er nach Hamburg und 1889 an das Königliche Schauspielhaus Berlin. In Dresden wohnte er u.a. in der Villa von Josef Ignacy →KRASZEWSKI.

Matthäusfriedhöfe: **1.** *Innerer M.* neben der ev.-luth. →Matthäuskirche; Grabstätten von Johann Andreas →SCHUBERT und Wilhelm →WALTHER. – **2.** *Äußerer M.* ev.-luth. Friedhof an der Bremer Straße (bis 1900 Friedhofsweg) in Friedrichstadt, 1851 angelegt; begraben u.a. Opfer des Luftkrieges 1944/45 und Emerich →AMBROS.

Matthäuskirche: ev.-luth. Kirche an der Friedrichstraße, schlichter Barockbau mit Turm an der Westseite. – Sie wurde 1728/30 nach Entwurf von Matthäus Daniel →PÖPPELMANN für die Matthäuskirchgemeinde errichtet (Grundsteinlegung 28. Mai 1728 durch Valentin Ernst →LÖSCHER). Pöppelmann legte in der Kirche sein Erbbegräbnis an und wurde 1736 hier bestattet (Gruft erhalten). Die 1945 völlig ausgebrannte Kirche wurde bis 1978 in ihrer ursprünglichen äußeren Gestalt und mit modernem Innenraum wiederaufgebaut. Neben der Kirche befindet sich der innere der beiden →Matthäusfriedhöfe.

Mattielli, Lorenzo: Hofbildhauer, Antikeninspektor, geb. 1688 Vicenza, gest. 28. 4. 1748 Dresden. – M. hatte bereits in Italien und Wien gewirkt, als er 1738 auf CHIAVERIS Empfehlung nach Dresden berufen wurde, um für die geplante Kath. Hofkirche (Kathedrale) den gesamten plastischen Schmuck zu entwerfen. Sein Hauptwerk sind die 78 Sandsteinfiguren in doppelter Lebensgröße für diese Kirche, wobei die letzten 12 von seinem Sohn Francesco vollendet wurden. Weiter schuf er die frühklassizistischen Treppenhausfiguren für das →Palais Brühl (Augustusstraße), den →Neptunbrunnen im Garten des

Marcolini-Palais (nach Entwürfen von →LONGUELUNE) sowie die Figuren Apoll und Diana für das →Palais Mosczinska. Wohnung und Werkstatt des Künstlers befanden sich in der Neustadt an der ehemaligen Pfarrgasse/Ecke Königstraße. Im März 1745 kaufte er das Plantagengut Hosterwitz, wo er mit seiner Familie seine drei letzten Lebensjahre verbrachte. – Grab auf dem Alten Kath. Friedhof.

Matthäuskirche in Dresden-Friedrichstadt, von Matthäus Daniel Pöppelmann 1728 bis 1730 erbaut.
Mathildenschlößchen

Mauersberger, Rudolf: Chordirigent, Komponist, geb. 29.2.1889 Mauersberg (Erzgeb.), gest. 22.2.1971 Dresden. – Der Sohn eines Kantors hatte 1911/14 sowie 1918/19 am Leipziger Konservatorium Orgel, Klavier und Komposition studiert. Anschließend wirkte er als Organist und Chordirigent in Aachen und 1925/30 als Landeskirchenmusikwart in Eisenach. Im Mai 1930 wurde er unter mehr als 80 Bewerbern als Nachfolger von Otto →RICHTER zum 25. ev. *Kreuzkantor* in Dresden gewählt. Er trat am 1. Juli 1930 sein Amt an, dem er sich mit ganzer Kraft bis zu seinem Tode widmete. Schon in seinen ersten Dresdner Jahren setzte er sich für die Pflege der alten liturgischen und der zeitgenössischen Chormusik ein, wobei er besonderen Wert auf den a-capella-Gesang legte. In den Vorkriegsjahren hatte der 1931 zum Kirchenmusikdirektor und 1938 zum Professor ernannte M. mit dem →Kreuzchor aufsehenerregende Erfolge. Besonders bedeutsam für die Dresdner Musikgeschichte war der unermüdliche Einsatz des Kreuzkantors für den Wiederaufbau des Chores im zerstörten Dresden nach 1945 und seine Erziehungsarbeit, mit der er den Weltruhm des Kreuzchores begründete. Im Mittelpunkt seiner Aufführungen standen Werke von BACH und SCHÜTZ (Einrichtung der «Schützkapelle» in der →Kreuzkirche). Unter seinen Kompositionen haben das «Dresdner Tedeum» (1944/45), die Motette «Wie liegt die Stadt so wüst...» (1945), der Chorzyklus «Dresden» (1948) und das «Dresdner Requiem» (1948) besondere Beziehung zu Dresden. Als «eine seine Epoche prägende Persönlichkeit» wurde M. zweimal die Ehrendoktorwürde verliehen, erhielt er den Nationalpreis (1950) und den Martin-Andersen-Nexö-Kunstpreis (1964). Zu seinen Schülern gehören Theo ADAM, Peter SCHREIER und der Dresdner Komponist Udo ZIMMERMANN. M. hatte beim Bombenangriff 1945 seine Wohnung auf der Johann-Georgen-Allee verloren und wohnte später in Oberloschwitz (Sierksstraße). – Nachlaß in der Sächsischen Landesbibliothek; Grab in der Familiengruft in Mauersberg (Erzgeb.); Rudolf-Mauersberger-Straße in Striesen.

May, Karl: Redakteur und Schriftsteller von Abenteuerromanen, geb. 25.2.1842 Hohenstein-Ernstthal, gest. 30.3.1912 Radebeul. – Sohn eines Webers; Volksschullehrer; kam im März 1875 nach Dresden, um die freigewordene Stelle eines Redakteurs im Verlag Heinrich Gotthold MÜNCHMEYER anzutreten. Er sollte die von Münchmeyer neugegründete Zeitschrift «Beobachter an der Elbe» redigieren. Da M. aber aufgrund einer Haftstrafe noch unter Polizeiaufsicht stand und seinen Heimatort unerlaubt verlassen hatte, wurde er noch im gleichen Monat trotz eines Bittgesuchs an die Dresdner Polizeidirektion aus der Stadt ausgewiesen, blieb aber bei Münchmeyer angestellt. Für seinen Verleger redigierte er bald darauf die auch unter seinem Einfluß neugegründeten Zeitschriften «Schacht und Hütte» und «Deutsches Familienblatt». Im August 1875 durfte M. nach Dresden übersiedeln (er stand noch bis Mai 1876 unter Polizeiaufsicht), wo er im Hause Münchmeyers (Jagdweg 14) wohnte. Ab 1876 arbeitete er an der neuen Zeitschrift «Feierstunden am häuslichen Herde» mit. Wegen persönlicher Auseinandersetzungen mit Münchmeyer verließ er Anfang 1877 den Verlag und war bis 1878 als freier Schriftsteller in Dresden (Pillnitzer Straße 72) tätig. Nach der Heirat mit Emma POLLMER lebte er vorübergehend wieder in Hohenstein-Ernstthal. 1882 knüpfte er erneut geschäftliche Beziehungen zu Münchmeyer an, für den er in den folgenden Jahren Fortsetzungsromane schrieb. Durch seine zahlreichen Abenteuerromane (wie «Winnetou») wurde M. der meistgelesene Jugendschriftsteller in 25 Sprachen. Sein Vermögen hinterließ er der Karl-May-Stiftung, aus der 1928 das *Indianermuseum in Radebeul* hervorging. Im April 1883 übersiedelte M. wieder nach Dresden (Sommerstraße 7, Dresden-Blasewitz, ab 1884 Prinzenstraße 4, ab 1887 Schnorrstraße 31); im Oktober 1888 zog M. nach Kötzschenbroda.

Mayenburg, Ottomar Heinsius von: Großindustrieller, geb. 5.12.1865 Schönheide (Erzgeb.), gest. 24.7.1932 Felseneck bei Pörtschach am Wörther See. – Der gelernte Apotheker verbrachte seine Assistentenzeit in verschiedenen Apotheken des In- und Auslandes, bevor er 17 Jahre in der →Hofapotheke tätig wurde. 1901 promovierte er in Leipzig in seiner Lieblingswissenschaft Botanik. 1907/24 war er Pächter der →Löwenapotheke. Hier legte er 1907 den Grundstein für die fabrikmäßige Herstellung (→Dental-Kosmetik-GmbH) kosmetischer und vor allem mundhygienischer (Chlorodont-Zahnpasta) Erzeugnisse. 1925 erwarb M. →Schloß Eckberg, dessen Park er zu einem Blumenparadies gestaltete (viele ausländische Gewächse wurden damit in Deutschland heimisch gemacht) und für die Öffentlichkeit erschloß. Der →Landesverein Sächsischer Heimatschutz ernannte M. zu seinem Ehrenmitglied.

Medizinische Akademie Carl Gustav Carus: von 1954 bis 1993 in Dresden bestehende Lehr-, Forschungs- und Behandlungseinrichtung mit Promotions- und Habilitationsrecht. Mit ihrer Gründung am 7. September 1954 und ihrer Benennung nach Carl Gustav →CARUS wurde indirekt an die 1864 abgebrochene Tradition der ärztlichen Ausbildung in Dresden angeknüpft (→collegium medico-chirurgicum, →Chirurgisch-Medizinische Akademie). Erster Rektor war der Chirurg Albert Bernhard FROMME (1881–1966). Das Herbstsemester des Studienjahres 1954/55 wurde von 52 Human- und 39 Zahnmedizinstudenten belegt; die Vorlesungen fanden zunächst in den Krankenhäusern Friedrichstadt und Johannstadt statt. Den Grundstock der Akademie bildeten das →Krankenhaus Johannstadt sowie einige Kliniken im →Krankenhaus Friedrichstadt. Bis 1958 wurden alle Kliniken und Institute in Johannstadt, darunter 1956 die Frauenklinik, übernommen; die Akdademie verfügte damit über ca. 60 Gebäude im Gelände zwischen Fetscher-, Pfotenhauer-, Schubert- und Fiedlerstraße. Veraltete Gebäude wurden durch Neubauten, u.a. die Orthopädische Klinik (1954), Chirurgische Klinik (1956) und Poliklinik (1976) ersetzt, 1953/56 ein Studentenwohnheim mit Mensa und in der Folge weitere Studenten- und Schwesternheime errichtet. Zu den bedeutenden Persönlichkeiten der Akademie sind neben anderen zu zählen: der Dermatologe Heinz-Egon KLEINE-NATROP (geb. 1917), der die Ernennung von Otto →DIX zum Ehrenmitglied der medizinischen Lehrstätte veranlaßte und das medizinhistorische Werk «Das heilkundige Dresden» verfaßte, der Chirurg Hans Bernhard SPRUNG (1906–1971), der Gynäkologe Robert GANSE (1909–1972), der Augenarzt Fritz MÜLLER (1917–1969) und der HNO-Spezialist Fredo GÜNNEL (1913–1977)). Die Auflösung der Akademie erfolgte im Zusammenhang mit der Gründung der *Medizinischen Fakultät Carl Gustav Carus* an der →Technischen Universität. Mit ca. 3800 Mitarbeitern, 900 Studenten, 23 Kliniken und 21 Instituten übernahm die Fakultät das Potential der bisherigen Akademie; mit dem Universitätsklinikum in Johannstadt verfügt sie über die größte medizinische Einrichtung Dresdens.

Firma Meinhold an der Schandauer Straße

Meinhold: Dresdner Drucker- und Verlegerfamilie. 1777 übernahm durch Kauf der aus Marienberg/Ergeb. stammende *Carl Christian* M. (12.4.1740 bis 5.1.1827) die Stössel-Krausesche Druckerei, die auf Wolfgang →STÖCKEL und die Druckerfamilie →BERGEN zurückging und die als Hofdruckerei in Dresden führend war. Im gleichen Jahr gründete M. den mit der Druckerei verbundenen Verlag, der allein zum Vertrieb amtlicher Drucksachen berechtigt war. 1790 konnte M. für sein aufblühendes Geschäft den Häuserblock Moritzstraße 12 und Frohngasse 23 und 25 erwerben, wo die Firma bis 1893 ihren Sitz hatte (danach Zinzendorfstraße 29/31). 1809 wurden drei Söhne von M. zu Teilhabern, von denen *Christian Immanuel* (1784–1861) die Leitung übernahm. Er führte die Schriftgießerei in der Firma ein, errichtete anläßlich der 400-Jahr-Feier des Buchdrucks 1840 die soziale «Gutenbergstiftung» und druckte 1851 die ersten sächsischen Briefmarken. Dessen Sohn *Christian Wilhelm Theodor* (1820–1889) gab u.a. eine große «Deutsche Geschichte in Bildern» heraus, an der bedeutende Künstler mitarbeiteten. Unter seinen Nachfolgern, die ebenfalls der Familie M. angehörten, stellten Druckerei und Verlag «C. C. Meinhold & Söhne» neben amtlichen Drucksachen vor allem Wanderkarten, Reiseführer, Kinderliteratur, Lehrmaterial für Schulen, Periodika und ab 1920 auch illustrierte Kataloge her. Besonders spezialisiert war der Verlag auf umfassende Werke zur sächsischen und damit auch Dresdner Kunstgeschichte. Um 1930 enthielt das Verlagsprogramm etwa 1070 Titel. Ein Teil der Produktionsstätten der Firma befand sich ab 1908 an der Pillnitzer Straße und ab 1925 an der Schandauer Straße, wo sie – wie auch das Geschäftshaus – beim Bombenangriff 1945 zerstört wurden.

Meißner, Alfred: Arzt, Schriftsteller, geb. 15.10.1822 Teplitz, gest. 29.5.1885 Bregenz. – M., der der demokratischen Bewegung von 1848/49 zuzurechnen ist, lernte schon als Kind Dresden kennen, als er Gast seines Onkels, des bekannten Kunstmäzens Johann Gottlob von →QUANDT, war. M. Eltern waren außerdem mit Elisa von der →RECKE und Christoph August →TIEDGE befreundet. Erwähnenswert ist M. Aufenthalt von Ende 1846 bis Anfang 1847. Während dieser Zeit (er wohnte wieder bei Quandt) lernte er die bedeutendsten Verteter des geistig-kulturellen Lebens der Stadt kennen, wie Gottfried →SEMPER, Richard →WAGNER u. a. Im Gegensatz zu anderen Zeitgenossen beurteilte M. das geistig-kulturelle Leben in Dresden zu jener Zeit positiv. In Dresden arbeitete M. auch an seinem Romanzyklus «Zizka».

Meißner Landstraße: durch Cotta, Briesnitz, Kemnitz und Stetzsch führende Ausfallstraße links der Elbe. – Sie erlangte nach dem Durchbruch der heutigen →Schweriner Straße größere Bedeutung und wurde 1906 erstmals von der elektrischen Straßenbahn Cotta–Cossebaude befahren. Seit ihrer Begradigung 1938 umgeht sie den Briesnitzer Dorfkern (Alte M.), durchschneidet aber den ehemaligen Bürstinghauspark. An der Straße liegen das →Theater Junge Generation und die →Briesnitzer Kirche.

Meister, Georg: kurfürstlicher Kunst- und Lustgärtner, geb. 15.10.1653 Brücken/Thüringen, gest. 15.5.1713 Dresden. – Als junger Gärtner war M. im Dienste der Holländisch-Ostindischen Compagnie 1677/88 in Südostasien tätig, wo er auch botanische Studien trieb. 1689 wurde er Hofgärtner in Dresden, wobei ihm vorwiegend die Pflanzenaufzucht oblag, während Johann Friedrich →KARCHER als Gartenarchitekt wirkte. Berühmt wurde M. durch sein Reisewerk «Der Orientalisch-Indianische Kunst- und Lustgärtner» (Dresden 1692). Sein Sohn Johann Georg war ebenfalls als Hofgärtner in Dresden tätig (Schloß Übigau, Türkischer Garten), während sein Sohn Georg Gottlob Hofgärtner in Moritzburg war. – Begraben auf dem Alten Johannisfriedhof.

Meixgrund: am rechten Elbufer bei →Pillnitz liegender Landschaftspark, der 1403 erstmals als «Vallis Michcz», später als Meutzig- oder Meitzgrund erwähnt wurde. Seine eigentliche Entdeckung verdankt der M. Kurfürst FRIEDRICH AUGUST III. Die Ende des 18. Jh. vorherrschende romantische Naturschwärmerei führte zur Anlage eines Fußwegs (1780) im bis dahin unwegsamen M. Es war die sentimentale Fortsetzung eines Landschaftsparks. Der Kurfürst ließ einen künstlichen Wasserfall, Ruhebänke, Rosenhügel, einen alten Opferstein, die Hütte Philemons und am Ende des Tals die Bach- oder Meixmühle anlegen. Johann Daniel SCHADE schuf die künstliche Ruine über dem Grund. Der M. endet am Fuße des →Borsbergs und führt nach Friedrich August den Namen *«Der Friedrichsgrund»*. Am 27. Juni 1850 führte ein Wolkenbruch zu großen Verwüstungen, wobei die Wassermassen des sonst so harmlosen Bachs bis in den Pillnitzer Schloßpark vordrangen. Nach wie vor ist der M. ein beliebtes Ausflugsziel. In der Meixmühle leitete August →BEBEL 1886 eine illegale Tagung der Sozialdemokraten (Gedenktafel).

Mengs, Anton Raphael: Maler und Kunstschriftsteller, geb. 12.3.1728 Aussig (Usti n. L.), gest. 29.6.1779 Rom. – Der zu seiner Zeit berühmteste deutsche Maler, der als Begründer der klassizistischen Malerei gilt, war in Dresden, wo er aufgewachsen ist, bei seinem Vater, dem «Hofminiaturenmaler» Ismael M. (1688 bis 1764) und 1741/44 in Rom ausgebildet worden. Mit 16 Jahren malte M. in Dresden die meisterhaften Porträts des Sängers Domenico ANNIBALI und des sächsischen Kurfürsten, wofür er 1745 mit 600 Talern Gehalt zum Hofmaler ernannt wurde und zahlreiche Porträt-Aufträge für die Gemäldegalerie erhielt. 1746/49 hielt sich M. wieder in Rom auf, anschließend bis 1751 in Dresden

(Ernennung als Nachfolger von Louis de →SILVESTRE zum Oberhofmaler) und danach wieder in Rom (Mitglied der Academia di San Luca) bzw. in Spanien, da er dort 1760 zum Hofmaler und Leiter der Madrider Akademie ernannt wurde. 1766 wurde in der Katholischen Hofkirche Dresden (→Kathedrale) sein für den Hochaltar geschaffenes, über 9 m hohes Bild der Himmelfahrt Christi aufgestellt. In Dresden wohnte M. wahrscheinlich bei seinem Vater, dessen Wohnsitz zuletzt in der Großen Kirchgasse 5 war. – Die von M. im Auftrag des spanischen Königs angelegte Abgußsammlung antiker und zeitgenössischer Skulpturen wurde 1783 vom sächsischen Kurfürsten angekauft und ab 1794 als «*Mengsisches Museum*» im Untergeschoß des →Johanneums gezeigt. 1857 brachte man die rund 870 Stücke in der Osthalle der →Gemäldegalerie Alte Meister unter und vereinigte sie ab 1895 zusammen mit den Originalskulpturen im →Albertinum zur →Skulpturensammlung.

«Menschen»: von Conrad →FELIXMÜLLER und dem Verleger Felix STIEMER (1896 bis 1945) gegründete expressionistische links orientierte «Monatsschrift für neue Kunst, jüngste Literatur, Grafik, Musik, Kritik», deren Anliegen es war, mit künstlerischen Mitteln zur «Änderung des Menschen» beizutragen. Die Zeitschrift erschien mit wechselnden Untertiteln 1918/22 im «Dresdner Verlag von 1917».

«Der Menschheit bewahrt»: umfassende Ausstellung der →Staatlichen Kunstammlungen Dresden mit Kunstwerken, die nach 1945 von der Trophäenkommission der Roten Armee in die Sowjetunion gebracht worden waren und 1958 zurückgegeben worden sind. Die Ausstellung wurde im →Albertinum am 8. Mai 1959 eröffnet und zeigte bei wiederholter Umgestaltung bis 1964 Exponate der →Skulpturensammlung, der →Porzellansammlung, des →Kupferstich-Kabinettes, des →Grünen Gewölbes, des →Münzkabinettes und des →Historischen Museums.

Menzel, Adolf: Maler und Grafiker, geb. 8.12.1815 Breslau (Wrocław), gest. 9.2.1905 Berlin. – Der bedeutende deutsche realistische Maler besuchte zwischen 1840 und 1888 etwa zehnmal Dresden. Er interessierte sich besonders für die Barockarchitektur der Stadt und schuf zahlreiche Zeichnungen und einige Gemälde (z.B. vom verfallenden Nymphenbad im Zwinger), die zu den künstlerisch wertvollsten Dresden-Darstellungen des 19. Jh. gehören.

Merck, Johann Heinrich: Literaturkritiker und Schriftsteller, geb. 11.4.1741 Darmstadt, gest. 27.6.1791 Darmstadt. – M. studierte 1762/64 an der Dresdner Malerakademie. Graf BRÜHL hatte ihn als Direktor für die Gemäldegalerie vorgesehen. Der Plan wurde jedoch mit dem Tode des sächsischen Premierministers hinfällig. M. kunsttheoretische Anschauungen, wie sie später durch seine Kritiken in Christoph Martin WIELANDS einflußreichem «Teutschen Merkur» erkennbar wurden, sind wesentlich durch seine in dieser Zeit gewonnene Kenntnis der Dresdner Kunstsammlungen sowie durch seinen Kontakt mit Christian Ludwig von →HAGEDORN geprägt worden.

Meridiansäule: geodätisches Denkmal in Dresden-Rähnitz mit Erinnerungstafel an Wilhelm Gotthelf →LOHRMANN (Reliefporträt). – Die 10 m hohe Sandsteinsäule errichtete Lohrmann 1828 als nördlichen Sichtpunkt einer gedachten «Mittagslinie», die über das Observatorium auf dem Zwingerwall zu einer zweiten, nach 1844 wieder abgetragenen Säule in Rippien (südlich Dresdens) und weiter zum Kahleberg (Osterzgebirge) führte. Die mit ihrer Hilfe ausgeführten Vermessungen dienten der Vorbereitung eines sächsischen Grundsteuer-(Kataster-)systems.

Merkur-Bastion: →Stadtbefestigung

Meußlitz: linkselbischer Stadtteil, 1350 als Miselicz (slawisch: Ort eines Mysl) urkundlich erwähnt; ursprünglich Weiler mit Blockflur; 1922 zu →Großzschachwitz, mit diesem 1950 zu Dresden eingemeindet. – M. gehörte bis 1559 der Familie von KORBITZ und 1661 dem Johann Sigmund von LIEBENAU auf Zehista, dessen Grundherrschaft es bis 1832 angehörte. Obwohl nicht unmittelbar an der Straße nach Pirna gelegen, hatte M. unter Truppendurchzügen mehrfach, so 1634 und im Oktober 1813, zu leiden. Auf den sandigen Böden konnten vorwiegend Roggen, Gerste, Hafer und Kartoffeln angebaut werden. Wiesen standen nur in geringem Umfang zur Verfügung. – M. war nach Dohna eingepfarrt und kam 1897 zur Kirchgemeinde →Kleinzschachwitz. Die Kinder besuchten um 1840 in Kleinzschachwitz die Schule und erhielten 1900 ein eigenes Schulhaus im Ort. M. zählte 1867 nur 100 Einwohner und vergrößerte sich erst mit der Industrialisierung im Dresdner Raum. Seit 1900 entstanden Wohnsiedlungen in offener Bauweise in Richtung Zschieren und Zschachwitz. 1992 wurde an der Seidelbast- und Hartungstraße eine Wohnanlage mit sechs Stadtvillen und elf Reihenhäusern (Architekten BLATTMANN und OSWALD) bezogen.

Meynert, Hermann, Pseudonym *Janus*: Dichter, Journalist, geb. 1808 Dresden, gest. 1895 Wien. – M. lebte bis 1836 in Dresden. In seinem 1833 in Pößneck erschienenen «Charaktergemälde von Dresden grau in grau für alle, welche die Elbresidenz bewohnen oder kennenzulernen wünschen» gibt er eine bissige Charakteristik des «steifen und nüchternen Lebens», des Provinzialismus und der literarischen Cliquenwirtschaft in der Stadt («Marktflecken»). Das Buch war in Sachsen zeitweise verboten.

Michaelis, Johann Gottlieb: Naturwissenschaftler, geb. 4.6.1704 Dresden, gest. 9.12.1740 Dresden. – M. wurde nach dem Studium in Leipzig 1727 Kunstkammeradjunkt, 1737 Inspektor des Mineralienkabinetts und 1739 Kunstkämmerer. Er ist der Schöpfer des heutigen →Staatlichen Mathematisch-Physikalischen Salons (1727) und baute die erste Sammlung von Kreidefossilien aus dem Raum Pirna auf.

Mickiewicz, Adam: polnischer Dichter, geb. 24.12.1798 Zaosie b. Nowogrodek/ Litauen, gest. 26.11.1855 Konstantinopel. – M. besuchte Dresden erstmals im Juli 1829. Bei dieser Gelegenheit unternahm er auch einen mehrtägigen Ausflug in die Sächsische Schweiz. Ein zweiter Besuch folgte im August 1831. Während seines dritten Aufenthalts vom April bis Juni 1832 entstand der dritte Teil seines Dramas «Totenfeier».

Mickten: rechtselbischer Stadtteil, 1378 als Migtin (slawisch: Leute eines Mikota) urkundlich erwähnt, 1903 zu Dresden eingemeindet. – Der zum Platzdorf erweiterte Rundling der Micktener Bauern liegt nur 120 m von Altübigau entfernt auf einer hochwassergeschützten Anhöhe am Elbufer. Zwischen beiden lag bis zum 16. Jh. noch die Siedlung Borschen, die als Wüstung an M. fiel. Der Dorfplatz von M. mit Fachwerkgiebeln ist trotz des Großbrandes von 1823, bei dem 13 Güter abbrannten, und des Feuers von 1869 noch zu großen Teilen erhalten und steht unter Denkmalschutz. Das Vorwerk gehörte 1421 der Familie ZIEGLER, 1468 dem Bischof von Meißen und wurde später an die M.er Bauern verkauft. Bis in das 16. Jh. wurde M. als *Großmickten* bezeichnet und so von *Kleinmickten* unterschieden, das zwischen Groß-M. und Pieschen lag und nach 1529 Wüstung wurde. Die Felder beiderseits der Lommatzscher und Sternstraße fielen an Groß-M. Die Bauern betrieben auch Weinbau in der Ortsflur und auf eigenen

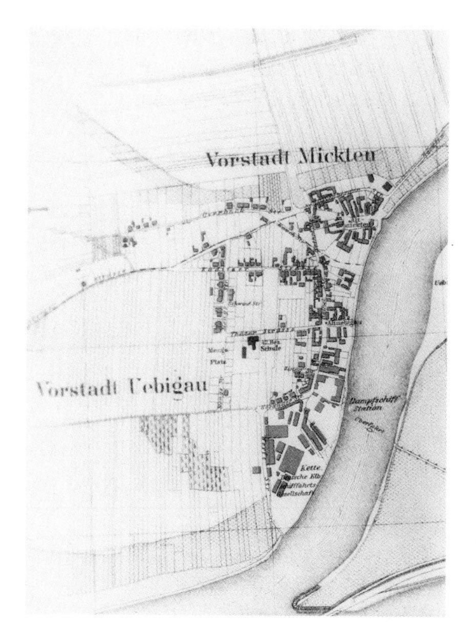

Weinbergen in der Oberlößnitz sowie Fischfang. Seit 1378 unterstand M. dem Amt Dresden, die Grund- und Gerichtsbarkeit lag beim Bistum, nach der Reformation beim Prokuraturamt Meißen, so daß es in M. bis 1836 zwei Amtsrichter gab. – M. entwickelte sich zum Arbeiterwohngebiet der Übigauer Industrie. Seit 1864 entstand beiderseits der Sternstraße *Neumickten*. Die Einwohnerzahl stieg von 169 im Jahre 1834 auf 3600 zur Jahrhundertwende. Nach der Brotfabrik «Saxonia», der Waffelfabrik der Gebrüder HÖRMANN und dem Sägewerk J. Lelansky siedelten sich in M. vor allem elektrotechnische Betriebe an. An die Lützowstraße (Franz-Lehmann-Straße) zog 1928 die Firma Cruse & Co., aus der das Elektroschaltgerätewerk entstand. Weitaus bedeutendster Betrieb war ➔Koch & Sterzel, der 1923 an der Washingtonstraße die Transformatorenproduktion aufnahm. Das Werk zählte nach 1945 zu den fünf größten Betrieben Dresdens (heute Siemens). – Das erste Haus außerhalb des Dorfkerns entstand 1804 an der ➔Leipziger Straße. Hier eröffnete Paul WATZKE 1900 das bekannte Ballhaus, das nach 1945 als Lager diente (Rekonstruktion 1993 begonnen). Von Watzkes Restaurant zur Schloßschänke Übigau verkehrte 1892 kurzzeitig ein Pferdeomnibus. Ab 1897 fuhr die Pferdebahn, ab 1899 die elektrische Straßenbahn durch die Leipziger Straße zum Straßenbahnhof M. Hier bestand seit 1899 der Umsteigepunkt zur schmalspurigen Lößnitzbahn nach Kötzschenbroda (seit 1934 Ortsteil von Radebeul), die bis 1930 auf die Dresdner Stadtspur umgestellt wurde. – Hochfluten verwüsteten die Felder von M. u.a. 1784 und 1920. Auf M.er und Kaditzer Flur wurde 1918/21 die ➔Flutrinne ausgehoben. Auf der 1927 errichteten, 132 m langen Flutrinnenbrücke im Zuge der Sternstraße erreicht die Straßenbahn das westliche M. – 1874 errichtete die Gemeinde eine eigene Schule an der Böcklin-/Ecke Scharfenberger Straße, 1899 die 41. Schule Hauptmannstraße. Kirchlich gehört M. zur ➔Emmauskirche Kaditz, besitzt jedoch seit 1938 an der Homiliusstraße ein eigenes Gemeindehaus. Im Türmchen befindet sich die 1480 gegossene Glocke der zerstörten Sophienkirche. – Die Häuser der Arbeiterwohnungsbaugenossenschaft von 1955/57 an der Lommatzscher Straße entstanden in traditioneller Bauweise. 1984/86 wurden an der gleichen Straße 414 Wohnungen in sechsgeschossiger Plattenbauweise errichtet. Für ein Gewerbegebiet auf den unbebauten Flächen nördlich der Flutrinne wurden 1993 Planungen begonnen.

Plan von Mickten. Um 1900
Dorf Mickten gegen Trachau. 1899. Aquarell

Militärbibliothek Dresden: Zentralbibliothek der Bundeswehr und gleichzeitig mit etwa 450 000 Bestandseinheiten größte deutsche Fachbibliothek auf dem Gebiet des Militärwesens. Sie befindet sich mit dem ➔Militärhistorischen Museum im ehemaligen ➔Arsenal am Olbrichtplatz in der Albertstadt. Ihre Sammlungsgebiete umfassen besonders die militärhistorische Forschung, aber auch Literatur zur Friedens- und Sicherheitspolitik, zu Kriegen und militärischen Konflikten der Gegenwart und zur allgemeinen historischen Forschung. – Die M. ging 1993 hervor aus der 1965 in Strausberg gegründeten und 1972 nach Dresden verlegten Militärbibliothek der DDR und der ehemaligen Zentralbibliothek der Bundeswehr in Düsseldorf. – Sie ist öffentlich zugänglich.

Militärhistorisches Museum Dresden: bedeutendes militärgeschichtliches Fachmuseum im ehemaligen ➔Arsenal am Olbrichtplatz. Mit seinen ca. 700 000 Sammlungsgegenständen (Uniformen, Bekleidungs- und Ausrüstungsgegenstände; Waffen und militärische Geräte;

Fahnen und Feldzeichen Orden und Ehrenzeichen; Malerei, Grafik und Plastik; Zinnfiguren) sowie Dokumenten- und Fotosammlungen repräsentiert es die deutsche Militärgeschichte vom Mittelalter bis zur Gegenwart. Darunter befinden sich auch Bestände des früheren Sächsischen Armeemuseums. – Hervorgegangen ist das M. aus dem 1961 in Potsdam gegründeten «Deutschen Armeemuseum», das 1972 umgestaltet und nach Dresden verlagert als «Armeemuseum der DDR» bis 1990 bestand. Danach wurde es vom Bundesministerium für Verteidigung übernommen und entsprechend seiner neuen Aufgabenstellung profiliert. Zum M. gehören auch die ständigen Ausstellungen zum Festungsbau und zum sächsischen Geschützwesen auf der Festung Königstein.

Mimosa-AG: →Fotoindustrie

Mineralwasseranstalt: →Struve, Friedrich Adolf August

Mingottisches Theater: im Zwingerhof für den venezianischen Opernunternehmer Pietro MINGOTTI (um 1702–1759) errichtetes kleines hölzernes Privattheater, das am 7. Juli 1746 eröffnet wurde, jedoch am 29. Januar 1748 nach der Abendvorstellung abbrannte und nicht wieder aufgebaut wurde. Das M. ist für die Dresdner Theatergeschichte bedeutsam, denn hier fanden erstmals unabhängig vom Hofe öffentliche Vorstellungen für das allgemeine Publikum statt.

Ministerhotel: →Saulsches Haus

Ministerialgebäude: →Finanzministerium; →Gesamtministerium

Mittelgasse: bis 1945 existierende Verbindung von der Gerbergasse (heutige →Theaterstraße) südwestwärts zur Stiftsstraße (heute Teil der Schweriner Straße). 1552 wurde sie als «Mittelgasse beym Queckbornn» bezeichnet. Im 16. Jh. reichte sie fast bis an die Ostra-Allee, wurde aber 1523 wegen Vergrößerung des →Herzogin-Gartens verkürzt. Den Namen führt sie, weil sie zwischen zwei parallellaufenden Straßen (Grüne Gasse und Palmstraße) lag. Außer dem ehemaligen Haugwitzschen/Carlowitzschen Garten hatte die M. keine nennenswerten Anlagen und Gebäude. Noch in der ersten Hälfte des 19. Jh. gehörte die M. zu den verrufensten Straßen der Stadt. 1867 wurde sie in Mittelstraße umbenannt.

Mitterwurzer, Anton Friedrich: Sänger (Bariton), geb. 12.4.1818 Sterzing/Tirol, gest. 2.4.1876 Döbling b. Wien. – Nach musikalischer Ausbildung in Wien, Bühnendebüt in Innsbruck und kleineren Engagements an österreichischen Provinztheatern kam M. 1839 ans Dresdner Hoftheater. Als einer der ersten und größten Wagner-Sänger sowie als besonders geschätzter Interpret von Partien aus Opern von GLUCK, MOZART, MARSCHNER und LORTZING gehörte er bis 1870 zu den «Hauptträgern» der Hofoper. Bis 1874 wirkte er an der Kirchenmusik der Hofkirche mit. – Bildnismedaillon am 1. Rang im Opernhaus.

Möckel, Gotthilf Ludwig: Architekt, geb. 22.7.1838 Zwickau, gest. 26.10.1915 Doberan. – M. gilt als einer der Hauptvertreter der Neogotik. Er kam 1875 nach Dresden und ging 1885 als Kirchenbaurat nach Mecklenburg. In Dresden baute er die →Johanneskirche (1874/78), die →Erlöserkirche (1878/80) und leitete den Umbau der →Briesnitzer Kirche. Seine von ihm selbst entworfene Dresdner Villa befindet sich in der Leubnitzer Straße.

Mockritz: linkselbischer Stadtteil am →Kaitzbach, 1350 als Mokerus (von slawisch: mokry, feucht) urkundlich erwähnt, Platzdorf mit Blockflur, 1921 zu Dresden eingemeindet. Zahlreiche archäologische Funde aus der Jungsteinzeit, der Lausitzer Kultur, der La-Tène-Zeit und aus slawischer Zeit weisen M. als siedlungsgünstigen Ort in der Lößlehmzone und in der Nähe der alten Verbindungswege nach Böhmen aus. M. unterstand in frühdeutscher Zeit dem Burgward Pesterwitz, im Ort befand sich ein Herrengut. Das vier Hufen umfassende Vorwerk nördlich der Boderitzer Straße schenkte der Dresdner Bürgermeister Lorenz →BUSMANN 1398 der Dresdner Kreuzkirche, die es dem Dresdner Religionsamt übertrug. Den südlichen Teil von M. tauschte 1481 der kurfürstliche Obermarschall Hugelt von SLINITZ mit dem Dekanat Meißen aus, das hier eine Sammelstelle für den Garbenzehnt der Bauern von Coschütz, Dölzschen, Kaitz, Löbtau, Räcknitz, Strehlen, Zschertnitz, Dresden und M. einrichtete. Diese Abgaben wurden erst 1839 abgelöst. 1349 wurde erstmals eine Mühle am Kaitzbach erwähnt, deren Besitzer die Brüder Heinrich und Hermann KARAS waren. 1621 ließ Kurfürst JOHANN GEORG I. zur Verstärkung der Wasserkraft für die Dresdner →Münze oberhalb der Mühle den *Münzteich* anlegen. Mit Kaitzbach, Mittlerem Ständer und Flutgraben besaß er drei Abflüsse. Die Stadt Dresden nutzte den Teich seit 1646 zur Fischzucht. 1882 kaufte der Engländer SHEIL die Teichanlagen, gründete die Dresdner Eiswerke und gewann aus dem Teich im Winter Eis, das in drei Scheunen aufbewahrt und im Sommer in Dresden verkauft wurde. Seine Bedeutung verlor der Münzteich nach 1920 durch die Herstellung von Kristalleis. 1925 kaufte Moritz HEGEWALD den Teich und baute ihn zum Familienbad um. Das Bad erhält sein Wasser aus den Tiefen Börnern, Quellen von 8°C. Neben dem Bad befindet sich ein Campingplatz. – M. gehörte 1572 zur Parochie der Frauenkirche und wurde 1674 nach Leubnitz eingepfarrt. Die Kinder besuchten bis 1892 die Leubnitzer Kirchschule. Der Schulverband M., Kleinpestitz, Räcknitz und Zschertnitz errichtete an der Südhöhe in M. die heutige, 1922/23 erweiterte 70. Grundschule. Bis 1850 war M. in das Rothäuser Jagdrevier in →Strehlen einbezogen. Für die Jagden wurden u.a. die Oster-(Ostra-)brücke an der Zschertnitzer/Gostritzer Straße und die Brücke oberhalb des Luftbades errichtet. Sie waren mit 2 m hohen Säulen markiert, von denen eine an der Westseite des Badgeländes erhalten ist (Kurschwerter mit der Zahl 61, aus dem Jahr 1751). – Bis um 1880 wurde am Südhang des Kaitzbachtales Wein angebaut. M. blieb im 19. Jh. ohne Industrie. Die ersten Wohnhäuser außerhalb des Ortskernes entstanden um 1890 für die Arbeiter der Zschertnitzer und Gostritzer Ziegeleien und Lehmgruben an der Südhöhe und östlich der Münzmeisterstraße. 1900/14 wurden Mietshäuser an der Münzmeisterstraße und zwischen Bad und Boderitzer Straße und vor dem Zweiten Weltkrieg vor allem Kleinhäuser an der Welschhufer und Rippiener Straße, am Bozener Weg und Richtung Kleinpestitz errichtet. Nach Zerstörung der Dresdner Innenstadt erhielt M. nach 1945 starken Zuzug (1946 ca. 2600 Einwohner). Mehrere Gehöfte von Altmockritz stehen unter Denkmalschutz.

Mohren-Apotheke: Die bis 1945 bestehende M. entstand 1703 vor dem →Pirnaischen Tor und wurde von Johann George KRÜGER als eine Art Versuchsapotheke eingerichtet. Es wird angenommen, daß sich die Apotheke seit 1721 «Am Festungsgraben» befand. Die bisherige Berechtigung wurde erst am 6. Oktober 1746 durch Kurfürst FRIEDRICH AUGUST II. in ein Privileg geändert. Seit dieser Zeit existiert der Name M., denn Krüger ließ in seine Mineralwasserflaschen einen Mohrenkopf einbrennen und führte diesen in seiner Petschaft. Im →Siebenjährigen Krieg wurde die M. mit der →Pirnaischen Vorstadt zerstört. 1762 errichtete man sie auf einer Brandstelle der Pirnaischen Straße neu. Die Verlegung der Apotheke zum →Pirnaischen Platz geschah erst nach 1833, denn der damalige Besitzer Heinrich →FICINUS ließ sich vom Bildhauer Ernst →RIETSCHEL zwei Mohren aus getöntem Sandstein fertigen, die rechts und links neben dem Eingang der Apotheke aufgestellt, ein deutlich sichtbares Wahrzeichen bildeten. Ende der zwanziger Jahre des 20. Jh wurde die M. unter Leitung von Prof. HOEGG rekonstruiert. Rietschels Mohren fanden in der Offizin ihre neue Aufstellung. Den äußeren Schmuck gestaltete der Bildhauer Georg →WRBA. Bis zur Zerstörung im Februar 1945 hatte die M. das größte Mineralwasserlager an in- und ausländischen Heilwässern aller Dresdner Apotheken. Als Paracelsus- und M. wurde sie bis 1956 in Striesen auf der Schandauer Straße interimsmäßig weitergeführt.

Mohrenthal, Peter Georg: Buchhändler und Verleger, geb. 14.4.1692 Zwolle (Holland), gest. 27.8.1754 Dresden. – Der gelernte Buchbinder eröffnete 1718 in der Großen Frauengasse einen «Bücher- und Disputations-Laden», zu dem ein Antiquariat, eine Leihbibliothek und das Verlagsgeschäft gehörten. Außerdem handelte M. mit mathematischen Instrumenten, Kunstgegenständen, Heilpflastern und Lotterie-Losen. Durch die Verbindung mit Johann Christian →CRELL, dessen vielseitige Publikationen bei M. erschienen, wurde der «Mohrenthalische Laden» zum zentralen Treffpunkt Dresdner Schriftsteller und der Mitarbeiter für das →Diarium Dresdense, die →Curiosa Saxonia und die →«Dresdnischen Merckwürdigkeiten». Sein Sohn Johann August Ferdinand M. (1730–1755) führte das Geschäft weiter, danach dessen Witwe, die es 1760 verkaufte. Sein letzter Besitzer mußte es 1783 schuldenhalber schließen.

Mönchswiesen: zwischen →Augustusbrücke und Wiesentorstraße an der Elbe gelegenes Rasenstück, das im Mittelalter M. genannt wurde, weil es zum ehemaligen →Augustinerkloster gehörte. Im 17. Jh. dienten die M. oder Elbwiesen als eingezäuntes Gelände zur fürstlichen Jagd. Nach dem Stadtbrand von →Altendresden entstanden Anfang des 18. Jh. an der Nordseite der M. verschiedene Sommerpalais mit schönen Gartenanlagen. Von hier malte Bernardo →BELLOTTO 1747 die Brühlschen Neubauten mit der Jungfernbastei. Zu Beginn des Siebenjährigen Krieges mußten 80 Dresdner Bäcker auf den M. in 27 eigens dafür eingerichteten Backöfen für die preußischen Truppen Kommißbrot backen. Seit Anfang des 19. Jh. wurden die M. als königliche Stallwiesen genutzt. 1890 entstand auf dem Gelände der M. die Anlage des →Königsufers, welches nach 1934 seine gärtnerische Ufergestaltung erhielt.

Montagsgesellschaft: 1845 vereinigte der Komponist Ferdinand HILLER eine progressive Künstlerschar zu einem «Kränzchen». Ab 1846 erweiterte sich der Kreis, der sich nunmehr jeden Montag im Restaurant «Engel» am →Postplatz traf. Die M. war nicht nur eine «debattierende Vereinigung geistreicher Leute», sondern eine gesellschaftliche Gruppierung mit fortschrittlichen Ideen, die vor allem von →WAGNER, →SEMPER, →RIETSCHEL und →KÖCHLY kamen. Noch vor dem Maiaufstand von 1849 löste sich die M. auf. Bereits im Herbst des gleichen Jahres versuchten Friedrich PECHT und HELBIG, sie wieder ins Leben zu rufen. Einstmals angesehene Mitglieder der M. fehlten, weil sie des Landes verwiesen oder eingesperrt worden waren. Zu den Persönlichkeiten, die sich wieder zusammenfanden, gehörten unter anderem Rietschel, →HÄHNEL, →GUTZKOW und →REINICK. Als neue Vereinsstätte wurde das «Café de la Ville de Milan» am →Jüdenhof gewonnen. Anläßlich eines Künstlerfestes im Jahre 1850 wurde das Fastnachtsspiel «Die Monumentskonkurrenz» aufgeführt. Bis zum erneuten Zerfall im Jahre 1870 hatte die M. 50 Mitglieder. Zu ihnen gehörte neben einzelnen auswärtigen Personen alles «was zur Creme der Dresdner Intelligenz und Bildung» zählte. Eine Neugründung der M. in den Jahren 1873/79 kam nicht mehr zustande.

Mordgrundbrücke: Straßenbrücke über den Stechgrund am Heiderand für die Bautzner Straße, 1420 urkundlich erwähnt. – Der Grund wurde bereits 1466 als «Mordtgrund» bezeichnet (wahrscheinlich nach altdeutscher Bezeichnung für Mark, Grenze). Die Brücke wurde 1587 in Stein, 1784 als Holzbrücke und 1828 wiederum als steinerne Brücke genannt. In der Nähe befindet sich die Napoleonschanze, die 1758 von den Preußen gegen die Österreicher aufgeworfen und 1813 als Beobachtungsposten genutzt wurde. Otto PETRENZ schuf um 1902 das Standbild des Centaur in der Nachbarschaft der M.

Moreau, Jean Victor: französischer General, geb. 11.8.1761 Morlaix, gest. 2.9.1813 Laun/Böhmen. – Der bedeutende Feldherr der Revolutionszeit und NAPOLEONS geriet 1804 in den Verdacht, an einer Verschwörung gegen den Kaiser beteiligt gewesen zu sein. Obwohl der Verdacht nicht bestätigt werden konnte, erhielt M. eine Gefängnisstrafe, die in Verbannung umgewandelt wurde. Im Frühjahr 1813 verließ M. die USA, wohin

Moreau-Denkmal

er sich begeben hatte, um einer Einladung des russischen Kaisers ALEXANDER I., mit ihm gemeinsam gegen Napoleon zu kämpfen, zu folgen. Als Generaladjutant Alexanders nahm M. an der →Schlacht bei Dresden teil. Am 27. August zerschmetterte ihm eine Kanonenkugel beide Beine, als er sich auf den Räcknitzer Höhen in unmittelbarer Nähe des russischen Kaisers befand. M. wurde daraufhin nach →Kleinpestitz («Moreauschänke») gebracht, später nach Nöthnitz, wo ihm beide Beine amputiert wurden. Von dort wurde er nach Laun transportiert, wo er verstarb. – An M. erinnert ein klassizistisches Denkmal auf den Räcknitzer Höhen, ein Syenitblock mit quadratischer Platte und einem griechischen Raupenhelm sowie einem Schwert und einem Lorbeerkranz (alles aus Eisenguß) darauf, 1814 nach einem Entwurf von Gottlob Friedrich →THORMEYER von Christian Gottlieb →KÜHN geschaffen.

Morettisches Theater: ehemaliges Theatergebäude im früheren Italienischen Dörfchen (heute Theaterplatz). Es wurde 1754/55 für den italienischen Impressario und Hofkomödianten Pietro MORETTI von Julius Heinrich →SCHWARZE und dem Hofzimmer- und Maschinenmeister Christian Gottlob REUSS (1716–1792) zunächst als Fachwerkbau und 1761 als Massivbau (350 Zuschauerplätze) errichtet. Das einst reizvolle kleine Rokokotheater kam 1780 in den Besitz des Hofes, wurde 1783 für über 800 Zuschauer erweitert, 1793 mit einer Vorhalle versehen und erst nach Errichtung des ersten Opernhauses von →SEMPER (→Opernhäuser) 1841 abgerissen. Wegen seines unzulänglichen baulichen Zustands von den Dresdnern Anfang des 19. Jh. «Schimmelpastete» genannt, war dieses *«Kleine Hoftheater»* (im Gegensatz zum PÖPPELMANNschen «Großen Opernhaus») u. a. Auftrittsstätte der Schauspielergesellschaften von Giovanni Battista LOCATELLI, Abel SEYLER und Josef SECONDA und die Wirkungsstätte von →MORLACCHI, →WEBER, →MARSCHNER, →REISSIGER und →TIECK.

Moritz: seit 1541 Herzog, 1547/53 Kurfürst von Sachsen, geb. 21.3.1521 Freiberg, gest. 11.7.1553 Sievershausen. – M., dem politisch bedeutendsten Wettiner, gelang es, im Ergebnis des Schmalkaldischen Krieges 1547 den Kurkreis mit der Kurwürde und andere Gebiete von den ernestinischen Wettinern zu erwerben. Das albertinische Sachsen wurde dadurch zur ersten protestantischen Macht und zum bedeutendsten Territorium nach den Gebieten der Habsburger im Reich. Die neue Stellung des Landes und seines Herrschers wirkte sich positiv auf den weiteren Ausbau und die wirtschaftliche und kulturelle Entwicklung der Residenzstadt aus. Schon 1546 hatte M. mit dem Bau einer gewaltigen, modernen Befestigungsanlage an Stelle der alten, größtenteils noch aus dem Mittelalter stammenden Stadtbefestigung begonnen. Nach 1548 wurde das Schloß bedeutend erweitert. Im selben Jahr wurde die «Hofcantorey», der Vorläufer der Dresdner Staatskapelle, gegründet. Das unter →GEORG in die Stadt einbezogene Gebiet um die Frauenkirche wurde neu gestaltet (Anlage des →Neumarkts, der späteren →Augustusstraße und der →Moritzstraße). M. übergab der Stadt auch umfangreiches ehemaliges Klostergut (→Reformation). 1550 setzte der Kurfürst die Einverleibung von →Altendresden nach Dresden durch und erweiterte zugleich das städtische Weichbild.

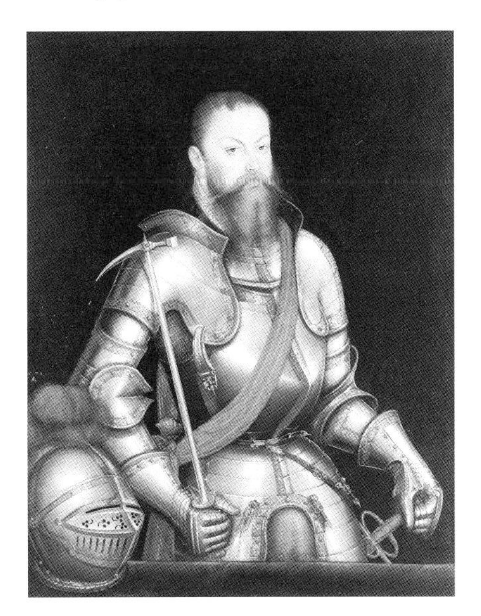

Moritzmonument: Sandsteindenkmal (Höhe 6 m, Breite 3 m) an der →Brühlschen Terrasse, das den Kurfürsten MORITZ von Sachsen darstellt, wie er seinem Bruder AUGUST das Kurschwert übergibt. Das von Hans →WALTHER 1555 geschaffene Werk ist das älteste erhaltene Denkmal Dresdens. Es zeigt neben den beiden Fürsten noch deren Frauen mit Wappen: links die Kurfürstin AGNES von Hessen in Witwentracht und rechts die Kurfürstin ANNA von Dänemark in modischer Hofkleidung. Das M. wurde ursprünglich an der Stelle der Dresdner Festungsmauer aufgestellt, wo der vom Kurfürst Moritz unvollendete Bau von Kurfürst August weitergeführt wurde. Mehrfach umgesetzt und restauriert (1818, 1871, 1895) erhielt das M. 1895 seinen heutigen Standort.

Kurfürst Moritz von Sachsen. Lucas Cranach d. J.
Morettisches Theater um 1800

Moritzstraße: Die bis 1945 bestehende, nach dem Kurfürsten MORITZ benannte Straße wurde 1548 angelegt und gehörte in älterer Zeit zu den repräsentativsten Straßen der Altstadt. Sie verlief vom Neumarkt zur →Großen Frohngasse bzw. nach dem Durchbruch der →König-Johann-Straße zu dieser. Anfangs trug die M. auch andere Namen: 1555 Newe Gasse in der Newe Stadt oder Junker- und Herrengasse, 1560 Moritzgasse, 1570 Obere oder Große M. (im Gegensatz zur mitunter auch als Kleiner M. bezeichneten →Augustusstraße), 1628 Marktstraße, nach 1650 nur noch M., im Volksmund allerdings manchmal irrtümlich Mohrengasse. Bis ins 18. Jh. war die M. bevorzugter Wohnsitz der Aristokratie (Adelspaläste, «Hotel de Saxe»). In der Gasse wohnte auch zuletzt Heinrich →SCHÜTZ. Im 16./17. Jh. befand sich hier die namhafte Druckerei →BERGEN. Im Siebenjährigen Krieg wurde die Bebauung der M. in Mitleidenschaft gezogen. 1801/15 wohnte Christian Gottfried →Körner im Haus M. 10. Im Mai 1849 spielten sich in der M. blutige Barrikadenkämpfe ab.

Morlacchi, Francesco: Dirigent, geb. 14. 6. 1784 Perugia, gest. 28. 10. 1841 Innsbruck. – M. hatte seine Kapellmeisterlaufbahn in Italien begonnen und war dort als Opernkomponist bekannt geworden, was 1810 zur Berufung an die Dresdner Hofkapelle führte, wo er 1811 die Anstellung als Kapellmeister auf Lebenszeit erhielt. In seiner dreißigjährigen Amtszeit erwarb er sich beachtliche Verdienste um die Kapelle und das Dresdner Musikleben (z. B. 1833 Aufführung von BACHS Matthäuspassion) und wurde auch als Kirchen- und Opernkomponist geschätzt. Musikgeschichtlich interessant ist sein jahrelanger Widerstand als Leiter der vom Hof begünstigten italienischen Oper gegen Carl Maria von →WEBER und die von diesem eingerichtete deutsche Oper. M. wohnte in der Seevorstadt (Am Tore 415).

Mosaikbrunnen, *Poelzig-Brunnen*: von dem Architekten Hans POELZIG (1869 bis 1936, 1916/20 Stadtbaurat in Dresden) entworfener, aus farbigen Keramik-Mosaiksteinen gestalteter Brunnen, der 1926 zur Jubiläums-Gartenbauausstellung in der Nähe des östlichen Eingangs zur Hauptallee im Großen Garten aufgestellt wurde.

Mosczinska-Garten: ehemaliger Rokokogarten zwischen Bürgerwiese und Sidonienstraße, der im 18. Jh. zu den bedeutendsten Gartenanlagen Dresdens gehörte. Der um 1650 vor dem Dohnaischen Schlag angelegte Garten wurde 1684 von Wolf Caspar von →KLENGEL erworben, dessen Tochter ihn 1742 an Friederike Alexandriane MOSCZINSKA (1709–1784) verkaufte, einer Tochter AUGUSTS DES STARKEN und der Gräfin COSEL. Der Oberlandbaumeister Julius Heinrich →SCHWARZE gestaltete den 400 m langen und 130 m breiten Garten mit ornamentalen Beeten und Rasenparterres, mit zierlichen Hecken und Laubengängen, geschwungenen Wasserbecken, Grotten und Pavillons aus leichtem Lattenwerk, Wasserkünsten, Schaukeln und anderen Belustigungen für Besucher, zahlreichen Sandsteinfiguren, (z. B. von Lorenzo →MATTIELLI) sowie künstlich erhöhten Aussichtspunkten zu einer vollendeten französischen Gartenanlage, die jedermann zugänglich war. Von der Bürgerwiese aus führte eine Lindenallee (heutige Lindengasse) in der Mitte des Gartens zu dem am Südende gelegenen →Palais Mosczinska, das ebenfalls von Schwarze errichtet worden war. In der zweiten Hälfte des 18. Jh. gestaltete man die nordwestliche Ecke in den englischen Parkstil um, der hier zum ersten Mal in Dresden anzuschauen war. Ab 1794 kam das Grundstück in bürgerlichen Besitz und wurde im August 1813 bei der Beschießung und Erstürmung der französischen Schanze vor der Südostecke des Gartens stark zerstört. Im Lauf des 19. Jh. wurde der M. in einzelne Grundstücke aufgeteilt und bebaut. Die Mosczinskystraße erinnert noch an den M.

Moritzmonument
Francesco Morlacchi

Mosczinska-Palais: →Palais Mosczinska

Mosen, Julius: Jurist, Schriftsteller, Dramatiker, geb. 8. 7. 1803 Marieney/Vogtl., gest. 10. 10. 1867 Oldenburg. – Der literarisch zwischen Romantik und «Jungdeutschen» stehende M. lebte 1834/44 in Dresden (Frauenstraße, Sommerhaus in Strehlen). Durch den Kreis, der sich um M. bildete (u. a. Theodor →ECHTERMEYER, Arnold →RUGE, Michail →BAKUNIN, Hermann →KÖCHLY) erhielt die literarisch-politische Szene Dresdens in der Zeit des Vormärz eine besondere Bedeutung. – Mosenstraße in Dresden-Striesen.

Moßdorf, Bernhard: Jurist, geb. 6. 1. 1802 Dresden, gest. 14. 11. 1833 Königstein. Als Dresdner Advokat wurde er 1831 Mitglied des neugegründeten →Bürgervereins, der bald das Zentrum der Opposition gegen die Politik LINDENAUS bildete. Im April 1831 veröffentlichte M. einen Verfassungsentwurf (Constitution, wie sie das sächsische Volk wünschte), der ein Alternativprogramm gegen die bestehende Staatsform darstellte. Daraufhin wurde er als «Haupträdelsführer» der entstandenen Unruhen verhaftet und zu 15 Jahren Festungshaft auf dem Königstein verurteilt, wo er angeblich durch Selbstmord starb.

Mozart, Wolfgang Amadeus: Komponist, geb. 21. 1. 1756 Salzburg, gest. 5. 12. 1791 Wien. – Als Begleiter des Fürsten LICHNOWSKI auf einer Reise von Wien nach Berlin kam M. am 12. April 1789 in Dresden an und fuhr am 18. April nach Leipzig weiter. Durch die Prager Sängerin Josepha DUŠEK (1754–1834) und den Kriegssekretär Johann Leopold NEUMANN (geb. 1748) wurde M. in die musikliebenden Kreise Dresdens eingeführt. Er logierte im →Hotel de Pologne, in dessen Saal er am 13. April bei der Aufführung eigener Kammerwerke mitwirkte. Am gleichen Tag hatte er eine Messe von Johann Gottlieb →NAUMANN gehört (von M. als «sehr mittelmäßig» eingeschätzt). Am 14. April brachte er bei Hofe erstmals sein Klavierkonzert D-dur (KV 537, sogenanntes «Krönungskonzert») zu Gehör. Am 15. April fand ein Wettstreit auf der Orgel der Hofkirche und auf dem Klavier beim russischen Gesandten mit dem damals sehr berühmten Erfurter Organisten Wilhelm HÄSSLER (1747–1822) statt, außerdem besuchte M. die Oper, die er «wahrhaft elend» fand. Am 16. und/oder 17. April war M. zu Gast bei der Familie Christian Gottfried →KÖRNERS am Kohlmarkt, wo ihn die Schwägerin Körners, Dora STOCK (1760–1832), mit Silberstift porträtierte. – Mozart-Denkmal von Hermann HOSÄUS (1875–1958) auf der Bürgerwiese (1907 enthüllt, 1945 teilzerstört und entfernt, 1991 wieder aufgestellt); Mozartstraße südlich vom Großen Garten.

Mozart-Verein zu Dresden: im Januar 1896 von Dresdner Musikern und Musikfreunden gegründeter Verein, der sich vorwiegend für die Pflege Mozartscher Musik einsetzte und mit eigenen Konzertveranstaltungen durch sein *Mozart-Orchester* wesentlich das Dresdner Musikleben in der ersten Hälfte des 20. Jh. bereicherte. Er ging aus dem Dresdner Zweigverein der Salzburger Stiftung Mozarteum hervor und hatte um 1900 rund 1600 Mitglieder. Die Konzerte fanden häufig im 1897 erbauten eigenen Vereinshaus statt. Der M. regte die Errichtung des von ihm finanzierten Mozart-Denkmals auf der Bürgerwiese an. →Mozart.

Fragmente des zerstörten Mozartdenkmals

Mühlen: Zur Versorgung der Stadt mit dem wichtigsten Nahrungsmittel Mehl wurden eine Reihe von Mühlen angelegt, wobei man die Naturkräfte Wasser und Wind, aber auch die Muskelkraft von Tieren ausnützte (sogenannte Roßmühlen). Die ältesten Wassermühlen Dresdens standen an der →Weißeritz (einschließlich →Weißeritzmühlgraben), am →Kaitzbach und an der →Trille. Die M. der Weißeritz dienten nicht nur als Getreidemühlen, sondern auch technischen Zwecken (→Pulvermühle, →Spiegelschleife, →Kanonenbohrwerk u. ä.). An der Weißeritz bei Plauen befand sich auch die älteste nachweisbare Mühle des jetzigen Stadtgebietes. Sie wird schon 1366 erwähnt, diente ab 1541 den Tuchmachern als Ratswalkmühle und ab 1571 dem Kurfürsten als Hofmühle (→BIENERT, Gottlieb Traugott). 1378 werden schon 12 Mühlenwerke genannt. Die bedeutendsten Weißeritzmühlen waren später die Buschmühle (auf dem Gelände der späteren →Felsenkellerbrauerei), die Garnisonmühle, die kurfürstliche Neumühle (später von der Weißbäckerinnung gepachtet), die Königsmühle, die Kunadmühle, die →Nudelmühle und die 1500 vom Herzog ALBRECHT eingerichtete Papiermühle. 1527 erkaufte der Rat der Stadt die vor dem Wilsdruffer Tor gelegene Dammühle. Zu ihrer Verwaltung wurde extra ein Mühlamt unter einem Mühlherrn eingerichtet. Große Bedeutung hatte die 1520 erbaute Amtsmühle (in der Nähe der Annenkirche), die aus einer Mühle der Dresdner Bäckerzunft hervorging (deshalb auch Bäckermühle). Sie übte später den Mahlzwang über die Stadt Dresden und verschiedene Vororte aus. Wegen Baufälligkeit wurde sie 1818 abgebrochen, wieder aufgebaut und erst 1927 stillgelegt. Zu den Wassermühlen *(Schiffsmühlen)* der Elbe gehörte die ungefähr in Höhe der Erfurter Straße liegende Neudorfer Schiffsmühle, die nach der Mühlenordnung von 1661 den Mahlzwang über Pieschen, Trachau und Mickten ausübte. Sie wird noch 1874 genannt. Weitere Schiffsmühlen waren in Laubegast, Pieschen, Trachau und Übigau verankert. Das Wasser der Trille trieb sechs Mühlen, darunter die Hentschelmühle (später «Rote Amsel», →LEONHARDI, Eduard) und die Vetternmühle, in der ab 1854 die Chemische Fabrik von Leonhardi eingerichtet wurde. Am Kaitzbach standen noch im 19. Jh. sechs Mühlen, dazu gehörten die Ehrlich-, die Claus- und die Köhlermühle. Innerhalb der Festung stand eine Windmühle, (1505 von Wolf RAUCHHAUPT gebaut) ungefähr dort, wo später das →Coselpalais erbaut wurde. Sie wurde 1571 abgebrochen und per Schiff nach Torgau überführt. Windmühlen standen z. B. auch auf einem Hügel in der Nähe der Huttenstraße und Wormser Straße in der Johannstadt; heute erinnert die Gaststätte «Zum Windmühlenberg» an sie. Am Ende des 19. Jh. wurden die meisten Mühlen stillgelegt, in Gaststätten umgewandelt (z. B. die →Heidemühle an der Prießnitz und die Keppmühle im →Keppgrund) oder zu Industriebetrieben umgebaut. Sie wurden durch Großmühlen abgelöst, deren Walzenstühle anfangs mit Dampf, später mit Elektromotoren betrieben wurden.

Mühlentor: →Badertor

Müller: 1. *Adam*, konservativer Philosoph, Ökonom und Publizist, geb. 30. 6. 1779 Berlin, gest. 17. 1. 1829 Wien. – M. hielt sich 1805/09 in Dresden auf. 1808 gab er hier zusammen mit Heinrich von →KLEIST die Zeitschrift «Phöbus» heraus. Im Hause des Carl Adolf von CARLOWITZ hielt M. philosophisch-ästhetische Vorlesungen; 1806 «Vorlesungen über deutsche Wissenschaft und Literatur», 1807/08 Vorlesungen «Von der Idee der Schönheit» sowie über dramatische Kunst. Vor allem hielt er aber in Dresden jene 36 Vorträge, die in Berlin als «Elemente der Staatskunst» veröffentlicht wurden und sein Hauptwerk darstellen. Zusammen mit Kleist versuchte er in Dresden vergeblich, eine Buchhandlung zu gründen. M. wohnte 1809 in der →Loch-(gasse) und zuvor im Hause des Landrats Peter Boguslaw von HAZA. –

2. *Christian*, Verfasser des Reisebuches «Wanderung von St. Petersburg nach Paris im Jahre 1812». In dem 1815 in Mainz erschienenen zweiten Band schildert der Verfasser seinen Aufenthalt in Dresden Mai/Juni 1812. Neben der Beschreibung der Stadt und ihrer Umgebung enthält das Buch Berichte über den Aufenthalt →NAPOLEONS in der Stadt und das «einförmige» gesellschaftliche Leben in Dresden, was er dem negativen Einfluß des Hofs zuschreibt. In bezug auf die Bauwerke und Sammlungen ist die Stadt für ihn jedoch «Deutschlands Athenä für die Kunst ...» –
3. *Johann Benjamin*, Hofmaler, geb. 1719, gest. 1789. – Der Schüler von Johann Baptist →GRONE malte in Dresden die Decke der →Annenkirche (1768/69), die Decke in der Kapelle des Josephinenstifts in der Großen Plauenschen Gasse und die Saaldecke im →Palais der Sekundogenitur. –
4. *Wilhelm*, auch «Griechen-Müller» Lyriker, Essayist, Reiseschriftsteller, geb. 7. 10. 1794 Dessau, gest. 30. 9. 1827 Dessau. – M. hielt sich mehrmals in Dresden auf (1820, 1823, 1824 und 1825/26). Sein früher Tod vereitelte seinen Plan, sich ständig in der Stadt niederzulassen. M. war in Dresden u. a. mit Elisa von der →RECKE, Carl Maria von →WEBER und Ludwig →TIECK befreundet. 1820 hatte er auch hier den Dramatiker Karl von HOLTEI kennengelernt. – Wilhelm-Müller-Straße in Dresden-Briesnitz.

Müller-Brunnen: an der Westseite des F.-C.-Weißkopf-Platzes in Dresden stehender Brunnen, der an den Dichter Wilhelm →MÜLLER erinnert und 1902 eingeweiht wurde. Die von Robert →HENZE geschaffene Bronzefigur eines wandernden Müllerburschen wurde 1942 für Kriegszwecke abmontiert und 1986 durch eine Kopie ersetzt. Der Unterbau mit phantasievoller Ornamentik, Wasserspeiern und dem eingemeißelten Liedtext «Das Wandern ist des Müllers Lust» stammt von den Architekten Wilhelm →LOSSOW und Hermann VIEHWEGER.

Blick von der Brühlschen Terrasse in die Münzgasse. 1937
Bürgerhaus Hauptstraße 13 Kügelgenhaus

Münze: Münzwerkstätte (Regalinstitut am Ort des Regierungssitzes) zur Herstellung von Zahlungsmitteln und Gedenkmünzen. 1311 wird in Dresden erstmals urkundlich ein «Nicolaus quondam magister monetae» (Münzmeister) erwähnt. Die zu den →Ratsgeschlechtern gehörende Familie MÜNZMEISTER hat ihren Namen vom ursprünglichen Geschäft oder Amt, der Besorgung der städtischen M. oder der Verwaltung des Münzwesens angenommen. 1556 verlegte man den Münzhof von der alten →Kreuzkirche in ein neues Münzgebäude nebst Schmelzhaus an das →Elbtor. Der Antrieb der Münz-, Poch- und Göpelwerke geschah durch den →Kaitzbach, der über den Mockritzer Teich (Münzteich) für den nötigen Wasserzufluß sorgte. Seit etwa 1720 gehörte auch der Silberhammer in der →Ostra-Allee zur M. Wegen des Baus der Kath. Hofkirche wurde sie 1737 hinter die →Frauenkirche an den Zeughof verlegt. Das hier durch Pferde angetriebene Göpelwerk nannte man die «Roßkunst». 1887 wurde die Dresdner M. nach Muldenhütten überführt. – Münzgasse; Münzmeisterstraße und Münzteichweg in Mockritz.

Münzgasse: Sie verläuft von der Brühlschen Terrasse bis zur Frauenkirche und wurde unter Kurfürst MORITZ angelegt. Bis 1849 hieß sie Newe bzw. Große Fischergasse (da zur alten Fischergemeinde gehörend). Den Namen M. erhielt sie nach der seit 1737 hinter der Frauenkirche gelegenen kurfürstlichen Münzstätte (1887 abgebrochen). Früher war die M. Zentrum des Prostituiertenviertels. Die Anlage der Treppe zur Brühlschen Terrasse 1843 führte zur Belebung auch der M. 1987/90 erfolgte die Neubebauung der M., deren Häuser 1945 völlig zerstört worden waren.

Münzkabinett: zu den →Staatlichen Kunstsammlungen gehörende Sammlung von rund 250 000 Münzen, Medaillen, Orden, Banknoten, Petschaften, Stempeln und münztechnischen Geräten von der Antike bis zur Gegenwart im Gebäude des ehemaligen Kunstgewerbemuseums in der Güntzstraße mit Ausstellungsraum im →Albertinum. Die Anfänge des M. gehen im 16. Jh. auf Herzog GEORG zurück, unter Kurfürst AUGUST wurde es der →Kunstkammer angegliedert und wesentlich bereichert, nicht zuletzt durch den Aufschwung des sächsischen Silberbergbaus. Ende des 17. Jh. wurde die Münzsammlung neu aufgestellt und vor allem unter Kurfürst FRIEDRICH AUGUST I. und seinem Sohn durch Ankäufe bedeutender Privatsammlungen ergänzt. Auch nach seiner Unterstellung unter staatliche

Verwaltung im Jahre 1831 setzte und setzt man die Sammeltätigkeit kontinuierlich fort, womit das M. heute nicht nur zur drittgrößten deutschen Münzsammlung geworden ist, sondern auch zu einem bedeutenden Zentrum numismatischer Forschung. – Mit der Bildung von Spezialmuseen wurde das M. 1728 vom Regimentshaus am Jüdenhof Nr. 1 in den Zwinger verlagert. 1786/1877 fand es seine Unterkunft im →Japanischen Palais, danach im Schloß und 1911/45 in eigenen Räumen im →Kanzleihaus. 1945 wurde die Sammlung ohne Kriegsverluste von sowjetischen Truppen in die Sowjetunion gebracht, von dort 1958 wieder nach Dresden zurückgeführt.

Museum für Geschichte der Stadt Dresden: →Stadtmuseum

Museum für Kunsthandwerk: →Kunstgewerbemuseum Dresden

Museum für Sächsische Volkskunst: zu den →Staatlichen Kunstsammlungen gehörende und im ehemaligen →Jägerhof untergebrachte Sammlung von 17 000 volkskundlichen Arbeits- und Gebrauchsgegenständen, Trachten, Keramiken, Möbeln, Schnitzerereien und Spielzeug aus Sachsen, überwiegend der Lausitz, dem Erzgebirge und dem Vogtland. – Angeregt durch die Vorbereitung auf die «Ausstellung des sächsischen Handwerks und Kunstgewerbes» (1896) wurde 1897 der *«Verein für sächsische Volkskunde»* gegründet, der u.a. die Errichtung eines volkskundlichen Museums in Dresden beschloß, eines der ersten im deutschsprachigen Raum. Mit der Sammeltätigkeit und dem Aufbau wurde der Kunstprofessor Oskar →SEYFFERT beauftragt, unter dessen rastloser Tätigkeit die Bestände rasch anwuchsen. Kleinere Teile davon wurden im Palais im Großen Garten bzw. auf Sonderausstellungen gezeigt, bis dem Museum nach langwierigen Verhandlungen im Jahre 1912 der Restteil des Jägerhofs zur Nutzung übergeben wurde. Dort eröffnete man am 6. September 1913 feierlich das *«Landesmuseum für sächsische Volkskunst»* mit etwa 8000 Exponaten. Bei der Aufstellung der Stücke wurde besonders Wert auf volkskundliche Zusammenhänge gelegt (Anordnung in «Stuben»). 1923/1949 war der →«Landesverein sächsischer Heimatschutz» Träger des Museums, das 1927/49 den Namen *«Oskar-Seyffert-Museum»* führte. 1944 war die Sammlung auf fast 30 000 Stücke angewachsen, wovon ein großer Teil ausgelagert worden ist (vorwiegend im Schloß Weesenstein). 15 Prozent der Bestände verbrannten beim Bombenangriff im Februar 1945 mit der Zerstörung der beiden Obergeschosse des Jägerhofs. Bereits im Dezember 1945 konnte das Erdgeschoß der Öffentlichkeit wieder zugänglich gemacht werden. Vom 30. März 1950 an übernahm das Land Sachsen das Museum, das im Mai 1950 als *«Staatliches Museum für Volkskunst»* mit etwa 10 600 Ausstellungsstücken wiedereröffnet wurde. Als erstes der zerstörten Dresdner Museen konnte es unter der Leitung von Reinhold →LANGNER (1905–1957) in den fünfziger Jahren wieder vollständig erbaut und neu eingerichtet werden, wobei es als «Zentrum lebendiger Volkskunstpflege» bis in die Gegenwart hinein durch zahlreiche Sonderausstellungen aktiv auf die zeitgenössische Volkskunstbewegung Einfluß nimmt (1956/85 rund 120 Ausstellungen). Seit 1968 ist es als «Museum für Volkskunst» Bestandteil der Staatlichen Kunstsammlungen. Die 1952 dem Museum angegliederte →Puppentheatersammlung wurde 1971 zu einem selbständigen Direktionsbereich innerhalb der Staatlichen Kunstsammlungen.

Museum zur Dresdner Frühromantik: dem →Stadtmuseum Dresden zugeordnete Ausstellung im «Kügelgenhaus» an der Hauptstraße. – Das barocke Haus, wegen seiner Inschrift an der Straßenfront auch «Gottessegen» genannt, wurde 1699 errichtet, überstand die Zerstörungen von 1945 als eines der wenigen Bürgerhäuser der Inneren Neustadt und wurde 1979 rekonstruiert. In der zweiten Etage wohnte 1808/20 der Maler Gerhard von →KÜGELGEN, dessen Sohn Wilhelm später in den «Jugenderinnerungen eines alten Mannes» das Leben im «Gottessegen» beschrieb. Das Haus wurde von zahlreichen Persönlichkeiten der Napoleonischen Zeit bzw. der Romantik besucht. Das 1981 eröffnete Museum stellt mit der bürgerlichen Geistesbewegung von 1789 bis 1830 eine bedeutende Epoche des Dresdner Kulturlebens dar. In neun Räumen werden u.a. die Freundeskreise um Kügelgen, Christian Gottfried →KÖRNER und Caspar David →FRIEDRICH, das Treffen der Frühromantiker von 1798 in Dresden und Malerei und Musik der Dresdner Romantik vorgestellt. Das Atelier Kügelgens wurde nach einem Gemälde Georg Friedrich →KERSTINGS aus dem Jahre 1811 nachgestaltet.

Musikfestspiele: →Dresdner Musikfestspiele

«Mutter Unger»: ehemaliges historisches Weinrestaurant in der Friedrich-Wieck-Straße in Loschwitz. Es befand sich in zwei einstöckigen, im 18. Jh. erbauten Fachwerkhäusern und war in der zweiten Hälfte des 19. und zu Beginn des 20. Jh. ein beliebter Treffpunkt Loschwitzer und Dresdner Künstler. Der Name stammt vom ersten Gastwirt, dem Böttgermeister Carl Gottlieb UNGER, der um 1835 die Schankgenehmigung erhalten hatte. Im Schankraum der bis 1970 betriebenen Weinstube befanden sich neben anderen Kunstwerken auch zwei Kleinplastiken des Wirtspaares Unger.

«Mutter Vogel»: ehemaliges Lokal in Gostritz, das 1861 als «Gasthof Gostritz» eröffnet wurde und 1891 nach der Wirtin, der «Studentenmutter» Ida VOGEL umbenannt wurde. Die wegen ihres abwechslungsreichen Mittagstisches beliebte Gaststätte war in der ersten Hälfte des 20. Jh. ein bekannter Studententreffpunkt. Sie wurde bis 1965 bewirtschaftet.

Napoleon I. Bonaparte: Kaiser der Franzosen, geb. 15. 8. 1769 Ajaccio/ Korsika, gest. 5. 5. 1821 St. Helena. – N. hielt sich wiederholt in Dresden auf. Während seines ersten Aufenthalts auf der Rückreise von Preußen nach Paris vom 17. bis 22. Juli 1807, der von zahlreichen Festlichkeiten begleitet war, lernte er seinen neuen Verbündeten, den nunmehrigen König FRIEDRICH AUGUST I. kennen. Vom 16. bis 28. Mai 1812 ließ sich N., der von einem großen Gefolge begleitet wurde, vom österreichischen Kaiser FRANZ I., vom preußischen König →FRIEDRICH WILHELM III., dem sächsischen König und anderen Fürsten in der Stadt huldigen, bevor er nach dieser Demonstration seiner Macht zu seiner Armee nach Polen reiste, um den Feldzug gegen Rußland zu beginnnen. Bei beiden Besuchen wohnte der französische Kaiser im Schloß. Nach der katastrophalen Niederlage der französischen Armee in Rußland war N. den Resten seines Heeres nach Westen vorausgeeilt. Im Schlitten reisend, traf er am 14. Dezember 1812 heimlich bei seinem Dresdner Gesandten Baron de SERRA im →Palais Loß in der Kreuzstraße ein. Dort traf N. noch in der gleichen Nacht mit dem sächsischen König zusammen. Am nächsten Morgen verließ N. die Stadt gen Westen. Am 8. Mai 1813 betrat der Kaiser erneut die Stadt, dieses Mal als Sieger nach der für die Franzosen erfolgreichen Schlacht bei Lützen. Am 18. Mai verließ er Dresden, um die Verbündeten auch aus dem östlichen Sachsen zu drängen. Nach der für ihn siegreichen Schlacht bei Bautzen und dem darauffolgenden Abschluß des Waffenstillstandes mit den Verbündeten schlug der Kaiser sein Hauptquartier in Dresden auf. Am 10. Juni bezog er das →Marcolini-Palais (das spätere Friedrichstädter Krankenhaus). Hier führte er auch am 28. und 30. Juni 1813 die zwei bekannten ergebnislosen Unterredungen mit METTERNICH, die den Eintritt Österreichs auf die Seite der Verbündeten nach Ablauf des Waffenstillstandes und damit die entscheidende Kriegswende zur Folge hatten. Am 15. August verließ N. Dresden, um BLÜCHERS Armee in Schlesien zu schlagen. Als aber am 23. August die Hauptarmee der Verbündeten unter SCHWARZENBERG von Böhmen heranzog und am 24. August die südlichen Vororte Dresdens erreicht hatte, kehrte der Kaiser mit dem Großteil seines Heeres um und schlug die Verbündeten in der →Schlacht bei Dresden am 26./27. August 1813. Während dieses letzten Aufenthaltes in Dresden wohnte N. wiederum im Schloß. Bevor er am 7. Oktober 1813 die Stadt endgültig verließ, unternahm er von hier aus mehrmals militärische Aktionen in Richtung Böhmen und Lausitz.

Napoleonstein: →Schlacht bei Dresden 1813

«Narrenhäusel»: ehemalige historische Gaststätte gegenüber vom Blockhaus am Neustädter Brückenkopf der Augustusbrücke. Sie wurde 1935/36 in dem früheren – auch «Brille» genannten – Wohnhaus des Hofnarren Joseph →FRÖHLICH eingerichtet, wonach sie ihre Bezeichnung trug. Beim Bombenangriff am 13./14. Februar 1945 brannte sie aus und wurde 1950 abgerissen. Heute befindet sich dort ein Gartenrestaurant.

Narrenhäusel

Nationalgarde: Einrichtung des städtischen Militärs, die während der Napoleonischen Kriege notwendig wurde, um wegen der häufigen Abwesenheit der regulären Truppen die Sicherheit der Stadt aufrechtzuerhalten. Die N. wurde am 6. Mai 1809 aus dem Korps der Bogenschützen, Mitgliedern der Kaufmannschaft, den Chirurgen und den Gold- und Silberarbeitern gebildet und hatte anfangs eine Stärke von 240 Mann. Der sächsische König erkannte nach seiner Rückkehr aus Frankfurt/Main am 11. August die N. nachträglich an und beauftragte den General THIELEMANN mit deren Organisation. Trotz des Protests der Mitglieder der N. wies man ihr von Anfang an neben polizeilichen Funktionen auch militärische zu (Verteidigung der Stadt). Die mittlerweile 800 Mann starke Truppe wurde in 9 Kompanien (einschl. einer reitenden) eingeteilt. Als Uniform trug die N. dunkelblauen Rock und weiße Hosen. Die Bewaffnung bestand aus Gewehr und Säbel. Am 19. Oktober 1809 erfolgte auf dem Altmarkt die feierliche Vereidigung und Parade der N. vor dem König. 1810 bestand die N. aus 1000 Mann und wurde dem Gouverneur von Dresden unterstellt. Seit 1812 waren alle Bürger unter 60 Jahren, außer Beamten, Gelehrten, Künstlern, Lehrern und Adligen, grundsätzlich zum Dienst in der N. verpflichtet. Die N., die ständig mit Ausrüstungsproblemen zu kämpfen hatte, wurde besonders zwischen 1812 und 1814 aufgrund der ständigen Truppendurchzüge zum Dienst herangezogen. Im Zusammenhang mit der Gründung der →Kommunalgarde bei der Einführung einer Verfassung in Sachsen wurde die N. 1830 aufgelöst.

Naturraum: Nicht jede Großstadt kann sich eines solchen Reichtums unterschiedlicher Landschaftsformen inner- und außerhalb der Stadtgrenzen rühmen wie Dresden. Seit den frühen Vedoutenmalern bevorzugten Künstler als Motiv der Stadt am Strom den harmonischen Zusammenklang von Architektur, Fluß und umgebenden Höhenzügen. Die von Standort zu Standort wechselnden Sichtbeziehungen reichen weit über die Stadtgrenzen hinaus zu den Rebenhängen der Lößnitz, den Tafelbergen der Sächsischen Schweiz und den Höhenstufen des Osterzgebirges. Künstler und Gelehrte priesen Dresdens bevorzugte Lage. Heinrich von KLEIST beschrieb in einem Brief an Wilhelmine von ZENGE im Jahre 1801 die «große feierliche Lage, in der Mitte der umkränzenden Elbhöhen, die, in einiger Entfernung, als ob sie aus Ehrfurcht nicht näher zu treten wagten, es (Dresden) umlagern». Und der Geograph Ernst NEEF empfindet 1976: «Von welcher Seite wir auch kommen, welchen Aussichtspunkt wir auch wählen mögen – immer tritt uns ein Reichtum an

Formen, Farben, Beleuchtungseffekten, anmutig geschwungenen Linien und bei näherer Betrachtung an reizvollen Details entgegen.» – Dresden liegt inmitten der 40 km langen und bis zu 20 km breiten *Elbtalweitung* zwischen Pirna und Meißen. Sie bildet den am stärksten tektonisch geformten und klimatisch begünstigten Naturraum der sächsischen Gefildelandschaft und ist Teil einer erdgeschichtlichen Störungszone, die das Erzgebirge vom Lausitzer Granitmassiv trennt und sich im Elbsandsteingebirge fortsetzt. Vom Norden reichen eiszeitlich geprägte Flachlandschaften über das Moritzburger Teichgebiet bis in die nördlichsten Stadtteile, während die Südhöhen der Stadt bereits den Übergang zur Mittelgebirgsschwelle bilden. Das nahe Elbsandsteingebirge mit seinen in Mitteleuropa nahezu einzigartigen bizarren Felstürmen und -klammen sowie die nur 40 km entfernten, bis zu 900 m hohen Kammlagen des Erzgebirges ließen die Stadt zu einer Hochburg des Wanderns, Bergsteigens und Wintersports werden. – Die Elbe bildet die Hauptachse der *Elbtalniederung*, in der die Schwemmfächer der Nebenflüsse Weißeritz und Prießnitz den Fluß zu weitausholenden Bögen gezwungen haben. Als breite Grünzone durchzieht die Wiesenaue der Elbe die Stadt, nur im Stadtzentrum streckenweise durch Bebauung unterbrochen. Mehrere alte Elbarme blieben im Stadtgebiet z.T. bis heute Grünland, wurden gärtnerisch oder zum Kiesabbau genutzt. Die jungpleistozäne Niederterrasse erhebt sich nur wenig über dem Niveau des Stromes (110 bis 115 m NN) und bildet den Hauptsiedlungsraum der Innenstadt. – *Rechtselbische Höhen:* Der Nordosten der Stadt mit dem größten Teil der →Dresdner Heide und den Rändern des Schönfelder und Gönnsdorfer Hochlandes gehört der flachwelligen Granithochfläche der Lausitzer Platte an. Die Dresdner Heide umfaßt 4800 ha Wald von den 5900 ha Gesamtwaldbestand des Stadtgebietes. Von Loschwitz über den Heller zum Wilden Mann, wo die Junge Heide an die Stadt heranreicht, umrahmt die Heidesandterrasse das Tal. Sie tritt in ihrem mittleren Abschnitt auf dem Heller weit zurück und läßt einen alten, vor der Elsterkaltzeit nordwärts gerichteten Elblauf erkennen. Die markanteste Umrahmung der Elbtalwanne wird durch den Steilabfall der Lausitzer Platte gebildet. Er ist von mehreren engen Kerbtälern mit artenreicher Vegetation (Friedrichsgrund, →Keppgrund, Wachwitzgrund u.a.) zerschnitten und gipfelt im 355 m hohen →Borsberg. Diese Steilhänge zwischen Pillnitz und Loschwitz boten ähnlich den nordwestlich von Dresden gelegenen Loßnitzhangen von Radebeul dem Weinbau günstige Bedingungen, wurden mit Villen und Landhäusern bebaut und entwickelten sich zu einer ausgeprägten «Kulturlandschaft». Im Pillnitzer Raum liegen die beiden →Naturschutzgebiete der Stadt. – *Linkselbische Höhen:* Auf der Altstädter Seite ist die Elbtalweitung weniger deutlich begrenzt. Der Westhang wird von der weiträumigen Abdachung des Wilsdruffer Lößlehmplateaus gebildet, das in Dölzschen noch 267 m NN erreicht. Eine starke, dem Pläner aufliegende Lößlehmdecke begünstigte den Ackerbau und im 19. Jh. die Gründung zahlreicher Ziegeleien. Die gleiche wirtschaftliche Nutzung bildete sich auf dem Südhang heraus, den man die «Speckseite Dresdens» genannt hat. Die offenen, zu den Aussichtspunkten an der Babisnauer Pappel und der Goldenen Höhe ansteigenden Lößlehmplateaus sind Bestandteil des ca. 10 km breiten Streifens des «Dresdner Erzgebirgsvorlandes». Mehrere Bachtäler wie der →Zschonergrund, das Tal des Gorbitzbaches, das Kaitzbachtal, der Nöthnitz- und der Gebergrund verleihen sowohl dem West- als auch dem Südhang ein bewegtes Relief. Den geschlossenen Rahmen der südwestlichen Randhöhen durchbricht die →Weißeritz im Plauenschen Grund, der das Elbtal mit dem Freitaler Rotliegendbecken verbindet. Hier fällt der 362 m hohe Windberg steil zum Weißeritztal ab. Im Südosten verbindet das Lockwitztal die Elbtalweitung mit dem Kreischaer Becken am Fuß des 476 m hohen Wilisch. Die weitauslaufenden West- und Südhänge sowie die flach geneigte rechtselbische Heidesandterrasse ließen den Vergleich mit einem riesigen Amphitheater aufkommen.

Naturschutzgebiete: neben zahlreichen Flächennaturdenkmalen, geschützten Parks und Einzelobjekten bestehen im Stadtgebiet die beiden NSG →Pillnitzer Elbinsel und «Borsberghänge und Friedrichsgrund». Im Gegensatz zur öffentlich nicht zugänglichen Elbinsel bildet das Borsberggebiet ein beliebtes Wanderziel. Das NSG bei Pillnitz umfaßt südwestexponierte Steilhang-Laubmischwälder und Schluchtenwälder an der Steilstufe zwischen Elbhügelland und Lausitzer Platte mit dem Friedrichsgrund, dessen Seitengründen und Teilen des Borsbergmassivs. – Weitere Teile des Stadtgebietes stehen unter *Landschaftsschutz* und sind Bestandteil der LSG «Dresdner Heide», «Schönfelder Hochland und Elbhänge Dresden–Pirna», «Elbtal bei Radebeul», «Lockwitztal und Gebergrund» sowie «Zschonergrund» und «Dresdner Elbwiesen und -altarme».

Dresden in der Elbtalweitung

Naturtheater im Großen Garten: →Parktheater am Palais

Naturwissenschaftliche Gesellschaft «Isis»: 1833 in Dresden als «Verein zur Beförderung der Naturkunde» gegründete Gesellschaft, die durch Vorträge und die von ihr herausgegebenen «Sitzungsberichte und Abhandlungen» zur Verbreitung von naturwissenschaftlichen Erkenntnissen sorgte (1940 über 350 Mitglieder). Sie hatte ihren Sitz im →Polytechnikum (1945 zerstört) und besaß eine Bibliothek von ca. 10 000 Bänden, die bereits 1920 in die Sächsische Landesbibliothek eingegliedert wurde. – 1990 wurde die Gesellschaft neu gegründet.

Naumann: 1. *Bruno*, →Seidel & Naumann. – 2. *Johann Christoph von*, Ingenieur-Offizier und Architekt, Architekturtheoretiker, geb. 30. 3. 1664 Dresden, gest. 8. 1. 1742 Dresden. – Auf zahlreichen Reisen hatte N. sich gründliche Kenntnisse auf dem Gebiete des Bauwesens erworben, ehe er 1704 als «Cammer-Dessineur» und Berater in Bausachen in die Dienste von Kurfürst FRIEDRICH AUGUST I. trat. Er mußte nicht nur Bauentwürfe liefern, sondern auch Zeichnungen für Schiffe, Geschütze, Festungswerke sowie militärische Ausrüstungsgegenstände. Als Generalakzisebaudirektor hatte er ab 1711 einen wesentlichen Einfluß auf das bürgerliche Bauwesen in zahlreichen Städten Sachsens. In Dresden beaufsichtigte er die Anlage der ersten öffentlichen Straßenbeleuchtung (1705), entwarf die bauliche Umgestaltung des →Komödienhauses zur kath. Hofkapelle (1707/09) und errichtete 1728 an der Friedrichstraße ein Palais für die Fürstin Teschen (später Palais Brühl und →Marcolini-Palais). Außerdem wird ihm das Regimentshaus am Jüdenhof, Neumarkt 15, zugeschrieben (um 1710). Der für seine Verdienste 1733 geadelte Architekt wohnte an der Frohngasse und etwa ab 1734 im Döringschen Haus am Altmarkt. Außerdem besaß er ein Weinberggrundstück auf dem Sande vor dem Schwarzen Tor in Altendresden. – Begraben auf dem Friedhof der Dreikönigskirche. – 3. *Johann Gottlieb*, Komponist, Hofkapellmeister, geb. 17. 4. 1741 Blasewitz, gest. 23. 10. 1801 Dresden. – N. besuchte 1754/57 die Kreuzschule und ging danach zu musikalischen Studien nach Italien. 1764 wurde er durch Einfluß der Kurfürstin-Witwe MARIA ANTONIA als «Kirchenkompositeur» in die Dresdner Hofkapelle aufgenommen. 1776 ernannte man ihn zum Hofkapellmeister (1786 «Oberhofkapellmeister»). Sein Verdienst war die organisatorische und künstlerische Neuordnung der Hofkapelle; er gilt als Wegbereiter für Carl Maria von →WEBER und Richard →WAGNER. Mit zahlreichen Opern, geistlichen Kompositionen und Vertonungen zeitgenössischer Lyrik wurde er in Europa bekannt; in Schweden und Dänemark war er auf musikalischem Gebiet reformatorisch tätig. – In der Nachbarschaft seines Elternhauses (ehemals am Blasewitzer Dorfeingang) hatte der Künstler ein Grundstück erworben und sich ein Landhaus erbauen lassen («Naumanns Palais»). Die von den Blasewitzern anläßlich des 100. Geburtstags des Komponisten errichtete «Naumann-Stifung» ermöglichte den Bau eines Schulhauses, das 1851 in neugotischem Stil fertiggestellt wurde und seit 1876 der Gemeindeverwaltung diente. 1904/05 wurde es umgebaut und ist jetzt Sitz des Ortsamtes Blasewitz. – Grab auf dem Eliasfriedhof; Naumannstraße in Blasewitz; Gedenktafel am Blasewitzer Rathaus (1942 für Kriegszwecke eingeschmolzen, 1991 als Zweitguß erneuert).

Johann Gottlieb Naumann. Gemälde von Friedrich Gotthard Naumann

Naußlitz. 1953. Zeichnung

Naußlitz: Vorort am Westhang der Elbtalweitung, 1144 als Nuendorf, 1311 als Nuzadelitz urkundlich erwähnt; 1903 zu Dresden. – Der Kern des ursprünglichen Gassendorfes lag am Roßthaler Bach und ist mit mehreren älteren Gehöften noch erhalten. Neben überwiegend kleineren Bauerngütern waren Obst- und Weinbau verbreitet. Das Dorf litt mehrfach, so 1745 und 1813, unter Beschießungen und Truppendurchzügen. Die Naußlitzer Flur wurde nach 1870, von Löbtau ausgehend, vor allem entlang der →Kesselsdorfer Straße und Saalhausener Straße mit Wohnhäusern bebaut (1871: 243 Einwohner, 1890: 1468 Einwohner). Baugenossenschaften errichteten nach 1928 weitere Wohnsiedlungen, u. a. die Holzhäuser im Bereich Wiesbadener Straße. Dem ersten Gemeindeschulhaus von 1879 an der heutigen Wendel-Hipler-Straße (später Gemeindehaus, dann abgebrochen) folgte 1899 der Schulneubau Saalhausener Straße. Neben dem Straßenbahnhof an der Kesselsdorfer Straße wurde 1939 der städtische Busbahnhof errichtet.

Nehmer, Rudolf: Maler und Grafiker, geb. 29. 5. 1912 Bobersberg b. Crossen/Oder, gest. 12. 7. 1983 Dresden. – Nach einer Ausbildung als Werkstudent in Dresden ließ er sich hier 1936 freischaffend nieder. 1947 gehörte er zu den Mitbegründern der Künstlergemeinschaft «Das →Ufer» und trug mit seinen poetisch-gleichnishaften Stilleben sowie hervorragenden Bildnissen wesentlich zur Dresdner Kunstentwicklung nach 1945 bei. 1962 erhielt er den Martin-Andersen-Nexö-Kunstpreis der Stadt Dresden. N. wohnte zuletzt in Klotzsche (Rostocker Straße).

Nelson, Horatio, Viscount N., Herzog von Bronte: britischer Admiral, geb. 29. 9. 1758 Burnham Thorpe (Norfolk), gest. (gef.) 21. 10. 1805 vor Trafalgar. – N. hielt sich auf einer Reise von Sizilien nach England Anfang Oktober 1800 eine Woche in Begleitung von Lady Emma

HAMILTON in Dresden auf. Beide logierten im Hotel de Pologne. N. besuchte u. a. die Galerie und die kurfürstliche Bibliothek (Sächsische Landesbibliothek). Der Hofmaler Johann SCHMIDT fertigte von N. und seiner Begleiterin Pastellporträts an.

Neptunbrunnen: reichgeschmückter Barockbrunnen aus Sandstein im Garten des →Marcolini-Palais in Friedrichstadt (Rückfront zur Wachsbleichstraße). Die bedeutendste barocke Brunnenanlage Dresdens wurde um 1744 von Lorenzo →MATTIELLI nach Zeichnungen von Zacharias →LONGUELUNE vollendet. Sie bildete einen wirkungsvollen Abschluß der Mittelachse des Parkes. Der über 40 m breite Brunnen ist in drei Geschossen aufgebaut und wird von den Gestalten des Götterpaares Poseidon und Amphitrite auf einem Muschelwagen gekrönt. Durch die Bebauung der Umgebung im 19. Jh. hat der Brunnen viel von seiner Wirkung auf den Betrachter verloren. Pläne, die Anlage an einen exponierteren Standort der Stadt zu versetzen, wurden nicht verwirklicht.

Nerlich, Georg: Maler und Grafiker, geb. 6. 1. 1892 Oppeln (Opole/ehemals Oberschlesien), gest. 17. 4. 1982 Dresden. – N. hatte bis 1917 in Breslau (Wrocław) studiert, war danach freischaffend tätig und verlor 1933/45 durch die faschistische Aktion «Entartete Kunst» sowie durch den Zweiten Weltkrieg fast alle seine Arbeiten. Nach 1945 kam er nach Dresden, wo er zunächst wieder freischaffend arbeitete und ab 1948 als Professor für «Malen und Grafik in der Architektur» an der Technischen Hochschule wirkte. Mit zahlreichen farbenfrohen Gemälden gehört er zu den «Lobsängern Dresdens mit dem Pinsel» – Georg-Nerlich-Straße in Johannstadt.

Nesmüllersches «Zweites Theater»: ehemaliges Privattheater, das von dem aus Wien stammenden Theaterdirektor Josef Ferdinand NESMÜLLER (eigentlich MÜLLER; 1818–1895) geleitet wurde und während seines Bestehens von 1850 bis 1881 Volksstücke, Lustspiele sowie Operetten zeigte. Das im Unterschied zum Hoftheater «Zweites Theater» genannte Ensemble spielte im Sommer im Freien (anfangs im Reisewitzischen Garten, ab 1856 im Großen Garten) und im Winter im Saal (anfangs Waisenhausstraße 31, später im →Gewandhaus).

Neuber (geb. Weißenborn), Friederike Caroline: Schauspielerin, Prinzipalin einer Wandertruppe, geb. 9. 3. 1697 Reichenbach/Vogtland, gest. 29. oder 30. 11. 1760 Laubegast b. Dresden. – Die Truppe der Neuberin, die sich 1727/33 als sächsische «Hof-Comödianten» bezeichnen durfte, trat erstmalig von Oktober bis Dezember 1730 in Dresden auf. Weitere Auftritte sind für die Karnevalszeit 1732, für den September 1733, für April/Mai 1734 sowie für die Jahre 1748, 1749 und 1750 belegt. Spielstätte war der Große Saal des →Gewandhauses auf dem Neumarkt. Während der Spielzeit 1748 und 1749 bewohnte die N. das zweite Obergeschoß eines Hauses in der Moritzstraße. Nach Auflösung der Truppe 1750 und erfolglosen Versuchen eines schauspielerischen Neubeginns verbrachte die N. ihre letzten Lebensjahre in kümmerlichen Verhältnissen in Dresden (1756/60 Wohnungen in der Pirnaischen Gasse, danach bis zu ihrem Tode in Laubegast). Da der Komödiantin ein ordentliches Begräbnis verweigert wurde, mußte ihr Sarg außerhalb der Friedhofsmauer des Leubener Friedhofs begraben werden. Erst am 17. September 1852 wurde die «Mutter des deutschen Schauspiels» mit einem «Neuberin-Fest» durch Dresdner Kunstfreunde geehrt und feierlich beigesetzt. Von dem von Johann Christian FEIGE d. J. entworfenen und bereits 1776 errichteten Denkmal (1828, 1852 und 1897 erneuert) entfernte man 1944 das bronzene Bildnisrelief für Kriegszwecke. Es wurde 1952

von dem Dresdner Bildhauer BORN rekonstruiert und wieder angebracht. – Grab auf dem Leubener Friedhof; Neuberinstraße und Denkmal an der Fährstraße in Laubegast; Bildnismedaillon am ersten Rang des Opernhauses.

Neudorf: rechtselbische, 1866 zu Dresden eingemeindete Vorstadt. – Für den Ausbau der Wälle und Gräben von Altendresden durch Herzog MORITZ ab

links: Neptunbrunnen um 1898
Nesmüllersches «Zweites Theater» im Großen Garten
Sterbehaus der Neuberin in Laubegast 1896

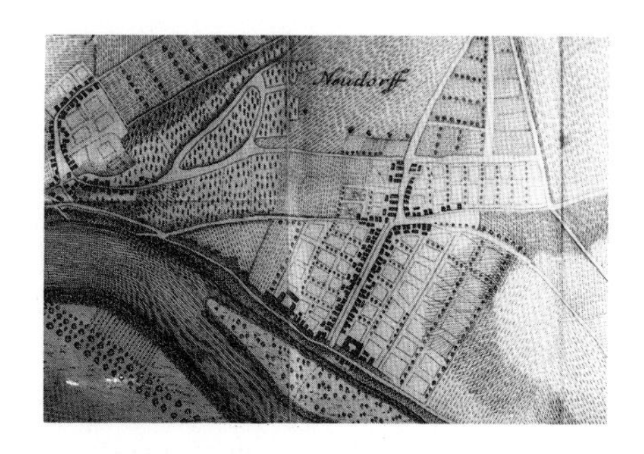

1546 wurden Bewohner der späteren Neustadt zur Aufgabe ihrer Grundstücke veranlaßt und mit Parzellen vor dem Dorf Pieschen entschädigt. Dadurch entstand um 1550 im Bereich der heutigen Moritzburger Straße die Siedlung Stadt Neudorf, Nawe Stadt oder Nawen Sorge, die sich weder zur Stadt noch zum Bauerndorf entwickeln konnte. Ihre ersten Bewohner besaßen noch das Altendresdner Bürgerrecht. Um 1648 wohnten in N. 48 Kleinbauern («Gärtner»), zu denen im 18. Jh. viele Häusler hinzukamen. – 1744 erhielt N. eine eigene Schule am Moritzburger Platz, heute Konkordienstraße 12, an deren Stelle 1882 der heutige Schulbau errichtet wurde. N. war zur Dreikönigskirche eingepfarrt. Durch die Eisenbahnlinie Dresden–Leipzig (➔Neustädter Bahnhof) gewann N. ab 1838/39 an Bedeutung. Die Eisenbahn verwandelte die wirtschaftliche Struktur der Vorstadt aus einer Kleinbauern- und Häuslersiedlung zur Industrievorstadt. An der ➔Leipziger Straße wurden 1854 die Steingutfabrik ➔Villeroy & Boch und 1865 die Drogen-Appretur-Anstalt von Franz Ludwig ➔GEHE (später Arzneimittelwerk Dresden) errichtet. Clemens MÜLLER nahm 1855 den Bau von Nähmaschinen auf (ab 1918 Aktiengesellschaft, Gebäude an der Großenhainer Straße, nach 1945 VEB Reglerwerk). Keinen Bestand hatte die 1860 an der Leipziger Straße gegründete Sächsische Champagnerfabrik. Seit 1874 wurde die Vorstadt einschließlich des westlich der Eisenbahnlinie Dresden – Görlitz gelegenen Teils der ➔Antonstadt als *Leipziger Vorstadt* bezeichnet. – 1866 kaufte die Stadt Land auf den Elbwiesen für einen städtischen Schlachthof, trat aber von diesem Vorhaben zugunsten der Fleischerinnung zurück, die 1873 den Zentralschlachthof mit Viehmarkt an der Leipziger Straße eröffnete (nach dem Bau des Schlachthofs im Ostragehege als Industriehof genutzt). An der Leipziger Straße 33 entstand 1869 die Dampfschneidemühle von Ernst Grumbt, dessen 1888 erbaute Villa am Puschkinplatz 1949 Kulturhaus wurde (seit 1993 Restaurierung in Privatbesitz). In N. befand sich bis etwa 1873 die Schiffsmühle auf der Elbe, in ihrer Nähe Schlicks Dampfschiffbauhof (ab 1884 Österreichische Nordwest-Dampfschiffahrts-Gesellschaft). Das Ortsgesetz von 1878 bezog die Leipziger Vorstadt in den Dresdner Fabrikbezirk ein.

Neue Dresdner Sezession Gruppe 1919: ➔Dresdner Sezession

Neue Hauptwache: ➔Altstädter Wache

Neuer Anbau auf dem Sande: ➔Antonstadt

Neuer israelitischer Friedhof: ➔Jüdische Friedhöfe

Neuer *(auch Äußerer)* **Kath. Friedhof:** Begräbnisplatz an der Bremer Straße (bis 1900 Friedhofsweg), 1875 als zweiter katholischer Friedhof der Friedrichstadt angelegt. – Auf dem Friedhof befindet sich die Grabstätte von Ludwig ➔RICHTER. Gräber von 528 hingerichteten Menschen aus 35 Ländern und von 128 tschechischen und slowakischen Antifaschisten erinnern an die Opfer des Nationalsozialismus.

Neuer Sächsischer Kunstverein: ➔Sächsischer Kunstverein zu Dresden

Neuer See: ehemaliger vor dem Seetor gelegener See, aus dem wahrscheinlich schon im 14. Jh. durch Teilung zwei getrennte Wasserflächen geschaffen wurden. Mit der Zuschüttung eines Knies in der Gegend des ➔Dippoldiswalder Platzes entstand als östlicher Teil der Alte See (Obersee) und als andere Hälfte der N. (Untersee). Der zwischen Dippoldiswalder Platz und ➔Annengasse gelegene See wurde 1466 erstmals als «nawer Sehe» erwähnt. Nach der Zuschüttung des als Löschteich benutzten N. in den Jahren 1746/47 wurde an dessen Stelle die Straße ➔Am See angelegt.

Neues Rathaus: ➔Rathäuser

Neugruna: Ortsteil des linkselbischen ➔Gruna am Landgraben, 1901 zu Dresden eingemeindet. – In diesem Gebiet lagen das vom Kloster Altzella 1307 erworbene Dorf Praschycz (slaw.: Leute eines Pravek) und das Vorwerk Grünpraschütz, die beide 1310 als wüst bezeichnet wurden und den Bewohnern von Gruna, Seidnitz und Striesen als Bauernbusch dienten. 1876 entstand N. als selbständiger Ortsteil von Gruna nach der Verlegung der Landgrabenmündung in die Spohrstraße. Der Ortsteil wurde nach einem Bebauungsplan der Baugenossenschaft «Daheim» mit fünf Straßen durch das ➔Blasewitzer Tännicht angelegt und entwickelte sich zum Arbeiterwohngebiet von Striesen. Der von Blasewitz nach Seidnitz führende Weg wurde 1896 zur Altenberger Straße ausgebaut. Bis 1876 besuchten die Kinder die Blasewitzer Schule, dann stellte Joseph TRAUBE in seinem Privatgrundstück an der

Plan von Neudorf um 1780
Neumarkt. 18. Jh.

Tauscherstraße Klassenzimmer zur Verfügung. 1907/09 errichtete Hans →Erlwein an der Hofmannstraße die heutige 32. Mittelschule. N. wurde 1878 nach Blasewitz eingepfarrt.

Neuhaus, Rudolf: Dirigent, geb. 3. 1. 1914 Köln, gest. 7. 3. 1990 Dresden. – Der Schüler von Hermann Abendroth wurde in Schwerin Generalmusikdirektor und war seit 1953 als Kapellmeister der Staatsoper Dresden sowie als Leiter der Dirigentenklasse an der Hochschule für Musik tätig. Für Dresdens Musikleben hat er sich besonders um die Aufführung neuerer Werke des Musiktheaters verdient gemacht. – Wohnung in der Münchner Straße; Grab auf dem Trinitatisfriedhof.

Neumarkt: zweitältester großer Platz im linkselbischen Dresden südlich der Frauenkirche. Er entstand kurz nach 1548, nachdem der vorstädtische Siedlungsbereich um die Frauenkirche unter Herzog Moritz endgültig in die Stadt integriert worden war (1548 Abriß der alten, noch bis dahin vorhandenen mittelalterlichen Stadtmauer an der Südseite des N. sowie des Frauentors). Der anfangs mitunter auch als Frauenmarkt bezeichnete Platz wurde teilweise auch auf dem Gelände der ehemaligen Stadtmauer angelegt. Die Bebauung um den N. sowie die Bepflasterung des Platzes schritt nur langsam voran. Erst Christian I. erlaubte den Bau mehrgeschossiger Häuser. Bis Anfang des 18. Jh. engte der große Friedhof der alten Frauenkirche den Platz stark ein. Die Südseite des N. wurde in älterer Zeit durch das 1591 von Paul →Buchner zwischen Jüdenhof und Frauengasse erbaute traditionsreiche ältere →Gewandhaus (Ende des 18. Jh. abgebrochen) geprägt. Hier trat z. B. die Neubersche Schauspieltruppe auf, hier tagte auch die sächsische Ritterschaft bei Landtagen. Der N. wurde damals auch als Marktplatz genutzt (einheimische Höker, Schweinemarkt, Getreide- und Wollmarkt im 19. Jh.), abgesehen von dem auch zu diesem Zweck benutzten Gewandhaus (bei Jahrmärkten Verkaufsstände der Tuchmacher, täglich der Fleischer usw.). Die Nordseite des Platzes wurde im 18. Jh. durch die 1715 von Johann Rudolph →Fäsch erbaute Hauptwache (1760 zerstört) bestimmt. Der 1648 aufgestellte Friedens- oder Türkenbrunnen wurde 1866 auf den Jüdenhof versetzt. Architektonischer Glanzpunkt des N. war bis 1945 die von George →Bähr erbaute neue Frauenkirche. Im 19. Jh. war der N. Schauplatz bedeutender politischer Ereignisse (Barrikadenkämpfe während des Maiaufstandes 1849). 1883 wurde das Luther-Denkmal enthüllt. Im Februar 1945 wurde die gesamte Bebauung des N. zerstört. Die Neugestaltung des Platzes ist geplant. Das Hotel →Dresden Hilton (1987/90 erbaut) bestimmt zwar das Bild des heutigen N. mit, vom eigentlichen N. war dessen Gelände vor 1945 aber durch die Bebauung zwischen der ehemaligen →Töpferstraße und dem N. getrennt.

Neunimptsch: ehemalige Gutsarbeitersiedlung zwischen Roßthal und Gorbitz, seit 1918 mit →Roßthal vereinigt, mit diesem 1923 zu →Dölzschen. – Der Roßthaler Gutsherr Günther Carl Albrecht von Nimptsch ließ 1785/94 auf der Flur der Wüstung Beerhut (Straßenname Beerenhut) einfache Gutsarbeiterhäuser errichten. Diese →Drescherhäuser wurden mit den Roten Häusern und Jägerhäusern nahe der Pesterwitzer Flur zu einer selbständigen, dem Gut unterstellten Gemeinde zusammengeschlossen, die den Namen ihres Gründers erhielt. Die «Rote Schmiede» an der Saalhausener Straße hatte bis 1890 Schankrecht.

Neuostra: →Leubnitz-Neuostra

Neustadt: Bezeichnung für das rechtselbische Dresden, die seit Mitte des 18. Jh. gebräuchlich ist, nachdem der 1685 fast gänzlich abgebrannte Stadtteil →Altendresden völlig neu aufgebaut worden war. In einem Patent →Friedrich Augusts I. aus dem Jahre 1732 wurde

Neumarkt mit Moritzstraße und Pirnaischer Gasse
Wachaufzug auf dem Neumarkt

der Stadtteil deshalb erstmals als «Neue Stadt bey Dresden» bezeichnet, die heutige →Innere Neustadt. Die →Äußere Neustadt umfaßt das außerhalb des alten Festungsringes gelegene Stadtgebiet, das vorwiegend im 19. Jh. bebaut worden ist.

Neustädter Bahnhof: zweitgrößter Personenbahnhof Dresdens, mit 17 m hoher Eingangshalle, dreischiffiger Bahnsteighalle, Sandsteinverkleidung der Fassaden, als Durchgangsbahnhof mit Hochgleisen angelegt. – Er wurde 1898/1901 an der Stelle des →Schlesischen Bahnhofs errichtet (Leitung Baurat PETERS und Osmar DÜRICHEN), am 1. März 1901 eröffnet und übernahm die Funktionen des Schlesischen und des →Leipziger Bahnhofs. Vor der Bahnhofseinfahrt forderte der Auffahrunfall zweier D-Züge am 22. September 1918 – das folgenschwerste Verkehrsunglück in der Geschichte Dresdens – 43 Menschleben. Von 1923 bis Kriegsbeginn war im N. das →Sächsische Eisenbahnmuseum untergebracht. Der Bahnhof erlitt im Gegensatz zum →Hauptbahnhof 1945 nur geringere Schäden. – Gedenktafel für Carl Theodor →KUNZ an der Seite Hansastraße; Lokeinsatzstelle als technisches Denkmal.

Neustädter Markt: vermutlich schon vor 1200 als Dorfplatz eines slawischen Dorfes, dem 1403 zur Stadt erhobenen →Altendresden, angelegt. 1501 wird er «Ringk», 1503 «Margkt» und später bis zum Ausgang des 18. Jh. «Marktplatz» genannt. An der Nordseite des Platzes befand sich das Rathaus mit den →Fleisch- und →Brotbänken. Weiterhin hatte der Platz zwei öffentliche Brunnen, die mit

Neustädter Bahnhof
Neustädter Markt. Luftbildaufnahme 1924
Buttermarkt auf dem Neustädter Markt um 1900
Moderne Bebauung des Neustädter Marktes

Quellwasser aus der →Dresdner Heide gespeist wurden. Nach dem Brand von Altendresden im Jahre 1685 wurde der Platz großräumig erweitert. Ursprünglich sollten zwei monumentale Gebäude den Brückenkopf flankieren, es kam aber nur zum Bau des →Blockhauses als Wachgebäude der Neustädter Hauptwache. Ihm gegenüber stand das Haus «Die Zeit», an dem eine Plastik, «Tod mit Stundenglas», von Balthasar →PERMOSER angebracht war. 1755 ließ Hofnarr Joseph →FRÖHLICH auf dem Nebengrundstück ein Wohnhaus errichten, aus dem später das Gasthaus →«Narrenhäusel» entstand. Das alte Rathaus wurde abgebrochen und an der Nordseite des Marktplatzes ein neues erbaut. Die beiden Brunnen versetzte man an die Häuserecken am Eingang zur Hauptstraße (→Nymphenbrunnen). Zwei Wasserhäuschen mit kupfernem Zeltdach (1895 abgebrochen) ersetzten die ehemaligen Brunnenanlagen. Die beiden reichverzierten Fahnenmasten von Heinrich →EPLER mit den dazugehörigen Balustraden und Ruhebänken wurden 1893 aufgestellt. Mittelpunkt und Zierde des Platzes bildet seit 1736 der →«Goldene Reiter». Seit dem 19. Jh. wird der Platz als «Am Markt» bezeichnet, ab den zwanziger Jahren des 20. Jh. als N. In Anlehnung an alte Wochen- und Jahrmärkte fand ab 1864 mehrfach der →Striezelmarkt am Goldenen Reiter und in der Hauptstraße statt. Nach der völligen Zerstörung 1945 wurde der N. im Rahmen des Bebauungsplanes Innere Neustadt als Fußgänger-

zone eingerichtet und dabei der Fahrverkehr nach der Köpckestraße verlegt und diese durch einen Fußgängertunnel mit dem N. verbunden.

Neustädter Tonhalle: →Kleines Haus

Neustädter Wache: →Blockhaus

Nexö, Martin Andersen: →Andersen-Nexö, Martin

Nickern: linkselbischer Stadtteil, 1288 als Nicur (slawisch: Ort eines Nicur) urkundlich erwähnt, 1923 nach →Lockwitz und mit diesem 1930 zu Dresden eingemeindet. – Bereits im 5. Jahrtausend v. Chr. war die N.er Flur von Feldbauern und Viehzüchtern (Bandkeramikern) besiedelt. Die Langobardenstraße führt ihren Namen nach zwei Germanengräbern, die Ende des 19. Jh. zwischen Geberbach und Fritz-Meinhardt-Straße gefunden wurden. 1976 wurden vierzig jungsteinzeitliche Siedlungsgruben entdeckt. Zahlreiche Funde werden bei den archäologischen Ausgrabungen im Zusammenhang mit dem Bau des Gewerbegebietes an der Dohnaer Straße seit 1993 zutage gefördert. – Die Gutssiedlung mit Blockflur war eng mit dem Rittergut Lockwitz verbunden. Oberlockwitz verfügte über die Gerichtsbarkeit, Frondienste und Abgaben der Dorfbewohner. Die heutigen Gutsanlagen gehen z. T. auf bauliche Veränderungen durch den Oberkammer- und Bergrat Johann Georg von OSTERHAUSEN um 1622 zurück. 1693 stockte Oberhofmeister Hans von BOSE das ebenerdige Herrenhaus auf. Der zweigeschossige Barockbau mit Korbbogenportal wurde 1870 durch einen Glockenturm in barocken Formen in der NO-Ecke ergänzt. – Das Dorf bestand überwiegend aus Häusleranwesen. Von den 5 größeren Bauerngütern um den Dorfplatz ist nur ein Vierseitenhof erhalten. Das Wohnstallgebäude von 1794 gehörte zum Beigut des Rittergutes, der Gasthof und mehrere Häusleranwesen fielen den Luftangriffen 1945, z. T. auch einem späteren Brand zum Opfer (Gedenkstein 1945). An Altnickern schließt sich die spätere Häuslerzeile Am Geberbach, «Auf dem Hahne» (Hain), an. Die Häuser um die Schmiede und Schule schlossen das Dorf ab. – N. gehörte ursprünglich zur Parochie Leubnitz und wurde 1623 nach Lockwitz eingepfarrt. Die Kinder besuchten die Schule in Lockwitz, ab 1884 die eigene Schule an der Fritz-Meinhardt-Straße, deren Bau aus dem Vermächtnis des Staatsrates Wilhelm BÜTTIG und seines Neffen Ernst Lebrecht BÜTTIG finanziert wurde. In N. lebten der Klavierbauer Gottfried Josef HORN (1739–1797) und dessen Bruder, der Dresdner Orgelbauer Johann G. HORN (1748–1796). – Im 19. Jh. begann sich die Sozialstruktur des Ortes zu wandeln. Zu den 7 Bauern und Gärtnern kamen 15 Handwerker und 12 Händler. 1890 bildeten 25 Arbeiter, davon 16 Bau – und Ziegeleiarbeiter, die stärkste soziale Gruppe. Nach der Vergrößerung des Rittergutes auf Kosten der Bauernstellen zählte N. 1930 nur noch 4 Guts- und Obstpächter. Nach 1930 entstand westlich des Dorfes die Wohnkolonie Neunickern. Auf parzelliertem Rittergutsland wurden Ein- und Zweifamilienhäuser errichtet. Nach 1945 legte man auf Teilen der Gutsflur ausgedehnte Obstplantagen an (1969: ca. 300 t Äpfel/Jahr). Das Schloß wird seit den achtziger Jahren als Klub- und Kulturhaus genutzt (Nickerner Schloßfest; Interessengemeinschaft Schloß N.). Die in den dreißiger Jahren bei N. errichteten Kasernen der Luftwaffe wurden 1945/92 von sowjetischen Truppen genutzt.

Nicolai: **1.** *Carl Heinrich*, Pädagoge und Schriftsteller, geb. 26. 11. 1739 Berlin, gest. 18. 9. 1823 Lohmen. – N. kam 1764 nach Dresden und eröffnete eine Privatschule in der Weißen Gasse, die großen Zulauf hatte. 1784 wurde er Lehrer am →Freimaurerinstitut und 1787 Direktor des neugegründeten Lehrerseminars in der Friedrichstadt. 1797 übernahm er das Pfarramt in Lohmen. Bekannt wurde N. durch die Herausgabe des ersten Reiseführers durch die Sächsische Schweiz (1801). –
2. *Georg Hermann*, Architekt, geb. 10. 1. 1812 Torgau, gest. 10. 7. 1881 Bodenbach. – N. war Schüler Sempers an der Dresdner Akademie und wurde 1850 dessen Nachfolger. Er war ein hervorragender Hochschullehrer, viele bekannte Architekten der zweiten Hälfte des 19. Jh. sind aus seiner Schule hervorgegangen. Weniger bekannt sind seine Bauten: das Seebachsche Haus an der Bürgerwiese (1839), die →Villa Struve in der Prager Straße (1851/52), die Villa Schmalz in der Chemnitzer Straße und Villa Seiler in der Parkstraße (1867/68). N. baute 1855/57 das →Palais der Sekundogenitur in der Zinzendorfstraße um und entwarf die Architektur zu den Denkmälern von →WEBER, →RIETSCHEL und →KÖRNER. – Nicolaistraße in Johannstadt.

Carl Heinrich Nicolai

Niedergorbitz: →Gorbitz

Niedergraben: ehemalige von der →Hauptstraße zur Breiten Gasse führende Gasse. Sie entstand im 17. Jh. anstelle des zugeschütteten Festungsgrabens und existierte bis 1945; Ausgang des 18. Jh. auch als «Untergraben» bezeichnet. 1970/80 wurde sie im Rahmen des Aufbauwerks Innere Neustadt mit Wohnhäusern überbaut.

Niederlags- und Stapelrecht: das Recht mittelalterlicher Städte, alle Kaufleute, die das Stadtgebiet berührten, zu verpflichten, ihre Waren drei Tage lang in der jeweiligen Stadt zum Verkauf anzubieten. Dieses für die ökonomische Entwicklung wichtige Privileg erlangte Dresden erst am 17. September 1455. Frühere Vorstöße Ende des 13. Jh., als Pirna, unterstützt vom Meißner Bischof bzw. später vom böhmischen König, das N. zugesprochen erhielt, und Ende des 14. Jh. schlugen fehl. Erst als der Kurfürst 1443 vom Kaiser die erforderliche Genehmigung zur Erteilung des N. für eine weitere Stadt seines Herrschaftsgebiets bekam, war das Privileg auch für Dresden erworben.

Niederpoyritz: rechtselbischer Stadtteil am Ausgang des Helfenberger Grundes zu beiden Seiten der Pillnitzer Landstraße, 1414 als Podegriczch (slawisch: unter der Burg oder unter dem Berg) urkundlich erwähnt, 1950 zu Dresden eingemeindet. – N. gehörte ab 1579 zum Rittergut Graupa des Christoph von LOSS, 1674 der Familie von KÖRBITZ, 1724 der Familie von MINCKWITZ. Das Beigut von Wachwitz an der Eugen-Dietrich-Staße erwarb 1827 Prinz FRIEDRICH AUGUST von Sachsen. Das Herrenhaus von 1735 dient Wohnzwecken, ihm gegenüber trägt das Grundstück Nr. 28 die Initialen Friedrich

Augusts und die Jahreszahl 1835. Daran schloß sich die Gutsbrauerei an, die nach dem Ersten Weltkrieg im «Dresdner Lagerkeller» aufging (später Fabrikgebäude). Ein wichtiger Erwerbszweig war der Weinbau; eine Traubenpresse stand im Anwesen Pillnitzer Landstraße 221. Eine eigene Fähre verband N. seit 1819 mit Laubegast. Das Elbhochwasser 1784 zerstörte Obstplantagen und riß die Schenke «Zur Schanze» mit sich fort, die Wirtsfamilie konnte gerettet werden. Auch Wolkenbrüche am Hang wie 1967 richteten schwere Schäden an. 1760 brach in einem Lazarett der österreichischen Truppen eine Seuche aus, die sich auf die umliegenden Dörfer ausbreitete. Auf eine 1635 auf der Elbe bestehende Schiffsmühle verweist ein Flurname im Ort. – N. gehörte kirchlich und schulisch seit 1539 zu Hosterwitz, eine eigene Schule wurde 1894 errichtet (heute Außenstelle des Gymnasiums Dresden-Striesen am Plantagenweg). – Im Helfenberger Grund richtete Eugen DIETRICH in einer Mühle ab 1869 eine pharmazeutische Fabrik ein, deren Gebäude später eine Kamerafabrik aufnahmen. – 1887 wurde an der Pillnitzer Landstraße ein Altersheim gegründet und nach dem schwedischen Prinzen GUSTAV WASA Gustavheim genannt. Die 1903 eröffnete Straßenbahnlinie von Loschwitz nach N. führte verstärkt Ausflügler in den Ort. Bekannt war vor allem die Gaststätte «Staffelstein», ihr «Liederbuch» erschien um 1900 schon in der 12. Auflage. An der Staffelsteinstraße entstand ein bevorzugt gelegenes Wohngebiet.

Niedersedlitz: linkselbischer Stadtteil am Lockwitzbach, 1350 als Sedelicz (slawisch: Siedlung) urkundlich erwähnt, ursprünglich Rundlingsdorf mit Block- und Streifenflur; 1922 um →Großluga und →Kleinluga erweitert, 1950 zu Dresden mit ca. 8000 Einwohnern eingemeindet. – Lehnsherr von N. war der Burggraf zu Dohna. 1402 gelangte der Ort in markgräflichen Besitz. Der Landesherr vergab einzelne Ortsteile an Adlige und Dresdner Bürger (z. B. 1408 an die Brüder →BUSMANN). 1465 erwarb Botho von CARLOWITZ den größten Teil von N. Nachdem 1586 Abraham von SCHÖNBERG mit N. belehnt wurde, unterstanden die meisten Bewohner bis zur Aufhebung der Rittergutsherrschaft dem Gut Gamig. Unter dem Freiherrn VON LÜTTICHAU begann 1832 die Ablösung der Lasten und Fronen. – Im Dreißigjährigen Krieg brannte N. fast völlig nieder; auch die →Schlacht bei Dresden 1813 brachte den Einwohnern große Not. – N. gehörte zunächst zur Kirchgemeinde Dohna und wurde 1539 nach Leuben umgepfarrt. Die Kinder besuchten die Leubener Schule und ab 1876 das noch mehrmals erweiterte Schulhaus Sosaer Straße (89. Grundschule). – Seit 1848 führte die →Sächsisch-Böhmische Eisenbahn durch den Ort. Die Industrialisierung entlang dieser Bahnlinie setzte 1871 mit der Chemischen Fabrik für Schamottewaren und Mosaikplatten von Otto KAUFFMANN ein (Fabrikantenvilla 1993 abgerissen). 1871 entstand auch der Güterbahnhof N., 1872 eine Kunstdüngerfabrik. 1873 baute A. DANCKELMANN die Mühle am Mühlgraben zur Dampfmühle um. In rascher Folge wurden weitere Unternehmen der Süßwaren-, Kartonagen-, Strohhut- und Chemiebranche, ein Sägewerk (später Fabrik für Schulbänke), die Malzfabrik und Kunstanstalten sowie später auch Betriebe der Kameraindustrie gegründet. Die 1895 entstandene Firma HÖNTZSCH & Co. entwickelte sich zum Produzenten von Gewächshäusern, Heizungsanlagen und kompletten Holzhaussiedlungen (z. B. ab 1926 in Stetzsch und Prohlis). Aus der Firma KELLE & HILDEBRANDT entstand als weiteres Großunternehmen der Sächsische Brücken- und Stahlhochbau, der auch durch Bühnenausrüstungen bekannt wurde. 1887 eröffnete Oskar Ludwig KUMMER eine Elektromotorenfabrik, aus der das →Sachsenwerk Niedersedlitz als größter Betrieb im Dresdner Osten hervorging. Die Kummer-Werke sowie Gemeindeverbände legten 1899 die eingleisige Vorortbahn N.–Leuben–Laubegast sowie 1906 die →Lockwitztalbahn und die Vorortbahn N.–Kleinzschachwitz an, die den Betrieben Arbeitskräfte aus der Umgebung zuführten. – 1825 wurde auf dem Hinterberg eine Holländerwindmühle errichtet, die 1859 abbrannte, nach ihrem Wiederaufbau als Farbholzmühle diente und 1894 dem Abbruch verfiel. 1890 bestand der Ort aus dem Industriegebiet an der Hennigsdorfer Straße, einigen Häusern an der Bahnhofstraße und dem abseits gelegenen Dorfkern, von dem heute einige Zwei- und Vierseithöfe erhalten sind. 1901 erbaute N. ein eigenes Rathaus. Zwischen Dorf und Eisenbahn entstanden vor dem Ersten Weltkrieg Wohnsiedlungen in aufgelockerter Bauweise. Ein Teil der Arbeiter fand in Mietshäusern zwischen Sachsenwerk- und Pirnaer Landstraße in Leuben Wohnraum; beide Gemeinden wuchsen baulich zusammen. Nach 1918 errichtete eine Baugenossenschaft auf den Feldern an der Windmühlenstraße Wohnhäuser; diese Siedlung wurde 1935 erweitert. Auf den Freiflächen in Richtung Großzschachwitz wurde 1971 das Wohngebiet Försterlingstraße gebaut. 1992/93 entstand an der Lugaer Straße ein neues Ortszentrum für ca. 1000 Bewohner.

Niedersedlitz um 1900. Aquarell

Nieritz, Gustav: Lehrer, Jugend- und Volksschriftsteller, geb. 2. 7. 1795 Dresden, gest. 16. 2. 1876 Dresden. – N., der seit 1830 im Haus Antonstraße 6 wohnte, war 1841/54 Direktor der Antonstädter Bezirksschule und seit 1872 Ehrenmitglied des Pädagogischen Vereins zu Dresden. N. verfaßte 117 Jugendschriften (z.B. 1837 «Abenteurer wider Willen», die in Dresden handelt) und gab 1841 einen Volkskalender heraus. Aufschlußreich in bezug auf die Geschichte Dresdens im 19. Jh. ist seine 1872 in Leipzig erschienene «Selbstbiographie». – Grab auf dem Inneren Neustädter Friedhof; Bronzebüste von Gustav →KIETZ (1878) an der Hainstraße/Ecke Theresienstraße; Nieritzstraße in der Inneren Neustadt.

Nikolaikirche: →Kreuzkirche

Nisani: sorbischer Gau («Bewohner der Niederung»), das Gebiet des Elbtalkessels zwischen Pirna und Gauernitz umfassend, urkundlich zwischen 1013 und 1227 mehrmals belegt. Im Verzeichnis der Tafelgüter der römischen Könige, das aus den letzten Regierungsjahren Kaiser FRIEDRICHS I. stammt, wird das Gebiet als «Königsgut» genannt. Im 12. Jh. gehörte N. zeitweise zu Böhmen. Der Ort «Nisani», der namengebend für den Gau wurde, lag möglicherweise in der Nähe der späteren deutschen Stadt Dresden. Im Jahre 1004 sammelte Kaiser HEINRICH II. am Ort N. (nach Thietmar von Merseburg) ein Heer zum Kriegszug gegen die Böhmen.

Noack, Karl Friedrich Ernst: Bau- und Zimmermeister, geb. 12.6.1861 Dresden, gest. 14.9.1924 Dresden. – Nach dem Besuch der Bauschule in Dresden übernahm N. das väterliche Baugeschäft, wurde 1905 Hofzimmermeister, 1912 Obermeister der Dresdner Baumeister-

innung und 1922 Ratszimmermeister. Er baute 1900 die Festhalle für das 13. Deutsche Bundesschießen in Dresden, 1904/11 die Interimsbrücke über die Elbe, rüstete 1905 die →Kreuzkirche ein und entwarf die Festhalle für das Sächsische Sängerbundesfest 1925. N. wohnte in Kemnitz. – Begraben auf dem Alten Annenfriedhof.

Nordfriedhof: 1902 am Kannenhenkelweg im Kasernenbezirk der →Albertstadt angelegter Garnisonsfriedhof. Neben den Grabstätten des Kriegsministers Karl Paul Edler von der PLANITZ und der Offiziere aus der Familie VITZTHUM VON ECKSTÄDT sowie derer von RABENHORST fanden auch die Opfer sächsischer Regimenter des Ersten Weltkriegs hier ihre letzte Ruhestätte. Das Grab des oppositionellen Generals Friedrich →OLBRICHT sowie Gemeinschaftsgräber von unbekannten Opfern, die bei Luftangriffen auf Dresden ums Leben kamen, und Gräber von sowjetischen Kriegsgefangenen befinden sich ebenfalls auf dem N.

Nossener Brücke: Straßenbrücke zwischen Südvorstadt und Löbtau über die Gleisanlagen der Eisenbahn. – Der 26,5 m breite Verkehrszug wurde 1960/64 als «Brücke der Jugend» errichtet und ersetzt einen älteren, aus Siebenlehner Straße, Nossener Straße und der früheren Nossener Brücke gebildeten Straßenzug, der einem Abschnitt des historischen →Zelleschen Weges entsprach. Arbeiten zur Fortführung der Brücke durch eine Hochstraße (Teil einer «Nordtangente») begannen 1989/90. Neben der Brücke: Heizkraftwerk von 1961/64 (Abbruch vorgesehen) und, 1993 begonnen, Neubau eines Gas- und Turbinen-Heizkraftwerkes.

Nosseni, Giovanni Maria: Bildhauer, Hofarchitekt, geb. 1.5.1544 Lugano, gest. 20.9.1620 Dresden. – Der «Hauptmeister des Manierismus» wurde 1575 vom Kurfürsten AUGUST nach Dresden berufen. Er entwarf für CHRISTIAN I. ein kostbar ausgestattetes Renaissance-Lusthaus nach italienischen Vorbildern (erstes →Belvedere) auf der Brühlschen Terrasse, das am 22. September 1747 bei einer Pulverexplosion zerstört wurde. Weitere Werke sind die Entwürfe für den aus farbigem sächsischem Marmor gestalteten Hauptaltar (1906) und für sein eigenes Grabmal in der →Sophienkirche; der Altar wurde 1945 nur teilweise zerstört, man sicherte ihn 1963, um ihn nach Möglichkeit wiederverwenden zu können. Die offene Bogenhalle im →Stallhof sowie die Bronzesäulen für das Ringelstechen sollen nach Plänen von N. entstanden sein. Die von ihm gesammelten Kunstgegenstände wurden 1622 zum größten Teil von JOHANN GEORG I. für die Kunstkammer erworben. – N. bewohnte ein größeres Haus am Schloßplatz, das spätere →«Fürstenbergsche Haus», das 1899 für den Bau des →Landtagsgebäudes abgebrochen wurde. – Epitaph-Figur Nossenis (von Sebastian WALTHER) im Stadtmuseum.

Novalis, eigentlich *Friedrich Leopold Freiherr von Hardenberg*: Lyriker und Schriftsteller, geb. 2.5.1772 Oberwiederstedt b. Mansfeld, gest. 25.3.1801 Weißenfels. – N. weilte mehrfach in Dresden. Im April 1792 besuchte er zusammen mit Friedrich →SCHLEGEL Christian Gottfried →KÖRNER. Bei letzterem hielt er sich auch im Oktober 1797 auf. Von weitreichender Bedeutung sind

Nieritzdenkmal vor seinem Wohnhaus
Giovanni Maria Nosseni, Grabmal in der Sophienkirche

N. Aufenthalte in den Jahren 1798/99 gewesen. Unter dem Eindruck der Dresdner Kunstschätze und in Gesprächen mit den Gebrüdern SCHLEGEL, dem Philosophen Johann Friedrich Wilhelm →SCHELLING u. a. bildete sich hier die frühromantische Kunstauffassung heraus, in die N. einen entscheidenden Anteil einbrachte. Während dieser Zeit wohnte N. bei der Familie MANDELSLOH, Verwandten seiner früh verstorbenen Verlobten Sophie von KÜHN, und bei dem Hof- und Justizrat von MANTEUFFEL am Seetor. In Dresden lernte er damals auch Charlotte ERNST, die Schwester Schlegels, kennen. Das Landhaus der Familie ERNST in Pillnitz galt seinerzeit als ein Mittelpunkt geistigen Lebens in Dresden. N. hielt sich nochmals von Oktober 1800 bis Januar 1801 in der Stadt auf.

Novemberrevolution 1918 und revolutionäre Nachkriegskrise: Die anfängliche Kriegsbegeisterung breiter Schichten wich vor dem Hintergrund der hohen Menschenverluste (allein 230 000 sächsische Soldaten blieben auf den Schlachtfeldern des Ersten Weltkrieges), der ständig zunehmenden Lebensmittel- und Brennstoffknappheit, der Arbeitshetze in den Rüstungsbetrieben und der russischen Revolutionen von 1917 auch in Dresden einer revolutionären Stimmung. Die →Antikriegsdemonstrationen nahmen Massencharakter an. Am 17. Oktober 1918 widersetzten sich Soldaten der Dresdner Garnison auf dem Neustädter Bahnhof dem Abtransport an die Front. Auch die Aufnahme der sozialdemokratischen Minister Julius FRÄSSDORF (1857 bis 1932) und Max HELDT (1872–1933) in die sächsische Regierung konnte das Übergreifen der Revolution auf Sachsen nicht mehr verhindern. Am 8. November 1918 besetzten Arbeiter und Soldaten nach Massendemonstrationen in Dresden den Hauptbahnhof und die Militärarrestanstalt. In der Nacht zum 9. November floh FRIEDRICH AUGUST III. (1865–1932, König seit 1904) nach Schloß Moritzburg, dankte am 13. November offiziell ab und begab sich am 18. November 1918 nach seiner Besitzung Sibyllenort bei Breslau. Damit endete die über 800jährige Thronfolge der Wettiner in Sachsen. –
Am 9. November entstanden in Dresden zwei →Arbeiter- und Soldatenräte. Mit der Besetzung von Rathaus, Polizeipräsidium, Haupttelegrafenamt, Arsenal und Kriegsministerium übernahmen die revolutionären Kräfte in der Nacht zum 10. November faktisch die öffentliche Gewalt. Beide Räte schlossen sich am 10. November zum Vereinigten Revolutionären Arbeiter- und Soldatenrat von Groß-Dresden zusammen. Im Anschluß an die Gründungsversammlung im Gebäude des Zirkus Sarrasani hißte eine Abordnung auf dem Schloßturm die rote Fahne. Am 11. November tagte der vereinigte Rat erstmals im Ständehaus. Neben dem Linksradikalen Otto RÜHLE (1874–1943) zählten Hermann FLEISSNER (1865–1939) von der USPD und die Sozialdemokraten Georg →GRADNAUER, Wilhelm BUCK (1869–1945) und Albert SCHWARZ zu den führenden Mitgliedern des Rates, der unter Verzicht auf die Räteherrschaft den Weg zur bürgerlich-parlamentarischen Demokratie bahnte. Die aus den Reihen der Arbeiterräte von Dresden, Chemnitz und Leipzig am 15. November gebildete *sächsische Regierung der Volksbeauftragten* unter Richard LIPINSKI (1867–1936), USPD, verfügte die Fortsetzung der Dienstgeschäfte durch die alten Staatsorgane. Spartakisten und andere Linksradikale um O. Rühle verließen den Rat und schlossen sich zur Fraktion der Internationalen Kommunisten Deutschlands zusammen. Im Januar 1919 fand im Hotel «Stadt Braunschweig» die erste Dresdner Versammlung der neugegründeten KPD statt; die Rühle-Gruppe wurde 1920 aus der Partei ausgeschlossen. – Der Wahlkampf für die sächsische Volkskammer wurde in Dresden durch einen blutigen Zwischenfall überschattet. Etwa 1000 Spartakusanhänger und andere Demonstranten wandten sich nach einer Kundgebung mit O. Rühle gegen das Verlagsgebäude des SPD-Organs «Dresdner Volkszeitung» am Wettiner Platz. Sicherheitskräfte eröffneten das Feuer und erschossen 14 Menschen. Die USPD trat daraufhin aus der Regierung der Volksbeauftragten aus. – Bei den Wahlen zur sächsischen Volksvertretung am 2. Februar 1919 errangen die SPD 42, die USPD 15 und drei bürgerliche Parteien zusammen 39 Sitze (darunter die Deutsche Demokratische Partei 22). G. Gradnauer bildete ein SPD-Minderheitskabinett. In der erstmals aus allgemeinen und gleichen Wahlen hervorgegangenen Dresdner Stadtverordnetenversammlung verfügten SPD und USPD zusammen über 42, die bürgerlichen Parteien über 41 Sitze ; Oberbürgermeister blieb Bernhard →BLÜHER.
Von Arbeitslosigkeit, Streiks und Unruhen war das Leben in Dresden während der *revolutionären Nachkriegskrise* bestimmt. Am 12. April 1919 protestierten Kriegsbeschädigte und Sanitäter vor dem Sitz des Kriegsministeriums im Neustädter Blockhaus gegen die Kürzung von Renten und Beihilfen. Nach Zusammenstößen mit den Wachmannschaften drangen militante Teilnehmer in das Gebäude, zerrten den SPD-Kriegsminister Gustav NEURING (geb. 1879) auf die Elbbrücke, stießen ihn in den Fluß und erschossen den um sein Leben Schwimmenden. Diese Vorfälle boten den Anlaß für den Belagerungszustand; Reichswehrverbände unter General Georg MAERCKER (1865–1924) rückten in Dresden ein. – Ein schweres Blutbad ereignete sich im Zusammenhang mit dem *Kapp-Putsch* in Dresden. Nach kurzem Aufenthalt in der Stadt reiste die Reichsregierung auf der Flucht vor den Putschisten am 13. März 1919 nach Stuttgart weiter. Ein Aktionsausschuß versuchte, zur Abwehr des Putsches den Generalstreik auszurufen. Am 15. März besetzten Arbeitermassen das Telegrafenamt. In Dresden stationierte Reichswehrverbände rückten vom Zwinger her auf dem Postplatz vor und schossen in die Menge. 56 Menschen wurden getötet, über 200 verletzt (Gedenkstätte für 22 Opfer auf dem Johannisfriedhof Tolkewitz). –
Aus den Wahlen zum Landtag am 14. November 1920 ging die SPD wiederum als stärkste Partei hervor, zugleich ließen die Stimmengewinne nationalkonservativer Parteien den Vormarsch rechtsgerichteter Kreise erkennen. Im Januar 1923 stürzte die von Lipinski und Buck gebildete SPD-Regierung über ein Mißtrauensvotum. Erich ZEIGNER (1886–1949) bildete am 21. März 1923 ein Kabinett linker Sozialdemokraten, das am 10. Oktober 1923 die Kommunisten Fritz HECKERT (1884 bis 1936), Paul BÖTTCHER (geb. 1891) und Heinrich BRANDLER (1881–1967) als Minister aufnahm. Darauf reagierte die Reichsregierung mit der Verhängung der Reichsexekutive über Sachsen; am 19. Oktober enthoben Militäreinheiten die Regierung Zeigner ihres Amtes.
Das Erleben der Kriegsgreuel und die revolutionären Ereignisse wirkten tief auf das geistige und künstlerische Leben in

Dresden ein. Linksorientierte und antimilitaristische Künstler und Intellektuelle knüpften an avantgardistische Traditionen des Jahrhundertbeginns an und lehnten sich gegen den unverbindlichen Unterhaltungsbetrieb wie gegen den konservativen Traditionalismus auf. Dresden war für Jahre ein Zentrum radikaler Gesellschaftskritik und spätexpressionistischer Kunst. – Eine führende Rolle spielte Conrad →FELIXMÜLLER, in dessen Atelier sich ab 1917 Walter →RHEINER, Alfred KURELLA (1895–1975) u.a. zu Lesungen trafen. Felixmüller und Felix STIEMER (1896–1945) gaben im «Dresdner Verlag von 1917» Die Zeitschrift →«Menschen» heraus, an der auch Walter →HASENCLEVER, Yvan GOLL (1891–1950) und Heinar SCHILLING (1884–1955) arbeiteten. Franz PFEMFERT (1879–1954) verlegte die Zeitschrift «Die Aktion». Die Galerie Ernst ARNOLD zeigte Werke der Avantgarde in der Ausstellung «Der Sturm». An der Zeitschrift «Der Sturm» von Herwarth WALDEN (1878–1941) wirkte neben Felixmüller auch der junge Oskar →KOKOSCHKA. Edmund →KESTING gründete die private Kunstschule «Der Weg», die dem «Sturm» nahestand. Auch der Dadaist Raoul HAUSMANN (1886–1971) gehörte zum sehr differenzierten Kreis der Dresdner Moderne. – Eine politische Organisationsform fanden sozialkritische, pazifistische und avantgardistische Künstler und Intellektuelle im *«Sozialistischen Rat der Geistesarbeiter»*, der unter dem Einfluß von Otto RÜHLE und Friedrich →WOLF am 21. November 1918 im Saal der Dresdner Kaufmannschaft gegründet wurde. Zu seinen Mitgliedern gehörten neben Felixmüller, H. Schilling und dem Maler Otto HETTNER (1875–1931) auch der Kunstkritiker Camill HOFFMANN (1878–1944) und der Schriftleiter der «Neuen Blätter für Kunst und Dichtung» Hugo ZEHDER (1882–1962). – Wichtigste Künstlergruppe der Revolutions- und Nachkriegsjahre war die →Dresdner Sezession Gruppe 1919, die am 29. Januar 1919 unter Vorsitz von C. Felixmüller gegründet wurde und u.a. Otto →DIX, Otto →GRIEBEL, Eugen →HOFFMANN, Peter August →BÖCKSTIEGEL, Fritz SKADE (1898–1971), Constantin von MITSCHKE-ROLLANDE (1884–1956), Lasar SEGALL (1889–1957) und Otto SCHUBERT zu ihren Mitgliedern zählte. – Progressive Theaterleute wie der Regisseur Berthold VIERTEL (1885–1953) inszenierten Stücke von

HASENCLEVER, Georg KAISER (1878–1945) und Friedrich Wolf («Das bist du»). Im →Albert-Theater kamen 1917 drei Stücke von Kokoschka zur Aufführung. Die öffentliche Vorstellung des Antikriegsstückes «Seeschlacht» von Reinhard GOERING (1887–1936) im Albert-Theater verbot das Militärkommando noch 1918. – Die zeitgenössische Musik erhielt in Dresden große Impulse durch Paul →ARON und Erwin SCHULHOFF (1894 bis 1942), während Mary →WIGMAN 1920 neue Formen des künstlerischen Tanzes nach Dresden brachte.

Nowak, Max: Fotograf, geb. 21.5.1881 Liegnitz (Legnica), gest. 25.11.1956 Dresden. – N. arbeitete zunächst als Steindrucker in der Dresdner Buchdruckerei →Meinhold und 1925/41 als festangestellter Fotograf für die «Mitteilungen des Landesvereins Sächsischer Heimatschutz». Er dokumentierte im Auftrag des →Landesvereins Sächsischer Heimatschutz» Bau- und Kunstdenkmale, illustrierte mit seinen künstlerisch hervorragenden Aufnahmen zahlreiche Veröffentlichungen (u.a. «Dresden – Gärten und Parks» von Gertraude ENDERLEIN und weitere Bücher aus dem →Sachsenverlag). Sein Bildarchiv wurde 1945 im Kurländer Palais vernichtet; ein Teil des Negativarchivs wurde von der Deutschen Fotothek übernommen. – Grab auf dem Friedhof Leubnitz-Neuostra.

Nudelmühle: um 1770 von dem italienischen Schauspieler Antonio BERTOLDI am Unterlauf des →Weißeritzmühlgrabens an der →Ostra-Allee gegründetes Unternehmen (auch «Maccaroni- oder Italienische Nudelmühle»). Zu ihr gehörte eine volkstümliche, als «Alte Nudelmühle» einst stadtbekannte Schankwirtschaft. Sie wurde nach dem Abbruch des Gebäudes 1913 in einem Neubau an gleicher Stelle weitergeführt. – 1945 ausgebrannt, abgebrochen.

Nymphenbad: →Zwinger

Nymphenbrunnen: 1. Zwei Eckbrunnen auf dem →Neustädter Markt am Beginn der Hauptstraße. Die Brunnenanlage, mit den von Benjamin →THOMAE 1738/42 geschaffenen Sandsteinplastiken, wurde bis 1945 durch eine Wasserleitung aus der Dresdner Heide gespeist. 1938 wurden beide Figuren wegen Verwitterungsschäden von Paul POLTE (1877 bis 1952) durch Kopien ersetzt, die 1959 restauriert wurden. –
2. Aus Mitteln der Güntzstiftung 1908 in den Anlagen der →Bürgerwiese aufgestellter Brunnen. Die Architektur wurde von Wilhelm →KREIS entworfen, während das Marmorstandbild der weiblichen Brunnenfigur von dem Bildhauer Bruno FISCHER geschaffen wurde.

Nudelmühle
Nymphenbrunnen am Neustädter Markt von Benjamin Thomae

Oberbürgermeister: →Bürgermeister

Oberer Kreuzweg: um 1830 in Dresden-Neustadt entstandener Weg, der von der Hospitalstraße zur Georgenstraße Ecke Glacisstraße führt. Den Namen erhielt die Straße, weil sie das für die Bebauung freigegebene ehemalige Festungsarsenal kreuzte.

Oberes Elb- oder Wiesentor: südöstliches Stadttor der 1632 angelegten Altendresdner Stadtbefestigung am Anfang der ehemaligen Wasserstraße (am südlichsten Ende der Hospitalstraße).

Obergorbitz: →Gorbitz

Obergraben: Der O. führt als Verlängerung des →Niedergrabens von der →Hauptstraße zur →Königstraße. Die Gasse entstand im 17. Jh. anstelle des zugeschütteten Festungsgrabens. Im 16. Jh. verlief hier der Wassergraben, der zugleich den Anfang der Befestigungsanlagen von Altendresden bildete. Die Restaurierung der alten Bürgerhäuser wird im Rahmen des Aufbauplans Innere Neustadt vorgenommen.

Oberhofpredigerhaus: Auf Ersuchen des Hofpredigers Martin Mirus wurde 1593 vom Landesherrn dem ersten der drei angestellten Hofprediger eine Amtswohnung zur Verfügung gestellt. Sie befand sich bis 1739 in der →Schloßstraße (Gebäude bei Schloßerweiterung abgebrochen). Der Name O. rührt daher, daß der erste Hofprediger seit Matthias Hoe von Hoenegg den Titel Oberhofprediger führte. Als O. diente nach 1739 (bis 1850) das Haus Große Brüdergasse 31.

Oberloschwitz: Loschwitz

Oberpoyritz: rechtselbischer Stadtteil am Fuße des →Borsberges, 1378 als Padegritz (→Niederpoyritz) urkundlich erwähnt, 1950 zu Dresden eingemeindet. – O. ging aus einem Rundweiler hervor. Der Dorfkern ist mit mehreren Gehöften noch sichtbar. O. gehörte bis 1403 zur Burggrafschaft Dohna, unterstand 1410 der Familie von Köckritz auf Wehlen, 1463 Bodo von Carlowitz und 1535 Kaspar Ziegler. 1569 wurde Christoph von Loss auf Pillnitz Lehnsherr. Insbesondere sein Sohn Joachim von Loss (gest. 1643) vergrößerte die Pillnitzer Gutsflur zu Lasten der Bauern von O. und Söbrigen. – In O. wurde neben Ackerbau und Zeidlerei vor allem Weinbau betrieben. Der Kurfürst kaufte 1721 einen Weinberg von der Familie Ryssel (Rysselkuppe). Die Bewohner mußten Wachdienst im Schloß Pillnitz verrichten, bis 1765 dort eine ständige Schloßwache eingerichtet und u.a. auch in O. einquartiert wurde. – O. war ursprünglich der Kirche in Dohna unterstellt und wurde 1539 nach Hosterwitz eingepfarrt. Die Pillnitz-Oberpoyritzer Kastanienallee wurde 1786 bis an das →Pillnitzer Tännicht verlängert, die Schmiede an dieser Straße erhielt 1854 den bisherigen Reihenschank zugesprochen («Schmiedeschänke»). Der Ort erweiterte sich an der Lohmener Straße und am Fuße der Weinberge, wo an der Viehbolsche auch eine Wochenendsiedlung entstand. Größere Flächen unterhalb der Borsberghänge wurde für Obstbau kultiviert. – 1846 gelangte Richard →Wagner über O. zu seinem Sommerquartier im benachbarten Graupa, wo er am «Lohengrin» arbeitete (Richard-Wagner-Museum).

Oberseergasse: Die bis 1945 zwischen →Dippoldiswalder Platz und →Prager Straße existierende O. wird 1466 als «hinder dem alden Sehe» bezeichnet. Im 18. Jh. führte sie den Namen «Gasse hinter dem Schlößchen», «Am Trompeterschlößchen» sowie «Kälbergasse». Wegen letzterem nannte man den Amts- und Ratsrichter «Kälberrichter», den Ratsschöffen «Kälberschöppen» und die Gemeinde «Kälbergemeinde». Seit 1808 erhielt die bis zur Struveschen Brunnenanstalt führende Gasse die Bezeichnung Große O. Die von ihr abgehende Sackgasse zur Patientenburg wurde kurzzeitig O. genannt, später aber in Kleine O. geändert. Die Benennung O. erinnert daran, daß beide Gassen auf dem Gebiet des ehemaligen Obersees lagen. Ab 1874 wurde der gesamte Straßenzug geteilt. Der nördliche Teil erhielt den Namen →Trompeterstraße, der mittlere und der südliche Teil Struvestraße. Seit 1970 ist die O. von Gebäuden der Prager Straße überbaut.

Oeser, Adam Friedrich: Maler, Kupferstecher und Bildhauer, geb. 17.2.1717 Preßburg, gest. 18.3.1799 Leipzig. – Nach Studien in Wien kam O. 1739 nach Dresden. Neben einer Reihe von Dekorationen für die Oper schuf O. 1756 das Deckengemälde im →Palais Boxberg. O.

Obergraben
Adam Friedrich Oeser. Gemälde von Anton Graff

hatte in Dresden Verbindung zu vielen Künstlern und Kunstfreunden, z. B. zu Christian Ludwig →HAGEDORN und zu Johann Joachim →WINCKELMANN, dem er Zeichenunterricht erteilte und der auch bei ihm wohnte. Während des Siebenjährigen Kriegs ging O. 1759 nach Dahlen und kurz darauf nach Leipzig, wo er Direktor der Kunstakademie wurde. O. wohnte Große Frauengasse (Galeriestraße 7), später in der Königstraße 17

Olbricht, Friedrich: General, geb. 4. 10. 1888 Leisnig, gest. 20. 7. 1944 Berlin. – Nach Besuch des Gymnasiums in Bautzen schlug O. den Weg eines Berufsoffiziers ein. In Dresden wurde er Bataillonskommandeur des 1. Jäger-Bataillons im 10. (Sächs.) Infanterie-Regiment und gehörte später zum Generalstab der 4. Division. Der Teilnahme am sogenannten Polenfeldzug folgte die Abberufung zum Allgemeinen Heeresamt nach Berlin. Der für gute Beziehungen und Zusammenarbeit mit der Sowjetunion eintretende O. gründete 1942 eine oppositionelle Gruppe, die den Umsturz in Deutschland vorbereitete. O. gehörte zu der patriotischen Gruppe um General von STAUFFENBERG, die sich gegen HITLER verschworen hatte. Nach dem mißlungenen Attentat gegen den «Führer» wurde O. wie die anderen antifaschistischen Offiziere standrechtlich erschossen. – Grabstätte auf dem Nordfriedhof; Olbrichtplatz in der Äußeren Neustadt.

Oltersteine: geologisches Denkmal am Heller (in der Nähe der Autobahnabfahrt Dresden-Nord). Die beiden aus Braunkohlenquarzit (Knollensteine) bestehenden Steinblöcke – der südliche bis zu 1,60 m emporragend – sind durch Verkieselung im Tertiär im Niederlausitzer Gebiet entstanden und während der Elsterkaltzeit als Geschiebe in Richtung Dresden transportiert worden. Der Sage nach sollen sie als heidnische Kultstätte («Olter» von «Altar») gedient haben.

Olterteich: am Heller in der Nähe des ehemaligen Gasthofes «Zum Heller» und der →Oltersteine gelegener Teich mit reicher Wasserpflanzenflora.

Ompteda, Georg von, Pseudonym Georg *Egestorff*: Schriftsteller, geb. 29. 3. 1863 Hannover, gest. 10. 12. 1931 München. – Die Familie O. zog 1866 zuerst nach

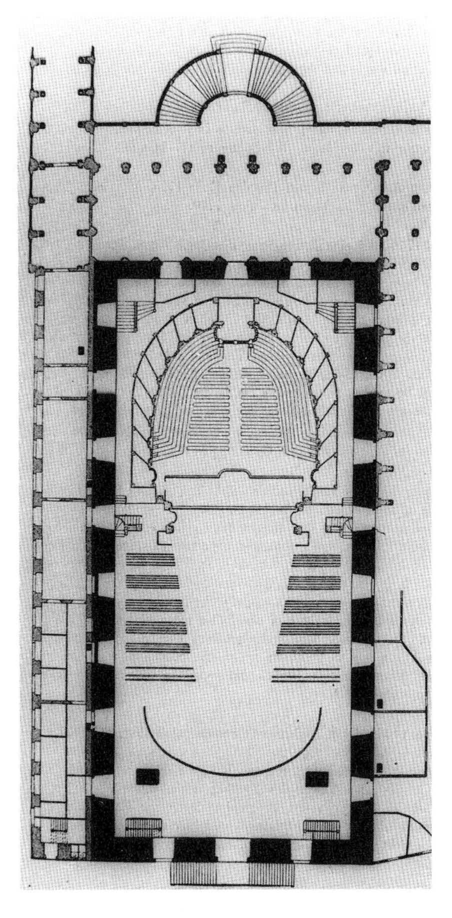

Österreich, später nach Dresden. Hier besuchte O. das Vitzthumsche Gymnasium und die Kadettenanstalt. Bis 1892 war er als Offizier in Großenhain und Dresden stationiert. Danach ging er auf Reisen. 1895/1903 wohnte er wieder in Dresden (Georgplatz 11, später Bürgerwiese 21). Anfang 1904 übersiedelte O. nach Österreich. In folgenden seiner Romane ist Dresden teilweise Schauplatz: Silvester von Geyer (1894), Cäcilie von Sarryn (1902), Das alte Haus (1913), Die schöne Gräfin Cosel (1932).

Omsewitz: Vorort am Westhang der Elbtalweitung, 1317 als Omasuwitz (nach slawischen Personennamen Omuz) urkundlich erwähnt, 1905 mit Burgstädtel vereinigt, 1930 zu Dresden. 1317 erwarb das Domkapitel Meißen das Herrengut Burgstädtel jenseits des Omsewitzer Grundes, 1390/92 auch Teile des Bauerndorfes O. 1559 kam O. an das kurfürstliche Amt. Der Bau von Mietshäusern vor und von Klein- und Mehrfamilienhäusern nach dem Ersten Weltkrieg verwandelte den Ort in eine Stadtrandgemeinde (1890: 140 Einwohner, 1925: 1132 Einwohner) mit Gartenbaubetrieben. In Altomsewitz, wo sich die Ausflugsgaststätte «Kümmelschänke» befindet, blieben Gehöfte mit Schlußsteinen und Hausinschriften des 18./19. Jh. erhalten. Teile der Omsewitzer Flur bis 1989 durch das Wohngebiet →Gorbitz bebaut.

Oper: →Sächsische Staatsoper Dresden

Operette: →Staatsoperette

Opernhäuser: Das *erste*, eigens für Opern- und Ballettaufführungen des Hoftheaters (→Sächsische Staatsoper) in Dresden errichtete Gebäude war das von Wolf Caspar von →KLENGEL entworfene →Komödienhaus (1664/67). – Die Hochzeit des Kurprinzen von 1719 war der Anlaß für den Bau des *zweiten* O., das nach den Plänen von →PÖPPELMANN unmittelbar am südöstlichen Pavillon des →Zwingers errichtet wurde. Die Grundsteinlegung für den damals mit 2000 Zuschauerplätzen größten Theaterbau Deutschlands war am 9. September 1718, die Einweihung am 3. September 1719. Das äußerlich schlichte Gebäude, dessen Haupteingang im Zwinger lag, war von dem italienischen Theaterarchitekten Alessandro MAURO (gest. nach 1748) mit der neuesten Bühnentechnik versehen und mit seinem Bruder Girolamo malerisch üppig geschmückt worden (Innenraum des O. 24 m breit, 54 m lang, 19 m hoch; Bühnentiefe 32 m). Zum Schmuck des Zuschauerraums (reine Holzkonstruktion mit Parterre und drei Logenrängen) gehörten auch Holzbildhauerarbeiten von →PERMOSER. Während der «Ära →HASSE» bildete dieses Opernhaus, das 1738 von dem Theatermaler

Zuschauerraum des Opernhauses von Pöppelmann 1738
Grundriß des Opernhauses von Pöppelmann

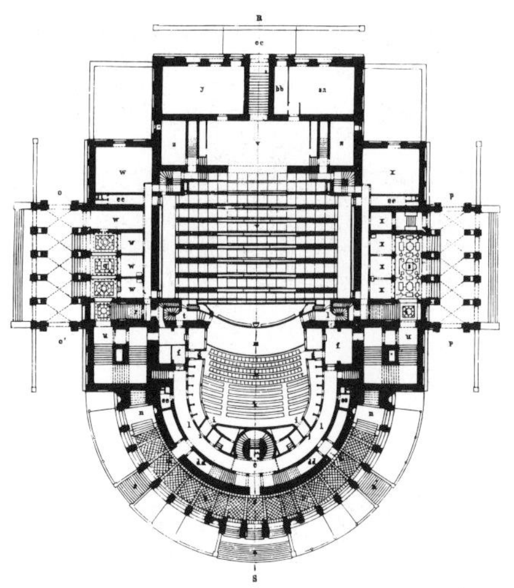

und Architekten Andrea Zucchi (1679 bis 1740) und 1749/59 von dem Architekten Giuseppe Bibiena (1696–1757) verändert und erweitert wurde, den Schauplatz der barocken Opernveranstaltungen. Bei der preußischen Belagerung 1760 wurde es beschädigt, 1763 renoviert und danach nur noch selten für Aufführungen genutzt (1769 letzte Vorstellung). 1772 ließ man dieses *«Große Opernhaus am Zwinger»* zum Redoutensaal umbauen und nutzte es bis zu seiner Zerstörung während der Maikämpfe 1849 für Hoffestlichkeiten und Konzerte (z. B. Palmsonntagskonzerte der Hofkapelle). 1780/1841 stand das →Morettische Theater dem Hoftheater zur Verfügung, außerdem 1817/58 während der Sommerspielzeit das Theater im →Linckeschen Bad. Da das Morettische Theater den Anforderungen der Theaterpraxis zu Beginn des 19. Jh. in keiner Weise genügte, wurden verschiedenartige Projekte zum Umbau bzw. zum Neubau des Hoftheaters entwickelt.
Erst mit dem von Gottfried →Semper am →Theaterplatz errichteten *dritten* O. bekam Dresden wieder einen sowohl für das Musiktheater als auch das Schauspiel (→Staatschauspiel) repräsentativen Theaterbau. Es war das einzige Gebäude, das nach Sempers Forumplan verwirklicht wurde (Baubeginn im Herbst 1838, Einweihung am 12. April 1841). Die erste technische Bauleitung hatte Otto von →Wolframsdorf. Der dreigeschossige massive Sandsteinbau, der wegen seiner ausgewogenen Proportionen im Stil der italienischen Frührenaissance als «schönstes Theater der Welt» bezeichnet wurde, ließ erstmals seine Funktion durch Hervorhebung des Bühnenhauses mit seitlichen Giebelfronten von dem halbkreisförmig vortretenden Zuschauerraum erkennen. Der Figurenschmuck am Gebäude, das außen von Karl Gottlieb Rolle (1814–1863) auch mit Sgraffitomalereien dekoriert war, stammte von →Rietschel (z. B. Giebelfries), →Hähnel (u. a. →Bacchuszug) und Julius Moritz Seelig (1809–1887). Die malerische Ausgestaltung des mit Parkett und vier Rängen 1750 Personen fassenden Zuschauerraums, bei dem Semper seine neuesten Erkenntnisse der Raumakustik angewendet hatte, lag in den Händen von Julius →Hübner (schuf auch den Schmuckvorhang) und der französischen Maler Edouard Desiré Desplechin und Jules Pierre Michel Dieterle. Für die Beleuchtung sorgte die Blochmannsche «Gasbereitungsanstalt» auf dem Zwingerwall. Als Wirkungsstätte von →Wagner und →Reissiger ging dieses O. in Dresdens Theatergeschichte ein, bis es am 29. September 1869 bis auf die Grundmauern Opfer eines durch Fahrlässigkeit verursachten Brands wurde. Das unmittelbar danach innerhalb von acht Wochen an der Großen Packhofstraße als einfacher Holzbau errichtete *Interimstheater* («Bretterbude» genannt), das mit Parkett und vier Rängen immerhin 1800 Zuschauer faßte, diente dem Hoftheater bis 1878 und war damit die erste Wirkungsstätte von Ernst von →Schuch. König →Johann war um die schnelle Wiedererrichtung des O. bemüht, wobei nach unterschiedlichen ersten Vorschlägen anderer namhafter Architekten wieder Semper mit der Planung beauftragt wurde. Den Ausschlag hatte vor allem eine von 1200 Dresdner Bürgern und eine vom Dresdner Architektenverein unterzeichnete Petition an den Landtag gegeben, der die Mittel bewilligen mußte. Am 26. April 1871 legte man am Theaterplatz den Grundstein für das *vierte* O. (gleichzeitig die zweite «Semper-Oper»), das am 2. Februar 1878 eingeweiht wurde. Die Bauleitung hatte Sempers ältester Sohn Manfred (1838–1913), die Bauüberwachung lag bei Karl Moritz →Haenel und die bühnentechnische Ausrüstung übernahm der Hoftheatermaschinenmeister Erich Witte (Baukosten 4,2 Mill. Mark). Der den Stil der italienischen Hochrenaissance zeigende Sandsteinbau (82 m lang, 78 m breit, 42 m hohes Bühnenhaus), der als Höhepunkt der Theaterarchitektur des 19. Jh. gilt, da er Schönheit mit Zweckmäßigkeit vereinigt, wurde gegenüber dem Vorgängerbau um einige Meter zurückgesetzt und wendet seine Hauptschauseite zum Platz, womit er das Bild des Theaterplatzes vervollkommnet. Das gegiebelte Bühnenhaus überragt den Zuschauerraum, der als segmentförmiger Arkadenbau vorgelagert und mit einer Exedra (26 m hoch, 9,5 m breit) abgeschlossen ist. Sie wird durch die bronzene Pantherquadriga mit Dionysos und Ariadne von Johannes

Opernhaus von Semper. Um 1850
Grundriß des 1. Opernhauses von Semper

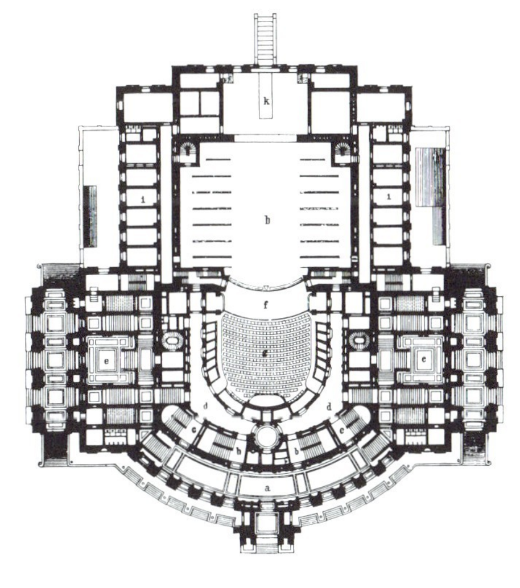

→SCHILLING bekrönt. Während die Figuren Goethes und Schillers (von Rietschel) sowie von Shakespeare, Moliére, Sophokles und Euripides (von Hähnel) an der Vorderfront vom abgebrannten O. stammten, schufen u. a. die Bildhauer →BÄUMER, →DIEZ, →HENZE, →HULTZSCH, →KIETZ, Carl Friedrich ECHTERMEYER (1845–1910) und Heinrich MÜLLER (1835–1929) die Statuen an den Seitenfronten. Der dekorative plastische Schmuck am und im O. stammte von Sempers viertem Sohn Emanuel (1848 bis 1911). Im bildkünstlerischen Programm des Architekten war festgelegt, daß die Elbseite des Gebäudes Motive des antiken Theaters und die Zwingerseite Themen des modernen Dramas zeigen sollte, während dem Gesamtbau das Dionysos-Thema übergeordnet war. An der diesem Programm entsprechenden Innenausstattung der Vestibüle und Foyers wirkten u.a. die Maler Heinrich HOFMANN (1824–1911), Friedrich GONNE (1813 bis 1906), Friedrich →PRELLER, Paul MOHN (1842–1906), Theodor →CHOULANT, Ernst Erwin OEHME (1831–1907), Carl Wilhelm MÜLLER (1839–1904) und Theodor GROSSE (1829–1891) mit. Der Zuschauerraum (anfangs 1712 Sitzplätze und 300 Stehplätze – später 1468 Sitzplätze und 100 Stehplätze; vier hufeisenförmige Ränge und ein zurückgesetzter fünfter Rang), der in der Farbgebung heitere Festlichkeit ausstrahlte, war auch berühmt wegen seiner vollkommenen Akustik. Das Proszeniumsbild und die Bilder des Deckenplafonds stammten von James MARSHALL (1838–1902), der Schmuckvorhang von dem Karlsruher Maler Ferdinand von KELLER (1842 bis 1922). Die bekannte doppelfenstrige Fünfminutenuhr, die von dem Dresdner Hofmechaniker Johann Friedrich GUTKÄS (1784–1845) schon für die erste Semper-Oper gefertigt worden war, wurde in vergrößertem Format wieder eingebaut.

In der Glanzzeit der Dresdner Oper unter SCHUCH, →BUSCH und →BÖHM gehörte dieses O., das bis zum Bau des →Schauspielhauses (1913) auch dem Sprechtheater diente, zu den berühmtesten Theatern Europas. Ein 1938 von Wilhelm →KREIS geschaffenes Erweiterungsprojekt wurde durch den Ausbruch des Zweiten Weltkrieges verhindert. An dessen Ende brannte bei der →Zerstörung Dresdens am 13./14. Februar 1945 auch das O. aus. 1946/55 wurden Sicherungsarbeiten zur Erhaltung des äußeren Baukörpers durchgeführt und nach der Projektierung des Wiederaufbaus 1968/76 am 24. Juni 1977 der Grundstein für den Neuaufbau gelegt. Daran waren unter Leitung des Betriebsdirektors des VEB Gesellschaftsbau Dresden, Hans-Joachim BAUER, und des Chefarchitekten, Wolfgang HÄNSCH (geb. 1929), 274 Betriebe und Institutionen beteiligt. Beim Wiederaufbau entstand das historische Bauwerk im wesentlichen in originalgetreuer Form wieder, während die neu hinzugekommenen Funktionsgebäude (Probebühne; Probesäle, Arbeits-, Sozial- und Verwaltungsräume; Gaststättenkomplex) – über Brücken mit dem O. verbunden – in moderner Gestalt entworfen wurden. Die bildkünstlerische Innenausgestaltung, die 1912 in den Foyers und Vestibülen verändert worden war, entstand mit Beteiligung von über 80 Malern und Bildhauern in der Semperschen Fassung

Interimstheater von 1869/78
Grundriß des 2. Opernhauses von Semper
unten und oben rechts: Die Oper heute

unter komplizierten Bedingungen neu (z. B. Wiederanwendung alter Techniken bei Marmorimitationen). Der Zuschauerraum (1323 Plätze; 27 m breit, 24 m tief, nur noch 4 Ränge; geringfügig vergrößert; 285flammiger Kronleuchter) zeigt an der Brüstung des ersten Ranges Porträtreliefs berühmter Dresdner Theaterkünstler. Zur Hauptbühne (variierbar durch 16 hydraulisch betriebene Hubpodien) und Hinterbühne (mit fahrbarer Drehscheibe) kamen zwei Seitenbühnen hinzu (Gesamtbühnenfläche 1762 m^2), weshalb die Seitenwände des alten Bühnenhauses um jeweils 6 m nach außen versetzt werden mußten. Die Konzertorgel (28 Register) stellte die Firma Jehmlich-Orgelbau her. Die erforderlichen Theaterwerkstätten erhielten bereits 1982 einen Neubaukomplex an der Ostra-Allee. Am 13. Februar 1985 wurde das O. mit Webers «Freischütz» eingeweiht und steht seitdem wieder in alter Schönheit für Oper, Ballett und Konzerte zur Verfügung.

Oppell, Hans Ludwig von: Polizeidirektor, geb. 26. 6. 1800 Krummhermsdorf, gest. 29. 7. 1876 Zschachwitz bei Dresden. – O. war 1831/53 Direktor der städtischen Polizei in Dresden. Er kaufte 1836 Felder aus dem Erbe des Vorwerks →«Schönbrunn» und erweiterte den Landbesitz auf das gesamte Areal zwischen Buchen-, Königsbrücker und Hechtstraße sowie Bischofsweg. Nach Parzellierung der Felder wurde darauf die Oppellvorstadt (→Hechtviertel) angelegt.

Oppellvorstadt: →Hechtviertel

Orangerie-Garten: →Herzogin-Garten

Originale, Altdresdner: ehemalige stadtbekannte Personen, die durch äußerliche oder charakterliche Eigenheiten im Dresdner Volksleben besonders in der ersten Hälfte des 19. Jh. auffielen und Anlaß zu vielen Anekdoten gaben. Sie traten vorwiegend in Gaststätten, bei Märkten (→Striezelmarkt) oder größeren Volksfesten (→Vogelwiese) in Erscheinung. Genauere Namen und Lebensdaten von ihnen sind im allgemeinen unbekannt. Den höheren Gesellschaftskreisen gehörten der russische Fürst →PUTJATIN und der «Rauhgraf» August Joseph von WACKERBARTH (1770–1850) an. Aus den unteren Bevölkerungsschichten kamen die meisten der O. Dazu gehörte der gelernte Uhrmacher Johann Karl Gottfried REHHAHN (geb. 15. 4. 1793 Jessen, gest. 12. 8. 1865 Dresden), der wohl am bekanntesten geworden ist. Er wohnte in der Schäferstraße, zog jedoch meistens – äußerlich recht ungepflegt – als fliegender Händler, volkstümlicher Liedersänger, Traumdeuter und Wahrsager herum, wobei er selbstgeschmiedete Verse darbot. Besonders bei Kindern beliebt war der ob seiner Gutmütigkeit verarmte witzige Buchhändler HELMERT, der seinen ambulanten Buchstand am Neumarkt hatte. Als «Kinderschreck» dagegen trat der eingefleischte Junggeselle Peter «GROLL» (eigentlich HERRMANN) auf, ein ehemaliger Postschaffner, der besonders auffällige Kleidung trug. Weiterhin zählte zu den O. die «Vogel-MARLISE» (gest. 1832), die in einer Bretterbude am Neumarkt allerlei Kleinsäuger sowie Singvögel verhökerte und wegen ihres flotten Mundwerks bekannt war. Am Altmarkt hatte die «EIERHANNE» ihren Stand mit gekochten Eiern, die sie abends auch in den Lokalen verkaufte, wobei sie häufig mit Liedern zu fröhlicher Stimmung beitrug. Ein Sänger der Schänken und Stammlokale war Franz TIMMLER, im Volksmund nach seinem bekanntesten Lied «Mei Sechser» genannt. Beliebt war auch die «Witwe MAGNUS», die nach dem Tod ihres Mannes ein primitives Wandertheater betrieb und Freitisch für arme Schauspieler an Feiertagen hielt. Die Kellerkneipe auf der Webergasse 6 wurde wegen ihres Wirtes, des «Vater KOHL» (gest. 1862) von den Gästen geschätzt, die sich über seine Grobheiten amüsierten. Ein anderer Sonderling war Ernst GRAF (1813 bis 1866), ebenfalls ein Schankwirt in der Webergasse, der wegen seiner frappierenden Ähnlichkeit mit NAPOLEON I. für dessen und der Gräfin →KIELMANNSEGGE Sohn gehalten wurde und mit seinen vergeblichen Bemühungen, dies aktenkundig zu machen, Aufsehen erregte. Weitere Volkstypen waren «der Husar», der «Redenarr HAUSSCHILD», der schwachsinnige Sohn des Schneidermeisters FRISCH von der Breitegasse sowie «Kikeriki», ein seltsames, verwahrlostes Individuum am Kuttelhof in der Gerbergasse, das zum Gaudium der Straßenjugend selbsterjagte Ratten mit Haut und Haaren verschlungen haben soll. Zu den letzten O. gehörten um die Jahrhundertwende der ehemalige Schornsteinfeger E. PECHMANN, der sich als «berühmter Dresdner Jodler» bezeichnete sowie der langjährige Dienstmann Friedrich August HAASE (Standort an der Struvestraße) und – mit ständig tropfender bläulicher Adlernase – der Dienstmann Emil WEISE mit Standort an der Seestraße.

Oskar-Seyffert-Museum: →Museum für Sächsische Volkskunst

Ostra: ehemaliges Dorf am linken Elbufer, 1206 urkundlich erwähnt, Name von ostrov (slawisch: Insel); 1568 aufgelöst,

Eierhanne
Peter Groll

danach Name für das kurfürstliche Kammergut sowie bis 1730 auch für die neue Vorstadt (später →Friedrichstadt). – Die Bauern von O. vergrößerten ihre Fluren im 15. Jh. durch das Land der Wüstungen →Rostagk und →Wernten, waren bis 1559 dem Bischof zu Meißen und dann der kurfürstlichen Verwaltung unterstellt. Kurfürst AUGUST löste das Dorf 1568 auf, um an dessen Stelle ein Vorwerk zur Versorgung des Hofes und der Festung Dresden zu gründen. Er entschädigte die Bewohner mit Ländereien in →Leubnitz-Neuostra und bei →Zschertnitz. Nach dem Rechtsgrundsatz «Was die Fackel verzehrt, ist Fahrnis» wurden Hausrat und Balkenwerk in Wagentrecks zu den neuen Wohnplätzen gefahren. Zur Bewirtschaftung des Vorwerks wurden Fröner gerufen, die im Frönerhof an der Annenkirche, ab 1613 an der Schäferstraße wohnten. Die Kurfürstin und dänische Königstochter ANNA wirtschaftete selbst in Ställen und Gemüsegärten, förderte den Obst- und Gartenbau im Kurfürstentum und zog sich den Spottnamen «dänische Käsemutter» zu. – Für den elbnahen Teil des Vorwerks bürgerte sich nach Gründung eines Tiergartens im 18. Jh. der Name →Ostragehege ein. JOHANN GEORG II. ließ auf dem Vorwerk eine Tuchmanufaktur errichten. Im stadtnahen Teil entstand die Vorstadt O. (auch Neustadt O.), die ab 1730 Friedrichstadt hieß. Das Ostravorwerk konzentrierte sich im späten 19. Jh. auf Milchwirtschaft und Schnapsbrennerei, verlor durch Industrie- und Verkehrsbauten zunehmend an landwirtschaftlicher Nutzfläche und wurde 1917 geschlossen.

Ostra-Allee: ursprünglich Landweg nach dem Vorwerk →Ostra, 1741/44 zur Allee verbreitert, bis 1875 einzige Verbindung vom Wilsdruffer Platz (→Postplatz) in die Friedrichstadt; 1963/91 nach dem spanischen Kommunisten Julian GRIMAU (1913–1963) benannt. – Bedeutendstes Bauwerk an der O. ist der →Zwinger mit dem Kronentor und dem ehemaligen Festungswall. Dem Zwingerteich schließt sich auf der rechten Straßenseite der 1745/48 zur Unterbringung der Pferde erbaute kurfürstliche →Marstall an, dem Christian Traugott →WEINLIG 1794/95 die klassizistische →Reithalle hinzufügte. Die 1952 wiederhergestellte Reithalle und andere Gebäudeteile des Marstalls (Gastwirtschaft «Zur Ausspanne») wurden 1982 in den modernen Neubau der Theaterwerkstätten (Architekt Gerd GUDER) einbezogen. Im Gelände wurde 1993 ein Zeltbau als Interimsspielstätte für die Rekonstruktionszeit des Schauspielhauses errichtet. Am Marstall querte der →Weißeritzmühlgraben die O. und floß an der 1770 gegründeten →Nudelmühle vorüber. Jenseits der Kleinen Packhofstraße befand sich um 1850 eine Zuckersiederei. Daran schloß sich das Wohnpalais von Gaëtano →CHIAVERI an, das 1783 für den Prinzen MAXIMILIAN erworben, durch Johann August →GIESEL umgebaut und mit einer Gartenanlage (später Prinz Johanns Garten) umgeben wurde. Dieses →Prinz-Max-Palais wurde 1890 für den Durchbruch der (jetzt überbauten) Permoserstraße abgerissen. Der hier nach links abbiegende, auf die ehemalige Weißeritzbrücke zuführende Teil der O. wurde Maxstraße genannt, nachdem die O. geradeaus auf die Könneritzstraße verlängert wurde. Den Abschluß der rechten Straßenseite bildet seit 1965 das Haus der Presse mit 46 m hohem, 13geschossigem Redaktionsgebäude (Architekten Wolfgang HÄNSCH, Herbert LÖSCHAU u. a.), Verlagsgebäude (Architekt Peter WENDT) und Druckerei. – Am Anfang der linken Straßenseite befand sich seit 1556 am Weißeritzmühlgraben der kurfürstliche Silberhammer. 1913 wurde auf dessen Areal das →Schauspielhaus («Großes Haus») errichtet. Neben dem Malergäßchen lag 1793/1904 der Malersaal zur Fertigung der Dekorationen für die Oper. 1916 wurde an dessen Stelle das Haus der →Dresdner Kaufmannschaft (später Kaufmännische Schule) erbaut. Im Nachbargrundstück befand sich das Flemmingsche Mietshaus, in dem 1843/47 Richard →WAGNER wohnte. Es wurde 1870 von Bernhard →SCHREIBER in den Neubau des →Gewerbehauses einbezogen. Der Konzertsaal des 1945 zerstörten Hauses diente der →Dresdner Philharmonie. Das benachbarte, 1945 zerstörte →Logenhaus (O. 7) wurde 1837/38 von Gustav HÖRNIG (Figurenschmuck von Ernst →RIETSCHEL) für die →Freimaurer-Logen «Zu den drei Schwertern» und «Zum Goldenen Apfel» erbaut. Letztere hatte später ihren Sitz auch O. 15 (Ecke Maxstraße). Aus den kurfürstlichen Pomeranzengärten wurde 1591 «Der →Herzogin-Garten» gebildet. Darin schuf Otto von →WOLFRAMSDORF 1841 die Orangerie, die mit den benachbarten Kleingärten durch die Luftangriffe zerstört wurde. Erhalten ist die Stirnseite des Bauwerks mit zwei Figuren von Ernst Julius →HÄHNEL. Pläne für ein modernes Kunsthallenprojekt im Herzogin-Garten wurden 1990/94 kontrovers diskutiert. – In einem Nachbargebäude wohnte 1814/18 Arthur →SCHOPENHAUER. O. 12 befand sich das Akustische Kabinett der Familie →KAUFMANN. Im später Maxstraße genannten Teil der O. betrieb Ehrenfried Walther von →TSCHIRNHAUS eine Glashütte, die 1764 z.T. zur «Hofpatientenburg» umgewandelt wurde. Anstelle der 1945 zerstörten Wohnhäuser wurde u. a. das Verwaltungsgebäude der Wasserwirtschaft (1958/60; Freiplastik «Mensch und Wasser» von LÜDECKE) errichtet.

Ostra-Allee

Ostrabrücke: →Brücken

Ostragehege (auch Großes Gehege): Teil der ehemaligen Kammergutsflur →Ostra im Altstädter Elbbogen. – Das Gelände wurde ab 1696 in einen Tier- und Fasanengarten umgestaltet und Anfang des 18. Jh. in landschaftsarchitektonische Pläne für den Raum westlich des Zwingers einbezogen. 1734 wurde eine Allee angelegt, die optisch auf das gegenüberliegende →Schloß Übigau ausgerichtet ist. Weitergehende Pläne von François de Cuvilliés (1695–1768) wurden nicht verwirklicht. Am 10. August 1813 nahm Napoleon I. auf den Ostrawiesen eine Parade von 40 000 Soldaten ab. Die von Tümpeln durchsetzte Wiesenlandschaft hielt Caspar David →Friedrich um 1832 in seinem Gemälde «Das Große Gehege bei Dresden» fest. Die «grüne Insel» in der Friedrichstadt erhielt sich noch lange als Ausflugsziel mit Gaststätten wie «Onkel Toms Hütte» und der «Milchwirtschaft» des Vorwerks. Der Bau des damals größten deutschen Vieh- und Schlachthofs durch Hans →Erlwein (1906/13), des Alberthafens, der Hafenmühle und weiterer Industrie-, Lager- und Verkehrsbauten reduzierte das Grünland erheblich. Im Ostteil wurden Sportstätten des →Dresdner Sportclubs 1898 bzw. des SC Einheit angelegt (Heinz-Steyer-Stadion, Eissporthalle von 1972, Eisschnellaufbahn u.a.). Das in den letzten Jahrzehnten stark vernachlässigte Gebiet des O. ist für die Internationale Gartenbauausstellung 2003 vorgesehen.

Ostra-Wiesen-Schlag: →Schläge

Otto, Ernst Julius: Kreuzkantor, Komponist, Dirigent, geb. 1.9.1804 Königstein, gest. 5.3.1877 Dresden. – 1814/22 war O. Kreuzschüler, wobei er schon zeitig als Solosänger eingesetzt wurde und später als Chorpräfekt praktische Erfahrungen im Dirigieren und Komponieren sammeln konnte. Nach Studien in Leipzig kehrte er 1825 nach Dresden zurück, lehrte 1827 Klavier und Gesang an der Blochmannschen Erziehungsanstalt, wurde 1828 vom Rat der Stadt zum interimistischen und 1830 zum ständigen Kreuzkantor gewählt. Dieses Amt bekleidete er bis 1875, wobei er den Kreuzchor auf hohem künstlerischem Niveau hielt und als Musikdirektor der drei ev. Hauptkirchen Dresdens das Musikleben im 19. Jh. wesentlich mitbestimmte. Er hatte enge Kontakte zum Stadtmusikkorps (→Dresdner Philharmonie) und setzte sich für dessen Erhaltung ein. Als Dirigent der →Dresdner Liedertafel und anderer Männerchorvereinigungen wirkte O. maßgeblich an großen deutschen Sängerfesten mit. Von seinem reichen kompositorischen Schaffen (allein ca. 800 Lieder für Männergesang), mit dem er sehr volkstümlich wurde, ist heute nur noch wenig bekannt. Seine Operette «Die Mordgrundbruck' bei Dresden» war lange Zeit im Programm der von ihm begründeten Fastnachtskonzerte des Kreuzchors. Das Julius-Otto-Haus auf der Waisenhausstraße und das Julius-Otto-Zimmer im ehemaligen Stadtmuseum wurden 1945 zerstört, während das von Gustav →Kietz entworfene, am 1. September 1886 vor der Kreuzschule enthüllte Julius-Otto-Denkmal bereits 1942 für Kriegszwecke demontiert wurde. – Grab auf dem Trinitatisfriedhof; Julius-Otto-Straße in Strehlen.

Ernst Julius Otto

Otto-Walster, August, Pseudonym u.a. Dr. Theodor *Giftschnabel*: Journalist, Dramatiker, geb. 5.11.1834 Dresden, gest. März 1898 Waldheim. – O. engagierte sich nach dem Studium in Leipzig (1854/59) in der kleinbürgerlich-demokratischen Bewegung und ab Mitte der sechziger Jahre in der Arbeiterbewegung (Eintritt in den Allg. Deutschen Arbeiterverein). 1868/70 war er in Dresden Redakteur des «Bulletin International». In Dresden wandte sich O. von den Lassalleanern ab und trat dem örtlichen Arbeiterbildungsverein bei. 1869 nahm er in Eisenach am Gründungskongreß der Sozialdemokratischen Arbeiterpartei (SDAP) teil. Danach unternahm er Agitationsreisen durch Böhmen und Sachsen. Nach der Verhaftung des Parteiausschusses der SDAP in Braunschweig war O. vom 17. September 1870 bis zum 1. Februar 1871 Sekretär des Parteiausschusses der Sozialdemokratischen Partei in Deutschland. Ab April 1871 war er Redakteur am →«Dresdner Volksboten». 1874 traf er in Dresden mit Karl →Marx zusammen. Seit 1875 war O. in Crimmitschau und in den USA tätig. 1891 kehrte er nach Deutschland zurück. Er lebte in Chemnitz und Dresden, betätigte sich allerdings nicht mehr politisch. Aus unbekannten Gründen wurde er in Waldheim inhaftiert. – Künstlerisch gesehen war O. einer der bedeutendsten Prosaschriftsteller der jungen sozialistischen Literatur (Hauptwerk ist der Roman «Am Webstuhl der Zeit», 1873), daneben auch Verfasser von Dramen, z.B. das Lustspiel «Ein verunglückter Agitator oder die Grund- und Bodenfrage» (1874). O. wohnte in Dresden in der Schloßstraße und zuletzt in der Großen Brüderstraße.

Packhofviertel: zwischen Elbe («Neue Terrasse»), Theaterplatz, Devrientstraße und Marienbrücke gelegen. Das Viertel entstand auf dem Areal des kurfürstlichen Vorwerks →Klein-Ostra vor den Festungsmauern und war durch den alten Weißeritzlauf und die Eisenbahn vom Großen Gehege getrennt. Die Ausschiffungsplätze der Frachtschiffahrt führten zur wirtschaftlichen Belebung des Viertels. An der Bastion Sol gründete Heinrich →CALBERLA 1817 eine Zuckersiederei (später →Hotel Bellevue). Auf Drängen der Kaufmannschaft wurde auf dem Gelände des königlichen Holzhofes zwischen Elbe und Marstall der Packhof angelegt, der 1826 durch die Große Packhofstraße mit dem Theaterplatz und durch die Stallstraße (heute Am Zwingerteich) mit der Ostra-Allee verbunden wurde. Die Mühlgasse, nach 1830 Am Ostraer Wiesenschlage, seit 1840 Kleine Packhofstraße, überquerte den →Weißeritzmühlgraben, an dem die 1606 gegründete Schmelzmühle lag. 1900 nahm das Fernheizwerk an der Großen Packhofstraße den Betrieb auf. 1912/14 schuf Hans →ERLWEIN den 39 m hohen, in Stahlbeton konstruierten «alten Speicher» mit 9 Speicherböden und 20 000 m² Lagerfläche (unter Denkmalschutz, Bausubstanz stark verfallen). Paul →WOLF errichtete 1927 den Neuen Packhof (1945 z.T. ausgebrannt, z.T. wiederhergestellt; 1993 abgebrochen). 1928/31 entstand das Gebäude des Landesfinanzamtes und der Zollverwaltung (Architekten Paul Wolf, THIEDE), dessen Elbflügel und Zollspeicher nach Bombenschäden abgetragen wurden. Der erhaltene Gebäudeteil war bis 1989 Sitz der Bezirks- und Stadtleitung der SED, wurde Sitz des Sächsischen Landtages und 1992/93 um einen Plenarsaal-Neubau (Glas- und Stahlkonstruktion nach Entwurf von Peter KULKA, →Landtagsgebäude) erweitert.

Pädagogische Hochschule «Karl Friedrich Wilhelm Wander»: ehemals für die Ausbildung von Diplomlehrern (Geographie, Geschichte, Kunsterziehung, Mathematik, Physik, Russisch und Deutsche Sprache/Literatur) sowie «Pionierleitern» zuständige Hochschule (1990 ca. 2500 Studenten). Sie wurde am 11. November 1953 mit 242 Studenten als *Pädagogisches Institut* in einem Neubau an der Stelle der 1945 zerstörten Dreikönigsschule an der Wigardstraße (seit 1994 Sächsisches Staatsministerium für Wissenschaft und Kunst) eröffnet und 1954 nach dem demokratischen Schulpolitiker WANDER (1803–1879) benannt. Die Ausbildung (ursprünglich nur Geschichte und Geographie) wurde 1955 wesentlich erweitert; 1967 ernannte man das Institut zur Hochschule. 1963/65 und 1988/90 erhielt die P. Neubauten an der Albertstraße, die seit 1992 von der Landesregierung genutzt werden. Auf der Grundlage des Sächsischen Hochschulstrukturgesetzes von 1991 wurde die P. als «Fakultät für Erziehungswissenschaften» in die →Technische Universität Dresden integriert, womit der Einrichtung von Lehramtsstudiengängen für Lehrer von Grundschulen, Mittelschulen und Gymnasien die traditionelle Lehrerausbildung in Dresden weitergeführt wird (→Lehrerseminare).

Pädagogischer Verein: →Dresdner Lehrerverein

Pagenkorps: Einrichtung am sächsischen Hof zur Ausbildung junger Adliger für höfische Dienste. Die «Ordnung, wie es mit der jungen Herrschaft Edelknaben gehalten werden soll» von 1596 gehört zu den ersten Regelungen des sächsischen Pagenwesens. Es gab damals Leib- oder Kammerpagen, Jagdpagen, Falkonierpagen und Silberpagen, die nicht nur dem Fürsten, sondern auch hohen Offizieren und Würdenträgern dienten. Da das Pagenwesen mehr und mehr den höfischen Bildungseinflüssen unterworfen wurde, erschien es zweckmäßig, die Pagen in den zwanziger Jahren des 18. Jh. gesondert im Sommerwaldschen Haus, Töpfergasse 7, unterzubringen. Das in dieser Zeit herausgegebene Dienstreglement forderte u.a. für die Bewerber im 13./14. Lebensjahr den beglaubigten Nachweis der adligen Abstammung bis zur fünften Generation. Nach dem Siebenjährigen Krieg diente das P. nicht nur höfischen Zwecken, sondern auch der Ausbildung künftiger militärischer oder ziviler Staatsdiener. 1813 löste der Generalgouverneur →REPNIN das P. auf. Eine Verordnung von 1873 ließ es bis zu seiner endgültigen Auflösung 1918 nochmals in weniger ausgeprägter Form bestehen.

Palais Boxberg: ehemaliges Rokoko-Palais mit südlich anschließendem Garten am Festungsgraben vor dem Seetor (Waisenhausstraße 33). Das noble dreigeschossige Gebäude, mit 11 Fenstern Front, entstand – möglicherweise nach dem Entwurf von Julius Heinrich →SCHWARZE – kurz vor dem Siebenjährigen Krieg (etwa 1752). Der im Erdgeschoß gelegene Gartensaal wurde vor 1756 von Adam Friedrich →OESER mit barocken Deckenmalereien versehen. Um 1783 im frühklassizistischen Stil umgebaut, diente das P. in der ersten Hälfte des 19. Jh. erst dem russischen, später dem englischen Gesandten als Wohnsitz und gehörte ab 1860 dem Kammerherrn Ottomar Richard von BOXBERG, nach dem es benannt wurde. 1899 brach man es ab und errichtete an seiner Stelle das →Central-Theater.

Palais Brühl: **1.** *Palais Brühl (Friedrichstadt).* →Marcolini-Palais – **2.** *Palais Brühl (Schießgasse 10).* Das

Packhofviertel
Fassade des Palais Boxberg

1712/15 durch den Umbau eines älteren Hauses entstandene repräsentative Gebäude mit prächtiger Außenfront hatte verschiedene Besitzer; 1747/62 gehörte es dem Minister Brühl, der es jedoch nie bewohnte. Vor dem Siebenjährigen Krieg lebte wahrscheinlich Brühls Schwiegersohn Georg August Minsczecki (1715 bis 1778) mit seiner Familie darin. 1816/30 wurde es von dem Geselligkeitsverein ➔«Harmonie» genutzt, der einen von Gottlob Friedrich ➔Thormeyer entworfenen Saal einbauen ließ. Beim Durchbruch der König-Johann-Straße wurde das Haus 1886 abgerissen. – 3. *Palais Brühl (Augustusstraße)*. 1737/53 in mehreren Bauetappen von Johann Christoph ➔Knöffel für den Minister Heinrich von ➔Brühl errichtetes Palais an der Augustusstraße/Kleine Fischergasse mit Gartenfront zur Elbseite (➔Brühlsche Terrasse). Das dreigeschossige Bauwerk, für dessen Einrichtung sieben Wohnhäuser an der Augustusstraße und sechs Wohnhäuser an den Klepperställen abgerissen werden mußten, hatte eine schlichte Außenfront mit 23 Fenstern zur Augustusstraße, einen Balkon über dem mit einer reich geschnitzten hölzernen Tür versehenen Portal, das von zwei Sandsteinfiguren ➔Mattiellis flankiert wurde und mit weiterem plastischem Schmuck von Gottfried ➔Knöffler versehen war. Das Innere war prächtig ausgestattet, z. B. im Treppenhaus mit dekorativen Decken- und Wandstukkaturen und nach 1746 entstandenen Sandsteinfiguren von Mattielli, die bereits klassizistische Züge zeigten. Mittelpunkt des P. war der zweigeschossige Festsaal, der als kostbarstes Beispiel des Dresdner Frührokokos galt und außer Spiegeln, weiß-goldenen Schnitzereien und Stukkaturen die Bildnisse Friedrich Augusts I. und seines Sohns sowie ihrer Gemahlinnen an den Wänden und ein allegorisches Deckengemälde von Louis de ➔Silvestre enthielt. – Vom November 1756 bis April 1757 nahm König ➔Friedrich II. von Preußen im P. sein Quartier. Das Gebäude kam 1792 in den Besitz des kurfürstlichen Hofes und diente oftmals hochgestellten Persönlichkeiten als Wohnsitz, z.B. 1807 dem französischen Staatsmann Talleyrand, 1809 Napoleons Bruder Jerome, 1813 dem russischen Zaren ➔Alexander I. und 1813/14 dem Fürsten ➔Repnin-Wolkonski. 1900 wurde das P. für den Bau des ➔Landtagsgebäudes abgebrochen, wobei man einige Plastiken dorthin übernahm, während man die Eingangstür, die Altangitter und vor allem den Festsaal originalgetreu in die Kunstgewerbeakademie an der Güntzstraße einbaute, wo er 1945 zum größten Teil zerstört wurde. Der Wiederaufbau dieses Saals ist nicht ausgeschlossen.

Palais Brühl
Palais Brühl in der Schießgasse
Ballsaal des Palais Brühl
Straßenfront des Palais de Saxe um 1900

Palais Cosel: ➔Coselpalais

Palais de Saxe: ehemals Barockpalais in der Moritzstraße 2. Es wurde um 1712 wohl von George ➔Bähr und Georg Hase (1665–1725) für den Kanzler Wolfgang Dietrich von Beichlingen (1665–1725) und seinen Bruder errichtet und war bis 1753 mit dem Gebäude Innere Pirnaische Gasse 22 (später Landhausstraße 6) verbunden, das zu gleicher Zeit entstanden war (➔British Hotel). Das P. wurde 1748 erneuert und brannte beim preußischen Bombardement 1760 aus. Die äußerst prächtige Fassade, die u. a. mit Säulen und Halbreliefs (Darstellungen von römischen Kaisern bzw. Jahreszeiten) geschmückt war, blieb erhalten und wurde durch den Landbauschreiber Samuel Adam (gest. 1787) beim Wiederaufbau 1764 mit einem zweigeschossigen Erker versehen. Ab 1786 in den Komplex des ➔Hotel de Saxe mit einbezogen (bis 1888), enthielt das P. im Erdgeschoß bis zu seiner Zerstörung im Februar 1945 das Restaurant ➔«Löwenbräu».

Palais der Sekundogenitur: ehemals Wohn-Palais im Park der Sekundogenitur (➔Blüherpark) an der Langen Gasse 24 (zuletzt Zinzendorfstraße 4). Es wurde 1764/70 von Friedrich August ➔Krubsacius für Johann Georg, Chevalier de Saxe (1704–1774), errichtet. Das eingeschossige Gebäude mit rechteckigem Turmaufbau und Belvedere sowie Dreiecksgiebel und Figurenschmuck von Gottfried ➔Knöffler zeigte äußerlich schon stilistische Übergangsmerkmale vom Rokoko zum Klassizismus, während es im Innern noch im reinen Rokoko ausgestattet war. Von 1781 bis 1927 gehörte

es jeweils dem zweitgeborenen sächsischen Prinzen. Nach 1783 wurde das P. im Inneren von Johann August →GIESEL im klassizistischen Stil verändert und 1855/57 von Georg Hermann →NICOLAI umgebaut, wobei ein Stockwerk aufgesetzt und die Fassade neu gestaltet wurde. Die Flügelbauten wurden 1867 und 1878/79 vergrößert. 1927 kam es mit dem Park in den Besitz der Stadt Dresden, im Februar 1945 brannte es aus und wurde 1951 abgerissen.

Palais Flemming-Sulkowski: ehemals bedeutsames Barock-Palais an der Inneren Pirnaischen Gasse (Landhausstraße). Das viergeschossige Bauwerk mit 14 Achsen Front an der Schauseite, die mit Mittelrisalit und Dreiecksgiebel sowie Pilastern und Reliefs reich gegliedert war, wurde nach 1704 für den Oberhofmarschall August Ferdinand PFLUG (1662–1712) an der Stelle eines Bürgerhauses errichtet, das u. a. Paulus →LUTHER gehört hatte. Der Architekt war Johann Rudolph →FÄSCH. 1714 erwarb der Generalfeldmarschall und Kabinettsminister Jakob Heinrich von FLEMMING (1667–1723) das P., das er erweitern und verschönern ließ (prächtiges Treppenhaus; mit Arkaden, Brunnen und Grotte geschmückter Hof; Flügelbau mit Ausgang zur Moritzstraße). 1717 gab hier Johann Sebastian →BACH der Hofgesellschaft ein Konzert, nachdem sich der Klaviervirtuose Louis MARCHAND dem geplanten musikalischen Wettstreit entzogen hatte. – 1724 wurde das P. kurfürstlicher Besitz, 1726 kam es an Flemming zurück, 1728 erwarb es AUGUST DER STARKE erneut, um es August Christoph von →WACKERBARTH zu schenken. Nach dessen Tod besaß Alexander Joseph von SULKOWSKI (1695 bis 1762) ab 1736 das P., das er von Johann Christoph KNÖFFEL erweitern und umbauen ließ. Nach dessen Entwürfen folgte 1746/47 ein weiterer Ausbau, nachdem der Hof das P. erneut erworben hatte, um es als Wohnsitz für die sächsischen Prinzen einzurichten. Das 1760 stark beschädigte P. wurde später abgebrochen und an seiner Stelle das →Landhaus errichtet.

Palais Fürstenberg: →Fürstenbergsches Haus

Palais Fürstenhoff: →Fürstenhoff, Johann Georg Maximilian

Palais Hoym: ehemaliges Barockpalais in der Inneren Pirnaischen Gasse 6 (später Landhausstraße 11). Das schon im 14. Jh. genannte Grundstück befand sich bis 1691 in bürgerlichem und danach in adligem Besitz. Johann Christoph →KNÖFFEL errichtete 1739/42 für den Oberstallmeister Johann Adolf von BRÜHL, den Bruder des sächsischen Premierministers, das dreigeschossige Palais mit 13 Achsen Front, an das sich südlich ein reizvoller Garten anschloß (wurde Mitte des 19. Jh. zugebaut). Ab 1752 besaß es der Kammerherr Julius Gebhard von HOYM (1721–1769), der das nach ihm benannte Palais, das 1760 bei der preußischen Bombardierung z. T. zerstört wurde, durch Friedrich August →KRUBSACIUS zu einem der größten Palaisbauten von Dresden wiederaufbauen ließ. Weitere Besitzer waren der Freiherr Isaak Wolfgang von

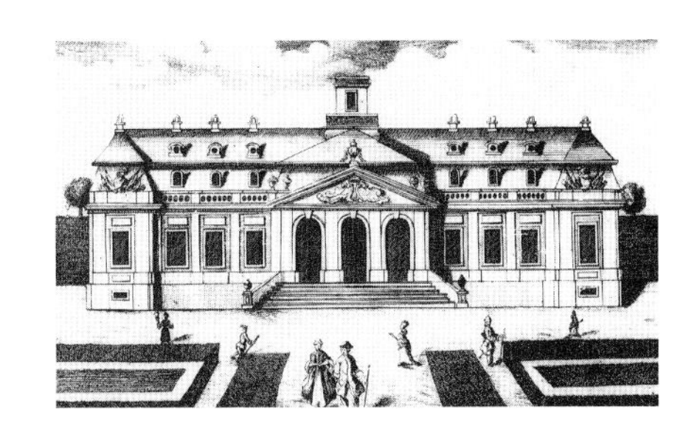

RIESCH, Jakob Friedrich von OLENHAUSEN, Traugott Friedrich HAASE und ab 1806 August Friedrich von SCHÖNBERG. Dieser verkaufte das P. 1830 für 40 000 Taler an die Vergnügungsgesellschaft →«Harmonie», von der es als *Harmoniegebäude* bis zu seiner Zerstörung 1945 genutzt wurde. Sie ließ es für ihre Zwecke umbauen, wobei an der Stelle des schönen alten Barocksaales durch Otto von →WOLFRAMSDORF ein neuer, größerer Saal geschaffen wurde, den man 1843 nach Entwürfen von Gottfried →SEMPER restaurierte, 1850 weiter veränderte und später durch Otto →GUSSMANN mit Deckengemälden versehen ließ. Als Konzert- und Theatersaal gehörte er zu den größten und schönsten in Dresden. – Nach 1945 wurden bei Abbruch der Ruine Teile des von Gottfried →KNÖFFLER geschaffenen Brunnens aus dem Hof des P. geborgen, restauriert und 1983 am Erweiterungsbau des Polizeigebäudes an der Landhausstraße angebracht.

Palais im Großen Garten: Gartenpalais im Schnittpunkt der Längs- und Querachse des →Großen Gartens und Zentrum der ursprünglichen Gartenanlage. Das dreigeschossige Lustschloß entstand

Palais Flemming-Sulkowsky in der Pirnaischen Gasse
Palais Hoym (Harmoniegebäude)
Palais Hoym, Gartenansicht 1931
Palais der Sekundogenitur
Palais der Sekundogenitur mit Garten

1678/83 für Johann Georg III. nach Entwürfen des Oberlandbaumeisters Johann Georg →Starcke und gilt als «Auftakt der sächsischen Barockarchitektur». Der früheste Barockbau in Kursachsen, bei dem französischer Einfluß erkennbar ist, hat einen H-förmigen Grundriß mit Bevorzugung der Ost- und Westseite der Fronten, wobei die Fassaden plastisch gegliedert und mit Ornamentik sowie Sandstein-Statuen reich geschmückt sind. Freitreppen führen an der Ost- und Westseite zu den Festräumen im Inneren, wobei der große Saal im Obergeschoß mit seiner feierlich-festlichen Architektur (formenreiche Stukkatur, Wand- und Deckenmalereien von Samuel →Bottschild und Heinrich Christoph →Fehling, Statuen in den Nischen) den Mittelpunkt bildete. 1829 wurde das P. restauriert, in dem nach 1837 das Museum des →Sächsischen Altertumsvereins und außerdem nach 1861 das Rietschel-Museum untergebracht war. Beim Bombenangriff am 14. Februar 1945 brannte das Schloß aus, wobei die kostbare Innenausstattung völlig vernichtet wurde. 1946 führte man erste Erhaltungsarbeiten durch, 1953/70 erfolgte schrittweise die äußere Sicherung der Fassade, 1964/65 wurde eine neue Stahldachkonstruktion aufgebracht, seit 1983 arbeitet man an der Restaurierung im Innenbereich. Die Nutzung des P. und der Zeitpunkt der Fertigstellung liegen noch nicht fest.

Palais im Großen Garten
Hauptsaal im Obergeschoß des Palais im Großen Garten
Palais Kap-herr, Parterregrundriß mit Garten
Palais Kaskel-Oppenheim

Palais Kap-herr: ehemaliger prächtiger Privatbau des 19. Jh. an der Parkstraße 7/ Ecke Gellertstraße. Das P. wurde 1873/74 von Bernhard →Schreiber im Stil der Neorenaissance für die Bankiersfamilie Kap-herr errichtet. Der zweigeschossige Sandsteinbau, für dessen Innenausstattung edelste Materialien verwendet wurden, hatte vier durchgegliederte, aufwendig gestaltete Fassaden, wobei die Seitenansichten villenartig gebildet waren, während die Hauptfassade als Stadtpalast mit vorgelagerter Auffahrt und darüberliegendem Altan entworfen war. Das P. kam später in königlichen Besitz (deshalb als Königliche Villa bezeichnet) und diente nach 1920 als Ausstellungsgebäude (1925/31 für die Neue Abteilung der Gemäldegalerie). Beim Bombenangriff 1945 brannte es aus und wurde 1955 abgerissen.

Palais Kaskel-Oppenheim: ehemaliges «herrschaftliches» Wohnhaus an der Bürgerwiese 5–7. Es wurde 1845/48 als Stadtpalast für den Bankier Martin Wilhelm Oppenheim (1781–1863) von Gottfried →Semper nach dem Vorbild der italienischen Hochrenaissance errichtet und gilt als typisches Beispiel des Historismus in Dresden. In einer Front von 35 m Länge zeigte der zweieinhalbgeschossige Sandsteinbau (ursprünglich auf dreieckigem Grundriß) mit ornamentalem und figürlichem Schmuck die Formen italienischer Palastarchitektur. 1867 kam das P. in den Besitz der Familie Kap-herr und 1870 in den der Familie →Kaskel, die es 1871/74 umbauen ließ. Dabei wurde der Grundriß zu einem Rechteck erweitert und die rechte Seitenansicht nach dem Muster der Hauptfassade ausgeführt. Außerdem beseitigte man die von Semper entworfene Innenausstattung zugunsten von Dekorationen im damaligen Zeitgeschmack. Das beim Bombenangriff 1945 ausgebrannte P. wurde 1951 abgerissen.

Palais Kötteritz: ehemaliges großes, vornehmes Barock-Palais an der Kreuzgasse. Das um 1700 von einem unbekannten Architekten errichtete erste P. brannte 1704 ab. An seiner Stelle entstand 1709/12 nach Plänen von David Schatz (1667–1750) das zweite P., nach seinem damaligen Besitzer auch Palais Werthern genannt. Es wurde 1760 beim preußischen Bombardement zerstört und an seiner Stelle 1768/70 das →Gewandhaus erbaut.

Palais Loß: Das Gebäude auf der →Kreuzstraße (ehemals Nr. 10) ging auf ein altes Patrizierhaus zurück. Ende des 16. Jh. war es im Besitz des Bürgermeisters Sebastian Kröss (Kreiss), des Schwiegervaters des Baumeisters Paul Buchner. Im Laufe der Zeit vergrößert, kam das Grundstück nach 1660 an die Ehefrau Wolf Caspar von

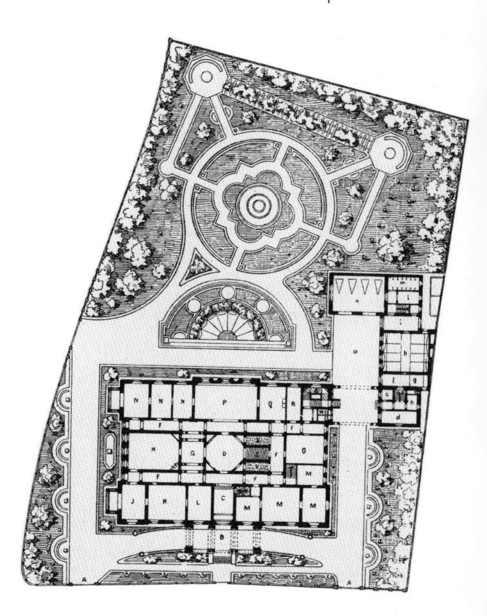

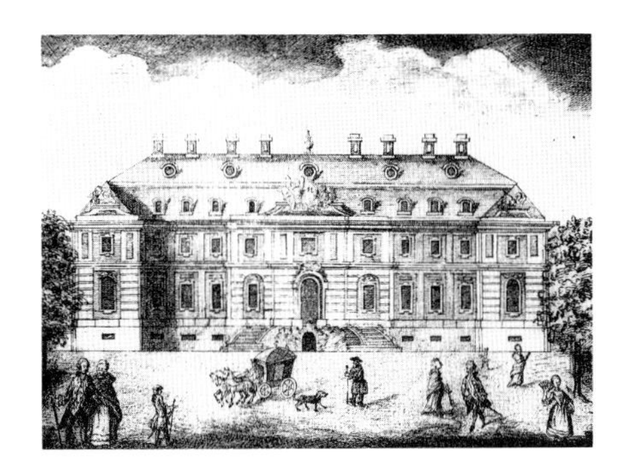

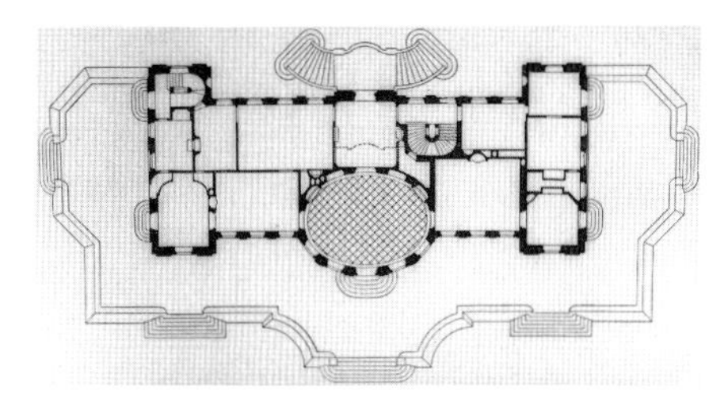

KLENGELS und 1722 an die ehemalige Geliebte AUGUSTS DES STARKEN, Frau von LOSS (geb. DIESKAU). Durch sie blieb das Palais im Besitz der dem alten meißnischen Adel zugehörigen Familie von Loß. – Während der preußischen Belagerung im Juli 1760 wurde das Gebäude zerstört und von Johann Gottfried →KUNTSCH dreigeschossig mit 14achsiger Front später wieder aufgebaut. Am 14. Dezember 1812 erlebte das Haus eine interessante historische Episode: →NAPOLEON I. suchte auf seiner Flucht nach der Niederlage der «Großen Armee» in Rußland seinen Gesandten in Sachsen, den Baron DE SERRA, der seinen Wohnsitz in dem Palais genommen hatte, auf. Noch in derselben Nacht traf der französische Kaiser, bevor er die Stadt wieder verließ, dort mit dem sächsischen König zusammen, um diesen über seine Niederlage zu informieren. – 1888 verkauften die von Loß das Palais an die Stadt. Um die Jahrhundertwende beherbergte das Gebäude vorübergehend das Stadtmuseum, das Ratsarchiv und die Stadtbibliothek. 1907 mußte das Palais für den Bau des Neuen Rathauses abgebrochen werden.

Palais Lüttichau: ehemalige zweigeschossige Villa in der Zinzendorfstraße 11, die um 1830 nach Plänen von Joseph →THÜRMER für Wolf August von →LÜTTICHAU erbaut wurde und als bedeutendster spätklassizistischer Privatbau in Dresden galt. 1906/34 besaß der Fotograf Hugo →ERFURTH die Villa. Beim Bombenangriff 1945 wurde sie zerstört.

Palais Mosczinska: ehemaliges Rokoko-Palais am Südende des →Mosczinska-Gartens in der Nähe der Bürgerwiese. Mit der Gartenanlage bildete es eine architektonische Einheit und gilt als Höhepunkt im Schaffen des Oberlandbaumeisters Julius Heinrich →SCHWARZE, der es um 1742 für die verwitwete Gräfin Friederike Alexandrine MOSCZINSKA (Tochter von FRIEDRICH AUGUST I. und der Gräfin COSEL) errichtete. Das zweigeschossige Gebäude stand auf einer sandsteingefaßten Rasenterrasse und war nach allen vier Seiten durch Treppenanlagen mit dem Garten verbunden. Im Inneren enthielt es u. a. einen ovalen Festsaal, der über zwei Stockwerke reichte. Im September 1756 diente das P. König FRIEDRICH II. von Preußen als Wohnung, 1794 kam es mit dem Garten in bürgerlichen Besitz und wurde 1811 als Militärkrankenhaus eingerichtet. Bei der Verlängerung der Mosczinskystraße brach man 1871 das zu den ehemaligen reizvollsten Schlössern Dresdens gehörende P. ab.

Palais Prinz Georg: →Palais der Sekundogenitur

Palais Prinz Max: →Prinz-Max-Palais

Palais Racknitz: →Racknitz, Joseph Friedrich von

Palais Vitzthum-Rutowski: ehemaliges Barockpalais an der Kreuzgasse/Ecke Weiße Gasse bis zur Großen Frohngasse, das für den Oberkammerherrn Friedrich Graf VITZTHUM VON ECKSTÄDT (1675 bis 1726) u. a. nach Entwürfen von →PÖPPELMANN 1719/21 errichtet wurde (eingeweiht 31. Juli 1721). Das dreigeschossige, mit Mansarddach versehene Gebäude, zu dem auch ein Garten gehörte, zählte zu den größten und schönsten Dresdner Palaisbauten im 18. Jh. und wurde von Zeitgenossen als «wohl sehenswert, weit und breit berühmt» gepriesen. Die plastisch ausgestaltete Hauptfront (11 Fenster) lag an der Kreuzgasse, dahinter befanden sich die Gesellschaftsräume sowie der zweigeschossige, u. a. mit einem Deckengemälde von Heinrich Christoph →FEHLING geschmückte Festsaal. Zur Weißen Gasse zeigte das Palais eine 17-Fenster-Front und 4 Fenster gingen zur Großen Frohngasse. Die Gebäudeteile umschlossen einen fast quadratischen Hof mit Laubengang und Orangerie und enthielten im Erdgeschoß zahlreiche Wirtschaftsräume, Pferdeställe, Remisen und sogar ein marmorverkleidetes Bad. 1726 kaufte der Generalfeldmarschall Jakob Heinrich von FLEMMING (1667 bis 1728) das P., in dem im Januar/Februar 1728 der preußische Kronprinz FRIEDRICH und auch sein Vater →FRIEDRICH WILHELM I. wohnte. Ab 1729 gehörte es dem Kabinettsminister Carl Heinrich von HOYM (1694–1736), ab 1737 der Fürstin Friederike Charlotte LUBOMIRSKA (geb. von VITZTHUM), deren Tochter 1739 einen Sohn AUGUSTS DES STARKEN, General Friedrich August RUTOWSKI (1702–1764) heiratete und mit ihm das Haus bewohnte. Seitdem wurde es auch als *Rutowskisches Palais* bezeichnet. Nach der Schlacht bei Kesselsdorf 1745 nahm →FRIEDRICH II. wieder seine Wohnung im P. 1760 wurde es beim preußischen Bombardement stark beschädigt. Wieder im Besitz der Familie Flemming brannte das Gebäude durch Leichtfertigkeit seiner Bewohner am 21./24. Februar 1786 aus. Die Ruinen wurden abgerissen und an deren Stelle später Bürgerhäuser errichtet.

Palais Vitzthum-Schönburg: ehemaliges spätbarockes Palais an der Moritzstraße/Badergasse. Es wurde 1774 anstelle von vier beim Bombardement 1760 zerstörten Gebäuden nach Plänen von Gottlieb August →HÖLZER für den Grafen Ludwig Siegfried VITZTHUM VON ECKSTÄDT errichtet. Seit 1835 im Besitz des Fürsten von Schönburg-Waldenburg – deshalb auch *Schönburgsches Palais* genannt – wurde das Bauwerk bei der Anlage der →König-Johann-Straße 1885 abgebrochen.

Palais Wackerbarth: →Kurländer Palais; →Ritterakademie

Palais Mosczinska
Palais Mosczinska, Erdgeschoßgrundriß
Palais Vitzthum-Rutowski

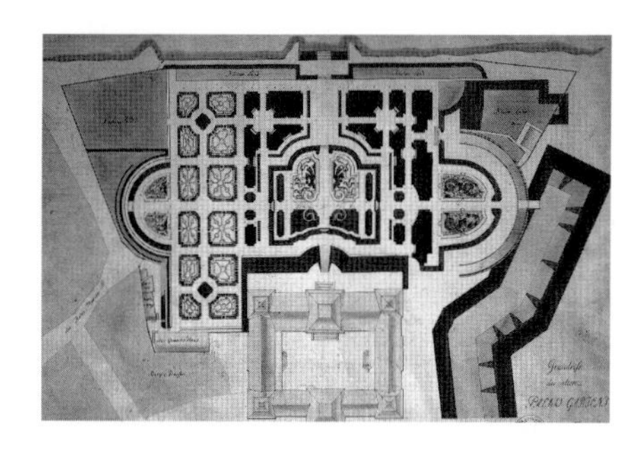

Palais Zinzendorfstraße: →Palais der Sekundogenitur

Palais-Garten: am →Japanischen Palais gelegene Parkanlage. Der ursprünglich mit dem Palais angelegte Garten wurde 1718/19 anläßlich der Hochzeitsfeierlichkeiten des sächsischen Kurprinzen zu einem kunstvollen französischen Terrassengarten erweitert, den ein kleiner, architektonisch gefaßter Gondelhafen an der Elbe begrenzte. Den Garten schmückten zahlreiche Barockplastiken (z. B. von Pietro BALESTRA und Antonio CORRADINI), von denen einige später im →Großen Garten aufgestellt wurden. In der zweiten Hälfte des 18. Jh. wurde der P. wiederholt umgestaltet, wobei der Barockcharakter zunehmend zugunsten eines Nutzgartens der Hofgärtnerei verlorenging. Die beiden mächtigen Platanen im Mittelteil des P. (um 1770/80 gepflanzt) stammen noch aus dieser Zeit. Nach Niederlegung der Festungsanlagen – der halbkreisförmige Überrest des Festungswalles ist im Westteil des P. noch erkennbar – bezog man 1820/31 das Gelände hinter der Befestigung mit ein und rundete es 1847/52 zur Marienbrücke hin ab. Dabei wurde der P. vom Hofgärtner Carl Adolf →TERSCHECK zu einem englischen Park umgestaltet.

Palaisplatz: seit 1825 nach dem →Japanischen Palais benannte weiträumige Platzanlage in der Neustadt, 1871 Kaiser-Wilhelm-Platz, in den zwanziger Jahren Wilhelmplatz, 1945/91 benannt nach Karl →MARX, der 1874 im benachbarten Hotel «Stadt Coburg» wohnte. – Der Platz wurde mit Anlage der →Königstraße gestaltet und wird vom Japanischen Palais beherrscht. Am Eingang zum Palais-Garten erhielt 1929 das bis dahin im Zwinger

aufgestellte Denkmal von König FRIEDRICH AUGUST I. seinen neuen Standort (geschaffen 1843 von Ernst →RIETSCHEL und Christian Daniel RAUCH; Postament nach Entwurf von Karl Friedrich SCHINKEL und Gottfried →SEMPER). – Nach Abbruch des →Leipziger Tores errichtete Gottlob Friedrich →THORMEYER im Zusammenhang mit der damaligen Akzisemauer 1827/29 die beiden klassizistischen Torhäuser. Nach Kriegsschäden wurde das nordöstliche 1950 wiederhergestellt und als Standesamt genutzt, das südwestliche als Ruine 1969 bei der Straßenverbreiterung abgetragen. 1945 wurden Bauten an der Süd- und Ostseite des Platzes zerstört, so das Hotel «Zu den drei goldenen Palmenzweigen» (1790 Aufenthalt von →GOETHE) und das Palais des Freiherrn Joseph Friedrich von →RACKNITZ (Palaisplatz 10). Ein Wohnblock an der Großen Meißner Straße und das →Hotel Bellevue schließen den Platz heute optisch nach Osten ab.

Palasthotel Weber: ehemaliges viergeschossiges Hotel mit Bier- und Speiserestaurant am Postplatz/Ecke Ostra-Allee. – Es wurde 1867 in dem um 1830 als «Turmhaus» entstandenen Gebäude eingerichtet und 1910/11 von William →LOSSOW und Max Hans KÜHNE umgebaut und wesentlich erweitert. 1948 wurde in dem beim Bombenangriff 1945 zum größten Teil zerstörten Gebäude das «Theater-Café» als erste HO-Gaststätte in Dresden eröffnet, daneben richtete man im Erdgeschoß die Imbißgaststätte «HO-Gastronom» ein, die als Vorläufer der heutigen Selbstbedienungs-Gaststätten nach dem schwedischen Tickets-System arbeitete. Nach Eröffnung der Gaststätte «Am Zwinger» wurden 1967 beide Gaststätten geschlossen und die Ruine des ehemaligen P. 1968 bei der Neugestaltung der Straßenbahnlinienführung über den Postplatz abgerissen.

Palitzsch, Johann Georg: «gelehrter Bauer», Bauernastronom, geb. 11. 6. 1723 Prohlis bei Dresden, gest. 21. 2. 1788 Prohlis. – P. übernahm 21jährig das väterliche Bauerngut in Prohlis und konnte sich nun bei strenger Zeiteinteilung seinen wissenschaftlichen Ambitionen widmen. Anregungen für die autodidaktischen Arbeiten fand P. bei Christian →GÄRTNER und Georg Gottlieb HAUBOLD (1714 bis 1772), dem Inspektor des Mathematisch-Physikalischen Salons. P. erlernte die lateinische Sprache und erwarb sich große Kenntnisse auf astronomischem Gebiet, die er ständig durch Himmelsbeobachtungen erweiterte. Die Wiederentdekkung des Halleyschen Kometen 1758 machte die ihn unter den Astronomen seiner Zeit bekannt. Seine Beobachtung des Sternes Algol ab 1783 brachte ihm brieflichen Gedankenaustausch mit dem Uranus-Entdecker Friedrich Wilhelm HERSCHEL. Als Mitglied der 1763 gegründeten «Ökonomischen Gesellschaft» baute P. als erster in seiner Heimat Kartoffeln an und setzte sich für deren Verbreitung im Elbtal ein. – P. veranlaßte 1775 den Bau eines Blitzableiters am Turm des Dresdner →Residenzschlosses, nachdem er sein Gut schon gesichert hatte. Die umfangreiche naturwissenschaftliche Sammlung und die Bibliothek (rund 3500 Bände) von P. sind leider zerstreut worden, als 1813 nach der Schlacht bei Dresden der Nachlaß geplündert wurde. 1877 wurde ihm zu Ehren ein Denkmal auf dem Prohliser Dorfplatz errichtet, das im Februar 1988 – völlig restauriert – wieder aufgestellt wurde. Im gleichen Jahr eröffnete man die Prohliser Heimatstube mit einem Palitzsch-Zimmer. – Grab auf dem Leubnitzer Friedhof; 121. Mittelschule «Johann Georg Palitzsch» in Prohlis.

Palmstraße: bis 1945 zwischen Stiftsstraße (→Alfred-Althus-Straße) und →Schweriner Straße in der →Wilsdruffer Vorstadt verlaufende Straße. Sie entstand im 16. Jh. als Hundsgasse, da sich dort Anfang des 16. Jh. bis 1568 die kurfürstlichen Hundeställe befanden. 1850 wurde dieser Name auf wiederholte Bitten der Anwohner durch die Bezeichnung P.

Palais-Garten
Johann Georg Palitzsch

ersetzt (wahrscheinlich nach der an der Freiberger Straße gelegenen Gaststätte «Zum Palmbaum»). An der P. befand sich auch der Hoffischgarten.

Palucca, Gret: Tänzerin, Tanzpädagogin, geb. 8. 1. 1902 München, gest. 22. 3. 1993 Dresden. – Die zunächst in München und 1920/23 in Dresden bei Mary →WIGMAN ausgebildete Künstlerin errang während der zwanziger und dreißiger Jahre internationalen Ruhm mit ihren Programmen traditioneller Tanzformen, aber vor allem durch vollendete Darbietungen des deutschen Ausdruckstanzes. Seit 1925 wirkte sie auch als Tanzpädagogin in der von ihr gegründeten →Palucca Schule sowie in internationalen Sommerkursen und Sonderlehrgängen im In- und Ausland. Der von P. geprägte Neue Künstlerische Tanz gilt heute als eine der führenden Methoden der realistischen Tanzkunst. Die Künstlerin wurde u. a. mehrfach mit dem Nationalpreis ausgezeichnet; 1972 erhielt sie den Martin-Andersen-Nexö-Kunstpreis der Stadt Dresden, und 1979 wurde sie zur Ehrenbürgerin von Dresden ernannt. P. wohnte u.a. an der Bürgerwiese (1945 zerstört), später an der Wiener Straße. – Grab auf Hiddensee.

Palucca Schule Dresden: bedeutende deutsche Ausbildungsstätte für Bühnentänzer, Choreographen und Tanzpädagogen am Basteiplatz in Strehlen. Sie wurde im Sommer 1925 im →Johanneum von Gret →PALUCCA als Privatschule des Neuen Künstlerischen Tanzes eröffnet, 1939 von den NS-Behörden geschlossen, am 1. Juli 1945 wieder eröffnet (zunächst in Mieträumen von Privathäusern) und am 1. April 1949 zur Staatlichen Fachschule für Künstlerischen Tanz ernannt mit Gret Palucca als erster Direktorin. 1953/55 erhielt sie den Neubau am Basteiplatz. Mit dem Sächsischen Hochschulgesetz wurde ihr 1993 als Akademie für künstlerischen Tanz der Status einer Hochschule zuerkannt. Die seit 1949 jährlich von der P. in Dresden durchgeführten internationalen Sommerkurse dienen der Verbreitung und Weiterentwicklung des modernen Tanzes.

Gret Palucca. 1925

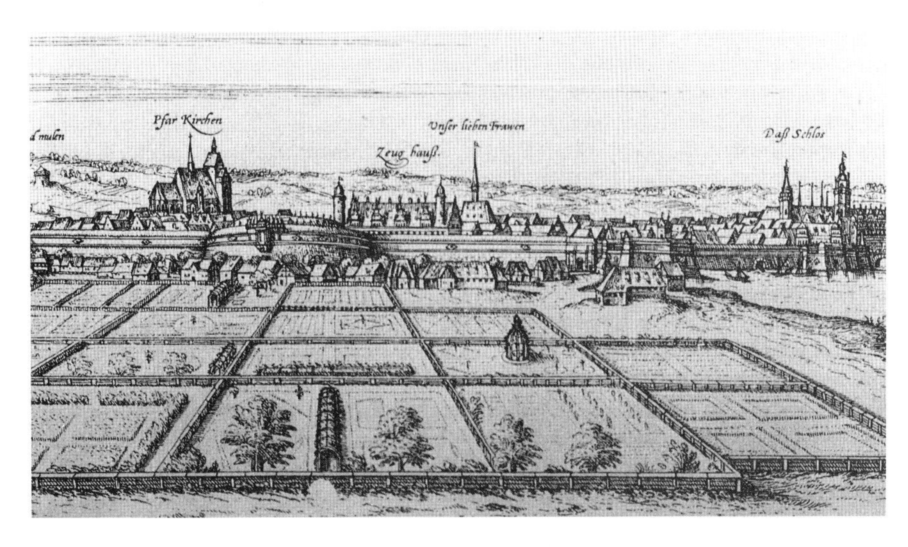

Gärten vor der Pirnaischen Vorstadt. 1572

Papiermühle: Unternehmen am →Weißeritzmühlgraben nahe der ehemaligen →Falkenbrücke, gegründet Ende des 15. Jh. – Die P. verarbeitete mittels eines wasserkraftgetriebenen Stampfwerkes Hadern zu Papier, erhielt 1578 das Privileg als Alleinhersteller im weiten Umkreis und lieferte einen erheblichen Teil des Urkunden- und Kanzleipapiers der älteren Geschichte Dresdens. Sie befand sich über Jahrhunderte im Besitz der Familie SCHAFHIRT, wurde 1759 durch die Preußen niedergebrannt, ab 1784 wiederaufgebaut und 1858 Aktiengesellschaft. Der an gleicher Stelle im 19. Jh. errichtete Fabrikneubau stellte 1914 den Betrieb ein (Papiermühlengasse seit 1840).

Parkanlagen: Wenige deutsche Städte sind so üppig in Grün eingebettet und werden durch die harmonische Einheit von landschaftlicher Schönheit, Städtebaukunst und Gartenkunst geprägt wie Dresden. Die in weiten Bögen die Stadt durchziehende Elbe bildet mit den Wiesen und Parks an ihren Ufern die grüne Mittelachse der Stadt und bestimmt das für den Pflanzenwuchs günstige, ziemlich milde und feuchte Klima mit. Die linkselbisch vorherrschenden Lehmböden und rechtselbisch vorherrschenden Sandböden erlauben eine reiche Pflanzenvielfalt. Die Dresdner Gartenkunst und Gartenkultur hat eine lange Tradition. Da bis ins 19. Jh. hinein innerhalb der Stadtmauern der Raum für Gärten nur eng bemessen war, breiteten sich die vom 16. bis 18. Jh. geschaffenen Garten- und Parkanlagen wie ein Kranz um die Stadt herum aus. Erste gärtnerische Anlagen innerhalb Dresdens waren der Klostergarten des →Franziskanerklosters und der zum Schloß gehörende «Wurzgarten» am Taschenberg. Dem Ausbau der →Stadtbefestigung in der zweiten Hälfte des 16. Jh. mußten viele unmittelbar vor den Stadtmauern gelegene, den Bürgern gehörende Nutzgärten weichen, für die weiter außerhalb wieder neue Gärten angelegt wurden. Zu den ersten bedeutenden Gärten vor den Toren gehören der Ende des 16. Jh. entstandene →Herzogin-Garten und der →Reisewitzische Garten. Zwischen den Wallanlagen östlich der Bastion Luna ließ Kurfürst AUGUST 1576 einen neuen Schloßgarten anlegen, der als Nutz- und Ziergarten die erste größere höfische Gartenanlage innerhalb Dresdens war und im 18. Jh. zum Orangeriegarten und Festplatz des →Zwingers umgestaltet wurde. Die hohe Blüte der Dresdner Gartenkunst setzte nach dem Dreißigjährigen Krieg ein, als in der zweiten Hälfte des 17. Jh. so umfangreiche Anlagen, wie der →Türkische Garten, der →Große Garten und der Lange Garten

(➔Blüherpark), geschaffen wurden. Dafür lieferten bedeutende Architekten, wie Johann Georg ➔Starcke und Johann Friedrich ➔Karcher, die Entwürfe. Der Chronist Anton Weck gibt um 1680 eine Beschreibung von vielen «wohlangebauten Obst- und Lustgärten», die Dresden umgaben, in denen nicht nur einheimische Pflanzen, sondern auch auswärtige Gewächse wie Feigenbäume, Zitronen, Pomeranzen und Granatenbäume «teils dem menschlichen Leben zu Nutz, teils zu Lust und Ergötzlichkeit» gediehen. Im 18. Jh. setzte sich diese Entwicklung fort, wobei die Renaissance-Gärten in Barockgärten im französischen Stil umgewandelt wurden. Außerdem entstanden neue, barocke Gartenanlagen. In ihnen verschmolzen Baukunst und Gartengestaltung zu einer Einheit. Die Architekten, wie ➔Pöppelmann, ➔Knöffel, ➔Schwarze und ➔Giesel waren zugleich Gartenkünstler. Unter August dem Starken wurde nach dem Vorbild Venedigs (Canale Grande) die Elbe als festlicher Wasserweg inmitten von Gärten und Schlössern in die Stadtplanung einbezogen. Unter diesem Gesichtspunkt legte man Park und ➔Schloß Pillnitz an, entwarf Pöppelmann seine Schloßbaupläne, entstanden der ➔Palaisgarten am Japanischen Palais sowie ➔Schloß Übigau mit Gartenanlagen. Als nach 1733 die Bedeutung der kurfürstlichen Gärten als Zentrum höfischer Festlichkeiten abnahm, ließen sich hohe Adlige zusammen mit ihren Palais bedeutende Gärten schaffen. Dazu gehörten die Gärten Brühls in der Friedrichstadt und auf der Brühlschen Terrasse, die Gärten am ➔Palais Vitzthum-Rutowski und am ➔Palais Hoym, der ➔Mosczinska-Garten, der Garten der Sekundogenitur (➔Blüherpark) und der Garten am ➔Prinz-Max-Palais. In der zweiten Hälfte des 18. Jh. bis Anfang des 19. Jh. kam der dem englischen Parkstil angepaßte Landschaftsgarten auf, der – häufig im sentimentalen Zeitgeschmack – zunehmend von Gärtnern geplant und eingerichtet wurde. Die meisten Gartenanlagen wurden dementsprechend umgestaltet und teilweise auch der Öffentlichkeit zugänglich gemacht (z. B. der Türkische Garten und der Große Garten). Auf den Festungswällen, die seit Mitte des 18. Jh. an militärischer Bedeutung verloren hatten und deren Flächen als Bauplätze vom Landesherrn vergeben wurden, entstanden Gärten wohlhabender Beamter und Adliger (z. B. Garten am ➔Saulschen Haus, ➔Brühlscher Garten, Garten von Friedrich Ludwig ➔Kreyssig). Daher konnten die nach der ➔Entfestigung Anfang des 19. Jh. auf den zugeschütteten ehemaligen Wallanlagen entstandenen Freiplätze nur teilweise für öffentliche Anlagen verwendet werden (➔Botanischer Garten, ➔Antonsplatz, Zwinger), und nur der schmale Ring des ehemaligen Stadtgrabens wurde mit einer durchgehenden Ringbepflanzung versehen. In der Dresdner Neustadt schuf man nach der Entfestigung in offener Bauweise ein Villenviertel, das mit damals berühmten Gärten durchsetzt war (➔Hoffmannseggischer Garten, Garten von Johann Gottlob von ➔Quandt, ➔Villa Rosa). Sehr viele der größeren und kleineren Gartenanlagen fielen dem Wachstum der Stadt im 19. Jh. zum Opfer (z. B. Mosczinska-Garten, Türkischer Garten, Herzogin-Garten, Garten am Prinz-Max-Palais, ➔Elisensruhe). Andererseits nahmen – besonders seit den siebziger Jahren des 19. Jh. – die Bestrebungen zu, Dresdens Charakter als «Stadt im Grünen» zu wahren. Dabei verschmolz das anfängliche Nebeneinander von Stadt, Gärten und Landschaft immer mehr zu einer Einheit. Das Wirken der ➔Gesellschaft für Botanik und Gartenbau «Flora» und die seit Mitte des 19. Jh. regelmäßig stattfindenden ➔Gartenbau-Ausstellungen haben daran

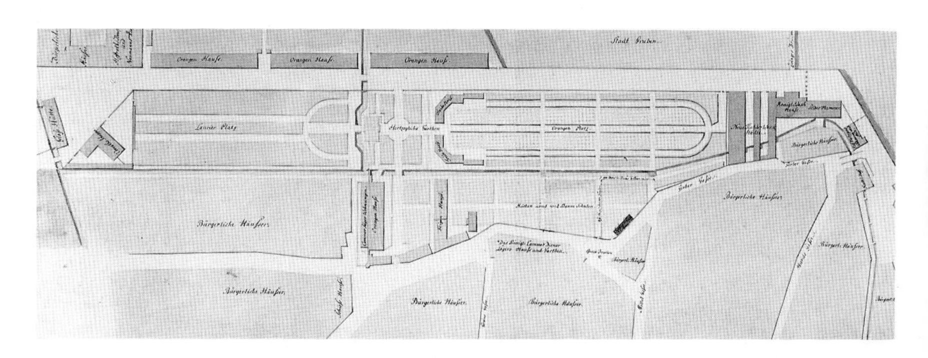

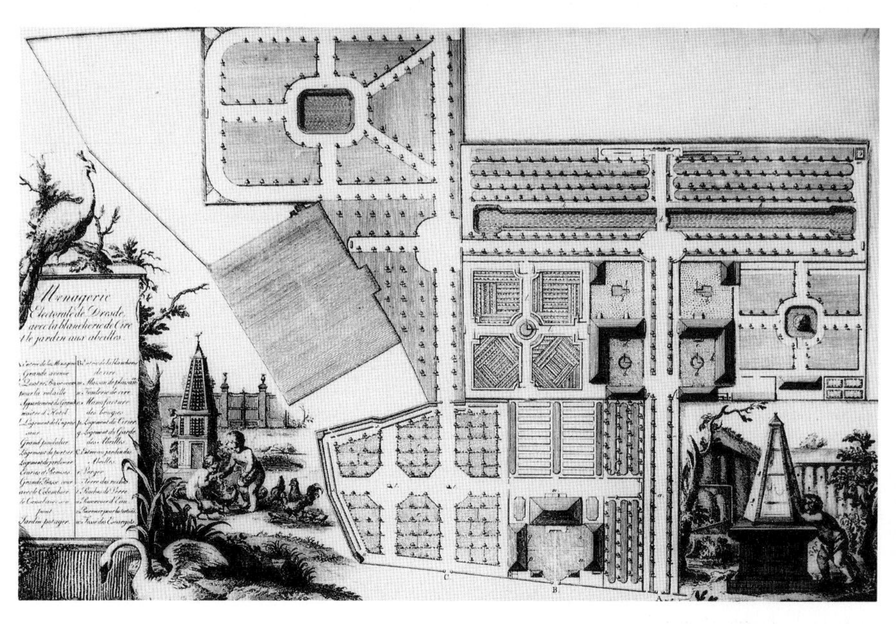

Herzogin-Garten, Plan
Grundriß der kurfürstlichen Menagerie. 1768
Gemüseanbau im Innenhof des Zwingers. Aufn. 1946

einen wesentlichen Anteil, ebenso bedeutende Parkgestalter, wie →TERSCHECK, →BOUCHÉ und Peter Joseph LENNÉ. Außer den größten privaten Parkanlagen des 19. Jh. an den Elbschlössern und auf →Königs Weinberg wurden die →Bürgerwiese als Parkanlage und aus dem Rest des →Blasewitzer Tännichts der →Waldpark Blasewitz geschaffen. Außerdem entstanden um die Jahrhundertwende in den Vororten Volksparks und Spielplätze (z.B. →Albertpark, →Heidepark, →Beutlerpark, →Volkspark Räcknitz, →Volkspark Leutewitz). Bei der Elbuferkorrektur 1869/72 behielt man die Elbwiesen bei (Neustädter Elbuferpromenade um 1930) und pflanzte im großen Stil Bäume an Plätze und Straßen. Um 1925 hatte die Stadtgartenverwaltung knapp 5000 ha öffentliche Grünanlagen und in 780 Straßen über 56000 Straßenbäume in 75 Arten zu betreuen (vor dem Zweiten Weltkrieg 68 000 Bäume; 1993: ca. 32 000 Bäume, davon 50 Prozent kurz vor dem Aussterben). Die bauliche Struktur Dresdens bestand aus fünf Siebenteln aufgelockerter, mit Gärten und Freiflächen durchsetzter Bauweise und zwei Siebenteln dicht bebauter, geschlossener Bauweise (vorwiegend Stadtkern). Fast alle Dresdner P. erlitten durch die Zerstörung der Stadt im Februar 1945 große Schäden; besonders schlimm wurde der Große Garten getroffen. Nachdem sie in den ersten Nachkriegsjahren teilweise für Ernährungszwecke genutzt worden waren, ging man ab 1950 an den Wiederaufbau der P. Bei der Neuordnung der Flächennutzung des Stadtgebiets setzte man sich das Ziel, ein aus der städtebaulichen Konzeption entwickeltes und über die Stadt verteiltes, zusammenhängendes «Grünnetz» zu schaffen, das nicht nur öffentliche P., sondern auch Vorgärten, baumbepflanzte Straßen, Wohngärten, Kleingartenanlagen und die Freiflächengestaltung in den Neubaugebieten einbezog. So wurde unter Berücksichtigung weitreichender Sichtachsen eine Vielzahl von Grünverbindungen vom Zentrum in die Außenviertel angelegt, wobei neben der Pflege der historischen P. auch neue Anlagen geschaffen wurden (z.B. →Touristengärten Prager Straße, →Garten der Freundschaft, →Alaunplatz, →Rhododendrongarten, Anlagen in der →Hauptstraße und am →Hotel Bellevue). 1988 kamen auf jeden Einwohner 36 m² Wohngrün und 22 m² Kleingarten. Gegenwärtig unterstehen dem 1992 gegründeten Grünflächenamt Dresden rund 800 gärtnerisch und forstwirtschaftlich betreute Einzelprojekte (darunter 30 größere P.) auf einer Gesamtfläche von ungefähr 660 ha.

Parkeisenbahn: am 1. Juni 1950 eröffnete Kindereisenbahn im Großen Garten, anfangs auf 1,2 km, dann auf 5,6 km verlängert, 1951/90 als *Pioniereisenbahn* bezeichnet, dient der Erholung und Berufsorientierung und bezieht Schüler in den Dienst ein. Die P fährt mit maximal 30 km/h eine im Kreis geführte Strecke. Start- und Zielbahnhof ist am Straßburger Platz, unterwegs gibt es vier Haltestellen. Die Bahn verfügt über zwei Dampfloks von Krauss, München (Baujahr 1925) und zwei Elektro-Akku-Loks aus dem RAW Dresden (Baujahr 1962 und 1982) sowie ca. 30 offene Personenwagen mit 381 mm Spurweite. Sie verkehrt April bis Oktober. – Die P. führt die Traditionen der *Ausstellungsbahnen* fort. Die Firma Kummer & Co betrieb anläßlich der Bauausstellung 1900 am Rande des Großen Gartens eine elektrische Straßenbahn mit 1000 mm Spurweite, die durch einen 180 m langen «Tunnel» aus Holz führte. Zur 2. Internationalen Hygiene-Ausstellung 1930/31 und zu den Jahresschauen Deutscher Arbeit 1936 und 1937 betrieb das Feldbahnunternehmen Brangsch, Engelsdorf, im Bereich zwischen Hygiene-Museum und Großem Garten Liliputbahnen mit 381 mm Spurweite. Zwei der eingesetzten Krauss-Loks kehrten nach ihrer Auslagerung in einen Steinbruch bei Kamenz 1950 zur P. nach Dresden zurück.

Parkhotel: Gaststättenkomplex und Hotel an der Bautzener Landstraße auf dem Weißen Hirsch und Nachfolger des Gasthofes →«Zum Weißen Hirsch». Der 1863 erbaute dritte Gasthof «Zum Weißen Hirsch» wurde 1881 in «Parkhotel» umbenannt, um ihn der Entwicklung des Orts zum Kurort anzupassen. Als repräsentatives Hotel 1914 neu erbaut und erweitert, hat es im wesentlichen bis heute äußerlich seinen Jugendstil-Charakter beibehalten.

Parktheater am Palais, *Naturtheater im Großen Garten*: im Jahre 1719 im Zuge der weiteren barocken Umgestaltung des →Großen Gartens von Johann Friedrich →KARCHER angelegtes kleines Parktheater südlich vom Palaisteich. Es ist als einziges der damaligen Fest- und Spielanlagen in veränderter Form erhalten geblieben. Von dem ehemaligen reichen Skulpturenschmuck (Putten) sind die im Stil PERMOSERS gehaltenen Sandsteinstatuen Bacchus, Satyr und Pan noch vorhanden. Das P. wurde 1969 restauriert und dient in der Sommersaison mit 600 Plätzen als beliebte Spielstätte für Freilichtveranstaltungen.

Partnerstädte: Städte, mit denen Dresden als Mitglied der Weltföderation der Partnerstädte (seit 1960) auf vertraglicher Basis besondere Kontakte pflegt. Folgende Städte, deren Wappen z.T. an der Ostseite des Rathauses angebracht sind, gehören dazu: St. Petersburg (1961), Wrocław (1963), Coventry (1964), Skopje (1967), Ostrava (1971), Brazzaville (1975), Florenz (1978), Hamburg (1987), Rotterdam (1988), Strasbourg (1990), Salzburg (1991), Columbus/Ohio (1992). Weiterhin bestehen engere freundschaftliche Beziehungen zu Hiroshima.

Paschky, August: Ziseleur, Modelleur, Arbeiterfunktionär, geb. 1850 Berlin, gest. 3.8.1891 Dresden. – P. kam 1870 nach Dresden, wirkte aktiv im Arbeiterbildungsverein sowie im Sozialdemokratischen Arbeiterverein und wurde nach Erlaß des Sozialistengesetzes gemaßregelt. P. mußte als Fischhändler hausieren gehen, bis ihm die Einrichtung eines kleinen Fischgeschäfts Am See und später in der Ziegelstraße möglich war. 1880 wurde er beim Plakatkleben verhaftet und zu 1 Jahr und 3 Monaten Gefängnis verurteilt. Im Gefängnis schwer erkrankt, setzte er nach seiner Entlassung die revolutionäre Tätigkeit weiter fort. Sein Fischgeschäft bildete einen Treffpunkt der Dresdner Sozialdemokraten. 1891

Parkeisenbahn im Großen Garten

verstarb er an den Folgen der Haft. – Paschky-Straße in Dölzschen.

Pattiera, Tino: Sänger (Tenor), geb. 27.6.1890 Ragusavecchia (heute Cavtat bei Dubrovnik), gest. 24.4.1966 Cavtat. – Der Liebling des Dresdner Opernpublikums in den zwanziger und dreißiger Jahren wurde nach musikalischer Ausbildung in Wien 1915 in Dresden engagiert, wo er bis 1941 im Ensemble der Staatsoper mitwirkte. Anschließend trat er noch in Prag auf und war später als Musikpädagoge in Wien tätig. In Dresden wurde er besonders als hervorragender Mozart- und Verdi-Interpret geschätzt. Er bewohnte um 1920 →Schloß Eckberg.

St.-Pauli-Friedhof: am 22. Mai 1862 in →Trachenberge (Hechtstraße/Hammerweg) eingeweihter Friedhof. Anfangs wurde er als «Äußerer» oder «Neuer Neustädter Friedhof» bezeichnet. Für den in zwei Abteilungen terrassenförmig angelegten P. schuf Landbaumeister Karl →CANZLER die Torweganlage, die Bauten der Totenhalle und die Kapelle. Hier fanden die Opfer der Kriege 1866 und 1870/71 ihre letzte Ruhestätte. Grabmal für den Pharmazeuten Franz Ludwig →GEHE von Johannes SCHILLING.

St.-Pauli-Kirche: ev. Kirche am Königsbrücker Platz/Fichtenstraße. Nachdem 1880/81 durch Teilung der Dreikönigsparochie die selbständige Pauli-Kirchgemeinde entstanden war, erbaute 1889/91 Christian SCHRAMM im nördlichsten Arbeiterwohngebiet der Neustadt die P. im neugotischen Stil. Beim Luftangriff am 16. Januar 1945 schwer beschädigt.

Pembaur, Karl Maria: Komponist, Dirigent und Chorerzieher, geb. 24.8.1876 Innsbruck, gest. 6.3.1939 Dresden. – Der Sohn des Komponisten und Musikschriftstellers Joseph P. kam nach Ausbildung und Tätigkeit in München 1901 als Hoforganist und Korrepetitor nach Dresden. 1913 zum Kapellmeister der Kirchenmusik an der Hofkirche und zum Direktor des Opernchors ernannt, setzte er sich besonders für die Pflege der kirchenmusikalischen Werke von SCHÜTZ, WEBER und anderer älterer Komponisten ein und gründete den «Verein zur Erhaltung und Förderung der Musik in der Hofkirche». Für den Opernchor schuf er eine Chorschule, einen Sinfoniechor (1915) sowie eine aus 60 Mitgliedern bestehende Vokalkapelle (1924). Von 1903 bis zu seinem Tode leitete er die →Dresdner Liedertafel.

Pentacon: →Zeiss-Ikon Dresden

Pentaconturm: →Ernemannturm

Permoser, Balthasar: Bildhauer, get. 13.8.1651 Kammer bei Otting/Oberbayern, gest. 18.12.1732 Dresden. – Nach seiner Ausbildung in Salzburg und Wien war P. 14 Jahre in Italien tätig (Einfluß von Giovanni Lorenzo BERNINI) und hatte bereits bedeutende Werke geschaffen, als er 1689 als Hofbildhauer nach Dresden berufen wurde, wo er ab 1690 bis zu seinem Tode wirkte. Zu seinen ersten Werken hier gehören der Geflügelte →Saturn sowie zahlreiche Skulpturen für den Großen Garten, von denen vier Herkulesgestalten noch vorhanden sind. P. Hauptwerk ist die plastische Ausschmückung des →Zwingers, der in kongenialer Zusammenarbeit mit →PÖPPELMANN entstand. Während die meisten Plastiken dort nur von P. entworfen worden sind und dann in seiner Werkstatt ausgeführt wurden, sind als eigenhändige Werke des Meisters die Hermen und der Herkules des Wallpavillons (1716/17; heute zumeist Kopien), die Nymphen im Nymphenbad (drei noch im Original erhalten) sowie Ceres und Vulkan am Kronentor bekannt. Die für den Grottensaal geschaffenen Marmorstatuen «Minerva» und «Apollo» befinden sich in der →Skulpturensammlung. In der →Kathedrale zeugen außer der Wolkenkanzel (1712) die überlebensgroßen, aus Lindenholz geschnitzten Statuen des Augustinus und Ambrosius von P. Meisterschaft der Barockskulptur in Sachsen. Er hat es verstanden, mit Klarheit, Feinheit im Detail und virtuoser handwerklicher Fertigkeit aus unterschiedlichsten Materialien Kunstwerke zu schaffen, wie auch die im →Grünen Gewölbe befindlichen Kleinplastiken aus Elfenbein und Holz beweisen. Zu P. bedeutendsten Schülern gehören Benjamin →THOMAE, Paul →EGELL und Paul →HEERMANN. Der eigenwillige Künstler galt in Dresden als «Original», z. B. trug er in bewußter Opposition zur damaligen Mode einen

Eingang des St. Pauli-Friedhofs

Balthasar Permoser

«Herkules mit der Keule» am Großen Garten von Permoser

Vollbart. Er hatte seine Werkstatt zeitweise im alten →Reithaus bzw. im Zwinger, wo er auch gewohnt haben soll. Für sein Grab auf dem →Alten Katholischen Friedhof hatte er eine mächtige Kreuzigungsgruppe (1730/31) geschaffen, die um 1930 in der Friedhofskapelle dort aufgestellt wurde. – Permoserstraße in der Johannstadt.

Perron, Karl: Sänger (Bariton), geb. 3. 1. 1858 Frankenthal (Pfalz), gest. 15. 7. 1928 Dresden. – P. war 1880/84 ausschließlich als Konzertsänger aufgetreten, anschließend am Leipziger Stadttheater engagiert und kam 1891 an die Dresdner Oper, zu deren ersten Kräften er bis 1913 gehörte. Er sang u.a. mit bei den Uraufführungen der STRAUSS-Opern «Salome» (1905), «Elektra» (1909) und «Der Rosenkavalier» (1911). Besondere Erfolge hatte der Heldenbariton in Wagner-Partien, häufig auch als Gast in Bayreuth. – P. wohnte in Blasewitz, Mendelssohnallee 12.

Pestalozzistift: Kinderbeschäftigungs- und Erziehungsanstalt. Das bis 1923 existierende P. hat seinen Ursprung in dem 1833 gegründeten Pädagogischen Verein (→Dresdner Lehrerverein). Mit Spenden der königlichen Familie und insbesondere durch Karl Justus →BLOCHMANN konnten 1836 die ersten Kinderbeschäftigungs- und Erziehungsanstalten eröffnet werden. Anläßlich des 100. Geburtstags von Johann Heinrich PESTALOZZI wurde 1846 in →Löbtau (Löbtauer/Fröbelstraße) die neu errichtete Anstalt als P. eingeweiht. 1876 bezog das P. ein neues modernes Stiftsgebäude in Dresden-Neustadt (Jägerstraße). Der Erste Weltkrieg, die nachfolgende Geldentwertung sowie das Fehlen aller Unterstützungen führte 1923 zur Auflösung des P.

Pestepidemien: 1349 wurde Dresden erstmalig von einer P. heimgesucht, wobei das abergläubische und angsterfullte Volk den →Juden daran die Schuld gab. Nach dem Vorwurf, sie hätten die Brunnen vergiftet, begann eine große Judenverfolgung. Im 15. Jh. wütete «der schwarze Tod» erneut in vier P. Zu den gegen sie ergriffenen Schutzmaßnahmen gehörte es, daß keine Fremden in die Stadt eingelassen werden sollten sowie Versammlungen und die Begleitung der Leichen wegen Ansteckungsgefahr verboten wurden. Im Jahre 1507 trat die Pest so heftig auf, daß pro Tag «an die 30 Personen» begraben werden mußten. Trotz Torbewachung u.a. Vorkehrungen erlebte die Stadt (Neu- und Altendresden) 1521 erneut eine P. Daraufhin wurde der Gallimarkt eingestellt, das Wein- und Biertrinken sowie das öffentliche Baden untersagt. Die Kranken kamen in das eigens dafür eingerichtete →Siechenhaus am Frauenkirchhof, dessen Häuser verschlossen wurden. Im Sommer 1540 wütete die Pest erneut so sehr, daß die →Scheffelstraße fast ganz ausgestorben war und die Gegend am →Neumarkt große Verluste erlitt. Nach dem «Sterben» der Jahre 1552/53 und 1555 erließ Kurfürst →MORITZ eine Verordnung bezüglich der Sauberhaltung der Gassen und befahl, daß die Kleider und Betten von Pestkranken ein halbes Jahr nicht benutzt und deren Wäsche nur außerhalb der Stadtmauern gereinigt werden durfte. 1566 regierte die Pest fast ein ganzes Jahr «welche binnen solcher Zeit an die 420 Personen hinwegraffte». Der Rat der Stadt erließ verschiedene Pestordnungen. Zu den Maßnahmen gegen drohende P. zählten die Reinhaltung der Straßen (Schweine durften nicht mehr innerhalb der Stadt gehalten werden), verschiedene Gewerke wie Kürschner, Schwarzfärber und Schuhmacher mußten außerhalb der Stadt arbeiten, Schmiede und Schlosser durften keine Steinkohlen verwenden. Mit der Einrichtung von Pesthäusern und der Anstellung von Pestärzten, Pestbalbieren und «Wehemüttern» konnte bei P. den Kranken einigermaßen geholfen werden. 1626 und 1630/37 waren noch z.T. furchtbare Pestjahre. Bei der letzten und verheerendsten P. (1680) in Dresden sollen 11517 Menschen gestorben sein. Wegen der P. war es nötig geworden, den →Johannisfriedhof zu erweitern und den →Eliasfriedhof neu anzulegen.

Zar Peter I. von Rußland

Peter, Richard: Schmied, Fotograf, geb. 10. 5. 1895 Klein-Jenkwitz (Schlesien)/ Jankowice Male (Polen), gest. 3. 10. 1977 Dresden. – P. war seit 1931 in Dresden als Amateurfotograf für Arbeiterzeitungen tätig. Nach zwei Reisen durch Südamerika 1927/30 und Skandinavien 1930/31 war er in Dresden als Bildjournalist für die «Arbeiter-Illustrierte Zeitung» und andere KPD-Zeitungen tätig, hielt nach 1933 illegal den faschistischen Terror im Bild fest und schuf in städtischem Auftrag künstlerisch wertvolle Nachtaufnahmen. Bei der Heimkehr aus dem Krieg im September 1945 sah er seine Wohnung in der Ostbahnstraße mit dem unersetzlichen Bestand an Fotonegativen vernichtet. 1949 erschien sein erschütternder Bildband «Dresden – eine Kamera klagt an» mit den Fotos der zerstörten Stadt. Aus z.T. geretteten Nachtaufnahmen entstand das Buch «Dresdner Notturno». – Nachlaß in der Deutschen Fotothek; Grab auf dem Heidefriedhof.

Peter I. Alexejewitsch: Kaiser von Rußland, geb. 9. 6. 1672 Moskau, gest. 8. 2. 1725 St. Petersburg. – Erstmals weilte P. in Dresden vom 1. bis 4. Juni 1698 auf der Rückreise mit der Großen Gesandtschaft von Mittel- und Westeuropa, um Verbündete gegen die Türkei zu gewinnen und sich mit der ökonomischen Entwicklung dieser Länder vertraut zu machen. Im →Residenzschloß wohnend, galt sein besonderes Interesse den Instrumenten und Geräten in der →Kunstkammer, dem →Zeughaus sowie dem Gießhaus. – Seinen zweiten Besuch Dresdens vom 20. bis 22. September 1711 unternahm P. auf der Hinreise zur Kur in Karlsbad (Karlovy Vary). Auch diesmal interessierte sich P. für die Kunstkammer, das Zeughaus. Er besuchte u. a. den Bernsteindrechsler KRÜGER auf der Schloßgasse. – Seinen dritten Besuch stattete P. der Stadt vom 18. bis 23. Oktober

1711 auf der Rückreise von Karlsbad ab. Beidemal wohnte P. im Gasthaus →Goldener Ring» am Altmarkt. Diesmal besichtigte er die Glashütte, die →Pulver- und →Papiermühle und das Residenzschloß. Besondere Aufmerksamkeit zollte P. der Mineraliensammlung des Bergrats von LESGEWANG und dem Haus des Hofjuweliers Melchior →DINGLINGER. Beim Hofmathematiker und Mechaniker Andreas →GÄRTNER kaufte P. Geräte. – P. vierter Besuch Dresdens geschah wieder auf der Rückreise von einer Karlsbad-Kur vom 17. bis 25. November 1712. Diesmal war er in Dinglingers Haus abgestiegen. Bei diesem letzten Aufenthalt in der Stadt besuchte er den Kammermusiker LE RICH, den Wachsbossierer BEHNISCH und das Labor von Lesgewang. Ausgiebig besichtigte P. das Haus von Dinglinger und das Residenzschloß.

Pferdebrunnen an der Bautzner Straße
Pflaumentoffel. Zeichnung von Ludwig Richter

Peter von Dresden: Universitätslehrer und Theologe, geb. um 1350 Dresden, gest. (hinger.) 1421 Regensburg. – Der humanistische Gelehrte kam 1409 nach dem Prager Universitätsstreit nach Dresden und leitete bis 1413 die Kreuzschule. Er wurde wegen seiner hussitischen Ansichten und seiner Reformbestrebungen an der Kreuzschule vom Meißner Bischof ausgewiesen. Er wandte sich wieder nach Prag und wurde später als Ketzer in Regensburg verbrannt.

St. Petrikirche: 1889/90 errichtete der Leipziger Architekt Julius ZEISSIG am Großenhainer Platz (Leipziger Vorstadt) im neugotischen Stil die P. Aus Sparsamkeitsgründen wurde sie in Backstein ausgeführt. Die ev. Kirche mit ihren 645 Sitzplätzen und dem 68 m hohen Turm wurde 1945 schwer beschädigt, 1950/55 wiederaufgebaut.

Pettrich, Franz: Bildhauer, geb. 20. 8. 1770 Trebnitz bei Lobositz/Böhmen, gest. 23. 1. 1844 Dresden. – Der Tischlersohn P. wurde Steinmetz in Prag und kam 1789 nach Dresden in die Werkstatt von J. B. →DORSCH, wo er bald eigene Aufträge erhielt. Der Vertreter des frühen Klassizismus wurde 1795 Hofbildhauer, nach einem Italienaufenthalt 1810 Mitglied und 1815 Professor an der Dresdner Kunstakademie. Neben verschiedenen Grabdenkmälern auf dem Alten Katholischen Friedhof (z. B. für J. B. →CASANOVA, den Bischof Johann Aloys SCHNEIDER und die beiden Frauen des Künstlers) schuf P. 1823 das Denkmal des →Hauptmann Hirsch, das Relief an →Königs Weinberg (1824) und den Giebelschmuck mit sitzendem Mars an der →Altstädter Wache (1833). P. wohnte ab 1816 in der Großen Plauenschen Gasse. Sein Sohn Ferdinand P. (1798 bis 1872), ebenfalls Bildhauer, wirkte in den USA, in Brasilien und Rom. – Grab auf dem Alten Kath. Friedhof.

Petzold & Aulhorn: →Schokoladenindustrie

Pfarrgasse: bis 1945 existierende Gasse, die vom Platz →An der Kreuzkirche südwärts zur Gasse →An der Mauer (heute Dr.-Külz-Ring) verlief. Erstmals wird die Gasse 1480 als «Kreuczgeßlyn» erwähnt. In der Folgezeit kommen die Namen «kleynes Kreutzgeslein, Kirchgasse, Kreutzkirchengasse, Kirchgeßlein und kleine Kirchgasse» vor. Selbst die Bezeichnung «Buchbindergasse» nach einem dort wohnenden Buchbinder war 1556 gebräuchlich. Durch die mit ihr parallel laufende →Schreibergasse wurde sie 1576 und 1581 «Kleine Schreibergasse» genannt. Den Namen P. erhielt sie 1662 nach den an ihr liegenden Pfarrhäusern.

Pferdebahn: →Straßenbahn

Pferdebrunnen: von dem Bildhauer Paul →POLTE an der Bautzener Straße (Nähe Einmündung Holzhofgasse) im Jahre 1921 errichteter Brunnen mit einem leicht gekrümmten Wasserbecken, das als Pferdetränke diente, und mit zwei auf einer etwa 2 m hohen Stele seitlich angebrachten Pferdeköpfen. An gleicher Stelle stand schon früher eine Tränke, um die Pferde vor dem beschwerlichen Anstieg nach Bühlau zu stärken.

Pfingstschießen: →Vogelwiese

«Pflaumentoffel»: Glücksbringer und Spielzeug in Gestalt eines Schornsteinfegers, der aus Backpflaumen besteht, die auf Holzstäbe aufgezogen sind. Die wohl um den Beginn des 19. Jh. entstandene Figur gehört zu den traditionellen Waren des →Striezelmarkts, die anfangs vor allem von Kindern ärmerer Bevölkerungsschichten hergestellt und feilgeboten wurden.

Pfotenhauer, Friedrich Wilhelm: Oberbürgermeister, geb. 30. 11. 1812 Glauchau, gest. 2. 4. 1877 Dresden. – Nach Jurastudium in Leipzig und kurzer Tätigkeit als Advokat ging er in die Kommunalverwaltung : Bürgermeister in Glauchau und linker Abgeordneter im Sächsischen Landtag. Wegen seiner demokratischen Gesinnung wurde P. am 23. August 1848 zum ersten Stadtrat von Dresden gewählt. Nach der Niederschlagung der Revolution 1848/49 wurde eine Hochverratsuntersuchung gegen ihn

geführt (er war Mitglied im sogenannten «Sicherheitsausschuß»). Noch vor Abschluß dieses Prozesses wählten die Stadtverordneten am 16. Juli 1850 P. zum Bürgermeister, dessen Wahl die Regierung unter Druck anerkennen mußte. Am 3. November 1853 wurde dem Vorsitzenden des Stadtrats, Bürgermeister P., der Titel Oberbürgermeister von Dresden verliehen. – Grab auf dem Johannisfriedhof Tolkewitz; Pfotenhauerstraße in Johannstadt.

Pfunds Molkerei: ehemalige Großmolkerei, 1880 von den Brüdern Friedrich und Paul PFUND an der Prießnitzstraße gegründet, nach Friedrichs Tod von Paul Pfund (1849–1923) und danach von dessen Söhnen weitergeführt, 1978 geschlossen. – Paul Pfund zentralisierte den Dresdner Milchhandel, stellte 1886 erstmals in Deutschland Kondensmilch her und führte um 1900 die Dauerpasteurisierung ein. Die Familie erwarb 12 Grundstücke im Winkel zwischen Bautzner und Prießnitzstraße (nach 1970 stark verfallen), errichtete dort einen Festsaal mit 400 Plätzen und betrieb in Dresden über 30 Filialen und mehrere Milchpavillons. 1892 wurde das Ladengeschäft mit Trinkhalle an der Bautzner Straße 79 eröffnet, das um 1910 als «schönstes Milchgeschäft der Welt» gerühmt wurde, seit 1968 Denkmalschutz genießt, 1990 jedoch geschlossen wurde. Wände und Decken wurden mit farbigen und halbplastischen Majolikafliesen mit Motiven aus der Milchwirtschaft, Fabeltieren und floralen Ornamenten der Firma Villeroy & Boch geschmückt.

«Phöbus»: →Kleist, Heinrich von

Pieschen: rechtselbischer Stadtteil, 1292 als Sitz des Ritters JOHANN v. Peschen (slawisch: Sandgegend) urkundlich erwähnt, 1897 mit 16 243 Einwohnern zu Dresden eingemeindet. – Das Gassendorf lag mit seinen Höfen in Altpieschen, wo sich bis 1899 an der Mohnstraße 46 das Bischofsgut als größter Hof befand. Der →Bischofsweg führte hier durch die heutige Konkordienstraße weiter nach Osten. Die Gewannflur reichte von der Elbe bis an die Döbelner Straße hinauf. 1674 brannte fast das gesamte Dorf durch Blitzschlag nieder, 1763 und 1805 wurden erneut Höfe durch Feuer vernichtet. Durch den Abbruch der Höfe an der Westseite Altpieschens um die Jahrhundertwende verlor der alte Ortsmittelpunkt z.T. seinen ländlichen Charakter. Erhalten blieben schmale Höfe an der Ostseite und Häusleranwesen an der Robert-Matzke-Straße (unter Denkmalschutz). P. zählte nur wenige reiche Bauern, jedoch viele landarme und landlose Gärtner und Häusler. Auf größeren Flurteilen wie auf den niedrigen Erhebungen an der Osterbergstraße befanden sich Weinberge; außerdem betrieb man Obst- und Gemüsebau sowie Imkerei. Die Bewohner hatten dem Landesherrn den Zins und dem Bischof von Meißen den Zehnten zu leisten. Von 1378 bis in das 19. Jh. wurde P. vom Dresdner Amt verwaltet, unterstand aber der Grundherrschaft fünf verschiedener Ämter. Daran und an den Weinbau erinnert das Dorfsiegel mit 5 Weinstöcken am Rathaus Bürgerstraße. P. unterlag dem Mahlzwang der Neudorfer Schiffsmühle und konnte erst 1856/57 am Leisniger Platz eine eigene Windmühle betreiben. Bis in die zweite Hälfte des 19. Jh. war der Vorort mit seiner ländlichen Umgebung und billigem Landwein ein beliebtes Ausflugsziel vor allem ärmerer Schichten. So rühmte Karl Wilhelm →DASSDORF 1782 ausdrücklich den Spaziergang entlang der Elbe nach Pieschen. Die Osterbergstraße führte noch um 1877 durch Weingärten. – Als weitere wichtige Verkehrsader neben der Elbe, der →Leipziger Straße und der →Großenhainer Straße wurde 1838 die Eisenbahnlinie Dresden–Leipzig durch den Ort geführt. An der Harkortstraße entstand 1868 ein Maschinenbauhof (Lokschuppen aus dem 19. Jh. unter Denkmalschutz). 1856/59 wurde im Pieschner Winkel ein Hafen für Fahrzeuge der Elbe-Strombauverwaltung angelegt. – Die Einwohnerzahl lag noch 1858 bei 400, erhöhte sich dann durch den Zuzug von Arbeitern aus den Betrieben in Dresden, Neudorf und Übigau und vervielfachte sich mit der Industrialisierung von P. bis 1905 auf 30 000.- Anfangs entstanden Wohnhäuser einfachster Bauart; P. zählte vor der Eingemeindung zu den einkommensschwachsten Vororten. Die Anlage von Mietshäusern in geschlossener Bauweise verlieh den dichtbesiedelten Teilen von P. ein relativ monotones Aussehen. Nach der Eingemeindung entwickelte sich die Gegend um die Bürger-, Oschatzer und Leipziger Straße zum Geschäftszentrum. In Altpieschen 9 errichtete die Stadt 1912 ein Asyl für obdachlose Männer, das in seiner Anlage damals als beispielhaft galt, später jedoch bis zu 900 Menschen aufnehmen mußte. Es wurde 1926 in ein Asyl für Familien umgewandelt. – 1891 erbauten Rudolph →SCHILLING und Julius GRÄBNER im Stil der deutschen Renaissance an der Bürgerstraße das Rathaus, in das die Verwaltung der noch selbständigen Gemeinde aus der ehemaligen Schule Bürgerstraße 68 umzog. Daneben entstand die städtische Feuerwache für den NW Dresdens. 1918 kamen Flurteile zwischen Döbelner und Großenhainer Straße zur Gemarkung Trachenberge. Seit 1882 verkehrte vom Postplatz zur Oschatzer Straße die Pferdebahn, ab 1899 die elektrische Straßenbahn. 1884 löste sich P. mit Trachenberge von der Parochie der →Emmauskirche in Kaditz und legte den Markusfriedhof an der Hubertusstraße an. 1886/88 erbaute Christian SCHRAMM die neugotische →Markuskirche Pieschen. Der Zuzug zahlreicher Arbeiter aus Schlesien und Böhmen vergrößerte die 1904 gegründete katholische Gemeinde, die 1909/10 die →St.-Joseph-Kirche Pieschen errichtete. Sie wurde nach 1970 durch Friedrich →PRESS modern ausgestaltet. – P. besaß neben der für den Ort zuständigen Kaditzer Schule eine Winkelschule, die 1730 als unabhängig anerkannt wurde. 1805 wurde die Schule Bürgerstraße 76,

Friedrich Wilhelm Pfotenhauer

1861 das Schulhaus Bürgerstraße 68 und 1879 die heutige 26. Grundschule Osterbergstraße erbaut. Weitere Schulbauten folgten 1891 mit der heutigen 27. Mittelschule Robert-Matzke-Straße, 1902 mit der Bürgerschule Wurzener Straße (später Poliklinik) und 1905 mit der Katholischen Schule Leisniger Straße. Die 1890 in P. gegründete Bürgerschule erhielt 1915 am Riesaer Platz (heute Pestalozziplatz, Leipziger Vorstadt) einen von Hans →ERLWEIN entworfenen Neubau (seit 1991 Pestalozzi-Gymnasium).
Die Industrialisierung des Vorortes erfolgte entlang der Eisenbahn, in aufgelockerter Form zwischen Wohnbauten auch an der Großenhainer Straße und ließ ein industrielles Ballungsgebiet vom Neustädter Bahnhof über Neudorf bis zum Hubertusplatz entstehen. Bedeutende Betriebe waren die Eschebach-Werke für Haus- und Küchengeräte und Möbel an der Riesaer Straße, die Nähmaschinenteile AG Barbarastraße, das Elektromaschinenwerk, die Spirituosenfabrik Woldemar Schmidt und Königs Malzfabrik an der Heidestraße. An der Großenhainer Straße ließen sich die Elektrizitätsgesellschaft Klemm & Dressler sowie die Windmotorenfabrik R. Herzog und die Seifenfabrik T. L. Guthmann nieder. Im ehemaligen Gasthof an der Torgauer Straße gründete Richard KRAUTWALD 1923 eine Kartonagenfabrik. 1940/41 errichtete →Zeiss-Ikon Dresden den Zweigbetrieb Goehlewerke an der Riesaer Straße. In dessen Gebäude wurde ab August 1945 eine Druckerei für die «Sächsische Volkszeitung» aufgebaut und ab April 1946 die «Sächsische Zeitung» gedruckt. In den Sälen des Hauses (Karl-Hermann-Saal mit 900 Plätzen und großer Saal mit 3000 Plätzen, später Buchbinderei) fanden nach 1945 politische und kulturelle Veranstaltungen statt. – Nach 1925 wurden in P. neuzeitliche Wohnsiedlungen im Flachdachstil an der Rehefelder und Wurzener Straße (Architekt Hans RICHTER) erbaut. Stadtbaurat Paul →WOLF schuf 1927/28 das Sachsenbad. Daneben entstand 1929 das Gebäude der Städtischen Bibliothek. Zwischen Rehefelder und Tichatschekstraße wurden die Kleingartensiedlungen «Paradies» und «Am Anton-Günther-Park» angelegt. – Das Arbeiterwohngebiet entwickelte sich zu einem Zentrum der Arbeiterbewegung. 1882 wurde in P. der erste Konsumverein Dresdens gegründet. Der Arbeitersportverein P. baute 1932 den Sportplatz Wurzener Straße aus und veranstaltete gemeinsam mit dem Arbeitergesangsverein «Pieschener Volkschor» ab 1923 an der Elbe Strandfeste (seit 1963 als Pieschener Hafenfest fortgesetzt). Zu den Versammlungsstätten der Arbeiterparteien gehörten «Stadt Leipzig» (später Filmtheater Faunpalast) und der «Deutsche Kaiser» an der Leipziger Straße. – Durch Luftangriffe wurden 1945 einzelne Gebäude im Bereich der Leipziger Straße zerstört, doch behielt der Stadtteil insgesamt seinen alten Charakter. Die Betriebe führten die traditionellen Produktionszweige des Stadtteils wie Elektromaschinenbau (Elektromotorenwerke Großenhainer Straße), Medizin- und Labortechnik, Kartonagenindustrie und Papierverarbeitung (Polypack) u.a. fort. Das Gebiet zwischen Rehefelder, Leipziger und Moritzburger Straße sowie der Bahnlinie, das vor der politischen Wende 1989 zum breitflächigen Abriß bestimmt war, ist seit 1992 mit 45 ha zum zweitgrößten Sanierungsgebiet nach der Äußeren Neustadt erklärt worden. In der Nähe des Haltepunktes P. wurde im Gelände der Malzfabrik 1992 das Einkaufszentrum «Mälzerei» eröffnet und 1993 nach Abbrüchen ein moderner Büro- und Geschäftsbau mit siebengeschossigem Rundturm errichtet. An der Leipziger Straße erfolgte 1993 der Baubeginn für ein Bürozentrum im Pieschener Winkel.

Pfunds Molkerei, Ladentafel

Pieschener Hafen: →Elbhäfen

Pietzsch, Martin: Architekt, geb. 16. 1. 1866 Blasewitz bei Dresden, gest. 5. 2. 1961 Dresden-Loschwitz. – P. war Meisterschüler von Constantin →LIPSIUS an der Dresdner Kunstakademie und lebte später als Architekt in Loschwitz. Zu den von ihm entworfenen Bauten gehören das →Künstlerhaus Loschwitz (1897/98), Ausstellungsgebäude in Dresden (1900, 1911) und das Schiller-Körner-Denkmal in Loschwitz (1913). Er galt als besonderer Spezialist für Lichtspielhäuser (z.B. in Dresden «UT» Waisenhausstraße, «Capitol»).

Pillnitz: rechtselbischer Stadtteil, 1335 als Belenewitz (slawisch, vermutlich Dorf eines Belan) urkundlich erwähnt, 1950 mit ca. 2000 Einwohnern zu Dresden eingemeindet. – P. verdankt seine überragende Bedeutung als Bestandteil der Loschwitz-Pillnitzer Kulturlandschaft der Anlage der königlichen Sommerresidenz (→Schloß Pillnitz) mit Lustschlössern und Parkanlagen. 1403 belehnte Markgraf WILHELM die Frau des Heinrich KARAS mit Dorf und Vorwerk P. In der Folge gehörte P. zu den Grundherrschaften der Familien ZIEGLER (1486/1569), LOSS (1569/1640) und BÜNAU (1640/94). P. war ursprünglich eine Fischersiedlung am Ausgang des →Meixgrundes in die Elbe. Die Fischerhäuser nahe der Schiffsanlegestelle stammen aus dem 18. Jh. Eine 1476 erwähnte Mühle diente als Säge-, später als Mehlmühle. Ein Gasthof mit Schankrecht und Erbgerichtsbarkeit wird um 1500 genannt. Der wegen seiner harten Fronen berüchtigte Joachim von LOSS kaufte den Gasthof zum Wirtschaftshof hinzu. Nach und nach dehnte sich der Besitz der Gutsherrrschaft auf Kosten des Bauernlandes über den größten Teil der Ortsflur aus. Im 18. Jh. bestand die Einwohnerschaft nur noch aus Häuslern und Gärtnern. 1694 kaufte JOHANN GEORG IV. P. im Tausch gegen Lichtenwalde und 20 000 Gulden von den

Bünaus. Den Ausbau des Gutes zum repräsentativen Lustschloß leitete AUGUST DER STARKE ein, der den Besitz vorübergehend der Anna Constanze von →COSEL übereignete. Mit Zacharias →LONGUELUNE, Matthäus Daniel →PÖPPELMANN, Christian Traugott →WEINLIG und Christian Friedrich →SCHURICHT wirkten im 18./19. Jh. bedeutende Architekten an den Schloß-

bauten. Anfänge des wissenschaftlichen Gartenbaus setzten mit der Anlage des Holländischen Gartens ein. 1791 erlangte der Ort welthistorische Bedeutung durch die →Pillnitzer Deklaration. An den Sitzungen der späteren →Dante-Gesellschaft in P. nahm neben König →JOHANN und Ludwig →TIECK auch Carl Gustav →CARUS teil, der 1832 im Vorort ein Landhaus erwarb (Park-Café). Spätere Bewohner in P. waren u. a. Ludwig von →HOFMANN und die Verlegerfamilie BROCKHAUS (Landhaus an der Dresdner Straße mit einem von Fritz →SCHUMACHER errichteten Pavillon). – Die Bewirtschaftung des zum Schloß gehörenden Rittergutes (später Kammergut) oblag den Bewohnern von P., →Hosterwitz, →Oberpoyritz, →Söbrigen, Pappritz und Krieschendorf. Der günstigen klimatischen Lage am Hange des →Borsberges verdankt P. seinen →Weinbau, der in jüngerer Zeit wieder ausgedehnt wurde. Am Bergweg steht ein klassizistisches Preßhaus von 1827 unter Denkmalschutz. – Bis 1539 gehörte P. zur Kirchfahrt Dohna, dann zur Hosterwitzer Kirche. 1597 erhielt der Ort eine eigene Kirche, die beim Schloßumbau 1723 abgebrochen wurde. 1723/27 schuf

Altes Weingut in Pillnitz, dahinter die Rysselkuppe 1937
Schloß und Park Pillnitz. Ansicht von der Elbseite
Schloß Pillnitz. Bergpalais
oben rechts: Schloß Pillnitz. Chinoiserien am Wasserpalais

M. D. Pöppelmann oberhalb des Bergweges die →Weinbergskirche Pillnitz für den ev.-luth. Gottesdienst. Eine kath. Kapelle wurde 1723 im Venustempel des Schlosses und durch C. F. Schuricht 1824/28 im Nordflügel des Neuen Palais errichtet. Ein eigenes Schulhaus erbaute die Gemeinde 1846 am Schulweg; es wurde 1901 erweitert (heutige 88. Mittelschule; Denkmal für den Dichter Julius →HAMMER). Um 1840 war P. mit Dresden durch die Dampfschiffahrt verbunden. 1913 erfolgte der Straßenbahnanschluß. Seit der Mitte des 19. Jh. ergriff die Wohnbesiedelung mit Villen in großen Gartengrundstücken von den Hanglagen Besitz. Ab 1927 entstand die Landhaussiedlung auf dem Weinbergsgelände des Hausberges mit dem gleichnamigen Ausflugscafé. Die gärtnerischen Traditionen von P. und die klimatischen Bedingungen veranlaßten den sächsischen Staat 1922 zur Gründung einer Höheren Staatslehranstalt für Gartenbau mit Sitz im Marstallgebäude. Ihr wurde die ehemalige Hofgärtnerei als Versuchs- und Beispielgärtnerei angeschlossen. Eine landwirtschaftliche Versuchsanstalt wurde 1925, eine Staatliche Viehhaltungsschule 1930 gegründet. Schloß und Park kamen mit dem Staatsvertrag über das Vermögen des Königshauses von 1924 in staatlichen Besitz. Mitte der zwanziger Jahre wurde der Weinbau wieder aufgenommen, zugleich entwickelte sich P. verstärkt zum Anbaugebiet von Obst und Gemüse. Das Kammergut wurde bis 1971 als «Volkseigenes Gut Tierzucht» weitergeführt, das Land dem Institut für Obstbau übergeben. Im unzerstörten Schloß P. wurden 1945 in Dresden verbliebene Restbestände der Gemäldegalerie in einem «Zentralmuseum für das Bundesland Sachsen» zusammengefaßt. 1963 begann die Übersiedlung des →Museums für Kunsthandwerk in das Wasser- und Bergpalais.

Pillnitzer Deklaration: Am 27. August 1791 erklärten Kaiser LEOPOLD II. und der preußische König FRIEDRICH WILHELM II. im Pillnitzer Schloß, wo sie und der Graf von Artois (der spätere LUDWIG XVIII. von Frankreich) Gäste des sächsischen Kurfürsten waren, ihre Absicht, militärisch zugunsten des französischen Königs gegen das revolutionäre Frankreich zu intervenieren. Mit dem dann am 7. Februar 1792 geschlossenen förmlichen Bündnis zwischen den beiden neben Rußland wichtigsten feudalen Mächten Europas war der Kampf gegen das bürgerliche Frankreich in eine entscheidende Phase getreten. Sachsen, das dem Bündnis vorerst nicht beigetreten war, beteiligte sich erst ab 1792 am Reichskrieg gegen Frankreich.

Pillnitzer Elbinsel: 970 m lange, maximal 200 m breite Flußinsel gegenüber dem Pillnitzer Schloß, seit 1924 unter Naturschutz und nicht zu betreten. – Das 10,5 ha große Eiland ist (abgesehen von der unterhalb Dresdens gelegenen, durch einen Damm mit dem Ufer verbundenen Gauernitzer Insel) die einzige von ursprünglich 18 Elbinseln Sachsens, die nach der Stromregulierung des 19. Jh. noch bestehen blieb. Ein naturnaher, wegen der ausbleibenden Überflutungen jedoch nicht mehr ursprünglicher Weiden-Pappel-Auenwald umschließt Wiesenflächen mit hochwüchsigen Gräsern. Die Insel dient zahlreichen Wasservögeln als Rast- und Überwinterungsplatz.

Pillnitzer Landstraße: elbnahe Straße vom →Körnerplatz in Loschwitz über Wachwitz, Niederpoyritz und Hosterwitz bis zur Flurgrenze von Pillnitz. Im Zuge des Baues der →Loschwitzer Elbbrücke wurde 1885 der unbefestigte Fahrweg nach Pillnitz auf 9 m verbreitert. 1886 wurde die Landstraße über Wachwitz und 1902/05 bis Pillnitz weitergeführt.

Pillnitzer Straße: alte ehemalige Landstraße, die zwischen St.-Petersburger und Güntzstraße verläuft und aus der Pirnaischen Vorstadt nach Osten führte. Sie hieß ursprünglich Rampische Gasse, als Fortsetzung der Gasse gleichen Namens innerhalb der Stadt. Um beide zu unterscheiden, wurden sie seit 1840 Innere bzw. Äußere Rampische Gasse genannt. 1859 erhielt letztere den Namen P. (wegen ihres in Richtung Pillnitz weisenden Verlaufs). Anfang des 19. Jh. befanden sich am äußeren Ende der Straße Gartengrundstücke (z.B. Ehrlichs Schulgarten) und der Rampische Holzhof. Die spätere Bebauung wurde 1945 völlig zerstört. Die heutige Bebauung entstand vor allem in den fünfziger Jahren.

Pillnitzer Tännicht: Nadelwaldgebiet zwischen Oberpoyritz und Graupa. – Die von den Loschwitz-Pillnitzer Hängen und dem Borsbergmassiv begrenzte Talaue wird zwischen Pillnitz und Pirna in einem weiten Bogen von der Elbe durchflossen. Elbe und Wesenitz schwemmten in diesem Raum eine Schotterterrasse mit Sand- und Kiesböden an, die als Pillnitz-Graupaer Tännicht bezeichnet wird und z. T. als Trinkwasserschutzgebiet ausgewiesen ist.

Pirnaische Gasse: →Landhausstraße

Pirnaische Gemeinde: bis 1835 bestehende östliche Vorstadtsiedlung im Bereich →Landhausstraße/Pirnaische Straße, Neue Gasse (spätere Zinzendorfstraße) und →Dohnaische Gasse (spätere Nordostseite der →Bürgerwiese). Der an der Landhausstraße gelegene Teil der Vorstadt wurde bei der ersten Stadterweiterung unter Herzog GEORG nach 1519 Dresden direkt angegliedert. Seit Mitte des 18. Jh. war die P. zugleich Bestandteil der größeren →Pirnaischen Vorstadt.

Pirnaische Vorstadt: Östliche der drei großen, seit Mitte des 18. Jh. (amtlich seit 1835) bestehenden Vorstädte der Altstadt. Sie faßte die schon im Mittelalter bestehenden Vorstadtsiedlungen →Borngasser Gemeinde und Teile der →Pirnaischen und der →Rampischen Gemeinde zusammen. Ostwärts erstreckte sie sich bis zum Großen Garten, südwärts bis zur Bürgerwiese. Bis in die zweite Hälfte des 19. Jh. war die P. wenig erschlossen. Die Ziegelherstellung in der Rats- und der Amtsziegelscheune nördlich der →Ziegelstraße, möglich aufgrund der Lehmablagerungen eines alten Elbarms, und der Holzstapelplatz am →Elbberg bestimmten lange Zeit die gewerbliche Tätigkeit. In der P. befanden sich der alte →Johannisfriedhof und der als Pestfriedhof angelegte →Eliasfriedhof. Während des →Siebenjährigen Krieges wurde die P. 1758 von der preußischen Besatzung Dresdens fast völlig zerstört. 1813 (→Schlacht bei Dresden 1813) kam es hier zwischen Verbündeten und Franzosen zu heftigen Kämpfen. Bauverbote in einigen Bereichen der Vorstadt, umfangreiche Besitzungen des →Maternihospitals und des →Ehrlichschen Gestifts sowie das Fehlen günstiger Verkehrswege zur übrigen Stadt behinderten auch jetzt noch die weitere Entwickung der P. 1855 war z. B. noch keine Straße gepflastert, und die

Bewohner beschwerten sich über die zahlreichen Abfallhaufen. Erst in den sechziger Jahren setzte eine verstärkte Bautätigkeit und Erschließungsarbeit ein: Anlage der →Grunaer Straße 1878 mit Verbindung zum Pirnaischen Platz, Bau der Albertbrücke 1875/77, Ansiedlung von Firmen und Geschäften. Die P. wurde auch Sitz wichtiger Kultureinrichtungen: Künstlerhaus an der Albrechtstraße, Palmengarten an der →Pirnaischen Straße, →Residenztheater, aber auch von Bildungs- und Sportstätten: →Deutsches Hygiene-Museum, →Kreuzschule, →Tierärztliche Hochschule, Ilgenkampfbahn, →Georg-Arnhold-Bad, →Güntzbad. Im Februar 1945 wurde die P. weitgehend zerstört. Der Wiederaufbau hielt sich nur wenig an die alte Gestaltung der Vorstadt. Die Wohngebiete an der Grunaer Straße und nördlich davon gehören zu den ersten Neubauten nach 1945, darunter die Musikhochschule (1953 ff.).

Pirnaischer Platz: durch den Abbruch der Festungswerke 1820/21 und des →Pirnaischen Tors entstandener freier Platz, der nach 1830 den Namen P. erhielt. Die Planung und Anlage des Platzes stammt von Gottlob Friedrich →Thormeyer (1816). Nach der Schaffung der →Ringstraße, dem Durchbruch der →König-Johann-Straße und der Anlage der →Grunaer Straße wurde der P. zu einem der größten Verkehrsknotenpunkte der Stadt. Zu den bemerkenswerten Gebäuden des P. zählte der →Kaiserpalast und die →Mohren-Apotheke. 1945 wurde der Platz durch Bomben völlig zerstört. Heute bildet er den Mittelpunkt der Nord-Süd- und der West-Ost-Magistrale. Am 14geschossigen Wohnhochhaus befindet sich die Gaststätte «Pirnaisches Tor» (1964/66), deren Namen an das ehemalige Stadttor erinnert. Anfang der siebziger Jahre wurde unter dem P. ein Fußgängertunnel angelegt, in dem ein Detail der ehemaligen Stadtmauer erkennbar ist.

Pirnaischer Schlag: →Schläge

Pirnaisches Tor: östliches Stadttor seit Ende des 16. Jh. (1590/91 von Paul →Buchner erbaut), am Ausgang der →Landhausstraße gelegen. Auf dem Tor befand sich ein von Andreas →Walther III. geschaffenes Reiterstandbild von Kurfürst Christian I., das 1760 zerstört wurde. Im Obergeschoß des Tores war die Baugefangenen-Kirche untergebracht. Das P. wurde 1820 abgetragen.

Pisendel, Johann George: Violinvirtuose, Komponist, geb. 26. 12. 1687 Kadolzburg bei Nürnberg, gest. 25. 11. 1755 Dresden. – Nach bester musikalischer Vorbildung wurde P. 1712 in die Dresdner Hofkapelle berufen, wo er von 1728 bis zu seinem Tode Konzertmeister war. Er hatte selbst viele musikalische Erfolge, brachte aber auch mit vorbildlicher Orchestererziehung die Hofkapelle zu großem Ruhm. In den Jahren 1714/19 hielt er sich zur Vervollkommnung seiner Kunst zeitweise in Paris, Wien und Italien auf. Seine Wohnung befand sich am Altmarkt im «Sohrmannischen Haus», das 1760 abbrannte. – Begraben auf dem alten Johannisfriedhof.

Pirnaischer Platz 1799
Pirnaischer Platz gegen König-Johann- und Landhausstraße. 1906
Pirnaisches Tor von außen. 1912
Johann George Pisendel

Planetarium: ehemaliges markantes Kuppelgebäude auf dem Ausstellungsgelände an der Stübelallee, in dem am 24. Juli 1926 durch Bernhard →BLÜHER das Städtische P. eröffnet wurde. Als wissenschaftliche Einrichtung fand das P. anfangs großes öffentliches Interesse (1926: 12 000 Besucher/Monat), das aber – wohl infolge der Wirtschaftskrise – bald nachließ (1929: 1000 Besucher/Monat), so daß das P. am 31. März 1930 auf Ratsbeschluß geschlossen und nur noch zeitweilig für Filmvorführungen, Kammermusikabende und als Lagerraum genutzt wurde. Am 13./14. Februar 1945 wurde es zerstört. Als museale Sehenswürdigkeit stellte man die Südhemisphäre des ehemaligen Planetariumsgeräts 1979 in der Volkssternwarte «Adolph Diesterweg» in Radebeul auf.

Plaschke, Friedrich: Sänger (Baß-Bariton), geb. 7. 1. 1875 Jaroměř in Böhmen, gest. 4. 2. 1952 Prag. – Der in Prag ausgebildete Sänger war Mitglied des Dresdner Opernchors, als er 1900 die erste Solo-Rolle erhielt und von da an bis 1937 als Solist zum damaligen hervorragenden Ruf des Dresdner Opernensembles beitrug. Unter anderem wirkte er bei Uraufführungen der Strauss-Opern «Die ägyptische Helena» (1928), «Arabella» (1933) und «Die schweigsame Frau» (1935) mit. Seine Frau Eva von der OSTEN (1881 bis 1936) gehörte als Sopranistin 1902/27 ebenfalls zur Dresdner Oper. Sie errang 1911 besonderen Ruhm als «Oktavian» bei der Uraufführung der Strauss-Oper «Der Rosenkavalier». – Wohnung in Blasewitz, Johannstraße 3.

Plauen: linkselbischer Stadtteil über der →Weißeritz, 1206 als Plawen (slawisch: Dorf an der Schwemme) urkundlich erwähnt, 1903 zu Dresden eingemeindet. – Die älteste nachgewiesene urgeschichtliche Ansiedlung im Dresdner Stadtgebiet, der Lagerplatz einer altsteinzeitlichen Jägerhorde, befindet sich in der Gegend der Felsenkellerbrauerei. Die erste Siedlung des Dorfes P. ist auf dem hochwasserfreien →Hahneberg in der Gegend des Alten Annenfriedhofs entstanden. Das «Oberdorf» bildete sich als Rundling im Bereich Altplauen/F.C.-Weiskopf-Platz. Das Freigut an der Klingenberger Straße

Planetarium. Vor 1945

wurde 1895 abgetragen. Das «Niederdorf» am rechten Weißeritzufer war ein Sackgassendorf mit Gehöften an der 1597 erwähnten Wassergasse (ab 1904 Hofmühlenstraße). Den Norden des Dorfes schützte eine Mauer aus Plänersteinen («Plauener Stein») aus den Vorkommen des →Plauenschen Grundes. P. gehörte im 12. Jh. zum Archidiakonat →Nisani in Briesnitz. Das Dorf und die Kirche von P., für die bereits 1296 ein Geistlicher bezeugt ist, wurde dem Dresdner Maternihospital zinspflichtig. Dessen Besitzer, das Clarissinnenkloster Seußlitz, trat P. 1329 an den Rat zu Dresden ab. 1366 wurde eine Mühle in P. urkundlich erwähnt. 1541 legte Caspar →VOIGT VON WIERANDT eine hölzerne Wasserleitung von der Weißeritz durch die Wassergasse zur Versorgung des Schlosses und der Stadt an. Sie wurde als «hochplauische Röhrfahrt» von der später verlegten mittel- und niederplauischen Leitung unterschieden. Bis 1755 entstanden insgesamt 25 Röhrfahrten, von denen einige noch bis 1888 genutzt wurden. – Um 1571 setzte die Holzflößerei auf der Weißeritz ein. Die Chronik des Ortes verzeichnet häufige Zerstörungen durch Kriege, Hochfluten und Brände. Im Dreißigjährigen Krieg wurden 1632 fünf Gehöfte niedergebrannt; 1643 schlug General PICCOLOMINI sein Hauptquartier in der Hofmühle auf. Nach der Zerstörung der östlichen Altstadt durch die preußische Beschießung 1760 suchten viele obdachlose Dresdner Zuflucht in P. Nach der Schlacht von Kesselsdorf 1745 plünderten österreichische Truppen das Dorf. Am 27. August 1813 wurden zehn Häuser in Brand geschossen; im →Reisewitzischen Garten lagerten bis Ende September französische Soldaten. Das Weißeritzhochwasser vom 30./31. Juli 1897 zerstörte an der Hofmühlenstraße zwei Brücken und mehrere Häuser. – Zur Erleichterung des Zugangs in das Jagdrevier des Plauenschen Grundes wurde 1745 ein Fahrweg an der Weißeritz ausgebaut. Zwischen heutiger Tharandter und Würzburger Straße, der Weißeritz und der Hofmühlenbrücke erstreckte sich der Reisewitzische Garten, an dessen Südspitze Auguste Charlotte von →KIELMANNSEGGE bis 1863 eine Villa bewohnte. Die Ablösung der bäuerlichen Lasten erfolgte auch in Plauen nach 1828, doch hemmten die Gewerbebestimmungen die Ansiedlung von Handwerkern. Noch 1839 trugen die Dresdner «Semmelweiber» ihre Ware nach P., weil die Dorfbäcker kein Weißgebäck backen durften. P. war besonders zur Baumblütezeit ein beliebtes Ausflugsziel. Der hiesige Obstbau hatte sich vor allem durch den Döhlener Pfarrer Martin KÜNZELMANN seit dem 16. Jh. entwickelt. Die Chemnitzer Straße wurde 1845 zur Chaussee ausgebaut; am Ende der Nöthnitzer Straße entstand ein Chausseehaus. Barrikadenkämpfer des →Maiaufstandes 1849 zogen sich am Morgen des 9. Mai durch P. zurück. – Die von den Dresdner Tuchmachern 1541 errichtete Walkmühle an der Weißeritz wurde 1568 abgetragen und im Auftrag des Kurfürsten AUGUST durch die Hofmühle mit 16 Mahlgängen ersetzt. Sie übte den Mahlzwang über 33, im Jahre 1661 sogar über 66 Orte der Umgebung aus. 1852 wurde sie von dem Eschdorfer Müller Traugott →BIENERT gepachtet, 1872 durch Kauf erworben und zur Großmühle ausgebaut. Der ökonomische Aufschwung der Hofmühle kam auch P. zugute. Bienert ließ für die Gemeinde 1874 eine Gasanstalt, 1876 eine Wasserleitung und 1883 aus den Mitteln der Heger-Bienert-Stiftung die Kinderbewahranstalt an der Nöthnitzer Straße 4 errichten. Seine Söhne förderten mehrere Bauvorhaben in P. Der Kreis um Ida Bienert in der Villa Würzburger Straße vereinte bedeutende Dresdner Künstler. 1939 wurde die Mühle in Altplauen um einen Getreidesilo erweitert. Die von der Familie Bienert gestiftete Volksbibliothek fand in Walter →HOFMANN einen international bekannten Bibliotheksfachmann. P. entwickelte sich in der Amtszeit des langjährigen Gemeindevorstandes Karl Gustav GROSSMANN (gest. 1900, Grab mit Reliefplatte von Robert →HENZE auf dem Äußeren Plauenschen Friedhof) zum städtischen Wohnvorort mit ca. 10 000

Einwohnern. Die Gemeinde errichtete 1893/94 das Rathaus nach Plänen von William →LOSSOW und Hermann VIEHWEGER (Bauausführung durch die Architektenfirma Gebr. FICHTNER) im deutschen Renaissancestil mit 51 m hohem Turm, reichem Fassadenschmuck und gediegener Innenausstattung (Sitzungssaal von den Brüdern Bienert gestiftet; St.-Georgs-Plastik von R. Henze am Hauptturm). Der «Ratskeller» wurde 1938 geschlossen. Ab 1872 bebaute die Gesellschaft Dresden-Westend das Gebiet um die Würzburger und Kaitzer Straße, 1898 begann der Ausbau der Münchner Straße. P. wuchs mit der Südvorstadt zum Villenvorort zusammen. In der Nähe des 1891 angelegten Westendparks (→Fichtepark) mit dem Bismarckturm (→Fichteturm) von 1896 errichtete William FICHTNER 1895 im Schweizerstil die Parkschänke an der Bernhardstraße (nach 1918 als Wohnhaus umgebaut). Fritz →SCHUMACHER baute 1903 die Villa Bernhardstraße 98 für den Staatsrat Martin Fürchtegott GRÜBLER. Das stadtbekannte Tanzlokal Westendschlößchen war ab 1873 Endpunkt einer Pferdebahnlinie vom Böhmischen Bahnhof. An der Bamberger/Ecke Hohe Straße wohnte 1884/90 August →BEBEL. 1902 wurde der →Müller-Brunnen geschaffen, der sowohl an den Dichter Wilhelm →MÜLLER als auch an das Gewerbe ihrer Stifter, der Bienerts, erinnert. – 1855 wurde der Haltepunkt P. der →Albertbahn in der Nähe des Felsenkellers eröffnet und 1926 an den jetzigen Standort in Altplauen verlegt. Die Bahnlinie förderte die Entwicklung eines Industriestreifens entlang der Weißeritz mit der (größtenteils auf Coschützer Flur liegenden) →Felsenkellerbrauerei, der Brauerei Zum Lagerkeller, der Blechwarenfabrik Anton Reiche (Bau von Automaten für die Schokoladenindustrie), den Schokoladenfabriken Riedel & Engelmann und Petzold & Aulhorn sowie der Altstädter Dampfmolkerei (später Drema, Würzburger Straße). – 1882 wurde an der Flurgrenze zu Coschütz der Äußere Plauensche Friedhof angelegt. 1901/02 errichteten Lossow & Viehweger aus der alten Dorfkirche die →Auferstehungskirche Plauen, deren Umfeld 1907 durch den Treppenaufgang mit Eckturm gestaltet wurde. 1912 entstand des Gemeindehaus an der Reckestraße. 1945 trat in der Kirche der →Kreuzchor erstmals nach dem Krieg wieder auf. – Eine Reihenschule ist in P. seit dem 16. Jh. nachweisbar, das erste Schulhaus um 1700. In den Jahren 1876 und 1898 wurden die Gebäude der heutigen 39. Grundschule an der Schleiermacherstraße errichtet. An der 1884 erbauten XV. Bürgerschule (heute 55. Mittelschule) Nöthnitzer Straße war 1898/1909 der Polarforscher Bernhard Adolf →HANTZSCH angestellt. An der Kantstraße wurde 1896 erstmals in einer sächsischen Dorfgemeinde ein Lehrerseminar eröffnet, das 1922 in eine Oberschule (heute Gymnasium Dresden-Plauen) umgewandelt wurde. Die von den Brüdern Bienert gegründete Baugesellschaft Südwest errichtete weitere Wohnbauten in P. Nach dem Ersten Weltkrieg entstanden die Wohnhäuser zwischen Münchner und Nöthnitzer Straße und in Hohenplauen. – An der Bernhardstraße erbaute der Architekt Robert WITTE 1925 die kath. St.-Paulus-Kirche. An ihr wirkte Pater Franz BÄNSCH (gest. 1961), der als Gefangenenseelsorger 1941/45 in der Hinrichtungsstätte Münchner Platz zahlreichen von der Nazijustiz zum Tode Verurteilten Beistand leistete. Am →Hohen Stein hatte das Malerehepaar Fritz →SCHULZE und Eva →SCHULZE-KNABE sein Atelier. – Die Luftangriffe 1945 zerstörten die meisten Fabriken entlang der Eisenbahn und trafen auch Wohnhäuser im unteren Teil von P. In den siebziger Jahren wurden Wohnbauten an der Arltstraße errichtet.

Plauenscher Grund: ursprünglich das Weißeritztal zwischen dem Dorf Plauen und Tharandt, im engeren Sinne zwischen Plauen und der Stadtgrenze zu Freital, gelegen auf den Fluren von →Plauen, →Dölzschen, →Gittersee und →Coschütz. – Das Durchbruchstal der →Weißeritz war bis in das 18. Jh. hinein nahezu unerschlossen. Wirtschaftliche Bedeutung hatten die 1521 eingeführte Holzflößerei sowie an einzelnen Hängen Obst- und Weinbau. Der Grund diente als Jagdrevier des Hofes und gelegentlich als Schauplatz prachtvoller Feste. FRIEDRICH AUGUST I. (August der Starke) ließ 1698 zu Ehren des Zaren →PETER I. einen glänzenden Aufzug erzgebirgischer Bergknappen und 1719 anläßlich der Vermählung des Kurprinzen das berühmte, von Jagden, Komödienspielen und Illuminationen begleitete Saturnusfest ausrichten. – 1741/45 entstand ein durchgehender Fahrweg. Das «Zeitalter der Empfindsamkeit» entdeckte die «wildromantische Schönheit» des Tales, das nun von Reisenden und heimischen Künstlern aufgesucht wurde. 1770/1830 erschienen

Plauenscher Grund mit «Heideschanze»
Feldschlößchen in Plauen

weit über 1000 Kunstblätter. Als Malermotive beliebt waren die Busch- oder Schweizermühle, die Königsmühle, die 1779/82 in Pirnaer Sandstein errichtete Forsthaus- oder Hegereiterbrücke und die Villen und Aussichtsplätze im und über dem Grund. Die Natur des Grundes priesen u.a. der Liederdichter Wilhelm →MÜLLER («Frühlingskranz aus dem Plauenschen Grunde bei Dresden») und der Reiseschriftsteller Hans Christian →ANDERSEN, die Maler und Zeichner Caspar David →FRIEDRICH, Anton →GRAFF, Christian Gottlob →HAMMER, Carl August RICHTER und sein Sohn Ludwig →RICHTER, Carl WIZANI (1767–1818) und Adrian →ZINGG. Der Chronist Johann Gottfried →HASCHE nannte das Tal eine «Sächsische Schweiz im kleinen». – Auch Naturwissenschaftlern bot der Grund ein Studienfeld. Wilhelm von HUMBOLDT nannte ihn wegen der Fossilienfunde ein «Archiv der Natur». Die →Heidenschanze ist das bekannteste Bodendenkmal der Dresdner Umgebung. Hanns Bruno GEINITZ trieb Studien im geologischen Aufschluß des →Ratssteinbruches. – 1728 wurde die Dölzschener Neumühle errichtet. Am Fuß der Heidenschanze stand ursprünglich ein Kupferhammer, der 1770/1830 als Pulvermühle und danach als Garnisonsmühle diente (Fachwerkwohnhaus erhalten). In der Schlucht neben der Felsenkellerbrauerei erbaute Josef →Grassi sich ein Landhaus, die «Villa Grassi», die bis 1855 einen Kaffeegarten besaß. In der Coschützer Schlucht ließ Friedrich August von COSEL (1712–1770) nach einem vergeblichen Bergbauversuch das Huthaus in ein Schlößchen umbauen (Villa Cosel). Carl Siegmund von NIMPTSCH errichtete das Lusthäuschen Carlsburg, an dessen Stelle 1842 die →Begerburg entstand. Seit 1864 bildete der →Hohe Stein ein beliebtes Ausflugsziel. –
1807/08 wurde auf Drängen der Grubenbesitzer des benachbarten Steinkohlenreviers die Talstraße ausgebaut und 1855 die Albertbahn eröffnet. Durch Steinbrüche, Fabriken und Mietshäuser verlor der Grund seine Ursprünglichkeit und verwandelte sich in eine Industrie- und Verkehrsgasse zwischen Dresden und Freital. Wichtige Etappen der Industrialisierung waren:

1827 Gründung des →Eisenhammers Dölzschen
1857 Gründung der →Felsenkellerbrauerei
1872 Übernahme der Plauener Hofmühle durch Traugott →Bienert
1903 Ausbau der Neu- und Garnisonsmühle zur Mühle und Großbäckerei durch die Gebrüder BRAUNE (Siloturm an der Heidenschanze aus der Zeit nach 1920).

Die 1902 in Betrieb genommene elektrische Straßenbahn Plauen–Deuben (später Hainsberg) wurde 1974 durch Busse ersetzt. 1992 wurde ein 121 m langer Straßentunnel am Felsenkeller übergeben. Unmittelbar an der Stadtgrenze bei Pesterwitz ragt das 1795 als Weinbergschlößchen erbaute, später durch Anbauten veränderte «Juchhöhschlößchen» auf (heute Seniorenheim). Das «Chausseehaus» an der Talstraße wurde 1828 auf der Flur von Neucoschütz errichtet, das jedoch 1896 zu Potschappel eingemeindet wurde. Dort befand sich auch das 1986 abgetragene Gasthaus «Zum Steiger», in dem Richard Wagner am 9. Mai 1849 Zuflucht suchte (im Garten Mundloch des Tiefen Weißeritzstollens).

Plauischer Schlag: →Schläge

«Podium»: in dem rekonstruierten barocken Bürgerhaus Hauptstraße 11 untergebrachtes kleines Theater, das am 27. Oktober 1979 eröffnet wurde. Es bietet als intimes «Theater der kleinen Form» für rund 70 Zuschauer Schauspiel-, Pantomime-, Puppentheater-, Folklore-, Lese- und Vortragsveranstaltungen.

Poelzig, Hans: Architekt, auch Bühnenbildner und Maler, geb. 30.4.1869 Berlin, gest. 14.6.1936 Berlin. – Nach dem Studium an der TH Berlin war P. ab 1900 Lehrer und ab 1903 Direktor der Akademie in Breslau. 1916 wurde er als Nachfolger →ERLWEINS Stadtbaurat in Dresden und gleichzeitig Professor an der TH Dresden. 1920 ging P. an die TH Berlin und wurde als Nachfolger Bruno PAULS 1933 Leiter der Vereinigten Staatsschulen Berlins. P. war Vertreter einer rationalen Richtung in der deutschen Architektur und verband geschickt Plastik mit Architektur. In Dresden baute er die →Gasanstalt Reick (1916), den →Mosaikbrunnen (1926) und entwarf einzelne Typen von Holzhäusern für die →Deutschen Werkstätten Hellerau. Zu seinen in Dresden nicht ausgeführten Projekten gehören Entwürfe für eine Feuerwache (1916), ein Stadthaus (1917), eine Museumsgruppe (1917), eine Elbbrücke (1918), einen Konzertsaal (1918), ein Hotel (1921) und ein Bankgebäude (1921).

Poelzig-Brunnen: →Mosaikbrunnen

Polizeipräsidium: repräsentatives viergeschossiges Gebäude an der Schießgasse/Landhausstraße, das 1895/1900 für die damalige Königliche Polizeidirektion nach Plänen des Architekten Julius TEMPER errichtet wurde und heute die Landespolizeidirektion Sachsen beherbergt. 1976/79 wurde es zum Neumarkt hin um ein modernes, siebengeschossiges Verwaltungsgebäude erweitert, an dessen südlicher Front der barocke Brunnen des ehemaligen →Palais Hoym angebracht wurde.

Polnische Emigranten: Der Wiener Kongreß schuf 1815 das Königreich Polen und stellte es unter Herrschaft des russischen Zaren (Personalunion). Mit dem erwachenden Nationalgeist und unter dem Eindruck der französischen Julirevolution begann 1830 der Befreiungskampf des polnischen Volks, der nach der Niederschlagung 1848/49 im Jahre 1864 erneut aufflammte. Zwischen den gescheiterten Aufständen emigrierten Tausende Polen in westeuropäische Staaten. Auf ihrem Weg nach Frankreich und Belgien kam eine große Zahl Soldaten, Politiker, Dichter, Gelehrte und Schriftsteller auch nach Dresden. Hier wurden die P. als Freiheitskämpfer begrüßt und fanden Zuflucht und Aufnahme. Es entstand ein Polenkomitee durch hier ansässige polnische Adlige, die Fürstin POTOCKA gründete ein Asyl für P. und die Dresdner Presse rief 1831 zu einer Spendenaktion auf. Die →Arnoldsche Buchhandlung vertrieb Bücher der führenden P.; in der Konditorei Baldini und in Arnolds «Lesekabinett» lagen polnische Zeitungen aus. Dresden bildete nach 1841 das gemeinsame Zentrum der sächsischen demokratischen Kräfte und der P. Die enge Bindung zur polnischen demokratischen Bewegung in Dresden und Sachsen förderte der Journalist Ludwig →WITTIG. Viele der P. fanden ihre letzte Ruhestätte auf dem →Alten Katholischen Friedhof in Dresden-Friedrichstadt.

Polte, Paul: Bildhauer und Restaurator, geb. 1877, gest. 1952 – P. schuf den →Pferdebrunnen (1921), bei der Restaurierung des →Zwingers zahlreiche Kopien von Statuen und Vasen (z.B. die «Nymphe mit dem Schwan» 1927), eine der vier Kindergruppen im Westendpark (→Fichtepark) und 1940 das Standbild →PÖPPELMANNS an der Schloßstraße 32 (1945 zerstört).

Polytechnikum: 1. *Bezeichnung für Lehranstalt.* Vorläuferin der →Technischen Universität Dresden in den Jahren 1871/1890; zuvor Technische Bildungsanstalt, ab 1890 Technische Hochschule. – 2. *ehemaliges Gebäude am Antonsplatz.* Das Renaissancegebäude wurde 1844/46 von Gustav HEINE (1802–1880) für die Technische Bildungsanstalt errichtet. Es bildete den südlichen Abschluß des Platzes, enthielt nach dem Auszug der Lehranstalt im Obergeschoß Künstlerateliers und wurde 1945 zerstört (Ruine mit anderen Bauten des Antonsplatzes 1950 abgetragen). – 3. *ehemaliges Lehr- und Verwaltungsgebäude am Bismarckplatz.* Dieses früheste Bauwerk des →Hochschulviertels südlich des Hauptbahnhofes wurde 1872/75 durch den Professor für Baukonstruktion am Polytechnikum, Rudolf HEYN (1835–1916) für die gleichnamige Lehrstätte errichtet. Das Neorenaissancegebäude enthielt ein prunkvolles Treppenhaus mit Stuckmarmor und die zweigeschossige Aula mit Deckenmalerei (Prometheussage) von Anton →DIETRICH. Es diente bis 1945 als Hauptsitz («Alte Schule») der Technischen Hochschule und wurde durch die Luftangriffe zerstört.

Polytechnische Schule: →Technische Universität

Ponto, Erich: Schauspieler, geb. 14.12.1884 Lübeck, gest. 2.2.1957 Stuttgart. – P. hatte 1908 seine Bühnenlaufbahn begonnen, die ihn über Passau, Reichenberg und Düsseldorf 1916 nach Dresden führte, wo er als bedeutender Charakterdarsteller und zugleich temperamentvoller Komiker zu den Repräsentanten des Dresdner Staatsschauspiels in der ersten Hälfte des 20. Jh. gehörte. Nach dem Zweiten Weltkrieg war er der erste Generalintendant der «Bühnen der Landeshauptstadt Dresden» in der zerstörten Stadt, bis er 1947 an das Württembergische Staatstheater nach Stuttgart ging. – Gemälde im Schauspielhaus; Erich-Ponto-Straße in der Inneren Neustadt.

Pöppelmann, Matthäus Daniel: Architekt, Oberlandbaumeister, geb. 3.5.1662 (err.) Herford, gest. 17.1.1736 Dresden. – Über die Jugend und Ausbildung des berühmtesten Dresdner Architekten ist fast nichts bekannt. Wahrscheinlich trat er bereits 1680 als unbesoldeter Kondukteur (1686 festangestellt) ins Dresdner Bauamt ein, das damals von Wolf Caspar von →KLENGEL geleitet wurde. P. wurde 1691 erstmals als Baukondukteur erwähnt (208 Taler/Jahr Besoldung). 1703 und 1706 ist seine Mitwirkung an der Gestaltung des →Großen Gartens nachgewiesen. Nach dem Tode von Marcus Conrad →DIETZE wurde P. 1705 als dessen Nachfolger Landbaumeister und Hofarchitekt, wodurch er erstmals selbständig arbeiten konnte. AUGUST DER STARKE erkannte seine Fähigkeiten und ließ ihn 1710 nach Prag, Wien und Rom sowie 1715 nach Paris reisen, damit er Anregungen für seine Dresdner Entwürfe, vor allem den →Zwinger, erhalten sollte. 1718 wurde P. zum Oberlandbaumeister ernannt (bereits seit 1711 mit 1200 Taler/Jahr vergütet). In dieser Funktion mußte er zunächst alle Bauausführungen für die Kurprinzenhochzeit 1719 koordinieren und später umfangreiche Aufgaben bei der Anordnung, Begutachtung, Genehmigung und Kontrolle von Baumaßnahmen unterschiedlichster Arten und Größenordnungen im Lande bewältigen (bis 1734). In Dresden hatte er einen entscheidenden Anteil an der Neugestaltung der Stadt in der ersten Hälfte des 18. Jh., wobei er sich architektonisch an Dresdner Traditionen, an der landschaftlichen und städtebaulichen Situation sowie an den Arbeiten der größten Architekten seiner Zeit orientierte. Dabei ist die Mitwirkung von P. an vielen Bauten nicht eindeutig nachweisbar, vor allem an den Bürgerhäusern, die häufig seinen Einfluß zeigten. In seinem Hauptwerk, dem Zwinger (1709/32), schuf er mit dem Bildhauer Balthasar →PERMOSER eine «fast ins Irrationale verklärte Festarchitektur» bei «universaler Beherrschung der bildnerischen Ausdrucksmittel des Barock». Seine Entwürfe zum Zwinger veröffentlichte er 1729 in 20 Kupferstichen, die auch Auskunft über nicht mehr ausgeführte Pläne geben. Dazu gehören vor allem die wohl z.T. mit Johann Friedrich →KARCHER erarbeiteten variationsreichen Pläne für den Neubau des →Residenzschlosses (1705/09; 1710/11; 1716). An folgenden weiteren Bauprojekten wirkte P. verantwortlich oder maßgeblich mit: →Taschenbergpalais (1706/11, mit Karcher), →Türkisches Palais (ab 1715), Repräsentations- und Festetage im →Residenzschloß (1717/19, mit →LEPLAT), Opernhaus (→Opernhäuser) und →Redoutenhaus (1718/19), →Palais Vitzthum-Rutowski (1719/21), →Schloß Pillnitz (Wasserpalais 1720/24, Bergpalais 1723/24), →Grünes Gewölbe (Innenausstattung, ab 1723), →Augustusbrücke (Umbau 1727/31), →Japanisches Palais (Holländisches Palais und Umbau 1727/32), → Weinbergskirche Pillnitz (1723/25), →Matthäuskirche (1728/32), Musterentwurf für die einheitliche Fassadengestaltung in der Inneren Neustadt (1732), Interimskirche (1731/32) und →Dreikönigskirche (ab 1732, von George →BÄHR vollendet), →Kollegienhaus (1733/34). – Der Architekt, dessen Fleiß und Unverdrossenheit von Zeitgenossen gerühmt wurde, bewohnte ab Anfang 1712 eine Dienstwohnung in der Schloßgasse gegenüber dem Schloßtor (zuletzt Schloßstraße 22), wo er auch gestorben ist. Das Dresdner Bürgerrecht erwarb er

Pöppelmann. Standbild von Paul Polte 1936

1714. Durch seine zweite Ehefrau kam er in den Besitz des Gutsvorwerkes «Feldschlößchen», das Brau-, Back- und Schankrecht besaß. Sein erster Sohn Johann Adolph (1694–1733) war Hofmaler in Dresden. Sein zweiter Sohn Carl Friedrich (um 1697–1750) erlangte als Architekt maßgeblichen Einfluß auf das Bauwesen in Warschau. Johann Christoph →KNÖFFEL, der Nachfolger von P. im Oberlandbauamt, war mit P. Enkelin Christine Eleonore STENGER verheiratet. – Grabstätte in der Krypta der Matthäuskirche; Pöppelmannstraße in Johannstadt (1897/1945 in Zwingernähe an der Packhofstraße); überlebensgroßes Standbild von Paul POLTE (1877–1952) am ehemaligen Wohnhaus Schloßstraße (1936 enthüllt, 1945 z. T. zerstört, Bruchstücke erhalten); Pöppelmann-Ausstellung im Albertinum (1987).

Poppitz: ursprünglich ein am westlichen Rand der mittelalterlichen Stadtflur gelegenes Dorf mit großer Flur (Kern: späterer Poppitzplatz südlich der →Annenkirche). Es gehörte zur Ausstattung der Frauenkirche und war demzufolge dem dortigen Pfarrer zinspflichtig. Schon der Name des Ortes (slawisch: «Leute des Pfarrers») wies auf diese Zusammenhänge hin. 1550 unterstellte Kurfürst MORITZ im Zuge der großzügigen Erweiterung des Weichbilds der Stadt auch P. dem Dresdner Rat. Als Poppitzer Gemeinde gehörte der Ort seitdem zu den vorstädtischen Siedlungen und wurde im 18. Jh. zum Bestandteil der damals aus den westlichen Vorstadtgemeinden gebildeten →Wilsdruffer Vorstadt.

Porzellanerfindung: Nach langjährigen Versuchen gelang Johann Friedrich →BÖTTGER mit mehreren Gehilfen unter Anleitung von Ehrenfried Walther von →TSCHIRNHAUS in einem Laboratorium auf der Jungfernbastei (→Stadtbefestigung) die Herstellung des ersten europäischen Porzellans und des ersten Hartporzellans der Welt. Am 23. September 1707 bezog Böttger das «Laboratio auf der Vestung» und erzielte bereits im November aussichtsreiche Versuchsergebnisse bei der Herstellung des roten Steinzeugs und der Delfter Fayence. Ein Laborprotokoll vom 15. Januar 1708 zeugt vom ersten gelungenen Brand weißen Porzellans. In Böttgers Memorandum vom 28. März 1709, das er nach dem Tode von Tschirnhaus an Kurfürst FRIEDRICH AUGUST I. sandte, werden alle seine bisherigen Erfindungen vorgestellt, darunter auch «den guthen weißen Porcellain sambt der aller feinst Glasur und allem zubehörigen Mahlwerck...» Das offizielle kurfürstliche Mandat zur Bekanntmachung der P. datiert vom 23. Januar 1710. – Eine 1982 auf der Brühlschen Terrasse aufgestellte Gedenkstele erinnert an Böttger und die P.

Porzellansammlung: Zu den →Staatlichen Kunstsammlungen gehörende und in der Langgalerie, im südwestlichen Eckpavillon und der Bogengalerie des Zwingers untergebrachte Sammlung chinesischen, japanischen und Meißner Porzellans sowie Porzellans anderer europäischer Manufakturen. Kurfürst FRIEDRICH AUGUST I. hatte in seiner fanatischen Leidenschaft für Porzellan zu Anfang des 18. Jh. große Mengen des «weißen Goldes» aus Ostasien sowie aus seiner neuen Meißner Manufaktur erworben, um damit das →Japanische Palais als Porzellanschloß auszugestalten. Sein Sohn hatte jedoch andere Liebhabereien, und so brachte man nach dem Tode Augusts des Starken die wertvollen Porzellane recht mangelhaft im Keller des Japanischen Palais unter, wo sie fast 100 Jahre blieben. 1786 wurden die Porzellane zur Sammlung erklärt, 1834 erschien erstmalig ein gedruckter Führer von dem ersten Direktor Gustav →KLEMM, der den Plan eines künftigen großen keramischen Universalmuseums aller Zeiten und Völker hatte und zur Erlangung der notwendigen Mittel dafür unersetzliche Doubletten des alten Bestands verkaufte. Von 1876 an wurde die P. nach wissenschaftlichen Gesichtspunkten geordnet in drei Riesensälen des →Johanneums aufgestellt, wo sie auch als Grundlage für Standardwerke über Porzellan ihrer Direktoren Johann Georg Theodor →GRÄSSE und Ernst ZIMMERMANN (1866–1940) diente. Unter Zimmermann wurde die Sammlung wieder auf ihre Hauptgruppen des chinesischen, japanischen und Meißner Porzellans beschränkt und in diesem Sinn ergänzt und erweitert. Im Zweiten Weltkrieg lagerte man das Porzellan in Schlössern der Dresdner Umgebung aus, danach wurde es in der Sowjetunion verwahrt und 1958 mit den anderen Dresdner Kunstschätzen zurückgegeben. Seit 1962 befindet sich die P., die neben der des Serail in Istanbul und der des chinesischen Kaiserpalastes in Peking zu den größten Keramikmuseen der Welt gehört, im Zwinger.

Kändler-Figuren in der Porzellansammlung

Liebespaar in spanischer Tracht von Kändler. Um 1741

Post: Die Dresdner Post entwickelte sich aus der von Kurfürst AUGUST eingerichteten Hofpost, die sich auf die Beförderung der Schreiben des Hofs beschränkte. 1574 wurde der Postreiter Salomon FELGENHAUER zum Dresdner Postmeister ernannt, der dieses Amt bis 1600 versah. Nachfolger wurde der Botenmeister Georg HAUPTVOGEL, in dessen Familie das Postmeisteramt 125 Jahre verblieb. Schon vor dem Dreißigjährigen Krieg beförderte man auch die Briefe der Dresdner Kaufmannschaft und anderer Absender. 1625 wurde die wöchentlich zweimal verkehrende Fußbotenpost zwischen Dresden und Leipzig errichtet, und 1652 folgten die ersten Reitposten auf dieser Strecke. Als 1661 das Postwesen in Kursachsen zum landesherrlichen Regal erklärt worden war, wurde dem Dresdner Postamt die Abfertigung bestimmter Posten zu vorgeschriebenen Zeiten zugewiesen und eine Art Postzwang eingeführt, der die Hinterziehung der Postgebühren verhindern sollte. Nachdem das Netz der Postfahrten und -strecken ständig erweitert worden war, erschien schon 1698 das erste gedruckte Verzeichnis der ankommenden und abgehenden Post. Untergebracht war die P. seit dem Dreißigjährigen Krieg in der Kreuzgasse (1602 wird ein Postwärterhaus auf der Elbbrücke erwähnt). Als dieses Posthaus zu klein geworden war – die Postkutschen wurden schon ab 1706 in der Expedition Moritzstraße, Ecke Neumarkt abgefertigt – bezog die P. 1708 ein Gebäude in der Pirnaischen Gasse (spätere Landhausstraße 13). Hier blieb sie bis 1760, als das Haus und die nahegelegene Posthalterei dem preußischen Bombardement zum Opfer fielen. Während die Posthalterei in die Große Brüdergasse umzog, wo sie bis 1823 verblieb, wurden die Posträume in die Schloßgasse verlegt. 1763 konnte das wieder aufgebaute Haus in der Landhausstraße bezogen werden, das bis 1832 dem sich immer mehr vergrößernden Postverkehr diente. Erst in diesem Jahre konnte der verkehrsgünstig am ehemaligen Demolitionsplatz errichtete Neubau bezogen werden (Postgebäude). 1825 wurden die Eilposten eingerichtet, die eine regelmäßige Verbindung zwischen Dresden und Hof (Anschluß nach Nürnberg und München), Berlin, Görlitz, Prag, Wien usw. aufrecht erhielten. Im selben Jahr brachte man auch am Hofpostamt in der Landhausstraße den ersten Dresdner Briefkasten an. 1829 wurden in Dresden 11 Briefträgerbezirke eingerichtet, die Annahme von Postsendungen erfolgte in sogenannten «Briefsammlungen». Als 1851 die Freimarken eingeführt wurden, schloß man diese Briefsammlungen und stellte dafür 31 Briefkästen auf. 1849 wurde in der Antonstraße eine Bahnhofsexpedition begründet, der 1864 weitere 6 Filialexpeditionen folgten. 1872 ging die sächsische Post in die Verwaltung des Reichs über und vier Jahre später erfolgte die Vereinigung von Post- und Telegraphieverwaltung. 1886/1900 bestand in Dresden eine Privatpost, «Die Dresdner Verkehrsanstalt →Hansa». Die Neustadt erhielt 1898 ein großes Postgebäude (mit Fernsprechzentrale) in der Albertstraße 25–27, das 1945 zerstört wurde. Dafür entstand 1962/64 in der Königsbrücker Straße das moderne Hauptpostamt 6.

Postgebäude am Postplatz: Mit der Anlage des →Antonsplatzes entstand an seiner Nordseite 1830/31 auf der ehemaligen Bastion Saturn das erste P., nach dem der Wilsdruffer Platz später in →Postplatz umbenannt wurde. Der Entwurf für den schlichten klassizistischen, dreigeschossigen Dreiflügelbau stammte von Albert Geutebrück (um 1800–1868), für die Bauausführung war Joseph →Thürmer verantwortlich. Das Postamt wurde 1893 erweitert, 1912 zum Telegraphenamt umgebaut, beim Bombenangriff 1945 teilzerstört und 1952 abgerissen. – Für die 1872 in Dresden eingerichtete Oberpostdirektion entstand 1878 nach dem Entwurf von Carl Zopff an der Ecke Annenstraße/Am See (zuvor Posthalterei) ein repräsentatives, dreigeschossiges Gebäude mit Stilelementen der Neorenaissance und reichem Figurenschmuck. Der Entwurf für den 1903 daran errichteten Erweiterungsbau, das Hauptpostamt Ecke Annen-/Marienstraße, stammte ebenfalls von Zopff. Der 1945 z. T. zerstörte Gebäudekomplex wird heute von der Bundespost genutzt. 1979/83 entstand am Postplatz zwischen Annenstraße und Freiberger Straße das moderne sechsgeschossige, durch stark gegliederte Sandsteinverkleidung gekennzeichnete Fernmeldezentrum, das 1992/94 mit einem umfangreichen Mantelbau zur Hauptvermittlungsstelle der Telekom umgebaut wurde.

Postmeilensäulen: Steinsäulen, die durch kurfürstliches Mandat von 1721 an den Land- und Poststraßen Kursachsens aufgestellt wurden und Entfernungsangaben in Stunden enthielten (1 sächsische Postmeile = 16 000 Dresdener Ellen = 2 Stunden = 9,062 km). Während an den Straßen – ähnlich den heutigen Kilometersteinen – Ganzmeilensäulen, Halbmeilensäulen und Viertelmeilensteine errichtet wurden, standen vor den Toren der Städte wappengeschmückte Distanzsäulen. Die Gestaltung der einzelnen Säulentypen stammt wahrscheinlich von →Pöppelmann; die Ausführung des gesamten Systems oblag dem Land- und Grenzkommissar Adam Friedrich →Zürner. In der Residenzstadt Dresden wurden schon Anfang 1722 vier Distanzsäulen aufgestellt. Ihre Standorte waren: 1. Vor dem Weißen Tor (am Palaisplatz), 2. Vor dem Schwarzen Tor (am heutigen Albertplatz) in der Nähe des Artesischen Brunnens, 3. Vor dem Pirnaischen Tor (am Pirnaischen Platz) an der Einmündung der Pirnaischen Gasse und 4. Vor dem Wilsdruffer Tor (am heutigen Postplatz). – 1845 müssen die P. noch vorhanden gewesen sein, wie aus einem Stadtplan aus diesem Jahr hervorgeht. Mit der Einführung anderer Längenmaße verloren die P. ihre Bedeutung und wurden abgebrochen. Die vor dem Motel an der Münzmeisterstraße stehende Distanzsäule ist eine Nachbildung der Säule vom Wilsdruffer Tor. Sie wurde von Werner →Hempel angefertigt und 1969 aufgestellt.

Postplatz: Nachdem 1811 das →Wilsdruffer Tor abgebrochen worden war, entstand ein freier Platz, der seit etwa 1830 Wilsdruffer Platz (bis 1840 auch «Wilsdruffer Thorplatz») und ab 1865 P.

Postgebäude am Postplatz (später Telegrafenamt)
Oberpostdirektionsgebäude am Postplatz
Postmeilensäule vor dem Wilsdruffer Tor, Ausschnitt aus einem Gemälde von Bernardo Bellotto. 1750

hieß. Der Volksmund bezeichnete den Platz als «Packplatz», weil vor dem 1830/32 errichteten →Postgebäude viele Frachtgüter gelagert wurden. Weitere Gebäude wie das Adamsche Haus, später zum →Stadtwaldschlößchen umgebaut, das originelle Turmhaus, nach dem Umbau als →Palasthotel Weber bekannt geworden, das Fernsprech- und Telegrafenamt und der Sempersche →Cholerabrunnen zierten den Platz. 1849 war der Platz strategischer Mittelpunkt der Kampfhandlungen beim Dresdner Maiaufstand. Nach der Jahrhundertwende wurde der P. zu einem der verkehrsreichsten Plätze der Stadt. Während des Kapp-Putsches am 15. März 1921 überfielen Reichswehrtruppen am P. unbewaffnete Arbeiter. Dabei wurden 59 Demonstranten getötet und 200 verwundet. Die platzbestimmenden Gebäude des P. wurden 1945 zerstört bzw. später beseitigt. Letztes altes Wahrzeichen des P. ist die sogenannte «Käseglocke», das Straßenbahnwartehäuschen in der Mitte des Platzes. Seit 1992 ist die Neugestaltung des P. geplant. An der Ecke Marien-/Annenstraße erinnert eine Gedenktafel an den Aufstand vom 17. Juni 1953.

Prager Straße: Die 1851 entstandene Straße führt von der →Waisenhausstraße südwärts zum Wiener Platz. Mit dem Bau des Böhmischen Bahnhofs (→Hauptbahnhof) war die Schaffung einer direkten Verbindungsstraße zur inneren Altstadt dringend notwendig geworden. Ihren Namen erhielt sie «wegen ihrer Richtung nach der in dem erwähnten Jahre eröffneten Sächsisch-Böhmischen Staatseisenbahn». Die P. entwickelte sich bald zu einer der geschäfts-, vergnügungs- und verkehrsreichsten Straßen der Stadt. Zu den bekannten Bauten gehörte das Gebäude der Landwirtschaftlichen Feuerversicherungsgesellschaft mit dem Kaiser-Café, das →Residenzkaufhaus, das →Central-Theater, das Hotel Europäischer Hof und das →Viktoriahaus. 1945 völlig zerstört, wurde sie 1965/78 als breiter Fußgängerboulevard neu errichtet. Die auf der Nord-Süd-Fußgängermagistrale entstandenen Wohnhäuser, Geschäfte, Gaststätten, das Filmtheater «Rundkino» (1970/72) – UfA-Palast, die Warenhäuser «Centrum» (1970/78) – seit 1990 «Karstadt» und «Hertie» (1993/94) sowie die Hotels «Bastei», «Königstein», «Lilienstein» und «Mercure» (1968/70) geben in Verbindung mit den Wasserspielen und Brunnenanlagen (Leonie Wirth, Karl Bergmann) der P. ein eigenes Gepräge.

Postplatz mit Sophienkirche und Restaurant Waldschlößchen. Um 1927
Prager Straße, gegen das Viktoriahaus gesehen. Um 1930
Brunnenanlagen auf der Prager Straße
Westseite der Prager Straße. 1980

Prell, Hermann: Maler, geb. 29.4.1854 Leipzig, gest. 18./19.5.1922 Dresden. – Nach dem Studium an der Kunstakademie in Dresden 1872/75 setzte P. seine Ausbildung an der Berliner Akademie fort; er lebte 1870/80 in Rom und danach in Berlin, bis er 1892 als Professor für Historienmalerei an die Dresdner Kunstakademie berufen wurde, wo er bis 1917 ein Meisteratelier leitete. Seine Darstellungen aus der griechischen Mythologie im Treppenhaus des →Albertinums (1900/04) sowie sein Deckengemälde im Festsaal des Neuen Rathauses (1910) wurden beim Bombenangriff im Februar 1945 vernichtet. P. besaß ein Haus mit Garten an der Schillerstraße. – Hermann-Prell-Straße auf dem Weißen Hirsch.

Preller, Friedrich d. J.: Maler, geb. 1.9.1838 Weimar, gest. 21.10.1901 Dresden. – P. war der Sohn und Schüler des namhaften Malers Friedrich Preller d. Ä. (1804–1878), den er 1859/62 auf einer Italienreise begleitete, wo er zahlreiche Motive für seine späteren Gemälde sammelte. Nach einem erneuten Italienaufenthalt nahm P. 1867 seinen Wohnsitz in Dresden und wurde 1880 zum Professor für Landschaftsmalerei an der Kunstakademie berufen. Zu seinem umfangreichen Schaffen gehörte die Mitwirkung an der malerischen Ausgestaltung des →Albertinums (altgriechische Landschaften) und des zweiten Opernhauses von Semper (→Opernhäuser). Seit 1883 besaß P. ein Haus in Blasewitz an der Friedrich-August-Straße (jetzt Prellerstraße). – Grab auf dem Johannisfriedhof.

Press, Friedrich: Bildhauer, geb. 1.9.1904 Ascheberg/Westf., gest. 5.2.1990 Dresden. – Nach Bildhauerlehre in Münster/Westf., Studium in Dortmund, Berlin-Charlottenburg und Dresden (Meisterschüler von Georg →Wrba) wirkte P. seit 1931 freischaffend in Dresden. Nachdem er anfangs hervorragende Porträts geschaffen hatte, widmete er sich seit den fünfziger Jahren vorwiegend der Ausgestaltung von Kirchenräumen, wodurch er auch international bekannt wurde. Für Dresden gestaltete er Pietà und Altar zum Gedenken an die Opfer des 13. Februar 1945 aus Meißner Porzellan (1971/73) in der →Kathedrale sowie den Altarraum (1978) in der →Joseph-Kirche Pieschen. – Wohnung in Loschwitz (Robert-Diez-Straße 1); Personalausstellung 1991 im Albertinum.

Preußisches Viertel: rechtselbisch gelegenes Villengelände, das sich östlich von der →Antonstadt bis zum →Waldschlößchen erstreckt. Das erst ab 1861 durch Straßen erschlossene Gebiet wurde bis 1890/1900 planmäßig nach strengen Baubestimmungen in offener Bauweise mit parkähnlichen Gartenanlagen und «in edlem Stil gehaltenen» Villen und Landhäusern bebaut, die architektonische Stilmerkmale der SEMPER-NICOLAI-Schule zeigen. Der Name leitet sich möglicherweise aus den im Raum Berlin/Potsdam angewandten und übernommenen Architekturformen ab. Das 1945 unzerstört gebliebene P. soll als städtebauliches Ensemble nicht verändert werden.

Prießnitz (nach dem slawischen breza, d. h. Birke): größter Bach der →Dresdner Heide, der im Rossendorfer Teich 281 m über NN entspringt, in seinem 24 km langen Lauf die Dresdner Heide in einem 40 m eingeschnittenen bewaldeten Tal in nordwestlicher Richtung bis Klotzsche und dann nach Süden abbiegend durchfließt und 106 m über NN in Dresden-Neustadt bei der Holzhofgasse in die Elbe mündet. In den 3 bis 5 m breiten Bach münden 35 Nebenbäche, von denen bei Trockenheit viele versiegt sind. Zu den Besonderheiten des landschaftlich reizvollen Prießnitzgrundes, der im Oberlauf der P. (bis zur Heidemühle) muldenförmig und im Unterlauf V-förmig ausgebildet ist, gehören das Flächennaturdenkmal «P.-Wasserfall» (eigentlich nur eine Stromschnelle), das 1902 errichtete, von P.-Wasser gespeiste Waldbad Klotzsche und die rund 23 m hohe und 75 m lange steinerne Bogenbrücke (als «Carolabrücke» 1873/76 erbaut), die im Zuge der Stauffenbergallee den Grund überspannt. 1831/75 bestand an der Bischofswerdaer Straße 1 das «Prießnitzbad», dessen Gartenlokal bis Mitte des 20. Jh. genutzt wurde.

Prinzenpalais: →Palais der Sekundogenitur, →Taschenbergpalais

Prinz-Georg-Palais: →Palais der Sekundogenitur

Prinz-Max-Palais: ehemaliges Wohn-Palais an der Ostra-Allee (zuletzt Nr. 22). 1742/43 hatte sich Gaëtano →CHIAVERI auf kurfürstliche Anordnung aus Baumitteln der Katholischen Hofkirche das selbstentworfene, zweigeschossige kleine Palais errichten lassen, das er bis 1749 bewohnte. Bis 1783 in Privatbesitz, wurde es anschließend vom kurfürstlichen Hof für den Prinzen MAXIMILIAN erworben (deshalb auch kurz «Maxpalais» genannt) und von Johann August →GIESEL im klassizistischen Stil umgebaut, wobei er u.a. die Fassade mit Säulen versah und den quadratischen Turm mit Altan zum Observatorium ausbaute. Bemerkenswert war die einheitliche Innenausgestaltung im Zopfstil, an deren Entwürfen auch Christian Traugott →WEINLIG und Christian Friedrich →SCHURICHT beteiligt waren. Von Giesel stammte auch der Plan zur Gestaltung des sich nördlich vom P. in Richtung Elbe erstreckenden Gartens mit Aussicht auf das gegenüberliegende Japanische Palais und Schloß Ubigau. Ein von der Weißeritz abzweigender Kanal, der mit einem Teich verbunden war, führte durch den im englischen Stil gehaltenen Garten, zu dem u. a. ein großes Gewächshaus mit fremdländischen Pflanzen, ein Vogelhaus im gotischen Stil, ein Naturtheater und ein dorischer Teichpavillon gehörten. Beim Durchbruch der (jetzt überbauten) Permoserstraße wurde 1890 das P. abgerissen.

Prohlis: linkselbischer Stadtteil, 1288 als Prolos (slawisch: Aue, Busch- oder Wiesenland) urkundlich erwähnt, Rundplatzdorf mit Blockflur am Geberbach und Landgraben, 1921 mit ca. 450 Einwohnern zu Dresden, seit 1976/80 Wohngebiet mit über 30 000 Einwohnern. – Einen Teil der Flur schenkte →HEINRICH DER ERLAUCHTE dem →Maternihospital. Diese Güter fielen 1313 an das Kloster Altzella, das den Besitz durch den Klosterhof Leubnitz (→Leubnitz-Neuostra) verwaltete. 1445 wurde der Besitz dem Dresdner →Brückenamt unterstellt, das nach dem Stadtbrand 1491 Mittel zum Wiederaufbau der Kreuzkirche benötigte und deshalb die Pflugdienste der Prohliser Bauern für zehn Jahre gegen Geldzahlungen ablöste. Durch die Reformation kam 1550 ein großer Teil von P. an den Rat von Dresden (→Leubnitzer Amt). Die Bewohner genossen deshalb bis Anfang des 19. Jh. Zollfreiheit auf der Dresdner Brücke. 1868 kaufte Baron Johann Christian von KAPHERR Land in P. und ließ 1888 durch Architekten der Semper-Schule das kleine, innen reich ausgestattete Schloß im Neorenaissancestil errichten. Es brannte 1980 aus und wurde 1985 abgerissen. – P. gehörte bis 1674 zur Parochie der Frauenkirche, wurde danach Leubnitz eingepfarrt. Im Neubaugebiet errichtete die ev.-luth. Kirche 1980/82 ein eigenes Gemeindezentrum. – Die Kinder besuchten zunächst die Schule in Leubnitz, ab 1890 in Reick. Für das neue Wohngebiet wurden 1976/80 insgesamt sieben Schulen errichtet. – 1723/88 lebte in P. der Bauernastronom Johann Georg →PALITZSCH. Während der →Schlacht bei Dresden 1813 brannten drei Bauerngüter aus, wobei auch der Nachlaß von Palitzsch verloren ging. Das Gut (Nr. 11) wurde später durch ein neues ersetzt. 1877 setzte man dem «Sterngückler von Prohlis» auf dem Dorfplatz ein Denkmal (Entwurf E. KNIELING, Leubnitz). Es wurde 1988 aus Cottaer Sandstein erneuert und mit dem originalen Bronzerelief versehen. 1988 wurde auch der Palitzschbrunnen an der 121. Schule wieder aufgestellt. – Der ländliche Charakter des Ortes blieb zunächst auch nach der Eingemeindung erhalten. Seit Ende des 19. Jh. entstanden mehrere Lehm- und Kiesgruben sowie Ziegeleien. Nach 1923 wurde in der stillgelegten Ziegelei Dohnaer Straße 135 ein Freibad errichtet. Aus der Kiesgrube von Friedrich KUNATH an der Dohnaer Stra-

Ehemaliges Schloß in Prohlis

ße 121 entstand ein 7 ha großer Naturpark; daneben sind Reste des Schloßparks erhalten. 1926/30 errichtete die Firma Höntsch, Niedersedlitz, südlich der Straße Am Anger 50 Doppelhäuser aus Holz. Sie wurden 1945 zerstört und 1950 durch massive Eigenheime und Reihenhäuser ersetzt. – Der Montagebeginn für die ersten Plattenbauten des (nach Gorbitz) zweitgrößten Dresdner Neubaugebietes erfolgte am 26. Februar 1976. Bis 1980 wurden in P. und auf der Nachbarflur von Reick auf 140 ha in industrieller Bauweise 10 000 Wohnungen in Sechsgeschossern des Typs WBS 70, in 10- und 17-Geschossern errichtet. Der Geberbach wurde in das Wohngebiet einbezogen; zum Schutz vor Hochwasser wurde das Rückhaltebecken bei Nickern und Kauscha angelegt. Bis auf zwei Gebäude, darunter das Haus von Johann Gotthelf HÜNICHEN (1851, 1988 Heimatstube), ging der alte Dorfkern verloren. An der Windmühlenstraße wurden auf der ehemaligen Niedersedlitzer Flur 1980/83 die «Sternhäuser» für ca. 3500 Einwohner errichtet.

Pulvermühle: kurfürstliche Industrieanlage am Löbtauer →Weißeritzmühlgraben, sw. der Nossener Brücke, 1576 nach Vorschlägen von Paul →BUCHNER und Rochus von →LYNAR aus der Wilsdruffer Vorstadt nach hier verlegt. – Die P. verarbeitete Salpeter, Kohle und Schwefel zu Schießpulver, nutzte die Wasserkraft als Antriebsquelle und wurde mehrmals durch Detonationen zerstört. Nach der Explosion von 1775 wurde der gesamte Gebäudekomplex (u.a. Arbeiterwohnhäuser) neu errichtet. Dabei entstand – wohl durch Johann Gottfried →KUNTSCH – das von einem quadratischen Dachreiter gekrönte Herrenhaus, das als charakteristischer Bau des Zopfstils galt und am 17. April 1945 durch Bomben zerstört wurde. Die Inneneinrichtung der Anlagen schuf Christian Gottlob REUSS (1716 bis 1792). Nach Verlegung der Pulverherstellung in das Werk Gnaschwitz bei Bautzen diente die P. zeitweise noch als Getreidemühle.

Pulverturm: nach 1560 nahe der Frauenkirche am Neumarkt errichtetes über 20 m hohes Gebäude, das ursprünglich mehrere Wind- und Roßmühlen beherbergte und erst seit Anfang des 17. Jh. als P. genutzt wurde. An der Stelle des 1744 abgerissenen Turms wurde das →Coselpalais erbaut.

Puppentheater der Stadt Dresden: im Obergeschoß der Gaststätte «Goldenes Lamm» an der Leipziger Straße 220 in Alttrachau mit 175 bzw. 90 Plätzen eingerichtetes Theater, das mit vielfältigen Spieltechniken durch pädagogisch und ästhetisch wertvolle, phantasieanregende Inszenierungen Kindern erste Theatererlebnisse vermittelt und auch für Erwachsene spielt. Es wurde 1952 von Dresdner Puppenspielern im Verband der Landesbühnen Sachsen gegründet, gehörte 1960/64 zum Theater der Jungen Generation und kam danach in seine jetzige Spielstätte, die inzwischen mehrfach umgebaut wurde.

Puppentheatersammlung: zu den →Staatlichen Kunstsammlungen gehörende Sammlung von etwa 35 000 Theaterpuppen, dazugehörigen Dekorationen, Requisiten, Theaterzetteln, Plakaten, Textbüchern, Fachliteratur und dergleichen vom Ende des 18. Jh. bis zur Gegenwart. Die Grundlage der P. bildete die Sammlung volkstümlicher Marionetten, Handpuppen und Schattenfiguren des Leipziger Lehrers Otto LINK (1888 bis 1959), die 1952 von der damaligen Landesregierung Sachsen übernommen und dem →Museum für Sächsische Volkskunst angegliedert wurde. Die Leitung übernahm Link, der die Sammlung durch Ankäufe ergänzte, Forschungsarbeit auf dem Gebiete des Puppenspiels leistete und Wanderausstellungen organisierte. Bis 1960 befand sich die P. in Dresden, danach wurde sie im sogenannten Hohenhaus in Radebeul untergebracht, das zeitweilig von Gerhart HAUPTMANN bewohnt worden war. Seit 1968 gehört sie zu den Staatlichen Kunstsammlungen und erhielt 1971 eine eigene Direktion. Sie bietet in- und ausländischen Fachleuten reichhaltiges Material für wissenschaftliche Forschungen und trägt mit Ausstellungen sowie anderer Öffentlichkeitsarbeit zur Förderung des Puppenspiels bei. Seit 1986 ist die P. mit einer eigenen Dauerausstellung als Führungsmuseum öffentlich zugänglich.

Putjatin-Haus in Kleinzschachwitz. 1811

Pusinelli, Anton: Arzt, geb. 10.1.1815 Dresden, gest. 30.3.1878 Dresden. – P. studierte in Leipzig Medizin. Er war eng mit Richard →WAGNER befreundet, den er finanziell unterstützte und dessen Hausarzt er wurde. Beide kannten sich wahrscheinlich vom →Kreuzchor her. Seit 1846 gehörte P. als Kinderarzt dem Direktorium der Dresdner Kinderheilanstalten an. Auch vom Hof wurde er angefordert, was ihm den Titel «Hofrat» einbrachte. Nach der Flucht Wagners 1849 betreute P. nach wie vor dessen Frau. Sein Sohn Karl (1856–1940), ebenfalls Arzt, war ein Mitbegründer des →Mozartvereins. – Grab auf dem →Alten Katholischen Friedhof in Dresden-Friedrichstadt.

Putjatin, Nikolaus Abramowitsch: russischer Offizier, Dresdner Original, geb. 16.5.1749 Kiew, gest. 13.1.1830 Dresden. – Der als Architekt ausgebildete russische Fürst kam 1793 mit seiner Familie nach Dresden, wo er 1797 wegen seiner lungenleidenden Stieftochter in Kleinzschachwitz ein Landgut kaufte, auf dem er ein originelles, seinen Gesundheitsvorstellungen entsprechendes Landhaus errichten ließ. Der gepflegte parkähnliche Garten war auch der Öffentlichkeit zugänglich. Den Gemeinden Groß- und Kleinzschachwitz, Sporbitz, Meußlitz und Zschieren entwarf und stiftete er 1825 ein Schulhaus, das bis 1872 als Schule diente und seit 1965 als Wohnbezirks-Klubhaus (sogenanntes «Putjatin-Haus») genutzt wird. Wegen seiner vielen äußeren Eigentümlichkeiten galt P. in der Dresdner Bevölkerung als ein Original. Er wurde in der vornehmen Gesellschaft als gebildeter und geistvoller Gesprächspartner geschätzt, der mit vielen bekannten Zeitgenossen verkehrte. – Putjatinstraße und Putjatinplatz in Kleinzschachwitz.

Pyramidengebäude: →Blockhaus

Quandt, Johann Gottlob von: Kunsthistoriker, Kunstsammler, geb. 9.4.1787 Leipzig, gest. 19.6.1859 Dresden. – Der vielseitig gebildete Kunstmäzen, der auch mit GOETHE befreundet war, kam 1819 nach Dresden, wo er in der Großen Klostergasse (neben dem Gasthof «Stadt Wien») zwei benachbarte Grundstücke erwarb, die er sich bis 1824 für seine Bedürfnisse umbauen und nach der Elbe hin mit einem prächtigen Garten versehen ließ. Sein Anwesen, das seine bedeutende Sammlung von über 100 alten und neuen Gemälden sowie von ca. 2000 Kupferstichen und Holzschnitten beherbergte, wurde zu einem Mittelpunkt des Dresdner Kunstlebens. Durch Aufträge unterstützte Q. u.a. Caspar David →FRIEDRICH, Ludwig →RICHTER und Julius →SCHNORR VON CAROLSFELD. Er leitete ab 1826 die Abteilung Malerei und Plastik im →Sächsischen Altertumsverein und gründete mit Carl August →BÖTTIGER 1828 den →Sächsischen Kunstverein, dessen Vorstand er bis 1833 war. 1831 veranlaßte er die Zusammenführung der →Rüstkammer mit den Restbeständen der →Kunstkammer. Auf seinem 1830 erworbenen Gut Dittersbach (Kreis Sebnitz) betätigte sich Q. auch als erfolgreicher Landwirt. Zu seinen zahlreichen Publikationen zur Kunstwissenschaft, Ästhetik, Philosophie und zu aktuellen kulturellen sowie sozialen Fragen gehören auch z.T. kritische Schriften über die Dresdner Kunstsammlungen. – Quandtstraße in Kaditz; Grab in Dittersbach.

Quantz, Johann Joachim: Flötist und Komponist, geb. 30.1.1697 Oberscheden bei Göttingen, gest. 12.7.1773 Potsdam. – Der vor allem durch seine Flötenschule als Autorität anerkannte Musiker hatte eine vielseitige Instrumentalausbildung genossen. Er war ab 1714 Stadtpfeifer in Pirna und Radeberg und kam 1716 in die Dresdner →Stadtmusik. 1718 trat er als Oboist in die sogenannte Polnische Kapelle ein, die den sächsischen Kurfürsten auf seinen Reisen nach Polen zu begleiten hatte. Da er sich von da an auf das Flötenspiel konzentrierte (1724/27 Studienreise nach Italien, Paris und London), wurde er 1727 als hervorragender Flötist in die Dresdner Hofkapelle aufgenommen. Hier hörte ihn 1728 der preußische Kronprinz (→FRIEDRICH II.), dessen Flötenlehrer er wurde und an dessen Hof er 1741 ging. Nicht nur als aktiver Musiker und Komponist (u.a. etwa 300 Konzerte und 200 Sonaten für Flöte) war Q. tätig, sondern er stellte auch selbst Flöten her. In Dresden wohnte er in der Meißner Gasse in der Neustadt und zuletzt in der Großen Frohngasse.

Queckbrunnen, Queckborn: an der Hertha-Lindner-Straße stehender Brunnen, der von einem viereckigen, 3,60 m hohen Sandsteinhäuschen, von einer Storchenfigur mit Wickelkind gekrönt, überdacht wird. Der zu den →Wahrzeichen gehörende Q. ist einer der ältesten Brunnen der Stadt und diente der Wasserversorgung der →Gerbergemeinde. Sein ursprünglicher Standort war ungefähr 100 m von seinem jetzigen entfernt (heute Straße «Am Queckbrunnen»). Das Wasser des 1461 erstmals erwähnten Q. stand in dem Ruf, «unfruchtbare Frauen zu gesegneten Kindermüttern» zu machen. Vor der Reformation war der Zulauf zum Q. so groß, daß 1514 neben ihm eine Wallfahrtskapelle errichtet wurde, die aber nur bis 1521 bestand, weil deren Einkünfte die der Kreuzkirche schmälerten. Der Q. wurde mehrfach restauriert, so 1745, 1783 und 1824. Die Storchenfigur, die 1945 schwer beschädigt wurde, stammte aus dem Jahre 1734. Alfred HÖRNIG schuf sie 1968 neu, nachdem 1965 der Brunnen seinen jetzigen Standort erhalten hatte.

Quergäßchen: eigentlich namenloses Gäßchen, das seit der Erbauung der Stadt bis zum Jahre 1945 so bezeichnet wurde. Das von der Straße →Am Taschenberg südwärts verlaufende Q. kreuzte die Straßen →Kleine Brüdergasse, →Große Brüdergasse, →Wilsdruffer Straße, →Scheffelstraße, →Webergasse und endete auf der →Zahnsgasse. Während des Dresdner Maiaufstandes von 1849 wurde das Q. als Verbindungsweg zwischen mehreren Barrikaden benutzt.

Querner, Curt: Maler und Grafiker, geb. 7.4.1904 Börnchen/Kr. Freital, gest. 10.3.1976 Kreischa. – Nachdem Q. 1918/26 als Fabrikschlosser gearbeitet hatte, studierte er bis 1930 an der Dresdner Kunstakademie und arbeitete danach freischaffend in Dresden, wobei er sich während des Nationalsozialismus seinen Lebensunterhalt teilweise als Hausierer verdienen mußte. Seine letzte Dresdner Wohnung in der Annenstraße 34 wurde durch den Bombenangriff im Februar 1945 mit einem großen Teil seines Werks vernichtet. Nach der Rückkehr aus französischer Kriegsgefangenschaft lebte Q. ab 1949 in Börnchen. Er war Mitglied der →Dresdner Sezession sowie der Ortsgruppe Dresden in der →Assoziation Revolutionärer Bildender Künstler Deutschlands. Mit seiner realistischen Darstellung von Menschen aus dem Arbeiter- und dem kleinbäuerlichen Milieu hat der Künstler einen wesentlichen Beitrag zur Dresdner Porträtkunst geleistet. Für sein Werk (453 Ölgemälde, 2225 Aquarelle, über 1000 Zeichnungen sowie 6 große Wandmalereien) erhielt er 1972 den Nationalpreis. – Curt-Querner-Straße im Reicker Neubaugebiet; Grab in Possendorf (Kreis Freital).

Quohren: →Bühlau

Curt Querner (Selbstbildnis)

Rabener, Gottlieb Wilhelm: satirischer Schriftsteller, geb. 17.9.1714 Wachau bei Leipzig, gest. 22.3.1771 Dresden. – Nach dem Jurastudium in Leipzig wurde R. 1755 als Steuersekretär an das Obersteuerkollegium nach Dresden berufen, wo er 1763 zum Steuerrat ernannt wurde. In den Jahren bis 1760 entstand sein Hauptwerk (volkstümliche Satiren, die den Mittelstand angriffen). Bei der ➔Belagerung 1760 verlor R. seine Habe. Vor 1760 wohnte R. zeitweise in einem Haus auf der Rampischen Gasse; in seinen letzten Lebensjahren im Hause Neumarkt 2 (neben dem Hotel «Stadt Berlin»). – Rabenerstraße in der Südvorstadt.

Rachel, Moritz: Goldschmied, geb. 16.6. 1639 Kiel, gest. 1.9.1697 Dresden. – Seit 1664 in Dresden nachweisbar, findet man R. schon 1666 als Hofgoldschmied des späteren Kurfürsten JOHANN GEORG III. Ab 1685 war er als Oberältester der Goldschmiedezunft tätig. Durch Silberhandel zu Wohlstand gekommen, erwarb er 1676 ein Haus in der ➔Schloßstraße und 1696 ein weiteres in der ➔Frauengasse. Seine Tochter Anna Dorothea war die erste Ehefrau von Johann Melchior ➔DINGLINGER. Sein Sohn Moritz, ebenfalls Goldschmied, wurde der Stammvater einer bis in das 20. Jh. in Dresden ansässigen Bürgerfamilie. Zu dessen Nachkommen gehört Paul Moritz R. (1851–1923), der durch seine Milieudarstellung «Altdresdner Familienleben in der Biedermeierzeit» (Dresden 1905) bekannt wurde.

Racknitz, Joseph Friedrich Freiherr von: klassizistischer Kunstschriftsteller, geb. 3.11.1744 Dresden, gest. 10.4.1818 Dresden. – R., Inhaber verschiedener Hofämter (zuletzt Hausmarschall), gehörte zu den bekanntesten Kunstschriftstellern seiner Zeit (u. a. «Briefe über die Kunst an eine Freundin», Dresden 1792, und «Skizze einer Geschichte der Künste», Dresden 1812). Darüber hinaus versuchte er sich als Komponist. R., der mit GOETHE befreundet war, nahm regen Anteil am damaligen Dresdner Kulturleben (häufiger Gast bei C. G. ➔KÖRNER). Als Hofmarschall leitete er 1790/1806 die Kurfürstliche Kapelle und das Theater. Ende 1813 übernahm er vorübergehend wieder die Leitung beider Einrichtungen und hatte maßgeblichen Anteil an ihrem Überleben in den Wirren der Befreiungskriege. R. wohnte in dem um 1780 erbauten Palais *(Palais Racknitz)* am Palaisplatz 10, (1945 zerstört).

Räcknitz: linkselbischer Stadtteil auf den Südhöhen, 1305 als Herrensitz Rekenicz (slawisch: Leute eines Rakon), 1384 als Vorwerk urkundlich erwähnt, 1902 zu Dresden eingemeindet. – R. bestand im Mittelalter nur aus einem Herrengut, das aus einem markgräflichen Lehen in ein Erbgut umgewandelt wurde und 1384 zur Hälfte dem Dresdner Bürger Peter MÜNZMEISTER gehörte. 1465/67 kaufte es der Rat zu Dresden zusammen mit dem Vorwerk ➔Auswik und verpachtete die Felder an 38 Bürger und Bauern. 1892 übernahm die Stadt das Vorwerk wieder als Stadtgut; die Gebäude wurden 1951 der Technischen Hochschule übergeben. Der alte Dorfkern bildete ein Sackgassendorf mit nur wenigen Höfen und Blockfluren. 1701 lebten fünf Familien in R. 1764 erhielt R. wegen des ehemaligen Vorwerks Zollfreiheit auf der Dresdner Brücke. Zur Abgrenzung der Dresdner Gerichtsbarkeit wurden auch auf Räcknitzer Flur mehrere, z. T. noch erhaltene Weichbildsteine gesetzt. In der ➔Schlacht bei Dresden 1813 wurde R. völlig zerstört. Dem in der Schlacht tödlich verwundeten General Jean Victor ➔MOREAU wurde 1814 auf Veranlassung des Gouverneurs ➔REPNIN-WOLKONSKI an der Franzenshöhe ein Denkmal nach dem Entwurf von Gottlob Friedrich ➔THORMEYER gesetzt. – An der Kreuzung der Dippoldiswalder Chaussee mit der Kohlenstraße bestand seit 1847 ein Einnehmerhaus für Chausseegelder, das später als Gasthaus, nach 1945 als Schulungsstätte, dann von der landtechnischen Fachrichtung der Technischen Universität genutzt und zuletzt abgerissen wurde. 1896/1906 entstanden in der Nähe des Stadtgutes Hochbehälter für das Wasserwerk Tolkewitz, zu deren Schutz der ➔Volkspark R. angelegt wurde. 1906 errichtete Wilhelm ➔KREIS die Bismarcksäule (nach 1945 Friedensturm), deren Sockel eine weite Sicht bietet (Turm nicht besteigbar). R. war ursprünglich der Kreuzkirchgemeinde angegliedert und wurde 1889 zur Lukaskirche eingepfarrt. Die Kinder besuchten die Schule in Mockritz, ab 1902 die Schule Sedanstraße in der Südvorstadt. – An der Bergstraße 69 befand sich die Gaststätte «Bergschlößchen». Der Gasthof «Elysium» an der gleichen Straße wurde 1945 mit anderen Gebäuden durch Bomben zerstört. Auf der Räcknitzhöhe inszenierten die Faschisten am 10. Mai 1933 eine Bücherverbrennung. – Teile von R., dessen Flur bis an die Mommsenstraße und den Zelleschen Weg reicht, wurden in das ➔Hochschulviertel der ➔Technischen Universität einbezogen. Um 1900 entstanden an der westlichen Zeunerstraße Wohnhäuser, in Richtung Mommsenstraße Villen und östlich der Bergstraße später Siedlungen von Mehr- und Einfamilienhäusern. Nach 1980 wurden neue Wohnbauten an der Südhöhe und danach an der Kohlenstraße errichtet.

Rähnitz: Ortsteil von ➔Hellerau, 1268 als Ranis (slawisch: Ort eines Ranis) urkundlich erwähnt, 1919 mit Hellerau zu R.-Hellerau vereinigt, der Doppelort 1938 nur Hellerau genannt, 1950 zu Dresden eingemeindet. – In R. bestanden 1441 zwei Vorwerke. Das niedere, auch Knapsdorf, wurde 1547 unter fünf Bauern aufgeteilt, die dem Amt Moritzburg unterstanden und die «Klöppelgemeinde» bildeten. Die Bauern des oberen Vorwerks unterstanden von 1547 bis zur Auflösung der Patrimonialgerichtsbarkeit im 19. Jh. dem drei Wegstunden entfernten Rittergut Döhlen (Freital). Mehrere Fachwerkgehöfte des ursprünglichen Straßendorfs sind am Bauernweg erhalten. Die Ackerfluren bestanden aus waldhufenähnlichen schmalen Streifen. Die ➔Rähnitzgasse in Altendresden war bis zur Anlage der Stadtbefestigung der Beginn einer durchgehenden Verbindung nach R. – Auf dem 1899 angelegten Friedhof wurde 1904 die Dorfkapelle errichtet und für die nunmehr selbständige Pfarre 1913 zur Kirche erweitert. (Auf dem Friedhof Grab des 1947 gestorbenen sächsischen Generalstaatsanwaltes John Ulrich SCHROEDER.) Aus der 1840 errichteten Dorfschule entwickelte sich die heutige 85. Mittelschule Hellerstraße, an der der Lehrer und Schriftsteller Kurt

Barockhäuser in der Rähnitzgasse, um 1735 erbaut

Rampische Straße mit Frauenkirche. Vor 1908

GERLACH (1889–1976) das Theaterspiel förderte. Seine Tochter, die Schriftstellerin Tine SCHULZE-GERLACH, wuchs in Hellerau auf. – 1828 errichtete Wilhelm Gotthelf →LOHRMANN an der Grünen Aue die →Meridiansäule. Die Bockmühle nördlich des Ortes wurde 1804 in eine Holländermühle umgebaut, um 1900 in eine beliebte Ausflugsgaststätte verwandelt und mit der Erweiterung des →Flughafens Dresden-Klotzsche nach 1955 abgebrochen. – Um die Jahrhundertwende erweiterte sich R. durch 6 parallel zur Hellerstraße in N-S-Richtung laufende Straßen mit meist einstöckigen Häusern. Um 1910 entstand die Gaststätte «Lindengarten» (1970 erweitert). Die Gaststätte «Zur Hoffnung» wurde 1950 zum Kulturhaus ausgebaut. 1938 wurde die Straßenbahn über die Autobahn hinweg nach R. verlängert. Das Draht- und Federwerk sowie mehrere kleine Betriebe wurden nach 1945 angesiedelt. Obwohl die Rähnitzer Bauern durch die Anlage der Gartenstadt Hellerau, des Flugplatzes und der Autobahn Land verloren, blieb die Landwirtschaft noch bedeutend. Die während der Kollektivierung 1953 gegründete Landwirtschaftliche Produktionsgenossenschaft «Kurt Schlosser» bildete den Kern des 1969 geschaffenen landwirtschaftlichen Großbetriebes, der die Fluren von R., Klotzsche, Wilschdorf, Volkersdorf, Reichenberg und Moritzburg umfaßte. Auf der «Hellerauer Spinne» fanden 1951/66 Motorradrennen statt. Der Bau eines umfangreichen Gewerbegebietes in günstiger Lage zu Autobahn und Flughafen ist geplant.

Rähnitzgasse: besteht seit dem Mittelalter und führt vom →Neustädter Markt zur Straße →An der Dreikönigskirche. Den Namen erhielt sie nach dem Dorf →Rähnitz. Das Stück zwischen →Obergraben und An der Dreikönigskirche hieß bis Ende des 18. Jh. →Abdankeplatz. Im 15./18. Jh. nannte man die R. u. a. Reinissegasse, Renißgasse, Rentzgasse, Renitzgasse, Rhänitzgasse und ab 1888 R. Beim großen Stadtbrand von 1685 wurde die R. mit ihren Fachwerkhäusern vollkommen vernichtet. Im nachfolgenden Wiederaufbau von Altendresden zur «Neuen Königs-Stadt» wurde auch die R. neu bebaut. In neuester Zeit werden die z. T. noch aus dem 18. Jh. stammenden Bürgerhäuser rekonstruiert, z. B. das 1730 errichtete barocke Haus Rähnitzgasse 19, in dem 1993 das 4-Sterne-Hotel «Bülow-Residenz» eröffnet wurde.

Rähnitzpforte: Altendresdner Stadttor am Ende der →Rähnitzgasse, an der Stelle des späteren →Abdankeplatzes.

Ralf, Torsten: Sänger, geb. 2. 1. 1901 Malmö, gest. 27. 4. 1954 Stockholm. – Nach Gastrollen als Lohengrin und in «Carmen» 1932 bzw. 1934 in Dresden wurde der schwedische Sänger 1935 unter Karl →BÖHM fest an die Dresdner Staatsoper verpflichtet, wo er bis 1945 wirkte. 1936 zum Sächsischen Kammersänger ernannt, sang R. anfangs vorwiegend lyrische und jugendlich-dramatische Tenorpartien und entwickelte sich später zum glanzvollen Heldentenor. 1938 wirkte er als «Apoll» in der Uraufführung der Oper «Daphne» von Richard STRAUSS mit.

Rampische Gemeinde: östliche Vorstadt im Bereich der →Rampischen Straße, der späteren →Pillnitzer Straße und der Ziegelgasse. Die R., deren Name von dem bereits im Mittelalter verschwundenen Dorf →Ranvoltitz herrührte, war dem →Maternihospital zinspflichtig. Der innere Bereich der Gemeinde wurde bereits 1519 im Zuge der ersten Stadterweiterung Dresden direkt einverleibt, der restliche Teil ging in der →Pirnaischen Vorstadt auf, blieb aber bis 1835 als selbständige Ratsgemeinde bestehen.

Rampische Straße: verläuft zwischen →Neumarkt und →Tzschirnerplatz. Als Teil der im Mittelalter außerhalb der Stadt gelegenen Frauenkirchsiedlung wurde sie erstmals 1370 als «platea Ramticz» erwähnt. Ihren Namen hatte sie von der schon im 15. Jh. verschwundenen Siedlung →Ranvoltitz erhalten. Nach Osten wurde die Gasse durch das →Rampische Tor abgeschlossen. Nach 1840 hieß die R. «Innere R.» (zum Unterschied zur vorstädtischen «Äußeren R.» →Pillnitzer Straße), seit 1859 dann wieder nur R. Im 18. Jh. gehörte sie zu den belebtesten Straßen der Stadt. Die aus dieser Zeit stammenden wertvollen barocken Wohnbauten wurden 1945 zerstört, ihre z. T. noch gut erhaltenen Fassaden Mitte der fünfziger Jahre gegen alle Vernunft abgetragen.

Rampischer Schlag: →Schläge

Rampisches Tor: östliches Stadttor nach Einbeziehung der Siedlung um die Frauenkirche unter Herzog →GEORG. Das 1530 errichtete Tor löste in seiner Funkion das →Frauentor ab. Nach dem Bau des →Ziegeltors und des →Salomonistores wurde es bereits 1552 wieder abgebrochen. Das Tor befand sich ungefähr neben dem späteren →Kurländer Palais.

Rangierbahnhof Friedrichstadt: 1891/1894 als erster deutscher Gefällebahnhof auf der ehemaligen Ostraer Kammergutsflur angelegt. – Mit ihm wurde der auf fünf verschiedene Güterbahnhöfe verteilte Güterumschlag zentralisiert. Zeitgleich erfolgte der Bau des Personenbahnhofs Friedrichstadt anstelle des →Berliner Bahnhofs, des Werkstättenbahnhofs (Reichsbahnausbesserungswerk) am neuen Weißeritzbett und des bahneigenen Kraftwerks am Flügelweg. Der 17 m hohe Ablaufberg wurde z. T. mit Erdmassen vom Aushub des Elbhafens aufgeschüttet. Der R. wurde am 17. April 1945 durch Luftangriffe zerstört, 1947 wieder in Betrieb genommen, später mit einem zentralen Ablaufspeicherwerk ausgestattet und für die Abfertigung von täglich 4700 Waggons über 36 Richtungsgleise ausgebaut. Das Areal des R. ist für die Anlage eines modernen Güterumschlagzentrums vorgesehen.

Ranvoltitz: mittelalterliches Dorf im östlichen Vorfeld der Stadt (1310 erstmals urkundlich erwähnt). Die Gründung eines deutschen Siedlers namens Ranvold wird bereits im Jahre 1316 als Teil der Stadtflur bezeichnet, die sich somit um das Gelände zwischen dem späteren →Sachsenplatz/Bürgerwiese und dem späteren →Großen Garten erweitert hatte.

Rathäuser: 1. *In der Altstadt.* Das älteste Dresdner R. war zuerst vorwiegend dem Handel vorbehalten (1295 erstmals urkundlich als «Kaufhaus» nachgewiesen), während seine Bedeutung als Sitz des Rates, als städtisches Verwaltungsgebäude, als öffentliches Versammlungs- und Festzentrum erst mit dem Erstarken der städtischen Verwaltung im 14./15. Jh. zunahm (1380 erstmals urkundlich «Rathaus» genannt). Da die wichtigste Aufgabe der mittelalterlichen Stadtverwaltung in der Ausübung des städtischen Marktrechts bestand, befand sich das R. mit den Gewand-, Schuh-, Brot-, Fleisch- und Fischbänken an der Nordseite des →Altmarkts (vor der Schössergasse), am Schnittpunkt der wichtigsten Handelswege. Das Gebäude war ursprünglich ein schlichter Fachwerkbau mit Schindeldach und massivem Untergeschoß; es wurde 1473 und 1564 umgebaut und vergrößert und zeigte sich zu Beginn des 18. Jh. als reizvoller, dreigeschossiger Renaissance-Bau mit unterschiedlichen architektonischen Einzelheiten. Das Untergeschoß mit der Trinkstube war von kleinen Anbauten umgeben, die die Ratswaage, Verkaufsstände und eine Halle für die Wache enthielten. Im ersten Geschoß befanden sich u. a. der Ratssaal und das Sitzungszimmer des Rates, im zweiten waren u. a. Gerichtsstube und Rüstkammer, und auf dem Boden wurde das Zinsgetreide aufbewahrt. Die 1407 erbaute Kapelle an der Ostseite des R. hatte die Form eines fünfseitigen gotischen Chores, sie wurde nach 1489 umgebaut und diente nach der Reformation als Archiv. Im Keller lagerten die dem Rate gehörenden Vorräte an Wein und Bier, das hauptsächlich aus Freiberg kam (deshalb öfter «der freibergische Keller» genannt, auch «Weynkeller», «der Bürger», «der Herren Bierkeller», «Stadtkeller»). Die sächsischen Kurfürsten, die seit dem 16. Jh. den Altmarkt als Festplatz benutzten, empfanden das R. als platzbeengend und verkehrshindernd. So verlangte bereits Kurfürst AUGUST 1554 den Abbruch (ebenso 1591 Kurfürst CHRISTIAN I. und 1610 Kurfürst CHRISTIAN II.). Aber erst Kurfürst FRIEDRICH AUGUST I. setzte 1707 energisch gegen den Widerstand des Rates seinen Befehl zum Abbruch des R. durch. Sein Vorschlag, das →Gewandhaus am Neumarkt zum R. umzugestalten, wurde vom Rat jedoch nicht angenommen, da er seinen Sitz am belebtesten Platz der Stadt behalten wollte. 1707/09 wurde das Beichlingsche Haus am Altmarkt/Ecke Schreibergasse als R. genutzt, bis man nach längerem Suchen das Taubesche Haus Altmarkt/Ecke Scheffelgasse erwerben konnte. Da dies bis 1740 so baufällig geworden war, daß es abgebrochen werden mußte, kaufte der Rat das in der Scheffelgasse angrenzende Leporinsche Haus hinzu und erbat sich vom Kurfürsten die Genehmigung zu einem Neubau. Die Erlaubnis wurde mit der Auflage erteilt, daß die Hauptfront des als Repräsentationsbau auszuführenden R. zum Altmarkt zu zeigen und mit dem benachbarten Privathaus eine einheitliche Fassadengestaltung haben müsse. Mit dem Entwurf wurde Johann Christoph →KNÖFFEL beauftragt, die Bauausführung oblag Johann Gottfried →FEHRE. Am 18. März 1741 wurde der Grundstein gelegt und am 1. Juli 1745 das R. bezogen. Es zählte zu den besten Werken Knöffels und galt als vornehmstes Gebäude am Altmarkt. Dorthin zeigte der dreieinhalbgeschossige Bau 13 Achsen Front mit zwei dreifenstrigen von Kartuschen gekrönten Vorlagen; er war durch Lisenen gegliedert, trug breite Balkons im ersten Geschoß und einen Dachreiter (ab 1765 mit Schlaguhr) auf dem Mansarddach. Der Ratssaal befand sich im ersten Stockwerk. 1861 erwarb man das ehe-

Ältestes Altstädter Rathaus, Südseite
Zweites Altstädter Rathaus
Neues Rathaus von Südosten
Aufgang zu den Festräumen im Neuen Rathaus

malige Döringsche Haus am Altmarkt hinzu (Verlegung des Haupteingangs in die Mitte der Altmarktseite) und errichtete 1862 an der Stelle des alten Leporinschen Hauses an der Scheffelgasse einen neuen Anbau. 1914 wurde es erneut erweitert, 1934 gründlich renoviert. Beim Bombenangriff schwer beschädigt, wurde es 1949 im Rahmen der Großflächenenttrümmerung beseitigt.
Als Sitz der Stadtverwaltung war das *Alte Rathaus* Zentrum der politischen Ereignisse des 18. und 19. Jh. (z.B. Sitz der provisorischen Regierung im Mai 1849). Da es um die Jahrhundertwende für das zu einer modernen Großstadt gewachsene Dresden (→Eingemeindungen) nicht mehr ausreichte, plante der Rat einen umfangreichen Rathausneubau, wofür er Architekturwettbewerbe ausschrieb. Der preisgekrönte Entwurf des Darmstädter Architekten Karl ROTH (1875–1932) bildete die Grundlage für den Plan, der unter der Bauleitung von Roth und Edmund →BRÄTER zur Errichtung des *Neuen Rathauses* führte. Die feierliche Grundsteinlegung war am 29. Mai 1905, die Einweihung folgte am 1. Oktober 1910. Zur Gewinnung des Bauplatzes an der Südostecke der alten Stadtbegrenzung (ehemals Bastion Jupiter) wurden neben zahlreichen Bürgerhäusern (z.T. noch aus dem 17. Jh.) die barocke →Reformierte Kirche, das →Palais Loß, das klassizistische Preußische Haus und die 1857/59 erbaute Superintendentur abgerissen. Dabei wurde zugleich Raum für die Anlage des Rathausplatzes gewonnen. Auf unregelmäßiger Grundfläche (fast 10 000 m^2) fügt sich der große Gebäudekomplex zwischen Dr.-Külz-Ring (130 m), Rathausplatz (72 m), Kreuzstraße (135 m) und Schulgasse (130 m), mit seiner großzügigen Silhouette, seinen barock empfundenen Formen kraftvoll und vornehm ins Stadtbild ein. Die vier- und fünfgeschossigen Gebäudeteile mit hohen Ziegeldächern und sandsteinverkleideten Straßenfronten enthalten im Inneren sechs Höfe, wovon der zweite als Lichthof gestaltet ist und früher das →Stadtmuseum beherbergte. Zwischen dem dritten und vierten Hof erhebt sich auf 4 m dicker Betonplatte der 98 m hohe Rathausturm, der mit dem →Rathausmann, der Aussichtsplattform in 68 m Höhe und der Turmuhr (Zifferblatt 4 m Durchmesser) zu einem Wahrzeichen Dresdens geworden ist. Zum plastischen Schmuck gehören die überlebensgroßen allegorischen Sandsteinfiguren am Turmrundgang von Peter PÖPPELMANN (1866–1947), August SCHREITMÜLLER (1871–1958), Bruno FISCHER und Arthur SELBMANN, außerdem von Georg →WRBA der Bacchus auf dem Esel (→Rathausesel) am Eingang zum →Ratskeller sowie die zwei bronzenen Wappenlöwen, die die sogenannte Goldene Pforte (prächtige vergoldete Schmiedeeisengitter) am östlichen Eingang flankieren. Im Inneren führt dort eine doppelläufige Treppe in dem bedeutendsten Dresdner Treppenhaus des 20. Jh., dessen Plafond von Otto →GUSSMANN ausgemalt wurde, zum Festsaal (240 Plätze; Deckengemälde von Hermann →PRELL; 1945 zerstört) im ersten und zum Plenarsaal für die Stadtverordnetenversammlung (389 Plätze) im zweiten Obergeschoß. – Beim Bombenangriff 1945 wurde das Neue Rathaus so schwer zerstört, daß sein Wiederaufbau einem Neubau gleichkam. Es entstand in vereinfachter Form wieder (z.B. Verlust der beiden Dachreiter auf dem Ost- und dem Südflügel und der Plastiken am Dachgeschoß). 1952 war zuerst der Komplex am Ring fertiggestellt und 1962/65 folgte der Neuaufbau des Festsaalflügels, an dessen Fassade Wappen der →Partnerstädte Dresdens angebracht wurden. –
2. *In der Neustadt.* Das *erste* Rathaus von →Altendresden, das 1455 erstmals urkundlich erwähnt und 1527/28 nach dem Entwurf von Melchior →TROST neu errichtet wurde, befand sich frei stehend an der Nordseite des Neustädter Markts zwischen Hauptstraße und Kasernenstraße. Es war ein einheitlicher, zweigeschossiger Bau mit Renaissance-Giebeln an den Seitenfronten und einem hohen Dach, auf dem ein Glockentürmchen mit Zwiebelkuppe saß. Die große Ratsstube befand sich im ersten Geschoß; im Untergeschoß war der Ratskeller, in dem ein Pächter Wein und Bier ausschenken durfte; an der Rückseite waren Brot- und Fleischbänke. Nach der Einverleibung Altendresdens 1549 blieb das R. als Gerichtsstätte bestehen; der Saal wurde auch für Festlichkeiten genutzt. 1677 wurde es erneuert und überstand den Stadtbrand von 1685. Erst Ende der siebziger Jahre des 18. Jh. trug man es ab, da inzwischen mit der großzügigen Planung der Neustadt ein *neues* R. erbaut worden war. Dieses stand an der Stelle des 1685 abgebrannten Malz- und Brauhauses und des alten Gewandhauses an der Nordwest-Ecke des Neustädter Markts. Als eines der vornehmsten Gebäude der Neustadt war es nach längerer Planungszeit (ab 1732) 1750/54 nach dem Entwurf von Johann Gottfried →FEHRE (von Knöffel überarbeitet) unter Leitung des Ratsmaurermeisters Johann Christoph BERGER (1708–1760) errichtet worden. Das durch Lisenen gegliederte, schlichte viergeschossige Bauwerk zeigte neun Fenster Front zum Markt und 21 Fenster zur Hauptstraße, der dritte Flügel lag am Rathausgäßchen. Das hohe Dach wurde von einem eleganten Dachreiter gekrönt. An der abgeschrägten Marktecke befand sich einer der beiden →Nymphenbrunnen, dessen Kopie mit dem Gegenstück heute den Eingang zur →Hauptstraße ziert. In dem R. war das Neustädter Stadtgericht untergebracht, außerdem enthielt es anfangs Säle für Gewandschneider und Tuchhändler; im Untergeschoß waren der Ratskeller sowie Fleisch- und Brotbänke (1868/70 zu Geschäften umgebaut). Vor seiner Zerstörung im Februar 1945 befand sich u.a. das städtische Leihhaus im R. Die ausgebrannte Ruine wurde 1950 gesprengt. In den ehemaligen Kellergewölben richtete man 1979 die Gast-

Altes Neustädter Rathaus
Neustädter Rathaus von 1750/52

stätte «Meißner Weinkeller» ein. – 3. *In den Vororten*: →Blasewitz, →Cotta, →Klotzsche, →Löbtau, →Niedersedlitz, →Pieschen, →Plauen.

Rathausesel: Bronzeplastik von Georg →WRBA vor dem Eingang zum →Ratskeller, die den Weingott Dionysos auf einem trunkenen Esel reitend darstellt. Die 1910 aufgestellte Plastik befand sich zuerst am Eingang zum Ratsweinkeller an der Kreuzgasse.

Rathausmann: auf der Spitze des Rathausturms stehende Plastik aus vergoldetem Kupferblech, die Herkules als Schutzpatron darstellt, der sein Füllhorn über die Stadt ausschüttet. Die von Richard →GUHR 1908/10 geschaffene Figur ist 5 m hoch. Als Modell diente der damals bekannte Ringkämpfer und Artist Ewald REDAM (1884–1947). Der R. wurde beim Angriff 1945 schwer beschädigt, später restauriert und erhielt 1963 eine neue Vergoldung.

Rathenauplatz: seit 1898 existierender Platz am Kreuzungspunkt von Zeughausplatz, →Elbberg und Marschallstraße sowie der →Pillnitzer Straße, der Amalien- und →Ringstraße. Er wurde zu Ehren der Königin AMALIE Amalienplatz genannt. Der heutige Verkehrsknotenpunkt (→St. Petersburger-, Pillnitzer Straße und →Akademiestraße und Brückenkopf →Carolabrücke) erhielt zur Erinnerung an den 1922 ermordeten Politiker und Außenminister Walther RATHENAU 1946 dessen Namen.

Rathausesel
Rathausmann. Aufnahme von Walter Hahn

Ratsarchiv: →Stadtarchiv

Ratsbaderei: →Badestuben

Ratschaisenträger: →Chaisenträger

Ratsdörfer: Dresden erwarb im Mittelalter von verschiedenen Grundherren Erbzinsen und die damit verbundene Gerichtsbarkeit über abhängige Bauern in verschiedenen Dörfern. Damit erweiterte sich der Machtbereich der Stadt. 1474 besaß Dresden Rechte in Boxdorf, Mockritz, Mügeln, Kötzschenbroda, Quohren, Sürßen, Tolkewitz und Zitzschewig (insgesamt 63 Bauern bzw. Gärtner mit 73 Hufen Land). Diese feudalen Abhängigkeitsverhältnisse wurden 1832 im Zuge der bürgerlichen Agrar-Reformen aufgelöst.

Ratsgeschlechter: Familien, die im Mittelalter im Rat der Stadt vertreten waren und damit Macht gegenüber anderen sozialen Schichten der Stadt besaßen; Voraussetzung dazu war das →Bürgerrecht und Grundbesitz. Im Gegensatz zu Leipzig und Freiberg entwickelte sich in Dresden kein eigentliches Patriziat. Es gab einige Familien, die in und vor der Stadt ansehnlichen Grundbesitz hatten und deren Vertreter immer wieder in der Ratslinie genannt werden. Dazu gehören die Familien CZUCZSCH (Besitz in Kesselsdorf, Hainsberg), ELSTERBERG, PROLES (Ottendorf), LEUBNITZ (Vorwerk Räcknitz), BIBERACH, HOCKENDORF, →BUSMANN (Mockritz, Strehlen, Pesterwitz, Quohren, Gorbitz, Pennrich), RÖMCHEN, BULING (Vorwerk Auswik), MÜNZMEISTER (Blasewitz, Vorwerk Räcknitz, Zschertnitz), ZIEGLER (Pillnitz) u. a. Durch die Änderung der Rats- und Stadtverfassung verloren diese Geschlechter im 15. Jh. ihre Alleinherrschaft, Handwerker und reiche Kaufleute rückten nach, auch Studierte erscheinen im Rat (z. B. ab 1465 der Kreuzschulrektor und spätere Arzt Dr. Lorenz MEISSNER), später dann Juristen und Hofbeamte.

«Ratskeller»: Speisegaststätte im Neuen Rathaus, deren Eingang der →Rathausesel ziert. Der Ratsweinkeller und die Ratsherrenstuben wurden beim Bau des Neuen Rathauses (→Rathäuser) 1905/10 unter dem Festsaalflügel eingerichtet und mit dekorativen Wand- und Deckenmalereien von Paul RÖSSLER (1873–1957) versehen. Nach dem Wiederaufbau des 1945 zerstörten Rathauses entstand der R. in veränderter Form neu (Verlegung des Eingangs von der Nord- auf die Südseite) und wurde am 1. März 1966 wiedereröffnet. Die heutige Ratsherren-Trinkstube, die vor 1945 den Stadtverordneten vorbehalten war, wurde originalgetreu wiederhergestellt.

Ratssteinbruch: stillgelegter Syenitbruch auf Dölzschener Flur des →Plauenschen Grundes, einer von mindestens 16 Steinbrüchen in diesem Engtal der →Weißeritz, ursprünglich Unterer Forsthausbruch, 1872 vom Rat der Stadt Dresden zur Gewinnung von Baumaterial gekauft und bis zur Forsthausbrücke erweitert. – Er wurde als geologisches Lehrbeispiel mit der Schichtenfolge von Pläner (Name von «Plauener Gestein»), Konglomerat und Syenodiorit bekannt und u. a. von den Geologen Hanns Bruno →GEINITZ und Ernst Fürchtegott ZSCHAU aufgesucht. Das Originalgestein aus dem R. (auch «Plauenit») gilt als Standardtyp des Syenits.

Ratsverfassung (bis zur Einführung der Städteordnung): Vor Verleihung des Stadtrechts vertrat ein Beamter des Markgrafen (1260 als villicus, 1284 als judex, später als Schösser bezeichnet) die öffentliche Gewalt. Danach beschränkte sich dessen Funktion auf die Ausübung der weiterhin in der Hand des Landesherrn liegenden städtischen Gerichtsbarkeit. Allerdings konnte er nur unter Teilnahme von städtischen Geschworenen (jurati, burgenses jurati) zu Gericht sitzen. Die Geschworenen stellten die älteste Verwaltungsbehörde der Stadt dar. 1284 bestätigte Markgraf HEINRICH DER ERLAUCHTE ihnen das Recht, Steuern zu erheben und Willküren (Verordnungen) zu erlassen. Noch im 13. Jh. setzten die 7 Geschworenen oder Schöffen 12 Ratsleute (consules) ein, um von der Verwaltungsarbeit entlastet zu werden und um sich auf die Rechtspflege konzentrieren zu können. Mit dem 1292 erstmals erwähnten Bürgermeister (magister civium) war die Bildung der städtischen Verwaltungsorgane abgeschlossen. Nach 1400 spielt das Schöffenkollegium als Bestandteil des Rats keine Rolle mehr. Die Zahl der Ratsmitglieder sank dadurch auf 12. Die Mitglieder des Rats rekrutierten sich aus der Schicht der führenden Familien der Stadt – grundbesitzende Geschlechter (→Ratsgeschlechter) und Kaufleute (Gewandschneider). Auf die Besetzung der Ratsstellen hatte die Bürgergemeinde keinen Einfluß. Anfangs amtierte der Rat lebenslang. Durch Tod freigewordene Stellen besetzte er mit Angehörigen der «ratsfähigen» schon genannten Familien. Die jährliche Bestätigung des Rats durch den Landesherrn seit 1399 zeigte, daß es seit dieser Zeit üblich war, den Rat jährlich wenigstens teilweise auszuwechseln, so daß seitdem zwischen einem ruhenden und einem regierenden Rat zu unterscheiden ist. – Im Verlauf des 15. Jh. versuchten die erstarkenden Zünfte, vor allem die Tuchmacher, Anteil am Stadtregiment zu erhalten. Seit 1433 wurden Vertreter der Zünfte zur Beratung von Finanz- und Vermögensfragen der Stadt hinzugezogen. Die Zusatzbestimmung vom 19. Dezember 1471 zur Ratsverfassung vom 5. Januar 1470 schließlich legte fest, daß zwei Handwerker zukünftig dem Rat angehören durften. Nach der Umgestaltung der Ratsverfassung von 1517 durften von den 21 Ratsherren (ein regierender Rat von 12 Personen, ein ruhender Rat bei drei Bürgermeistern) sechs dem Handwerkerstand angehören. Diese Ratsordnung galt im wesentlichen bis zur Einführung der Allgemeinen Städteordnung im Jahre 1832. Seit dem 16. Jh. griff die Landesherrschaft zunehmend in die Angelegenheiten des Rats ein, sei es, daß sie ihn zwang, Leute des Hofs in seine Reihen aufzunehmen, oder in seine Finanzhoheit eingriff. Seit 1765 gelangte z. B. die städtische Polizei nach und nach in die Hand des Staats. Bis zum Beginn des 19. Jh. sank die Zahl der Ratsherren auf 16 ab. Der Ratswechsel beschränkte sich zu dieser Zeit nur noch auf den jährlichen Wechsel des Bürgermeisters. Die seit dem 16. Jh. anwachsende Zahl der Ratsämter (selbständige «Abteilungen» des Rats, wie z. B. das Brückenamt und das Religionsamt) und die komplizierter werdende Verwaltungsarbeit überhaupt führten dazu, daß seit dem 17. Jh. – wie in den anderen Städten auch – fast nur noch Juristen in den Rat gelangten, die dort ihre Aufgaben hauptberuflich ausubten (bis dahin waren Laien, Kaufleute u. a. Ratsmitglieder). Seit 1819 wurden dann Laien offiziell von der Ratsmitgliedschaft ausgeschlossen. Bis dahin waren nur folgende Voraussetzungen für eine Ratsmitgliedschaft ausreichend: Ansässigkeit, Bürgerrecht, Mindestalter 30 Jahre, seit 1539 Zugehörigkeit zur ev. Konfession. – Schon vor der Einführung der Städteordnung 1832 wurde die mittelalterliche Ratsverfassung modifiziert. Nach Verordnung der Regierung vom 30. März 1816 mußte der Rat 15 →Kommunrepräsentanten, die von 300 angesehenen Bürgern über 100 Wahlmänner bestimmt wurden, zur Verwaltung hinzuziehen. 1821 wurde dieses Gremium wieder aufgelöst. 1830 wurden dann erneut Kommunrepräsentanten, diesmal 66, bestimmt. Die Allgemeine Städteordnung vom 2. Februar 1832 setzte die Ratsordnungen von 1470 und 1517 außer Kraft. Am 21. April 1832 wählten die Kommunrepräsentanten, die bis dahin den Stadtrat nur beraten durften, das Ratskollegium, das aus einem Bürgermeister, 5 besoldeten (lebenslang) und 12 unbesoldeten (auf Zeit bestimmt) Ratsmitgliedern bestand. Am 31. Mai 1832 erfolgte die Einführung des neuen Rates. –
Altendresden: Der Rat bestand im Mittelalter aus 9 Personen, nach 1500 aus 12 Ratsmitgliedern. Da A. als amtssässige Stadt ein eingeschränktes Stadtrecht besaß, mußte der Rat jährlich durch den Dresdner Amtmann bestätigt werden. Im 15. Jh. wurden auch in Altendresden Handwerker in den Rat aufgenommen. Nach der 1549/50 erfolgten Einverleibung nach Dresden stellte Altendresden im Dresdner Rat zwei Mitglieder.

Ratswaage: eine vom Mittelalter bis Anfang des 19. Jh. bestehende Einrichtung zur Gewichtsüberprüfung bei Kaufgeschäften. 1407 wurde die in einem kleinen Anbau am alten Rathaus (Nordseite Altmarkt) befindliche R. erstmalig erwähnt. Hier vollzog sich unter Beihilfe obrigkeitlicher Unterkäufer und Wäger der Handel. Nach dem Abbruch des Rathauses (1707) wurde die R. im Beichlingschen Haus (Altmarkt/ Schreibergasse) interimsmäßig untergebracht. 1745 bezog die R. das Erdgeschoß des neuerrichteten Rathauses an der Westseite des Altmarktes.

Ratsziegelei: seit dem Mittelalter bis um 1850 bestehende und der Stadt gehörende Kalkbrennerei und Ratsziegelscheune, die sich in der →Pirnaischen Vorstadt östlich der →Amtsziegelei befand. Verwaltet wurde sie anfangs von einem Baumeister (Ratsherr). Seit 1531 übertrug man dieses Geschäft einem sogenannten Ziegelherren und schuf damit ein besonderes Ziegelamt. Im →Siebenjährigen Krieg brannte die R. ab, wurde aber danach als neue städtische Ziegelei neben der Amtsziegelei wieder errichtet. Die zur R. gehörige Ratsziegelscheune (Ziegeltrockenscheune) wurde im 19. Jh. der ehemaligen Amtsziegelei angegliedert. Die «Amtsziegelscheune» oder «Amtsziegelofenscheune» zählte mit ihrem Dachreiter und den ihr entquellenden Rauchwolken zu den charakteristischen Gebäuden der Pirnaischen Vorstadt.

Ratsziegelei

Rauda, Wolfgang: Architekt, geb. 2.6.1907 Zittau, gest. 28.7.1971 Hannover. – Der Sohn des bekannten Architekturhistorikers Fritz R. (1879 bis 1945) war 1934/35 Assistent von Hubert →ERMISCH beim Wiederaufbau des →Zwingers. 1935/45 arbeitete er im Dezernat Städtebau in Dresden und ab 1952 als Professor an der TH Dresden. Er projektierte mit anderen die Nord-Süd-Verbindung durch Dresden und baute die Studentenwohnheime in der Fritz-Löffler-Straße (1952/55) und in der Güntzstraße (1956/60).

Rayski, Ferdinand von: Maler, geb. 23.10.1806 Pegau, gest. 23.10.1890 Dresden. – Der zu den bedeutendsten deutschen realistischen Porträtmalern des 19. Jh. gehörende R. war zugleich ein Außenseiter im Dresdner Kunstleben. Nach dem Besuch des Freimaurerinstituts Dresden-Friedrichstadt (1816/21) trat er ins Kadettenkorps ein und war ab 1823 auch Schüler der Kunstakademie. 1829 gab er als Leutnant die Offizierslaufbahn auf, war danach auf längeren Reisen als freier Künstler tätig, studierte 1831/34 erneut an der Dresdner Kunstakademie und nahm ab 1840 seinen ständigen Wohnsitz in Dresden. Hier hielt er sich jedoch bis 1876 nur selten auf, da er häufig als Gesellschafter und Porträtist an zahlreichen sächsischen und fränkischen Adelssitzen weilte, wo er als Vorläufer einer impressionistischen Darstellungsweise künstlerisch hervorragende Bildnisse seiner adligen Auftraggeber und deren Umwelt schuf (rund 400). Bei den Zeitgenossen weitgehend unbeachtet, fand sein Werk erst durch die Jahrhundertausstellung 1906 in Berlin die gebührende Würdigung. R. hatte seine Wohnung im Dachgeschoß des Hauses Bürgerwiese/Ecke Lüttichaustraße. – Grab auf dem Trinitatisfriedhof; Rayskistraße in Strehlen; 40 Gemälde und Ölstudien in der Gemäldegalerie Neue Meister; Zeichnungen und Skizzen im Kupferstich-Kabinett; Personalausstellung 1990/91 im Albertinum.

Rebekkabrunnen: Schmuckbrunnen auf dem kleinen Platz zwischen Königstraße und der Dreikönigskirche. Der etwa 1864 entstandene R. besteht aus einem viereckigen Brunnentrog, dessen Mittelschaft eine Frauengestalt trug, die als Rebekka (Jungfrau mit Wasserkrug auf dem Kopfe) gedeutet wurde. Der R. ist 1994 rekonstruiert worden.

Ferdinand von Rayski. Selbstporträt

Rebmann, Georg Friedrich: Publizist, Schriftsteller, geb. 23.11.1768 Sugenheim/Franken, gest. 16.9.1824 Wiesbaden. – R., einer des bedeutendsten Vertreter der jakobinischen Literatur in Deutschland, lebte von 1792 bis Mitte 1794 in Dresden. Hier entfaltete er eine rege publizistische Tätigkeit. In den «Neuen →Dresdnischen Merckwürdigkeiten» und dem «Allgemeinen Sächsischen Annalisten», zwei in der Richterschen Verlagsbuchhandlung erscheinenden Journalen, deren Redaktion er auch innehatte, veröffentlichte R. zahlreiche Beiträge zu den Ereignissen in Frankreich und nahm die Zustände im feudalen Deutschland kritisch unter die Lupe, wobei er sich allerdings noch nicht zu seinem späteren radikalen Standpunkt durchgerungen hatte. Der Dresdner Schriftsteller Friedrich August →SCHULZE (Friedrich LAUN), dessen Memoiren die Hauptquelle über den Aufenthalt R. in der Stadt darstellen, bescheinigte ihm «... ungezügelte Freimütigkeit im Heraussagen seiner politischen Ansichten». Das trug R. dann auch bald die Aufmerksamkeit der Zensurbehörde ein, so daß er 1794 nach Dessau fliehen mußte. In Dresden hatte R. noch mit der Niederschrift seines Buches «Wanderungen und Kreuzzüge durch einen Teil Deutschlands» begonnen. Abgesehen von den Sehenswürdigkeiten, der Umgebung und dem künstlerischen Leben Dresdens schildert er darin auch die geistige Atmosphäre in der kursächsischen Residenzstadt. Er äußert sich spöttisch über die Bürokratie und registrierte betroffen die «knechtische Unterwürfigkeit» gegenüber dem Hof und den Mangel an «humanerer Bildung» und «Aufklärung» unter den Bürgern der Stadt. Kurz vor seiner Flucht aus der Stadt schrieb er in der letzten Nummer der «Neuen Dresdnischen Merckwürdigkeiten»: «Die unerträglichen Zensurgesetze lassen keine freimütige Besprechung der politischen Fragen zu».

Recke, Elisa von der: Lyrikerin, Schriftstellerin, geb. 20.5.1756 Gut Schönburg/Kurland, gest. 13.4.1833 Dresden. Zu kürzeren Aufenthalten weilte die R. 1784/85 (→Hotel de Pologne) sowie 1789 und 1790 in Dresden. Seit 1819 lebte sie ständig in der Stadt. Von dem Freiherrn von BIEDERMANN kaufte sie ein Haus auf der Körnerstraße, das sie zusammen mit ihrem Gesellschafter Christoph August →TIEDGE bewohnte. Ihr Salon wurde bald Mittelpunkt eines geselligen Kreises (u.a. Carl Maria von →WEBER, Carl August →BÖTTIGER). Die R. stand dem Dresdner Liederkreis nahe. – Grab auf dem Inneren Neustädter Friedhof; Reckestraße in Dresden-Plauen; 1904 bronzene Gedenktafel am ehemaligen Haus Große Meißner Straße 13, von der →Tiedgestiftung angebracht.

Redoutenhaus (svw. Ballhaus): 1718/19 für die Vermählungsfeierlichkeiten des sächsischen Kurprinzen hinter dem Deutschen Pavillon des Zwingers nach dem Entwurf von Matthäus Daniel →PÖPPELMANN auf steinernem Unterbau errichtetes rechteckiges Fachwerkgebäude mit einer Innenausstattung von Alessandro →MAURO, das als Interimsbau bereits 1756 wieder abgebrochen wurde. Das vorherige R., das 1690/91 von Johann Georg →STARCKE nördlich vom Schloß errichtet worden war, mußte 1710 wegen des Zwingerbaus abgerissen werden. Von 1782 bis zu seiner Zerstörung 1849 diente das von Pöppelmann entworfene Opernhaus (→Opernhäuser) am Zwinger als Redoutensaal für Hoffestlichkeiten und Konzerte.

Reformation: Bis zum Ende der Regierungszeit Herzog →GEORGS 1539 wurden reformatorische Bestrebungen im albertinischen Sachsen, sieht man vom Herrschaftsgebiet Herzog HEINRICHS ab, der schon 1537 dort die R. durchgeführt hatte, unterdrückt. Georg war trotz der bei ihm vorhandenen Einsicht in die Reformationsbedürftigkeit der kirchlichen Verhältnisse einer der tatkräftigsten und überzeugendsten Verteidiger der alten Kirche. Reformatorische Einflüsse hatten dennoch längst breite Bevölkerungskreise besonders in den Städten des Landes erfaßt. Während der Dresdner Rat offensichtlich nicht an den alten kirchlichen und religiösen Verhältnissen rührte, wurde seit etwa 1520 von aufrührerischen Bewegungen unter der Stadtbevölkerung berichtet. 1521 warf eine Volksmenge dem Hofkaplan Hieronymus →EMSER die Fenster seines Hauses ein. Dem Stadtpfarrer Peter →EISENBERG wurde gleiches bzw. die Erstürmung seines Hauses angedroht. Besonderen Unwillen erregte offenbar das «sittliche» Verhalten der Dresdner Geistlichkeit, besonders das des Erzpriesters Gregor WALTHER. So kursierten diesbezügliche Schmähschriften in der Stadt. Andererseits war der Klerus bereits von lutherischem Gedankengut «infiziert». Im Dezember 1521 sah sich der Herzog genötigt, den Altendresdner Augustinern das Lesen der Schriften von WICLIF und HUS zu untersagen und sie vor dem Beispiel ihrer Wittenberger Ordensbrüder zu warnen. Nach 1522 verließen anscheinend des öfteren Mönche einfach das Kloster, wie die ständig wechselnden Namen der Klosterinsassen andeuten. Die Obrigkeit hatte es darüber hinaus mit Fällen von Bilderstürmerei zu tun. 1527 und 1528 ist von Tumulten im Ratskeller die Rede. – Bedeutsam ist auch die Tatsache, daß Dresden vor 1539 zeitweise ein Zentrum der antireformatorischen Publizistik gewesen ist, wirkten doch in der Stadt neben Herzog Georg weitere namhafte Gegner LUTHERS und der Reformation, wie EMSER und Johannes →COCHLÄUS. In diesem Zusammenhang sind die Anfänge des Dresdner Buchdruckergewerbes zu beobachten. Seit 1526 wirkte der Drucker Wolfgang →STÖCKEL in Dresden. Doch bereits zuvor waren die ersten Dresdner Druckschriften in der Privatdruckerei Emsers (in dessen Haus) entstanden, darunter 1524 Emsers Schrift «Wyder den falschen Ecclesiasten und wahrhafften Erzketzer M. Luther». Zugleich hatte der Rat allerdings mit der illegalen Verbreitung lutherischer Schriften zu tun. – Der Zeitpunkt der Einführung der R. im albertinischen Sachsen war mit dem Tode Herzog Georgs am 17. April 1539 und der Nachfolge seines bereits ev. gewordenen Bruders HEINRICH gekommen. Noch vor der offiziellen Einführung der R. im Land und in der Residenz, die am 6. Juli in Form eines feierlichen Gottesdienstes in der Kreuzkirche in Anwesenheit des Herzogs und des Kurfürsten JOHANN FRIEDRICH stattfand, wurden in der Stadt ev. Predigten gehalten, das Johannisablaßfest abgeschafft, die Fronleichnamsprozession verboten und der katholische Stadtpfarrer in seiner Handlungsweise wesentlich eingeschränkt. Eisenberg verließ daraufhin im Juni die Stadt. Die eigentliche Durchführung der R., d. h. der Beginn des Aufbaus einer neuen Kirchenorganisation, war die Aufgabe von zwei Kirchenvisitationen, die im Juli und im Dezember 1539 durchgeführt wurden. An Stelle der Frauenkirche war von nun an die Kreuzkirche die Pfarrkirche der Stadt. Der erste ev. Geistliche in Dresden war der Hofprediger Paul LINDEMANN, der anfangs auch Kreuzpfarrer und Superintendent gewesen war. 1539/42 hatten dann diese Ämter Johann →CELLARIUS und danach bis 1591 Daniel →GRESER inne. Einen großen Anteil am Aufbau des ev. Kirchen- und Schulwesens in der Stadt hatte Philipp MELANCHTHON, der nach 1547 zwölfmal in Dresden war. Die beiden Klöster wurden im Zuge der zweiten Visitation aufgelöst. 1543 bestätigte Herzog MORITZ die Zuweisung des Klosterguts an den Rat. 1550 erhielt Dresden vom Landesherrn zusätzlich umfangreichen Besitz des ehemaligen Klosters Altzelle (→Leubnitzer Amt). – Dresden wuchs in den folgenden Jahrzehnten immer mehr in die Rolle eines Zentrums des deutschen Protestantismus hinein, nachdem 1547 infolge des Ausgangs des Schmalkaldischen Kriegs Wittenberg diese Funktion weitgehend eingebüßt hatte und Dresden zur Hauptstadt des nunmehr mächtigsten protestantischen Reichsstands geworden war und nachdem 1580/88 und endgültig 1606 das Meißner Konsistorium nach Dresden verlegt und dort zum Oberkonsistorium erhoben worden war. Der kursächsische Hof- und spätere Oberhofprediger galt als der führende lutherische Geistliche Kursachsens.

Reformierte Kirche: An der Stelle des 1760 zerstörten →Fraumutterhauses (Kreuzstraße/Gewandhausstraße) entstand 1767 durch Samuel →LOCKE die barocke R., von Chronisten auch als Bau des Frühklassizismus bezeichnet. Nach einem Umbau in den Jahren 1893/95 wurde die ev. R. 1907 durch Harald von →BOSSE an der →Ringstraße neu errichtet. Der alte Bau wurde 1895 dem Ratsarchiv zur Mitnutzung überwiesen. 1945 wurde die R. schwer beschädigt, 1947/48 ausgebaut und danach als Notkirche verwendet. 1963 wurde sie abgebrochen. – 1955/56 erbaute Heinrich →RETTIG am →Brühlschen Garten aus der Ruine des Hofgärtnerhauses für die reformierte Gemeinde die jetzige Kirche mit Gemeindehaus und Altersheim.

«Regierung»: →Kollegienhaus

Regimentshaus: um 1710 als Amtssitz für den Stadtkommandanten Jakob Heinrich von FLEMMING (1667–1728) errichtetes viergeschossiges Gebäude mit reicher Fassadengliederung am ehemaligen →Jüdenhof (später Neumarkt 15), das wohl von Johann Christoph →NAUMANN entworfen wurde. Als 1718 Graf WACKERBARTH Gouverneur von Dresden

Regimentshaus

wurde, übernahm das Gouvernementshaus am Zeughausplatz (→Kurländer Palais) die Funktion des R. Von 1720 bis 1729 fanden im ehemaligen R. Teile der kurfürstlichen Sammlungen Unterkunft, ehe sie im Zwinger untergebracht wurden. Das R. diente in der zweiten Hälfte des 18. Jh. wieder als Wohnsitz des Gouverneurs und später als Wohn- und Geschäftshaus (Gaststätte «Burgkeller» im Erdgeschoß), bis es im Februar 1945 ausbrannte und 1951 abgebrochen wurde.

Rehhahn, Johann Carl Gottfried: →Originale, Altdresdner

Reichenbach, Heinrich Gottlieb Ludwig: Naturwissenschaftler, geb. 8. 1. 1793 Leipzig, gest. 17. 3. 1879 Dresden. – R. hatte Medizin studiert, an der Universität Leipzig promoviert und sich auch aktiv als Botaniker betätigt, als er am 4. März 1820 nach Dresden berufen wurde, um das Naturalienkabinett im Zwinger zu leiten und das Lehramt für Naturgeschichte an der →Chirurgisch-medizinischen Akademie zu übernehmen. Gleichzeitig erhielt er den Auftrag, den →Botanischen Garten in Dresden aufzubauen, der unter seiner Leitung (bis 1879) zu einer bedeutenden wissenschaftlichen Einrichtung wurde. 1828/43 war er Vorstand der von ihm gegründeten →Gesellschaft für Botanik und Gartenbau «Flora» und 1836/66 Vorsitzender der →Naturwissenschaftlichen Gesellschaft «Isis». Auf seine Veranlassung zeigte man 1829 die erste Dresdner Blumenausstellung (→Gartenbau-Ausstellungen). Mit seinen öffentlichen Vorträgen und Exkursionen sowie als Fachautor förderte er das allgemeine Interesse an Botanik und Gartenbau. – Begraben auf dem Trinitatisfriedhof; Gedenktafel im Botanischen Garten; Reichenbachstraße in der Südvorstadt.

Reick: linkselbischer Stadtteil, 1288 als Rykh (slawisch Graben) urkundlich erwähnt, Rundplatzdorf mit Blockgewannflur, später Wohn- und Industrievorort, 1921 zu Dresden eingemeindet. – R. gehörte z. T. dem Kloster Altzella. In der R.er Dorfflur ging die Wüstung Lippen auf. 1396 kam auch das Vorwerk der Familie ZIEGLER auf Gauernitz an das Kloster. Seitdem unterstand der gesamte Ort dem Klosterhof Leubnitz, bis er durch die Reformation 1550 unter das →Leubnitzer Amt des Rates zu Dresden fiel. Brände in den Jahren 1770, 1790 und 1807 richteten schwere Schäden an, ebenso die →Schlacht bei Dresden 1813. – R. war ursprünglich zur Frauenkirche, ab 1674 zur Kirche in Leubnitz eingepfarrt. Die Kinder besuchten die Schule in Leubnitz. Das Anwachsen der Bevölkerung (1834: 223 Einwohner, 1890: 600 Einwohner, 1910: 1132 Einwohner) erforderte den Bau einer eigenen Schule, die 1890 an der Reicker Straße eingeweiht und 1909 vergrößert wurde. 1927/29 errichtete Stadtbaurat Paul →WOLF das Schulgebäude an der Hülßestraße, das damals einer der modernsten Schulbauten Dresdens war und internationale Beachtung fand (heute Gymnasium Dresden-Reick). – Beim Bau der Eisenbahnlinie Dresden–Pirna wurde 1848 ein Haltepunkt in R. eröffnet, der 1859 eingezogen, 1907 wiedereröffnet wurde. Zur Sicherung der →Gasversorgung der Stadt kaufte Dresden von der Gemeinde 12 ha Land und errichtete 1878/81 die →Gasanstalt Reick. Sie wurde 1909 um den Gasbehälter Hans →ERLWEINS erweitert. Auf ihrem Gelände entstand 1976 ein Fernheizwerk. Zwischen Eisenbahn und Gasanstalt existierte 1909/39 eine Radrennbahn, auf der am 19. Juli 1932 Ernst THÄLMANN vor 80 000 Teilnehmern eine Wahlkampfrede hielt. – Ab 1882 siedelten sich, vor allem von Striesen kommend, Gartenbaubetriebe an. Um die Jahrhundertwende zählte R. 17 Gärtnereien. Bestimmend wurde jedoch die Industrie entlang der Eisenbahn und Mügelner Straße. Bis zum Ersten Weltkrieg entstanden Ziegeleien, die Kamerafabrik Emil Wünsche, die Lackfabrik Wilhelm Süring, das Werk Reick der Ica-Kamerawerke, die Windturbinenfabrik und die Werkzeugmaschinenfabrik John & Eichler. Zwischen den Weltkriegen siedelten sich vor allem Werkzeugmaschinen- und Werkzeugfabriken an der Lohrmann-, Mügelner und Otto-Mohr-Straße an. Mit dem Straßenbahnanschluß 1913/14 entstand der Straßenbahnhof. Nach 1920 errichtete die Heimstättengenossenschaft Wohnbauten an der Tornaer und Keplerstraße. Der Bund Deutscher Architekten errichtete eine Mustersiedlung. 1945 wurden 88 Genossenschaftswohnungen zerstört. – Nach 1945 konzentrierten sich vor allem der Werkzeugmaschinenbau und die elektrotechnische Industrie in R., u. a. die Betriebe Schleifkörperunion, Mikroelektronik, Impulsa, Mikromat. An der Liebstädter Straße wurde 1975 ein Autoreparaturwerk fertiggestellt. Vom alten Dorfkern in Altreick und an der Mügelner Straße sind nach Kriegsschäden und Abbrüchen für den Bau des Wohngebietes Prohlis nur noch wenige Gebäude erhalten. In den achtziger Jahren entstand das Neubaugebiet an der Reicker Straße.

Robert Reinick, Grabmal auf dem Trinitatisfriedhof

Reinick, Robert: Schriftsteller und Maler, geb. 22. 2. 1805 Danzig (Gdansk), gest. 7. 2. 1852 Dresden. – R. lebte seit 1844 in Dresden (Amalienstraße, Eliasstraße, zuletzt Halbe Gasse 2 und 3). Der Jugendschriftsteller war Mitglied der →Montagsgesellschaft. 1845 schrieb R. den Text für Ferdinand HILLERS Oper «Konradin, der letzte Hohenstaufe», die 1846 in Dresden aufgeführt wurde. 1849 schrieb er die Verse zum «Totentanz» von Alfred →RETHEL. – Reinickstraße in Johannstadt; Grab auf dem Trinitatisfriedhof.

Reisewitzischer Garten: ehemalige Parkanlage am Plauener und Löbtauer Weißeritzufer vor dem Eingang in den Plauenschen Grund. – Kurfürst JOHANN GEORG IV. erwarb 1691 den ursprünglich zum Plauener Mühlengut gehörenden Garten und ließ im Südteil für seine

Geliebte Magdalena Sibylla von NEITSCHÜTZ (gest. 1694) das «Wasserschlößchen» errichten. Der Garten war 1702/09 im Besitz des Bergdirektors Johann Wratislaw von REISEWITZ, nach dem er den Namen erhielt. (Später erhielt auch der nahe Kirchweg den Namen Reisewitzer Straße.) Der Garten diente 1719/24 als kurfürstliche Falknerei. Akziserat Friedrich Christian STARCKE (gest. 1757) erweiterte die Anlage um das Löbtauer Mühlengut. Trotz mehrfacher Zerstörungen durch Krieg und Hochwasser konnte noch Johann Christian →HASCHE die Anmut des Gartens mit seinen «Grotten und Springwasser nebst Tanzsaal und musikalischem Konzert» rühmen. – Der Garten wechselte weiterhin häufig seine Besitzer (u.a. ab 1770 Familie VITZTHUM VON ECKSTÄDT, ab 1810 Friedrich Graf von der SCHULENBURG). 1844/56 spielte hier das Sommertheater «Tivoli». «Starckes Garten» entwickelte sich zu einem stadtbekannten Ausflugslokal, in dem am 4. September 1848 eine der ersten Massenversammlungen Dresdner Demokraten stattfand. Das «Wasserschlößchen» wurde 1839/63 von Auguste Charlotte von KIELMANNSEGGE bewohnt. Im verfallenden Park entstanden 1840 eine Kesselschmiede, 1868 auf Löbtauer Flur die Aktienbrauerei Reisewitz (1931 stillgelegt) und 1897 die Schokoladenfabrik Petzold & Aulhorn. Nach Abbruch des Schlößchens 1891 und der Reste der Falknerei 1893 wurden im Südteil des Gartens Wohnhäuser errichtet.

Reißiger, Carl Gottlieb: Komponist, Kapellmeister, geb. 31.1.1798 Belzig, gest. 7.11.1859 Dresden. – Der in Leipzig, München, Wien, Frankreich und Italien als Sänger, Pianist und Komponist ausgebildete Musiker wirkte 1825 als Lehrer für Komposition in Berlin. 1826 wurde er als Musikdirektor an die Dresdner Oper verpflichtet, 1828 zum Kapellmeister und damit offiziell zum Nachfolger von Carl Maria von WEBER, ernannt. In dessen Sinne setzte er sich konsequent fur die Durchsetzung der deutschen Oper in Dresden ein. Als Komponist von Opern, Kirchen-, Kammer- und Klaviermusik sowie von Chören und Liedern stand R. im Schatten seines späteren Kollegen Richard WAGNER. Dagegen ist seine Bedeutung für das Dresdner Musikleben als Leiter berühmter Aufführungen (z.B. 1828 «Oberon» von Weber, 1838 IX. Sinfonie

von Beethoven, 1842 «Rienzi» von Wagner), als Dirigent der →Dresdner Liedertafel (ab 1830), als künstlerischer Leiter des Konservatoriums (1856/59) sowie als Begründer der Abonnementskonzerte (1858) unbestritten. – Grab auf dem Trinitatisfriedhof; Reißigerstraße in Johannstadt.

Reitbahnstraße: von der Waisenhausstraße zum Wiener Platz führende Straße, benannt nach den ehemals hier befindlichen Reitbahnen des Garde du Corps und der Gardereiterkaserne (1833/97). – Die heutige R. entspricht nur abschnittweise der ehemaligen Straße gleichen Namens; z.T. verläuft sie im Zuge der Dippoldiswaldischen Straße, die bei der Anlage des →Türkischen Gartens um 1665 ihre Verbindung zur Seevorstadt verlor. Der verbliebene Abschnitt bis zur späteren Carolastraße (1845 Kleine Reitbahngasse, 1858 nach Kurprinzessin CAROLA) hieß weiterhin Dippoldiswalder Straße, wurde später erneut durch den Türkischen Garten durchgeführt, 1808 Reitbahngasse genannt, 1844 zum Environweg (spätere Sidonienstraße) verlängert und 1858 Reitbahnstraße genannt. Der 1945 zerstörte Straßenzug wurde bei der Anlage der neuen Prager Straße überbaut; der nicht überbaute Teil und die ehemalige Carolastraße wurden 1962 nach dem KPD-Funktionär Karl RÜDRICH (1899–1958) benannt und 1990 rückbenannt.

Reithalle: Nordostflügel des →Marstalls hinter dem Zwingerteich, 1794/95 in klassizistischem Stil von Christian Traugott →WEINLIG geschaffen. Das eingeschossige 80 m lange und 20 m breite Bauwerk zeigt nach der Hofseite über den Fenstern und im Giebel Reliefschmuck von Franz →PETTRICH. Die R. brannte 1945 aus und wurde 1952 wiederhergestellt.

Reithaus: 1677/78 errichtetes, im Spätrenaissance-Stil gehaltenes Bauwerk von 94 m Länge, 28 m Breite und 24 m Höhe, das sich westlich des Schlosses am Wall, am sogenannten Feuerwerksplatz (später Bastion Sol genannt) neben dem →Schießhaus befand. Ein schon 1618 zu «ritterlichen Übungen» erbautes R. wurde 1672 abgebrochen, um dem neuen, von Wolf Caspar von →KLENGEL entworfenen Platz zu machen. Es diente zur Abrichtung von Schulpferden sowie als Festplatz, wurde aber schon nach 1710 zugunsten des Zwingerneubaus abgebrochen.

Renn, Ludwig, eigentlich Arnold Friedrich *Vieth von Golßenau*: Schriftsteller, geb. 22.4.1889 Dresden, gest. 21.7.1979 Berlin. – Nach Abschluß der Schulzeit (Abitur) wurde R. 1911 Berufsoffizier. Vor seinem Ausscheiden aus dem Militärdienst führte er 1919/20 ein Dresdner Bataillon. Bis 1923 studierte er Jura, Russisch, Ökonomie und Kunstgeschichte und war danach ein Jahr im Dresdner Kunsthandel tätig. 1926/27 folgten Studien der Archäologie und Geschichte. 1928 trat er der KPD und dem Roten Frontkämpferbund bei und wurde Sekretär des Bundes proletarisch-revolutionärer Schriftsteller in Berlin. In der faschistischen Zeit wurde er verhaftet und konnte nach seiner Freilassung in die Schweiz emigrieren. 1936 nahm er als Kommandeur des Thälmann-Bataillons am spanischen Bürgerkrieg teil. Nach der Rückkehr aus dem Exil im Mexiko wurde R. 1947 Direktor des kulturwissenschaftlichen Instituts an der TH in Dresden. Er hatte bis 1952 einen Lehrstuhl für Anthropologie an der Technischen Hochschule inne. Danach lebte R. als freischaffender Schriftsteller in Berlin. Seine Jugendbücher «Trini», «Nobi», «Camilo» und die autobiographischen Romane «Adel im Untergang», «Krieg» und der Dresden-Roman «Meine Kindheit und Jugend» sind Ausdruck seines kämpferischen Humanismus. – Ludwig-Renn-Allee in Räcknitz; seit 1989 Gedenktafel am ehemaligen Wohnhaus Arndtstraße 6.

Carl Gottlieb Reißiger

Renner: 1. →Kaufhaus Renner. – 2. *Johanne Justine*, geb. Segedin, geb. 5. 1. 1763 Dresden, gest. 24. 2. 1856 Blasewitz bei Dresden. – Die Tochter des Strehlener Torwärters Johann Christian SEGEDIN wuchs seit 1764 im Blasewitzer Schenkgut bei ihrer verwitweten Mutter auf. Hier kehrte während seines Loschwitzer Aufenthaltes 1785/87 Friedrich von →SCHILLER ein. In «Wallensteins Lager» (1798 uraufgeführt) mußte sie sich später als Marketenderin wiedererkennen (5. Auftritt, 1. Jäger: «Was? der Blitz! Das ist ja die Gustel von Blasewitz.»). Sie heiratete in Dresden den Senator Christian Friedrich RENNER (1755–1821). – Begraben Eliasfriedhof; Standbild von Martin →ENGELKE am Rathaus Blasewitz.

Repnin-Wolkonski, Nikolai Grigorjewitsch Fürst: russischer General und Diplomat, geb. 1778, gest. 1845. – Nach der Schlacht bei Leipzig und der Gefangennahme des sächsischen Königs wurde R. am 22. Oktober 1813 von den Verbündeten als Generalgouverneur für das besetzte Sachsen eingesetzt. Am 31. Oktober erließ er in Leipzig den Aufruf zur Bildung einer Freiwilligengruppe im Lande für den Kampf gegen die Franzosen, des «Banners der freiwilligen Sachsen». In Anwesenheit von R. und des Herzogs KARL AUGUST von Weimar, der seit dem 9. Dezember 1813 in Dresden weilte, fand am 24. Dezember in der Frauenkirche die Einsegnung des Banners und seiner Fahne statt. R. residierte in Dresden – die Stadt war von der französischen Besatzung erst am 11. November 1813 geräumt worden – im Palais Brühl auf der Augustusstraße und im Sommer des Jahres 1814 in Pillnitz. Der Fürst bemühte sich um die Reorganisation des wirtschaftlichen und kulturellen Lebens sowie des Behördenapparates in der Stadt. Eine neue Polizeiverfassung, die Erweiterung der Kunstakademie, die Vereinigung des deutschen und italienischen Theaters und die Umwandlung der Königlichen Kapelle in eine staatliche Einrichtung, der Bau der Freitreppe an der Brühlschen Terrasse, der Bau des von SCHURICHT entworfenen Belvedere und der Wiederaufbau des →Großen Gartens sind die hauptsächlichsten Leistungen bzw. Anregungen während seines Gouvernements. Unter R. Verantwortung fiel auch die Errichtung des Denkmals für den französischen General MOREAU auf den Räcknitzer Höhen.
Am 8. November 1814 übergab R. die Verwaltung Sachsens an das neue preußische Generalgouvernement. Am 13. November reiste er zur Teilnahme am Wiener Kongreß ab.

Johanne Justine Renner, Grab auf dem Eliasfriedhof
Nikolai Repnin-Wolkonski

Republikanischer Verein: politische Gruppierung während der Revolution 1848/49. – Er vereinte Vertreter des Kleinbürgertums, Handwerksmeister und -gesellen und Teile der Arbeiterschaft, strebte eine Republik unter Verzicht auf radikale Umwälzungen an und verlor mit dem Erstarken des →Deutschen Vaterlandsvereins Ende 1848 in Dresden an Einfluß.

Residenz-Café: gehörte zu den bekanntesten ehemaligen Dresdner Kaffeehäusern und befand sich in der ersten Etage des schmalen Eckgebäudes, das kurz nach 1885 am Altmarkt/König-Johann-Straße nach Durchbruch der König-Johann-Straße an Stelle des abgebrochenen sogenannten Pflugschen Hauses (errichtet um 1700) erbaut worden war. Ursprünglich mit einem spitzen Turm versehen, wurde das Gebäude nach 1920 stark verändert und beim Bombenangriff 1945 zerstört. Etwa an gleicher Stelle befindet sich jetzt das →Haus Altmarkt.

Residenzkaufhaus, kurz auch *«Reka»*: erstes bedeutendes Kaufhaus Dresdens, das 1912 an der Ecke Prager Straße/ Waisenhausstraße in Glas und Beton von dem Leipziger Architekten Karl HÄNSEL und dem Dresdner Baukonstrukteur Benno LÖSER (1878–1944) errichtet wurde. Unter Verzicht auf historisierende Elemente zeigte es durch die Betonung der Senkrechten unter Einbeziehung sparsam geschmückter Erker eine klare Gliederung und war durch Einhaltung der Geschoßhöhe geschickt in die Straßenzüge einbezogen. Beim Bombenangriff 1945 schwer beschädigt, wurde es später abgebrochen. 1993/94 wurde an der gleichen Stelle das Kaufhaus «Hertie/ Karstadt» erbaut.

Residenzschloß: ehemaliger Wohn- und Regierungssitz der sächsischen Landesfürsten, zwischen Theaterplatz, Schloßplatz, Schloßstraße, Am Taschenberg und Sophienstraße gelegen. In dem weiträumigen Komplex spiegeln sich in baulicher und funktionaler Gestaltung wichtige Abschnitte der sächsischen Geschichte von der Romanik bis zum 19. Jh. wider. Als ältester Sachzeuge der

Geschichte Dresdens geben seine durch Ausgrabungen belegten Anfänge aus der zweiten Hälfte des 12. Jh. wertvolle Hinweise zur Siedlungsgeschichte Dresdens. Unter Markgraf →DIETRICH DEM BEDRÄNGTEN wurde Anfang des 13. Jh. auf dem Terrain des heutigen Großen Schloßhofs ein rechteckiger, spätromanischer Burghof mit Kemenate, Palas und fünf Türmen angelegt, der im 14. Jh. zur gotischen Burg umgebaut wurde. Bereits ehe Dresden durch die →Leipziger Teilung von 1485 zur Residenzstadt der Albertiner geworden war, hatte man die Burg in eine geschlossene vierflügelige Anlage umgebaut, bei der die Wohn- und Repräsentationsfunktion Vorrang vor dem mittelalterlichen Wehrcharakter hatte. Unter Kurfürst →MORITZ, der Sachsen nach dem Habsburger Machtbereich zum bedeutendsten deutschen Territorialstaat gemacht hatte, erfolgte nach 1547 ein gewaltiger Umbau mit Erweiterung des R., der es zu einem der prachtvollsten Renaissanceschlösser in Deutschland werden ließ. Besonders die Repräsentationsräume im zweiten Obergeschoß dokumentieren die Bedeutung und Macht des sächsischen Fürstenhauses bis ins 18. Jh. hinein, als man sie unter Kurfürst →FRIEDRICH AUGUST I. nach dem verheerenden Schloßbrand von 1701 in barockem Prunk neu gestaltet hatte. Damals entworfene Pläne für einen Neubau des R. wurden aus Geldmangel nicht verwirklicht. Als Sachsen nach 1763 verarmt war und nach 1815 an politischer Bedeutung verloren hatte, wurde auch am R. baulich wenig verändert. Erst das 800jährige Wettin-Jubiläum war Ende des 19. Jh. der Anlaß zum letzten großen Schloßumbau. Nach Abdankung des sächsischen Königs (→Novemberrevolution 1918) wurde am 10. November 1918 die rote Fahne auf dem R. gehißt und damit eine neue Epoche der sächsischen Geschichte eingeleitet. Das R. diente anschließend vorwiegend Wohn- und Verwaltungszwecken. Bei der →Zerstörung Dresdens 1945 brannte es mit seinen rund 500 Sälen und Zimmern bis auf die Gewölbe aus. Nach ersten Sicherungsmaßnahmen 1946 erfolgt ab 1985 unter äußerst komplizierten Bedingungen der Wiederaufbau für Museen der →Staatlichen Kunstsammlungen. Dabei ist die Außenfront (mit Ausnahme zur Schloßstraße) in den Formen der Neorenaissance gestaltet worden, während die Schloßstraßenfassade und innere Gebäudeteile in ihrer ursprünglichen Form von der Romanik über Renaissance (z. B. Großer und Kleiner Schloßhof) bis zum Barock (z. B. Prunkgemächer AUGUSTS DES STARKEN) wiedererstehen sollen. Bis Ende 1993 waren etwa 40 Prozent des Gebäudekomplexes wiederherstellt. Besondere bauliche Kostbarkeiten des R. sind der Schloßturm (sogenannter Hausmannsturm), der die Stadtsilhouette Dresdens mitbestimmt; die →Schloßkapelle mit der →«Schönen Pforte»; die Englische Treppe, die in die Repräsentations- und Festräume des zweiten Obergeschosses mit dem →Riesensaal führt und das →Grüne Gewölbe. Der mit dem Schloßkomplex verbundene →Georgenbau und der →Stallhof wurden in den sechziger bzw. siebziger Jahren bereits wiederher-gestellt.

Geschichtliche Übersicht:

1200/20 Anlage der spätromanischen markgräflichen Burg auf dem hochwas-

Alte Burg, von der Schloßstraße aus
Residenzschloß um 1680
Residenzschloß mit Wettinobelisk. 1939

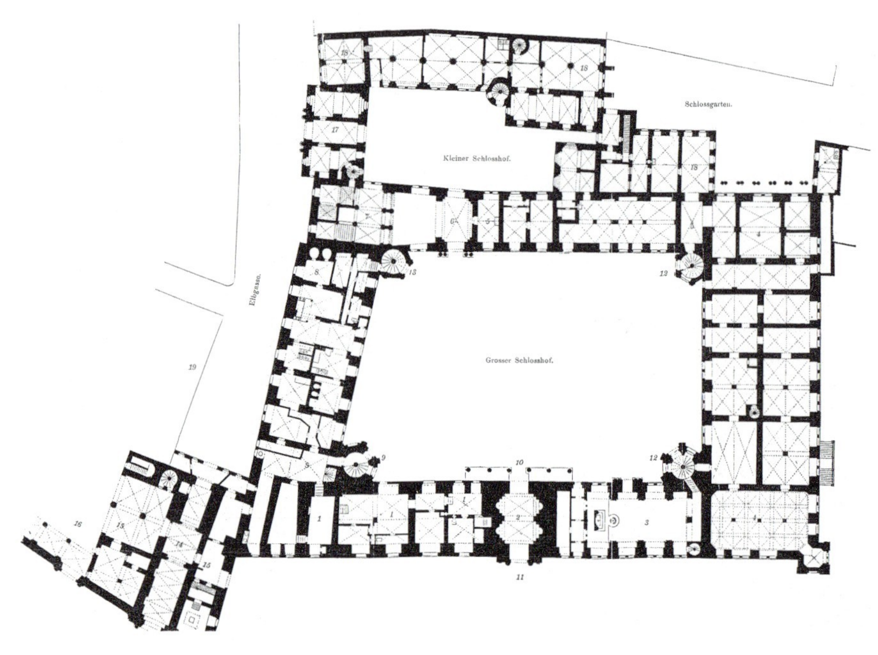

serfreien →Taschenberg. *14. Jh.* Umbau zur gotischen Burg. Um 1400 Errichtung des Palas im Nordflügel mit dem Hausmannsturm. *1471/76* Umbau zum gotischen Wohn- und Repräsentationsschloß, wahrscheinlich unter Bauleitung von Arnold von Westfalen (gest. 1480). Die

Nordwestlicher Wendelstein mit Altan im Großen Schloßhof
Kleiner Schloßhof des Residenzschlosses. Aufn. um 1920
Grundriß des Residenzschlosses, Zustand zu Anfang des 18. Jh.
Residenzschloß, Zustand 1985
Großer Ballsaal des Residenzschlosses

einzelnen Trakte der alten Burg wurden zu einer vierflügeligen Anlage mit unregelmäßigem Grundriß zusammengefügt, wobei der Westflügel hinzukam, der Turm erneuert wurde und der Südflügel mit dem Torhaus (später sogenannte «Laterne») angefügt wurde. *1494* Zerstörung des Schloßturms durch Sturm. *1518* Brand des Hausmannsturmes. *1528* Erneuerung des Schloßturms; Erhöhung des Schössereiturmes an der Südostecke (mit taubenschlagartiger Wachstube). *1530/35* Errichtung des Georgenbaus. *1547/56* Um- und Erweiterungsbau zu einem repräsentativen Renaissance-Schloß, bei dem Architektur, Malerei und Plastik eine harmonische Einheit bildeten.

Die Bauleitung hatten Hans von →Dehn-Rothfelser und Caspar →Voigt von Wierandt, der unter Beteiligung von Bastian und Hans →Kramer auch die Entwürfe schuf. Außerdem wurden zahlreiche italienische Künstler (z. B. die

Brüder →TOLA) und Handwerker hinzugezogen. Das Schloßareal wurde mit einem neuen Westflügel (das «Große Haus») erweitert, wodurch der Hausmannsturm seine Mittelstellung im Nordflügel («Altes Haus») erhielt, er wurde zur Hofseite mit einem reich geschmückten viergeschossigen Altanvorbau versehen; weiterhin erfolgte der Einbau der Schloßkapelle, der Bau des südöstlichen und der zwei nördlichen Treppentürme (Schnecken) im Schloßhof sowie des südlichen Langhauses. Im Erdgeschoß der Nordwestecke wurde der Pretiosensaal (Grünes Gewölbe) kostbar ausgestattet, ebenso wie die neuen Repräsentationsräume im zweiten Obergeschoß: Riesensaal im Ostflügel; Riesengemach, Turmzimmer und «Steinerner Saal» (Fußboden war mit farbigen Steinplatten belegt; ab 1553 auch «Türkischer Saal») im Nordflügel; Ecktafelzimmer (im 19. Jh. «Großer Thronsaal») und für hohe Gäste bestimmte Räume (Ende des 17. Jh. sogenannte «Brandenburgische Gemächer») im Westflügel; «Gemach der Kammerräte» und Schießsaal (40 m lang, 8,5 m breit) im Südflügel. Außer dem plastischen Schmuck am Altan und den Treppentürmen war das mit Giebeln versehene gesamte Schloß an den Fassaden wie ein Teppich mit Sgraffitomalereien überzogen.

1560 Einrichtung der →Kunstkammer in 7 Dachräumen des Westflügels. *1576/77* Anlage des Schloßgartens («neuer kurfürstlicher Garten») vor der westlichen Seite der Südfassade. *1586/91* Errichtung des Stallhofes. *1589/93* Anlage des Kleinen Schloßhofs nach Plänen von Paul →BUCHNER, der auch das prächtige Tor und Belvedere zur Schloßstraße entworfen hatte. Die Hoffront erhielt einen auf toskanischen Säulen ruhenden zweigeschossigen Umgang, der das Torhaus und den neuen Südflügel mit der Schösserei verband. *1602* Erneuerung der Schloßkapelle. *1608* Bekrönung des südlichen Torhauses mit der «Laterne». *1627/50* Umbau des Riesensaals mit gewölbter Decke. *1662* Erneuerung der Schloßkapelle. *1674/76* Sanierung des R., dabei Umbau des Hausmannsturmes durch Wolf Caspar von →KLENGEL (Erhöhung des Turms durch Kuppelhaube mit langer Spitze von 88 m auf 100 m und Ausstattung mit Glockenspiel). *1683* Abbruch des südlichen Torhauses und Schaffung einer Durchfahrt zwischen den beiden Schloßhöfen; Errichtung des vierten Treppenturms an der Südwestecke des Großen Schloßhofs; Aufteilung des Schießsaals. *1692/93* Einbau des →Grünen Tors unterhalb des Hausmannsturms; Einbau eines neuen vierläufigen Treppenaufgangs zum Ostflügel (an Stelle der ehemaligen Schösserei) durch Johann Georg →STARCKE. Anläßlich der Verleihung des englischen Hosenbandordens am 26. Januar 1693 an Kurfürst JOHANN GEORG IV. wurde dieser Aufgang eingeweiht und danach «Englische Treppe» genannt. *25. März 1701* Brand in den östlichen Gebäudeteilen, dabei Zerstörung der Nordfront bis an den Turm, des Georgenbaus, des Riesensaals, der Englischen Treppe und des Schössereiturms. Die in den folgenden Jahrzehnten von Marcus Conrad →DIETZE, →PÖPPELMANN, de →BODT, →LONGUELUNE, →KNÖFFEL, →CHIAVERI und dem bayrischen Hofarchitekten François de CUVILLIÉS (1695 bis 1768) entworfenen aufwendigen *Schloßbaupläne* hatten im wesentlichen folgende Varianten: 1. Wiederherstellung des abgebrannten alten Schloßteils mit anschließender Erweiterung; 2. Wiederherstellung des alten Schlosses und gleichzeitiger Neubau an anderer Stelle; 3. Abbruch des alten Schlosses und Neubau an gleicher Stelle; 4. Abbruch des alten Schlosses und Einbindung der neuen Schloßanlagen an der Elbe in eine neue städtebauliche Gesamtplanung bei Niederlegung der Festungswerke. Keiner der Pläne wurde verwirklicht, jedoch die Fürstenhochzeit 1719 war Anlaß zur Neugestaltung der Staats- und Festräume. – *1717/19* Umgestaltung der Repräsentationsräume im zweiten Obergeschoß zu einer in sich geschlossenen Raumfolge (durch Beseitigung kleinerer Vor- und Zwischengemächer), die als Spitzenleistung der barocken Innenarchitektur gilt. Außer Pöppelmann hatten daran vor allem Raymond →LEPLAT und Longuelune entscheidenden Anteil. Neben dem Audienzgemach (später «Thronsaal» genannt) und dem Schlafgemach mit Vorzimmern im Westflügel (blieben bis 1945 im wesentlichen so bestehen) wurde im Nordflügel der «Steinerne Saal» als Versammlungssaal für die Landstände eingerichtet (ab 1722 sogenannter «Propositionssaal»), das Turmzimmer mit Prunksilber ausgestattet (sogenanntes «Silber-Buffet»; um 1728 als «Porzellanzimmer» eingerichtet) und das Riesengemach zu einem Festsaal erweitert. Im Ostflügel stellte man den Riesensaal wieder her, baute die Englische Treppe wieder auf, und im Südflügel richtete man einen über 60 m langen Galeriesaal ein. *1722* Erneuerung des Schloßturms. *1724/31* Ausbau des Grünen Gewölbes als barockes Prunk-Museum. *1725/26* Aufteilung des Galeriesaals und Umgestaltung des Riesensaals zur Gemäldegalerie. *1730* Wiedererrichtung des Georgenbaus. *1733/39* Aufteilung

Residenzschloß

des Riesensaals. *1737* Schließung der Schloßkapelle. *1746/47* Erneuerung des Schloßturms und Einbau einer neuen Schlaguhr. *1775* Anbringung des ersten Dresdner Blitzableiters auf dem Schloßturm. *1833/34* Umbau des ehemaligen Ecktafelgemachs zum Großen Thronsaal mit Fresken von Eduard →BENDEMANN. *1840/50* Neugestaltung des ehemaligen Riesengemachs zum Großen Ballsaal und des ehemaligen Steinernen Saals zum Bankettsaal durch Otto von →WOLFRAMSDORF mit Fresken (1846/55) von Bendemann. *1865/68* Ausbau des kleinen Ballsaals durch Bernhard →KRÜGER. *1883/1901* gründlicher Umbau des R. nach Plänen von Gustav →DUNGER und Gustav →FRÖLICH auf Kosten des Königshauses (z. B. 3 Mill. Mark aus dem Verkauf des →Palais Brühl Augustusstraße) und mit einer «Huldigungsgabe» von 3 Mill. Mark des Landes Sachsen anläßlich des Wettin-Jubiläums. Nach dem Leitbild der Renaissance wurde der überwiegend dreigeschossige Bau zu einem stilistisch einheitlichen Komplex gestaltet. Nach Abbruch des ehemaligen →Komödienhauses entstand eine neue Westseite (1889/92) mit dreizonigem Volutengiebel, Balkon und mit Kuppeln versehenen Ecktürmchen. Der Südflügel (1894 fertiggestellt) wurde nach Abbruch von vier Bürgerhäusern am Taschenberg völlig neu errichtet, wobei der Wirtschaftshof entstand und der eiserne Übergang zum →Taschenbergpalais durch einen steinernen ersetzt wurde. Die Ostfassade (1894/95) mit dem Buchnerschen Hauptportal wurde mit hohen Giebeln und reliefgeschmückten Erkern üppiger als die anderen Außenfronten gestaltet, dabei wurde auch die Englische Treppe verändert. Der Nordflügel wurde *1896/99* ähnlich der Südseite umgebaut, wobei die kupferverkleidete, in flachem Bogen geschwungene Brücke zur →Kathedrale hinzukam. Als letztes entstand *1899/1901* der Georgenbau neu, der am auffälligsten verändert wurde.
1918 Abdankung des sächsischen Königs. *1933* Einrichtung des «Schloßmuseums» im zweiten Obergeschoß und Jubiläumsausstellung «August der Starke und seine Zeit». *13./14. Februar 1945* Zerstörung durch anglo-amerikanischen Bombenangriff. *1946* provisorische Abdeckung des ausgebrannten Turmstumpfes. *1962/65* erste Sicherungs- und Restaurierungsarbeiten im Grünen Gewölbe. *1964/66* Wiederherstellung des Georgenbaus. *1972/79* Wiederherstellung des Stallhofes. *1974/76* erste Aufbauarbeiten am Ostflügel. *1976/78* erste Aufbauarbeiten am Südflügel. Ab *1985* umfassender Wiederaufbau des R. *2. Oktober 1991* Aufsetzen der Turmspitze auf den Stumpf des Hausmannsturms. *November 1991* erstes Konzert der Cappella Sagittariana in der noch unvollendeten Schloßkapelle.

Residenztheater: ehemaliges Privattheater in der Zirkusstraße 41. Es wurde 1871/72 erbaut und am 24. Mai 1872 unter seinem ersten Direktor BAUMGART als *«Herminia-Theater»* eröffnet. Das Gebäude stand auf einer Grundfläche von 1200 m², enthielt in dem mit drei Rängen versehenen Zuschauerraum 1150 Plätze und zeigte zur Straße hin eine repräsentative Sandstein-Fassade. Die Besitzer des Theaters wechselten öfter. 1879 übernahm es der Schauspieler, Regisseur und Theaterdichter Engelbrecht KARL (gest. 1891), der es in «Residenztheater» umbenannte. Dort zeigte man in der Sommerspielzeit vorwiegend Schwänke sowie Lustspiele und im Winter Operetten. Zahlreiche Erstaufführungen zeitgenössischer Operetten inszenierte nach 1921 der Theaterfachmann und Pächter des R. Walther SCHREIBER. 1934 wurde das 1902 letztmalig rekonstruierte R. aus baupolizeilichen Gründen geschlossen, später als Lagerhaus benutzt und beim Bombenangriff 1945 zerstört.

Fassade des Residenztheaters

Rethberg, eigentlich *Sättler*, Elisabeth: Sängerin, geb. 22. 9. 1894 Schwarzenberg/Erzgebirge, gest. 6. 6. 1976 New York. – Die zu den bedeutendsten Sopranistinnen des 20. Jh. zählende Sängerin hatte am Dresdner Konservatorium studiert und wurde 1915 an die Dresdner Hofoper verpflichtet. Ab 1922 fest an der New Yorker Metropolitan Opera engagiert, war sie ständiger Gast an den großen Opernbühnen der Welt und blieb auch mit dem Staatstheater Dresden, das sie zu ihrem Ehrenmitglied ernannte, verbunden. 1928 sang sie hier die Titelpartie bei der Uraufführung der «Ägyptischen Helena» von Richard →STRAUSS.

Rethel, Alfred: Maler und Grafiker, geb. 15. 5. 1816 Diependorf bei Aachen, gest. 1. 12. 1859 Düsseldorf. – Der durch die Ausmalung des Aachener Rathaussaals berühmt gewordene Künstler hielt sich ab Herbst 1848 bis 1852 jeden Winter in Dresden auf. Hier war er besonders mit Julius →SCHNORR VON CAROLSFELD befreundet und wurde durch ihn und andere Dresdner Künstler zum Holzschnitt angeregt. 1852 heiratete er die Tochter des Dresdner Malers August GRAHL (1791 bis 1868). In Dresden schuf der Künstler neben einer Fülle hervorragender Zeichnungen die bekannte, unter dem Eindruck der revolutionären Ereignisse von 1848 entstandene Holzschnittfolge «Auch ein Totentanz».

Rettig, Heinrich: Architekt, geb. 23. 6. 1900 Speyer, gest. 20. 4. 1974 Dresden. – Nach Studium in Darmstadt und Stuttgart und praktischer Arbeit in Köln (bei →RIEMERSCHMID), Mainz und München war R. 1942/67 (mit kurzer Unterbrechung) Professor an der TU Dresden. R. baute 1955/57 die Hofgärtnerei am Brühlschen Garten zu Kirche (→Reformierte Kirche) und Altersheim der Reformierten Gemeinde um und schuf die Internatsbauten (1950) und das Lehrgebäude am Weberplatz (1953) der Arbeiter-und-Bauern-Fakultät der TH Dresden, die Studentenheime an der St. Petersburger Straße (1960/62) und einzelne Gebäude der →Pädagogischen Hochschule Dresden.

Revolution 1848/49: Nach dem Abschied des Reformministers Bernhard August von →LINDENAU 1843 und der Einsetzung von Julius Traugott von KÖNNERITZ (1792 bis 1866) als Vorsitzender des Gesamtministeriums setzte eine verschärfte Repressionspolitik ein. Dennoch erstarkte die bürgerlich-demokratische Bewegung, die im Vormärz und in der Märzbewegung 1848 ihre Zentren weniger in Dresden als vielmehr in Westsachsen, im Vogtland und vor allem in Leipzig hatte (Robert BLUM, 1807–1848; Karl BIEDERMANN). Am 6. März 1848 forderten auch Stadtrat und Stadtverordnete von Dresden die Einberufung eines außerordentlichen Landtages. 500 Dresdner unterzeichneten am 8. März 1848 im Hotel Pologne die Petition von Hermann →KÖCHLY nach Rücktritt der Regierung. Am 13. März entließ König FRIEDRICH AUGUST II. das Kabinett Könneritz und setzte mit dem gemäßigten «Märzministerium» unter Alexander Karl Hermann BRAUN (1807–1868) die erste von Bürgerlichen gebildete Regierung in der Geschichte Sachsens ein. Unter den im April/Mai in Dresden entstehenden politischen Vereinen entwickelten sich der →Deutsche Vaterlandsverein und der →Deutsche Verein zu starken Gruppierungen. Gleichzeitig erstarkte der Deutsche Arbeiterverein. Demokratische Forderungen meldete auch die 1845 in Dresden gegründete Gemeinde der Deutsch-Katholiken unter Franz →WIGARD an. Der gemeinsamen Forderung nach Anerkennung der Reichsverfassung durch den König schloß sich auch der Anfang 1849 neugewählte Landtag an. Radikaldemokratische Abgeordnete mit Samuel Erdmann →TZSCHIRNER schlossen sich im →Club der Linken zusammen. Im November 1848 bildeten sich Bürgerwehrvereine, die am 8. April 1849 im «Odeum» auf eine demokratische Orientierung der Dresdner →Kommunalgarde drängten. Im Februar 1849 setzte der König die Übergangsregierung HELD mit ihrem reaktionären Mitglied Friedrich Ferdinand von BEUST (1809–1886) ein und lehnte erneut die Übernahme der Reichsverfassung ab, für die sich Anfang März wiederum auf Antrag von Otto Leonhard →HEUBNER die erste Kammer des Landtages aussprach. Als der Landtag die Steuern verweigerte, löste der König am 30. April 1849 beide Kammern auf. Unabhängig von der Entwicklung von Regierung und Landtag bildete sich Dresden mit Jahresbeginn 1849 zum Zentrum konspirativer Aufstandsvorbereitungen heraus, an denen neben Tzschirner u. a. Gottfried →SEMPER, August →RÖCKEL, Michail Alexandrovič →BAKUNIN und polnische sowie ungarische Revolutionäre teilnahmen. Der Aufstand brach jedoch weitgehend spontan los, als es am 3. Mai zum ersten blutigen Zwischenfall am Zeughaus kam. Die Niederschlagung des →Maiaufstandes 1849 besiegelte das Schicksal der Revolution in Sachsen.

Revolutionäre Bewegung 1830/31: von Frankreich ausgehende Bewegung, die auch in Deutschland und in Sachsen eine wichtige Etappe in der Epoche der bürgerlichen Umwälzungen darstellt. In dem ökonomisch vergleichsweise hochentwickelten Sachsen war die Unzufriedenheit der antifeudalen Kräfte besonders groß, besaß das Land doch im Gegensatz zu mehreren anderen deutschen Staaten noch nicht einmal eine Verfassung. – Nachdem es bereits im Juli 1830 in Leipzig und Dresden zu Unruhen gekommen war, machte sich Anfang September der Unmut über die bestehenden gesellschaftlichen Verhältnisse erneut spontan Luft. Am Abend des 9. September versammelten sich in Dresden Handwerker, Gesellen, Lohnarbeiter und Studenten unter dem Gesang der Marseillaise und dem Ruf nach bürgerlichen Freiheiten auf dem Altmarkt, stürmten das Rathaus und warfen Akten und Einrichtungsgegenstände auf die Straße und verbrannten sie. Die Demonstranten zogen zum Polizeihaus in der Scheffelgasse, vertrieben die dortige Wache, verbrannten die Akten und zerstörten die Einrichtung des Hauses. Die inzwischen alamierte Bürgergarde sympathisierte mit den Aufständischen, die herbeigerufenen Truppen scheuten sich, massiv vorzugehen, und wurden vertrieben. Am 10. September setzte die Regierung eine Kommission zur Wiederherstellung von Ruhe und Ordnung unter Leitung des Prinzen FRIEDRICH AUGUST ein. Sie veranlaßte den völligen Abzug der Truppen aus der Stadt und die Aufstellung einer →Kommunalgarde aus Dresdner Bürgern, die vor allem das Eigentum schützen sollte. Damit gelangten die gemäßigten Kräfte des Bürgertums an die Spitze der revolutionären Bewegung. Diese Kräfte gaben sich mit Reformen zufrieden, die von der Regierung auch in Angriff genommen wurden. Anstelle des Grafen EINSIEDEL wurde der Liberale Bernhard August von LINDENAU mit der Leitung der Regierung betraut und Prinz Friedrich August als Mitregent eingesetzt. – Am 4. September 1831 trat die ausgearbeitete Verfassung in Kraft, am 17. März 1832 die Agrarreform. Ein weiteres wichtiges Ergebnis dieser bürgerlichen revolutionären Bewegung war die am 2. Februar 1832 erlassene Städteordnung, die die noch mittelalterliche Stadtverfassung durch eine bürgerliche Stadtverwaltung ersetzte. Noch 1830 ordnete die Regierung die Wahl von sogenannten →Kommunrepräsentanten an, die bis zur Einführung der Städte-Ordnung die Interessen der Bürger vertreten sollten. – Die Unruhen flammten im April 1831 erneut auf, als der von der radikaleren bürgerlich-demokratischen Opposition gegründete Bürgerverein verboten wurde. Gegen die Demonstranten, die wiederum das Rathaus erstürmt und dort Inhaftierte befreit hatten, wurden diesmal Truppen eingesetzt. Nach der Zerschlagung des Bürgervereins ebbte die revolutionäre Bewegung ab. Auch wenn Sachsen nach 1831 eine konstitutionelle Monarchie geworden war, so war es doch zu einer gesellschaftlichen Umwälzung im bürgerlichen Sinne nocht nicht gekommen, so daß die revolutionären Ereignisse von 1849/49 bereits vorprogrammiert waren.

Rheiner, eigentlich *Schnorrenberg,* Walter: expressionistischer Dichter, geb. 12.3.1895 Köln, gest. 12.6.1925 Berlin. – R. lebte 1918/20 in Dresden («Buschvilla», Grundstraße, zuletzt Rochwitzer Straße 5). Im August 1918 übernahm er die Redaktion der im «Dresdner Verlag von

Abgebranntes Polizeihaus

1917» erscheinenden Zeitschrift →«Menschen». Er schrieb auch für die zweite in Dresden erscheinende expressionistische Zeitschrift →«Neue Blätter für Kunst und Dichtung». R. war Preisträger der «Dresdner Stiftung von 1919».

Rhododendrongarten: Lehr- und Schaugarten auf 1 ha des ehemaligen Geländes von →Königs Weinberg in Wachwitz. Er wurde 1970/71 auf Anregung von Karl SCHOLZ, dem Leiter der Gärtnerei, die den Park betreute, angelegt. Die wissenschaftliche Konzeption oblag dem Pillnitzer Züchter Werner DÄNHARDT. Mit einem Bestand von 2000 Pflanzen in 80 Arten und 350 Sorten gehört der R. zu den reichhaltigsten Sammlungen von Rhododendren auf kleinem Raum in Europa und setzt die Tradition der gärtnerischen Rhododendron-Pflege in Dresden fort.

Richter: **1.** *Etha,* Bildhauerin und Zeichnerin, geb. 4.2.1883 Dresden, gest. 12.3.1977 Dresden. – Die als «erste Tierbildhauerin Deutschlands» bekanntgewordene Künstlerin hatte sich, von Robert →DIEZ gefördert und durch Anatomiestudien an der Tierärztlichen Hochschule Dresden unterstützt, autodidaktisch zur Plastikerin entwickelt. In den zwanziger Jahren war sie Lehrerin an der von Edmund →KESTING geleiteten Kunstschule «Der Weg». Ihre von tiefer Tierliebe zeugenden Plastiken und Zeichnungen befinden sich auch in der Dresdner Skulpturensammlung und im Kupferstich-Kabinett. Nachdem R. durch den Bombenangriff im Februar 1945 ihr Atelier in der Eisenstuckstraße verloren hatte, wohnte sie bis zu ihrem Tode in der Borsbergstraße 11. – Grab auf dem Tolkewitzer Friedhof. –
2. *Georg Abraham*, Ratsherr (1760/62), Kammerrat und Kaufmann, geb. vor 1732, gest. 7.5.1773. – R., der seit 1749 auch Mitglied der Kommerziendeputation war, gründete 1768 das erste Leihhaus in Dresden (im Neustädter Rathaus). –
3. *Hans Theo*, Zeichner, Grafiker und Maler, geb. 7.8.1902 Rochlitz, gest. 14.9.1969 Dresden. – R. hatte entscheidenden Anteil am Wiederaufbau und am guten Ruf der Dresdner Kunst in der Mitte des 20. Jh. Er studierte 1918/23 an der Kunstgewerbeschule in Dresden, 1926/31 an der Dresdner Kunstakademie (ab 1928 als Meisterschüler von Otto →DIX) und war seit 1932 freischaffend. Durch den Bombenangriff verlor er 1945 mit seiner Wohnung und seinem Atelier fast alle Arbeiten. 1947/67 lehrte er als Professor für Grafik an der Dresdner Kunsthochschule. In seinem auf die Selbstbesinnung des Menschen orientierten Werk hat er besonders die Lithographie mit hoher Meisterschaft beherrscht. R. wohnte zuletzt in Oberloschwitz (Sierksstraße). –
4. *Hermann August*, Architekt, geb. 10.3.1842 Chemnitz, gest. 16.12.1911 Dresden. – Der Schüler Georg Hermann →NICOLAIS baute als Dresdener Stadtbaumeister Villen (z.B. Hohe Straße 7, Sidonienstraße 27, Mosczinskystraße 10 und Wiener Straße 44), die 1945 zerstört wurden, wie auch das Schilling-Museum in der Pillnitzer Straße (1886/87; →SCHILLING, Johannes) und einen Konzertsaal am →Ausstellungspalast. – R. wohnte zuletzt Sidonienstraße 19. – Begraben auf dem Johannisfriedhof Tolkewitz. –
5. *Jean Paul*, →Jean Paul –
6. *Johann Carl August*, Zeichner, Radierer und Kupferstecher, geb. 29.3.1785 Dresden, gest. 11.11.1853 Dresden. –

Sächsische und preußische Truppen beim Angriff auf die Barrikaden auf dem Dresdner Neumarkt. 1849
Hans Theo Richter. Aufn. von E. Kesting
Ludwig Richter. Aufn. von A. Kotzsch

Der Zingg-Schüler zeichnete sich vor allem durch Landschafts- und Architekturdarstellungen des Dresdner Raums aus. Nach eigenen Zeichnungen radierte und kolorierte er Ansichten aus der Residenz der ersten Hälfte des 19. Jh., die oftmals die einzigen Bilddokumente (z. B. von einzelnen Gebäuden) geblieben sind. –
7. (Adrian) *Ludwig*, Maler und Grafiker, geb. 28. 9. 1803 Dresden, gest. 19. 6. 1884 Dresden. – R. gehört zu den führenden Vertretern der spätromantischen deutschen Landschaftsmalerei und war zugleich durch seine weitverbreiteten Illustrationen der volkstümlichste Künstler im 19. Jh. in Deutschland. Die handwerklichen Fertigkeiten erlernte er bei seinem Vater, dem Kupferstecher und Lehrer für Landschaftsmalerei an der Dresdner Kunstakademie Carl August R. (1770 bis 1848). 1816/23 war R. Schüler an der Dresdner Kunstakademie; 1820/21 verdiente er sich den Lebensunterhalt als Zeichner landschaftlicher Erinnerungsblätter für einen russischen Fürsten auf einer Reise durch Frankreich. Für seine Landschaftsbilder war der Italien-Aufenthalt 1823/26 von großer Bedeutung. Während er danach als Zeichenlehrer an der Porzellanmanufaktur Meißen (1828/35) beschäftigt war, entdeckte er ab 1834 (Wanderung durch das böhmische Mittelgebirge) die heimatliche Landschaft für seine Kunst. Ab 1. November 1836 war R. Lehrer für Landschafts- und Tiermalerei an der Dresdner Kunstakademie; 1840 wurde er zum Vorstand des Ateliers für Landschaftsmalerei und 1841 zum Professor ernannt. Bis Ende 1869 bildete er junge Künstler aus, leitete das Landschaftsatelier jedoch bis zum 1. Dezember 1876 (im selben Jahr Ludwig-Richter-Fest Dresdner Künstler). Auf häufigen Reisen durch Deutschland erhielt R. immer wieder neue Anregungen für sein Schaffen, das durch die Zusammenarbeit mit dem Verleger Georg Wigand ab 1836 mehr und mehr von der Malerei zur Zeichnung und Buchillustration überging (über 2000 Holzschnitte u. a. für die «Deutschen Volksbücher», «Beschauliches und Erbauliches», «Fürs Haus» und viele Märchenausgaben). Von seinen Gemälden in der →Gemäldegalerie Neue Meister sind der durch Richard Wagner angeregte «Brautzug im Frühling» (1847 entstanden, im gleichen Jahr von der Galerie erworben, 1855 auf der Pariser Weltausstellung mit einer Goldmedaille ausgezeichet) sowie das Bild «Überfahrt über die Elbe am Schreckenstein bei Aussig» (1837 entstanden, seit 1875 in der Gemäldegalerie) am berühmtesten. Durch die freundschaftliche Unterstützung der Verlegers Johann Christoph →Arnold wurde R. zu den «70 Mahlerischen An- und Aussichten der Umgegend von Dresden» sowie den «30 Mahlerischen An- und Aussichten von Dresden und den nächsten Umgebungen» (beides Dresden, 1820) angeregt. Seine «Lebenserinnerungen eines deutschen Malers» (1885) enthalten viele Details zur Dresdner Stadtgeschichte. Der Künstler ist mit seiner Familie innerhalb der Stadt oft umgezogen. Sein Geburtshaus im Grundstück Friedrichstraße 44 ist noch erhalten, während die anderen Wohnungen (z. B. 1844/58 Äußere Rampische Gasse 32, Sterbehaus Johannesstraße 1a) nicht mehr existieren. Eng verbunden war R. mit Loschwitz, wo er seit 1852 regelmäßig die Sommermonate verbrachte und aus der dortigen Umgebung viele Motive in sein Werk einbezog. Er wohnte dort u. a. bei den Eltern des Fotografen August →Kotzsch (Veilchenweg 1, Kotzschweg 12), in Sperlings Weinberg (Ludwig-Richter-Straße 8), bei dem Maler August Reinhardt (1831–1913; Hermann-Vogel-Straße 2, späteres «Ludwig-Richter-Haus») und zuletzt in der Malerstraße 4. – Ehrenbürger von Dresden (1878); Grab auf dem Neuen Katholischen Friedhof; Gedenkstein mit Porträtmedaillon von Robert Henze im Garten des Leonhardi-Museums in Loschwitz (am 28. September 1884 enthüllt); Bildnis am Schluß des →Fürstenzugs; bis 1926 Ludwig-Richter-Straße in Johannstadt (jetzt Wallotstraße); Ludwig-Richter-Straße in Loschwitz; umfassende Ausstellung «Ludwig Richter und sein Kreis» im Albertinum (1984). –
8. *Otto,* Historiker, Archivar und Bibliothekar, geb. 31. 8. 1852 Meißen, gest. 3. 10. 1922 Dresden. – Nach Abitur an der Kreuzschule studierte R. in Leipzig Geschichte und Philologie, trat 1877 als wissenschaftlicher Hilfsarbeiter in die Kgl. Öffentliche Bibliothek (Sächsische Landesbibliothek) ein und wurde im Juli 1879 vom Rat der Stadt als Archivar und Bibliothekar angestellt. R. widmete sich fast ausschließlich der Geschichte Dresdens. Dabei wertete er als erster systematisch alle zur Verfügung stehenden archivalischen Quellen zur älteren Stadtgeschichte aus. Seine wichtigsten Arbeiten, vor allem seine dreibändige «Verfassungs- und Verwaltungsgeschichte Dresdens», Dresden 1885/91, stellen auch heute noch Standardwerke dar. 1879 wurde er Mitglied des →Vereins für Geschichte und Topographie Dresdens, 1881 dessen Vorsitzender. Bis 1912 fungierte er außerdem als Herausgeber der «Dresdner Geschichtsblätter». – Begraben auf dem Johannisfriedhof Tolkewitz. –
9. *Otto,* Kreuzkantor, geb. 5. 3. 1865 Ebersbach bei Görlitz, gest. 12. 8. 1936 Dresden. – Der in Dresden und Berlin ausgebildete R. wirkte ab 1890 als Kantor und Organist in Eisleben. Von dort wurde er 1906 als Kantor an die Dresdner Kreuzkirche berufen. Während seiner fast 25jährigen Tätigkeit widmete sich R. besonders der Bachpflege (1911 Gründung des Bachvereins) und unternahm 1920 die erste Auslandsreise mit dem Kreuzchor nach Schweden und später nach Holland. R., der 1930 in den Ruhestand trat, war auch als Komponist (Motetten, Wechselgesänge für Chor und Gemeinde) erfolgreich.

Richtstätten: Die seit dem Mittelalter bestehenden R. befanden sich außerhalb der Stadtmauer, wobei die Hinrichtungen nicht selten den Charakter eines Volksfestes hatten. Bereits 1409 wurde ein Galgen vor dem →Wilsdruffer Tor auf der Viehweide erwähnt, der mehrfach erneuert werden mußte. An gleicher Stelle wurde 1562 ein neuer Richtplatz, der sogenannte «Rabenstein», erbaut (etwa Stiftstraße/Ermischstraße). Auf dem «Rabenstein» wurden 1650 die letzten Exekutionen vollzogen. 1732 wurde die R. abgebrochen und nach der Neustädter Seite verlegt. Auch Altendresden hatte seit 1562 eine R. Der Galgen mit seiner steinernen Treppe befand sich vor dem Schwarzen Tor (Südseite vom Albertplatz) und wurde das «Gericht» genannt. Beim Bau der neuen Befestigungsanlagen entfernte man 1732 die R. und erbaute sie am Weg zum Fischhaus neu. Eine R. besonderer Art wurde 1601 als Blutgerüst auf dem Jüdenhof, gegenüber dem heutigen Verkehrsmuseum, aufgestellt. Hier fand die Hinrichtung des Kanzlers →Crell mit dem Schwert statt. Eine weitere R. befand sich 1740/1837 zwischen Friedrichstadt und der Löbtauer Brücke; sie wurde das «Gerichte» oder

«Scharfrichterei» genannt. Im November 1737 erbaute man mit großen Feierlichkeiten vor dem →Pirnaischen Tor am Blasewitzer Tännicht, auf dem →Tatzberg einen neuen Galgen. In →Leubnitz wurde noch 1821 der ehemalige Platz des Leubnitzer Galgens an der Kauschaer Straße als R. erwähnt.

Riemerschmid, Richard: Maler und Architekt, geb. 20.6.1868 München, gest. 13.4.1957 München. – Der zu den bedeutendsten Künstlern des Jugendstils gehörende R., der 1898 die Vereinigten Werkstätten für Kunst im Handwerk in München und 1907 den Deutschen Werkbund mitbegründete, arbeitete ab 1903 für Karl →Schmidt und dessen Dresdner Werkstätten für Handwerkskunst (z.B. Möbel und Inneneinrichtungen), aus denen die →Deutschen Werkstätten Hellerau hervorgingen. 1907/08 entwarf R. den Bebauungsplan für die Gartenstadt →Hellerau und 1909 den Plan für die Deutschen Werkstätten, die als eine der ersten vorbildlich gestalteten Fabrikanlagen Deutschlands gelten. Zu den von R. geschaffenen Einfamilienreihenhäusern Helleraus gehören die «Am grünen Zipfel», «Am Talkenberg» und die Wohnhausgruppe am Markt.

Riesensaal: zu den ehemaligen Sehenswürdigkeiten Dresdens zählender Festsaal im →Residenzschloß, der dort innerhalb der Repräsentationsräume im zweiten Obergeschoß den gesamten Ostflügel einnahm. Er entstand aus dem vorherigen Tanzsaal beim Umbau des Schlosses unter Kurfürst Moritz nach 1548, war fast 57 m lang, 13 m breit und über 5 m hoch. Seinen Namen hatte er von den riesenhaften Kriegergestalten, mit denen die Brüder →Tola die Seitenwände verziert hatten. Die mit Früchten und Tieren bemalte flache Holzbalkendecke wurde beim Umbau des R. 1627/50 von Wilhelm →Dilich durch eine bogenförmig gewölbte Decke ersetzt (neue Höhe: 9,60 m). Nach Dilichs Vorlagen versahen die Maler Kilian Fabritius (gest. 1633) und Christian Schiebling (1603–1663) die Wände über den Fenstern mit allegorischen Ansichten verschiedener Völkerschaften sowie mit 18 Ansichten von kursächsischen Städten nach der Rangfolge der Städte innerhalb der Städteversammlung. Beim Schloßbrand 1701 wurde der R. zerstört, aber 1717/18 in veränderter Form als «Heldensaal» wieder aufgebaut; 1725/26 gestaltete man ihn zur Gemäldegalerie um, 1733 wurde der nördliche Teil und 1739 auch der südliche Teil in einzelne Räume aufgeteilt. – In der Konzeption zum Wiederaufbau des Schlosses ist die Rekonstruktion des R. in der Fassung von 1627/50 vorgesehen.

Ernst Rietschel, Bildnismedaillon am Grabmal

Rietschel, Ernst, Bildhauer, geb. 15.12.1804 Pulsnitz, gest. 21.2.1861 Dresden. – Der zu den bedeutendsten deutschen Bildhauern gehörende Künstler war mit Ernst Julius →Hähnel Begründer der Dresdner Bildhauerschule in der zweiten Hälfte des 19. Jh. Aus ärmlichen Verhältnissen stammend, erhielt der künstlerisch begabte junge R. 1820 eine Freistelle an der Dresdner Kunstakademie, wo er bis 1826 als Maler ausgebildet wurde. Danach nahm er das Bildhauerstudium zunächst kurz bei Franz →Pettrich in Dresden und anschließend bei Christian Daniel Rauch (1777–1857) in Berlin auf. Dort hatte er erste Erfolge, die ihm ein Reisestipendium der sächsischen Regierung zu einem Studienaufenthalt in Rom (1830/31) ermöglichten. Sein erster großer Auftrag war 1831 das Denkmal für König Friedrich August I. (1843 im Zwinger aufgestellt, seit 1928 am Japanischen Palais), dessen Modell er noch in Berlin schuf, ehe er dem Ruf als Professor für Bildhauerei an die Dresdner Kunstakademie folgte, wo er am 1. Dezember 1832 mit 300 Talern Gehalt sein Amt antrat. In drei schaffensreichen Jahrzehnten, in denen er die Übernahme von Professuren in München, Wien und Berlin ablehnte, entstand in Dresden sein Lebenswerk, das stilistisch durch die Verbindung der Ideale des Klassizismus mit realistischen Elementen gekennzeichnet ist. Außer zahlreichen Büsten, Porträtmedaillons und Reliefs schuf R. große Denkmäler, wobei er auf die bis dahin üblichen zeitlosen, antikisierenden Gewänder der Dargestellten verzichtete und sie in zeitgenössischer Tracht abbildete (Lessing-Denkmal in Braunschweig, 1848/1849; Goethe-Schiller-Denkmal in Weimar, 1857). Das bronzene Carl-Maria-von-Weber-Denkmal (erste Arbeiten 1845/46, Auftragserteilung 1851, Aufstellung 1860 hinter dem Opernhaus, seit 1871 an der Gemäldegalerie Alte Meister) ist R. Hauptwerk für Dresden. Außerdem gestaltete er hier das König-Anton-Denkmal in der Friedrichstadt (1836), für Sempers erstes Opernhaus (→Opernhäuser) die Statuen Goethes und Schillers (beide erhalten) sowie Glucks und Mozarts und in den Giebelfeldern die Skulpturengruppen «Musik» und «Tragödie» (letztere erhalten); bis 1855 war er an der bauplastischen Ausschmückung der →Gemäldegalerie Alte Meister beteiligt (Relief- und Medaillongestaltungen; Standbilder von Perikles, Phidias, Holbein, Dürer, Giotto und Goethe; Kinderfiguren an der Nordseite). Das letzte Werk R. war die Lutherfigur des von ihm entworfenen Lutherdenkmals in Worms; sein Schüler Adolf von Donndorf (1835–1916) verwendete den von R. für Worms geschaffenen Lutherkopf für das Dresdner Lutherdenkmal (vor der Frauenkirche 1885 enthüllt). – Unter R. Professur wurde die Bildhauer-Ausbildung an der Kunstakademie umfassend reformiert, zu seinen bedeutendsten Schülern gehören Johannes →Schilling und Gustav →Kietz. – 1837/47 hatte R. ein Haus an der Langen Gasse beim Dohnaischen Schlag, danach bezog er eine Wohnung in der Struvestraße 8 und erhielt 1859 ein Haus mit benachbartem Atelier in der Ammonstraße. Zuvor hatte er ab 1833 sein Atelier im ehemaligen Gartensaal des →Brühlschen Gartens auf der Brühlschen Terrasse. Der Künstler war viermal verheiratet; seine zweite Gattin war eine Tochter von Carl Gustav →Carus. – Das 1869 im Palais im Großen Garten eingerichtete *Rietschelmuseum* gab mit Originalen und Gipsabgüssen einen nahezu vollständigen Überblick über das Werk des Bildhauers. 1902 wurden die Arbeiten in die →Skulpturensammlung eingegliedert, in deren Magazin sie aufbewahrt werden. – Denkmal von Johannes Schilling auf der Brühlschen Terrasse an der Stelle von R. ehemaligem Atelier (enthüllt 21. Februar 1876); Grab auf dem Trinitatisfriedhof; Rietschelstraße in der Pirnaischen Vorstadt; Rietschelweg in Loschwitz; 1991 Stiftung des «Ernst-Rietschel-Kunstpreises in Sachsen für Bildhauerei» (erstmals 1992 vergeben).

Rietz, Julius: Dirigent, geb. 28. 12. 1812 Berlin, gest. 12. 9. 1877 Dresden. – Der zunächst als Cellist ausgebildete Musiker, ein Freund MENDELSSOHNS, wirkte 1848/60 als Dirigent am Leipziger Gewandhausorchester und danach bis zu seinem Tode als Hofkapellmeister in Dresden. Er war der erste Generalmusikdirektor (ab 1874) der Dresdner Oper und Kapelle und widmete sich besonders der Musikpflege von MOZART und Richard WAGNER. Seine Wohnungen Ostra-Allee 27 bzw. 39 und Prager Straße 16 wurden beim Bombenangriff 1945 zerstört. – Grab auf dem Trinitatisfriedhof, Rietzstraße in Mickten.

Rilke, Rainer Maria: Dichter, geb. 4. 12. 1875 Prag, gest. 29. 12. 1926 Valmont bei Montreux. – R., der bereits 1894 in der Dresdner Halbmonatsschrift «Die Penaten» Verse veröffentlicht hatte, besuchte die Stadt erstmals im August 1896. Ein Jahr zuvor hatte er Anschluß an die Dresdner «Literarische Gesellschaft Psychodrama» gefunden. Im Mai 1901 und im März/April 1905 verbrachte R. Kuraufenthalte in Lahmanns Sanatorium auf dem Weißen Hirsch. Im Oktober 1905 hielt er in Dresden seinen bekanntgewordenen Vortrag über A. RODIN. Im Oktober 1913 besuchte der Dichter die Aufführung «Mariä Verkündigung» von Paul CLAUDEL im ➔Festspielhaus Hellerau sowie Vorführungen der Dalcroze-Schule. In Hellerau lernte er auch Franz WERFEL kennen.

Ringstraßen: Die im ersten Drittel des 19. Jh. entstandenen R. führten von der Marienstraße bis zur Zeughausstraße. Nach der Niederlegung der Altstädter Festungswerke entstanden große Privatgartenanlagen, auf dem zugeschütteten ➔Stadtgraben wurden in vier Abschnitten 1820/22 Fußgängerpromenaden angelegt. Der Teil von der Marienstraße bis zur ➔Seestraße wurde «Johannisallee» (ab 1872 Johannesallee) genannt. Das folgende Straßenstück bis zur ➔Gewandhausstraße erhielt den Namen Friedrichsallee. Als dritte Promenade wurde die bis zum ➔Pirnaischen Platz führende Maximilianallee angelegt, der als letztem Abschnitt bis zum Amalienplatz die Moritzallee folgte. An den zum größten Teil mit Linden oder Platanen bepflanzten Fußwegen lagen auf der Stadtseite der Hessische-, von Schall-, von Preuß-, Kreysigs- und der Botanische Garten. Die Johannes-, Friedrichs-, und Maximilianallee erhielten ihre Namen nach den jeweiligen Prinzen. Die am Botanischen Garten entlangführende Moritzallee wurde nach dem an ihrem nördlichen Ausgang befindlichen ältesten Dresdner Denkmal, dem ➔Moritzmonument, benannt. 1871 entstand ein Projekt, bei dem die vier Alleen unter Einbeziehung der Gärten zu einer R. umgestaltet werden sollten. Das Ministerium des Innern und das Landesmedizinalkollegium verweigerten 1873 noch das Ringstraßenprojekt mit der Begründung, durch den Wegfall der Gärten und der Spielplätze würden die gesundheitlichen Verhältnisse der Stadt geschädigt. Nachdem 1886 die Staatsbehörden sich mit der Stadtgemeinde geeinigt hatten, konnten die Promenaden, die bislang nur für die Fußgänger benutzbar waren, dem Straßenverkehr dienstbar gemacht werden. Durch die Anlage der breiten R. wurden die zu ihr parallel verlaufenden schmalen Straßen (➔Waisenhaus-, Johannes- und Amalienstraße) entlastet. Nach 1945 erhielten die ehemaligen Straßen Johannes-Ring (1903/45 mit Bismarckdenkmal) und Friedrichs-Ring den Namen Dr.-Külz-Ring. Aus dem Maximilians- und dem Moritz-Ring wurde die R., die heute nur noch bis zum Pirnaischen Platz führt.

Ritterakademie, auch *Wackerbarthsches Palais*: ehemaliger Gebäudekomplex zwischen Kasernen-, Ritter- und Wiesentorstraße mit Hauptfront zum Niedergraben. Die R. entstand 1723/30 nach Plänen von Johann Christoph ➔KNÖFFEL auf Veranlassung von Christoph August von ➔WACKERBARTH, der den Vorschlag zur Gründung einer militärischen Bildungsanstalt für junge Adlige gemacht hatte. 1725 begann der Unterricht in dem noch unvollendeten Gebäude für die Kadetten, die ab 1731 auch dort wohnten. Bis 1878 war die *Kadettenanstalt* (➔Kasernen) in der R. untergebracht. Der 130 m lange und 36 m breite Komplex enthielt Wohnräume für Offiziere, Kadetten und Lehrer, Hörsäle, ein Reithaus mit Stallungen für 50 Pferde und über der Reitbahn einen großen Turn- und Tanzsaal. Dieser erste Bau Knöffels in Dresden zeigte erstmalig an den Fassaden die Lisenengliederung, die zu einem typischen Merkmal des ➔Dresdner Barocks wurde. Nachdem 1878 die Kadetten in der Albertstadt ein neues Kadettenhaus bezogen hatten, diente die R., die um 1925 restauriert wurde, verschiedensten staatlichen Zwecken u. a. dem Landesamt für Denkmalpflege. Das beim Bombenangriff 1945 teilzerstörte Gebäude fiel nach und nach – trotz energischen Protestes der Denkmalpfleger – den Planungsvorhaben der SED-Machthaber zum Opfer (1946 Beginn des Abrisses; 1956 Teilsprengung; 1961 Sprengung der Reithalle; 1963 Beseitigung des Kopfbaues und des Treppenhauses). Nur das Bildnisrelief AUGUSTS DES STARKEN von Benjamin THOMAE, das die Hauptfront der R. zierte, konnte geborgen und am ➔Johanneum angebracht werden.

Röber, Friedrich August: Arzt, Stadtphysikus, geb. 22. 1. 1765 Dresden, gest. 5. 3. 1827 Ilkendorf/Kr. Meißen. – Nach dem Besuch der Kreuzschule und dem Medizinstudium in Leipzig und Straßburg wirkte R. von 1787 an als Arzt in Dresden (ab 1791 Stadtphysicus). In seiner 28jähri-

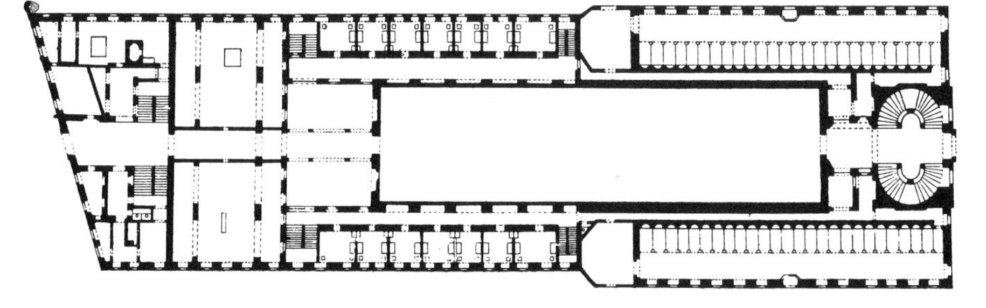

Grundriß der Ritterakademie

gen Amtszeit wurden durch seinen Einfluß die Verhältnisse im Dresdner Gesundheitswesen entscheidend verbessert, besonders im Stadtkrankenhaus und im Findelhaus. Große Verdienste hatte R. bei der Versorgung der Kranken während der Napoleonischen Feldzüge 1805/06 und 1813/14. Über die Stadtgrenzen hinaus bekannt wurde er mit einem umfangreichen Buch über Hygiene, Seuchenverhütung und die Organisation des staatlichen Gesundheitswesens (erschien 1805). Die letzten Lebensjahre verbrachte R. auf seinem Weingut in Kötzschenbroda.

Rochwitz: rechtselbischer Stadtteil auf der Hochfläche zwischen →Loschwitzgrund und Wachwitzgrund, 1378 als Rochewitz (slawisch: Dorf eines Roch) urkundlich erwähnt, 1921 zu Dresden eingemeindet. – Altrochwitz, später *Oberrochwitz* genannt, war ein Straßenangerdorf mit Blockstreifenflur in einer Wiesenmulde, gehörte 1463 zum Besitz der Dresdner Familie KUNDIG, im 16. Jh. der Familie KARRAS auf Schönfeld und von 1609 bis 1839 zum Gut Gönnsdorf. Es wurde 1726 durch den Grafen FLEMMING gekauft. Das gutseigene Rochwitzer Tännicht wurde 1832 dem Staatsforstrevier Pillnitz unterstellt. 1869 zerstörte ein Brand den Ort bis auf acht Höfe. Mitte des 16. Jh. wurde *Niederrochwitz* im Loschwitz-Bühlauer Grund als Häuslersiedlung an der Tännichtstraße angelegt. In diesem Ortsteil befindet sich an der →Grundstraße das Fachwerkhaus der historischen Gaststätte «Zur Eule» mit alten Hausinschriften. Die Baumeister Karl und Gustav PIETZSCH (Zweibrüderweg) errichteten ab 1884 «im Busch» die ersten Häuser von *Neurochwitz*. Die abseits gelegene Siedlung und ein 1893 eröffneter Gasthof mit Tanzsaal wurden «Kamerun» genannt. Das Gebäude des um 1950 geschlossenen Gasthofs wurde 1986 in den Neubau eines Altersheimes der Christengemeinschaft einbezogen. In Oberrochwitz gründete die Fraternitas-Loge 1909 ein jüdisches Kinderheim; die wohltätige Vereinigung wurde 1937 verboten. Der Ausbau der Krügerstraße 1893 und der Karpatenstraße 1925, die Bauten der Siedlervereinigung Dresden– Loschwitz–Rochwitz 1929 und der Kleinhaussiedlung mit etwa 100 Wohnungen an der Hutbergstraße um 1937 waren Etappen der weiteren Erschließung des Ortes. Bis zum Bau der heutigen 61. Grundschule an der Hutbergstraße 1882 besuchten die Kinder die Schule in Bühlau. R. war zu Schönfeld eingepfarrt und gehört seit 1892 zur Bühlauer Kirchgemeinde. 1937 erhielt der Ort einen – später zeitweise unterbrochenen – Busanschluß nach Loschwitz.

Röckel, August: Musikdirektor, geb. 1. 12. 1814 Graz, gest. 18. 6. 1876 Budapest. – R. wurde 1843 durch Wolf Adolf August von →LÜTTICHAU als dritter Musikdirektor neben Richard →WAGNER und Garl Gottlieb →REISSIGER nach Dresden berufen. Mit seiner Frau Caroline wohnte er im Haus von Johann Andreas →SCHUBERT, Friedrichstraße 46. Seine Oper «Farinelli» gelangte nicht zur Aufführung. – R. war seit frühester Jugend mit dem Opernunternehmen seines Vaters in Paris und London mit demokratischem Gedankengut vertraut und trat 1848 dem →Deutschen Vaterlandsverein bei. Er gab die Wochenschrift «Volksblätter» heraus, wurde nach seinem «Offenen Brief an unsere militärischen Brüder» verhaftet und am 5. Oktober 1848 vom Dienst suspendiert. R. gewann auf Richard Wagners politisches Denken großen Einfluß, war mit Michail Alexandrovič →BAKUNIN bekannt und entwarf Pläne zur allgemeinen Volksbewaffnung. Anfang Mai 1849 reiste er nach Prag, eilte auf die Nachricht vom →Maiaufstand nach Dresden zurück, stellte sich der Provisorischen Regierung zur Verfügung und gehörte mit Alexander Clarus HEINTZE zu den Führern des bewaffneten Kampfes. In der Nacht zum 8. Mai geriet er in Gefangenschaft, wurde im August mit Bakunin und Otto Leonhard →HEUBNER auf die Festung Königstein gebracht, 1850 zum Tode verurteilt und zu lebenslanger Haft begnadigt. R. weigerte sich, Gnadengesuche einzureichen, und wurde am 10. Januar 1862 als letzter Maigefangener aus dem Zuchthaus Waldheim entlassen. Mit seinen Erinnerungen «Sachsens Erhebung und das Zuchthaus zu Waldheim» (1865) stellte er die reaktionäre Justitz an den Pranger. – August-Röckel-Straße in Kleinzschachwitz.

Röhrhofsgasse: Die seit 1845 bestehende R. führt von der →Annenstraße südöstlich bis zur Liliengasse. Bei der Anlage wurde ihr der Name R. nach dem in der Annenstraße seit dem 15./16. Jh. bestehenden Röhrhof gegeben. Der Röhrhof diente zur Herstellung der hölzernen Röhren für die Weißeritzwasserleitungen. Ende des 17. Jh. nannte man den Röhrhof kurzzeitig auch «Kamelhof». Hier sollen die vom Sieg gegen die Türken (1683 bei Wien) erbeuteten Kamele zur Zucht eingestellt gewesen sein. Der Zuchtversuch mißlang, weil die Tiere vorzeitig starben. 1900 wurde der alte Röhrhof abgebrochen und auf dessen Areal 1903 das Gebäude der königlichen Bezirkssteuereinnahme errichtet. Nach der völligen Zerstörung 1945 wurden im Rahmen des Aufbauplanes an der R. Neubauten errichtet.

«Roland» – Verein zur Förderung der Stamm-, Wappen- und Siegelkunde: der 1902 in Dresden gegründete Verein hatte über 700 Mitglieder, die sich für die Förderung der Familienkunde und -forschung einsetzten und weit über Dresden hinaus wirksam wurden. Die Bibliothek (ca. 15 000 Bände) des Vereins ist heute Bestandteil der Sächsischen Landesbibliothek.

Roquette, Otto: Dichter und Literaturhistoriker, geb. 19. 4. 1824 Krotoschin (heute Polen), gest. 18. 3. 1896 Darmstadt. – R., der Mitglied der →Montagsgesellschaft war, arbeitete 1853/56 als Lehrer am Blochmannschen Institut, dem späteren →Vitzthumschen Gymnasium. Er wohnte im Haus Dippoldiswaldaer Straße 2. – Roquettestraße in Briesnitz.

Rösch, Richard: sozialdemokratischer Arbeiterfunktionär, geb. 2. 6. 1874, gest. 18. 10. 1936 Cunewalde/Oberlaus. – Der gelernte Zimmermann war 1901/14 als Redakteur bzw. Funktionär für die SPD tätig, trat 1917 der USPD bei, leitete 1919/22 die Expedition der «Unabhängigen Volkszeitung» in Dresden und war – wieder als SPD-Mitglied – 1922/23 Redakteur der «Dresdner Volkszeitung». Er vertrat seine Partei als Stadtverordneter, als Mitglied der Sächsischen Gemeindekammer und im Sächsischen Gemeindetag. In Dresden setzte er sich besonders für den gemeinnützigen Wohnungsbau und die Einrichtung von Volksheimen ein. R. wurde von den nationalsozialistischen Machthabern im März 1933 im Redaktionsgebäude der «Dresdner Volkszeitung» gefangengehalten, mißhandelt und nach Inhaftierung in der Haftanstalt Mathildenstraße als schwerkranker Mann entlassen. Er starb an den Folgen der Haft. – Richard-Rösch-Straße in Trachau.

Rose, Max: Architekt. geb. 3.7.1862 Dresden, gest. 18.6.1922 Arnsdorf bei Dresden. – R. besuchte die Baugewerkeschule in Dresden und studierte ab 1882 bei →LIPSIUS an der Kunstakademie. Für seinen Entwurf für den →Ausstellungspalast erhielt er 1888 den 3. Preis. Von dieser Zeit an baute er zahlreiche Villen und Einfamilienhäuser in Dresden (Laubegast, Blasewitz, Leubnitz-Neuostra, an der Comeniusstraße, Tiergartenstraße, Münchner Straße u.a.) sowie den Konzertsaal im Ausstellungspalast. Ab 1898 war er auch Mitarbeiter der Dresdner Werkstätten für Handwerkskunst (→Deutsche Werkstätten Hellerau).

Rosengarten: 1,5 ha große, heckenumfriedete Gartenanlage am Neustädter Elbufer zwischen Prießnitzmündung und Albertbrücke. Sie wurde im Zuge der Elbufergestaltung (→Königsufer) in den dreißiger Jahren angelegt und anläßlich der Gartenbauausstellung 1936 fertiggestellt. In den drei Teilen des R. (oberer und mittlerer Teil sowie Senkgarten) stehen 10 000 Edelrosen in 60 Sorten sowie 3000 Park- bzw. Wildrosen, außerdem schmücken ihn vier Kunststeinplatten von M. H. FRITZ, die Bronzestatue «Genesung» von Felix PFEIFER und die Sandsteinplastik «Knieende» von Otto ROST.

Rosengasse: seit dem Mittelalter in der →Wilsdruffer Vorstadt existierende Gasse, die von der →Freiberger Straße in nordöstlicher Richtung zum →Freiberger Platz führt. Bis ins 19. Jh. verlief ihr Weg nur von der Maternistraße bis zum Freiberger Platz. Ihren Namen verdankt sie einem einst dort befindlichen Gasthaus, welches Rosen in seinem Schild führte. Im Revolutionsmai 1849 befanden sich an der R. drei Barrikaden (am Freiberger Platz, der Falkengasse und an der Häusergruppe der späteren Ammonstraße). Die südwärts führende Verlängerung der R. von der Maternistraße bis zur Freiberger Straße wurde erst Anfang des 19. Jh. bebaut und erhielt ab 1844 den Namen Rosenweg. Die häufige Verwechslung beider Gassen führte 1878 zur Zusammenlegung und zum gemeinsamen Namen Rosenstraße. Zu den Fabrikationsstätten der Rosenstraße gehört die 1888 von der Konsumgenossenschaft «Vorwärts» errichtete Großbäckerei. Sie bezog ein 1902/03 erbautes Gebäude auf der Rosenstraße 99–101. 1945 wurde die Rosenstraße fast völlig zerstört.

Rosenhauer, Theodor: Maler und Grafiker, geb. 8.5.1901 Dresden. – Nach dem Studium an der Dresdner Kunstgewerbeakademie 1919 und an der Kunstakademie 1920/23 bei Ferdinand →DORSCH wirkte R. ab 1924 freischaffend in Dresden. Seine Berufung als Professor an die Kunstakademie wurde 1935 von den NS-Machthabern verhindert. Bei der Zerstörung Dresdens 1945 verlor der Künstler mit seinem Atelier den größten Teil seiner Bilder. Mit seinen realistischen Bildnissen, stimmungsvollen Stilleben und Landschaften (vor allem Dresden und Umgebung) gehört R. zu der Künstlergeneration, die zum Ruhm der Dresdner Kunst des 20. Jh. beitrug. R. erhielt 1956 den Martin-Andersen-Nexö-Kunstpreis der Stadt Dresden. – 1968 und 1988 Personalausstellungen im Albertinum.

Rosenkranz (Firma): durch Ernst Philipp ROSENKRANZ (1773–1828) in der Neustädter Pfarrgasse Nr. 85 im Jahre 1797 begründete Pianoforte-Fabrik, die die älteste dieser Art in Sachsen und die zweitälteste in Deutschland war. Der Sohn des Gründers, Friedrich Wilhelm (1806–1856), übernahm die Fabrik, die dann an seinen Bruder Ernst Adolf (1813–1873) überging und bis nach 1930 bestand.

Rosmaringasse: bis 1945 als Fortsetzung der →Großen Brüdergasse zwischen →Schloßstraße und →Galeriestraße verlaufende Verbindung. Im Mittelalter trug die R. keinen Namen. Um 1600 wurde sie als Niclaßgasse, Petergeßlein und Quergäßlein bezeichnet. Der Name R. ist seit dem Ende des 17. Jh. gebräuchlich, weil dort angeblich den zum Frauenkirchhof ziehenden Trauergemeinden Rosmarinzweige zum Verkauf angeboten wurden.

Roßthal: Vorort am Südwesthang des Elbtals, 1319 als Rostyl (vermutlich nach slawischen Personennamen oder der Bezeichnung für Flußgabel) urkundlich erwähnt, 1918 mit →Neunimptsch vereinigt, 1923 zu Dölzschen eingemeindet und mit diesem 1945 Stadtteil Dresdens. – In der als Platzdorf am Roßthaler Bach angelegten Siedlung baute der Grundherr Alexander von KRAHE 1657 einen Gutshof zum Herrensitz aus. Der Direktor der Porzellanmanufaktur Meißen, Carl Siegmund von NIMPTSCH (1696–1773), ließ 1736 einen Turm aufstocken und den Park mit Wasserkünsten und Grotten schmücken. Seinen Besitz pries er in dem 1772 erschienen Buch «Poetische Beschreibung der Zufriedenheit und angenehmen Ruhe auf einem Landguth insonderheit auf denen bey Dresden auf der Anhöhe gelegenen Ritter- und Erb-Güthern Rossthal und Pesterwitz etc.» – Ab 1785 ließ Günther Carl Albrecht von NIMPTSCH die Siedlung →Neunimptsch anlegen und 1795 das Weinbergschlößchen *Jochhöh* (Juchhöh) errichten (1953 zum Feierabendheim umgebaut). 1852 übernahm Carl Friedrich August →KREBS den Besitz, der trotz der 1838 erlassenen sächsischen Landgemeindeordnung ein Gutsbezirk mit geradezu patriarchalischen Rechten des Gutsherrn blieb. Das Gut R. umfaßte im Besitz der Familie von BURGK 220 ha Ackerland und wurde 1945 enteignet. Carl Moritz →HAENEL verlieh dem Schloß 1858/59 sein heutiges Aussehen im Neurenaissancestil. Es diente als Internat einer landwirtschaftlichen Ausbildungsstätte und seit 1991 dem Agrarwissenschaftlichen Gymnasium. Erhalten blieb im Park eine als «Kapelle» oder «Einsiedelei» bezeichnete Grotte.

Rostagk, auch *Rodstock*: Wüstung zwischen den heutigen Stadtteilen Löbtau und Friedrichstadt, 1326 urkundlich erwähnt, nach slawischer Bezeichnung für Flußgabelung. – In R. besaß das Meißner St.-Afra-Kloster Zinsrechte. Die stark hochwassergefährdete Siedlung wurde wahrscheinlich im 15. Jh. aufgegeben, ihre Flur zusammen mit der benachbarten Wüstung →Wernten von den Bauern des Dorfes →Ostra bewirtschaftet und 1568 vom kurfürstlichen Vorwerk Ostra übernommen.

«Rote Amsel»: →Leonhardi, Eduard

Rothbarth, Hanns: Korrektor, Widerstandskämpfer, geb. 27.6.1904 Dresden, gest. (erm.) 11.10.1944 KZ Sachsenhausen. – Der Sohn eines Fabrikanten schloß sich nach 1922 der Vereinigten Kletterabteilung im Touristenverein «Die Naturfreunde» an, war nach 1925

Mitglied der KPD-Stadtleitung Dresden-Striesen und ab 1927 KPD-Funktionär in der Dresdner Gardinen- und Spitzenmanufaktur AG. Nach 1933 wirkte er illegal im Rheinland und wurde von der Gestapo mehrfach inhaftiert. – Hanns-Rothbarth-Straße in Dobritz.

Rothermundtpark: kleinere Parkanlage am →Landgraben in Gruna, die das nach 1875 errichtete Landhaus (1945 zerstört) des russischen Kaufmanns Julius Ludwig ROTHERMUNDT umgab und 1914 der Öffentlichkeit zugänglich gemacht wurde. An gleicher Stelle hatte sich bis 1875 der Landgasthof Grüne Wiese befunden. 1982 wurde der R. als Kinderspielplatz neu hergerichtet.

Rubinstein, Anton Grigorjewitsch: Komponist, Pianist und Dirigent, geb. 16.(28.) 11.1829 Wychwatinza (Moldauen), gest. 8.(20.) 11.1896 Peterhof (Petersburg). – Der international angesehene russische Musiker, der sehr viel für das Musikleben in seiner Heimat geleistet hat, hatte Dresden auf einigen Gastspielen (z.B. 1842, 1867, 1869, 1870, 1875, 1886) kennengelernt. 1891/94 nahm er seinen Wohnsitz hier und wurde zum Mittelpunkt einer kleinen russischen Kolonie. Er wohnte im Hotel «Europa» an der Prager Straße; den Sommer 1892 verbrachte er in Kleinzschachwitz. – Gedenktafel an der Fanny-Lewald-Straße 1; Rubinsteinstraße in Großzschachwitz.

Rudolf-Harbig-Stadion: Fußballstadion an der Lennéstraße, Heimstadion der Bundesligaelf →Dynamo Dresden. – Es wurde 1952 nach dem Leichtathleten Rudolf HARBIG (geb. 8.11.1913, gef. 5.3.1944) benannt, später als Dynamostadion bezeichnet und 1990 rückbenannt. – Aus Mitteln der →Güntzstiftung errichtete die Stadt 1896 auf 7 ha Wiesenfläche Sport- und Spielstätten, die anläßlich der 1. →Internationalen Hygiene-Ausstellung 1911 erweitert wurden. Am 16. Mai 1923 wurde auf den Güntzwiesen anläßlich der Jahresschau «Spiel und Sport» ein Leichtathletikstadion mit 24000 Zuschauerplätzen und zusätzlichem Spielfeld eröffnet und nach seinem Stifter Hermann ILGEN *Ilgenkampfbahn* genannt. 1950/51 wurde das Stadion nach Entwürfen von GEBAUER und Emil LEIBOLD zum Fußballstadion ausgebaut. Die Flutlichtanlage und das Sportcasino entstanden 1969. – Stadion in städtischem Besitz; 1994 Veranstaltungsort des Deutschen Katholikentages.

Rudolf-Harbig-Stadion

Rudolph, Wilhelm: Maler und Grafiker, geb. 22.2.1889 Chemnitz, gest. 30.9.1882 Dresden. – R. gehört mit seinen Grafiken, Landschaften und Porträts zu den «Altmeistern» der Dresdner Kunst im 20. Jh., wobei er vor allem als Erneuerer des realistischen Holzschnitts gilt. Nach einer Ausbildung als Lithograph studierte er 1908/14 an der Dresdner Kunstakademie bei Robert →STERL und Carl →BANTZER und war nach dem Militärdienst im Ersten Weltkrieg freischaffend tätig. Ab 1932 wirkte er als Professor für Malerei an der Dresdner Kunstakademie, wo er 1938 als «politisch untragbar» entlassen wurde und Ausstellungsverbot erhielt. Den größten Teil seines Werks verlor R. mit seiner Wohnung im Körnerhaus (Körnerstraße) beim Bombenangriff am 13. Februar 1945. Unmittelbar danach begann er unermüdlich mit großer künstlerischer Meisterschaft und erschütternder Realistik die zur toten Ruinenlandschaft gewordene Stadt und deren Bewohner zu zeichnen (150 Rohrfederzeichnungen «Das zerstörte Dresden» 1945/46; 116 Zeichnungen «Um den Mai 1945», 1945; Aquarelle und farbige Zeichnungen «Dresden als Landschaft», 1949; 72 Holzschnitte «Dresden 1945», 1947/75). Er ist damit als bildnerischer Dokumentarist des zerstörten Dresden in die Kunstgeschichte eingegangen. 1947/49 lehrte er wieder als Professor an der Kunsthochschule und arbeitete danach freischaffend. 1961 und 1980 erhielt er den Nationalpreis sowie 1961 den Martin-Andersen-Nexö-Kunstpreis der Stadt Dresden. R. wohnte zuletzt in Bühlau (Kirschauer Straße) und hatte sein Atelier im Akademiegebäude auf der Brühlschen Terrasse. – Ehrenbürger von Dresden (1979); Grab auf dem Johannisfriedhof Tolkewitz; Wilhelm-Rudolph-Straße im Wohngebiet Reicker Straße.

Wilhelm Rudolph

Blick zur Sophienkirche. Holzschnitt von Wilhelm Rudolph. 1945

«der ruf»: erste Dresdner Künstlergruppe, die sich nach Kriegsende 1945 zusammenfand, um der bildenden Kunst in Dresden einen neuen Anfang zu geben. Die Gründungsmitglieder waren u.a. Karl von →APPEN, Hermann →GLÖCKNER, Erna →LINCKE, der Maler und Zeichner Hans CHRISTOPH (geb. 1901) sowie als Wortführer Edmund →KESTING. Im sogenannten Grünen Haus zeigten die Künstler vom 11. bis 30. November 1945 unter dem Titel «Befreite Kunst» die erste Kunstausstellung in Dresden nach der faschistischen Herrschaft. Die dritte und letzte Ausstellung fand 1948 statt.

Ruge: 1. *Arnold*, Publizist, Erzähler, Dramatiker, Lyriker, geb. 13.9.1802 Bergen/Rügen, gest. 21.12.1880 Brighton/England. – R. lebte 1841/43 in Dresden. Hier setzte er zusammen mit Theodor →ECHTERMEYER die 1838 begonnenen und später verbotenen liberalen «Halleschen Jahrbücher» 1841 als «Deutsche Jahrbücher für Kunst und Wissenschaft» fort. Sie wurden aber bereits 1842 wieder verboten. Er gründete in der Stadt auch ein «Literarisches Museum», eine Art Debattierklub. R. verkehrte im Kreis um Julius →Mosen. Kurze Zeit war er auch Stadtverordneter. Bekannt ist sein Treffen mit Karl →Marx im Mai 1843 in der Stadt, als er mit diesem die Herausgabe der «Deutsch-Französischen Jahrbücher» besprach. – **2.** *Sophus*: Geograph, geb. 26. 3. 1831 Dorum/Friesland, gest. 23. 12. 1903 Dresden. – Der anerkannte Fachmann für Geschichte der Geographie kam 1859 nach Dresden, wirkte bis 1870 als Lehrer an der öffentlichen Handelslehranstalt der Dresdner Kaufmannschaft, bis 1872 an der Annenschule und kam dann an das Dresdner Polytechnikum, wo er 1874/1902 den Lehrstuhl für Geographie und Ethnographie innehatte. Unter seinen zahlreichen wissenschaftlichen Veröffentlichungen ist die Herausgabe des Kartenwerkes «Die erste Landesvermessung des Kurstaats Sachsen von Matthias Oeder» (1889) hervorzuheben. R. gehörte zu den Mitbegründern des →Vereins für Erdkunde zu Dresden (1863) und des →Gebirgsvereins für die Sächsische Schweiz (1885). – Grab auf dem Alten Friedhof in Klotzsche; Rugestraße in der Südvorstadt.

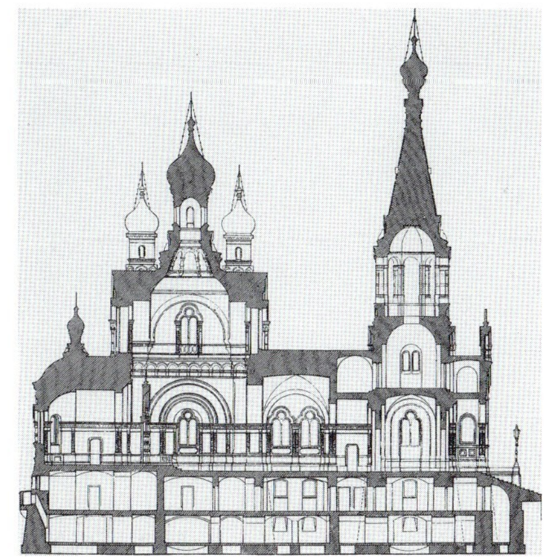

Rüger, Otto: Fabrikant, geb. 9. 7. 1831 Dresden, gest. 20. 8. 1905 Dresden. – R. pachtete 1858 die Lobecksche Kakaomühle im Lockwitzgrund (1934 stillgelegt), übernahm 1885 die Hintermühle in Lockwitz und baute das Unternehmen zu einer der bedeutenden Schokoladenfabriken des Dresdner Raums aus. Er war Vorsitzender des Verbandes Deutscher Schokoladenfabrikanten und schuf die volkstümliche Werbefigur des «Schokoladen-Hansi». – Begraben Friedhof Leubnitz-Neuostra.

Rumpel, Gustav: Architekt, geb. 30. 8. 1844 Dresden, gest. 30. 4. 1904 Loschwitz. – R. war Schüler der Dresdner Akademie und gründete nach einer kurzen Tätigkeit in Chemnitz 1873 mit Ernst →Sommerschuh in Dresden eine Baufirma. Zu deren Hauptwerken gehören: die Aufstockung des →Blockhauses, die →Versöhnungskirche in Striesen (1905/09) und mehrere Bankgebäude in der Altstadt (Dresdner Bank, Allgemeine Deutsche Creditanstalt, Bankhaus Rocksch). – Grab auf dem Loschwitzer Friedhof.

Runge, Philipp Otto: Maler, geb. 23. 7. 1777 Wolgast, gest. 2. 12. 1810 Hamburg. – Bedeutender Vertreter der norddeutschen Romantik, studierte 1801/03 an der Dresdner Kunstakademie. In dieser künstlerisch für ihn entscheidenden Zeit entwarf er seine grundlegenden Bildideen (z. B. zu den «Tageszeiten»). Er gehörte zum Frühromantikerkreis um Ludwig →Tieck und verkehrte u. a. mit den Malern Anton →Graff, Caspar David →Friedrich und Ferdinand →Hartmann. Nach seiner Vermählung 1804 mit der Dresdner Fabrikantentochter Pauline Susanne Bassenge lebte R. in Hamburg. – Rungestraße in Zschertnitz.

Russisch-Orthodoxe Kirche: 1872/74 nach Plänen von Harald Julius von →Bosse durch Karl →Weissbach an der heutigen Fritz-Löffler-Straße errichtet. Sie wurde dem Heiligen Simeon vom wunderbaren Berge geweiht und erhielt ihren Standort in der Nähe der damaligen kaiserlich-russischen Gesandtschaft Lukasstraße 6. Die 1861 gegründete russisch-orthodoxe Gemeinde zu Dresden zählte ca. 600 Gläubige. Der sandsteinverkleidete Ziegelbau entspricht dem Moskauer Kirchentyp des 17. Jh. Er wird von 5 Kuppeln gekrönt; westlich schließen sich die niedrigere Vorkirche und der 40 m hohe Glockenturm mit

Sophus Ruge
Die Russisch-Orthodoxe Kirche
Längsschnitt der Russisch-Orthodoxen Kirche
Rüstkammer. Jagdgarnitur von Gabriel Gipfel. Dresden 1607

vergoldeter Kuppel an. Im Inneren: 10 m breiter Ikonostas aus weißem Marmor, Ikonen von James MARSHALL (1838 bis 1902). Die Kirche untersteht dem Moskauer Patriarchat.

Rüstkammer: im Ostflügel des Galeriegebäudes am Zwinger untergebrachte und zu den →Staatlichen Kunstsammlungen gehörende, vom ausgehenden Mittelalter bis in die zweite Hälfte des 18. Jh. reichende Sammlung von etwa 10 000 Jagd-, Turnier-, Repräsentations- und Gebrauchswaffen, anderen entsprechenden Ausrüstungen und Geräten sowie Kleidungsstücken und Gebrauchsgegenständen des sächsischen Fürstenhofes. – Die Bestände der R. gehen auf die kurfürstliche Rüst- und Harnischkammer im 16. Jh. zurück, die die für die ritterlichen Turniere notwendigen Waffen und Ausrüstungen beherbergte. Die eigentliche Sammeltätigkeit begann mit Kurfürst →AUGUST. Er und seine Nachfolger, zu deren Passionen die Jagd gehörte, vervollständigten bis ins 18. Jh. hinein die Sammlung durch Ankäufe, Geschenke und Beutestücke mit vielen kostbaren Gegenständen deutscher und ausländischer Kunsthandwerker. 1567 wurden die Bestände erstmals inventarisiert. Von 1591 bis 1722 befand sich die R. in den Obergeschossen des Stallhofs, danach wurde sie in die «Kriegskanzlei» auf der Schössergasse verlagert. 1831 vereinigte man sie mit Restbeständen der →Kunstkammer zum *«Historischen Museum»* (Bezeichnung «Rüstkammer» wieder seit Ende 1992) und brachte sie in der nordwestlichen Galerie des Zwingers unter, wobei auch die kurfürstliche Kleidersammlung hinzukam. Von 1876 bis zur Auslagerung 1942 fand die R. ihre Heimstatt im →Johanneum. Die 1945 in die Sowjetunion verbrachten Kunstgegenstände wurden 1958 zurückgegeben und ab 1959 – vereinigt mit der →Gewehrgalerie – wieder in Dresden ausgestellt. Künftig ist die Aufstellung der R. im wiederaufgebauten →Residenzschloß vorgesehen.

Rutowskisches Palais: →Palais Vitzthum-Rutowski

Rüstkammer, Innenansicht 1970

Sachsenplatz: vor ihrer Zerstörung bedeutendste Platzanlage der Gründerjahre in Dresden, errichtet ab 1875 in Zusammenhang mit dem Bau der →Albertbrücke. Nach dem Plan von Hermann August →RICHTER schufen Oswald →HAENEL und Bruno →ADAM die reich dekorierten Wohngebäude im deutschen Renaissancestil mit sandsteinverkleideten Fassaden. Sie bildeten zusammen mit der 1880/81 erbauten Jägerkaserne (dem einzigen Kasernenneubau auf Altstädter Seite), den Häusergevierten am Terrassenufer (1873/74 von Johannes Hugo STRUNZ, 1833–1898) und den anschließenden Bauten an der Marschallstraße und Sachsenallee einen einheitlichen großstädtischen Häuserkomplex. Der Platz wurde 1945 durch Luftangriffe völlig zerstört. Heute wird er optisch vom 1888/92 erbauten →Amtsgericht und den Wohnhäusern der Johannstadt-Nord von 1972/75 begrenzt.

Sachsenverlag: 1947/62 in Dresden bestehender Verlag (Sitz Radeberger Straße), der anfangs Belletristik und Kunstmonographien herausgab, sich später auf Bildbände, Reisebeschreibungen und besonders auf reich bebilderte Werke über deutsche Landschaften, Städte und bedeutende Baudenkmale spezialisierte, z. B. Löffler, Fritz: Das Alte Dresden (1955), die Reihe «Unsere schöne Heimat» und die Zeitschrift «Natur und Heimat».

Sachsenwerk Niedersedlitz: Großbetrieb der elektrotechnischen Industrie. – Oskar Ludwig KUMMER (geb. 1848) betrieb ab 1875 in der Waisenhausstraße eine technische Anstalt und errichtete um 1900 die Fabrikanlagen an der Sächsisch-Böhmischen Eisenbahn. Hier nahm er 1887 die Elektromotorenherstellung auf (1987 Jubiläumsfeier «100 Jahre elektrische Antriebe in Dresden»). Die Firma wurde 1894 in eine AG umgewandelt, errichtete mehrere Dresdner Straßenbahnlinien im Dresdner Osten, rüstete die Wagen der Dresdner Straßenbahn-Gesellschaft auf elektrischen Betrieb um und wurde nach einem Konkurs 1901 mit Staatsaufträgen für Kraftwerksbau weitergeführt. Ihr erster Direktor bis 1899, Emil Gottfried FISCHINGER (1860–1931) konstruierte u. a. Gleichstromantriebe. 1946 sowjetische AG, 1954 verstaatlicht, 1952 Bau des Klubhauses Stephensonstraße (Architekt Fritz August FRANZ), 1986 Inbetriebnahme des Fertigungssystems im Betriebsteil Ost des VEB Elektromaschinenbau. Nach 1990 VEM Elektroantriebe GmbH.

Sächsisch-Böhmische Dampfschifffahrts-Gesellschaft (SBDG): bedeutendes Unternehmen der Personenschiffahrt auf der Oberelbe bis 1945, Bezeichnung seit 1867. – Die Gesellschaft wurde 1836 von elf Dresdner Kaufleuten und dem Techniker Johann Andreas →SCHUBERT als «Elbdampfschiffahrts-Gesellschaft» gegründet und nahm am 30. Juli 1837 mit der →«Königin Maria» den Verkehr auf. Sie übernahm 1851 die Flotte des Konkurrenzunternehmens von Joseph RUSTON, dehnte ihren Liniendienst bis Strehla und Mühlberg sowie bis Litoměřice (Leitmeritz) aus, beförderte bereits 1865 1 Million Fahrgäste im Jahr und erhöhte ihren Schiffsbestand bis zur Jahrhundertwende auf 28 Personendampfer.

Sächsisch-Böhmische Eisenbahn: ehemalige Staatsbahn Dresden–Prag. – Sie wurde auf Grund eines Staatsvertrages von 1842 zwischen Sachsen und Österreich 1846/51 erbaut. Den Bau des sächsischen Abschnittes leiteten Karl Theodor →KUNZ und Otto PETERS. Die Strecke wurde am 1. August 1848 von Dresden nach Pirna und am 6./7. April 1851 von Dresden bis Bodenbach (Děčín) eröffnet. Sie wurde über die →Marienbrücke mit den Bahnhöfen in der Neustadt verbunden, mündete zunächst in Interimsbauten am Falkenschlag und seit 1964 in den Böhmischen Bahnhof, den Vorgänger des an gleicher Stelle errichteten →Hauptbahnhofs.

«Sächsische Arbeiterzeitung»: →«Dresdner Volksbote»

Sächsische Landesbibliothek Dresden: wissenschaftliche Allgemeinbibliothek auf

Sachsenplatz mit Jägerkaserne
Sächsische Landesbibliothek, Gebäude in der Marienallee

der Marienallee 12, mit etwa 4 Millionen Bestandseinheiten (Bücher, Zeitschriften, Handschriften, Autographe, Karten, grafische Blätter, Musikalien, Tonträger, fotografische Negative, Diapositive), wobei sächsische Regionalkunde, bildende Kunst, Musik, Geschichte der Technik und Stenographie besondere Sammelschwerpunkte bilden. Die S. unterstützt mit der Sammlung, Pflege und Erschließung ihrer reichen Bestände nicht nur Wissenschaft und Forschung innerhalb Dresdens, sondern hat auch wesentliche Bedeutung im nationalen und internationalen Rahmen. – Ihr Ursprung liegt in der ab 1556 von Kurfürst →AUGUST angelegten Bibliothek, die durch einheitliche Bucheinbände und kontinuierlichen Bucherwerb sowohl vom Repräsentationsbedürfnis als auch vom Bildungsstreben des Kurfürsten zeugte. Die rasch angewachsene Büchersammlung (1574: 1721 Bände; 1580: 2354 Bände) war zuerst im Dresdner Schloß untergebracht, von 1573/74 bis 1586 befand sie sich im Schloß Annaburg bei Torgau und kam danach wieder nach Dresden, wo sie bis 1701 im Schloß verblieb. Anschließend brachte man sie im Stallhof und für kurze Zeit im Regimentshaus am Jüdenhof unter, bis sie ab 1728 ihre Unterkunft in den drei südöstlichen Pavillons des Zwingers fand. Der Bestand war inzwischen auf etwa 180 000 Bände angewachsen, vor allem durch Ankäufe bedeutender Privatsammlungen (1590: 3312 Bände der Bibliothek Dietrich von WERTHERS für 1638 Gulden; 1733: 18 000 Bände der Bibliothek Johann von BESSERS; 1764: 42 000 Bände der Bibliothek Heinrich von BÜNAUS, 1768: 62 000 Bände der Bibliothek Heinrich von →BRÜHLS). Da der Zwinger räumlich nicht mehr ausreichte, wurde die kurfürstliche Bibliothek auf Vorschlag von Camillo von →MARCOLINI zusammen mit der Antikensammlung (→Skulpturensammlung) und dem →Münzkabinett in das zu einem Museumsbau umgestaltete Japanische Palais gebracht, wo sie von 1786 bis 1945 blieb. Die Bücher waren dort in drei Sälen und 23 Zimmern des Obergeschosses nach der vom Oberbibliothekar Johann Michael FRANCKE (1717–1775) geschaffenen historisch-geographischen Systematik aufgestellt. Unter der Leitung von Johann Christoph →ADELUNG und der Mitarbeit von Karl Wilhelm →DASSDORF wurde für die bisher nur für kurfürstlichen Privatgebrauch und ausnahmsweise für privilegierte Gelehrte benutzbare Sammlung ab 1788 eine tägliche Öffnungszeit «für jedermann» eingerichtet. Außerdem bekam die Bibliothek einen festen Jahresetat von 3000 Talern. Berühmte Benutzer (z. B. J. G. FICHTE, J. W. von GOETHE, NOVALIS, H. von KLEIST, L. TIECK, F. SCHILLER, J. G. HERDER) sind dem noch erhaltenen Benutzerbuch ersichtlich. Der Bestand wurde auch im 19. Jh. durch umfangreiche Privatsammlungen bereichert (z. B. 1885: 30 000 Bände der ehemaligen Ölser Schloßbibliothek). Bibliotheksleiter waren u. a. Friedrich Adolf EBERT (1791–1834), Gustav →KLEMM und Franz SCHNORR VON CAROLSFELD (1842–1915). – Ernst Wilhelm FÖRSTEMANN (1822–1906), der die Bibliothek 1865/87 leitete, begann mit umfangreichen Katalogisierungsvorhaben und erreichte die Verdopplung des Jahresetats. Ab 1889 war die «Königliche öffentliche Bibliothek» alleinige Nutzerin des Japanischen Palais. Im Mai 1917 wurde sie in «Sächsische Landesbibliothek» umbenannt. Infolge der demokratisierten Benutzungsbestimmungen und der angewachsenen Bestände war das Gebäude den Anforderungen einer neuzeitlichen wissenschaftlichen Gebrauchsbibliothek nicht mehr gewachsen. Deshalb wurde 1927/35 durch Hubert Georg →ERMISCH ein umfassender Umbau des Japanischen Palais für die Zwecke einer modernen Magazinbibliothek unter größtmöglicher Schonung der historischen Bausubstanz vorgenommen. Gleichzeitig wurde unter dem Direktor Martin BOLLERT (1876–1968) die Organisation der bibliothekarischen Arbeiten den neuesten Erfordernissen angepaßt. Die S. besaß rund 970 000 Bände, als sie am 13./14. Februar und am 2. März 1945 durch Bombenangriffe sowie am 7. Mai durch die Sprengung eines Munitionsdepots in ihrer unmittelbaren Nähe das Gebäude rund 250 000 Bände verlor, darunter unersetzliches historisches Kulturgut. Anfang 1946 wurden ca. 200 000 Bände in die Sowjetunion gebracht (seit 1992/93 ist die Rückführung vorgesehen). Die aus den Trümmern geborgenen Bücher und Kataloge fanden nach einer ersten Notunterkunft in einem Schulgebäude auf der Eisenacher Straße ihr jetziges Domizil in einer ehemaligen Kaserne auf der Marienallee, wo die S. am 15. August 1947 wiedereröffnet wurde. 1966 übernahm sie die Bibliothek des ehemaligen →Stenographischen Landesamtes und 1983 wurde ihr die →Deutsche Fotothek angegliedert. 1983/90 war die S. auch Zentrale Fachbibliothek der DDR für Kunst und Musik. – In ihrem seit 1935 bestehenden und am 10. Mai 1952 wiedereröffneten *Buchmuseum* zeigt sie einen Teil ihrer kostbarsten Schätze, z. B. die 1739 erworbene Maya-Handschrift, Albrecht DÜRERS Manuskript zur «Proportionslehre» sowie Einbände des kurfürstlichen Hofbuchbinders Jakob →KRAUSE.

Sächsische Poststube: im Sommer 1932 gegründetes Museum, das alles sammelte, was mit der Geschichte der sächsischen Post zusammenhing (Literatur, Bilder, Uniformen, Gegenstände usw.). Die Sammlung befand sich in der ehemaligen Reichspostdirektion (Ecke Annenstraße und Am See) und wurde von der «Vereinigung der Freunde des sächsischen Postwesens» betreut. Beim Bombenangriff 1945 wurde die S. völlig zerstört.

Sächsische Staatskapelle Dresden: zu den Spitzenorchestern der Welt zählender Klangkörper, der an erster Stelle im Dresdner Musikleben steht. Mit ihren 145 Musikern begleitet die S. nicht nur die Aufführungen der →Staatsoper (etwa 230 pro Saison), sondern übt auch eine eigene reiche Konzerttätigkeit aus (bis zu 60 Konzerte pro Saison). Darüber hinaus leistet das Orchester, bei dem berühmte Dirigenten und Solisten gastieren, mit Schallplatten- und Rundfunkaufnahmen, Kammermusikpflege, Gastspielreisen sowie vielfältigen anderen kulturellen Verpflichtungen einen wesentlichen Beitrag zum Musikleben des Landes. Das über Jahrhunderte gehaltene hohe Niveau der S. wird bewahrt durch meisterhafte Orchesterleiter und die Zusammensetzung des Orchesters als «überdimensionale Solistenvereinigung».
Die außergewöhnlich kontinuierliche *Geschichte* der S. geht zurück auf die höfische Musikpflege der Wettiner im 14./15. Jh. So sind ab 1464 bereits Trompeter, Posaunisten, Lautenisten sowie Spielleute und ab 1482 Sänger am Dresdner Hof nachgewiesen. Nach 1485 (Leipziger Teilung) ging die Hofkapelle an den ernestinischen Kurfürstenhof nach Torgau, wo sie 1490/1526 eine hohe Blüte erlebte. Nach ihrer Auflösung durch

Kurfürst Johann den Beständigen übernahm ihre Aufgaben die erste bürgerliche Kantorei unter Johann →Walther. Dieser wurde durch die am 22. September 1548 von Kurfürst →Moritz in Torgau unterzeichnete Kantoreiordnung zum ersten Leiter der Dresdner «Hofcantorey» und damit zum ersten Kapellmeister in der von da an urkundlich nachweisbaren Geschichte der S. Die Hofkantorei, die anfangs nur aus Sängern (3 Bässe, 4 Tenöre, 3 Altisten, 9 Knaben für Sopran) und ein oder zwei Organisten bestand, wurde zunächst nur für den kirchlichen Dienst und bei der Tafel eingesetzt. Da sie bald auch bei den vielen höfischen Festlichkeiten (→Hoffeste) mitwirken mußte, wurde sie ab 1550 durch Instrumentalisten (z. B. die Brüder →Tola) erweitert. Dabei förderten die Nachfolger Walthers (z. B. →Scandello) besonders den instrumentalen Anteil. Auch sorgten die ersten Kapellmeister nicht nur für ein hohes musikalisches Niveau der Kapelle, sondern sie haben auch als Komponisten Bedeutung in der europäischen Musikgeschichte. Unter ihnen ragt im 17. Jh. Heinrich →Schütz als «Vater der Kapelle» besonders heraus; er rettete sie durch die Wirrnisse des Dreißigjährigen Krieges (1632: 32 Mitglieder; 1639: 10 Mitglieder; 1647: 21 Mitglieder). Der spätere Kurfürst Johann Georg II. hatte 1639 eine später vor allem von Italienern getragene kurprinzliche Kapelle gegründet, die 1656 mit der kurfürstlichen Kapelle vereinigt und von dem vielseitigen Italiener Bontempi geleitet wurde. Die Hofmusik stand von nun an unter vorwiegend italienischem Einfluß, woran auch Christoph →Bernhard und Constantin Christian →Dedekind, die sich besonders für die deutsche Musik eingesetzt hatten (1689/95 vorübergehende Entlassung aller «Welschen»), wenig ändern konnten. Unter dem zum Katholizismus übergetretenen Kurfürsten →Friedrich August I. wurde die Kapelle 1697 in einen für die ev. Kirchenmusik zuständigen Teil (erster Kapellmeister war Johann Christoph Schmidt) und einen für kath. Hofkirchenmusik, Oper und Festlichkeiten zuständigen Teil getrennt. Zu diesem repräsentativeren Teil, der gelegentlich durch die →Hoftrompeter verstärkt wurde, gehörten so bedeutende Virtuosen wie die Flötisten Pierre Gabriel Buffardin (1690 bis 1768) und →Quantz, der Geiger →Pisendel, der Kontrabassist →Zelenka, der Lautentist →Weiss und Pantaleon →Hebenstreit. Glanzpunkte der höfischen Musik im 18. Jh. in Dresden waren die Vermählungsfeierlichkeiten des sächsischen Kronprinzen 1719, bei denen →Heinichen und →Lotti die musikalische Oberleitung hatten, sowie die prächtigen Opernveranstaltungen, die →Hasse unter Kurfürst Friedrich August II. leitete. In der «Ära Hasse» war die aus über 40 «auserlesensten Künstlern aller Art» bestehende Hofkapelle mit ihrer schlechthin vollkommenen Interpretationsweise führend und mit ihrer Aufstellung beispielgebend in Europa. Nach dem Siebenjährigen Krieg brachte →Naumann die durch Sparmaßnahmen reduzierte Kapelle wieder auf ihr künstlerisches Niveau (um 1800 etwa 60 Mitglieder). →Morlacchi bemühte sich um den Bestand des Orchesters nach den Napoleonischen Kriegen; aus der von dem russischen Gouverneur Repnin gebildeten «Staatsanstalt» wurde 1816 wieder die Hofkapelle, die unter →Weber und →Wagner erneut europäische Maßstäbe setzte. Weber führte für die 64 Musiker eine neue Orchesteraufstellung ein, um den Klang jedes Instruments zur Geltung zu bringen. Ab 1821 versuchte er, regelmäßige öffentliche Konzerte einzurichten. Wagner, der das Orchester als «Wunderharfe» bezeichnet hat, gab mit seinen Reformplänen (z. B. 1846 «Die Kgl. Kapelle betreffend») nicht nur neue musikalische und organistorische Anregungen, sondern bemühte sich auch um soziale Verbesserungen für die Orchestermitglieder. Höhepunkt in Wagners Konzerttätigkeit waren die Aufführungen von Beethovens IX. Sinfonie am 5. April 1846, womit er die Aufführung dieses Werkes zu den seit 1827 zur Tradition gehörenden *Palmsonntagskonzerten* einführte (30./31. März 1985 Palmsonntagskonzert im wiederaufgebauten Opernhaus), und das Festkonzert anläßlich des 300jährigen Bestehens der Hofkapelle am 22. September 1848, dessen Programm von Walther bis zu eigenen Kompositionen Wagners reichte. Besondere Verdienste um die Pflege zeitgenössischer Musik und die Einführung regelmäßiger *Abonnementskonzerte* ab 1858 hatte →Reissiger. Erste Konzerte außerhalb des Hofdienstes waren bereits um 1800 üblich geworden, so die «Musikalischen Akademien», bei denen durchreisende Virtuosen gastierten; außerdem gab es Wohltätigkeitsveranstaltungen, Aufführungen mit Chorvereinigungen (→Dresdner Liedertafel, →Dreyssigsche Singakademie) sowie Musik bei besonders feierlichen und festlichen Anlässen. Zu den Orchestermitgliedern, die selbst als berühmte Solisten im 19. Jh. auftraten, gehörten der Geiger Karl Joseph Lipinski (1790–1861), der Flötist →Fürstenau sowie die Cellisten →Dotzauer, →Kummer und Friedrich Wilhelm Grützmacher (1832–1903). Seit 1854 widmete sich die Kapelle besonders der *Kammermusik* (→Tonkünstlerverein zu Dresden), die bis zur Gegenwart einen wesentlichen eigenständigen Teil in ihrer Arbeit einnimmt. In der «Ära →Schuch» erreichte das damals aus etwa 80 Musikern bestehende Orchester den charakteristischen Klang, der es besonders als «Strauss-Orchester» auszeichnet. Die S. war und ist stets der Pflege des jeweiligen zeitgenössischen Musikschaffens aufge-

Sächsische Staatskapelle unter der Leitung von Generalmusikdirektor Ernst Edler von Schuch. Um 1900

schlossen, aber eine so lange und freundschaftliche Zusammenarbeit, wie sie mit →STRAUSS bestand, war einmalig. Im November 1918 wurde die «Kgl. Sächsische Musikalische Kapelle» dem Kultusministerium des Landes Sachsen unterstellt und in «Sächsische Staatskapelle» umbenannt. Unter dem vielseitigen Fritz →BUSCH begannen die ausgedehnten *Gastspielreisen* der S. (1923 erste Tour durch Süddeutschland und Österreich) und fanden die ersten Schallplattenaufnahmen statt. Auch leitete er die 1923 gegründete *«Orchesterschule der Sächsischen Staatskapelle»* (OGS, wurde 1937 mit dem Konservatorium vereinigt). Nachdem Busch durch den beschämenden, von randalierenden SA-Horden am 7. März 1933 vor einer Verdi-Aufführung verursachten Theater-Skandal aus Dresden vertrieben worden war, wurde sein Werk von →BÖHM bis in den Zweiten Weltkrieg fortgesetzt. Kurt →STRIEGLER, der das letzte Konzert der S. am 30. Januar 1945 in der Oper vor der →Zerstörung Dresdens 1945 geleitet hatte, setzte sich mit →KEILBERTH und dem späteren Orchesterdirektor Arthur TRÖBER (1898–1981) nach der Zerschlagung des Nationalsozialismus mit ganzer Kraft für den Fortbestand und die Beibehaltung des künstlerischen Niveaus der S. ein (erstes Konzert am 16. Juli 1945 unter Keilberth im Kurhaus Bühlau). Ein Höhepunkt war 1948 das 400jährige Jubiläum der S. (zahlreiche Publikationen). Zu den bedeutendsten Chefdirigenten der neueren Zeit gehörten →KEMPE, KONWITSCHNY, SUITNER und BLOMSTEDT. Für ihr künstlerisches Wirken wurde die S. u.a. mit dem Karl-Marx-Orden (1984) und der Wiener Mozart-Medaille (1978) geehrt. Das in der Sächsischen Landesbibliothek aufbewahrte wertvolle Notengut der ehemaligen Hofkapelle und ihrer Kapellmeister wird zunehmend in die musikpraktische Traditionspflege der S. einbezogen, die in besonderen Ehrungen von Schütz (→Capella Sagittariana) bis Strauss gipfelt. -

Zu den *Wirkungsstätten* der Hofkapelle gehörten zuerst die →Schloßkapelle und der →Riesensaal im →Residenzschloß. Das →Komödienhaus (1667) war das erste der →Opernhäuser, die vom 18. Jh. an zu ständigen Spielstätten der S. wurden. Bis in die dreißiger Jahre des 20. Jh. zur Kirchenmusik in der →Kathedrale verpflichtet, wirkt die S. auch in der Gegenwart dort noch bei Aufführungen mit dem →Kapellknabenchor mit. Die Konzerte der S. fanden im 19. Jh. in den Sälen vornehmer Hotels (→Hotel de Saxe bzw. →Hotel de Pologne) sowie im →Gewerbehaus und ab 1889 im neuen Opernhaus statt. Die ersten Auftrittsorte nach dem Zweiten Weltkrieg waren Säle von Gaststätten in Dresdner Vororten, später kamen das →Kleine und Große Haus (→Schauspielhaus) der Staatstheater sowie der →Kulturpalast hinzu, und seit 1985 steht der S. wieder das Dresdner Opernhaus als zentraler Auftrittsort zur Verfügung.

Kapellmeister (Übersicht):
1548/54 Johann WALTHER (1496–1570);
1554/67 Matthäus LE MAISTRE (um 1505 bis 1577);
1568/80 Antonio SCANDELLO (1517 bis 1580);
1580/84 Giovanni Battista PINELLI (um 1544–1587);
1584/87 Georg FORSTER (um 1535 bis 1587);
1587/1611 Rogier MICHAEL (um 1554 bis 1619);
1613/16 Michael PRAETORIUS (1571 bis 1621);
1615/72 Heinrich SCHÜTZ (1585–1672);
1651/... Giovanni Andrea BONTEMPI (1624–1705);
1656/80 Vincenzo ALBRICI (1631–1696);
1663/75 Marco Guiseppe PERANDA (um 1625 bis 1675);
1672/73 und 1685/87 Carlo PALLAVICINI (1630–1688);
1674/92 Christoph BERNHARD (1628 bis 1692);
1692/97 Nikolaus Adam STRUNGK (1640 bis 1700);
1698/1728 Johann Chistoph SCHMIDT (1664–1728);
1717/29 Johann David HEINICHEN (1683 bis 1729);
1717/19 Antonio LOTTI (1667–1740);
1733/63 Johann Adolf HASSE (1699 bis 1783);
1766/72 Domenico FISCHIETTI (um 1725 bis nach 1810);
1776/1801 Johann Gottlieb NAUMANN (1741–1801);
1787/1806 Franz SEYDELMANN (1748 bis 1806);
1787/1812 Joseph SCHUSTER (1748 bis 1812);
1802/06 Ferdinando PAËR (1771–1839);
1810/41 Francesco MORLACCHI (1784 bis 1841);
1816/26 Carl Maria von WEBER (1786 bis 1826);
1824/26 Heinrich MARSCHNER (1795 bis 1861);
1826/1859 Carl Gottlieb REIßIGER (1798 bis 1859);
1830/42 Guiseppe RASTRELLI (1799 bis 1842);
1843/49 Richard WAGNER (1813–1883);
1850/71 Carl KREBS (1804 bis 1880);
1860/77 Julius RIETZ (1812 bis 1877);
1872/1914 Ernst von SCHUCH (1846 bis 1914);
1877/82 Franz WÜLLNER (1832 1902);
1883/1913 Adolf HAGEN (1851–1926);
1909/36 Hermann KUTZSCHBACH (1875 bis 1938);
1912/50 Kurt STRIEGLER (1886–1958);
1914/21 Fritz REINER (1888–1963);
1922/33 Fritz BUSCH (1890–1951);
1934/42 Karl BÖHM (1894–1981);
1942/45 Karl ELMENDORFF (1891–1962);
1945/50 Joseph KEILBERTH (1908–1968);
1950/52 Rudolf KEMPE (1910–1976);
1953/55 Franz KONWITSCHNY (1901 bis 1962);
1956/60 Lovro von MATAČIĆ (geb. 1899);
1960/64 Otmar SUITNER (geb. 1922);
1964/67 Kurt SANDERLING (geb. 1912);
1967/68 Martin TURNOVSKY (geb. 1928);
1975/85 Herbert BLOMSTEDT (geb. 1927);
1985/90 Hans VONK (geb. 1942);
ab 1992 Guiseppe SINOPOLI (geb. 1946).

Sächsische Staatsoper Dresden: Das Dresdner Musiktheater spielt nicht nur eine wichtige Rolle im Kulturgeschehen der Stadt, sondern hat mit seiner Tradition auch Bedeutung in der europäischen Musikgeschichte. Seine Anfänge lassen sich zurückverfolgen bis zu der 1548 von Kurfürst →MORITZ gegründeten Hofkantorei, die anfangs nur aus Sängern bestand und mit den später hinzugekommenen Instrumentalisten (→Staatskapelle Dresden) nicht nur für die Kirchenmusik, sondern auch für die musikalische Gestaltung der seit dem letzten Drittel des 16. Jh. aufgenommenen großen →Hoffeste verantwortlich war. Erste Opern und Ballettaufführungen (nach antiken Themen) datieren um die Mitte des 17. Jh. Hohes Ansehen erlangten in der zweiten Hälfte des 17. Jh. die von den Kurfürsten JOHANN GEORG II. bzw. JOHANN GEORG III. nach Dresden verpflichteten italienischen Künstler, wozu die Kapellmeister Giovanni Andrea BONTEMPI (1624–1705; war zugleich der erste Kastraten-Sänger in Dresden), Vincenzo ALBRICI (1631 bis 1696), Marco Guiseppe PERANDA (um 1625–1675) und Carlo PALLAVICINI (1630–1688), die Kastraten-Sänger Bartolomeo SORLISI (um 1632–1672) sowie Francesco Antonio MELANI (gest. 1693) und die ersten Sängerinnen Marguerita →SALICOLA und Rosa SANTINELLI gehörten. 1662 wurde die erste italienische Vollоper («Il Paride» von Bontempi), 1671 die früheste vollständig erhaltene deutsche Oper («Apollo und Dafne» von Peranda und Bontempi) und 1678 das große sogenannte «Planetenballett» (Musik von SCHÜTZ oder Christoph →BERNHARD) in Dresden aufgeführt. Die ersten Vorstellungen fanden in den größten Sälen der kurfürstlichen Repräsentationsbauten (z. B. →Riesensaal, →Ballhaus) statt; Ende des 17. Jh. bis Mitte des 18. Jh. kamen die Schlösser und Palais in und um Dresden mit ihren Garten- und Parkanlagen hinzu (z. B. →Palais im Großen Garten, →Türkisches Palais, →Parktheater am Palais). Der erste große Theaterbau in Dresden war das von →KLENGEL ab 1664 errichtete →Komödienhaus, dessen Einweihung am 27. Januar 1667 Anlaß für das 300jährige Jubiläum der Dresdner Staatstheater 1967 war. In der Regierungszeit der Kurfürsten →FRIEDRICH AUGUST I. und FRIEDRICH AUGUST II. gehörte Dresden zu den Residenzen mit den glänzendsten theatralischen Aufführungen, wie sie z. B. unter der Leitung von →LOTTI und →HEINICHEN anläßlich der Vermählung des Kurprinzen im September 1719 stattfanden. Eigens dafür wurde von →PÖPPELMANN das Große Opernhaus am Zwinger (→Opernhäuser) gebaut. Zu den berühmtesten Interpreten der italienischen Oper dieser Zeit gehörten die Sopranistin Santa Stella LOTTI, die Altistin Vittoria TESI (1700 bis 1775) und der Mezzosopranist Francesco BERNARDI (genannt SENESINO; um 1680 bis um 1750). Außerdem traten noch französische Sänger sowie die französische und italienische Schauspielgesellschaft auf, die auch musikalische Vorstellungen gaben.

Nach Auflösung des Ensembles 1720 und Neugründung der italienischen Oper 1725 erlebte Dresden 1734/63 unter →HASSE einen einzigartigen Höhepunkt seiner Operngeschichte. Zu herausragenden Aufführungen von Hasse-Opern (Librettist Pietro METASTASIO; 1698 bis 1782), die bei vollendeter musikalischer Qualität als Einheit von Musik, Wort, Maskerade, Ballett und Bühnenbild mit heute unvorstellbarem Aufwand betrieben wurden, gehörten z. B. «Cleofide» (1731), «La Clemenza di Tito» (1738), «Demetrio» (1740), «Attilio Regolo» (1750) und «Ezio» (1755). Besonders gefördert wurde die Oper von der Kurfürstin MARIA JOSEPHA (1699–1757) und der Kurprinzessin MARIA ANTONIA WALPURGIS (1724–1780), die selbst talentiert und vielseitig künstlerisch tätig war. Hervorragende Sängerdarsteller waren neben Faustina →HASSE u. a. die Sopranisten Domenico ANNIBALI (um 1705–1779), Giovanni BINDI und Felice SALIMBENI (1712–1751), der Tenor Angelo AMOREVOLI (1716–1798), die Sopranistin Regina MINGOTTI (1722 bis 1808), die Altistin Teresa ALBUZZI-TODESCHINI (gest. 1760) und der Mezzosopranist Angelo Maria MONTICELLI (1715–1758). Die durch Sparmaßnahmen nach dem Ende des Siebenjährigen Kriegs erfolgte Auflösung der italienischen Oper bedeutete 1763 das Ende der Barockoper in Dresden. – In der Folgezeit wurde die italienische Operntradition vorwiegend von durchreisenden, vertraglich gebundenen Theatergruppen (z. B. Giuseppe BASTELLI, Pasquale BONDINI, Andrea und Antonio BERTOLDI) gepflegt, bis zu Beginn des 19. Jh. unter Ferdinando PAËR (1771 bis 1839) und →MORLACCHI die italienische Oper als eigenständige Institution wieder eine neue Blütezeit erlebte. Am 31. März 1832 gab sie ihre letzte Vorstellung und wurde danach aufgelöst. – Deutsche Singspiele und Opern wurden Ende des 18. Jh. besonders von den Theatergruppen Abel SEYLERS, Joseph SECONDAS und unter dem Hofkapellmeister →NAUMANN aufgeführt.

Nachdem bereits 1814 durch Fürst →REPNIN-WOLKONSKI die Hofkapelle, die italienische Oper und das deutsche Schauspiel zur «Staatsanstalt» vereinigt worden waren (1815 wieder aufgelöst), begann am 1. Januar 1817 mit der Gründung des Kgl. Hoftheaters in Dresden (stand bis Ende 1918 unter Gesamtleitung eines Hofbeamten; siehe Übersicht) ein neues Kapitel der Dresdener Operngeschichte, da gleichzeitig erstmals eine *Deutsche Oper* gegründet wurde. Für ihren Aufbau setzte sich →WEBER mit ganzer Kraft ein, z. B. durch Verpflichtung guter Sänger und Gründung des Opernchores. Die Spielstätten der Oper waren vom Ende des 18. Jh. bis Mitte des 19. Jh. vor allem das →Morettische Theater und das Sommertheater im →Linckeschen Bad, bis die →Opernhäuser von →SEMPER zu ihrem ständigen Domizil wurden. So bedeutende Künstler wie Wilhelmine →SCHRÖDER-DEVRIENT, wie →TICHATSCHEK und →MITTERWURZER verhalfen der Dresdner Oper auch unter →WAGNER zu europäischer Geltung. Die «Ära →SCHUCH», in der Nikolaus von →SEEBACH Hoftheaterintendant war, wurde mit zahlreichen Ur- und Erstaufführungen (besonders von →STRAUSS) zu einem legendären Kapitel in der Dresdener Operngeschichte. Zu den berühmtesten Künstlern dieser Zeit gehörten Therese →MALTEN, →PERRON, →PLASCHKE und →SCHEIDEMANTEL. Mit der Verordnung vom 22. November 1918 wurde das bisherige Kgl. Hoftheater als «Sächsisches Landestheater» vom Staat übernommen und unter Aufsicht des Kultusministeriums gestellt. Unter →BUSCH und dem Intendanten Alfred REUCKER knüpfte nach dem Ersten Weltkrieg die S. wieder an ihr altes Niveau an. Busch stellte ein erstklassiges Sängerensemble zusammen, das von →BÖHM übernommen und

Königliches deutsches Schauspiel.

Sonnabends am 26. Januar 1822.

Bey aufgehobenem Abonnement.

Zum Erstenmale:

Der Freyschütz.

Romantische Oper in drey Akten von Fr. Kind.

Die Musik vom Königl. Kapellmeister C. M. von Weber.

Personen:

Ottokar, böhmischer Fürst. — Herr Wilhelmi.
Cuno, fürstlicher Erbförster. — Herr Keller.
Agathe, seine Tochter — Mlle. Funck.
Annchen, eine junge Verwandte. — Mad. Haase.
Kaspar, erster / Max, zweiter } Jägerbursche — Herr Mayer. / Herr Bergmann.
Samiel, der schwarze Jäger. — Herr Kanow.
Ein Eremit. — Herr Micksch.
Kilian, ein reicher Bauer. — Herr Unzelmann.
Fürstliche Leibjäger. — Herr Heine. / Herr Haas. / Mons. Burmeister,
Brautjungfern. — Mlle. Miller,
Jagdgefolge des Fürsten
Jäger. Landleute beyderley Geschlechts.
Musikanten. Erscheinungen.

Die Zeit der Handlung ist kurz nach Beendigung des 30jährigen Krieges.

Der Text der Gesänge ist an der Casse für 2 Groschen zu haben.

Die resp. Abonnenten, welche Ihre Logen und Plätze zu dieser Vorstellung zu behalten wünschen, werden ersucht, Ihre Billets Sonnabends bis 10 Uhr in der Theaterkasse abholen zu lassen.

Einlaß-Preise.

Ein Billet in die Logen des ersten Ranges	16 Gr.
" " " " " zweiten	16 "
" " " " gesperrten Sitze im Cercle	16 "
" " ins Parterre	12 "
" " auf die Gallerie	4 "

Die Billets sind nur am Tage der Vorstellung gültig

Einlaß-Billets sind gegen sofortige baare Bezahlung in dem Königl. Theater-Gebäude 1 Treppe hoch in der Casse, Vormittags von 10 bis 12 Uhr und Nachmittags von 3 bis halb 5 Uhr zu haben.

Freybillets, mit Ausnahme derjenigen, welche Personen vom Hofstaat, oder solchen gehören, denen bestimmte Sitze angewiesen, sind bey der heutigen Vorstellung nicht gültig.

Anfang um 6 Uhr. Ende halb 9 Uhr.
Einlaß um 5 Uhr.

Programmzettel «Der Freischütz»

ergänzt wurde. Dazu gehörten u. a. die Sängerinnen →SEINEMEYER, →BERGER, →CEBOTARI, →KAREN, →TESCHEMACHER, →TRÖTSCHEL, Martha FUCHS (1898–1974), Erna SACK (1898–1972) und Christel GOLTZ (geb. 1912) sowie die Sänger →PATTIERA, →AHLERSMEYER, →RALF, Joseph HERRMANN (1903–1955), →DITTRICH und Kurt BÖHME (geb. 1908). Nach der Proklamation des «totalen Krieges» wurde nach einer letzten Aufführung des «Freischütz» am 31. August 1944 ab September 1944 die S. geschlossen. Nach der Zerschlagung des Nationalsozialismus wurden im Juni 1945 die «Bühnen der Landeshauptstadt Dresden» (ab Dezember 1947 «Staatstheater Dresden», ab 1991 «Sächsische Staatsoper Dresden») gebildet. Sie konnten trotz Zerstörung aller Dresdner Theatergebäude beim Bombenangriff im Februar 1945 bereits am 10. August 1945 im späteren →Kleinen Haus mit «Figaros Hochzeit» (Leitung →KEILBERTH, Ausstattung Karl von →APPEN) die erste Nachkriegs-Opernvorstellung geben. Neben anderen Sälen von Gasthöfen der Dresdner Außenbezirke stand vor allem das →Kurhaus Bühlau (sogenannte «Kulturscheune») für hevorragende Aufführungen der S. zur Verfügung, bis ab 22. September 1948 das wiederaufgebaute →Schauspielhaus als «Großes Haus» sowohl für Oper als auch für Schauspiel genutzt werden konnte (Eröffnung mit «Fidelio»). Seitdem bestimmt die besonders dem zeitgenössischen Opern- und Ballettschaffen aufgeschlossene S., die seit 1983 institutionell vom →Staatsschauspiel getrennt ist und seit 13. Februar 1985 wieder ihr traditionelles Opernhaus zur Verfügung hat (Einweihung mit «Freischütz»), auf vielfältige Weise das Kulturleben Dresdens mit. In ihren regelmäßigen Publikationen (z.B. u. a. «Blätter der Staatsoper Dresden», 1948/66, «Gestaltung und Gestalten», «Opernglas», «Semperoper. Jahrbuch») wird dies dokumentiert. In dem am 1. September 1954 gegründeten Opernstudio werden besonders begabte Sängerinnen und Sänger nach dem Studium weiter ausgebildet. Die «Tanzbühne Dresden» pflegt den zeitgenössischen Bühnentanz. *Generaldirektoren bzw. Generalintendanten ab 1815 (Übersicht):*
1815/20 Heinrich Carl Wilhelm VITZTHUM VON ECKSTÄDT (1770–1837);
1820/24 Hanns Heinrich von KÖNNERITZ;
1824/62 Wolf Adolf August von LÜTTICHAU (1788–1863);
1862/66 Otto von KÖNNERITZ (1811 bis 1866);
1866/67 und 1889/94 Wilhelm Immanuel BÄR (1812–1894);
1867/89 Julius von PLATEN-HALLERMUND (1816–1889),
1894/1919 Nikolaus von SEEBACH (1854 bis 1930);
1919/21 Paul ADOLPH (1868–1941);
1921/33 Alfred REUCKER (1868–1958);
1945/47 Erich PONTO (1884–1957);
1947 Richard HENNEBERG;
1947/50 Karl von APPEN (1900–1981);
1950/51 Martin HELLBERG (geb. 1905);
1951/54 Karl GÖRS;
1954/61 Heinrich ALLMEROTH (1901 bis 1961);
1962/66 Gerd Michael HENNEBERG;
1966/72 Hans Dieter MÄDE;
1972/79 Fred LARONDELLE;
1979/83 Horst SEEGER (geb. 1926);
1983/84 Siegfried KÖHLER (1927–1984);
1984/90 Gerd SCHÖNFELDER (geb. 1936);
ab 1991 Christoph ALBRECHT (geb. 1944).

Sächsischer Altertumsverein: 1824 gegründeter Verein «zur Pflege der sächsischen Geschichtsforschung und Hebung des Verständnisses für sächsische Landes- und Heimatgeschichte». 1837 vereinigte sich der S. mit dem 1834 gegründeten «Verein der Sächsischen Alterthumsfreunde» und gab 1853/80 die «Mitteilungen des Altertumsvereins» und 1880 bis 1942 das «Neue Archiv für Sächsische Geschichte» mit vielen Aufsätzen zur Dresdner Geschichte heraus. Zum S. gehörte ein Archiv, die Bibliothek (ca. 3000 Bände) und das Museum im →Palais im Großen Garten. Alle Einrichtungen wurden beim Bombenangriff 1945 zerstört. Zu den bedeutendsten Vorsitzenden des S. gehörten: Carl von WEBER (1806 bis 1879), Hubert ERMISCH (1850–1932), Woldemar LIPPERT (1861–1937) und Hellmut KRETZSCHMAR (1893–1965). Am 18. Januar 1992 erfolgte die Neubegründung des S. unter dem Namen «Verein für Sächsische Landesgeschichte e.V.».

Sächsischer Bergsteigerbund: im Jahre 1911 in Dresden von Vertretern aus 30 Vereinen gegründeter Zusammenschluß. An der Gründung und Tätigkeit des bürgerlich geprägten SBB hatte Rudolf FEHRMANN (1886–1947) wesentlichen Anteil. Der Bund widmete sich auch dem Natur- und Heimatschutz und verfügte über eine umfangreiche Bibliothek. Er wurde 1945 aufgelöst, am 21. Dezember 1989 in Dresden wiedergegründet und trat 1991 als Sektion dem Deutschen Alpenverein bei.

Sächsischer Bergsteigerchor «Kurt Schlosser»: Dresdner Männerchor mit ca. 150 Mitgliedern. – Der Chor nahm 1927 mit etwa 45 Bergsteigern als «Gesangsabteilung der Vereinigten Kletterabteilung» die Probenarbeit auf und erweiterte sein Repertoire vor allem um Arbeiterkampflieder. Vor seinem Verbot trat er zuletzt am 4. März 1933 in der «Goldenen Krone» Kleinzschachwitz auf. Im Widerstandskampf gegen den Faschismus wurden Kurt →SCHLOSSER und neun weitere Chormitglieder hingerichtet. Am 7. Juli 1945 stellte sich der Chor erstmals wieder in der →«Constantia» dem Publikum vor. Er verstand sich als Hüter der Tradition der «roten Bergsteiger».

Sächsischer Heimatschutz: →Landesverein Sächsischer Heimatschutz

Sächsischer Kunstverein zu Dresden: ehemaliger Verein von kunstinteressierten Bürgern zur «Verbreitung und Vertiefung des Kunstempfindens und -verständnisses einerseits und Förderung von Kunst und jungen talentierten Künstlern andererseits», wie das Statut festlegte. Anläßlich der Feier zum 300. Todestag von Albrecht DÜRER in Dresden hatte Carl August →BOETTIGER am 7. April 1828 zur Gründung des S. aufgerufen; auf der konstituierenden Sitzung am 28. April wurde Johann Gottlob von →QUANDT zum Vorstand gewählt (bis 1833, anschließend Carl Gustav →CARUS bis 1842). Die Mitgliedschaft wurde durch den Kauf von Aktien erworben und berechtigte zur Teilnahme an der jährlichen Verlosung von Kunstwerken, die vom Verein angekauft worden waren und auf öffentlichen Kunstausstellungen gezeigt wurden. Die vom S. regelmäßig veranstalteten Ausstellungen waren – vor allem in der ersten Hälfte des 20. Jh. – ein wesentlicher Beitrag zum Dresdner Kunstleben; es wurden dabei vorwiegend «vaterländische» (d. h. sächsische) Künstler gefördert. Außerdem vergab der S. in Zusammenarbeit mit Behörden Aufträge zur Ausschmückung öffentlicher

Gebäude, schrieb Wettbewerbe aus, machte die Kunstwerke in Kupferstichen bekannt (sogenannte Bilderchronik) und führte Vorträge zur Kunst und Kunstgeschichte durch. Während seines Bestehens (bis 1936) hatte der S. seinen Sitz in folgenden Gebäuden: 1828/34 im alten Akademiegebäude (→Brühlsche Bibliothek), 1834/48 im «Lehmannschen Haus» Wallstraße 18, 1848/53 im Calberlaschen Haus Packhofstraße 1, 1853/54 im Haus Altmarkt 18, 1854/74 in der ehemaligen →Brühlschen Galerie, 1875/84 in der ersten Etage des →Palais Brühl Augustusstraße, ab 1895 im eigenen neuen Gebäude bei der Kunstakademie auf der Brühlschen Terrasse, das 1945 teilzerstört wurde und sich seit 1992 im Wiederaufbau befindet. Am 10. Januar 1990 wurde in Dresden der «Neue Sächsische Kunstverein» gegründet, der die Tradition des S. fortsetzen will.

Sächsisches Eisenbahnmuseum: 1877/1878 von dem Eisenbahningenieur Ludwig NEUMANN begründete, anfangs nichtöffentliche Sammlung von Urkunden, Zeichnungen, Modellen und anderen Objekten der Sächsischen Staatseisenbahnen, ab 1895 in der Generaldirektion Wiener Straße 4 untergebracht (Gebäude 1945 zerstört). – Die Sammlung wurde 1923 in den Neustädter Bahnhof verlegt und dort am 1. Juni 1923 in der ehemaligen Fürstenempfangshalle wiedereröffnet. Trotz Auslagerung im Zweiten Weltkrieg ging ein großer Teil der Bestände verloren, darunter die einzige originale Zeichnung der →«Saxonia». Teilbestände, besonders Dokumente zur Oberbau- und Hochbautechnik, befinden sich im →Verkehrsmuseum Dresden.

Sächsisches Feldbahnmuseum: seit etwa 1978 aufgebaute private Sammlung historischer Industriebahnlokomotiven und -wagen in Dresden-Klotzsche. Ältestes Exponat unter den ca. 30 Lokomotiven ist eine AEG-Gleichstromlok von 1903. Der Sächsische Feldbahnmuseum-Verein verfügt über einen Rundkurs mit 500 und 600 mm Spurweite und veranstaltet in regelmäßigen Abständen Fahrzeugschauen.

Sächsisches Hauptstaatsarchiv: Zentrales Archiv des Freistaates Sachsen für die Dokumente und Akten der zentralen und regionalen staatlichen Behörden des jeweiligen Staatsgebietes des Landes Sachsen seit dem 10. Jh. bis zur Gegenwart. Dazu gehört auch das Archivgut der früheren Bezirke Dresden und Karl-Marx-Stadt (1953–1990). Das S. verfügt über eine umfangreiche Kartensammlung, Bildsammlung, Dienstbibliothek und Nachlässe. Es ist das größte Archiv in Sachsen und wird von der UNESCO zu den 100 bedeutendsten Archiven in der Welt gezählt. – Im Zusammenhang mit der Leipziger Teilung des Wettinischen Territorialkomplexes kamen die Urkunden und Akten der die albertinische Linie betreffenden Gebiete ab 1487 in die Silberkammer des Dresdner Schlosses. Durch laufende Zugänge aus den Verwaltungsbehörden vermehrt, mußte das Archivgut ab 1579 im →Kanzleihaus untergebracht werden. Für Archivzwecke wurde 1802/04 das →Komödienhaus umgebaut; dort entstand 1834 das Sächsische Hauptstaatsarchiv als eigenständige Behörde. 1888 zog das Hauptstaatsarchiv in das Zeughaus, das spätere →Albertinum, um. 1912/15 entstand nach Plänen von Heinrich Ottomar REICHELT und Friedrich Karl Heinrich KOCH an der heutigen Archivstraße ein Zweckbau, der ab 1915 bezogen und ab 1919 auch für die öffentliche Benutzung freigegeben wurde.

Sächsisches Sängerbundesfest 1925: In Anlehnung an das 1. →Deutsche Sängerbundfest von 1865 organisierte der Sächsische Sängerbund vom 20. bis 23. Juni 1925 das 1. Sächsische Sängerbundesfest in Dresden, an dem die 16 Unterbünde des Sächsischen Sängerbundes mit ca. 1000 Einzel-Vereinen teilnahmen. Die dafür auf den Altstädter Elbwiesen (Zugang Nähe heutiger Fetscherstraße) von dem Baumeister Karl Friedrich →NOACK erbaute Festhalle von 132 m Länge, 70 m Breite und einer Grundfläche von 9240 m², die von einem riesigen Bogendach überspannt wurde, bot Raum für 12 000 Sänger und 13 000 Zuhörer.

Sächsisches Soldatenheim: Freizeitheim für Soldaten und Unteroffiziere an der Königsbrücker/Ecke Tannenstraße, das aus freiwilligen Spenden errichtet und 1911 eingeweiht wurde. 1946/52 tagte im S. der Sächsische Landtag, danach diente es bis 1990 als «Haus der Volksarmee».

Sächsisch-Schlesische Eisenbahn: zweite Dresdner Fernbahn nach dem Bau der Leipzig-Dresdner Eisenbahn. Sie wurde auf Grund eines Staatsvertrages zwischen Sachsen und Preußen von einer privaten Aktiengesellschaft mit Sitz in Dresden errichtet. Nach Baubeginn am 10. Juni 1844 wurde sie 1845 bis Radeberg und 1847 bis Görlitz eröffnet (1851 vom sächsischen Staat übernommen). Die Bahn hatte zunächst keine Verbindung mit der Leipziger Bahn und endete auf dem →Schlesischen Bahnhof in der Neustadt.

Sagen: Die Dresdner S. entstanden im 13./18. Jh. und erzählen vom alten Seelen- und Dämonenglauben. Zu den bekanntesten S. gehören: «Die Ent-

Sächsisches Hauptstaatsarchiv. Gebäudeansicht von Westen
Festhalle zum Sächsischen Sängerbundesfest 1925
Innenansicht der Festhalle

stehung der Kreuzcapelle zu Dresden» (13. Jh.), «Die Sage von der Mordgrundbrücke» (13./14. Jh.), «Der Mönch auf dem Frauenkirchhof zu Dresden» (14. Jh.), «Der wohlthätige Brunnen bei der heiligen Bartholomäuskapelle» (14. Jh.), «Der schwarze Herrgott zu Dresden» (15. Jh.), «Der Queckbrunnen» (16. Jh.), «Der Dresdner Mönch» (16./17. Jh.), «Das Trompeterschlößchen zu Dresden» (17. Jh.), «Die Sage vom goldenen Reiter zu Dresden» (18. Jh.), «Der Tod am Haus Nr. 2b an der Neustädtischen Brückenseite» (18. Jh.) und «Vom Brückenmännchen zu Dresden» (19. Jh.).

Salbach, Klara: Schauspielerin, geb. 13. 5. 1861 Berlin, gest. 30. 1. 1944 Dresden. – Nach Engagements in Weimar, Hanau, Mainz und Leipzig wurde die S. 1889 an das Dresdner Hoftheater verpflichtet, wo sie bis 1932 spielte. Die vielseitige Künstlerin wurde vor allem durch ihre Verkörperung Schillerscher Dramengestalten berühmt.

Salicola, Marghuerita: Die in Italien berühmte Sängerin war am Hofe des Herzogs von Mantua engagiert, als Kurfürst JOHANN GEORG III. sie 1685 während des Karnevals in Venedig hörte und unter abenteuerlichen Umständen nach Dresden verpflichtete, wo sie im Ensemble der neugegründeten Oper mitwirkte. Da bis dahin Frauenrollen nur von Knaben und Kastraten übernommen worden waren, erregte sie als erste Sängerin auf der Dresdner Bühne – und wohl im deutschen Sprachraum überhaupt – beträchtliches Aufsehen und feierte als Primadonna große Triumphe (Besoldung 1691: 1500 Taler/Jahr – zum Vergleich Kapellmeister Christoph →BERNHARD: 700 Taler). 1693 ging sie nach Wien.

Salomonis-Apotheke: Die S. gründet sich auf eine Konzession von Kurfürst FRIEDRICH AUGUST II. aus dem Jahre 1743 an Johann Christian STENGEL zur Errichtung einer Apotheke vor dem →Wilsdruffer Tor. 1749 brannte die Vorstadt ab und Stengel durfte zunächst für zwei Jahre seine Offizin am →Neumarkt/Pirnaische Gasse weiterführen. Diese

Salomonis-Apotheke am Neumarkt
Salomonistor
Saloppe

Genehmigung für seine «Apotheke zum Salomon» wurde bis 1755 verlängert. Trotz Protest der anderen Apotheker faßte er hier Fuß, erwarb noch die →Löwen-Apotheke und ließ sich deren Privileg auf die von ihm erkaufte Offizin unter dem Namen S. übertragen (27. April 1756). Bei der Namensgebung war für Stengel wohl die Weisheit des biblischen Königs Salomo Vorbild (lebensgroße Darstellung als äußeres Kennzeichen der Apotheke). 1805 übernahm durch Einheirat der Arzt und Apotheker Friedrich August →STRUVE die S. (Gründer der künstlichen Mineralwasseranstalt). 1842/43 war in der S., auch «Struvesche Apotheke» genannt, Theodor →FONTANE, Sohn eines Apothekers, für ein dreiviertel Jahr als Rezeptar und Defektar angestellt. Mit der Übernahme der S. durch Franz PETERS (späterer Hofrat) Ende des 19. Jh. begann zugleich der Verkauf homöopathischer Präparate. 1939 wurden dem Deutschen Apothekenmuseum wertvolle Standgefäße und Arbeitsgeräte aus der S. übereignet. Bis zur Zerstörung im Februar hatte die Apotheke mit ihrem Fachlaboratorium für Urinuntersuchungen, dem Vertrieb von homöopathischen, biochemischen und medizinischen Artikeln einen weit über die Grenzen der Stadt reichenden guten Ruf.

Salomonisbastion, auch *Salomoniberg*: →Stadtbefestigung

Salomonistor: 1549 von Caspar →VOIGT VON WIERANDT ungefähr an der Stelle der →Kreuzpforte angelegtes Stadttor. Nach dem Bau des →Pirnaischen Tores wurde es 1593 wieder zugemauert.

Saloppe: Gaststätte in Loschwitz an der Mündung des Schotengrundes in die Elbe, ursprünglich als «hölzerne Schaluppe» durch den hiesigen Fährmann betrieben. – Sie wurde 1822 durch ein

zweigeschossiges Restaurant mit Aussichtsterrasse ersetzt. Nach dem Ankauf des Grundstückes durch die Stadt 1864 wurde die Gaststätte noch einige Jahre in Pacht betrieben. Gleichzeitig mit dem Bau des *Wasserwerkes «Saloppe»* durch Theodor →FRIEDRICH und Bernhard SALBACH (1833–1884) erfolgte der Abbruch der S.; das Wohnhaus diente noch einige Zeit als Unterkunft italienischer Bauarbeiter. Auf dem städtischen Grundstück errichtete T. Friedrich ab 1876 in Hanglage, dem Stil des Wasserwerkes angepaßt, die «obere S.» mit Aussichtsturm, die sich nicht zuletzt dank der Schiffsanlegestelle regen Besuchs erfreute. Das Gasthaus wurde 1945 zerstört, später ein neuer Gaststättenbau errichtet.

Salzgasse: Die bis 1945 bestehende Gasse verlief von der Frauenkirche zum Zeughausplatz und wurde unter Kurfürst Moritz nach 1548 angelegt. Der seit dem 18. Jh. bezeugte Name (vorher Roßengeßlein, Newe Gasse am Zeugwagenhaus) bezog sich auf das dort 1587 errichtete Salzsiede- und Salzspeicherhaus. Der östliche Teil der Gasse hieß zwischen 1750 und 1800 Kleine Salzgasse, Hirschgasse, An der Zeughofmauer oder auch Am Zimmerhofe.

Sänftenträger: →Chaisenträger

Sängerbundesfest: →Deutsches Sängerbundesfest 1865: →Sächsisches Sängerbundesfest 1925

St. Petersburger Straße, vormals Christianstraße: 1858 angelegt, verlief die Straße von der Sidonienstraße nordwärts bis zur Ferdinandstraße. Ihren früheren Namen führte sie zur Erinnerung an den Kurfürsten Friedrich Christian. Im ersten Drittel des 20. Jh. wurde wiederholt der Ausbau einer östlichen Entlastungstangente zur →Prager Straße geplant. So sollte die Christianstraße bis zum Johannisring verlängert werden, um damit eine direkte Verkehrsverbindung vom Hauptbahnhof über die Königin-Carola-Brücke nach Neustadt zu erhalten. Diese Umgehungsstraße wurde erst im Zuge der städtebaulichen Neuplanung (1965/71) als Nord-Süd-Verkehrsmagistrale verwirklicht. Damit wurde eine direkte Verbindung zur 1971 übergebenen Dr.-Rudolf-Friedrich-Brücke (heutige Carolabrücke) geschaffen. Die Namensgebung bezieht sich auf die Partnerstadt Dresdens St. Petersburg (bis 1991 Leningrader Straße).

Sarrasani: →Zirkus Sarrasani

«Saturn», geflügelter; im Volksmund auch *«Die Zeit»* oder *«Der Tod»* genannt: Sandsteinskulptur eines hageren, kahlköpfigen alten Mannes in doppelter Lebensgröße mit langem Bart, der, mit einem Lendentuch bekleidet und mit großen Flügeln auf dem Rücken, in der linken Hand eine Sense und in der rechten eine abgelaufene Sanduhr mit der Jahreszahl 1685 trug, zur Erinnerung an den Stadtbrand von →Altendresden. Das um 1690 geschaffene Kunstwerk befand sich an der Ecke des sogenannten Brauerschen Hauses in der Neustadt (unmittelbar an der Brücke, gegenüber dem Blockhaus) und war wohl die erste Steinplastik Balthasar →Permosers in Dresden. Sie wurde zu einem →Wahrzeichen der Stadt, das man 1788, 1830/31 und 1870 restaurierte. Beim Abriß des Hauses 1874 brachte man den S. unter einem Brückenbogen der Augustusbrücke unter, seitdem ist er verschollen. Von den Sagen, die mit der Figur in Verbindung gebracht werden, beziehen sich einige auf den Hofnarren Joseph →Fröhlich, der auch Bewohner des «Saturnhauses» war.

Saturn-Bastei: →Stadtbefestigung

Saugärten: ehemalige Einfriedungen in der →Dresdner Heide, die der Haltung von Schwarzwild dienten, das zu höfischen Hetzjagden gebraucht wurde. Der *«Dresdner S.»* (Gedenkstein von 1926, 1972 restauriert) hat wohl als «Treybegarten» schon unter Kurfürst August bestanden. 1601 ließ ihn Kurfürst Christian II. für sein Jagdvergnügen neu einrichten, 1710 erbaute Pöppelmann für August den Starken dort ein Jagdschlößchen, das 1804 noch auf den Karten eingezeichnet, aber schon 1815 nicht mehr vorhanden war. Der *«alte S.»* zwischen Liegau und Langebrück, der *«neue S.»* zwischen Langebrück und der Hofewiese (Mauer mit Häuschen noch vorhanden) und der sogenannte *«Sausprudel»* zwischen Langebrück und Weixdorf wurden im 18. Jh. angelegt. Nachdem Anfang des 19. Jh. die Hetz- und Parforcejagden aufhörten, wurden die S. aufgehoben. Das in der Nähe des Dresdner S. befindliche «Saugartenmoor» gehört zu den in Sachsen seltenen Schwingmooren und ist als Flächennaturdenkmal geschützt.

Saulsches Haus: ehemaliges Barockgebäude in der Seestraße 11. Es entstand 1752/53 am Seetor als letzter Bau Johann Christoph →Knöffels für den Geh. Legationsrat Ferdinand Ludwig von Saul, der vom Kurfürsten einen großen Bauplatz an der Bastion Merkur erhalten hatte. Den vierflügligen, dreigeschossigen Bau mit einfacher Lisenenarchitektur und einem kostbaren Rokokotor umgab ein großer Garten. Nach mehrmaligem Besitzerwechsel wurde das S. 1843 vom sächsischen Staat erworben, um das Ministerium des Innern (bis 1904) darin unterzubringen und es gleichzeitig als *Ministerhotel* für Wohnzwecke von Staatsbeamten zu nutzen. Dafür erweiterte man in der Mitte des 19. Jh. das Gebäude durch An- und Umbauten. Beim Bombenangriff 1945 wurde es zerstört.

«Saxonia»: erste deutsche Dampflokomotive, von Johann Andreas →Schubert nach dem Vorbild der englischen Lokomotive «Komet» in der →Maschinenbauanstalt Übigau erbaut. – 1838 unternahm Schubert Probefahrten vom →Leipziger Bahnhof in Neustadt. Gegen den Widerstand der englischen Konkurrenz nahm er am 7. April 1839, den drei offiziellen Festzügen folgend, auf dem Führerstand der «S.» an der Eröffnung der Dresden-Leipziger Eisenbahn teil. Die «S.» war bis 1845 in Betrieb, wurde dann als Reservemaschine gewartet und 1858 verschrottet. Verkleinerte Modelle im →Verkehrsmuseum Dresden und an der TU; Nachbau in Originalgröße zum Jubiläum «150 Jahre deutsche Ferneisenbahn» 1989.

Scandello, Antonio: Instrumentalist, Komponist, Kapellmeister, geb. 17.1.1517 Bergamo, gest. 18.1.1580 Dresden. – S. war in Bergamo und Trient als Instrumentalist tätig gewesen, bevor

Saulsches Haus
«Saxonia»

er 1549 als Zinkenist und Posaunist an die von Kurfürst Moritz neu gegründete Cantorei →Sächsische Staatskapelle Dresden kam. 1562 erwarb er das Dresdner Bürgerrecht, 1566 wurde er zum Vizekapellmeister und 1568 zum Kapellmeister (1575 auf Lebenszeit) ernannt. Unter seiner Leitung erlangte die kurfürstliche Kapelle einen außerordentlichen Ruf. Er setzte sie nicht nur bei der Gesangsbegleitung ein, sondern förderte die damals noch unübliche Darbietung eigenständiger Instrumentalwerke. S. war auch als Instrumental- und Gesangslehrer (→Kapellknabenchor) geschätzt. Zu seinen bedeutendsten Kompositionen, die noch die ev. Kirchenmusik des 17. Jh. beeinflußten, gehörten eine Totenmesse für Kurfürst Moritz (1553), seine Johannespassion und seine geistlichen Lieder. Mit seinen mehrstimmigen weltlichen Liedern (Sammlungen von 1570, 1575, 1578) verhalf er der italienischen Madrigalkunst der Hochrenaissance in Deutschland zum Durchbruch.

Schade, Johann Daniel: Architekt, geb. 1730 Nowgorod, gest. 22. 7. 1798 Dresden. – Der Schüler von Johann Heinrich →Schwarze und Christian Friedrich →Exner wurde 1755 Kondukteur im Ziviloberbauamt. Er schuf (mit Johann Gottfried →Kuntsch) die Erweiterungsbauten zum →Marcolini-Palais (1775), die Ruine auf dem Schloßberg in Pillnitz (1783) in gotischen Formen und das →Waldschlößchen (1785/90). S. war 1782/86 am Umbau des →Japanischen Palais zur kurfürstlichen Bibliothek und 1783/95 an den ersten Wiederherstellungsarbeiten am Zwinger beteiligt.

Schäferschlag: →Schläge

Schäferstraße: Straßenzug zwischen Schweriner und Hamburger Straße in der Friedrichstadt, ursprünglich Meißner Straße, im 18. Jh. nach der 1903 abgetragenen Schäferei im Frönerhof des Ostravorwerkes genannt. – Trotz ihrer wenig bemerkenswerten und lückenhaften Bebauung (1989 erfolgten umfangreiche Abbrüche vernachlässigter Bausubstanz) ist sie stadtgeschichtlich interessant. Hier wurde die Worpsweder Malerin Paula Modersohn-Becker (1876–1907) in der Familie eines Eisenbahners geboren. Am äußeren Ende der Straße stand das Bayerische Brauhaus, das von Johann August Gebhardt (1735–1809) erbaut und von Johann August →Giesel 1789 umgestaltet wurde. Aus dem Gasthof «Zum Elephanten» (Haus Nr. 47), in dem im 19. Jh. die volkstümliche Theatertruppe der Auguste Magnus (→Originale, Altendresdner) auftrat, entwickelte sich der «Kristallpalast» als einer der größten Ballsäle der Stadt. Ein anderes Dresdner Original, «Rehhahn mit dem Bildersack», wohnte bis 1856 in der Straße.

Schanzen: Die als Befestigungsanlagen errichteten S. waren entweder hervorragende Verteidigungsanlagen oder militärisch wertlose Bauwerke. Der älteste «Befestigungswall», der heute noch als Fragment besteht, ist die Coschützer →Heidenschanze. Eine Vielzahl von S. ließ Napoleon I. 1813 rund um die Stadt erbauen. Auf Altstädter Seite befanden sich die fünf größten S. mit Blockhäusern versehen am Elbufer vor dem Ziegelschlag, vor dem →Pirnaischen Tor, neben dem Dohnaischen Schlag, vor dem →Mosczinska-Garten, vor dem Falkenschlag (an der späteren Blindenanstalt) und an der Landstraße vor dem Freiberger Schlag. Auch in Neustadt wurden an allen aus der Stadt führenden Hauptstraßen S. errichtet. Die bekannteste war die nahe am →Bautzner Tor gelegene sogenannte «Kaiserschanze» (Fort Imperial). Im Krieg zwischen Österreich (Sachsen stand auf österreichischer Seite) und Preußen wurde Dresden 1866 von Preußen besetzt und mit einem Schanzengürtel umgeben. Selbst nach dem Waffenstillstand wurde an den S. weitergebaut. Zwischen 1868/1871 wurden die S. abgetragen. Schanzenstraße in Neustadt (nach einer 1813 in der Heide errichteten S.); Schanzen-Apotheke (nach der am Lerchenberg 1866 angelegten S.) im Stadtteil →Löbtau; Schanzenpark (seit 1926 →Beutlerpark) im Stadtteil →Räcknitz.

Schauspielhaus: zweitgrößtes Theatergebäude Dresdens zwischen Postplatz, Theaterstraße und Malergäßchen mit Hauptfront zur Ostra-Allee. Da das

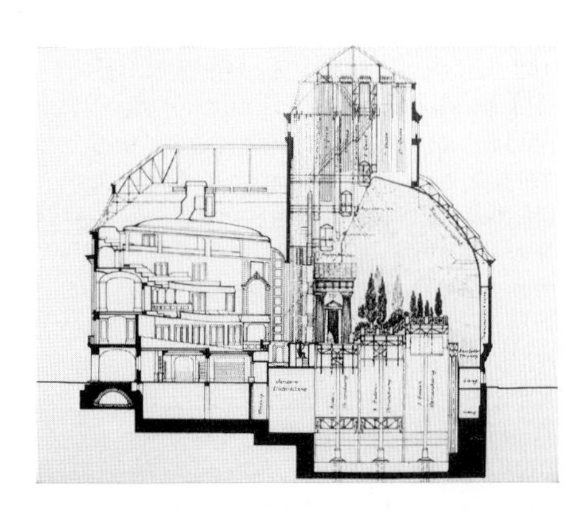

Schauspielhaus, Längsschnitt durch das Bühnenhaus
Schauspielhaus und Umgebung, von Osten gesehen. Luftaufn. 1925

→Alberttheater in der Neustadt den modernen szenischen und theatertechnischen Anforderungen nicht mehr genügte, wurde 1909 ein Wettbewerb zur Errichtung eines neuen Altstäder S. ausgeschrieben und unter maßgeblicher Beteiligung von Karl August →Lingner ein Theaterverein zur Finanzierung gegründet. 1912/13 erbaute man auf dem gegenüber dem Zwinger später als verfehlt bezeichneten – sehr beschränkten Bauplatz, auf dem zuvor der alte kurfürstliche Silberhammer, der 1739 errichtete Malersaal und das Hofwaschhaus gestanden hatten, das S. nach dem preisgekrönten Entwurf von William →Lossow und Max Hans Kühne. Das äußerlich schlichte, siebengeschossige Gebäude (2 Geschosse unter Straßenniveau), dessen an den Dresdner Barock anklingende Fassade mit Plastiken von Oskar →Döll und Georg →Wrba geschmückt wurde, ist gekennzeichnet durch das hohe Bühnenhaus (32 000 m^3 umbauter Raum gegenüber dem Zuschauerraum mit 5000 m^3). Die farbige Ausgestaltung des Zuschauerraumes (1312 Sitzplätze, 3 Ränge) stammte von dem Maler Paul Perks. Die mehrteilige Versenk- und Schiebebühne und die bis Ende der achtziger Jahre noch als eine der ältesten Anlagen dieser Art funktionstüchtige hydraulische Bühnenmaschinerie entsprachen der damals modernsten Theatertechnik. Energie bezog das S. aus dem ersten Fernheizwerk Europas (an der Großen Packhofstraße). Nach über 30 Spielzeiten des →Staatsschauspiels wurde das S. 1945 beim Bombenangriff zerstört, aber sofort wiederaufgebaut, so daß es am 22. September 1948 als erstes Theater in der DDR wiedereröffnet werden konnte. Als *«Großes Haus»* (im Gegensatz zum →Kleinen Haus in der Neustadt) war es bis zur Eröffnung des Opernhauses am Theaterplatz 1985 (→Opernhäuser) sowohl für das Schauspiel aus auch für Oper und Ballett Spielstätte. Seitdem steht das 1990/94 gründlich rekonstruierte Gebäude mit 855 Plätzen wieder unter seiner ursprünglichen Bezeichnung ausschließlich dem Staatsschauspiel zur Verfügung.

Scheffelstraße: bis zur Zerstörung der Stadt 1945 bestehende, vom Altmarkt zur Wallstraße verlaufende Straße, die bereits 1396 als Große Webergasse erwähnt wurde, da hier – ebenso wie in der benachbarten →Webergasse – vor allem Weber wohnten. Als Scheffelgasse wurde sie erstmals 1502 bezeichnet, nachdem am Eingang der Gasse ein kupfernes Scheffelmaß angebracht worden war. An die Ecke Altmarkt/S. grenzte das 1741/44 von J. C. →KNÖFFEL und J. G. →FEHRE erbaute Rathaus. Während der →revolutionären Bewegung 1830/31 wurde am 9. September 1830 von Demonstranten das in der S. befindliche Polizeihaus gestürmt. 1872 wurde die Scheffelgasse in S. umbenannt.

Scheidemantel, Karl: Sänger (Bariton), geb. 21. 1. 1859 Weimar, gest. 26. 6. 1923 Weimar. – Nach Ausbildung und Debüt 1878 in Weimar, war der von Franz LISZT geschätzte und geförderte Sänger bereits in Deutschland und England erfolgreich gewesen, als er 1885 als Gast und 1886 fest an die Dresdner Oper kam, wo er bis 1911 zu den führenden Sängerpersönlichkeiten gehörte. Er verkörperte vor allem Heldenrollen (besonders von Richard WAGNER). U. a. wirkte er bei den Uraufführungen der Opern «Feuersnot» (1901) und «Der Rosenkavalier» (1911) von Richard STRAUSS mit. Ab 1911 war S. in Weimar als Lehrer für Gesang tätig, kam aber 1920/22 als Operndirektor nochmals nach Dresden.

Schellenberg, Arno: Sänger (lyrischer Bariton), geb. 16. 11. 1903 Berlin, gest. 20. 3. 1983 Dresden. – Nach kurzen Engagements in Düsseldorf, Köln und Königsberg wurde S. 1932 von Fritz →BUSCH an die Dresdner Staatsoper verpflichtet, der er bis 1949 angehörte. 1950 wurde er Professor an der Berliner Musikhochschule und 1968 Ehrenmitglied der Dresdner Staatsoper. – Grab auf dem Waldfriedhof Weißer Hirsch.

Schelling, Friedrich Wilhelm: Philosoph, geb. 27. 1. 1775 Leonberg/Württemberg, gest. 20. 8. 1854 Ragaz. S. hielt sich vor Antritt seiner Professur in Jena vom 18. August bis zum 1. Oktober 1798 in Dresden auf, wo er mit den Gebrüdern →SCHLEGEL und mit →NOVALIS zusammentraf und maßgeblichen Anteil an der Herausbildung der frühromantischen Kunstauffassung hatte.

Schenau, d. i. Johann Eleazar *Zeißig*: Maler, geb. 7. 11. 1737 Großschönau, gest. 23. 8. 1806 Dresden. – S. kam 1749 nach Dresden, um sich als Mustermaler für die Damastweberei ausbilden zu lassen. 1756 reiste er mit seinem Lehrer François Charles de Silvestre, dem Sohn von Louis de →SILVESTRE, nach Paris, wo er sich nach seinem Heimatort nannte und ersten Ruhm errang. 1770 wurde S. Lehrer an der Dresdner Kunstakademie, 1774 Professor und 1776 sowie 1795 Akademiedirektor. Er ist vor allem durch Porträts bekannt geworden; sein Altargemälde für die Kreuzkirche (1792) wurde 1892 entfernt. S. wohnte bis 1787 im Akademiegebäude Schloßplatz 1, später Altmarkt und zuletzt in der Kreuzstraße 4 (späteres Gasthaus «Zur Glocke»). – Begraben auf dem alten Johannisfriedhof (1854 überführt nach Großschönau).

Scherz, Karl Emil: Architekt, geb. 31. 8. 1860 Blasewitz b. Dresden, gest. 1945. – Der Lipsius-Schüler S. wirkte vor allem in Blasewitz und Loschwitz. So baute er einige Villen in der Goetheallee und in der Handel-Allee. Ein Großteil der Bebauung von Schiller- und Körnerplatz geht auf seine Pläne zurück. Von ihm stammt auch der Anbau zum Blasewitzer Rathaus (1905), die →Heilig-Geist-Kirche in Blasewitz (1893) und die →Himmelfahrtskirche in Leuben (1899/1901).

Scheunenhöfe: zwischen Großenhainer Straße, Lößnitzstraße, Friedensstraße und Fritz-Reuter-Straße gelegene ehemalige Scheunenbauplätze. Als im August 1685 Altendresden durch Brand fast völlig zerstört wurde, erhielten die in der Stadt wohnenden Feldbesitzer an der Großenhainer Straße Plätze zum Wiederaufbau ihrer Scheunen. Daneben errichtete man bald Wohn- und Wirtschaftsgebäude; so entstanden die 1698 katastrierten S. 1874 finden sich die S. zum letztenmal im Adreßbuch. Danach haben die Gebäude, bis auf wenige, neuentstandenen Straßen weichen müssen. Das Scheunenhofviertel wurde mit der Antonstadt 1835 nach Dresden eingemeindet.

Scheven, Paul: Volkswirt und Armenpfleger, geb. 14. 2. 1852 Zittau, gest. 30. 11. 1929 Dresden. – Nach kaufmännischer Ausbildung Studium in Leipzig und Tübingen, 1892 Promotion der Sozialwissenschaften. Im Dresdner Stadtverordnetenkollegium vertrat er 1902/04 die Mieterinteressen. Seine Haupttätigkeit als Armenpfleger übte S. im →Verein Volkswohl (1904 Redakteur und Mitherausgeber der Wochenzeitschrift «Volkswohl») und im Verein gegen Armennot und Bettelei aus. 1914 führte er die systematische Altenfürsorge ein. Seine Spendensammlungen und Bittgänge brachten ihm den Namen «Dresdner Bettelmönch» ein. – Schevenstraße in Loschwitz, benannt nach seiner Frau Katharina (1861–1922), die eine Vorkämpferin der Frauenbewegung war und zu den ersten zehn weiblichen Stadtverordneten nach 1918 gehörte.

Schicke(n)tanz, Hans: Steinmetz und Baumeister, lebte ca. 1470 bis nach 1527. – S. war am Neubau der 1491 zerstörten Kreuzkirche beteiligt, baute 1514 die «Porkirche» (Emporen) über der Sakristei der Kreuzkirche und wird 1515/17 beim Bau der Elbbrücke genannt. S. war ab 1514 Ratsherr in Dresden, zahlte bis 1524 Geschoß für ein Haus in der Windischen Gasse (Galeriestraße) und wird 1527 als Werkmeister von Kreuzkirche und Brücke genannt.

Schießgasse: Die unter Kurfürst MORITZ Mitte des 16. Jh. angelegte Gasse verläuft vom →Tzschirnerplatz zum nördlichen Ausgang der →Landhausstraße. Anfangs wurde sie Neue Gasse am Graben oder Schützengasse genannt. Seit Ende des 17. Jh. war sie zweigeteilt in die Große S.

(zwischen Moritzstraße und Landhausstraße) und die Kleine S. Erst 1898 wurden beide Teile zur S. vereinigt. Der Name rührt von dem seit dem 16. Jh. dort befindlichen Haus und Übungsplatz der Armbrustschützen (→Bogenschützengesellschaft) her (während des Siebenjährigen Kriegs zerstört und später als Bauplatz für das →Kurländer Palais genutzt). Die Große S. verlief früher bis zur Kreuzgasse. 1896/99 wurde an ihrer Westseite das Polizeigebäude errichtet. Die übrige Bebauung wurde 1945 Opfer der Bombenangriffe (nur noch Ruine des Kurländer Palais).

Schießhaus: 1. Das höfischen Festlichkeiten dienende erste S. wurde 1620 am Schloß neben dem alten Münzhaus errichtet, jedoch 1672 schon wieder abgebrochen. 1673 wurde das neue S. neben dem Reithaus am Wall westlich des Schlosses nach Plänen von Johann Georg →STARCKE oder Wolf Caspar von →KLENGEL vollendet. Es wurde nach 1710 zugunsten des Zwingerneubaus abgerissen.–
2. Die Büchsenschützen der Dresdner Bürgerschaft errichteten 1554 auf der Viehweide in der Wilsdruffer Vorstadt ihr eigenes S., das in veränderter barocker Gestalt (zweite Hälfte des 18. Jh.) heute noch am Ausgang Grüne Straße und Schützengasse steht. Bis 1875 wurde es von den Büchsenschützen benutzt (Schießstand hinter dem Gebäude). Danach diente es als Wohnhaus und verschiedenen Institutionen (z. B. Sitz des Chemischen Untersuchungsamtes). Die Scheibenschützen eröffneten 1875 in →Trachau einen neuen *Schützenhof* mit Sportplatz und Gaststätte. Die bürgerlichen Armbrustschützen besaßen im 16./18. Jh. ihr eigenes Schießhaus am östlichen Stadtgraben an der heutigen Schießgassse.

Schiffahrt: →Elbschiffahrt

Schiffswerften: Der erste provisorische Schiffsbauplatz wurde 1836 auf der alten Vogelwiese in der Pirnaischen Vorstadt für den Bau der →«Königin Maria» eingerichtet. 1855 gründete die →Sächsisch-Böhmische Dampfschiffahrts-Gesellschaft auf dem Stadtgut von NAUMANN in Blasewitz eine Werft, auf der bis zur Stillegung 1896 insgesamt 46 Schiffe vom Stapel liefen. Die Gesellschaft erwarb das Sägewerksgrundstück SPALTEHOLZ in Laubegast und eröffnete dort ihre neue Werft (ab 1923 «Schiffswerft und Maschinenfabrik Dresden-Laubegast», heute Reparaturwerft für die Personenschiffe der →Elbschiffahrt). – Auf dem Gelände der →Maschinenbauanstalt Übigau entstand nach 1841 eine kleine Werft, die in den Besitz der Gesellschaft «Kette» überging und zur bedeutenden Binnenwerft für Fracht- und Personenschiffe ausgebaut wurde. Sie verfügte ab 1892 über schiffbautechnische Versuchsanlagen der Technischen Hochschule und hatte um 1910 als «Dresdner Maschinenfabrik und Schiffswerft Übigau» 1200 Beschäftigte. Das Werk wurde 1924 von der Waggon- und Maschinenbau-AG Görlitz übernommen, 1930 stillgelegt und 1935 als Schiffswerft, Maschinenfabrik und Dampfkesselbau wiedereröffnet. Die Gebäude wurden nach 1945 vom VEB Dampfkesselbau genutzt. Als technisches Denkmal ist ein eiserner Drehkran von 1898 erhalten. – An der Leipziger Straße gründete Otto SCHLICK 1863 eine Schiffsbauanstalt, die später von der Österreichischen Nordwest-Dampfschifffahrts-Gesellschaft übernommen und 1902 mit der Werft in Übigau vereinigt wurde.

Schifftor: →Ziegeltor

Schiller, Friedrich von: geb. 10. 11. 1759 Marbach/Neckar, gest. 9. 5. 1805 Weimar. – S. hielt sich dreimal in Dresden auf, wobei für seine Besuche nicht das Interesse an der Stadt, sondern die Einladungen seines Freundes Christian Gottfried →KÖRNER ausschlaggebend waren. Für sein Verhältnis zur Stadt und ihren Bewohnern ist die Bemerkung, die Dresdner seien «vollends ein rechtes, zusammengeschrumpftes, unleidliches Volk ...» (Brief an die Schwestern von LENGEFELD 1788) bezeichnend. – Zu seinem ersten Aufenthalt traf S. am 11. September 1785 in Dresden ein. Nachdem er die erste Nacht im Gasthof zum «Goldenen Engel» (spätere Wilsdruffer Straße 7, dort vor 1945 eine Gedenktafel) verbracht hatte, wohnte er danach im Hause Körners (vor 1945 Körnerstraße 7), zwischenzeitlich auch im Hause Kohlmarkt 16 (späteres Haus Körnerstraße 18) sowie auf dem Körnerschen Gartenhaus-Grundstück in Loschwitz (später «Schillerhäuschen» in der Schillerstraße). Im Hause seines Freundes lernte er zahlreiche Persönlichkeiten aus dessen großem Bekanntenund Freundeskreis kennen. Der Maler Anton →GRAFF porträtierte S. 1785 (Gemälde heute im →Museum zur Dresdner Frühromantik). Seiner Bekanntschaft mit der Tochter der Wirtin des Gasthofes Blasewitz, Johanne Justine →RENNER, setzte der Dichter später mit der Erwähnung der «Gustel von Blasewitz» in «Wallensteins Lager» ein Denkmal. Am 20. Juli 1787 reiste S. nach Weimar ab. Während seines ersten Aufenthalts hatte er an verschiedenen Werken weitergearbeitet bzw. diese vollendet: «Don Carlos», «Verbrecher aus verlorener Ehre», «Der Geisterseher», (Erzählungen), Entwurf zu «Der Menschenfreund» (Schauspiel). Von Mitte April bis zum 13. Mai 1792 weilte S. wiederum, diesmal mit seiner Frau, in

Kurfürstliches Schießhaus. Um 1680
Friedrich von Schiller. Plastik von Rietschel am Opernportal

Dresden (Körnerstraße 7). Sein letzter Aufenthalt fiel in die Zeit vom 9. August bis zum 15. September 1801. Er wohnte in dieser Zeit im Körnerschen Gartenhäuschen in Loschwitz und vom 1. September an in einem unbekannt gebliebenen Haus in der Landhausstraße. – An den Dichter erinnern außer dem schon erwähnten Gartenhaus in Loschwitz und der dortigen Schillerstraße eine Gedenktafel am Körnerschen Gartengrundstück (Schillerstraße 19), das Relief auf der anderen Straßenseite von O. RASSAU, ein Gedenkstein und die «Schillerlinde» an der Gaststätte →«Schillergarten» (Schillerplatz 8), der Schillerplatz selbst in →Blasewitz, das 1914 eingeweihte Denkmal von Selmar →WERNER am →Albertplatz/Hauptstraße sowie die von Ernst →RIETSCHEL geschaffene Statue am Opernhaus.

Schillergarten: historische Speise- und Tanzgaststätte in Blasewitz an der Elbe oberhalb des «Blauen Wunders». Das seit 1670 in Blasewitz in Hofbesitz befindliche Jagdhaus wurde 1683 als «kurfürstliche Schenke» erwähnt und Anfang des 18. Jh. von AUGUST DEM STARKEN an seinen Stubenheizer MATTHIE verschenkt. Ende des 18. Jh. war der zur Elbe hin erweiterte «Schenkgarten» eine beliebte Sommergaststätte. Friedrich →SCHILLER besuchte sie gern während seines Aufenthaltes im Körnerschen Weinberghaus; die Tochter der Schankwirtin SEGEDIN verewigte er als Gustel von Blasewitz in seinem Schauspiel «Wallensteins Lager» (→RENNER, Johanne Justine). Bald nach Schillers Tod wurde die später umgebaute Gaststätte in «Schillergarten» umbenannt (seit 1859 Gedenkstein im Garten).

Schillerhäuschen: →Schiller, Friedrich von

Schillerplatz: ehemaliger Blasewitzer Dorfplatz, der seine heutige städtebauliche Gestaltung Ende des 19. Jh. erhielt. In seiner Umgebung erinnern einige Stätten noch an →SCHILLERS Aufenthalt in Dresden und Loschwitz 1785/87. An Stelle der heutigen Gaststätte →«Schillergarten» am Elbufer stand zu Schillers Zeiten eine alte, vielbesuchte Schenke mit Gästegarten, vor dem die Blasewitz-Loschwitzer Fähre anlegte. Mit seinen Geschäften und Gaststätten ist der S. ein Einkaufzentrum im Dresdner Osten; z.B. wird das Café «Toscana» gern besucht. Als südlicher Brückenkopf der →Loschwitzer Elbbrücke ist der S. einer der belebtesten Verkehrsknotenpunkte der Stadt.

Schilling: **1.** *Johannes,* Bildhauer, geb. 23.6.1828 Mittweida, gest. 21.3.1910 Klotzsche. – S. gehört als Vertreter des Spätklassizismus zu den berühmtesten Bildhauern des 19. Jh. in Dresden. Nach dem Studium an der Dresdner Kunstakademie arbeitete er 1845/50 als Meisterschüler im Atelier von Ernst →RIETSCHEL und setzte 1851 seine Ausbildung in Berlin bei Friedrich DRAKE fort. Danach war er bei Ernst Julius →HÄHNEL tätig und gründete nach einem dreijährigen Italienaufenthalt 1857 in Dresden sein eigenes Atelier. Am bekanntesten sind seine Sandsteinplastiken der →«Vier Tageszeiten» (1863/68) an der Treppe zur →Brühlschen Terrasse. Weiterhin schuf er für Dresden die Kinderszenen an der Südseite und den Fries im Treppenhaus der Gemäldegalerie Alte Meister (1853); die Denkmale Ernst RIETSCHELS (1872) und Gottfried →SEMPERS (1892) auf der Brühlschen Terrasse; die bronzene Pantherquadriga auf dem Opernhaus (1877); das Reiterstandbild König →JOHANNS (1889) auf dem Theaterplatz; die Figuren «Wahrheit» und «Gerechtigkeit» am →Amtsgericht (1892); den Giebelschmuck an der Kunstakademie (1894) sowie die Figuren für den →Wettinobelisk (1896). Von 1868 an lehrte S. als Professor an der Kunstakademie; 1883 wurde er Ehrenbürger der Stadt. Das 1888 eröffnete *Schilling-Museum* auf der Pillnitzer Straße 63, das die Mehrzahl von S. Original-Modellen enthielt, wurde 1945 beschädigt und 1948 abgebrochen. Die Wohnung des Künstlers befand sich in Klotzsche, Goethestraße 9. – Begraben auf dem Trinitatisfriedhof (später nach Meißen-Zscheila überführt); Schillingstraße und Schillingplatz in Löbtau; Bildnis am Ende des Fürstenzuges. –
2. *Rudolph,* Architekt, geb. 1.6.1859 Dresden, gest. 19.12.1933 Dresden. – S. begründete 1889 mit Julius GRÄBNER (geb. 11.1.1858 Durlach/Baden, gest. 25.7.1917 Konstantinopel), die um die Jahrhundertwende einflußreichste Architekturfirma «Schilling und Gräbner», wobei S. überwiegend den bautechnischen und Gräbner den künstlerischen Anteil hatte. Gemeinsame Bauten: →Kaiserpalast (1897 vollendet), die Rathäuser in Löbtau (1900) und Pieschen (1890/91), die →Christuskirche in Strehlen (1903/05), Ausbau der →Kreuzkirche (1897) und verschiedene Villen an der Goetheallee. – Grab auf dem Johannisfriedhof Tolkewitz.

Schirmer, David: Dichter, geb. 29.5.1623 Pappendorf b. Freiberg, begraben 12.8.1687 Dresden. – Nach Studium in Leipzig und Wittenberg kam S. 1649 als Hofpoet ohne feste Besoldung nach Dresden. Er dichtete Lieder sowie Texte zu musikdramatischen Aufführungen. 1653 wurde er fest angestellt und 1655 kurfürstlicher Bibliothekar (1683 entlassen).

Schlacht bei Dresden 1813: →NAPOLEONS letzter großer Sieg auf deutschem

Blasewitzer Dorfplatz um 1880. Aufn. von August Kotzsch
Detail vom König-Johann-Denkmal von Johannes Schilling

Boden. Allein dieser Sieg konnte seine strategische Position nicht mehr verbessern. – Die Stadt war nach dem Ende des Waffenstillstands zwischen den Franzosen und den Verbündeten zum Dreh- und Angelpunkt des französischen Aufmarsches geworden. Am Vorabend der S. befanden sich rund 22 000 Mann französische Truppen unter dem Befehl des Marschalls St. CYR als Besatzung in der Stadt. Außerdem hielt sich der König von Neapel, Joachim MURAT, in Dresden auf. Die Masse der Hauptarmee der Verbündeten, etwa 175 000 Mann, unter dem Befehl des Fürsten Karl Philipp von SCHWARZENBERG, begleitet vom russischen Kaiser und dem preußischen König, überschritt am 22. August in fünf Kolonnen die böhmisch-sächsische Grenze auf der Linie Pirna–Wolkenstein. Allgemeines Angriffsziel war die Elblinie und Leipzig, wobei am gleichen Tag der Beschluß gefaßt wurde, Dresden als konkretes Angriffsziel zu wählen. Napoleon war inzwischen auf dem Wege nach Schlesien, um dort BLÜCHER zu schlagen, entschloß sich aber am 23. August zur Umkehr. Am 23./24. erreichten die Verbündeten die südlich und südöstlich Dresdens gelegenen Dörfer. St. Cyr nahm seine vorgeschobenen schwachen Kräfte daraufhin unmittelbar auf die Stadt zurück, die durch 8 große Feldschanzen links der Elbe, die Dresdner Vorwerke, Landgräben, die Mauern der Gartengrundstücke und die noch bestehenden Teile der Stadtbefestigung recht gut befestigt war. Am 24. August war das linkselbische Dresden in weitem Bogen von den Verbündeten eingeschlossen, ohne daß es diesen aber gelungen war, bis dahin sämtliche zur Verfügung stehenden Verbände heranzuführen. Erst am 25. August traf das Hauptquartier der Verbündeten auf den Räcknitzer Höhen ein. Schwarzenberg nahm mit dem Stab in Bannewitz Quartier, →ALEXANDER I. in Nöthnitz, →FRIEDRICH WILHELM III. in Leubnitz. Am gleichen Tag eroberten russische Truppen Striesen, das von den Franzosen daraufhin in Brand geschossen wurde. Ebenfalls am 25. August hatte Napoleon mit seiner Armee Stolpen erreicht. Auf Murats Berichte hin änderte er seinen ursprünglichen Plan, bei Königstein über die Elbe zu setzen und Schwarzenberg in den Rücken zu fallen, und beschloß, direkt in die sächsische Residenz zu eilen. Während die Verbündeten am Morgen des 26. August Dresden anzugreifen begannen – in schweren Kämpfen besetzten sie den Großen Garten, Strehlen, Gruna, Cotta, Löbtau – führte Napoleon pausenlos Truppen über die Bautzner Straße in die Stadt, mit denen er in etwa die Zahl der verbündeten Truppen (154 000 direkt an der S. beteiligte Verbündete gegen 147 000 Franzosen) ausgleichen konnte. Nach 9 Uhr war der Kaiser selbst in der Altstadt angelangt und dirigierte zeitweise vom Schloßplatz (ein im Straßenpflaster gekennzeichneter «*Napoleonstein*» markiert die Stelle noch heute) selbst die ankommenden Einheiten an die einzelnen Frontabschnitte. Am Nachmittag begannen die verbündeten Truppen eine schwere Beschießung der Stadt. Gegen Abend gingen die Truppen Napoleons, die von ihm selbst und den Marschällen NEY und MORTIER sowie von Murat geführt wurden, zum Gegenangriff über. In blutigen Kämpfen wurde das Dorf Striesen von den Russen zurückerobert. Auch in westlicher Richtung drangen nun die Franzosen vor. Am Mittag des 27. August wurde in unmittelbarer Nähe des russischen Kaisers General →MOREAU schwer verletzt. In der Nacht zum 28. August beschlossen die Verbündeten den allgemeinen Rückzug. Die Verbündeten hatten 14 000 Gefangene und 15 000 Tote zu beklagen, Napoleon etwa 10 000 Tote. Die Dresdner Vorstädte erlitten während der Kämpfe schwere Zerstörungen.

Napoleon I. auf der Anhöhe bei Strehlen am 27. 8. 1813
Schlacht bei Dresden
Innungsschlachthof Leipziger Straße
Schlachthof Ostragehege. Luftaufn. 1920

Schlachthofbrücke: →Brücken

Schlachthöfe: Nachdem dem →Kuttelhof der Fleischerinnung in der Wilsdruffer Vorstadt neuzeitlichen Ansprüchen nicht

mehr genügen konnte, plante die Stadt 1866 einen Neubau auf den Neudorfer Elbwiesen, trat jedoch 1868 von ihrem Vorhaben zurück. Nunmehr finanzierte die Fleischerinnung den Bau eines Innungsschlachthofs mit Viehmarkt an der Leipziger Straße und eröffnete ihn 1873. Ab 1876 wurden in Dresden keine Privatschlachthäuser mehr zugelassen. Der Innungsschlachthof war für die Bedürfnisse von 300 000 Einwohnern berechnet und erwies sich bald als unzureichend. So erwarb die Stadt 1896/98 52 ha Wiesenfläche vom fiskalischen Ostravorwerk und errichtete 1902/10 auf einer hochwasserfrei aufgeschütteten Fläche («Schlachthofinsel» mit Schlachthofbrücke) den damals modernsten und größten deutschen Vieh- und Schlachthof. Hans →ERLWEIN entwarf die aus 68 Gebäuden bestehende, von einer Ringstraße umschlossene Anlage mit dem Viehhof für 10 000 Stallplätze, dem eigentlichen Schlachthof, dem Amtsschlachthof und einem Hotel. Georg →WRBA schuf den Stierbrunnen und die Figur «Metzger mit Schwein». Die Anlage wurde 1953 durch ein neues Kühlhaus und 1984 durch ein Heizwerk ergänzt. Mit Verlagerung des Schlachthofs nach außerhalb wird der Betrieb eingestellt.

Schläge: Übergänge zwischen dem städtischen Territorium (Weichbild) und dem umliegenden ländlichen Gebiet, also die Punkte, an denen die nach der Stadt führenden Straßen die Weichbildgrenze durchschnitten haben. Diese Übergänge existierten bis zur Mitte des 19. Jh. Bedeutung gewannen die S. vor allem, nachdem seit 1703 durch Einführung der Generalkonsumtionsakzise städtisches Gebiet und umliegendes Land zu unterschiedlichen Steuergebieten wurden. Aus diesem Grunde umgab man 1710 die Stadt und ihre Vorstädte zusätzlich mit Palisaden. Seit 1721 befanden sich an den S. mit Wachen besetzte Steuereinnehmerhäuschen. In der ersten Hälfte des 19. Jh. existierten folgende Schläge (von Ost nach West): Ziegel-S., Rampischer S., Pirnaischer S., Dohnaischer S., Dippoldiswalder S., Plauischer S., Falken-S., Freiberger S., Löbtauer S., Schäfer-S., Ostra-Wiesen-S., Ausgang ins Gehege, in Neustadt: Elbe-S., Leipziger und Bautzner S.

Schlegel, Friedrich: Dichter, Literaturhistoriker und Philosoph, geb. 10. 3. 1772 Hannover, gest. 11. 1. 1829 Dresden. – Zu einem ersten kurzen Besuch kam S. im Mai 1792 nach Dresden, wobei er Friedrich →SCHILLER kennenlernte. Während seines Aufenthaltes von Januar 1794 bis Juli 1796 betrieb S. Studien zur griechischen Kunst- und Literaturgeschichte. Er schrieb in dieser Zeit den Essay «Von den Schulen der griechischen Poesie». Anfang Juli 1798 kam er von Jena nach Dresden und traf sich hier mit →NOVALIS, Friedrich Wilhelm →SCHELLING und seinem Bruder. Auf seiner Reise von Berlin nach Paris im Jahre 1802 machte S. von Mitte Januar bis Mai in Dresden Zwischenstation. Danach besuchte er die Stadt erst 1824 wieder. 1828 kam S. von Wien nach Dresden und begann Anfang Dezember im →Hotel de Pologne Vorlesungen über die «Philosophie der Sprache» zu halten. Er wohnte zuletzt im Hotel «Stadt Berlin» (Neumarkt 1). – Grab auf dem Alten kath. Friedhof.

Schleinitz, Richard: Architekt, geb. 30. 3. 1861 Pillnitz, gest. 1. 5. 1916 Dresden. – Schüler von →LIPSIUS an der Dresdner Kunstakademie. S. baute das Vereinshaus Zinzendorfstraße (um 1900, zerstört), das →Künstlerhaus Albrechtstraße (1907), das →Hotel Europahof (1910), die Gewerbekammer in der Grunaer Straße (1908) und erneuerte das Innere der →Annenkirche (1907/09).

Schlenkert, Friedrich Christian: Schriftsteller und Lehrer, geb. 8. 2. 1757 Dresden, gest. 16. 6. 1826 Tharandt. – Verfasser umfangreicher Geschichtsromane, wie «Friedrich mit der gebißnen Wange», und Dramen. Nach anfänglichen Erfolgen verfiel er der Ungunst des Publikums. Dafür gelang es ihm, 1815 Professor der deutschen Sprache an der neugegründeten Forstakademie in Tharandt zu werden, wo er sich praktische Verdienste erwarb.

Schlesischer Bahnhof: zweiter Dresdner Personenbahnhof, 1844/47 als Endpunkt der →Sächsisch-Schlesischen Eisenbahn in der Neustadt errichtet. Der von Julius KÖHLER (1816–1862) entworfene Bahnhof mit säulengeschmücktem Mittelbau und zwei langgestreckten Eckbauten blieb bis zu seinem Abbruch 1898 äußerlich fast unverändert. Auf seinem Terrain wurde 1899/1901 der heutige →Neustädter Bahnhof errichtet. Während dessen Bauzeit bestand auf dem Vorplatz ein Interimsbahnhof.

Schloß: →Residenzschloß

Schloß Albrechtsberg: repräsentatives Bauwerk inmitten einer ausgedehnten

Friedrich Schlegel
Schloß Albrechtsberg

Parkanlage auf der Loschwitzer Elbhöhe (Bautzner Straße 130), das die Stadt Dresden als Veranstaltungs-, Bankett- und Kongreßzentrum nutzt. – Das unterste und prächtigste der drei sogenannten *Elbschlösser* (auch «Albrechtsschlösser») entstand 1850/54 an der Stelle des 1811 errichteten Findlaterschen Landhauses, das seit 1821 als ➔Findlaters Weinberg eine beliebte Ausflugsgaststätte war. 1850 wurde das Grundstück von Prinz ALBRECHT von Preußen (1809–1872), dem jüngsten Bruder des späteren Kaisers WILHELM I. erworben. Er war eine nicht standesgemäße Verbindung mit der Tochter des preußischen Kriegsministers Rosalie von RAUCH (später Gräfin von HOHENAU, 1820–1879) eingegangen und mußte deshalb seinen Wohnsitz mit ihr außerhalb Preußens nehmen. Für 3,5 Millionen Mark ließ er sich von dem preußischen Landbaumeister Adolf ➔LOHSE das Schloß errichten und von dem preußischen Gartenbaudirektor Eduard NEIDE (1818–1883) die Parkanlagen entwerfen, die dann vom Hofgärtner Hermann Sigismund NEUMANN (1829 bis 1886) angelegt wurden. Der stattliche dreigeschossige Sandsteinbau wurde nach dem Vorbild römischer Renaissance-Villen im Stil des Berliner Spätklassizismus erbaut. Er ist mit seinen zwei Flankentürmen symmetrisch angelegt, hat eine Hauptschauseite zur Elbe hin, während die Front zur Straße mit eindrucksvoller Treppenanlage und Flügelbauten Wirtschaftszwecken vorbehalten ist. Besonders reizvoll ist die Gestaltung der Südseite mit weiträumiger oberer Terrasse und großer unterer Terrasse mit Säulenhalle und Wasserbecken und deren Verbindung durch weitläufige Treppenanlagen. Hunderte von Bergleuten waren beim Bau eingesetzt, um die gesamte Anlage, die sich auf einer 35 m hohen Sanddüne befindet, durch Wasserstollen und Gründungsmauern zu sichern. – 1925 erwarb die Stadt Dresden Schloß und Park, der ab 1930 öffentlich zugänglich war. 1946/51 diente das Schloß der Sowjetischen Militär-Administration als Intourist-Hotel. Von August 1951 bis 1990 stand es unter der Bezeichnung *Pionierpalast* «Walter Ulbricht» den Dresdner Kindern als Spiel-, Erholungs- und Bildungsstätte zur Verfügung. Seit 1991 können sich die Kinder dort in der Jugendkunstschule weiterhin in musischen Bereichen betätigen. Ab 1987 wird die kostbare Innenausstattung (z. B. Festsaal, Gartensaal, Foyer, Türkisches Bad) und die Parkanlage umfassend erneuert.

Schloß Eckberg: zu den drei sogenannten *Elbschlössern* gehörendes, ehemaliges Wohngebäude am Einschnitt des Mordgrunds auf der Loschwitzer Elbhöhe (Bautzner Straße 134). Das Grundstück trug bereits 1832 (Verkauf aus dem Besitz von Lord FINDLATER) den Namen «Eckberg». Es umfaßte 15 ha, als es der Großkaufmann John Daniel SOUCHAY (gest. 1877) erwarb, um sich 1859/61 von Christian Friedrich ➔ARNOLD im neugotischen Stil der Spätromantik seine «*Villa Souchay*» errichten zu lassen (Kosten 400 000 Mark). Der bewußt im Grundriß asymmetrisch angelegte Sandsteinbau mit seinem 25 m hohen Aussichtsturm und zwei niedrigeren Türmen hat seine Hauptschauseite zur Elbe hin, wobei ihn seine hohe Stützmauer mit Aussichtsrondell am südlichen Abhang sichert. Auch die Innenausstattung wurde von Arnold nach entsprechenden mittelalterlichen Stilmotiven entworfen. Ende 19. Jh./ Anfang 20. Jh. wechselten die Besitzer häufig, um 1920 bewohnte der Sänger Tino ➔PATTIERA das S., und 1925 erwab es der Besitzer der Leo-Werke Otto Heinsius von ➔MAYENBURG (1945 enteignet, 1993 an die Erben zurückgegeben), der im Inneren Veränderungen vornehmen und eine prächtigen Gartenanlage mit Alpinum schaffen ließ. – Nach 1945 wurde das S. von verschiedenen Institutionen mehr interimistisch genutzt und verfiel, bis es Anfang der 80er Jahre erneuert wurde und seit 1985 als Hotel seine heutige Bestimmung fand (1986/87 Bau eines zusätzlichen Bettenhauses im Parkgelände). Der ausgedehnte Park ist zentrales Denkmal der Landschafts- und Parkgestaltung.

Schloß Pillnitz: Lustschloß-Anlage mit ausgedehntem Park in ➔Pillnitz. Bereits 1403 befand sich auf dem heutigen Standort des Neuen Palais ein Schloß, das 1818 abbrannte. Erhalten blieb nur von einem dazugehörenden Lusthaus die kleine Bastei am Elbufer mit einem Löwenkopf. 1694 erwarb Kurfürst JOHANN GEORG IV. das Schloß für Sibylle von NEITSCHÜTZ, Reichsgräfin von Rochlitz. 1707/16 überließ Kurfürst FRIEDRICH AUGUST I. das Schloß seiner Mätresse, der Gräfin Anna Constanze von COSEL. Die weitere Schloßentwicklung nahm im 18. Jh. ihren Anfang an der Elbe, Matthäus Daniel ➔PÖPPELMANN und Zacharias ➔LONGUELUNE lieferten die Entwürfe. 1720/21 begann der Bau des *Wasserpalais*. Zwischen frei stehenden zweigeschossigen Pavillons mit fünf Achsen erstreckte sich ein zweigeschossiger, an der Elbseite dreigeschossiger siebenachsiger Mittelbau. Der Gartenseite ist ein viersäuliger Portikus vorgelagert.

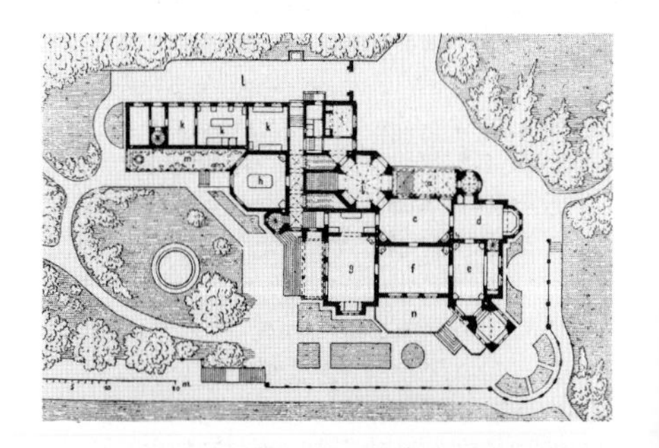

Schloß Eckberg, Grundriß mit Garten
Schloß Eckberg. Luftbild

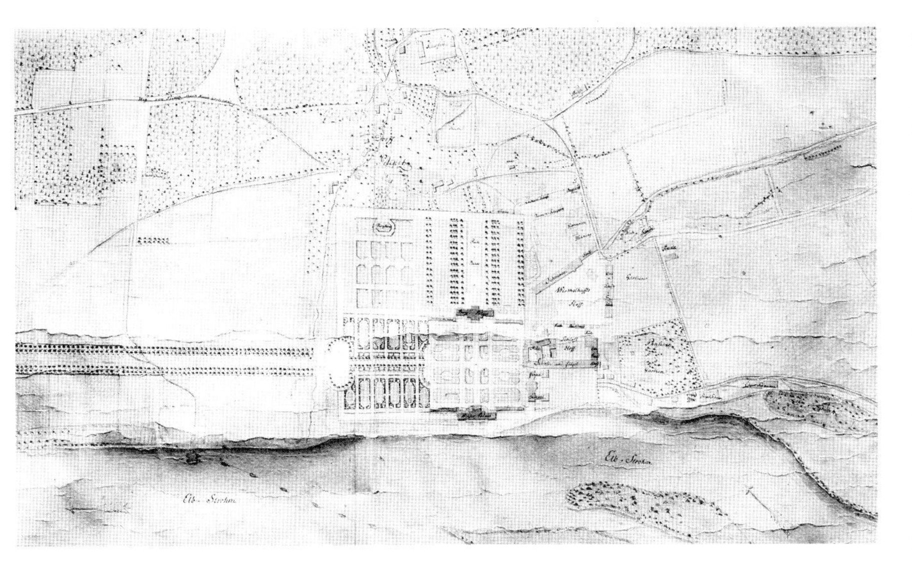

Schloß Pillnitz, Plan 18. Jh.

Die geschweiften Dächer mit den ungewöhnlichen Schornsteinen, die Bemalung und die Kapitelle der Säulen sollten den Eindruck eines «Indianischen Lustschlosses» vermitteln. 1722/23 verband man die einzelnen Bauten zu einer zusammenhängenden Anlage und errichtete das spiegelgleiche *Bergpalais*. Der Elbfassade des Wasserpalais, als Hauptzugang gedacht, wurde eine prachtvolle Freitreppe mit zwei Sphinxen aus der Werkstatt des Johann Christian →KIRCHNER vorgelagert. Ab 1765 diente Pillnitz als ständiger Sommersitz des Dresdner Hofes. 1788/91 verlängerte Christian Traugott →WEINLIG nach den Erweiterungsprojekten Longuelunes von 1725 die beiden Palais durch zweigeschossige Flügelbauten mit geschwungenen Säulengalerien. Am 25. August 1791 vereinbarten Kaiser LEOPOLD II. und FRIEDRICH WILHELM II. von Preußen mit Vertetern des französischen und russischen Hofadels Maßnahmen gegen die Französische Revolution (→Pillnitzer Deklaration). Nach dem Brand des alten Schlosses 1818 erbaute an seiner Stelle Christian Friedrich →SCHURICHT 1818/26 das *Neue Palais*. Er lehnte sich dabei eng an die Bauten Pöppelmanns an. Das Neue Palais besteht aus dem Kapellenflügel an der Bergseite, einem Mittel- und dem Elbflügel. Viertelkreisförmige Galerien schlossen die vorhandenen Bauten mit dem Neuen Palais zu einer dreiflügligen Anlage zusammen. Im turmbekränzten Mittelflügel befindet sich hinter einer Säulenfront mit vorgelagerter Treppe ein quadratischer Festsaal. Er enthält Malereien von Carl Christian →VOGEL VON VOGELSTEIN, ebenso wie die Schloßkapelle. Den Hof des Neuen Palais bepflanzte man 1866 mit Hochstämmen des Chinesischen Flieders, daher auch die Bezeichnung Fliederhof. Der *Lustgarten*, vom Wasser-, Berg- und Neuen Palais eingefaßt, entstand bereits zu Zeiten des Renaissanceschlosses als Obst- und Küchengarten. Statt der Küchenkräuter ließ die Gräfin Cosel Klematis, Rosen und Flieder anpflanzen. Mit dem Entstehen des Wasser- und Bergpalais erhielt der Lustgarten zwölf viereckige Rasenstücke für die verschiedenen Spiele der Hofgesellschaft sowie einen Springbrunnen in der Mitte. Seine heutige Gestalt erhielt der Lustgarten in der zweiten Hälfte des 19. Jh. Heute stehen vor den Palaisfronten im Sommer Kübelpflanzen; vor dem Wasserpalais finden Konzerte statt. Auf der offenen NW-Seite schließen sich an den Lustgarten die Charmillen an, Heckenquartiere nach französischem Vorbild. Es sind 1712/13 angepflanzte und streng geschnittene Weißbuchenhecken, die 1912 im alten Stil erneuert wurden. In ihnen fand 1957 die aus dem 19. Jh. stammende und restaurierte *Tritonengondel* ihren Standplatz. Sie ist die einzige erhaltengebliebene Gondel, die dem Hof als Verbindung zwischen Residenz und Sommersitz diente. In Richtung Hosterwitz verläuft die *Mailbahn*, eine von Roßkastanien bestandene etwa 750 m lange Allee, die seit 1766 dem golfähnlichen Mailspiel diente. 1964/65 ersetzte man die alten schadhaften Bäume der Allee durch Kastanien. 1778/80 entstand im nordwestlichen Parkgelände der *Englische Garten;* in ihm steht u. a. die etwa 8 m hohe japanische Kamelie. Von den um 1770 nach Europa gebrachten vier Exemplaren ist sie die einzig erhaltengebliebene. 1992 wurde für diese Pflanze ein neues, 13 m hohes und vollverglastes Schutzhaus fertiggestellt, das im Sommer seitlich verschoben werden kann. Auf einer kleinen Insel des Teiches im Englischen Garten ist ein Bronzeabguß des antiken Junokopfes aus der Sammlung Ludovisi aufgestellt. An der N-Seite des Teichs steht der von Christian Traugott Weinlig entworfene und 1784 errichtete Englische Pavillon. Der Englische Garten wird von der *Orangerie* und dem Koniferenhain begrenzt. Der Mittelbau der Orangerie entstand nach Entwürfen von Longuelune um 1730, die Seitenflügel wurden Ende des 19. Jh. angebaut. Seit 1799 dient das Gebäude den subtropischen Kübelpflanzen des Parks als Winterunterkunft. Zwischen Orangerie und Charmillen befanden sich seit der Barockzeit Spielplätze und Pavillons, die man 1874 einebnete. Hier entstand der Koniferenhain mit in- und ausländischen Nadelbäumen. 1953 erhielt der Hain ein Exemplar des 1945 wieder aufgefundenen Urwelt-Mammutbaumes. Hinter dem Bergpalais erstreckt sich seit 1732 der große Schloßgarten. 1785/90 entstanden der Holländische und der Chinesische Garten. Im Holländischen, auch Floragarten (nach der 1870 aufgestellten Marmorstatue «Flora» von Wolf von HOYER genannt) befinden sich Pflanzen aus dem ehemaligen holländischen Besitz in Südafrika. Hier entstanden die Gewächshäuser und 1859 das Palmenhaus (Rekonstruktion bis 1995). Der Chinesische Garten leitet seine Bezeichnung von dem von Christian Friedrich Schuricht 1804 erbauten *Chinesischen Pavillon* ab, der 1962 restauriert wurde. Nach 1822 war er Tagungsstätte des Dantekomitees, das der Danteübersetzer Prinz →JOHANN von Sachsen einberief. – Durch die Novemberrevolution 1918 gingen Schloß und Park in Besitz des sächsischen Staates über. Im Juli 1946 entstand im Schloß ein zentrales Kunstmuseum für das Land Sachsen. Seit 1963 befindet sich hier das Museum für Kunsthandwerk (→Kunstgewerbemuseum Dresden). Ab 1964 wurden Restaurie-

rungsarbeiten am Wasser- und Bergpalais durchgeführt. Grundlegende Maßnahmen zur Erhaltung der stark gefährdeten Bausubstanz begannen 1990.

Schloß Übigau: zweigeschossiger Barockbau am Elbufer mit offener Bogenhalle an der elbseitigen Front des Obergeschosses und Figurengruppe mit sächsisch-polnischem Wappen, errichtet 1724/26 durch Johann Friedrich →EOSANDER VON GÖTHE für den Kabinettsminister Jacob Heinrich von FLEMMING (1667 bis 1728). Die Anlage besaß einen reich geschmückten französischen Park mit zwei Torhäusern, vier Pavillons, Orangerie und Springbrunnen. Die zweiflüglige Treppe zur Elbe bildete nach dem Schloß Pillnitz und dem Japanischen Palais eine dritte Anlegestelle für die Gondeln des Hofes. Noch während der Bauarbeiten erwarb FRIEDRICH AUGUST I. das Schloß und nutzte es für glanzvolle Feste. FRIEDRICH AUGUST II. überließ es 1733 Alexander Joseph von SULKOWSKI (1695 bis 1762), nach dessen Sturz als Minister das Schloß 1736/1831 Besitz des Landesherrn blieb. Es diente vorwiegend als Aufenthaltsort der Prinzen, war 1753 Schauplatz eines großen Heerlagers der sächsischen Armee und wurde nach 1770 vom Hof kaum noch aufgesucht. Der vom Hofgärtner eingerichtete Ausschank wurde als Ausflugsziel bekannt. Einquartierungen und Plünderungen im Siebenjährigen Krieg und 1813 beschleunigten den Verfall von Schloß und Park. – 1831 ersteigerte Amtszimmermeister Paul SIEMEN das Schloß und verkaufte es 1836 an die →Maschinenbauanstalt Übigau, die im Schloß Büroräume bezog und im Freigelände Werkstätten errichtete. Zeitweise bewohnte Johann Andreas →SCHUBERT das Schloß (Gedenktafel im Vorraum). 1854/86 wurde das Schloß von der Familie von OPPEN bewohnt und dann von der Schiffswerft der «Kette» übernommen. Pächter betrieben darin 1886/1921 die «Schloßschänke». 1930 übernahm der «Rote Sportverein 1885» das Schloß von einem Abbruchunternehmer. Im Februar 1933 schlossen die Faschisten das «rote Schloß». Es wurde als Verwaltungsgebäude des Dampfkesselbau Übigau weiter genutzt, wobei die Parkanlage fast völlig verkam.

Schloß Wachwitz: →Königs Weinberg

Schlosser, Kurt: Bergsteiger, antifaschistischer Widerstandskämpfer, geb. 18. 10. 1900 Dresden, gest. (hinger.) 16. 8. 1944 Dresden. – Nachdem der aus einer Schuhmacherfamilie stammende S. 1919 die Tischlerlehre abgeschlossen hatte (zu Beginn der Lehrzeit verlor er durch einen Arbeitsunfall den rechten Unterarm), arbeitete er bis zu seiner Entlassung 1931 in den →Deutschen Werkstätten Hellerau und gründete danach auf der Leipziger Straße 72 eine eigene «Werkstatt für moderne Raumkunst», die nach 1933 auch als Anlaufpunkt für antifaschistische Wiederstandskämpfer diente; seit 1923 war er Mitglied der KPD. Nach 1933 wirkte er am Aufbau illegal tätiger KPD-Gruppen in Dresdner Betrieben mit und organisierte vielfältige Hilfsmaßnahmen für Verfolgte, bis er am 3. Dezember 1943 durch die Gestapo verhaftet und nach 8 Monaten hingerichtet wurde. Der →Sächsische Bergsteigerchor «Kurt Schlosser» trägt seit 1946 seinen Namen. – Gedenktafel am Haupteingang der Deutschen Werkstätten in Hellerau.

Schloß Übigau. Um 1900
Schloß Übigau. Um 1800
Schloß Übigau, Gartenseite
Kurt Schlosser

Schloßkapellen: Die erste am →Residenzschloß nachgewiesene Kapelle stammt vom Ende des 14. Jh., die zweite entstand 1471/76 und befand sich im Westtrakt des Schlosses. Dieser wurde beim umfassenden Schloßumbau 1547 abgebrochen, eine neue S. im Nordflügel westlich vom Hausmannsturm erbaut. Nach dem Vorbild der Torgauer Kapelle schuf wohl Melchior →TROST den Entwurf für den in den Formen der italienischen Hochrenaissance gehaltenenen Raum, nur das Rippengewölbe war noch spätgotisch. Mit der Fertigstellung des Portals (→«Schöne Pforte») war der Bau 1555 abgeschlossen; 1563 wurde die Orgel aufgestellt und 1568 ein Betstübchen für die kurfürstliche Familie eingerichtet. 1602, 1662 Erneuerungsarbeiten, wobei Teile des Renaissance-Altars ins Torgauer Schloß gebracht wurden (dort 1945 zerstört). Den neuen Altar aus buntem Marmor und Alabaster hatte Wolf Caspar von →KLENGEL entworfen. Nachdem die S. fast 200 Jahre den ev. Hofgottesdiensten gedient hatte – sie war auch Wirkungsstätte der Hofkapelle (z. B. unter Heinrich →SCHÜTZ) – wurde sie nach dem 10. Juni 1737 geschlossen und danach zu Wirtschafts- und Wohnräumen für die kurfürstliche Familie umgebaut. Glocken, Orgel, Taufstein, Kanzel, Schöne Pforte und Altar brachte man in die →Sophienkirche, die von da an als ev. Hofkirche diente. Mit dem Wiederaufbau des 1945 ausgebrannten Schlosses ist 1990 die Wiedererrichtung der S. in originalgetreuer Gestalt des 16. Jh. begonnen worden. Bereits seit November 1991 finden erste musikalische Aufführungen in der noch unvollendeten sogenannten «Schützkapelle» statt, die künftig zentrale Pflegestätte für Alte Musik in Dresden werden soll.

Schloßplatz: Er entstand um 1730 am Altstädter Brückenkopf als «freier Platz vor der Elbbrücke». Zur Anlage des Platzes wurden die in der Nähe des Schlosses stehenden Gebäude, das Brückentor sowie Teile der Festungswerke abgetragen und ein Brückenjoch zugeschüttet. 1830 erhielt der «freie Platz» den Namen S. Das von Max BAUMBACH geschaffene Reiterstandbild König ALBERTS wurde 1906 auf der Ostseite des Platzes aufgestellt und im Jahre 1952 abgebrochen. Den Rahmen für den S. bilden die Freitreppe zur Brühlschen Terrasse, das ehemalige →Landtagsgebäude, der →Georgenbau und die →Kathedrale. 1945/90 trug der S. die Bezeichnung Georgij-Dimitroff-Platz.

Schloßstraße: historische Straße der Innenstadt, die von der →Wilsdruffer Straße in Höhe der nordwestlichen Ecke des →Altmarktes nach Norden verläuft, wo sie vom →Georgentor begrenzt wird. 1403 wurde sie erstmals als Elbgasse erwähnt, nach 1572 als Schloßgassse bezeichnet und 1858 in Schloßstraße umbenannt. – In vorindustrieller Zeit war die S. zusammen mit der Wilsdruffer Straße die Hauptverkehrsader der Stadt. Eine Ausnahme bildete die Zeit von der

Mitte des 16. Jh. bis zum Beginn des 18. Jh., in der infolge der Sperrung des Georgentores der Verkehr über die →Große Frauengasse, den →Neumarkt und die →Augustusstraße zur Brücke geleitet wurde. Aber am Ende des 18. Jh. war die Schloßgasse nach dem Urteil des Chronisten →HASCHE schon wieder «... eine der breitesten und lebhaftesten Straßen ...» der Stadt. – An der S. befand sich eine Reihe traditionsreicher Gebäude, so das →Hotel de Pologne, die Hofapo-

Schloßkapelle, Innenansicht. Um 1680
Schloßplatz. Anfang 19. Jh.
Schloßstraße. Um 1830
Schloßstraße. Aufn. um 1920

theke, das Wohnhaus der sächsischen Oberhofprediger im 17. und 18. Jh., das Hotel Stadt Gotha. Durch Schloßerweiterungen im Laufe der Zeit wurden mehrere Gebäude an der Straße abgetragen. Das bedeutendste Ereignis in der langen Geschichte der S. waren die Kämpfe während des →Maiaufstands 1849, als sich hier das militärische Hauptquartier der Aufständischen mit der von Stephan →BORN befehligten Barrikade (Gedenktafel) befand. Bis zu ihrer totalen Zerstörung im Februar 1945 wurde die Straße durch zahlreiche Geschäfte belebt. Heute befindet sich an ihrer Ostseite die Seitenfront des →Kulturpalastes, während die Westseite teilweise von Wohnblocks mit einer Ladenfront eingenommen wird. Die Gesamtrekonstruktion der Straße steht noch aus.

Schmalkaldischer Krieg: Ende 1546 waren nach anfänglichen militärischen Erfolgen von Herzog MORITZ große Teile des albertinischen Sachsens in die Hand des Kurfürsten JOHANN FRIEDRICH gefallen. Dresden, das eine strategische Schlüsselstellung besaß, erhielt daraufhin Verstärkungen u. a. durch böhmische Truppen. Wie berichtet wurde, waren die Sympathien der Dresdner jedoch ganz auf Seiten des die protestantische Sache vertretenden Schmalkaldischen Bundes. Im März 1547 hielt sich König FERDINAND vorübergehend mit 1000 Kriegsknechten in Dresden auf. Nachdem er aufgrund eines in Böhmen drohenden hussitischen Aufstandes abgezogen war und Herzog MORITZ in Eger/Böhmen weilte, um sich mit den Truppen des Kaisers zu vereinigen, erschien Kurfürst Johann Friedrich mit seinem Heer am 13. April vor der Stadt, eroberte Altendresden und ließ es plündern. Die Beschießung der Festung Dresden blieb hingegen wirkungslos. Um freies Schußfeld zu erhalten, brannte die Besatzung der Festung die östlichen und westlichen Vorstädte Dresdens ab, wobei das Feuer auf die Häuser um die Frauenkirche in der Stadt übergriff. Johann Friedrich zog jedoch schon am 14. April 1547 wieder ab. – Der kurz darauf folgende Sieg des Kaisers und des mit ihm verbündeten Moritz über Johann Friedrich und den Schmalkaldischen Bund brachte den Albertinern die Kurwürde und den größten Teil der ernestinischen Besitzungen mit dem Herzogtum Sachsen. Das albertinische Sachsen verfügte dadurch nach den Besitzungen der Habsburger im Reich über das zweitgrößte Territorium. Diese Tatsache verlieh der Entwicklung Dresdens zur Residenzstadt, die schon Ende des 15. Jh. eingesetzt hatte, neue Impulse. Der Festungsbau wurde nun forciert, neue Bauwerke wurden in Angriff genommen, und das wirtschaftliche Leben in der Stadt blühte auf.

Schmidt: 1. *Johann Georg* (auch Schmid), Bau- und Zimmermeister, geb. 1707 wahrscheinlich Osterzgebirge, gest. 24. 7. 1774 Dresden. – Der Vetter und Schüler George →BÄHRS wurde dessen Nachfolger beim Bau der →Frauenkirche (Laterne 1740/43) und der →Dreikönigskirche (1732/39). Die Planung zum Wiederaufbau der →Kreuzkirche (ab 1764) und der →Annenkirche (1764/69) stammen von ihm, ebenso die Entwürfe für die →Waisenhauskirche (1768) und das Waisenhaus am Georgplatz (1763, 1903 abgebrochen). Der 1764 zum Ratsbaumeister ernannte S. schuf außerdem eine Reihe von Bürgerhäusern, die größtenteils dem Bombenangriff 1945 zum Opfer gefallen sind. Er wohnte in dem von George Bähr gebauten Haus «An der Mauer 2». –
2. *Karl*: (später *S.-Hellerau*), Tischler, Gründer der Deutschen Werkstätten, geb. 1. 2. 1873 Zschopau, gest. 6. 11. 1948 Dresden-Hellerau. – Nach der Lehre in Chemnitz und beruflicher Tätigkeit in Skandinavien, England, Bremen und Berlin arbeitete S. als Werkmeister in der Dresdner Tischlerei GOTTSCHALK auf der Trompeterstraße. Seit 1898 fertigte er in einer eigenen Werkstatt in Laubegast, später in Striesen Kleinmöbel, die gestalterisch der Reformbewegung im Kunsthandwerk entsprachen und 1902 in der Galerie Arnold ausgestellt wurden. Er gewann im selben Jahr Richard →RIEMERSCHMID zur Zusammenarbeit. Mit diesem und Wolf →DOHRN gründete er 1909 unter dem Einfluß der Ideen von Friedrich NAUMANN, Ferdinand →AVENARIUS und Paul SCHULTZE-NAUMBURG die Gartenstadt-Gesellschaft Hellerau. Nach dem Erfolg auf der Kunstgewerbeausstellung 1906 in Dresden gründete er 1909/10 am Moritzburger Weg die →Deutschen Werkstätten Hellerau, die er über Jahrzehnte leitete. S. gehörte zu den Mitbegründern des Deutschen Werkbundes, der seine erste Geschäftsstelle bis 1912 in Hellerau hatte. – Wohnhaus am Moritzburger Weg, Grab auf dem alten Klotzscher Friedhof. –
3. *Otto Eduard*, Pädagoge, Denkmalpfleger und Historiker, geb. 21. 8. 1855 Reichenbach /Vogtl., gest. 13. 2. 1945 Dresden. – S. war in Meißen und Dresden als Lehrer tätig, trat 1919 in den Ruhestand und widmete sich ganz der Erforschung der sächsischen Geschichte. Unter seinen zahlreichen Veröffentlichungen gelten als Hauptwerk die «Kursächsischen Streifzüge» (1902–1930) in 7 Bänden, die ihm den Beinamen «sächsischer Fontane» einbrachten. Seine Erinnerungen legte er in dem Band «Wandern, o wandern» (1936) nieder, die auch Bedeutung für Dresden haben.

Schmidt-Rottluff, Karl: Maler und Grafiker, geb. 1. 12. 1884 Rottluff b. Chemnitz, gest. 10. 8. 1976 Berlin. – 1905 begann S. ein Architekturstudium an der Dresdner Technischen Hochschule, das er jedoch nach zwei Semestern abbrach, um sich der Malerei zu widmen. Er gründete im selben Jahr mit seinen Kommilitonen Fritz BLEYL, Erich →HECKEL und Ernst Ludwig →KIRCHNER die Künstlergemeinschaft →«Brücke», deren Namen er vorgeschlagen hatte. Im Herbst 1911 zog S. nach Berlin.

Schmiedegäßchen: kurze Gasse, die von der →Königstraße ostwärts zur →Hauptstraße führt; im 18. Jh. so genannt, weil an der Ecke Königstraße die Schanzschmiede eines Huf- und Waffenschmiedemeisters lag. Im Rahmen des Bebauungsplanes Innere Neustadt entstehen am S. moderne Wohnhäuser.

Schneider, Sascha (Alexander): Maler, Grafiker, Bildhauer, geb. 21. 9. 1870 St. Petersburg, gest. 18. 8. 1927 Swinemünde. – S. gehört zu den Vertretern des Jugendstils in Dresden und ist vor allem durch Monumentmalerei bekannt geworden. Nach dem frühen Tod des Vaters kam er 1884 mit der Mutter nach Dresden, besuchte die Kreuzschule, studierte 1889/93 Malerei an der Dresdner Kunstakademie und war danach – mit Unterbrechung 1904/08 als Professor an der Kunsthochschule Weimar – freischaffend tätig (1895 Mitarbeit in der →Dresdner Sezession). Nach Auslandsaufenthalten kam er 1914 wieder nach Dresden (Hellerau) und hatte ab 1917 sein

Atelier im Künstlerhaus Loschwitz. Er schuf im In- und Ausland für private und öffentliche Auftraggeber zahlreiche Wandbild-Entwürfe, war buchkünstlerisch tätig (z. B. Titelbilder für die «Gesammelten Werke» seines Freundes Karl →MAY) und wirkte auch als Bildhauer (z. B. Statue «Sonnenanbeter» im Park von →Schloß Eckberg und Grabmal für seinen Freund Oskar →ZWINTSCHER). – Grab auf dem Loschwitzer Friedhof.

Schnorr von Carolsfeld, Julius: Maler und Grafiker, geb. 11. 10. 1794 Leipzig, gest. 13. 4. 1872 Dresden. – Der Anhänger der sogenannten neudeutschen Richtung in der Kunst des 19. Jh. wurde zuerst von seinem Vater, dem Direktor der Leipziger Kunstakademie, Hans Veit S. (1764 bis 1841) ausgebildet. Ab 1811 studierte S. in Wien, wo er durch Joseph Anton KOCH und Ferdinand OLIVIER beeinflußt wurde. Nach Aufenthalt 1817/26 in Rom wurde S. 1827 zum Professor für Historienmalerei nach München berufen, wo er im Auftrag von König LUDWIG I. einige Säle der neuen Residenz mit Fresken schmückte (bis 1867). Sein zweites Hauptwerk ist die im 19. Jh. sehr populär gewordene Bilderbibel (1860). 1846/72 war S. Professor für Historienmalerei an der Dresdner Kunstakademie und zugleich Direktor der Gemäldegalerie. In seinen letzten Lebensjahren hemmte S. durch starre Kunstanschauungen die Entwicklung der Akademie. S. wohnte in der Kleinen Reitbahngasse 4, ab 1860 Ammonstraße 1 und ab 1864 Lüttichaustraße 16f. – Seine Schwester, die Bildnismalerin Ottilie S. (1792–1879), war mit dem Pädagogen Karl Justus →BLOCHMANN verheiratet. Sein Sohn *Ludwig* S. (2. 6. 1836 München – 21. 7. 1865 Dresden) war 1860/65 ein geschätzter Tenor an der Dresdner Oper, der vor allem mit Wagner-Rollen beeindruckte. – Der Philologe *Franz* S. (11. 4. 1842 München – 8. 2. 1915 Dresden), das achte Kind von S., kam 1866 an die königliche Bibliothek (Sächsische Landesbibliothek) und war 1896/1907 ihr Direktor. Er wurde bekannt als Herausgeber des «Archivs für deutsche Literaturgeschichte» sowie als Bearbeiter des Kataloges der Handschriften der Bibliothek. – Familiengrab auf dem Alten Annenfriedhof; Familiennachlaß in der Sächsischen Landesbibliothek; Schnorrstraße in der Südvorstadt.

Schokoladenindustrie: ehemals traditionsreicher Dresdner Industriezweig. – Zwischen Königsbrücker und Alaunstraße gründeten Gottfried Heinrich Christoph JORDAN (1791–1860) und Friedrich TIMÄUS (1794–1875) 1823 die erste deutsche «Chokolade- und Cichorienfabrik». Sie wurde von Ernst Albert JORDAN (1831–1892) erfolgreich weiterführt. Westlich der Königsbrücker Straße wurde 1877 die Schokoladenfabrik Richard SELBMANN gegründet. Eine weitere Schokoladenfabrik gründete Otto →RÜGER im Lockwitztal. Zu einer der großen Dresdner Markenfirmen entwickelte sich die 1843 entstandene Firma Petzold & Aulhorn. Rudolf AULHORN verlegte sie 1897/98 vom Feldschlößchen nach dem Reisewitzischen Garten an der Weißeritz. Die Fabrik wurde 1945 zerstört. Als weiterer Großbetrieb der Branche entwickelte sich die 1870 gegründete Firma Hartwig & Vogel, die um die Jahrhundertwende bereits 1 000 Beschäftigte hatte und für ihre «Tell-Schokolade» bekannt wurde. An der Rosenstraße gründeten die Unternehmer RIEDEL (gest. 1910) und ENGELMANN (gest. 1915) das Werk Riedel & Engelmann, das 1890 nach der Zwickauer Straße in Plauen verlegt und 1912/16 erweitert wurde. Es warb mit dem Markenzeichen der «Schwerter-Schokolade». Mit diesen und weiteren Firmen behauptete Dresden um die Jahrhundertwende den ersten Platz in der kakaoverarbeitenden Industrie Deutschlands. – Nach 1945 setzte der VEB Elbflorenz die Produktion in den Werken an der Freiberger Straße (früher Hartwig & Vogel; Gebäude nach 1990 für den Bau des World Trade Centers abgebrochen), Würzburger/Zwickauer Straße (früher Riedel & Engelmann), Frankenbergstraße in Löbtau (früher Gerling & Rockstroh) sowie in Radebeul (Werk Vadossi) fort. – Der Bedarf der Branche führte zur Ansiedlung eines speziellen Schokoladen- und Verpackungs*maschinenbaues*. Johann Martin LEHMANN gründete 1834 einen Betrieb, der an der Freiberger Straße und ab 1912 auch in Heidenau Kakao- und Schokoladenmaschinen herstellte und in den dreißiger Jahren zu den weltgrößten dieser Branche zählte. (Heidenauer Werk nach 1945 Kombinat NAGEMA, 1992 privatisiert). Anton REICHE (gest. 1913) entwickelte in seinem Betrieb in Plauen Formen und Maschinen für Hartwig & Vogel und die Firma Stollwerck. Max LOESCH und Richard GÄBEL konstruierten ebenfalls neue Schokoladenmaschinen (nach 1945 VEB Schokopack).

Scholtz, Julius: Maler, geb. 12. 2. 1825 Breslau (Wrocław), gest. 2. 6. 1893 Dresden. – Nach ersten Ausbildungsjahren in Breslau kam S. 1844 an die Dresdner Kunstakademie, wo er 1847/49 bei Julius →HÜBNER studierte. Anschließend als Historien- und Bildnismaler in Dresden ansässig, war er seit 1874 Professor für Zeichnen an der Kunstakademie. S. gehört zu den bedeutendsten Vertretern einer realistischen Porträt-

Julius Schnorr von Carolsfeld
Grabstätte der Familie Schnorr von Carolsfeld auf dem Alten Annenfriedhof

kunst in der zweiten Hälfte des 19. Jh. in Deutschland und steht damit in Dresden in der Traditionslinie von Anton →Graff und Ferdinand von →Rayski. Zu seinen berühmtesten Schülern zählt Robert →STERL. – Wohnung an der Wiener Straße; Grab auf dem Trinitatisfriedhof; Julius -Scholtz-Straße in Leubnitz.

Schönberg, Ewald: Maler, geb. 7. 8. 1882 Geising, gest. 22. 1. 1949 Dresden. – Der gelernte Tischler wurde als Autodidakt Maler, lehrte ab 1920 an der Dresdner Volkshochschule und gründete die «Malgruppe Schönberg», mit der er neue Wege bei der Förderung des Laienschaffens beschritt und u. a. im Sächsischen Kunstverein und in der Galerie «Junge Kunst» Lüttichaustraße ausstellte. Nach 1945 gehörte S. zu den Mitbegründern der Künstergruppe Das →Ufer. Als Hauptinhalt für seine Bilder wählte er das karge Leben erzgebirgischer Kleinbauern und ihre Landschaft. Für seine Bilder sind blockartige, der Plastik BARLACHS verwandte Figuren charakteristisch. – Ewald Schönberg-Straße in Zschertnitz.

«Schöne Pforte»
Schönes Tor
Christian Schöttgen

Schönbrunn: ehemaliger Gasthof in der Äußeren Neustadt zwischen Eschenstraße, Jordanstraße, Scheunenhofstraße und der Bahnlinie Dresden-Görlitz gelegen. Der Kammerdiener Simon HALLER des Grafen →Brühl errichtete 1756 in diesem Gebiet den Gasthof «Zum schönen Brunnen», im Volksmund «Kammerdieners» genannt. Der Name des Gasthofs rührte von einem Mineralbrunnen her. 1850 entstand hier der Schlachtviehmarkt, der später dann zur Leipziger Straße verlegt wurde. An den 1875 abgebrochenen Gasthof und an die Mineralquelle erinnert noch die Schönbrunnstraße.

Schönburgsches Palais: →Palais Vitzthum-Schönburg

«Schöne Pforte»: ehemaliges Sandsteinportal der →Schloßkapelle, das 1555 entstand und zu den bedeutendsten plastischen Schöpfungen der Renaissance in Sachsen zählt. Der Entwurf stammt von namentlich nicht genau nachzuweisenden italienischen Künstlern, die am Schloßumbau nach 1547 beteiligt waren, während die Ausführung z. T. von deutschen Bildhauern übernommen wurde (z. B. Figuren). Das als römischer Triumphbogen gestaltete Tor von 7 m Höhe und 5,60 m Breite – wegen ursprünglicher Vergoldung auch «Goldenes Tor» genannt – wurde nach Schließung der Schloßkapelle 1738 in die Westfront der →Sophienkirche eingebaut, wo es bis zum Anbau der Türme 1864 blieb. Seit 1872 hat die S. ihren jetzigen Standort am Neumarkt, westlich vom →Johanneum, wo sie 1945 beschädigt und inzwischen teilweise restauriert wurde. Im Verlauf des Wiederaufbaus vom →Residenzschloß soll das Portal wieder seinen alten Platz am Großen Schloßhof erhalten.

Schönes Tor: ehemaliges Brückentor auf der altstädtischen Seite der alten Elbbrücke. Das aus einer Durchfahrt und zwei kleinen Durchgängen für Fußgänger bestehende S. wurde von Melchior →TROST 1555 gebaut. Es war mit farbigen Wappen geschmückt, und die 12 Säulen ruhten auf Würfeln, die mit Marmorplatten bedeckt waren. Das zu den →Sieben Wunderwerken gehörende S. wurde 1730 abgerissen, nachdem es baufällig geworden war.

Schopenhauer, Arthur: Philosoph, geb. 22. 2. 1788 Danzig (Gdansk), gest. 21. 9. 1860 Frankfurt/Main. – S. hielt sich mehrfach in der Stadt auf: 1814/18 (Wohnung Ostra-Allee), 1819/20 (Wohnung Schloßstraße) und 1824/25. In seiner Dresdner Zeit verfaßte er sein Hauptwerk «Die Welt als Wille und Vorstellung» (1819). – Schopenhauerstraße in Dresden-Plauen.

Schössergasse: bis 1945 existierende Verbindung von der heutigen →Wilsdruffer Straße/Höhe Altmarkt nordwärts zum →Kanzleigäßchen. 1396 wurde sie als Yodingasse (Judengasse) erwähnt. Bis zur Vertreibung der Juden aus Dresden im Jahre 1430 war die Gasse ihr bevorzugter Wohnort. Nach 1563 nannte man die S. Niclaßgasse oder Große Niclaßgasse. Ihren letzten Namen erhielt sie 1589 nach dem dort wohnenden Amtsschösser Ambrosius ERICH.

Schöttgen, Christian: Kreuzschulrektor, Historiker, geb. 14. 3. 1687 Wurzen, gest. 16. 12. 1751 Dresden. – S. studierte nach dem Besuch der Fürstenschule Pforta in Leipzig Theologie und orientalische

Sprachen, um danach als Rektor der Stadtschulen in Frankfurt/O. und Stargard tätig zu sein. 1728 trat S. sein Amt als Rektor der Dresdner →Kreuzschule an. In Dresden verfaßte der «Vater der sächsischen Geschichtsschreibung», wie der wohl bedeutendste sächsische Historiker des 18. Jh. später bezeichnet wurde, seine wichtigsten Arbeiten. S. Verdienst liegt vor allem in der Sammlung und Veröffentlichung von Quellen zur sächsischen Geschichte. Er arbeitete dabei mit Georg Christoph →KREISIG zusammen. Am bedeutendsten ist sein 1747 erschienenes «Inventarium diplomaticum historiae Saxoniae». S. zerstörte in einem 1750 in den «Dresdner gelehrten Anzeigen» erschienen Beitrag die Legende von der Gründung der Stadt durch KARL DEN GROẞEN. Er wohnte in dem zur Pfarrgasse gelegenen Anbau der Kreuzschule. – Begraben auf dem Eliasfriedhof.

Schreiber, Bernhard: Architekt, geb. 19.9.1833 Dresden, gest. 5.3.1894 Dresden. – Der Schüler von Georg Herrmann →NICOLAI baute in Dresden das →Alberttheater (1871/73), das →Palais Kap-herr in der Parkstraße (1872/74), das →Gewerbehaus (1871) und ab 1870 eine Reihe von Bauten für den →Zoologischen Garten. S. wohnte zuletzt Winckelmannstraße 13. – Begraben auf dem alten Annenfriedhof.

Schreibergasse: Die bis 1945 bestehende S. verlief vom →Altmarkt südwärts zur Straße →An der Mauer. Urkundlich wird sie 1390 als «Schreibergasse» und 1452 als «platea scriptorum» erwähnt. Bei der Namensgebung standen vermutlich die Kreuzschüler Pate, denn bis ins 16. Jh. wurden die älteren Schüler als «Schreiber» bezeichnet. Stark befestigte Barrikaden sicherten beim Dresdner Maiaufstand 1849 die Zugänge zur S.

Schreibmaschinenwerk Dresden: →Seidel und Naumann

Schröder-Devrient (zuletzt von *Bock*), Wilhelmine: Sängerin (Sopran) geb. 6.12.1804 Hamburg, gest. 26.1.1860 Coburg. – Die zu den gefeierten deutschen Primadonnen des 19. Jh. gehörende Sängerin, zugleich eine geniale Schauspielerin, stammte aus einer Schauspielerehe, hatte in Wien debütiert und dort 1822 Beethovens «Fidelio» zum

Durchbruch verholfen. Carl Maria von →WEBER hörte sie in Wien als Agathe im «Freischütz» und holte sie nach Dresden, wo sie ab 1823 die größten künstlerischen Triumphe hatte. S. verkörperte über 70 Bühnenrollen, so z. B. in Opern von Weber (u. a. Dresdner Erstaufführungen von «Euryanthe» und «Oberon»), Mozart, Spohr, Cherubini, Gluck, Rossini, Donizetti, Bellini und →WAGNER (Uraufführungen von «Rienzi», «Der fliegende Holländer» und «Tannhäuser»). 1823/28 war sie mit dem Schauspieler Karl August DEVRIENT (1797–1872) verheiratet, dem Bruder von Emil und Eduard →DEVRIENT. 1847 hatte sie von der Bühne Abschied genommen, aber noch einmal Aufsehen erregt, als sie im Mai 1849 vom Erker der Löwenapotheke am Altmarkt die Revolutionäre mit enthusiastischen Worten anspornte. Sie wurde nach dem Scheitern der Revolution aus Dresden ausgewiesen und hielt sich später nur noch besuchsweise hier auf (z. B. Sommer 1859). In Dresden hat sie über 12 Wohnungen gehabt, u. a. in der Schloßstraße, am Altmarkt und in einem Pavillon am Neustädter Ufer (gegenüber von «Antons»). – Grab auf dem Trinitatisfriedhof; Porträtmedaillon am ersten Rang im Opernhaus.

Schubert: 1. *Gotthilf Heinrich von*, Arzt, Naturwissenschaftler, romantischer Naturphilosoph, geb. 26.4.1780 Hohenstein/Erzgeb., gest. 31.7.1860 Laufzorn b. Grünwald/Oberbayern. – S. übersiedelte im Oktober 1806 nach Dresden,

(Wohnung am Palaisplatz). Karl August von →BÖTTIGER und Adam →MÜLLER luden ihn zur Teilnahme an einer von ihnen geplanten Vortragsreihe «für die höheren Stände» ein. Die von S. im Winter 1807/08 gehaltenen Vorträge erschienen 1808 unter dem Titel «Ansichten von der Nachtseite der Naturwissenschaft» im Druck. S. hatte in Dresden außerdem Kontakt mit der Familie →KÖRNER, den Malern Caspar David →FRIEDRICH und Gerhard von →KÜGELGEN, den Gebrüdern →SCHLEGEL sowie mit dem Philosophen Karl Christian Friedrich →KRAUSE. Einfluß übte er auch auf Heinrich von →KLEIST aus, der seine Vorträge ebenfalls gehört hatte. 1808 schrieb S. die Abhandlung «Neue Untersuchungen über die Verhältnisse und Exzentrizitäten der Weltkörper». Der in bescheidenen materiellen Verhältnissen lebende Philiosoph erhielt durch Vermittlung Schellings 1809 die Stelle eines Direktors einer Nürnberger Realschule und verließ am 19. März die Stadt. – **2.** *Johann Andreas*, Techniker, Hochschullehrer, geb. 19.3.1808 Wernesgrün/Vogtl., gest. 6.10.1870 Dresden. – Nach dem Besuch des Freimaurerinstitutes Friedrichstadt 1821/24 nahm S. ein Architekturstudium an der Bauschule der Akademie der bildenden Künste auf. Er volontierte anschließend bei dem Mecha-

Johann Andreas Schubert
Wilhelmine Schröder-Devrient

niker Rudolf Sigismund →BLOCHMANN und wurde 1828 als Lehrer, ab 1832 als Professor an die neugegründete Technische Bildungsanstalt (heute Technische Universität) berufen. In vierzigjähriger Lehrtätigket erwarb er sich bleibende Verdienste um die Ausbildung künftiger Techniker. 1836 war S. Gründungsmitglied der Sächsischen Elbe-Dampfschiff-fahrts-Gesellschaft. 1836/39 war er technischer Direktor der →Maschinenbauanstalt Übigau, wo er maßgeblich am Bau des Personendampfers →«Königin Maria» und der ersten deutschen Lokomotive →«Saxonia» beteiligt war. Auf dem Führerstand dieser Lok nahm er auch am 8. April 1839 an der Eröffnungsfahrt der Leipzig-Dresdner Eisenbahn teil. Von 1842 bis zu seinem Tode wohnte er im Grundstück Friedrichstraße 42. Der rastlos tätige Ingenieur berechnete die Eisenbahnviadukte über das Göltzsch- und Elstertal und lieferte in seiner Eigenschaft als technischer Sachverständiger und Dampfkesselinspektor zahlreiche Gutachten. Er zählt zu den Mitbegründern des Sächsischen Ingenieurvereins (1846) und der Dresdner Handwerker- bzw. Gewerbeschule (1861) und wurde 1865 zum Regierungsrat ernannt. – Grab auf dem Matthäusfriedhof; Gedenktafel am Wohnhaus Friedrichstraße 46; Andreas-Schubert-Straße in der Südvorstadt, Andreas-Schubert-Bau der Technischen Universität.

Schuch, Ernst Edler von: Dirigent, geb. 23.1.1846 Graz, gest. 10.5.1914 Kötzschenbroda. – Nach Stationen in Breslau, Würzburg, Graz und Basel wurde der in Österreich geadelte S. 1872 als Musikdirektor der Dresdner Oper verpflichtet, an der er ab 1882 die Generaldirektion übernahm. Sein über vierzigjähriges Wirken hier ist als «Ära Schuch» in die Dresdner Musikgeschichte eingegangen, denn unter Leitung des hervorragenden Dirigenten gelangten Oper und Kapelle zu höchstem Ansehen (51 Uraufführungen und 120 Erstaufführungen). Mit den legendär gewordenen Uraufführungen von Strauss-Opern trat S. bahnbrechend für das Werk von Richard →STRAUSS ein. S. wohnte in Kötzschenbroda (heute Radebeul-West), wo er auch begraben wurde. Seine Tochter *Liesel von S.* (geb. 12.12.1891, gest. 10.1.1990; Ehrenbürgerin von Dresden) war eine bedeutende Sopranistin der Dresdner Oper (1914/35) und eine geschätzte Konzertsängerin. – Schuchstraße in Reick.

Ernst von Schuch. Zeichnung von Robert Sterl

Schuhmachergasse: bis 1945 bestehende Verbindung zwischen der König-Johann-Straße und der Frauengasse. Als «Kuttelgasse» (im Mittelalter befand sich hier der Schlachthof, der 1473 an den Weißeritzmühlgraben verlegt wurde) wurde sie 1396 erstmals erwähnt. Ende des 15. Jh. wurde die S. als das «Loch» oder als «Gasse bei dem Loche» bezeichnet. Vom 16. Jh. an hieß sie «Kleine Frauengasse». Da seit Ende des 16. Jh. dort vorwiegend die Dresdner Schuhmacher wohnten, hieß sie damals auch schon «Schustergasse». Aber erst seit 1862 führte sie offiziell den Namen Schuhmachergasse.

Schulgasse: seit dem Mittelalter von der Kreuzkirche südwärts zum Dr.-Külz-Ring (ehemals Friedrichs-Ring) führende Gasse. Im 16. Jh. wurde sie «Häuser am Marstall», «Kaplangasse» und «Diakon-Gasse» genannt, nach dem dort einst befindlichen städtischen Marstall und den Wohnungen der Kapläne und Diakone. Die Bezeichnung S. besteht seit dem 17. Jh. und erinnert an die an ihrem nördlichen Ausgang bis 1891 stehende alte →Kreuzschule. Um 1830 hieß der Teil zwischen Friedrichsallee (Friedrichs-Ring) und →An der Mauer kurzzeitig auch «Kirchweg». Im Mai 1849 sicherten zwei Barrikaden die Zugänge zur S. Ab 1910 bildet das Neue Rathaus die Ostseite der S.

Schulmuseum: im Juni 1986 in der 21. Grundschule auf der Tiergartenstraße 18 eröffnetes Museum zur Schulgeschichte des Regierungsbezirkes Dresden. Der erste Abschnitt umfaßt den Zeitraum 1945/52, der zweite die weitere Entwicklung des Schulwesens bis zur Gegenwart. – Das 1905 gegründete «Heimatkundliche Schulmuseum» des Dresdner Lehrervereins, das bei den Schülern besonders die Heimatliebe für Dresden und seine Umgebung fördern helfen sollte, sowie das 1904 eröffnete «Schulmuseum des Sächsischen Lehrervereins» (Lehrmittelausstellung) befanden sich in der 1945 total zerstörten 19. Bezirksschule in der Sedanstraße 19/21 (heute Hochschulstraße).

Schulze: 1. *Friedrich August*, Pseudonym *Friedrich Laun* u. a., Schriftsteller, Dramatiker, geb. 1.6.1770 Dresden, gest. 4.9.1849 Dresden. – S. war als Sekretär bei der Landesökonomie-, Manufaktur- und Kommerziendeputation in Dresden tätig. In seiner Freizeit verfaßte er zahlreiche historische und phantastische Unterhaltungsromane, außerdem Gedichte und Lustspiele. – Werke u. a.: «Der Mann auf Freiersfüßen» (1800), das sechsbändige «Gespensterbuch» (1810/17) und seine 1837 in Bunzlau (Boleslawiec) erschienenen dreibändigen «Memoiren», die z. T. aufschlußreiche Informationen über das Dresdner Kulturleben um 1800 enthalten. S. war Mitbegründer des pseudoromantischen →Dresdner Liederkreises und dessen Presseorgans, der →Abendzeitung, der ersten bedeutenden Dresdner Unterhaltungszeitschrift, die er 1804/05 auch redigierte. (Wohnungen ab 1797: Kleine Schießgasse, Äußere Rampische Gasse, Am Jüdenhof, Halbegasse, Kleine Plauensche Gasse). –

2. *Fritz*, Maler, Grafiker und antifaschistischer Widerstandskämpfer, geb. 14.4.1903 Leipzig, gest. (hinger.) 5.6.1942 Berlin-Plötzensee. – Der Künstler hatte in Leipzig und danach 1925/29 an der Dresdner Kunstakademie studiert, zuletzt als Meisterschüler von Robert →STERL. Anschließend war er freischaffend tätig. 1929 gehörte er zur Dresdner Gruppe der Assoziation Revolutionärer Bildender Künstler Deutschlands und als «roter Bergsteiger» zur Vereinigten Kletterabteilung. 1933 wurde er mit seiner Frau Eva →SCHULZE-KNABE verhaftet und bis 1934 im KZ Burg

Hohnstein eingekerkert. 1935/40 leitete er mit dem Schriftsteller Herbert BOCHOW (20. 11. 1906 bis 5. 6. 1942, hinger.) und Karl →STEIN eine der größten Dresdner Widerstandsorganisationen gegen das Hitler-Regime. Sein Atelier in Dresden-Plauen Am Hohen Stein war das Zentrum des weitverzweigten illegalen Widerstandsnetzes. Anfang 1941 wurde er (mit seiner Frau und etwa 40 weiteren Dresdner Antifaschisten) verhaftet und zum Tode verurteilt. Mit seiner ausdrucksstarken politischen Grafik, mit Porträt und differenzierten Landschaftsbildern gehört S. zu den proletarisch-revolutionären Künstlern in Deutschland. – Gedenkstein im Grundstück des ehemaligen Ateliers Am Hohen Stein; 39. Grundschule «Fritz Schulze» und Fritz-Schulze-Straße in Dresden-Plauen.

Schulze-Knabe, Eva: Malerin und Grafikerin, geb. 11. 5. 1907 Pirna, gest. 15. 7. 1976 Dresden. – Als Vertreterin der deutschen proletarisch-revolutionären Kunst gehörte sie zu den ersten, die sich nach 1945 dem Neuaufbau des Kunstlebens in Dresden widmeten. S. studierte 1924/26 in Leipzig und 1928/32 an der Dresdner Kunstakademie. Gemeinsam mit ihrem Mann Fritz →SCHULZE leistete sie künstlerisch-agitatorische Arbeit und beteiligte sich aktiv am antifaschistischen Widerstand (erste Verhaftung 1933/34). Im Januar 1941 erneut verhaftet, wurde sie zu lebenslänglicher Zuchthausstrafe verurteilt und 1945 aus dem Zuchthaus Waldheim befreit. Danach lebte sie freischaffend in Dresden und erhielt neben anderen Auszeichnungen 1959 den Martin-Andersen-Nexö-Kunstpreis der Stadt Dresden – Gedächtnisausstellung im Albertinum (1977), Eva-Schulze-Knabe-Straße im Neubaugebiet Reicker Straße.

Schumacher, Fritz: Architekt, geb. 4. 11. 1869 Bremen, gest. 4. 2. 1947 Hamburg. – Der führende Vertreter der bürgerlichen Reformbewegung in der Kunst vor dem Ersten Weltkrieg kam 1899 auf Empfehlung von Cornelius →GURLITT nach Dresden, wo er an der Technischen Hochschule die Professur für Raumkunst und Dekoration übernahm und ab 1901 zugleich das Stadtbauamt leitete. 1906 organisierte er die 3. Deutsche Kunstgewerbeausstellung, für die er die ev. Kirche entwarf. Außerdem war er der Architekt des →Krematoriums Tolkewitz (1908/11). – 1909 ging S. nach Hamburg als Leiter des dortigen Hochbauamtes.

Schumann: 1. *Johann Christian*, Bürgermeister, geb. um 1640 Dresden, gest. 7. 5. 1705 Dresden. – S. stellte 1671 eine handschriftliche chronikartige Sammlung zur Geschichte Dresdens im 17. Jh. zusammen. Sein «Calendarium seculare Dresdanum» über den gleichen Zeitraum erschien gedruckt 1705 in Pirna. – 2. *Robert*, Komponist, Musikschriftsteller, geb. 8. 6. 1810 Zwickau, gest. 29. 7. 1856 Endenich b. Bonn. – Der zu den bedeutendsten deutschen Musikern des 19. Jh. gehörende S. zog mit seiner Familie am 12. Dezember 1844 wohl aus gesundheitlichen Gründen von Leipzig nach Dresden. Wenn er auch seitens der höfischen Kreise keine Anerkennung fand (1849 wurde er nicht als Nachfolger WAGNERS zum ersten Hofkapellmeister ernannt), so wurde er beim Dresdner Bürgertum und besonders bei der Künstlerschaft dennoch hoch geachtet. Zu dem Kreis von Künstlern, mit denen er verkehrte, gehörten Eduard →BENDEMANN, Julius →HÜBNER, Ludwig →RICHTER, Ernst →RIETSCHEL, Robert →REINICK, Carl Gustav →CARUS, Carl Gottlieb →REISSIGER, Eduard →DEVRIENT und der Hofkapellmeister Ferdinand HILLER (1811–1885), mit dem S. besonders eng befreundet war. Mit Richard Wagner verbanden S. ähnliche Ziele in musikalischer Hinsicht, aber ihre unterschiedlichen Charaktere und verschiedenen Begabungen verhinderten eine enge persönliche Bindung. – Die Dresdner Kunst- und Musikstätten und die reizvolle Umgebung der Stadt wirkten sich wohltuend auf S. und sein Schaffen aus. In seiner Dresdner Zeit, die er selbst als seine fruchtbarste bezeichnete, entstand ein Drittel seines Gesamtwerks. An erster Stelle ist sein berühmtes Klavierkonzert a-Moll (op. 54) zu nennen, das seine Frau Clara geb. WIECK (geb. 13.9.1819 Leipzig, gest. 20.5.1896 Frankfurt/M.) am 4. Dezember 1845 mit dem Hillerschen Konzert-Orchester in Dresden uraufgeführt hat. Die bei ihrem Vater Friedrich WIECK ausgebildete Clara S. gehörte zu den bedeutendsten Konzertpianistinnen des 19. Jh., sie hatte bereits auf ihrer ersten Konzertreise 1830 mit 11 Jahren große Anerkennung in Dresden gefunden. – Weiterhin komponierte S. in Dresden neben Kammermusik, Klavierstücken und Liedern seine 2. Sinfonie C-Dur, op. 61 (1845/46), seine einzige Oper «Genoveva» op. 81 (1847/50), die Bühnenmusiken zu Byrons «Manfred», op. 115 (1848/51) und zu «Szenen aus Goethes Faust» sowie das «Album für die Jugend», op. 68 (1848). Außerdem verfaßte S. in Dresden seine populär gewordenen «Musikalischen Haus- und Lebensregeln». Im Revolutionsjahr 1849 schuf S. 27 Kompositionen, in denen sich auch seine Beziehung zu den revolutionären Ereignissen – von S. 1848 als

Fritz Schulze und Eva Schulze-Knabe. Doppelbildnis von Eva Schulze-Knabe, 1934
Büste Robert Schumanns am Zwingerteich

«Völkerfrühling» begrüßt – niederschlug (z. B. «Vier Märsche auf das Jahr 1849» op. 76). Allerdings beteiligte er sich nicht unmittelbar an den Maikämpfen, sondern hielt sich mit seiner Familie im Sommer 1849 in Maxen und Kreischa auf. – S. hatte einen nicht unbedeutenden Einfluß auf das Dresdner Musikleben. Tatkräftig unterstützte er Hiller bei der Einführung der Abonnementskonzerte 1845; Ende 1847 wirkte er kurzzeitig als Nachfolger Hillers als «Liedermeister» der →Dresdner Liedertafel und gründete am 5. Januar 1848 einen gemischten Chor, den «Verein für Chorgesang», die spätere Dresdner Singakademie und seit 1873 «Robert Schumannsche Singakademie». Für beide Chöre schrieb er zahlreiche Kompositionen. Der Aufenthalt der Familie in Dresden ging am 1. September 1850 zu Ende, nachdem S. mit Hillers Vermittlung die Stelle als städtischer Musikdirektor in Düsseldorf angenommen hatte. 1845/46 wohnte S. mit seiner Familie in der Waisenhausstraße 7 und vom September 1846 bis 1850 in der Reitbahnstraße 26. Beide Wohnhäuser wurden beim Bombardement im Februar 1945 zerstört. – Schumannstraße in Johannstadt; Bronzebüste zwischen Zwingerteich und Opernrestaurant; sogenanntes Schumann-Album (vorwiegend Familiendokumente) in der Sächsischen Landesbibliothek.

Schürer, David Otto: städtischer Gerichtsschreiber, Chronist, geb. um 1578 Dresden, gest. 8. 3. 1641 Dresden. – Von S., dem Sohn des kurfürstlichen Sekretärs David S., ist nur bekannt, daß er in Leipzig studierte, bevor er 1617 in den Dienst des Dresdner Rats trat. Die von ihm 1627 verfaßte «Beschreibung der churfürstlich weltberühmten Haupt-Vestung und löblichen Residents Stadt Dreßden ...» ist nie zum Druck freigegeben worden, aber in drei Handschriften überliefert. In dem 15 Kapitel auf 108 Blatt umfassenden Werk überwiegen wie bei →Weck und anderen Chronisten auch topographische Beschreibungen. S. verwendete Akten des Ratsarchivs.

Schuricht, Christian Friedrich: Architekt, Gartenarchitekt und Zeichner für den Kupferstich, geb. 5. 3. 1753 Dresden, gest. 2. 8. 1832 Dresden. – Der Schüler von Friedrich August →Krubsacius und Johann Heinrich →Schwarze wurde nach Studienreisen (Schweiz, Frankreich, Italien) 1782 Hofkondukteur, 1799 Hofbaumeister und 1816 Oberlandbaumeister. Er baute in Pillnitz den Englischen Pavillon (1780), den Chinesischen Pavillon (1804) und das Neue Palais (1818/26) mit Kapelle, in Dresden das dritte →Belvedere auf der Brühlschen Terrasse (1814, 1842 abgerissen) und die Begräbnisgruft der →Kathedrale (1823). – Wohnung in der Neuen Gasse 162, Pirnaische Vorstadt.

Schusterhaus Cotta: ehemaliges stadtbekanntes Restaurant und Tanzlokal am Elbufer und an der 1893 nach hier verlegten Weißeritzmündung, 1897 durch Weißeritzhochwasser stark in Mitleidenschaft gezogen und 1945 durch Bomben zerstört.

Schütz, Heinrich: Hofkapellmeister, Komponist, geb. 8. 10. 1585 Köstritz, gest. 6. 11. 1672 Dresden. – Der «Vater der deutschen Musik» war nach gründlicher musikalischer Ausbildung (besonders in Venedig) als Hoforganist in Kassel tätig, bevor er 1615 durch Kurfürst Johann Georg I. als Leiter der gesamten Hofmusik nach Dresden berufen wurde. Trotz Beeinträchtigung seiner Arbeit durch den Dreißigjährigen Krieg hat es S. verstanden, in seinem 57jährigen Wirken die Musik am Dresdner Hof auf ein hohes künstlerisches Niveau zu bringen und ihr zu europäischer Geltung zu verhelfen. Er gilt als Schöpfer des deutschen Oratoriums; seine «Pastoral-Tragicomoedia von der Dafne» (gilt als erste deutsche Oper) wurde 1627 in Torgau uraufgeführt. Seine Geistlichen Konzerte, Passionen und zahlreichen Motetten werden heute in Dresden besonders durch den →Kreuzchor und die →Capella Sagittariana gepflegt. S. besaß 1629/57 das Eckhaus Frauenstraße 14/Neumarkt mit einem künstlerisch wertvollen Renaissance-Erker. Das darin enthaltene Sandsteinrelief tanzender Kinder, das Christoph →Walther I. zugeschrieben wird, wurde nach 1945 aus den Trümmern geborgen und an einem Gebäude in der Ringstraße/Gewandhausstraße angebracht. Die 1922/37 in Dresden bestehende Heinrich-Schütz-Gesellschaft und die 1930 in Dresden gegründete Internationale Heinrich-Schütz-Gesellschaft (heute Sitz Kassel) setzten sich für die Pflege seines Werks ein. 1986 wurde an der Dresdner Musikhochschule das Heinrich-Schütz-Archiv gegründet. – Begraben in der alten Frauenkirche; Schützstele (seit 1985) in den Parkanlagen am Zwingerteich; «Schütz-Kapelle» in der Kreuzkirche mit Porträtrelief des Komponisten von Otto Rost sowie Glasfenster mit der Darstellung seiner Wohnhäuser (Frauenstraße und Moritzstraße); Heinrich-Schütz-Straße in Blasewitz; 61. Grundschule «Heinrich Schütz» in Rochwitz.

Heinrich Schütz

Schützengasse: Die seit Mitte des 16. Jh. bestehende S. verläuft von der Straße Am Schießhaus in südwestlicher Richtung zum 1898 angelegten Wettiner Platz. Weil sie am 1554 errichteten →Schießhaus ihren Anfang nahm, nannte man sie 1592 «Büchsenschützengasse», später «Äußere Schießgassse» und im 18./19. Jh. «Schießgasse in der Vorstadt»; im Volksmund auch «Schießhausgasse». 1840 wurde sie in S. umbenannt. Während der Mairevolution befand sich eine Barrikade am Schießhaus. Zwischen →Grüner Gasse und S. befand sich bis 1823 der an der Stiftsgasse angelegte Pest- und Armenfriedhof. Auf dessen Gelände entstand 1884 das →Wettiner Gymnasium (heute Musikhochschule «Carl Maria von Weber»).

Schützengesellschaft: →Bogenschützengesellschaft

Schützenplatz: Der bis 1945 in der →Wilsdruffer Vorstadt bestehende S. bildete die westliche Verlängerung der Straße am Schießhaus. Entstanden ist der S. auf einem Rest der alten städtischen →Viehweide am ehemaligen →Schießhaus der Scheibenschützen. Durch die Erweiterung des →Herzogin-Gartens mußten viele Vorstädter damals ihre Grundstücke aufgeben. Dadurch wurde ab 1623 der Platz an der Viehweide stärker bebaut. Erst 1851 erhielt der Platz auf Bitten der Anwohner den Namen S. Im «Trianon»-Saal am S., einer traditionsreichen Versammlungsstätte der Dresdner Arbeiterklasse, fand 1903 der Dresdner Parteitag der SPD statt. Der S. wurde 1933/45 als «Platz der SA» bezeichnet, 1945 nach Reichspräsident Friedrich EBERT Ebertplatz genannt und heißt seit 1993 wieder S.

Schwan-Apotheke: Am 8. Februar 1640 erhielt der Geheime Hofapotheker und Kammerchymicus WECHINGER vom Kurfürst JOHANN GEORG I. die Genehmigung zum Eröffnen einer ersten Apotheke in Altendresden, westlich des Marktes an der Ecke der →Kleinen Meißner Gasse. Anfangs war der Verkauf von Tabak anscheinend ein Privileg der Apotheke. Da der Kurfürst selbst ein Feind des Tabaks war, erließ er ein Reskript, worin er «das Tabaktrinken auf dem Rathskeller zu Dresden und sonsten in anderen Bier- und Schankhäußern in und außerhalb der Stadt bei namhafter Strafe» verbot. 1685, beim großen Stadtbrand von Altendresden vernichtet, wurde die S. bald wieder aufgebaut, hieß bis 1740 «Apotheke zu Neustadt bei Dresden» (im Volksmund «Hofjagdapotheke»), ab 1753 erstmals S. Das Wahrzeichen der Apotheke war ein über der Tür befindlicher goldener Schwan mit ausgebreiteten Schwingen, der den immer wiederkommenden Frühling symbolisierte. – Im November 1945 ist die S. nach der Heinrichstraße Nr. 10 verlegt worden und bestand dort bis 1979.

Schwanenhaus: dreigeschossiger, langgestreckter klassizistischer Bau mit Schwanenschmuck im Mittelgiebel auf dem Grundstück Holzhofgasse 8/10, das zur →Diakonissenanstalt gehört. Das ursprünglich zweigeschossige Haus wurde 1826/27 von Woldemar →HERMANN im ehemaligen Coselschen Garten (→Wasserpalais Cosel) im Auftrag des Professors Frederic von VILLERS erbaut und diente als Mietshaus für 8 Familien. 1928 wurde es als Feierabendheim von der Diakonissenanstalt erworben; 1945 brannte es aus und wurde 1986/90 in historischem Stil als Bestandteil des Geriatriebaus der Diakonissenanstalt wieder errichtet.

Schwarze, Julius Heinrich: Architekt, Oberlandbaumeister, geb. 1706, gest. 18. 10. 1775. – Der Schüler von Zacharias →LONGUELUNE wurde 1729 Baukondukteur in Dresden, 1739 Oberlandbaumeister und in dieser Eigenschaft 1752 der Nachfolger von Johann Christoph →KNÖFFEL. 1744 erwarb er das Bürgerrecht in Dresden. Zu seinen Werken, die den Höhepunkt des Dresdner Rokokos bilden, gehörten →Palais Mosczinska mit Garten, die Vollendung des Turms der →Kathedrale, das →Morettische Theater, der Westflügel und die Kapelle des →Taschenbergpalais sowie das →Coselpalais. Ab 1760 setzte er sich für die Wiederherstellung des im Siebenjährigen Krieg verwüsteten →Großen Gartens ein.

Schwarzes Tor: →Bautzner Tor

Schwebeseilbahn: →Seilbahnen

Schweizer Viertel: ehemaliges Villenviertel hinter dem Hauptbahnhof (Südvorstadt). – Das S. wurde nach dem Bau des Böhmischen Bahnhofs ab 1855 um die Schweizer, Hohe, Kaitzer und Wielandstraße angelegt und bis 1871 um die Bernhard-, Lindenau- und Reichsstraße erweitert. Es wurde nach der Gastwirtschaft «Zum Schweizerhäuschen» und der Schweizer Straße genannt. Das Viertel enthielt zahlreiche bedeutende Villenbauten, so Bergstraße 31 (um 1871), Liebigstraße 7 (um 1875) und Liebigstraße 13 (von Hermann KICKELHAYN, 1893/94, 1945 zerstört). Erhalten blieben die Villen Leubnitzer Straße 28, von Gotthilf Ludwig MÖCKEL 1877/78 im historisierenden Stil als eigenes Wohnhaus erbaut, und Leubnitzer Straße 30, erbaut von dem Nicolai-Schüler Max GUTMANN 1880, mit Saalanbau um 1900 von Wilhelm →KREIS für Karl August →LINGNER.

Schweriner Straße: bereits 1863 als *Wettiner Straße* geplante, jedoch erst 1870/75 angelegte und bebaute Verbindung zwischen Postplatz und der Friedrichstadt. – Diesen Straßendurchbruch durch die eng bebaute Wilsdruffer Vorstadt hatte bereits der Vermessungsdirektor Friedrich Carl PRESSLER (1809 bis 1857) zur Erschließung der Friedrichstadt und der dort geplanten Verkehrsanlagen um das Jahr 1846 vorgeschlagen. Im Haus Nr. 22 wohnte Henrik →IBSEN. Die durch Luftangriffe verursachten Baulücken wurden ab 1960 z.T. mit Wohnbauten wieder geschlossen; 1884/85 wurde das kath. Dompfarramt erbaut. Die Straße führt über den historisch bedeutsameren →Wettiner Platz. Die Wettiner Straße wurde 1946 in S. umbenannt.

Sedlitz: →Niedersedlitz

See am Pirnaischen Weg: ehemaliger, seit 1370 bei Altseidnitz zwischen →Landgraben, Bodenbacher und Winterbergstraße im südlichen alten Elbarm gelegener See. Der ehemalige S. breitete sich noch bis 1898 als Seewiesen und Seegraben mit offenem Wasser aus. Nach der Erbauung des Wasserwerks Tolkewitz sank der Grundwasserspiegel, und die Tümpel trockneten aus. Nach 1924 setzte die Bebauung des Gebiets im wesentlichen auf genossenschaftlicher Grundlage ein.

Seeaquarium: ehemalige attraktive Dresdner Sehenswürdigkeit, die als erste dieser Art in Dresden um 1890 als Liebhaberei von dem Klempnermeister Anton SKELL (1. 11. 1851–28. 6. 1915) im Hof seines Grundstücks Zinzendorfstraße 34 geschaffen wurde. Das S. wurde ab 1903 der Öffentlichkeit zugänglich gemacht und bestand bis 1916. In dem als Felsgrotte gestalteten Raum befanden sich in 17 Becken Hunderte von Meerestieren und -pflanzen verschiedenster Art.

Seebach, Nikolaus von: Hoftheaterintendant, geb. 9. 2. 1854 Paris, gest. 14. 1. 1930 Dresden. – Der Sohn des sächsischen Gesandten in Paris war zunächst in militärischen und diplomatischen Diensten tätig gewesen, als er 1894 zum Generaldirektor der Hofoper und des Hoftheaters ernannt wurde. Er blieb 1918 als einziger höfischer Intendant in Deutschland in dieser Stellung und schied erst 1919, nach seinem 25jährigen Dienstjubiläum, aus eigenem Willen aus. In der «Ära Seebach», die eng mit der «Ära →SCHUCH» verknüpft war, war das auf höchstem künstlerischem Niveau stehende Dresdner Theater wohl das führende in Deutschland, wobei sich S. vor allem verdienstvoll für die Förderung des modernen Schauspiels einsetzte (1894/1914 Aufführung von 70 Werken der bedeutendsten Gegenwartsdramatiker). – Wohnung in der Bankstraße 11 und ab 1918 in der Palaisstraße 7 (Strehlen).

Seebeck, Ludwig Friedrich Wilhelm August: Professor für Physik und Mechanische Naturlehre an der Technischen Bildungsanstalt, geb. 27. 12. 1805 Jena, gest. 19. 3. 1849 Dresden. – S. wurde nach dem Tod von Wilhelm Gotthelf →LOHRMANN und der Interimsleitung durch Traugott FRANKE (1804–1863) 1842 als Leiter der Bildungsanstalt von Berlin nach Dresden berufen. Er wirkte 1843/49 auch als Observator am Mathematisch-Physikalischen Salon. – Begraben Alter Annenfriedhof.

Seeberg: →Stadtbefestigung

Seestraße: bis 1945 existierende, 1324 erstmalig als «Seegasse» erwähnte Verbindung von →Altmarkt zur →Waisenhausstraße. Ihren Namen erhielt sie nach dem in südlicher Richtung ehemals vor der Stadt gelegenen «Alten See». 1830/1840 nannte man sie «Innere Seegasse», danach wieder Seegasse, die seit 1858 in S. umgewandelt wurde. Die geschäfts- und verkehrsreiche S. war das Bindeglied für die Nord-Süd-Verbindung zwischen →Schloßstraße und →Prager Straße.

Seetor: südliches, erstmals 1403 erwähntes Stadttor am Ausgang der →Seegasse (Seestraße), 1550 vermauert. An seine Stelle trat ein Gefängnis. Erst 1747/48 wurde es wieder geöffnet und nach Plänen von Maximilian von →FÜRSTENHOFF neu gestaltet; Abbruch 1821.

Seevorstadt, auch *Seetorvorstadt*: südliche der drei großen um die Mitte des 18. Jh. (amtlich 1835) aus der Zusammenfassung der alten Vorstadtgemeinden entstandenen Vorstädte der Altstadt. Sie erstreckt sich auf das Gelände zwischen der ehemaligen Stadtbefestigung und dem Hauptbahnhof sowie zwischen der →Bürgerwiese im Osten und der →Annenstraße im Westen. Die S. faßte die alten Vorstadtsiedlungen →Halbegassengemeinde und →Oberseer Gemeinde zusammen. Ihr Name rührt von mehreren Seen her: der im Mittelalter unmittelbar vor der Stadtmauer gelegene See (später in einen Oberen und Unteren See geteilt), der 1746 trockengelegt wurde, außerdem der bis 1849 am Nordende der Bürgerwiese gelegene →Jüdenteich (Reste noch bis 1870). Da von 1548 bis 1747 das Seetor zugemauert war, führte die S. lange Zeit ein ziemlich abgeschiedenes von der eigentlichen Stadt isoliertes Dasein. Im 18. Jh. prägten vornehme Landhäuser des Adels und Gärten die S. (→Palais Boxberg, →Palais Mosczinska, →Türkischer Garten). 1820 legte F. A. A. →STRUVE seine berühmte Mineralwasseranstalt in der S. an. Erst der Bau des Böhmischen Bahnhofs (→Hauptbahnhof) beschleunigte die Entwicklung der S. 1851 wurde die →Prager Straße angelegt, die dann am Ende des 19. Jh. eine Cityfunktion für die Stadt übernahm. Während die →Waisenhausstraße sich ebenfalls zu einem Geschäfts- und Vergnügungszentrum entwickelte (→Centraltheater, Varietés u. a.), trug der östliche Teil der S. weiterhin den Charakter eines Wohnviertels für die Oberschicht (→Englisches Viertel). In der westlichen S. entstanden seit dem 19. Jh. einige große Verwaltungsgebäude (z. B. Postgebäude, Reichsbahndirektion). Im Februar 1945 wurde die S. fast völlig zerstört. Der Wiederaufbau der S. (ab 1969 Prager Straße als Fußgängerzone) ist noch nicht abgeschlossen.

Seestraße. Anfang 19. Jh.
Seetor. Anfang. 19. Jh.

Segedin, Johanne Justine: →Renner, Johanne, Justine

Seidel, (Gärtnerfamilie): Der erste Vertreter der bekannten Dresdner Gärtnerei war der aus Radeberg stammende *Johann Georg* S. (geb. 1709), der bereits zu Anfang des 18. Jh. in Dresden Gartenbau und Blumenhandel betrieb. Sein Sohn *Johann Heinrich* (1744–1815) wurde 1778 zum Hofgärtner des →Herzogin-Gartens ernannt und gilt als «Vater des Dresdner Gartenbaus». Dessen zwei Söhne *Traugott Leberecht* (1775–1858) und *Jakob Friedrich* (1789–1860) gründeten 1813 an der Kleinen Plauenschen Gasse eine Gärtnerei, die von dem letzteren als Alleinbesitzer 1818 in die Pirnaische Vorstadt an die Äußere Rampische Gasse verlegt wurde. S. widmete sich vor allem der Anzucht von Azaleen und den damals seltenen Kamelien (in Dresden «Kamelien-Seidel» genannt), dehnte seine Handelsbeziehungen bis auf das Ausland aus und veranstaltete jährlich weitbekannte Frühjahrsausstellungen, die z. B. auch von GOETHE, mit dem er im Briefwechsel stand, besucht wurden. Er baute sein Wohnhaus an der Ecke Pillnitzer/Mathildenstraße (später «Storchenapotheke», 1945 zerstört). Sein Sohn *Traugott Jakob Herrmann* (geb. 26. 12. 1833 Dresden, gest. 28. 4. 1896 Dresden) war der bedeutendste Vertreter der Familie S. Er übernahm 1860 nach gärtnerischer Ausbildung in Dresden und siebenjährigem Auslandsaufenthalt die Gärtnerei und verlegte sie 1865 nach Striesen (Gegend des heutigen Stresemannplatzes), wo sich nach ihm längs der heutigen Borsbergstraße noch weitere 68 Gartenbaubetriebe ansiedelten. S. verlegte sich ausschließlich auf Sonderkulturen und war erfolgreich in der erstmaligen Anzucht winterharter Rhododendren und Rhododendronazaleen. 1877 übernahm er von der Gemeinde Striesen ein ursprünglich von ihr für einen Friedhof vorgesehenes, ödes, kiefernbestandenes Gelände zwischen heutiger Augsburger-, Eisenacher-, Pohland- und Ermelstraße, das er für seine Kulturen in eine parkähnliche Anlage umgestaltete (→Volkspark Striesen). Er gründete 1885 die «Gärtnervereinigung von Sachsen», war der Initiator der «Ersten Internationalen Gartenbau-Ausstellung» von 1887 (→Gartenbau-Ausstellungen) und setzte sich entscheidend im Sächsischen Gartenbauverband für die Gründung einer Gartenbauschule ein, die später in die «Höhere Staatslehranstalt für Gartenbau» in Pillnitz einging. Eine seiner Töchter war verheiratet mit dem Obergartenbaudirektor Friedrich →BOUCHÉ. Seine Söhne *Rudolf* und *Heinrich* verlegten die Gärtnerei 1894 nach Laubegast. Rudolf S. legte 1898 in Grüngräbchen bei Schwepnitz eine Rhododendronzucht an, die heute noch die Tradition der Firma S. fortsetzt, während die Dresdner Gärtnerei 1946 enteignet und in das Volkseigene Gut Tolkewitz einbezogen worden ist (nach 1990 wieder privatisiert). Der größte Teil des ehemaligen Gärtnereigeländes ist inzwischen überbaut (z.B. 1993/94 Wohnpark «Solitude»).

Seidel & Naumann: ehemaliges Großunternehmen der Schreib- und Nähmaschinenindustrie. – Der Feinmechaniker Bruno NAUMANN (1844–1903) eröffnete 1868 auf der Langen Gasse (später Zinzendorfstraße) eine Schlosserei, verlegte sie in die Kleine Plauensche Gasse und nahm 1869 die Produktion von Singer-Nähmaschinen auf. 1870/76 betrieb er das Unternehmen mit dem Teilhaber Emil SEIDEL. Naumann wechselte in die Ammonstraße und 1884 in die Fabrikgebäude an der Hamburger Straße über, die mehrfach erweitert wurden. Er stellte ab 1887 die Fahrradmarke «Germania» und ab 1899 die Schreibmaschine «Ideal» her und beschäftigte um 1910 ca. 2700 Arbeiter. 1910 wurde die (nach Naumanns Enkeltochter benannte) Kleinschreibmaschine «Erika» entwickelt. Ab 1926 bildete die von Chefkonstrukteur Siegfried HILDEBRANDT (später TU Dresden) entwickelte «Erika V» für Jahrzehnte das Grundmodell. Das Werk übernahm im Zweiten Weltkrieg Rüstungsaufträge, wurde durch Luftangriffe am 7. Oktober 1944 und 17. April 1945 stark beschädigt und ab 1946 als VEB Schreibmaschinenwerk weitergeführt (ab 1980 im Kombinat Robotron). Der Betrieb stellte in den achtziger Jahren jährlich ca. 150 000 Schreibmaschinen mit über 100 verschiedenen Tastaturen für den Export in 35 Länder her. Nach Schließung um 1990 wird ein Teil der Gebäude als Technisches Rathaus genutzt.

Seidler, Louise: Malerin, geb. 15.5.1786 Jena, gest. 7.10.1866 Weimar. – Die Thüringer Künstlerin hielt sich in den Sommern 1810, 1811, 1812 und 1814 zu Ausbildungszwecken in Dresden auf, wo sie vor allem Bilder der Gemäldegalerie kopierte. Ihr Lebensbericht (erschien 1873) enthält anschauliche Erinnerungen an Dresdner Persönlichkeiten, mit denen sie teilweise befreundet war (z.B. Familie →KÖRNER und Gerhard von →KÜGELGEN) sowie an →GOETHE, der in Dresden ihre künstlerischen Fähigkeiten bemerkte und sie anschließend förderte.

Seidlitz, Woldemar von: Kunsthistoriker, geb. 1.6.1850 Petersburg, gest. 16.1. 1922 Dresden. – Zu den bedeutendsten deutschen Kunstwissenschaftlern des frühen 20. Jh. gehörend, war S. 1878/84 am Berliner Kupferstichkabinett tätig und wurde 1885 als «vortragender Rat» in die Generaldirektion der Dresdner Sammlungen berufen, wo er bis 1919 zum Ausbau der Kunstschätze (besonders Kupferstich-Kabinett, Porzellansammlung, Historisches Museum, Skulpturensammlung) beitrug. Neben Publikationen zur älteren deutschen und italienischen Kunst, zu Rembrandt und zum japanischen Farbholzschnitt veröffentlichte er in 4 Bänden «Die Kunst in Dresden vom Mittelalter bis zur Neuzeit» (1920/24), die den Zeitraum bis 1710 behandelt. Sein Haus am Waldpark in Blasewitz war Treffpunkt für Künstler und Freunde der Kunst. – Grab auf dem Johannisfriedhof Tolkewitz.

Seidnitz: linkselbischer Stadtteil, 1378 als Syticz (slawisch: Leute eines Zideta) urkundlich erwähnt, 1902 zu Dresden eingemeindet. – Das Platzdorf lag zwischen zwei alten Elbarmen, seine Flur wird seit 1848 im SW von der Eisenbahnlinie nach Pirna begrenzt und erstreckt sich im NO bis über den Altenberger Platz hinaus. Zwischen Bodenbacher und Winterbergstraße erstreckten sich bis Ende des. 19. Jh. die Seewiesen mit dem Seegraben, deren Tümpel infolge Absenkung des Grundwassers austrockneten. Zu S. gehörte im Mittelalter ein Vorwerk, dessen Besitzer, der Burggraf zu Dohna, 1388 dem Frauenkirchhof Zinsen stiftete. Im 18. Jh. gehörte es zum Rittergut Weesenstein. S. kam 1546 aus dem Besitz der Domherren zu Meißen an den Rat zu Dresden, der es vom Religionsamt und vom →Brückenamt verwalten ließ. Bei Errichtung des Ostravorwerkes wurden S.er Bauern mit Pflugdiensten belastet. 1745 brannte das Dorf nahezu völlig nieder. – S. gehörte 1539 zur Parochie Leuben, später zeitweise zur Frauenkirche und ab 1670 wieder zur Himmelfahrtsgemeinde Leuben. 1951 wurde durch Herbert BURCKHARDT aus einer Scheune die ev.-luth. Nazarethkirche errichtet, die ein Kruzifix aus der zerstörten Kirche des →Ehrlichschen Gestifts erhielt. Die Kinder besuchten ursprünglich die Leubener Schule, ab 1876 eine eigene Schule an der Marienberger Straße. 1898 wurde die heutige 33. Grundschule erbaut. Der Dresdner Rennverein 1890 unter Walter von TRESKOW kaufte Bauernland nördlich der Eisenbahn und veranstaltete am 7. Mai 1891 das erste Pferderennen auf der neuangelegten Galopprennbahn. Daneben wurden Anlagen für die Dresdner Pferdeausstellung geschaffen. S. zählte 1890 ca. 800 Einwohner. Der Stadtteil wuchs ab Mitte der zwanziger Jahre des 20. Jh. vor allem durch genossenschaftliche Wohnsiedlungen. Betriebe siedelten sich vor dem Ersten Weltkrieg an der Eisenbahn und nach 1960 an der Bodenbacher Straße an (Technikum des Chemieanlagenbaues um 1970, Robotron-Elektronik 1970/74). 1974/76 wurde nördlich der Bodenbacher Straße ein Wohngebiet erstmals in komplexer Bauweise mit der Typenserie WBS 70 Dresden für 1448 Wohnungen errichtet. Der Wohnungsbau erstreckte sich auf die Liebstädter und Marienberger Straße. An der Enderstraße begann 1993 der Bau eines Handels- und Gewerbegebietes.

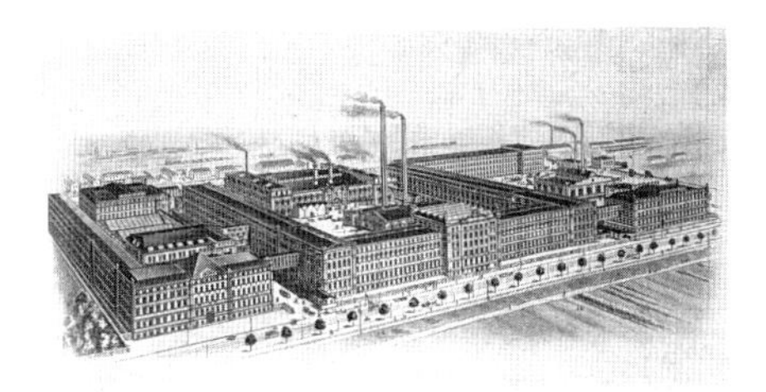

Werkgebäude der Firma Seidel & Naumann
Dorfplatz Seidnitz um 1900, Aquarell

Seilbahnen: 1. *Standseilbahn*: schienengebundene eingleisige Bergbahn zwischen dem Körnerplatz in Loschwitz und der Gaststätte →«Luisenhof» auf dem Weißen Hirsch, 1894/95 von der Vereinigten Eisenbahn-Bau- und Betriebsgesellschaft Berlin angelegt und am 26. Oktober 1895 eröffnet. – Seit Einstellung des Güterverkehrs im Jahre 1900 dient sie ausschließlich dem Personentransport. Sie wurde 1897 von der AG Drahtseilbahn Loschwitz-Weißer Hirsch weitergeführt und ist seit 1912 städtisches Eigentum. Sie führt durch zwei Tunnel und über einen Viadukt am Loschwitzer Hang. Im Herbst 1993 wurde mit einer umfassenden Rekonstruktion begonnen. – Streckenlänge 563 m, Höhenunterschied 95 m, 2 Personenwagen mit je 44 Sitzplätzen, Spurweite 1000 mm. Originalwagen von 1934 im Verkehrsmuseum Dresden. –
2. *Schwebeseilbahn*: Einschienenbahn zwischen Körnerplatz Loschwitz und Oberloschwitz, 1898/1901 errichtet und am 6. Mai 1901 zugleich mit der Gaststätte →«Loschwitzhöhe» vollendet. – Die Bahn beruht auf dem von Carl Eugen LANGEN entwickelten Prinzip, hängt an einer Tragschiene und wird durch das Seil lediglich bewegt. Die Bauarbeiten wurden von der Conti-Gesellschaft Nürnberg begonnen und ab 1899 von der Elektra-AG Dresden fortgeführt. Sie gilt als erste Seilbahn Europas für den Personentransport. Wie die benachbarte Standseilbahn ging sie 1912 in städtischen Besitz über. Das Traggerüst wird von 33 Tragjochen gestützt. Der Dresdner Architekt REUTER entwarf die Talstation mit der repräsentativen Straßenfront und dem als Schornsteinverkleidung gedachten Turm der Bergstation. Bei völliger Stillegung wurde die Bahn 1984/91 nahezu vollständig neugebaut. – Streckenlänge 274 m, Höhenunterschied 84 m, 2 Personenwagen mit je 40 Sitzplätzen, Ablösung des Dampf- durch Elektroantrieb wie bei der Standseilbahn 1909. –
3. *Standseilbahn Villa Stockhausen*: ehemals private Kabinenbahn im Park der →Villa Stockhausen, 1908 von August KÜHNSCHERF & Söhne für Karl August →LINGNER angelegt und nach dessen Tod 1916 stillgelegt. – Die elektrisch angetriebene Bahn überwand den Höhenunterschied zwischen dem Elbufer und der Villa, konnte auf mehreren Terrassen zum Ein- und Aussteigen halten und bestand aus einem Personenwagen mit 2 Sitz- und 6 Stehplätzen sowie einem kleineren Gegengewichtswagen. Erstmals in Deutschland wurde die Bahn direkt vom Wagen aus gesteuert. Gleise und Wagen wurden 1933 abgebrochen, das Maschinenhaus später als Schuppen genutzt. – Streckenlänge 90 m, Höhenunterschied 40 m, Spurweite 1000 mm.

Seiler, Burkhard Wilhelm: Professor für Anatomie und Chirurgie, geb. 1779 Erlangen, gest. 1843 Dresden. – Anfang 1814 erhielt S. vom russischen und preußischen Generalgouvernement den Auftrag, Pläne zur Reorganisation der Dresdner medizinisch-chirurgischen Lehranstalten auszuarbeiten. Im Dezember 1814 wurde nach seinen Plänen eine provisorische Lehranstalt für Medizin und Chirurgie mit einem Entbindungsinstitut, einer chirurgischen Poliklinik und einer anatomischen Anstalt eröffnet. FRIEDRICH AUGUST I. ernannte S. 1815 zum Direktor der neuen →Chirurgisch-medizinischen Akademie im →Kurländer Palais. Als Professor der Anatomie, Physiologie und gerichtlicher Arzneikunde wurde er später Mitglied der Reorganisationskommission für alle medizinischen Lehranstalten Dresdens. Vom ihm stammt die erste anatomisch-physiologische Monographie des menschlichen Greisenalters.

Seinemeyer, Meta: Sängerin (Sopran) geb. 5. 9. 1895 Berlin, gest. 19. 7. 1929 Dresden. – Die hochbegabte Sängerin hatte in Berlin studiert und 1918 debütiert, bevor sie 1925 von Fritz →BUSCH nach Dresden verpflichtet wurde, wo sie bis zu ihrem frühen Tode vor allem in den lyrisch-dramatischen Partien der Opern von VERDI gefeiert wurde.

Sekundogenitur: an Stelle der ehemaligen →Brühlschen Bibliothek von Gustav →FRÖLICH 1897 auf der →Brühlschen Terrasse errichtetes zweigeschossiges, neubarockes Gebäude. Es diente der Unterbringung der Bibliothek der Sekundogenitur (Besitz des zweitgebornen Prinzen), die sich zuvor im Palais Brühl (Augustusstraße) befunden hatte. Nach 1918 wurden in der S. zunächst Sonderausstellungen der Kunstakademie veranstaltet und 1931/45 die →Gemäldegalerie Neue Meister (19. Jh.) untergebracht. 1963/64 baute man die 1945 ausgebrannte S. wieder auf und richtete sie als Gaststätte ein, die seit 1990 zum Dresden-Hilton gehört. – Im Besitz des zweitgebornen Prinzen befand sich seit 1781 auch das →Palais der Sekundogenitur mit dem dazugehörigen Park (→Blüherpark).

Seminarstraße: Straße in der Friedrichstadt, ursprünglich Badergasse nach der 1678 gegründeten Baderei (nicht zu verwechseln mit der Badergasse im Stadtzentrum); heutiger Name seit 1840. – An der S. wurde 1785 die Friedrichstädter Armen- und Realschule erbaut und, mit ihr verbunden, 1787 das erste staatliche →Lehrerseminar Sachsens gegründet. Es siedelte 1866 in die nahe Waltherstraße um (frühe Schulbauten z. T. im Grundstück der 48. Schule erhalten).

Schwebeseilbahn
Standseilbahn in Loschwitz
Sekundogenitur

Semmig, Jeanne Berta: Dichterin, geb. 16. 5. 1867 Orleans, gest. 28. 7. 1958 Radebeul. – Die S. wurde durch Gedichte, Erzählungen und die 1957 erschienene Darstellung des Lebens von Louise OTTO-PETERS bekannt. 1975 erschienen ihre Erinnerungen unter dem Titel «Aus acht Jahrzehnten». 1891/1930 arbeitete sie als Lehrerin an der 6. Bezirksschule, Ehrlichstraße. Seit 1909 war sie Mitglied des →Literarischen Vereins.

Semper, Gottfried: Architekt und Kunsthistoriker, geb. 29. 11. 1803 Hamburg-Altona, gest. 15. 5. 1879 Rom. – Der zu den bedeutendsten deutschen Architekten des 19. Jh. zählende S. hat das Dresdner Stadtbild wesentlich mitgeprägt. – Studium in Göttingen, München Regensburg und Paris; Reisen durch Südfrankreich, Griechenland und Italien mit kunsthistorischen und archäologischen Studien. – Am 30. September 1834 wurde S. auf Empfehlung seines Pariser Professors Franz Christian GAU an der Dresdner Kunstakademie Professor für Baukunst und Vorstand der Bauschule. Hier führte er neben der praktischen auch die kunsthistorische Ausbildung ein. Er wies eine neue Richtung in der Architekturlehre und Baukunstauffassung, die in der griechischen Antike fußte und die Einheit von Material, Konstruktion und Bedürfnis als formbestimmende Elemente verlangte. Seine praktischen Aufgaben in Dresden reichten von städtebaulichen Konzeptionen, von Plänen für monumentale öffentliche Gebäude über Bürgerhäuser bis zum Interieur und zu Grabdenkmälern. Sein für Dresden bedeutendstes Projekt, der *Forumplan,* für den er 1835/46 vier Entwürfe schuf, wurde durch die Engstirnigkeit der damaligen Verwaltung nicht verwirklicht. Der Plan sah in Fortführung der Zwingerachse vom Kronentor bis zur Elbe auf dem Gelände des sogenannten italienischen Dörfchens die Anlage eines nach antikem Vorbild gestalteten Platzes vor, der ein kulturelles Zentrum bilden sollte, mit Opernhaus und Orangerie an der Westseite, Gemäldegalerie an der Ostseite und breiter Freitreppe zur Elbe hin. Nach Scheitern dieses Planes war S. mit der Anlage des →Theaterplatzes, bei dem er seine bedeutendsten Dresdner Bauten, das (zweite) *Opernhaus* und das *Museumsgebäude* in architektonische Beziehung zur Kathedrale und zum Schloß setzte, einer der schönsten Plätze des 19. Jh. gelungen. Das erste Opernhaus (1838/41, 1869 abgebrannt; →Opernhäuser) war S. erster Bau im italienischen Renaissance-Stil (Frührenaissance). Den Stil der Hochrenaissance wandte er beim Museumsgebäude an (1848/54; →Gemäldegalerie Alte Meister), mit dem er – nach Ablehnung des Forumplanes – den Zwinger an der Nordseite abschließen mußte. Zwei weitere Entwürfe für Museumsgebäude am Neustädter Ufer sowie ein Projekt zur Gestaltung des Neustädter Ufers (1838) als künstlerisches Gegengewicht zur Brühlschen Terrasse wurden ebenfalls aus Kostengründen abgelehnt (endgültig 1846). – Die erste Arbeit von S. in Dresden war die Innengestaltung der

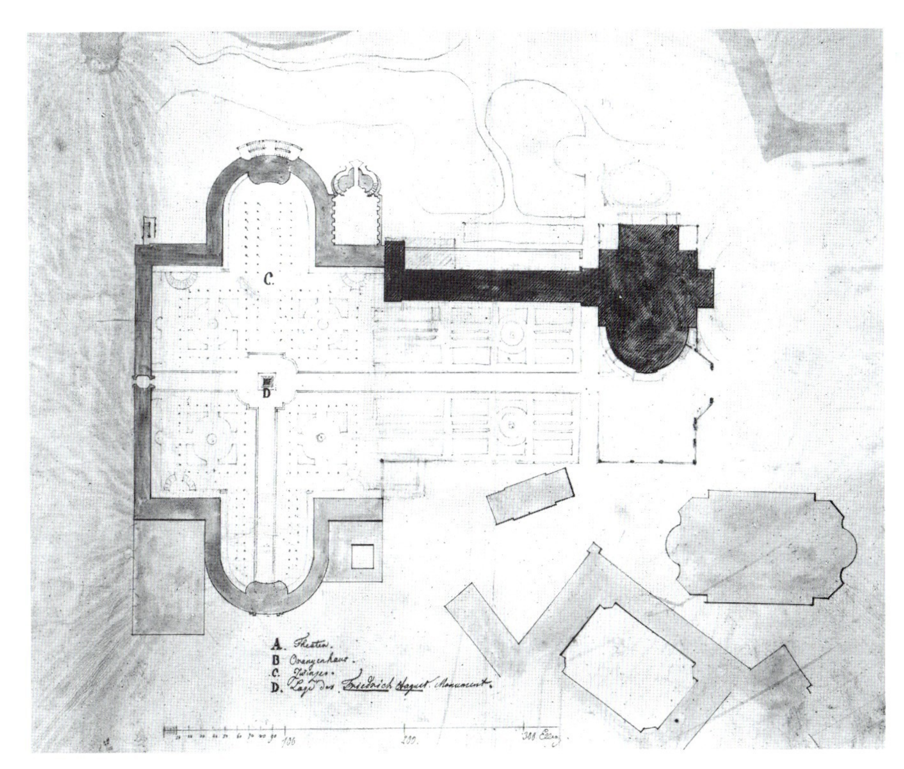

Denkmal Sempers auf der Brühlschen Terrasse von Johannes Schilling
Gottfried Semper
Forumplan Sempers von 1838

Antikensäle im →Japanischen Palais (1835/36). Weiterhin schuf er die Entwürfe für das →Maternishospital (1837/38, 1945 ausgebrannt, nach 1950 verändert wiederaufgebaut), die im byzantinisch-romantisierenden Stil gehaltene →Synagoge (1838, 1938 durch die Nationalsozialisten zerstört), die →Villa Rosa (1838/39, 1945 zerstört), das Haus Houpe in der Marienstraße (1841; zerstört), das →Palais Kaskel-Oppenheim (1845/48, 1945 zerstört), die Familiengruft für Carl Maria von WEBER auf dem Alten Kath. Friedhof (1844), das Grabmal für Carl Friedrich von RUMOHR auf dem Inneren Neustädter Friedhof (1843), das Grabmal für die Familie OPPENHEIM auf dem Trinitatisfriedhof (1849), den Sockel für das von RIETSCHEL geschaffene Denkmal von König FRIEDRICH AUGUST I. sowie den →Cholerabrunnen (1843), sein einziges Werk im neugotischen Stil. Der demokratisch gesinnte Baumeister beteiligte sich rege am gesellschaftlichen Leben Dresdens (z. B. Mitglied des →Sächsischen Altertumsvereins, des Sächsischen Kunstvereins und der →Montagsgesellschaft). Er verkehrte freundschaftlich mit Richard →WAGNER, Ernst →RIETSCHEL, Ernst Julius →HÄHNEL, Carl Gustav →CARUS, Karl →GUTZKOW, Wilhelmine →SCHRÖDER-DEVRIENT und August →RÖCKEL, der den →Maiaufstand 1849 leitete. S. war als Angehöriger der Dresdner Kommunalgarde ebenfalls aktiv daran beteiligt: Er gab Ratschläge zum Bau der großen Barrikade in der Wilsdruffer Gasse und war Kommandant der Barrikade 13 in der Waisenhausstraße. Am 9. Mai 1849 floh er als steckbrieflich verfolgter «Hochverräter» nach Paris (Steckbrief wurde erst 1863 zurückgenommen) und lebte später in London, Zürich und Wien. 1870 wurde S. durch den sächsischen König JOHANN beauftragt, ein neues Opernhaus (→Opernhäuser) zu entwerfen, das 1871/78 unter Leitung seines Sohnes *Manfred* (1838 bis 1913) entstand und mit seiner reichen äußeren und inneren Architektur im Stil der italienischen Hochrenaissance als Höhepunkt im Schaffen S. gilt (1945 ausgebrannt, 1977/85 wiederaufgebaut). Als «*Semperoper*» ist dieser Bau in der Theatergeschichte Dresdens ein fester Begriff geworden. – S. hatte seine Wohnung in der Waisenhausstraße 3. – Denkmal von Johannes Schilling (1892) am Brühlschen Garten auf der Brühlschen Terrasse; Porträtkopf an der Hinterbühnenfassade des Opernhauses; Semperstraße in der Südvorstadt; Gedächtnisausstellung 1979 im Albertinum.

Semper-Oper: →Opernhäuser

Serre, Friedrich-Anton: Major, geb. 28. 7. 1789 Bromberg, gest. 3. 3. 1863 Dresden. – S. erwarb 1819 das Gut Maxen b. Pirna und ein Haus in Dresden, das bald zum Treffpunkt der Intellektuellen der Stadt wurde. Er war 1841 an der TIEDGE-Stiftung und 1855 an der SCHILLER-Stiftung beteiligt. – 1859 errichtete er die Schiller-Lotterie zum Besten der beiden Stiftungen, um hilfsbedürftigen Dichtern, Schriftstellern, anderen Künstlern sowie deren Witwen und Waisen Unterstützung zu sichern (Ertrag 450 000 Taler).

Seume, Johann Gottfried: Schriftsteller und Publizist, geb. 29. 1. 1763 Poserna b. Weißenfels, gest. 13. 6. 1810 Teplitz (Teplice). – S., der offenbar mehrmals in Dresden weilte, berührte die Stadt auch auf seiner berühmten Fußreise nach Syrakus im Jahre 1801. Von Grimma kommend, hielt er sich Mitte Dezember für einige Tage in der Stadt auf, bevor er weiter nach Prag wanderte. In seiner sarkastischen Art äußerte er sich sehr negativ über die in der Residenz herrschende geistige Atmosphäre. Von den Einwohnern schienen ihm viele «auf irgendeine Weise zum Hof zu gehören», ihre «trübseligen, unglücklichen, entmenschten Gesichter» fielen ihm auf.

Seydewitz, Max: Kulturpolitiker und Schriftsteller, geb. 19. 12. 1892 Forst, gest. 8. 2. 1987 Dresden. – S. war als sozialdemokratischer Arbeiterfunktionär (später KPD) und während der Weimarer Republik als Chefredakteur von Arbeiterzeitungen in Halle und Zwickau tätig, lebte während des Nationalsozialismus im Exil und gehörte nach 1945 zu den sogenannten «Aktivisten der ersten Stunde». 1947/52 war er Ministerpräsident des Landes Sachsen. 1955/67 vertrat er in Dresden als Generaldirektor der →Staatlichen Kunstsammlungen die ideologisch bestimmte Kulturpolitik der DDR-Machthaber. – Seine Frau *Ruth* (26. 6. 1905 – 28. 3. 1989) war ebenfalls kulturpolitisch tätig. – Wohnung auf dem Weißen Hirsch; Grab auf dem Heidefriedhof.

Seyffert, Oskar: Maler, Begründer des Museums für Sächsische Volkskunst, geb. 19. 2. 1862 Dresden, gest. 22. 2. 1940 Dresden. – S. wirkte als Maler und Professor an der Dresdner Kunstgewerbeschule, als er 1897 anläßlich der Gründung des Vereins für sächsische Volkskunde mit dem Aufbau eines Museums für sächsische Volkskunde beauftragt wurde (→Museum für Sächsische Volkskunst). Mit unermüdlichem Einsatz trug er wertvolles Volksgut zusammen, für das er ab 1913 eine ständige Unterkunft im Jägerhof fand. Die durch «lebensvolle Anschaulichkeit» gekennzeichnete Ausstellung wurde von S. durch sachkundige Führungen, Vorträge und Veröffentlichungen populär gemacht. Als stellvertretender Vorsitzender des Verbands der Vereine für Volkskunde (1907/11), als Vorsitzender des Vereins für Sächsische Volkskunde (seit 1909) und als Vorsitzender des Landesvereins Sächsischer Heimatschutz (seit 1923) hat S. sich für die Pflege des Volksgutes eingesetzt. In Würdigung der Verdienste seines Begründers trug das Museum 1927/49 dessen Namen. – Grab auf dem Johannisfriedhof (Urnenhain); Oskar-Seyffert-Straße in Gittersee.

«Sieben Wunderwerke»: nach antikem Vorbild bezeichnete besondere Baulichkeiten Dresdens. 1730 zählte man dazu das Zeughaus, die Kunstkammer, das Stallgebäude, die Elbbrücke, das Japanische Palais, den Zwinger und den Jägerhof.

Siebenjähriger Krieg: Der S. beendete die augusteische Epoche in der Geschichte Dresdens. Die einstige Residenzstadt von europäischem Rang trat in eine Phase des Verfalls und der Stagnation ein. Sachsen war während des ganzen Kriegs aufgrund seiner ökonomischen Bedeutung und seiner geographischen Lage einer der Hauptkriegsschauplätze. Nachdem →FRIEDRICH II. von Preußen am 29. August 1756 mit 60 000 Mann in das Land eingefallen war, begab sich der Kurfürst zusammen mit BRÜHL auf den Königstein. Nach der Kapitulation der nur 17 000 Mann starken sächsischen Armee am Lilienstein, wohin sie sich sofort bei Ausbruch des Kriegs zurückgezogen hatte, flohen FRIEDRICH AUGUST II. (August III.) und sein Premierminister nach Warschau, wo sie bis zum Ende des S. auch blieben.

Inzwischen hatten bereits am 9. September 1756 preußische Truppen unter dem Befehl des Generals WYLICH Dresden besetzt. Friedrich II. traf einen Tag später in der sächsischen Residenz ein. Die Preußen entließen die sächsischen Minister, beschlagnahmten das Geheime Archiv sowie die Bestände des Zeughauses. 1757 verstärkten sie die Befestigungen der Stadt, besonders der Neustadt. Stärker von Kriegsereignissen wurde Dresden erstmals im September 1758 berührt, als die Österreicher unter Feldmarschall DAUN und die Reichsarmee die Stadt zu belagern begannen.
Aufgrund der Drohung des preußischen Stadtkommandanten Graf SCHMETTAU, bei einem Angriff die Vorstädte niederzubrennen und die Stadt bis zum Äußersten zu verteidigen, zog Daun nach wenigen Tagen wieder ab. Anfang November kehrte er jedoch zurück und belagerte Dresden erneut. Da machte Schmettau seine Drohung wahr und ließ am 10. November 1758 die →Pirnaische Vorstadt abbrennen. 285 Häuser wurden völlig zerstört. Daun zog sich daraufhin wieder zurück. Der sächsische Gesandte beim Regensburger Reichstag von PONICKAU protestierte damals gegen die barbarische preußische Kriegsführung. Im selben Jahr erpreßte der preußische König vom Rat den Huldigungseid, um sich so für ein gleiches Vorgehen der Russen gegenüber der Stadt Königsberg zu rächen.
1759 war Sachsen nur von schwachen preußischen Kräften besetzt, so daß die Verbündeten das Land größtenteils besetzen konnten. Am 9. August schlossen 30 000 Österreicher unter MAQUIRE Dresden ein; die 3700 Preußen unter Schmettau räumten am 26. August die Neustadt. Am 30. August griffen die Österreicher die Friedrichstadt an. Daraufhin ließ Schmettau nun auch noch die →Wilsdruffer Vorstadt anzünden. Dennoch mußte die Lage der Preußen ohne Entsatz hoffnungslos bleiben. Als dieser nach der katastrophalen preußischen Niederlage bei Kunersdorf nicht mehr möglich zu sein schien, kapitulierte Schmettau am 4. September gegen die Zusage des freien Abzugs. Merkwürdigerweise hielt er auch daran fest, als wider Erwarten am nächsten Tag preußische Truppen unter dem General WUNSCH unmittelbar vor der Neustadt auftauchten. Die Preußen räumten jedenfalls am 8. September Dresden. Nun rückten 14 000 Österreicher in die Stadt ein. Das Jahr 1760 brachte dann mit der →Belagerung (1760) Dresdens durch Friedrich II. den Höhepunkt der kriegerischen Ereignisse. In den letzten Jahres des S. wurde die Stadt durch Kampfhandlungen nicht mehr berührt. Man hatte jedoch vollauf mit Aufräumungsarbeiten zu tun. Allein Anfang 1761 wurden 6577 Fuhren Schutt aus der Stadt gefahren. – Gravierender als die äußeren Kriegsereignisse wirkten sich die allgemeinen Belastungen aus, denen die Bevölkerung ausgesetzt war, und die Schäden, die das wirtschaftliche und kulturelle Leben der Stadt erlitten hatte. Dazu gehörten Versorgungsschwierigkeiten, Inflation (die Preußen prägten auch in der Dresdner Münze minderwertiges Geld.), Hungersnöte (besonders 1760), Einquartierungen und Zwangsrekrutierungen. Die riesigen Kontributionen (1757/58 allein 332 000 Taler) und die Versorgungskosten für die fremden Truppen ruinierten die Finanzen der Stadt. 1756/60 mußte der Stadtrat Darlehen aufnehmen, um Kontributionen usw. zahlen zu können. Auch die nach 1760 mehrfach gewährten Steuerfreiheiten für besonders betroffene Bürger halfen wenig. Der Zerstörungsgrad der Stadt, besonders nach der Belagerung von 1760 war so groß, daß 1779 noch 193 wüste Hausstellen allein in den Vorstädten gezählt wurden. Bekanntlich fand →GOETHE bei seinem ersten Besuch Dresdens 1768 noch schwer zerstörte Straßenzüge in der Innenstadt vor. – Das einst blühende kulturelle Leben der Stadt war verödet. Schon zu Beginn des S. waren Teile der Oper, des Balletts und des Schauspiels Friedrich August II. nach Warschau gefolgt. Der allgemeine Niedergang Dresdens während des S. und danach drückte sich auch in der Bevölkerungszahl der Stadt aus, die 1755 etwa 63 000 betragen hatte, aber 1772 nur noch bei 44 000 lag.

Siechenhaus: Das seit 1334 bestehende →Bartholomäus-Hospital war Dresdens erstes S., das mit dem Rückgang der Aussätzigen im 17. Jh. zu einem Altersheim für Frauen umgestaltet wurde. Ein bedeutendes S. entstand Ende des 19. Jh. in Löbtau. Das ehemalige Gemeindehaus Löbtau, «worinnen die Siechen und Kranken aufbehalten wurden», mußte 1889 wegen Baufälligkeit abgerissen werden. Wegen des ständigen Ansteigens der chronisch Geisteskranken und der chronisch körperlich Kranken in der Stadt entschloß sich der Rat der Stadt auf Anraten der städtischen Körperschaften zum Bau eines Krankenhauses besonderer Art. An der Löbtauer Straße entstand ein großer Komplex mit drei Krankenhausgebäuden: Das Stadt-Irren- und S. (am 30. März 1888 bezogen; für bis zu 1100 Kranke bestimmt). Ab 1897 wurden die körperlich Kranken von den Geisteskranken getrennt. Weitere Neubauten aus den Jahren 1898/1901 dienten zur Unterbringung körperlich siecher Männer und Frauen. Um 1911 war die Anstalt mit 1380 Kranken völlig überbelegt, weshalb 1915 etwa 650 Patienten in andere Krankenanstalten (z. B. Arnsdorf) verlegt wurden. Das ehemalige S. und heutige

Abbrennung der Pirnaischen Vorstadt am 10. November 1758

Pflegeheim Löbtau, kurzzeitig auch Stadtkrankenhaus Löbtau genannt, wurde 1945 stark zerstört, 1991/94 erneuert.

Siegesdenkmal, auch *Germania-Denkmal*: 1880 auf dem →Altmarkt aufgestellte 4,25 m hohe Germania-Figur – umgeben von 4 sitzenden allegorischen Frauengestalten. Das S. sollte sowohl zur Erinnerung an den Sieg über Frankreich als auch an die gefallenen Dresdner des Deutsch-Französischen Kriegs von 1870/71 dienen. Es wurde von Robert →HENZE aus Carrara-Marmor geschaffen. 1945 unzerstört geblieben, wurde das S. 1949 entfernt. Teile von ihm verwendete man zur Restaurierung der Üppigkeitsvase von Antonio CORRADINI im Großen Garten. Den Kopf der Figur fand man 1991 in einem Blasewitzer Garten und stellte ihn dem Stadtmuseum zur Verfügung.

Siemens, Friedrich: Techniker, Industrieller, geb. 8. 12. 1826 Menzendorf bei Lübeck, gest. 24. 5. 1904 Dresden. – S. beteiligte sich zunächst an Arbeiten seines Bruders, des späteren Großindustriellen Werner von S. (1816–1892) auf dem Gebiet der Telegrafie und erfand 1856 gemeinsam mit seinem Bruder Wilhelm S. (1823–1883) in England das Regenerativbrennverfahren für die Gasfeuerung als Grundlage des Siemens-Martin-Verfahrens. Nach dem Tod seines Bruders Hans S. (1818–1867) übernahm er dessen Glasfabrik in Löbtau und baute sie zum größten sächsischen Unternehmen dieser Branche aus. S. erfand den Wannenschmelzofen und erhielt 1900 den ersten von der Technischen Hochschule Dresden verliehenen Ehrendoktortitel. – Grab auf dem Neuen Annenfriedhof Löbtau.

Sierks, Hans Ludwig: Bauingenieur, geb. 24. 7. 1877 Seeth b. Husum, gest. (hinger.) 23. 4. 1945 Berlin. – S. wirkte 1919/24 als Stadtbaurat in Dresden. Seine politische Haltung und die von ihm übernommene technische Leitung der «Proletarischen Hundertschaften» Ostsachsens führten zur vorzeitigen Pensionierung. S. wirkte von da an freiberuflich als Städtebau- und Verkehrsingenieur und veröffentlichte im Dresdner Verlag Kaden & Co. die Werke «Wirtschaftlicher Städtebau und angewandte kommunale Verkehrswissenschaft» (1926) und «Grundriß einer sicheren, reichen, ruhigen Stadt» (1929). Nachdem S. nach dem fehlgeschlagenen Attentat vom 20. Juli 1944 dem Widerstandskämpfer Fritz LINDEMANN zur Flucht verholfen hatte, wurde er im September denunziert und in Berlin zum Tode verurteilt. – Begraben Dorotheenstädtischer Friedhof Berlin; Sierksstraße und -platz in Oberloschwitz.

Silberkapelle: →Taschenbergpalais

Silbermann, Gottfried: Orgelbauer, geb. 14. 1. 1683 Kleinbobritzsch bei Frauenstein, gest. 4. 8. 1753 Dresden. – S. hatte seine Wohnung und Werkstatt in Freiberg, weilte aber wiederholt für längere Zeit in Dresden, wo er die Orgeln für die →Sophienkirche (Weihe am 18. November 1720), für die →Frauenkirche (Weihe am 25. November 1735) und seine mit 3 Manualen und 47 Stimmen größte für die Kath. Hofkirche baute (erst 1754 durch Zacharias HILDEBRAND vollendet). Letztere ist als einzige Silbermann-Orgel noch in Dresden erhalten (1944 ausgelagert, nach umfassender Restaurierung seit 1971 wieder in der Kathedrale). – Begraben auf dem alten Johannisfriedhof; Silbermannstraße in Johannstadt.

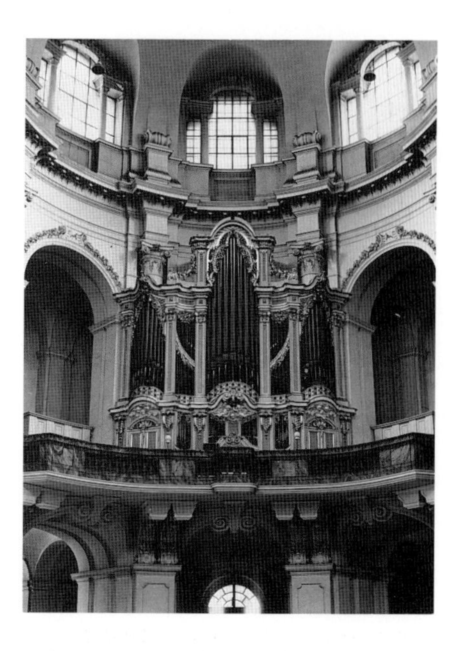

Silbermann-Orgel in der Kathedrale

Silvestre: Louis de, Maler, geb. 23. 6. 1675 Paris, gest. 11. 4. 1760 Paris. – FRIEDRICH AUGUST II. lernte noch als Kurprinz während einer Reise in Paris den bereits berühmten S. kennen und sorgte für dessen Berufung nach Dresden. 1715 wurde S. mit einem Jahresgehalt von 1000 Talern zum Hofmaler ernannt, 1716 siedelte er nach Dresden über. In den dreißig Jahren seines Aufenthalts in Dresden (bis 1748) gestaltete er als «einer der interessantesten Propagandisten der französischen Kunst und des französischen Geschmacks in Deutschland» religiöse, allegorische, mythologische und geschichtliche Stoffe und schuf zahlreiche Porträts von Standespersonen. In Dresden war er an Wand- und Deckenmalereien in einigen Räumen des →Residenzschlosses, des →Zwingers, des →Japanischen Palais und des →Palais Brühl beteiligt. Seit 1727 wirkte er auch als Direktor der Dresdner Zeichenakademie; 1741 wurde er vom Kurfürsten geadelt. Seine Wohnung hatte S. im →Fraumutterhaus auf der Kreuzgasse, wo sich auch die Zeichenschule befand. Die →Gemäldegalerie Alte Meister besitzt die umfangreichste Sammlung seiner Werke.

Simon, Tobias: Rektor der Kreuzschule, geb. um 1560 Dresden; gest. 8. 1. 1624 Dresden. – S. veröffentlichte 1622 eine Stadtbeschreibung in lateinischer Sprache unter dem Titel «Oratio de Dresda».

Singakademie Dresden: traditionsreicher Dresdner Laienchor mit etwa 150 Sängerinnen und Sängern, der aus dem Dresdner Lehrergesangverein hervorgegangen ist. Der am 16. Juni 1884 unter dem Kreuzkantor Oskar WERMANN (1840–1906) mit 123 Mitgliedern als Männerchor gegründete Dresdner Lehrergesangverein (um 1910 ca. 250 Sänger; 1928 wurde ein Frauenchor angegliedert) hatte mit niveauvollen Konzerten (z.B. im Winter im Saal des →Gewerbehauses, im Sommer im →Linckeschen Bad) unter seinen «Liedermeistern», zu denen u. a. Fritz →BUSCH und Paul van KEMPEN (1883 bis 1955) gehörten, Wesentliches zum Musikleben Dresdens bis zum Zweiten Weltkrieg beigetragen. Unter dem Namen «*Volkschor Dresdner Lehrer*» konstituierte sich der Chor nach 1945 als gemischter Chor neu und erhielt 1953 den Namen «*Beethovenchor Dresden*», da sich nur noch wenige Lehrer unter seinen Sängern befanden. 1972 übernahm der VEB Sachsenwerk Niedersedlitz die Trägerschaft des Chores, der seit 1985 zur «Singakademie des Bezirkes Dresden» gehörte und ab 1990 unter der Bezeichnung «Singakademie Dresden» selbständig als e. V. besteht. Mit seinem hohen künstlerischen Niveau, das dem professioneller Chöre entspricht, pflegt der Chor ältere, aber besonders auch zeitgenössische Chorliteratur.

«Sixtinische Madonna»: berühmtestes Bild der →Gemäldegalerie Alte Meister. Im Auftrag des Papstes JULIUS II. malte es RAFFAEL 1512/13 für den Altar der Klosterkirche San Sisto in Piacenza, deren Titelheiliger Papst Sixtus im Bilde links als Vermittler zwischen der Madonna und den Menschen dargestellt ist. 1753 wurde das Gemälde nach langwierigen Verhandlungen (durch Vermittlung des Malers Carlo Cesare GIOVANNINI) unter der Bedingung, eine Kopie für Piacenza zu liefern, zum Preis von 20 000 Dukaten vom Sächsischen Hof erworben und traf 1754 in Dresden ein. Damit war der Höhepunkt der Dresdner Sammeltätigkeit erreicht.

Skulpturensammlung, früher *Antikensammlung*: zu den →Staatlichen Kunstsammlungen gehörende und im →Albertinum untergebrachte Sammlung von etwa 20 000 Plastiken (einschließlich 4000 Gipsabgüssen) von den frühen Kulturen des Mittelmeerraums und Vorderasiens, der Antike und aller Epochen der europäischen Kunstgeschichte bis in die Gegenwart. Die S. geht auf die kurfürstliche →Kunstkammer zurück. Den Grundstock bildeten im 16. und 17. Jh. Kleinbronzen aus Florentiner Werkstätten, Plastiken aus dem Nachlaß von Giovanni Maria →NOSSENI und Geschenke befreundeter Fürsten. Im Auftrag von Kurfürst FRIEDRICH AUGUST I. sorgte Raymond →LEPLAT auf Reisen in Italien und Frankreich zu Beginn des 18. Jh. für eine wesentliche Bereicherung der Sammlung, die 1717 nach Bronze- und Marmorbildwerken getrennt wurde. 1723/26 erwarb AUGUST DER STARKE die sogenannte «Brandenburgische Sammlung» mit einer Anzahl römischer Porträtbüsten. Zu den bedeutendsten Erwerbungen zählten 1728 der Ankauf der Sammlung antiker Meisterwerke des Fürsten Agostini CHIGI und der des Kardinals Alessandro ALBANI sowie 1736 die aus dem Nachlaß des Prinzen EUGEN VON SAVOYEN stammenden drei «Herkulanerinnen». Damit befand sich in Dresden die erste große Antikensammlung nach italienischem Vorbild auf deutschen Boden. 1783 erfolgte der Ankauf der sogenannten Mengsschen Abgußsammlung (Anton Raphael →MENGS), die 1794 im Untergeschoß des →Johanneums und ab 1857 in der Osthalle der Sempergalerie untergebracht wurde. Im 19. und 20. Jh. wurde die S. auch mit deutschen und französischen Plastiken systematisch ergänzt, woran der Leiter der S. Georg →TREU entscheidenden Anteil hatte (z.B. 1889 Ankauf des Rietschel-Museums). Die Skulpturen wurden Ende 1729 im →Palais im Großen Garten aufgestellt, ab 1747 dort recht unzureichend in vier →Kavaliershäusern (worüber sich Johann Joachim →WINCKELMANN beklagte); 1785/1894 befanden sich die Originale im Erdgeschoß des →Japanischen Palais. Sie wurden anschließend mit den Gipsabgüssen im Albertinum unter der Bezeichnung «Skulpturensammlung» vereinigt. Nach Auszug des Hauptstaatsarchivs stand ab 1918 das gesamte Albertinum der S. zur Verfügung, die die Plastiken, getrennt nach antiken und modernen Bildwerken, wirkungsvoll zur Geltung bringen konnte. Die nach dem Ersten Weltkrieg begonnene Sammlung deutscher Plastik erlitt 1937 durch die Beschlagnahmung von 24 Kunstwerken innerhalb der nationalsozialistischen Aktion «Entartete Kunst» erhebliche Verluste. Im Zweiten Weltkrieg wurden die Bestände ausgelagert, danach in die Sowjetunion gebracht, bis sie 1958 wieder an ihren jetzigen Standort zurückkehrten. 1962 wurden der S. die Restbestände der Sammlung mittelalterlicher sächsischer Plastik des ehemaligen Sächsischen Altertumsvereins übereignet. – Die bedeutendsten Skulpturen sind in der Renaissance-Halle und in den Räumen der Gemäldegalerie Neue Meister des Albertinums ständig ausgestellt.

Söbrigen: rechtselbischer Stadtteil, 1378 als Cebegrin (slawisch: Ort eines Sebekury) urkundlich erwähnt, 1950 mit ca. 550 Einwohnern zu Dresden eingemeindet. – S. ist eines der kleinsten der Stadt angegliederten Dörfer und besteht aus einer Siedelzeile auf dem Elbehochufer und dem Rundweiler am Dorfplatz mit ehemaligen Häusleranwesen. Es entstand wahrscheinlich als Wohnplatz von Elbfischern. Eine Inschrift in Altsöbrigen weist auf die Elbschiffahrt als Haupterwerbszweig hin. Während Garten-, Obst- und zeitweise auch Weinbau eine große Bedeutung erlangten, bot die kleine Ortsflur nur wenigen Kleinbauern Ackerland. Viele Frauen verdingten sich als Wäscherinnen für Auftraggeber in Dresden, das durch ein wöchentliches «Wäscheschiff» mit den Vororten verbunden war. S. gehörte der Parochie Dohna an und wurde 1539 zu Hosterwitz eingepfarrt. 1727 bezog der kurfürstliche Hegereiter Christoph WEIDLICH das Forsthaus am Elbeweg und erhielt das Schank-, Schlacht- und Backprivileg. Seit 1765 wurden Wachmannschaften der königlichen Sommerresidenz Pillnitz im Dorf einquartiert. Am Elbeweg 6 verbrachte David Samuel ROLLER (1777 bis 1850) die Jugendjahre von 1786 bis 1795. Dem Pastor von Weixdorf-Lausa setzte Wilhelm von →KÜGELGEN in den «Jugenderinnerungen eines alten Mannes» ein literarisches Denkmal. S. bildet mit der Anlegestelle der Weißen Flotte und der Gaststätte «Sängerheim» ein Ausflugsziel und war zeitweise durch eine Fähre mit Zschieren verbunden.

Societätsbrauerei: →Waldschlößchenbrauerei

Societätstheater, auch *«Freundschaftliches Theater»*: erstes Dresdner Liebhabertheater, das 1776 gegründet wurde, sich anfangs in einem Gartensaal vor dem Falkenschlag (Falkenstraße 2) bzw. an der Borngasse und seit 1779 im hinteren Quergebäude des Grundstücks Hauptstraße 19 (erbaut um 1750) befand. Der Saal faßte 250 Zuschauer, der Entwurf für den Bühnenvorhang stammte von →SCHENAU. Zum Repertoire des aus 20 bis 30 Personen bestehenden Ensembles gehörten neben Luststpielen und Trauerspielen auch Singspiele. Die Aufführungen fanden im Winterhalbjahr statt. 1832 löste sich die Gesellschaft auf. Ein Nachfolgeverein bestand bis um 1850. Das Gebäude wurde später für unterschiedliche Funktionen mehrfach umgebaut und bis in die achtziger Jahre des 20. Jh. als Wohnhaus genutzt. Seit 1990/1991 wird es in seiner barocken Grundstruktur rekonstruiert und soll als kleines Theater für ca. 150 Zuschauer wiedererstehen.

Sol (Bastion): →Stadtbefestigung

Sommerschuh, Ernst: Architekt, geb. 14. 1. 1844 Rippien, gest. 27. 7. 1905 Räcknitz. – S. war Schüler der Dresdner Akademie und gründete nach einer kurzen Tätigkeit im Dresdner Stadtbauamt 1873 mit Gustav →RUMPEL eine Baufirma in Dresden.

Sophienkirche: ehemalige zwischen →Großer und →Kleiner Brüdergasse an der →Sophienstraße gelegene Kirche, die aus dem →Franziskanerkloster hervorgegangen war. Die älteste Klosterkirche, ein kleiner einschiffiger flacher Saalbau, wie er für die Bettelorden typisch war, entstand ebenso wie das Kloster vor 1265. Land- und Markgraf FRIEDRICH DER STRENGE ließ sie 1351 zu einer zweischiffigen Kirche erweitern und umbauen. Ende des 14. Jh. ließen sich die →BUSMANN am Südchor eine Grabkapelle bauen, von der die Konsolfiguren mit den zwei Bildnisbüsten der Stifter erhalten sind. Nach 1421 erfuhr die Kirche weitere bauliche Veränderungen. Nach der Reformation wurde der Bau vom Landesherrn als Getreidespeicher und Zeughaus genutzt. 1597 wurde die ehemalige Kirche wieder an den Rat übergeben. Auf Betreiben von SOPHIE, der Witwe des Kurfürsten CHRISTIAN I., wurde die Kirche instandgesetzt und 1602 als protestantische Sophienkirche eingeweiht. Sie diente bis 1802 dem protestantischen Adel der Umgebung und dem vornehmen Bürgertum als Begräbniskirche und Begräbnisstätte (→Sophienkirchhof). Im Inneren der S. wurden im Laufe der Zeit 370 Gräber angelegt, u. a. für Polycarp →LEYSER (gest. 1610), Georg von PFLUG (gest. 1642), Juan Maria →NOSSENI (gest. 1610), Wolf Caspar von →KLENGEL (gest. 1691). 1603 wurde unter dem Altar der S. auch eine Fürstengruft angelegt. Der Altar wurde 1606 von Nosseni geschaffen. 1720 erhielt die Kirche eine Silbermannorgel. 1737 wurde der protestantische Hofgottesdienst in die S. verlegt, nachdem man die Schloßkapelle zum Wohnraum umgestaltet hatte. Die S. fungierte seitdem als «Evangelische Hofkirche». Im gleichen Jahr errichtete Johann Christoph →KNÖFFEL den Glockenturm an der Südfront der Kirche. 1864/68 völlige

Sophienkirche, westliche Außenfront
Sophienkirche, Innenansicht. Mitte des 19. Jh.

äußere Umgestaltung der S. (vor allem die zwei Türme der Hauptfront) im neugotischen Stil. Das alte Renaissancetor (das 1737 von der Schloßkapelle an die Kirche kam) wurde 1872 am →Jüdenhof aufgestellt. – Bei Instandsetzungsarbeiten im Jahre 1910 entdeckte man die in mehreren Schichten übereinanderliegenden, z. T. stark zerstörten Grabkammern. Die Grabfunde wurden verkauft, oder sie gelangten ins Stadtmuseum. Die in der Fürstengruft bestatteten Wettiner wurden in den Freiberger Dom überführt. Von den zahlreichen Epitaphien und Grabplatten sind nur wenige heute noch erhalten (im Stadtmuseum, vor allem die Reste des Grabmals Nossenis von →WALTHER und →HEGEWALD). 1910 wurden auch die wertvollen Reliquien des alten Klosters gefunden. Die S. brannte 1945 während der Luftangriffe aus. Die rekonstruktionsfähige Ruine wurde in einem Akt von Kulturbarbarei auf Anweisung der SED-Behörden 1962/63 abgetragen. 1964 und 1967, beim Ausheben der Baugrube für die Gaststätte «Am Zwinger», die sich heute an der Stelle der S. befindet, wurden noch einmal 90 Grabkammern freigelegt, wobei wiederum Grabbeigaben und wertvolles Altargerät geborgen werden konnten. Wichtige Fundzusammenhänge und auch einige wertvolle Funde gingen dabei allerdings verloren, da eine sachgerechte Bergung durch die Behörden nicht ermöglicht wurde.

Sophienkirchhof: 1602 an der Ost- und Südseite der →Sophienkirche angelegter Beisetzungsplatz direkt am alten Kirchhof des →Franziskanerklosters. Im Gegensatz zu den Grabstätten in der Kirche waren hier vor allem Bürger bestattet. An der Friedhofsmauer, die 1619 errichtet wurde, befanden sich etwa 30 sogenannte Schwibbögen (Grüfte). Belegt wurde der S. bis 1740, abgerissen 1798/1824.

Sophienstraße: Seit Anfang des 19. Jh. nach der Abtragung der Festungswerke angelegt, vom →Postplatz nordwärts bis zum →Taschenbergpalais führend. Um 1830 hieß sie «Am Klosterthor», oder auch «Klosterthorgasse», weil sie nach dem bei der →Sophienkirche stehenden Klostertor führte, mit Abbruch des Klostertors 1840 in S. umbenannt. Während des Aufstands 1849 wurde am 7. Mai die Barrikade am Eingang der S.

Ecke Wilsdruffer Platz von preußischen und sächsischen Truppen gestürmt. Am südlichen Eingang der S. stand bis 1945 das →Stadtwaldschlößchen mit Stadt-Café (ehemaliges Adamsches Haus und Spiegelfabrik). Die westliche Seite der S. grenzt an die Außenseite des Glockenspiel-Pavillons des Zwingers. Gegenüber befindet sich eine Seite der ehemaligen Großgaststätte «Am Zwinger», der →Cholerabrunnen und das Taschenbergpalais.

Sowjetischer Garnisonfriedhof: im äußeren Norden der Stadt am Kannenhenkelweg 1945/46 angelegter sowjetischer Ehrenfriedhof. Der auf der ehemaligen Bezirksdenkmalliste stehende S. ist die letzte Ruhestätte für sowjetische Militär- und Zivilpersonen (Zwangsarbeiter, gefallene und verstorbene Sowjetsoldaten und Familienangehörige). Zwischen den terrassenförmig angelegten Grabreihen mit den einheitlich gestalteten Einzel- und Gemeinschaftsgräbern befinden sich zwei große Denkmale. 1946/47 errichtete der Bildhauer Fritz PREUSS einen 16 m hohen Sandsteinobelisk mit Staatswappen der UdSSR und Sowjetstern. Das 3,50 m hohe Sandsteinmahnmal und die davor befindliche Bronzeplastik (Arbeiter mit gesenkter Fahne) wurden 1957 vom Bildhauer Friedrich ROGGE geschaffen.

Spener, Philipp Jakob: Theologe, geb. 13. 1. 1635 Rappoltsweiler/Elsaß, gest. 5. 2. 1705 Berlin. – Der «Vater des Pietismus» wurde im Juli 1686 als Oberhofprediger nach Dresden berufen. Die von ihm eingeführten, vielbesuchten religiösen «Erbauungsstunden» hielt er zunächst in seiner Amtswohnung (→Oberhofpredigerhaus) und später in der Hauskapelle des gegenüberliegenden Hauses in der Schloßstraße ab, das der Kurfürstin-Witwe gehörte. Nachdem er in Ungnade gefallen war, weil er das üppige Hofleben und namentlich den Kurfürsten JOHANN GEORG III. mehrfach getadelt hatte, ging S. im Juni 1691 als Probst an die Nikolaikirche nach Berlin. – Spenerstraße in Striesen.

Spiegelschleife: ehemalige Manufaktur am Löbtauer →Weißeritzmühlgraben. – 1697/1706 betrieb Ehrenfried Walther von →TSCHIRNHAUS in der Vorstadt Ostra eine Edelstein-Schleif- und Poliermühle. Nach ihrem Abbruch wurde sie 1710 in einem ehemaligen Eisenhammer am Mühlgraben wieder eingerichtet und 1715 in eine Spiegelschleiferei umgewandelt, die das Glas aus der kurfürstlichen Hütte Friedrichsthal bei Senftenberg bezog. 1787 wurde die S. durch Johann Gottfried →KUNTSCH und Christian Gottlob REUSS (1716–1792) neuerbaut und 1813 durch einquartierte Truppen abgebrannt. Der Name übertrug sich auf die Gebäude, die, 1820 in ähnlichen Formen neuerstanden, zunächst eine Baumwollfabrik, dann verschiedene Gewerke und 1887 die Schokoladenfabrik Lippold aufnahmen. Sie wurden 1945 durch die Luftangriffe zerstört.

Spilner, Heinrich: Notar in Dresden, geb. um 1600, gest. 1670. – S. verfaßte eine Chronik unter dem Titel «Ursprung Alten-Dresden auch jetziger Churf. Sächs. Residenz und Hauptfestung», die 1661 in Dresden anonym erschien. Es handelte sich um die erste weitverbreitete gedruckte Dresdner Chronik. Sie erfuhr bis 1708 mehrere Auflagen.

Spital zum heiligen Nicolaus, auch Nicolaus-Hospital: kirchliches Krankenhaus, das sich neben der ältesten Pfarrkirche von →Altendresden (Dresden-Neustadt) am Rähnitztor befand. Derartige Spitäler erbaute man im allgemeinen in der Nähe von Kirchen oder Kapellen. Unbekannt bleibt, wann das S. errichtet wurde, und für wieviel Hospitalbrüder oder Hospitalitinnen es Platz bot. Auf dem Gelände des 1556 eingegangenen S. wurde ab 1573 (etwa in Höhe der heutigen Dreikönigskirche) mit der Anlegung des Altendresdner Kirchhofs begonnen.

Sponsel, Jean Louis: Kunsthistoriker, Direktor des Kupferstich-Kabinetts, des Historischen Museums, des Grünen Gewölbes und des Münzkabinetts, geb. 8. 11. 1858 Hanau/Main, gest. 10. 1. 1930 Langebrück b. Dresden. – S. stand 1888/1923 im Dienst der →Staatlichen Kunstsammlungen; außerdem wirkte er 1898/1908 als Privatdozent und danach als außerordentlicher Professor für Geschichte der Architektur und des Baugewerbes an der Technischen Hochschule. Bekannt wurde er durch seine Veröffentlichungen zur sächsischen Kunstgewerbe- und Baugeschichte des 18. Jh., besonders durch sein vierbändiges Grundlagenwerk über das →Grüne Gewölbe (1925/32 erschienen).

Sporbitz: linkselbischer Stadtteil, 1950 zu Dresden eingemeindet. – Das sackgassenartige Rundplatzdorf Sperwicz (slawisch svw. ausgebrannte Stelle) gehörte 1465/1559 der Familie von KORBITZ. 1662 war S. im Besitz des Johann Siegemund von LIEBENAU auf Zehista und blieb Bestandteil der Gutsherrschaft Zehista bis ins 19. Jh. – S. gehörte 1547 zum Amt Dresden und gegen Ende des 16. Jh. zum Amt Pirna. 1588 rechnete man den Ort zu den Dörfern in der Aue. Die Aue wurde durch den Brüchtichgraben gebildet, auf dessen südlicher Seite der Ort liegt. – Die Lage an der Pirnaer Landstraße brachte S. Truppendurchmärsche in Kriegszeiten. Während des Dreißigjährigen Kriegs brannte 1639 der ganze Ort ab. Die vier Bauerngehöfte in Altsporbitz zeugen noch heute von einer umfangreichen Landwirtschaft im Ort, die den Ausweitungen der Wohnsiedlungen auf großen Teilen der Ortsflur weichen mußte. – S. war zum Kirchspiel Dohna eingepfarrt, 1897 kam der Ort zur Kirchgemeinde →Kleinzschachwitz mit anderen Dörfern. Um 1840 gehörte S. zum Schulverband Kleinzschachwitz, bis 1900 der Ort eine eigene Schule erhielt. – Neben der Landwirtschaft wurde in S. das Strohflechten und Zwirnen betrieben. Die industrielle Entwicklung führte zu einer Mühlbauanstalt und Maschinenfabrik der Gebrüder SECK, später VEB Mühlenbau (heute Mühlenbau Dresden GmbH) an der Fritz-Schreiter-Straße. Das größte Plattenwerk für den industriellen Wohnungsbau befand sich an der Pirnaer Landstraße. 1921 wurde S. ein Ortsteil von Zschachwitz.

Sporergasse: Verbindung zwischen der →Schloßstraße und der →Schössergasse, die in den →Jüdenhof einmündete. Die S. wurde erstmals 1602 erwähnt und war nach den in der Gasse wohnenden Angehörigen des Handwerks der Sporer (fertigten Sporen u. a. Reitzubehör) benannt.

Sportstätten (Auswahl): Heimspielstätte der Bundesligaelf →Dynamo Dresden ist das →*Rudolf-Harbig-Stadion*, das 1923 als Ilgenkampfbahn auf den Güntzwiesen angelegt und nach 1950 zum Fußballstadion ausgebaut wurde. Im *Ostra-*

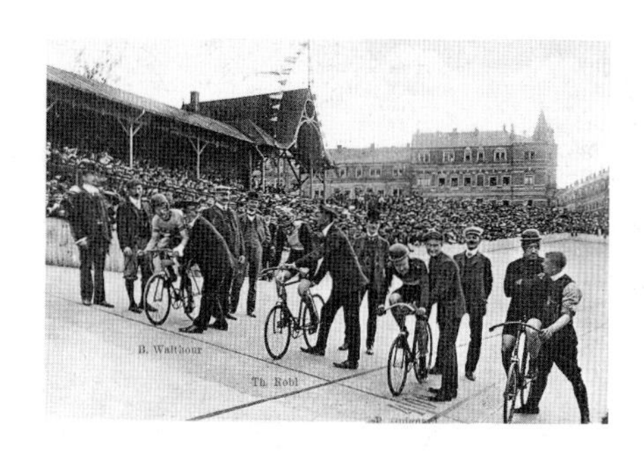

gehege wurde der →Dresdner Sportclub 1898 (DSC) gegründet. Er kehrte 1919 dorthin zurück und errichtete mehrere S. Das um 1950 nach Heinz →Steyer benannte Stadion mit ca. 40 000 Plätzen diente den DSC-Fußballern (mit Richard Hofmann, geb. 1906, und Helmut Schön, geb. 1915, Bundestrainer 1964/78), 1945/50 der SG Friedrichstadt, danach noch Fußballspielen und vor allem Leichtathletikwettkämpfen (Rudolf-Harbig-Sportfeste). Hausherr der S. im Ostragehege war 1954/90 der SC Einheit Dresden, der in zahlreichen Disziplinen insgesamt 191 Olympiasieger, Welt- und Europameister stellte. 1969/72 wurde die Eissporthalle an der Pieschener Allee mit 3500 Plätzen und 1800 m² Kunsteisfläche errichtet, außerdem entstand eine Eisschnellaufbahn. Im Ostragehege spielte auch die ehemalige FSV-Lok-Fußballelf, die 1990 in den wiedergegründeten DSC integriert wurde. Die Sportvereinigung Lok zählte zeitweise 4000 Mitglieder und hatte ihre S. vor allem am *Emerich-Ambros-Ufer*; ihr war zeitweise auch der Sächsische Bergsteigerchor Kurt Schlosser zugeordnet. Aus den Lok-Sektionen wurde der heutige Eisenbahner-Sportverein gebildet. – Wichtigste Trainings- und Wettkampfstätten der Schwimmer und Wasserspringer sind die Schwimmsporthalle (1968/69) und die Springerschule mit 10-m-Turm an der *Freiberger Straße*, die ebenfalls für den SC Einheit errichtet wurden. Weitere Schwimmhallen: →Bäder. Der →Dresdner Sportverein 1910 baute 1921/25 das Stadion an der *Hepkestraße* (1945 Wiedergründung als SG Striesen, zuletzt Empor Tabak). – Bis zu 8000 Mitglieder zählte zeitweise die heutige Universitätssportgemeinschaft TU Dresden, die u. a. den 1929/30 am *Zelleschen Weg* angelegten TH-Sportplatz nutzt. – An der Pfotenhauer Straße in *Johannstadt* hatte vor 1945 der Dresdner Sportverein Guts-Muths seinen Platz; die GutsMuths-Fußballer zählten in den zwanziger Jahren zu den führenden mitteldeutschen Mannschaften. – In *Löbtau* war vor 1945 die Turnerschaft 1877 an der Stollestraße und die Dresdner Spielvereinigung an der Saalhausener Straße beheimatet. Eine lange Tradition hat die Spielvereinigung Dresden-Löbtau 1893 an der Malterstraße, die 1952/90 als Empor Löbtau geführt wurde und in zahlreichen Sektionen 4000 Sportler vereinte (seit 1990 wieder SV Löbtau). Die *Galopprennbahn Seidnitz* wurde mit dem ersten Rennen am 7. Mai 1891 durch den Dresdner Rennverein 1890 unter Walter von Treskow eröffnet; ihre Anlagen stehen unter Denkmalschutz. Der Rennverein wurde 1990 wiedergegründet. – Auf dem Areal des ehemaligen Sächsischen Vereins für Luftfahrt neben der Gasanstalt Reick bestand 1909/39 eine Radrennbahn; eine Zementradbahn wurde im Stadion der Dresdner Sportfreunde 1901 an der Bärnsdorfer Straße angelegt. – Wichtigstes Zentrum des Wassersports ist das Ruderzentrum Blasewitz mit Sporthalle und Bootshaus (1970/72 errichtet) an der Regattastrecke der Elbe. Ruderklub- und Bootshäuser befinden sich auch in Cotta. – Die wichtigsten Tennisplätze liegen im Waldpark Blasewitz, auf dem Weißen Hirsch, in der Südvorstadt, in Klotzsche und Löbtau.

Start zur Rad-Europameisterschaft 1906 in Dresden
Schwimmbad Freiberger Straße, 1967/68 erbaut
Eissporthalle Pieschener Allee, 1969/72 erbaut
Staatliche Akademie für Kunstgewerbe. Vor 1945

Staatliche Akademie für Kunstgewerbe: ehemalige Ausbildungsstätte zur künstlerischen Weiterbildung besonders befähigter, handwerklich vorgebildeter Schüler, aus denen zahlreiche Dresdner Künstler des 20. Jh. hervorgegangen sind. Sie wurde im Rahmen der Kunstgewerbebewegung 1875 als «Königlich-Sächsische Kunstgewerbeschule» gegründet; ihr erster Direktor war der Architekt Karl Graff (1844–1906). Die Schule hatte das Ziel, Kunstzweige und Handwerk in der Ausbildung harmonisch zusammenzubringen, um damit geschmacksbildend direkt auf Gewerbe und Industrie einwirken zu können. So gab es neben einer Zeichenlehrerausbildung Fachklassen für Raumkunst und Architektur, für Malerei, Plastik, Grafik, Textilkunst, Mode und Wissenschaftliches Darstellen. Die Kunstgewerbeschule war bis 1914 mit dem 1876 gegründeten →Kunstgewerbemuseum verwaltungsmäßig verbunden und wurde anschließend als S. selbständig. Nach dem Zweiten Weltkrieg entstand sie unter der Leitung von Reinhold →Langner als «Staatliche Hochschule für Werkkunst» neu und wurde 1950 bei der Reorganisation der →Hochschule für Bildende Künste in diese eingegliedert. Ihre Unterkunft fand die S. anfangs im ehemaligen Gebäude der Technischen Bildungsanstalt am Antonsplatz. 1903/07 wurde für sie und das Museum zusätzlich an der Eliasstraße (heute Güntzstraße) ein neubarocker Gebäudekomplex errichtet (mit geborgenen Teilen des →Palais Brühl/Augustusstraße); Architekten waren Wiliam →Lossow und Hermann Viehweger. In den eingeschossigen

Gebäuden war das Museum untergebracht, während sich in den übrigen der Festsaal, Künstler- und Lehrwerkstätten, Zeichensäle, die Bibliothek und Wohnungen befanden. Der beim Bombenangriff 1945 ausgebrannte Komplex wurde teilweise (in vereinfachter Form) wiederaufgebaut. Heute befinden sich darin außer der Hochschule für Bildende Künste das Kupferstich-Kabinett, das →Münzkabinett und die →Zentrale Kunstbibliothek.

Staatliche Kunstsammlungen Dresden: Unter einheitlicher Generaldirektion vereinigten die S. folgende Sammlungen: →Gemäldegalerie Alte Meister, →Gemäldegalerie Neue Meister, →Grünes Gewölbe, →Kunstgewerbemuseum, →Kupferstich-Kabinett, →Münzkabinett, →Museum für Sächsische Volkskunst, →Porzellansammlung, →Puppentheatersammlung, →Rüstkammer, Skulpturensammlung, →Zentrale Kunstbibliothek. Die S. stellen Dresden in die erste Reihe der europäischen Kunst- und Museumsstädte. Sie vereinen unermeßliche Schätze der Weltkultur von der Antike bis zur Gegenwart auf geringem Raum. Hervorgegangen sind sie aus der von Kurfürst →AUGUST 1560 angelegten →Kunstkammer. Auf Veranlassung →FRIEDRICH AUGUST I. wurden in den zwanziger Jahren des 18. Jh. die kurfürstlichen Sammlungen umfassend reorganisiert. Das führte zur Einrichtung von Spezialmuseen, die in der Folgezeit im Geiste der Aufklärung nach institutioneller und baulicher Autonomie strebten. Um eine einheitliche Führung zu wahren, wurde 1763 die Stelle eines Generaldirektors eingerichtet, die Christian Ludwig von →HAGEDORN bis 1780 bekleidete, sein Nachfolger war Graf Camillo →MARCOLINI. Die zu Beginn des 19. Jh. teilweise vernachlässigten Sammlungen erfuhren, als sich die bürgerlichen Vorstellungen von öffentlichen Museen durchzusetzen begannen, nach Inkrafttreten der ersten sächsischen Verfassung 1831 einen erneuten Aufschwung. Die Verwaltung ging vom Hof auf den Staat (Ministerium des Innern) über, während die seitdem als «Königliche Sammlungen für Kunst und Wissenschaft» bezeichneten Sammlungen selbst jedoch im Besitz der Wettiner verblieben. Besondere Vedienste um die Reorganisation und öffentliche Zugänglichkeit der Museen hatte der Minister Bernhard von →LINDENAU. Die fortschrittlich-bürgerlichen Bemühungen um die Kunstsammlungen im 19. Jh. gipfelten in dem Museumsbau von Gottfried →SEMPER. Von 1869 an bildete die Generaldirektion der Königlichen Sammlungen eine selbständige Behörde (bis 1918). Die zu Beginn des 20. Jh. von Woldemar von →SEIDLITZ erdachten Pläne zur Einrichtung eines «Fürstenmuseums», die eine «Museumskrise» auslösten, wurden nicht verwirklicht, ebenso verhinderte der Ausbruch des Ersten Weltkriegs die Ausführung geplanter Museumsneubauten. Nach 1918 wurden die Königlichen Sammlungen in die «Staatlichen Sammlungen zu Dresden» umgewandelt. Ab Juli 1924 gehörten die S. nach dem sächsischen Fürstenabfindungsgesetz dem Staat und wurden bis 1945 einer ministeriellen «Kulturstiftung» unterstellt. Ein Teil der Kunstschätze verblieb im Privatbesitz der Wettiner. In den zwanziger Jahren durch Oskar PUSCH und Oskar →KRAMER erneut projektierte Museumsneubauten (in Zwingernähe) wurden nicht ausgeführt. Durch die faschistische Aktion «Entartete Kunst» sind nach 1933 den S. 896 Kunstwerke verlorengegangen. Um die Kunstschätze vor den Gefahren des Zweiten Weltkriegs zu schützen, brachte man sie ab 1942 an 45 verschiedene Orte Sachsens und später teilweise in unzulänglichere Depots westlich der Elbe, als sich die Front zu Kriegsende von Osten näherte. Dabei wurde ein Teil der Kunstschätze vernichtet bzw. ging verloren. Der Bombenangriff 1945 zerstörte alle traditionellen Museumsgebäude in Dresden. Unmittelbar nach Kriegsende begann man mit der Rettung und Sicherung der Bestände. Das 164. Bataillon der 5. Gardearmee der 1. Ukrainischen Front bekam im Mai 1945 den Auftrag, die ausgelagerten Kunstschätze aufzuspüren, zu bergen und mit Hilfe von Fachleuten in den Museen von Moskau, Kiew und Leningrad sicherzustellen. Die verbliebenen Bestände der Gemäldegalerie Neue Meister und die deutsche Abteilung der Gemäldegalerie Alte Meister wurden auf Befehl der Sowjetischen Militäradministration im 1946 gegründeten *«Zentralmuseum im Bundesland Sachsen»* im Schloß Pillnitz zusammengefaßt. Der erste Direktor nach dem Kriege war bis 1951 der Kunsthistoriker Wolfgang BALZER (1884–1968). Nach 1945 unterstanden die Sammlungen der Hauptverwaltung der Staatlichen Museen, Schlösser und Gärten bei der Landesregierung Sachsen, ab 1. Januar 1953 als «Staatliche Kunstsammlungen Dresden» dem Rat der Stadt Dresden und seit 15. Januar 1991 sind sie der Sächsischen Staatsregierung unterstellt. Nachdem Gertrud RUDLOFF-HILLE (1900–1983) bis 1954 die Direktion innehatte, wurde 1955, nach Rückkehr von 1 240 Gemälden aus der Sowjetunion, wieder eine Generaldirektion eingerichtet. Generaldirektor war bis 1968 Max →SEYDEWITZ, danach bis 1989 Manfred BACHMANN und seit 1990 ist Werner SCHMIDT in dieser Funktion. – 1958 übergab die UdSSR innerhalb eines Regierungsabkommens die umfangrei-

Gemäldegalerie Nordseite, Illumination anläßlich der 400-Jahr-Feier der Staatlichen Kunstsammlungen 1960

chen Bestände der weiteren sechs Museen (Ausstellung →Der Menschheit bewahrt). Anläßlich der 400-Jahr-Feier der S. wurde 1960 die vollständig wiederaufgebaute und neueingerichtete Gemäldegalerie Alte Meister wiedereröffnet. Nur ein Teil der Kunstschätze kann ständig ausgestellt werden, während der größte Teil der Bestände zur räumlichen Erweiterung der S. nach Fertigstellung des →Residenzschlosses in Depots aufbewahrt wird. – Die Museen werden jährlich von über 2,5 Millionen Menschen besucht. Zahlreiche museumspädagogische Veranstaltungen für Besucher aller Altersklassen bestimmen die Öffentlichkeitsarbeit (z.B. Führungen, wissenschaftliche Vorträge, Weiterbildungslehrgänge, Jugendklubarbeit, Galeriekonzerte, Preisausschreiben, populärwissenschaftliche Publikationen, Gemeinschaftsveranstaltungen mit anderen örtlichen Partnern, Partnerschaftbeziehungen zu ausländischen Kunstmuseen). Einen breiten Raum in der Arbeit der S. nimmt das Sonderausstellungsprogramm ein, das auch Gastausstellungen im Ausland sowie aus dem Ausland umschließt. Für die Dresdner Kunstgeschichte bedeutsame große wissenschaftliche Galerieaussstellungen im →Albertinum waren: «400 Jahre Dresdner Kunstsammlungen» (1960), «Bernardo Bellotto» (1964), «Dresdner Maler des 19. und 20. Jahrhunderts» (1972), «Caspar David Friedrich und sein Kreis» (1976), «Gottfried Semper» (1979), «Gerettete Meisterwerke» sowie «Kunst im Aufbruch, Dresden 1918–1933» (1980), «Ludwig Richter und sein Kreis» (1984), «Matthäus Daniel Pöppelmann» (1987) und «Bergbau und Kunst in Sachsen» (1989). Repräsentative Ausstellungen der S. im Ausland fanden in Stockholm (1967), Zürich (1971), Tokio (1972), in den USA (1978/79), in Österreich (1984), in Essen (1986) und Moskau (1989) statt. Die Arbeit der Mitarbeiter der S. dokumentiert sich u. a. in Ausstellungskatalogen, Monographien und Bildbänden sowie in den periodisch erscheinenden «Dresdener Kunstblättern» (1957 bis 1959 «Dresdener Galerieblätter») und in dem «Jahrbuch der Staatlichen Kunstsammlungen Dresden» (1960ff.).

Staatliche Puppenspielsammlung: →Puppentheatersammlung

Staatliche wissenschaftliche Museen: fünf selbständige, zugleich als Forschungsstellen wirkende Sammlungen im naturwissenschaftlichen, technischhistorischen, ethnographischen sowie ur- und frühgeschichtlichen Bereich. – Ihren Grundstock bildete die 1560 gegründete →Kunstkammer, die anfangs vor allem naturwissenschaftlich-technische Sammelobjekte, praktische Arbeitsmittel und Kuriosa, erst später Stücke von künstlerischem, kunsthandwerklichem und Repräsentationscharakter vereinigte. 1728 wurden die mathematisch-physikalischen Objekte und naturkundlichen Bestände aus der Kunstkammer herausgelöst und im wesentlichen im Zwinger untergebracht. Die naturkundlichen und ethnographischen Sammlungen unterlagen häufigen Umprofilierungen; zoologische und völkerkundliche Sammlungen wurden noch bis 1945 in Verwaltungseinheit zusammengefaßt. Heute bestehen: →Landesmuseum für Vorgeschichte (im Japanischen Palais), →Staatlicher Mathematisch-Physikalischer Salon (im Zwinger), →Staatliches Museum für Mineralogie und Geologie (im Ständehaus), →Staatliches Museum für Tierkunde (im Ständehaus), →Staatliches Museum für Völkerkunde (im Japanischen Palais).

Staatlicher Mathematisch-Physikalischer Salon: staatliches wissenschaftliches Museum mit Forschungsstelle und Ausstellungsräumen im Zwinger; Spezialmuseum für historische Instrumente, Gebrauchs- und Demonstrationsgeräte der angewandten Mathematik und Physik sowie verwandter Disziplinen. Die Sammlung umfaßt kostbare Stücke des 13. – 19. Jh. mit hohem kunsthandwerklichem Wert, im einzelnen Uhren, Erd- und Himmelsgloben, geodätische, optische und astronomische Instrumente, Rechen- und Zeichenhilfsmittel sowie Meßgeräte. – Das Museum geht auf die kurfürstliche →Kunstkammer zurück, die nach dem Inventurverzeichnis von David Usslaub 1587 nahezu 1000 naturwissenschaftlich-technische Instrumente enthielt. Johann Heinrich von →Heucher überführte 1728 die naturwissenschaftlich-technischen Bestände in Spezialsammlungen und gründete damit auch das «Kgl. Cabinett der mathematischen und physikalischen Instrumente», das mit dem Bau des Zwingers zunächst den Pavillon C, bald darauf den Obergeschoßsaal des Pavillons F bezog. In der Folgezeit bekleideten u.a. Wilhelm Gotthelf →Lohrmann, Rudolf Sigismund →Blochmann und der Geodät August Nagel (1821–1893) das Inspektoren- und Direktorenamt des Salons. Neben den Sammlungen befand sich seit 1829 das Dienstobservatorium Lohrmanns (1928 neugebaut, 1945 zerstört). Umfangreiche Erwerbungen kamen nach 1763 aus dem Nachlaß Heinrich von →Brühls, 1777 aus der Werkstatt und Sammlung des Reichsgrafen Hans von Löser (1704–1763) und 1909 aus der Dresdner Uhrensammlung von Robert Pleissner. Die historische Techniksammlung aus der von Andreas →Gärtner begründeten *Modellkammer* ging durch die Versteigerungen von 1826 und die spätere Auflösung unter Blochmann verloren. Die Mehrzahl der Bestände wurde gegen Ende des Zweiten Weltkrieges ausgelagert und überdauerte die Zerstörung Dresdens. Das Museum wurde 1952 im Pavillon F wiedereröffnet und später um den Grottensaal und die Bogengalerie des Zwingers erweitert. – Ältestes Exponat ist der arabische Himmelsglobus aus Meragha von 1279. Zu den Kostbarkeiten der Sammlung zählen weiterhin u. a. der Wegmesser mit Reißtisch von Christoph Trechsler aus Dresden (um 1584), die für den Dresdner Hof gebaute Planetenlaufuhr von Eberhard Baldewein und Hans Bucher

Staatlicher Mathematisch-Physikalischer Salon, Innenraum um 1970

(1567), der Erdglobus von Johann PRÄTORIUS (1568), die Automatenuhr von Paulus SCHUSTER (1587), der Weckautomat «Trommelnder Bär» (um 1580), Erdgloben von MERCATOR und Johann PRÄTORIUS aus dem 16. Jh., die Weltzeituhr von Andreas GÄRTNER (1705), der Brennlinsenapparat von Ehrenfried Walther von ➔TSCHIRNHAUS (um 1692), das Spiegelfernrohr mit Porzellantubus des Hofmechanikers Johann Gottlob RUDOLPH (1721–1776), die Musikuhr des Dresdner Instrumentenbauers Johann Gottfried ➔KAUFMANN (1774) und das Modell der Uhr für die Dresdner Oper von Ludwig TEUBNER (1896).

Staatliches Museum für Mineralogie und Geologie: staatliches wissenschaftliches Museum mit Forschungsstelle und Ausstellungsräumen im Landtagsgebäude an der Brühlschen Terrasse (Ständehaus) mit den Arbeitsgebieten Mineralogie, Petrographie und Paläontologie; eines der ältesten geowissenschaftlichen Museen Europas. – Den Grundstock bildeten Bestände der kurfürstlichen ➔Kunstkammer, deren Inventarverzeichnis von 1587 auch eine kleine Sammlung sächsischer Gesteine von Giovanni Maria ➔NOSSENI enthielt. Mit der Neuordnung der Kunstkammer durch Johann Heinrich von ➔HEUCHER entstand 1728 das Kgl. Naturalienkabinett im Zwinger mit einer zoologischen Abteilung (Staatliches Museum für Tierkunde) und dem *Mineralienkabinett,* das 1808 die Mineraliensammlung des Joseph Friedrich Freiherrn von RACKNITZ ankaufte. Ab 1820 war das Kabinett Teil des Naturhistorischen Museums. Während des Maiaufstandes 1849 verbrannten die paläontologischen Bestände. Hanns Bruno ➔GEINITZ baute eine neue paläontologische Sammlung auf, löste 1857 aus dem Naturhistorischen Museum das Mineralogische Museum als selbständige Einrichtung heraus und leitete die Sammlung bis 1898. Seine Amtsnachfolger Ernst KALKOWSKY von 1898 bis 1918 und Eberhard RIMANN von 1920 bis 1943 hatten zugleich Professuren an der Technischen Hochschule inne. 1874 wurde dem Museum eine vorgeschichtliche Abteilung angegliedert, die 1879 die prähistorische Sammlung von Carl Benjamin PREUSKER und 1887 die urgeschichtlichen Funde des ➔Sächsischen Altertumsvereins übernahm. Diese Bestände gingen 1938 in das selbständige ➔Landesmuseum für Vorgeschichte über. Das Mineralogische Museum erwarb 1940 die Mineraliensammlung von Richard ➔BALDAUF. Die Luftangriffe am 13./14. Februar 1945 vernichteten wertvolles Sammelgut im Zwinger und Residenzschloß, darunter das außersächsische Paläozoikum. Ausgelagerte Bestände wurden nach Dresden zurückgeführt, das Museum 1950 aus dem Zwinger in das Albertinum verlegt und 1959 im Landtagsgebäude untergebracht. 1953/84 leitete Hans PRESCHER (geb. 1926) das Museum. – Der Bestand umfaßt mehr als 60 000 Minerale, 15 000 Gesteinshandstücke, 350 000 Fossilien sowie 30 000 Bücher, Drucke und geologische Karten. Sammelschwerpunkte sind Fossilien der Kreide und des Tertiär sowie sächsische Minerale, Bau- und Dekorationsgesteine. Zu den vielbeachteten Stücken zählen u. a. das kreidezeitliche Pflanzenfossil «Raumeria», ein Saurierskelett aus dem Jura, die 4,5 m lange «Blitzröhre» sowie prächtige Gesteinsstufen und Belege des sächsischen Bergbaus.

Staatliches Museum für Tierkunde: staatliches wissenschaftliches Museum und Forschungsstelle im Landtagsgebäude (Ständehaus). – Es geht auf die zoologischen Bestände der 1560 gegründeten kurfürstlichen ➔Kunstkammer zurück. Die Anatomiekammer im Schloß enthielt eine Sammlung von Skeletten, darunter auch exotischer Tiere. Johann Heinrich von ➔HEUCHER ordnete 1728 die Kunstkammerbestände neu und begründete das Naturalienkabinett mit einer mineralogischen (➔Staatliches Museum für Mineralogie und Geologie) und einer zoologischen Abteilung, die beide im Zwinger untergebracht wurden. 1820 wurde Heinrich Gottlieb Ludwig ➔REICHENBACH nach Dresden berufen, der die Leitung des Naturalienkabinetts übernahm, die zoologische um eine botanische Sammlung erweiterte und in Dresden die Vortrags- und wissenschaftliche Museumstätigkeit förderte. Während des Maiaufstandes 1849 verbrannten die botanisch-zoologischen Bestände weitgehend. 1857/75 wurden die Bestände als «Zoologisches Museum» verwaltet. Der Arzt und Forschungsreisende Adolf Bernhard MEYER (1840–1911) übernahm 1875 dessen Leitung, trennte die mineralogisch-geologische Sammlung auch formal von der zoologischen und gründete eine ethnographische Abteilung. Er leitete bis 1906 das so entstandene «Kgl. Zoologische und Anthropologische-Ethnographische Museum». Sein Amtsnachfolger bis 1936, Arnold JACOBI, erweiterte die Bestände (1921/40 «Staatliches Museum für Tierkunde und Völkerkunde», 1940/45 «Staatliches Museum für Tierkunde, Völkerkunde und Rassenkunde»). Die tierkundliche Sammlung wurde 1936 aus dem Zwinger in das ehemalige Logenhaus der Freimaurer an der Ostra-Allee verlegt, das am 7. Oktober 1944 durch Bomben in Trümmer sank. Die ausgelagerten Bestände blieben weitgehend erhalten. Die Verwaltungseinheit von Tier-, Völker- und Menschenkunde endete 1945 mit der Gründung der beiden selbständigen staatlichen Museen (➔Staatliches Museum für Völkerkunde). Das Staatliche Museum für Tierkunde war zunächst wieder im Zwinger untergebracht, bezog ab 1956 Räume im Ständehaus und richtete im gleichen Jahr eine vogelkundliche Ausstellung im Fasanenschlößchen Moritzburg bei Dresden ein. Für thematische Ausstellungen wurde die Langgalerie im Zwinger genutzt. Die Bestände wurden seit 1945 verfünffacht, u. a. um die weltgrößte Insektensammlung von Otto STAUDINGER und Andreas BANG-HAAS, Dresden. Das Museum verfügt u.a. über Präparate von 4 Mio. Insekten, Vögeln und 15 000 Säugetieren (nur 0,5 Prozent werden für Ausstellungszwecke genutzt) sowie eine Bibliothek mit 55 000 Bänden.

Staatliches Museum für Völkerkunde: staatliches wissenschaftliches Museum, ethnographische Forschungsstelle mit Sitz im Japanischen Palais. – Völkerkundliche Bestände in Dresden reichen bis in die kurfürstliche ➔Kunstkammer zurück und wurden ab 1820 vorwiegend im Naturhistorischen Museum (Naturalienkabinett) aufbewahrt. Über mehr als 2000 Ethnographica verfügte die «indianische» (allgemein: fremdländische) Abteilung des Historischen Museums. 1875 erweiterte Adolf Bernhard MEYER (1840–1911) das zoologische Museum um eine ethnographische Abteilung, übernahm u. a. auch das anthropologische Kabinett (u. a. die Schädelsammlung, zusammengestellt von Carl Gustav ➔CARUS), führte vor allem Sammlungen aus dem ozeanisch-indonesischen Raum nach Dresden und

begründete so das «Kgl. Zoologische und Anthropologisch-Ethnographische Museum». Er richtete 1879 die erste ethnographische Ausstellung im Glockenspielpavillon des Zwingers ein. Unter seinem Nachfolger Arnold JACOBI (Direktor 1906/35) wurde der völkerkundliche Ausstellungsbereich auf den gesamten Zwingertrakt zwischen Glockenspielpavillon und Galeriegebäude ausgedehnt, 1920 die Orangerie an der Ostra-Allee als zusätzliche Aufbewahrungs- und Vortragsstätte gewonnen, 1929/30 der völkerkundliche Bestand des künftigen Hygiene-Museums übernommen und eine rege Zusammenarbeit mit dem Dresdner «Verein für Völkerkunde» gepflegt. Seit 1920 hieß das Museum «Staatliches Museum für Tierkunde und Völkerkunde»; es wurde 1940/45 als «Staatliches Museum für Tierkunde, Völkerkunde und Rassenkunde» teilweise in die faschistische Ideologie einbezogen. Die ausgelagerten Bestände überdauerten größtenteils den Zweiten Weltkrieg. 1945 wurden die Verwaltungseinheit tier- und völkerkundlicher Sammlungen gelöst und neben dem →Staatlichen Museum für Tierkunde das Staatliche Museum für Völkerkunde gebildet, das nach Interimsunterbringung im Zwinger bis 1957 in das Japanische Palais umsiedelte. Es betreute zeitweise das Karl-May-Museum Radebeul und seit 1975 als Außenstelle das Völkerkundemuseum Herrnhut (Oberlausitz), verfügt über 70 000 weltweite Ethnographica (insbesondere Ozeanien, Indonesien, Westafrika, Nordasien, Südamerika), mehrere tausend anthropologische Objekte (vor allem Südostasien, Südamerika, Ozeanien) sowie über 30 000 Bände Fachliteratur und führt thematische Ausstellungen durch.

Staatlicher Mathematisch-Physikalischer Salon. Modell der Fünf-Minuten-Uhr für das Opernhaus von Ludwig Teubner. 1896

Staatsarchiv Dresden: →Sächsisches Hauptstaatsarchiv Dresden

Staatsgymnasium Dresden-Neustadt: 1874 als «Königliches Gymnasium zu Dresden-Neustadt» in der Holzhofgasse (ehemaliges Gelände des →Holzhofs) eröffnete höhere Schule. Die Pläne für diesen Neubau stammen von K. A. →CANZLER, die Wandgemälde der Aula (1884) von dem Historienmaler Leonhard GEY. Die Schülerzahl betrug bei der Eröffnung 151, 1897 aber schon 617. Das S. wurde beim Bombenangriff 1945 zerstört, später abgetragen.

Staatskanzlei (Gebäude): →Gesamtministerium

Staatskapelle Dresden: →Sächsische Staatskapelle Dresden

Staatsoper Dresden: →Sächsische Staatsoper Dresden

Staatsoperette: für die Aufführungen der klassischen und modernen Operette sowie des Musicals in Dresden zuständiges Musiktheater, das sich in Leuben, in der Pirnaer Landstraße 131 befindet. – In dem 1878 erbauten Leubener Tanzetablissement «Feenpalast» wurde 1945 als erster Theaterumbau nach dem Zweiten Weltkrieg in Dresden das «Apollo-Theater» eingerichtet, eine Mehrzweckbühne, die ab November 1947 innerhalb der →Dresdner Volksbühne für Operettenaufführungen genutzt wurde. Diese ursprünglich nur als Interimslösung vorgesehene Bühne wurde bald zu einer festen Einrichtung, aus der die S. als drittgrößtes Theater Dresdens neben der Staatsoper und dem Staatsschauspiel hervorging. Sie ist in dem inzwischen mehrfach umgebauten und erweiterten Gebäude (etwa 800 Zuschauerplätze) zu einer beliebten Kulturstätte der Dresdner geworden. Besondere Verdienste beim Aufbau und der Entwicklung der S. hatten der Charakterdarsteller Georg WÖRTGE (1888–1977), der bereits 1919 am →Central-Theater debütiert hatte und bis 1972 an der S. tätig war, sowie Fritz STEINER (1913–1977), der ab 1958 als Intendant die S. zu einer der führenden Operettenbühnen der DDR gemacht hatte. Der Pflege des zeitgenössischen heiteren Musiktheaters wurde besondere Bedeutung beigemessen (1948/88: 28 Uraufführungen).

Staatsschauspiel: Im gegenwärtigen Kulturleben Dresdens nimmt das Sprechtheater eine gleichrangige Stellung neben dem Musiktheater (→Sächsische Staatsoper Dresden) ein, während es bis ins 19. Jh. hinein im Schatten der Oper stand. Es wurde bis zur Gründung eines festen Ensembles durch reisende Schauspielergesellschaften repräsentiert, die zu verschiedenen Gelegenheiten innerhalb der Stadt oder in den Vororten auftraten und zeitweilig in landesherrliche Dienste genommen wurden. Den erstmalig urkundlich 1586 am kurfürstlichen Hof nachgewiesenen englischen Wanderkomödianten folgten Anfang des 17. Jh. weitere englische Komödiantentruppen, die z. B. bei Hoffesten schon Dramen von Shakespeare und seinen Zeitgenossen aufführten. Unter den Komödianten, die im allgemeinen im 17. Jh. in den Vorstädten recht primitive Volksbelustigung boten, ragte die erste bedeutende deutsche Schauspielergesellschaft des Magisters Johann VELTEN (1640–1692) heraus, die ab 1678 den Titel «Chur-Sächsische Comoedianten-Gesellschaft» führen durfte und als erste Truppe Frauen auftreten ließ. 1685/92 wurde sie im Range von Hofbediensteten häufig zur Ausgestaltung der Festlichkeiten herangezogen, wobei u. a. auch moderne französische Dramen gezeigt wurden. Kurfürst FRIEDRICH AUGUST I. entließ die deutschen Akteure und gab ausschließlich französischen und italienischen Komödianten (z. B. der Gesellschaft von Tomaso RISTORI) den Vorzug. Eigens für das französische Schauspiel ließ er zusätzlich zum 1664/67 erbauten →Komödienhaus 1696/97 das sogenannte «Kleine Theater» am Zwingerwall von Christoph →BEYER errichten (1709 wegen des Zwingerbaus abgebrochen). Zu den deutschen Schauspielgesellschaften, die – allerdings nicht «hoffähig» – mit kurfürstlichen «Auftritts-Privilegien» versehen in der ersten Hälfte des 18. Jh. in Dresden (meistens im →Gewandhaus) spielten, gehörten die Truppe von Johann Kaspar HAAKE und Karl Ludwig HOFFMANN sowie die Truppe von Friederike Caroline →NEUBER, der «Mutter des deutschen Schauspiels». Nachdem der opernbegeisterte Kurfürst FRIEDRICH AUGUST II.

1733 die italienische und französische Schauspielgesellschaft entlassen hatte, gastierten außer den deutschen wieder italienische Komödiantentruppen in der Residenz. Sie boten auch Musiktheater und durften eigene Theaterbauten errichten lassen (→Mingottisches Theater, →Morettisches Theater).
Nach dem Siebenjährigen Krieg wurden Schauspielaufführungen gegen Pauschalhonorar sowohl von deutschen Gesellschaften (z. B. 1764 Gottfried Heinrich KOCH, 1768/72 Johann Ernst Christian WÄSER, 1774 Theophil DÖBBELIN, 1775/1776 Abel SEYLER) als auch von Italienern (z. B. 1777/89 Pasquale BONDINI, 1790/1816 Josef SECONDA) dargeboten und geleitet (Schauspieldirektor ab 1789 Franz SECONDA). Als neue Spielstätte kam ab 1776 das Theater im →Linckeschen Bad hinzu. Zu herausragenden Mimen gehörten in Dresden Ende des 18. Jh. u. a. Johann Friedrich REINECKE (gest. 1787) und Joseph Anton →CHRIST. Als erstes bürgerliches privates Liebhabertheater wurde 1776 das →Societätstheater gegründet. –
Mit der Bildung eines Staatstheaters 1814 auf Befehl des Fürsten →REPNIN-WOLKONSKI, das Hofkapelle, Oper und Schauspiel vereinigte und 1815/1918 unter Leitung eines Hofbeamten als «Kgl. Sächs. Hoftheater» bestand, erhielt das Schauspiel eine gleichberechtigte Stellung neben der Oper. Diese Gleichstellung wird z. B. durch die Einweihung der großen Theaterbauten des 19. Jh. (→Opernhäuser, →Albert-Theater) mit dramatischen Werken («Tasso» bzw. «Iphigenie» von Goethe) bestätigt. Als wirkungsvoller Organisator der Verwaltung förderte in der ersten Hälfte des 19. Jh. der Intendant Wolf August von →LÜTTICHAU so bedeutende Künstler wie Wilhelmine →SCHRÖDER-DEVRIENT. Er verpflichtete 1825/42 als Dramaturgen den namhaften Literaten Ludwig →TIECK, der aber nur anregend wirken durfte und praktisch keine Befugnisse für das Theater hatte. Die demokratischen Reformpläne Karl →GUTZKOWS, der 1847/49 als Dramaturg am Hoftheater tätig war, wurden ebenso wie die von Richard →WAGNER und Eduard →DEVRIENT nach dem Scheitern des →Maiaufstandes 1849 nicht verwirklicht. Trotz so hervorragender Ensemble-Mitglieder, wie z. B. Bogumil →DAWISON, Pauline →ULRICH, Adalbert →MATKOWSKI, Friedrich DETTMER (1835–1880), Marie BAYER-BÜRCK (1820–1910) und Clara →SALBACH, kam es in der zweiten Hälfte des 19. Jh. mit Zugeständnissen an den konventionellen Geschmack des «gehobenen» Publikums zur künstlerischen Stagnation des Hofschauspiels. Erst um die Jahrhundertwende erreichte das Dresdner Schauspiel mit 230 Neueinstudierungen, Erst- und Uraufführungen unter dem Intendanten Nikolaus von →SEEBACH überregionale Bedeutung. Bei Ausgewogenheit von Klassik und Nachklassik im Spielplan galt das S. besonders als Wegbereiter zeitgenössischer Autoren, wie IBSEN, STRINDBERG, HAUPTMANN, GORKI, WILDE, SCHNITZLER, SUDERMANN. Besonderen Anteil hatten daran Karl ZEISS (1871–1924; ab 1901 Dramaturg in Dresden, 1913/16 Schauspieldirektor), Ernst LEWINGER (geb. 1851; 1897/1918 Oberspielleiter) und der Oberregisseur Hanns FISCHER (1865 bis 1952). Mit dem 1912/13 erbauten →Schauspielhaus stand dem Dresdner Sprechtheater erstmals eine eigene Spielstätte zur Verfügung. Die durch den Ersten Weltkrieg unterbrochene künstlerische Entwicklung setzte sich an den im November 1918 gebildeten Sächsischen Landestheatern (später Staatstheater Dresden) unter dem Schauspieldirektor Paul →WIECKE mit fortschrittlich eingestellten Regisseuren fort. So gelangten u. a. Autoren wie STERNHEIM, Friedrich →WOLF, Georg KAISER und HASENCLEVER zur Aufführung. Der 1924 bei Ernst TOLLERS Antikriegsstück «Hinkemann» durch rechtsgerichtete Kreise ausgelöste Theaterskandal bewirkte in der Folgezeit wieder mehr einen bürgerlich-gemäßigten Spielplan. Seit den zwanziger Jahren gehörten u. a. Erich →PONTO, Martin HELLBERG, Antonia →DIETRICH, Bruno DECARLI (1877–1950) und Willi KLEIN-OSCHEGG (1885–1955) zum Schauspielensemble. Nach der Machtergreifung durch die Nationalsozialisten wurden, wie überall, auch Dresdner fortschrittliche und jüdische Künstler vom Theater entlassen und verfolgt und der Spielplan von den NS-Machthabern diktiert. Nach Ausrufung des «totalen Kriegs» wurden am 1. September 1944 alle Theater geschlossen; der →Zerstörung Dresdens fielen am 13./14. Februar 1945 auch die Theatergebäude zum Opfer. Doch schon am 10. Juli 1945 konnte mit Lessings «Nathan der Weise» (mit Ponto) durch die neu gebildeten «Interimstheater Dresdner Bühnen» im Kleinen Haus die erste Schauspielaufführung nach dem Zweiten Weltkrieg stattfinden. Seit der Wiedereröffnung errang das S. im Theatergeschehen Deutschlands einen namhaften Platz. Mit engen Bindungen zum Publikum trägt es wesentlich zum Dresdner Kulturleben bei. Während in der Nachkriegszeit vor allem sowjetische Dramen neu im Spielplan waren und in den fünfziger Jahren eine verstärkte Brecht- und Shakespeare-Pflege einsetzte, wird in der neueren Zeit (etwa 15 Neuinszenierungen/Jahr) besonderer Wert auf zeitgenössische deutsche Dramatik gelegt. Hervorzuheben ist die progressive Rolle des S. vor der politischen Wende 1989. Seit 1948 steht dem S. wieder das Schauspielhaus zur Verfügung, das als «Großes Haus» bis 1985 auch Spielstätte der Staatsoper war, mit der das S. bis 1983 in den «Staatstheatern Dresden» vereinigt war. Weitere Spielstätten des S. sind das →Kleine Haus, die Probebühne «Astoria» (Leipziger Straße 58) und das «Theater im Hof» (Ostra-Allee 27).

«Stadt Wien»: ehemaliger Gasthof und Hotel an der Klostergasse in der Neustadt mit Gästegarten zur Elbe hin. Die in der Biedermeierzeit sehr beliebte Gaststätte (z. B. Veranstaltungsort der Kommunalgarden-Bälle) wurde 1815 aus zwei Privathäusern gebildet, zu denen 1830 ein drittes hinzukam. 1870 kam S. in den Besitz des Hoteliers Carl Friedrich CANZLER (gest. 1881), der 1874 benachbarte Grundstücke hinzukaufte, um neben S. das große Hotel «Kaiserhof» errichten zu lassen. Bei dieser Gelegenheit wurde das Gebäude mit der Plastik des Geflügelten →Saturns abgerissen. Das Hotel Kaiserhof gehörte im Dresden der Jahrhundertwende zu den feinsten Hotels. Später wurde es zu einem Geschäftshaus umgebaut und beim Bombenangriff 1945 zerstört.

Stadtansichten: bildhafte Wiedergabe der Stadt in ihrer Ganzheit und in der Darstellung einzelner Teile, wie von Straßen, Plätzen, Architekturensembles, Gebäuden, baulichen Details. Die älteste und einfachste Form der S. bildet die topographische Ansicht der Stadt. Erste S. stammen von Heinrich van CLEEF (Dresden vom Neustädter Ufer, 1553) sowie von Gabriele →TOLA (Neu-Dresden und Altendresden von Osten gesehen, vor

1572). Zu den frühesten gemalten Darstellungen gehört die S. von Andreas VOGEL (Dresden aus der Vogelschau, 1634). Neben der topographischen Ansicht wird die Vedute als Wiedergabe einer konkreten topographischen Situation als S. oder Landschaft sowie in der Verbindung beider Elemente angewendet. Als Begründer der sächsischen Veduten- und Landschaftsmalerei gilt Johann Alexander →THIELE. Durch Benardo →BELLOTTO entwickelte sich Dresden neben Venedig zur Hauptpflegestätte der europäischen Vedutenmalerei mit größtmöglicher Wirklichkeitstreue der S. – Der ab 1766 in Dresden lebende Adrian →ZINGG gilt mit seinen graphischen Erinnerungsblättern als Vater der Souvenirproduktion in S. Die S. in der Zeit der Romantik wurde durch Caspar David →FRIEDRICH, Carl Gustav →CARUS und Johann Christian Clausen →DAHL repräsentiert. Neben den subjektiven S. der Romantiker wurde die Tradition der topographischen Vedute im 19. Jh. weitergeführt durch Künstler wie Ludwig →RICHTER und Johann Carl August →RICHTER. Als Nachfolgerin der barocken Stadtvedute entwickelte sich die S. in der ersten Hälfte des 19. Jh. als sachliche Darstellung ohne jede Idealisierung. Vertreter des bürgerlichen Realismus in der S. sind Johann Anton CASTELL und Christian Friedrich →GILLE. Mit der Entwicklung Dresdens zur Großstadt bildete sich die Darstellung der Stadtlandschaft von Gotthardt →KUEHL, Fritz BECKERT, Ernst →HASSEBRAUK, Harald METZKES heraus. Auch die Fotografie mit ihren Vervielfältigungsmöglichkeiten fand Zugang zur S. u. a. durch August →KOTZSCH und Walter →HAHN.

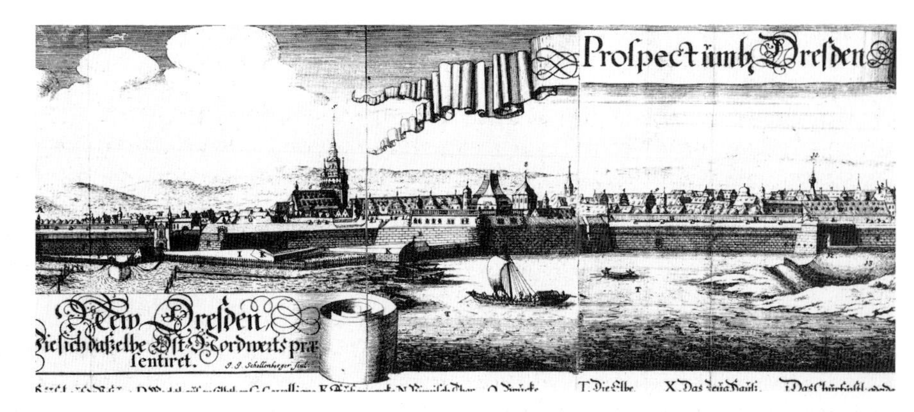

Stadtarchiv Dresden: Einrichtung, die das Archivgut der städtischen Dienststellen seit dem 13. Jh. sowie das einer Reihe bedeutender, der Stadtverwaltung nachgeordneter Betriebe und Einrichtungen aufbewahrt. Das S. verfügt über eine umfangreiche Dienstbibliothek, Kartensammlung, archivische Sammlung und Nachlässe. – Seit dem 14. Jh. wurde das städtische Archivgut im Rathaus unter Aufsicht des Stadtschreibers aufbewahrt. 1864 wurde das Ratsarchiv selbständige Dienststelle, zu der bis Ende des 19. Jh. →Stadtbibliothek und →Stadtmuseum hinzukamen. 1919/51 blieben Archiv und Stadtbibliothek zusammen. Wegen der Zerstörung des Rathauses im Februar 1945 verlegte das S. seinen Sitz nach 1946 in das Gebäude des ehemaligen Heeresarchivs an der Marienallee.

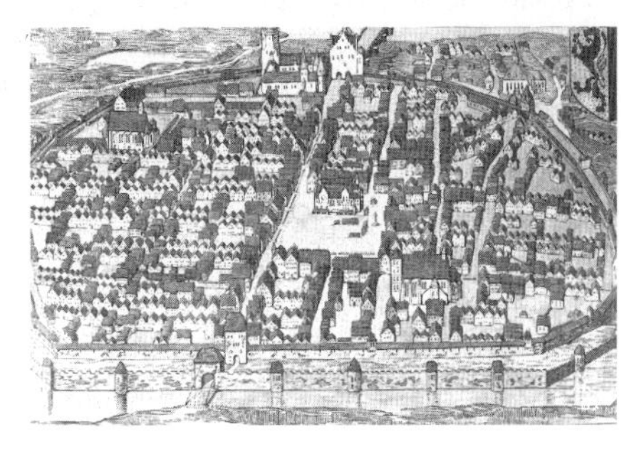

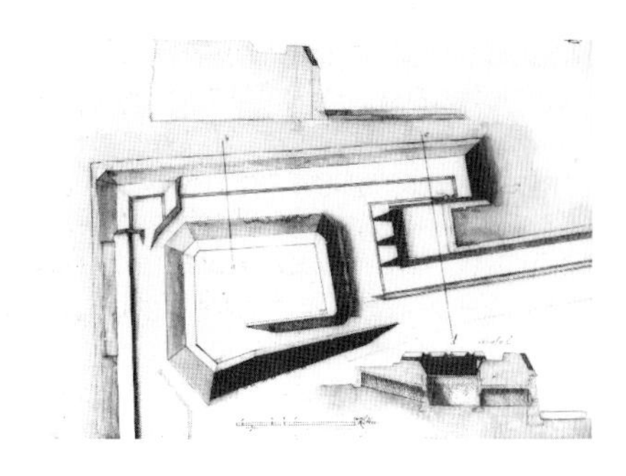

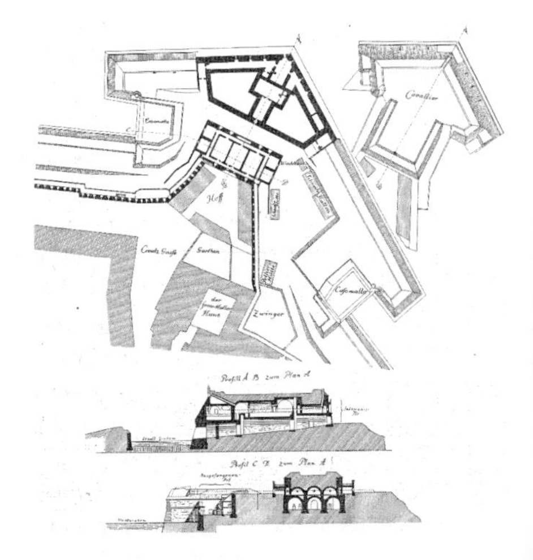

Stadtbefestigung: Die mittelalterliche Stadtmauer wurde 1299 erstmals urkundlich genannt. Zweifellos existierte sie aber schon Jahrzehnte vorher. Möglicherweise hatte sie in der Zeit der Stadtgründung eine Palisadenbefestigung als Vorläufer. In der Mittte des 14. Jh. verstärkte man die Mauer, ebenso zur Zeit der Hussitenkriege. So wurde 1427 mit dem Bau einer zweiten niedrigeren Vormauer und damit eines Zwingers begonnen (um die Mitte des 15. Jh. fortgeführt). Gleichzeitig wurden Bastionstürme auf den Mauern und 15 Mauertürme am Zwinger errichtet. Auf einem Teil der Mauer befand sich ein hölzerner Gang für die Wächter. Im Zwinger lagerten in sogenannten «Büchsenhäusern» die Geschütze. Außerdem befanden sich hier die Schießplätze für die Armbrust- und Büchsenschützen. In einem besonderen Teil des Zwingers, dem Schloßgraben, hielt sich der Hof zahme Hirsche. Der vor der Zwingermauer liegende Stadtgraben wurde vom →Kaitzbach gespeist. Im Verteidigungsfall war die Stadtmauer in 4, zeitweise 5 Viertel eingeteilt (Vierteleinteilung). Ein Stadtmodell aus Holz, das zur Zeit Herzog GEORGS angefertigt wurde und sich bis 1945 im Grünen Gewölbe befand (Nachbildung im Stadtmuseum), zeigt den Zustand der S. am Ende des Mittelalters. Deutlich sind die fünf Stadttore jener Zeit zu erkennen, das →Elbtor, das →Seetor, das →Wilsche (Wilsdruffer) Tor, das →Frauentor und die kleine →Kreuzpforte. – Auf Anordnung von Herzog Georg wurde 1519/29 die S. erstmals erweitert. Die Siedlungen an der Elbe und um die

Stadtansicht. Um 1680
Stadtbefestigung. Anfang 16. Jh.
Hasenberg am Pirnaischen Tor. Um 1710
Bastion Jupiter. Plan und Querschnitte

→Frauenkirche wurden als «Newe Stadt» durch einen Wall in die alte Stadt einbezogen, wobei die alte Stadtmauer an dieser Stelle aber vorerst noch erhalten blieb. Als neues Tor entstand in diesem Bereich das →Rampische Tor. Gleichzeitig begann man, die übrigen Abschnitte der Stadtmauer durch Erdaufschüttungen von außen und durch einige vorgelagerte Außenwerke zu verstärken. –
Nicht nur eine zweite Verstärkung, sondern auch eine völlige Umgestaltung erfuhr die S. unter Herzog →MORITZ und unter den beiden folgenden Landesherren. Moritz beabsichtigte, die Hauptstadt zu einer erstrangigen Festung seines Landes, das nach dem Schmalkaldischen Krieg einen bedeutenden Machtzuwachs erlangen sollte, auszubauen. An die Stelle der mittelalterlichen Anlage sollte ein modernes Befestigungssystem nach italienisch-niederländischem Vorbild treten, so wie er es selbst in Antwerpen und Gent kennengelernt hatte. Die Pläne dafür entwarf Caspar →VOIGT VON WIERANDT. Melchior →TROST fungierte als Obersteinmetz. Die Arbeiten begannen 1546 und wurden nach dem Schmalkaldischen Krieg verstärkt fortgesetzt. Um 1550 sollen 900 Arbeiter beim Festungsbau beschäftigt gewesen sein. Schon 1548 war die alte Stadtmauer zwischen der Stadt und den unter Herzog Georg eingemeindeten Vorstadtsiedlungen im Osten gefallen. In den fünfziger Jahren traten an die Stelle des Rampischen Tors das →Ziegeltor und das →Salomonistor, das Elbtor wurde umgebaut und erweitert, das Georgentor und das Seetor wurden für lange Zeit zugemauert. Nach dem Tode des Kurfüsten Moritz wurde 1553 an der Stelle, bis zu der der Festungsbau gerade gelangt war (Spitze der Hasenberg-Bastion), das →Moritzmonument aufgestellt. Die Festungsarbeiten wurden erst wieder ab 1568 unter Rochus von →LYNAR, später unter Paul →BUCHNER, fortgesetzt. Als letzter Abschnitt der Anlage entstand 1589/91 die «neue Vestung oder Berg am Ziegeltor» (die spätere «Brühlsche Terrasse»). 1591 schließlich wurde das →Pirnaische Tor vollendet, das das Salomonistor und das Ziegeltor ersetzte. –
Die *Bastionen* der Festung trugen Namen, die 1721 auf Befehl FRIEDRICH AUGUSTS I. geändert wurden. Es waren dies von Ost nach West (die neuen Bezeichnungen in Klammern): Jungfernbastei mit oberem und unterem Ritterberg (Venus), Hasen- oder Zeughausberg (Mars), Salomonisberg (Jupiter), Seeberg (Merkur), Wilscher Berg (Saturn), Baumschule mit Zwingergraben (Luna), Feuerwerksplatz (Sol). Die benachbarten Flanken von Luna und Sol hießen vorher die «zwei Mönche» (etwa die Stelle des späteren Opernhauses), der Teil zwischen Sol und der Brücke hieß «Münzberg» und der Vorsprung der späteren Brühlschen Terrasse (Stelle des Rietscheldenkmals) die «Plattform». An die Bastionen erinnert die Denkmalanlage auf der Brühlschen Terrasse (1990 von Vinzenz Wanitschke).
Befestigungsanlagen von Altendresden: Im Mittelalter bestand nur ein einfacher Erdwall mit den Pforten Badertor (1477 erwähnt), Meißnisches Tor (1453), Wassertor (1527), Rähnitzpforte (1465), Breites Tor (1477), Tor am Augustinerkloster (1480). Die von Moritz auch für Altendresden geplante neue Befestigung blieb 1546 in den Anfängen stecken. Die Steine des abgebrochenen Augustinerklosters wurden für die Dresdner Festung verwendet. Die Ereignisse des Dreißigjährigen Krieges führten dazu, daß ab 1632 eine echte Befestigungsanlage bestand, die aber erst unter Wolf Caspar von →KLENGEL 1684 zu einem Abschluß gelangte und folgende Tore hatte: →Bader-, Mühl- oder Wassertor im SW, das →Leipziger, Meißner oder Weiße Tor im W, die →Rähnitzpforte im NW, das →Bautzner, Lausitzer oder Schwarze Tor im NO, das →Obere Elb- oder Wiesentor im SO, das →Wiesen- oder Jägertor im S. Ausgebaut wurde die Altendresdner bzw. Neustädter Befestigung während des ganzen 18. Jh.: 1704/06, 1732, 1740, 1757 (auf Veranlassung →FRIEDRICH II.) und 1796. Die Bastionen trugen laufende Nummern (I bis VI von Osten nach Westen). Der Schutzwall zwischen Stadtgraben und Elbe hieß «Beyer», «Beierwall», «Bär» oder auch «Bartadeau», so wie der Damm zwischen →Gondelhafen und Elbe auf der Altstädter Seite.
Die →Entfestigung zu Beginn des 19. Jh. beseitigte die S. bis auf wenige Reste (z. B. →Brühlsche Terrasse, deren →Kasematten besichtigt werden können).

Stadtbibliothek: ehemalige öffentliche wissenschaftliche Bibliothek, die von Otto →RICHTER gegründet und 1881 im ehemaligen Polizeihaus Scheffelstraße 5 eröffnet wurde. Aus der kleinen Ratsbibliothek hervorgegangen, enthielt sie Literatur zur Dresdner Stadtgeschichte, zur sächsischen und deutschen Geschichte, zu Städtewesen sowie zu Staats- und Rechtswissenschaft. Sie bildete mit dem →Stadtarchiv und dem →Stadtmuseum verwaltungsmäßig eine Einheit und war ab 1891 im →Palais Loß und ab 1910 im Neuen Rathaus untergebracht. Um 1915 betrug der Bestand etwa 50 000 Bände, 107 Handschriften, 3000 Briefe und Autobiographien sowie wertvolle Bilder und Karten. Beim Bombenangriff 1945 wurde mit dem Rathaus auch die S. fast völlig zerstört. 1946 konnte der Lesesaal wiedereröffnet werden; 1949 wurde sie provisorisch in einer Berufsschule untergebracht und den Städtischen Büchereien angegliedert, bis sie 1951 ganz aufgelöst wurde.

Stadtbrand von 1491: Der erste große Stadtbrand in der Geschichte Dresdens brach am Morgen des 15. Juni 1491 bei einem Bäcker in der Großen Webergasse, der späteren →Scheffelstraße aus. Er vernichtete die mit Schindeln gedeckten Fachwerkhäuser zwischen der Großen Webergasse und dem →Seetor sowie östlich des Marktes von der →Frauengasse bis zur →Schreibergasse. Von den 470 Häusern der inneren Stadt blieben nur 230 unversehrt. Unter den zerstörten Gebäuden befand sich die →Kreuzschule, das Pfarrhaus, die →Kreuzkirche. Infolge Brandstiftung brannten am darauffolgenden Tag noch Teile der vorstädtischen Siedlung vor dem →Frauentor ab (→Rampische Gasse und Innere →Pirnaische Gasse). Herzog ALBRECHT gewährte den geschädigten Bürgern Darlehen und erließ ihnen für die Dauer von 4 Jahren alle Abgaben. Wichtiger war, daß der Landesherr eine Bauordnung erließ, die ähnliche Katastrophen in Zukunft verhindern sollte. Eckhäuser mußten völlig und Vorderhäuser im ersten Geschoß aus Stein gebaut werden. Für die Dächer sollten nunmehr Ziegel statt Schindeln verwendet werden. 1492 wurden außerdem noch einige feuerpolizeiliche Bestimmungen erlassen.

Stadtgebiet: Der an einer Furt liegende kleine Ort Drezdane war der Ausgangspunkt zur Stadtgründung. Eine Mauer umgab diese Marktsiedlung, wobei sie das östlich davon liegende Dorf mit der →Frauenkirche und dem →Maternihospital nicht mit einschloß. Die Stadtmauer verlief etwa durch das Georgentor, entlang der →Augustusstraße, über den →Neumarkt und das Neue Rathaus, entlang dem →Dr.-Külz-Ring, der →Wallstraße, über den →Postplatz und die →Sophienstraße. 1519/29 ließ Herzog Georg den Mauerring erweitern und nahm dabei das Dorf an der Frauenkirche mit auf (erste Stadterweiterung). Nachdem 1546 die alte Mauer zwischen Dorf und Stadt beseitigt worden war, entstand der Raum für den →Neumarkt und die →Moritzstraße. Im Nordwesten wurde die Festungslinie weiter hinausgeschoben und der heutige Zwingerwall aufgeschüttet. 1549 vereinigte Herzog →Moritz das rechtsliegende Altendresden (heutiger Teil der Inneren Neustadt) mit Dresden, dessen Festungsring sich vom →Kohlmarkt, zum →Obergraben und →Niedergraben, dann allerdings unbefestigt zum abgebrochenen Kloster hinzog. Eine Erweiterung des Neustädter S. und dessen Befestigungsanlagen durch Wilhelm →Dilich folgte 1632. Die von Oberlandbaumeister Wolf Caspar von →Klengel 1684 verstärkten Befestigungsanlagen umfaßten das Gebiet zwischen →Theresienstraße und →Hospitalstraße stadtwärts und →Antonstraße und →Glacisstraße landwärts. Voraussetzung für die Erweiterung der beiden Stadtteile war 1817/28 das Schleifen der Festungswerke. Der zugeschüttete Stadtgraben und die früheren Festungsflächen wurden für die Bebauung freigegeben. Damit waren zugleich die Wege geebnet, die Stadt mit den Vororten zu verbinden, was nicht immer reibungslos vonstatten ging. Umfaßte 1549 das S. nur eine Fläche von 1900 ha, so besitzt die Stadt heute nach →Eingemeindungen von 79 Vororten und selbständigen Gutsbezirken in den Jahren von 1866 bis 1950 eine Stadtfläche von 225,8 km².

Stadtgeschichtsschreibung: Nennenswerte stadtgeschichtliche Aufzeichnungen sind erst verhältnismäßig spät entstanden. Das häufig erwähnte, aus dem 14. Jh. stammende «Chronicon parvum Dresdense» ist in Wirklichkeit eine der ältesten meißnischen Landeschroniken und bezieht sich nur an wenigen Stellen auf Dresden. Aus dem 15. Jh., einer Zeit, in der die Chronistik in den Städten des Altreichs in hoher Blüte stand, sind aus Dresden überhaupt keine stadtgeschichtlichen Darstellungen überliefert. Erst im 16. Jh., als die Stadt ständige Residenz geworden war und ihre erste Blütezeit erlebte, entstanden einige zumeist nur handschriftlich überlieferte und oft nur wenige Jahrzehnte der Stadtgeschichte behandelnde Chroniken. Erwähnenswert sind in diesem Zusammenhang die Darstellungen des Pirnaer Dominikanermönchs Lindner, des Stadtschreibers Michael Weisse und des berühmten sächsischen Historiographen →Albinus. Der bekannter gewordene «Lobspruch der Stadt Dresden» von →Wintzenberger ist mehr eine topographische Beschreibung der Stadt. Eine weitere Besonderheit der Dresdner Stadtgeschichtsschreibung bis in das 19. Jh. hinein ist die Tatsache, daß weniger die Welt des städtischen Bürgertums als vielmehr landesgeschichtliche Ereignissse, Hoffeste und die Bau- und Kunstgeschichte im Mittelpunkt der Berichterstattung standen. –
Zahlreicher und z. T. auch bedeutender sind die im 17. Jh. verfaßten Stadtchroniken. Die Ereignisse dieses Jahrhunderts hielt die handschriftliche «Chronik des Rates, der Stadt und anderer Begebenheiten» fest. Wenig bekannt, aber bedeutend sind die ebenfalls nur handschriftlich überlieferten Aufzeichnungen →Schürers und Freunds. Gedruckt und mehrmals verlegt wurde die erstmals 1661 erschienene Chronik von →Spilner. Den Höhepunkt der älteren Dresdner Stadtgeschichtsschreibung stellt die 1680 erschienene Chronik →Wecks dar. Sie gilt als die bedeutendste Leistung der barocken sächsischen Geschichtsschreibung überhaupt. – Demgegenüber machen die wenigen, bis etwa in das letzte Viertel des 18. Jh. entstandenen stadtgeschichtlichen Werke von →Crell, →Weinart und →Dassdorf einen geradezu bescheidenen Eindruck. Anders steht es mit den umfangreichen Darstellungen →Hasches, die den Abschluß der ältesten Dresdner Stadtgeschichtsschreibung bilden. –
Für die erste Hälfte des 19. Jh. ist die Chronik des bedeutenden Kulturhistorikers und Bibliothekars Gustav →Klemm erwähnenswert. Im 19. bzw. in den ersten Jahrzehnten des 20. Jh. fanden auch die laienhaften, rein annalistischen Darstellungen des Dresdner Bürgers David August Taggesell und eine als Fortsetzung dazu gedachte «Tageschronik» zweier Dresdner Journalisten Verbreitung. Aus dem 19. Jh. sind auch voluminöse handschriftliche «Annalen» oder Tagebücher einzelner Bürger überliefert, die aber wie die zuvor genannten Werke nur die jeweilige Zeitgeschichte behandeln. Die für breite Kreise lange Zeit maßgebende Gesamtdarstellung der Geschichte Dresdens war die erstmals 1862 verlegte «Geschichte der Kgl. Haupt- und Residenzstadt Dresden» von Martin Bernhard Lindau. Von bedeutendem wissenschaftlichem Wert sind die auf gründlicher Quellenkenntnis beruhenden Arbeiten des Archivars und Historikers Otto →Richter, die dieser Ende des 19. und Anfang des 20. Jh. verfaßte. Auch die Darstellung der Geschichte Dresdens bis zur Reformationszeit von Heinrich Butte (1967 posthum erschienen) geht über Richters Erkenntnisse kaum hinaus.

Stadtgraben: Der vom Mittelalter bis 1820 existerende S. verlief außerhalb der Stadtmauer und war als Teil der Befestigungsanlagen von einem hohen Erdwall eingefaßt. Die Zuflüsse kamen aus dem →Jüdenteich und aus dem See vor dem →Seetor (heute Gegend vom UFA-Palast/Prager Straße westwärts bis zur Reitbahnstraße). Angelegt bzw. befestigt wurde der S. in den Jahren 1359/70. In Kriegszeiten konnte der S. oder Festungsgraben schnell mit Wasser gefüllt werden, wogegen in Friedenszeiten nur ein Teil

Titelblatt der Chronik von Anton Weck

des Grabens gefüllt war; er diente als «Fischgraben». Bereits 1359 wurden Hechte, Aale und Karpfen für den Bedarf des Rates im Graben gezüchtet. Der Teil des S. an der West- und Südseite des Schlosses war als sogenannter «Schloßgraben» mit Bäumen bepflanzt und diente als Gehege für zahme Hirsche. Von den Stadttoren (Pirnaisches-, Salomonis-, See- und Wilisches Tor) führten Brücken über den S., die anfangs als Zugbrücken eingerichtet waren. Die Grabenanlage verlief von der Bastion Venus (östlicher Teil der Brühlschen Terrasse) rund um die Stadt bis zum sogenannten Ausfall hinter der Bastion Sol (Nähe des Italienischen Dörfchens). Nach Schleifung der Festungsanlagen (➔Entfestigung) wurde der S. zugeschüttet und zwischen 1820/22 darauf die ➔Ringstraße angelegt. Bis 1853 bestand der ➔Gondelhafen als Rest des S. Heute ist nur noch der Zwingergraben (1812 zugeschüttet, seit 1929 wieder verkürzt freigelegt) als Überbleibsel des ehemaligen S. vorhanden.

Stadtgründung: Wie die meisten am Ende des 12. und während des 13. Jh. entstandenen meißnischen Städte war auch Dresden eine planmäßige Gründung des Markgrafen, in diesem Falle ➔Dietrichs des Bedrängten, unter Mitwirkung einer Gruppe von Fernhandelskaufleuten. – Ökonomische und verkehrspolitische Voraussetzung für die Gründung der Stadt war der besonders günstige Elbübergang für die von Meißen und von der aufstrebenden Silberbergbaustadt Freiberg weiter nach Osten bzw. zur «hohen Landstraße» (via regia) führenden Handelswege. Bereits vor 1200 schützte eine markgräfliche Burg auf dem ➔Taschenberg, die wahrscheinlich an einen staufischen Königshof anknüpfte, diese Stelle. Oberhalb der Burg, von der die schon vor der markgräflichen Stadtgründung existierende Brücke über den Fluß führte, befand sich – ebenfalls linkselbisch – eine slawische Siedlung, die der deutschen Stadt ihren Namen gab (➔Dresden). Von dieser Siedlung stellte eine Furt mit Fährverkehr die Verbindung zu einem auf der rechten Elbseite gelegenen ebenfalls slawischen Dorf (➔Altendresden) her. Inmitten der linkselbischen Siedlung stand die ➔Frauenkirche, die älteste Kirche des Gaues ➔Nisani. Als dritter linkselbischer Siedlungskern vor der Gründung Dresdens ist eine deutsche Kaufmannsniederlassung anzunehmen. Die Nikolaikirche, die spätere ➔Kreuzkirche, deutet darauf hin. –
Die näheren Umstände der zu Beginn des 13. Jh. im Schutze der Burg unmittelbar neben der Frauenkirchsiedlung erfolgten S. sind nicht überliefert. Erstmals findet sich der Name Dresden («Dreseden») ohne jede nähere Erläuterung als Ausstellungsort einer Urkunde Dietrichs vom 31. März 1206. Diese Urkunde verweist, obwohl sie Dresden selbst nicht betrifft, auf die politische Dimension der S. Markgraf Dietrich schlichtete hier einen Grenzstreit zwischen dem Burggrafen Heinrich II. von Dohna und dem Hochstift Meißen (Bischof Dietrich II.) zugunsten des letzteren. Der Burggraf wurde verpflichtet, die von ihm auf bischöflichem Gebiet errichtete Burg Thorun abzutragen. Die Burggrafen von Dohna waren bestrebt, ihren am Ostrand der Mark Meißen gelegenen Herrschaftsbereich auszuweiten, wobei sie den Konflikt zwischen dem Markgrafen und Böhmen ausnutzten. Markgraf Dietrich trug nicht zu Unrecht den Beinamen «der Bedrängte»; er stand nicht nur im Kampf mit Böhmen, sondern war auch in den staufisch-welfischen Thronstreit verwickelt. In einer weiteren Urkunde Dietrichs aus dem Jahre 1215 erscheint Dresden wiederum nur als Ausstellungsort ohne jede nähere Bezeichnung. In der Urkunde des Markgrafen vom 21. Januar 1216 jedoch, in der er dem Kloster Altzelle den Erwerb verschiedener Grundstücke bestätigt, wird Dresden erstmal mit dem Zusatz *«civitas», Stadt* also, genannt. In dem durch diese drei Urkunden abgesteckten Zeitraum ist der Beginn der Anlage der Stadt anzusetzen, was auch mit den Ergebnissen der archäologischen ➔Stadtkernforschung übereinstimmt. Die räumliche Ausdehnung dieser ältesten Stadtanlage entsprach etwa dem heute durch ➔Ringstraße und Pirnaischen Platz im Osten, ➔Dr.-Külz-Ring im Süden, ➔Wallstraße und Sophienstraße im Westen und Elbe sowie Südseite des ➔Neumarktes im Norden begrenzten, im wesentlichen hochwasserfreien Terrain. Ausgangspunkt der Anlage war die Burg, Hauptverkehrsader die vom Wilischen (➔Wilsdruffer) Tor im Westen zur Nordwestecke des großen zentral gelegenen Marktplatzes (➔Altmarkt) führende ➔Wilische Gasse und die von dort zum Brücken- oder ➔Elbtor verlaufende Elbgasse (spätere ➔Schloßstraße). Die Nikolaikirche wurde in die neue Stadt mit einbezogen, Pfarrkirche Dresdens aber war bis zur Reformation die im Mittelalter außerhalb der Mauern gelegene Frauenkirche. Die Planmäßigkeit der Stadtanlage zeigte sich besonders an dem gitterförmigen Straßennetz westlich des Marktplatzes. Die Bebauung des gesamten Geländes, vor allem aber der östlichen Stadtteile, zog sich fast bis zum Ende des Mittelalters hin. Die einzelnen Grundstücke vergab der Markgraf an die Bürger gegen Zahlung eines sogenannten ➔Worfzinses. –
Die Erforschung der Stadtgründung hat ihre eigene Tradition, und die Kenntnisse über sie sind bis heute lückenhaft. Wissenschaftsgeschichtlich kurios ist die bei Chronisten des 16./18. Jh. anzutreffende, auf den Geschichtsschreiber Calvisius zurückgehende Ansicht von der Gründung Dresdens durch Karl den Grossen im Jahre 806 nach dem Kriegszug seines Sohnes gegen die Slawen. Erst der Historiker und Rektor der Dresdner Kreuzschule ➔Schöttgen wies 1750 in den «Dresdner gelehrten Anzeigen» nach, daß die Stelle in der Chronik des mittelalterlichen Geschichtsschreibers Regino von Prüm, auf die sich jene Autoren immer wieder beriefen, gar nicht existiert.

Stadthaus Mitte: sechsgeschossiges Verwaltungsgebäude an der Theaterstraße 11–15, das 1922/23 nach dem Entwurf des Stadtbaudirektors Ludwig Wirth erbaut wurde. An seiner gekrümmten Kunststeinfassade mit zurückgesetzten Obergeschossen zeigt es der expressionistischen Architektur nahestehende Stilelemente. Neben städtischen Dienststellen beherbergt das S. die Hauptbibliothek und die Musikbibliothek der ➔Städtischen Bibliotheken Dresden.

Städtische Bibliotheken Dresden: die der Stadtverwaltung unterstellte zentrale Großstadtbibliothek steht mit rund 0,8 Mill. Bestandseinheiten in der Hauptbibliothek und der Musikbibliothek im Stadthaus Mitte (Theaterstraße), in der Jugendbibliothek (Hauptstraße), der «Walter-Hofmann-Bibliothek» Plauen, der Fahrbibliothek sowie in 19 Zweigbibliotheken allen Dresdnern für allgemeine Bildungsbedürfnisse, Aus- und Weiterbildung sowie niveauvolle Unter-

haltung und Freizeitgestaltung zur Verfügung. Mit jährlich über 100 Veranstaltungen trägt die S. wesentlich zum kulturellen Leben Dresdens bei. – Die Bibliothek ist aus den «Volksbüchereien» hervorgegangen, die ab 1875 von dem 1874 gegründeten «Gemeinnützigen Verein zu Dresden» in einzelnen Stadtteilen eingerichtet worden waren. 1908/10 legte man diese Büchereien zusammen und bildete daraus die dem Rat der Stadt unterstehende «*Städtische Zentralbibliothek*» mit ersten Zweigstellen in Striesen, Löbtau, Loschwitz und in der Neustadt. Die Zentralbibliothek befand sich in der Waisenhausstraße 9 mit der 1902 durch Karl August →LINGNER gegründeten «Dresdner Lesehalle»; beide Einrichtungen wurden 1919 zur «*Städtischen Bücherei und Lesehalle*» vereinigt. 1922 wurde die von dem Bibliothekar Walter →HOFMANN 1906 gegründete «Freie öffentliche Bibliothek Dresden-Plauen», die erste moderne deutsche Volksbibliothek, ins Dresdner

Fahrbücherei 1951
Mahnmal auf dem Städtischen Heidefriedhof

Büchereinetz eingegliedert. Seit 1923 befindet sich die Städtische Bücherei im Stadthaus, wo 1925 die «*Städtische Musikbibliothek*» eröffnet wurde, die zu den ersten öffentlichen Musikbibliotheken Deutschlands gehört. Die erste deutsche *Fahrbibliothek* wurde 1929 mit 16 Ausleihstellen durch Auflösung von 11 kleinen Vorortbüchereien eingerichtet (gegenwärtig Bibliobusse mit 25 Ausleihstellen). Der Bombenangriff 1945 zerstörte mit dem Gebäude auch die meisten Kataloge und den größten Teil der Bestände (außer Musikbibliothek). 1946 konnten die Zweigstellen Loschwitz und Briesnitz als erste wieder geöffnet werden. 1953 zogen Leitung und Verwaltung der städtischen Büchereien von der Zweigstelle Neustadt wieder ins Hauptgebäude, wo auch der Lesesaal wieder benutzt werden konnte. 1955 wurde die Bibliothek zur «Stadt- und Bezirksbibliothek Dresden» ernannt, womit ihr auch regionale Funktionen übertragen wurden. Nachdem bereits 1956 die erste Freihandbibliothek in der Zweigstelle Bühlau eröffnet worden war, konnte ab 1957 auch die Hauptbibliothek auf Freihandausleihe umgestellt werden (bis 1972 in allen Zweigstellen eingerichtet). 1968 erhielt die Hauptbibliothek den Namen «Friedrich Wolf». 1974 wurde dort eine Artothek für die Ausleihe gerahmter Reproduktionen eingerichtet. Die (Kinder- und) Jugendbibliothek, die auch einen 1971 gegründeten «Jugendklub für Kunst und Literatur» beherbergt, wurde 1979 als erste Einrichtung dieses Typs eröffnet. Seit 1991 trägt die Bibliothek die Bezeichnung «Städtische Bibliotheken Dresden» und nimmt keine regionalen Aufgaben mehr wahr.

Städtischer Heidefriedhof: Auf dem städtischen Gelände der →Jungen Heide (westlich der Straße nach Moritzburg) 1929/34 angelegt. 1936 fand die erste Urnenbeisetzung und 1940 die erste Erdbestattung statt. 1945 wurden hier die meisten Opfer (fast 30 000) des angloamerikanischen Luftangriffs auf Dresden beigesetzt sowie Asche der auf dem →Altmarkt verbrannten Opfer. Zur Mahnung und Erinnerung an die Zerstörungen des Krieges entstand ein Ehrenhain mit zwei Gedenkstätten. Am Eingang zu diesen steht ein Obelisk mit dem Zeichen der Internationalen Föderation der Widerstandskämpfer (FIR). 1948 errichtete man einen Gedenkstein mit der Inschrift eines Gedichtes von Max ZIMMERING über dem Massengrab der Toten von 1945. Das anschließende Rondell wurde 1965 eingeweiht und ist die Erinnerungsstätte für die Opfer der Verfolgten des Nationalsozialismus. Auf beiden Seiten des Weges zur Gedenkstätte sind 750 Urnen Dresdner Kämpfer gegen den Nationalsozialismus beigesetzt. Umgeben ist die Gedenkstätte von 14 Sandsteinblöcken, auf denen die Namen von Konzentrationslagern und zerstörten europäischen Städten für die Erhaltung des Friedens mahnen.

Städtisches Kunstausstellungsgebäude: ehemaliger Ausstellungsbau an der Lennéstraße/Stübelplatz. Das S. wurde 1914/16 nach dem Entwurf von Hans →ERLWEIN in klassizistischen Formen erbaut und war an der Schauseite u. a. mit Plastiken von Georg →WRBA geschmückt. Ab 1916 fanden hier die jährlichen Ausstellungen der →Künstlervereinigung Dresden statt. Beim Bombenangriff 1945 wurde das S. zerstört.

Stadtkernforschung: Untersuchung der ursprünglichen topographischen Verhältnisse in der Innenstadt zur Klärung der noch offenen Fragen der Entstehung Dresdens (Zeitpunkt, Lokalisierung der Stadtgründung, Frage evtl. älterer Siedlungen auf dem Gebiet der später planmäßig angelegten Stadt, Geschichte der Burganlage). Die S. ist in größerem Umfang erst nach der Zerstörung des Stadtzentrums 1945 und durch die Wiederaufbauarbeiten möglich gewesen. Schwierigkeiten für die archäologischen Untersuchungen ergaben sich aufgrund der durch die jahrhundertelange Bautätigkeit stark gestörten Kulturschichten in der Innenstadt. Systematische S. wurde 1952/57 und 1961/68 durchgeführt. Sie bezog sich auf den Altmarktbereich mit dem ältesten Stadtgebiet, dem Gelände um die Frauenkirche und dem Gebiet der beiden Meißner Gassen in der Neustadt. Durch 200 Bohrungen in diesem Bereich konnte das ursprüngliche Relief der mittelalterlichen Stadt zur Zeit ihrer Gründung rekonstruiert werden. Es ergab sich ein hochwasserfreies, siedlungsgünstiges Gelände, begrenzt durch die Elbe im Norden, die Weißeritz und den Kaitzbach im Westen und Wassertümpel im Osten und Süden. Eine Erosionsrinne störte den nördlichen Teil dieses Geländes (Taschenbergtümpel und See vor dem Frauentor). Die ältesten Funde stammen aus der Zeit um 1200; sie bestätigten die plänmäßige Gründung Dresdens in dieser Zeit entsprechend dem auf den ältesten Plänen überlieferten Stadtgrundriß. Bei den Funden handelte es sich um Reste von Abfallgruben und Brunnen. Neben einigen Münzfunden trugen reiche Keramikreste (etwa 30 Typen 13./16. Jh.) zur Datierung der Fundkomplexe bei. Sie gaben Auskunft über das Brunnenbauwesen, die Wasserversorgung und die materielle Kultur in der mittelalterlichen Stadt (u.a. beträchtliche Keramikproduktion vor den Toren der Stadt und in Altendresden). – Außerdem wurden bei dieser Gelegenheit auch die aus dem 16. Jh. stammenden ältesten (hölzernen) Wasserleitungen der Stadt gefunden. Für die vermutete mittelalterliche Besiedlung vor der Stadtgründung – Siedlung um die Frauenkirche, Handelsniederlassungen im Bereich der Frauengasse und im Zusammenhang mit der Nikolai(Kreuz)kirche – fehlen bisher Funde. Ebenso konnte bisher der historisch bezeugte Königshof Nisan noch nicht lokalisiert werden. – Schwierig ist die Rekonstruktion der Geschichte der stadtherrlichen Burg im Taschenbergbereich. Ausgrabungen im ehemaligen großen Schloßhof des zerstörten Residenzschlosses 1982/86 bestätigten die Annahme, daß schon vor 1200 eine Burg existierte. Es konnte ein um 1170/80 entstandener spätromanischer Gewölbekomplex freigelegt werden. Ebenfalls konnte die schon im Mittelalter geäußerte Meinung, die steinerne Elbbrücke sei vor 1200 (1173) erbaut worden, bestätigt werden. Die Hypothese, bei diesen Gewölberesten handele es sich um Teile einer königlichen Stadtpfalz in einer bereits vom staufischen Königstum gegründeten Stadt, kann durch Funde nicht bestätigt werden.

Stadtkrankenhaus: Die Entstehung des S. reicht bis ins 16. Jh. zurück. Immer wieder auftretende Epidemien veranlaßten am 21. Februar 1568 den Dresdner Rat, Kurfürst →August um Mithilfe für den Bau eines Pesthauses oder Lazaretts aufzufordern. Durch Ausschreibung einer Steuer konnten die über 3000 Gulden für den Bau des städtischen Lazaretts beschafft werden. Der Bauplatz mußte weit außerhalb der Stadtmauer liegen, damit die Luft «so solche vergift und Pest-Luft werden sollte» nicht auf die Stadt und Schloß zu, sondern westlich getrieben werde. Die Grundsteinlegung fand am 21. Juni 1568 auf einem Gelände (heutige Nordseite des Wettiner Platzes) zwischen Am Rabenstein, →Schützengasse und Grüner Gasse statt. Zu den 5 Gebäuden, in denen 100 Kranke Unterkunft fanden, gehörte auch der anstaltseigene Friedhof (1823 in einen Garten umgewandelt). Als erste Patienten zogen Pestkranke aus dem →Bartholomäus-Hospital ein. Während des →Dreißigjährigen Krieges hatte die Einrichtung für einige Zeit den Charakter eines Feldlazaretts. Obwohl das Lazarett bereits in ein beständiges Krankenhaus für arme Leute umgewandelt war, wurde der Zustand Ende des 18. Jh. als katastrophal bezeichnet. Zu der Unsauberkeit kamen noch Hunger, Frost und Mißhandlungen. 1793 wurde ein neuer Lazarettflügel angebaut, die Bettenzahl auf 140 erhöht und die Betreuung der Kranken verbessert. Das Lazarett wurde seit 1799 S. genannt, in dem jedermann, der es wünschte, aufgenommen wurde. 1821 erhielt es eine Stiftung von Geheimrat von Hünerbein. Damit konnten alte Schulden bezahlt werden und vor allen Dingen ein Grundstück in Friedrichstadt für ein neues Krankenhaus gekauft werden. 1849 wurde das neue Haus als →*Krankenhaus Friedrichstadt* bezogen. Die ehemaligen Räume des S. wurden der städtischen →Arbeitsanstalt übergeben und 1878 abgebrochen.

Stadtmuseum: im Landhaus untergebrachte Sammlungs-, Pflege- und Ausstellungsstätte von Sachzeugen zur Dresdner Stadtgeschichte von den Anfängen bis zur Gegenwart (z. B. Werke der bildenden Kunst, Urkunden, Karten und Pläne, Bauplastik, Produktionsinstrumente und -erzeugnisse, Münzen, Medaillen, Siegel, militärische Ausrüstungsgegenstände, Fahnen, Schmuck, Grabbeigaben, Fotos und Bibliotheksgut). Dem S. ist das →Museum zur Dresdner Frühromantik sowie die J.I.-Kraszewski-Gedenkstätte angeschlossen. – Das S. entstand auf Anregung des →Vereins für Geschichte und Topographie Dresdens, des Bürgermeisters Alfred →Stübel und vor allem seines ersten Direktors Otto →Richter. Die Ausstellungsstücke entstammten dem ehemaligen Ratssilberschatz, aus Gegenständen des Ratsarchivs, aus angekauften privaten Sammlungen sowie aus öffentlichen und privaten Schenkungen. 1891 wurde das S. in 2 Sälen und 9 Zimmern des Palais →Loß eröffnet. Als dieses dem Neuen Rathaus (→Rathäuser) weichen mußte, wurde das S. in den Rathausneubau einbezogen, wo es seit 1910 sein Domizil hatte. Seit 1913 in «Städtische Sammlungen» umbenannt, da es um das →Körnermuseum und das Schilling-museum (Pillnitzer Straße; seit 1910 in städtischem Besitz) erweitert wurde, erfuhr es nach dem Ersten Weltkrieg bedeutenden Zuwachs von Werken progressiver zeitgenössischer Dresdner Künstler. Durch die NS-Aktion «Entartete Kunst» wurden 1933/37 davon 390 wertvolle Kunstwerke entwendet und z. T. vernichtet. Beim Bombenangriff im Februar 1945 verlor das S. seine Unterkunft und etwa die Hälfte seines Sammelgutes. Die geretteten Bestände wurden zunächst in der Villa Bienert (Würzburger Straße) gelagert und ab 1950 teilweise in provisorischen Räumen der Stadthalle (→Arsenal) untergebracht, wo 1951 die erste Ausstellung («Das Stadtbild Dresdens») gezeigt wurde. 1956 erhielten die Sammlungen die Bezeichnung «Museum für Stadtgeschichte» und gleichzeitig begann der Aufbau eines «Museums für Geschichte der Dresdner Arbeiterbewegung». Beide wurden nach dem Wiederaufbau des →Landhauses 1966 dort zum «*Institut und Museum für Geschichte der Stadt Dresden*» vereinigt, das 1991 wieder in S. umbenannt wurde. Mit seiner ständigen Ausstellung, zahlreichen Sonderausstellungen (1966/93 etwa 80), Führungen (rund 1 200/Jahr), vielseitigen Veranstaltungen und eigenen Publikationen (1966/90 über 70) trägt es wesentlich zur Darstellung und Erforschung der Dresdner Stadtgeschichte bei.

Stadtmusik: dem Rat der Stadt unterstellte Musikanten, deren Entwicklung von den Stadtpfeifern des 15. Jh. bis zur Stadtkapelle des 19. Jh. reicht. Der einzige Stadtmusiker war anfangs der Kreuztürmer (Stadthausmann genannt), der das Stundenblasen vom Turm besorgte und zum Musizieren bei Festlichkeiten herangezogen wurde. In einer Ratsanweisung von 1420 werden erstmals drei Spielleute erwähnt, die 29mal im Jahr bei der großen Orgel der

Kreuzkirche zu blasen hatten. Im Jahre 1572 wurden «umb der Musica willen und gemeiner Stadt zur Ziehr» vier Stadtpfeifer angestellt. Sie hatten außer dem Stundenblasen, dem Aufziehen der Turmuhr und der Meldung von Gefahr vom Turm aus (Feuerwache) vor allem unter Anleitung des Kantors an der Kirchenmusik mitzuwirken und mußten bei Ratsfesten, Hochzeiten, Fest- und Marktzeiten sowie anderen Festlichkeiten aufspielen. Dabei waren die Besoldung (meist schlecht) und das Verhalten der Musiker bis ins Detail reglementiert, wobei auch die Standesunterschiede ihrer «Kunden» genau beachtet werden mußten: «Wer die Stadtpfeifer brauchen will, denen soll sie, den vornehmbsten und wohlhabenden Bürgern mit (allen) Ihren Instrumenten, den Handwergern, gemeinem Mann aber nur mit Drummeln und Pfeifen dienen» (aus der ersten großen Dresdner Stadtpfeiferordnung von 1606). Ab 1580 wurde nur ein Stadtpfeifer eingestellt mit der Verpflichtung, Gesellen zu halten und Lehrjungen auszubilden, womit dieser und die spätere Ratskapelle die einzige offizielle Einrichtung bis zur Mitte des 19. Jh. in Dresden war, die Instrumentalisten ausbildete. Es war üblich, daß der Stadtpfeifer (ab Ende des 17. Jh. «Stadtmusicus» genannt) stets mehrere Instrumente beherrschte. Er wohnte mit seinen Gesellen fast immer im Turm der Kreuzkirche, bis er im 19. Jh., als der Turmdienst aufgehoben wurde, satzungsgemäß Stadtwohnungen beziehen durfte. Aus den Ratsakten geht hervor, daß die Stadtpfeifer sich häufig mit den freien Musikanten, den sogenannten Stadtfiedlern, auseinandersetzen mußten und auch in Rivalitäten mit den angeseheneren →Hoftrompetern standen, denen das Trompeten- und Paukenspiel vorbehalten war. Im 18. Jh. stieg mit den höheren musikalischen Anforderungen an die Stadtmusikanten auch ihr Selbstbewußtsein. So wollte der Stadtmusikus Traugott Schmiedel gegen Ende des 18. Jh. nicht mehr als «oberster Schenkenmusikant» eingeschätzt werden, sondern als Künstler, der selbst «Lehrer und Versorger einer Anzahl junger Künstler ist». Zu Beginn des 19. Jh. bestand die Stadtkapelle unter ihrem Kapellmeister aus 15 Musikern, die auch volkstümliche Konzerte veranstalteten. Später wurde vom «Stadtmusikdirektor» (Bezeichnung ab 1843) zu den Kirchenmusiken in der Kreuz-, Frauen-, Sophien-, Annen-, Matthäus- und Dreikönigskirche ein mindestens 24 Mann starkes «Stadtmusikcorps» gefordert. Der letzte Stadtmusikdirektor war Moritz Erdmann Puffholdt, der 1870 an das →Gewerbehaus verpflichtet wurde, aber nur ein Jahr mit seiner Kapelle dort wirkte (→Dresdner Philharmonie) und nach mißglückter Neugründung der Stadtkapelle im September 1872 wegen zu geringer Besoldung kündigte. Danach wurde in der Ratssitzung vom 15. Oktober 1872 die Stadtmusikus-Stelle aufgehoben.

Stadtpläne: seit dem 16. Jh. existierende kartographisch-topographische Darstellungen (Handzeichnungen, Kupferstiche, moderne Mehrfarbendrucke) des →Stadtgebietes. Sie haben Orientierungscharakter und sind zugleich ein Spiegelbild stadtgeschichtlicher Entwicklung. Der älteste S. von Neudresden (heutige →Altstadt), der die Stadt im Jahre 1529 zeigt, ist in Anton Wecks «Beschreibung und Vorstellung der Stadt Dresden» abgedruckt und stammt wahrscheinlich von →Klengel. Die S. des 16. und des frühen 17. Jh. beruhen hauptsächlich auf Konstruktionen, d. h., sie entsprechen nicht ganz den Tatsachen. Ein Plan (Neudresden) von C. H. Aster (1841 Kopie nach altem Originalplan) für das Jahr 1591 zeigt die Stadterweiterung bis 1550 (Entstehung des →Neumarktes oder Frauenmarktes) und nennt erstmals die Namen einiger Häuser und Hausbesitzer. Auf Samuel Nienborgs farbiger Handzeichnung von 1651 wird das Weichbild der Stadt mit Angabe einzelner Gebäude und Straßennamen dargestellt. Einen Grundriß von →Altendresden, wie es bis zum Brand von 1685 bestand (alle einzelnen Häuser mit großer Genauigkeit dargestellt), schuf Klengel. 1840/42 fertigte Oberstleutnant Aster aus Originalrissen die Grundrisse der provisorischen Befestigunganlagen von 1706 und den Feldbefestigungsplan für 1778 an. Durch Röhrmeiser Martin Kirchner entstand 1707 ein S. für die innere Altstadt zur Verbesserung des Wasserleitungssystems mit Angabe sämtlicher Hausbesitzer. Auch Gabriel Bodenehr versah seine Originalpläne von 1715 und 1720 mit einem Textteil. Auf Befehl des Landesherren mußte Hans August Nienborg (Sohn von S. Nienborg) Spezialpläne der Dresdner Vorstädte mit dazugehörigen Aufrissen der Straßen und Grundrissen aller einzelnen Grundstücke anfertigen. In →Dassdorfs «Beschreibung der vorzügl. Merkwürdigkeiten der Residenzstadt Dresden» und in →Hasches «Umständliche Beschreibung Dresdens ...» wurde je ein S. aus der Zeit um 1780 beigegeben. Im 18. Jh. entstanden auch die ersten fremdsprachigen S. (um 1700 «A Plan of Dresden, capital of Saxony» und 1757 «Dresde sur l'Elbe capital de la Saxe, residence ...»).

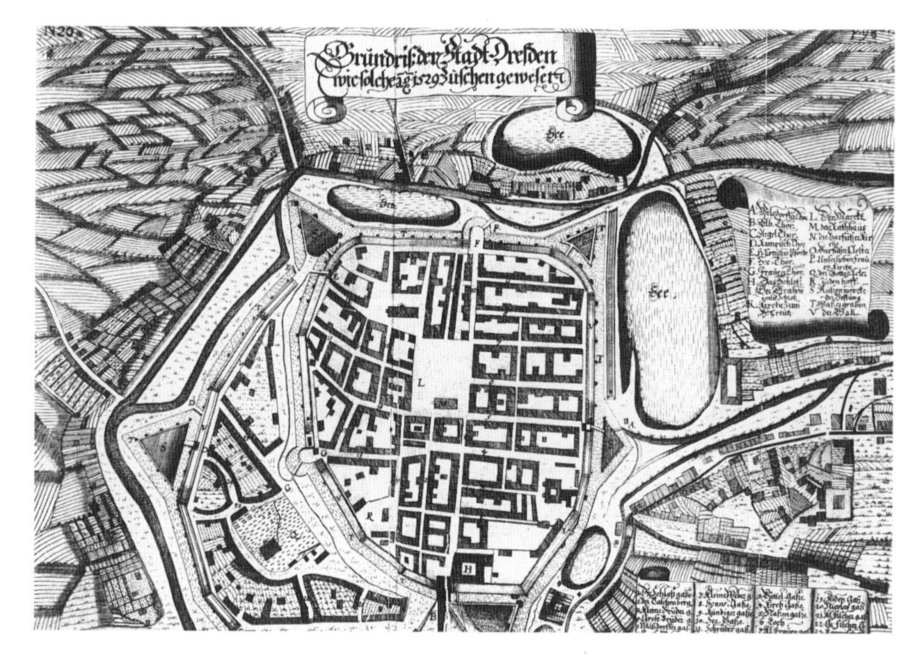

Stadtplan der Altstadt nach Anton Weck

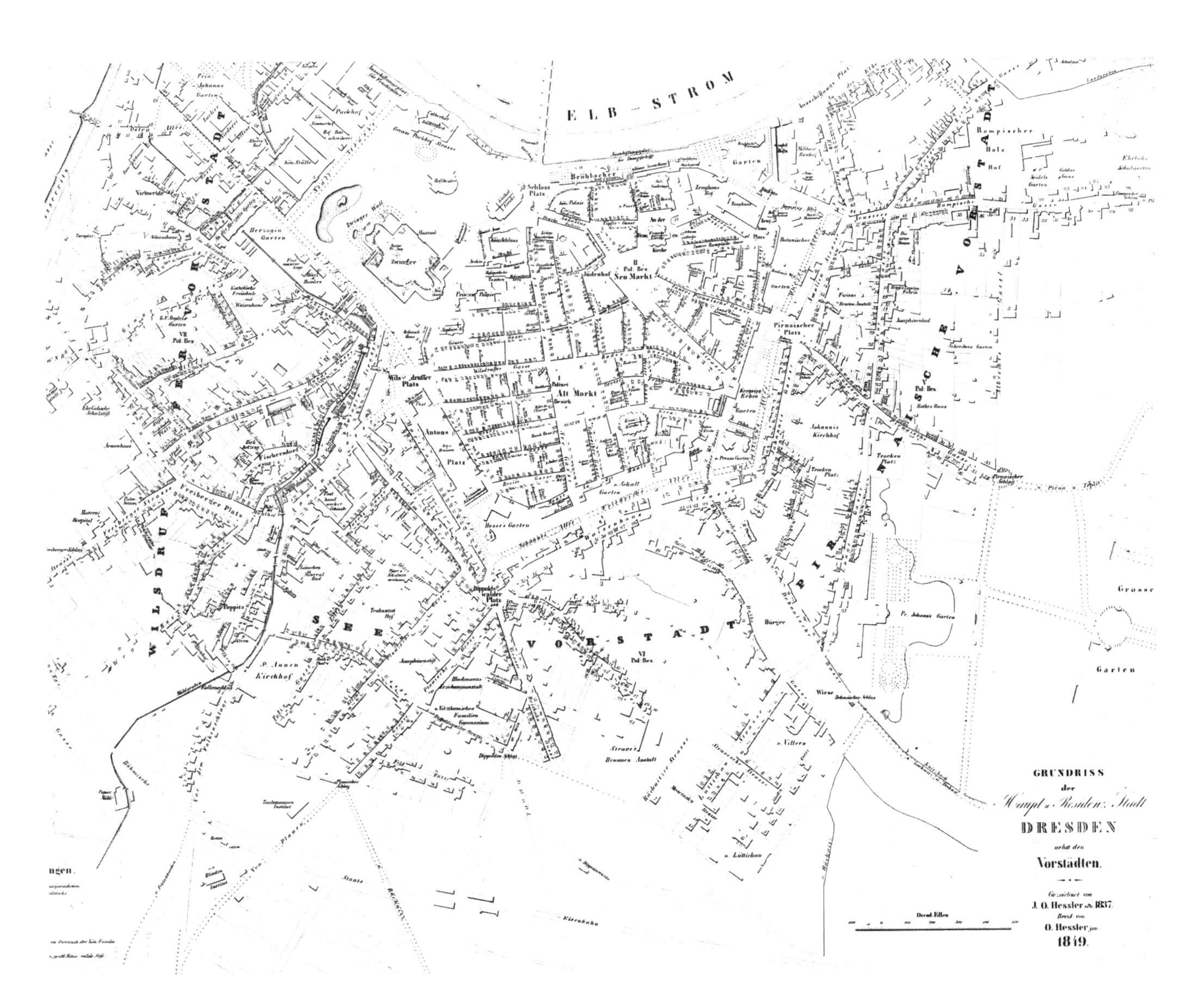

Anfang des 19. Jh. (1800/32) erschienen mehrere S. und Grundrisse in unterschiedlichen Maßstäben von Johann Georg LEHMANN. Erst der Landmesser J. G. HESSLER hat in seinen S. für die Neustadt/Altstadt alle Grundstücke mit den seit 1785 bestehenden Brandkatasternummern versehen. Die seit Mitte des 19. Jh. von der Kgl. Polizei-Direktion/Stadtvermessungsamt herausgegebenen S. fanden seit dieser Zeit Aufnahme in Schulen, →Adreß- und Geschäftshandbüchern sowie in Touristenführern. Ab 1881 stellte das topographische Büro des Kgl. Generalstabs Meßtischblätter (S. mit größter Genauigkeit) her. 1898 erschien erstmals ein S. mit Straßenverzeichnis. Otto →RICHTERS historisches Kartenwerk «Atlas zur Geschichte Dresdens» (1898) beinhaltet die bekanntesten und bemerkenswertesten S. Dresdens von 1525 bis Ende des 19. Jh. Nach der Zerstörung Dresdens entstanden nunmehr Wiederbebauungspläne (veränderte Straßenführung, Umbenennung von Straßen und Plätzen usw.). Heutige S. zeigen die Erweiterungen der Stadt durch Neubaugebiete wie z. B. →Prohlis, →Gorbitz, Räcknitzhöhe und Kohlenstraße.

Stadtrecht: Zwei landesherrliche Bestätigungsurkunden vom Beginn des 14. Jh. sind die einzigen frühen urkundlichen Zeugnisse zum S. Die von Markgraf FRIEDRICH DEM FREIDIGEN am 21. Juli 1309 ausgestellte Urkunde läßt vermuten, daß das S. und andere markgräfliche

Grundriß der Altstadt nach J. G. Hessler. 1849
Stadtplan der Altstadt. 16. Jh.

Privilegien erst zu Beginn der Regierungszeit Heinrichs des Erlauchten (1230 bis 1288) der Stadt verliehen wurden. Das von den Markgrafen Johann und Waldemar von Brandenburg als Pfandinhabern von Dresden am 19. Oktober 1315 ausgestellte Dokument betont ausdrücklich das Magdeburgische S. – Das Dresdner S. beinhaltete – wie in anderen mittelalterlichen Städten auch – die persönliche Freiheit und die Freizügigkeit der Bürger, deren freies Verfügungsrecht über ihr Vermögen, das Recht der Abhaltung von Wochen- und Jahrmärkten, das Recht auf Ausübung von Gewerbe und Handel, die bürgerliche Braugerechtigkeit, Zollvorrechte, das Recht der Bannmeile (Verbietungsrecht in bezug auf die genannten Rechte gegenüber den innerhalb einer Meile im Umkreis gelegenen Orten). Verschiedene landesherrliche Privilegien und eigene Ratsbeschlüsse (Willküren) ergänzten nach und nach das S. in bezug auf Gerichtswesen, Marktverkehr, Polizeirecht usw. Das früheste landesherrliche Privileg stammt vom 27. März 1260; es erteilte den Bürgern das Recht, ihren in die Stadt kommenden Schuldnern Pfänder abzuverlangen und sie bis zur Befriedigung ihrer Ansprüche festzuhalten. Am 19. November 1271 wurde die Stadt gegen Zahlung von 10 Mark Silber für den Klosterbau in Seußlitz für immer vom landesherrlichen Marktzoll befreit. Ein wichtiges Privileg war das am 25. August 1287 bestätigte «Recht auf freie Weide» auf markgräflichem Grund (das schon seit der Stadtgründung bestand). Die Stadt war ja auf landesherrlichem Grund und Boden gegründet worden und besaß ursprünglich kein eigenes Gemeindeland. Bedeutsam war die Verleihung des →Niederlags- und Stapelrechts am 17. September 1455. Das Recht des Ausschankes fremden Bieres durch den Rat im Ratskeller wurde merkwürdigerweise erst 1460 ausdrücklich bestätigt. – Das Recht, eigene Bestimmungen (Willküren) mit Gesetzeskraft zu erlassen, erhielten die Geschworenen als Vorläufer des städtischen Rats am 18. April 1284. Die früheste schriftliche Fixierung dieser Bestimmungen nahm wahrscheinlich in der zweiten Hälfte des 14. Jh. der Stadtschreiber Peter →Berner vor. In späterer Zeit erfolgten mehrmals neue schriftliche Zusammenfassungen des städtischen Rechts in Form von Stadtrechtsbüchern, so z. B. 1559 als «Willkür, Statuten, Gebräuchen und Ordnungen der Stadt Dresden» (im 17. und 18 Jh. mehrfach überarbeitet). Für Fragen, die nicht durch das S. geregelt waren, galt auch für die Bürger das allgemeine Landrecht nach dem Sachsenspiegel. Das S. war bis zum Ende der alten Stadtverfassung 1832 gültig. Danach galt mehr und mehr die allgemeine Landesgesetzgebung im Rahmen der neuen Stadtverfassung.

Ältestes Siegel des Dresdner Rates. Um 1309
Stadtwappen. 1940

Stadtsiegel: Das älteste S. erschien zuerst an einer Huldigungsurkunde des Rates an den Markgrafen vom 22. Juli 1309. Es hat die Form eines dreieckigen Schilds mit den Wappen der Markgrafschaft Meißen und Landsberg und trägt die Umschrift Sigillum. Burgensium. Dresedene. Aus diesem auch als Großes Ratssiegel bezeichneten S. ging später das →Stadtwappen hervor. Ein kleineres sogenanntes Sekretsiegel zur Besiegelung minder wichtiger Schriftstücke fand sich erstmals an einer Urkunde aus dem Jahre 1401. Es zeigt eine Figur, evtl. einen Schutzheiligen, mit einem Löwenschild und trägt die Umschrift Secretum Civitatis Dresseden. Eine verfeinerte Variante dieses bis 1507 benutzten S. ersetzte im 15. Jh. das Große Ratssiegel (Umschrift Ende des 15. Jh. Sigillum Civium Dresden). Seit 1507 war ein Sekretsiegel in Gebrauch, das wiederum dem ältesten Großen Siegel nachgebildet war. Seit Mitte des 17. Jh. wurde es in vergrößerter Form als Großes Ratssiegel verwendet (mit Helm und Helmzier). – Das Altendresdner Siegel/Wappen, ein nach rechts springender Hirsch mit einem Zweig im Maul, dahinter eine Kiefer (Umschrift Sigillum Civium de Alden Dresden) erschien erstmals 1455. Ein nach 1500 benutztes zweites Siegel stellt den Hirsch schreitend dar.

Stadttore: →Stadtbefestigung

«Stadtwaldschlößchen»: ehemaliges großes Speiselokal mit Gartenrestaurant am Postplatz vor der Sophienkirche, das wegen seiner guten Küche und populärer Konzerte besonders beliebt war. Es gehörte der →Waldschlößchenbrauerei und wurde 1866 in dem vom Landbauschreiber Andreas Adam (1699–1746) 1744 erbauten Haus Sophienstraße 1 eingerichtet. Dieses viergeschossige Barockgebäude ist mit seiner an die Stadtmauer stoßenden Rückseite oft auf historischen Stadtansichten – z. B. von Bellotto – erkennbar. Das 1910/11 umgebaute S. wurde beim Bombenangriff 1945 restlos zerstört.

Stadtwappen: erstmals 1505 nachweisbar und geht auf das älteste →Stadtsiegel zurück. Wie dieses ist es gespalten; es vereinigt die beiden älteren Wappen der Wettiner. Vorn bzw. rechts ist auf goldenem Grund ein aufrechtstehender nach rechts gewandter Löwe mit roter Zunge und Bewehrung, das Wappen der Markgrafschaft Meißen, zu sehen. Hinten bzw. links zeigt das Stadtwappen ebenfalls auf goldenem Grund zwei (in älterer Zeit manchmal irrtümlicherweise drei) senkrechtstehende schwarze Pfähle, das Wappen der Markgrafschaft Landsberg (im eigentlichen Landsberger Wappen

waren die Pfähle blau). 1584 wurden dem Stadtwappen Helm und Kleinod als Verzierung hinzugefügt. Beides fiel 1926 wieder weg.

Stallhof: zwischen Neumarkt, Augustus- und Schloßstraße gelegener und vom ehemaligen Stallgebäude (→Johanneum), vom →Langen Gang, vom →Georgenbau und dem →Kanzleihaus umgrenzter Hof. Für den gesamten Baukomplex (Stallgebäude, Langer Gang, Stallhof), der im Auftrag des Kurfürsten CHRISTIAN I. entstand, war am 6. Juni 1586 die Grundsteinlegung. Der Entwurf stammte von Paul →BUCHNER, wohl unter Einfluß von Giovanni Maria →NOSSENI. Bauleiter war Hans →IRMISCH. Zur Gewinnung des Baugeländes mußten außer der ehemaligen Synagoge 24 Bürgerhäuser beseitigt werden, für die der Kurfürst 19 657 Gulden bezahlte. An der Errichtung der Anlage, die 1591 fertiggestellt war, arbeiteten ungefähr 2000 Arbeiter. Der bildhauerische Schmuck stammte von Andreas →WALTHER und Bartel SPATT, der malerische von Heinrich →GÖDING. Der Komplex repräsentierte in großer Vollendung den Renaissancestil süddeutscher Prägung und fand bereits 1591 durch Daniel →WINTZENBERGER in seinem «Lobspruch der Löblichen und Weitberühmten Churfürstlichen Stad Dreßden» höchste Bewunderung. Der eigentliche S. – bis in die Mitte des 18. Jh. hinein Schauplatz höfischer Vergnügungen (Turniere, Ringelstechen, Hetzjagden, Fuchsprellen) – enthält vor der Bogengalerie des Langen Ganges die Rennbahn mit den beiden von Nosseni entworfenen Bronzesäulen für das Ringelstechen, die gemauerte Pferdeschwemme (im 18. Jh. durch Johann Christoph →KNÖFFEL verändert) sowie die Rampe zum ehemaligen Stallgebäude. Im 19. Jh. ging der Renaisssance-Charakter durch Umbauten und Vernachlässigung verloren, z. B. wurde aus der Rennbahn ein Rasenplatz. Erst 1935 stellte man den ursprünglichen Zustand wieder her. Im Februar 1945 zerstört, wurde der S. 1972/79 wieder in alter Schönheit rekonstruiert.

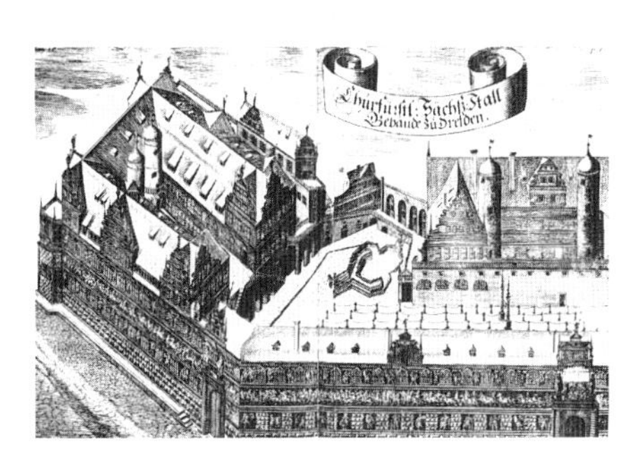

Ständehaus: →Landhaus, →Landtagsgebäude

Standseilbahn: →Seilbahnen

Starcke, Johann Georg: Oberlandbaumeister, geb. um 1640, gest. 5. 12. 1695 Dresden. – Seit 1663 als Architekt unter Kurfürst JOHANN GEORG II. tätig, wurde S. 1672 in Dresden Oberlandbaumeister und 1691 Nachfolger Wolf Caspar von →KLENGELS. Sein frühestes bekanntes Werk ist das →Türkische Palais, weiter entwarf er das →Schießhaus, das Redoutenhaus (1691), die →Kavaliershäuser im Großen Garten und einige Bürgerhäuser in der Altstadt. Am Residenzschloß stammten die Portale zwischen Großem und Kleinem Schloßhof von ihm, der Wendelstein im Südosten und die «Englische Treppe». Sein Hauptwerk ist das →Palais im Großen Garten, der früheste Barockbau auf sächsischem Boden. S. besaß ein Haus in der Brüdergasse, ein Haus in der Inneren Pirnaischen Gasse (später Landhausstraße 13), in dem er 1693 den englischen Gesandten mit seinem Gefolge anläßlich der Verleihung des Hosenbandordens an Kurfürst JOHANN GEORG IV. beherbergte, einen Wirtschaftshof vor dem Pirnaischen Tor sowie ein großes Gartengrundstück mit selbstentworfenem prächtigem Lusthaus (um 1675 entstanden) und Nebengebäuden im Ostragehege, das er jedoch vor 1685 schon weiterverkaufte. – Begraben in der Sophienkirche.

Stein, Karl: Widerstandskämpfer, geb. 30. 12. 1902 Dresden, gest. (erm.) 5. 6. 1942 Zuchthaus Berlin-Plötzensee. – S., seit 1921 KPD-Mitglied, wurde als Mitorganisator des Dresdner Verkehrsarbeiterstreiks von 1931 erwerbslos, lebte seit 1933 in der Illegalität und knüpfte im Juli 1934 Verbindungen zu Fritz →SCHULZE, Albert HENSEL(1895–1942) u. a. an. 1941 kam die Gestapo der weitverzweigten Widerstandsorganisation auf die Spur. S. wurde mit Herbert BOCHOW (1906–1942), A. Hensel und F. Schulze vom Volksgerichtshof zum Tode verurteilt. – Karl-Stein-Straße in Gittersee.

Steinkreuze: zu den Bodendenkmalen gehörende Steine in Kreuzform (lateinisches, Malteser-, Antonius-, Radkreuz u. ä.), die aus unterschiedlichen Gründen bis ins 16. Jh. aufgestellt wurden (Grenzzeichen, Kennzeichnung von Unfall- oder Mordstätten, Sühnezeichen usw.). Teilweise wurden die S. mit Inschriften oder Zeichnungen versehen, die zur Sagenbildung anregten, weil die ursprüngliche Bedeutung vergessen worden war. Im Stadtgebiet befinden sich noch sechs S.: 1. Im Großen Garten in Nähe der Kreuzung Fürsten- und Herkulesallee, an einem hinter dem Daliengarten beginnenden Fußweg (alte Führung der Pirnaer Landstraße) mit einem eingeritzten langen

Stadtwappen
Stallhof. Um 1680
Stallhof

Schwert. – 2. An der östlichen Außenmauer der →Lukaskirche, das bis 1880 an der alten Dippoldiswalder Landstraße stand. – 3. An der Einmündung des Moritzburger Weges in die nach Klotzsche führende Königsbrücker Straße. Dieses Kreuz wird als Jonaskreuz bezeichnet, da nach der lateinischen Inschrift und der sich daran anknüpfenden Sage der Kriegsmann Jonas Daniel in der Dohnaischen Fehde (1402) Kinder nach Königsbrück in Sicherheit bringen sollte und an dieser Stelle überfallen und getötet wurde. – 4. In Leubnitz-Neuostra an der Böschung der alten Straße nach Goppeln, das wahrscheinlich als Sühnekreuz für einen Totschlag aufgestellt wurde. – 5. In Seidnitz an der Einmündung der Marienberger Straße in die Bodenbacher Straße, mit einem eingeritzten langen Dolch. – 6. In Tolkewitz an der Wehlener Straße am Anfang des parallel geführten Fußweges, das 1923 beim Straßenbau gefunden wurde.

Stenographisches Landesamt: ehemalige Einrichtung zur wissenschaftlichen Pflege der Stenographie. Aus einer stenographischen Lehranstalt, die auf Anregung von Franz Jakob →WIGARD im Februar 1835 ihre Tätigkeit begann, um Stenographen für die Landtagssitzungen auszubilden, ging 1839 das Kgl. Stenographische Institut hervor (bis 1902 das einzige seiner Art), das Sachsen den Ruf des «stenographischsten Landes der Welt» einbrachte. Es befand sich bis 1905 im →Landhaus, danach im neuerbauten →Landtagsgebäude (ab 1907 als «Stenographisches Landesamt») und ab 1934 im →Gesamtministerium am Neustädter Elbufer. Bis 1952 stellte es das Stenographenbüro des sächsischen Landtags. 1966 löste man es auf und gliederte seine einzigartige Fachbibliothek der →Sächsischen Landesbibliothek an.

Sterl, Robert: Maler und Grafiker, geb. 23. 6. 1867 Großdobritz b. Dresden, gest. 10. 1. 1932 Naundorf b. Wehlen. – Der zu den Großen der impressionistischen Malerei in Deutschland zählende Künstler hatte bis 1881/90 an der Dresdner Kunstakademie studiert, war anschließend freischaffend tätig und unternahm mehrere Studienreisen (z. B. nach Frankreich und Holland). 1894 gehörte er zu den Gründern der →Dresdner Sezession. 1904 berief man ihn zum Lehrer und 1906 zum Professor an die Dresdner Kunstakademie, wo er 1914 als Nachfolger von Carl →BANTZER den Malsaal und 1915 das Meisteratelier von Gotthardt →KUEHL übernahm. Sein Werk umfaßt in erster Linie die meisterhafte Darstellung arbeitender Menschen, z. B. russische Arbeiter, die er auf fünf Rußland-Reisen (1906/14) beobachtete, sowie vor allem der Steinbrecher im Elbsandsteingebirge. Um diesem Motivkreis näher zu sein, nahm er ab 1919 seinen Wohnsitz in Naundorf b. Wehlen. Der andere Hauptteil seines Werks ist dem Dresdner Musikleben gewidmet, da er mit vielen bedeutenden Musikerpersönlichkeiten befreundet war (z. B. Ernst von →SCHUCH, Arthur NIKISCH und Richard →STRAUSS). Viele seiner Arbeiten befinden sich in der →Gemäldegalerie Neue Meister und im →Kupferstich-Kabinett. – Robert-Sterl-Straße in Leubnitz.

Robert Sterl, Selbstbildnis

Stern, Adolf: Dichter und Literaturhistoriker, geb. 14. 6. 1835 Leipzig, gest. 14. 4. 1907 Dresden. – S. war seit 1868 Professor für Literatur und Kulturgeschichte am Polytechnikum, der späteren Technischen Hochschule (→Technische Universität). 1864/76 und 1906/07 war er Mitglied des →Literarischen Vereins. Als akademischer Lehrer und Theaterkritiker am «Dresdner Journal» hatte S. einen großen Einfluß auf das literarisch-geistige Leben der Stadt. Letzte Wohnung: Sedanstraße 5. – Begraben auf dem Inneren Neustädter Friedhof.

Sternplatz: 1873 in der Wilsdruffer Vorstadt (ehemals Gemeinde →Poppitz) angelegt, benannt nach dem 1675 erbauten, 1861 von der Stadt angekauften und 1863 abgetragenen Gasthaus «Zum goldenen Stern»; 1966/90 nach dem KPD-Funktionär Hans BEIMLER (1895–1936) bezeichnet. Die rechteckige Platzanlage mit einfacheren, z. T. in Neorenaissance ausgeführten Wohnbauten und einer Brunnenanlage mit Schale wurde 1945 durch Luftangriffe zerstört. Erhalten blieb die von Julius →SCHILLING und Rudolph GRÄBNER 1908 errichtete Ortskrankenkasse, die am 1. März 1945 die neugebildete einheitliche Krankenversicherung aufnahm. Ab 1957 Wohnbebauung; 1963/65 Bau eines Wohngebietszentrums mit Saal für das Kabarett →«Herkuleskeule». In unmittelbarer Nähe des S. befanden sich der →Weißeritzmühlgraben und der zweitälteste der Dresdner →Annenfriedhöfe.

Sternwarten: Von den astronomischen Traditionen Dresdens zeugen die Bestände des →Staatlichen Mathematisch-Physikalischen Salons, der bis zur Mitte des 19. Jh. auch die wichtigste Stätte der Himmelskunde in Dresden war. Die Bauernastronomen Christian →GÄRTNER in Tolkewitz und Johann Georg →PALITZSCH in Prohlis entdeckten 1758 mit ihren Beobachtungsgeräten den Halleyschen Kometen wieder. Wilhelm Gotthelf →LOHRMANN richtete 1820 eine private Beobachtungsstation in der Pirnaischen Vorstadt ein und leitete das Observatorium auf dem Zwingerwall. Der Fotograf Hermann →KRONE verfügte in der Josephinenstraße auch über Geräte zur Himmelsbeobachtung und begleitete 1874 eine Expedition zu astronomischen Studien nach den Aucklandinseln. – Der nach Dresden zugezogene russische Gelehrte Basilius von ENGELHARDT (1829 bis 1915) baute 1878 einen Sternwartenturm an der Liebigstraße 1. Er übergab die Instrumente 1903 der Universität Kasan. – 1913 wurde das Observatorium des Lohrmann-Institutes für geodätische Astronomie auf dem späteren Beyer-Bau der heutigen Technischen Universtät errichtet. Der markante Kuppelbau nahm einen Refraktor der Firma Gustav HEYDE auf, die als Hersteller von Sternwartengeräten einen guten Ruf hatte (Fabrikgebäude Trachenberger Straße, nach 1945 VEB Feinmeß). Das Lohrmann-Institut verfügt über eine weitere Sternwarte in Gönnsdorf bei Dresden und das 1957 neu errichtete Meridianhaus auf dem Zwingerwall. – Älteste noch bestehende Sternwarte Dresdens ist die Volkssternwarte an der Hofmannstraße in Striesen mit 12 m hohem Turm. Sie wurde 1922 von Alexander FRANTZ (1886–1962) eröffnet. Frantz baute auch die kleinere Sternwarte im Ardenne-Institut an der Plattleite (1956). In ihrer Nachbarschaft wurde 1969 die größere, mit einem Zeiss-Refraktor ausgestattete Amateursternwarte mit kugelförmiger Kuppel errichtet. 1961 wurde am Hang des Plauenschen Grundes die Plauener Schulsternwarte eingeweiht. Das 1926 errichtete →Planetarium an der Stübelallee wurde 1945 zerstört; die Südhemisphäre seines Planetariumsgerätes befindet sich seit 1979 in der Volkssternwarte «Adolph Diesterweg» in Radebeul.

Stetzsch: Stadtteil am linken Elbufer an der Stadtgrenze zur Gemeinde Gohlis, 1266 1. urkundliche Erwähnung als Steiz (slaw.: staja, svw. Stall, Gehöft), 1921 zu Dresden eingemeindet. – Der Ort unterstand bis 1559 dem Dingstuhl zu Briesnitz und war 1568/1828 dem Kammergut →Ostra dienstpflichtig. Die bis ins 18. Jh. bewaldeten Hänge dienten seit 1667 dem Kurprinzen als Jagdrevier. S. ist neben Kaditz mit 103 m NN der tiefstgelegene Dresdner Stadtteil; Schutzdämme dienen zur Eindämmung der Hochwassergefahr. Die Elblachen stehen unter Landschaftsschutz. Die ur- und frühgeschichtliche Besiedlung der Gegend wurde nach 1900 durch bedeutende Funde belegt (Straße «Am Urnenfeld»). 1878 erhielt S. eine eigene Schule, Anfang des 20. Jh. einen Schulneubau. Die Bevölkerungszahl wuchs nach dem Bau der Berliner Eisenbahn von 206 Einwohnern im Jahre 1871 auf 2469 Einwohner 1910. Dabei prägten Gartenbau, Kiesabbau und Kleingewerbe das wirtschaftliche Profil. Im Kern des ursprünglichen Platzgassendorfes (Altstetzsch) blieben einige Fachwerkhäuser des 19. Jh. erhalten. 1926/27 entstand die Holzhaussiedlung Flensburger Straße nach Entwürfen des Sächsischen Siedlervereins.

Steudtner, Fritz: Architekt, geb. 16. 7. 1896 Olbersdorf b. Zittau, gest. 28. 3. 1986 Dresden. – S. studierte 1923/27 an der Architekturabteilung der Kunstakademie Dresden u. a. bei Heinrich →TESSENOW, dessen Bestrebungen er sich zeitlebens verpflichtet fühlte. Als freischaffender Architekt projektierte er zahlreiche Privat- und Ausstellungsbauten in Dresden. Nach 1945 übernahm S. Aufgaben der Denkmalpflege und widmete sich der kirchlichen Baupflege. S. gestaltete den Innenraum der wiederaufgebauten Kreuzkirche und die von Kreuzkantor Rudolf →MAUERSBERGER gestiftete Kapelle in Mauersberg (Erzgebirge).

Steyer, Heinz: Arbeitersportler, geb. 20. 12. 1909 Dresden, gest. (hinger.) 12. 7. 1944 Al Joannis (Griechenland). – Der gelernte Presser wurde KPD-Mitglied und gründete den Arbeitersportverein «Rot-Weiß» (Rotsport). Wegen seiner antifaschistischen Tätigkeit wurde er mehrmals zu Haftstrafen verurteilt. S. wurde in das Strafbataillon 999 im besetzten Griechenland einberufen, nahm hier Verbindung zur Partisanenbewegung auf und wurde durch ein Kriegsgericht zum Tod verurteilt. – Heinz-Steyer-Stadion im Ostragehege; Heinz-Steyer-Straße in Cotta.

Stierbrunnen: →Europabrunnen

Stiftsplatz: ehemaliger kleiner Platz westlich der →Alfred-Althus-Straße in der Nähe des →Freiberger Platzes. Er hieß bis 1846 «Am Rabenstein», nach der 1831 abgetragenen alten Dresdner Hinrichtungsstätte. Den neuen Namen erhielt er, weil er an der Stiftsstraße lag. Erste Bebauung 1736; im 19. Jh. waren dort auch Trödelbuden.

Stiftsstraße: →Alfred-Althus-Straße

«Stilles Wasser»: plastischer Monumentalbrunnen in den Grünanlagen am Albertplatz. Für zwei große Wasserbecken in den 1875 geschaffenen Anlagen am Albertplatz wurde 1879 ein Wettbewerb zur Gestaltung der Brunnen ausgeschrieben. 1883 erhielt Robert →DIEZ den Auftrag, und am 1. September 1894 wurden die beiden, bis auf den Figurenschmuck identischen Brunnen «Stilles Wasser» und «Stürmische Wogen» feierlich enthüllt. Die Figuren des S. stellen musizierende Meeresjungfrauen und Putten dar, während bei den «Stürmischen Wogen» kämpfende Männerfiguren das aufgewühlte Wasser verkörpern. Der Boden beider Sockel ist mit Meerestieren bedeckt. Der Brunnen «Stürmische Wogen» wurde beim Bombenangriff kaum beschädigt und von Denkmalpflegern geborgen, da an seiner Stelle Ende 1945 das →Ehrenmal der Sowjetarmee errichtet worden ist. Nach dessen Versetzung 1994 an die Stauffenbergallee wurden die «Stürmischen Wogen» wieder an ihrem ursprünglichen Standort aufgestellt. Im Park von →Schloß Eckberg befinden sich Teile des Duplikats der «Stürmischen Wogen», das Diez 1900 für die Pariser Weltausstellung geschaffen hat.

Stöckel, Wolfgang: Buchdrucker und Verleger, geb. um 1473 Obermünchen/Niederbayern, gest. 1540 Dresden. – S. übersiedelte 1526 von Leipzig nach Dresden und gilt als erster namentlich bekannter Dichter Dresdens. Von ihm stammen vor allem reformatorische Schriften und amtliche Drucke (Mandate und Ordnungen des Herzogs GEORG), in Buchform und einseitig bedruckt zum Anschlagen. Sein Sohn Matthäus führte die Druckerei weiter.

«Stilles Wasser»
«Stürmische Wogen»

Stolle, Ludwig Ferdinand (eigentlich Ludwig Ferdinand Anders): Schriftsteller, geb. 28.9.1806 Dresden, gest. 29.9.1872 Dresden. – S. war Verfasser humoristischer Erzählungen und historischer Romane (Roman «1813»); Herausgeber und Redakteur von Zeitschriften in Grimma und Leipzig; ab 1855 endgültig in Dresden. Wohnung zuletzt: Königstraße. – Begraben auf dem Inneren Neustädter Friedhof; Stollestraße in Löbtau.

Stollen: →Christstollen

Straßburger Platz: von Grunaer Straße, Güntzstraße, Stübelallee und Lennéstraße gebildeter Platz am Rande des Großen Gartens; 1898 nach Oberbürgermeister Alfred →Stübel benannt, 1951/91 Fučikplatz nach dem antifaschistischen Journalisten Julius Fučik (1903–1943), seit 1991 nach Dresdens Partnerstadt Straßburg (Strasbourg) benannt. – Der Platz entstand mit dem Durchbruch der →Grunaer Straße 1880 und der Verbreiterung der Neuen Pirnaischen Landstraße zur Stübelallee 1897/1905. An der NO-Ecke wurde 1901 der →Stübelbrunnen errichtet (1945 zerstört, an seinem ungefähren Standort wurde das Fučik-Denkmal errichtet). – Den Platz prägten vor allem Ausstellungsbauten mit dem →Ausstellungspalast (1984/96), dem →Städtischen Kunstausstellungsgebäude (1914/16), dem →Planetarium (1926) und dem →Kugelhaus (1928). Das Kugelhaus wurde 1938 abgerissen, die anderen Bauten fielen den Luftangriffen zum Opfer. – Am Platz befinden sich die Station der →Parkeisenbahn, das Volksfestgelände sowie die →Ausstellungshalle Dresden (1959). An der Ecke Grunaer/Güntzstraße entstanden ab 1880 Schul- und Internatsbauten des →Ehrlichschen Gestifts. Nach der Trümmerberäumung erhielt hier die →Hochschule für Musik «Carl Maria von Weber» ein Gebäude (errichtet 1950/51 von E. Leibold). Die benachbarte Betriebsberufsschule des Bauwesens von 1952/53 (Architekt G. Kintzer) wurde 1972/73 erweitert (Plastik von Wilhelm Landgraf). – Wettbewerbe zur Neugestaltung des Platzes wurden inzwischen ausgeschrieben.

Ludwig Ferdinand Stolle

Ausstellungspalast am Straßburger Platz (ehem. Stübelplatz) mit Stübelbrunnen

Straßenbahn: Erste öffentliche Verkehrsmittel waren Pferdedroschken, mit denen der Fiakerverein Dresden am 14. Mai 1844 den Verkehr aufnahm. Um die Jahrhundertwende gab es in Dresden noch ca. 500 Droschken. 1838 wurde eine regelmäßige Linie mit gleislosen Pferdeomnibussen eröffnet, der bis 1869 weitere 14 Linien folgten. Als letzte Pferdeomnibuslinie galt bis 1913 der «5-Pfennig-Omnibus» der Dresdner Fuhrwesen-Gesellschaft vom Schloßplatz über den Altmarkt bis zur Reichenbachstraße.
Pferdestraßenbahn: Die Geburtsstunde eines schienengebundenen öffentlichen Nahverkehrs in Dresden schlug am 26. September 1872 mit Eröffnung der Pferdestraßenbahn Pirnaischer Platz – Schillerplatz durch die Continental-Pferdeeisenbahn-Gesellschaft von Arnold von Etlinger, London. Sie wurde später bis zum Böhmischen Bahnhof erweitert und 1879 an die Tramways Company of German Ltd. Alfred Parish, London verpachtet. Diese betrieb 1893 die Pferdebahnlinien Arsenal–Böhmischer Bahnhof; Waldschlößchen–Postplatz; Postplatz–Pieschen; Neustädter Bahnhöfe–Georgplatz; Blasewitz–Böhmischer Bahnhof; Postplatz–Plauen; Postplatz–Löbtau; Neumarkt–Strehlen; Bautzner Straße–Reichsstraße. Sie setzte zweispännige Decksitzwagen ein und benötigte für die Altstädter Auffahrt der Augustusbrücke einen zusätzlichen Vorspannreiter. – Als Konkurrenzunternehmen wurde am 8. November 1889 die «Deutsche Straßenbahn-Gesellschaft» gegründet, die zunächst drei schienenlose Pferdeomnibuslinien bediente und am 21. September 1890 ihre erste Pferdestraßenbahn Friedrichstadt–Striesen eröffnete. Wegen der Wagenfarbe wurde sie die «rote Gesellschaft» genannt. Ihr Netz umfaßte 1892 die Strecken Friedrichstraße–Blasewitz; Theaterplatz–Schnorrstraße; Bergkeller–Neustädter Bahnhof; Albertplatz–Wilder Mann; Böhmischer Bahnhof–Neustädter Bahnhöfe. – Die Tramways Company ging am 24. Februar 1894 in der neugegründeten, mit gelben Wagen verkehrenden «Dresdner Straßenbahn-Gesellschaft» auf, die das Gleisnetz und die Haltestellen gemeinsam

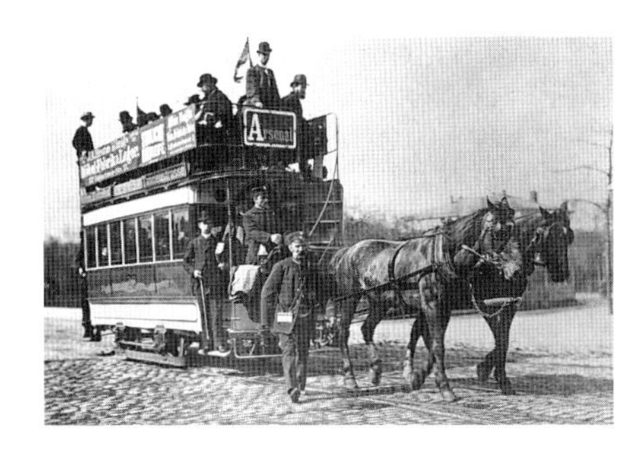

mit der Deutschen Straßenbahngesellschaft nutzte. Für die Jahre 1893/1900 war das Nebeneinander von Pferde- und elektrischen Bahnen charakteristisch. Die letzte Pferdestraßenbahn rückte am 25. August 1900 in den Bahnhof Trachenberger Straße ein. Die 1894/95 betriebene →Gasmotorbahn zum Wilden Mann hatte keine Perspektiven.
Elektrische Straßenbahn: Am 6. Juli 1893 eröffnete die Deutsche Straßenbahngesellschaft die erste elektrische Straßenbahn Sachsens zwischen Schloß- und Schillerplatz und verlängerte sie am 15. Juli 1893 über die Loschwitzer Brücke zum Körnerplatz. Die konkurrierende Tramways Company nahm ihre erste elektrische Linie am 19. November 1893 zwischen den Vororten Blasewitz und Laubegast in Betrieb. Das Nebeneinander «roter» und «gelber» Linien wurde 1906 mit der Bildung der «Städtischen Straßenbahn Dresden» (ab 1930 «Dresdner Straßenbahn AG») beendet. Sie betrieb bei ihrer Gründung 30 Linien und übernahm 1912 die beiden →Seilbahnen in Loschwitz. Ab 1909 verkehrte die Linie 26 Hauptbahnhof–Neustädter Bahnhof–Hauptbahnhof auf einem Rundkurs des «26er Ringes». 1918/19 mußte auf Grund des Energiemangels z. T. wieder Pferdebahnbetrieb aufgenommen werden. 1925 begannen die städtischen Straßenbahnen mit dem Aufbau eines eigenen →Kraftomnibusverkehrs. Am 5. Oktober 1926 wurde der Bahnhof Waltherstraße in Friedrichstadt als größter von insgesamt 10 Dresdner Straßenbahnhöfen eröffnet. Ab 1931 kamen die legendären →Hechtwagen zum Einsatz. – 1941 verschmolz die Straßenbahn AG mit der 1926 gegründeten *Dresdner Überland-Verkehrs-Gesellschaft (Drüveg)*, die bis dahin mehrere vom Staat und von Gemeindeverbänden errichtete Linien betrieben hatte. Damit gingen in städtische Verwaltung über: die Lößnitzbahn, 1899 Mickten–Kötzschenbroda, 1920 bis Zitzschewig, später bis Weinböhla verlängert; die Bühlauer Außenbahn, 1899 Waldschlößchen–Bühlau, 1908 bis Weißig verlängert (ab 1950 zwischen Bühlau und Weißig durch O-Bus, dann durch Kraftomnibus ersetzt); die Plauensche Grund-Bahn, 1902 Plauen–Deuben, 1906 bis Hainsberg, 1912 bis Coßmannsdorf verlängert (1973 durch Bus ersetzt); die Gemeindeverbandsbahn Loschwitz–Pillnitz, 1903 errichtet (1985 durch Busse ersetzt); die →Lockwitztalbahn Niedersedlitz–Kreischa, 1906 errichtet (1977 durch Busse ersetzt); die Vorortbahn Arsenal–Klotzsche, 1911 errichtet, 1913 mit Anschluß nach Hellerau, 1928 bis Weixdorf-Lausa verlängert.
Nicht zur Drüveg gehörte die 1899 eröffnete Gemeindeverbandsbahn Laubegast–Leuben–Niedersedlitz, die 1906 bis Kleinzschachwitz verlängert wurde und mehreren Strecken- und Eigentumsveränderungen unterlag.
Nach dem Luftangriff im Februar 1945 sowie in den letzten Kriegs- und ersten Nachkriegstagen kam der Straßenbahnverkehr tagelang völlig zum Erliegen. Am 12. Mai 1945 verkehrte die Linie 12 als erste wieder im Plauenschen Grund nach Hainsberg; am 8. Juni 1945 fuhr die erste Bahn über die provisorisch wiederhergestellte Augustusbrücke. Die Dresdner Straßenbahn AG hieß ab 1946 Dresdner Verkehrsgesellschaft AG (DVG), war ab 1949 Betriebsteil des Kommunalen Wirtschaftsunternehmens der Stadt Dresden (KWU) und wurde 1951 in den VEB Verkehrsbetriebe der Stadt Dresden umgewandelt (seit 1993 →Dresdner Verkehrsbetriebe AG). Ab 1969 wurde der Wagenpark auf den Typ «Tatra» aus tschechischer Produktion umgestellt.

Strauss, Richard: Komponist und Dirigent, geb. 11. 6. 1864 München, gest. 8. 9. 1949 Garmisch. – Der Repräsentant der spätbürgerlichen deutschen Musik und erfolgreiche Opernkomponist war nie in Dresden ansässig, dennoch ist sein Name eng mit der Dresdner Musikgeschichte verbunden. Fand er hier doch für die Uraufführungen von 9 seiner Opern ein erlesenes Solisten-Ensemble, in der →Staatskapelle ein Orchester, das seinen Klangvorstellungen auf ideale Weise gerecht wurde, in Nikolaus von →Seebach und Alfred Reucker (1868–1958) verständnisvolle Intendanten und vor allem in Ernst von →Schuch, Fritz →Busch und Karl →Böhm große Dirigenten, mit denen er auch freundschaftlich verbunden war. – Bereits am 27. November 1882 führte der →Tonkünstlerverein seine Serenade für 13 Bläser (op. 7) auf. S. weilte erstmalig 1883 in Dresden; am 24. Oktober 1888 gab er mit dem Gewerbehausorchester (→Dresdner Philharmonie) sein Dresdner Dirigentendebüt. Unter Schuch wurden die Opern «Feuersnot» (21.11.1901), «Salome» (9.12.1905), «Elektra» (25.1.1909) und «Der Rosenkavalier» (26.1.1911) uraufgeführt, unter Busch erklangen erstmalig «Intermezzo» (4.1.1924; im Schauspiel-

Oberdeck-Pferdebahnwagen. Um 1890
Linie Tolkewitz–Cotta. Um 1910

haus) und «Die ägyptische Helena» (6. 6. 1928), unter Clemens KRAUSS die Oper «Arabella» (1. 7. 1933; Reucker und Busch gewidmet) und unter Böhm «Die schweigsame Frau» (24. 6. 1935) und «Daphne» (15. 10. 1938; Böhm gewidmet). Neben den Uraufführungen waren auch die Dresdner Erstaufführungen seiner Opern «Ariadne auf Naxos» (14. 11. 1912 bzw. 24. 11. 1917), «Die Frau ohne Schatten» (22. 10. 1919), «Friedenstag» (15. 10. 1938), «Capriccio» (2. 11. 1944) und «Die Liebe der Danae» (23. 12. 1952) ebenso erfolgreich wie sein Orchesterwerk (z. B. 30. 10. 1915 die der Staatskapelle gewidmete «Alpensinfonie»). Häufig kam S. als Gastdirigent nach Dresden (letztmalig 1939; letzter Aufenthalt hier überhaupt 1944), wo er meistens im ehemaligen Hotel Bellevue am Theaterplatz wohnte. – Mit der Richard-Strauss-Woche 1909 begann die Tradition der Dresdner Strauss-Pflege (weitere Strauss-Ehrungen 1924, 1934, 1939, 1954, 1964); 12. Oktober 1945 erste deutsche Strauss-Opernaufführung nach dem Zweiten Weltkrieg: «Ariadne» unter Joseph →KEILBERTH. – Ehrenbürger von Dresden und Ehrenmitglied der Dresdner Staatsoper (1934); Richard-Strauss-Platz in der südlichen Altstadt.

Strehlen: linkselbischer Stadtteil, 1288 als Strowelin (slawisch: Ort eines Strovela) urkundlich erwähnt, Platzdorf mit Gewannflur am →Kaitzbach, 1892 mit ca. 2500 Einwohnern zu Dresden eingemeindet. – S. gliederte sich in eine Vorwerks- oder Herrenflur auf dem Frankenberg und eine Bauernflur. 1307 erwarb das Kloster Altzella den größten Teil des Dorfes und verwaltete ihn durch den Leubnitzer Klosterhof; 1312 wurde der Besitz durch die Hälfte des Vorwerks und 1318 durch Zukauf von Äckern am Landgraben abgerundet. Der Landgraben in S. entstand wahrscheinlich im 13. Jh. Baurechnungen von 1410 weisen darauf hin, daß bei S. ein Sammelkasten im Kaitzbach eingebaut war, der das Wasser in einem offenen hölzernen Gerinne über die →Bürgerwiese nach dem Kreuztor und weiter zum Stadtgraben führte. Mit dem Besitz des Leubnitzer Klosterhofs kam 1550 auch S. an den Rat zu Dresden. Vom →Leubnitzer Amt erwarben Dresdner Bürger Felder und Wiesen in S. Damit verlief die städtische Weichbildgrenze mitten durch den Ort (mehrere Weichbildsteine erhalten). 1564 zählte S. 31 Bauern mit einer Flur von 21,5 Hufen. 1576 kaufte JOHANN GEORG III. 59 ha Land für die Anlage des späteren →Großen Gartens. In der →Schlacht bei Dresden 1813 war S. heftig umkämpft, 7 Bauernhöfe brannten nieder. NAPOLEON I. Bonaparte befehligte die Kämpfe am 27. August von der Höhe im heutigen Gartengrundstück Dohnaer Straße 29 («Napoleonhügel»). – Über die Ortsflur erstreckte sich das kurfürstliche Rothäuser-Jagdrevier. An der Stelle des Revierforstsitzes, des Roten Hauses, wurde 1860 die →Königsvilla Strehlen erbaut; im Park errichtete Wilhelm →KREIS 1939/40 die Gebäude des Luftgaukommandos (nach 1945 Sitz der Landesregierung, 1959/89 Militärakademie «Friedrich Engels»). – S. gehörte bis zur Reformation zur Parochie der Frauenkirche, dann zur Kreuzkirche. Die seit 1893 selbständige Kirchgemeinde errichtete 1903/05 die →Christuskirche Strehlen mit den beiden 66 m hohen Türmen nach Plänen von Rudolph →SCHILLING und Julius GRÄBNER im Jugendstil und 1935 das benachbarte Gemeindehaus. – Am 23. März 1833 versammelten sich in der Kommuneschänke S. Vertreter von 21 umliegenden Ortschaften, um überzogene Forderungen bei der Ablösung der Fronen und Abgaben abzuwehren. Die wegen der Hufengelder klagenden Bauern verloren den mehrjährigen Prozeß. – 1850 brannte die bereits 1547 erwähnte Mühle im Dorf nieder. – 1829 baute die Gemeinde das Schulhaus Dohnaer Straße 16 nach dem Entwurf von Gottlieb Friedrich →THORMEYER. 1874 wurde das Schulhaus Mockritzer Straße und nach dem Ersten Weltkrieg die Schule Lockwitzer Straße errichtet. – Die →Sächsisch-Böhmische Eisenbahn durchschnitt seit 1846 die Ortsflur, wurde Ende des 19. Jh. auf den Hochdamm verlegt und erhielt in S. ein Bahnhofsgebäude mit Restaurant. 1878 wurden weitere Felder S. für den Großen Garten aufgekauft und dort 1881 anstelle einer Kiesgrube der →Carolasee angelegt. Eingemeindungsabsichten seitens der Stadt Dresden – u.a. wegen der häufigen Überschwemmungen durch den Kaitzbach – scheiterten zunächst, doch betrieb S. seit 1883 selbst die Eingemeindung nach Dresden. S. erhielt 1882 Pferdebahnanschluß zum Neumarkt und 1900 eine elektrische Straßenbahnverbindung mit Dresden. S. entwickelte sich seit Mitte des 19. Jh. zum bevorzugten Wohnort wohlhabenderer Schichten. Ortsgesetzliche Bestimmungen schränkten die Ansiedlung auch kleinerer Gewerbeunternehmen stark ein. Vor allem an der Tiergarten- und Wiener Straße im Anschluß an das →Englische Viertel und im Umkreis des Wasaplatzes entstanden zahlreiche repräsentative Villen. Erhalten blieben u. a. die Villen Tiergartenstraße Nr. 8 (um 1875) und Nr. 28 (1898 als eigener Wohnsitz durch den Architekten Ernst FLEISCHER errichtet). 1910 bezog das Friedrichstädter →Lehrerseminar den Neubau an der Teplitzer Straße (nach 1945 für die Technische Hochschule wieder aufgebaut). Nach dem Ersten Weltkrieg entstanden die Wohnhäuser Dohnaer/Rayskistraße im Bauhausstil, 1926/30 die Wohnblocks der Heimstättengesellschaft Sachsen zwischen Dohnaer, Teplitzer, Lockwitzer und Hugo-Bürkner-Straße. 1931 errichtete Paul →WOLF das «Haus der Jugend» (→Hotel Astoria). Der «Königshof» am Wasaplatz (heute «Strehlener Hof») ging 1888 aus Palitzschs Gasthof hervor, zählte zu den vornehmen Häusern Dresdens mit Tanzsaal und Hotel und beherbergte noch in den zwanziger Jahren das «Königshof-Theater». – Die Luftangriffe 1945 zerstörten zahlreiche Häuser; neue Wohnblocks wurden an der Tiergarten- und Wiener Straße errichtet. Neubauten wurden 1955 in S. für die →Palucca-Schule am Basteiplatz und für die Ingenieurschule für Eisenbahnwesen an der Strehlener Straße erbaut. An der Geystraße entstand 1972/1974 ein Feierabendheim. Auch die neuen Wohnblocks der achtziger Jahre an der Reicker Straße liegen zum größten Teil auf der Flur von S. Der traditionelle Gartenbau in S. ging in jüngerer Zeit zurück. – Die Weihe der kath. Pfarrkirche St. Petrus erfolgte 1962 (Architekt Egon KÖRNER, Altarbild von Max →LACHNIT). Gustav JUST entwarf das 1992 eingeweihte kath. Gemeindehaus. Das «Pfahlhaus» der Mormonen (Kirche Jesu Christi der Heiligen der letzten Tage) an der Tiergartenstraße wurde 1988 eröffnet. – Im Ortskern am Wasaplatz und an der Kreischaer Straße sind mehrere historische Gehöfte erhalten (Kreischaer Straße 3) bzw. rekonstruiert worden. – An der nach ihr benannten Straße (Nr. 1) wohnte die Pianistin Mary Krebs (1851–1900), Tochter des Kapellmeisters Carl →KREBS. Auch Gotthardt →KUEHL, Eva →SCHULZE-KNABE, Lea →GRUNDIG und die Tochter

Ernst von →SCHUCHS, Liesel von SCHUCH-GANZEL, hatten ihren Wohnsitz in Strehlen.

Striegler, Kurt: Kapellmeister und Komponist, geb. 7. 1. 1886 Dresden, gest. 4. 8. 1958 Wildthurn b. Landau/Bayern. – Der aus einer Dresdner Musikerfamilie stammende Künstler gehörte 1896/1900 zum →Kapellknabenchor, studierte anschließend am Dresdner Konservatorium (u. a. bei Felix →DRAESEKE) und wurde 1905 von SCHUCH als Kapellmeisteraspirant an die Hofkapelle engagiert, der er – 1912 zum Kapellmeister ernannt – als «getreuer Ekkehard» und «ruhender Pol der Oper» über 50 Jahre angehörte. Als Lehrer am Konservatorium (1905/45, 1933/37 Direktor), als Dirigent verschiedener Chöre (z. B. →Dresdner Liedertafel), als aktiver Kammermusiker und als Komponist (8 Bühnenwerke, Sinfonik, Kirchen- und Kammermusik, Lieder) setzte sich S. unermüdlich für das Dresdner Musikleben ein. Besondere Verdienste erwarb er sich nach dem Krieg um den Fortbestand und Zusammenhalt der Staatskapelle, die den seit 1950 in München lebenden Musiker 1955 zu ihrem Ehrenmitglied ernannte.

Striesen: linkselbischer Stadtteil, 1350 als Stresen (slawisch: Ort eines Streza) urkundlich erwähnt, 1892 mit ca. 11 000 Einwohnern zu Dresden eingemeindet. – Der Kern des Platzdorfes mit Vorwerk befand sich nördlich der heutigen Schandauer Straße (Altstriesen). Die Vorwerksflur zwischen dem Großen Garten und der heutigen Borsbergstraße wies die besten Böden auf. Durch die Ortsflur verläuft die Senke eines alten, von Altgruna über Altstriesen reichenden Elbarmes und seit 1300 der →Landgraben. 1445 unterstand S. mit zehn Bauern dem Domstift Meißen, im 16. Jh. z. T. dem Religionsamt des Rates zu Dresden, z. T. dem kurfürstlichen Amt. Bei der Anlage des →Großen Gartens 1676 mußten auch Striesener Bauern Flurteile an den Landesherrn abtreten. 1708 zählte S. 28 Bauern und Gärtner, 22 Tagelöhner und 9 Handwerker. Durch Altstriesen führte der Fahrweg nach Pillnitz, der nach 1765 südlicher gelegt wurde und damit der heutigen Borsberg- und Schandauer Straße entsprach. In der →Schlacht bei Dresden 1813 brannten 71 Häuser nieder, darunter auch der alte Dorfplatz. Er wurde mit Dreiseithöfen wieder aufgebaut und bewahrte sein ländliches Aussehen (lediglich die Nordseite wurde 1889 mit Mietshäusern bebaut) bis zur völligen Zerstörung 1945. 1813 brannten auch vier erst 1790 errichtete Mühlen auf dem Windmühlenberg (im Bereich Hutten- und Dürerstraße) nieder. – Die Bebauung der Striesener Flur setzte 1856 mit dem ersten Wohnhaus «auf dem Sande» an der Teutoburgstraße ein. Der Bebauungsplan von 1860 legte eine offene Bauweise mit drei- und viergeschossigen Häusern fest. An der Huttenstraße entstand mit der späteren «Deutschen Eiche» die erste Gaststätte «*Neustriesens*». Bis um 1880 rückte die Wohnbebauung ostwärts bis zum Barbarossaplatz vor und erreichte bis zur Jahrhundertwende auch Teile des →Blasewitzer Tännichts. Die neuen Straßen wurden anfangs nur durch Zahlen und Buchstaben benannt. Die Einwohnerzahl stieg von 678 im Jahr 1858 auf 8000 im Jahr 1885. Die geschlossene Bebauung wuchs jedoch nicht von Dresden aus, da S. durch die noch unbebaute Johannstadt von der Pirnaischen Vorstadt getrennt war. Nach Aufhebung der Bausperre für die Johannstadt siedelten von dort zahlreiche Gärtner nach S. um. Um 1880 gab es in S. etwa 50 Kunst- und Handelsgärtnereien, die für ihre Spezialkulturen wie Moorbeetzucht berühmt wurden, darunter die Familien POSCHARSKY und →SEIDEL. Sie wichen vor der fortschreitenden Bautätigkeit um die Jahrhundertwende nach Laubegast, Tolkewitz, Reick, Leuben und Dobritz aus. Seidels Rhododendronanlage blieb der Stadt als →Volkspark Striesen erhalten. 1883 wurde die Pferdestraßenbahn von der Schäferstraße nach Altstriesen, 1891 eine weitere Linie vom Altmarkt zum Barbarossaplatz eröffnet. Nach der Eingemeindung 1892 wuchs S. weiter nach Osten, um 1900 waren auch die Baulücken zwischen Dürer- und Blasewitzer Straße sowie zwischen S. und Blasewitz geschlossen. Vorherrschend blieb die offene Bebauung, doch entstanden längs einiger Hauptstraßen auch geschlossene Baufronten. Genossenschaftlichen Wohnungsbau betrieb vor dem Ersten Weltkrieg zwischen Wormser und Holbeinstraße der Bau- und Sparverein und an der Junghansstraße der Kleinwohnungsbauverein. Die ausgedehnten Lehm- und Kiesgruben auf S.er Flur wurden teilweise durch Kleingärten ersetzt. – 1572 gehörte S. zur Parochie der Frauenkirche, später zur Kreuzkirche. Aus Mitteln der böhmischen Exulanten, zu deren Nachfahren Striesener Gärtner gehörten, errichtete Gotthilf Ludwig →MÖCKEL 1878/80 an der Wittenberger Straße die ev.-luth., 1945 zerstörte →Erlöserkirche. Möckel schuf 1883 auch die Kapelle auf dem Friedhof an der Gottleubaer Straße. Die Gemeinden der Erlöser- und der 1945 ebenfalls zerstörten Andreaskirche (in Johannstadt) bildeten nach 1945 die Erlöser-Andreas-Gemeinde mit Gemeindesaal seit 1959 an der Haydnstraße. Gustav →RUMPEL und Arthur KRUTZSCH erbauten 1905/09 die auch architektonisch beachtliche ev.-luth. →Versöhnungskirche Striesen (Brunnenanlage von Selmar →WERNER). Dabei wurden erstmals in Dresden Kirche und Gemeindehaus zu einem Bau verbunden. Die ev.-methodistische Zionsgemeinde erhielt 1950 ein Haus an der Haydnstraße. Auf der Flurgrenze zur Johannstadt wurde 1905 die kath. →Herz-Jesu-Kirche an der Krenkel-/Borsbergstraße erbaut. Der →Kapellknabenchor bezog nach 1945 Räume des Vinzentiusstiftes (kath. Kapelle Mariä Himmelfahrt), das 1905 von Julius FÖRSTER mit Kinderheim an der Wittenberger Straße errichtet wurde. – Die erste Schule bestand seit 1839 am Landgraben, eine weitere seit 1869 an der Tittmannstraße (1945 zerstört). 1874 folgte ein Schulbau Wartburgstraße 23, 1886 die Bürgerschule (51. Schule) an der heutigen Rosa-Menzer-Straße und 1892 die 25. Bezirksschule am Pohlandplatz. Hans →ERLWEIN errichtete 1907 das Gymnasium Dresden-Striesen an der Haydnstraße 49 und vor dem Ersten Weltkrieg die 31. Schule Junghansstraße. In das 1899 erbaute →Freimaurerinstitut an der Eisenacher Straße (vor 1945 Scharnhorst-Oberschule für Jungen) zogen →Kreuzschule und →Kreuzchor ein.
Seine weit über Dresden hinausreichende Bedeutung erlangte S. mit der Ansiedlung zahlreicher Betriebe der →Fotoindustrie, →Zigarettenindustrie, Kartonagen- und Kunstdruckbranche seit etwa 1900 im Osten des Stadtteils. Heinrich →ERNEMANN ließ sich seit 1897 mit einer Kamerafabrik an der Schandauer Straße nieder. Sie wurde vor und nach dem Ersten Weltkrieg erweitert und erhielt 1923 mit dem →Ernemannturm ihr Wahrzeichen (im Gebäude heute u.a. die →Technischen Sammlungen der Stadt Dresden). Das

Kamerawerk von Richard HÜTTIG ging in die Ica-AG ein, die ebenfalls an der Schandauer Straße lag und 1926 mit den Ernemannwerken zu →Zeiss-Ikon Dresden verschmolz. Bereits auf Grunaer Flur wurde 1904 das Mimosa-Werk an der Bärensteiner Straße angesiedelt (heute Fotopapier-GmbH). An der Schandauer Straße ließ sich 1900 die Zigarettenfabrik Jasmatzi nieder. Sie bezog 1912 den Neubau Glashütter Straße. An die Junghansstraße zog 1912 die Zigarettenfabrik Wilhelm LANDE. – Nach 1900 und in den zwanziger Jahren wurde das zum Großen Garten gelegene Gebiet um den Stresemannplatz bebaut. 1925 zählte S. ca. 52 000 Einwohner. Die Luftangriffe 1945 zerstörten vor allem den Westen des Stadtteils, darunter den Ortskern mit dem Versammlungslokal der Striesener Arbeiter «Zum sächsischen Prinzen», das Hammersche Hotel an der Augsburger Straße und die Gloria-Palast-Lichtspiele an der Schandauer Straße. Nach der großflächigen Enttrümmerung beiderseits der Borsberg- und Schandauer Straße wurde 1956/58 in S. erstmals für Dresden die Großblockbauweise angewandt, an der Borsbergstraße ein Einkaufszentrum errichtet und bis 1970 der Neuaufbau bis zur Bergmannstraße fortgeführt. Die traditionsreichen Industriezweige wurden mit der Fertigung von Spiegelreflexkameras durch den VEB Pentacon (bis um 1990), die Fotopapierherstellung und die Zigarettenindustrie fortgeführt. Die vereinigten Zigarettenfabriken wurden 1990 von Philipp Morris übernommen und verarbeiten in den Werken Glashütter und Junghansstraße täglich 28 t Importtabak.

Striezelmarkt: Dresdner Weihnachtsmarkt, der zu den ältesten in Deutschland zählt. Nach dem ersten urkundlichen Nachweis vom 14. Oktober 1434 ordneten die sächsischen Herzöge FRIEDRICH und SIGISMUND an, daß der Markt nur am Heiligen Abend abgehalten werden sollte. Er diente zur Versorgung der Stadtbewohner mit →Christstollen, dessen andere Bezeichnung «Striezel» (auch strozel, strutzel) dem Markt den Namen gab. Zum Feilbieten der Stollen lieh der Rat den Weißbäckern gegen Entgelt sogenannte «Strutzelbretter». Im Laufe des 17./18. Jh. wandelte sich der Charakter des S., der ab 1548 auf den Montag vor Weihnachten gelegt worden war («Strietzelmontag») zu einem Markt, auf dem auch auswärtige Händler und Handwerker aus der Dresdner Umgebung ihre landschaftstypischen Waren anboten, wobei sich häufig die einheimischen Anbieter beim Rat über die fremde Konkurrenz beschwerten. Ab 1710 wurde die Dauer des S. auf drei Tage, später auf acht Tage verlängert. Stammplatz des S. ist der →Altmarkt, Ende des 19. Jh. fand er auch auf dem →Neustädter Markt bzw. dem Albertplatz, Anfang des 20. Jh. auf dem →Postplatz, später auf dem →Neumarkt und in den dreißiger Jahren im →Stallhof statt. – Nach der Zerstörung Dresdens 1945 gestaltete man im Dezember auf einem ehemaligen Fabrikgelände in der Riesaer Straße die «Dresdner Weihnachtsmesse 1945», die von 70 000 Menschen besucht wurde. Von 1946 an fanden die *Weihnachtsmessen* bis 1954 jährlich in der Stadthalle (ehemaliges →Arsenal) statt, wobei dort auch umfangreiche Weihnachtsausstellungen die Besucher anzogen (1953: 531 000 Personen). Während die Weihnachtsschauen bis 1967 in der Stadthalle gezeigt wurden, fand ab 1955 wieder der S. jährlich vier Wochen im Dezember in der Innenstadt statt (1955 auf dem Theaterplatz, ab 1956 auf dem Altmarkt, in den sechziger Jahren in den Gassen um den Altmarkt und in den siebziger Jahren am Fučikplatz (Straßburger Platz), seit den achtziger Jahren auf dem Altmarkt). Das Stadtmuseum zeigt seit 1968 im Landhaus in der Weihnachtszeit einen historischen Weihnachtsmarkt aus der Zeit um 1900. – Der S. war im 19./20. Jh. ein beliebtes Motiv für Dresdner Maler (z. B. Ludwig →RICHTER, Gotthardt →KUEHL).

Striezelmarkt um 1910. G. Caspari

Struve, Friedrich Adolf August: Arzt, Erfinder des künstlichen Mineralwassers, geb. 9. 5. 1781 Neustadt bei Stolpen, gest. 29. 9. 1840 Berlin. – Der Sohn eines Arztes studierte nach dem Besuch der Fürstenschule in Meißen in Leipzig und Halle Medizin. 1803 ließ sich S. in Stolpen als Arzt und Apotheker nieder, übersiedelte aber bereits 1805 nach Dresden, wo er durch Heirat in den Besitz der →Salomonisapotheke gelangte. Den Arztberuf gab er bald ganz auf, um sich neben seiner Apothekentätigkeit naturwissenschaftlichen und technischen Studien widmen zu können. Durch eigene schwere Erkrankung angeregt, befaßte er sich mit der Herstellung künstlichen Mineralwassers. 1820 konnte S. mit Hilfe →BLOCHMANNS in der →Seevorstadt die erste Mineralwasseranstalt der Welt gründen («Kgl. Sächs. concessionierte Mineralwasseranstalt»). Seit 1833 gehörte S. den →Kommunrepräsentanten bzw. der späteren Stadtverordnetenversammlung an. Nach seinem Tode wurde er von Berlin nach Dresden überführt, wo er in der Familiengruft auf dem →Trinitatisfriedhof beigesetzt wurde. – Struvestraße in der südlichen Altstadt; →Villa Struve.

Stübel: Dresdner Familie, die auf den aus Brandoberndorf eingewanderten Gastwirt Andreas S. (1601–1681) zurückgeht und aus der Gelehrte, Pfarrer, Lehrer und Beamte hervorgegangen sind. Für Dresden ist besonders bedeutend: *Alfred,* Oberbürgermeister in Dresden, geb. 3. 4. 1827 Dresden, gest. 9. 3. 1895 Dresden. – S. wurde 1853 Advokat in Dresden, 1856 Stadtverordneter, 1866 Stadtrat, 1875 dritter Bürgermeister und 1877 als Nachfolger von F. W. →PFOTENHAUER zum Oberbürgermeister gewählt. Er erwarb sich besondere Verdienste um die Wasserversorgung und die Pflege der Städtischen Parkanlagen (z. B. Erweiterung der →Bürgerwiese). Der 1891 zum Ehrenbürger ernannte S. wohnte in der Sidonienstraße. Ihm zu Ehren wurde 1901 der →Stübelbrunnen errichtet. – Grab auf dem alten Annenfriedhof. Stübelallee am Großen Garten.

Stübelbrunnen: ehemaliger Brunnen am Stübelplatz (→Straßburger Platz), der 1901 von Alfred →HAUSCHILD (Architektur) und Hans →Hartmann-MACLEAN (Plastik) geschaffen wurde. Der auf dreieckigem Fundament mit reichem figürlichen Schmuck versehene S. trug das Medaillonporträt des Oberbürgermeisters Alfred →STÜBEL. Der S. wurde beim Bombenangriff 1945 beschädigt und seine Reste 1960 abgetragen.

Stückgießers: ehemaliges Vorwerk in Johannstadt, Anfang des 18. Jh. vom Vorwerk →Lämmchen abgetrennt; als «Neue Sorge» 1737 vom Stück- und Glockengießer Johann Gottfried →WEINHOLD (1700–1776) erworben. Nach mehrfachem Besitzerwechsel wurde 1866 auf dem Vorwerk das Tanzlokal «Zur goldenen Aue» errichtet, das ab 1901 unter dem Namen «Blumensäle» auch ein bekanntes Versammlungslokal war (1907 letzte Dresdner Rede August →BEBELS).

«Stürmische Wogen»: →«Stilles Wasser»

Südvorstadt: Stadtteil südlich des Hauptbahnhofs, begrenzt etwa von Strehlener Straße, Teplitzer Straße, Zelleschem Weg, Mommsenstraße, Bamberger Straße und der Bahnlinie Dresden-Tharandt. – Die S. wurde seit Mitte des 19. Jh. auf der bis dahin unbebauten Weichbildflur im Süden der Seevorstadt angelegt, von der sie seit 1845/48 durch die →Sächsisch-Böhmische Eisenbahn getrennt ist. Zu dieser Flur gehörten auch die Wüstungen →Auswik und →Boskau. Ältester Straßenzug ist vermutlich der →Zellesche Weg. Am →Hahneberg wurde im 17. Jh. die Schankstätte «Feldschlößchen» und 1847 die →Feldschlößchenbrauerei angelegt. 1830 siedelte →Flemmings Blindenanstalt an die Chemnitzer Straße um; in ihrer Nähe wurde eine Gehörlosenanstalt gegründet. 1848 wurde am südlichen Teil des Hahnebergs der vorletzte der Dresdner Annenfriedhöfe angelegt. Die Sächsisch-Böhmische Eisenbahn hatte 1848 nahe der Falkenstraße ihren ersten Bahnhof. Ihre niveaugleichen Straßenübergänge erschwerten bis zur Jahrhundertwende den Zugang in die Vorstadt. – 1841 wurde die Neue Dippoldiswalder Straße (seit 1855 Bergstraße) mit dem Einnehmerhaus am heutigen Fritz-Förster-Platz angelegt und 1868 die Prager Straße südwärts verlängert (ab 1871 südlich des Hauptbahnhofs als Reichsstraße bezeichnet, später Juri-Gagarin-Straße, seit 1993 Fritz-Löffler-Straße). Pferdebahnlinien führten seit 1873 durch die Chemnitzer Straße nach Plauen und durch die Reichsstraße seit 1883 bis zur Reichenbachstraße. Die erste elektrische Straßenbahn in der Südvorstadt nahm 1890 den Betrieb bis zur Gastwirtschaft «Bergkeller» auf. Südlich des Hauptbahnhofs entwickelte sich 1851 beginnend ein Villengebiet, das →Schweizerviertel, von dem einzelne unter Denkmalschutz stehende Villenbauten erhalten sind. Ab 1894 schlossen sich die Wohnbauten an der Eisenstuckstraße an. Um die Jahrhundertwende wurde das Brachland oberhalb des Schweizerviertels mit Wohnbauten gestaltet und dabei auch die Platzanlage «Nürnberger Ei» geschaffen. Nach dem Ersten Weltkrieg erweiterte sich die Vorstadt durch Reihenhäuser in Richtung Plauen und Einzelhäuser am Hang gegen Räcknitz und Zschertnitz. Zwischen Albertbahn und Chemnitzer Straße bildete sich eine mit Löbtau und Plauen zusammenhängende Industriezone aus. Südlich der Sächsisch-Böhmischen Eisenbahn erbaute man 1895/1910 ein Mietshausviertel mit rechtwinkligem Straßengrundriß, das in Bahnhofsnähe Hotels und Pensionen und speziell in der Ostbahnstraße auch Malerateliers enthielt (Nr. 14 Atelier von Lea und Hans →GRUNDIG). Wegen der zahlreichen hier wohnenden Fremden bürgerte sich die Bezeichnung «Amerikanisches Viertel» ein. Von den «Ausländerkirchen» der Südvorstadt überstand die →Russisch-Orthodoxe Kirche von 1872/74 die Luftangriffe, während die →Amerikanische Kirche von 1883 an der Bergstraße und die Schottisch-Presbyterianische Kirche von 1884 hinter dem Hauptbahnhof zerstört wurden (ebenso die außerhalb der Südvorstadt errichtete →Englische Kirche an der Wiener Straße). – Nach Ausgliederung der Südvorstadt aus der ev.-luth. Gemeinde der Kreuzkirche nutzte die 1889 gebildete Lukasparochie eine Interimskirche an der Winckelmannstraße, bis Georg WEIDENBACH 1898 die →Lukaskirche errichtete. 1912 wurde die ev.-luth. Zionsgemeinde gegründet und die →Zionskirche an der Nürnberger Straße gebaut. An ihr wirkten später die antifaschistisch gesinnten Pfarrer der «Bekenntnistreuen Christen» Ringulf SIEGMUND und Herbert BÖHME (der «Retter von Meißen»). 1925 wurde die kath. St.-Paulus-Kirche auf der Bernhardstraße nach dem Entwurf von Robert WITTE errichtet. 1866 ließen die Preußen an der Reichenbachstraße eine Schanze anlegen. Auf ihrem Gelände schuf die Stadt später den Schanzenpark (ab 1926 →Beutlerpark).
Während die Südvorstadt nach den Zerstörungen von 1945 ihren Charakter

Friedrich Adolf August Struve
Alfred Stübel

als gehobenes *bürgerliches Wohnviertel* von Dresdnern und Fremden weitgehend verloren hat, ist ihre Bedeutung als →*Hochschulviertel* noch gestiegen. 1875 wurde das →Polytechnikum hinter dem Hauptbahnhof errichtet. 1900/05 entstanden die vorwiegend in Ziegelbauweise errichteten Gebäude der «alten TH» zwischen Berg-, Mommsen-, Helmholtz- und George-Bähr-Straße, 1910/13 der markante Beyer-Bau mit dem Lohrmann-Observatorium und nach dem Ersten Weltkrieg weitere Hochschulbauten. Am Münchner Platz wurde 1902/07 das →Landgericht (später Georg-Schumann-Bau der TU) erbaut. Die Luftangriffe von 1945 zerstörten weitgehend den nördlichen Teil der Vorstadt zwischen Hauptbahnhof und Nürnberger bzw. Reichenbachstraße, rissen große Lücken in das Schweizerviertel und vernichteten 85 Prozent der Hochschulbauten. Nach dem Wiederaufbau der zerstörten älteren Lehrgebäude wurden insbesondere am Zelleschen Weg und an der Fritz-Löffler-Straße neue Lehr- und Forschungsgebäude der Technischen Universität sowie der →Hochschule für Verkehrswesen erbaut. Mit der als «Hochstraße» zum Stadtzentrum führenden Budapester Straße und der nach Löbtau führenden →«Nossener Brücke» entstanden wichtige Verkehrswege. Die fünfgeschossigen Wohnbauten um den Nürnberger Platz mit 1500 Wohnungen wurden 1953/54 im Sonderbauprogramm für Bergarbeiter errichtet (Architekten Herbert SCHNEIDER, Albert PATITZ u. a.). 1973/74 erhielt die Südvorstadt ihren westlichen Bauabschluß mit rund 1000 Wohnungen in den Elfgeschossern Budapester Straße (Architekten Hans KONRAD, Bruno KANDLER, Friedrich Wilhelm SINNER). Etwa 4300 Wohnungen entstanden bis 1983 in den Zehngeschossern an der Ostseite der Fritz-Löffler-Straße (Architekt Konrad LÄSSIG). In jüngster Zeit nehmen Büro-, Geschäfts- und Wohnbauten u.a. am Zelleschen Weg und anstelle der ehemaligen Gaststätte «Nürnberger Ei» Gestalt an. Es entstanden Neubauten für die Juristische Fakultät der TU und das Institut für Festkörper- und Werkstofforschung.

Ansicht der Semperschen Synagoge von der Elbseite

Synagogen: Die *erste* Dresdner S. befand sich im Mittelalter am →Jüdenhof. Nach Enteignung der →Juden in Dresden stand sie ab 1411 leer und wurde vom Rat als Waffen- und Pulverhaus, als Getreidespeicher, Brauhaus und zu Jahrmarktszeiten als Gewandhaus benutzt. Um 1690 brach man sie wegen der Errichtung des →Stallhofs ab. Die *zweite* S. erbaute Gottfried →SEMPER 1838/40 für die vereinigte Jüdische Gemeinde Dresden/Leipzig als gemeinschaftliches Bet- und Schulhaus zwischen →Zeughausstraße und Elbe. Der quadratische Bau der S. mit seinem Anbau und der achteckigen Kuppel bot 500 Personen Platz. Am Altar-Platz befand sich der heilige Schrein, in dem die auf Pergament geschriebenen Gesetze der fünf Bücher Moses aufbewahrt wurden. Am 9. November 1938 zerstörten faschistische Brandstifter in der sogenannten «Kristallnacht» die S. Heute steht an dieser Stelle ein Gedenkstein zur ewigen Mahnung an die Opfer des Nationalsozialismus. 1950 errichteten die überlebenden Mitglieder der Jüdischen Gemeinde mit staatlichen Mitteln am →Jüdischen Friedhof in →Johannstadt (Fiedlerstraße) eine *dritte* kleine S., deren Turm mit einem von der Semperschen Synagoge geborgenen Davidsstern geschmückt ist.

Tanzfestival Dresden: seit 1970 jährlich am letzten Juniwochenende im →Kulturpalast stattfindendes Internationales Gesellschaftstanzturnier der Professionals und Amateurtänzer, in dessen Rahmen auch das Turnier um den Zwingerpokal veranstaltet wird. Das T. entstand aus dem Pressefestturnier der Sächsischen Zeitung und wird vom Kulturpalast, der Tanzschule GRAF und dem Klub für Gesellschaftstanz veranstaltet. Zu den Preisen gehört auch der Preis des Dresdner Oberbürgermeisters.

Taschenberg: natürliche Erhebung nahe der Elbe, auf deren Nordteil nach 1140 (nachdem der Gau →Nisan endgültig in die Hand der Wettiner gelangt war) die markgräfliche Burg zum Schutz des Elbübergangs errichtet wurde.

Taschenbergpalais: Barockpalast an der Sophienstraße in Nachbarschaft des Residenzschlosses, mit dem es durch einen überdachten Gang verbunden ist. Für die Gräfin COSEL ließ Kurfürst FRIEDRICH AUGUST I. 1707/11 auf dem →Taschenberg neben dem Schloß den 48m langen Mittelbau mit Mansarddach errichten, der wohl als Gemeinschaftsarbeit von →KARCHER und →PÖPPELMANN anzusehen ist und in der Dresdner Barockarchitektur den Übergang von dem →Palais im Großen Garten zum →Zwinger darstellt. Die Fassade ist mit kleinteiliger Ornament- und Feldgliederung, mit Balkonen und dem prächtigen Hauptportal reich geschmückt. Das Palais wurde im Inneren mit orientalischer Einrichtung (bis 1718) ausgestattet und trug deshalb anfangs die Bezeichnung *Türkisches Haus*. Ab 1719 bis Anfang des 20. Jh. diente das T. der jeweiligen Kronprinzenfamilie als Wohngebäude und wurde darum auch Prinzenpalais genannt. 1756/63 wurden durch Julius Heinrich →SCHWARZE der westliche Seitenflügel und die Bauten um den hinteren Hof angefügt, wofür das →Ballhaus abgebrochen werden mußte. Dabei entwarf Schwarze auch die in dem Flügel an der Kleinen Brüdergasse gelegene über zwei Geschosse reichende kath. Hofkapelle, die mit Rokoko-Stukkaturen in Hellgrün und Silber versehen war und deshalb als *Silberkapelle* bezeichnet wurde. Gottfried →KNÖFFLER schuf den Figurenschmuck an den Fassaden (Statue des Mars, der Minerva und Wappenstück, um 1850 vom westlichen Seitenflügel auf den Mitteltrakt versetzt) und in den Hofanlagen (besonders zwei Eckbrunnen im westlichen Ehrenhof). Ab 1763 wurde durch Christian Friedrich →EXNER der östliche Seitenflügel angebaut. 1825 ersetzte man die hohen Mansarddächer durch flachgeneigte Walmdächer und baute 1843 das T. erneut um, ohne seine äußere Gestalt wesentlich zu verändern. Nach dem Ersten Weltkrieg diente das T. staatlichen Verwaltungszwecken, z. B. der Unterbringung der Generalintendanz der Staatstheater. Es wurde 1934 gründlich restauriert. – Beim Bombenangriff 1945 brannte es aus und prägte als Ruine bis 1990 das Bild der Sophienstraße gegenüber dem Zwinger. 1991/94 wurde es als «Grandhotel Taschenbergpalais Kempinski Dresden» für ca. 250 Mio. DM wiederaufgebaut. Dabei wurden denkmalpflegerische Vorgaben berücksichtigt, z. B. Beibehaltung der äußeren Gestalt; originale Wiederherstellung der Fassaden, des barocken Innenhofes, der Eingangshalle, des Haupttreppenhauses, der Kapelle, der Repräsentationsräume und historischer Kellerräume. Ein zweiter Bauabschnitt sieht südlich vom T. einen Neubau des Hotel-Komplexes für Verwaltungs-, Geschäfts- und Veranstaltungszwecke vor. Während der Bauvorbereitung wurden 1992/93 archäologische Ausgrabungen im Kellerbereich vorgenommen, die u. a. Aufschlüsse über die Entstehungszeit Dresdens um 1200 und die Höfe des →Burglehens geben.

Blick zum Altar der Silberkapelle im Taschenbergpalais

Tatzberg: seit 1861 in Johannstadt existierende Straße, die bis 1945 vom Böhnischplatz/Ecke Pfotenhauer Straße ostwärts bis zur Fürstenstraße (Fetscherstraße) führte. Bereits 1370 wurde die Gegend als «vinea Tazceanzberge» und 1569 als T. erwähnt. Bei der Namensgebung sollte an das früher mit Weingärten bedeckte Hügelland erinnert werden. Nach 1945 verläuft die Straße nur noch zwischen Arnoldstraße und Fetscherstraße. An der Südseite des T. befinden sich der Trinitatisfriedhof und der Jüdische Friedhof.

Technische Bildungsanstalt: →Technische Universität

Technische Hochschule: →Technische Universität

Technische Sammlungen der Stadt Dresden: technisches Museum vorwiegend zu den traditionellen Dresdner Zweigen Fotografie, Rechentechnik und Datenverarbeitung, Schreibtechnik und Unterhaltungstechnik, später erweitert auf Bereiche wie Medizin- und Haushalttechnik. – Die Sammlungen wurden am 1. November 1966 als Polytechnisches Museum gegründet, 1975 in *Technisches Museum* umbenannt, hatten ihren Sitz 1966/88 auf der Königstraße, 1989/93 interimistisch in einer Villa in Blasewitz. Sie werden seit 1993 im ehemaligen Pentacon-Gebäude Junghansstraße (→Ernemannturm) eingerichtet. – Anders als der →Staatliche Mathematisch-Physikalische Salon mit seinen älteren Instrumenten und Geräten bewahren die T. überwiegend Objekte industrieller Fertigung etwa seit Mitte des 19. Jh. Ihre Schreibmaschinensammlung ist mit über 400 Exemplaren eine der größten Europas, geht auf Siegfried HILDEBRANDT

(TH/TU Dresden) zurück und wurde den T. 1974 übergeben. Zu ihren Beständen zählen u. a. das in Holz gefertigte «Dresdner Modell» von P. MITTERHOFER und Exemplare der Typen «Erika» und «Ideal» von →Seidel & Naumann. 1969 wurde dem Museum das 1958 gegründete *Museum für Fotografie* angegliedert. Fotografie und →Fotoindustrie werden u. a. an einem Selbstporträt von Hermann →KRONE und zahlreichen Dresdner Kameramodellen, u. a. von →Zeiss-Ikon Dresden, dargestellt. 1993 wurden den T. die Bestände der bis dahin nichtöffentlichen Pentacon-Sammlung übereignet. Der Bestand an Geräten der Rechentechnik und Datenverarbeitung enthält u.a. den Tischrechenautomaten Typ Dresden von Nikolaus Joachim LEHMANN (TH Dresden, 1959) und den Rechner «Robotron 300» aus dem Jahr 1966 mit der Fertigungsnummer 001.

Technische Universität Dresden:
1. *Zur historischen Entwicklung:*
Von der Technischen Bildungsanstalt zur Technischen Hochschule 1828–1890:
«Zur Beförderung der Nationalindustrie» bestätigte Generalgouverneur →REPNIN-WOLKONSKI 1814 die Gründung einer «Sonntags»- und einer «Industrieschule» auf der Brühlschen Terrasse. Diese Anstalten waren jedoch ausschließlich kunsthandwerklich ausgerichtet. 1822 regte Kammerrat Wilhelm Ernst August von SCHLIEBEN (1781–1839) für Sachsen ein polytechnisches Institut nach anderen europäischen Vorbildern an. König ANTON bestätigte nach Vorschlägen von Rudolf Sigismund →BLOCHMANN 1827 das Dekret für eine *Technische Bildungsanstalt,* die am 1. Mai 1828 im Brühlschen Gartenpavillon (später Atelier Ernst →RIETSCHELS) auf der Brühlschen Terrasse gegründet wurde und bis 1840 unter Leitung Wilhelm Gotthelf →LOHRMANNS stand. Rietschel unterrichtete an der Anstalt zeitweise im Tonmodellieren. Blochmann und Johann Andreas →SCHUBERT lehrten Mechanik und Maschinenbau; praktische Arbeiten wurden anfangs in Blochmanns Werkstatt auf der Waisenhausgasse, dann in anderen Werkstätten geübt. Die Anstalt übersiedelte 1835 in die ehemalige Rüstkammer am Jüdenhof und wurde unter August →SEEBECKS Leitung 1846 in einen Neubau am Antonsplatz verlegt. – Die Ausbildung im Bauwesen war an der Akademie der Bildenden Künste ausschließlich künstlerisch orientiert. Zur Förderung naturwissenschaftlich-technischer Kenntnisse wurde am 15. Oktober 1837 in Dresden die erste sächsische *Baugewerkeschule* gegründet und der Technischen Bildungsanstalt unter Lohrmann unterstellt. Sie hatte ihren Sitz anfangs nahe dem Seetor, dann im Jüdenhof, 1839 an der späteren Zeughausstraße und ab 1842 an der Ostra-Allee neben dem Prinz-Max-Palais. 1875 wurde die Baugewerkeschule von der Polytechnischen Schule gelöst und als *Sächsische Staatsbauschule* selbständig. – Die ehemalige «Industrieschule» verblieb als Abteilung «Modellieren, Ornamenten- und Musterzeichnen» bis 1875 an der Bildungsanstalt, kehrte dann an die Akademie der Bildenden Künste zurück und ging zuletzt in die Kunstgewerbeschule (→Staatliche Akademie für Kunstgewerbe) über.
Mit der Umbenennung der Technischen Bildungsanstalt in *Polytechnikum* 1871 unter dem Direktorat von Gustav Anton →ZEUNER war die Anerkennung als höhere Fachschule verbunden. Sie bezog 1875 den Neubau südlich des Hauptbahnhofs (→Polytechnikum, auch «Alte Schule»). Zu dieser Zeit und in den folgenden Jahrzehnten bestanden die fünf Abteilungen Hochbau, Maschinenwesen, chemische Abteilung, Ingenieurabteilung und Allgemeine Abteilung.
Die Technische Hochschule von 1890 bis 1945:
Mit der steigenden Bedeutung von Naturwissenschaft und Technik erhielt das Polytechnikum 1890 den Status einer *Technischen Hochschule (TH),* der 1900 das Promotionsrecht für den Grad eines Dr.-Ing. verliehen wurde. Erster Dr.-Ing. war der Chemiker E. KEGEL, erster Ehrendoktor der Industrielle Friedrich →SIEMENS. Ab 1907 ließ die TH auch Frauen zum Studium zu. Die Studentenzahl überschritt um die Jahrhundertwende die 1000, sank jedoch im Ersten

Brühlsche Terrasse mit Pavillon der Technischen Bildungsanstalt. Aufn. von Hermann Krone
Gebäude der Technischen Bildungsanstalt am Antonsplatz

Weltkrieg auf nur 300. Ein hoher Anteil ausländischer Studenten sprach für den internationalen Ruf der Schule. Charakteristisch für das Wirken der TH war schon frühzeitig die enge Verbindung zur Industrie, die z. B. mit der Mechanisch-Technischen Versuchsanstalt zusammenarbeitete. Johannes GÖRGES (1859–1946) brachte 1903 seine 17jährige Industrieerfahrung bei Siemens & Halske in die Leitung des elektrotechnischen Institutes ein. – Bis 1905 errichtete Karl →WEISSBACH die Hochschulbauten unterhalb der Räcknitzhöhe; Martin →DÜLFER schuf 1913 den Beyer-Bau mit dem Lohrmann-Observatorium und nach dem Ersten Weltkrieg weitere Bauten in der Südvorstadt. Mehrmals wurde in den zwanziger Jahren Adolf NÄGEL (1875–1939) zum Rektor gewählt. 1923/24 wurde der «Große Senat» gebildet. Die Forschung war weiterhin eng mit Industrieaufträgen verbunden. So arbeitete das Physikalische Institut mit →Koch & Sterzel, das Photographische Institut mit →Zeiss-Ikon Dresden eng zusammen. Den universitären Charakter der TH stärkte 1925 die aus der Allgemeinen Abteilung gegründete Kulturwissenschaftliche Abteilung. – 1929 wurde die Forstliche Hochschule Tharandt (Forstakademie) der TH als Fakultät angegliedert. Sie war 1811 von Heinrich COTTA (1763–1844) nach Tharandt verlegt und 1816 verstaatlicht worden. An ihr wirkten u. a. der Naturkundler und Demokrat von 1848/49 Emil Adolph ROSSMÄSSLER (1806–1867), der Botaniker Friedrich NOBBE (1830–1922), der Agrarchemiker Julius Adolph STÖCKHARDT (1809–1886) und als Direktor Johann Friedrich JUDEICH (1828–1894). – Nach dem Machtantritt des Faschismus wurden über 30 Hochschullehrer zwangsemeritiert oder der TH verwiesen, u.a. der Romanist Viktor →KLEMPERER und der Sozialhygieniker Rainer →FETSCHER. Von großen Teilen des Lehrkörpers und der Studentenschaft wurde jedoch die ideologische Gleichschaltung widerstandslos hingenommen, z. T. auch unterstützt. Das Führerprinzip der NSDAP wurde 1937/45 in der Person des Rektors Wilhelm JOST (1887–1949) durchgesetzt. – Die Luftangriffe 1945 zerstörten das Polytechnikum am Bismarckplatz völlig und das Hochschulviertel der Südvorstadt zu etwa 80 Prozent. Am 20. April 1945 wurden Lehre und Forschung ganz eingestellt.

Technische Hochschule 1946–1961:
18. September 1946
Festveranstaltung in der «Tonhalle» (Kleines Haus) anläßlich der Wiedereröffnung der TH; erster Rektor bis 1947 Enno HEIDEBROEK (1876–1955)
21. Oktober 1946
Aufnahme des Lehrbetriebs mit 453 Studenten vorerst an den drei Fakultäten Kommunalwirtschaft, Forstwirtschaft und Pädagogik
1949
Aufnahme des Fernstudiums in den Lehrbetrieb. Eröffnung der «Arbeiter-und Bauern-Fakultät» (ABF) der TH (ab 1954 am Weberplatz in Dresden-Strehlen; bis 1963 2534 Absolventen). Zuordnung des Dresdner →Botanischen Gartens zum Institut für Botanik der TH
1950
Wiederaufbauphase im alten Hochschulviertel weitgehend abgeschlossen; Raumentwicklungsplan für Erweiterung mit Schwerpunkt Zellescher Weg/Fritz-Förster-Platz
1952
Ausgliederung der verkehrstechnischen Fachrichtungen und Gründung der →Hochschule für Verkehrswesen
1953
125-Jahr-Feier
1955
An der TH mit ca. 8300 Studenten und 4500 Mitarbeitern bestehen die Fakultäten: Mathematik und Naturwissenschaften; Bauwesen; Maschinenwesen; Technologie; Leichtbau (seit 1954; 1956/61 Fakultät für Luftfahrtwesen); Ingenieurökonomie; Forstwirtschaft; Pädagogik und Kulturwissenschaft; Kerntechnik (1955–1958) sowie das Institut für Gesellschaftswissenschaften und das 1954 gegründete Industrieinstitut
1956
Gebäude Dürerstraße für Fakultät für Leichtbau errichtet.
1957
Übernahme des ehemaligen →Landgerichts durch die TH; Umbau bis 1961 fur TH-Institutionen und als Mahn- und Gedenkstätte; benannt nach dem Widerstandskämpfer Georg SCHUMANN (geb. 1886, hinger. 1945); heute Gedenkstätte für die Opfer des Nationalsozialismus und des Stalinismus
1961
Abschluß der wichtigsten Erweiterungs- und Neubauten im Hochschulviertel (Zellescher Weg)

Technische Universität seit 1961:
1961
Am 5. Oktober Verleihung des Status Technische Universität (TU), erster Rektor bis 1965 Kurt SCHWABE (geb. 1905). Die TU hat 10 000 Direkt- und 5200 Fernstudenten sowie 5400 Mitarbeiter
1968
Bildung des Universitätsrechenzentrums. Am 28. Oktober Bildung von 22 Sektionen statt der bisher 8 Fakultäten
1980
Mensa Fritz-Förster-Platz eröffnet
1987
Eingliederung der Ingenieurhochschule Dresden (gegründet 1969) in die TU
1990/93
Umgestaltung der Dresdner Hochschulen; Hochschulstruktur- und Hochschulerneuerungsgesetz. März 1990 demokratische Wahl des Rektors (Günter LANDGRAF).
1992
Fakultät für Verkehrswissenschaften wiedergegründet. Überführung der Pädagogischen Hochschule in die TU.
1993
Gründung der Medizinischen Fakultät aus der →Medizinischen Akademie Carl Gustav Carus (25 Kliniken, 1300 Betten, 21 Institute, 900 Studenten, 3800 Mitarbeiter). 1993 Eröffnung des Neubaus der Juristischen Fakultät (Juridicium) an der Bergstraße.
Fakultäten der TU (Stand 1994):
F. für Naturwissenschaften und Mathematik; Philosophische F.; F. Sprach- und Literaturwissenschaften; F. Erziehungswissenschaften; Juristische F.; F. Wirtschaftswissenschaften; F. Informatik; F. Elektrotechnik; F. für Maschinenwesen; F. für Bau-, Wasser- und Forstwesen (mit Botanischem Garten, Forstbotanischem Garten Tharandt und Forstlicher und Jagdkundlicher Lehrschau Grillenburg); F. Verkehrswissenschaften Friedrich List; Medizinische F. Carl Gustav Carus.
Zur Geschichte der Hochschulbibliothek →Universitätsbibliothek der Technischen Universität
2. *Zur baulichen Entwicklung:*
Der Bau des Polytechnikums 1875 leitete die Ansiedlung der Hochschule in der →Südvorstadt ein, in der sich heute der eigentliche Campus befindet. Näheres zu den Bauten →Hochschulviertel. Zweitgrößtes Areal der TU ist nunmehr das Klinikumsgelände der Medizinischen Akademie in Johannstadt.

3. *Bedeutende Hochschullehrer (Auswahl):* Aus der Reihe verdienstvoller Persönlichkeiten seien hier vor allem jene genannt, die zu Dresdens Ruf als Stadt der Wissenschaft beitrugen, Kunst und Städtebau in Dresden mitprägten oder in Personalunion als Professoren auch Dresdner Sammlungen leiteten. – Auf die erste Lehrergeneration an der Technischen Bildungsanstalt mit Blochmann, Lohrmann und J. A. Schubert folgten bedeutende Naturwissenschaftler und Techniker wie die schon erwähnten Görges und Zeuner, der Physiker August →TOEPLER, der Elektrochemiker Fritz FÖRSTER (1866–1932), der Mathematiker Oskar SCHLÖMILCH (1823–1901), die Elektrotechniker Trajan RITTERSHAUS (1843–1899) und Wilhelm →HALLWACHS, der Chemiker Walter →HEMPEL und die Maschinenbauer Richard MOLLIER (1863 bis 1935), Leonidas LEWICKI (1840–1907) und dessen Sohn (und Mozartforscher) Ernst LEWICKI (1863–1937). Überragende Persönlichkeit der Schwachstromtechnik war Heinrich →BARKHAUSEN. Der Professor für Telegrafie Eduard ZETSCHE (1830–1892) verlegte 1877 die erste Telefonleitung Dresdens. Hubert ENGELS (1854–1945) gründete 1898 an der TH das erste Flußbaulaboratorium der Welt. Hermann →KRONE erhob die Photographie zur Wissenschaftsdisziplin. – TH-Professoren leiteten in Dresden bedeutende Sammlungen, so Hanns Bruno →GEINITZ das Mineralogische Museum, der Geodät August NAGEL (1821–1893) den Mathematisch-Physikalischen Salon, Hermann →HETTNER und Georg →TREU die Skulpturensammlung, Jean-Louis →SPONSEL mehrere Kunstsammlungen, Oskar →DRUDE den Botanischen Garten. Sophus →RUGE gründete den Verein für Erdkunde zu Dresden. – Lehraufträge an der TH hatten die Dresdner Architekten Ernst →GIESE, Emil HÖGG (1867–1955), Oswin →HEMPEL, Rudolf HEYN (1835 bis 1916), Claus →KÖPCKE, Richard MÜLLER (1877–1930), Fritz RAUDA (1879–1945), Wilhelm RETTIG (1845–1920), Fritz →SCHUMACHER, Paul →WALLOT sowie die bereits erwähnten M. Dülfer und K. Weißbach. Der Statiker Kurt →BEYER schuf in Dresden Brückenbauten. An der TH lehrten Cornelius →GURLITT, Rudolph →ZAUNICK, der Maler Fritz BECKERT (1877–1962), der Volkskundler Adolf SPAMER (1883–1953) sowie in jüngerer Zeit die Kunstwissenschaftler Eberhard →HEMPEL und Walter HENTSCHEL (1899 bis 1971), der Bildhauer Reinhold →LANGNER, der Maler Georg →NERLICH und die Architekten Wolfgang →RAUDA und Heinrich →RETTIG. – Bedeutende Techniker zwischen den beiden Weltkriegen waren neben bereits genannten der Begründer der industriellen Meßtechnik Georg BERNDT (1880–1972), die Starkstromtechniker Ludwig BINDER (1881–1958) und Maximilan →TOEPLER, der Farbenchemiker Walter KÖNIG (1878–1964), der Thermodynamiker Friedrich MERKEL (1892–1929), der Elektrochemiker Erich MÜLLER (1870 bis 1948) und der Bauingenieur Friedrich Wilhelm NEUFFER (1882–1960). – Am Wiederaufbau des Lehrbetriebes nach 1945 waren u. a. H. Barkhausen, G. Berndt, K. Beyer, L. Binder, E. Heidebroek, V. Klemperer, W. König, Ludwig →RENN und der Mathematiker Friedrich Adolph WILLERS (1883–1959) beteiligt. Aus den folgenden Jahren seien als Auswahl genannt: die Forstwissenschaftler Johannes BLANCKMEISTER und Heinrich WIENHAUS, der Werkstoffwissenschaftler Friedrich EISENKOLB, der Schwachstromtechniker Hans FRÜHAUF, der Betriebswirtschaftler Kurt KOLOC, die Starkstromtechniker Fritz OBENAUS und Kurt POMMER, die Physiker Alfred RECKNAGEL und Gustav Ernst Robert SCHULZE, die Chemiker Arthur SIMON und K. SCHWABE.

Professoren-Gedenkstätte der TU: →Annenfriedhöfe

Nach Professoren der TH benannte Hochschulbauten: →Hochschulviertel

Terrassengasse: bis 1945 an der Innenseite der →Brühlschen Terrasse. Die im 18. Jh. entstandene Gasse hieß bis 1853 «*Am Klepperstall*», nach den 1588 in ihrem Ostteil erbauten Stallgebäuden. Diese wurden noch im 18. Jh. als Pferdeställe genutzt. 1973 wurde in dem ehemaligen Klepperstall ein Weinrestaurant eingerichtet. An die ehemalige T. grenzt heute auch die Rückseite des Hotels →Dresden-Hilton.

Terrassenufer: Uferstraße an der linken Elbseite im Bereich des Stadtzentrums, die um 1820 angelegt wurde. Bis zu diesem Zeitpunkt reichte das Wasser der Elbe bis an die →Brühlsche Terrasse heran. 1830 erhielt der Weg die Bezeichnung *Appareille*. 1852 wurde die Straße bis zum →Elbberg hin verlängert. Die Fortsetzung der Straße nach Osten bis zur Kleinen Ziegelgasse hieß seit altersher «*An der Elbe*», eine Bezeichnung, die 1878 kurze Zeit auf die gesamte Uferstraße überging. 1879 schließlich erhielt sie für ihre ganze Länge (Bereich Augustusbrücke bis zum Sachsenplatz) den Namen T.

Terscheck, Carl Adolf: Hofgärtner, geb. 2. 4. 1782 Elsterwerda, gest. 22. 6. 1869 Dresden. – Nach seiner gärtnerischen Ausbildung in Zabeltitz und Pillnitz war T. in Österreich, Paris und Eythra b. Leipzig tätig, bis er als Nachfolger seines Vaters Johann Matthäus T. (1745–1809) 1809 als Hofgärtner am →Palaisgarten angestellt wurde. Diesen erweiterte er um den englischen Teil, weiterhin schuf er Pläne für die Anlage des →Botanischen Gartens (ab 1818), für die gärtnerischen Anlagen am Zwingerwall und im Zwingergarten (1823) sowie auf dem →Antonsplatz (nach 1826). Außerdem gestaltete er 1843/46 den inneren Teil der →Bürgerwiese in Biedermeier-Gartenform mit Schlängelwegen und niedrigem Buschwerk sowie den Garten in →Königs Weinberg (Wachwitz). – Terscheckstraße in Johannstadt.

Teschemacher, Margarete: Sängerin (Sporan), geb. 3. 3. 1903 Köln, gest. 19. 5. 1959 Bad Wiessee. – Die Sängerin debütierte 1924 in Köln und wurde nach verschiedenen Engagements 1935 von Karl →BÖHM an die Dresdner Staatsoper verpflichtet. Hier sang sie mit überzeugender Charakterisierungskunst fast alle Partien des lyrischen und jugendlich-dramatischen Fachs, wobei sie vor allem als Mozart- und Strauss-Sängerin gefeiert wurde (z.B. Titelpartie bei der Uraufführung der Oper «Daphne» 1938). Nach Ende des Zweiten Weltkriegs zog sie an den Tegernsee, blieb aber als Gast bis 1948 der Dresdner Staatsoper verbunden.

Tessenow, Heinrich: Architekt, geb. 7. 4. 1874 Rostock, gest. 1. 11. 1950 Berlin. – Der zu den namhaftesten deutschen Architekten in der ersten Hälfte des 20. Jh. gehörende T. war eng mit der Kunstreformbewegung zu Beginn des Jahrhunderts verbunden. Er war ab 1902 als Lehrer an verschiedenen Handwerker-

und Baugewerbeschulen tätig, arbeitete 1909/11 als Assistent von Martin →DÜLFER an der Dresdner Technischen Hochschule und danach in Wien, kam 1920 als Leiter der Architekturabteilung an der Kunstakademie wieder nach Dresden und wurde 1926 an die Technische Hochschule Berlin-Charlottenburg berufen. Seine Bauten sind durch Einfachheit und strenge Gliederung gekennzeichnet, wobei die Wohnhäuser dem Ideal des damaligen Kleinbürgerhauses entsprachen, wie er sie ab 1910 für →Hellerau (z. B. Am Heideweg) entwarf. Sein Hauptwerk ist das →Festspielhaus Hellerau (1911/12), außerdem schuf er in Dresden mit Oskar →KRAMER den Entwurf für die →Landesschule Dresden (1925/26). – Heinrich-Tessenow-Weg in Hellerau.

Tharandter Straße: Ausfallstraße durch Löbtau, Plauen und Dölzschen nach Freital, bis 1872, z. T. bis 1904 Plauensche Straße genannt. – Am Anfang der T. neben der Löbtauer Weißeritzbrücke errichteten Rudolph →SCHILLING und Julius GRÄBNER 1897/98 das Löbtauer Rathaus, das ebenso wie das gegenüberliegende Hotel «Dreikaiserhof» 1945 zerstört wurde. Die bronzene Brunnenfigur an der Grünanlage am Platz des ehemaligen Rathauses stammt von Johannes →SCHILLING und stand ursprünglich in einem Grundstück in Niedersedlitz. Das Industrieviertel an der T. mit metallverarbeitenden Betrieben und der Schokoladenfabrik Petzold & Aulhorn wurde durch Bomben schwer beschädigt. Am Eingang zum Plauenschen Grund lag bis ins 19. Jh. der →Reisewitzische Garten mit dem Wasserschlößchen der Gräfin von →KIELMANNSEGGE. An der von der Familie →BIENERT ausgebauten Plauener Hofmühle tritt die Straße in das Weißeritzengtal ein, das sich vom «pittoresken» Naturidyll der Romantik zum industriell erschlossenen Verkehrsweg mit der ehemaligen →Felsenkellerbrauerei und dem →Eisenhammer Dölzschen wandelte. Das Projekt der Elektra-AG für eine Hänge(Schwebe-)bahn nach Wuppertaler Vorbild über der Weißeritz wurde durch die 1902 eröffnete Straßenbahn im →Plauenschen Grund überholt; die Straßenbahn wurde 1974 durch Busse ersetzt.

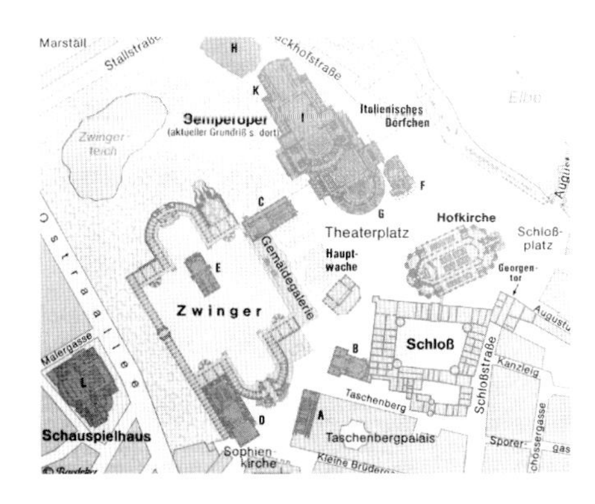

Theater am Linckeschen Bad: →Linckesches Bad

Theater Junge Generation: Kinder- und Jugendtheater mit Aufführungen auch für Erwachsene, gegründet am 15. Oktober 1949 im ehemaligen Volksvarieté Königsbrücker Straße, seit 21. April 1950 in der ehemaligen Tanzgaststätte →«Constantia» in Cotta. – Das Theater verzeichnete seit seiner Gründung nahezu 10 Millionen Besucher und brachte allein bis 1989 etwa 70 Ur- und DDR-Erstaufführungen auf die Bühne. Zu den eindrucksvollsten Aufführungen zählten «Das Tagebuch der Anne Frank» und «Professor Mamlock». Nach mehrjähriger Unterbrechung des Spielbetriebes nach einem Brand wurde das Haus 1979 mit Peter Hacks' «Der arme Ritter» wiedereröffnet. Der ursprüngliche Name «Theater der Jungen Generation» wurde nach 1989 in seiner heutigen Form weitergeführt.

Theaterplatz: Das für die italienischen Bauleute und Künstler der Katholischen Hofkirche angelegte «Italienische Dörfchen» wurde teilweise abgebrochen, damit Gottfried →SEMPER auf dem freigewordenen Platz 1838/41 das königliche Hoftheater und damit einen Teil seines vorgeschlagenen Forumprojektes verwirklichen konnte. Durch den Theaterbau erhielt der Platz 1840 seinen Namen. Die Anlage eines der schönsten Plätze der Welt ist eine Synthese hervorragender baukünstlerischer Leistungen bedeutender Architekten aus verschiedenen Jahrhunderten. Zwischen 1849 und 1854 verschwanden die letzten kleinen Häuschen des «Italienischen Dörfchens»; lediglich einige Anwesen an der Elbe mit dem Helbigschen Etablissement ließ man stehen. Mitten auf dem T. wurde 1883 das von Johannes →SCHILLING geschaffene bronzene Reiterstandbild König →JOHANNS aufgestellt. Den äußeren Rahmen des T. bilden die →Kathedrale St. Trinitatis (ehemalige Kath. Hofkirche), die →Altstädter Wache, die →Gemäldegalerie Alte Meister, das Opernhaus (→Opernhäuser), bis 1945 das →Hotel Bellevue (ehemals Calberlas Zuckersiederei) und die Gaststätte →Italienisches Dörfchen. Am Rande des T. zwischen Gemäldegalerie und dem Zwingerwall befindet sich das Bronzedenkmal Carl Maria von →WEBERS, eine der wertvollsten Leistungen Ernst →RIETSCHELS. 1933/45 trug der Platz die Bezeichnung «Adolf-Hitler-Platz». Nach der Zerstörung im Februar 1945 begann 1955 der Wiederaufbau der Gebäude am T. Ab 1970 folgten die Sicherungs- und Rekonstruktionsmaßnahmen an der Kath. Hofkirche und 1977/85 wurde die Oper wiederaufgebaut.

Theaterstraße: als ehemalige Gerbergasse ältester Teil der →Gerbergemeinde. Die Häuser der Gerber wurden 1410 erstmals erwähnt, die Gasse als solche erst 1556. 1947/91 nach Elsa →FENSKE benannt. Im 1923 errichteten →Stadthaus Mitte befinden sich u. a. die →Städtischen Bibliotheken und das Ortsamt Altstadt.

Theile, Friedrich: Arzt, geb. 12. 7. 1814 Chemnitz, gest. 16. 4. 1899 Lockwitz. – Nach dem Kreuzschulbesuch folgten Studienjahre an der →Chirurgisch-medizinischen Akademie. 1835 setzte T. sein Studium an der Universität in Leipzig fort, wo er 1838 promovierte. In Kreischa begründete er den «Verein zur gegenseitigen Unterhaltung und Belehrung», eine öffentliche Bibliothek, einen Turnverein (T. war Turnwart) und die «Kreischaer Dorfzeitung». Seit 1848 gehörte er der ersten Kammer des Landtags an. Während des Dresdner Maiaufstandes führte T. junge Kämpfer zur Verstärkung der Barrikaden nach Dresden, half bei der Verteilung von Lebensmitteln und gab ärztliche Hilfe. Am 24. Mai 1848 wurde er verhaftet, gegen Kaution freigesprochen, danach erneut gefangengenommen und wegen Hochverrats am 10. April 1850 zum Tode verurteilt. Nach drei Haftjahren in Waldheim wurde er am 31. Dezember 1853 benadigt. Bis zu seinem erneuten

Ehemalige und gegenwärtige Theatergebäude am Theaterplatz

medizinischen Studium 1862/64 in Leipzig war er als Lehrer für Naturwissenschaften, Mathematik, Turnen, Zeichnen und Stenographie tätig. 1864 zog er von Lungkwitz nach Lockwitz, um sich ausschließlich der ärztlichen Tätigkeit zu widmen. 1880/99 war er Redakteur der Zeitschrift «Über Berg und Thal». – Theilestraße in Lockwitz.

Theresienstraße: in der Inneren Neustadt gelegene Straße; sie wurde um 1820 nach dem Abbruch der Stadtbefestigung angelegt. Der östliche Teil hieß bis 1830 «Vor dem Weißen Tor», später «An der Ringmauer», der westliche Teil (zum Palaisplatz zu) Schanzenweg. Seit 1840 hieß die gesamte Straße Theresienstraße (nach der zweiten Frau König ANTONS). Seit 1861 wurde auch der Weg zwischen Leipziger Tor und Nieritzstraße, auf den nach 1840 die Bezeichnung «An der Ringmauer» übertragen worden war, zur Theresienstraße geschlagen. Bedeutsam sind die bis heute erhaltenen charakteristischen, nach 1825 entstandenen biedermeierzeitlichen Einzelhäuser. 1947/91 war die T. nach dem Stadtbaurat →CONERT benannt.

Thiele, Johann Alexander: Hofmaler, geb. 26. 3. 1685 Erfurt, gest. 22. 5. 1752 Dresden. – T. gilt als «Vater der sächsischen Veduten- und Landschaftsmalerei». Er kam 1714 nach Dresden und erhielt seit 1718 Aufträge des Kurfürsten. So stellte er z.B. die höfischen Festaufzüge mit protokollarischer Genauigkeit dar und hielt auch andere Zeitereignisse auf der Leinwand fest. 1728 war er als Hofmaler in Arnstadt tätig und wurde anschließend als Hofmaler nach Dresden berufen. Als «ein Merian mit dem Pinsel» hat er zahlreiche Städteansichten und weiträumige Landschaften Sachsens, Thüringens und Norddeutschlands abgebildet und somit wichtige Bildquellen zur Geschichte geschaffen. – Seine Wohnung hatte T. in der Neustadt. – Begraben auf dem Inneren Neustädter Friedhof.

Thilman, Johannes Paul: Komponist und Musikschriftsteller, geb. 11. 1. 1906 Dresden, gest. 29. 1. 1973 Dresden. – Der zu den namhaften Tonsetzern der DDR in den fünfziger/sechziger Jahren gehörende T. war während seiner Lehrerausbildung 1923 durch Paul →ARON zur intensiven Beschäftigung mit der Musik angeregt worden. Als Autodidakt vervollkommnete er 1926 bei Paul HINDEMITH und 1929/31 durch ein Studium in Leipzig seine musikalische Bildung. Während des Faschismus als «Kulturbolschewist» verfemt, gehörte er 1945 zu den ersten, die beim Aufbau des Musiklebens mithalfen, wobei er sich besonders für die Neue Musik einsetzte. Er schuf eine Vielzahl von vorwiegend kammermusikalischen und sinfonischen Werken, lehrte ab 1956 als Professor für Komposition an der Dresdner Musikhochschule, trat als Musikschriftsteller hervor und war als Kulturpolitiker tätig. 1960 wurde T. mit dem Nationalpreis und dem Martin-Andersen-Nexö-Kunstpreis der Stadt Dresden ausgezeichnet. T. wohnte in der Thormeyerstraße in Zschertnitz. – Grab auf dem Heidefriedhof; Johannes-Paul-Thilman-Straße im Neubaugebiet Dohnaer Straße.

Ansicht Dresdens von der Westseite. Radierung von Johann Alexander Thiele. 1726

Thomae, Johann Benjamin: Bildhauer, geb. 23. 1. 1682 Pesterwitz b. Dresden, gest. 8. 3. 1751 Dresden. – Pfarrerssohn, gelernter Kunsttischler. Als Steinbildhauer wurde er an der neugegründeten Porzellanmanufaktur Meißen «zu Verfertigung neuer Dessins und Statuen» angestellt. Ab 1712 war T. als Gehilfe →PERMOSERS an der plastischen Ausschmückung des →Zwingers tätig. Im selben Jahr wurde er zum Hofbildhauer ernannt und erwarb 1720 das Dresdner Bürgerrecht. Für Dresden schuf T. u. a. 1719 die Figuren am →Türkischen Palais und am Opernhaus (→Opernhäuser), um 1728 das Medaillon AUGUSTS DES STARKEN an der Ritterakademie, den Trophäenschmuck am →Kurländer Palais, ab 1733 den Giebelfries des →Japanischen Palais, das Portal der →Weinbergskirche Pillnitz (1723), die Modelle für Kanzelaltar, Orgel und Beichtstühle der →Frauenkirche, den Altar der →Dreikönigskirche (1738) und die →Nymphenbrunnen am Neustädter Markt (1742). T. hatte seine Wohnung (mit Werkstatt) in der Hauptstraße Nr. 17. Seine Tochter Sophie Charlotte (1716 bis 1782) war mit seinem ehemaligen Schüler Gottfried →KNÖFFLER verheiratet. – Thomaestraße in Johannstadt.

Thomaskirche: 1891/92 von Christian SCHRAMM an der Bodenbacher Straße erbaute Kirche der neugegründeten Gemeinde Gruna (bis dahin zur →Kreuzkirche gehörig). Die T. wurde 1932 erweitert und brannte beim Bombenangriff 1945 bis auf die Umfassungsmauern aus (nur der Glockenturm blieb erhalten). 1949/50 wiederhergestellt, wurde die T. im Oktober 1950 neu geweiht.

Thormeyer, Gottlob Friedrich: Architekt, geb. 23. 10. 1775 Dresden, gest. 11. 2. 1842 Dresden. – Der Sohn eines Dresdner Schuhmachers wurde an der Dresdner Kunstakademie ausgebildet, wobei er von der Malerei zur Baukunst wechselte. Als Hofbaukondukteur (ab 1800) und Hofbaumeister (1812) schuf T. Ehrendekorationen anläßlich der Besuche →NAPOLEONS und anderer Herrscher in Dresden und zeichnete Ansichten der Stadt und ihrer Umgebung («Dresden mit seinen Prachtgebäuden und schönsten Umgebungen», Dresden 1808). Von einer Kunstreise aus Italien zurückgekehrt, entwarf er 1814 im Auftrag des russischen Gouverneurs →REPNIN die große Freitreppe (etwa 14 m breit, 41 Stufen) für die →Brühlsche Terrasse. Im selben Jahr entwarf er auch das Denkmal für den französischen General →MOREAU auf der Räcknitz-Höhe. Weitere Werke von T. sind die Torhäuser an der Hauptallee des →Großen Gartens (1814), Eingang und Leichenhalle des →Trinitatisfriedhofs (1815/16), die Reitbahn an der Wallstraße (um 1820), der Turm der →Annenkirche (1822/24) und die Torhäuser am →Weißen Tor (1827/29; das erhaltene nördliche dient als Standesamt). 1817/31 leitete er die Demolierungsarbeiten an den Festungsanlagen (→Entfestigung). Er entwarf den Bebauungsplan für die →Antonstadt (1817), die Pläne für den →Pirnaischen Platz (1816) sowie für die Anlage des →Antonsplatzes (1826) und hatte auch die Oberaufsicht über eine neue sachgemäße Straßenbepflasterung, die 1821/25 durchgeführt wurde. – Mit der einfachen und strengen Linienführung bei seinen Bauwerken verhalf T. dem Klassizismus in der Architektur in Dresden zum Durchbruch. – Grab auf dem Eliasfriedhof; Thormeyerstraße in Zschertnitz.

Thürmer, Joseph: Architekt, geb. 3. 11. 1789 München, gest. 13. 11. 1833 Dresden. – Der in München ausgebildete T. wurde von Gottlob von →QUANDT nach Dresden empfohlen. Als Vertreter des späten Klassizismus baute er hier das →Palais Lüttichau (um 1830), die →Altstädter Wache (1830/32) nach den Plänen von Karl Friedrich SCHINKEL, erweiterte den Marstall (1832), schuf die Fassade des →Postgebäudes am Postplatz (1830/32) und veränderte das →Landhaus im Inneren (1831/32).

Tichatschek, Joseph Aloys: Sänger, geb. 11. 7. 1807 Oberweckelsdorf (Böhmen), gest. 18. 1. 1886 Dresden. – Im Alter von 31 Jahren wurde T. als Tenor, dessen strahlende Höhe und Leichtigkeit der Stimmführung gerühmt wurden, an das Königliche Hoftheater Dresden engagiert. Hier sang er 32 Jahre bis 1872 und hat bei 1664 Aufführungen mitgewirkt. Dabei trug er wesentlich zum Erfolg der Opern von Richard →WAGNER bei. – Grabmal auf dem Alten katholischen Friedhof; Tichatschekstraße in Mickten; Bildnismedaillon am ersten Rang in der Oper.

Tieck, Ludwig: romantischer Dichter, Dramaturg, Erzähler und Übersetzer, geb. 31. 5. 1773 Berlin, gest. 28. 4. 1853 Berlin. – T. erster längerer Aufenthalt in Dresden war 1801/03; in dieser Zeit gab er zusammen mit Friedrich →SCHLEGEL einen Musenalmanach und →NOVALIS' Schriften (1802) heraus. Bei einem weiteren Besuch der Stadt 1808 traf T. mit Heinrich von →KLEIST zusammen. Der zweite längere Aufenthalt in Dresden war 1819/41, als T. mit seinem Haus Ecke Altmarkt/ Kreuzgasse (Gedenktafel bis 1945) der Mittelpunkt des literarischen Lebens der Stadt war. Seit 1825 war T. als Dramaturg am Hoftheater tätig, außerdem Mitglied der →Dantegesellschaft. In diesen Jahren entstanden auch die meisten seiner Werke, darunter fast vierzig Novellen. In der →Abendzeitung schrieb er Theaterkritiken. – Tieckstraße in der Äußeren Neustadt.

Tiedge, Christoph August: Dichter, geb. 14. 12. 1752 Gardelegen, gest. 8. 3. 1841 Dresden. – T. hielt sich erstmals im Jahre 1799 für zwei Monate in der Stadt auf (Wohnung: →Große Meißner Gasse). Er war einer Einladung seines Freundes, des Hofrats BECKER, Inspektor des Antiken- und Münzkabinetts, gefolgt. Als Gesellschafter und Reisebegleiter der Gräfin Elisa von der →RECKE übersiedelte er mit dieser 1819 von Berlin nach Dresden. Das Haus in der ehemaligen Körnerstraße, das beide bis zu ihrem Tode bewohnten, wurde bald zu einem der Mittelpunkte des gesellschaftlichen Lebens der Stadt. 1904 wurde von der 1841 gegründeten Tiedgestiftung eine Gedenktafel am Haus Große Meißner Gasse 13 angebracht. T. stand, obwohl Vertreter der Literatur der Aufklärung, dem pseudoromantischen →Dresdner Liederkreis sehr nahe. Außer seinen Elegien, Gedichten und Liedern, sind die vierbändigen «Wanderungen durch den Markt des Lebens» erwähnenswert. In diesem Kulturbild seiner Zeit distanziert sich T. praktisch von allen damaligen bedeutenden geistigen und sozialen Strömungen. – Grab auf dem Inneren Neustädter Friedhof; Tiedgestraße in Oberloschwitz.

Tierärztliche Hochschule: Die bis 1923 bestehende T. entstand aus der 1774 gegründeten privaten Tierarzneischule. Die Schule sollte eine Lehrstätte für Roß-, Horn- und Schafvieharzneikunst werden. Der Gründer, Oberarzt WEBER, eröffnete das «gemeinnützige Institut» auf seinem Grundstück am Stadtgraben vor dem →Wilsdruffer Tor gegenüber dem →Jakobshospital. Schüler waren hauptsächlich Fahnenschmiede, Roßärzte und Schäfer. Nach Webers Tod wurde durch königlichen Reskript vom 7. Oktober 1780 aus der «Roßarztschule» die königliche Tierarzneischule. Erster Direktor wurde der Hofchirurg und Oberchirurg am Hauptlazarett Georg Ludwig RUMPELT. Am 21. Januar 1817 wurde die Tierarzneischule an die →Chirurgisch-medizinische Akademie angegliedert. Im April 1823 bezog sie ein von der Regierung gekauftes Grundstück auf der äußeren Rampischen Gasse in der →Pirnaischen Vorstadt. Die Schule galt

Ludwig Tieck
Joseph Aloys Tichatschek

damals als Mustereinrichtung für Deutschland. 1838 wurden in der Tierarzneischule zum ersten Mal in Dresden Pockenschutzimpfungen mit der selbst hergestellten Kuhpockenlymphe durchgeführt. Das führte 1839 zur Gründung eines Zentralen Impfinstituts. Nachdem die Schule am 1. Oktober 1856 der neuen Kommission für das Veterinärwesen unterstellt worden war, konnte der akute Raummangel durch Erwerb eines Grundstückes auf der Pillnitzer Straße beendet werden. Am 21. September 1861 fand die Einweihung der neuen Tierarzneischule statt. Hier wurde 1885 eine staatliche Anstalt zur Gewinnung von Tierlymphe und zur entsprechenden Versorgung der Impfärzte ins Leben gerufen. Im Jahr 1889 erhielt die Tierarzneischule den Status einer T. und wurde am 1. Oktober 1923 als selbständige Fakultät von der Universität Leipzig übernommen. Die verlassenen Gebäude übernahm 1924 eine Firma Karl August →LINGNERS, Stammhaus für das heutige Sächsische Serumwerk.

Tittmann, Friedrich Wilhelm: Advokat, Archivar, geb. 29.4.1784 Wittenberg, gest. 20.5.1864 Dresden. – T. studierte 1800/03 in Leipzig und Wittenberg Rechtswissenschaft und beschäftigte sich daneben mit Philosophie sowie Geschichte, erhielt 1804 seine Zulassung als Advokat und wurde im gleichen Jahr am Geheimen Archiv in Dresden angestellt. 1822 promovierte er in Halle und trat 1823 in das Oberkonsistorium ein. Nach dessen Auflösung wurde er 1836 als Geheimer Archivar in das Hauptstaatsarchiv eingeführt. 1845/46 erschien sein zweibändiges Werk «Geschichte Heinrich des Erlauchten». – Tittmannstraße in Striesen (auch zur Erinnerung an andere verdienstvolle Mitglieder der Familie T.).

Toepler: 1. *August,* Physiker, geb. 7.9.1836 Brühl (Rhein), gest. 6.3.1912 Dresden. – T. schloß eine Ausbildung zum Pianisten ab und wandte sich danach der Physik zu. Er promovierte 1860 in Jena und wirkte 1876/1900 als Ordinarius für Physik und Direktor des Physikalischen Instituts an der Technischen Hochschule Dresden, zu deren Weltruf er mit seinen berühmtgewordenen Vorlesungen und Experimenten beitrug. T. konstruierte zahlreiche physikalische Geräte, u. a. Influenzmaschinen. Ein 1906 von dem Bildhauer Peter PÖPPELMANN (1866 bis 1947) geschaffenes Porträtrelief wurde 1982 wieder aufgefunden und anläßlich des 150. Geburtstages von T. im Physikgebäude der Technischen Universität enthüllt. – Grabmal auf dem Johannisfriedhof Tolkewitz; Toeplerstraße in Tolkewitz. –
2. *Maximilian,* Starkstromtechniker, geb. 1870, gest. 1960. – Der Sohn von 1. trat 1895 als Assistent seines Vaters an der TH Dresden die wissenschaftliche Laufbahn an, wurde 1903 zum Professor für Physik berufen und 1926 zum Direktor des Instituts für Experimentalphysik ernannt. Nach ihm wurde der 1961 eingeweihte Toeplerbau der Technischen Universität benannt.

T(h)ola, Benedetto: Maler und Bildhauer, Musiker, geb. 1525 Brescia, gest. 1572 Dresden. – Mit seinen Brüdern Gabriele (1523 bis um 1583) und Quirino gehörte T. zu den ersten 1550 urkundlich erwähnten Instrumentalisten der unter Kurfürst MORITZ gegründeten Kapelle (→Staatskapelle). 1557 wurde er auf Lebenszeit dort eingestellt. Zugleich waren er und Gabriele Meister der Sgraffito-Malerei, mit der sie nach 1550 die Fassaden am →Residenzschloß und am →Kanzleihaus prächtig schmückten. Außerdem waren die Brüder T. an der Ausmalung der Innenräume des Schlosses beteiligt (z. B. Riesensaal). Benedetto T. trat auch als Holzschnitzer hervor (Epitaphien in der alten Frauenkirche), während Gabriele um 1570 ein fast 2 m langes Panorama von Dresden zeichnete, das zu den ältesten Dresdner Stadtansichten gehört. – Begraben (Gabriele ebenso) auf dem alten Frauenkirchhof.

Tolkewitz: linkselbischer Stadtteil, 1350 als Tolkenwicz (slawisch: Leute eines Tolkan) urkundlich erwähnt, 1912 zu Dresden eingemeindet. – T. wird durch den in einem alten Elbebett verlaufenden Niedersedlitzer Flutgraben in das östliche Gassendorf und das stadtnähere *Neutolkewitz* getrennt. Der Elbearm wurde noch im 20. Jh., so 1940, überflutet. Über den größten Teil des Dorfes übte das Religionsamt der Stadt Dresden Lehnsherrschaft und Gerichtsbarkeit aus. T. war eines der 8 Dresdner Ratsdörfer. Die hochwassergefährdeten und z. T. sandigen Böden boten nur geringe Erträge. Als Erwerbszweig in Heimarbeit diente die Zwirnerei. 1705–1782 lebte in T. der Zwirner und Garnhändler Christian →GÄRTNER, der durch das Schleifen optischer Linsen und den Bau von Fernrohren bekannt wurde. – Dresdener Bürger entdeckten zur Zeit der Romantik die Schönheit der Landschaft um T. 1800 ließ der Kabinettsminister von LOEBEN einen Lustgarten mit zweigeschossigem Landhaus anlegen, das wahrscheinlich 1803 auch von Johann Gottfried →HERDER aufgesucht wurde, 1813 jedoch abbrannte. Zu den Zeugen des ländlichen Alttolkewitz zählt das Gut der Familie HÄHNICHEN (Nr. 22) mit Taubenhaus. Am 24. August 1873 brannten das Ratsgut, das Vorwerk und die elbseitigen Höfe von Alttolkewitz nieder, wobei rund einhundert Einwohner ihr Obdach verloren. Nach dem Unglück errichteten drei Gutsbesitzer im Tännicht an der Wehlener Straße neue Höfe. Auf einem der Güter

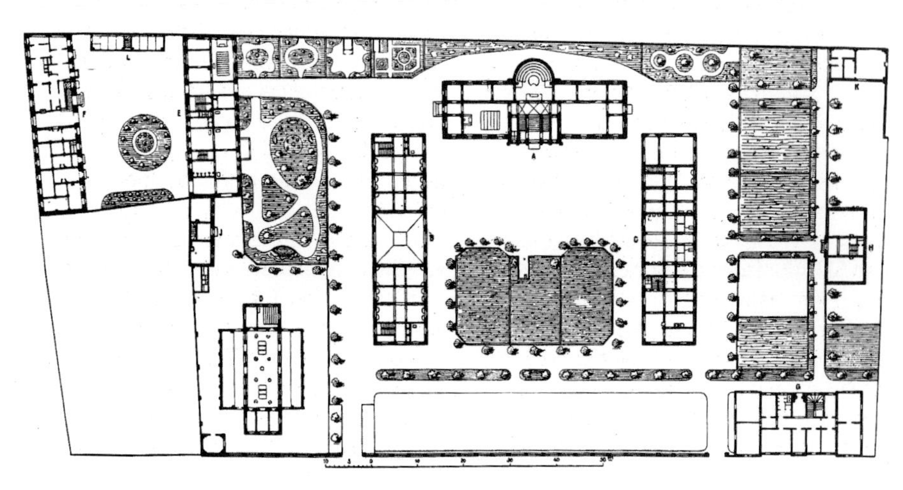

Tierärztliche Hochschule, Grundriß

gründete 1893 Paul HAUBER eine Baumschule (später Teil des VEG Saatzucht-Baumschulen, heute Garten-Center). Die beiden anderen Güter wichen den Bauten des Straßenbahnhofes und Krematoriums. 1880/1900 zogen Gärtnereien aus Striesen und Gruna nach T. Mit der Bebauung von Neutolkewitz stieg die Einwohnerzahl bis zur Eingemeindung auf ca. 2300. – 1876 erwarben die Kreuz-, Frauen- und Johanniskirchgemeinden Land im Tännicht zur Anlage des neuen →Johannisfriedhofs, für den Paul →WALLOT die Kapelle schuf. In der Folge ließen sich in T. Kranzbindereien und Bildhauerwerkstätten nieder. Auf dem Friedhof sind zahlreiche bedeutende Persönlichkeiten wie die Oberbürgermeister Bernhard →BLÜHER, Otto →BEUTLER und Friedrich Wilhelm →PFOTENHAUER sowie Opfer des Kapp-Putsches von 1920 und aus dem →Keglerheim 1933, Tote der Luftangriffe und hingerichtete Widerstandskämpfer beigesetzt. 1908 kaufte die Stadt Flurteile zur Anlage des →Krematoriums nach Plänen von Fritz →SCHUMACHER (1926 um die Urnenhalle erweitert). – 1896/98 wurde nach Entwurf von Bernhard SALBACH (1833 bis 1894) das zweite städtische Wasserwerk in T. errichtet, für das die Stadt bereits 1891 Land auf den Elbwiesen zur Wassergewinnung gekauft hatte. 1893 fuhr die elektrische Straßenbahn von Blasewitz über T. nach Laubegast. Nach weiterem Landerwerb für den Bau des Straßenbahnhofs (1928 erweitert, Hallen heute unter Denkmalschutz) war die Stadt größter Grundeigentümer in T. geworden. 1873 wurde der Dorfgasthof in das Tanzetablissement →«Donaths Neue Welt» verwandelt, das zu den beliebtesten Sälen Dresdens gehörte. Mitbegründer Hermann DONATH (gest. 1909) machte sich auch als Fotograf seines Heimatortes verdient. – T. war bis 1953 zur →Himmelfahrtskirche Leuben eingepfarrt, 1674 zeitweise auch zur Frauenkirche, und erhielt 1951 mit der →Bethlehemkirche den ersten Neubau der ev. Landeskirche in Sachsen nach dem Krieg. Die Kinder besuchten die Schule in Leuben, ab 1836 in Laubegast und ab 1912 eine eigene Schule an der Salbachstraße, die 1912 unter Hans →ERLWEIN erweitert wurde. Genossenschaftshäuser und der Volkspark Toeplerstraße entstanden nach 1927. 1961/70 wurden im Bereich der Marienberger und Altenberger Straße über 2000 Wohnungen in Großblock- und Plattenbauweise sowie zwei neue Schulen errichtet.

Tolstoi, Leo (Lew Nikolajewitsch): bedeutender russischer humanistischer Dichter und Denker, geb. 9. 9. 1828 Jasnaja Poljana, gest. 20. 11. 1910 Astapowo. – Von seinem ersten Dresden-Besuch im Jahre 1857 sind kaum Eindrücke über die Stadt bekannt. 1861 unternahm T. eine Europareise. Dabei wollte er das Schulwesen studieren, um die gewonnenen Erkenntnisse bei der Überwindung des Analphabetentums des russischen Volkes anzuwenden. Von Jena kommend, traf T. für eine knappe Woche am 18. April 1861 in Dresden ein, um sich mit dem Romancier Berthold →AUERBACH zu treffen, was allerdings erst in Berlin gelang. – Tolstoistraße in Loschwitz.

Tonhalle: →Kleines Haus

Tonkünstlerverein zu Dresden: am 24. Mai 1854 mit dem Ziel der vorrangigen Pflege der Kammermusik gegründet. Besondere Verdienste hierbei erwarb sich Moritz →FÜRSTENAU als langjähriger Vorsitzender. Sowohl alle namhaften Musiker, Musikpädagogen und Musikwissenschaftler Dresdens als auch bekannte auswärtige Virtuosen und Komponisten gehörten dem T. an. Bei den im Winterhalbjahr wöchentlich durchgeführten «Übungsabenden» und den monatlichen «Produktionsabenden» erklangen häufig noch unbekannte Werke des 18. und frühen 19. Jh. sowie auch zeitgenössische Kompositionen (1854/79 992 Kammermusikwerke von 24 Komponisten), wobei die Förderung von Richard →STRAUSS um 1890 hervorzuheben ist. Der T. bestand bis 1. November 1944. Seine Traditionen wurden am 5. Oktober 1952 durch die «Kammermusik der Staatskapelle Dresden» unter Leitung von Arthur TRÖBER (1898–1981) wieder aufgenommen und seit September 1990 wieder unter der ursprünglichen Bezeichnung fortgesetzt.

Töpferstraße: bis 1945 existierende Verbindung zwischen der →Augustusstraße und dem Platz um die Frauenkirche (→An der Frauenkirche). Als Teil der →Fischergemeinde wurde sie 1546 erstmals als Töpfergasse erwähnt. An ihr hatten sich die Töpfer (Erwähnung der Töpfersiedlung bereits 1378) niedergelassen, die wegen ihres feuergefährlichen Gewerbes nicht innerhalb der Stadtmauern wohnen durften. 1883 erhielt die Gasse die Bezeichnung T. Im 18. Jh. fand bei Jahrmärkten in der Gasse ein Töpfermarkt statt.

Torelli, Stefano: Maler, geb. 1712 Bologna, gest. 1784 St. Petersburg. – T. wurde 1740 von Kurfürst FRIEDRICH AUGUST II. nach Dresden berufen, wo er neben Bildnissen von Mitgliedern der Hofgesellschaft vor allem Monumentalmalereien in der →Kathedrale (Deckenbild in der Sakramentskapelle, das Altarbild in der Bennokapelle und die aus der Kapelle des →Taschenbergpalais stammenden 14 Bilder der Kreuzweg-Stationen) und im →Palais Brühl ausführte. 1759 ging T. nach Lübeck und 1762 als Professor an die Kunstakademie in Sankt Petersburg.

Torna: linkselbischer Stadtteil auf den Südhängen, Bauernweiler mit Block- und Streifenflur, 1347 als Turno, auch Dorn (slawisch) urkundlich erwähnt, 1867 nur 57 Einwohner, 1921 mit 198 Einwohnern zu Dresden eingemeindet. – T. war im Mittelalter im Besitz des Klosterhofes Leubnitz und nach der Reformation dem →Leubnitzer Amt des Rates zu Dresden unterstellt. 1547 lagen die 7 Hufen der Dorfflur wüst; infolge des Dreißigjährigen Krieges befanden sich 1642 nur noch zwei Bauern in T. Während der →Schlacht bei Dresden 1813 erlitt der Ort schwere Brandschäden. – T. war nach Leubnitz eingepfarrt. Die Kinder besuchten die Schule in Leubnitz und ab 1890 im Schulverband mit Reick das dortige Schulgebäude. Nach einer Schuhmacherei und Einkehrstätte in Alttorna 3 erhielt die Gaststätte →«Goldener Stiefel» ihren Namen. Ausgedehnte Ton- und

Tolkewitz um 1900. Aquarell

Lehmlager begünstigten das Entstehen von Ziegeleien. Wohnstraßen mit Eigenheimen entstanden am Tornaer Ring und am Dorngraben.

Torniamenti, Ercole: →Café Reale

«Totentanz»: Sandsteinrelief (1,22 m mal 12,50 m) von 27 Figuren, das zu den bedeutendsten plastischen Denkmalen der Renaissance in Dresden gehört. Der T. wurde zwischen 1533 und 1537 von Christoph →WALTHER (I.) geschaffen, die Zuschreibung an den Steinmetzmeister Hans SCHICKETANZ ist nicht mehr haltbar. Der Reigen ist in vier Teilstücke gegliedert, die jeweils von einem Knochenmann (fehlt im dritten und vierten Teil) angeführt werden. Im ersten Teil sind die Vertreter des geistlichen Standes, im zweiten die der weltlichen Macht (deutlich erkennbar Kaiser Karl V. und Herzog Georg von Sachsen) dargestellt. Den dritten Teil führt ein Landsknechtshauptmann an, ihm folgen Ratsherr, Steinmetz, Bauer und Bettler. Im vierten Teil sind Äbtissin, Bürgersfrau und Bäuerin erkennbar und den Schluß bildet der Tod mit der Sense. Ursprünglich war der T. zwischen dem zweiten und dritten Geschoß des →Georgenbaus angebracht, wurde aber nach dem Brand des Schlosses 1701 abgenommen und an der Friedhofsmauer der Dreikönigskirche am Ende der Rähnitzgasse aufgestellt. Von dort kam er nach Erbauung der neuen Dreikönigskirche auf den →Inneren Neustädter Friedhof. Der T. wurde mehrmals (auch unsachgemäß mit Zement) restauriert, die vier letzten Figuren sind um 1720 von Johann Emanuel BRÜCKNER als freie Kopien geschaffen worden. Nach einer umfassenden Restaurierung und Konservierung wurde der T. 1991 im Altarraum der →Dreikönigskirche angebracht.

Totentanz, Ausschnitt

Touristengärten Prager Straße: zwei Ziergärten von 4200 m² Fläche zwischen den Hotels «Bastei», «Königstein» und «Lilienstein» an der →Prager Straße. Sie wurden 1970/73 mit Pergolen, Rasenflächen und Blumenrabatten angelegt sowie mit neuzeitlichen und barocken Plastiken geschmückt (z. B. zwei Sandstein-«Türken» von Benjamin →THOMAE aus dem ehemaligen →Türkischen Garten).

Trachau: rechtselbischer Stadtteil, 1242 als Trachenowe (mittelhochdeutsch: Siedlung bei den Drachenbergen) urkundlich erwähnt, 1903 mit ca. 5000 Einwohnern zu Dresden eingemeindet. Brandgräber aus der Bronzezeit an der Geblerstraße und Reste einer Siedlung am Schützenhof weisen auf eine frühe Besiedlung hin. Das Straßenangerdorf mit Gewannflur wurde von Sorben in einem alten Elbelauf gegründet. Auf dem Dorfplatz befanden sich zwei Teiche (Große und Kleine Pfütze; Teichstraße). Mehrere Zwei- und Dreiseithöfe mit alten Einfahrtstoren sind an der Westseite Alttrachaus im Bauzustand des 19. Jh. erhalten. Ältestes Haus ist das Gebäude Henricistraße 4 mit der Jahreszahl 1642. – Das östlich der →Leipziger Straße gelegene Vorwerk «Forbrigen» gehörte dem Meißner Hochstift, ab 1541 dem Dresdner Religionsamt und wurde 1607 an Bauern aufgeteilt. Sie bildeten die Ratsgemeinde, neben der die Amtsgemeinde der anderen Trachauer Bauern bestand. Neben dem Ackerbau spielte der →Weinbau eine bedeutende Rolle. Ursprünglich baute man den Wein auf den Hügeln hinter den Höfen an. Im 15. Jh. legten Augustinermönche von Altendresden am Alten Trachenberg (Großenhainer/Schützenhofstraße) einen Weinberg an. Seine Namen «Roter Ochse» oder auch «Weiße Kuh» übertrugen sich im 19. Jh. auf einen Gasthof. An den Mönchsweinberg schloß der Ampachische Weinberg auf dem späteren Schützenhof an. Westlich des Schützenhofs wurden ab 1661 die Hänge gerodet, in Felder und Weinberge umgewandelt und als «Neuländer» bezeichnet. Ab 1614 erweiterte sich der Ort durch Häusleranwesen, deren erstes an der heutigen Leipziger Straße 210 entstand. 1787 wurde die Meißner Poststraße von der Elbe nach Trachau verlegt. An ihr siedelten sich erste Handwerker an. Der Fleischer OCKERT erhielt 1787 die Schankkonzession für das «Goldene Lamm», in dessen Gebäude das →Puppentheater der Stadt Dresden seinen Sitz hat. Da T. nicht über Weideland verfügte, trieb der Dorfhirt das Vieh der Bewohner über die «Triebe», die spätere Wilder-Mann-Straße, zur Waldweide in die →Junge Heide. Wiederholt wurde T. von Bränden (1766, 1795, 1816) und trotz seiner Entfernung zur Elbe auch von Überschwemmungen (1655, 1784, 1845) heimgesucht (Hochwassermarken am Seitengebäude Alttrachau 17). 1849 erhielt Alttrachau eine eigene Bockwindmühle, die jedoch 1878 abbrannte. – Die Eisenbahnlinie Dresden–Leipzig teilte ab 1838 die Trachauer Flur in einen südlichen Teil mit dem Dorf und Gärtnereien und einen nördlichen, dessen Felder später mit Wohnhäusern bebaut wurden. 1874 kaufte die Dresdner Scheibenschützengesellschaft ein Grundstück am Berghang und legte den Schützenhof mit Gaststätte, Schießstand und Sportplatz an. 1878 eröffnete der Dresdner Seifensieder Moritz GEBLER (gest. 1879) an der Leipziger Straße 300 die Gaststätte «Waldvilla», deren Gebäude 1922 von der Arzneibäderfabrik Li-il übernommen wurde. Miets- und Geschäftshäuser im großstädtischen Stil entstanden an der Leipziger Straße und ihren Nebenstraßen. Im oberen Teil von T. und im benachbarten →Trachenberge entstand das *Wilder-Mann-Viertel* an der seit 1902 so benannten Straße. Hier siedelten sich vor allem Ruheständler und Bürger mit mäßigem Einkommen und einige Künstler an. Erwähnenswert sind einige Herrenhäuser und Villen, u. a. Rietzstraße 14 (um 1830 im Biedermeierstil errichtet), Schützenhofstraße 2 und Rahnstraße 26. An der Wilder-Mann-Straße 29 bezog der Waffelfabrikant HÖRMANN eine große Villa. Oberhalb des Wilden Manns wurde Ende des 19. Jh. das Bergrestaurant (später «Bergwirtschaft») eröffnet. Ein kultureller Mittelpunkt Trachaus wurde auch die aus einem Weingut hervorgegangene Gastwirtschaft «Wilder Mann», die bereits zu Trachenberge gehört. – Um den Haltepunkt T. siedelten sich um 1900 einige Betriebe wie die Mitteldeutsche Kellereimaschinenfabrik, eine Lackfabrik und ein Bremsbelägewerk an. Bekannt wurde das Unternehmen von Hugo und Melitta BENZ, die 1919/30 an der Wilder-Mann-Straße 11–13 die Melitta-Kaffeefilter herstellten. 1929 siedelte die Tintenfabrik von LEONHARDI aus dem Loschwitzgrund nach T. um. Die Bauernhöfe in Alttrachau verwandelten sich in kleine gewerbliche Unternehmen. Die Gemeinde errichtete ein Wasser- und ein Gaswerk sowie eine moderne Schleusenanlage. – T. löste sich 1908 von der Kirchgemeinde Kaditz, nachdem die Gemeinde bereits seit 1873 kirchliche Versammlungsräume in den Schulen Alttrachau und Böttgerstraße genutzt hatte. Erste Entwürfe für eine Kirche legte Oswin →HEMPEL bereits vor dem Ersten Weltkrieg vor. 1927/29 errichtete er die →Apostelkirche Trachau, die den umgebenden Wohnsiedlungen angepaßt wurde und sich auch zu einem kirchenmusikalischen Zentrum entwickelte. Schulunterricht fand ab 1872 in Alttrachau statt. 1899 wurde die heutige 56. Mittelschule Böttgerstraße, 1911 nach Entwürfen von Hans →ERLWEIN die heutige 40. Mittelschule Cottbuser Straße und 1976 die 106. Schule nahe der Großenhainer Straße eröffnet. An der Industriestraße entstand 1928 aus Mitteln der →Güntzstiftung der Gebäudekomplex des Güntzheimes. Dieses Altersheim nahm Bewohner des Hohenthalhauses in Friedrichstadt und des Güntzheimes Große Plauensche Straße auf. Es wurde 1945 in das Bezirkskrankenhaus Dresden-Neustadt umgewandelt und verfügte in den fünfziger Jahren mit mehreren Außenstellen in anderen Stadtbezirken über Betten für 1700 Patienten. Die Polizeischule an der Neuländer Straße diente 1945/54 als Orthopädische Klinik. Der Stadtteil entwickelte sich ab 1926 durch die genossenschaftliche Bautätigkeit der Gewog, Gewobag, des Allgemeinen Sächsischen Siedlervereins und des Bauvereins Gartenheim zu einem neuzeitlichen Wohnvorort. Aus einem Wettbewerb der Gewobag für die Bebauung an der Kopernikus-, Schützenhof- und Aachener Straße ging der Architekt Hans RICHTER (1881–1971) als Sieger hervor. Er errichtete 1927/29 die an den Bauhausstil angelehnte Flachdachsiedlung mit eigener Fernwärmeversorgung. Nach Unterbrechung durch die Wirtschaftskrise wurde die Siedlung entgegen Richters Stil der Neuen Sachlichkeit in eher traditioneller Bauweise fertiggestellt. Die an der Schützenhofstraße erbauten Einfamilienhäuser wurden wegen ihrer flachen Dächer im Volksmund «Neu-Marokko» genannt. Im Zweiten Weltkrieg blieb T. von größeren Schäden verschont.

Trachenberge: rechtselbischer Stadtteil, 1897 zu Dresden eingemeindet. T. ist im Gegensatz zu den meisten Dörfern in der Elbaue nicht sorbischen Ursprungs, sondern eine erst im 18. Jh. angelegte Schwarmsiedlung, die 1812 eine selbständige Gemeinde wurde. Den Ausgangspunkt der Siedlung bildete der →Weinbau am alten Trachenberg (zwischen der heutigen Großenhainer Straße und dem Schützenhof, auf Trachauer Flur gelegen), den die Altendresdner Augustinermönche vor 1446 betrieben. Um 1670 waren alle Hänge im späteren T. zwischen Geblerstraße und Radeburger Straße zu Weinbergen geworden, deren Besitzer Adlige, kurfürstliche Beamte und Dresdner Patrizier waren. Am Fuße der Hänge befanden sich Sümpfe, Reste eines alten Elbarms, die u. a. die Bezeichnung das «Brünich» und die «Pfütz» trugen. Ende des 17. Jh. besaß der Dresdner Bürgermeister Philipp STROBEL in der Nähe der Großenhainer Straße ein Weinberggut, das später die Schankgerechtigkeit und als Gastzeichen einen «*Wilden Mann*» erhielt. Die Bezeichnung übertrug sich um 1900 von Gut und Gasthaus auf die Straßenbahnhaltestelle sowie auf ein Wohngebiet in Trachau und T. An das 1934 abgebrochene Weingutgebäude erinnert ein Relief am Wohnhaus Döbelner Straße 110. 1775 verlegte man das Gasthaus «Zum Wilden Mann» nach der Döbelner Straße 130 (heute Fernsehstudio). Zwischen 1756/77 kam der Taubesche Weinberg an der Kändlerstraße parzelliert an 23 Pieschener Kleinbauern und Häusler. Auch den Friesenschen Weinberg, der von der Trachenberger Straße bis östlich der Trachenschlucht reichte, verkaufte man im 18. Jh. an über 20 Pieschener. Die vom Bergrat von WERTHER zwischen der Trachenberger Straße und der Radeburger Straße angelegten Maxenschen Weinberge kamen 1722 in den Besitz des Neudorfer Försters August HECHT. Hecht behielt davon nur den östlichen Teil der Weinberge an der Radeburger Straße und schenkte im Gasthaus «Zum Blauen Hecht» Bier aus. Den übrigen Besitz mit dem Weinberghaus verkaufte er an den kurfürstlichen Proviantmeister Friedrich GÄRTNER, der dem Haus 1746 seine barocke Gestalt gab.

Die nach 1800 einsetzende Bebauung Trachenberges ließ eine Streusiedlung entstehen. Der bedeutende Naturforscher Friedrich August THIENEMANN (1793 bis 1858) wohnte ab 1831 an der Döbelner Straße 24. T. entwickelte sich daneben zum Gartenbauort und zur Sommerfrische. Nach 1839 kam es in T. zum Zuzug neuer Berufsgruppen; 1861 waren nur noch 50 der 259 Einwohner vorwiegend in der Landwirtschaft tätig. – 1873 verlegte man das Städtische →Waisenhaus auf das Gelände der heutigen Maxim-Gorki-Straße, Radeburger Straße und Hellerhofstraße. 1896 gründete eine gemeinnützige Genossenschaft den →Hellerhof. 1896 verlegte Dr. KLEMM das Maria-Anna-Kinderhospital an die Weinbergstraße 52. Das 1920 städtisch gewordene Krankenhaus bestand bis 1935. Ebenfalls 1896 eröffnete der Verein Krüppelhilfe an der Weinbergstraße 54 das Sächsische Krüppelheim als Erziehungs- und Ausbildungseinrichtung für körperbehinderte Kinder aus ganz Sachsen (1899 erweitert), 1939 in Sächsisches Heim für Körperbehinderte des Vereins für Körperbehinderte umbenannt; seit 1945 Rehabilitationszentrum. – Kirchlich gehörte T. zur Parochie Kaditz. 1884 wurden Pieschen und T. von dort ausgepfarrt; T. bildete ab 1915 die selbständige Weinbergkirchgemeinde. 1876 erhielt der Ort an der Döbelner Straße 8 bis 10 eine eigene Schule, 1883 kam ein weiteres Schulhaus hinzu und 1900 die heutige 28. Mittelschule. – Anschluß an den Dresdner Verkehr erhielt T. 1881; die Pferdestraßenbahn verkehrte auf der Linie Wilder Mann–St.-Pauli-Friedhof–Albertplatz. 1894 verkehrte eine →Gasmotorbahn vom Wilden Mann über den Albertplatz zum St.-Pauli-Friedhof und ab

Ehemaliges Weingut «Wilder Mann» in Trachenberge. Um 1920

1909 die elektrische Straßenbahn zwischen Wilder Mann und Räcknitz. Die Trachenberger Flur umfaßte im 19. Jh. einen schmalen Streifen an den Berghängen zwischen Hellerhofstraße und Döbelner Straße, 1915 reichte sie bis zur Großenhainer Straße, wurde 1918 und nach 1945 erweitert. 1913, 1926/29 und 1931 errichtete man Wohnsiedlungen in T. Zwischen den Wohngebieten haben sich bis heute zahlreiche Gartenanlagen und Gärtnereien erhalten. 1929/30 entstand an der heutigen Albert-Hensel-Straße die →Weinbergskirche Trachenberge, die 1946 abbrannte (1958 neu errichtet). – Nach 1900 entstanden in T. Industriebetriebe, wie die Spezialfabrik elektrischer Apparate «Rheostat» von Edmund KUSS, Großenhainer Straße 130 bis 132, und die GmbH für Optik und Feinmechanik Gustav HEYDE, Kleiststraße 10. Seit den siebzigerer Jahren des 19. Jh. befand sich ein Zentrum der Arbeiterbewegung in der Gaststätte «Zum Vergißmeinnicht» an der Marienhofstraße 76. Um 1936 entstanden an der Hellerhofstraße Kasernen, in denen Truppenteile der Waffen-SS ausgebildet wurden. Unweit davon befanden sich während des Zweiten Weltkriegs ein Lager sowjetischer Zwangsarbeiterinnen sowie ein Lager mit KZ-Häftlingen. Die Insassen beider Lager mußten Zwangsarbeit im Rüstungsbetrieb Göhle-Werk leisten. Seit 1974 entstanden nördlich der Großenhainer Straße und Weinbergstraße neue Wohnblocks.

Treidelpfad: →Bomätscher

Treu, Georg: Archäologe, Direktor der Skulpturensammlung, geb. 29. 3. 1843 St. Petersburg, gest. 5. 10. 1921 Dresden. – T. war bereits durch seine Lehrtätigkeit in Göttingen und Berlin sowie die Leitung der Ausgrabungen in Olympia eine Autorität auf archäologischem Gebiet, als er 1882 zum Direktor der Königlichen →Skulpturensammlung nach Dresden berufen wurde. Außerdem wirkte er als Professor an der Technischen Hochschule und an der Kunstakademie. In seiner Amtszeit sorgte er mit bedeutenden Erwerbungen für den systematischen Ausbau der Skulpturensammlung, besonders mit antiker Keramik, ägyptischer Plastik und ab 1897 verstärkt mit zeitgenössischen Bildwerken. – Georg-Treu-Platz in der Innenstadt am Albertinum, Grab mit Grabstein von Robert →DIEZ auf dem Johannisfriedhof Tolkewitz.

Grabmal des russ. Generals Michel de Habbe (gest. 1834) auf dem Trinitatisfriedhof

Trickfilmstudio: ehemaliges Studio für Kino- und Fernsehfilme der Filmgesellschaft DEFA mit den Genres Zeichentrick, Puppentrick, Handpuppe, Flachfigur-Silhouette, kombinierter Film und Realfilm. Es wurde am 1. April 1955 vorrangig für Kinderfilme gebildet und hat mit weit über 1000 Streifen Dresden als Wiege künstlerisch wertvoller Kinder- und Animationsfilme bekannt gemacht. Das Studio hatte seinen Sitz in der ehemaligen Gaststätte «Reichsschmied» in Gorbitz und in dort neuerrichteten Bauten. Der Gasthof diente in den dreißiger Jahren Boehner-Film als Atelier, 1945 kurzzeitig dem Sender Dresden und bis 1955 dem DEFA-Studio für populärwissenschaftliche Filme. Nach weitgehender Auflösung des Studios werden die Räume seit etwa 1990 u.a. vom MDR-Fernsehen und verschiedenen Film- und Werbeunternehmen genutzt.

Trille: in Bühlau entspringender Bach, der durch die Bühlauer und Loschwitzer →Grundstraße (deshalb auch Grundbach genannt) fließt und in die Elbe mündet. Die T. erhält ihr Wasser aus drei Nebenarmen zugeführt, die Länge beträgt ohne Nebenarme 4600 m, das Gefälle 134 m. Einst lagen 6 Mühlen an ihrem Lauf, in Bühlau die Lochmühle und die Zeibigmühle, in Loschwitz die Nudelmühle (später Dammühle), die Hänselmühle (eine Mahl- und Sägemühle), die Vettermühle (später chemische Fabrik von LEONHARDI), die Hentschelmühle (später «Rote Amsel»). Um 1883 dienten nur noch die Loh- und Dammühle zu Mahlzwecken, die Hänselmühle als Sägewerk. Heute ist die T. kanalisiert.

Trinitatisfriedhof: 1814 in Johannstadt durch Hofbaumeister →THORMEYER als der «Neue» oder «Weite Friedhof» angelegt. Ursprünglich sollte der Herrnhuter Friedhof als Vorbild dienen. Grund zur Anlage des neuen Begräbnisplatzes auf dem ehemaligen Exerzierplatz, nahe dem «Blasewitzer Tännicht», war das Massensterben an Typhus infolge des Kriegs 1813/14. Der zwischen Arnoldstraße, →Tatzberg und Fiedlerstraße gelegene Friedhof erhielt 1834 den Namen T. Ihre letzte Ruhestätte erhielten hier u. a. E. →RIETSCHEL, C. D. →Friedrich, F. v. →RAYSKI, C. G. →CARUS, F. →WIECK, C. G. →REISSIGER, O. →LUDWIG, W. →SCHRÖDER-DEVRIENT, T. →MALTEN, F. →STRUVE. Der Gefallenen der Revolutionskämpfe vom Mai 1849 wird mit einem Obelisk gedacht.

Trinitatiskirche: 1891/94 erbaute der Architekt Karl BARTH in →Johannstadt zwischen Blasewitzer Straße und Fiedlerstraße die evangelische T. im Stil italienischer Renaissance. Der in reiner Sandsteinarbeit geschaffene Monumentalbau (1200 Sitzplätze) mit seinem 65 m hohen Turm ist eine einschiffige Kirchenanlage mit Querschiffanordnung. Als Zierde befand sich über dem Hauptportal eine Sandsteinplastik (Christus) von Bildhauer HÜLBE. 1945 wurde die Kirche schwer beschädigt, der Wiederaufbau ist vorgesehen.

«Trompeterschlößchen»: ehemaliges Restaurant und Hotel am früheren Dippoldiswalder Platz, das zu den berühmtesten historischen Einkehrstätten Dresdens gehörte. Auf das Grundstück, das im 17. Jh. die Bezeichnung «Das Schlößchen» trug, wurde 1635 die Gasthofsgerechtigkeit übertragen, als es in den Besitz einer Feldtrompeterswitwe kam. Nach ihrem Sohn und Nachfolger, dem kurfürstlichen Hof- und Feldtrompeter Peter Andreas KIRSTEN, bekam der Gasthof seinen Namen. Die mit ihm verbundenen Sagen sind wohl Erfindungen aus dem 19. Jh. Beim preußischen Bombardement im August 1759 wurde das T. zerstört und bis 1764 neu errichtet, wobei die goldene Trompeterfigur hoch zu Roß an der Hausecke zu seinem Wahrzeichen wurde. Im 19. Jh. war das T. als gutbürgerliches Gasthaus geschätzt, u. a. wohnte dort 1841/52 mehrfach der Dichter Otto →LUDWIG, woran mit der Einrichtung eines «Otto-Ludwig-Zimmers» bei der grundlegenden Umgestaltung des Hauses zu einem stilvollen Großrestaurant (1920/34; Architekt Oswin →HEMPEL) gedacht wurde. Heute erinnert ein Relief (von Kurt MANN) an der Schaufensterfront in der Reitbahnstraße an das im Februar 1945 zerstörte Restaurant.

Trompeterstraße: bis 1945 vom →Dippoldiswalder Platz ostwärts zur →Prager Straße verlaufend. Ihre Entstehung reicht bis ins Mittelalter zurück. Seit dem 18. Jh. kommen die Namen «Kälbergasse», «Gasse hinterm Schlößchen» und später auch «Am Trompeterschlößchen» vor. 1808 wird die «Kälbergasse» in Große Oberseergasse umbenannt. Im selben Jahr wird aus der von der «Kälbergasse» abzweigenden schmalen Sackgasse, im Volksmund «An der Patientenburg» genannt, die Kleine Oberseergasse. Durch Anlage der →Prager Straße wurde die Kleine Oberseergasse in zwei Teile zerschnitten. Daraus ergab sich, daß 1874 die westlichen Stücke der Großen und Kleinen Oberseergasse vereinigt wurden und den Namen T. erhielten. Ihren Namen verdankte sie dem an ihrem westlichen Ausgang liegenden →Trompeterschlößchen.

Trost, Melchior: Steinmetz und Baumeister, geb. um 1500, gest. 9.2.1559 Dresden. – T. baute 1527/28 das Rathaus in Altendresden (→Rathäuser), ab 1551 die →Schloßkapelle des Residenzschlosses, das →Schöne Tor (1553) und war 1559 an der Planung des Zeughauses (→Albertinum) beteiligt. Als 1550 das →Seetor vermauert wurde, baute er den Turm zu einem Gefängnis um. Der 1545 zum Festungsbaumeister und 1550 zum Brückenbaumeister ernannte T. war auch an den Schloßbauten in Torgau und Pirna beteiligt. Sein Grabdenkmal (wohl von Hans →WALTHER) befand sich auf dem alten Frauenkirchhof und wurde später ins Stadtmuseum überführt.

Trötschel, Elfride: Sängerin, geb. 22.12.1913, Dresden, gest. 20.6.1958 Berlin. – Als junge Sopranistin wurde die T. 1934 von Karl →BÖHM in das Dresdner Solistenensemble verpflichtet, wo sie zunächst alle großen Partien des lyrischen Fachs sang. 1945/53 gestaltete sie in Dresden auch die Rollen des jugendlich-dramatischen Soprans. – Grab auf dem Friedhof Cotta.

Trümmerfrau: vor der Ostseite des Rathauses stehendes Denkmal, das an die vielen Dresdnerinnen erinnert, die nach der Zerstörung Dresdens 1945 bei der Enttrümmerung halfen. Der Bildhauer Walter REINHOLD schuf nach dem Vorbild der Arbeiterin Erika HOHLFELD die überlebensgroße Figur, die 1952 als Eisenguß errichtet und 1967 durch eine Neufassung in Bronze ersetzt wurde.

Tschirnhaus, Ehrenfried Walther von: Naturwissenschaftler, Philosoph, geb. 10.4.1651 Kießlingswalde, gest. 11.10.1708 Dresden. – Der bedeutende Universalgelehrte und Forscher des 17. Jh. gilt als «geistiger Vater des europäischen Porzellans». Seit 1694 hatte er sich mit keramischen Problemen befaßt und wies dann dem «Goldmacher» Johann Friedrich →BÖTTGER, dessen Experimente er auf kurfürstlichen Befehl seit 1702 zu überwachen hatte, den Weg zur →Porzellanerfindung, deren Erfolg er nicht mehr erlebte. T. wohnte während seiner Aufenthalte in Dresden bei dem Statthalter Egon von FÜRSTENBERG am Schloßplatz 1, der einen Versuchsraum in den Kellergewölben seines Hauses hatte, wo auch T. Arbeitsgelegenheit fand. Im →Fürstenbergschen Haus starb T. Der →Staatliche Mathematisch-Physikalische Salon besitzt von ihm u.a. einen über 1,60 m großen Hohlspiegel.

Türkenbrunnen: →Friedensbrunnen

Türkischer Garten: ehemaliger Barockgarten vor dem Seetor an der Großen Plauenschen Gasse. Er war die erste Gartenanlage in Dresden, die über Sachsens Grenzen hinaus berühmt wurde, und gilt als Vorbild für den →Großen Garten. Um 1664 wurde das Gelände von den am Hofe angestellten und zu Reichtum gelangten italienischen Kastraten-Sängern Domenico MELANI (gest. 1693) und Bartholomeo SORLISI (um 1632–1672) erworben und zu einem Garten umgestaltet, den Kurfürst JOHANN GEORG II. 1668 für 24000 Taler erwarb, seiner Gemahlin SOPHIE zuwies und häufig für Hoffeste nutzte. Die als *«italienischer Garten»* oder später als *«Hoheiten-Garten»* bezeichnete Anlage von 110 m Länge im Westen und 450 m Länge im Süden wurde von Johann Georg →STARCKE und dem Gärtner Martin GÖTTLER gestaltet, die auch den ersten Plan für den Großen Garten schufen. Durch ein Lusthaus (→Türkisches Palais) wurde die Anlage in einen westlich gelegenen Lustgarten und einen östlichen, regelmäßig mit Linden bepflanzten Baumgarten unterteilt. 1715/19 nahm man umfangreiche Veränderungen vor, um den mit Wasserbecken, Springbrunnen und zahlreichen Skulpturen

Trompeterschlößchen
Trümmerfrau

geschmückten Garten als Geschenk AUGUSTS DES STARKEN an seine Schwiegertocher MARIA JOSEPHA (1699–1757) anläßlich ihrer Vermählung mit dem Kurprinzen am 17. September 1719 mit einem «türkischen Fest und Nachtschießen» einzuweihen. Von da an «Türkischer Garten» genannt, diente er bis in die Mitte des 18. Jh. Hoffesten und wurde 1753/58 von Julius Heinrich →SCHWARZE für die Kurprinzessin MARIA ANTONIA neu hergerichtet. Das preußische Bombardement 1760 zerstörte den T. mit dem Palais; 1770 erwarb ihn der Freiherr Isaak Wolfgang von RIESCH (gest. 1776), der sich 1771/72 an der Front der Plauenschen Gasse von Friedrich August →KRUBSACIUS ein neues, kleineres Palais und an der Dippoldiswalder Gasse ein Orangeriegebäude errichten ließ. Nach dem Tode von Riesch wurde der Garten an einen Gastwirt verpachtet und – nach 1782 in eine vereinfachte, dem englischen Parkstil angepaßte Form gebracht – zu einem beliebten Sommer-Kaffeegarten für die Dresdner umgestaltet. Das ehemalige Rieschsche Palais diente auch im Winter als Konzert- und Ballhaus (→«Harmonie»). Im August 1813 wurde der T. während der →Schlacht bei Dresden stark zerstört; um 1825 parzellierte man das Gelände (z. B. Struvescher Brunnengarten, Kavalleriekaserne mit Reithaus,

Türkisches Palais. 1719
Türkisches Palais nach dem Umbau von Pöppelmann

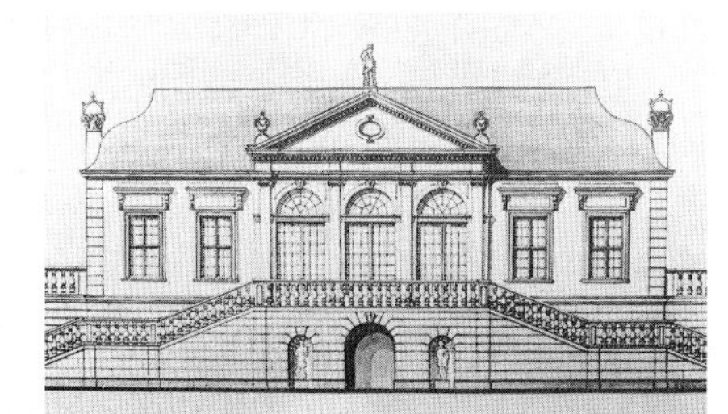

Freischule, mehrere Privatgärten). Die Gebäude wurden von der →Blochmannschen Erziehungsanstalt (1826) und dem →Vitzthumschen Gymnasium (1861) genutzt, umgebaut und erweitert (z. B. Aufstockung und Saaleinbau im Rieschschen Palais) und ein kleiner Teil des Gartens diente noch als Schulgarten. 1901/03 baute man auf dem nördlichen Restgelände des ehemaligen T. das Vitzthumsche Gymnasium neu. Es wurde beim Bombenangriff 1945 zerstört. Nach 1960 wurde das Gelände neu bebaut. Die zwei im südlichen der →Touristengärten Prager Straße aufgestellten lebensgroßen Sandstein-«Türken» (wohl polnische Edelleute in türkischer Tracht; 1719 von Benjamin →THOMAE) gehörten einst zum plastischen Schmuck des T.

Türkisches Haus: →Taschenbergpalais

Türkisches Palais: ehemaliges barockes Lusthaus inmitten des vor dem Seetor gelegenen →Türkischen Gartens. Es wurde 1668/72 von Johann Georg →STARCKE für Kurfürst JOHANN GORG II. als Sandsteinquaderbau nach Vorbild italienischer Renaissance-Villen errichtet und kann als Vorläufer des →Palais im Großen Garten angesehen werden. An den 28 m langen, zweigeschossigen Mittelbau mit westlich vorgelagerter Freitreppe schlossen sich mit kurzen, einstöckigen Verbindungstrakten südlich und nördlich je ein zweistöckiger Nebenbau an. Im Hauptbau befanden sich zwei große Festsäle, wobei der untere als Grottensaal gestaltet war und häufig für Theateraufführungen benutzt wurde. 1715/19 wurde das T. unter Leitung von PÖPPELMANN gründlich umgestaltet, wobei die zweiflüglige Freitreppe an der östlichen Schauseite angelegt wurde sowie alle Wohn- und Festräume in «orientalischer Weise» neu eingerichtet wurden (wohl auch mit Gegenständen aus der sächsischen Türkenbeute von 1683). Nachdem Garten und Palais als Geschenk AUGUSTS DES STARKEN an seine Schwiegertochter anläßlich ihrer Vermählung mit dem Kurprinzen am 17. September 1719 mit dem aufwendigen «türkischen Fest» eingeweiht worden waren, hieß das Lusthaus «Türkisches Palais». Es diente bis zu seiner Zerstörung durch preußisches Bombardement 1760 höfischen Festlichkeiten und als Wohnung von Angehörigen der kurfürstlichen Familie. Das 1771/72 für den Freiherrn von RIESCH an der Gartenfront zur Plauenschen Gasse erbaute Gartenhaus ist mit dem T. nicht identisch.

Turniere: →Hoffeste

Turnlehrerbildungsanstalt: →Lehrerseminare

Tymians Thalia Theater (TTT): ehemaliges Privattheater mit 700 Plätzen in der Görlitzer Straße 4/6, das 1889 als «Apollo-Theater» eröffnet wurde (ab 1905 «Edentheater») und seit 1910 von dem Theaterdirektor und Bühnenschriftsteller Emil WINTER (gest. 1926; Bildnisrelief an der Louisenstraße 55) mit eigenem Ensemble betrieben wurde. Es brachte vorwiegend volkstümliche Unterhaltungsprogramme und Lokalpossen zur Aufführung, bei denen z. T. namhafte Komiker und Schauspieler mitwirkten. Nach 1926 wurde das Programm durch Gastspiele geprägt, wobei auch Lustspiele und Operetten gezeigt wurden. Das Saalgebäude wurde beim Bombenangriff 1945 zerstört.

Tzschimmer, Gabriel: Dresdner Bürgermeister und Chronist, geb. 28.6.1629 Dresden, gest. 25.11.1694 Dresden. – T. wurde als Sohn eines kurfürstlichen «Jagdzeugwagenmeisters» geboren, studierte nach dem Besuch der Kreuzschule in Leipzig, Wittenberg und Tübingen die Rechte und kehrte nach einer «Kavalierstour» durch Deutschland, Italien und Ungarn 1661 nach Dresden zurück, wo er noch im gleichen Jahr durch den Rat aufgenommen wurde. 1669 ernannte ihn der Kurfürst zum Geh. Kammerdiener und 1676 zum Kurf. Rat. Ab 1682 war T. dann mehrmals Bürgermeister, so auch zum Zeitpunkt seines Todes. – T. ist der Nachwelt als Verfasser einer Darstellung der pompösen Festlichkeiten anläßlich des Besuches der Herrscher der drei albertinischen Sekundogeniturfürstentümer in Dresden im Jahre 1678 in Erinnerung geblieben. Der Kurfürst hatte T., der sich bereits einen Namen als gelehrter Schriftsteller gemacht hatte, persönlich mit der Abfassung des barocken Prachtwerkes beauftragt. Es erschien 1680 bei Johann HOFFMANN in Nürnberg. Der mehrere Zeilen lange Titel wird gewöhnlich gekürzt als die «Durchlauchtigste Zusammenkunft» wiedergegeben. Der Wert des umfangreichen Foliobandes liegt vor allem in den zahlreichen beigegebenen Kupferstichen, die u.a. relativ exakt die Häuserfassaden verschiedener Straßen und Plätze wiedergeben. – Tzschimmerstraße in Striesen.

Tzschirner, Samuel Erdmann: Advokat, Politiker, geb. 29.6.1812 Bautzen, gest. 17.2.1870 Leipzig. – T. gründete den Bautzner Vaterlandsverein und trat als Führer der Linken in der zweiten Kammer des sächsischen Landtages auf. Nach der Neuwahl des Landtages im Dezember 1848 stand er an der Spitze des linken Flügels der kleinbürgerlichen Demokraten. Während des Dresdner →Maiaufstandes bildete er gemeinsam mit Karl TODT und Otto Leonhard →HEUBNER die provisorische Regierung. Danach beteiligte er sich an der badischen Reichsverfassungskampagne, setzte die politische Tätigkeit in Zürich fort und hielt sich 1854/63 in Nordamerika auf, von wo er schwerkrank nach Sachsen zurückkehrte. – Tzschirnerplatz am Albertinum.

Tzschirnerplatz: Platz vor dem →Albertinum, dem ehemaligen Zeughaus. Bis 1840 trug der Platz keinen Namen, danach hieß er Zeughausplatz und wurde 1946 nach dem Führer der provisorischen Regierung während des Maiaufstandes 1849 benannt.

Übigau: rechtselbischer Stadtteil, das Sackgassendorf mit Gewannflur 1324 als Vbegowe (slaw.) bezeichnet, 1903 mit ca. 1800 Einwohnern zu Dresden eingemeindet. – Ü. unterstand im Mittelalter dem Hochstift Meißen und war bis 1559 dem bischöflichen Amt Stolpen, dann dem landesherrlichen Amt Dresden unterstellt. Bis 1732 übte die Stiftsbaumeisterei des Hochstifts Meißen die Grundherrschaft aus. Die Anwesen Rethelstraße 17/19 wurden als Bischofsgüter bezeichnet. – Bis zum 16. Jh. lag zwischen Ü. und ➔Mickten das kleine Dorf oder Einzelgehöft *Borschen* (slawisch: Ort eines Bores), das zur Wüstung wurde und zu Ü. kam. – 1725 ließ Graf Jakob Heinrich von FLEMMING (1667–1728) von ➔EOSANDER VON GÖTHE das barocke ➔Schloß Übigau errichten. Es war ab 1736 im Besitz des Landesherrn, wurde 1831 von Ratszimmermeister Paul SIEMEN gekauft und 1836 von der ➔Maschinenbauanstalt Übigau erworben, in der Johann Andreas ➔SCHUBERT das erste sächsische Dampfschiff ➔«Königin Maria» und die erste deutsche Lokomotive ➔«Saxonia» baute. Die etwas südlich gelegene Schiffswerft ging 1877 an die Gesellschaft «Kette» (➔Schiffswerften, ➔Kettenschiffahrt) über. – 1870/71 befand sich in Ü. ein Barackenlager für 16000 französische Kriegsgefangene, die in den hiesigen Betrieben arbeiten mußten (Grabmäler für 116 verstorbene Gefangene auf dem Friedhof Serkowitzer Straße in Kaditz). Die alte Ü.er Pionierkaserne an der Elbe (Rethelstraße) diente seit 1879 als Wohnhaus und wurde 1989 abgerissen. Reste der dörflichen Bausubstanz sind in Altübigau, an der Rethel- und Kaditzer Straße erhalten. Die Scharfenberger Straße bildet die nördliche Flurgrenze Ü.; somit ist das oft zu Ü. gerechnete Siemens-Werk (Trafowerk, ➔Koch & Sterzel) Mickten zuzuordnen. Mickten und Ü. bildeten einen Schulbezirk, 1897 wurde die Schule Thäterstraße erbaut (1928/29 erweitert). Die soziale Struktur wurde Ende des 19. Jh. von der Industrialisierung bestimmt. Seit dem Ersten Weltkrieg befanden sich zwischen Scharfenberger und Washingtonstraße Kasernen und Funktürme der «Luftschiffer» und des Telegraphenbataillons 7. Zur Erschließung eines im Elbbogen von Ü., Mickten und Kaditz geplanten Industriegebietes wurde 1929/30 die «Flügelwegbrücke» (➔Kaditzer Elbbrücke) als damals längste Blechträgerbrücke Europas errichtet. Der Luftangriff am 2. März 1945 zerstörte Wohnhäuser in Ü.; 1979/80 wurden Wohnblocks an der Mengs-, Rethel- und Werftstraße gebaut.

Das Ufer – Gruppe 1947: Vereinigung Dresdner Künstler, die nach dem Zweiten Weltkrieg der Dresdner Kunstentwicklung in der Tradition proletarisch-revolutionärer Kunst durch engagiertes Wirken einen neuen Weg gewiesen hat. In Vorbereitung ihrer ersten Ausstellung im März 1947 fanden sich unter dem Namen «Das Ufer – Gruppe 1947» die Dresdner Künstler Rudolf ➔BERGANDER, Siegfried DONNDORF (1900–1957), Rolf KRAUSE, Rudolf ➔NEHMER, Karl-Erich SCHAEFER, Ewald ➔SCHÖNBERG und Fritz SKADE (1898 bis 1971) zusammen. S. Donndorf wurde zum Vorsitzenden gewählt. Anregung und Unterstützung gab der Schriftsteller Kurt LIEBMANN (1897–1981), der folgende Ziele der Künstlergruppe benannte: Realismus gegen Formalismus, Schönheit durch Wahrheit, Kunst als gesellschaftliche Funktion. Wohl vierzig Künstler (u.a. Erich ➔FRAASS, Otto ➔GRIEBEL, Hans und Lea ➔GRUNDIG, Erna ➔LINKE, Fritz TRÖGER) arbeiteten in den sechs Jahren des Bestehens der Gruppe mit. Diese hat bis zu ihrer Neuorganisation im Verband Bildender Künstler im März 1952 11 Ausstellungen in Museen und öffentlichen Kunstinstituten, 43 Kunstausstellungen in Betrieben und Schulen, 35 populärwissenschaftliche Vorträge sowie 328 Führungen und Diskussionen durchgeführt. Die Verkaufsgenossenschaft ➔«Kunst der Zeit» ging später aus ihr hervor.

Ullrich, Wolfgang: Zoodirektor, geb. 20.6.1923 Dresden, gest. 26.10.1973 Dresden. – Nach Abschluß des Biologiestudiums in Dresden übernahm U. ab 1. Dezember 1950 die Leitung des ➔Zoologischen Gartens, die er bis zu seinem Tode innehatte. 1961 zum Professor ernannt, erlangte er durch Forschungsreisen, zahlreiche wissenschaftliche und allgemeinverständliche Veröffentlichungen sowie Filme große Popularität. – Grab auf dem Heidefriedhof; Gedenkstätte im Zoo.

Ulrich, Pauline: Schauspielerin, geb. 19.12.1835 Berlin, gest. 25.5.1916 Dresden. – Die in Berlin ausgebildete Künstlerin (Debüt 1854) kam über Stettin und Hannover 1859 an das Dresdner Hoftheater, wo sie als «Stern erster Größe» bis 1914 fast alles spielte, was zum klassischen und modernen Frauenrepertoire des Spielplans gehörte. Als Meisterin der realistischen Darstellung bewirkte sie mit mustergültiger Redetechnik den Übergang vom hergebrachten Pathos zu einer natürlicheren Sprechweise. 1909 wurde ihr der Professorentitel verliehen. Sie wohnte in der Ostra-Allee 27 und hatte eine Sommerwohnung in Loschwitz, Körnerweg 12. – Grab auf dem Alten Annenfriedhof.

Universitätsbibliothek der Technischen Universität Dresden: zweitgrößte Universitätsbibliothek Sachsens (nach der Universitätsbibliothek Leipzig) mit etwa 6 Mill. Bestandseinheiten (Monographien, Zeitschriften, Patentschriften, Normen, Tonträger u.a.). Sie befindet sich zum größten Teil im ➔Hochschulviertel und dient als Einheit von Hauptbibliothek und etwa zwanzig Zweigbibliotheken als zentrale wissenschaftliche Dienstleistungseinrichtung für Forschung, Lehre, Studium und Weiterbildung der ➔Technischen Universität und darüber hinaus im lokalen und regionalen Bereich. Ihre traditionellen Sammelgebiete (Naturwissenschaften; Grundlagen, Geschichte und Querschnittsgebiete der Technik; Elektrotechnik/Elektronik; Informatik; Maschineningenieurwesen; Architektur/Bauwesen; Forstwesen; Umweltwissenschaften) wurden seit 1991 mit dem Ausbau der Universität zur Volluniversität um die Rechts-, Wirtschafts-, Erziehungs-, Sozial- und Geisteswissenschaften (z.B. Sprach- und Literaturwissenschaften, Philosophie, Theologie, Kunstwissenschaften) sowie um die Verkehrswissenschaften und Medizin erweitert. – Entstanden ist die U. 1828 mit der Technischen Bildungsanstalt. Sie enthielt anfangs vorwiegend Bestände der

«Landes-Ökonomie-Manufaktur- und Commerzien-Deputation», die sich um die Gründung der Bildungsanstalt verdient gemacht hatte. Die Bibliothek war zuerst im Finanzhaus, ab 1832 im Rüstkammergebäude am Jüdenhof, ab 1840 im Landhaus, ab 1846 im neuen Gebäude der Bildungsanstalt am Antonsplatz und ab 1875 im neuen Gebäude des Polytechnikums untergebracht. Sie wurde bis zur Einsetzung eines ausgebildeten Bibliothekars 1929 nebenamtlich durch Angehörige des Lehrkörpers geleitet (1901 erstmals Bibliotheksdirektor). Von Anfang an war sie der Allgemeinheit zugänglich, dies wurde nicht nur von Ingenieuren und Technikern, sondern auch von Gewerbetreibenden und Handwerkern Dresdens genutzt. Die mit der Ausweitung der Technischen Hochschule um die Jahrhundertwende entstandenen recht umfangreichen Institutsbibliotheken ließen im ersten Drittel des 20. Jh. die Bedeutung der Hauptbibliothek für den Lehrbetrieb zurückgehen. Beim Bombenangriff 1945 wurde mit dem Gebäude auch etwa die Hälfte der Bestände, die meisten Kataloge und die große Patentschriftensammlung vernichtet. Die durch Auslagerung geretteten 55 000 Bände bildeten den Grundstock für den Wiederaufbau der U., die am 25. April 1947 den Ausleihbetrieb wieder aufnahm (Eröffnung der Patentschriftenstelle 1954). Die Hauptbibliothek befindet sich noch immer in ihrer provisorischen Nachkriegsunterkunft (ehemaliges studentisches Verbindungshaus Mommsenstraße 11 sowie Mommsenstraße 7), obwohl ihr 1984 der Status der «Technischen Zentralbibliothek der DDR» zuerkannt worden ist (bis 1990). Seit 1993 ist ein Neubau für die U. im Zentrum des Universitätsgeländes vorgesehen.

Unterer Kreuzweg: Der um 1830 entstandene U. führt von der →Hospitalstraße in Verlängerung der Arno-Straube-Straße (ehemalige Villiersstraße) nordwärts zur →Glacisstraße. Nach dem Abbruch der Festungswerke wurden auf dem einstigen Festungsareal Straßen angelegt und das Gelände zur Bebauung freigegeben. Weil der neuangelegte Weg südlich (unterhalb) des →Oberen Kreuzwegs den Bauplatz kreuzt, erhielt er den Namen U.

Ur- und frühgeschichtliche Besiedlung: Das Dresdner Elbtal bot in ur- und frühgeschichtlicher Zeit, abgesehen von den versumpften und von Hochwasser bedrohten Uferzonen der Elbe, günstige Siedlungsbedingungen wegen des milden Klimas und der fruchtbaren Lößböden auf linkselbischem Gebiet. Die zahlreichen Bodenfunde lassen auf eine kontinuierliche und z.T. auch relativ dichte Besiedlung von der Altsteinzeit bis in die slawische Zeit schließen. – Die ältesten Funde menschlicher Ansiedlung stammen von einem Rastplatz altsteinzeitlicher Jäger im Gebiet des Felsenkellers in Dresden-Plauen (ca. 40 000 v. Chr.). Spuren mittelsteinzeitlicher Jäger sind bei Wilschdorf im Norden Dresdens gefunden worden. Der Lößboden zog jungsteinzeitliche Ackerbauern an. Zahlreiche Funde zwischen Niedersedlitz und Kemnitz belegen dies. Bandkeramiker siedelten in Nickern, Vertreter der Kugelamphorenkultur und der schnurkeramischen Kultur am Beutlerpark und in Prohlis, Mockritz, Leuben und Striesen. Gruppen der Glockenbecherleute (ca. 1800 v. Chr.), die bereits Metall kannten, hielten sich u. a. im Gebiet der späteren Friedrichstadt und Leubens auf. Die eigentliche Bronzezeit (etwa 1600 v.Chr.) ist durch Funde der Aunjetitzer Kultur in Briesnitz, Johannstadt und Reick und zahlreiche Funde der jüngeren Lausitzer Kultur vertreten. Insgesamt sind etwa fünfzig Fundstellen der letzteren im ganzen Stadtgebiet festgestellt worden, angefangen von dem schon seit 1666 bekannten Gräberfeld im Bereich des Hauptbahnhofs (Reitbahnstraße) über das Gebiet des ehemaligen Kohlmarkts in der Inneren Neustadt bis hin zu dem bedeutendsten Denkmal der jüngeren Bronzezeit, der befestigten Siedlung in Dresden-Coschütz, der →Heidenschanze (um 1100 v. Chr.). Die in der Bronzezeit weitreichenden Handelsbeziehungen belegen einige Schatzfunde, wie der in Dobritz. – Etwa vom 3. Jh. v. Chr. bis in das 6. Jh. n. Chr. dauerte die germanische Besiedlung, dokumentiert z. B. durch langobardische Gräber in Nickern. Um 600 begannen Slawen aus dem böhmischen Raum über die Pässe des Osterzgebirges in das Elbtal einzuwandern, nachdem die Germanen das Gebiet weitgehend geräumt hatten. Das Gebiet der heutigen Stadt wurde der Mittelpunkt des slawischen Gaues →Nisani. Die älteste bekannte sorbische Siedlung war Mockritz. Frühzeitig entstanden sorbische Dörfer auch in Leuben und Strehlen. Fast alle heutigen Dresdner Ortsteile gehen, wie schon ihre Namen verraten, auf slawische Dörfer zurück. Reste slawischer Wehranlagen sind in Coschütz, Briesnitz, Lockwitz und bei Pillnitz zu erkennen.

Vahlteich, Carl Julius: Arbeiterführer, geb. 30. 12. 1839 Leipzig, gest. 26. 2. 1915 Chicago. – Der gelernte Schuhmacher kam im Februar 1864 als Berichterstatter des «Communalblattes» nach Dresden und wirkte 1866 aktiv im Dresdner Arbeiterbildungsverein, dessen Vorsitzender er 1867 wurde. 1869 gehörte V. zu den Dresdner Delegierten des Arbeiterkongresses in Eisenach und zu den Mitbegründern der Sozialdemokratischen Arbeiterpartei (SDAP). 1870 wurde V. Redakteur in Crimmitschau, 1872 in Chemnitz und wanderte 1881 nach Amerika aus. – Julius-Vahlteich-Straße in Wölfnitz.

Venezianisches Haus

Venezianisches Haus: um 1845 für Eugen von GUTSCHMID am Terrassenufer 3 nach dem Entwurf von Hugo ERHARD (1810–1859) errichtetes viergeschossiges Haus, daß das Äußere eines stilisierten venezianischen Palazzo zeigte. Es sollte den Anfang einer Prachtstraße ähnlicher Gebäude bilden, was jedoch nur noch in dem um 1880 erbauten Haus Terrassenufer 5 verwirklicht wurde. Beim Bombenangriff 1945 wurde das V. zerstört.

Venus-Bastei: →Stadtbefestigung

Verein für Erdkunde: im März 1863 in Dresden gegründeter Verein zur Förderung der Erdkunde «im weitesten Sinne» durch Vorträge und Verbesserungen des geographischen Schulunterrichts. Er gab eine Reihe von Dresdner Wanderbüchern und die «Mitteilungen des Vereins für Erdkunde zu Dresden» heraus und hatte 1913 seine höchste Mitgliederzahl (782). Der V. (Sitz in der Kleinen Brüdergasse) besaß eine umfangreiche Bibliothek und eine Kartensammlung, die 1945 beim Bombenangriff vernichtet wurden.

Verein für Geschichte und Topographie Dresdens und seiner Umgebung: 1869 auf Anregung des Lehrers K. E. RIEGER (Annonce im «Dresdner Anzeiger») gegründete wissenschaftliche Vereinigung. Zu einer vorbereitenden Sitzung trafen sich am 20. Mai neun Personen in der Gaststätte «Zum Goldenen Ring» am Postplatz. Die konstituierende Versammlung fand am 10. Juni statt. Zu den Gründungsmitgliedern gehörten Heimatforscher wie Karl GAUTSCH, Adolf HANTZSCH, Martin Bernhard LINDAU. Publikationsorgane waren die 1872/1937 (32 Hefte) erscheinenden «Mitteilungen des Vereins» und die vierteljährlich 1892/1940 erscheinenden «Dresdner Geschichtsblätter» (herausgegeben von O. →RICHTER). Der V. bestand bis 1945. Der 1991 gegründete *«Dresdner Geschichtsverein»* knüpft an die Tradition des V. an. Er gibt die auf Dresden bezogene Zeitschrift «Dresdner Hefte» heraus.

Verein für Sächsische Landesgeschichte: →Sächsischer Altertumsverein

Verein Volkswohl: am 7. Dezember 1888 als Nachfolger des Komitees für Volkswohl im Bezirksverein gegen den Mißbrauch geistiger Getränke (seit 1885) gegründet unter maßgeblicher Beteiligung seines langjährigen (bis 1910) Vereinsvorsitzenden →BÖHMERT. Der V. verfolgte das Ziel, die Lage der Werktätigen durch Freizeitgestaltung und Bildungsmöglichkeiten im Sinne der bürgerlichen Sozialreform zu verbessern. Er besaß 1889 1470 Mitglieder und 1913 11 675 Mitglieder. In seinen →Volksheimen bzw. seinem Volkswohlsaal an der Ostra-Allee fanden Unterhaltungsabende, literarisch-musikalische Programme (→Volkswohltheater), medizinische und populärwissenschaftliche Vorträge, Unterrichtskurse und Übungsabende statt. Gleichzeitig konnten in den Volksheimen preiswerte Mahlzeiten eingenommen werden. Zahlreichen Stadtkindern ermöglichte der V. mit seinen Heidefahrten Spiel- und Sportmöglichkeiten an frischer Luft im Heidepark. Der V. unterhielt ein Mädchenheim, 1889/91 Gärtnergasse 1, später bis zur Auflösung Ammonstraße 24 und ein Lehrlingsheim, 1894/1905 Feldgasse 2, später Annenstraße 49. Die 1899 gegründete Vereinsbibliothek umfaßte 1925 4500 Bände. Der V. gab die Zeitschrift «Volkswohl» heraus. 1950 mußte der V. seine Tätigkeit einstellen.

Verein zu Rat und Tat: 1803 gegründete gemeinnützige Dresdner Gesellschaft zur Unterstützung der Armen durch Gewährung von Darlehen und durch Erziehung bzw. Ausbildung von Kindern. Die Mitglieder des V. brachten anfangs ihre Mittel durch hohe Mitgliedsbeiträge auf, später fielen dem V. viele Legate und Stiftungen zu. So konnte 1823 eine Freischule gegründet werden, die sich ab 1847 in der Josephinenstraße 12 befand (1877 wesentlich erweitert) und nach dem Ersten Weltkrieg in eine Volksschule umgewandelt wurde.

Verkehrsmuseum Dresden: Museum mit Ausstellungen und Sammlungen zur Geschichte des Eisenbahn-, Kraft-, Luft- und städtischen Nahverkehrs sowie der Schiffahrt mit Sitz im →Johanneum. – Das V. wurde 1952 gegründet, nutzte zunächst die Ruine des Johanneums als Depot, erweiterte mit dem schrittweisen Ausbau des historischen Gebäudes seine Abteilungen und eröffnete seine erste Ausstellung anläßlich der 750-Jahr-Feier Dresdens 1956 zum Thema «120 Jahre sächsische Verkehrsgeschichte». Das Museum übernahm Restbestände des →Sächsischen Eisenbahnmuseums. Es wurde zum zentralen Museum des Verkehrswesens in der ehemaligen DDR entwickelt. Die ständige Ausstellungsfläche umfaßt 5000 m². – Die Abteilung Eisenbahnverkehr enthält u. a. eine der ältesten noch erhaltenen deutschen Lokomotiven, die «Muldenthal» von 1861, eine Güterzug-Tenderlok von 1886, den Salonwagen des sächsischen Königshofes von 1885, die erste Drehstrom-Versuchslok der Welt (1891), ein Modell der →«Saxonia», die Sammlung historischer Eisenbahnuniformen und die Modellbahnanlage. Darüberhinaus betreut das V. ca. 100 fahrtüchtige Triebfahrzeuge, die außerhalb des

Museums und an anderen Orten stationiert sind und zu Fahrzeugschauen und Traditionsfahrten der Eisenbahn eingesetzt werden. In der Abteilung Kraftverkehr sind historische Automobile, Motorräder sowie auch Fahrräder ausgestellt. Der Bereich Luftverkehr berücksichtigt auch die Flugzeugindustrie des Dresdner Raumes 1956/61. Die Abteilung Städtischer Nahverkehr zeigt bedeutende Dresdner Originale wie eine Sänfte der →Ratschaisenträger, einen Pferdebahnwagen im Zustand von 1906, den Triebwagen der «Dresdner Straßenbahn-Gesellschaft» im Umbauzustand von 1911, →Hechtwagen und Wagen der Standseilbahn. Im langen Gang werden über 80 Schiffsmodelle und andere Exponate zur Geschichte der Schiffahrt, darunter auch der →Elbschiffahrt, präsentiert.

Verlag der Kunst Dresden: 1952 in Dresden gegründeter und in Striesen ansässiger Verlag, der mit seinen gediegenen wissenschaftlichen und populärwissenschaftlichen Publikationen zur Kunstgeschichte, -wissenschaft und -theorie, zu Künstlerpersönlichkeiten sowie mit Kunstmappen und Reproduktionen national und international bekannt geworden ist. Nachdem er bis Ende der achtziger Jahre wichtige Werke über die Dresdner Kunstsammlungen und Dresdner Künstler produziert hat, sind in neuerer Zeit auch andere Themen zur Dresdner Stadtgeschichte in sein Programm aufgenommen worden.

Versöhnungskirche Striesen: evangelisches Gotteshaus mit Gemeindehaus und Kreuzgang im Vorhof. – 1905/09 erbauten Baurat Gustav →RUMPEL und Architekt Arthur KRUTZSCH an der Schandauer Straße die neuromanische V. mit Elementen des Jugendstils. Die dekorative Innenausgestaltung übernahm Otto →GUSSMANN. Der vom Kreuzgang umgebene Hof ist dem Gedenken an die Toten des Ersten Weltkrieges gewidmet. Hier steht die von Selmar →WERNER geschaffene Brunnenanlage «Christus als Tröster der Mühseligen und Beladenen». Die auf der ehemaligen Bezirksliste der Baudenkmale stehende V. wurde 1983/86 im Inneren originalgetreu restauriert.

Victoriabrunnen: →Friedensbrunnen

Viehweger, Hermann: →Lossow, William

«Viehweide»: alte Bezeichnung für das ursprünglich bewaldete Gelände zwischen →Weißeritz und →Wilsdruffer Tor, das, nachdem es 1287 abgeholzt worden war, noch im gleichen Jahr vom Markgrafen den Bürgern der Stadt als Weideland überlassen wurde.

Viehweider Gemeinde: seit dem 16. Jh. bestehende vorstädtische Siedlung auf dem Gelände der städtischen Viehweide. Zur V. gehörte der →Schützenplatz, der noch bis 1851 den Namen Viehweide trug, die →Grüne Straße, Teile der →Palmstraße, die →Mittelgasse, die Häuser am →Schießhaus und die →Schützengasse, die anfangs nach dem in der Nähe befindlichen Haus der Büchsenschützen (→Schießhaus) Büchsenschützengasse hieß. Die V. ging später in der →Wilsdruffer Vorstadt auf.

«Vier Tageszeiten»: vier Plastiken («Morgen», «Mittag», «Abend» und «Nacht») an der Treppe zur →Brühlschen Terrasse. Die von Johannes →SCHILLING 1863/68 geschaffenen Sandsteinfigurengruppen wurden 1869 auf der Wiener Kunstausstellung mit dem 1. Preis ausgezeichnet. 1872 stellte man sie in Dresden auf, ersetzte sie aber 1898 durch Bronzegüsse. Die Originale wurden nach Chemnitz verschenkt, wo sie jetzt die Schloßteichanlagen zieren.

Vierteleinteilung: ursprünglich nur zum Zwecke der militärischen Verteidigung vorgenommene Einteilung innerhalb der Stadtbefestigung sowie des unbefestigten Altendresden. Die V. stellte die Gliederung der waffenfähigen Mannschaft dar, die im Verteidigungsfall unter dem Befehl eines Hauptmanns geführt wurden. Die Viertel bildeten zugleich Feuerwachbezirke. Die Viertelsmeister übten neben der feuerpolizeilichen Aufsicht noch andere Polizeifunktionen aus, z. B. die Gewerbeordnung und das Gesundheitswesen betreffend. Bereits im 15. Jh. trugen die Viertel mehr den Charakter von Verwaltungsbezirken, in denen auch die Steuer eingeholt wurde. Die Stadtviertel trugen z. T. Namen (z. B. Frauenviertel, Wilisches Viertel). Kurioserweise war Dresden im Mittelalter und zeitweise auch im 16. Jh. in 5 Viertel eingeteilt. 1589 erfolgte dann die endgültige Einteilung der Festung Dresden (also ohne Altendresden) in vier Viertel. Die V. entfiel erst mit der Einführung der neuen Städteordnung im Jahre 1832.

«Vierzehner»: Dichter- und Schriftstellerkreis, gegründet am 2. Februar 1871 im Haus von Franz →KOPPEL-ELLFELD in der Sidonienstraße 19. Hier trafen sich unter dem Vorsitz des Geheimen Rats Karl von BEAULIEU-MARCONNAY zehn kunst- und literaturinteressierte Männer zu literarischen Unterhaltungen. Unter ihnen befanden sich der Museumsdirektor Hermann →HETTNER, der Bildhauer Julius →HÄHNEL und der Maler Hans von MARÉES. Am 18. November 1873 gab sich die Gesellschaft die Form eines geschlossenen Vereins mit festen Satzungen und Vereinslokal. Neuer Präsident der V. wurde ab 1874 der Liederdichter Victor von STRAUSS UND TORNEY. Unter seiner Leitung beeinflußte die Gesellschaft Dresdens literarisches Leben merkbar. Ihm zur Seite standen Musikwissenschaftler, Schriftsteller, Männer der Kunst und der Goetheforscher Gustav Woldemar Freiherr von →BIEDERMANN (seit 1883 stand er an der Spitze der V.). Zu den Mitgliedern zählten auch Constantin →LIPSIUS, Arnold GAEDEKE und Ernst von SCHUCH.

Viktoriahaus: ehemaliges großes Geschäftshaus im Neorenaissancestil an der Seestraße zwischen Waisenhausstraße und Ring, das 1891/92 von der

Versöhnungskirche Striesen

Architektenfirma William →LOSSOW und Hermann VIEHWEGER errichtet wurde. Das fünfgeschossige mit Erkern und Giebeln (an der Hauptfront von einer Merkur-Plastik bekrönt) reich versehene Gebäude brannte 1945 beim Bombenangriff aus und wurde später abgebrochen.

Viktoria-Hotel: ehemaliges großes Hotel an der Seestraße, das 1852 eröffnet wurde. Das palastartige Gebäude war mit 150 Zimmern und zwei großen Speisesälen ausgestattet und hatte eine Aussichtsplattform, von der aus das Stadtbild von Dresden zu übersehen war. Das V. wurde beim Bombenangriff 1945 zerstört.

Villa Eschebach: prunkvoller zweigeschossiger Neobarock-Bau, der das Bild am Albertplatz/Ecke Georgenstraße prägt. Er wurde – vermutlich unter Einfluß von Gustav →FRÖLICH – für Carl ESCHEBACH (1842–1905), den Besitzer der →Eschebach-Werke und zugleich Kunstmäzen, errichtet. Die V. enthielt u. a. Räume für Kunstausstellungen und an der Südseite einen mit mehreren Terrassen versehenen exotischen Wintergarten. Sie diente u. a. für Premierenfeiern des benachbarten →Albert-Theaters und – wegen der seltenen Gewächse – als Drehort während der Stummfilmzeit. Seit 1924 im Besitz der Sächsisch-Böhmischen Dampfschiffahrts-Gesellschaft brannte die V. im Februar 1945 aus; der ehemalige Palmengarten wurde von der «Weißen Flotte» in bescheidenem Maße weiter genutzt, bis die V. 1993 Eigentum der Volksbank Dresden wurde. Seitdem ist der originalgetreue Wiederaufbau für verwaltungstechnische, öffentliche und kulturelle Nutzung eingeleitet.

Villa Rosa: ehemalige vorstädtische Villa an der Holzhofgasse 20, die 1883 von Gottfried →SEMPER für den Bankier Martin Wilhelm OPPENHEIM (1781–1863) errichtet und nach dessen Gattin benannt wurde. Die nach dem Vorbild italienischer Renaissance-Villen entworfene V. gilt als wichtigster Villenbau in Dresden und war als Typ einer herrschaftlichen Villa des 19. Jh. mit hoher künstlerischer Qualität nicht nur für die nachfolgende Villenarchitektur in Dresden, sondern im deutschen Raum überhaupt beispielgebend. In einem weitläufigen Park (mit Gärtnerhaus) gelegen, zeigte das zweigeschossige Gebäude auf fast quadratischem Grundriß streng symmetrische Fassaden, wobei die Hauptschauseite mit Terrasse, Brunnen und Freitreppe zum Garten ging. Auf dem flachen Walmdach befand sich eine von einer Balustrade umgebene Aussichtsplattform. Den Kern der V. bildete der durch zwei Geschosse angelegte achteckige mit Oberlicht versehene Salon. Die V. war um die Mitte des 19. Jh. ein Mittelpunkt des geselligen Verkehrs des Dresdner Bürgertums. – Beim Bombenangriff 1945 brannte sie aus und wurde 1955 abgetragen. Heute befindet sich auf dem Gelände eine Schule.

Villa Souchay: →Schloß Eckberg

Villa Stockhausen: mittleres der drei sogenannten *Elbschlösser* auf der Loschwitzer Elbhöhe (Bautzner Straße 132). Es wurde 1850/53 auf dem vormaligen Hegewaldschen Weinberg für den Baron von STOCKHAUSEN errichtet, den Kammerherrn des preußischen Prinzen ALBRECHT, welcher sich zu gleicher Zeit das benachbarte →Schloß Albrechtsberg erbauen ließ. Beide Schlösser wurden von dem preußischen Landbaumeister Adolf →LOHSE entworfen, sind sich daher im Stil ähnlich und werden zusammen gewöhnlich als «Albrechtsschlösser» bezeichnet. Die wesentlich kleinere V., ein spätklassizistischer, zweitürmiger, mit Sandstein verkleideter Bau mit Hauptschauseite nach der Elbe und repräsentativer Haupttreppe nach der Straße hin, ist von einem prächtigen Park umgeben. 1891 erwarb der Fabrikant Bruno NAUMANN (→Seidel & Naumann) das Grundstück und nach ihm war 1906/16 Karl August →LINGNER der Besitzer, nach dem die V. auch als «Lingnerschloß» bezeichnet wurde. Lingner, dessen letzte Ruhestätte

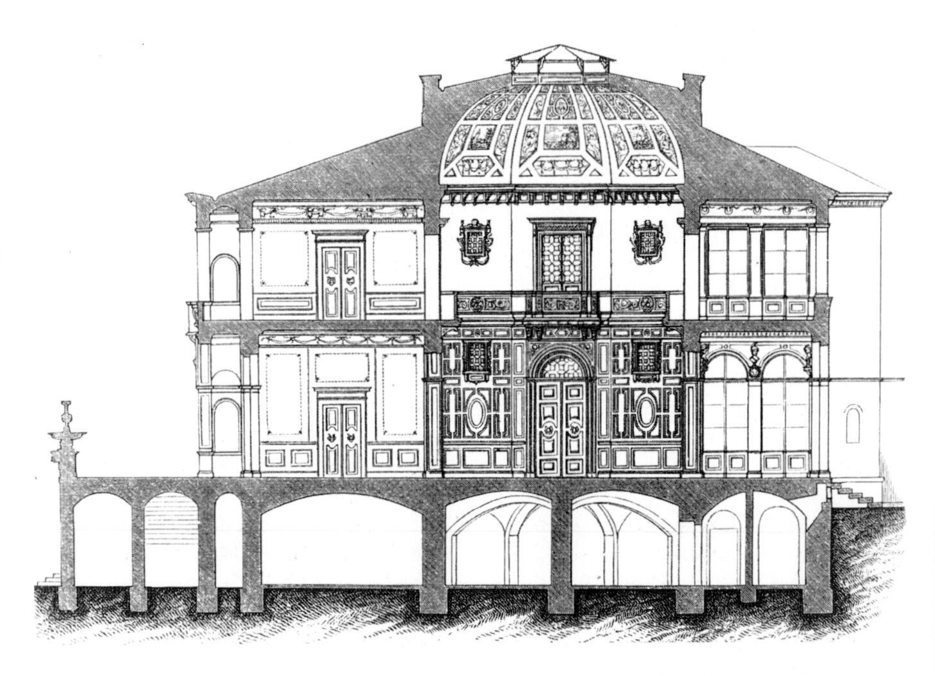

oben: Victoriahaus
Villa Rosa, Aufriß
Villa Stockhausen, Ansicht von der Elbseite

sich im Mausoleum am Fuße des Berghangs befindet, ließ das Innere des Gebäudes durch Wilhelm →KREIS im Zeitgeschmack der Jahrhundertwende umgestalten und eine Kabinenbahn anlegen (→Seilbahnen). Er vermachte Schloß und Park nach seinem Tode der Stadt Dresden als Erholungsstätte für die Öffentlichkeit. Nach dem Zweiten Weltkrieg diente die V. als Studentenwohnheim der Arbeiter- und Bauernfakultät und wurde 1956/57 unter Wahrung der äußeren Gestalt für den «Dresdner Klub» umgebaut, wobei die historische Innenausstattung beseitigt wurde.

Villa Struve: erbaut 1851/52 von Hermann →NICOLAI an der Prager Straße 18 für den Mineralwasserfabrikanten Gustav Adolf STRUVE (geb. 11. 1. 1812 Dresden, gest. 21. 7. 1889 Bad Schandau; Sohn von Friedrich Adolf August →Struve). – Die Villa vereinte Stilelemente der italienischen Renaissance mit denen des Dresdner Barocks und des französischen Landhausstils und galt als Prototyp bürgerlicher Dresdner Villenbauten. Die Verkleinerung des Struveschen Gartens und der Durchbruch der Mosczinskystraße erzwangen 1890 die Versetzung der Villa an die Wiener Straße 33 (1945 zerstört).

Villeroy & Boch: keramisches Unternehmen mit Betrieben in Luxemburg, Frankreich, Belgien und Deutschland, entstanden 1836 durch die Fusion der Familienunternehmen von Villeroy und Boch. – Der Dresdner Betrieb von V. & B. wurde 1854/56 von Eugen von BOCH und Alfred VILLEROY an der Leipziger Straße errichtet, beschäftigte bis zu 1500 Menschen und zählte zu den größten deutschen Herstellern von Gebrauchs-, Zier- und Baukeramik. Einige künstlerisch bemerkenswerte Fliesenarbeiten des Jugendstils blieben teilweise in Dresden erhalten (Fliesengemälde im Werksgelände, →Pfunds Molkerei, Wandbrunnen im Neuen Rathaus). Der 1945 erheblich zerstörte Betrieb wurde als VEB Steingutwerk, später als VEB Sanitärporzellan weitergeführt und nach 1990 aufgegeben.

Vitzthumsches Gymnasium: 1828 eröffnete private Erziehungsanstalt, die auf eine 1638 durch Rudolph VITZTHUM VON APOLDA (1572–1639) erlassene Stiftung zurückgeht. Damals schloß man sich als «Vitzthumsches Geschlechtsgymnasium», an die schon bestehende →Blochmannsche Erziehungsanstalt in der Plauenschen Gasse (Gelände des ehemaligen →Türkischen Gartens) an, da die Organisation dieser Schule den Stiftungsbestimmungen weitgehend entgegenkam. 1861 wurde die Schule reorganisiert. Sie trug seit dieser Zeit den Namen V. und wurde öffentlich. Anderen Gymnasien des Landes Sachsen war sie gleichgestellt. Das Internat der Schule wurde 1898 aufgelöst, als das V. in städtische Verwaltung überging. Da die Räumlichkeiten nicht mehr ausreichten (Steigerung der Schülerzahl von 77 im Jahre 1861 auf 236 im Jahre 1901) wurde 1901/03 ein moderner Neubau in der Dippoldiswalder Gasse errichtet. 1945 fiel das V. dem Bombenangriff zum Opfer, die Ruinen von Schule und Turnhalle mußten Wohnbauten weichen. Zu den Schülern des V. gehörten der Schriftsteller Wilhelm von POLENZ (1861– 1903), der Maler Fritz von UHDE (1848–1911), der Kunsthistoriker Woldemar von →SEIDLITZ, der Dichter Georg von →OMPTEDA (1863 bis 1931) und Mitglieder der Familie →SCHNORR VON CARLOSFELD. – Vitzthumstraße in der Nähe des ehemaligen Standortes des V.

Vitzthumsches Palais: →Palais Vitzthum-Rutowski

Vogel, Hermann: Zeichner, Illustrator, geb. 16. 10. 1854 Plauen/Vogtl., gest. 22. 2. 1921 Krebes/Kr. Plauen. – Der in der künstlerischen Tradition Ludwig →RICHTERS und Moritz von SCHWINDS wirkende «vogtländische Maler» hatte nur kurz 1874/75 die Dresdner Kunstakademie besucht, ehe er sich als Autodidakt in seiner Heimat niederließ und als Illustrator (vor allem von Märchen und Sagen) um die Jahrhundertwende sehr populär wurde. «Um der befruchtenden Atmosphäre einer Kunststadt näher zu sein», ließ er sich 1887 an der Plattleite 6 ein Haus bauen, das er als «letzter Romantiker von Loschwitz» vorwiegend in den Sommermonaten nicht nur als Wohn- und Arbeitsstätte nutzte, sondern auch als Mittelpunkt für geselligen Verkehr mit bekannten Zeitgenossen. – Hermann-Vogel-Straße in Loschwitz.

Vogel von Vogelstein, Carl Christian: Maler und Zeichner, geb. 26. 6. 1788 Wildenfels/Erzgeb., gest. 4. 3. 1868 München. – Der Sohn des Dresdner Akademieprofessors und Porträtmalers Christian Leberecht VOGEL (1759–1816) wurde nach Reisen durch Rußland und Italien 1820 als Nachfolger von Gerhard von KÜGELGEN Professor an der Dresdner Kunstakademie. 1824 wurde er zum Hofmaler ernannt und 1831 geadelt. 1853 siedelte er nach München über. Für die Hofkirche malte V. ein nazarenisches Christusbild. Im Festsaal des →Schlosses Pillnitz schmückte er 1824 die Gewölbezwickel und Flachbogenfelder mit Allegorien aus und schuf das Altarbild und Szenen aus dem Marienleben in der dortigen Schloßkapelle (1974/76 restauriert). Bekannt wurde V. durch seine Porträtzeichnungen von Zeitgenossen (etwa 700 Blätter im →Kupferstich-Kabinett). Um 1824/26 ließ er sich am Altstädter Elbufer (Italienisches Dörfchen Nr. 15) ein Haus bauen, das später zum

oben: Villeroy & Boch
Altes Vitzthumsches Gymnasium

«Helbigschen Etablissement» ausgebaut wurde.

Vogelapotheke: Am 3. Februar 1560 erhielt der aus Weißenfels stammende Johannes unter den LINDEN vom Kurfürsten das Privileg zum Errichten einer Apotheke. Er war bekannt als Hofapotheker im Dresdner Schloß und betreute die Privatapotheke. Die neue Apotheke wurde an der Nordseite des Markts, vermutlich im ehemaligen «Weimarischen Haus» eröffnet. 1623 übernahm sie Jodokus MÜLLER (der Ältere); er besaß ein Haus an der sogenannten «Vogelecke», an der von alters her die Vogelhändler ihre gefiederte Ware feilhielten. Das Apothekenprivileg wurde auf sein Grundstück überschrieben, so daß er 1631 die Apotheke in sein Haus verlegte, wodurch sich auch der Name V. ausprägte. Am 23. Februar 1707 brannte die V. durch Brandstiftung vollständig nieder. Nach Plänen des Ratsmaurermeisters Johann Gottlieb →FEHRE wurde bis 1725 ein viergeschossiger Neubau errichtet. Mit einem 1740 angebrachten Löwen-Wahrzeichen wurde die V. in →Löwen-Apotheke umbenannt.

Vogelsches Gartenhaus: für Dresdens Bürgergärten typisches klassizistisches Gartenhaus an der Neustädter Elbuferpromenade zwischen Marien- und Augustusbrücke. Der ältere östliche Langbau gehörte als Wirtschaftsgebäude zum Grundstück Große Meißner Gasse 6, auf dem sich der Gasthof «Zum Blauen Stern» (später «Stadt London») befand. Der östlich angebaute Kopfbau (Große Meißner Gasse 4) entstand als privates Gartenhäuschen um 1811/14 wohl nach Plänen von Christian Friedrich SCHURICHT für den Maler, Zeichner und Kunsthistoriker Christian Leberecht VOGEL (6.4.1759–11.4.1816), den Vater von Carl Christian →VOGEL VON VOGELSTEIN. 1936 wurde das V. innerhalb der neuen Elbufergestaltung nach dem Entwurf von Paul →WOLF umgebaut und 1984/85 für die Unterbringung der Verwaltung des neuen →Hotels Bellevue rekonstruiert und in die Gartengestaltung mit einbezogen.

Vogelsches Gartenhaus
Vogelwiese. 1660
Vogelschießen für August den Starken am 20. September 1699

Vogelwiese: beliebtes Dresdner Volksfest, das eine über 400jährige Tradition besitzt, die nur durch Kriege, Katastrophen und Notzeiten unterbrochen wurde. Die Geschichte der V. geht auf den Brauch des Pfingstschießens und auf das sog. Landesschießen zurück. Das *Pfingstschießen* wurde wohl seit Anfang des 14. Jh. (1440 erstmals urkundlich erwähnt) vom Rat für die Armbrustschützen (→Bogenschützengesellschaft) ausgerichtet, die zur Wehrfähigkeit in Übung bleiben mußten. Dafür wurde im Übungsgelände der Schützen, dem Schießgraben (ein Teil des Stadtgrabens in der Gegend der heutigen Schießgasse), ein aus Einzelteilen bestehender, buntbemalter Vogel – anfangs auf niedrigem Ständer, später auf hoher Stange – aufgestellt, der von den Schützen mit Bolzen getroffen werden mußte. Dafür spendierte der Rat Bier und Zielprämien und verlieh dem Schützenkönig eine kostbare Schützenkette, die Ratseigentum blieb. Dieses am zweiten Pfingstfeiertag abgehaltene Vogelschießen war eine interne Angelegenheit der Stadt, bei der anfangs Volksbelustigungen fehlten. Dagegen war das *Landesschießen,* das vom Kurfürsten angeregt und in regelmäßigen Abständen durchgeführt wurde, von Anfang an ein Volksfest. So gibt die erste ausführliche Beschreibung eines von Kurfürst AUGUST veranlaßten sechstägigen «Festschießens» von 1554, das der Rat ausrichten mußte, sowohl über Schießordnung und -ablauf Auskunft (blieb bis ins erste Drittel des 20. Jh. im wesentlichen unverändert) als auch über soganne «Bauernlustbarkeiten» (Wettläufe, Tänze, Pferdetourniere, «Gansreiten», Maskeraden, Ringstechen, Stangenklettern, Würfelbuden). Der «Pritschmeister» mußte auf humorvolle Weise mit seinem Narrengefolge für «Zucht, Sitte und Ordnung» sorgen. Besonders prächtige Schießfeste fanden in den Jahren 1572, 1588, 1601/06, 1609, 1614/18 und 1629 statt. Seit 1577 war – mit wenigen Ausnahmen im 18. Jh. – die große Wiese vor dem Ziegelschlag, die der Fleischerinnung gehörte (sogenannte Fleischerwiese; auch «Pfingstwiese» oder «Vogelstangenwiese»), Festplatz des Vogelschießens. Auch das Pfingstschießen, das vom Rat immer mehr zum Volksfest ausgebaut worden war, fand dort statt, da genügend Platz für Volksbelustigung und Zuschauer vorhanden war. Nach Unterbrechung wegen des Dreißigjährigen Krieges wurde 1660 auf Wunsch des Kurfürsten JOHANN GEORG II. die Tradition des Vogelschießens vom Rat mit einem aufwendigen Pfingstschießen fortgesetzt. Beim Ausrichten dieses und der folgenden Schützenfeste nahm der Rat vor allem Rücksicht auf die kurfürstliche Familie und auf adlige Teilnehmer (z. B. waren 1660/1700 von 50 Schützen nur neun bürgerlich). Die steigenden Kosten veranlaßten den Rat ab 1700, die Bogenschützengesellschaft als Veranstalter einzusetzen. Diese weitete den Vergnügungsteil der V. wesentlich aus, um durch Standgelder von Markthändlern, Handwerkern, Schaustellern usw. Gewinne zu erzielen. So wurde Ende des 18. Jh. die Dauer des Festes von 3 auf 5 Tage verlängert, es fand auch nicht mehr zu Pfingsten, sondern in der Woche statt, in der der Geburtstag des Landesfürsten lag. Seit 1777 wurde regelmäßig ein großes Feuerwerk abgehalten und nach 1800 gehörten Luftschaukeln, Karussells, Glücksbuden, Schaustellungen, Puppenspieler, Bänkelsänger usw. zu den ständigen Attraktionen der V. Nach einem über 100jährigen Streit mit der Fleischerinnung wegen Ruinierung der Wiese wurde ab 1841 die V. auf dem Exerzierplatz der Kommunalgarde (am heutigen Sachsenplatz) und 1874/1939 – meistens in den ersten beiden Juliwochen – auf den Johannstädter Elbwiesen bei «Antons» abgehalten. Dort stand vor dem stattlichen turmgekrönten Schützenhaus an der Ostseite der V. (1945 zerstört) der 4 m breite und 4,5 m hohe Vogel auf einer 42 m hohen Stange. Mit dem feierlichen Schützenauszug vom Altmarkt aus wurde sonnabendmittags die V. und der achttägige Kampf um den Schützenkönig eröffnet. Die 110 000 m^2 mit Zelten bebaute Fläche, die durch eine 25 m breite Mittelstraße, 7 Quer- und 7 Längsstraßen

oben: Theodor Rosenhauer: Dresdner Vogelwiese mit Wurstesserin. 1962
unten: Teilansicht der Vogelwiese. 1929
Luftschaukel auf der Vogelwiese. 1929
Abschießvogel. 1936

aufgeteilt war, umfaßte z. B. 1932 77 Schankstätten und Restaurants, 277 größere und 300 kleinere Verkaufsstände sowie 125 Schaustellungen, Fahrgeschäfte und Belustigungen vom Flohzirkus bis zum Todesfahrer an der senkrechten Wand. – Zu den in der Geschichte der V. verzeichneten Katastrophen gehören Unwetter und Überschwemmungen (z. B. 1861, 1897, 1926, 1930) sowie der am 2. August 1909 durch Fahrlässigkeit ausgelöste Brand, dem 27 große Zelte und 60 Buden zum Opfer fielen. – Nach der Zerstörung Dresdens 1945 wurde das Johannstädter Vogelwiesengelände als Trümmerabladeplatz benutzt, so daß man den ersten Wiederbelebungsversuch der V. 1947 am Neustädter Ufer (Nähe Prießnitzmündung) und weitere V. 1950/52 im Zoologischen Garten durchführte. 1953/90 wurde die V. vier Wochen im Juli/Anfang August als Rummel- und Belustigungsfest auf dem ehemaligen Gelände des Ausstellungspalastes am Fučikplatz (Straßburger Platz) durchgeführt, wo auch in jedem Jahr ein ebenso geartetes Frühlings- und Herbstfest stattfand. Seit 1991 ist der traditionelle Festort wieder die Johannstädter Elbwiese.

Voigt von Wierandt, Caspar: Festungsbaumeister, gest. 22. 12. 1560 Dresden. – V. wurde 1541 zum Zeugmeister und 1545 zum «Oberzeug- und Baumeister über den Festungsbau» ernannt. Von ihm stammen die Pläne für die 1546 begonnenen Festungswerke (Ziegel-, Elb- und Salomonistor, Moritzmonument). Er war maßgeblich ab 1547 am Umbau des →Residenzschlosses beteiligt (Großer Schloßhof, Treppenturm, Riesensaal, Großes Haus) und schuf 1559 die Pläne für das neue Zeughaus (→Albertinum). – Gedächtnistafel auf dem alten Frauenkirchhof (später im Stadtmuseum).

Volkshaus: →Dresdner Volkshaus

Volksheime: vom →Verein Volkswohl ab 1889 betriebene Einrichtungen, die neben der Verabreichung preiswerter Mahlzeiten (aber ohne starke alkoholische Getränke) vor allem der Erholung, geselligen Unterhaltung und Bildung dienten. Dazu wurden Volksunterhaltungsabende, Theateraufführungen, Vortragsabende, Unterrichtskurse in Fremdsprachen, Buchführung, Stenographie u.a. veranstaltet. Folgende V. gehörten dem Verein: Maternihof, 1889–1904 Maternistraße 16, dann Gärtnergasse 3; Paulinengarten, 1889–1902 Wasserstraße 7; Am Bischofsweg, 1890–1896 Bischofsweg 2, dann Oppellstraße 4a, dann 12, 1896 bis 1920; Heidepark, seit 1895; Schäferstraße, 1899–1917 Schäferstraße 59, dann Schäferstraße 4; Pieschen, 1900–1904 Trachenberger Straße 8–10; Gutenbergstraße, seit 1901 Gutenbergstraße 5; Nieritzgarten, seit 1902 Königsbrücker Straße 21; Crispiplatz, seit 1904 Crispistraße 6; Annenstraße, seit 1904 Annenstraße 49; Serrestraße, seit 1914 Serrestraße 12; Waisenhausstraße, seit 1916 Waisenhausstraße 35.

Volksküchen: Speiseanstalten, die von gemeinnützigen Vereinen, auch unter Mitwirkung der städtischen Verwaltung, zur Versorgung Bedürftiger eingerichtet wurden. Die erste Volksküche entstand in Dresden mit dem ersten Volksheim des →Vereins «Volkswohl». Nach Beginn des Ersten Weltkriegs entstand eine Reihe von V. durch die Kriegsorganisation der Dresdner Vereine und den Ausschuß der V. zur Versorgung der Angehörigen der Kriegsteilnehmer und von Arbeitslosen. Die V. gehörten auch während der Nachkriegsjahre und der Weltwirtschaftskrise zu den sozialen Einrichtungen der Stadt.

Volkspark Leutewitz: Parkanlage im Stadtteil →Leutewitz. – Die Stadt kaufte 1906 von der damals selbständigen Gemeinde Leutewitz ein Ziegeleigelände und legte 1908/11 den Park an. Hier befindet sich die Leutewitzer Windmühle, die 1839 auf der Halde des →Elbstollens erbaut wurde.

Volkspark Räcknitz: 1898/1907 an der Dresdner Südhöhe angelegte Parkanlage, die nicht nur der Erholung, sondern auch dem Schutz der zwei Wasserhochbehälter dient, die 1896 bzw. 1905 für das Wasserwerk Tolkewitz dort errichtet und geschickt in die Parkanlage einbezogen wurden.

Volkspark Striesen: 1,7 ha große Parkanlage zwischen Eisenacher und Augsburger Straße sowie Pohland- und Ermelstraße. Das Grundstück, auf dem seit 1877 der Gärtnereibesitzer Traugott Jakob Herrmann →Seidel verschiedenste Rhododendronarten auf ihre Verwendungsmöglichkeiten im Freien hin angepflanzt und geprüft hatte, wurde 1920 von der Stadt Dresden in einen öffentlichen «Rhododendronpark» umgestaltet. – Der in der Nachkriegszeit verwahrloste Park wurde 1991 wieder hergerichtet.

Volkssingakademie: 1900 gegründeter Verein zur passiven und aktiven musikalischen Bildung der Arbeiterklasse, der bis Anfang der dreißiger Jahre bestand. Vielseitige Veranstaltungen (z. B. eigene Konzerte mit dem Gewerbehausorchester, Jugendkonzerte, Hausmusik-Abende, Solisten-Abende und Vorträge Dresdner Künstler), die im Saal des Volkshauses oder im →Gewerbehaus gegen geringe Eintrittspreise stattfanden, ermöglichten den hier allein zugelassenen ärmeren Bevölkerungsschichten den Zugang zur Kunst. Allein 1900/10 fanden rund 60 Veranstaltungen dieser Art statt. Der von Musikdirektor Johannes Reichert aus Teplitz geleitete aktive Teil der V. war um 1910 mit rund 400 Mitgliedern der stärkste gemischte Chor in Dresden; die Anzahl der passiven Mitglieder betrug damals etwa 1400. Mit der V. war Dresden zu Beginn dieses Jahrhunderts führend in der musikalischen Volksbildungsbewegung in Deutschland.

Volkswohltheater: vom →Verein Volkswohl getragenes Veranstaltungsunternehmen, das 1908/39 bestand und mit Schauspielvorstellungen, Operngastspielen, Konzerten, Tanzdarbietungen, Lieder- und Dichterabenden sowie Lichtbildervorträgen den Vereinsmitgliedern Bildung und Unterhaltung bot. Das V. befand sich im Volkswohlsaal (ehemals Trianonsaal) an der Ostra-Allee, wo es während des Winters drei Vorstellungen pro Woche gab, während im Sommer das Naturtheater am →Heidepark genutzt wurde.

Vorstädte: vor der Stadtmauer liegende Ansiedlungen, deren Gassen bereits 1285 erwähnt werden. Diese nach außen durch Gräben und Zäune abgeschlossenen Vorstadtsiedlungen hatten im Mittelalter offensichtlich noch keinen dauernden Bestand. Bei drohender Kriegsgefahr wurden sie aufgegeben oder auch tatsächlich durch Kriegseinwirkungen zerstört, wie dies während der Hussitenkriege im Jahre 1429 der Fall war. In den mittelalterlichen Geschoßregistern verschwinden aus diesen Gründen die Namen der V. gelegentlich. Im 16. Jh. bildeten sich folgende fest umrissene Vorstadtsiedlungen heraus (von Ost nach West): →Fischer-, →Rampische, →Pirnaische, →Borngasser, →Halbegassen-, →Hinterseer-, →Poppitzer, →Fischersdorfer, →Gerber-, →Viehweider Gemeinde. Jede Gemeinde hatte ihren eigenen Richter mit seinen Schöffen, die unter Aufsicht des Stadtrats die niedere Gerichtsbarkeit und Polizeirechte ausübten. Die V. unterschieden sich von der Stadt innerhalb der Befestigungsanlagen in zweifacher Hinsicht. Erstens galten bis ins 19. Jh. aus militärischen Gründen (Zerstörung der V. durch Belagerer bzw. durch die Besatzung der Festung, um ein übersichtliches Vorfeld zu schaffen) andere Bauvorschriften als innerhalb der Festung. Die Vorstadthäuser durften nur in leichter Bauweise errichtet werden. Zweitens waren die unteren Bevölkerungsschichten in den V. weitaus stärker vertreten als in der eigentlichen Stadt. Bis zum Beginn des 19. Jh. waren die städtische Oberschicht und der Adel hier nur mit Landsitzen vertreten. – Während bis zum Ende des 17. Jh. die Einwohnerzahlen der V. deutlich unter derjenigen der Stadt innerhalb der Festungsanlagen lag, änderte sich das seit dem 18. Jh., als die Einwohnerzahl Dresdens trotz der Rückschläge im Siebenjährigen Krieg stark anzusteigen begann. So verteilten sich die Bewohner der Stadt im Jahre 1755, also noch während der augusteischen Glanzzeit, folgendermaßen auf das gesamte Stadtgebiet: Innerhalb der Festung: 22 291 Einwohner, Vorstädte (allerdings mit Einschluß der noch nicht zu Dresden gehörenden →Friedrichstadt): 34 246 Einwohner und Neustadt: 6672 Einwohner. – Im Verlauf des 18. Jh. wurde es üblich, die V. in drei große V., die →Pirnaische (Fischergemeinde bis Borngassengemeinde), die →Seevorstadt (Halbegassengemeinde und Hinterseer Gemeinde) und die →Wilsdruffer Vorstadt (restliche bis zur Viehweider Gemeinde) zusammenzufassen. Amtlich wurde diese Einteilung allerdings erst 1835, nachdem im Zuge der Einführung der neuen Städteordnung nicht nur die →Vierteleinteilung der Innenstadt, sondern auch die Gemeindeeinteilung der V. aufgehoben worden war. – Von diesen klassischen Dresdner V. zu unterscheiden sind die durch Neubebauung viel später entstandenen V., wie die →Johannstadt und die →Südvorstadt. Die weitere Ausdehnung Dresdens seit dem Ende des 19. Jh. beruhte dann bekanntlich vor allem auf den →Eingemeindungen der bis dahin selbständigen Dörfer und Industriesiedlungen.

Wachen: →Alte Wache; →Altstädter Wache; →Blockhaus

Wachsbleichstraße: Vorstadtstraße in Friedrichstadt, Name seit 1894, zuvor Heigiusgasse, Feldgasse, seit 1840 Wachsbleichgasse. – Der Name erinnert an die Wachsbleiche, die 1718 von dem Kammerherrn von BLUMENTHAL gegründet und 1724 an den Generalfeldmarschall Jacob Heinrich von FLEMMING verkauft wurde. 1881 wurde die damalige XVII. Bezirksschule an der W. errichtet.

Wächterhäuser Pillnitz: →Pillnitz

Wachwitz: rechtselbischer Stadtteil, 1930 zu Dresden eingemeindet. – An der Mündung des Wachwitzbachs in die Elbe entstand das älteste W. (sorbisch svw. Leute eines Vach), ein Rundling mit Block- und Streifenflur. 1350 erhielt Conradus de PESCHEN den Ort vom Markgrafen zu Lehen. Die Erweiterung des Dorfs verlief sowohl im Wachwitzgrund als auch an den Elbhängen entlang der Pillnitzer Straße. Die Wachwitzer betrieben Fischfang an der Elbe, da nur wenige Ackerflächen im Ort vorhanden waren. Später kamen Wein- und Obstbau an den Hängen hinzu. 1514 erwarb Christoph von ZIEGLER, der Besitzer von Pillnitz, den Ort. W. verblieb bis zum 17. Jh. bei →Pillnitz, dann wurde das Wachwitzer Rittergut selbständig. Das Rittergut bezog Einkünfte aus der Fischereigerechtigkeit an der Elbe, aus den Weinbergen, der Brauerei und den Abgaben der Bauern. Besondere Bedrückung erfuhren die Wachwitzer durch Joachim von LOSS, dem ab 1623 das Rittergut gehörte. 1561 gab es bereits zwei Schenken im Ort, die dem Dresdner Bierzwang unterstanden. Seit 1754 ist in W. eine Elbfähre nachgewiesen. 1824 erwarb der spätere König FRIEDRICH AUGUST II. Weinberge im Ort. Bis zu seinem Tode 1854 konnte er diese zu einem zusammenhängenden Grundbesitz zwischen Kotzschweg in Loschwitz und Wachwitzer Höhenpark sowie zur Ohlsche erweitern (→Königs Weinberg). – Am 12. Mai 1844 verheerte ein Wolkenbruch den Ort und zerstörte sechs Häuser. In der Mitte des 19. Jh. zog die Wachwitzer Landschaft Maler und Dichter an, z. B. Wolf Heinrich Graf →BAUDISSIN und den Maler Woldemar HOTTENROTH. Aber auch höhere Staatsbeamte und Fabrikanten ließen sich im Ort nieder. 1886/87 vernichtete die Reblaus den gesamten Bestand an Weinstöcken in W. 1895 eröffnete Dr. KLENKE eine Wasserkuranstalt, den sogenannten «Kurberg». Aus ihm ging eine Ziegenmilchwirtschaft, die «Ziegenalm» hervor. 1903 erhielt der Ort den Anschluß an die Dresdner Straßenbahn. – Kirchlich gehörte W. zur Dresdner Frauenkirche. 1706 pfarrte man den Ort nach der neuerbauten Loschwitzer Kirche ein. 1928 begann der Bau von Eigenheimen auf dem Hochplateau an der Hottenroth- und Waldmüllerstraße. Am 6. Oktober 1969 konnte unterhalb der Oberwachwitzer Siedlung der 252 m hohe →Fernsehturm seiner Bestimmung übergeben werden.

Wachwitzer Höhenpark: →Königs Weinberg

Wackerbarth, Christoph August von: kgl.-polnischer und kursächsischer Generalfeldmarschall und Kabinettsminister, Gouverneur von Dresden, geb. 1662 Kogel/Herzogtum Lauenburg, gest. 14. 8. 1734 Dresden. – W. kam 1685 an den Dresdner Hof, Kurfürst JOHANN GEORG III. förderte seine mathemathisch-technischen Begabungen und machte sich seine militärischen Fähigkeiten zunutze. Nach dem Regierungsantritt von →FRIEDRICH AUGUST I. gelangte W. sehr bald zu großem Einfluß. Der Kurfürst-König übertrug dem erfolgreichen Diplomaten und Militär höchste Ämter. Zum Gouverneur von Dresden wurde W. 1718 ernannt. In dieser Funktion oblag ihm auch die oberste Aufsicht über das Bauwesen der Stadt. Schon Jahre zuvor war der auch künstlerisch interessierte und in Baufragen versierte W. zum «Generalintendanten der Militär- und Civilgebäude in Sachsen und Polen» ernannt worden. Als Gouverneur mußte er alle städtischen Bauten genehmigen. Er erarbeitete die Bauordnung (→Bauordnungen) von 1720. Auf seine persönliche Initiative sind der Bau der →Ritterakademie und der →Kasernen in der Inneren Neustadt zurückzuführen. Seinen Amtssitz hatte W. im Gouvernementshaus am Zeughausplatz, dem späteren →Kurländer Palais. Beim Brand des Gebäudes im Jahre 1728 wurde seine wertvolle Bibliothek vernichtet. – Grabstätte auf dem ehemaligen Gut der Familie in Zabeltitz.

Wackerbarthsches Palais: →Kurländer Palais; →Ritterakademie

Wagner: 1. *Otto*, Arbeiterfunktionär, geb. 8. 3. 1891 Dresden, gest. 27. 2. 1960 Dresden. – Tischler, seit 1909 Mitglied der SPD, während der Novemberrevolution 1919 Mitglied des Arbeiter- und Soldatenrats für Sachsen; 1919 auch Sekretär des Holzarbeiterverbandes in Dresden; viele Jahre als Verteter der SPD im Stadtverordnetenkollegium, 1933 und 1944 als antifaschistischer Widerstandskämpfer von der Gestapo verhaftet. Ab 1945 setzte sich W. als Stadtrat, Bürgermeister, Stadtkämmerer, Stadtbaurat und Direktor der Stadtsparkassen für den Neuaufbau Dresdens ein. –
2. *Richard*, Komponist und Musikschriftsteller, geb. 22. 5. 1813 Leipzig, gest. 13. 2. 1883 Venedig (beerdigt 18. 2. 1883 Bayreuth). – Der bedeutende Spätromantiker in der deutschen Musikgeschichte war neben Carl Maria von WEBER der berühmteste Musiker, der im 19. Jh. Dresdens Musikleben mitbestimmt hat. Nachdem sein Stiefvater Ludwig GEYER (1779–1821) in Dresden als Schauspieler engagiert worden war, übersiedelte die Familie 1814 von Leipzig nach Dresden (erste Wohnung in der Moritzstraße, weitere Wohnungen im Umkreis des Neumarkts). Hier erhielt der junge W. erste Anregungen und Kontakte zum Theaterleben, wobei er als Knabe mit seinen Schwestern, späteren Schauspielerinnen, bei Aufführungen mitwirken durfte. 1822/27 besuchte er die Kreuzschule und zog 1828 wieder nach Leipzig. Nach Stationen im In- und Ausland von Leipzig bis Paris nahm W. am 12. April 1842 seinen festen Wohnsitz in Dresden und wurde nach dem Erfolg von «Rienzi» am Dresdner Hoftheater (Uraufführung 20. 10. 1842) und nach der Uraufführung des «Fliegenden Holländer» (2. 1. 1843) am 2. Februar 1843 zum kgl.-sächsischen Kapellmeister auf Lebenszeit ernannt

(1500 Taler Jahresgehalt). In dieser Stellung, die er neben Carl Gottlieb →REISSIGER innehatte, erwarb er sich besondere Verdienste um die Pflege der deutschen Oper (Gluck, Lortzing, Marschner, Mozart, Weber, Beethoven, Flotow, Spohr), betrieb die Überführung der sterblichen Überreste →Webers nach Dresden (1844) und setzte sich für durchgreifende Reformen der Hofkapelle (1846 «Die Königliche Kapelle betreffend»; 1847 abgelehnt) sowie des Theaters ein (1848 «Entwurf zur Organisation eines deutschen Nationaltheaters für das Königreich Sachsen»). Höhepunkt bei den von W. dirigierten Konzerten der Hofkapelle war die Darbietung der bis dahin fast als unaufführbar geltenden IX. Sinfonie von Beethoven am 5. April 1846 (von da an regelmäßig in den Palmsonntagskonzerten). Während der Dresdner Zeit komponierte W. die Opern «Tannhäuser» (Uraufführung 19.10.1845) und «Lohengrin» (Vollendung der Partitur am 28.4.1848; Ende Oktober 1848 geplante Aufführung von der Intendanz verboten; Uraufführung 1850 in Weimar) und konzipierte die «Meistersinger» sowie Anfänge des Nibelungen-Stoffes. Da W. 1843/45 auch Dirigent der →Dresdner Liedertafel war, sind andere Dresdner Kompositionen vom Männergesangsstil beeinflußt, so der «Festgesang zur Einweihung des Denkmals für Friedrich August I.» (1843), «Das Liebesmahl der Apostel» (1843), der «Gruß seiner Treuen an Friedrich August den Geliebten...» (1844) und der «Gesang an Webers Grabe» mit «Trauermarsch» (1844). – Zu seinem Dresdner Freundeskreis gehörten der Chordirektor Wilhelm FISCHER (1789–1859), der Arzt Anton →PUSINELLI, Caroline von WEBER (1796–1852), Wilhelmine →SCHRÖDER-DEVRIENT, Joseph →TICHATSCHEK, der Kostümbildner und Regisseur Ferdinand HEINE (1798–1872); Eduard →DEVRIENT, der Violinist Theodor UHLIG (1822 bis 1853), Gottfried →SEMPER, Julius →SCHNORR VON CAROLSFELD, Ernst →RIETSCHEL, Gustav Adolf →KIETZ, Robert →SCHUMANN und der Dirigent Ferdinand HILLER (1811–1885), dessen →Montagsgesellschaft W. besuchte. Besonderen Einfluß hatte der mit W. befreundete August →RÖCKEL auf dessen Einstellung zur bürgerlich-demokratischen Revolution 1848/49. Von der historischen Aufgabe der Revolution überzeugt, trat W. dem republikanischen →Deutschen Vaterlandsverein bei, schrieb 5 Revolutionsgedichte und Beiträge für Röckels «Volksblätter». Am →Maiaufstand 1849 beteiligte er sich auf seiten der Revolutionäre, weshalb er am 9. Mai 1849 aus Dresden fliehen mußte und – wie andere fortschrittliche Dresdner Künstler – steckbrieflich verfolgt wurde (1853 Erneuerung des Steckbriefes). Die Aufführung seiner Werke blieb in Dresden bis Oktober 1852 verboten. Nach mehreren erfolglosen Amnestierungsgesuchen wurde W. erst nach 13 Jahren eine straffreie Rückkehr nach Dresden gestattet, wohin er im November 1862 wieder kam. Weitere Aufenthalte W. in Dresden datieren vom Juli 1865, April 1871, Januar 1873 (100. Dresdner «Rienzi»-Aufführung) und September 1881. – Während der Dresdner Zeit wohnte W. 1842/43 in der Töpfergasse, Waisenhausstraße und Marienstraße 9, im Oktober 1843 zog er in das Haus Ostra-Allee 6 (→Gewerbehaus) und im April 1847 ins →Marcolini-Palais. Seine erste Ehefrau, die Schauspielerin Minna PLANER (geb. 5.9.1809 Oederan, gest. 25.1.1866 Dresden; Grab auf dem Alten Annenfriedhof) lebte in ihren letzten Lebensjahren getrennt von ihrem Mann in Dresden. – In dem Bauernhaus in Graupa bei Dresden, wo W. 1846 im Sommer den «Lohengrin» entworfen hatte, wurde 1907 eine Gedenkstätte eingerichtet, die – 1982 als *«Richard-Wagner-Museum»* wiedereröffnet – das Leben und Schaffen W. in seiner Dresdner Zeit dokumentiert. – Richard-Wagner-Straße in Strehlen.

Richard Wagner

Wahrzeichen: besondere Kennzeichen (meist Plastiken oder Teile von Bauwerken) einer Stadt, die für diese allein symbolisch waren und die sich Handwerksgesellen auf ihrer Wanderschaft bis ins 19. Jh. als Nachweis ihrer Anwesenheit an dem betreffenden Ort merken mußten. In Dresden gehören zu den W. das →Brückenmännchen, das Kreuz und die Brückenfreiheitssäule auf der Elbbrücke, das «Garstige Ding» (Plastik einer Frau mit Hund) und des Teufels Fußtapfen in der Kreuzkirche, der →Queckbrunnen, der →Totentanz, das Weiberregiment (Plastik über einer Tür in der Moritzstraße), das →Trompeterschlößchen, das →Schöne Tor, das →Moritzmonument, das →Salomonistor, der geflügelte →Saturn u.a. Die W. dürfen nicht mit den →Sieben Wunderwerken verwechselt werden.

Waisenhäuser: Vorläufer der bis 1945 bestehenden W. war das seit dem 16. Jh. als Stiftung nahe dem →Bartholomäus-Hospital angelegte Findelhaus. Hier erhielten ausgesetzte Kinder sowie Waisen Nahrung, Unterricht und Erziehung, bis sie im W. aufgenommen wurden. 1687/1689 wurde am →Jüdenteich ein W. erbaut, in dem anfangs 54 Kinder Aufnahme fanden. In einem 1713 errichteten Neubau, der als Fabrik diente, mußten die Kinder Tücher und Strickwaren herstellen. 1760 zerstört, konnte es nach seinem Neuaufbau 1768 als neues Stadtwaisenhaus (1903 abgebrochen) bezogen werden. 1827/69 wurde das Stadtwaisenhaus nach Dresden-Neustadt (Louisenstraße) auf das Gelände des von RÄDLER 1789 gegründeten und 1821 erweiterten W. verlegt. 1828 entstand am →Queckbrunnen das katholische W. für 12 Waisenknaben, deren Väter im sächsischen Militärwesen gedient hatten. Die letzte Verlegung des städtischen W. geschah 1873 in den sogenannten «Marienhof» nach Trachenberge. Auf dem Gelände zwischen Marienhofstraße (Maxim-Gorki-Straße), Radeburger und Hellerhofstraße entstanden drei Kinderheime: der «Marienhof» für 125 schwererziehbare Kinder, das Kinderwaisenhaus für 220 Waisen und das Findelhaus für 150 Findelkinder im Säuglingsalter. 1911 wurden die drei Heime als «Städtische Kinderanstalten im Marienhof» vereinigt und 1928 in «Stadtkinderheime» umbenannt. 1949 erhielt es den Namen Maxim-Gorki-Heim. Anfangs wurden deutsche Kinder, von 1954/56 koreanische und 1956/59 vietnamesische Waisen aufgenommen. Seit 1959 befindet sich hier eine Gehörlosen- und Sprachheilschule.

Waisenhauskirche: Am östlichen Ausgang der →Waisenhausstraße, neben dem →Waisenhaus, wurde 1710/13 die turmlose W. vermutlich nach Entwürfen George →BÄHRS erbaut. Sie stand den Kindern des Waisenhauses sowie der Gemeinde der →Pirnaischen Vorstadt zur Verfügung. Nach der Zerstörung durch die Preußen im Jahre 1760 entstand 1777/80 nach Plänen Johann Georg →SCHMIDTS von Baumeister Heinrich Christian →EIGENWILLIG ein Neubau. Durch Verlegung des Waisenhauses war sie seit 1889 meist unbenutzt und wurde 1897 abgebrochen.

Waisenhausstraße: seit 1840 bestehende Straße, die vom Ausgang der Reitbahnstraße (ehemals Dippoldiswalder Platz) bis zur Einmündung in die →St.-Petersburger-Straße (ehemals Georgplatz) führt. Im 18. Jh. nannte man den außerhalb der Festungswerke verlaufenden Weg «An der Conterscarpe» (seit 1830 Äußere Seegasse). Der Volksmund bezeichnete den Westteil der Gasse bis in die Höhe des →Seetores «Am Festungsgraben vor dem Seethore». Das sich ostwärts vom Seetor hinziehende Straßenstück erhielt 1815 den Namen Waisenhausgasse, weil an deren Ende das 1764 erbaute neue Stadtwaisenhaus (1903 abgebrochen) stand. Es ist die Gegend, wo sich bis 1945 die IX. Bezirksschule und die Kreuzschule befanden. 1840 vereinigte man die Äußere Seegasse mit der Waisenhausgasse und gab dem gesamten Straßenzug den Namen W. Im Revolutionsmai 1849 wurde die W. nur durch eine Barrikade in Höhe der →Seestraße gesichert. Bis zur Zerstörung 1945 befanden sich an der W. neben Geschäftshäusern das →Centraltheater, das Victoria-Theater sowie verschiedene Banken, wie drei Filialen der Dresdner Bank, die Dresdner Börse und die U.T.-Lichtspiele. Zu den bemerkenswertesten Gebäuden gehörten noch das →Residenzkaufhaus, das →Viktoriahaus und das Café König (im Volksmund Palais Gutenberg).

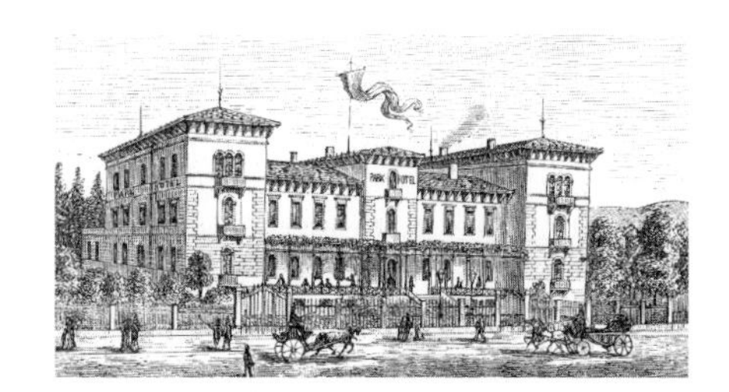

Waldparkhotel. Um 1900
Waldschlößchenterrasse. Um 1830

Waldpark Blasewitz: 23 ha großer Naturpark im Westen von Blasewitz zwischen Loschwitzer Straße/Goetheallee und Händelallee/Prellerstraße. Als einzige unter den Dresdner Parkanlagen besteht der W. inmitten bebauter Ortslage aus einer geschlossenen, natürlichen Waldfläche, die von Forstfachleuten betreut wird. Es handelt sich um den Rest des →Blasewitzer Tännichts, für dessen Erhaltung und Wiederaufforstung vom Kiefernwald zum Mischwald sich der am 10. März 1869 von Arthur →KÖNIGSHEIM gegründete Waldparkverein tatkräftig einsetzte. Er hatte 35 Flurstücke aus fiskalischem und bäuerlichem Besitz erworben und im gleichen Jahr von der Gemeindeverwaltung Blasewitz die Genehmigung zur Umgestaltung in einen natürlichen Waldpark nach den Plänen des Hofgärtners Hermann Sigismund NEUMANN (1829–1886) erhalten. Auf Grundlage einer 1875 eingerichteten Waldparkstiftung übernahm die Gemeinde Blasewitz den W. und dessen Betreuung als Naherholungsgebiet mit der Verpflichtung, ihn «auf ewige Zeiten» als Wald zu erhalten. Mit der Eingemeindung von Blasewitz kam er 1921 in städtischen Besitz.

Waldparkhotel: Hotel und Restaurant an der Prellerstraße am Ostrand des →Waldparks Blasewitz, das Gebäude wurde 1897 als Kurhaus erbaut, diente zwischen den beiden Weltkriegen als Lazarett und wurde 1947 als Hotel eröffnet.

Waldschlößchen: ehemaliges Jagdhaus des Grafen Camillo →MARCOLINI an der Radeberger Straße 60, dessen Bezeichnung sich später auf das umliegende Gelände übertrug. 1785/87 hatte Marcolini auf dem neuen Anbau vor dem Schwarzen Tor Land erworben, um dort ein landwirtschaftliches Mustergut aufzubauen, dessen Mittelpunkt die Meierei (heute Bautzner Straße 96) bildete. Um 1790 ließ er sich für seine schottische Gemahlin am Heiderand – wohl von Johann Daniel →SCHADE – das W. bauen. Mit Spitzbogenportal und -fenstern sowie anderen gotischen Stilelementen gilt es als erstes neugotisches Gebäude in Dresden. Um 1830 wurde dort ein Schankbetrieb eingerichtet, der mit der 1838 auf dem benachbarten Gelände gegründeten →Waldschlößchenbrauerei erweitert wurde. Das mehrfach umgebaute und vergrößerte W.-Restaurant gehörte mit seinem ausgedehnten Terrassengarten dank seiner einzigartigen Aussicht auf Dresden und das Elbtal zu einem der beliebtesten Ausflugsziele der Dresdner. Seit 1992 werden auf dem Gelände Geschäfts- und Wohnhäuser sowie ein Hotel errichtet.

Waldschlößchenbrauerei: älteste Dresdner Großbrauerei, gegründet 1836 unter dem Namen «Societätsbrauerei Waldschlößchen» als eine der ersten Aktiengesellschaften Dresdens. – Sie wurde nach dem →Waldschlößchen benannt und am 26. März 1838 unter reger Teilnahme der Dresdner eröffnet. Die Waldschlößchen-Restauration und die vorgelagerten Elbwiesen bildeten den Schauplatz des →Deutschen Sängerbundesfestes von 1865 und weiterer Festlichkeiten. Nach dem Brand des Hauptgebäudes am 4. März 1857 wurden die Anlagen erweitert. 1866 eröffnete die W. in der ehemaligen Spiegelfabrik (Adamsches Haus) am Postplatz das Restaurant →«Stadtwaldschlößchen» (1945 zerstört). Nach Einstellung der Bierproduktion 1982 wurden in der W. noch bis 1990 alkoholfreie Getränke hergestellt.

Wallot, Paul: Architekt, geb. 26.6.1841 Oppenheim am Rhein, gest. 10.8.1912 Langenschwalbach/Taunus. – Der durch den Bau des Berliner Reichstagsgebäudes berühmt gewordene Architekt lehrte 1894/1911 als Professor für Baukunst an der Dresdner Kunstakademie und an der Technischen Hochschule. Vorher war er in Berlin und Frankfurt/M. tätig gewesen. Für Dresden entwarf er das repräsentative →Landtagsgebäude (1901/07) am Schloßplatz. Die aus seiner Schule hervorgegangenen Architekten wurden auch bestimmend für die Dresdner Architektur in der ersten Hälfte des 20. Jh. – Wallotstraße in Johannstadt.

Wallpavillon: →Zwinger

Wallstraße: seit 1828 existierende Straße, die bis 1945 vom →Postplatz südwärts zur →Breiten Straße führte. Entstanden ist sie aus dem Gäßchen →An der Mauer, welches sich nach der 1809/1810 erfolgten Niederlegung der Festungswerke am Walle hinzog. Die Westseite der W. bildete seit 1828 der →Antonsplatz (heute Parkplatz und Standort für Märkte), wogegen die Bebauung der Ostseite bereits 1826 stattfand. Beim Maiaufstand 1849 sicherten die an der →Scheffel-, Weber-, Zahns- und Breiten Gasse befindlichen Barrikaden die Zugänge zur W. Nach der völligen Zerstörung 1945 erfolgte 1959/64 ihr Wiederaufbau.

Walther: 1. *Berühmte Dresdner Bildhauerfamilie*, deren bedeutendste Vertreter nicht nur in Dresden zur Ausschmückung der Renaissancebauwerke – vorwiegend im 16. Jh. – beitrugen, sondern auch für andere sächsische Orte wertvolle Plastiken schufen. Sie stammt von dem Breslauer Bildhauer *Hans* (I) (erwähnt 1487–1511) ab, dessen Sohn *Christoph* (I) (gest. 1546 Dresden) um 1520/24 in Annaberg und danach in Meißen tätig war. Nachdem dieser bereits 1534/35 Bildhauerarbeiten für den →Georgenbau geschaffen hatte, wovon der →Totentanz noch erhalten ist, zog er 1536 nach Dresden in die Andreasgasse, bekam im selben Jahr das Bürgerrecht und erwarb 1539 ein eigenes Haus «an der Elbe». Weitere Werke von ihm waren u. a. das Sandsteinmedaillon GEORGS DES BÄRTIGEN (1535), ein steinernes Wappen am Frauentor (1544) und wohl der plastische Schmuck am ehemaligen Hauserker Frauenstraße 14 (Kinderfries, jetzt Ringstraße/Ecke Gewandhausstraße, noch erhalten). Sein Sohn *Hans* (II) (geb. 1526 Meißen, gest. 10. 9. 1586 Dresden) übernahm 1546 die väterliche Werkstatt. Er bekam zunächst Aufträge für Epitaphien, wobei er einen neuen Grabmaltyp schuf. Um 1550 war er an der plastischen Ausgestaltung des Altans und der Treppentürme am →Residenzschloß beteiligt. Weiterhin schuf er für Dresden u. a. das →Moritzmonument (1555), figürliche Teile sowie das Auferstehungsrelief an der →«Schönen Pforte» und Teile des Altars der →Schloßkapelle, die Kanzel für die alte →Frauenkirche (1556; ab 1727 in Stolpen und seit 1813 in Bischofswerda), für die →Kreuzkirche einen Taufstein (1569) und den Altar (1574/79; 1768/1908 in der Annenkirche, seit 1927 in der Stadtkirche von Bad Schandau) sowie den Wappenschmuck mit Justitia (1573) für die Saturnbastei. Der Meister besaß ein eigenes Haus am Altmarkt und Grundstücke außerhalb der Stadt. Seit 1561 Ratsherr, war er ab 1571 auch Bürgermeister. Sein Vetter *Christoph* (II) (geb. 1534 Breslau, gest. 27. 11. 1584 Dresden) ist ebenfalls mit schönen Epitaphien hervorgetreten (z. B. 1561 für Hans von →DEHN-ROTHFELSER). Außerdem schuf er 1584 den Altar der alten Frauenkirche. Von seinem ersten Sohn *Andreas* (III) (geb. um 1556/61, begraben 14. 5. 1596 Dresden) stammen das Jagdtor (1587/88), allegorische Figuren für das Buchnersche Portal zum Kleinen Schloßhof (1588/89) sowie für die Vorder- und Rückseite des →Pirnaischen Tores u. a. mit zwei etwa lebensgroßen Reiterstandbildern des Kurfürsten CHRISTIAN I. (1593). Der dritte Sohn von Christoph (II), *Christoph* (IV) (geb. 1572, gest. 4. 7. 1626 Dresden) war u. a. an der bildhauerischen Ausschmückung des Portals der Kreuzkirche beteiligt. Als künstlerisch bedeutendster Dresdner Bildhauer des 16./17. Jh. gilt *Sebastian* W. (geb. 1576 Dresden, begraben 3. 8. 1645), der fünfte Sohn von Christoph (II). Nach einem Italienaufenthalt wirkte er als Mitarbeiter →NOSSENIS am Altar der →Sophienkirche, am Grabmal Nossenis und am Bau des →Belvedere mit. Sein Alabasterrelief der Verkündigung (1640), das sich im →Grünen Gewölbe befindet, gehört zu den schönsten deutschen Weihnachtsdarstellungen. Sein Sohn *Christoph Abraham* (geb. nach 1625 Dresden, begraben 22. 8. 1680 Dresden), der als letzter Vertreter der Familie W. schon dem Barockstil zuzurechnen ist, war Mitte des 17. Jh. in Regensburg tätig, ehe er wieder nach Dresden kam. Er schuf den Justitia-Brunnen auf dem Altmarkt (1653), das Kruzifix auf der Elbbrücke (1658/70; 1845 beim Hochwasser verlorengegangen) und einige Figuren für die Kreuzkirche (1669/76). –
2. *Georg Conrad*, Buchhändler, geb. wahrscheinlich 1709/10 Nürnberg, gest. 29. 1. 1778 Dresden. – W. kam 1732 nach Dresden und wurde Mitarbeiter (später Teilhaber) der Buchhandlung von Friedrich HECKEL. 1739 gründete er ein eigenes Geschäft am Altmarkt, das zusammen mit der 1740 erworbenen Saueressigschen Buchhandlung als «Walthersche Buchhandlung» zu den renomiertesten in Dresden gehörte. W. wurde 1738 «Kurf. sächsischer Hofbuchhändler» und 1754 Kommerzienrat. Seine Söhne Conrad Salomon W. (1738–1805) und Georg Friedrich W. (1740–1813) führten die Buchhandlung weiter, die 1808 an den Enkel Georg Moritz W. (1781–1845) überging, der sie 1824 an den aus Leipzig stammenden Buchhändler Gottlieb WAGNER verkaufte. –
3. *Johann*, Kantor und Komponist, geb. 1496 Kahla, gest. 25. 3. 1570 Torgau. – Der Vertreter der frühen ev. Kirchenmusik kam als Bassist von Altenburg in die Sängerkapelle des sächsischen Hofes, wo er 1524 erstmalig erwähnt wird. 1526/48 wirkte er in Torgau als Kantor und Lehrer an der Lateinschule. Anschließend wurde er von Kurfürst MORITZ nach Dresden berufen, um die kurfürstliche Kantorei mit 10 erwachsenen Sängern und 9 Knaben nach dem Vorbild der Torgauer Kantorei aufzubauen und zu leiten (→Sächsische Staatskapelle Dresden). 1554 kehrte W. nach Torgau zurück, wo er bis zu seinem Tode als Komponist und Schriftsteller tätig war. –
4. *Wilhelm*, Maler, geb. 18. 10. 1826 Cämmerswalde (Erzgeb.), gest. 13. 5. 1913 Dresden. – W. hatte 1842/48 an der Dresdner Kunstakademie studiert, wo auch SEMPER sein Lehrer war. Dieser vermittelte ihm 1863 die Ausführung seines Entwurfs für die Sgraffitomalerei an der Fassade des Züricher Polytechnikums. Auf dieser Technik beruhte der Entwurf und die Ausführung seines Lebenswerks, des →Fürstenzuges, an dem der Künstler über zwanzig Jahre arbeitete. Die Entwürfe zu dem Glasfenster in der Loschwitzer Friedhofskapelle stammen ebenfalls von ihm. 1895/1900 lehrte er an der Kunstakademie in Dresden. Er wohnte an der Vorwerkstraße in der Friedrichstadt

und später in der heutigen Schweriner Straße. – Grab auf dem Matthäusfriedhof; Selbstbildnis am Ende des Fürstenzuges.

Walzel, Oskar: Literaturhistoriker, geb. 28. 10. 1864 Wien, gest. 29. 12. 1944 Bonn. – Nach Tätigkeit in Bern hatte W. 1907/21 das Lehramt für Literaturgeschichte an der Technischen Hochschule Dresden inne. Als Mitbegründer des geistesgeschichtlichen Positivismus orientierte er auf eine idealistische formengeschichtliche Analyse, auf die sich später die formalästhetische Stilkritik berief. W. war Herausgeber zahlreicher Werke auf dem Gebiet der Literaturgeschichte.

Wanckel, Otto: Architekt, geb. 17. 8. 1820 Stollberg/Erzgeb., gest. 9. 3. 1912 Dresden. – Nach Bautätigkeit in Meißen und Zwickau wurde W. 1883 Baurat in Dresden. Nach seinen Plänen wurde 1890/94 das →Finanzministerium gebaut. Im Ruhestand arbeitete W. für den →Sächsischen Altertumsverein, dessen Museum er leitete. – Begraben auf dem Inneren Neustädter Friedhof.

Wandern und Bergsteigen: Die landschaftliche Vielfalt der Umgebung, ein ausgeprägtes Heimatbewußtsein und die für Dresden charakteristische soziale und geistig-kulturelle Differenzierung der Bevölkerung trugen zur Ausbildung Dresdens als Heimstatt des Wandersports bei. Die «Baumblutpartien» während des Sozialistengesetzes und die touristische Aktivität der Arbeiterturnvereine markieren den Beginn einer breiten Arbeiterwanderbewegung. Stärker bürgerlich orientiert waren die bis 1910 gegründeten Sektionen des Deutschen und Österreichischen Alpenvereins. Rudolf FEHRMANN (1886 bis 1947) sammelte 1904 die Bergsteigerelite um den Kletterklub «Schwarzer Kamin», gab 1908 den ersten Kletterführer der Sächsischen Schweiz heraus und vereinte Vertreter aus über 30 Verbänden und Klubs im →Sächsischen Bergsteigerbund. Arbeitersportler gründeten vor dem Ersten Weltkrieg eine Ortsgruppe des Touristenvereins «Die Naturfreunde». Linksorientierte Mitglieder gründeten nach ihrem Ausschluß aus den Naturfreunden 1927 die Vereinigte Kletterabteilung, von deren Anhängern sich etwa 200 am Widerstandskampf gegen das NS-Regime beteiligten und 24 von der faschistischen Justiz hingerichtet wurden, darunter Fritz →SCHULZE und Kurt →SCHLOSSER, dessen Namen der →Sächsische Bergsteigerchor trägt. – Die Gleichschaltung der touristischen Vereine wurde 1945 mit der Auflösung des Sächsischen Bergsteigerbundes und des Alpenvereins fortgesetzt. Etwa 5000 Dresdner Mitglieder waren im Deutschen Verband für Wandern, Bergsteigen und Orientierungslauf der DDR (DWBO) organisiert. – Das Elbsandsteingebirge mit rund 9000 verschiedenen Kletterwegen an 1088 Klettergipfeln bildet ein Bergsteigergebiet von europäischem Rang. Der bewußte Verzicht auf künstliche Hilfsmittel, ein strenges Regelwerk und das Bekenntnis zum Schutz der Natur haben dem sächsischen Felsklettern einen guten Ruf gebracht. Als Geburtsstunde des heimischen Bergsteigens gilt die Besteigung des Falkensteins durch Schandauer Turner am 6. März 1854. Die klettersportliche Haupterschließung begann 1890 u. a. durch Oskar SCHUSTER, die Brüder MEURER, Hermann SATTLER, Heinrich WENZEL, Walter HÜNIG, Rudolf NAKE, Oliver PERRY-SMITH und Rudolf Fehrmann. Albert KUNZE leitete 1903 an der «Lokomotive» bei Rathen die schwere Wandkletterei ein. In den zwanziger und dreißiger Jahren wurde vor allem die schwere Rißkletterei weiterentwickelt. Zu den großen Bergsteigern dieser Jahrzehnte zählen u. a. Willy HÄNTZSCHEL, Paul ILLMER, Rudolf STOLLE, Fritz WIESNER, Helmut OEHME, Erwin ESCHE. Einer verstärkten Nacherschließung aller Klettergebiete nach 1945 folgte etwa ab 1969 die Meisterung extremer Aufstiege, wobei Bernd ARNOLD mit seinen Seilgefährten Gisbert LUDEWIG und Günter LAMM bisher höchste Schwierigkeiten bewältigte. – Unter Leitung von Harry DÜRICHEN wurde 1953 ein neuer Kletterführer herausgegeben. 1965 erschien ein weiterer Führer unter Leitung von Dietmar HEINECKE, der auch die Erarbeitung des dreibändigen Kletterführers Elbsandsteingebirge ab 1981 leitete.

Wasserflugplatz: ehemaliger Start- und Landeplatz am Johannstädter Elbufer gegenüber der Prießnitzmündung. – Zwischen Dresden-Johannstadt und Altona (Hamburg-Altona) wurde am 10. August 1925 die erste europäische Wasserfluglinie eröffnet. Zum Einsatz gelangten zwei sechssitzige, mit Schwimmern ausgerüstete Flugzeuge vom Typ Junkers F13, die für den Flug einschließlich Zwischenlandung in Magdeburg rund fünf Stunden benötigten. Nach Eröffnung des Landflugplatzes auf dem Heller wurde der W. im Herbst 1926 geschlossen.

Wasserflugplatz. Luftbild
Wasserpalais auf Cosel

Wasserpalais auf Cosel (auch Kuppelvilla): ehemalige Villa an der Holzhofgasse 12 an der Prießnitzmündung gegenüber dem Linckeschen Bad. Dieser erste herrschaftliche Villenbau Dresdens hat seinen Namen nach dem Grundstück, das gegenüber vom Neustädter Holzhof 1733/37 in Gartenland kultiviert wurde, 1749 in den Besitz des Grafen Friedrich August von COSEL (1712–1770) kam und danach als *Coselscher Garten* bezeichnet wurde. Auf einem Teil von diesem entstand 1827 nach dem Entwurf von Woldemar →HERMANN für den Professor Frédéric François Xavier VILLERS (1770 bis 1846) das W. Die eingeschossige, nach englischem Vorbild im klassizistischen Stil gehaltene Villa wurde charakterisiert durch eine Kuppel über einem quadratischen Unterbau. Beim Bombenangriff 1945 brannte das W. aus; die Ruine wurde 1965 abgetragen.

Wassertor: →Badertor

Wasserversorgung: Bis zum Bau des ersten städtischen Wasserwerkes 1875 wurde Dresden durch Röhrfahrten und →Brunnen versorgt. 1871 wurden noch 30 öffentliche und über 3600 Hausbrunnen innerhalb der damaligen Stadtgrenzen gezählt. Eine der ersten Wasserleitungen führte seit 1476 vom Fischmannsteich in der Dresdner Heide zum Augustinerkloster und versorgte auch Teile Altendresdens. Oberzeugmeister Caspar →VOIGT VON WIERANDT legte 1541 die erste von drei «Plauenschen Röhrfahrten» von der Weißeritz zum «Wasserhaus» am Altmarkt und versorgte damit das Schloß und Teile der Altstadt. Bis 1755 wurden insgesamt 25 solcher Leitungen für Weißeritzwasser verlegt; allein 15 Hauptleitungen lagen in der Wassergasse (spätere Hofmühlenstraße). Sie wurden ab 1888 schrittweise stillgelegt. Quellwasser lieferten u. a. die 1584 zur Versorgung des Schlosses angelegte Gorbitzer Röhrfahrt und die noch im 20. Jh. genutzte Heilige-Born-Leitung vom →Heiligen Brunnen in Leubnitz. Nach Übernahme der Röhrfahrten in städtische Verwaltung ersetzte Rudolf Sigismund →BLOCHMANN ab 1838 die hölzernen durch ausgebohrte Sandsteinrohre, die wiederum mit dem Bau der Wasserwerke durch Rohre aus Gußeisen ersetzt wurden. – Der Bau des Wasserwerkes an der →*Saloppe* durch Bernhard SALBACH (1833–1894) leitete 1872/75 den Übergang zur großstädtischen W. ein. Theodor →FRIEDRICH errichtete das mit vier Ecktürmen versehene, 1945 teilzerstörte Hauptgebäude in Ziegelbauweise. Die «Saloppe» versorgte ab 11. März 1875 über einen Hochbehälter am →Fischhaus die Innere Alt- und Neustadt mit uferfiltriertem Wasser, das aus einer Sammelgalerie von 57 Sickerbrunnen am rechten Elbufer gewonnen wurde. – Das zweite städtische Wasserwerk entstand 1896/99 wiederum unter Mitwirkung von Bernhard Salbach am linken Elbufer in *Tolkewitz*. Es versorgte ab 1898 vor allem die Außenbezirke über Druckrohrleitungen und Hochbehälter in Räcknitz mit Uferfiltrat aus Schacht- und Rohrbrunnen. Das Wasserfassungsgelände wurde 1926 zum Schutz vor Elbhochwasser nochmals aufgeschüttet. – 1912 wurde das dritte Uferfiltratwerk durch Hans →ERLWEIN am rechten Elbufer in *Hosterwitz* erbaut und durch eine Leitung mit dem Hochbehälter am Fischhaus verbunden. – Zunehmende Elbverschmutzung und steigender Bedarf waren 1938 die wichtigsten Gründe für die Anlage eines Rohrleitungssystems zur Talsperre Klingenberg (mit Vorklärung in der Talsperre Lehnmühle) an der Wilden Weißeritz. Dafür wurde 1937/40 das Wasserwerk *Coschütz* errichtet und im August 1946 an das Netz angeschlossen. Nach 1945 mußten zahlreiche Kriegsschäden am 1900 km umfassenden Dresdner Rohrnetz behoben werden. Seit den achtziger Jahren wird das Werk Hosterwitz erheblich erweitert (Erlweinbauten unter Denkmalschutz). Die stadteigene Dresdner Wasser Abwasser GmbH befriedigt den Tagesbedarf von ca. 140 000 m^3 aus den Werken Coschütz, Hosterwitz, Tolkewitz, dem kleineren Werk Albertstadt sowie der Talsperrenleitung von Bad Gottleuba. Das Werk Saloppe dient noch als Reserve. Das Dresdner Trinkwasser setzt sich etwa je zur Hälfte aus Uferfiltrat und Oberflächen-(Talsperren-)wasser zusammen. In jüngster Zeit werden Pläne für eine zusätzliche W. aus einer überregionalen Leitung aus dem Raum Torgau erwogen.

Weber: 1. *Carl Maria von*, Komponist und Musikschriftsteller, geb. 18. oder 19. (get. 20.) 11. 1786 Eutin, gest. 5. 6. 1826 London. – Der bedeutende Komponist der deutschen Frühromantik und Schöpfer der deutschen Nationaloper wirkte zehn Jahre in Dresden, die zu den erfolg- und schaffensreichsten in seinem Leben zählten. Erstmalig weilte W. mit dem berühmten Klarinettisten Heinrich Joseph BÄRMANN (1784–1847) vom 5. bis 19. Februar 1812 in der Stadt, wo sie am 14. ein Konzert im →Hotel de Pologne und am 18. vor der königlichen Familie gaben. Der Intendant des Dresdner Hoftheaters und Gönner Webers Heinrich VITZTHUM VON ECKSTÄDT (1770–1837) sah in diesem den geeigneten Musiker, sein Projekt der Einrichtung einer deutschen Oper neben der bestehenden italienischen zu verwirklichen. Damit kam er auch W. Plänen entgegen, der Vitzthums

Angebot vom Herbst 1816 annahm und nach dreieinhalbjähriger Tätigkeit als Operndirektor in Prag am 25. Dezember 1816 seine Anstellung in Dresden erhielt, wo er am 14. Januar 1817 als «Musikdirektor der deutschen Oper» sein Amt antrat. Nach der Eröffnungsvorstellung am 30. Januar wurde W. Anfang Februar 1817 zum Kapellmeister ernannt und ab 13. September 1817 auf Lebenszeit eingestellt. Damit war er offiziell dem vom Hof bevorzugten Leiter der italienischen Oper Francesco →MORLACCHI gleichgestellt, mit dem es öfter zu Rivalitäten kam. Des Musikers universelles künstlerisches Wirken als Komponist, Kapellmeister, Operndramaturg und Regisseur, als Musikschriftsteller und -kritiker (z. B. in der Abendzeitung), als Musikpädagoge sowie als Pianist und Interpret eigener Werke wirkte sich auf das Dresdner Musikleben fruchtbar aus. Durch seine hier komponierten Opern, Instrumentalwerke, Kantaten, Chöre, Lieder- und Gelegenheitsmusiken wurde Dresden zu einem Zentrum der musikalischen Romantik. Die deutsche Nationaloper «Der Freischütz» (8. 6. 1821 Uraufführung in Berlin; 26. 1. 1822 Premiere in Dresden) ist besonders eng mit der Dresdner Operngeschichte verbunden (31. August 1944 als letzte Opernaufführung vor Ende des Zweiten Weltkriegs und 13. Februar 1985 Eröffnung des wiederaufgebauten Opernhauses mit «Freischütz»). W. letzte Opern «Euryanthe» (25. 10. 1823 Uraufführung in Wien, 1. 4. 1824 Erst-

Wasserwerk Saloppe
Carl Maria von Weber

aufführung in Dresden) und «Oberon» (12.4.1826 Uraufführung in London, 1828 Erstaufführung in Dresden) trugen zur Profilierung der deutschen Oper bei. – Als Leiter der deutschen Oper mit Spielstätten im →Morettischen Theater und im Sommertheater auf dem →Linckeschen Bad engagierte W. bedeutende Solisten (z.B. 1823 Wilhelmine →Schröder-Devrient), wobei er Wert auf die Einheit von sängerischen und schauspielerischen Fähigkeiten legte. Er steigerte die Aufführungszahl von jährlich 46 auf 84 Vorstellungen, dabei wurden um 1825 bis zu 15 Opern pro Spielzeit neu inszeniert, vorwiegend von deutschen Autoren, aber auch zeitgenössische französische und italienische Werke. Bei den Inszenierungen achtete W. auf die Einheit von Bühnenbild, Kostümen und Darstellungsstil mit Musik und Handlung der Opern. Im Oktober 1817 gründete er einen festen Opernchor; 1818 ordnete er zur Steigerung des Klangs eine neue Orchestersitzordnung an; als Dirigent führte er die neue Art des Dirigierens von vorn ein und benutzte erstmalig den Taktstock. 1821 richtete er regelmäßige Sinfoniekonzerte als Vorläufer späterer Abonnementskonzerte ein. Als Leiter der Hofkirchenmusik und im Hofdienst hatte er geistliche Werke (z.B. Messen Es-dur und G-dur) und auch Gelegenheitsmusiken zu komponieren. – Mit den Dresdner Künstlerkreisen war W. eng verbunden, z.B. mit dem →Dresdner Liederkreis, dem auch seine Librettisten Friedrich →Kind und Helmina von Chezy (1783–1856) angehörten. –
Als W. nach Dresden kam, wohnte er in der ersten Zeit im Italienischen Dörfchen neben dem Hoftheater, nach seiner Vermählung mit der Sängerin Caroline Brandt (1794–1852) 1817 zog er in das Haus Altmarkt 9 (3. Etage), und ab 1822 wohnte er im Haus Frauengasse 9/Ecke Galeriestraße. Die Sommer 1818 und 1819 sowie 1822/24 verbrachte die Familie W. in einem Winzerhäuschen in Hosterwitz (→Carl-Maria-von-Weber-Gedenkstätte), von wo aus W. häufig den romantischen →Keppgrund besuchte. Hier entstanden u.a. wesentliche Teile des «Freischütz», der «Euryanthe» und des

Winzerhaus Hosterwitz (Carl-Maria-von-Weber-Gedenkstätte)
Max Maria von Weber

«Oberon» sowie am 28. Juli 1819 die «Aufforderung zum Tanz» (op. 65). Im Sommer 1820 wohnte W. in einem Landhaus (1824 abgerissen) im Coselschen Garten an der →Holzhofgasse, dort vollendete er am 13. Mai 1820 den «Freischütz» und am 15. Juli 1820 die Schauspielmusik zu «Preziosa» und begann im gleichen Jahr «Die drei Pintos». Am 16. Februar 1826 trat W. mit dem Flötisten August Bernhard →Fürstenau seine letzte Reise nach London an, wo er der Lungentuberkulose, an der er seit 1812 gelitten hatte, erlag. Seine erste Begräbnisstätte war die Kapelle der Kath. Hauptkirche in London. Auf Veranlassung Richard →Wagners wurden seine sterblichen Überreste nach Dresden überführt und am 14. Dezember 1844 feierlich auf dem Alten Kath. Friedhof beigesetzt, wobei Wagner die Gedenkrede hielt. Das Grabmal entwarf Gottfried →Semper. – Seit 1959 trägt die Dresdner Musikhochschule den Namen «Carl Maria von Weber»; sie schreibt mit der Direktion der Dresdner Musikfestspiele seit 1978 den «Internationalen Carl-Maria-von-Weber-Wettbewerb» für Komposition aus. – Bronzedenkmal von Ernst Rietschel an der Gemäldegalerie Alte Meister (aufgestellt 1860, bis 1871 hinter dem Opernhaus); Weberplatz in Strehlen; Carl-Maria-von-Weber-Straße; Freischützstraße; Oberon-Straße und Peter-Schmoll-Straße in Kleinzschachwitz; Weberweg in Hosterwitz; Carl-Maria-von-Weber-Chor Dresden (Laienchor). –
2. *Max Maria von*, Sohn von 1., Eisenbahntechniker, Schriftsteller, geb. 25.4.1822 Dresden, gest. 18.4.1881 Berlin. – Nach dem frühen Tod des Vaters wurde W. von der Mutter und dem Zoologen Heinrich Lichtenstein erzogen. 1832/38 besuchte er das Gymnasium, bis 1840 die Technische Bildungsanstalt. 1842/49 sammelte W. praktische Erfahrungen beim Bau und Betrieb der Dresden–Leipziger Eisenbahn unter Karl Theodor →Kunz, bei der Sächsisch–Bayerischen, Köln–Bonner und Chemnitz–Riesaer Eisenbahn. In England verhalf ihm der Ruhm des Vaters zur Begegnung mit dem Lokomotivbauer Stephenson («Mein Name ist ein goldener Schlüssel, der mir die Herzen der Menschen aufschließt»). – 1850 trat W. in den sächsischen Staatsdienst und übernahm leitende Posten im Eisenbahn- und Telegrafenwesen. Er setzte zahlreiche technische Neuerungen durch, wirkte für die Besserung sozialer Zustände und warb um die gesellschaftliche Anerkennung des Technikerstandes. Wegen Differenzen mit der Generaldirektion quittierte er 1870 den Dienst, gab sein Heim in der Papiermühlengasse auf und folgte dem Ruf Ferdinand von Beusts (1809–1886) in das Wiener Handelsministerium. W. zog 1878 nach Berlin und unternahm 1879/80 in preußischem Auftrag eine Studienreise durch Europa und Nordamerika. – Von W.s musischen Neigungen zeugen zahlreiche, meist im Eisenbahnmilieu angesiedelte literarische Arbeiten. «Er entdeckte» nach dem Urteil seiner Zeitgenossen «die Poesie der Schiene». Als erster Biograph seines Vaters legte W. 1864/66 das dreibändige Werk «Carl Maria von Weber, ein Lebensbild» vor. Es fand viel Lob, mußte sich aber auch den Vorwurf «sorglosen Umgangs» (so der Weber-Biograph Hans Schnoor) mit den Briefen des Vaters gefallen lassen. – Familiengrabstätte Alter Katholischer Friedhof.

Webergasse: verläuft von der →Wallstraße ostwärts zum →Altmarkt. 1396 wird sie bereits als «wenynge Webergasse» und 1408 als «kleyne Webergasse» erwähnt. Seit der zweiten Hälfte des 16. Jh. führt sie den Namen W., weil in der Gasse einst zahlreiche Weber wohnten, die bis 1878 dort auch ihr Innungshaus besaßen. Beim Dresdner Maiaufstand 1849 befanden sich auf der W. drei Barrikaden. Wegen der vielen Geschäfte und Gaststätten nannte sie der Volksmund «Fressgasse». Das bekannteste Restaurant war die →Bärenschänke. Nach der völligen Zerstörung der W. 1945 wurde sie zwischen 1953/64 als Einkaufszentrum neu errichtet.

Weck, Anton: Kurfürstl. Rat, Geschichtsschreiber, geb. 10. 1. 1623 Annaberg, gest. 17. 9. 1680 Bautzen. – Der Sohn eines Annaberger Wollhändlers kam zwölfjährig nach Dresden und durchlief dort, ohne jemals ein Universitätsstudium absolviert zu haben, eine Karriere vom Schreiber bis zum Beamten und Diplomaten am kursächsischen Hof (seit 1641 in der Hofkanzlei, 1648 Aufsicht über das Kanzleiarchiv, 1662 Übernahme des «Geheimen Reichssekretariats» bei gleichzeitiger Ernennung zum «Kurf. Rat»). – W. ist Verfasser der ersten umfangreichen topographischen Beschreibung und Chronik Dresdens, die 1680 in der renommierten Nürnberger Verlagsbuch- und Kunsthandlung Johann HOFFMANN unter dem Titel «Der Churfürstlich Sächsischen weitberuffenen Residentz und Haupt-Vestung Dresden Beschreib- und Vorstellung» mit wertvollen Kupferstichen, die oftmals die ältesten bekannten Abbildungen bedeutender Gebäude der Stadt darstellen, erschien. W. gilt als einer der bedeutendsten Vertreter der barocken sächsischen Landesgeschichtsschreibung. – Anton-Weck-Straße in Löbtau.

Weiberhospital: →Maternihospital

Weichbild: Im Mittelalter und der frühen Neuzeit Geltungsbereich des Stadtrechts und Zuständigkeitsbereich der städtischen Gerichtsbarkeit. Das W. wurde durch die →Landwehr und die →Schläge an den Ausfallstraßen begrenzt. Sogenannte Rain- oder Malsteine (→Weichbildsteine) kennzeichneten seit dem 15. Jh. an besonders markanten Punkten die Weichbildgrenze. Am 18. August 1550 wurde das W. durch die Einbeziehung Altendresdens, Neudorfs sowie von Fischersdorf und Poppitz in die Stadt beträchtlich erweitert. Der Elbstrom und die Landstraßen innerhalb des W. waren rechtlich aus diesem ausgegrenzt. Eine exakte Vermessung des W., einschließlich der Erarbeitung genauer Pläne und des Flurbuchs, wurde erst 1818/22 durchgeführt.

Weichbildsteine: rechteckige Begrenzungssteine, die die Stadtgrenze (→Weichbild) Dresdens anzeigten. Sie waren mit dem Stadtwappen, der Jahreszahl der Aufstellung und mit einer laufenden Nummer und an der äußeren Seite mit dem landesherrlichen Wappen versehen. Nach der Vereinigung von Alten- und Neudresden im Jahre 1550 ließ Kurfürst MORITZ das Weichbild Dresdens genau feststellen, das von Kurfürst AUGUST 1554 bestätigt wurde. Damals sollen 81 W. aufgestellt worden sein. 1651 und 1729 erfolgten Veränderungen im Weichbild, die zu Neuvermessungen und Neusetzungen von W. führten. Bei einer 1823 durchgeführten Kartierung der Stadtgrenze sind auch alle W. eingetragen worden. Von den heute noch vorhandenen W. sind 7 im Wirtschaftshof des Neuen Rathauses sichergestellt worden, 3 befinden sich noch an ihrem Originalstandort (z. B. im Großen Garten) und 3 weitere wurden an günstigere Standorte versetzt; Kopie des W. Nr. 13 vor dem Neuen Rathaus.

Weidauer, Walter: Zimmermann, Kommunalpolitiker, geb. 28. 7. 1899 Lauter (Erzgeb.), gest. 13. 3. 1986 Dresden.– W. wirkte seit 1922 als KPD-Funktionär, wurde von der NS-Justiz verfolgt, 1942 zu 15 Jahren Zuchthaus verurteilt und 1945 aus dem Gefängnis am Münchner Platz befreit. W. wurde am 5. Juli 1945 zum 1. Bürgermeister berufen und am 10. Oktober 1946 von den Stadtverordneten zum Oberbürgermeister gewählt. Er bekleidete dieses Amt bis zu seiner Berufung zum Vorsitzenden des Rates des Bezirkes 1958. W. legte am 5. Januar 1946 den ersten Aufbauplan für Dresden vor. Während seiner Amtszeit wurden aus ideologischen Gründen die für Dresden typischen kulturhistorischen Traditionen zunehmend negiert und die Einwände von Denkmalpflegern, Architekten und Städteplanern mit politischen Argumenten bekämpft. W. trieb auch in seinem späteren Amt persönlich den Abbruch wertvoller Bausubstanz voran und trat z.B. 1958 für ein Hochhaus der sozialistischen Kultur auf dem historischen Neumarkt ein.

Weihnachtsmesse: →Striezelmarkt

Weihnachtsstollen: →Christstollen

Weinart, Benjamin Gottfried: Jurist, Bibliograph und Geschichtsschreiber, geb. 4. 5. 1751 Dohna, gest. 9. 12. 1813 Dresden. – W. besuchte die Lateinschule in Pirna und studierte Jura in Leipzig; danach war er in Ruhland Amtmann und Gerichtsdirektor. Kurz vor 1800 siedelte er nach Dresden über, wo er als «Rechtsconsulent» tätig war. Bereits in Ruhland hatte er sich in seiner Freizeit mit sächsischer Geschichte beschäftigt. Seine

Ladenstraße der Webergasse. 1977
Weichbildstein Kaitzer Straße

bedeutendsten Leistungen sind die «Neue Sächsische Handbibliothek», eine Urkundensammlung und der «Versuch einer Literatur der Sächsischen Geschichte und Staatskunde», einer 1790/91 erschienenen zweibändigen Bibliographie. Im Auftrag des Dresdner Buchhändlers Paul Gottlob HILSCHER schrieb er die «Topographische Geschichte der Stadt Dresden und der um dieselbe herum liegenden Gegenden», die 1777/81 erschien. Die topographische Beschreibung ist wegen der 28 beigefügten Kupferstiche von Dresden und Umgebung sowie dem darin abgedruckten «Lobspruch der Stadt Dresden...» von →WINTZENBERGER aus dem Jahre 1591 bemerkenswert.

Weinbau: Durch das milde Klima begünstigt, entwickelte sich um Dresden eines der nördlichsten Weinanbaugebiete Europas. Rebenkulturen erstreckten sich von Meißen, wo 1161 W. urkundlich erwähnt wird, rechtselbisch über die Lößnitz, die Hellerberge und die Loschwitz-Pillnitzer Hänge bis Pirna, links der Elbe von Meißen bis Cossebaude. Die größte Ausdehnung erfuhr der W. im 16./17. Jh. Er wurde an den sonnenexponierten Elbhängen, an den Hängen von Nebentälern (Cossebauder Grund, Plauenscher Grund, Gebergrund bei Goppeln) und auch in den Tallagen betrieben. Die Besitzverhältnisse waren durch das Nebeneinander kurfürstlicher, kirchlicher, adliger, bürgerlicher und bäuerlicher Weinberge bestimmt. 1667 schrieb der Winzer Paul KNOHLL sein berühmtes «Vinikulturbüchlein». Für die Tage der Weinlese errichtete Ezechiel ECKHARDT im Auftrag JOHANN GEORGS I. das Schlößchen Hoflößnitz (heute Weinbaumuseum). – Den im 17. Jh. einsetzenden Rückgang des W. konnte auch die Gründung der Sächsischen Weinbaugesellschaft 1799 durch Oberlandweinmeister J. M. FLEISCHMANN auf Dauer nicht aufhalten. Die Gesellschaft gründete u. a. um 1820 einen Musterweinberg auf dem königlichen Weinberg Pillnitz. 1836 wurde in Niederlößnitz die erste sächsische Schaumweinfabrik errichtet. – Die Reblauskatastrophe ab 1885 setzte dem W. ein jähes Ende. Viele Rebenpflanzungen wurden abgebrannt, vielerorts entstanden Obstkulturen, andere Weinberge verwilderten. Ab 1908 wurden wieder Rebstöcke gepflanzt, in den zwanziger Jahren neue Musterweinberge angelegt. Die Sächsische Winzergenossenschaft, das Weingut Radebeul, zahlreiche Gemeinschaften von «Freizeitwinzern» und weitere Weinerzeuger betreiben heute auf ca. 400 ha Fläche den W. entlang der *«sächsischen Weinstraße»*. Wirtschaftlich bedeutende Flächen werden im Meißner Land (Spaargebirge, Diesbar-Seußlitz) und in der Lößnitz bei Radebeul bearbeitet. Auch um Pillnitz wurden in den letzten Jahrzehnten alte Weinberge wieder aufgerebt. – Die Lößnitz und der Loschwitz-Pillnitzer Raum sind durch den Terrassenweinbau geprägt und bilden eine charakteristische Kulturlandschaft mit baulich wertvollen Weingütern, Winzerhäusern und Landsitzen. Im heutigen Stadtgebiet zogen sich Weinberge von NW über die Heidesandterrasse und die «Baumwiese» bis über die Steilhänge der Lausitzer Verwerfung im NO. In Trachau trieben Augustinermönche nachweislich im 15. Jh. Weinbau. Altes Rebland sind die Hänge an der Schützenhofstraße. Nach 1661 rodeten Bauern den Wald auf den «Neuländern» und bauten Rebstöcke an (Neuländerstraße). Das Weingut «Wilder Mann» in Trachenberge gab einem ganzen Stadtviertel den Namen. Das «Hechtviertel» erinnert an den Weinberg des Revierförsters August HECHT (18. Jh.). In Loschwitz besaßen im 13. Jh. das Maternihospital, das Augustinerkloster und weltliche Herren Weinberge. Später wählten zahlreiche bedeutende Persönlichkeiten wie Heinrich →SCHÜTZ, Melchior →DINGLINGER, Wolf Caspar von →KLENGEL, Christian Gottfried →KÖRNER u. a. Weinberge zum Landsitz. Ein umfangreiches Areal nahm →Findlaters Weinberg ein. Zu den erhaltenen Kulturdenkmälern des W. zählt auch die →Winzersäule Loschwitz. In →Königs Weinberg in Wachwitz blieb das Preßhaus von 1799 erhalten. Niederpoyritz besaß an der Pillnitzer Landstraße eine Weinpresse. Auch Hosterwitz und Pillnitz sind entscheidend vom W. geprägt worden. Die →Weinbergskirche Pillnitz ragt über den Terrassenhängen wiederangelegter Weinberge auf. In Oberpoyritz wurde Rebenzucht u. a. auf der nach einer Winzerfamilie benannten Rysselkuppe betrieben.

Weinbergskirche Pillnitz: barocke ev. Dorfkirche. Nach Plänen M. D. →PÖPPELMANNS schuf Hofmaurermeister Christian SCHUMANN 1723/25 inmitten von Weinbergen die Kirche «Zum heiligen Geist», die im Volksmund nur W. genannt wurde. Die an der Pillnitzer Weinbergslehne errichtete Kirche diente der Gemeinde und den ev. Angehörigen des Hofs zum Gottesdienst. Altar, Orgel und Glocken wurden von der 1723 abgebrochenen alten Schloßkirche Pillnitz übernommen. Die Gebeine der in der alten Schloßkirche beigesetzten Personen wurden in ein eigens dafür geschaffenes Gruftgewölbe der W. überführt.

Weinbergskirche Trachenberge: ev. Kirche im ehemaligen Stadtbezirk Nord. Die seit 1915 selbständige Weinbergskirchgemeinde errichtete 1929/30 an der heutigen Albert-Hensel-Straße ihr eigenes Gotteshaus. 1946 brannte die kleine W. ab. Aus Sandsteinquadern zerstörter Dresdner Kirchen wurde 1950 abseits der Kirche ein Glockenturm errichtet, der zugleich als Mahnmal für die Zerstörung Dresdens im Februar 1945 steht. Der Bau der jetzigen W. wurde 1958 durch Architekt Günter SCHÖNEBERG vollendet.

Weinhold (Weinholdt): Glocken- und Stückgießerfamilie in Dresden, die von dem aus Danzig (Gdansk) eingewanderten (Johann) Michael W. (1662–1732) abstammt. Er goß die Glocken der →Matthäuskirche und übernahm in seinem Todesjahr den Auftrag für die zwei Glocken der →Frauenkirche, die dann von seinem Sohn, dem Gießerei-Inspektor Johann Gottfried W. (geb. 1700) gegossen wurden. Von diesem stammt auch eine Glocke der Kathedrale. Sein Sohn August Siegmund W. (1738–1796) goß 1787 das Geläute der →Kreuzkirche (später durch ein größeres ersetzt).

Weinlig: 1. *Albert Christian*, Arzt, Naturwissenschaftler, Ökonom, geb. 9. 4. 1812 Dresden, gest. 19. 1. 1873 Dresden. – Der Urenkel von 2. und Sohn des Thomaskantors Christian Theodor W. (1780–1842) gab 1746 seine Professur in Erlangen auf, um als Ministerialdirektor ins sächsische Innenministerium in Dresden einzutreten, wo er eine umfangreiche und vielseitige Tätigkeit entfaltete (z. B. Errichtung des Statistischen Landesamtes, Regelung des Gewerberechts, Schaffung von Handelskammern, Förderung des technischen Bildungswesens, Unterstützung des →Zoologischen Gartens). Für seine Verdienste erhielt er

u.a. den Ehrenbürgertitel. – Weinligstraße in der Seevorstadt. –
2. *Christian*, Bürgermeister, get. 23.4. 1681 Breslau (Wrocław), gest. 13.7.1762 Dresden. – W. kam 1703 als Advokat nach Dresden und wurde 1725 Generalakzisinspektor, 1730 Stadtschreiber, 1735 Stadtsyndikus, 1744 Bürgermeister und zusätzlich 1746 Stadtbaumeister. Während der preuß. Besetzung setzte er sich wiederholt gegen gewaltsame Rekrutierungen und die hohen Kontributionen von 300 000 und später 500 000 Talern ein. Sein Haus hatte er am Altmarkt. – Begraben auf dem Eliasfriedhof in der Familiengruft, in der 1759/1873 52 Angehörige der Familie W. beigesetzt wurden. –
3. *Christian Ehregott*, Kreuzkantor, geb. 28.9.1743 Dresden, gest. 14.3.1813 Dresden. – Der Sohn von 2. und Bruder von 4. hatte die Kreuzschule besucht, in Leipzig studiert und kam 1780 als Organist an die Frauenkirche in Dresden. 1785 wurde er als Nachfolger von Gottfried August →HOMILIUS zum Kreuzkantor ernannt. Unter seinen zahlreichen Kompositionen befindet sich auch eine Kantate zur Einweihung der 1760 zerstörten →Kreuzkirche. – Begraben auf dem Eliasfriedhof. –
4. *Christian Traugott*, Architekt, geb. 31.1.1739 Dresden, gest. 23.11.1799 Dresden. – Der Sohn von 2. war ein Schüler von Julius Heinrich →SCHWARZE, der ihm ab 1760 die Stellung eines Hofkondukteurs vermittelte. 1766/70 unternahm W. eine Studienreise nach Paris und Rom, wo er künstlerische Anregungen und Stoff für sein Buch «Briefe über Rom» (1782/87) erhielt, 1773 wurde er zum Oberbaukommissar ernannt, 1793 zum Hofbaumeister und kurz vor seinem Tode zum Oberlandbaumeister. Als einer der ersten Architekten des Frühklassizismus und als Vertreter des Dresdner Zopfstils entwarf er u.a. Innenausstattungen («Weinlig-Zimmer» im →Kunstgewerbemuseum), die Seitenflügel des Berg- und Wasserpalais von →Schloß Pillnitz (1788/92), den Rundtempel im Pillnitzer Schloßpark (1789); die →Reithalle hinter dem Zwinger (1794/95) und die Totenhalle auf dem Inneren Neustädter Friedhof (1799). Wohnung im Hause seines Schwiegervaters Christian Friedrich →EXNER in der Neustadt, Wiesentorstraße 1. – Begraben auf dem Eliasfriedhof.

Weiß: 1. *Ambrosius*, →Albinus, Petrus. –
2. *Sylvius Leopold*, Lautenist und Komponist, geb. 12.10.1686 Breslau, gest. 16.10.1750 Dresden. – Der «letzte große Lautenspieler» von europäischem Ruf wurde 1718 als Kammermusicus in Dresden angestellt und blieb bis zu seinem Tode der Hofkapelle treu. Besonders seine Improvisationskunst wurde gerühmt, aber auch als Komponist und Lehrer war er beliebt. W. wohnte 1740 in der Wilischen Gasse und zuletzt in der Kleinen Brüdergasse. Viele seiner Kompositionen befinden sich in der Sächsischen Landesbibliothek. – Begraben auf dem Alten Katholischen Friedhof.

Weissbach, Karl: Architekt, geb. 8.4.1841 Dresden, gest. 8.7.1905 Dresden. – Der durch die Architektur des Niederwalddenkmals bekannte W. wirkte seit 1875 als Professor der Hochbaukunst an der Technischen Hochschule Dresden und schuf neben Wohnbauten die →Russisch-Orthodoxe Kirche (Pläne von H. von →BOSSE) und einige Gebäude der Hochschule. – Begraben auf dem alten Annenfriedhof.

Weiße Flotte: →Elbschiffahrt

Weiße Gasse: verläuft zwischen der Kreuzkirche und der →Wilsdruffer Straße. Die im 17. Jh. auch als Kirchgasse bezeichnete W. wurde 1561 erstmals erwähnt. Ihr Name wurde wahrscheinlich als Kontrast zur mitunter wegen ihrer Enge auch als Schwarze Gasse bezeichneten →Kleinen Frohngasse gewählt.

«Weißer Adler»: ehemalige bedeutende Gaststätte an der Bautzner Landstraße auf dem →Weißen Hirsch. 1685 erhielt der Loschwitzer Lohmüller Hanns SCHMIED die Schank- und Gastierungskonzession für sein Gasthaus in der Heide an der Landstraße nach Bühlau, das «Lohschenke» genannt wurde und damit das erste Gasthaus auf dem späteren Weißen Hirsch war. Häufig stand es in Konkurrenz zum Gasthof →«Zum Weißen Hirsch», dessen Besitzer es 1700 erwarb und vorübergehend zum Bauerngut «degradierte». 1722 wurde die Lohschenke von dem kurfürstlichen Beamten Gottfried GÜNTZEL übernommen, der AUGUST DEN STARKEN vor einem gefährlichen Sturz bewahrt und deshalb für die Lohschenke die Schankkonzession für sich und seine Nachkommen erhalten hatte. 1733 wurde das Gasthaus in vergrößerter Form neu errichtet und «Zum Weißen Adler» genannt (vermutlich auf das Wappen des Königs von Polen zurückgehend, auch andere Deutungen sind möglich). Der 1873 abgebrannte W. wurde 1886/88 als weitläufiges Etablissement mit Speise- und Tanzsälen, Gartenbetrieb und einer Reitbahn für Kurgäste neu errichtet und war um 1900 das Zentrum des Kurbades Weißer Hirsch. 1952 wurde die Gaststätte geschlossen und ihre Baulichkeit gewerblichen Zwecken zugeführt.

Weißer Hirsch: rechtselbischer Stadtteil, nach dem Gasthaus «Zum Weißen Hirsch» benannt, im 18. Jh. Gutsgemeinde W. H., seit der zweiten Hälfte des 19. Jh. Villenvorort, nach 1872 amtlich «klimatischer Kurort», 1921 zu Dresden eingemeindet, 1931 amtlich Bad Weißer Hirsch. – Die Flur erstreckt sich von der →Mordgrundbrücke am Stechgrund zwischen Bautzner Landstraße und Dresdner Heide bis zum Nachtflügelweg sowie südlich der Bautzner Straße bis zur Collenbuschstraße und zum Oberen Rißweg. Die anschließenden Villenviertel mit dem →Luisenhof und dem →Ardenne-Institut liegen bereits auf der Flur von →Loschwitz, werden aber im allgemeinen Sprachgebrauch zum W. H. gerechnet. 1420 schenkte der spätere Kurfürst FRIEDRICH I. dem Altendresdner

Weißer Hirsch mit holländischer Windmühle. Um 1800
Ehemaliges Kurhaus Weißer Hirsch

Augustinerkloster ein «stuck holczes an der heyde» südlich der Bautzner Landstraße. 1572 befand sich hier ein Bierschank. Der Oberküchenmeister Georg Ernst von DÖLAU legte 1664 einen Weinberg mit Winzerhaus an. Darauf errichtete der Kapellmeister Christoph →BERNHARD(I) ein Haus, nannte es →«Zum Weißen Hirsch» und erhielt dafür 1688 das Schankrecht. In der Nähe des Weinbergs wurde 1685 die Lohschänke (ab 1733 →Weißer Adler) erbaut. Oberlandweinmeister Heinrich ROOS erneuerte das Gut Weißer Hirsch, um das sich im 18. Jh. eine kleine Gemeinde von Häuslern und Gärtnern entwickelte, die Obst und Gemüse anbauten, auch als Winzer und Tagelöhner den Lebensunterhalt verdienten und 1838 eine eigene Landgemeinde bildeten. – Während des Siebenjährigen Krieges fanden Kämpfe auch am Hirschberg statt, 1758 befestigten preußische Truppen die Schanze über der Mordgrundbrücke. Die Jahre 1812/1813 brachten ebenfalls Verwüstungen und Einquartierungen. – 1856 pachtete Ferdinand GENEUS den Gasthof «Zum Weißen Hirsch», der vom Gut abgetrennt wurde. Er ließ 1863 auf der gegenüberliegenden, nördlichen Seite der Bautzner Landstraße von Theodor LEHNERT einen neuen Gasthof gleichen Namens errichten, auf den die Schankprivilegien übergingen. Lehnert gründete neben dem neuen Gasthof 1867 das *Fridabad.* Mit dem Ankauf des alten Gutes W. H. 1874 durch den Fabrikanten Ludwig →KÜNTZELMANN begann die Entwicklung zum Villenvorort. Er ließ das Herrenhaus von 1756 zum Kurhaus umbauen und gründete eine Villenkolonie. Die meisten Villen entstanden südlich der Bautzner Landstraße, darunter die ältesten, teilweise auch Mietshäuser, am Rißweg und an der Luboldtstraße. Im Oktober 1887 pachtete der Arzt Heinrich LAHMANN (1850–1905) das in Konkurs geratene Fridabad und eröffnete es 1888 als Dr. Lahmanns physiatrisches Sanatorium (→Lahmanns Sanatorium). Lahmann führte das Bad in wenigen Jahren zu Weltruf. Die Bebauung ging ostwärts in die Villen Neubühlaus und zu den Richtung Loschwitz abfallenden Hängen über. Aufwendigere Bauten mit Gartenanlagen entstanden am Lahmannring, an der Küntzelmann- und Wolfshügelstraße und der Plattleite, so die von Max HERFURT erbaute Villa Urvasi. Bis 1905 waren dem Sanatorium bereits 15 Villen als Wohnstätten von Kurgästen und Patienten angeschlossen, darunter die Villa Heinrichshof der Familie Lahmann. Der W. H. war in den achtziger Jahren durch einen täglich verkehrenden Pferdeomnibus, 1887 kurzzeitig durch einen Dampfomnibus mit Dresden verbunden, wurde 1895 durch die Standseilbahn zum Luisenhof erschlossen und erhielt 1899 Straßenbahnanschluß durch die Linie Waldschlößchen–Bühlau. Nördlich der Landstraße wurde der Kurpark mit Konzertplatz und Tennisplatz angelegt. Seit 1891 wurde Kurtaxe erhoben. Ähnlich wie Loschwitz entwickelte sich W. H. zum bevorzugten Wohnvorort von Wissenschaftlern, Künstlern, Beamten und Geschäftsleuten. Im Fremdenheim «Felsenburg» logierte später Oskar →KOKOSCHKA. 1898 wurde der Waldfriedhof angelegt. Für die ursprünglich zur Loschwitzer Schule gehörende Gemeinde wurde 1877 die Schule an der Kurparkstraße errichtet. – Der Ort war zunächst zur Frauenkirche, ab 1704 nach Loschwitz eingepfarrt und bildete 1897 eine selbständige ev.-luth. Kirchgemeinde. Der russische Staatsrat Nikolaus STANGE (1819–1902) förderte den Bau der Kirche, die der Architekt SCHAEFER 1889 nach dem Vorbild der Kirche Wang im schlesischen Riesengebirge errichtete (1908 erweitert). 1930 baute Robert WITTE die St.-Hubertus-Kapelle für die später selbständige katholische Pfarrgemeinde. Stanges Wohnsitz Bautzner Landstraße 17 wurde 1911 Rathaus (heute Sparkasse). – Lahmann erwarb das Gut Heinrichsthal bei Radeberg zur Versorgung des Sanatoriums. Nach dessen Tod gründete Luise L. (gest. 1910) die Familienstiftung und heiratete Carl PAIRA, der das Sanatorium weiterführte. An der Stelle des Gasthofs W. H. wurde 1911/12 das neue →Parkhotel Esplanade der Familie BETTENHAUSEN errichtet. Im Park wurde 1912 das chinesische Teehaus der 1. Internationalen Hygiene-Ausstellung neu aufgebaut und als Lesehalle (mit Trinkhalle von →Pfunds Molkerei) eröffnet (später Waldcafé). Auf der Ortsflur befinden sich die Schwesternquelle, von der man Osterwasser holte, und eine nach dem Sänger Eugen →DEGELE benannte Quelle. 1928 wurde ein Trinkbrunnen auf dem Konzertplatz erbohrt, der 1982 wieder erschlossen werden konnte. 1932 baute man einen großen Restaurationssaal zu den Park-Lichtspielen um und legte einen Golfplatz am Heiderand an. Wie schon im Ersten dienten auch im Zweiten Weltkrieg die Sanatoriumseinrichtungen als Lazarett. Die Gebäude (einschließlich des 1950 wieder geräumten Parkhotels) wurden 1945 von den sowjetischen Truppen als Lazarett übernommen und verfielen bis zu ihrer Räumung 1991 in starkem Maße. 1945/46 bestand außerdem ein städtisches Hilfskrankenhaus auf dem W. H. 1953/54 entstand das Nachtkrankenhaus der Bergbau AG Wismut, das 1961 städtische Klinik wurde, 1953/55 die Eigenheimsiedlung am Heiderand und 1972 das Schulgebäude Kurparkstraße. An der Collenbuschstraße 4 befindet sich das Wohnhaus des Dichters Martin →ANDERSEN-NEXÖ (bis 1991 Gedenkstätte). Das Villenviertel des W. H. und der anschließenden Teile von Bühlau und Loschwitz hat trotz teilweisen Verfalls der Bausubstanz seinen einzigartigen Charakter bewahrt.

Weißeritz und Wassergasse (Hofmühlenstraße). Um 1895

Weißeritz: wichtigster Nebenfluß der Elbe im Stadtgebiet. – Sie wird durch den Zusammenfluß der beiden Osterzgebirgsflüsse Rote W. und Wilde W. in Freital-Hainsberg gebildet, durchfließt den Talkessel von Freital und durchbricht das Engtal des →Plauenschen Grundes. Der Fluß und der von ihm gespeiste →Weißeritzmühlgraben lieferten Nutzwasser und Energie für zahlreiche Mühlen und Manufakturen in Löbtau und der Wilsdruffer Vorstadt, z. B. für das →Kanonenbohrwerk, die →Pulvermühle, die →Spiegelschleife und die →Nudelmühle. Bis etwa 1875 wurde auf der W. Holz aus dem Erzgebirge und dem Tharandter Wald zum Floßholzhof in Löbtau getriftet. Die W. mündete bis 1893 unterhalb der Marienbrücke. 1891/93 wurde zwischen Löbtau und der ehemaligen Gaststätte

→«Schusterhaus» in Cotta ein neues kanalisiertes Flußbett ausgehoben und die Mündung um fast drei Kilometer elbabwärts verlegt. Das in der Friedrichstadt gewonnene Bauland wurde u.a. für die Hauptmarkthalle mit genutzt. Bei den Sommerhochwässern 1897 und 1958 bahnten sich die Wassermassen den Weg wieder entlang des alten Flußbettes durch die Friedrichstadt.

Weißeritzmühlgraben: 1937 stillgelegter und weitgehend überbauter Graben von der Weißeritz in Löbtau über die Wilsdruffer Vorstadt zur Elbe. – Der 4 km lange Mühlgraben versorgte Mühlen- und Manufakturen mit Nutzwasser, u. a. die kurfürstlichen Manufakturen →Spiegelschleife, →Pulvermühle und →Kanonenbohrwerk. In seinem weiteren Verlauf speiste der W. u. a. die →Papiermühle, die Hof- und Kunadmühle, den 1881 abgetragenen Kuttelhof (Schlachthof), eine Schmelzhütte und die →Nudelmühle. Der Graben zweigte an der Biedermannstraße in Löbtau von der Weißeritz ab, floß am Rande des Hahneberges entlang, durchquerte das dicht bebaute Gerberviertel und erreichte über die Ostra-Allee die Elbe.

Weißeritzstraße: in der Friedrichstadt gelegene Straße, seit Ende des 18. Jh. nach dem alten Flußlauf der →Weißeritz bezeichnet, zuvor «An der Wasserseite», «An der Weißeritz» und «Wasserstraße» genannt, 1744 zu einer ansehnlichen Allee ausgebaut, heute nur z. T. von Wohnhäusern gesäumt. – Nach der Verlegung der Weißeritz 1891/93 wurde an der W. die Hauptmarkthalle errichtet. Um diese Zeit wurde das Denkmal des Königs ANTON I. von Ernst RIETSCHEL von der W. nach dem Hohenthalplatz umgesetzt.

Weißes Schloß: ehemalige dreigeschossige Villa mit Treppenturm im Stil eines adligen Landsitzes am Königsheimplatz, die, 1860 oder 1862 erbaut, als Hotel und Pension diente und beim Bombenangriff 1945 zerstört wurde.

Weißes Tor: →Leipziger Tor

Werften: →Schiffswerften

Werner: 1. *Abraham Gottlob*, Geologe, Mineraloge, geb. 25. 9. 1749 Wehrau am Queis (Osiecznica), gest. 30. 6. 1817 Dresden. – W. wirkte von 1775 bis zu seinem Tode an der Bergakademie Freiberg, wo er entscheidend an der Herausbildung der Mineralogie und Geologie als Wissenschaftsdisziplin beitrug. Er weilte häufig in Dresden, das bereits 1787 Verlagsort seiner «Kurzen Klassifikation und Beschreibung der Gebirgsarten» war. Während eines Aufenthalts in der Elbestadt starb er im Gasthaus «Zum Goldenen Engel» und wurde am 2. Juli 1817 nach Freiberg überführt. Die Gesellschaft für Mineralogie und Geologie setzte 1818 an der Kesselsdorfer Straße, dem traditionellen Rastplatz W. auf seinen Dresden-Reisen, den Gedenkstein «Zu Werners Andenken». – Begraben im Kreuzgang des Freiberger Domes; Wernerstraße und -platz in Löbtau. –
2. *Anna Maria*, Malerin und Zeichnerin, geb. 1688 Danzig, begraben 26. 11. 1753 Dresden. – Die Künstlerin war seit 1721 als «Hof-Zeichenmeisterin» in Dresden tätig und ist u.a. bekannt durch die anschauliche Darstellung von Hoffestlichkeiten (z. B. von 1719) und durch ihre Mitarbeit an dem von Raymond →LEPLAT herausgegebenen umfangreichen Tafelwerk über die →Skulpturensammlung (1733/35). –
3. *Selmar*, Bildhauer, geb. 12. 12. 1864 Thiemendorf b. Eisenberg, gest. 28. 8. 1953 Graupa b. Dresden. – Der in Gera ausgebildete Tischler und Holzschnitzer ging 1882 als Stukkateur und Schnitzer nach Berlin und studierte ab 1892 an der Dresdner Kunstakademie, u. a. bei Robert →DIEZ. Seit etwa 1898 betrieb er eine eigene Bildhauerwerkstatt (vor allem Grabmäler und Bildnisbüsten). 1906 kam er als Lehrer an die Kunstakademie Dresden, wo er bis 1927 ein Meisteratelier für Bildhauerei leitete. Sein berühmtestes Werk ist das aus weißem Marmor gestaltete Schiller-Denkmal (1914) am →Albertplatz. Außerdem schuf er u. a. das Kriegerdenkmal an der →Versöhnungskirche, das Grabdenkmal für Karl →MAY in Radebeul sowie Plastiken für die →Zionskirche und das →Landtagsgebäude. W. hatte seine Werkstatt an der Pfotenhauerstraße in Johannstadt. Er wohnte in Graupa.

Wernten: mittelalterliches Dorf (wüste Mark) zwischen Cotta, Friedrichstadt und der Elbe, 1071 als Wirnotine (slaw.: Besitz eines Vernota) urkundlich erwähnt, 1468

Wohnhäuser in der Weißeritzstraße, Anfang 19. Jh.
Schillerdenkmal von Selmar Werner

als wüst erklärt. – Das Dorf, in dem sich ein Herrenhof des Kollegialstiftes Großenhain befand, wurde vermutlich aus wirtschaftlichen Gründen im 15. Jh. aufgegeben. Die Fluren von W. und →Rostagk wurden von den Bauern zu Ostra weiter bewirtschaftet und 1568 in das Vorwerk →Ostra eingegliedert.

Westendpark: →Fichtepark

Wettiner Bahnhof: →Bahnhof Mitte

Wettiner Gymnasium: 1897 eröffnetes städtisches Gymnasium, das zuerst im ehemaligen Waisenhaus am Georgplatz untergebracht war. 1884 wurde von den 238 Schülern der Neubau am Wettiner Platz bezogen. Das Gebäude wird heute von der Hochschule für Musik «Carl Maria von Weber» genutzt.

Wettiner Platz: in der Wilsdruffer Vorstadt, 1898 nach dem Geschlecht der Wettiner benannt, 1946 Umbenennung nach dem KPD-Reichstagsabgeordneten Fritz HECKERT (1884–1936), 1991 rückbenannt. – Hier befinden sich das 1884 errichtete Schulgebäude des ehemaligen →Wettiner Gymnasiums, das ehemalige Verlagshaus des SPD-Organs Dresdner Volkszeitung (Schauplatz des Polizeiüberfalls vom 10. Januar 1919 und der von den Faschisten inszenierten Bücherverbrennung vom 8. März 1933) sowie das 1895/1900 errichtete «Westkraftwerk». Den Platz beherrschte die 1945 zerstörte →Jakobikirche.

Wettiner Straße: →Schweriner Straße

Wettin-Obelisk: zur Erinnerung an die 800-Jahr-Feier der Wettiner 1889 zwischen Residenzschloß und Taschenbergpalais errichtete Säule, die am 23. April 1896 eingeweiht wurde. Die Kosten (112 000 Mark) wurden vor allem aus der →Güntz-Stiftung bestritten. Der Entwurf für den 19 m hohen W. stammt von R. →SCHILLING und J. GRÄBNER. Nach 1939 wurden der W. entfernt und die Metallteile 1941 eingeschmolzen.

Wieck, Friedrich: Musikpädagoge, geb. 18. 8. 1785 Pretzsch, gest. 6.10.1873 Loschwitz b. Dresden. – Der Vater und Lehrer seiner berühmten Tochter Clara, der Gattin Robert →SCHUMANNS, wirkte ab 1840 als Musiklehrer in Dresden, wo er nach eigener Methode Klavier- und Gesangsunterricht erteilte und auch musikpädagogische Schriften veröffentlichte. Seine zweite Tochter Marie W. (1832–1917) hatte er ebenfalls zu einer namhaften Pianistin ausgebildet, sie lebte als gesuchte Musiklehrerin in Dresden. W. bewohnte ein kleines Haus in Loschwitz (heutige Friedrich-Wieck-Straße 10). 1871 gründeten Schüler von ihm eine Friedrich-Wieck-Stiftung zur Unterstützung hilfsbedürftiger junger Musiker. – Grab auf dem Trinitatisfriedhof (mit Medaillon-Bildnis von Theodor KIETZ).

Wiecke, Paul: Schauspieler, geb. 30. 10. 1862 Elberfeld, gest. 18. 12. 1944 Blankenburg/Harz. – W. gehörte zu den Repräsentanten der progressiven Schauspielkunst in der ersten Hälfte des 20. Jh. in Dresden. Er hatte 1887 in Weimar debütiert und wurde durch Nikolaus von →SEEBACH 1895 nach Dresden verpflichtet, wo er mit seiner vielseitigen, natürlichen Rollengestaltung des klassischen und modernen Repertoires zum «Kainz der Dresdner» wurde. Als Direktor des Schauspielhauses 1920/28 brachte er neben klassischen Stücken auch die Werke junger, expressionistischer Autoren (z. B. Friedrich WOLF, Georg KAISER) zur Aufführung. Als Ehrenmitglied des Staatstheaters wurde er verabschiedet, war anschließend Direktor der →«Komödie» und ging später nach Berlin. – Seine Urne wurde 1951 nach Dresden überführt und auf dem Johannisfriedhof Tolkewitz beigesetzt.

Grabmal von Friedrich Wieck auf dem Trinitatisfriedhof

Wiener Platz: Bereits beim Bau des ersten «Böhmischen Bahnhofes» wurde besonderer Wert auf einen schön gestalteten Bahnhofsvorplatz gelegt. Auf dem freien Platz vor dem Bahnhofsrestaurant fanden in den Anlagen für die Dresdner und ihre Gäste öfters Sommerkonzerte statt. Nach dem Abbruch des dritten «Böhmischen Bahnhofes» wurde 1892/98 der jetzige →Hauptbahnhof erbaut. Daraufhin erhielt der bislang namenlose Bahnhofsvorplatz 1903 den Namen W. Der nördlich vom Hauptbahnhof liegende Platz dehnt sich von der Reitbahnstraße (ehemals Carolastraße) bis zur Lüttichaustraße aus. Die dort stehenden Villen, Geschäftshäuser und Hotels (Central Hotel, Hotel Monopol) wurden 1945 völlig zerstört. 1974 wurde auf dem W. ein Lenin-Denkmal errichtet und der Platz umbenannt. 1992 entfernte man das Denkmal und gab dem Platz seinen alten Namen zurück. – Ein Projekt zur Neubebauung des W. ist seit 1993 in Vorbereitung.

Wiener Straße: Die seit 1858 existierende W. führt in Verlängerung des Wiener Platzes von der Lüttichaustraße ostwärts zum Basteiplatz. Sie bildete in ihrem Ostteil die südliche Grenze des ehemaligen →Englischen Viertels. Für die vielen reichen Engländer, die hier lebten, erbaute St. AUBYN 1868/69 die →Englische Kirche an der W./Beuststraße (Mary-Wigman-Straße). Zwischen Wiener Platz und Englischer Kirche stand das Direktionsgebäude der Sächsischen Staatseisenbahn. Die W. wurde bis zur Zerstörung 1945 zum größten Teil vom Großbürgertum, von Geschäftsleuten, Künstlern und Pensionären in repräsentativen Villen bewohnt.

Wiesentor, auch *Jägertor*: südliches Tor der 1632 angelegten Altendresdner Befestigung am Ende der Wiesentorstraße. Es wurde erst 1854 abgetragen.

Wigard, Franz Jakob: Stenograph, Politiker, Arzt, geb. 31. 5. 1807 Mannheim, gest. 25.9. 1885 Dresden. – Auf Empfehlung des Münchner Stenographen Franz Xaver GABELSBERGER kam W. als dessen bester Schüler 1833 nach Dresden, um im Auftrag der →Arnoldischen Buchhandlung zur Herausgabe eines «Landtagsblattes»

Franz Wigard

die öffentlichen Landtagsverhandlungen stenographisch aufzunehmen. 1834 wurde er mit der gleichen Aufgabe in den Staatsdienst übernommen und hatte zusätzlich künftige Landtagsstenographen in Kurzschrift auszubilden. Aus dieser Tätigkeit ging 1839 das Kgl. Stenographische Institut hervor (→Stenographisches Landesamt), das er bis 1850 leitete. Durch sein Engagement in zahlreichen politischen und gesellschaftlichen Funktionen wurde W. zu einer populären Persönlichkeit des öffentlichen Lebens in Dresden. Als Abgeordneter der Frankfurter Nationalversammlung widersetzte er sich 1849 der Rückkehrforderung nach Dresden, was zu einem Hochverratsprozeß führte, durch den er trotz Freispruchs seine Staatsstellung einbüßte. – Im Alter von 46 Jahren nahm W. ein Medizinstudium am Dresdner Klinikum auf und wirkte von 1858 an als – vor allem bei den ärmeren Bevölkerungsschichten – beliebter Arzt mit Wohnung am Altmarkt. – Begraben auf dem Trinitatisfriedhof; Wigardstraße in der Inneren Neustadt.

Wigman, Mary (eigentl. Marie Wiegmann): Tänzerin, Choreographin, Tanzpädagogin, geb. 13. 11. 1886 Hannover, gest. 18. 9. 1973 Berlin. – Die bei Émile →Jaques-Dalcroze und Rudolf von Laban ausgebildete Hauptvertreterin des deutschen Ausdruckstanzes in der ersten Hälfte des 20. Jh. kam 1920 nach Dresden. Hier begründete sie mit ihrer Gruppe und ihrer im gleichen Jahr eröffneten Schule an der Bautzner Straße 107 Dresdens Ruf als einer Stadt des Tanzes. Ende der zwanziger Jahre zählte das Dresdner «Wigman-Zentralinstitut» mit seinen Filialen in anderen Städten ca. 2000 Schüler. 1942 wurde es im Zusammenhang mit dem Auftrittsverbot für die W. aufgelöst; zu den bedeutendsten Schülerinnen gehört Gret →Palucca. – Wigman-Büste im Kleinen Haus (1986, von Friedrich Rogge); Gedenktafel an der Bautzner Straße 107; dort seit 1988 Spielstätte «Kleine Szene» der Staatsoper; Mary-Wigman-Straße in der südlichen Altstadt.

Wilder Mann: →Trachenberge

Wilhelm, Paul: Maler, geb. 29. 3. 1886 Greiz, gest. 23. 10. 1965 Radebeul. – W. gehört zu den namhaftesten Vertretern der «Dresdner Malkultur» in der ersten Hälfte des 20. Jh. Er studierte 1903/05 an der Dresdner Kunstgewerbeschule und anschließend bis 1912 an der Kunstakademie als Schüler von Oskar →Zwintscher und Gotthardt →Kuehl. Ab 1910 wirkte er in der →Künstlervereinigung Dresden mit. Bis 1914 hatte er sein Atelier am Antonsplatz und lebte danach in Radebeul, wo er vor allem Porträts, Gartengemälde und zahlreiche Bilder von Dresdner Vororten schuf. 1946 ernannte man ihn zum Titular-Professor. – 1986/87 umfassende Ausstellung im Albertinum.

Wilhelm I.: Markgraf von Meißen, geb. 14. 12. 1343 Dresden, gest. 10. 2. 1407 Grimma. – W., der anfangs gemeinschaftlich mit seinen zwei älteren Brüdern die wettinischen Länder regiert hatte, erhielt bei der Landesteilung von 1382 die Mark Meißen. Seitdem residierte er ständig in Dresden, was sich vorteilhaft für die weitere Entwicklung der Stadt auswirkte. W. festigte die fürstliche Macht in der Mark und erzielte auch außenpolitisch bedeutende Erfolge gegenüber Böhmen, Brandenburg (zeitweise im Besitz der Pfandherrschaft über das Land), Dohna (Eroberung der Burggrafschaft). Gegenüber dem Papst setzte er die Exemtion des Bistums Meißen durch (von der Aufsicht und Jurisdiktion der Erzbischöfe von Magdeburg und Prag befreit, dem Papst direkt unterstellt). In seiner Residenz ließ er das Schloß nach Süden hin erweitern und erlangte vom Meißner Bischof das Patronatsrecht über die Dresdner Pfarrei zurück (1404). Sein Plan, die Kreuzkirche unter Einbeziehung der Frauenkirche in ein Kollegiatstift umzuwandeln, ließ sich jedoch nicht verwirklichen. Schließlich verlieh er am 21. Dezember 1403 der am gegenüberliegenden Ufer befindlichen Siedlung →Altendresden das Stadtrecht und stiftete auch 1404 das dortige →Augustinerkloster.

Wilische Gasse: bis 1858 bestehende Bezeichnung für die vom →Wilsdruffer Tor bis →Schloßstraße führende Gasse. 1396 wurde sie erstmals als Wilandsgasse erwähnt. Verschiedene Schreibweisen der W. führten zeitweise auch zum Namen Wilsdorfer Gasse. Am 9. Mai 1849, kurz vor dem organisierten Abmarsch der revolutionären Kämpfer, fiel die große Barrikade der W. dem Militär in die Hände.

Wilschdorf: rechtselbischer Stadtteil zwischen Heller und Oberem Waldteich, um 1330 als Wilczdorf (slawisch: Dorf am Wolfsbach oder Wolfsholz) urkundlich erwähnt, 1950 zu Dresden eingemeindet. – W. wurde 1242 unter dem Namen Ranis maius (Groß-Rähnitz) vom Augustiner-Chorherrenstift St. Afra zu Meißen gekauft, gehörte 1551 einem Christoph von Carlowitz und unterstand ab 1612 bis in das 19. Jh. dem Rittergut Hermsdorf. W. wurde als Straßenangerdorf angelegt, von dem einzelne Gehöfte in Altwilschdorf noch erhalten sind. Die Flur war in waldhufenähnliche Schmalstreifen aufgeteilt, umfaßte um 1900 ca. 480 ha und wird im nördlichen Teil bis heute landwirtschaftlich genutzt. Zu ihr gehört auch ein Teil der Wüstung Cunnersdorf südlich des Oberen Waldteichs. – Die Christophorus-Kirche zählt zu den ältesten Kirchen im heutigen Stadtgebiet. Sie wurde 1243 urkundlich erwähnt, die älteste der drei Glocken stammt von 1250, der Taufstein von 1200. Der schlichte Rechteckbau enthält einen Altar mit Abendmahlsdarstellung im Mittelteil, vermutlich um 1570/80 aus der Werkstatt von Hans Schroer, Lüttich. 1971 wurden bei einer Renovierung großfigürliche gotische Fresken aus dem 15. Jh. entdeckt. Vom alten Pfarrhaus ist ein Portal erhalten. – Die 1809 gegründete Schule wurde 1899 durch die spätere 86. Oberschule ersetzt, die heute den Kindergarten «Max Hünig» beherbergt. Die Wilschdorfer Kinder besuchen heute gemeinsam mit den

Rähnitzern die 85. Mittelschule an der Radeburger Straße (1987 erbaut). – Am Dorfanger bestand neben gewerblichen Betrieben 1883/1949 die vielbesuchte Gaststätte «Der alte Graf». Der in der Nähe befindliche eigentliche Dorfgasthof (später Dorfklub) erhielt 1942 eine Renaissancekassettendecke aus dem 1938 abgerissenen Schloß des Grafen Felix von LUCKNER in Altfranken bei Dresden. Der Weg Am Weinberg erinnert an den hier betriebenen Weinbau. Das 1625 als «Weinbergstede» erwähnte Grundstück an der heutigen Waldhofstraße überließ Kurfürst JOHANN GEORG I. dem Markscheider Balthasar ZIMMERMANN. Spätere Besitzer bauten es schloßähnlich um. 1893 erwarb der Bildhauer Peter HENSELER das Grundstück und gestaltete die Einfahrt mit den noch heute erhaltenen Bildwerken. 1922/24 war Thea STERNHEIM, die Frau des Dichters Carl S., Besitzerin des nun *«Waldhof»* genannten Anwesens. Es diente ab 1924 als Kindererholungsstätte der Landesversicherung, 1933/45 als privates Frauenbildungsseminar, in den letzten Kriegstagen als Notkrankenhaus, nach 1945 als Kinderwohnheim und ab 1967 als Rehabilitationszentrum der Berufsbildung. In unmittelbarer Nähe bildet die Gaststätte Waldesruh («Waldmax» genannt) ein Ausflugsziel der →Jungen Heide. – An den Ortspfarrer von 1739/62 Jonathan GLASEWALD erinnert dessen Ruhestandsitz *«Glasewalds Ruhe»* am Pfarrbusch. Das Grundstück wurde um 1885 Gaststätte mit Tanzsaal, um 1900 Militärgenesungsheim, nach dem Ersten Weltkrieg erneut Gaststätte, erhielt 1932 ein kleines Bad im Vorgelände und wurde nach 1945 als Aufnahmeheim, dann staatliches Gästehaus stark erweitert. Am Oberen Waldteich erinnert ein Granitstein an den Begründer einer Kindererholungsstätte, Maximilian →HÜNIG. – W. erweiterte sich über den Ortskern hinaus längs der Keulenberg- und Radeburger Straße. Hier befinden sich die →Oltersteine, an denen sich um 1840 die Anhänger des Dresdner Pfarrers STEPHAN, die «Stephanisten» zu nächtlichen Versammlungen trafen.

Wilsdruffer Straße. Um 1830
Wilsdruffer Straße. Aufn. um 1870
Wilsdruffer Straße (Ernst-Thälmann-Straße). Aufn. um 1970
Wilsdruffer Tor. Um 1750

Wilscher Berg: →Stadtbefestigung

Wilsdruffer Straße: vom →Postplatz bis zum →Pirnaischen Platz die Altstadt durchtrennende breite Verkehrsstraße. – 1858/1945 führte sie vom Wilsdruffer Platz (seit 1865 Postplatz) bis zur →Schloßstraße. Benannt wurde sie nach dem unweit von Dresden liegenden Ort Wilsdruff. Die W. (vormals →Wilische Gasse) führte als gerade Verbindung vom →Altmarkt westwärts. Sie war ab 1900 eine bekannte Geschäftsstraße mit überwiegend historischen Bauten. Zu ihnen zählt das Hotel und Restaurant →«Goldener Engel» und die →Löwen-Apotheke. Anfang des 20. Jh. wurde sie aus verkehrstechnischen Gründen verbreitert. Die auf der Südseite befindlichen alten Bürgerhäuser wurden abgerissen und durch große Waren- und Geschäftshäuser ersetzt. Nach der Zerstörung 1945 wurde sie in den fünfziger Jahren im Zuge der Neuplanung und des Wiederaufbaues von Dresden um die ehemalige →König-Johann-Straße bis zum Pirnaischen Platz verlängert und unter Einbeziehung der nördlich gelegenen Grundstücke zu einer bis zu 61 m breiten Ost-West-Durchgangsmagistrale erweitert, die bis 1989 zugleich als Aufmarschstraße bei Großkundgebungen diente (z. B. 1. Mai). 1954 erhielt die neu entstandene Straße auf einer Kundgebung anläßlich des 10. Todestages des Kommunisten Ernst THÄLMANN die Bezeichnung «Ernst-Thälmann-Straße». Neben einheitlich gestalteten Geschäfts- und Wohnbauten wird sie geprägt vom →Kulturpalast und vom →Landhaus (Stadtmuseum). Nach der politischen Wende erfolgte 1991 die Umbenennung in W.

Wilsdruffer Tor, *Wilsches Tor*: westliches Stadttor (1391 erstmals erwähnt) am Ausgang der →Wilischen Gasse. Es wurde Anfang des 15. Jh. und 1548 von Caspar →VOIGT VON WIERANDT im Zuge des Festungsbaus erweitert. Wegen Baufälligkeit mußten nach 1568 von Paul →BUCHNER und Hans →IRMISCH größere Umbauten vorgenommen werden (Aufbau eines zweiten Geschosses mit Dachhaube und Turmknopf). Das W. wurde 1811 abgebrochen.

Wilsdruffer Vorstadt: westliche der drei großen, etwa seit Mitte des 18. Jh. (amtlich seit 1835) bestehenden Vorstädte der Altstadt. Die W. faßte die alten Vorstadtgemeinden zwischen der →Poppritzer Gemeinde (Kern der W.) und der →Viehweider Gemeinde zusammen. Sie erstreckte sich damit auf das Gelände zwischen →Annenstraße und Elbe sowie zwischen dem späteren →Postplatz und der späteren Könneritzstraße. – Schon im Mittelalter waren die Gemeinden der späteren W. die bevölkerungsreichsten und wirtschaftlich bedeutendsten Vorstädte der Stadt. Durch sie verliefen nicht nur die Hauptverkehrsverbindungen Dresdens nach Westen und Süden (Freiberg), sondern durch den →Weißeritzmühlgraben bot sich hier auch die Grundlage für vielfältige gewerbliche Ansiedlungen. Ende des 14. Jh. werden 12 verschiedene Mühlen am Graben erwähnt. Später entstanden in der W. außerdem noch wichtige kommunale u.a. Einrichtungen bzw. Gebäude, wie die →Annenkirche, →Annenschule, das →Ehrlichsche Gestift und der Neubau des →Maternihospitals. In der W. befand sich bis zum 17. Jh. auch die →Richtstätte der Stadt (am «Rabenstein») am Ausgang der heutigen →Alfred-Althus-Straße. Der nördliche Teil der W. (nördlich der 1744 angelegten →Ostra-Allee) war ursprünglich kurfürstlicher Besitz. Neben gewerblichen Anlagen, wie z. B. dem Silberhammer und der von →TSCHIRNHAUS begründeten Glashütte, dominierten hier höfische Anlagen und Gebäude (→Marstall, →Reithalle, →Prinz-Max-Palais, Orangerie, →Herzogin-Garten usw.). Während des →Siebenjährigen Krieges wurde die W. von der preußischen Besatzung Dresdens in Brand gesetzt. Der gewerbliche Charakter der W. erhielt seit dem Beginn der Industrialisierung neue Impulse durch das Entstehen neuer Verkehrsanlagen: →Marienbrücke, Straßendurchbruch der Wettiner Straße zum Postplatz 1873/75, aber auch durch kommunale Versorgungsbetriebe, wie der Gasanstalt an der Stiftsstraße und dem 1883 errichteten Elektrizitätswerk (1928 zum Fernheizwerk erweitert). Von den übrigen vor 1945 entstandenen Bauten sind erwähnenswert: das →Wettiner Gymnasium am →Wettiner Platz (1879), das →Schauspielhaus (1913) und das →Stadthaus in der Theaterstraße (1923). Der Luftangriff im Februar 1945 zerstörte große Teile der W. Ihr Aufbau ist heute noch nicht beendet. In diesem Zusammenhang sind der 1958/65 errichtete Gebäudekomplex für die «Sächsische Zeitung» und die Theaterwerkstätten für die Staatsoper an der Ostra-Allee zu nennen.

Winckelmann, Johann Joachim: Altertumsforscher, Bibliothekar, geb. 9. 12. 1717 Stendal, gest. (erm.) 8. 6. 1768 Triest. – Der Begründer der klassischen Archäologie und der neueren Kunstwissenschaft hatte in Halle und Jena studiert, als Lehrer in der Altmark gearbeitet und wurde 1748 Bibliothekar an der damals größten deutschen Privat-Bibliothek des Grafen Heinrich von BÜNAU (1697–1762) in Nöthnitz, wo er bis Oktober 1754 wohnte. Anschließend gab W. seine Stellung auf und zog nach Dresden, wo er bis zu seiner Übersiedlung nach Rom im September 1755 in der Frauengasse (später Galeriestraße 7) Unterkunft fand. – Das Studium der Werke der französischen Aufklärer in der Bünauischen Bibliothek, häufige Besuche der Dresdner Kunstsammlungen sowie seine Bekanntschaft mit Dresdner Künstlern (z. B. Adam Friedrich →OESER) und Kunstkennern (z. B. Christian Ludwig von →HAGEDORN) regten ihn zu seinem auf die Antike verweisenden kunsthistorischen Programm an, das er 1754/55 in den «Gedanken über die Nachahmung der griechischen Werke in der Malerei und Bildhauerei» veröffentlichte. Sein Hauptwerk, die «Geschichte der Kunst des Altertums», erschien 1764 in Dresden. – Winckelmannstraße in der Südvorstadt.

Windbergbahn: älteste deutsche Normalspur-Gebirgsbahn, wegen ihrer windungsreichen Streckenführung auch «sächsische Semmeringbahn» genannt, im Stadtteil Gittersee Dresdner Stadtgebiet berührend. – Die W. wurde von Guido BRESCIUS (1824–1864) für den Transport der Steinkohle aus den Gruben am Windberg erbaut, am 30. März 1857 als «Hänichener Stammzweigbahn» eröffnet und 1908 bis Possendorf verlängert. Sie bildete einen Bestandteil der mit der →Albertbahn verbundenen «Kohlenbahnen», diente 1907/1951 auch dem Personenverkehr und führte zeitweise besondere Aussichtswagen für Ausflugsfahrten mit. Der Abschnitt zwischen Freital und Gittersee wurde 1993 noch für den Güterverkehr betrieben. Unter Denkmalschutz stehen die Stationen Obergittersee (Ausstellung) und weitere Anlagen, um deren Erhalt der «Sächsische Museumsbahn-Verein Windbergbahn» bemüht ist.

Win(c)kel, Therese aus dem: Malerin und Musikerin, geb. 20. 12. 1779 Weißenfels, gest. 7. 3. 1867 Dresden. – Die gebildete und vielseitig begabte Künstlerin war eine der bekanntesten Persönlichkeiten des Dresdner Kulturlebens der ersten Hälfte des 19. Jh. Seit ihrer Kindheit in einem kleinen Haus im «Italienischen Dörfchen» an der Elbe ansässig, vervollkommnete sie ihre Ausbildung 1806/08 in Paris; danach gab sie Konzerte als Harfenistin und wurde als gute Kopistin italienischer Meister nach Bildern der Gemäldegalerie geschätzt.

Winkler, Karl Gottfried Theodor, Pseudonym Theodor *Hell*: Journalist, Kritiker, Herausgeber und Übersetzer, geb. 7. 2. 1775 Waldenburg/Schlesien, gest. 24. 9. 1856 Dresden. – W. lebte seit 1801 in Dresden (Wohnungen: An der Kreuzkirche, Schloßgasse, Seegasse, Neumarkt, Webergasse). Er war Mitglied des →Dresdner Liederkreises. Zusammen mit Friedrich →KIND gab er von 1817 bis 1822 die →«Abendzeitung» heraus. Außerdem gab er 1814/15 die «Theatralischen Mitteilungen» heraus und war 1817/24 als Dramaturg am Hoftheater tätig. – Grab auf dem Trinitatisfriedhof.

Therese aus dem Winkel

Karl Gottfried Theodor Winkler

Wintzenberger, Daniel: Postreiter des kursächsischen Postmeisters und Schriftsteller. Der in Grimma geborene W. ist durch das 1577 erstmals aufgelegte «... Naw Reise Büchlein ... durch gantz Deudschland ...» und den 1591 erschienenen und in Versform verfaßten «Lobspruch der Stadt Dresden», die älteste topographische Beschreibung der Stadt (von Benjamin Gottfried →WEINART in seiner «Topogr. Gesch. Dresdens ...» überliefert), bekanntgeworden.

Winzersäule Loschwitz: im Grundstück Veilchenweg 9 in Loschwitz stehende ca. 8 m hohe Steinsäule (Granit und Sandstein), die im oberen Teil mit Akanthusblättern und drei Sonnenuhren versehen ist. Die Spitze bildet eine Windfahne. Die W. stammt aus dem Jahre 1674 und soll – wie die lat. und deutschen Inschriften besagen – an den Loschwitzer Weinbau erinnern. 1753, 1792 und 1965 wurde sie restauriert.

Wiskotschill, Thaddäus Ignatius: Bildhauer, geb. 1753 Prag, gest. 21. 1. 1795 Dresden. – W. war an der plastischen Ausschmückung des →Marcolini-Palais beteiligt (Laternen, Hermen, Gartenfiguren, die später auf der →Bürgerwiese aufgestellt wurden). Er schuf die Figurengruppen am →Palais der Sekundogenitur und war mit Johann Baptist →DORSCH 1785/88 an der Erneuerung und Ergänzung der Bildwerke des →Zwingers beteiligt (Satyrnfiguren). Der sächsische Minister Detlef von EINSIEDEL (1733–1861) zog W. als Plastiker zu Versuchen im Eisenkunstguß heran.

Witterungsverhältnisse: →Klima

Wittig, Ludwig: Journalist, geb. 1815 Dresden, gest. nach 1870 Schweiz. – Der revolutionär-demokratisch gesonnene W. nahm nach 1839 einen geachteten Platz unter den Dresdner Journalisten ein. Er schrieb nicht nur für Dresdner Zeitungen, sondern u. a. auch für die «Rheinische Zeitung», die «Aachener Zeitung», die «Sächsischen Vaterlandsblätter» und den «Vorwärts». 1846/47 gründete W. die erste sozialistische Zeitschrift in Sachsen, das «Veilchen», welche aber nach 19 Nummern (1847) verboten wurde. Durch seine Kenntnisse der polnischen Geschichte und Literatur war er seit 1846 ein wichtiges Bindeglied zu den →polnischen Emigranten in Dresden und Sachsen, z. B. organisierte er die Betreuung für durchreisende polnische Demokraten. Für die 1848 gegründete «Dresdner Zeitung» ging W. im Oktober nach Wien, um über die revolutionären Ereignisse und Rückschläge zu berichten. Als zweiter Redakteur war es ihm möglich, Anfang 1849 die Zeitung zum Sprachrohr der äußersten Linken und der demokratischen Volksbewegung zu machen. Wegen konspirativer Tätigkeit bei der Vorbereitung des Maiaufstands wurde er nach der Niederschlagung verfolgt und mußte fliehen. Er ging nach Südwestdeutschland, um am Badischen Aufstand teilzunehmen. Nach dessen Niederschlagung lebte er nur noch in Emigration (Frankreich, Belgien, England, USA) und verbrachte seinen Lebensabend wohl in der Schweiz.

Friedrich Wolf. Holzschnitt von C. Felixmüller

Wolf: 1. *Friedrich*, sozialistischer Dramatiker und Erzähler, geb. 23. 12. 1888 Neuwied/Rhein, gest. 5. 10. 1953 Lehnitz b. Berlin. – W. absolvierte nach seinem Medizinstudium von November 1912 bis April 1913 ein Praktikum an der Städtischen Heil- und Pflegeanstalt. Im November 1918 war W. Mitglied des Dresdner Arbeiter- und Soldatenrats, der USPD und der «Sozialistischen Gruppe der Geistesarbeiter». Er war zu dieser Zeit Arzt im Reservelazarett VI Dresden. Am 9. Oktober 1919 wurde in Dresden sein Schauspiel «Das bist du» uraufgeführt. – **2.** *Paul,* Architekt, geb. 21. 11. 1879 Schrozberg in Württemberg, gest. 30. 4. 1957 Leonberg b. Stuttgart. – W. war 1922/45 Stadtbaurat für Hochbauwesen und Stadterweiterung in Dresden und beeinflußte mit seinen Ideen die bauliche Gestaltung Dresdens in den zwanziger und dreißiger Jahren des 20. Jh. Er baute 1925 das →Gewandhaus zur Stadtbank um und schuf das →Planetarium (1923), das →Georg-Arnhold-Bad (1923/1926), das Städt. Elektrizitätswerk am Wettiner Platz, das Sachsenbad (1927/28), die Oberschule Hülßestraße (1929), das «Haus der Jugend» (→Hotel Astoria) sowie Wohn- und Siedlungsbauten in Reick. Von ihm stammen der Plan für die Neugestaltung des →Königsufers (1930) und Projekte für große aufgelockerte Wohnkomplexe in Dresdner Vororten.

Wolff, Willy: Maler, Graphiker, geb. 5. 7. 1905 Dresden, gest. 8. 7. 1985 Dresden. – Der gelernte Kunsttischler studierte 1927/33 u. a. bei Otto →DIX an der Kunstakademie, trat 1929 der KPD, 1930 der →Assoziation Revolutionärer Bildender Künstler Deutschlands bei und lebte nach 1933 von Gelegenheitsarbeiten. Nach Rückkehr aus dem Krieg gehörte W. 1947 zu den Mitbegründern der Gruppe Das →Ufer. 1957/58 Englandreisen mit Annemarie BALDEN-WOLFF (gest. 1970). Verstärkt wandte sich W. nach 1957 der surrealen Malweise zu und schuf in den sechziger Jahren abstrakte technische Gebilde und der Pop Art verwandte Werke. Er experimentierte mit nahezu allen Formen der bildenden Kunst und gestaltete zahlreiche, bei aller Abstraktheit poesievolle Collagen, Assemblagen und Gebilde aus Alltagsgegenständen. Wie Hermann →GLÖCKNER fand er erst im höheren Alter Anerkennung in seiner Heimatstadt. – Gemälde «Liebespaar», 1932, in der Galerie Neue Meister.

Wolfgang Jess Verlag: Dresdner Verlag, der 1920 aus dem Küthmann-Verlag hervorgegangen ist und von Wolfgang JESS (1885–1944) weitergeführt wurde. Das Verlagsprogramm enthielt Kunst- und Bildbände, außerdem hervorragend gestaltete Dünndruckausgaben, zeitgenössische Dichtung meist in Dresden lebender Autoren und ab 1930 die Zeitschrift «Die Kolonne» (Herausgeber: Martin RASCHKE und A. Arthur KUHNERT). Der Verlag wurde 1944 von den Nationalsozialisten geschlossen, und seine Verlagsräume in der Pillnitzer Straße fielen (mit allen Manuskripten und dem Archiv) dem Bombenangriff 1945 zum Opfer. Aus bescheidenen Anfängen in der ehemaligen Wohnung von Jess in der Schillerstraße in Loschwitz entstand 1947 der Verlag wieder. Es erschienen vor allem Bildmappen und Werke zur sächsischen Kunstgeschichte sowie von 1951/57 das «Jahrbuch zur Pflege der Künste». Ständige Reibereien mit den DDR-Behörden führten 1958 zur Schließung des Verlages.

Wölfnitz: Stadtteil am Westhang der Elbtalweitung, 1357 als Wolfticz (deutschslawisch nach Personennamen Wolf) urkundlich erwähnt, 1903 zu Dresden eingemeindet. – Der Bauernweiler hatte umfangreiche Dienste und Abgaben für das benachbarte Kammergut →Gorbitz zu leisten, bestand nur aus wenigen Bauerngütern und zählte im Jahre 1900 nur 198 Einwohner. Öffentliche Angelegenheiten entschied noch Ende des 19. Jh. in Ermangelung eines Gemeinderates eine Versammlung der erwachsenen männlichen Einwohner. Die 1813 ausgebaute Chaussee nach Freiberg mied den Dorfkern am Gorbitzbach, wo ein barockes Landhaus von 1748 erhalten blieb. Der Straßengasthof wurde nach dem Brand des mit ihm verbundenen Filmtheaters (1988) abgetragen. W. bildet einen Verkehrsknotenpunkt für das Wohngebiet Gorbitz.

Wolf(f)ramsdorf, Otto von: Architekt, geb. 13. 1. 1803 Heuckewalde b. Zeitz, gest. 8. 4. 1849 Ammelshain b. Wurzen. – W. wurde 1831 Kondukteur im Hofbauamt und 1843 Hofbaumeister (Titel schon seit 1838). Er war neben →SEMPER am Bau des Opernhauses (1838/41) beteiligt, im →Residenzschloß erneuerte er den Bankett-, den Ball- und Konzert- sowie den Thronsaal (1839/45), baute 1841 das Orangeriehaus an der →Herzogin-Garten, 1842 das vierte →Belvedere und 1843 das →Café Reale auf der Brühlschen Terrasse. Seine Pläne zur Umgestaltung des →Stallhofs und zum Bau der Gemäldegalerie am Zwinger kamen nicht zur Ausführung.

Wolfsgasse: Die seit dem letzten Viertel des 18. Jh. bestehende Gasse führt von der →Bautzner Straße (seit 1823) südwärts zur →Holzhofgasse (seit 1746). Anfangs «Kronengasse» genannt, nach der an der Bautzner Straße gelegenen Schankwirtschaft «Zu den drei Kronen», erhielt sie um 1829 den Namen W. Die Ostseite der W. nimmt das Gelände der ev.-luth. →Diakonissenanstalt ein.

Wolfshügel: 211 m hohe Erhebung in der →Dresdner Heide zwischen Bautzner Straße und →Fischhaus. Die Bezeichnung W. geht auf einen im 16. Jh. in seiner Nähe angelegten «Wolfsgarten» (diente für Jagdzwecke zur Haltung lebender Wölfe) zurück, von denen es mehrere in der Dresdner Heide gab. 1886 errichtete man auf dem W. ein Aussichtsgerüst, das 1912 durch einen von Hans →ERLWEIN erbauten 10 m hohen Turm ersetzt wurde, der den W. zu einem beliebten Ausflugsziel machte. Der Turm wurde Anfang Mai 1945 von den Nationalsozialisten gesprengt.

Wolfsohn, Wilhelm, Pseudonym Carl *Maien*: Lyriker, Dramatiker und Übersetzer, geb. 20. 10. 1820 Odessa, gest. 13. 8. 1865 Dresden. – Seit 1845 hielt W. wiederholt literaturhistorische Vorträge in Dresden. 1852 ließ er sich in der Stadt nieder (letzte Wohnung Lüttichaustraße). 1862 begründete er die «Russische Revue» (seit 1864 «Nordische Revue»).

Worfzins, *Wurfzins*: Die 1395 auch als Gatterzins bezeichnete Abgabe war eine Art Grundzins, den die ersten Ansiedler in der Stadt an den Markgrafen für die von diesem zur Verfügung gestellten Grundstücke (zu zinsbarem Eigentum) zu entrichten hatten. Er haftete demnach nur an den ältesten Häusern und Grundstücken der Stadt bzw. der alten Vorstädte. Der Worfzins ging schon früh in den Besitz vornehmer Dresdner Bürger über. Im 14. Jh. befanden sich zwei Drittel in erblichem Besitz der Familie MÜNZMEISTER. Das andere Drittel war ebenfalls schon im 14. Jh. im Besitz des FRANZ VON MAGDEBURG. 1366 bzw. 1373 ließen beide Besitzer ihre Anteile vom Markgrafen dem Michaelisaltar in der Frauenkirche bzw. der Dreifaltigkeits- und Annenkapelle auf dem Frauenkirchhof übertragen. 1527 ging der gesamte Zins durch Kauf an den Rat über. Die meisten Hausbesitzer lösten ihn dann noch während des 16. Jh. ab.

Wrba, Georg: Bildhauer, geb. 3. 1. 1872 München, gest. 9. 1. 1939 Dresden. – Der in München ausgebildete W. war als Nachfolger Johannes →SCHILLINGS 1907/30 Professor an der Kunstakademie. Der vielseitige und fruchtbare Künstler schuf u. a. die Erkerplastik an der →Löwenapotheke, den plastischen Schmuck am Neuen Rathaus, den Rathausesel (1910), die wappenhaltenden Löwen vor dem Rathaus, die Aphrodite auf dem →Marie-Gey-Brunnen (1910), den →Europabrunnen (1922), den Brunnen zwischen Rathaus und Kreuzkirche, die reitende Diana auf der Attika des →Städtischen Kunstausstellungsgebäudes und war ab 1925 an der umfassenden Restaurierung des →Zwingers beteiligt. Wohnung in Blasewitz, Gautzschweg 1 (1945 zerstört).

Wolfshügelturm vor 1945

Yenidze: pseudoorientalischer, einer Moschee nachgebildeter Industriebau an der Weißeritzstraße (Altstädter Elbufer). – Er wurde 1908/09 von Martin HAMMITZSCH für die 1886 von Hugo ZIETZ gegründete und nach einem türkischen, später griechischen Ort benannte Zigarettenfabrik «Yenidze» gebaut. Die farbige, 1966 in zurückhaltenderen Farbtönen neuverglaste Kuppel ragt 62 m über der Straße auf und überwölbt den aus Eisenbeton und Sandstein errichteten Mittelbau. Die Kuppel, der als «Minarett» ausgebildete Schornstein und zahlreiche maurische Stilelemente sollen an die Herkunftsländer der hier verarbeiteten Tabake erinnern. Die Zigarettenherstellung in der Y. wurde 1925 vom Reemtsma-Konzern übernommen und nach Teilzerstörung des Gebäudes noch bis 1953 weitergeführt. Danach diente die Y. als Lager und Verwaltungsgebäude des Dresdner Tabakkontors. Seit 1991 liegen Entwürfe für einen Umbau und künftige Mehrfachnutzung des Gebäudes vor.

Tabakkontor Yenidse

Zahnsgasse: bis 1945 existierende, zwischen →Seestraße und →Wallstraße verlaufende Gasse, die zu den ältesten Straßen der Stadt gehört. Sie wurde 1396 erstmals erwähnt. Im 17. Jh. befand sich ein Pesthaus in der Z.

Zaunick, Rudolph: Wissenschaftshistoriker, geb. 26.8.1893 Dresden, gest. 13.11.1967 Pirna. – Z. promovierte 1918 an der Universität Königsberg, legte 1920 das Staatsexamen für das höhere Lehramt in Biologie und Chemie in Leipzig ab und unterrichtete seitdem über zwei Jahrzehnte u.a. an der Oberrealschule Johannstadt, der Dreikönigschule und der Mädchenoberrealschule Blasewitz. Ab 1927 lehrte er Geschichte der biologischen Wissenschaften an der Technischen Hochschule Dresden (1934 Professor für Geschichte der Naturwissenschaften). Z. war seit 1920 Bibliothekar, Archivar und zeitweise Vorsitzender der →Naturwissenschaftlichen Gesellschaft «Isis» und gab erstmals den fünften Band der «Lebenserinnerungen und Denkwürdigkeiten» von Carl Gustav →CARUS nach dessen Urschriften heraus. Z. wertvolle Bibliothek im Heim Elisenstraße 4 fiel 1945 den Luftangriffen zum Opfer. – 1952 Berufung an die Martin-Luther-Universität Halle-Wittenberg, bis 1962 Gastvorlesungen an der Medizinischen Akademie Dresden. – Begraben auf dem Trinitatisfriedhof.

Zeiller, Martin: Geograph und Reiseschriftsteller, geb. 17.4.1589 Räuthen/Steiermark, gest. 6.10.1661 Ulm. – Z., obwohl Kompilator und Vielschreiber, wurde durch seine Textbücher (die oft auf eigenem Erleben beruhten) für die Topographie Matthäus MERIANS bekannt. Der Dresdentext aus Merians «Topographie von Obersachsen...» stammt somit ebenfalls von Z., und zwar aus seiner «Itinerarium Germaniae» (1632).

Zeißig, Johann Eleazar: →Schenau

Zeiss-Ikon Dresden: führender Kamerahersteller, Firmenname in Dresden von 1926 bis 1958. – Unter Führung von Carl Zeiss Jena fusionierten 1926/27 die Ica-AG und die von Johann Heinrich →ERNEMANN gegründeten Ernemann-Werke mit weiteren deutschen Unternehmen zur Zeiss-Ikon-AG. Der Betrieb war führend in der Herstellung von Spiegelreflexkameras, hatte 1941 mit seinen Zweigwerken ca. 13 700 Beschäftigte und war größter Kamerahersteller Europas. Z. errichtete 1941 die Goehle-Werke Großenhainer Straße. 1945 wurde ein Teil der Fabrikgebäude in Striesen zerstört, im Ernemannbau wurde die Kameraproduktion durch den VEB *Pentacon* (Name seit 1959) mit mehreren Zweigwerken weitergeführt. Nach 1989 wurde der Betrieb aufgelöst.

Zelenka, Jan Dismas: Kontrabassist und Kirchenkomponist, get. 16.10.1679 Launowitz (Böhmen), gest. 23.12.1745 Dresden. – In Prag ausgebildet und dort tätig, wurde Z. bereits 1710 als Kontrabassist an der Dresdner Hofkapelle angestellt (mit 300 Talern/Jahr), weilte jedoch zu seiner weiteren Ausbildung 1716/19 in Wien und Venedig. Danach wurde er bald durch Kirchenkompositionen bekannt, worauf man ihm zunehmend die Verantwortung für die kath. Kirchenmusik übertrug. Obwohl er das ersehnte Hofkapellmeisteramt nicht erhielt, leistete er Bedeutendes als Leiter der Kirchenmusik (1735 Titel «Kirchenkomponist»). Er gilt neben Johann Adolf →HASSE als bedeutendster Vertreter der Dresdner Musikgeschichte in der ersten Hälfte des 18. Jh. Sein musikalischer Nachlaß befindet sich in der Sächsischen Landesbibliothek. – Begraben auf dem Alten Katholischen Friedhof.

Zellescher Weg: Seit dem 12. Jh. wurde die außerhalb der Stadt liegende Wegstrecke von der alten Weißeritzbrücke bis zum Dorf Leubnitz im Volksmund Z. genannt. Um von städtischen Abgaben befreit zu bleiben, benutzten die Mönche des Klosters Altzelle bei Nossen den Weg, der zu dem zum Kloster gehörenden Dorf Leubnitz führte. Offiziell erhielt die Straße erst 1870 ihren Namen. Der Z. westlich der Zwickauer Straße (heute Teil der Siebenlehner Straße) wurde 1881 als Nossener Straße benannt. 1883 verbreiterte man die Wegstrecke zwischen der Zwickauer Straße und der Hohen Straße und benannte den Teil Zellesche Straße. Der alte Z. bog von der Hohen Straße südöstlich zur Bergstraße ab und wurde mit der Anlegung der Eisenstuckstraße (1887) und Nürnberger Straße (1898) aufgehoben. Seit dieser Zeit besteht der Z. nur noch zwischen Bergstraße und Teplitzer Straße. Nach 1954 wurde mit dem Ausbau des Z. zu einer mehrspurigen leistungsfähigen Verbindungsstraße zwischen Pirna und Meißen unter Umgehung des Stadtzentrums begonnen. 1979/80 erfuhr das Hochschulgelände am Z. bedeutende Erweiterungen (→Hochschulviertel).

Zentrale Kunstbibliothek: zu den →Staatlichen Kunstsammlungen Dresden gehörende öffentliche wissenschaftliche Fachbibliothek mit einem Bestand von etwa 70 000 Bänden zu allen Gebieten der bildenden Kunst im Gebäude der ehemaligen Kunstgewerbeschule auf der Güntzstraße. Die Z. ist 1946 aus der Staatlichen Kunstgewerbe-Bibliothek hervorgegangen, die zur 1875 gegründeten →Staatlichen Akademie für Kunstgewerbe gehörte.

Zentralmuseum im Bundesland Sachsen: →Staatliche Kunstsammlungen Dresden

Zentraltheater: →Centraltheater

Zerstörung Dresdens 1945: Kein Ereignis in ihrer Geschichte hat der Stadt so tiefe Wunden geschlagen, selbst ihr Weiterbestehen in Frage gestellt, wie die Luftangriffe vor dem Ende des Zweiten Weltkrieges. Von den vergleichsweise geringen Schäden des Maiaufstandes 1849 abgesehen, war Dresden seit 1813 nicht mehr von unmittelbaren Zerstörungen durch Kämpfe betroffen worden. CANALETTOS Ansicht der 1760 zerstörten Kreuzkirche und Ludwig RICHTERS Erinnerungen an die grauenhaften Schlachtfelder von 1813 schienen ferne Vergangenheit für die Stadt. – Um so furchtbarer schlug der von Deutschland ausgelöste Krieg auf die Zivilbevölkerung der Stadt zurück. Trotz der Flächenbombardements der westlichen Alliierten auf deutsche Großstädte hielt sich in Dresden hartnäckig der Glaube an die Schonung der Kunststadt. Diesen Glauben an den «sichersten Luftschutzkeller des Reiches» erschütterten selbst die ersten Bomben auf den Stadtrand

nicht: Am 24. August 1944 forderte ein Luftangriff in Freital-Birkigt und Dresden-Gittersee 241 Menschenleben.
Am Mittag des 7. Oktober 1944 wurde Dresden als Ausweichziel für einen auf das Hydrierwerk Ruhland geplanten Luftangriff von etwa 30 US-Maschinen bombardiert, wobei in der Wilsdruffer Vorstadt, Friedrichstadt und Löbtau, darunter in den Werken Seidel & Naumann und Hartwig & Vogel, 435 Menschen starben. Ein weiterer Angriff von ca. 400 US-Bombenflugzeugen am Mittag des 16. Januar 1945 auf den Rangierbahnhof Friedrichstadt und dessen Umgebung forderte 376 Tote.
1944 entwickelten amerikanische und britische Militärs das Konzept einer «Aktion Donnerschlag», mit der die deutsche Kampfmoral durch den Angriff auf eine bisher unversehrte Großstadt geschwächt werden sollte. Den von Winston CHURCHILL für den Zeitraum der Konferenz von Jalta angeordneten Angriff auf Dresden verzögerten die meteorologischen Bedingungen. Am Morgen des 13. Februar 1945 befahlen die Stabschefs der britischen und amerikanischen Luftwaffe auf Grund der vorliegenden Wettermeldungen die Startvorbereitungen für die folgende Nacht. So wurde die Stadt für die Nacht «Zwischen Karneval und Aschermittwoch» (ein Buchtitel GRUNDIGS) dem Untergang geweiht. Dresden war zu diesem Zeitpunkt von ausländischen Zwangsarbeitern und Kriegsgefangenen, Verwundeten und deutschen Flüchtlingen aus dem Osten überfüllt, die Luftverteidigung fast völlig abgezogen. Wirksame Schutzmaßnahmen waren trotz unaufhörlicher Luftschutzpropaganda kaum vorbereitet.
Am Abend des 13. Februar 1945 stiegen 244 Lancaster-Maschinen der Royal Air Force von ihren Stützpunkten in England auf. Um 21.55 Uhr meldete der Rundfunksprecher aus dem Senderaum im Albertinumskeller den Anflug «starker Kampfverbände», Minuten später fiel die erste «Markierungsbombe» über dem Ostragehege, und um 22.13 Uhr detonierten in der Innenstadt die ersten Bomben. In einem 24minütigen Angriff warfen die wellenförmig gestaffelten Flugzeuge ihre Brand- und Sprengbomben über der Innenstadt ab und verwandelten sie in ein Flammenmeer. Rettungs- und Löscheinsätze blieben erfolglos, als in der Zeit von 1.23 Uhr bis 1.54 Uhr erneut Hunderte britischer Maschinen einen zweiten Angriff flogen. «Meinen Augen bot sich das grauenhafte Bild einer Stadt, die von einem Ende zum anderen in Flammen steht», notierte ein beteiligter Pilot, der den Feuerschein noch aus 240 km Entfernung sah. Dresden brannte von Friedrichstadt bis Striesen. Von den 1400 eingesetzten, z. T. auch zu «Scheinangriffen» auf andere Städte eingesetzten Maschinen kehrten nur sechs nicht

oben: Luftaufnahme Dresdens mit eingezeichnetem Zielsektor
Blick vom Rathausturm nach NW
Blick vom Rathausturm nach NO

auf ihre Stützpunkte zurück. «Wer das Weinen verlernt hat, der lernt es wieder beim Untergang Dresdens», schrieb später Gerhart HAUPTMANN, der das Inferno vom Sanatorium Weidner in Oberloschwitz aus sehen mußte. Gret PALUCCA erinnerte sich der Schreckensbilder aus dem Großen Garten und schrieb: «Nie im Leben kann ich die Erlebnisse jener Zeit vergessen. Sie sollten immer als Menetekel vor den Augen aller Menschen stehen».
In den Mittagsstunden des 14. Februar flogen Liberator-Bomber und «Fliegende Festungen» der amerikanischen Luftwaffe einen 10minütigen Angriff auf die zerstörte Stadt, wobei auch Bordwaffen eingesetzt wurden. Weitere Zerstörungen richteten ein Angriff am Mittag des 15. Februar auf Übigau und Umgebung, ein weiterer am 2. März und der Tagesangriff amerikanischer Flugzeuge am 14. April 1945 auf Friedrichstadt, Cotta, Löbtau, Pieschen und die Leipziger Vorstadt an. Nach der Tragödie des 13./14. Februar brannte Dresden fünf Tage lang. Die geborgenen Opfer konnten zum großen Teil nicht identifiziert werden und wurden auf den Heidefriedhof und in das Krematorium Tolkewitz überführt. 9000 aus den Trümmern geborgene Leichen wurden auf dem Altmarkt verbrannt, ihre Asche ebenfalls auf dem Heidefriedhof der Erde übergeben. Der Fotograf Walter HAHN dokumentierte das Grauen dieser menschlichen Scheiterhaufen. Die Zahl der Todesopfer entzieht sich jeder exakten Prüfung und wird – entgegen gerüchteweisen und auch von den faschistischen Dienststellen offiziell verbreiteten höheren Zahlen – allgemein auf mindestens 35 000 geschätzt. Schwer wogen auch die materiellen Schäden und die Verluste an wertvollen Kulturgütern. Von 220 000 Wohnungen der Stadt wurden 75 000 total zerstört, weitere 100 000 in Mitleidenschaft gezogen. Aus dem 15 km² großen Gebiet totaler Zerstörung mußten 12 Millionen m³ Schutt beseitigt werden. Weltberühmte Bauten wie Oper, Zwinger, Schloß, Taschenbergpalais u. a. brannten aus, unersetzliche Bürgerhäuser wurden vernichtet. Am Vormittag des 15. Februar stürzte auch die ausgeglühte Kuppel der Frauenkirche in die Tiefe. Die großen Industriebetriebe an der Peripherie, das Kasernenviertel im Norden der Stadt und die meisten Elbbrücken blieben hingegen weitgehend unbeschädigt.
Mehr als nüchterne Zahlen machen Zeugnisse von Zeitgenossen das Ausmaß der Zerstörung deutlich. Wilhelm RUDOLPH schuf inmitten der Trümmerlandschaft Federzeichnungen und Holzschnitte geisterhaft leerer Ruinenstraßen und bekannte: «Dieser ganze erstarrte Schrecken, der sich meinen Augen bot, zwang zur Stellungnahme». Otto GRIEBEL widmete der untergegangenen Stadt einen grafischen Zyklus, und Wilhelm LACHNIT ließ in seinem Ölbild «Tod von Dresden» die Gestalt des Todes angesichts des Übermaßes an Schrecken ihren Triumph vergessen. Richard PETER hielt die Trümmerberge in seinem Band «Dresden – eine Kamera klagt an» im Bilde fest, setzte zugleich den Trümmerfrauen als Zeichen des Lebenswillens ein Denkmal. Erschüttert sah Erich KÄSTNER einige Zeit nach dem Inferno seine Geburtsstadt wieder und schrieb: «Ich stand in einer kilometerlangen, kilometerbreiten Leere. In einer Ziegelsteppe. Im Garnichts.» Und Otto DIX erinnerte sich seines ersten Besuches nach Kriegsende in der Stadt: «Diese Trümmerwelt, die an Pompeji erinnert, würde mich völlig deprimiert haben, hätte ich nicht gesehen, welch reger und nimmermüder Geist und Aufbauwille hier am Werke sind.»

Zeughaus: →Albertinum

Zeughausplatz: →Tzschirnerplatz

Zeughausstraße: →Akademiestraße

Ziegeltor

Zeuner, Gustav: Techniker, Hochschullehrer, geb. 30. 11. 1828 Chemnitz, gest. 17. 10. 1907 Dresden. – Z. studierte 1848/51 an der Bergakademie Freiberg. Seine Teilnahme am Maiaufstand 1849 in Dresden quittierte die Regierung BEUST später mit einem Tätigkeitsverbot an sächsischen Schulen. Z. promovierte 1851 in Leipzig und war im gleichen Jahr Mitherausgeber der ersten deutschen Fachzeitschrift für Techniker, des «Civilingenieurs». Er folgte 1855 einem Ruf an das Eidgenössische Polytechnikum Zürich und gab 1860 das erste deutschsprachige Lehrbuch der Technischen Thermodynamik heraus. 1871 wurde Z. mit der Reorganisation der Bergakademie Freiberg betraut und 1873 als Direktor und Professor für Mechanik und Theoretische Maschinenlehre an das Polytechnikum Dresden berufen. Er hatte hohen Anteil an der Umwandlung dieser Lehrstätte zur Hochschule und begründete die zu hohem Ansehen gelangte Richtung der technischen Thermodynamik an der Dresdner TH. Er schied 1897 aus der Lehrtätigkeit aus. – Grab auf dem Alten Annenfriedhof, dort auch Gedenkstein für 9 TU-Hochschullehrer; Zeuner-Bau der TU; Zeunerstraße im Hochschulviertel.

Ziegelschlag: →Schläge

Ziegelstraße: in der →Pirnaischen Vorstadt gelegene Straße, die die Verbindung zwischen Steinstraße und Güntzplatz herstellt. Sie wurde 1370 erstmals erwähnt (1400 ausdrücklich als Ziegelgasse). Ihr Name rührt von den am östlichen Ende der Gasse gelegenen, ebenfalls 1370 erstmals erwähnten Ziegelwiesen her, wo die Ratsziegelscheunen Baumaterial für die Stadt produzierten. Nachdem es seit 1831 eine Kleine Ziegelgasse gab, erhielt die Z. die Bezeichnung Große Ziegelgasse (seit 1868 Große Ziegelstraße). Seit 1884 heißt die Straße nur noch Z.

Ziegeltor, auch *Schifftor*: an der Elbseite der neuen Festungsmauer (etwa im Bereich der NW-Ecke der späteren Kunstakademie) 1550 von Caspar →VOIGT VON WIERANDT angelegtes Stadttor. Nach dem Bau des →Pirnaischen Tors und dem Neubau des Festungsabschnitts an der

Elbseite (→Brühlsche Terrasse) wurde es wieder zugemauert. Das Z. ist in den Kasematten der Brühlschen Terrasse heute noch gut zu erkennen.

Ziegelwiesen: →Ziegelstraße

Ziegengrund: alter Verbindungsweg aus dem Loschwitzgrund nach Oberloschwitz und Wachwitz. – Der Sage nach flüchtete während einer Pest ein Mann in den Grund und ernährte sich von der Milch seiner Ziege. Loschwitzer Frauen und Mädchen holten vom Ziegenborn das Osterwasser. Maler wie Eduard →LEONHARDI, Ludwig →RICHTER und Carl Gottlieb PESCHEL (1798–1879) fanden im Grund Motive für ihre Bilder.

Zigarettenindustrie: spezifischer Dresdner Industriezweig, dessen Ansiedlung durch die Rolle der Stadt als Umschlagplatz für Rohtabake aus dem Orient gefördert wurde, vor allem auf Striesen konzentriert. – 1862 siedelte sich die St. Petersburger →Compagnie Laferme in Dresden an und gründete an der Ostra-Allee die erste größere Tabakfabrik in Dresden (später Große Plauensche Gasse). Ihr Tabakmeister, der Grieche Georg A. JASMATZI, gründete 1880 auf der Waisenhausstraße einen Betrieb, der seit 1900 an der Schandauer Straße 68 und seit 1912 an der Glashütter Straße 94 ansässig war. Die Jasmatzi-AG geriet finanziell in die Abhängigkeit der American Tobacco, beherrschte jedoch einen beachtlichen Teil der Branche in Dresden. In den zwanziger Jahren wurde sie Tochtergesellschaft der Reemtsma-Neuerburg-Gruppe, von der auch die Dresdner Firmen Yenidze, Delta, Bulgaria und A. M. Eckstein & Söhne abhängig wurden. Konzernunabhängig blieb die Haus-Bergmann-Zigarettenfabrik AG Dresden. Die Vertrustung brachte den Dresdner Tabakhandel in eine Krise, da der Konzern den Rohtabak aus dem Orient direkt bezog. 1931 wurden in Dresden 12 000 t Orienttabak verarbeitet. Die Jahresproduktion von 10 Mrd. Zigaretten deckte 30 Prozent des deutschen Bedarfs. – Ebenfalls von Reemtsma kontrolliert wurde die Lande-GmbH. Wilhelm LANDE zog 1900 von Halberstadt nach Dresden. Der Betrieb war zunächst an der Zöllnerstraße, ab 1913 an der Laubestraße und ab 1932 im Gebäude der ehemaligen Zigarettenmaschinenfabrik United an der Junghansstraße 5 ansässig. – Hugo ZIETZ (gest. 1927) gründete 1886 die Zigarettenfabrik →Yenidze und ließ 1909 den gleichnamigen Industriebau in der Friedrichstadt errichten. 1886 wurde auch die Kosmos-Zigarettenfabrik von H. F. WOLF gegründet. Sie hatte ihren Sitz seit 1890 an der Fetscherstraße 70 und verfügte über eine eigene Kartonagenfabrik. – 1926/29 errichtete die Firma Greiling den Gebäudekomplex zwischen Zwickauer und Chemnitzer Straße mit eigener Kartonagenfabrik und Druckerei. Sie hatte ca. 4000 Beschäftigte. – Über die genannten Firmen hinaus waren noch eine Reihe weiterer Zigarettenfabriken in Dresden zu finden. Die Luftangriffe 1945 zerstörten die Greiling-Gebäude an der Zwickauer Straße zu 90 Prozent. Nach teilweisem Aufbau wurde die Produktion hier ebenso wieder aufgenommen wie in den Häusern von Lande (nunmehr «Macedonia») und Kosmos. Neben den verstaatlichten bzw. enteigneten Betrieben (VEB) Jasmatzi, Macedonia, Greiling, Union und Kosmos bestanden um 1948 noch die Betriebe Monopol, Zepter und Aurelia. In den achtziger Jahren war die Produktion im VEB Vereinigte Zigarettenfabriken Dresden mit dem Werk I (Jasmatzigebäude), II (Landegebäude) und Importlager Zwickauer Straße konzentriert. Der VEB Tabakkontor nutzte die Yenidze und das Elblagerhaus Magdeburger Straße. 1990 wurden die Dresdner Zigarettenfabriken in Striesen vom Philip Morris Konzern übernommen. – Die Branche zog einen spezialisierten Maschinenbau nach Dresden. Bedeutendstes Werk war die «Universelle», die 1880 die älteste deutsche Zigaretten-Strangmaschine von Otto BERGSTRÖSSER herausbrachte und zum Werk an der Rosenstraße die Fabrikgebäude Zwickauer Straße 48/54 errichtete. Sie gliederte sich die Dresdner Konkurrenzunternehmen United Cigarette Machine Comp. (gegründet 1897) und «Progreß» an. Die Werke wurden z. T. zerstört. 1948 wurde der Betrieb als Tabak- und Industriemaschinenbau («Tabakuni») weitergeführt.

Zingg, Adrian: Maler, Kupferstecher, geb. 15. 4. 1734 St. Gallen/Schweiz, gest. 26. 5. 1816 Leipzig. – Nach Ausbildung in Paris kam Z. 1766 nach Dresden, wo er fünfzig Jahre bis zu seinem Tode als Kurf. Hofkupferstecher und Lehrer an der Kunstakademie wirkte. Außerdem richtete er in seinem Haus eine Zeichenschule für Knaben ein. Zu seinen Schülern gehörte z. B. Carl August RICHTER. Z. besonderes Verdienst war die künstlerische Entdeckung der sächsischen Landschaft, vor allem der reizvollen Felsenwelt des Elbsandsteingebirges, für das er mit seinem Freund und Landsmann Anton →GRAFF die Bezeichnung «Sächsische Schweiz» prägte. 1768 erhielt er die kurfürstliche Erlaubnis zur Abzeichnung aller sächsischen Orte (außer Festung Königstein), worauf er eine große Zahl von Zeichnungen und Stichen mit der Darstellung aller wesentlichen Teile Sachsens schuf. Z. Wohnung befand sich 1787 im alten Akademiegebäude am Schloßplatz 1, danach in der Pirnaischen Straße 1 und zuletzt in der Moritzstraße 12. – Zinggstraße in Übigau.

Zinzendorffscher Garten: Blüherpark

Zinzendorffstraße: von der →Bürgerwiese nach Norden bis in die Nähe des Endes der Lingnerallee (als Sackgasse) verlaufende Straße. Die Z. war ursprünglich der südliche Teil der zwischen →Pillnitzer Straße und Bürgerwiese verlaufenden Neuen Gasse und hieß vom 17. Jh. an Lange Gasse (um 1863 Lange Straße). Die Umbenennung in Z. erfolgte 1892 nach dem an der Straße befindlichen Grundstück der Familie ZINZENDORFF.

Zionskirche Südvorstadt: ev-luth. Kirche der Zionsgemeinde an der Nürnberger-/

Adrian Zingg. Zeichnung von Vogel von Vogelstein

Gebäude des Zirkus Sarrasani. Vor 1945

Hohen Straße. Die 1908/12 von →Schilling und Gräbner im Jugendstil erbaute Z. galt mit ihrem Zentralbau als Vorbild für Erneuerungsbestrebungen im Kirchenbau. 1100 Sitzplätze waren fächerförmig um den Altarplatz angeordnet, so daß der Pfarrer mitten in der Gemeinde predigte. Die Orgel fertigte die Firma →Jehmlich-Orgelbau als erste mit rein elektrischer Traktur und Registeranlage an. 1945 wurde die Z. durch Luftangriffe zerstört. 1981 entstand durch eine schwedische Baufirma auf der Bayreuther Straße die neue Z. in Holzbauweise.

Zirkus Sarrasani: ehemaliges in Dresden beheimatetes Zirkusunternehmen, das in der ersten Hälfte des 20. Jh. die europäische Zirkusgeschichte mitbestimmt hat. Gründer war Hans Stosch (2.4.1873 – 21.9.1934), der ursprünglich als Dressurclown «Sarrasani» aufgetreten war. Er hatte 1901 in Radebeul einen eigenen Zirkus aufgebaut, mit dem er sich erstmals im März 1902 in einem 3600 Personen fassenden Zelt in Meißen der Öffentlichkeit vorstellte. Als glänzender Organisator und guter Geschäftsmann hatte Stosch bald seinen Zirkus zur «größten und berühmtesten Wanderschau Europas» gemacht, die auch regelmäßig in Dresden auf dem alten Vogelwiesengelände bei Johannstadt bzw. auf dem freien Platz neben dem Jägerhof in der Neustadt gastierte. Dieses Gelände am Carolaplatz erwarb Stosch 1910, um 1911/12 dort durch eine Münchner Firma einen festen Bau als Sarrasani-Stammquartier errichten zu lassen. Der damals modernste europäische Zirkusbau war ein äußerlich attraktiver Zweckbau, gekennzeichnet durch die freitragende Kuppel (lichte Höhe von 29 m über einer Manege von 13 m Durchmesser), die durch 4 Treppenhäuser und das Eingangsportal flankiert wurde. Das Gebäude war für 3860 Zuschauer zugelassen, besaß neben Diensträumen 3 Restaurants sowie einen Salon für Kabarett und bot auch technische Attraktionen (z.B. absenkbare Manege, die mit Wasser gefüllt werden konnte). Der am 22. Dezember 1912 als «Circus-Theater der 5000» eingeweihte Z. wurde in der Folgezeit bei den Dresdnern sehr beliebt. Auf Pachtbasis diente er auch Varieté-Vorstellungen, Sportveranstaltungen und Großkundgebungen. 1918/33 fanden dort Versammlungen der Arbeiterbewegung statt (z.B. 10. November 1918 Proklamierung des «Vereinigten Arbeiter- und Soldatenrates Groß-Dresden»; 3. August 1924 «Friedenskundgebung»). – Als Reiseunternehmen (seit 1926 in den «Hausfarben» Weiß-Grün) wurde der Z. sowohl in Europa als auch in Südamerika sehr populär. Viele bedeutende Artisten traten in ihm auf; besonders berühmt wurden die von Stosch eingeführten Schauen großer Gruppen von Menschen und Tieren (z.B. Indianer-Gruppen). Der nach dem Tode des Gründers von Hans Stosch jun. (1897 bis 1941) und später von dessen Ehefrau Trude geleitete Z. spielte noch am 13. Februar 1945, bis der Bombenhagel an diesem Tag seine Dresdner Existenz auslöschte. Das ausgebrannte Gebäude wurde in den fünfziger Jahren abgebrochen. Ein Teil der ehemaligen Mitarbeiter fand sich im «Dresdner Volksvarieté» zusammen, das am 1. Juni 1945 im Filmtheater «Schauburg» als erstes regelmäßig spielendes Varieté nach dem Zweiten Weltkrieg auf deutschem Boden eröffnet wurde und bis zum 30. April 1946 bestand. Ehemalige Mitarbeiter agierten 1946/48 im Zirkus Aeros (auf dem Alaunplatz), der aus dem restlichen Sarrasani-Material bestand. Unter dem Namen «Sarrasani» wurden später neue Unternehmen gegründet (z.B. 1951 in Argentinien von Trude Stosch-Sarrasani). Rechtsnachfolger ist der 1956 von Fritz Mey (1904–1993) in Mannheim eröffnete Z., der seit Juni 1990 wieder in Dresden gastiert. – Sarrasanistraße in der Inneren Neustadt.

«Zitronenpresse»: volkstüml. Bezeichnung für die Glaskuppel des Gebäudes der →Hochschule für Bildende Künste an der Brühlschen Terrasse.

Zoologischer Garten: viertältester Tiergarten Deutschlands, der sich an der Tiergartenstraße, am Südrand des →Großen Gartens befindet. Auf einer Fläche von 1,8 ha repräsentieren etwa 2200 Tiere in ungefähr 450 Arten einen Querschnitt durch die Wirbeltierfauna der Erde. – Die Haltung fremder und einheimischer Wildtiere in Dresden geht auf die höfischen Jagdgewohnheiten vom ausgehenden 15. bis zum 18. Jh. zurück. Für die zur «Ergötzung» der Hofgesellschaft auf dem →Altmarkt, im Schloßhof, im →Stallhof oder im →Jägerhof veranstalteten Kampf- und Hetzjagden sowie Fuchsprellen benötigte man verschiedenartige Tiere, wobei die exotischen angekauft wurden oder als Geschenke ausländischer Fürsten nach Dresden kamen. 1554 wurde bereits ein Löwenzwinger auf der Elbbrücke gebaut; 1612/1722 befanden sich Löwen im Löwenhaus an der Schössergasse (1834 abgetragen), anschließend wurden diese Tiere mit im Jägerhof untergebracht, wo sich z.B. schon Mitte des 17. Jh. u.a. 40 Bären, 25 Luchse, 4 Eisbären, ein Leopard und einige Affen in den Menagerien befunden haben. 1731/33 fand im Auftrage Augusts des Starken die erste deutsche wissenschaftliche Forschungsreise großen

Stiles nach Afrika statt, von der u. a. 53 lebende Tiere mitgebracht wurden. – Mit dem Fortschritt der Naturwissenschaften im 19. Jh. wuchs auch das wissenschaftliche und allgemeine Interesse an der Tierwelt. So fand der vom «Verein für Hühnerzucht» 1859 an der Ostra-Allee 16 angelegte Kleine Tiergarten bei den Dresdnern regen Zuspruch. Daraufhin bildete man ein Komitee, das die Gründung des Z. am Großen Garten vorbereitete. 1860 konstituierte sich als Rechtsträger der «Aktienverein für den Zoologischen Garten zu Dresden». Am 9. Mai 1861 wurde der Z. eröffnet. Die Gartenanlagen waren von Peter Joseph LENNÉ (1789 bis 1866) und die Bauten von Carl Adolf CANZLER entworfen worden. Dazu gehörten ein heizbares Affenhaus, ein heizbares Winterhaus (wurde 1911/12 in ein modernes Aquarium umgebaut), ein Büffelhaus, ein Eulenhaus, der Bärenzwinger und Blockhäuser für Hirsche und Rehe. Später kamen hinzu: Raubtierhaus (1864), Elefantenhaus (1873/74), Giraffenhaus (1875) und ein großes Vogelhaus (1883). Der Tierbestand wurde von der Ostra-Allee übernommen und bald beträchtlich vergrößert, wobei dem Leiter (ab 1870 Direktor) des Z., dem Apotheker Albin SCHOEPF (1822–1881), bemerkenswerte Erfolge bei der Löwenzucht gelangen. Sein Sohn und ab 1881 Nachfolger, Adolph SCHOEPF (1851–1909), der zuvor Geschäftsführer bei der Firma HAGENBECK gewesen war, begründete die Tradition der Menschenaffenhaltung. Trotz der großen Popularität des Z. bei den Dresdnern, befand sich die Aktiengesellschaft oft in finanziellen Schwierigkeiten. Durch zusätzliche, als «Sensationen» deklarierte Tier- und Völkerschauen sowie durch regelmäßige Militärkonzerte und Kinderattraktionen suchte man die Einnahmen aufzubessern. Dazu kamen finanzielle Unterstützungen durch die Stadt Dresden und aus Privathand. 1910/34 leitete Gustav →BRANDES den Z. Er ging von der «musealen» Zurschaustellung der Tiere ab und legte die Grundlagen für einen modernen Z., bei dem in natürlich nachgestalteter Umwelt die Tiere naturgemäße Verhaltensweisen zeigen sollten, z. B. mehrere Freianlagen, Felsenanlagen und Laufgang zum Raubtierhaus (1911), Flugkäfig für Greifvögel (1920), Pavianfelsen und sogenanntes Affenparadies (1925), Stelzvogelwiese (1926). 1934 übernahm die Stadt Dresden für 400 000 RM den Z. mit dem Bestand von rund 5000 Tieren in fast 500 Arten. Durch das Bombardement vom 13./14. Februar und 17. April 1945 wurde der Z. mit allen Tierhäusern vernichtet (an Tieren waren nach Kriegsende nur noch vorhanden: zwei Kamele, zwei oder drei Rhesusaffen, ein Stachelschwein, ein Pony, eine Schnappschildkröte und ein Axolotl). Auf Stadtratsbeschluß vom November 1945 wurde der Z. an seiner alten Stelle weitergeführt und mit zunächst bescheidenem Tierbestand (vorwiegend Haustieren) am 6. Juni 1946 wiedereröffnet. Besondere Verdienste um die Entwicklung zu einem Tierpark mit internationalem Ruf erwarb sich 1950/73 der Zoodirektor Wolfgang →ULLRICH. Erstmals in der DDR gelang hier 1962 die Geburt eines Orang-Utans; seit 1971 ist die Primatenerhaltung Schwerpunkt des Z. Gegenwärtig dient der Z. etwa 1,1 Mill. Besuchern jährlich sowohl der Erholung als auch als größte naturwissenschaftliche Bildungsstätte Dresdens (seit 1969 Zooschule für ca. 15 000 Schüler/Jahr). Das Erneuerungskonzept des Z. von 1993 sieht auch die räumliche Erweiterung auf Gelände an der Südseite der Tiergartenstraße vor.

Ehemaliger Bärenzwinger im Zoologischen Garten
Ehemalige Raubvogel-Voliere im Zoologischen Garten
Zschertnitz um 1900, Aquarell

Zschachwitz: →Großzschachwitz, →Kleinzschachwitz

Zschertnitz: linkselbischer Stadtteil, 1902 zu Dresden eingemeindet. – 1308 wurde das Vorwerk Scherschicz (altsorbisch svw. Leute eines Sršа o. ä.) im Besitz eines Dresdner Ratsmannes erwähnt, der sich nach dem Gut SCHERSCHICZ nannte. Das markgräfliche Lehen und spätere Erbgut war bis 1569 ein Herrengut. Es befand sich im Besitz Dresdner Bürgerfamilien. Ab 1408 gehörte es der Familie MÜNZMEISTER und 1568 verkaufte Dr. Wenzel NAUMANN das Vorwerk an den Kurfürsten AUGUST. Bei der Anlage des Ostravorwerkes 1568 durch August verloren die dort ansässigen Bauern ihren Besitz. Vier Bauern und vier Gärtner siedelte man auf die Flur des Zschertnitzer Vorwerks um; dadurch entstand aus dem ehemaligen Vorwerk das Dorf Z. Bei den Kämpfen um Dresden im August 1813 brannten im Dorf sechs Häuser ab. – Kirchlich gehörte Z. zur Parochie der Kreuzkirche und seit 1889 zur Lukaskirche. 1828 bildete Strehlen mit Z. einen Schulverband, später gingen die wenigen Kinder nach Kaitz zur Schule. 1868 wurden die Kinder wieder nach Strehlen eingeschult und seit 1893 nach Mockritz. – Die Hälfte der Zschertnitzer Flur ging durch die Lehmgruben zweier jetzt stillgelegter Ziegeleien der landwirtschaftlichen Nutzung verloren. Westlich der Münzmeisterstraße befand sich die Lehmgrube der Ziegelei DAMMÜLLER, die spätere Stadtziegelei. Heute stehen auf dem Gelände kleine Wohnhäuser, die 1938/40 von der Dresdner Gas-, Wasser- und Elektrizitätswerk AG (Drewag) an der Bibrachstraße errichtet wurden. An der Stelle des Lehrbauhofs und alter Gärten steht heute das Hotel «Am Bismarck-Turm», Münzmeisterstraße 10. Die seit etwa 1880 betriebene Lehmgrube der Vereinigten Dresdner Baugesellschaft befand sich zwischen Münzmeisterstraße, Caspar-David-Friedrich-Straße und

Südhöhe. Nach dem Zweiten Weltkrieg wurde sie mit Trümmerschutt verfüllt. Bekanntes Ausflugsziel in Z. war das Mitte des 19. Jh. entstandene Tanzlokal «Paradiesgarten» an der Paradiesstraße; im Zweiten Weltkrieg schwer beschädigt, wurde es 1978 abgerissen. – Seit 1909 fährt die Straßenbahn nach Z. Die Bevölkerungszahl stieg von 70 Einwohnern 1814 auf 310 im Jahre 1900. Um 1938 entstanden an den Nebenstraßen der Paradiesstraße moderne Einzelhäuser. Hier in der Rungestraße 45 befand sich das Haus des Arztes und Widerstandskämpfers Rainer →FETSCHER. – 1971/81 entstand in Z. für ungefähr 9000 Menschen ein neues Wohnviertel mit einem Komplexzentrum in der Nähe des Berghofs Z.

Zschieren: linkselbischer Stadtteil, 1950 zu Dresden eingemeindet. – Ein Gräberfeld aus der mittleren bis jüngeren Bronzezeit, 12./11. Jh. v. Chr., zeugt von der frühesten Besiedlung des Orts. 1242 wurde Schirin (altsorbisch svw. Senknetz) erwähnt. Z. könnte ein Wohnplatz von Fischern gewesen sein. Der Ort, später Groß-Zschieren genannt, gehörte der Familie von SCHIRIN. Die nur einen Meter über dem Elbspiegel gelegene Siedlung war stets vom Elbhochwasser bedroht, so 1784 und 1830, wobei mehrere Gebäude zerstört wurden. Deshalb entstand außerhalb der Hochwasserzone das straßendorfartige Klein-Zschieren. Ab 1546 gehörte Z. der Kirche zu Dohna und seit 1615 unterstand es den Herren auf Pillnitz, Graupa und Schönfeld. Ein dritter, weilerartiger Siedlungsteil – *Trieske* genannt – liegt nördlich der beiden anderen Siedlungsteile und wurde 1619 im Dohnaer Kirchenbuch erwähnt. 1791 gebrauchte man für Trieske den Spottnamen «Weibertausch», auf den wechselseitigen Ehebruch einiger Bewohner hinweisend. Die drei Siedlungsteile besitzen eine gemeinsame in Streifen und Blöcke gegliederte Flur. 1719 zerstörte ein Brand 12 Bauernhöfe. Bis 1760 wurde im Ort Weinbau betrieben, der jedoch im Siebenjährigen Krieg einging. – Z. war nach Dohna und ab 1897 zur Parochie Kleinzschachwitz eingepfarrt. Um 1840 gingen die Kinder des oberen Teils von Z. nach Mügeln und die des unteren Teils nach Zschertnitz zur Schule. In den siebziger Jahren des 19. Jh. erhielt der Ort eine eigene Schule an der Wilhelm-Weitling-

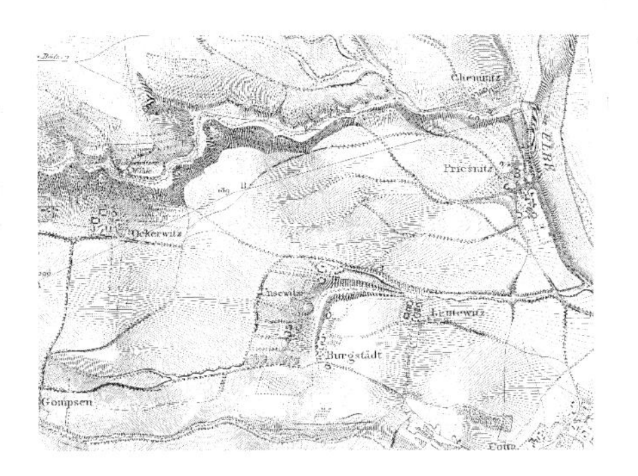

Straße 66. – 1672 wurde die Ziegelwiese am Brüchtichgraben und 1828 eine Ziegelei erwähnt. 1847 entstand eine neue Ziegelei, die erst in den vierziger Jahren unseres Jahrhunderts auf Grund der Abnahme der Lehmlager ihren Betrieb einstellte. Z. erlebte im Zuge der Industrialisierung im 19. Jh. keine solche Vergrößerung, wie z. B. Meußlitz; nur nach und nach erfolgte die weitere Bebauung von Meußlitz und Kleinzschachwitz her. In der Nähe der Elbe befinden sich das Luftbad Wostra und ein Campingplatz.

Zschonergrund: unter Landschaftsschutz stehendes linkselbisches Seitental am westl. Stadtrand. – Der Zschonergrundbach entspringt oberhalb der Gemeinde Zöllmen, passiert die Schulzenmühle, tritt an der Zschonergrundmühle (historische Mühlengebäude, Gastwirtschaft mit Mühlenmuseum) in das Stadtgebiet ein und bildet bei Briesnitz ein breites Wiesental. Hier wurde 1927 das Zschonergrundbad angelegt. Die frühere Ausflugsgaststätte «Weltemühle» dient industriellen Zwecken. Der Bach mündet in Kemnitz in die Elbe. Ein 125 m langer Stollen am rechten Talhang (als «Räuberhöhle» bezeichnet) erinnert an erfolglose Bergbauversuche der Jahre 1763/78.

«Zu den drei Linden»: ehemalige Gaststätte an der Bautzner Straße neben dem Holzhof. 1738 als erster Gasthof auf dem Neuen Anbau auf dem Sande errichtet, diente er vor allem als Ausspanne für Fuhrleute. Bei der Anlegung der Carlstraße (jetzt Lessingstraße) 1857 wurden die Gebäude wahrscheinlich abgerissen.

Zuchardt, Karl: Schriftsteller, geb. 10. 2. 1887 Leipzig, gest. 12. 11. 1968 Dresden. – Der in Leipzig als Lehrer ausgebildete Z. kam erst 1925 nach Dresden

und war zunächst als Studienrat tätig. Später schrieb er Komödien wie «Erbschaft aus Amerika» (1936) und «Die Prinzipalin» (1939), die mit großem Erfolg im Staatlichen Schauspielhaus aufgeführt wurden. Nach 1945 schrieb Z. das Zeitstück «Herrenmensch» sowie historische Romane. Eine seiner letzten Arbeiten war die historische Erzählung «Die Stunde der Wahrheit» (1965).

«Zum letzten Heller»: ehemaliger Gasthof an der Radeburger Straße, kurz vor der Autobahnauffahrt Dresden-Nord. 1637 hatte sich der kurfürstliche Oberforstmeister Hans Caspar KNOCH auf dem →Heller einen Weinberg angelegt und die Schankgerechtigkeit für das dazugehörige Haus erhalten, das 1688 als «Gasthof zum grünen Baum» eröffnet wurde. Der nächste Besitzer Dietrich von ERDMANNSDORF ließ Anfang des 18. Jh. einen Weinkeller (mit einem Barockportal) anlegen. Der bereits 1716 als «Hellerschänke» erwähnte Gasthof wurde später nach zwei Sagen von einem armen Wanderburschen bzw. AUGUST DEM STARKEN, die angeblich ihre Zeche nicht bezahlen konnten, «Zum letzten Heller» genannt. Im 18./19. Jh. war die mehrfach umgebaute Gaststätte ein beliebtes ländliches Ausflugs- und Vergnügungsziel der Dresdner. 1956 stellte man den Schank-

Zschoner Grund

Portal des ehemaligen Gasthofs «Zum letzten Heller»

betrieb ein und riß 1969/71 die baufälligen Gebäude ab. Das wertvolle Barockportal wurde 1973 als Zugang zum Weinrestaurant der →Sekundogenitur an der Stadtseite der Brühlschen Terrasse angebracht.

«Zum Weißen Hirsch»: ehemaliger Gasthof an der Bautzner Landstraße auf dem →Weißen Hirsch, der nach dem Gasthof benannt wurde. 1663 hatte der kurfürstliche Oberküchenmeister Georg Ernst von DÖLAU an der alten Bautzner Poststraße ein Weinberggrundstück erworben und ein Winzerhaus errichtet, für das er 1665 um Gast- und Schankprivilegien nachsuchte, welche er jedoch nicht erhielt, obwohl bereits 100 Jahre zuvor ein in der Nähe vorhandener «Schänkhübel» nachgewiesen war. Der nachfolgende Besitzer war der Hofkapellmeister und Schütz-Schüler Christoph →BERNHARD, der 1688 die Schank- und Gastierungskonzession bekam und Hans SCHURIG als ersten Pächter einsetzte. Nach ihrer Lage an der →Dresdner Heide erhielt die Schänke den Namen «Zum Weißen Hirsch», wurde aber umschreibend auch als «Schenkhaus an der Bühlauer Straße oberhalb Loschwitz» u. ä. bezeichnet. 1710/13 diente der Gasthof als Quarantänestation für Pestverdächtige und wurde als «Pesthaus» von anderen Gästen gemieden. Im Laufe des 18. Jh. entstand neben dem Gasthof ein Gutsbetrieb. Oberhalb der alten Schenke, die ein typisches Fachwerkbauernhaus mit geräumigem Hof und Stallungen sowie schönen Linden vor dem Eingang gewesen war (1799 abgebrannt), ließ 1755/56 der kurfürstliche Oberlandweinmeister Heinrich ROOS als Besitzer ein neues Gebäude für den Weißen Hirsch im Charakter eines Herrenhauses errichten (als Gebäudeteil im ehemaligen Kurhaus noch vorhanden). Während der Napoleonischen Kriege 1812/13 mehrfach in Mitleidenschaft gezogen, entwickelte sich der Weiße Hirsch nach 1815 zu einem Gasthof für die «feinere Welt» mit einem Konzertgarten auf der gegenüberliegenden Straßenseite. Dort wurde 1863 der dritte Gasthof gleichen Namens errichtet, der 1881 im Zug der Entwicklung des Ortes zum Kurbad in →Parkhotel umbenannt wurde.

«Die Zunft»: um 1906 gebildete und bis 1914 bestehende lose Vereinigung Dresdner Architekten, Bildhauer und Maler, die bestrebt waren, einheitlich wirkende, den Materialien entsprechende auf Zweckmäßigkeit ausgerichtete angewandte Kunst zu schaffen, wie sie vor allem an den Bauwerken von Hans →ERLWEIN, dem geistigen Mittelpunkt der «Zunft», zu erkennen ist.

Zürner, Adam Friedrich: Pfarrer und Kartograph, geb. 15. 8. 1679 Marieney/Vogtl., gest. 18. 12. 1742 Dresden. – Z. wirkte ab 1705 als Pfarrer in Skassa b. Großenhain und betrieb daneben kartographische Studien und Vermessungen, die bei Hofe bekannt wurden, so daß er 1713 den Auftrag erhielt, das gesamte Kurfürstentum Sachsen kartographisch aufzunehmen (2. sächsische Landesvermessung) und eine verbesserte Postkarte zu schaffen. 1721 zum «Land- und Grenzkommissarius» ernannt, gab Z. den Pfarrerberuf auf und zog nach Dresden. Hier wohnte er zuerst in der Moritzstraße, später in der Klostergasse Nr. 8 und ab 1728 im eigenen Haus in der Breitegasse (später Kasernenstraße 17). Er erhielt 1721 den kurfürstlichen Befehl, das gesamte Kurfürstentum Sachsen mit →Postmeilensäulen an den Post- und Landstraßen und vor den Toren der Städte auszustatten. Z. hat über 1000 Karten

Ehemaliges Gasthaus «Zum Weißen Hirsch». Aufn. A. Kotzsch
Zwinger. Langgalerien mit Kronentor und Zwingergraben
Portal zum Wallpavillon. Nach Pöppelmann

geschaffen und mit seinem Vermessungswagen ca. 18 000 Meilen (162 000 km) zurückgelegt. – Begraben auf dem Inneren Neustädter Friedhof.

Zwinger: zwischen Ostra-Allee und Theaterplatz gelegenes, 1709/32 entstandenes, berühmtestes Bauwerk Dresdens, das zum Sinnbild der Stadt geworden ist und dessen Kronentor das weltbekannte Symbol von Dresden darstellt.
Vier rechteckige und zwei runde, zweigeschossige, mit kupfergedeckten gebrochenen Dächern versehene Pavillons (Französischer Pavillon, Mathematisch-Physikalischer Salon, Zoologischer Pavillon, Deutscher Pavillon; Wallpavillon, Glockenspielpavillon) umrahmen in symmetrischer Anlage einen rechteckigen, mit Rasenflächen und Brunnenbecken geschmückten Hof von 107 m Breite und 116 bzw. 204 m Länge. Die Pavillons sind durch eingeschossige Bogengalerien und durch die auf der alten Festungsmauer stehende Langgalerie (unterbrochen durch das Kronentor) miteinander verbunden. Den nördlichen Abschluß des Zwingerhofs bildet die Gemäldegalerie Alte Meister. Die Höhe der Galerien beträgt 6 m, die Höhe der Pavillons 15,6 m, wobei der Wallpavillon mit 19,8 m Firsthöhe der höchste Bau ist. Halbkreisförmige zweiläufige Treppen führen zu den Terrassen, die den Pavillons vorgelagert sind. Die beschwingten Bauformen der Gebäude verschwinden fast unter der Fülle des bildhauerischen Schmuckes, und zu Recht gilt der Z. als «einzigartiges Beispiel einer nicht nur zeitweilig, sondern dauerhaft errichteten barocken Festarchitektur». Er sollte, wie auch die anderen Repräsentationsbauten dieser Zeit, das Machtstreben des absolutistischen Bauherrn versinnbildlichen und gleichzeitig den prächtigen Rahmen für die Darbietung des Reichtums und der wirtschaftlichen Stärke Sachsens bilden.
In der vollendeten Verschmelzung von Architektur und Plastik dokumentiert sich die Rolle →FRIEDRICH AUGUSTS I. als Bauherrn und das Zusammenspiel zwischen dem Architekten Matthäus Daniel →PÖPPELMANN und dem Bildhauer Balthasar →PERMOSER. Zur Zeit des Baubeginns am Zwinger war August der Starke Kurfürst von Sachsen, König von Polen und 1711 sogar Reichsvikar – augenfällig wird dies u. a. am Herkules Saxonicus auf dem Wallpavillon, den polnischen Adlern und der Königskrone auf dem Kronentor sowie den doppelköpfigen kaiserlichen Adlern auf den zwei zuerst entstandenen Pavillons. – Für die Außen- und Innengestaltung wurde ausnahmslos einheimisches Material verwendet (z. B. kalkhaltiger Sandstein von an der Elbe gelegenen Brüchen zwischen Königstein und Rathen), das z. T. in sächsischen Manufakturen veredelt worden war. Die im Barock so beliebten Wasserspiele finden zur Belebung der auch auf italienischen und Wiener Vorbildern beruhenden Zwingerarchitektur reiche Anwendung (z. B. Nymphenbad, 22 Brunnennischen in der Langgalerie, ehemaliger Grottensaal im Erdgeschoß des Mathematischen Salons). Das bildnerische Programm, bei dem sich kein Motiv wiederholt, ist vom inhaltlichen Gehalt der etwa 600 Figuren her nicht umfassend überliefert. Heitere Satyrn und Faune als Konsolenträger bestimmen die unteren Zonen des Bauwerks, vielgestaltige Putten schmücken den mittleren Bereich, während Götter und Helden direkt oder in Allegorien in der Höhe der Dächer der Verherrlichung Augusts des Starken dienen. Außer Permoser lassen sich dabei die Bildhauer Paul →HEERMANN, Johann Joachim KRETZSCHMAR (1677–1740), Benjamin →THOMAE, Johann Christian →KIRCHNER, Johann Matthäus OBERSCHALL (1688 bis 1755) und Paul →EGELL nachweisen. Während die äußeren Bauformen (Außenfronten ursprünglich weiß und Dächer blau angestrichen) trotz mehrfacher Vernichtung wiederhergestellt sind, ist die ehemalige kostbare Innenausstattung zum größten Teil zerstört. Dazu gehören die Deckengemälde und Seitenbilder von Louis de →SILVESTRE im Mathematischen Salon, die Deckengemälde im Marmorsaal des Französischen Pavillons von Heinrich Christoph FEHLING sowie das Deckengemälde im Kronentor.

Zwinger. Zwingerhof, Kronentor, Wallpavillon
Zwinger. Wallpavillon

Der Name «Zwinger» weist auf den Bauplatz hin, nämlich den im Festungsbau so bezeichneten Raum zwischen äußerer und innerer Festungsmauer der Stadtbefestigung, der seit 1576 an der «Scharfen Ecke» der Bastion Luna, am Wall, als Zier- und Nutzgarten zum Schloß gehörte. 1709 erhielt Pöppelmann den Auftrag, diesen Zwingergarten zu einer Orangerie umzugestalten, um eine Winterunterkunft für die kostbaren und empfindlichen südländischen Ziergehölze der kurfürstlichen Gärten zu schaffen. Nach 1711 wurden die Pläne erweitert zur Idee einer großartigen barocken Schloßanlage, die sich bis zur Elbe hinziehen sollte mit dem Z. als vorgelagertem separatem Festplatz. 1718/19 trieb man die Arbeiten am Z. besonders voran, um ihn anläßlich der Vermählungsfeierlichkeiten des sächsischen Kurprinzen nutzen zu können. Dabei wurde die Elbseite mit einem hölzernen Interimsbau abgeschlossen, der wieder abgebrochen werden sollte, um die ursprünglichen Pläne weiterzuführen. Diese wurden jedoch nicht mehr ausgeführt; der noch hin und wieder bis 1747 als Festzentrum dienende Z. wurde ab 1728 als Museumsbau genutzt, was er bis heute geblieben ist. Die Bauarbeiten wurden 1732 abgebrochen. In der nachbarocken Periode hatte man kein Verständnis mehr für die Architektur des Z., und er wurde nicht nur kunstgeschichtlich bedeutungslos. Erst ab Ende des 19. Jh. fand er mit der kunstgeschichtlichen Wiederentdeckung des Barocks in steigendem Maße die ihm gebührende Würdigung. In der Gegenwart wird der Z., der jährlich bis zu 2,5 Mill. Besucher zählt, seiner Doppelfunktion als Museumsstätte und als Festplatz für sommerliche Veranstaltungen wieder gerecht.

Geschichtliche Übersicht:

1709
Anläßlich der Festlichkeiten beim Besuch des dänischen Königs FRIEDRICH IV. Errichtung eines sechseckigen, hölzernen, mit Stuck überzogenen Amphitheaters mit langen Galerien und emporstrebenden Triumphbogen westlich vom Schloß zwischen Reithaus und Festungswall; Auftragserteilung durch August den Starken an Pöppelmann zum Bau der Orangerie royale de Dresde im Zwingergarten.

1710/12
Bau der westlichen Bogengalerie mit Konsolen vor den Fenstern zur Ausstellung der Orangenbäume.

1711
Eigentlicher Baubeginn am Z. als Festplatz gegen die Einwände der Militärs, die eine Beeinträchtigung der Verteidigungsfähigkeit durch die Einbeziehung der südlichen Festungsmauer befürchteten. Permoser beginnt mit seiner Arbeit an den Zwingerskulpturen. Beginn mit der Anlage des Nymphenbads; Abbruch des Reithauses.

1712/13
Rohbau des Französischen Pavillons (mit Marmorsaal) und des Mathematischen Pavillons (mit Grottensaal) als Festgebäude.

1713/16
Ausbau und Fertigstellung des Französischen Pavillons (mit Marmorsaal) und des Mathematischen Pavillons (mit Grottensaal) als Festgebäude.

1714
Abbruch des 1709 erbauten Amphitheaters.

1714/18
Bau des als zweigeschossiger Triumphbogen gestalteten *Kronentors* mit der Langgalerie.

1715
Planung des Wallpavillons; erste Nymphen im *Nymphenbad,* das als offener Architektursaal mit seiner großartigen bildhauerischen Gestaltung zu den bedeutendsten Teilen des Z. zählt. Bau der hölzernen Brücke über den Zwingergraben.

1716/19
Innenausstattung des Französischen Pavillons und des Mathematischen Salons; Rohbau des *Wallpavillons,* der mit seinem offenen Erdgeschoß und der im Inneren auf den ehemaligen Festungswall führenden zweiläufig Treppe den baukünstlerischen Höhepunkt des Z. bildet.

1717/23
Deckenmalereien von Louis de Silvestre und Heinrich Christian Fehling.

1718
Planung der stadtseitigen, östlichen Orangeriegebäude; Abschluß der Elbseite mit einem hölzernen Interimsbau.

1718/19
Bau des Zoologischen Pavillons mit dem Opernhaus und des Deutschen Pavillons mit dem →Redoutenhaus.

1719
Einweihung des Z. anläßlich der Vermählung des sächsischen Kurprinzen mit dem Reiterspiel der vier Elemente (15. September) und dem Jahrmarkt der Nationen (20. September), danach vorerst Einstellung der weiteren Bauarbeiten durch Pöppelmann, bis die durch den Bau verursachten Schulden von 21610 Talern beglichen wären.

1720/22
Pläne zur Unterbringung der kurfürstlichen Sammlungen im Z.

1722
Karnevalsfestlichkeiten im Zwingerhof; Abschluß der Elbseite durch eine Holzwand.

Langgalerie und Zwingergraben

1723
Schnepperschießen im Zwingerhof; erste ausführliche Beschreibung des Z. durch Johann Michael von →LOEN. – Wiederaufnahme der Bauarbeiten am Z., um ihn als Sammlungsgebäude zu nutzen.
1726
Lobpreisung des Z. als eines der sieben Weltwunder (?) durch Johann Christian →CRELL.
1728
Fertigstellung der östlichen Bogengalerien und des Glockenspielpavillons als Pendant zum Wallpavillon mit doppelläufiger Treppe auf der Stadtseite, wobei ein großer Teil des plastischen Schmucks noch fehlt. Einzug der kurfürstlichen Bibliothek (→Sächsische Landesbibliothek), der naturwissenschaftlichen Sammlungen, des →Münzkabinetts und des →Kupferstich-Kabinetts in den Z., der seitdem als *Palais Royale des Sciences* bezeichnet wurde. Karnevalsfestlichkeiten im Zwingerhof anläßlich des Besuches des preußischen Königs →FRIEDRICH WILHELM I. – Vernichtung eines großen Teils der Entwurfszeichnungen und Bauakten zum Z. beim Brand des Gouvernementshauses.
1729
Erscheinen des Kupferstichwerks über den Zwinger von Pöppelmann.
1732
Fertigstellung des Innenausbaues im Wallpavillon; danach Einstellung der Bautätigkeit am Z.
1733
Unterbringung der in der →Kunstkammer verbliebenen Bestände im Z.
1734
Aufstellung des holzgeschnitzten Modells des «Tempels Salomonis» im Obergeschoß des Wallpavillons.
1738
Festlichkeiten anläßlich der «Sizilianischen Hochzeit» der Prinzessin MARIA AMALIA.
1746
Der Mathematisch-Physikalische Salon wird im Obergeschoß des heute noch dafür bestimmten Pavillons eingerichtet. Bau des →Mingottischen Theaters im Zwingerhof, das 1748 abbrannte.
1747
Letztmalige Nutzung des Z. als höfischen Festplatz anläßlich der Vermählung der Prinzessin MARIA JOSEPHA mit dem Dauphin von Frankreich.
1759/60
Verwendung des Zwingerhofs als Holzstapelplatz und der Gebäude als Magazine.
1760
Zerstörung des Z. durch Belagerung und preußisches Bombardement.
1783/95
Erste Zwingerrestaurierung unter Camillo von →MARCOLINI durch Johann Daniel →SCHADE, dabei kleinere Umbauten der Gebäude nach musealen und klassizistischen Gesichtspunkten und teilweise Erneuerung und Ergänzung des noch fehlenden bildhauerischen Schmuckes.
1786
Auszug der Bibliothek und des Münzkabinetts ins →Japanische Palais.
1806/13
Beschädigung des Z. durch die Napoleonischen Kriege.
1812
Zuschüttung und Bepflanzung des Wallgrabens (→Entfestigung).
1820/30
Verschleifung der «Scharfen Ecke» der Bastion Luna; Anlage des Zwingerteiches und der Gartenanlagen mit Wasserbecken im Zwingerhof.
1826
Abbruch der stadtseitigen Freitreppe am Glockenspielpavillon.
1831
Unterbringung des Historischen Museums im westlichen Teil der Langgalerie (→Rüstkammer).
1837
Einbeziehung des Z. in den Forumplan von Gottfried →SEMPER.
1842
Anbringung der Normaluhr am Mittelfenster des Mathematischen Salons (jetzt am Glockenspielpavillon).
1843
Enthüllung des von Ernst →RIETSCHEL geschaffenen Denkmals König FRIEDRICH AUGUSTS I. im Zwingerhof.
1847/55
Abschluß der Elbseite durch den Museumsbau von Semper.
1849
Weitgehende Zerstörung der Ostseite des Z. mit dem alten Opernhaus durch Brand während der revolutionären Maikämpfe.
1852/63
Zweite Zwingerrestaurierung unter Karl Moritz →HAENEL, dabei Errichtung von Museumsanbauten an den Deutschen und Zoologischen Pavillon, Aufstellung einer Kopie der Herkulesstatue vom Wallpavillon auf dem Glockenspielpavillon und Anbringung eines Anstriches von Ölfirnisfarbe auf den äußeren Bauteilen, um den Verfall der Sandsteinfiguren aufzuhalten, was diesen jedoch beschleunigte.
1856
Umzug des Kupferstich-Kabinetts in den Galeriebau.
1880/98
Dritte Zwinger-Restaurierung unter Verwendung von Portlandzement und Ölfarbe, die als ungeeignete Mittel weitere Schäden verursachten, außerdem bauliche Eingriffe in die künstlerische Bausubstanz.
1893
Beginn der systematischen und wissenschaftlichen Erforschung des Z., vor allem durch Cornelius →GURLITT.
1897/98
Anschluß des Z. an das Fernheizwerk und an die städtische Schwemmkanalisation (zum Schutz vor Elbhochwasser, das bis dahin jährlich zur Durchfeuchtung der Grundmauern geführt hatte).
1898
Eingreifen der Kommission für die Erhaltung der Kunstdenkmäler zur grundsätzlichen Änderung der Restaurierungsmethoden am Z.
1910/15
Erste Sicherungsarbeiten, wobei man begann, die beschädigten Sandsteinteile

Plastik im Nymphenbad

durch originalgetreue Sandsteinkopien zu ersetzen und die Ölfarbenschicht mit einem speziellen Ablaugverfahren zu entfernen.
1924/36
Vierte, umfassende Restaurierung durch die von Oskar →KRAMER neugegründete Zwingerbauhütte unter Hubert →ERMISCH und Georg →WRBA zur technischen Rettung und künstlerischen Wiederherstellung des Z. Es wurden u. a. das verfallene Nymphenbad wiederhergestellt, die Terrassenflächen und Mauern mit Stahlbetonflächen gesichert und dabei ein Umgang um den gesamten Z. geschaffen, erstmals ein Meißner Porzellanglockenspiel am Eingangspavillon angebracht (mit 25 Glocken, seit 1963 40 Glocken) und die im 19. Jh. vorgenommenen baulichen Eingriffe zum größten Teil beseitigt. Die erforderlichen Mittel wurden u.a. aus den Zwingerlotterien des Heimatschutzes aufgebracht.
1926
Erstmalige Veranstaltung von Zwingerserenaden vor dem Wallpavillon.
1929
Umsetzung des Friedrich-August-Denkmals neben das Japanische Palais; Wiederherstellung der Gartenanlagen nach barocken Formen und des Zwingergrabens mit der hölzernen Brücke.
1941
Abschluß der Restaurierungsarbeiten in den künstlerisch wertvollen Innenräumen.
1945
Zerstörung des Z. bis auf die Grundmauern durch den Bombenangriff am 13./14. Februar.
1945/46
«Sofortmaßnahmen am Dresdner Zwinger» unter Verantwortung der Landesverwaltung Sachsen mit Unterstützung der Sowjetischen Militärverwaltung, Leitung Hubert ERMISCH, Max ZIMMERMANN (1881–1962) und Arthur FRENZEL (1899–1975). Die Bildhauerarbeiten leiteten Albert BRAUN (1899–1962) und Fritz SCHLESINGER.
1950
Wiederherstellung des Kronentors und der Langgalerie; erste Zwingerlotterie nach dem Zweiten Weltkrieg.
1951
Grabendurchstich bis zum Zwingerteich.
1952
Wiedereröffnung des ersten Ausstellungsraumes des Staatlichen Mathematisch-Physikalischen Salons und eines Teils der →Porzellansammlung (im Ostteil der Langgalerie).
1953
Erste Zwingerserenade nach dem Zweiten Weltkrieg (Kreuzchor).
1956
Wiedereröffnung der Gemäldegalerie Alte Meister.
1963
Erste Ausstellung des →Staatlichen Museums für Tierkunde in der südwestlichen Bogengalerie (jetzt im Westteil der Langgalerie).
1965
Abschluß des schrittweisen Wiederaufbaus der gesamten Zwingeranlage (ohne Wiederherstellung der barocken Wand- und Deckengemälde). Weiterhin ständige denkmalpflegerische Betreuung des Z.
1977/84
Rekonstruktion der Fenster und der Langgalerien.
1985/89
Restaurierung des Kronentors.
1991
Wiedergründung der Zwingerbauhütte, die bereits 1924/68 bestanden hatte.
1993
Schließung der Zwingerlotterie, die seit 1954 in städtischer Trägerschaft zum Wiederaufbau und zur Erhaltung des Z. beitragen sollte.

Zwingerstraße: Die bis 1945 existierende Z. war noch im 18. Jh. eine namenlose Gasse und führte vom Turmhaus zum →Jakobshospital. 1815 erhielt der gesamte Straßenzug von der →Ostra-Allee bis nach Poppitz den Namen →Annengasse. Ab 1840 wurde der nördliche Teil der Annengasse (seit 1858 Annenstraße) von dieser abgetrennt und als selbständige Gasse nach dem an ihrem nördlichen Ausgang liegenden →Zwinger mit dem Namen Z. belegt. Von 1571 bis 1873 befand sich am südlichen Ausgang der Z. der Schlachthof für Landfleischer. Der städtische Schlachthof lag 1474/1881 an der Ecke Z. und →Gerbergasse (Große Zwingerstraße/Theaterstraße). Im Revolutionsmai 1849 wurde die Z. durch Barrikaden an der Ostra-Allee und →Am See gesichert. Nachdem 1904 ein Teil der Kanalgasse in Kleine Zwingerstraße umbenannt wurde, erhielt im gleichen Jahr die Z. den Namen Große Zwingerstraße.

Zwintscher, Oskar: Maler, geb. 2. 5. 1870 Leipzig, gest. 11. 2. 1916 Loschwitz b. Dresden. – Der bedeutendste Vertreter des Jugendstils in der Dresdner Malerei, der auch künstlerisch hochwertige Bildnisse schuf, kam nach dem Studium in Leipzig und Dresden sowie Aufenthalten in München und Meißen 1903 als Lehrer an die Dresdner Kunstakademie, wo er 1904 zum Professor ernannt wurde. Er wohnte in Loschwitz, Plattleite 1b. – Grab mit Grabmal von Sascha SCHNEIDER auf dem Loschwitzer Friedhof; Gedächtnisausstellungen im Sächsischen Kunstverein (1916) und im Albertinum (1982).

Anhang

Zeittafel zur Stadtgeschichte
Zusammengestellt von Folke Stimmel.

1206
31.3. Erste urkundliche Nennung Dresdens.

1216
21.1. Erste urkundliche Bezeichnung Dresdens als Stadt («civitas»).

1234
Erste Erwähnung der Nikolaikirche (anläßlich des Anbaus der Kreuzkapelle).

nach 1250
Gründung des Bartholomäus-Hospitals.

1271
19.11. Ablösung des landesherrlichen Marktzolls.

1272
Erste Erwähnung des Franziskanerklosters.

1275
Erste Erwähnung der Elbbrücke (Zerstörung und Neubau).

1284
18.4. Verleihung des Rechts an die Stadt, eigene Willküren (Bestimmungen) zu erlassen.

vor 1286
Stiftung des Maternihospitals.

1292
Erste namentliche Nennung eines Bürgermeisters.

1295
Erste Erwähnung des späteren Rathauses als «Kaufhaus».

1300
6.4. Erste Erwähnung der Kreuzschule.

1303
Erste Erwähnung des Brückenamtes.

1308
Erste vollständige Liste des Rats (12 Mitglieder, 7 Geschworene).

1309
22.7. Ältestes Dresdner Stadtsiegel, aus dem im 16. Jh. das Stadtwappen hervorging.

1315
Bestätigung des (Magdeburger) Stadtrechts.

1329
6.1. Das Maternihospital kommt an den Dresdner Rat.

1342
11./12.3. Zerstörung der Elbbrücke durch Hochfluten und Eisgang.

1343
März. Weitere Zerstörung der Elbbrücke, danach Erneuerung mit steinernen Gewölben.

1345
Erste Handwerkerunruhen gegen das städtische Patriziat.

1348
November/Dezember. Fürstenzusammenkunft unter erstmaliger Anwesenheit eines deutschen Kaisers (Karl IV.) in Dresden.

1349/50
Große Pestepidemie in Dresden.

1349
24.2. Beginn der Judenverfolgung mit Verbrennung von Juden.

1350
Erste Erwähnung von Altendresden als selbständige Siedlung.

1351
Erweiterung und Umbau der Franziskanerkirche (der späteren Sophienkirche).

1352
26.12. Dresdner Weber verlangen größere Freiheiten in der Anfertigung von Stoffen.

1361
15.7. Verleihung des Salzmonopols an Dresden.
27.10. Gründung der Beutler- und Handschuhmacherinnung.

1362
Erste Erwähnung der Brotbänke.

1366
Erste Erwähnung der Frauenkirche.

um 1370
Erste Innungsordnung der Tuchmacher.

1380
7.9. Erste namentliche Nennung eines Stadtschreibers.

1388
Verlegung des Pfarrhauses von der Frauenkirche zur Kreuzkirche.
10.5. Neuweihe der umgebauten Kreuzkirche.

1396
Ältestes überliefertes Geschoßregister.

1403
21.12. Verleihung des Stadtrechts an Altendresden durch Markgraf Wilhelm I.

1404
24.10. Stiftung des Augustinerklosters in Altendresden.

1407
Bildung von Zunftverbänden der Schuster, Bäcker, Kürschner, Schneider und Schmiede.

1409
Peter von Dresden wird Kreuzschulrektor.

1412
28.1. Abtretung der niederen Gerichtsbarkeit und der Gerichtseinkünfte vom Landesfürsten an den Rat.

1421
Erste Erwähnung der Dreikönigskirche.

1429
13.10. Zerstörung Altendresdens und der Vorstädte durch die Hussiten.

1430
25.2. Erneute Vertreibung der Juden aus Dresden.

1434
14.10. Erster urkundlicher Nachweis über den Striezelmarkt.
24.11. Erste Mühlenordnung im Weißeritzgebiet.

1440
Erste Erwähnung des vom Rat veranstalteten «Pfingstschießens».

1446
Bildung der Bogenschützengesellschaft.

um 1450
Erste Feuerordnung.

1452
Erstmals Zigeuner in Dresden.

1453
Der Rat erwirbt die ehemalige Synagoge und richtet sie zum Gewandhaus ein.

1455
Erste Erwähnung des Jakobshospitals.
17.9. Dresden erhält das Niederlags- und Stapelrecht.

1465
Erste Erwähnung einer Schule in Altendresden (spätere Dreikönigsschule).

1467
12.6. Gründung der «Marien-Apotheke», der ersten Apotheke in Dresden.

1470/71
Beginn des Umbaus der mittelalterlichen Dresdner Burg zum gotischen Wohn- und Repräsentationsschloß.

1472
Beginn der Straßenpflasterung der Stadt.
18.12. Gründung der Leineweber-Innung.

1474
2.10. Erste historische Statistik über Dresdner Einwohner und deren Besitzstand.

1476
Anlage einer der ersten Wasserleitungen von der Dresdner Heide zum Augustinerkloster.

1481
28.12. Gründung der Schneiderinnung.

1484
24.5. Pachtweise Abtretung der höheren Gerichtsbarkeit an den Rat.

1485
26.8. Durch die Leipziger Teilung des wettinischen Gesamtbesitzes wird Dresden Residenz von Herzog Albrecht und damit ständige Haupt- und Residenzstadt der albertinischen Wettiner.

1491
15./16.6. Zerstörung Dresdens durch verheerenden Stadtbrand.
Herbst. Erlaß der ersten Dresdner Bauordnung durch Herzog Albrecht.

1493
Neubau der Kreuzschule.

1499
20.11. Weihe der nach dem Brand von 1491 wiederaufgebauten Kreuzkirche.

1500
Regierungsantritt von Herzog Georg (dem Bärtigen).

1507
Große Pestepidemie in Dresden.

1510
Anstellung des ersten Stadtphysikus.

1516
Mai. Erster Besuch Martin Luthers in Dresden.

1517
Neue Ratsverfassung (bis 1832 gültig).

1518
25.7. Predigt Luthers in der Schloßkapelle.

1520
Fertigstellung der ab 1511 erneuerten Elbbrücke. Beginn des Baus neuer Befestigungsanlagen um Dresden.

1524
Das erste in Dresden gedruckte Buch erscheint.
November. Erste Erwähnung eines größeren Hoffests in Dresden anläßlich der Vermählung der Tochter Magdalena des Herzogs Georg.

1527
Neubau des Altendresdner Rathauses.

1529
Abschluß der unter Herzog Georg vorgenommenen Befestigungsbauten (unter Einbeziehung der östlich gelegenen Frauenkirchsiedlung).

1535
Fertigstellung des Georgenbaus am Schloß.

1539
Regierungsantritt von Herzog Heinrich (dem Frommen).
Einführung der Reformation in Sachsen (danach Auflösung des Augustinerklosters und des Franziskanerklosters in Dresden).
6.7. Predigt des ersten ev. Superintendenten Johannes Cellarius in der Kreuzkirche.

1540
Große Pestepidemie in Dresden.

1541
Regierungsantritt von Herzog (ab 1547 Kurfürst) Moritz.
Verlegung der ersten Plauenschen Rohrwasserleitung von der Weißeritz zum Altmarkt.

1543
Neue Städtische Handwerksordnung.
Übernahme des säkularisierten Klostergutes durch die Räte von Dresden und Altendresden.

1546
Beginn der umfangreichen Befestigung Dresdens; Einwohnerzahl: 6500

1547
Beginn der Erweiterung des Residenzschlosses.
13.4. Eroberung und Plünderung Altendresdens durch Kurfürst Johann Friedrich im Schmalkaldischen Krieg. Danach wurden durch die Besatzung der Festung Dresden die östlichen und westlichen Vorstädte abgebrannt, um freies Schußfeld zu erreichen.
Mitte August. Philipp Melanchthon erstmals in Dresden.

1548
24.2. Verleihung der Kurwürde an Herzog Moritz (in Augsburg).
22.9. Unterzeichnung der «Hofcantorey-Ordnung» durch Kurfürst Moritz.

1549
29.3. Kurfürst Moritz verfügt die Einverleibung Altendresdens nach Dresden.

1550
Neue und genaue Weichbildfestlegung unter Einbeziehung von Fischersdorf, Poppitz und Neudorf; Setzung neuer Weichbildsteine.
18.8. Bildung des Leubnitzer Amtes aus den säkularisierten Ländereien des Klosters Altzella.

1553
Regierungsantritt von Kurfürst August.

um 1553
Erste Dresdner Stadtansicht.

1554
4.12. Anordnung über Reinhaltung und Pflasterung der Straßen.

1555
Errichtung des Moritzmonuments, des ältesten Denkmals in Dresden.

1556
Bau des neuen Münzhauses für die in Dresden vereinheitlichte Landesmünzstätte.
Gründung der kurfürstlichen Bibliothek (spätere Sächsische Landesbibliothek).

1559
4.3. Erste allgemeine städtische «Statuten» (Ortsgesetz).

1560
Gründung der Kunstkammer.

1563
Fertigstellung des Zeughauses (später Albertinum).
1568 Auflösung des Dorfes Ostra durch Kurfürst August und Anlage des Ostra-Vorwerkes sowie des Dorfes Neu-Ostra (bei Leubnitz).
Anlage des Jägerhofes in Altendresden.
21.6. Grundsteinlegung für das erste Stadtkrankenhaus.

1570
27.2. Neue große Markt- und Polizeiordnung.

1574
Beginn der staatlichen Postorganisation; erste Bestallung eines Postmeisters.

1575
20.2. Einweihung des Johannisfriedhofs.
April. Aufwendiges Hoffest anläßlich des Besuchs des Kaisers Maximilian II. und anderer Fürsten in Dresden.

1576
Gründung der ersten sächsischen Pulvermühle in Dresden.

1577
Erstmalige Veranstaltung der Vogelwiese auf der Wiese vor dem Ziegelschlag.

1578
26.7. Einweihung der Annenkirche.

1579
Gründung der Annenschule.

1580
Verlegung des Konsistoriums (späteres Oberkonsistorium) von Meißen nach Dresden

1581
7.5. Gründung der Hofapotheke.

1583
31.5. Gründung der Tischlerinnung.

1586
Regierungsantritt von Kurfürst Christian I.
6.6. Grundsteinlegung für den Stallhofkomplex.
27.6. Privileg der Scheibenschützengesellschaft.

1589
Endgültige Vierteleinteilung in der Festung Dresden.

1590
Baubeginn am Belvedere auf der Jungfernbastei.

1590/91
Erste Vermessung aller Plätze in Dresden.

1591
Anlage des Herzogin-Gartens.
Bau des prächtigen Pirnaischen Tores.

1592
Fertigstellung des Gewandhauses am Neumarkt.

1601
Regierungsantritt von Kurfürst Christian II.
9.10. Hinrichtung des kursächsischen Kanzlers Krell auf dem Jüdenhof.

1602
24.6. Einweihung der ehemaligen Kirche des Franziskanerklosters als ev. Sophienkirche.

1603
Einwohnerzahl: 14793.

1607
Juni/Dez. Große Pestepidemie in Dresden.

1611
Regierungsantritt von Kurfürst Johann Georg I.

1615
Heinrich Schütz nach Dresden berufen.

1617
August. Großes Hoffest anläßlich des Besuchs des Kaisers Matthias und anderer Fürsten in Dresden.

1618
23.5. Beginn des Dreißigjährigen Krieges (Prager Fenstersturz).

1623
Die ersten böhmischen Exulanten werden in Dresden aufgenommen.

1631/34
Große Pestepidemie in Dresden.

1631
Angriff kaiserlicher Reiter auf Altendresden.

1632
Baubeginn an den Altendresdner Befestigungsanlagen.

1643
Große Hungersnot in Dresden.
Gründung der Dresdner Kaufmannschaft.

1652
Hoffest anläßlich des Besuchs des Kurfürsten Friedrich Wilhelm von Brandenburg.

1655
5./7.2. Großes Elbehochwasser.

1656
Regierungsantritt von Kurfürst Johann Georg II.

Wolf Caspar von Klengel wird Oberlandbaumeister.

1659
3.4. Neufassung der Ortsstatuten.

1667
21.7. Einweihung des Komödienhauses.

1669
Fertigstellung des Ballhauses.

1670
Gründung der Vorstadt Ostra (spätere Friedrichstadt).

1672
6.11. Tod von Heinrich Schütz.

1674
Gründung der ersten sächsischen Seidenmanufaktur von J. D. Crafft in Dresden.

1676
Beginn mit der Anlage des Großen Gartens.

1678
Februar. Großes Hoffest anläßlich der Zusammenkunft des Kurfürsten mit den Herrschern der albertinischen Sekundogeniturfürstentümer.

1679
Erste bedeutende Dresdner Stadtchronik von Anton Weck.

1680
Regierungsantritt von Kurfürst Johann Georg III.
Letzte Große Pestepidemie in Dresden.
Anlegung des Eliasfriedhofs.
Gründung der ersten Zeichen- und Malschule in Dresden.

1683
Fertigstellung des Palais im Großen Garten.

1685
6.8. Zerstörung fast ganz Altendresdens durch verheerenden Stadtbrand.

1686
Matthäus Daniel Pöppelmann erhält eine feste Anstellung im Dresdner Bauamt.

1689
Balthasar Permoser kommt als Hofbildhauer nach Dresden.
Fertigstellung des ersten Dresdner Waisenhauses.

1691
Regierungsantritt von Kurfürst Johann Georg IV.

1693
Johann Melchior Dinglinger wird in die Dresdner Goldschmiedeinnung aufgenommen.
Januar/Februar. Großes Hoffest anläßlich der Verleihung des englischen Hosenbandordens an Johann Georg IV.

1694
Regierungsantritt von Kurfürst Friedrich August I. (August der Starke).

1695
Februar. «Götteraufzug» zum Karneval, erstes großes Hoffest von August dem Starken.

1697
Ernennung von Anton Egon von Fürstenberg zum Statthalter während der Abwesenheit des Kurfürsten.
Neuordnung der Hofkapelle in die «Churfürstlich Sächs. Capell- und Cammer Musique» sowie die «Protestantische Hofkirchenmusik».
5.9. Krönung von Friedrich August I. zu August II. König von Polen in Krakau.

1698
1./4.6. Erster Besuch des russischen Zaren Peter I. in Dresden.

1699
Einwohnerzahl: 21 300.

1700
1.3. Einführung des Gregorianischen Kalenders in Kursachsen.

1701
25.3. Brand des Residenzschlosses.

1705
Gründung der ersten Sänftenträgeranstalt (Chaisenträger).
10.11. Erste Straßenbeleuchtung durch eine Laterne in der Schloßstraße.

1707
Abbruch des Altstädter Rathauses.
6.9. Der schwedische König Karl XII. erscheint zu einem Überraschungsbesuch während des Nordischen Krieges in Dresden.

1708
Gründung der ersten sächsischen Fayencefabrik durch Johann Friedrich Böttger in Dresden.
15.1. Ein Laborprotokoll bezeugt die Herstellung des ersten europäischen Hartporzellans in der Dresdner Jungfernbastei durch Böttger.

1709
Mai/Juni. Große Hoffestlichkeiten anläßlich des Besuchs des Königs Friedrich IV. von Dänemark.

1710
Baubeginn am Zwinger.

1711
Fertigstellung des Taschenbergpalais.

1714
Das «Diarium Dresdense», die älteste Dresdner Zeitung, erscheint zum ersten Mal.

1715
Bau des Holländischen Palais (später Japanisches Palais).
Herbst. Johann Sebastian Bach kommt anläßlich eines musikalischen Wettstreits zum ersten Mal nach Dresden.

1718
Ernennung von Christoph August von Wackerbarth zum Gouverneur von Dresden.

1719/20
Teuerung und Hungersnot nach Mißernte sowie Getreideausfuhrverbot aus Böhmen und Schlesien.
Fertigstellung des Opernhauses und des Redoutenhauses am Zwinger.
2./30.9. Größtes Dresdner Hoffest anläßlich der Vermählung des Kurprinzen Friedrich August mit Maria Josepha von Österreich.

1720
Auflösung der italienischen Oper.
Anlage des Alten Katholischen Friedhofs.

Erlaß des Wackerbarthschen Bau-
regelements.
Baubeginn am Schloß Pillnitz.
Beginn der Reorganisation der Kunstsammlungen.

1725
Neugründung der italienischen Oper.
Juni. Pillnitzer Festwochen anläßlich der Vermählung einer Tochter Augusts des Starken und der Gräfin Cosel.

1726
26.8. Grundsteinlegung für die neue Frauenkirche.

1728
Bildung des «Palais Royal des Sciences» im Zwinger (heute Staatliche Wissenschaftliche Museen).
Januar/Februar. Besuch des Königs Friedrich Wilhelm I. von Preußen und seines Sohnes Friedrich in Dresden.

1730
1.9. Der «Dresdner Anzeiger» erscheint zum ersten Mal.

1731
Fertigstellung der von Pöppelmann entworfenen neuen Elbbrücke.
Abbruch der nach 1685 wiederaufgebauten Dreikönigskirche.
Anlage des Inneren Neustädter Friedhofs.

1732
Durch kurfürstliches Patent wird Altendresden in «Neue Stadt bey Dresden» umbenannt, woraus die Bezeichnung «Neustadt» entstand.
3.8. Grundsteinlegung für das Blockhaus.

1733
Heinrich von Brühl wird Kabinettsminister, Kammerpräsident und Inspektor sämtlicher Kassen.
Fertigstellung des Japanischen Palais.
1.2. Tod von August dem Starken, danach Regierungsantritt von Kurfürst Friedrich August II. (zugleich August III. von Polen).
22.6. Friedemann Bach wird Organist in der Sophienkirche.
Dezember. Johann Adolf Hasse wird Hofkapellmeister.

1734
28.2. Weihe der (noch unvollendeten) Frauenkirche.

1736
17.1. Tod von Pöppelmann.
26.11. Enthüllung des «Goldenen Reiters» auf dem Neustädter Markt.
1.12. Bach gibt auf der kurz zuvor geweihten Silbermann-Orgel in der Frauenkirche ein beeindruckendes Konzert.

1737
Schließung der Schloßkapelle und Verlegung des ev. Hofgottesdienstes in die Sophienkirche.

1738
Brühl wird Kabinettsminister für innere, auswärtige und Militärangelegenheiten.
15.3. Tod von George Bähr.

1739
Beginn mit den von Johann Christoph Knöffel entworfenen Bauten und der Gartenanlage für Brühl auf dem elbseitigen Festungsabschnitt (Brühlsche Terrasse).
28.7. Grundsteinlegung für die Katholische Hofkirche.
29.9. Weihe der neuen Dreikönigskirche.

1740
Brühl übernimmt den Vorsitz in allen wichtigen Zentralbehörden.

1741
Grundsteinlegung für das zweite Altstädter Rathaus am Altmarkt.

1743
Vollendung der Frauenkirche.
Gründung des Ehrlichschen Gestifts.

1745
1.7. Einweihung des zweiten Altstädter Rathauses.
15.12. Schlacht bei Kesselsdorf, danach Besetzung Dresdens durch die Preußen (bis 25.12.).
25.12. Abschluß des Friedensvertrages in Dresden zwischen Sachsen, Österreich und Preußen zur Beendigung des zweiten Schlesischen Kriegs.

1746
Fertigstellung des umgebauten Stallgebäudes zur Gemäldegalerie.
Ankauf berühmter Gemälde aus der Sammlung des Herzogs von Modena.
Errichtung des Neptunbrunnens im Garten des Palais Brühl (Friedrichstadt).

1747
Juni/Juli. Feierlichkeiten anläßlich der Doppelhochzeit des sächsischen Kurprinzen Friedrich Christian und seiner Schwester Maria Anna.
Juli. Bernardo Bellotto (genannt Canaletto) kommt nach Dresden.
22.9. Zerstörung des Belvederes durch Explosion eines Pulvermagazins.

1748
18.11. Eröffnung des Collegium medico-chirurgicum.

1751
Anlage des ersten jüdischen Friedhofs.
Fertigstellung des zweiten Belvederes auf der Venusbastion.
29.6. Weihe der (noch unvollendeten) Katholischen Hofkirche.

1754
Fertigstellung der Katholischen Hofkirche.
Fertigstellung des neuen Rathauses in der Neustadt.
Die «Sixtinische Madonna», das berühmteste Bild der Gemäldegalerie, trifft ein.

1755
Einzug der Neustädter Hauptwache ins fertiggestellte Blockhaus.
Fertigstellung des Morettischen Theaters.
Einwohnerzahl: etwa 63 000.

1756
29.8. Beginn des Siebenjährigen Krieges mit dem Überfall von Friedrich II. von Preußen auf Sachsen.
9.9. Besetzung Dresdens durch Preußen.

1758
10.11. Zerstörung der Pirnaischen Vorstadt durch die preußische Besatzung.

1759
30.8. Zerstörung der Wilsdruffer Vorstadt durch die preußische Besatzung.
8.9. Räumung Dresdens durch die Preußen und Besetzung durch die Österreicher.

1760
13./30.7. Belagerung und Beschießung Dresdens durch die preußischen Truppen.

1763
5.10. Tod von Friedrich August II., Regierungsantritt von Kurfürst Friedrich Christian (gest. 17.12.1763).

1764
Fertigstellung des Coselpalais.
Gründung eines Mineralwasserbades an der Prießnitzmündung (späteres Linckesches Bad).
6.2. Gründung der Dresdner Kunstakademie (heute Hochschule für Bildende Künste).

1768
Regierungsantritt von Kurfürst Friedrich August III.
Erster Besuch Goethes in Dresden.

1769
8.10. Weihe der nach der Zerstörung 1760 neu erbauten Annenkirche.

1770
Fertigstellung des neuen Gewandhauses an der heutigen Ringstraße.

1771/72
Teuerung und Hungersnot nach Mißernten.

1772
Gründung einer Armenschule durch die Freimaurerloge «Zu den drei Schwertern» (späteres Freimaurerinstitut).
Einwohnerzahl: etwa 44 000.

1774
Gründung der Tierarzneischule (spätere Tierärztliche Hochschule).

1775
Erste öffentliche Ausstellung der Kunstakademie.

1776
Fertigstellung des Landhauses.
22.5. Eröffnung des Theaters auf dem Linckeschen Bad.

1783
Mai. Christian Gottfried Körner zieht nach Dresden. Sein Salon wird in der Folgezeit zum bedeutendsten gesellschaftlichen Mittelpunkt Dresdens.

1785
11.9. Friedrich Schiller trifft zu seinem ersten Aufenthalt in Dresden ein.

1786
Einzug der kurfürstlichen Bibliothek ins Japanische Palais.
21./24.2. Brand des Palais Vitzthum-Rutowski.

1787
Gründung des ersten sächsischen Lehrerseminars in der Friedrichstadt.

1789
12./18.4. Aufenthalt Mozarts in Dresden.

1791
27.8. Pillnitzer Deklaration (Erklärung Österreichs und Preußens über die Absicht der militärischen Intervention gegen die Revolution in Frankreich.

1792
22.11. Weihe der nach der Zerstörung 1760 wieder aufgebauten Kreuzkirche.

1794
26./29.7. Streikaktion von rund 3000 Gesellen aus etwa 20 Gewerken (Gesellenaufstand).

1796
23.4.–1./2.5. Aufenthalt Beethovens in Dresden.

1798
Oktober. Caspar David Friedrich läßt sich in Dresden nieder.

1803
August/September. Aufenthalt Johann Gottfried Herders in Dresden.

1806
11.12. Erhebung von Kurfürst Friedrich August III. zum König Friedrich August I.

1807
5.3. Gründung der Dreyssigschen Singakademie.
17./22.7. Erster Aufenthalt Napoleons in Dresden.
September. Heinrich von Kleist trifft zu seinem vierten, längeren Aufenthalt in Dresden ein.

1809
2.1. Eröffnung von Flemmings Blindenanstalt.
20.11. Beginn der Abtragung der Dresdner Stadtbefestigung (Entfestigung).

1812
Gottlob Friedrich Thormeyer wird Hofbaumeister.

1813
28. und 30.6. Verhandlungen Napoleons mit Metternich im Marcolini-Palais.
26./27.8. Schlacht bei Dresden (Völkerschlacht bei Leipzig 16./19.10.1813).
22.10. Einsetzung des russischen Fürsten Repnin-Wolkonski als Generalgouverneur für Sachsen.
17.11. Einzug der Verbündeten in Dresden.

1814
Anlage des Trinitatisfriedhofs.
Anlage der Freitreppe vom Schloßplatz zur Brühlschen Terrasse.
November. Carl Gustav Carus läßt sich in Dresden nieder.

1815
17.10. Gründung der Chirurgisch-medizinischen Akademie.

1816
25.12. Carl Maria von Weber wird Operndirektor in Dresden.

1817
Die «Abendzeitung» erscheint zum ersten Mal.
Gründung der Calberlaschen Zuckersiederei.

1818
Anlage des Botanischen Gartens am Zeughausplatz.

1819
Ludwig Tieck nimmt seinen Wohnsitz in Dresden.

1820
Gründung der Struveschen Mineralwasseranstalt.

1824
Gründung des Sächsischen Altertumsvereins.
Gründung der Blochmannschen Erziehungsanstalt.
Erste sächsische Gewerbeausstellung im Palais Brühl.
Installierung der ersten Dampfkraftanlage in Dresden (in der Neustädter Furnierfabrik Schaft).

1825
Einrichtung von Eilposten und Anbringung des ersten Briefkastens am Hofpostamt in der Landhausstraße.

1827
Regierungsantritt von König Anton.

1828
Erste Dresdner Gartenbau-Ausstellung.
Gründung des Vitzthumschen Gymnasiums.
Errichtung der Blochmannschen Gasanstalt auf dem Zwingerwall.
23.4. Erste öffentliche Straßenbeleuchtung mit Gaskandelabern auf dem Theaterplatz.
28.4. Gründung des Sächsischen Kunstvereins zu Dresden.
1.5. Gründung der Technischen Bildungsanstalt.

1830
Abschluß der Entfestigung Dresdens.
9.9. Demonstration von Handwerksgesellen für bürgerliche Freiheiten und Sturm auf das Rathaus sowie das Polizeihaus.

1831
Staatsreform in Sachsen, Übergang zur konstitutionellen Monarchie.

1832
2.2. Erlaß der Allgemeinen Städteordnung, womit die mittelalterliche Ratsverfassung aufgehoben wurde.
1.12. Ernst Rietschel wird Professor an der Dresdner Kunstakademie.

1834
Gründung des Gewerbevereins zu Dresden.
30.9. Gottfried Semper nimmt seinen Wohnsitz in Dresden.

1835
Eingemeindung von Antonstadt, Friedrichstadt und der Leipziger Vorstadt.

1836
Regierungsantritt von König Friedrich August II.
Gründung der Waldschlößchen-Brauerei.
8.7. Gründung der Sächsisch-Böhmischen Dampfschiffahrts-Gesellschaft.
1.11. Ludwig Richter wird Professor an der Dresdner Kunstakademie.

1837
Wahl der ersten Stadtverordnetenversammlung in Dresden.
6.6. Erste Fahrt des ersten in Dresden gebauten Personendampfers «Königin Maria».

1838
Errichtung der Synagoge.
Eröffnung der ersten regelmäßigen Dresdner Pferdeomnibuslinie.

1839
3.1. Gründung der Dresdner Liedertafel.
8.4. Eröffnung der Dresden-Leipziger Eisenbahn, der ersten deutschen Ferneisenbahn.

1841
12.4. Einweihung des ersten von Semper erbauten Hoftheaters am Theaterplatz.

1842
12.4. Richard Wagner nimmt seinen Wohnsitz in Dresden.

1843
10./24.5. Erster Besuch von Karl Marx in Dresden.

1844
14.5. Eröffnung des Droschkenbetriebs durch einen Fiakerverein.
19.5. Eröffnung der Diakonissenanstalt.
12.12. Robert Schumann nimmt seinen Wohnsitz in Dresden.
14.12. Nach Überführung aus London werden die sterblichen Überreste von C.M.v.Weber auf dem Alten Katholischen Friedhof beigesetzt.

1845
Eröffnung der Sächsisch-Schlesischen Eisenbahn.
31.3. Elbehochwasser mit bisher höchstem Pegelstand, dabei Zerstörung des Brückenpfeilers mit dem Kruzifix.

1846
5.4. Berühmte Aufführung von Beethovens IX. Sinfonie unter Wagner.
15.7. Übergabe des Cholerabrunnens.

1848
Anlegung des Alten Annenfriedhofs in Dresden-Plauen.
1.8. Eröffnung der Sächsisch-Böhmischen Eisenbahn (bis Pirna).

1849
Einwohnerzahl: 94 000.
3./9.5. Dresdner Maiaufstand, einer der Höhepunkte der Revolution 1848/49.
27.11. Eröffnung des Krankenhauses Friedrichstadt.

1851
Anlage der Prager Straße.
6./7.4. Eröffnung der Sächsisch-Böhmischen Eisenbahn (zweiter Abschnitt bis Bodenbach).

1852
19.4. Einweihung der Marienbrücke.
17.9. «Neuberin-Fest» Dresdner Kunstfreunde.

1853
Der Bürgermeister Wilhelm Pfotenhauer erhält als erster den Titel Oberbürgermeister.

1854
Regierungsantritt von König Johann.
Gründung der Steingutfabrik Villeroy & Boch.
Gründung des Kaufhauses «Renner».
Fertigstellung von Schloß Albrechtsberg.
24.5. Gründung des Tonkünstlervereins zu Dresden.

1855
Fertigstellung des Museumsgebäudes am Theaterplatz.

1858
Einführung regelmäßiger Abonnementskonzerte der Hofkapelle.

1861
Beginn der Elbe-Stromkorrektur.
Gründung des ersten Dresdner Arbeiterbildungsvereins.
9.5. Eröffnung des Zoologischen Gartens.

1862
Fertigstellung des ersten Generalbebauungsplanes für Dresden.
Gründung der ersten dt. Zigarettenfabrik «Compagnie Laferme» in Dresden.

1864
Gründung des Bankhauses Arnhold.
Fertigstellung des Böhmischen Bahnhofs.
30.9. Schließung der Chirurgisch-medizinischen Akademie.

1865
22./25.7. Erstes Deutsches Sängerbundesfest in Dresden.

1866
Eingemeindung von Neudorf.
Einweihung des neuen Gebäudes der Kreuzschule am Georgsplatz.

1867
1. 7. Eröffnung des Fridabades auf dem Weißen Hirsch (später Lahmanns Sanatorium).

1868
Gründung des Dresdner Lehrervereins.
Gründung der städtischen Berufsfeuerwehr.
Beginn mit dem Bau einer modernen Schwemmkanalisation.
Weihe der umgebauten Sophienkirche.

1869
Fertigstellung der Bürgerwiese, der ersten städtischen Parkanlage.
10. 6. Gründung des Vereins für Geschichte und Topographie Dresdens und seiner Umgebung.
29. 9. Brand des Opernhauses.

1870
Gründung der Nähmaschinenfabrik Seidel & Naumann.
Eröffnung des Gewerbehauses in der Ostra-Allee.

1871
Gründung des «Dresdner Volksboten», des ersten sozialdemokratischen Presseorgans in Dresden.
Einwohnerzahl: 177 089.
12./15. 8. 2. Kongreß der Sozialdemokratischen Arbeiterpartei in Dresden.

1872
Gründung der «Dresdner Bank».
Ernst von Schuch wird an die Dresdner Oper verpflichtet.
26. 9. Beginn des schienengebundenen öffentlichen Nahverkehrs mit der Eröffnung der ersten Dresdner Pferdestraßenbahnlinie.

1873
Regierungsantritt von König Albert.
Fertigstellung des Albert-Theaters.

1874
Bildung des Zoologischen und Anthropologisch-Ethnographischen Museums (seit 1945 Staatliches Museum für Tierkunde sowie Staatliches Museum für Völkerkunde).
5. 6. Weihe der Russisch-Orthodoxen Kirche.

1875
Gründung der Königlich-Sächsischen Kunstgewerbeschule (später Staatliche Akademie für Kunstgewerbe).

1876
Gründung des Museums für Kunstgewerbe.
Fertigstellung des Fürstenzuges an der Augustusstraße.

1877
Alfred Stübel wird Oberbürgermeister.
Fertigstellung des Johanneums (umgebautes ehemaliges Stallgebäude).
19. 11. Einweihung der Albertbrücke.

1878
Fertigstellung des Oberpostdirektionsgebäudes am Postplatz.
2. 2. Einweihung des zweiten Semperschen Opernhauses am Theaterplatz.
5. 2. Ortsgesetz zur Festlegung von Fabrikbezirken in Dresden.

1881
1. 3. Eröffnung der Gasanstalt Reick.
16. 5. Einweihung des Johannisfriedhofs Tolkewitz.

1883
Beginn des umfassenden Umbaus des Residenzschlosses.

1884
September. August Bebel nimmt seinen Wohnsitz im Vorort Plauen.

1886
Durchbruch der König-Johann-Straße.

1887
Fertigstellung des Albertinums (umgebautes ehemaliges Zeughaus).

1888
Gründung des Chemischen Laboratoriums Lingner & Kraft (spätere Lingner-Werke).

1889
Gründung der Dresdner Fotoindustrie durch Johann Heinrich Ernemann.
15./19. 6. Festlichkeiten zum 800jährigen Wettin-Jubiläum.

1890
Umwandlung des Polytechnikums zur Technischen Hochschule.
1. 5. Erstmals wird in Dresden der internationale Kampftag der Arbeiterklasse für den Achtstundentag begangen.

1892
Eingemeindung von Strehlen und Striesen.

1893
Gründung des Dresdner Gewerkschaftskartells, das alle freien Gewerkschaften zusammenfaßte.
Die SPD gewinnt in Dresden bei den Reichstagswahlen 46 Prozent aller gültigen Stimmen (Reichsdurchschnitt 23 Prozent).
1. 4. Eröffnung des neuen Botanischen Gartens an der Stübelallee.
6. 7. Eröffnung der ersten elektrischen Straßenbahnlinie in der Stadt.
15. 7. Einweihung der Loschwitzer Elbbrücke («Blaues Wunder»).

1894
Fertigstellung des Rangierbahnhofs Friedrichstadt.
Fertigstellung des Finanzministeriums am Neustädter Elbufer.
Fertigstellung des Kunstakademie-Gebäudes und des Ausstellungsgebäudes des Sächsischen Kunstvereins an der Brühlschen Terrasse.

1895
Otto Beutler wird Oberbürgermeister.
Fertigstellung des König-Albert-Hafens.
6. 7. Einweihung der Königin-Carola-Brücke.
26. 10. Eröffnung der Standseilbahn in Loschwitz/Weißer Hirsch.
28. 11. Inbetriebnahme des ersten städtischen Elektrizitätswerkes.
15. 12. Erste elektrische Straßenbeleuchtung auf der Schloß- und auf der Seestraße.

1896
Eröffnung des Ausstellungspalastes mit der großen «Ausstellung des Sächsischen Handwerks und Kunstgewerbes».

1897
Eingemeindung von Pieschen, Trachenberge, Wilder Mann und der Hellerberge.
16. 2. Brand der Kreuzkirche.
16. 4. Eröffnung des Hauptbahnhofs.
1. 10. Eröffnung des Wettiner Bahnhofs (heute Bahnhof Mitte).

1899
Eingemeindung des Albertparkes.

1900
Einwohnerzahl: 396 146.
15. 2. Inbetriebnahme des ersten

kombinierten Fernheiz- und Elektrizitätswerkes an der Großen Packhofstraße.
9.9. Weihe der wiederaufgebauten Kreuzkirche.

1901
Eingemeindung von Gruna.
1.3. Eröffnung des Neustädter Bahnhofs.
6.5. Eröffnung der Schwebeseilbahn in Loschwitz.
2.12. Eröffnung des Krankenhauses Johannstadt.

1902
Regierungsantritt von König Georg.
Eingemeindung von Räcknitz, Seidnitz und Zschertnitz.
7.6. Einweihung des Dresdner Volkshauses.

1903
Eingemeindung von Cotta, Kaditz, Löbtau, Mickten, Naußlitz, Plauen, Trachau, Übigau und Wölfnitz.
13./20.9. Parteitag der SPD in Dresden (im Trianonsaal).

1904
Regierungsantritt von König Friedrich August III.
Fertigstellung des Gesamtministeriums am Neustädter Elbufer.
Erste Filmvorführungen im Viktoriasaal an der Waisenhausstraße.
17.11. Hans Erlwein wird Stadtbaurat.

1905
Fertigstellung der Christuskirche Strehlen.
Einwohnerzahl: 517 000.
Mai. Streik von 3000 Zigarettenarbeiterinnen.
29.5. Grundsteinlegung für das Neue Rathaus.
7.6. Gründung der Künstlergemeinschaft «Brücke».
Oktober/November. Wahlrechtskundgebungen der Dresdner Arbeiter.
3.12. Massenkundgebung in Dresden gegen das Dreiklassenwahlrecht.
22.12. Erlaß der letzten großen Bauordnung für Dresden, die entscheidend die Entwicklung zur modernen Großstadt beeinflußte.

1907
Fertigstellung des neuen Gebäudekomplexes für das Kunstgewerbemuseum und die Kunstgewerbeschule an der Eliasstraße.
Gründung der Leo-Werke.
Fertigstellung des Landtagsgebäudes.

1908
Gründung von Hellerau, der ersten deutschen Gartenstadt.
14.7. Gründung des Landesvereins Sächsischer Heimatschutz in Dresden.
1.11. Massendemonstration Dresdner Arbeiter auf der Radrennbahn für ein allgemeines und gleiches Wahlrecht.

1909
2.8. Brand der Vogelwiese.

1910
Fertigstellung der neu erbauten Friedrich-August-Brücke.
30.3. Einweihung des neuen Schlacht- und Viehhofs.
1.10. Einweihung des Neuen Rathauses.

1911
26.1. Uraufführung des «Rosenkavaliers» von Richard Strauss an der Dresdner Oper.
Mai/Oktober. Internationale Hygiene-Ausstellung in Dresden.

1912
Eingemeindung von Tolkewitz.
22.12. Einweihung des Zirkus Sarrasani.

1913
Eingemeindung von Reick.
Fertigstellung des Schauspielhauses.
6.9. Eröffnung des Landesmuseums für Sächsische Volkskunst (heute Museum für Sächsische Volkskunst).
26.10. Einweihung des Flugplatzes Kaditz.

1914
1.4. Eröffnung der ersten Kraftomnibuslinie durch die Städtische Straßenbahn.
1.8. Ausbruch des Ersten Weltkrieges.

1915
Bernhard Blüher wird Oberbürgermeister.

1918
8.11. Massendemonstration von Arbeitern und Soldaten in Dresden.
10.11. Bildung des Vereinigten Revolutionären Arbeiter- und Soldatenrates von Groß-Dresden im Zirkus Sarrasani und Hissen der roten Fahne auf dem Schloßturm.
13.11. Abdankung des sächsischen Königs.

1919
Januar. Erste Versammlung der KPD in Dresden.
10.1. Polizeiüberfall auf eine friedliche Massendemonstration am Wettiner Platz.
29.1. Gründung der «Neuen Dresdner Sezession Gruppe 1919».

1920
Gründung der Wigman-Tanzschule.
15.3. Ausrufung des Generalstreiks in Dresden und Überfall der Reichswehr auf unbewaffnete Demonstranten am Postplatz.

1921
Eingemeindung von Blasewitz, Briesnitz, Bühlau, Coschütz, Dobritz, Gostritz, Kaitz, Kemnitz, Kleinpestitz, Kleinzschachwitz, Laubegast, Leuben, Leubnitz-Neuostra, Leutewitz, Loschwitz, Mockritz, Niedergorbitz, Obergorbitz, Prohlis, Rochwitz, Stetzsch, Torna, Weißer Hirsch.

1922
Erste Jahresschau Deutscher Arbeit unter dem Thema «Deutsche Erden».

1923
21.3. Bildung der linkssozialdemokratischen Regierung unter Erich Zeigner.

1924
Beginn der vierten, umfassenden Zwingerrestaurierung.
3.8. Große Friedenskundgebung im Zirkus Sarrasani.

1925
Gründung der Palucca-Schule.
22.4. Ernst Thälmann hält erstmalig eine Rede vor Dresdner Arbeitern.
20./23.6. 1. Sächsisches Sängerbundesfest.

1926
April/Oktober. Jubiläums-Gartenschau.
28.10. Rede von Thälmann im Friedrichstädter Kristallpalast.

1929
Infolge der Weltwirtschaftskrise müssen 696 Dresdner Betriebe die Produktion einstellen.

1930
Eingemeindung von Lockwitz (mit Nickern), Omsewitz (mit Burgstädtel) und Wachwitz.

2. Internationale Hygiene-Ausstellung mit Einweihung des Deutschen Hygiene-Museums.

1931
Wilhelm Külz wird Oberbürgermeister.

1932
19.7. Massenkundgebung auf der Reicker Radrennbahn.

1933
Oberbürgermeister Külz wird durch die Faschisten aus dem Amt vertrieben; Ernst Zörner wird Oberbürgermeister.
25.1. Faschistischer Überfall auf eine Versammlung des Kampfbundes gegen den Faschismus im Keglerheim.
7.3. Von den Faschisten verursachter Theaterskandal, durch den Fritz Busch von der Dresdner Staatsoper vertrieben wurde.
8.3. Faschistische Bücherverbrennung auf dem Wettiner Platz.

1936
Abschluß der Zwingerrestaurierung.

1938
Gründung des Landesmuseums für Vorgeschichte.
9./10.11. Pogromnacht gegen die jüdischen Dresdner Bürger (sogenannte «Reichskristallnacht»), dabei Zerstörung der Synagoge.

1939
Einwohnerzahl: 630 216.
1.9. Ausbruch des Zweiten Weltkrieges.

1944
16.8. Hinrichtung von Dresdner Widerstandskämpfern in der Hinrichtungsstätte am Münchner Platz.
1.9. Kriegsbedingte Schließung der Dresdner Theater.

1945
Eingemeindung von Dölzschen, Gittersee und der Albertstadt.
13./14.2. Weitgehende Zerstörung Dresdens durch anglo-amerikanische Luftangriffe.
8.5. Einmarsch der 5. Gardearmee der sowjetischen Streitkräfte in Dresden.
9.5. Die vom ZK der KPD in Dresden eingesetzte Initiativgruppe beginnt unter Leitung von Hermann Matern mit dem «antifaschistisch-demokratischen» Neuaufbau.
10.5. Rudolf Friedrichs wird Oberbürgermeister.
12.5. Konstituierung des Rates der Stadt als erster einer Großstadt auf dem Gebiet der späteren DDR.
8.6. Die Dresdner Philharmonie gibt im Gemeindesaal Strehlen das erste Konzert nach dem Zweiten Weltkrieg in Dresden.
Juli. Johannes Müller wird Oberbürgermeister.
10.7. Wiederbeginn des Dresdner Theaterlebens mit der Aufführung «Nathan der Weise» im Kleinen Haus.
16.7. Erstes Konzert der Staatskapelle im Kurhaus Bühlau.
4.8. Erste Nachkriegsvesper des Kreuzchores in der Ruine der Kreuzkirche.
21.9. Erste Rundfunksendung des Senders Dresden.
7.11. Enthüllung des Ehrenmals der Sowjetarmee.
Herbst. Bildung des Amtes für Bau und Denkmalpflege der Stadt Dresden.
Dezember. Einwohnerzahl: 454 250.

1946
5.1. Verkündung des Großen Dresdner Aufbauplanes.
Februar. Gustav Leissner wird Oberbürgermeister.
7.4. Vereinigung von KPD und SPD zur SED im Kulturhaus Bühlau.
6.6. Wiedereröffnung des Zoologischen Gartens.
30.6. Volksentscheid zur Enteignung der Kriegs- und Naziverbrecher.
25./31.8. «Allgemeine deutsche Kunstausstellung» in Dresden.
1.9. Erste Wahlen zur Stadtverordnetenversammlung.
18.9. Wiedereröffnung der Technischen Hochschule.
Oktober. Walter Weidauer wird Oberbürgermeister.

1947
17.4. Eröffnung der Hochschule für Bildende Künste.
23.5. Wiedereröffnung der Kunstsammlungen im Schloß Pillnitz.
15.8. Wiedereröffnung der Sächsischen Landesbibliothek.

1948
Festlichkeiten zum 400jährigen Jubiläum der Staatskapelle.
22.9. Wiedereröffnung des Dresdner Schauspielhauses als «Großes Haus».

1949
Beginn der Großflächenenttrümmerung in der Altstadt.
Eingemeindung der Dresdner Heide.
Einweihung der wiederaufgebauten Augustusbrücke unter dem Namen Georgij-Dimitroff-Brücke.

1950
Eingemeindung von Großzschachwitz (mit Meußlitz und Sporbitz), Hellerau (mit Rähnitz), Hosterwitz, Klotzsche, Niederpoyritz, Niedersedlitz (mit Groß- und Kleinluga), Oberpoyritz, Pillnitz, Söbrigen, Wilschdorf, Zschieren.
1.6. Sprengung der Großen Meißner Straße (sowie von anderen historischen erhaltenswerten Baudenkmalen, ebenso auch in den Folgejahren).

1951
22.4. Beginn des Wiederaufbaus des Stadtzentrums mit der Nordseite der Grunaer Straße.

1952
Gründung der Hochschule für Verkehrswesen «Friedrich List».
18.4. Verwaltungsreform in Dresden (Umwandlung der bisherigen 20 in 9 Stadtbezirke).
25.7. Nach Auflösung der Länder innerhalb der DDR wird Dresden Bezirkshauptstadt des Bezirkes Dresden.
11.11. Gründung der Hochschule für Musik «Carl Maria von Weber».

1953
Abschluß der Großflächenenttrümmerung.
31.5. Grundsteinlegung für den Wiederaufbau des Altmarkts.
17.6. Arbeiterdemonstrationen am Postplatz gegen stalinistische Willkür.
11.11. Gründung des Pädagogischen Instituts (1967/91 Pädagogische Hochschule «Karl Friedrich Wilhelm Wander»).

1954
7.9. Gründung der Medizinischen Akademie «Carl Gustav Carus».

1955
März. Gründung des Forschungsinstitutes Manfred von Ardenne.
1.4. Gründung des DEFA-Trickfilmstudios.

1956
Eröffnung des Verkehrsmuseums Dresden.

Bau des ersten elektronischen Rechenautomaten der DDR in der Technischen Hochschule.
Juni. 750-Jahr-Feier der Stadt Dresden (dabei u. a. Wiedereröffnung der Gemäldegalerie).
16./18. 6. Abriß der Rampischen Straße.

1957
14. 5. Umbildung der bisherigen 9 auf 5 Stadtbezirke.

1958
Herbert Gute wird Oberbürgermeister.
28.11. Neueröffnung des Grünen Gewölbes.

1959
5.1. Gründung der Militärakademie «Friedrich Engels».
8. 5. Eröffnung der Ausstellung «Der Menschheit bewahrt».
26. 6. Erstmalige Verleihung des Martin-Andersen-Nexö-Kunstpreises der Stadt Dresden.

1961
Gerhard Schill wird Oberbürgermeister.
Leningrad wird die erste Partnerstadt Dresdens.
1. 5. Erster Auftritt des Kabaretts «Die Herkuleskeule».
5.10. Umwandlung der Technischen Hochschule zur Technischen Universität.

1962/63
Abriß der Sophienkirche.

1965
8. 2. Beginn des Neuaufbaus der Prager Straße.

1966
Gründung des Instituts und Museums für Geschichte der Stadt Dresden (seit 1991 wieder Stadtmuseum).

1969
2.10. Einweihung des Kulturpalastes.
6.10. Einweihung des Fernsehturms.

1971
Mai. Erstmalige Veranstaltung des Internationalen Dixielandfestivals.
3.7. Einweihung der Dr.-Rudolf-Friedrichs-Brücke (Carola-Brücke).
September. Erstmalige Veranstaltung des Internationalen Schlagerfestivals.

1972
Das Armeemuseum der DDR nimmt seinen Hauptsitz in Dresden (seit 1991 Militärhistorisches Museum).

1976
26. 2. Montagebeginn bei den ersten Wohnbauten im Neubaugebiet Prohlis.

1978
Mai/Juni. Erstmalige Veranstaltung der Dresdner Musikfestspiele.

1979
4.10. Übergabe der Straße der Befreiung als neugestalteter Fußgängerboulevard (seit 1990 wieder Hauptstraße).

1980
25. 3. Der Sitz des Bistums Meißen wird von Bautzen nach Dresden verlegt und die Bezeichnung in Bistum Dresden-Meißen geändert. Die ehemalige Katholische Hofkirche wird von der Konkathedrale zur Kathedrale erhoben.

1981
Einwohnerzahl: etwa 516 000.
21.4. Grundsteinlegung für den Neubaukomplex Gorbitz.

1982
28. 3. Eröffnung des Museums zur Dresdner Frühromantik.

1985
Beginn mit dem Wiederaufbau des Residenzschlosses.
Eröffnung des Hotels Bellevue.
13. 2. Einweihung des wiederaufgebauten Opernhauses.

1986
Wolfgang Berghofer wird Oberbürgermeister.
1.10. Gründung des Dresdner Zentrums für zeitgenössische Musik.

1989
9.10. Erstes Rathausgespräch zwischen der am 8.10. aus friedlichen Demonstranten hervorgegangenen Bürgervertretung «Gruppe der 20» und dem Oberbürgermeister, womit die demokratische Umgestaltung auf kommunaler Ebene eingeleitet wurde.

1990
Februar. Eröffnung des Hotels «Dresdner Hof».
23. 5. Herbert Wagner wird Oberbürgermeister.

1991
29. 9. Weihe der wiederaufgebauten Dreikönigskirche.
2.10. Aufsetzen der Turmspitze auf den Hausmannsturm des Residenzschlosses.

1992
Februar. Beschluß der Stadtverordnetenversammlung zum Wiederaufbau der Frauenkirche.
Dezember. Einwohnerzahl: 482 000.

1993
Beginn des Wiederaufbaus des Taschenbergpalais.

Weiterführende Literatur in Auswahl
Zusammengestellt von Folke Stimmel.

Bibliographie zur Geschichte der Stadt Dresden / hrsg. von der Histor. Kommission der Sächs. Akademie der Wissenschaften in Zusammenarbeit mit der Sächs. Landesbibliothek. – Bd. 1–5. – Dresden, 1981–1984.
(enthält Literatur über Dresden bis zum Erscheinungsjahr 1960)

Sächsische Bibliographie / hrsg. von d. Sächsischen Landesbibliothek. Berichtsjahr 1961 ff. – Dresden, 1962 ff.
(enthält u. a. die seit 1961 über Dresden erschienene Literatur)

Periodika
Dresdner Anzeiger. – Dresden, 1730 bis 1942.
(stadtgeschichtliche Beiträge vorwiegend in der wiss. Beilage)

Kgl. Sächs. concess. Dresdner Chroniken und Geschichtskalender. – Dresden, 1760–1878.

Der Sammler für Geschichte und Alterthum, Kunst und Natur im Elbthale / hrsg. von Paul Gottlob Hilscher. – Dresden, 1835.
dass. Bd. 1. 2. 1837.

Sächsische Dorfzeitung und Elbgaupresse. – Jg. 1–95. – Dresden, 1839–1933.

Mitteilungen des Vereins für Geschichte und Topographie Dresdens und seiner Umgebung. – H. 1–32. – Dresden, 1872–1937.

Dresdner Geschichtsblätter / im Auftrag des Vereins für Geschichte Dresdens hrsg. – Jg. 1–48.– Dresden, 1892–1940.

Dresdner Rundschau: Wochenschrift für Kritik, Chronik, Satire und Humor auf allen Gebieten des öffentlichen Lebens. – Jg. 2, Nr. 36 – Jg. 43. – Dresden, 1893–1934. (Jg. 1/2. unter dem Titel: Dresdensia)

Lokal-Anzeiger: Kur- und Fremdenblatt für die Gemeinden Weißer Hirsch, Loschwitz, Bühlau, Weißig und Umgebung – Weißer Hirsch, 1899–1921.
Forts.: Kur- und Fremdenblatt Dresden-Weißer Hirsch. – 1922–1944.

Dresdner Kalender. – Dresden, 1910–1930.

Dresdner Monatsblätter / hrsg. vom Bund der Mitteldeutschen. – Bonn, 1950 ff.

Sächsische Heimatblätter. – Jg. 4 ff. – Dresden, 1958 ff.
(Jg. 1–3. 1955–1957 unter dem Titel: Heimatkundliche Blätter des Bezirkes Dresden)

Sächsische Heimat: Mitteilungen der Bundeslandsmannschaft Sachsen. – Hamburg, 1962 ff.

Dresdener Kunstblätter. – Jg. 4 ff. – Dresden, 1960 ff.
(Jg. 1–3. 1957–1959 unter dem Titel: Dresdener Galerieblätter)

Jahrbuch: Staatliche Kunstsammlungen Dresden. – Dresden, 1959 ff.

Dresdner Stadtrundschau. – Jg. 1–32. – Dresden, 1961–1992.

Jahrbuch zur Geschichte Dresdens. – Jg. 9–25. – Dresden, 1973–1989.
(Jg. 1–8. 1965–1972 unter dem Titel: Institut und Museum für Geschichte der Stadt Dresden: Informationsdienst)

Blick ins Museum: Mitteilungen aus den Staatlichen Wissenschaftlichen Museen Dresden. – Dresden, 1968–1981.

Dresdner Hefte: Beiträge zur Kulturgeschichte – Dresden, 1982 ff.

Dresdner Amtsblatt / hrsg. von der Stadtverwaltung Dresden, Presseamt. – Dresden, 1990 ff.

Fama: offizielles Organ des Neuen Sächsischen Kunstvereins. – Dresden, 1992 ff.

Gesamtdarstellungen:
Weck, Anton: Der Churf. Sächs. weitberuffenen Residentz- und Haupt-Vestung Dresden Beschreib und Vorstellung. – Nürnberg, 1679.
dass. 1680.

Iccander (d. i. Johann Christian Crell): Kurzgefasstes sächs. Kern-Chronicon, worinnen ... etliche hundert merckwürdige Glück- und Unglücks-Fälle ... die sich ... seit dem 1720sten Jahr ... zugetragen ... eröffnet ... worden. – (Bd. –3) – Leipzig, 1720–1735.

Weinart, Benjamin Gottfried: Topographische Geschichte der Stadt Dresden und der um dieselbe herum liegenden Gegenden ... – Dresden, 1777.
dass. fotomechan. Neudruck – Leipzig, 1974.

Hasche, Johann Christian: Umständliche Beschreibung Dresdens mit allen seinen ... Merkwürdigkeiten, historisch und architektonisch ... mit zugegeb. Grundriß. – T. 1. 2. – Leipzig: 1781–1783.

Daßdorf, Karl Wilhelm: Beschreibung der vorzüglichsten Merkwürdigkeiten der Churf. Residenzstadt Dresden und einiger umliegenden Gegenden. – Dresden, 1782.

Lehninger, Jean Auguste: Description de la ville de Dresde, de ce qu'elle contient de plus remarquable et de ses environs. – Dresden, 1782.

Kläbe, Johann Gottlieb August: Neuester Dresdner Wegweiser für Fremde und Einheimische. – Dresden, 1797.

Lindau, Wilhelm Adolf: Neues Gemählde von Dresden in Hinsicht auf Geschichte, Oertlichkeit, Kultur, Kunst und Gewerbe. – Dresden, 1817.
dass. 2. Aufl. T. 1. 2. – 1820.

Lindau, Wilhelm Adolf: Merkwürdigkeiten Dresdens und der Umgebung. – 3. Aufl. – Dresden, 1832.
weitere Aufl. bis 1845.

Janus (d. i. Hermann Meynert): Charaktergemälde von Dresden, grau in grau für alle, welche die Elbresidenz bewohnen oder kennenzulernen wünschen. – Pößneck, 1833.
dass. Faksimile-Ausg. – Dresden, 1929.

(Wanderer, Treumund d. i. Julius Schladebach:) Dresden und die Dresdner oder Spiegelreflexe aus Dresdens Gegenwart. – Leipzig, 1846.
dass. fotomechan. Neudruck – Leipzig, 1979.

Lindau, Martin Bernhard: Geschichte der Haupt- und Residenzstadt Dresden von der frühesten bis auf die gegenwärtige Zeit. – Bd. 1–3. – Dresden, 1859–1885.
dass. 2. Aufl. – 1885.

Meinholds Führer durch Dresden zu seinen Kunstschätzen, Umgebung und in die Sächs.-Böhm. Schweiz. – 4. Aufl. – Dresden, 1866.
dass. zahlreiche weitere Aufl.

Richter, Otto: Verfassungs- und Verwaltungsgeschichte der Stadt Dresden. – Bd. 1.2. – Dresden, 1885–1891.

Atlas zur Geschichte Dresdens: Pläne und Ansichten der Stadt aus den Jahren 1521 bis 1898, ... mit einem Abriß der geschichtlichen Ortskunde von Dresden / hrsg. von Otto Richter. – Dresden, 1898.

Richter, Otto: Geschichte der Stadt Dresden. – T. 1: Dresden im Mittelalter. – Dresden, 1900.

Richter, Otto: Dresdner Bilderchronik: zeitgenössische Darstellungen von Dresdner Begebenheiten aus 4. Jh. – T. 1.2. – Dresden, 1906–1910.

Schumann, Paul: Dresden. – Leipzig, 1909. (Berühmte Kunststätten; 46)
dass. 2. Aufl. – 1922.

Haenel, Erich; Kalkschmidt, Eugen: Das alte Dresden. – München, 1925.
dass. unveränd. Nachdruck der Aufl. von 1934. – Frankfurt a.M., 1977.

Das Buch der Stadt Dresden. – Dresden, 1926–1930.

Festschrift Dresden: zur 750-Jahrfeier der Stadt 1206–1956. – Dresden, 1956.

Butte, Heinrich: Geschichte Dresdens bis zur Reformationszeit. – Köln, 1967.

Wotte, Herbert: Dresden. – Leipzig, 1968. (Brockhaus-Stadtführer)

Dresdner Heide, Pillnitz, Radeberger Land: Ergebnisse der heimatkundlichen Bestandsaufnahme im Gebiet von Radeberg und Dresden-Pillnitz. – Berlin, 1976. (Werte unserer Heimat; 27)

Dresden: Geschichte der Stadt in Wort und Bild. – Berlin, 1984.

Hahn, Alfred; Neef, Ernst: Dresden: Ergebnisse der heimatkundlichen Bestandsaufnahme. – 2. Aufl. – Berlin, 1985. (Werte unserer Heimat; 42)

Tourist Stadtführer-Atlas Dresden. – 3. Aufl. – Berlin; Leipzig, 1985.

Dresden: der perfekte Reiseführer ... – 1. Aufl. – Stuttgart; Freiburg, 1986. (Baedekers Allianz-Taschenbuch-Reiseführer) – weitere Aufl.

Dresden: Silhouetten einer Stadt / hrsg. von Günter Klieme. – 2. Aufl. – Leipzig, 1988.

Dresden in 144 Bildern / hrsg. von Karin Bader. – Leer, 1991.

Dresden zu Fuß: 18 Stadtteilrundgänge durch Geschichte und Gegenwart / hrsg. von Matthias Meisner und Andreas Wassermann. – Hamburg, 1991.

Quinger, Heinz: Dresden. – Leipzig, 1991.

Löffler, Fritz: Dresden – so wie es war. – 5. Aufl. – Düsseldorf, 1992.

Gatermann, Birgit; Paqué, Sabine: Kunstführer Dresden. – Frankfurt/M., 1993. (Ullstein-Buch)

Quinger, Heinz: Dresden und Umgebung: Geschichte und Kunst der sächsischen Hauptstadt. – Köln, 1993. (DuMont-Kunst-Reiseführer)

Einzeldarstellungen

Sammlungen der Ortsgesetze, Regulative, Bekanntmachungen und Dienstordnungen sowie der wichtigsten Verträge aus der Verwaltung der Stadt Dresden / hrsg. vom Rathe zu Dresden. – T. 1–10. – Dresden, 1894–1923.

Richter, Otto: Geschichte der Stadt Dresden in den Jahren 1871–1902. – Dresden, 1903.

Hantzsch, Adolf: Namenbuch der Straßen und Plätze Dresdens. – Dresden, 1905. (Mitteilungen des Vereins für Geschichte Dresdens, 17.18.)

Neue Sächsische Kirchengalerie: die Ephorie Dresden I. / hrsg. von Paul Flade.– Leipzig, 1906.

Dresdens Entwicklung in den Jahren 1903 bis 1909 / hrsg. von Otto Richter. – Dresden, 1910.

Brabant, Artur: In und um Dresden 1813. – Dresden, 1913.

Hantzsch, Adolf: Hervorragende Persönlichkeiten in Dresden und ihre Wohnungen. – Dresden, 1918. (Mitteilungen des Vereins für Geschichte Dresdens, 25.)

Arbeiten aus dem Ratsarchiv und der Stadtbibliothek zu Dresden. – Bd. 1–9. – Dresden, 1919–1939.

Zeißig, Herbert: Eine deutsche Zeitung: zweihundert Jahre Dresdner Anzeiger. Festschrift. – Dresden, 1930.

Die Dresdner Heide und ihre Umgebung / hrsg. von Otto Koepert und Oskar Pusch.– Dresden, 1932.

Enderlein, Gertraud: Dresdens Gärten und Parks. – Dresden, 1932.

Nostitz, Helene v.: Festliches Dresden: die Stadt Augusts des Starken. – Berlin, 1941.

Peter, Richard: Dresden – eine Kamera klagt an. – Dresden, 1950.
dass. 2. Aufl. – Leipzig, 1982.

Kesting, Edmund: Dresden wie es war. – Berlin, 1955.
dass. 2. Aufl. – 1965.

Dresden in Zahlen: statistisches Jahrbuch der Stadt Dresden. – Dresden, 1956 bis 1970.

Zur technisch-industriellen Entwicklung Dresdens / hrsg.: Kammer der Technik. – Dresden, 1956.

Beiträge zur Geschichte der Dresdner Arbeiterbewegung / hrsg. vom Museum für Geschichte der Dresdner Arbeiterbewegung. – H. 1–10. – Dresden, 1958–1963.

Kleine Dresden-Chronik: 1949–1969 / hrsg. vom Institut und Museum für Geschichte der Stadt Dresden. – Dresden, 1969.

Mechelk, Harald W.: Stadtkernforschung in Dresden. – Berlin, 1970.

Diamant, Adolf: Chronik der Juden in Dresden. – Berlin, 1973.

Biografische Notizen zu Dresdner Straßen und Plätzen, die an Persönlichkeiten aus der Arbeiterbewegung, dem antifaschistischen Widerstand und dem sozialistischen Neuaufbau erinnern / hrsg.: Museum für Geschichte der Stadt Dresden. – Dresden, 1976.

Schmidt, Gerhard: Dresden und seine Kirchen: eine Dokumentation. – 3. Aufl. – Berlin, 1978.

Röhrborn, Paul: Der Weiße Hirsch: Werdegang eines Kurortes von Weltruf. – Dresden, 1979.

Hartmann, Hans-Günther: Pillnitz: Schloß, Park und Dorf. – Weimar, 1981.

Der Stadtbezirk Nord der Stadt Dresden: aus der Geschichte seiner Stadtteile. – Dresden, 1983.

Dresden – eine Chronik in Daten / hrsg. vom Institut und Museum für Geschichte der Stadt Dresden. – T. 3.4.5. (1945 bis 1971). – Dresden, 1985–1988.

Stadtbezirk Dresden-Süd: aus der Geschichte seiner Ortsteile. – Dresden, 1986.

Dresden zur Goethezeit: die Elbestadt von 1760 bis 1815 / hrsg. von Günter Jäckel. – Berlin, 1987.

...oder Dresden: Fotos, Dokumente und Texte einer Ausstellung 40 Jahre nach der Zerstörung der Stadt. – Dresden, 1987.

Förster, Rudolf: Damals in Dresden: Porträt einer Stadt um 1900. – Berlin, 1988.

Dresden zwischen Wiener Kongreß und Maiaufstand: die Elbestadt von 1815 bis 1850 / hrsg. von Günter Jäckel. – Berlin, 1989.

Irving, David J.: Der Untergang Dresdens. – Augsburg, 1989.

Köckeritz, Volkmar; Hahn, Wilfrid: Der Stadtbezirk West der Stadt Dresden: aus der Geschichte seiner Stadtteile. – Dresden, 1989.

Blaschke, Karl-Heinz: Der Fürstenzug zu Dresden: Denkmal und Geschichte des Hauses Wettin. – Leipzig, 1991.

Günther, Ernst: Sarrasani – wie er wirklich war. – 3., erg. Aufl. – Berlin, 1991.

Lebenszeichen: Dresden im Luftkrieg 1944/45 / hrsg. von Matthias Neutzner. – Dresden, 1991.

Milde, Horst: Dresdner Atelierfotografie zwischen 1860 und 1914. – Dresden, 1991.

Museen in Dresden: ein Führer durch 42 Museen und Sammlungen / hrsg. von Manfred Bachmann und Hans Prescher. – Leipzig, 1991.

Dresden: Kreuzkirche, Kreuzschule, Kreuzchor. – München, 1991.

Gehrisch, Peter: Dresden – Flug in die Vergangenheit. – Dresden, 1992.

Wicklein, Ursula: Dresden und seine Kirchen. – Leipzig, 1992.

Wozel, Heidrun: Der Dresdner Striezelmarkt. – Leipzig, 1992.

Arnold, Klaus-Peter: Vom Sofakissen zum Städtebau: die Geschichte der Deutschen Werkstätten und der Gartenstadt Hellerau. – Dresden, 1993.

In aller Munde: einhundert Jahre Odol / hrsg. für das Dt. Hygiene-Museum Dresden Manfred Roth ... – Ostfildern-Ruit, 1993

Kregelin, Karlheinz: Dresden: das Namenbuch der Straßen und Plätze im 26er Ring. – Halle/S., 1993.

Sarfert, Hans-Jürgen: Hellerau: die Gartenstadt und Künstlerkolonie. – 2. Aufl. – Dresden, 1993. (Kleine sächsische Bibliothek; 3)

Tagebuch der Landeshauptstadt Dresden: von der Wende bis heute / hrsg. von Klaus E. R. Lindemann und Margret Lütze. – Frankfurt/M., 1993.

Wozel, Heidrun: Die Dresdner Vogelwiese. – Dresden, 1993.

Bergander, Götz: Dresden im Luftkrieg: Vorgeschichte, Zerstörung, Folgen. – Weimar; Köln; Wien, 1994.

Baugeschichte

Iccander (d. i. Johann Christian Crell): Das fast auf dem höchsten Gipfel der Vollkommenheit prangende Dresden oder Beschreibung der in dieser Residenz berühmten Gebäude. – Leipzig, 1719.
dass. 2. Aufl. – 1723.
dass. 3. Aufl. – 1726.

Pöppelmann, Matthäus Daniel: Vorstellung und Beschreibung des ... Zwinger-Gartens, Gebäuden oder Der Königl. Orangerie zu Dresden. – Dresden, 1729.

Hammer; Gottlob Friedrich Thormeyer: Dresden mit seinen Prachtgebäuden und schönsten Umgebungen. – Dresden, 1808.

Richter, Karl August; Richter, Adrian Ludwig: 30 mahlerische An- und Aussichten von Dresden und dessen nächsten Umgebung. – Dresden, 1820.

Die Bauten, technischen und industriellen Anlagen von Dresden /hrsg. von dem Sächs. Ingenieur- und Architekten-Verein und dem Dresdner Architekten-Verein. – Dresden, 1878.

Kannegiesser, Friedrich August: Erinnerungen aus dem alten Dresden: 24 Ansichten alter ... abgebrochener Baulichkeiten. – Dresden, 1896.

Beschreibende Darstellung der älteren Bau- und Kunstdenkmäler des Königreichs Sachsen / unter Mitwirkung des Kgl. Sächs. Altertumsvereins hrsg. ... H. 21–23. 24. 26. bearb. von Cornelius Gurlitt. – Dresden, 1903–1904.
21.–23. Stadt Dresden
24. Amtshauptmannschaft Dresden-Altstadt (Land)

26. Amtshauptmannschaft Dresden-Neustadt (Land)

Sponsel, Jean Louis: Der Zwinger, die Hoffeste und die Schloßbaupläne zu Dresden. – Textbd., Tafelbd. – Dresden, 1924.

Löffler, Fritz: Das alte Dresden: Geschichte seiner Bauten. – 1. Aufl. – Dresden, 1955.
dass. 12. Aufl. – Leipzig, 1994.

Geyer, Bernhard: Das Stadtbild Alt-Dresdens: Baurecht und Baugestaltung. – Berlin, 1964.

Volk, Waltraud: Dresden. – Berlin, 1974.

Dresden um die Mitte des 19. Jahrhunderts / dargestellt in 48 farbigen Radierungen von Johann Carl August Richter; ergänzt und eingel. von Heinz Knobloch. – 3. Aufl. – Leipzig, 1977.

Heckmann, Hermann: Matthäus Daniel Pöppelmann und die Barockbaukunst in Dresden. – Berlin, 1986.

Matthäus Daniel Pöppelmann: der Architekt des Dresdner Zwingers / hrsg. von Harald Marx. – Leipzig, 1989.

Bächler, Hagen; Schlechte, Monika: Führer zum Barock in Dresden. – Dortmund, 1991.
(Die bibliophilen Taschenbücher; 611)

Bauen in Dresden im 19. und 20. Jahrhundert / hrsg. von Heidrun Laudel. – Dresden 1991.

Helas, Volker: Villenarchitektur in Dresden. – Köln, 1991.

Zumpe, Manfred: Die Brühlsche Terrasse in Dresden. – Berlin, 1991.

Beeger, Dieter: Naturstein in Dresden. – Dresden, 1992.

Das Dresdner Schloß: Monument sächs. Geschichte und Kultur. – 3. Aufl. – Dresden, 1992.

Löffler, Fritz: Der Zwinger in Dresden. – 4. Aufl. – Leipzig, 1992.

Helas, Volker: Architektur in Dresden 1800–1900. – 4. Aufl. – Braunschweig, 1993.

Lerm, Matthias: Abschied vom alten Dresden: Verluste historischer Bausubstanz nach 1945. – 2. Aufl. – Leipzig, 1993.

Kunst und Wissenschaft

Fürstenau, Moritz: Zur Geschichte der Musik und des Theaters am Hofe zu Dresden. – Bd. 1.2. – Dresden: 1861 bis 1862.
dass. fotomechan. Neudruck – Leipzig, 1979.

Wissenschaftlicher Führer durch Dresden / hrsg. von Friedrich Schäfer. – Dresden, 1907.

Kummer, Friedrich: Dresden und seine Theaterwelt. – Dresden, 1938.

Kleine-Natrop, Heinz Egon: Das heilkundige Dresden. – Dresden; Leipzig, 1964.

200 Jahre Hochschule für Bildende Künste Dresden: 1764–1964. – Dresden, 1964.

Hentschel, Walter: Dresdner Bildhauer des 16. und 17. Jahrhunderts. – Weimar, 1966.

Köhler, Siegfried: Musikstadt Dresden. – Dresden, 1976.

Neidhardt, Hans Joachim: Die Malerei der Romantik in Dresden. – Leipzig, 1976.

Geschichte der Technischen Universität Dresden: 1828 – 1978. – Berlin, 1978.

Kunst im Aufbruch: Dresden 1918–1933. Ausstellungskatalog. – Dresden, 1980.

Neidhardt, Hans Joachim: Dresden: wie es Maler sahen. – Leipzig, 1983.

Dresden: Bekenntnis und Verpflichtung; Malerei, Graphik, Plastik, Dokumente; Ausstellung aus Anlaß des 40. Jahrestages der Zerstörung Dresdens ... – Dresden, 1985.

Die Dresdner Oper von Heinrich Schütz bis Johann Adolf Hasse: 1. wiss. Konferenz zum Thema: Dresdner Operntraditionen. – Dresden, 1985.

Barock in Dresden: Kunst und Kunstsammlungen unter der Regierung des Kurfürsten Friedrich August I. von Sachsen ... und des Kurfürsten Friedrich August II. von Sachsen ... Leipzig, 1986.

Hänsch, Wolfgang: Die Semperoper: Geschichte und Wiederaufbau der Dresdner Staatsoper. – Berlin, 1986.

John, Hans: Der Dresdner Kreuzchor und seine Kantoren. – 2. Aufl. – Berlin, 1987.

Steindorf, Eberhard: Die Staatskapelle Dresden. – Leipzig, 1987.

Die italienische Oper in Dresden von Johann Adolf Hasse bis Francesco Morlacchi: 3. wiss. Konferenz zum Thema: Dresdner Operntraditionen. – Dresden, 1988.

Dresden: von der Königlichen Kunstakademie zur Hochschule für Bildende Künste 1764–1989. – Dresden, 1989.

Dresden: Stadt der Fürsten – Stadt der Künstler / hrsg. von Katrin Nitzschke und Lothar Koch. – Bergisch-Gladbach, 1991.

Dresden – die Kunststadt. – München; Berlin, 1991.

Löffler, Fritz: Bernardo Bellotto: Dresden im 18. Jh. – 3. Aufl. – Leipzig, 1991.

Härtwig, Dieter: Die Dresdner Philharmonie. – Berlin, 1992.

Marx, Harald; Magirius, Heinrich: Gemäldegalerie Dresden: die Sammlung Alte Meister – der Bau Gottfried Sempers. – Leipzig, 1992.

Namens- und Sachregister

Bearbeitet von Folke und Eberhard Stimmel

Das Register enthält die Personennamen und Sachbegriffe aus dem alphabetischen Teil und aus der Chronologie, die nicht als eigenes Stichwort behandelt sind.

Bildnachweis

In runder Klammer hinter der Seitenzahl werden Standorte abgebildeter Kunstwerke angegeben, sofern dies aus Platzgründen in den Bildunterschriften nicht möglich war. Die Abkürzungen lauten: l.=links, r.=rechts.

Farbabbildungen
Sächsische Landesbibliothek Dresden, Abteilung Deutsche Fotothek: Abb. S. 19 (Staatl. Kunstsammlungen Dresden, Gemäldegalerie Alte Meister), 66 Mitte unten (Landesamt für Denkmalpflege Sachsen), 165 oben (Sächs. Landesbibl.), 189 oben, 192 oben, 193, 215 Mitte unten, 262 oben (Sächs. Landesbibl.), 274 oben, 374 l. Mitte, 441 oben
Jürgen Karpinski, Dresden: Abb. S. 169 oben, 326 unten, 355 Mitte unten, 398
Werner Lieberknecht, Dresden: Abb. auf dem Einband, Abb. S. 39, 204 Mitte, 253 Mitte, 318, 345, 470 oben
Udo Pellmann, Dresden: Abb. S. 23, 31, 138 oben, 147, 159, 185, 215 Mitte oben, 238 l., 263 oben, 301 l. unten und r. oben, 319 l. Mitte, l. unten und r. oben, 386 Mitte, 471 l. und r.
Siegfried Thienel, Dresden: Abb. S. 74, 121 l., 387 oben l.

Schwarzweißabbildungen
Sächsische Landesbibliothek Dresden, Abteilung Deutsche Fotothek: Abb. auf dem Vorsatz (Staatl. Kunstsammlungen Dresden, Kupferstich-Kabinett), Abb. S. 8/9, 10, 14, 15, 20/21, 26, 27, 35 (Staatl. Kunstsammlungen Dresden, Kupferstich-Kabinett), 36 oben, 37 oben, Mitte und unten, 38 unten, 40 unten, 42 l. oben (Stadtmuseum Dresden), 42 l. Mitte und r. unten, 45 unten, 46 l. oben und unten, 48 oben, 49 (Stadtmuseum Dresden), 51 oben und unten, 53, 54 (Staatl. Kunstsammlungen Dresden, Gemäldegalerie Alte Meister), 55 Mitte, 58, 61 l., 65 oben, 65 unten (Staatl. Kunstsammlungen Dresden, Kupferstich-Kabinett), 67 unten, 70 (Staatl. Kunstsammlungen Dresden, Kupferstich-Kabinett), 73 oben, 76 (Staatl. Kunstsammlungen Dresden, Kupferstich-Kabinett), 77 unten (Landesamt für Denkmalpflege Sachsen), 81 unten, 86 oben, 87 Mitte oben, 88 oben, 89 oben, 89 unten (Stadtmuseum Dresden) 92, 93, 94 Mitte oben (Barockmuseum Moritzburg), 94 Mitte unten und r., 97, 98, 99 (Stadtmuseum Dresden), 100 unten (Staatl. Kunstsammlungen Dresden, Kupferstich-Kabinett), 101 l. (Stadtmuseum Dresden), 101 r., 104 l., 106 oben, 108, 111, 112 (Staatl. Kunstsammlungen Dresden, Kupferstich-Kabinett), 115 oben, 116, 117, 119 unten, 120 oben und unten, 122, 123, 130 unten, 131 l. und r., 132 oben und unten, 133, 134 unten, 135l., 139 r., 143 oben (Staatl. Kunstsammlungen Dresden, Rüstkammer), 143 unten, 144 (Barockmuseum Moritzburg), 146 oben, 146 unten (Staatl. Kunstsammlungen Dresden, Kupferstich-Kabinett), 151 r., 153, 155 unten, 157 oben, 159, 161, 163, 164 l., 165 l. unten, 167 r., 169 unten, 170 Mitte und r. oben, 172 unten, 176 Mitte oben (Staatl. Kunstsammlungen Dresden, Gemäldegalerie Alte Meister), 176 unten, 178, 183, 187, 188, 189 unten und 190 (Staatl. Kunstsammlungen Dresden, Kupferstich-Kabinett), 192 (Stadtmuseum Dresden), 194 unten, 199 oben (Stadtmuseum Dresden), 199 unten, 201 r. unten, 202 (Sächs. Landesbibl.), 205 oben, 206, 209, 210, 211 oben und unten, 212 unten, 217 oben, 217 unten (Sächs. Hauptstaatsarchiv), 219, 223 (Staatl. Kunstsammlungen Dresden, Kupferstich-Kabinett), 224, 225 (Staatl. Kunstsammlungen Dresden, Kupferstich-Kabinett), 226 (Museum Folkwang Essen), 228 oben, 229, 232, 235, 238 r., 239 (TU Dresden, Institut für wissenschaftl. Fotografie), 240 oben (Staatl. Kunstsammlungen Dresden, Kupferstich-Kabinett), 240 Mitte (Stadtmuseum Dresden), 241 l., Mitte oben und r. unten, 242, 243, 245 oben und unten, 248, 249 r. oben und r. unten, 250, 253 unten, 256 oben (Sächs. Landesbibl.), 257 l. oben, 257 l. unten (Stadtmuseum Dresden), 262 unten, 263 (Stadtarchiv Dresden), 265 Mitte und Mitte unten, 266, 268 oben, 270 Mitte (Landesamt für Denkmalpflege Sachsen), 270 unten, 271, 272, 280, 281 oben (Staatl. Kunstsammlungen Dresden, Rüstkammer), 283, 284 oben und unten, 286, 287, 288 Mitte oben (Stadtmuseum Dresden), 289 unten l., 289 r. (Staatl. Kunstsammlungen Dresden, Kupferstich-Kabinett), 292 l., Mitte oben und r. Mitte, 306 Mitte Mitte, Mitte unten und r. unten, 307 l. Mitte (Landesamt für Denkmalpflege Sachsen), 307 l. unten und r. unten, 308 l. oben und l. unten, 310 l. (Landesamt für Denkmalpflege Sachsen), 310 r. und 311 l. unten (Staatl. Kunstsammlungen Dresden, Kupferstich-Kabinett), 312 oben (Landesamt für Denkmalpflege Sachsen), 312 unten, 313, 314 r. oben (Staatl. Kunstsammlungen Dresden, Kupferstich-Kabinett), 319 Mitte oben, 322, 323 oben, 325, 326 oben, 327 unten (Staatl. Kunstsammlungen Dresden, Gemäldegalerie Alte Meister), 328 l. oben, Mitte oben und Mitte unten, 333 oben und unten, 334 Mitte Mitte, Mitte unten und r. unten, 335 unten, 336 r., 343 oben r., 344 l. oben, l. unten und r. unten, 346, 348 oben (Stadtmuseum Dresden), 348 unten l., 354 Mitte und r. unten, 356, 357 oben und unten, 359, 363 oben, 364 Mitte oben, 366 unten, 369 oben, 370 l. oben (Stadtmuseum Dresden), 370 r. unten, 371 unten, 372 unten, 373 oben (Landesamt für Denkmalpflege Sachsen), 374 l. oben, l. unten und r. unten, 375 r., 379 l. (TU Dresden, Krone-Sammlung), 379 r. und 380 (Staatl. Kunstsammlungen Dresden, Kupferstich-Kabinett), 381 l., 382, 386 unten, 387 unten (Landesamt für Denkmalpflege Sachsen), 389 (Stadtmuseum Dresden), 394 l. Mitte und l. unten, 395, 396, 404 oben, 407 oben, 408 l. (Stadtarchiv Dresden), 408 r., 409 l. oben, 412 unten, 413 l., 419, 420 oben (TU Dresden, Krone-Sammlung), 420 unten, 424 (Staatl. Kunstsammlungen Dresden, Kupferstich-Kabinett), 429, 437, 438 oben und unten, 440 unten, 441 l. oben, l. unten und Mitte unten, 445 (Staatl. Kunstsammlungen Dresden Kupferstich-Kabinett), 448 oben, 449 r. (Staatl. Kunstsammlungen Dresden, Kupferstich-Kabinett), 451 oben, 454, 455 oben, 457, 458 Mitte Mitte und Mitte unten, 461, 464 oben, Mitte und unten, 467, 470 l.
Sächsische Landesbibliothek Dresden, Reproabteilung: Abb. S. 34, 36 unten, 38 oben, 40 oben, 44, 45 oben, 46 Mitte oben, 50, 55 oben, 57, 66 l. oben, 67 oben, 69 oben, 72 oben und unten, 77 oben, 78 oben, 79 unten, 86 unten, 87 r. unten, 88 unten, 96, 100 oben, 105 oben und unten, 118, 124, 127 oben, 134

Mitte, 135 r., 136, 137 oben, Mitte und unten, 138 unten, 139 l., 151 l., 152 oben und unten, 155 oben und Mitte, 166 oben, 172 oben, 173 l., 176 r. oben, 179, 194 oben, 196 oben und unten, 200 unten, 201 l., 203, 204 l. unten, 214 oben, 215 l., 216 l. und Mitte oben, 230 oben, 236 unten, 237 l., Mitte oben und Mitte unten, 247, 249 l., 252 oben, Mitte und unten, 253 oben, 260, 263 l. oben, 282 unten, 290 unten, 295 Mitte, 297 oben und unten, 298 r., 299 unten, 300 l. und r., 301 l. Mitte, 303, 304, 305 oben und unten, 306 Mitte oben, 308 r. oben und r. unten, 309 l. unten, 317, 321 l. oben und l. Mitte, 327 oben und Mitte, 335 oben, 339, 342 Mitte unten, 343 l. oben und l. unten, 347, 351, 354 r. oben, 355 Mitte Mitte, 364 r., 368 l., 370 r. oben, 372 oben, 375 l. oben, Mitte Mitte und Mitte unten, 377 oben, 378 l. oben, l. unten und r., 384 oben und unten, 385 oben,392 oben und unten, 400 Mitte oben und r. unten, 402, 409 l. unten, 411 oben und unten, 412 oben, 417 oben und unten, 418, 425 unten, 426, 438 Mitte, 439 l. oben, 468 l. oben und l. unten, 469 l.
Jürgen Karpinski, Dresden: Abb. S. 134 oben (Staatl. Kunstsammlungen Dresden, Kupferstich-Kabinett), 440 oben r.
Werner Lieberknecht, Dresden: Abb. S. 409 Mitte
Siegfried Thienel, Dresden: Abb. S. 230 Mitte, 455 unten
Rainer Vetter, Dresden: Abb. S. 87 Mitte unten, 216 Mitte unten, 234 unten, 298 l., 390, 404 unten, 462
Franz Zadniček, Dresden: Abb. S. 439 Mitte oben
Archiv des Verlages: Abb. S. 102 l., 129, 130 oben, 142, 348 unten r., 363 Mitte, 449 l.

Alle anderen in dieser Aufstellung nicht genannten Abbildungen bzw. Zwischenaufnahmen wurden dankenswerterweise von den Autoren zur Verfügung gestellt.

Redaktionsschluß März 1994

Published under licence by
Verlag der Kunst

ISBN 3-364-00300-9
Verlag der Kunst Dresden
G+B Fine Arts Verlag GmbH
Erste Auflage
Gestaltung Sophie Bleifuß/Angelika Stüwe
Druck und Verarbeitung
Chemnitzer Verlag und Druck GmbH,
Werk Zwickau